BUSINESS ADMINISTRATION CLASSICS 工商管理经典译丛·会计与财务系列

工商管理经典译丛
会计与财务系列

COST ACCOUNTING
A MANAGERIAL EMPHASIS
成本与管理会计

(第15版)

查尔斯·T·亨格瑞(Charles T. Horngren)
斯里坎特·M·达塔尔(Srikant M. Datar) 著
马达夫·V·拉詹(Madhav V. Rajan)
王立彦 刘应文 译

中国人民大学出版社
·北京·

内容简介

这是一部几十年来畅销不衰的经典会计学教材，是在美国以外发行量最大的会计学教材，在全球会计界和管理界具有广泛的影响。本书尤其适用于MBA教学，同时也是在职管理者的知识库。

本书内容反映了当代成本会计、管理会计领域理论和实践的最新发展，体现了欧美各经济发达国家尤其是美国的成本会计或管理会计领域出现的新思想和新方法。以价值链为主线的成本管理思想，代表着成本管理会计发展的主流和趋势。

作者特别注意对每一章以流线型方式表述，给出更好、更清晰的解释。书中的公司实例取自不同国家，内容涵盖不同产业，本书因此成为高等院校工商管理专业的优秀教材。

作者简介

查尔斯·T·亨格瑞（Charles T. Horngren） 斯坦福大学会计学荣誉退休教授。入选会计名人堂。作为美国会计学会会员，他曾担任会长和研究部主任，于1973年获美国会计学会首次颁发的杰出会计教育者奖。作为美国管理会计师协会会员，获得杰出服务奖。美国加利福尼亚州注册会计师基金会曾授予亨格瑞杰出成就奖和著名教授奖，他是同时拥有这两个奖项的第一人。

斯里坎特·M·达塔尔（Srikant M. Datar） 哈佛大学商学院教授。达塔尔的教学口碑甚佳，曾在卡内基梅隆大学获教学组织奖，在斯坦福大学获杰出教育者奖。

马达夫·V·拉詹（Madhav V. Rajan） 斯坦福大学商学院教授、法学院教授。2004年获得美国会计学会的管理会计杰出贡献奖。

译者简介

王立彦 注册会计师，北京大学光华管理学院教授，北京大学国际会计与财务研究中心主任，学术期刊《中国会计评论》主编。我国财政部管理会计咨询专家，美国管理会计师协会（IMA）学术会员，IMA中国教育指导委员会主任委员，国际内部审计师协会会员。

刘应文 北京科技大学东凌经济管理学院讲师。主讲高级财务会计、审计等课程、参与编写、翻译教材两部，发表论文多篇。

管理会计：信息产品的管理价值如何

（代译者前言）

展现在读者面前的这本经典教材，出自美国斯坦福大学和哈佛大学的几位教授，体系新颖、内容全面，用作会计专业教材或主要参考书非常适合，在会计界和管理界有广泛影响，在我国曾经有不同的译本出版（中国财政经济出版社、东北财经大学出版社、中国人民大学出版社等）。

在高新技术迅速发展的今天，技术创新运用于产业活动，既导致生产技术体系的变化，也引起生产组织与管理的变化，从而对会计信息提出新的要求。这种革新首先冲击的就是成本会计。核心问题是，成本会计体系必须提供与管理需要具有高度相关性和充分可靠性的信息，改变会计信息与企业管理需要脱节的局面。

本书翻译工作由王立彦、刘应文承担。在整个翻译过程中，我们尽可能统一用语和风格，但一定还存在许多可以改进之处。如果有些读者使用英文原版书，欢迎就翻译问题提出讨论和批评指正。

鉴于我国当前正值管理会计热潮时期，借撰写译者前言的机会，作一些相关讨论。

2014 年 10 月《财政部关于全面推进管理会计体系建设的指导意见》的发布，标志着管理会计体系在中央政府层面得到主管部门重视。

面对外部环境的春天，管理会计今天在我国能否真正获得实质性大发展，取决于管理会计自身。正所谓外因是变化的条件，内因是变化的根据。会计界必须深刻反思管理会计多年来不温不火的现实，以期得到更为系统的认识。

下面讨论四个问题。

问题一：管理实践中存在“财务会计、管理会计”之分吗？

放眼全球，管理实践中几乎没有哪个企业或非营利组织，在设置内部会计机构时分设“财务会计、管理会计”。因为在实践中，会计核算基础是统一的。依据统一的基础数据，加工衍生出服务于外部信息使用者的“财务会计报告”、服务于内部管理用途的“管理会计报告”。

基于会计信息服务对象，会计被区分为两大部分：“对外报告会计”（external reporting accounting）部分被专业界冠以“财务会计”之名；另一部分“对内报告会计”（internal reporting accounting），专业界称为“管理会计”。

所谓“财务会计、管理会计”之分，原本只是教育界学者为方便教学和梳理教材体系而进行的分类。事实上，会计教材中并没有能够清楚地界定管理会计（如同界定财务会计那样）。譬如对于“管理会计 ＝ 管理 ＋ 会计”还是“管理会计 ＝ 管理问题的货币化”，会计教材中基本没有给出解答。

当然，鉴于当前的会计体系已经有财务会计和管理会计之分，我们权且依照惯例，将主要服务于管理者的对内报告会计称为管理会计。

问题二：管理会计的信息产品是什么？

会计以生产信息产品，尤其是货币化数据信息为己任。会计生产的信息产品，表现为“货币化数据报表 ＋ 说明数据或延伸数据的文字报告”。

以会计信息产出观念看，财务会计的产品非常明确，即以资产负债表、利润表、现金流量表等主要财务报表为轴心的对外财务报告（月报、季报、半年报、年度报告），提供给管理层、董事会、监事会，以及股东大会、外部投资人，作为各自的财务决策基础。

针对明确的财务会计信息产品，很自然地提出一系列专业需求：产品标准（会计准则）需求、质量标准检验（独立审计）需求以及对生产者（会计人员）的胜任能力和职业操守要求。由于对外报告会计存在法律、通用专业规则以及监管部门监督，企业内部及外部社会有关各方，都不得不用心认真对待。

而管理会计居于财务会计、财务管理之间，很清楚的现实状况是，在企业管理中的应用程度不一、弹性十足、可有可无。究其缘由，最根本的一点是：管理会计自身体系不清不楚，缺少自己明确的信息产品（见图 1）。

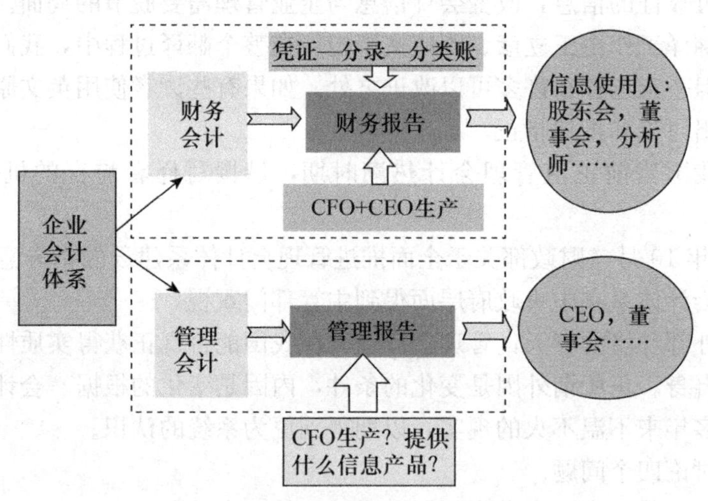

图 1　会计的信息产品

我们在现实中看到过有多少企业编制正式的管理会计报告呢？如果没有专门的管理会计报告，首席财务官（CFO）（财务总监、总会计师）能够为以首席执行官（CEO）为首的管理层以及董事会提供什么样的体系化管理决策支持信息？

如同企业没有核心产品就不可能有核心竞争力一样，管理会计基本没有自己的独特产品，所以只能处于可有可无状态。

管理会计一直以来就没有自己清晰的概念界定，以及清晰的逻辑、线索、组成，也就没有系统化整体结构。

固然，分步/分批成本、标准成本、作业成本、目标成本、本量利分析等，听起来属于会计，但并非专属于管理会计。作为实际成本的计量基础和利润计算的前提条件，已经属于基础财务会计信息的一部分。

至于经营预算、资本预算、管理控制、绩效评价、平衡计分卡，谁能明确说它们属于会计？事实上，这些管理性、控制性措施的筹划和实施，并非会计属性，在管理实践中的“发动引擎”，也非 CFO 所掌控。

既然管理会计没有自己的核心产品，也就谈不上信息产品体系，谈不上进一步的产品标准、质量标准以及品质检验。

可以认为，“管理会计在实践中之所以可有可无，就是因为没有独特的信息产品”。没有产品，管理者就不一定认真对待管理会计。

问题三：管理会计能否生产信息产品？生产什么样的信息产品？

当前会计界重视研讨管理会计，所借东风是政府主管部门领导者开始重视管理会计。落实《财政部关于全面推进管理会计体系建设的指导意见》，是管理会计发展的新契机。但是作为会计专业人士，我们都明白，振兴管理会计不可能依靠一份政府文件就能实现。更重要的是，会计界应该借当前东风，重视管理会计专业信息产品体系设计。

西方管理会计有句名言，“You get what you measure”（你测度什么，就得到什么）。这里的关键词是“measure”（测度），管理会计提交给 CEO、管理层、董监事会的产品，应该是以基于测度的会计数据和报表为基础的管理报告（注意，与财务会计报表不同），否则就失去了会计特征，不必通过管理会计生成。

设计管理会计信息产品体系，应该明确几个要点：

第一，明确产品需求导向：管理会计信息产品的需求者，首先是微观层面组织的内部管理者、董事会、理事会。但是，由于我国大中型企业和非营利机构以国有、国有控股为主的特征，管理会计信息产品的需求者还包括宏观层面。

第二，管理会计信息产品应该以货币化数据信息为主，同时包含具有关联性的、非财务性的营运数据信息。

第三，管理会计信息产品应该尽可能表格化。以表格化产品为基础，才有可能逐渐实现标准化、计算机化、数据库化。

第四，设计管理会计信息产品体系必须考虑到管理者信息需求的多层次性。首先需要明确管理者决策需求，譬如微观管理专题方面的成本习性、决策替代方案比较、资源投入产出分析、责任中心绩效评价等，宏观管理专题方面的资源消耗、环境成本等。对此，会计界不应闭门造车，而应该秉持需求导向理念，征询和听取管理者、所有者的建议。

只有弄清楚管理会计的产品问题，才能继续前进。虽然管理会计不如财务会计那样有清晰的信息产品，但是同样可以研究和设计产品，即“以成本和费用为中心的内部报表体系”。

设计管理会计的产品，要理清楚管理会计的线索、内涵、外延。

建设中国的管理会计体系，可以采纳两种逻辑脉络：(1) 全面综合体系；(2) 问题导向体系。

第一种逻辑的优点在于设计高屋建瓴，方便宏观管理。缺点也很显然，即面面俱到，不容易形成共识。

第二种逻辑是着眼于现实，先提出一系列管理会计问题，按轻重缓急分类，分阶段解决：第一阶段解决的问题，第二、三阶段解决的问题，最后在第四阶段形成完整体系。优点是重心突出、联系实际，缺点是开始阶段的体系性不够强。

鉴于管理会计体系不是为建设而建设，目的是运用并提高和改进组织的管理质量、提高组织的营运效率效益，所以我倾向于第二种逻辑。

问题四：管理会计能否有规范？

众所周知，财务会计有一整套国家和国际标准（准则），并且进一步要求有胜任的会计师、胜任的审计师、合理的审计规则。人们设计了很多规则，对财务会计加以规范。

相比较而言，管理会计规范是模糊的。这恰恰表明了管理会计需要尽快出台指引以进行规范的迫切性。也就是说，《财政部关于全面推进管理会计体系建设的指导意见》的发布，标志着管理会计体系在国家层面得到政府主管部门的重视，正当其时。

放眼国际，美国注册会计师协会（AICPA）和英国特许管理会计师公会（CIMA）这两家著名的会计职业团体，合作推出"全球特许管理会计师"（Chartered Global Management Accountant，CGMA），2014年年初已经提出一个文件《全球管理会计准则》(Global Management Accounting Principles)。

可见，管理会计需要建立规范，是迟早的必然。对此，我国会计界必须加强关注、跟进和研究。

王立彦　谨识

2016年6月于北京大学

前　言

学习成本管理会计是一个学生能够作出的最佳商业投资之一。为什么这样说呢？因为在商业界——从最偏僻的小店铺到大型跨国公司——的任何一项成功之中，都需要用到成本会计概念和实务。成本会计为管理者提供编制计划和实施控制的关键数据，也用于产品、服务和客户方面的成本计算。本书的主题对个人理财同样具有重要价值。

本书所强调的主题是，成本会计怎样帮助管理者制定更好的决策。成本会计人员正在被要求变成决策制定者而不仅仅是数据提供者。为了实现这种决策制定任务，“为不同目的提供不同的成本资料”观念贯穿本书始终，强调基本概念、分析、使用以及程序（而不仅仅是程序）。

我们认为成本会计是一种企业策略和实施的管理工具，本书将让学生为在今天和未来的职业成本会计领域面对奖励和挑战而做好准备。

本版的主要更新

- 更深入的全球性问题考量。
- 增加对商贸业、服务业的关注。
- 特别强调可持续性，主要体现在长期财务、社会、环境方面的绩效。
- 增加了新的跨域性话题，譬如可持续性、转移定价等。
- 每章开篇的真实案例，让内容更加贴近现实。
- 在“观念实施”专栏，增加了新专题。
- 继续采取流线型表达方式，并拓展到新的章节。
- 对各章的内容和表述进行更新。

本书的标志性特点

- 成本信息的管理性应用。
- 文本清晰可读、易懂。
- 现代问题与传统问题之间的平衡。
- 强调人的行为方面。
- 尽量多的真实案例。
- 教学中各章的多种组合。
- 在数量、质量和覆盖范围方面俱佳的作业资料。

致谢

我们真切地向那些给我们启示和协助的人致谢，首先要感谢的是帮助我们加深成本会计知识的学术界和实务界人士。

我们提供的教学材料是由技术团队的许多人完成的，本书在同事们的努力下才做到了更上一层楼。

感谢美国注册会计师协会、管理会计师协会、加拿大管理会计师公会、加拿大注册会计师协会、美国财务经理人协会以及允许我们引用其出版物的其他出版商和公司。引用以上各专业团体统一考试题目之处都已经在书中特别指出。许多引用题目都做了修订以适应和强调特定主题。

感谢为本版提供习题资料的教授。他们的姓名都在相关资料前面特别列出。

欢迎本书使用者给予评论。

查尔斯・T・亨格瑞

斯里坎特・M・达塔尔

马达夫・V・拉詹

目　录

第 1 章

管理者与管理会计

- 财务会计、管理会计和成本会计
- 战略决策和管理会计师
- 价值链、供应链分析与关键成功因素
- 决策制定、计划与控制：五步决策制定程序
- 关键的管理会计指导原则
- 组织结构与管理会计师
- 职业道德

学习目标

1. 区分管理会计和财务会计
2. 理解管理会计师如何帮助企业制定战略决策
3. 描述价值链中的企业功能集，确定顾客期望的企业绩效维度
4. 解释五步决策制定程序及其在管理会计中的作用
5. 描述管理会计师支持管理人员应遵从的三个指导原则
6. 理解管理会计如何适应组织结构
7. 理解职业道德对管理会计师的重要性

所有企业都关心收入和成本。

大公司和小公司的管理者都必须懂得收入和成本的性态或承担无法控制公司业绩的风险。管理者使用成本会计信息制定研究与开发、预算、生产计划、定价和向顾客提供产品或服务的决策。有时这些决策涉及成本收益权衡。下面的文章将介绍像苹果这样的公司如何权衡成本收益以增加它们的利润。

iTunes的可变定价：下载量下降，利润却上升[①]

销量少可以比销量多获利更大吗？2009年，苹果将通过iTunes下载歌曲的收费结构从0.99美元的固定收费改变成0.69美元、0.99美元和1.29美元的三级价格结构。前200首歌曲会占据每周数字音乐销量的1/6以上。苹果开始对这些歌曲（诸如Adele和Carly Rae Jepsen等艺术家的歌曲）收取最高费用。

在苹果实施新定价模式的半年后，前200首歌曲下载量下降了大约6%。虽然下载量下降，但是与旧的定价结构相比，更高的价格产生了更高的收益。因为苹果的iTunes成本——歌曲批发成本、网络和交易费以及其他的运营成本并不随价格变化，因此，提价30%带来的利润弥补了下载量下降6%所造成的损失。

苹果还将这种定价结构用于iTunes上的电影下载，新上映的电影下载费用是14.99美元，而大多数其他电影是9.99美元。

除了提价增加利润以外，苹果也开始管理iTunes的成本以增加利润。苹果减少了其交易费用（苹果支付给像威士和万事达这样的信用卡机构的费用），还减少了在iTunes商店工作的员工人数。

---

① Bruno, Anthony and Glenn Peoples Variable iTunes pricing a moneymaker for artists. Reuters, (June 21, 2009); http://www.reuters.com/article/idUSTRE55K0DJ20090621" The long tale? *Billboard* (November 14, 2009); http://www.billboard.biz/bbbiz/content_display/magazine/features/e3i35ed869fbd929ccd cca52ed7fd 9262d3? imw=Y" Savitz, Eric, Apple Turns Out, iTunes Makes Money Pacific Crest Says (2007); Subscription Services Seems Inevitable. Barron's "Tech Trader Daily" blog, April 23. http://blogs.barrons.com/techtraderdaily/2007/04/23/apple-turns-out-itunes-makes-money-pacific-crest-says-subscription-service-seems-inevitable/Apple, Inc. Frequently Asked Questions (FAQ) for Purchased Movies. Accessed May 1, 2013; Nekesa Mumbi Moody, "Adele, Carly Rae Jepsen Top iTunes' Year-End Sales," *Billboard* (December 13, 2012).

通过学习成本会计，你将会知道成功的管理者和会计师是如何经营企业的，并且为你在公司的领导角色做准备。许多大公司（包括耐克）都有具有会计背景的高管。

财务会计、管理会计和成本会计

就像你们中的许多人在财务会计课堂上学到的，会计系统是用于记录经济事件和交易（比如销售与材料采购），并把数据处理成对管理者、销售代表、生产监督员和其他人有用的信息。对一项经济交易的处理具体包括收集、分类、汇总和分析。比如，成本按种类（如材料、人工和运输）收集，按月、季或年汇总以决定企业的总成本。会计师对结果进行分析，并和管理者一起评价成本相对于收入而言在各期有什么变化。会计系统也通过利润表、资产负债表、现金流量表和业绩报告（如为顾客服务或刊登广告的成本）提供信息。管理者使用这些信息来制定有关他们监督范围内的作业、企业或职能区域的决策。例如，报告显示，苹果店里的笔记本电脑和 iPad 销售量增长，这可能促进苹果店雇用更多的销售员。理解会计信息对管理者做好本职工作是必不可少的。

不同管理人员常常要求会计信息按不同的方式提交或者报告。以销售订单信息为例，保时捷公司（Porsche）的销售经理可能对总的销售额感兴趣，以确定向销售员支付多少佣金。保时捷公司的分销经理可能对按地理区域划分的销售订单数量和客户要求的送货时间感兴趣，以保证汽车及时送达顾客。保时捷公司的生产经理会关注不同产品的数量和要求的交货日期，以便能够制定一个有效的生产计划。

为了同时满足三个经理的要求，保时捷公司开发了一个数据库（有时被称为数据仓库或信息仓库），由琐碎、详细、可用于多种目的的信息构成。例如，销售订单数据库将包括每份订单的详尽信息，如产品、售价、订购数量和交货明细（地点和日期）等。数据仓库按照方便不同管理者获取各自所需信息的方式来存储信息。许多公司正在建立自己的企业资源计划（ERP）系统。企业资源计划系统是一个单个数据库，它收集数据并用于支持企业的经营活动，如采购、生产、分销和销售。

财务会计和管理会计有不同的目标。正如你所知，**财务会计**（financial accounting）的重点是基于公认会计原则（GAAP）向外部各方（如投资者、政府机构、银行和供应商）报告财务信息。财务会计信息影响管理者决策和行为的最重要的方式是通过薪酬。薪酬的一部分常常是根据财务报表数字确定的。

管理会计（management accounting）计量、分析和报告财务和非财务信息，帮助管理人员做决策以实现组织目标。管理者用管理会计信息：

1. 制定、传达和实施战略。

2. 协调产品设计、生产和营销决策并评估公司业绩。

管理会计信息和报告不必遵循制定的原则或规则。关键问题总是：(1) 这些信息如何帮助管理人员把工作做得更好？(2) 产生这些信息的收益大于成本吗？

图表 1—1 总结了管理会计和财务会计的主要差异。但是要注意，资产负债表、利润表和现金流量表这样的报告，对管理会计和财务会计而言是一样的。

图表1—1　　管理会计和财务会计的主要差异

	管理会计	财务会计
信息目的	帮助管理人员做决策以实现组织的目标	向投资者、银行、监管者和其他外部各方传递组织的财务状况
主要用户	组织的管理人员	外部用户，如投资者、银行、监管者和供应商
关注重点	面向未来（在2013年编制2014年的预算）	面向过去（在2014年编制2013年的业绩报告）
计量与报告规则	内部计量与报告，不需要遵守GAAP，但要基于成本—收益分析	财务报表必须根据GAAP编制，并经外部独立审计师鉴证
时间跨度与报告类型	有关产品、部门、地区和战略的财务与非财务报告的时间跨度范围从小时到15～20年	基本上是以公司为一个整体的年度或季度财务报告
行为含义	意在影响管理人员和其他员工的行为	主要报告经济事项，但也会影响行为，因为管理人员的薪酬通常基于报告的财务成果

成本会计为管理会计人员和财务会计人员提供信息。**成本会计**（cost accounting）计量、分析和报告从组织内获取或使用资源的与成本相关的财务和非财务信息。例如，计算产品成本是成本会计的一项功能，可满足财务会计的存货估价需要和管理会计的决策需要（如确定产品价格和选择推广何种产品）。但是，现代大多数会计人员认为，成本信息是用于制定管理决策的管理会计信息的一部分。管理会计与成本会计之间的区别并不是很清晰，我们在本书中经常交替使用这些术语。

商人常常使用“成本管理”这一术语。然而不幸的是，它并没有一个确切的定义。在本书中，我们用**成本管理**（cost management）来描述管理者为增加产品对消费者的价值并实现组织目标而使用资源的活动。换句话说，成本管理不只是降低成本。成本管理也包括制定决策以增加额外成本——例如，为提高顾客满意度和质量，以及为开发新产品——目的是增加收入和利润。是否进入新市场、实施新的组织流程和改变产品设计也是成本管理决策。会计系统中的信息帮助管理人员管理成本，但信息和会计系统本身不是成本管理。

战略决策和管理会计师

公司**战略**（strategy）指组织如何将自身能力与市场机会相匹配。换句话说，战略描述了一家公司将如何竞争以及管理人员要寻求什么样的机会。公司一般采用两大类战略中的一类。一些公司，如西南航空公司（Southwest Airlines）和Vanguard（一家共同基金公司）遵循成本领先战略。它们通过提供低价高质量的产品或服务，或明智地管理自己的成本以获取利润，实现成长。而另一些公司，如苹果公司和制药巨人强生公司（Johnson & Johnson）遵循产品差异化战略。它们提供差异化的或独特的产品或服务以吸引顾客来获取利润，实现增长，这些产品或服务的定价通常高于竞争者不受欢迎的产品或服务。

在两种战略间做选择是管理者工作的一个重要部分。管理会计师与多个部门的管理者密切合作，提供有关竞争优势来源的信息，如本公司相对于其他公司在成本、生产能力或效率上有优势，或本公司能根据产品新增特色（使公司的产品或服务与众不同）的成本来给产品制定更有利的价格，帮助他们制定战略。**战略成本管理**（strategic cost management）集中描述战略问题的成本管理。

管理会计师通过回答下列问题来帮助管理人员制定战略：

● 谁是我们最重要的顾客？我们怎样才能有竞争力，并向他们提供价值？亚马逊（Amazon. com）在线售书成功后，巴诺书店（Barnes and Noble）的管理会计师概括了加强信息和技术基础设施以及发展在线售书能力的几种方案的成本和收益。类似的成本—收益分析方法引导丰田公司建立柔性计算机集成制造（CIM）工厂，使它能够用同样的设备生产不同的汽车，以应对顾客品位的变化。

● 市场上存在什么替代产品？它们在特征、价格、成本和质量方面与我们的产品有何不同？例如，惠普公司比较了它的打印机与市场上其他打印机的功能、质量和价格后设计了新的打印机，并估计了新打印机的成本和价格。

● 我们最关键的能力是什么？是技术、生产还是营销？我们如何在新战略中利用它？例如，家乐氏公司（Kellogg Company）利用其品牌声誉推出高利润率的新谷物品种。

● 有足够的现金支持战略或者需要筹集额外的资金吗？例如，宝洁公司（Procter & Gamble）发行新债券和股票，为战略收购剃须刀产品制造商吉列公司（Gillette）提供资金。

但是，除非有效执行，否则再好的设计和再强的能力都是无用的。在以下部分，我们描述管理会计师如何帮助管理者采取行动，为顾客创造价值。

价值链、供应链分析与关键成功因素

顾客需要的不仅是价格公平；他们期望及时提供高质量的产品。顾客的全部体验决定着顾客从产品中获得的价值。在本节中，我们探讨公司如何创造这种价值。

□ 价值链分析

价值链（value chain）是一个业务职能序列，产品通过这个系列被逐步制造得对顾客更有用。图表1—2显示了六项基本业务职能——研发（R&D）、产品和流程设计、生产、营销、分销和顾客服务。我们以索尼公司（Sony）的电视机分部来说明这些业务职能。

1. **研发**（research and development）——产生并试验与新产品、新服务或新流程有关的创意。在索尼公司，这一职能包括研究不同电视信号的传输方法和不同形状与厚度的显示屏的画面质量。

2. **产品和流程设计**（design of products and processes）——详细计划、设计和检

测产品或流程。索尼公司的设计包括确定一台电视机的零件数以及不同产品设计对质量和生产成本的影响。一些价值链的表述将前两步称为技术发展。①

3. **生产**（production）——采购、运输和储存（“入厂物流”）以及协调和集中（“运营”）资源以生产一种产品或提供一项服务。索尼公司电视机的生产包括取得并组装电子部件、机壳及运输用包装。

4. **营销（包括销售）**（marketing（including sales））——向顾客或潜在顾客推广和销售产品或服务。索尼公司通过商品展览、报刊广告、网络以及销售人员来对其电视机进行营销。

5. **分销**（distribution）——处理订单，向顾客提供产品或服务（“出厂物流”）。索尼公司的分销包括发货给零售商店，通过互联网直销，以及顾客购买新电视的其他渠道。

6. **顾客服务**（customer service）——向顾客提供售后支持。索尼公司以客户服务热线、网络支持和保修等形式提供针对其电视机的顾客服务。

除了六个基本业务职能外，图表1—2显示了管理职能，它包括会计与财务、人力资源管理、信息技术等，支持六个基本业务职能。在本书随后章节中讨论价值链时，我们将管理职能包括在基本职能内。例如，营销职能包括分析、报告和核算花费在不同营销渠道的资源，而生产职能包括培训一线工人的人力资源管理职能。每一项职能对公司满足顾客要求并长期保持顾客满意（和忠诚）而言都是必要的。

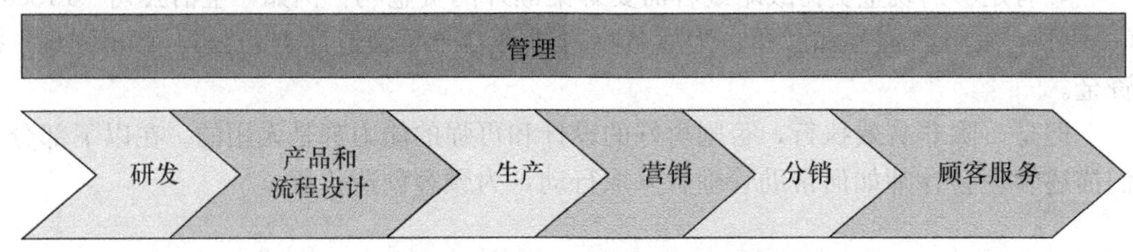

图表1—2 价值链的不同部分

为了实施公司战略，诸如索尼和宝洁等公司应用**顾客关系管理**（customer relationship management，CRM）战略，这个战略在所有的业务功能里整合人和技术，以加深公司与顾客、合作伙伴和分销商的关系。CRM用技术协调所有面向顾客的活动（如营销、销售拜访、分销和售后支持）和向顾客提供产品所必需的设计与生产活动。

不同的公司以不同的方式创造价值。劳氏公司（Lowe's，家居用品零售商）通过关注成本与效率来创造价值。丰田汽车公司（Toyota Motor Company）通过关注质量来创造价值。eBay公司的快速响应为在线拍卖巨头的客户创造质量。创新是为生物科技公司基因泰克公司（Roche-Genentech）的顾客创造价值的最基本的东西。意大利的古驰服饰有限公司（Gucci）通过创建著名品牌为顾客创造价值。因此，在不同的时间和不同的行业，这些职能中的一个或多个比其他的职能更关键。例如，像基因泰克这样的公司会强调研发和产品与流程的设计。相反，像古驰这样的公司会关注营销、分销和顾客服务以建立自己的品牌。

① M. Porter, *Competitive Advantage* (New York: Free Press, 1998).

图表 1—2 描绘了不同业务职能活动发生的一般顺序。但图表 1—2 并不意味着管理人员在计划和管理其作业时应该按价值链的顺序进行。如果价值链上两个或多个业务职能像一个团队那样齐头并进，公司将会获益（在成本、质量和新产品开发速度等方面）。例如，一家公司的生产、营销、分销和顾客服务人员参与设计决策通常会降低公司的总成本。

管理者追踪每一类价值链中产生的成本。他们的目标是减少成本，提高效率。管理会计信息帮助管理者进行成本—收益权衡。例如，是从外部购买产品还是自己制造便宜？如何在设计和制造方面投入资源以减少营销和顾客服务成本？

□ 供应链分析

与生产和运输产品或服务相关的价值链部分（生产和分销）被称为供应链。**供应链**（supply chain）描述了从最初取得材料和服务到向消费者交货过程中货物、服务和信息的流动，而不论这些流动是发生在一个组织还是多个组织中。考虑软饮料巨头可口可乐和百事。许多公司在把这些产品送到顾客手中这一过程中发挥着作用，就如图表 1—3 中的供应链显示的那样。成本管理着重于整合和协调供应链上所有公司的作业，以改善它们的业绩，减少成本。例如，为了减少原料处理成本，可口可乐公司和百事装瓶集团都要求它们的供应商（如塑料和铝制品公司以及糖料生产商）频繁地把小批量原料直接送往生产车间。类似地，为降低供应链上的存货水平，沃尔玛要求供应商（如可口可乐）直接管理它的存货，以确保仓库里的存货永远都是适量的。

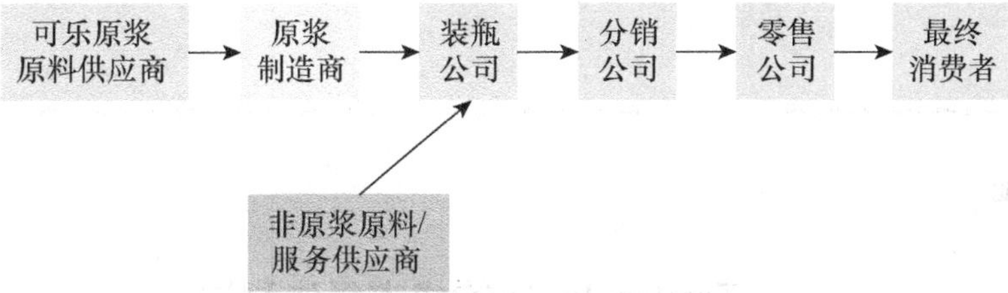

图表 1—3　一家可乐装瓶公司的供应链

□ 关键成功因素

顾客要求公司使用价值链和供应链在下述几个（甚至全部）方面不断改善其表现：

● **成本和效率**——公司面临降低所销售产品的成本的持续压力。为了计算和管理产品成本，管理者必须首先理解引起成本发生的作业（如组装机器或派送产品），还要调查市场以确定消费者愿意为产品或服务支付的价格。管理会计信息帮助管理者从“目标价格”中减去公司想要赚取的单位产品营业利润，计算得到产品目标成本。为了实现目标成本，管理者去除了某些作业（如返工），并降低价值链职能（从初期的研发到顾客服务，参见“观念实施：Trader Joe's 的成本领先秘诀”）中实施作业的成本。许多美国公司通过外包部分业务职能削减成本。例如，耐克公司把它的制造业务转移到了中国和墨西哥，微软和 IBM 日益增加在西班牙、东欧国家和印度的软件开发。

- **质量**——顾客对质量的期望很高。**全面质量管理**（total quality management，TQM）是一种持续改进产品和流程质量的综合管理哲学。实施TQM的管理者认为价值链上的每一个人都要对超过顾客预期的产品和服务负责。公司使用TQM设计产品或服务以满足顾客的需要，生产零（或非常少）缺陷和浪费的产品，最小化存货。管理者使用管理会计信息评价实施TQM的成本和收益。

- **时间**——时间有多个维度。其中，两个最重要的维度是新产品开发时间和顾客响应时间。新产品开发时间是公司开发并推出一件新产品所花费的时间。不断加快的技术创新步伐导致产品生命周期更短和新产品上市更快。为了制定新产品开发决策，管理者需要了解产品寿命周期内的成本和收益。

顾客响应时间描述了一个组织响应消费者需求的速度。为了增加顾客满意度，组织必须确保按时交货，并且减少交货时间。瓶颈是延迟的主要原因。例如，在机器上进行的工作超过可用能力时可能出现瓶颈。为了及时交货，管理者需要增加机器的生产能力以生产更多的产品。管理会计信息能够帮助管理者量化这样做的成本和收益。

- **创新**——持续的产品或服务创新是公司持续成功的基础。管理者依靠管理会计信息对不同的投资决策和研发决策进行评价。

- **可持续发展**——公司正越来越多地使用成本与效率、质量、时间和创新的关键成功因素来促进**可持续性**（sustainability）——实现长期财务、社会和环境目标的战略发展与实施。日本复印机公司理光（Ricoh）的可持续发展努力包括节约能源、节约资源、产品回收和污染防治。理光公司通过设计易于回收的产品，同时改善了效率和产品的质量与成本。

观念实施

Trader Joe's的成本领先秘诀

Trader Joe's有一套成本领先的独家秘诀：以合理的价格出售独特的产品。这个连锁杂货店货架上摆满了低成本的高端食品（柴鸡蛋和可持续供应的海鲜）和有异域风情的买得起的奢侈品（埃塞俄比亚的Peaberry咖啡和泰国腰果），以此有别于传统的超市供货。通过合理地控制成本，Trader Joe's可以天天低价提供这些商品。

在Trader Joe's，顾客根据价值选择商品。该公司还拥有精心挑选并不断变换商品种类的小商店。一般典型的杂货店会有50 000件商品，Trader Joe's却只有约4 000件。最近，Trader Joe's已经把不可持续的商品下架，包括转基因食品。大约80%的产品贴着Trader Joe's的商标，管理层想方设法使这些产品的成本达到最低。公司直接从制造商那里进货，这些制造商直接把商品运到Trader Joe's的仓库，以规避第三方分销成本。由于商店小，储存空间有限，Trader Joe's的卡车每天都会从仓库中心发出。这样就促进了精确、及时的订购和对频繁的商品周转的持续关注。

高质量与低价格的成功结合使Trader Joe's成为美国最热的零售商之一。它的门店每年销售额大约有80亿美元，或者说每平方英尺销售1 750美元商品，该销售额是其头号竞争对手全食（Whole Foods）的两倍多。

资料来源：Based on Beth Kowitt，"Inside the Secret World of Trader Joe's，" *Fortune*（August 23，2010）；Christopher Palmeri，"Trader Joe's Recipe for Success，" *Businessweek*（February 21，2008）；Mark Mallinger and Gerry Rossy，"The Trader Joe's Experience：The Impact of Corporate Culture on Business Strategy，" *Graziadio Business Review*（2007，Volume 10，Issue 2）；and Allessandra Ram，"Teach Us，Trader Joe：Demanding Socially Responsible Food，" *The Atlantic*（August 7，2012）.

公司对可持续发展的兴趣似乎增加了。诸如通用电气（General Electric）、波兰泉（Poland Springs）（瓶装水生产商）和惠普（Hewlett-Packard）等许多公司都将可持续发展融入它们的决策中。由于以下几个原因，可持续发展对这些公司很重要：

● 越来越多的投资者关心可持续发展。这些投资者根据公司的财务、社会和环境绩效来制定投资决策，并且在股东大会上提出有关可持续发展的问题。

● 强调可持续发展的公司发现，可持续发展目标能够吸引和激励员工。

● 顾客偏好有良好可持续发展记录的公司的产品，抵制有不良可持续发展记录的公司。

● 社团和激进的非政府组织监督公司可持续发展绩效，并且对违反环境法的公司采取法律行动。经济快速发展的国家，如中国和印度，要求或鼓励公司制定和报告可持续发展计划。

管理会计师帮助管理者追踪公司的关键成功因素以及竞争对手的关键成功因素。这类竞争信息已成为管理者持续改进经营的一个基准。持续改进的例子包括西南航空公司努力提高航班正点率，eBay 努力改进顾客访问在线拍卖，劳氏努力持续降低家居改善产品的成本。有时，更基本的经营变革可能是必要的，如重新设计制造过程以降低成本。为了成功地实施战略，公司需要做的不仅是价值链、供应链分析和关键成功因素的执行，它们还必须有好的决策流程。

决策制定、计划与控制：五步决策制定程序

我们以《每日新闻》（*Daily News*，科罗拉多州博尔德的一家报纸）为例描述五步决策制定程序。本书随后的章节描述管理者如何使用这种五步决策程序制定不同类型的决策。

《每日新闻》采用如下方法将自身与其竞争对手区别开来：（1）高度尊重那些写出精心调研的新闻报道的记者；（2）使用色彩来增强对读者和广告商的吸引力；（3）建立网站以提供实时更新的新闻、采访和分析。该家报社拥有下列资源来实施这个战略：一家计算机自动化集成的一流印刷厂；基于网络的信息技术基础设施；行业中最好的分销网络。

为了跟上不断增加的生产成本，《每日新闻》的管理者 Naomi Crawford 需要增加公司的收入。为了决定应该做什么，Naomi 完成了五步决策制定程序。

1. **确定问题与不确定性**。Naomi 有两个主要选择：

（1）提高报纸的售价。

（2）增加每页广告的收费。

最大的不确定性是价格或费用增加对需求的影响。需求的减少可能会抵消价格或费用的上涨，从而导致总收入更低而非更高。

2. **获取信息**。决策之前收集信息有助于管理者更好地了解不确定性。Naomi 请营销经理与读者代表交谈，以评估他们对报纸售价提高做出的反应。她请广告销售经理与现有和潜在的广告客户交谈，以评估广告需求。她也回顾了过去价格上涨对读者情况的影响。《每日新闻》的管理会计师 Ramon Sandoval 提供了有关过去广告费上涨或下降对广告收入影响的信息。他也收集和分析了竞争报纸和其他媒体收取广告费的信息。

3. **预测未来**。在这些信息的基础上，Naomi 对未来进行了预测。她得出的结论是，提高价格会令读者不安，导致读者减少。但对于广告费，她有不同看法。她预计整个市场的广告费将上涨，因此她相信增加费用对销售的广告页数影响不大。

Naomi 意识到预测需要判断。她开始寻找自己思想上的偏差。正确判断了读者的情绪吗？或者自己的决策过于受价格上涨的负面宣传的影响了吗？有多大把握确信竞争对手会增加广告收费？这些想法受竞争对手过去的反应的影响吗？环境发生变化了吗？如何确信自己的销售代表能够说服广告客户支付更高的费用？再次测试了自己的假设并重新仔细研究了自己的想法后，Naomi 对自己的预测和判断很自信。

4. **选择方案做决策**。在制定决策时，公司的战略是组织内不同部门的许多人在不同时期的决策的一个重要路标。一致的战略为这些不同的决策提供了一个共同的目标。只要这些决策与战略一致，组织就能实现自身的目标。如果不一致，公司的决策就不协调，将组织引到不同的方向，就会产生不一致的结果。

与产品差异化战略一致，Naomi 决定在 2014 年 3 月增加广告收费 4%，达到每页 5 200 美元，但报纸的售价不会上涨。她相信，《每日新闻》的独特风格和网络呈现会增加读者量，为广告商创造价值。她向销售部门传达新的广告费计划。Ramon 估计广告收入将达 4 160 000 美元（5 200 美元/页×2014 年 3 月预计售出的 800 页）。

步骤 1 至步骤 4 统称为计划。**计划**（planning）包括选择组织目标和战略，预测达成目标的多种可选方案的结果，决定如何达到预期的目标，向整个组织传达目标以及如何达到目标。在这些计划活动中，管理会计师是作为业务伙伴，因为他们知道关键的成功因素以及什么东西创造价值。

实施战略时最重要的计划工具是预算。**预算**（budget）是管理层拟定的行动计划的数量表示，帮助协调实施该计划过程时需要完成的工作。2014 年 3 月，《每日新闻》的预算广告收入等于 4 160 000 美元。2014 年 3 月的全部预算包括：预算的发行收入和为达到销售目标所需的生产、分销和顾客服务成本；预计的现金流和潜在的融资需求。因为有多个部门帮助编制预算，因此整个组织的人员必须相互协调和沟通，还要与供应商和客户进行协调和沟通。

5. **实施决策，评价业绩与学习**。《每日新闻》的管理者采取行动实施 2014 年 3 月的预算。然后，公司的管理会计师收集信息，比较真实业绩与计划或预算的业绩（也称为计分）。这种真实结果的信息不同于 Naomi 在第 2 步中收集的预先决策计划信息。预先决策计划信息能够使她更好地理解不确定性、做预测和决策。实际业绩与预算业绩的比较是信息的控制作用或后决策作用。**控制**（control）包括：采取行动实施计划决策；

评价过去的业绩；提供反馈和学习以有助于未来制定决策。

实际业绩评价告诉管理者，他们以及他们的下属部门绩效如何。把报酬与业绩联系起来有助于激励管理者。这些报酬包括内在的（工作做得好的褒奖）和外在的（与业绩挂钩的工资、奖金和晋升）。我们将在后面的章节（第 23 章）中详细讨论这一点。预算既是一个计划工具也是一个控制工具。为什么？因为预算是与实际业绩作比较的基准。

现在考虑《每日新闻》的业绩评价。2014 年 3 月，这家报纸出售了广告、开具发票并收款。会计系统记录了这些发票和收据。图表 1—4 显示了 2014 年 3 月《每日新闻》的广告收入。这份业绩报告显示，已售出广告 760 页（比预算的 800 页少 40 页）。每页平均收费 5 080 美元，而预算是每页 5 200 美元，因此，实际广告收入是 3 860 800 美元，比预算的 4 160 000 美元少了 299 200 美元。观察管理者如何使用财务和非财务信息（如销售的广告页数）来评价业绩。

图表 1—4　　2014 年 3 月《每日新闻》的广告收入业绩报告

	实际结果 (1)	预算数 (2)	差异：（实际结果－预算数） (3)＝(1)－(2)		差异占预算数的百分比 (4)＝(3)÷(2)	
销售的广告页数	760	800	40	不利差异	5%	不利差异
每页平均费用	$5 080	$5 200	$120	不利差异	2.3%	不利差异
广告收入	$3 860 800	$4 160 000	$299 200	不利差异	7.2%	不利差异

图表 1—4 中的业绩报告将引发调查和学习。**学习**（learning）包括检验过去的业绩（控制功能）和系统研究未来制定信息充分的决策和计划的其他方法。学习可能导致目标、战略发生变化，决策确认方法发生变化，预测时收集的信息范围发生变化，有时是管理者发生变化。

图表 1—4 中的业绩报告将促使管理会计师提出几个问题，将管理者的注意力引导到问题与机会上。将《每日新闻》与其他报纸区分开的战略吸引了更多读者吗？营销与销售部门是否足够努力地去说服广告商，即使每页收费 5 200 美元，在《每日新闻》上做广告仍是值得的？为什么实际的每页收费（5 080 美元）比预算（5 200 美元）少？是不是某些销售代表打了折扣？经济环境是否对消费收入下降有影响？是编辑和生产标准下降导致收入下降吗？是更多的读者在线获取新闻吗？

对这些问题的回答将促使报纸的出版商采取后续行动，如增加更多的销售人员、改变编辑政策或投入更多的资源扩大在线和在移动设备上的呈现。良好的实施需要营销、编辑和生产部门一起工作，协调行动。

管理会计师能够进一步确认广告费涨价后削减或停止做广告的广告客户详情。然后管理者可以决定销售代表何时以及怎样与广告客户联系。

计划和控制活动必须有足够的弹性，以便管理者能抓住在制定计划时未预见到的机会。在任何情况下，控制并不意味着管理者在事件（如耸人听闻的新闻事件）表明未包括在计划（如花更多的钱来报道这个事件）里的行动能为公司提供更好的结果（更高的报纸销量）时仍恪守计划而不变通。

图表 1—5 的左边是《每日新闻》决策制定程序的全貌，右边重点说明管理会计系统如何帮助制定决策。

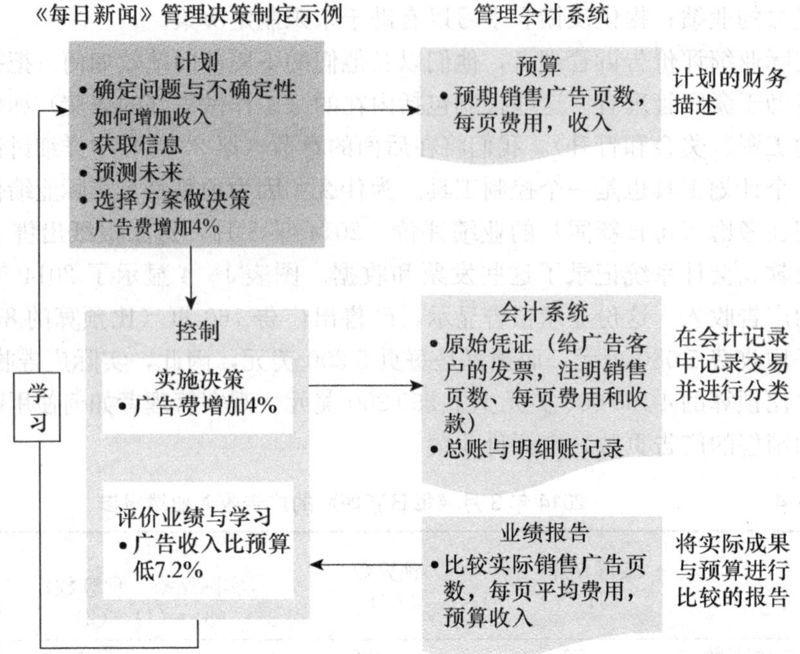

图表 1—5　会计如何帮助《每日新闻》制定决策、计划和控制

关键的管理会计指导原则

有三个重要的指导原则帮助管理会计师在战略和经营决策中为企业提供最大的价值：(1) 引入成本—效益原则；(2) 全面重视行为性因素和技术性因素；(3) 为不同目的使用不同成本。

□ 成本—效益原则

管理会计师不断面对分配资源的决策，如是否购买一套新的软件包或者雇用一名新员工。他们在做这些决策时使用**成本—效益原则**（cost-benefit approach）。如果资源给公司带来的预期收益超过预期成本，管理者就应该消耗资料。管理者依靠管理会计信息来量化预期收益与预期成本（虽然预期收益与预期成本不容易量化）。

以一家咨询公司首次建立预算系统为例。之前该公司使用历史记录，而很少用到正式计划。建立一套预算系统的一个主要好处是，它强迫管理者提前制定计划，比较实际与预算信息，并且采取正确行动。虽然系统导致更好的决策，从而导致更好的公司业绩，但是具体的好处是不容易计量的。在成本方面，某些成本，如软件与培训投资，很容易量化。其他成本，如管理者花在预算流程上的时间，是很难量化的。不管怎么样，高级管理者将预期收益与预期成本进行比较，运用判断，做出决策，在这种情况下建立预算系统。

□ 行为性和技术性考虑

在利用成本—效益原则时，管理者需要牢记一些技术性和行为性考虑因素。技术性考虑以一种适当的格式（例如，实际结果与预算数）和要求的频率（例如，每周与每月）向管理者提供所需的信息（例如，多种价值链范畴的成本），帮助他们制定明智的经济决策。但是，管理不仅仅限于技术性问题。管理主要是一项人的活动，应该关注鼓励个人更好地完成其工作。预算有行为效应，它通过激励和奖励员工来实现组织的目标。因此，当员工表现不佳时，行为性考虑建议管理者应当与表现不好的员工讨论改善业绩的方法，而不只是给他们寄一份强调他们表现不佳的报告。

□ 不同目的用不同成本

本书强调管理者在不同的决策情景下用不同方法计算成本，因为不同的目的需要使用不同的成本。用于外部报告目的的成本概念可能不适合内部的日常报告。

考虑微软公司为推出一件产品而发生的广告成本，该产品使用寿命为几年。向股东提供的外部报告中，GAAP要求，新产品电视广告成本在发生当年就全部费用化记入利润表。但是，如果微软的管理团队认为资本化能更准确、更公平地反映发布新产品的管理者的业绩，那么可以将电视广告成本资本化，然后在几年内摊销或作为费用冲销。

现在我们讨论公司组织结构内管理者和管理会计师的关系和报告职责。

组织结构与管理会计师

我们首先关注宽泛的管理功能，然后考察管理会计和财务功能如何支持管理者。

□ 直线部门和参谋部门的关系

组织区分直线管理和参谋管理。**直线管理**（line management），如制造、营销和分销管理，直接对实现组织目标负责。例如，生产部门经理对达到特定水平的预算营业利润、产品质量和安全，以及遵守环境法负责。同样，医院的儿科对服务质量、成本和病人的账单负责。**参谋管理**（staff management）向直线管理提供建议、支持和协助，如管理会计师、信息技术和人力资源管理。一位车间经理（直线职能）可能负责购买新设备；而一位管理会计师（参谋职能）则是作为车间经理的一个业务伙伴，为他进行设备替代件运营成本的详尽比较。

诸如本田（Honda）和戴尔（Dell）等公司越来越多地使用团队来达到其目标。这些团队同时包括直线管理和参谋管理，这样可以同时获得所有决策信息。

□ 首席财务官和主计长

首席财务官（CFO）——在许多国家也称为**财务主管**（finance director）——是负责监督一个组织财务运营的主管人员。CFO 的职责随组织而异，但通常包括如下方面：

- **主计**——为提交给管理人员和股东的报告提供财务信息，监督会计系统的整体运行。
- **司库**——监督银行融资和长短期融资、投资和现金管理。
- **风险管理**——管理利率、汇率变动引起的财务风险，以及衍生工具管理。
- **税务**——筹划所得税、销售税和国际税务。
- **投资者关系**——与投资者沟通，给投资者答复，与投资者互动。
- **战略规划**——制定战略并分配资源以实施战略。

独立的内部审计职能审核、分析财务和其他记录，以验证组织财务报告的完整性及对组织政策和程序的遵守。

主计长（controller）（也称首席会计官）是主要负责管理会计和财务会计的财务经理。本书着重讲解主计长作为首席管理会计经理的职责。现代主计长除了在其自己的部门外不行使任何直线权力。但是，现代主计长以一种特别的方式对整个组织实施控制。主计长通过报告和解释相关数据影响所有员工的行为，并且帮助直线管理者制定更好的决策。

图表 1—6 是耐克这家领先的鞋类与服装公司的 CFO 和公司主计长的组织结构图。CFO 是一个参谋管理人员，向首席执行官（CEO）报告，并支持 CEO。像大多数组织一样，耐克的主计长向 CFO 报告。耐克在每个大区分部（如美国、亚太、拉丁美洲和欧洲）都有支持区域经理的区域主计长。因为区域主计长支持区域经理的活动（例如，通过管理预算和分析成本来支持），所以区域主计长向区域经理而不是公司主计长报告。同时，区域主计长要为整个组织调整会计政策和实务，因此对公司主计长有功能性（通常称为虚线）责任。有时个别国家有一个国家主计长。

像图表 1—6 这样的组织结构图显示了正式的报告关系。在大多数组织，还存在非

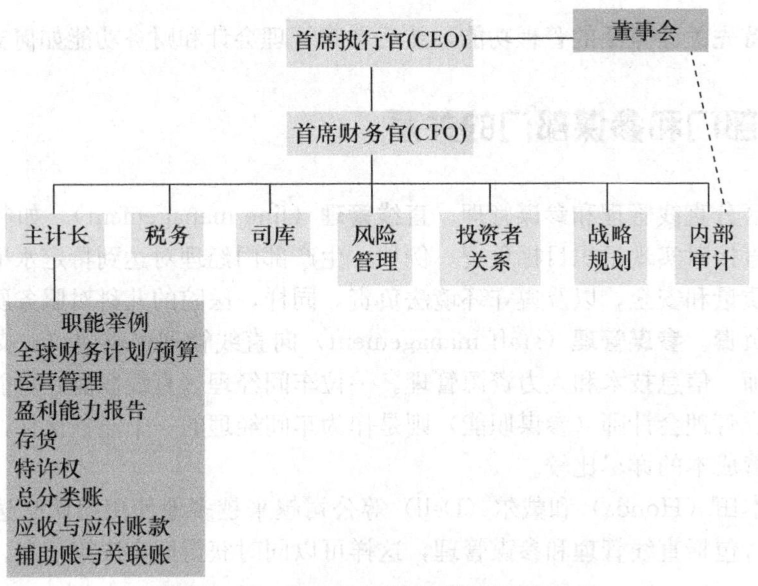

图表 1—6 CFO 与公司主计长的报告关系

正式的关系，是管理者打算执行决策时必须认识到的。非正式关系的示例是管理者间的朋友关系（无论是职业朋友还是私人朋友），以及高层管理者对其决策时依靠的管理者的个人偏好。

考虑管理者如何设计和实施战略以及组织结构，然后想想管理会计师和主计长的角色。不言而喻，成功的管理会计师必须具备技术和分析能力，还有行为和人际技能。

□ 超越数字的管理会计①

对外行人来说，会计师就好像"数字人"。确实，大多数会计师都是业务熟练的财务经理，但他们的技能并不仅仅是这些。成功的管理会计师拥有一些远远超出基本分析能力的技能和特征。

管理会计师必须在跨职能团队中工作并且作为业务伙伴。除了技术上胜任以外，最好的管理会计师在团队中工作，了解经营问题，理解不同个人的动机，尊重成员的观点，表现出热情与信任。

管理会计师必须促进基于事实的分析，做出实际的关键的判断。管理会计师必须提出一些棘手的问题让管理者思考，特别是在编制预算时。他们细心地做这些事情，意在改进计划和决策。在 2012 年投资银行摩根大通（JP Morgan）"异国的"金融投资（信用违约互换）损失 60 多亿美元之前，主计长本应该对这些风险投资提出疑问，并且质疑公司将赚取大量利润押注于国外经济环境改善的事实。

管理会计师必须领导和激励人们进行改变与创新。即使新想法是好的，实施起来也很困难。当美国国防部（DoD）将 320 多个财务与会计系统合并成一个公共平台时，会计服务部门的主任和他的管理会计师团队举行会议，以确认机构中的每一个人都理解了这个变化的目标。最终，美国国防部将每个人的业绩与变革挂钩，并且引入激励薪酬以鼓励员工采用这个平台，在这个新的框架内推动创新。

他们必须清晰、公开、坦诚地沟通。传递信息是管理会计师工作的一个重要部分。当高档轿车公司（如劳斯莱斯和保时捷）设计新车型时，管理会计师和工程师密切合作，确保每一辆新车都支持精心确定的商业、工程和财务标准的平衡。这些努力是成功的，因为管理会计师明确传达了多学科团队需要提供有利可图的创新信息。

他们必须有强烈的正直感。管理会计师不能屈从于管理者的压力而操纵财务信息。他们必须永远牢记他们对组织和股东的承诺。2012 年，由于严重的会计问题，惠普公司将英国软件制造商 Autonomy 公司（惠普公司在 2010 年收购了这家公司）的价值减记了 88 亿美元。惠普称 Autonomy 公司的高级管理者存在"严重的会计不当行为"和"彻底的虚假陈述"，将某些低利润的硬件销售错误地描述为软件，并且将合作伙伴的一

---

① United States Senate Permanent Subcommittee on Investigations. *JPMorgan Chase Whale Trades: A Case History of Derivatives Risks and Abuses*. Washington, DC: Government Printing Office, March 15, 2013; Wendy Garling, "Winning the Transformation Battle at the Defense Finance and Accounting Service," Balanced Scorecard Report, May-June 2007; Nixon, Bill, Burns, John, and Mostafa Jazayeri. The role of management accounting in new product design and development decisions. Volume 9, Issue 1. London: Chartered Institute of Management Accountants, November 2011; and Ben Worthen, "H-P Says It Was Duped, Takes $8.8 Billion Charge," The Wall Street Journal (November 12, 2012).

些交易确认为收入，即使顾客从来没有购买产品。这些行为抬高了 Autonomy 的收入和利润，使公司成为一个更具吸引力的收购目标。

职业道德

对道德行为的关注从来没有像今天这样强烈。会计师事务所安达信（Arthur Andersen）、住房抵押贷款公司国家金融公司（Countrywide Financial）、石油和天然气公司安然（Enron）、投资银行雷曼兄弟（Lehman Brothers）、日本光学设备公司奥林巴斯（Olympus）和伯尼麦道夫投资证券公司（Bernie Madoff Investment Securities）的丑闻严重侵蚀了公众对公司的信心。公司的所有员工必须遵守组织的——更宽泛地讲，社会的——道德准则期望。

道德是运转良好的经济的基础。当道德薄弱时，供应商通过贿赂高管而不是投资于提高质量和降低成本来获得供应合同。因为顾客对产品的质量没有信心，他们就不愿意购买，从而导致市场衰退。因为向供应商支付的价格更高，生产和销售的产品更少，导致成本更高。投资者无法确定财务报告的真实性，这影响了他们制定投资决策的能力，导致他们不愿意投资和资源的错误配置。跨国超市运营商阿霍德（Ahold）、全球性的多元化制造公司泰科国际（Tyco International）等公司的丑闻都清楚地表明，价值被不道德的行为快速摧毁了。

机构支持

会计师有特殊的道德责任，因为他们要保证对内、对外提供的财务信息的公正性。美国为应对一系列公司丑闻而于 2002 年通过了《萨班斯-奥克斯利法案》（Sarbanes-Oxley Act）。该法案强调改进内部控制、公司治理、对管理者的监督以及公众公司的披露惯例。这些法规对不能达到标准的管理者和会计师施加了严格的道德准则和刑事处罚，法规也为员工报告违法和不道德行为（这些职员被称为揭发者）描绘了一个程序。

作为《萨班斯-奥克斯利法案》的一部分，CEO 和 CFO 必须证明公司的财务报告公允地表达了他们的经营成果。为了审计师的独立性，法案授权公司董事会的审计委员会（全部由独立董事组成）雇用、酬报、中止审计其公司的会计师事务所。为了减少对单个客户的财务依赖，增加独立性，法案限制审计公司向审计客户提供咨询、税务等服务。法案也授权公众公司会计监督委员会（Public Company Accounting Oversight Board，PCAOB）监督、复查和调查审计师的工作。在许多国家，代表管理会计师的职业会计组织提供认证程序，表明完成认证程序的人有管理会计和财务管理专业技术知识和专长。这些组织也提倡高道德标准。在美国，**管理会计师协会**（Institute of Management Accountants，IMA）也发布道德准则。图表 1—7 是 IMA 在有关能力、保密、正直和可信性等问题上的指导原则。为了给成员提供支持，使他们在所有时刻都遵守道德，IMA 提供道德热线服务。会员可以拨打电话与 IMA 道德咨询服务处的职业顾问讨论其面临的道德困境。顾问会帮助确认关键的道德问题并提供可行的不同解决方法。当然，这是完全保密的。IMA 只是帮助管理会计师通过道德激流的众多机构中的一个。

图表 1—7　　管理会计和财务管理从业人员的道德行为

管理会计和财务管理从业人员有义务对公众、职业、所在组织以及自身保持道德行为的最高标准。正是意识到这一义务，管理会计师协会才发布了下述职业道德实践标准。坚持这些标准，无论在国内还是在国外，都是达到管理会计目标的组成部分。管理会计和财务管理从业人员不应做出违背这些标准的行为，也不允许其组织中的其他人做出有违标准的行为。

管理会计师协会职业道德实践公告

管理会计和财务管理从业人员的行为应该符合道德。职业道德行为承诺包括表达我们价值观的原则和指导我们行为的准则。

原则

管理会计师协会的道德原则包括：诚实、公正、客观和责任。从业者应该按这些原则行事，同时鼓励组织中的其他人遵守这些原则。

准则

从业者不遵守下列准则可能会遭受惩戒。

能力

每一位从业人员有责任：

1. 通过不断提高其知识和技能来保持适当水平的专业能力。
2. 按照相关法律、法规和技术标准履行其职责。
3. 提供准确、清晰、简洁、及时的决策支持信息和建议。
4. 确认并沟通可能妨碍可靠判断或妨碍活动顺利进行的职业限制或其他约束。

保密

每一位从业人员有责任：

1. 除非法律要求或经授权，禁止披露在工作中获取的机密。
2. 告知所有相关方正确使用保密信息，并且监督下属的活动以确保得到遵守。
3. 禁止使用保密信息获取不道德的或非法的利益。

正直

每一位从业人员有责任：

1. 减轻实际利益冲突。定期与业务伙伴沟通以避免明显的利益冲突。通知各方任何潜在的冲突。
2. 禁止从事各种可能会妨害其遵守道德行为准则履行职责的活动。
3. 禁止从事或支持各种有损本职业声誉的活动。

可信性

每一位从业人员有责任：

1. 公正和客观地传达信息。
2. 披露所有能合理预见到会影响使用人理解报告、分析和建议的相关信息。
3. 根据组织政策和适用法律披露信息中的延迟或不足，及时性，过程或内部控制。

资料来源：*IMA Statement of Ethical Professional Practice*，2005. Montvale，NJ：Institute of Management Accountants. Reprinted with permission from the Institute of Management Accountants，Montvale，NJ，www.imanet.org.

□ 典型的道德挑战

管理会计师在很多方面会面临道德问题。这里有两个示例。

- 案例 A：一位管理会计师正在考虑一套软件产品的商业潜能。为了内部报告目的，该软件的开发成本被资本化为一项资产而不是作为一项费用。部门经理的部分奖金是根据部门的利润确定的。部门经理认为开发成本作为一项资产是合理的，因为新产品将会产生利润。但是他却拿不出证据支持自己的观点。该部门最近的两种产品并不成功。这个管理会计师想做出正确的决策，同时避免与他的上级部门经理发生个人冲突。
- 案例 B：一位包装供应商正在投标一份新合同。他邀请购买方的管理会计师去超级碗（Super Bowl）免费度周末。在邀请的时候供应商对新合同只字未提。这个会计师不是供应商的私人朋友。他知道成本问题是这个新合同的关键，他担心供应商会向他询问投标竞争对手的报价细节。

在上述案例中会计师都面临一种道德困境。道德问题并不总是明摆着的。案例 A 涉及能力、可信性和正直。管理会计师应该要求该部门经理提供可靠证据来证明新产品在商业上是可行的。如果经理拿不出这样的证据，那么将开发成本在当期费用化是适当的。

案例 B 涉及保密和正直。案例 B 中的供应商可能没有打算询问有关公司投标的问题。但对许多公司来说，案例 B 中利益冲突的迹象足够让它们禁止员工接受这种来自供应商的“好处”。图表 1—8 是 IMA 给出的“道德冲突的解决”指导原则。案例 B 中会计师应该与其直接上司讨论那个邀请。如果同意邀请，那么会计师应该通知供应商，邀请是在遵守公司政策（包括不透露公司机密信息）的情况下正式获准的。

全球大多数职业会计组织都发布有关职业道德的声明。这些声明中包括许多 IMA 在图表 1—7 和图表 1—8 中讨论的相同问题。例如，英国特许管理会计师公会（CIMA）倡导的四个基本原则与图表 1—7 相同——能力、保密、正直和可信性。

图表 1—8　　道德冲突的解决

在执行职业道德实践准则时，你可能会面对如何确定不道德行为或如何解决道德冲突的问题。当面临道德问题时，你应当遵从本组织建立的解决这种冲突的规则。如果这些规则不能解决道德冲突，从业人员应该考虑下述行动方针：

1. 与直接上司讨论该问题，除非有迹象表明该上司也卷入其中。在这种情况下，应上报上一级管理层。如果没有得到满意的解决，就应上报更高一级的管理层。如果直接上司是首席执行官或相同级别，那么可接受的再受理机构包括审计委员会、执行委员会、董事会、受托人委员会或业主。假如直接上司未卷入该道德问题，那么越级汇报应该在其知晓的情况下进行。除非法律要求，与非本组织聘请的权威机构或个人讨论这些道德问题是不恰当的。

2. 私下与 IMA 道德顾问或其他公正的顾问讨论以澄清相关的道德问题，从而更好地理解可能的行动方针。

3. 涉及道德冲突中的法律义务与权利问题，咨询你的律师。

资料来源：*IMA Statement of Ethical Professional Practice*，2005. Montvale，NJ：Institute of Management Accountants. Reprinted with permission from the Institute of Management Accountants，Montvale，NJ，www.imanet.org.

自测题

金宝汤公司（Campbell Soup Company）发生了如下成本：

1. 罐头厂为生产西红柿汤购入的西红柿成本。
2. 为重新设计包装以延长 Pepperidge Farm 饼干的保鲜时间而购入的材料成本。
3. 支付给广告代理商 Backer，Spielvogel，&Bates 的广告费，它为公司在“健康须知”栏目代理广告。
4. 支付给食品技术专家的工资，他们正在研究热量最低的比萨饼调料 Prego 的可行性。
5. 支付给 Safeway 兑换金宝汤食物产品的息票。
6. 对金宝汤产品的顾客免费查询电话成本。
7. 早餐食品 Swanson Fiesta 生产线工人的手套成本。
8. 为大超市派送 Pepperidge Farm 饼干的送货人员的手提电脑成本。

要求：

按照图表1—2所示的价值链，把事项1～8按业务职能分类。

解答：

1. 生产。
2. 产品和生产流程设计。
3. 营销。
4. 研发。
5. 营销。
6. 顾客服务。
7. 生产。
8. 分销。

决策要点

下面的问答形式是对本章学习目标的总结，决策代表与学习目标相关的关键问题，指南则是对该问题的回答。

决策	指南
1. 财务会计与管理会计有什么不同?	财务会计是按照GAAP把过去的财务业绩编制成报告以供外部用户使用。管理会计用于提供面向未来的信息，以帮助管理者（内部用户）制定决策，并实现组织的目标。
2. 管理会计师如何支持战略决策?	管理会计师提供有关竞争优势来源的信息，为战略决策做出贡献。
3. 公司如何增加价值?顾客期望的企业绩效维度是什么?	公司通过研发、产品和流程设计、生产、营销、分销，以及顾客服务来增加价值。顾客希望公司通过成本、效率、质量、时间和创新等来实现业绩。
4. 管理者如何制定决策来实施战略?	管理者通过五步决策制定程序来实施战略：(1) 确定问题与不确定性；(2) 获取信息；(3) 预测未来；(4) 选择方案做决策；(5) 实施决策，评价业绩与学习。前四步是计划决策，包括确立组织目标，预测在不同的实现目标方法下能取得的结果，以及决定如何实现预定目标。第五步是控制决策，包括采取行动实施计划决策，评价过去业绩和提供反馈以帮助制定未来决策。
5. 管理会计师有什么指导原则?	有三个指导原则帮助管理会计师增加其对管理人员的价值：(1) 引入成本—收益原则；(2) 识别行为性因素和技术性因素；(3) 为不同目的使用不同成本。
6. 管理会计职能如何整合到组织结构中?	管理会计是主计长的职能组成部分之一。在大多数组织中，主计长向首席财务官报告，而后者是最高管理团队的一名关键成员。
7. 管理会计师的道德责任是什么?	管理会计师在能力、保密、正直和可信性等相关问题上负有职业道德责任。

练习题*

1—17 价值链和成本分类，制药公司。辉瑞（Pfizer）是一家制药公司，发生了以下成本：

（1）支付医学研讨会展位的注册费，以向医生推广新产品。

（2）为减少疼痛感，重新设计胰岛素注射器的成本。

（3）开设一条免费热线所花费的成本，用户可以利用这条热线来询问药品的用法、副作用等问题。

（4）进行药品试验而购买的设备，该药品尚需政府批准。

（5）对一个职业高尔夫球员的赞助费。

（6）包装工人的人工费用。

（7）销售人员因为超过月销售定额而获得的奖金。

（8）雇用联邦快递公司（FedEx）给医院运送药品。

要求：

把上述成本项目按图表1—2所示价值链的业务职能分类。

1—19 关键的成功因素。多米尼克咨询公司（Dominic Consulting）发布了一份报告，建议其最新的制造业客户——卡斯帕尔发动机公司（Casper Engines）进行调整。卡斯帕尔发动机公司目前生产单一的产品，在全国范围内销售和分销。该报告包含以下提升企业绩效的建议：

（1）开发混合动力发动机以继续领先于竞争对手。

（2）增加装配线人员的培训时间，以减少目前大量的废品和浪费。

（3）交货周期（从顾客产品订单到顾客收到产品的时间）缩短20%，以提高客户保留率。

（4）与材料供应商协商更快的响应速度，允许更低的存货水平。

（5）将公司的毛利率百分比与主要竞争对手进行比较。

要求：

将每个调整与对管理者非常重要的关键成功因素联系起来。

1—21 计划和控制决策。Conner公司生产销售扫帚和拖把，采取了如下行动（不一定按下面的顺序）。说明每一个行动是计划决策还是控制决策。

（1）公司要求营销团队考虑从最新的竞争对手Swiffer公司那里夺回市场份额的方法。

（2）公司在推出最新产品后计算市场份额。

（3）公司将新产品生产的实际成本与预算成本进行比较。

（4）公司的设计团队提出一种直接与Swiffer公司竞争的新产品。

（5）公司预计下一年第一季度销售30 000单位新产品将发生的成本。

1—23 五步决策制定程序，制造。Tadeski食品公司生产冷冻的加热即食正餐，通过杂货店销售。典型的产品包括火鸡正餐、焖烧肉、炸鸡等。公司的管理人员最近提议建设一条冷冻鸡肉馅饼生产线。他们采取如下行动，以帮助确定是否建设生产线。

（1）Tadeski的实验厨房为消费重点人群准备了一些可能的食谱。

（2）销售经理估计北方销售区将比南方销售区销售更多的鸡肉馅饼。

（3）经理讨论推出鸡肉馅饼的可能性。

（4）经理比较生产鸡肉馅饼的实际成本与预算成本。

（5）编制生产鸡肉馅饼的成本预算。

（6）公司决定生产鸡肉馅饼。

（7）公司研究潜在因素的成本以决定是否推出新的鸡肉馅饼。

要求：

将上述每一个行动划分为五步决策制定程序（确定问题与不确定性；获取信息；预测未来；选择方案做决策；实施决策，评价业绩与学习）中的一步。行动不是按实施顺序列出的。

1—25 职业道德和报告分部业绩。Maria

* 限于篇幅，本书只保留了原著中的部分练习题。——译者注

Mendez 是部门的主计长，James Dalton 是 Hestor 鞋业公司的部门经理。Mendez 对 Dalton 负有业务责任，对公司主计长负有员工责任。

为了实现部门年度预算收入，Dalton 承受了很大的压力。他已经要求 Mendez 在 12 月 31 日登记 200 000 美元的收入。顾客订单是确定的，但是鞋子还在生产过程中。它们会在 1 月 4 日左右运达。Dalton 对 Mendez 说，“最重要的是得到销售订单而不是运输鞋子。你应该支持我，而不是妨碍我完成部门目标”。

(1) 描述 Mendez 的道德责任。

(2) 如果 Dalton 直接命令 Mendez 登记收入，Mendez 应该怎么办？

1—27 计划与控制决策，互联网公司。PostNews. com 给用户提供了多种服务，如带注解的电视指南以及有关天气、餐馆和电影院的局部区域信息。它的主要收入来源是广告费和用户订阅费。最近的数据如下：

年/月	广告收入	实际订阅者数量	每个订阅者每月的费用
2011/6	$415 972	29 745	$15.50
2011/12	867 246	55 223	20.50
2012/6	892 134	59 641	20.50
2012/12	1 517 950	87 674	20.50
2013/6	2 976 538	147 921	20.50

2013 年 6—10 月制定的决策如下：

(1) 2013 年 6 月：从 2013 年 7 月起订阅费提高到 25.50 美元。在此月费用下的订阅者数量见下表。

(2) 2013 年 6 月：告知现有的订户，从 7 月起，每月的费用是 25.50 美元。

(3) 2013 年 7 月：向订阅者提供电子邮件服务，并升级其他在线服务。

(4) 2013 年 10 月：基于下表中 2013 年 7—9 月的数据，在订阅者数量和订阅收入明显下降后，解雇营销副总裁。

(5) 2013 年 10 月：从 2013 年 11 月起，将每月订阅费用减少至 22.50 美元。

2013 年 7—9 月的结果如下：

年/月	预计订阅者数量	实际订阅者数量	每个订阅者每月的费用
2013/7	145 000	129 250	$25.50
2013/8	155 000	142 726	25.50
2013/9	165 000	145 643	25.50

要求：

(1) 将决策 (1)～(5) 分别划分为计划决策或控制决策。

(2) 给出 PostNews. com 可以制定的另外两个计划决策的例子和另外两个控制决策的例子。

1—29 战略决策和管理会计。考虑下面的一些独立情况，公司该如何制定战略决策。

决策：

(1) 一家受欢迎的餐厅正考虑雇用和培训没有经验的厨师。该餐厅将不再聘请经验丰富的厨师。

(2) 一家办公用品商店正在考虑增加其竞争对手所不具备的送货服务。

(3) 一家支线航空公司正在决定是否应用一项技术，允许乘客自己检票登机。这项技术将减少机场内所需的服务人员数量。

(4) 一家本地的花店正在考虑聘请园艺专家，帮助客户解决园艺问题。

要求：

(1) 对于每一个决策，说明该公司是应该遵循成本领先战略还是产品差异化战略。

(2) 对于每一个决策，讨论管理会计师可以为公司提供有关竞争优势来源的哪些信息。

1—31 管理会计指导原则。对于以下每个项目，确定适用哪些管理会计指导原则：成本—收益原则，行为性和技术性考虑，或为不同目的使用不同成本。

(1) 分析是公司自己生产最终产品需要的一个部件还是外包生产。

(2) 确定是通过直接佣金还是工资补偿销售人员。

(3) 在评价部门财务业绩时，包括与行政职能有关的成本，但在评价经理的业绩时，只包括可控的成本。

(4) 考虑购买新技术的必要性。

(5) 根据财务指标（如投资回报）计算奖金，或根据交货时间计算奖金。

(6) 决定是购买还是租赁现有的生产设施，以增加生产能力。

(7) 确定由于质量不好导致的未来业务损失，但预计财务报表上只将估计的废品和浪费作为潜在损失。

1—33 预算编制，道德，医药公司。Chris Jackson 最近晋升为 BrisCor 公司研究和开发 (R&D) 部门的主计长，BrisCor 是一家生产处方药和营养补充剂的《财富》500强制药公司。预计该公司2013年的总研发成本为50亿美元。在公司的年中预算审查期间，Chris注意到，目前的研发支出已经达到35亿美元，超过年中目标约40%。以目前的支出速度，R&D部门的预算可能比本年总预算多2亿美元。

当天晚些时候和首席财务官（CFO）Ronald Meece开会时，Jackson发布了这个坏消息。Meece对R&D部门支出超过控制既震惊又愤怒。当Jackson透露过多的成本都是和公司明年要推出上市的新药Vyacon的研发相关时，Meece不能谅解。如果产品能在年底获得批准，它将会给BrisCor带来大量利润。

Meece已经将第三季预计收益告知华尔街分析师。如果在第三季度末不能减少研发支出，Meece确信他预计的收益会达不到并且公司的股价会下跌。Meece指示Jackson在第三季度末使用一切必要手段来弥补这个预算缺口。

Jackson刚担任主计长的职位，不敢违背Meece的命令，所以他提出了以下想法来达到第三季度末的预算目标：

（1）停止对药物Vyacon所有的研发工作，直到年度结束后。这种变化会使药物上市推迟至少6个月，在此期间，BrisCor的竞争对手可能会在市场上推出类似的药物。

（2）把药物的专利权卖给Martek公司。公司并没有打算这么做，因为目前的市场条件下，卖出价格会低于公允价值。然而这样可以得到一次性收益，弥补预算缺口。当然，从Martek公司得到的所有未来利润都会丧失。

（3）将公司的某些研发支出资本化，减少利润表中的研发费用。这么做不符合GAAP，但Jackson认为这是合理的，因为药品将在明年初进入市场。Jackson认为今年将研发成本资本化，明年将研发成本费用化，更加符合收入费用配比原则。

要求：

（1）参照图表1—7“管理会计和财务管理从业人员的道德行为”，前面的项目（1）～（3）哪些是可以接受的，哪些是不可接受的？

（2）你建议Jackson怎么做？

1—35 职业道德和年终行为。Macon出版社出版消费者杂志。过去的9个月里，主要是由于经济衰退和消费低迷的住房市场，房屋和家居部门（主要销售家装和家居装饰类杂志）的营业利润已经下降20%。部门的主计长Rhett Gable已经感受到了CFO要求年末改善部门经营成果的压力。Gable正在考虑以下提高年末部门业绩的几个选择：

（1）取消部门两本最不赚钱的杂志，这将会导致25名员工失业。

（2）销售1月份刚买进的新印刷设备，用其他部门的废弃设备代替它。但废弃的旧设备已经不能满足现在的安全标准。

（3）将不应得的订阅收入（将在以后寄送杂志，现金却提前收到）确认为收到现金当月（正好在财务年度结束前）的收入而不是将其作为负债。

（4）减少公司的坏账准备费用，仅这一个处理就将增加5%的营业利润。

（5）将明年1月份的广告收入记入今年12月份。

（6）将折旧方法由余额递减法改为直线折旧法，以减少当年的折旧费用。

要求：

（1）Gable提高部门年末营业利润的动机是什么？

（2）从图表1—7“管理会计和财务管理从业人员的道德行为”的观点来看，上述行为哪些是可接受的，哪些是不可接受的？

（3）对于提高业绩的压力，Gable应该怎么做？

第 2 章

成本术语及其用途

- 成本与成本术语
- 直接成本与间接成本
- 成本性态模式：变动成本与固定成本
- 总成本与单位成本
- 经济部门、存货类型、存货性成本和期间成本
- 存货性成本和期间成本流转举例
- 计量成本需要判断
- 成本会计和成本管理的框架

学习目标

1. 定义并举例说明成本对象
2. 区分直接成本和间接成本
3. 解释变动成本和固定成本
4. 谨慎解析单位成本
5. 区分存货性成本和期间成本
6. 描述存货性成本和期间成本的流转
7. 解释为什么要在不同目的下使用不同的产品成本计算法
8. 描述成本会计和成本管理的一个框架

成本这个词对你意味着什么？

成本是你为某种有价值的东西（如手机）付出的价格吗？是现金流出（如每月租金)？是影响获利能力的某种东西（如工资)？组织（如个人）会处理不同类型的成本。组织在不同时期或多或少会关注这些成本。好的时期，公司通常关注尽可能多的销售，成本退居次要位置。但在艰难时期，公司就会将重点从销售转向削减成本。不幸的是，在真正困难的时期，公司可能发现它们不能足够快地削减成本，从而导致破产，就像 Hostess Brands 公司那样。

高固定成本使甜点制造商破产倒闭①

2012 年，标志性的午餐盒小吃甜点的所有者 Hostess Brands 公司宣布破产并清算其所有资产。在高额固定成本（不随杯形蛋糕和奶油蛋糕销量减少而下降的成本）之下，销售额下降加上追求健康小吃的趋势使公司陷入困境。

在 2009 年摆脱破产困境之后，Hostess Brands 的管理层试图通过创新和提高工作效率扭转公司的命运。尽管初步进展降低了变动成本，但是 Hostess Brands 生产所依赖的诸如谷物、糖、面粉等商品的价格却在经济萧条中继续走高。更加不幸的是，Hostess Brands 剩下的大部分运营成本都是固定的，因为劳动合同使公司很难关闭设备、合并配送路线或者是减少退休工人的养老金。

2011 年下半年，Hostess Brands 每周亏损 200 万美元。迫于令人窒息的债务负担，2012 年 1 月，公司再次申请破产保护。由于难以进一步降低成本，与工会谈判又发生争议，导致当年 11 月份数千员工大罢工。短短几天里，Hostess Brands 在固定成本的重压下崩溃了，公司申请清算资产。停业导致 33 家面包店、565 个配送中心、5 500 条配送路线和 570 家面包直销店关闭，18 500 人失去工作。

① David A. Kaplan, "Hostess is Bankrupt… Again," *Fortune* (July 26, 2012); Rachel Feintzing, Mike Spector, and Julie Jargon, "Twinkie Maker Hostess to Close," *The Wall Street Journal* (November 16, 2012); Hostess Brands Obtains Court Authority to Wind Down All Operations, Liquidate Assets, Hostess Brands press release (Irving, TX, November 21, 2012).

就像 Hostess Brands 的故事所表明的那样，管理人员必须理解成本并对其进行严密管理。像联合劝募（United Way）、梅奥诊所（Mayo Clinic）和索尼生成的报告包含各种成本概念和术语，管理者需要理解这些概念和术语以有效地使用报告来经营他们的企业。本章讨论成本概念和术语，它们是对外和对内报告的会计信息的基础。

成本与成本术语

成本（cost）是为达到某一特定目的而耗用或放弃的资源。成本（如人工或广告成本）通常用取得货物或劳务所必须付出的货币数量来衡量。**实际成本**（actual cost）是已发生的成本（历史成本或过去成本），它应区分于预算成本，**预算成本**（budgeted cost）是一种预计或预测的成本（一种未来成本）。

当你考虑成本的时候，你不可避免地想到为某个特定事物定价。我们把这个“事物”叫做**成本对象**（cost object），这是需要计量其成本的任何事物。假设你是位于南卡罗来纳州斯帕坦堡市宝马汽车制造工厂的一位管理者。你能识别工厂的某些成本对象吗？现在看图表 2—1。

图表 2—1　　宝马公司成本对象示例

成本对象	描述
产品	一辆宝马 X6 运动型轿车
服务	提供信息的热线电话，对宝马经销商的援助
项目	加强宝马汽车 DVD 系统的研发项目
顾客	购买了多种型号宝马汽车的宝马经销商 Herb Chambers 汽车公司
作业	装配生产机器，维修生产设备
部门	环境、健康和安全部门

你将看到，宝马的管理者不仅想知道不同产品（如宝马 X6 运动型轿车）的成本，而且他们也想知道服务、项目、顾客、作业和部门的成本，管理者用他们的成本知识指导诸如产品创新、质量和顾客服务等决策。

现在考虑宝马公司的管理者是否想知道一个成本对象的预算成本或实际成本。在做决策时，管理者几乎总是需要知道这两种类型的成本。例如，将预算成本和实际成本进行比较有助于管理者评估他们控制成本的工作，并且知道如何才能在未来做得更好。

一套成本系统如何决定不同成本对象的成本呢？通常有两个步骤：归集，分派。**成本归集**（cost accumulation）是通过会计系统以有组织的方式进行成本数据的收集。例如，在斯帕坦堡市工厂，宝马公司收集（归集）多种范围的不同材料类型、不同人工类别的成本和监督成本等。然后，把归集的成本分派给指定的成本对象，如宝马公司在那个工厂生产的不同类型的轿车。宝马公司的管理者以两种主要方式使用这种成本信息：(1) 制定决策。例如，如何为不同类型的轿车定价或研发和营销应投入多少。(2) 实施决策。通过影响和激励员工的工作来进行，例如，奖励降低成本的员工。

既然我们知道管理会计师分派成本是有用的，我们就把注意转向一些概念，这将有助于我们分派成本。再考虑一下我们刚才讨论的不同类型的成本——材料、人工与监督。你可能在想，有些成本（如材料成本）比其他成本（如监督成本）更容易分派到成本对象。你将会看到，确实是这样。

直接成本与间接成本

现在我们描述成本是如何被分为直接成本和间接成本以及分派成本至成本对象的方法。

- **直接成本**（direct costs of a cost object）与某个特定成本对象相联系，并能以经济可行（有成本效益）的方式追溯到成本对象。比如钢铁或轮胎成本是宝马 X6 的直接成本。钢铁或轮胎成本能方便地追溯到宝马 X6 上。宝马 X6 生产线上的工人要求仓库发料，材料调拨单确认供应给 X6 的材料成本。同样，工人在工时卡片上记录花在 X6 上的工作时间。人工成本能方便地追溯到 X6 上，这是直接成本的另一个例子。**成本追溯**（cost tracing）这一术语被用来描述把直接成本分派到特定成本对象的过程。
- **间接成本**（indirect costs of a cost object）与某个特定成本对象相联系，但不能以经济可行（有成本效益）的方式追溯到成本对象。比如，在斯帕坦堡市工厂监督不同型号汽车生产的工厂管理人员的工资是 X6 的间接成本。因为工厂管理对 X6 的生产管理是必要的，因此工厂管理成本与成本对象（X6）相关。因为工厂管理也监督其他产品的生产，如 Z4 跑车，因此，工厂管理成本是间接成本。与钢铁或轮胎成本不同，X6 生产线的监管者对工厂管理服务没有特别要求，实际上不可能将工厂管理成本追溯到 X6 上。

成本分配（cost allocation）这一术语用来描述把间接成本分派到特定成本对象的过程。**成本分派**（cost assignment）是一般用语，包括两方面：（1）追溯直接成本到成本对象；（2）分配间接成本到成本对象。图表 2—2 以宝马 X6 为例，描述了直接成本和间接成本以及成本分派的两种形式——成本追溯与成本分配。

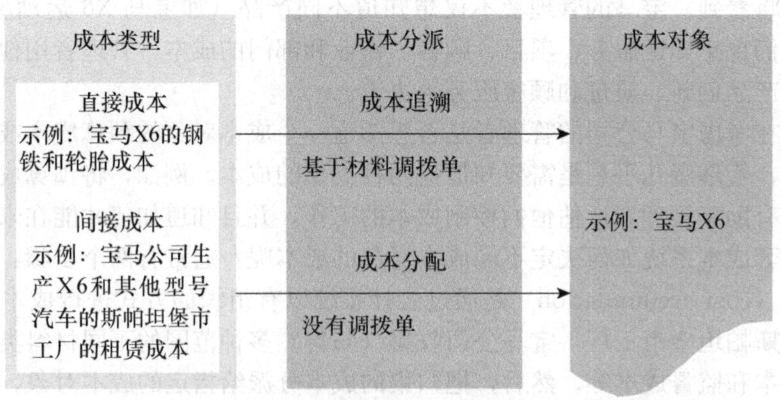

图表 2—2　将成本分派至成本对象

成本分配面临的挑战

管理者希望将成本准确地分派到成本对象上，因为不准确的产品成本会误导管理者，使他们弄不清不同产品的盈利性。例如，这可能会导致管理人员不知不觉地努力推广低利润产品而不是更有利可图的产品。一般说来，管理人员对成本对象的直接成本（如 X6 的钢铁和轮胎成本）的准确性更自信。

考虑租赁斯帕坦堡市工厂的成本。这种成本是 X6 的间接成本，生产 X6 所使用的工厂区域没有单独的租用协议。尽管如此，宝马公司把建筑物租赁费的一部分分配给 X6——例如，以估计的 X6 生产使用的房屋面积占所有型号汽车生产使用的房屋面积的百分比来分配。这种方法合理、准确地计量每一种型号的汽车使用的房屋资源。一种型号的汽车占用的房屋面积越大，就给它分配更多的租赁成本。但要准确分配其他间接成本，如将工厂管理成本分配到 X6 就困难多了。例如，这些成本能以每种型号汽车的生产工人的人数或者以每种型号的汽车产量为基础来分配吗？计量每种型号的汽车使用的工厂管理份额并不清楚。

□ 影响直接/间接成本分类的因素

有几个因素影响着成本是划为直接成本还是间接成本：

● **成本的重要性水平**。成本数额越小——成本越不重要，将成本追溯到某个特定成本对象就越不具有经济可行性。以一家邮购公司为例，如 Land's End。对它来说，将每一笔邮递包裹的资费作为直接成本追溯到每个顾客是经济可行的。但恰好相反，每次给顾客的包裹中所含的发票成本可能作为间接成本入账。为什么？尽管发票成本能追溯到每一个顾客，但这么做是没有成本效益的。确切知道每次邮递业务的发票成本（如，0.5 美分一张）所带来的收益还不及追溯所花的处理和管理成本。销售主管（年薪 45 000 美元）的时间花在组织顾客信息以帮助公司营销上比花在追溯发票成本上更好。

● **可用的信息收集技术**。信息收集技术的进步使我们能把更多的成本划为直接成本。例如，条形码使许多生产厂商现在能把一些以前被划作间接成本的低成本材料（如回形针和螺丝钉）划作产品的直接成本。在戴尔公司，有条形码的零部件，如计算机芯片和 DVD 驱动器，在生产流程的每一点都能被方便地扫描。就像超市给顾客结算一样，条形码能被简捷地读取并记录到成本档案中。

● **运营设计**。如果公司的设施（或其一部分）专门用于一种特定成本对象，如一种特定产品或特殊顾客，就能简单地把它所发生的成本划作直接成本。例如，通用化学公司（General Chemicals）将专门用于生产苏打的设备成本划为苏打的直接成本。

请注意，某种特定成本可能对一个成本对象来说是直接成本，同时对另一个成本对象来说是间接成本。这就是说，直接与间接的区分取决于成本对象的选择。例如，如果以宝马公司的装配车间为成本对象，那该车间监工的工资就是直接成本；但如果成本对象是一种产品，如宝马 X6 运动汽车，就是间接成本了，因为装配车间同时装配许多不同的车型。应该记住的一个有用的规则是，成本对象的定义越广——是装配车间而不是 X6——总成本中就有越大比例的直接成本，管理者对成本数量的准确性就越有把握。

成本性态模式：变动成本与固定成本

成本系统记录资源的取得成本，如材料、人工和设备，并追踪这些资源如何用于生产和销售产品或服务。记录资源的取得和使用成本，使得管理者能够认清成本的性态。在许多会计系统中，都能发现两种基本成本性态模式。**变动成本**（variable cost）是总额变动与相关作业或产量总水平变动成比例的成本。**固定成本**（fixed cost）是在一定时期内在总额上保持不变，而不论相关作业或产量的总水平变化有多大。成本根据特定的作业和特定的时间段而被定义为变动成本或固定成本。确认一项成本是变动成本还是固定成本能为制定管理决策提供有价值的信息，也是评价业绩的重要资料。为了描述成本的两种基本模式，再一次考虑宝马公司位于南卡罗来纳州斯帕坦堡市的工厂的成本。

1. **变动成本**。如果宝马公司每辆 X6 汽车的方向盘购买成本是 600 美元，那么总的方向盘成本应该是 600 美元乘以生产的汽车总数，如下表所示。

X6 产量 (1)	每个方向盘的变动成本 (2)	方向盘的总变动成本 (3)＝(1)×(2)
1	$ 600	$ 600
1 000	600	600 000
3 000	600	1 800 000

方向盘成本是变动成本的一个示例，因为总成本的变化与汽车产量变化是成比例的。但是，每单位的变动成本是固定的。例如，不管 X6 的产量是 1 000 还是 3 000，第（2）栏中每个方向盘的变动成本是一样的。结果，第（3）栏中方向盘的总变动成本随第（1）栏中 X6 的产量成比例变化。因此，在考虑变动成本性态时，始终关注总成本。

图表 2—3 中 A 部分描述了方向盘的总变动成本。总变动成本用一条从左到右向上倾斜的直线表示。有时用术语“严格变动”或“按比例变动”来描述此表中的变动成本。

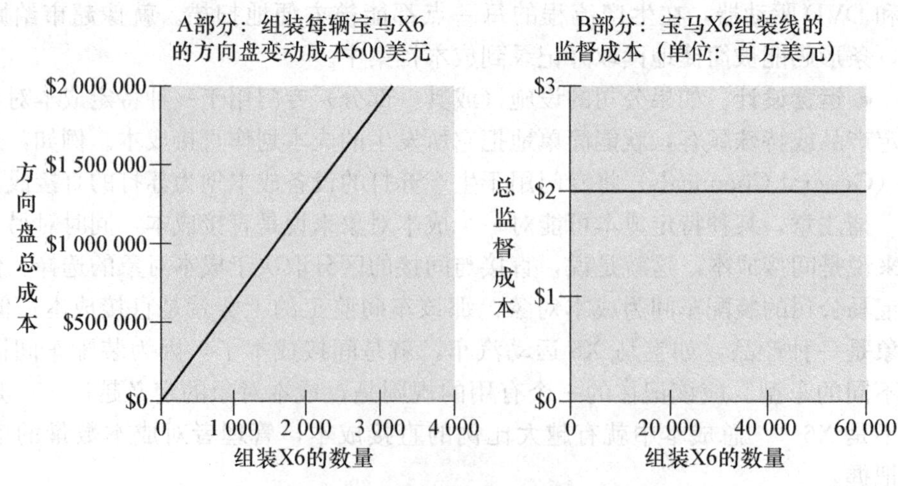

图表 2—3　变动成本与固定成本图

现在考虑一个关于不同作业的变动成本的例子——斯帕坦堡工厂付给每个安装机器的工人每小时 20 美元的工资。安装所耗人工成本相对于安装小时来说是一种变动成本，因为其总数随安装所耗用的小时数成比例变化。

2. **固定成本**。假设宝马公司每年发生 2 000 000 美元的 X6 生产线监工总成本。在一定时期，生产的汽车在指定数量范围内，这些成本在总额上保持不变（见图表 2—3 中 B 部分）。但其单位固定成本却随已装配汽车数量的增加而变得越来越小，如下表所示。

X6 组装线年度 总固定监督费用 (1)	X6 产量 (2)	每辆 X6 固定监督费用 (3)=(1)÷(2)
$2 000 000	10 000	$200
$2 000 000	25 000	80
$2 000 000	50 000	40

总的生产线监督成本是固定的 2 000 000 美元，每辆 X6 的固定监督成本随 X6 产量的增加而减少。不要被单位固定成本变动误导了。像变动成本一样，在考虑固定成本的时候，要始终关注总成本。当总作业或数量水平发生显著变化时总成本保持不变，该成本就是固定成本。

为什么有些成本是变动的，有些是固定的？请回想一下，成本通常是用取得货物或服务而必须付出的货币数量来计量的。方向盘总成本是变动成本，因为宝马公司只在需要的时候才购买方向盘。X6 车生产得越多，就要按比例取得更多的方向盘，也就会按比例发生更多的成本。

将工厂的变动成本与宝马公司为监督 X6 装配线而发生的每年 2 000 000 美元的固定成本相比较。在宝马公司开始用来生产 X6 之前，甚至在宝马知道它将要生产多少 X6 之前，工厂的监督水平就已经确定了。假定宝马公司有年产 60 000 辆 X6 的监督能力。如果需求量只有 55 000 辆，生产能力将有闲置。因为需求量低，本来有能力监督 60 000 辆 X6 生产的监工只能监督 55 000 辆 X6 的生产。但是，因为在短期内监督成本不能减少，宝马公司必须为它没有使用的那些生产线监督能力付费。如果需求量更低，比如只需要 50 000 辆 X6，而生产线监督成本还是 2 000 000 美元，那么闲置的监督能力将增加。

与变动成本不同，资源（如生产线监督）的固定成本不能迅速并简便地变化到与所需或所用的资源相匹配。然而，从长期来看，管理者能采取行动降低公司的固定成本。比如，因为对 X6 的需求量降低，X6 生产线只需要运行更少的时间，宝马公司可以解雇监督人员或把他们转移到别的生产线。如果没有使用资源，变动成本自然就不会发生，固定成本与之不同，减少固定成本需要管理者积极干预。

不要以为某一个成本事项天生就是变动的或者固定的。以人工成本为例，当工人的工资是计件工资时，人工成本是纯粹的变动成本，随生产数量的变化而变化。例如，一些公司按制衣工所织的衬衫数支付报酬，因此公司的人工成本是变动的。即，成本取决于工人制作的衬衫数。相反，其他公司与工会协商制定包含不减员条款的年薪。在这样的公司，工资被划分为固定成本是恰当的。几十年来，日本公司为员工提供终身雇佣保证。尽管这种保证导致了较高的人工成本，但公司仍能从中受益，因为工人更忠诚敬业，由此可以提高生产力。但是，在经济不景气的时候，如果收入下降而固定成本保持不变，公司就会遭受损失。近期的全球经济危机使公司不愿锁定固定成本。“观念实施：Zipcar 帮助 Twitter 公司减少固定成本”描述了汽车共享服务如何给公司提供机会，把拥有汽车的固定成本转换为按需租赁汽车的变动成本。

一个特定的成本项目可能对于某个作业水平来说是变动的，而对于另一个作业水平是固定的。以航空公司机队的年度注册和执照成本为例。注册和执照成本是随公司拥有的飞机数量变化的变动成本。但是，对于某一架特定的飞机来说，不管年飞行里程是多少，其注册和执照成本是固定的。

有些成本既有变动成分也有固定成分，称为混合成本或半变动成本。例如，公司的电话成本包含固定的每月成本，也有按通话分钟计算的使用成本。我们将在第 10 章讨论混合成本，以及分离混合成本中固定成分和变动成分的技术。

观念实施

Zipcar 帮助 Twitter 公司减少固定成本

在许多北美和欧洲城市，安飞士公司（Avis）的子公司 Zipcar 成为一种能够减少公司汽车燃油、保险和停车费用的手段。Zipcar 为市内公司和个人提供按周、日甚至小时计费的汽车租赁“按需”服务，费用从每小时 8 美元或每天 75 美元（包括汽油、保险，每天大约 180 公里）起步。

我们想想 Zipcar 的业务对公司意味着什么。许多小公司拥有一辆或两辆汽车，用于会见、送货和其他差事。同样，许多大公司拥有一个车队，用于接送来访的官员和客户去约会地点、商业午餐和机场。通常，拥有这些汽车会发生很高的固定成本，包括购买资产（汽车）、维修部门成本和驾驶员的保险。

但是现在，像 Twitter 这样的公司可以按需使用 Zipcar，减少其运输成本和间接成本。位于旧金山市中心的 Twitter 公司的管理者使用 Zipcar 去会见硅谷的风险投资人或合作伙伴。他们也使用 Zipcar 去纽约或是波士顿旅行。微博的共同创始人 Jack Dorsey 说：“我们想避免乘坐出租车的成本和公共交通耽误的时间，Zipcar 是最快捷、最简单的环游全城的方法。”

从公司的角度来看，Zipcar 使 Twitter 和其他公司将持有一辆汽车的固定成本转变为变动成本。如果生意清淡或不需要拜访顾客，Twitter 就不用负担持有汽车的固定成本。当然，当生意很好时，Twitter 的管理者们就频繁地租用汽车。如果租赁费用高于他们自己购买和维修汽车的费用，他们就可以不再租赁了。

除了减少公司的花费，像 Zipcar 提供的这种汽车共享服务还减少了道路拥堵并促进了环境的可持续发展。用户报告说他们的汽车行驶里程减少了 44%，调查显示每名用户的二氧化碳排放量减少了一半。

资料来源：Based on Paul Keegan, “Zipcar-the best new idea in business.” *Fortune* (August 27, 2009); Elizabeth Olsen, “Car sharing reinvents the company wheels.” *New York Times* (May 7, 2009); John Kell, Avis to Buy Car-Sharing Service Zipcar,” *The Wall Street Journal* (Jnauary 2, 2013); Zipcar, Inc., “Zipcar for business case studies”; Zipcar, Inc., “Zipcar rates and plans.”

□ 成本动因

成本动因（cost driver）是在一定时间内影响成本的变量，如作业或数量的水平等。作业是一个事项、任务或有特定目的的工作单位，例如设计产品、安装机器或检测产品。如果作业或数量水平变化和总成本水平变化之间存在因果关系，那么作业或数量水平就是成本动因。例如，如果产品设计成本随产品零件数的变化而变化，那么零件数就是产品设计成本的一个成本动因。同样，行驶里程常常是分销成本的一个成本动因。

变动成本的成本动因是作业或数量水平，它们的变动引起变动成本成比例变动。例如，装配的车辆数是方向盘总成本的成本动因。如果安装工人按小时拿工资，那么安装小时数就是总（变动）安装成本的成本动因。

短期内固定的成本在短期内没有成本动因，但在长期内有。考虑惠普公司彩色打印机的测试成本。这些成本包括测试部门设备和人员等较难改变的成本，因此，短期内测试成本是固定的，不随产量变动。在这种情况下，产量在短期就不是测试成本的成本动因。但在长期，惠普公司会增减测试部门的设备和人员以与未来产量水平相适应。那么从长期来看，产量确实是测试成本的成本动因。识别每一个作业（如检测、设计或安装）的成本的成本核算系统称为作业成本系统。

□ 相关范围

相关范围（relevant range）是一个正常作业或数量水平的区间，在此区间内，作业或数量水平与待考察的成本之间存在某种特定的关系。例如，固定成本只有在一个给定的作业或数量范围（公司预期在此范围内经营）和一个给定的时间段（通常是一个特殊预算期间）内才是固定的。假设宝马公司与托马斯运输公司（Thomas Transport Company，TTC）签订合同，向宝马公司的经销商运送 X6。TTC 租用两辆卡车。每辆卡车的年固定租金 40 000 美元，年最大运程 120 000 英里。在当年（2014 年），两辆车预计运程合计为 170 000 英里。

图表 2—4 反映了在不同运程英里数水平下的年固定成本。低于 120 000 英里时，TTC 只使用一辆车；从 120 001 英里至 240 000 英里，需要两辆车；从 240 001 英里至

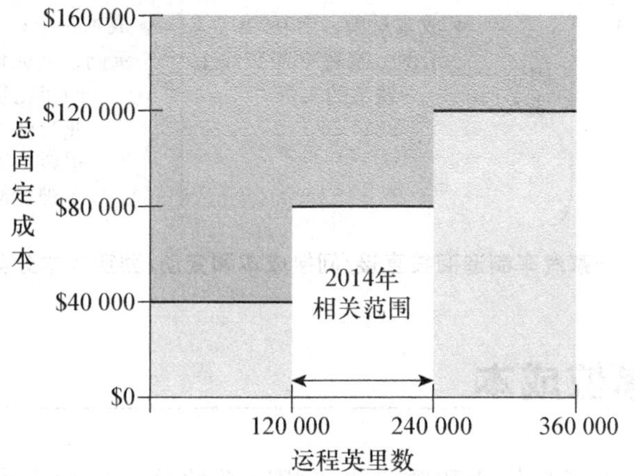

图表 2—4　托马斯运输公司的固定成本性态

360 000 英里，需要三辆车。只要 TTC 增加卡车数以提供更多的运程，这一模式将持续下去。给定 2014 年的预计运程 170 000 英里，120 001 英里至 240 000 英里的这一范围就是 TTC 的预计运程范围，进而得出卡车固定成本为 80 000 美元。在上述相关范围内，运程英里数的变化不会影响年固定成本。

年与年之间的固定成本可能会发生变化。比如，如果 2015 年两辆车的总租金成本增加 2 000 美元，总固定成本就会增加到 82 000 美元（其他不变）。如果发生这一变动，在 120 001 英里至 240 000 英里这个范围内，总租金成本将固定在 82 000 美元这个新水平上。

相关范围同样适用于变动成本。在相关范围之外，像直接材料这样的变动成本可能不再随产量而成比例变动。比如，超过一定的产量之后，直接材料成本可能会以更低的比率上升，因为企业可以从供应商那里购买更多的材料，从而获得价格折扣。

成本类型之间的联系

我们已经介绍了两种主要的成本分类：直接成本/间接成本和变动成本/固定成本。成本可能同时是：

- 直接成本和变动成本；
- 直接成本和固定成本；
- 间接成本和变动成本；
- 间接成本和固定成本。

图表 2—5 举例说明了宝马 X6 的这四种成本。

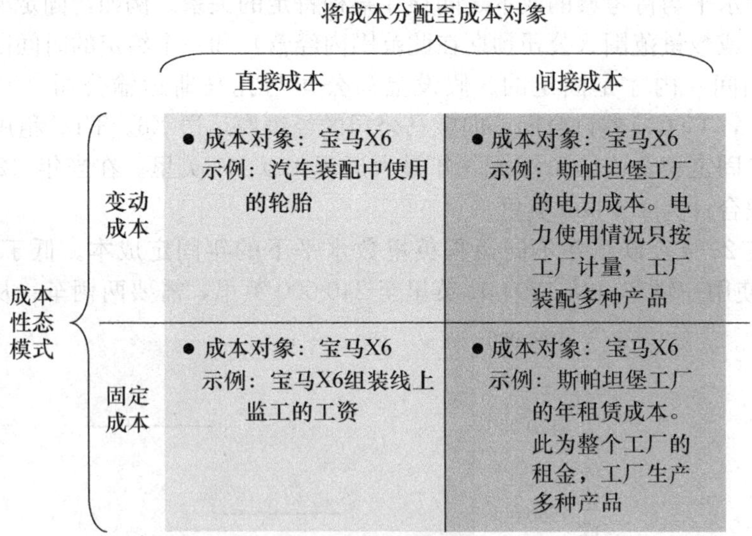

图表 2—5　一家汽车制造商按直接/间接成本和变动/固定成本分类进行组合的成本示例

总成本与单位成本

前面集中讨论了与作业和数量水平相联系的总成本性态模式。现在我们考虑单位成本。

□ 单位成本

单位成本（unit cost），也叫**平均成本**（average cost），是用总成本除以相关产量计算的。在许多决策背景中，计算单位成本是必要的。以某经纪人面临的决策问题为例，她必须决定与 Paul McCartney 订立在 Shea 体育馆演出的契约。她估计事件的成本为 4 000 000 美元。知道这一点对决策有帮助，但还不够。

在做出决策之前，这位经纪人必须预测可能参加的人数。如果不知道参加者人数，她就不能明智地决定入场费以补偿演出的成本，甚至不能决定是否应该举行演出。所以她用总成本（4 000 000 美元）除以预计的参加人数来计算单位成本。如果有 50 000 人参加，单位成本是每人 80 美元（4 000 000÷ 50 000）；如果有 20 000 人参加，单位成本升至每人 200 美元（4 000 000÷ 20 000）。除非总成本“单位化”（即依据作业水平或数量进行平均），否则 4 000 000 美元的成本很难解释。单位成本以一种简单易懂的方式整合了总成本和人数。

会计系统通常会报告总成本数和单位平均成本数。单位可以用不同的方式表示。比如，组装的汽车、递送的包裹或者工作小时。考虑扬声器系统制造商 Tennessee Products，它有一个工厂在孟菲斯。假设在 2014 年（运营的第一年），公司生产 500 000 套扬声器系统的生产成本为 40 000 000 美元。那么单位成本是 80 美元：

$$\frac{\text{总生产成本}}{\text{生产数量}}=\frac{40\,000\,000}{500\,000}=80(\text{美元/套})$$

假设售出 480 000 套，剩下 20 000 套作为期末存货，单位成本有助于决定利润表和资产负债表中的总成本项目和 Tennessee Products 公司向股东、银行和政府报告的财务成果。

利润表中的销售成本（480 000×80）	38 400 000 美元
资产负债表中的期末存货（20 000×80）	1 600 000 美元
500 000 套的总生产成本	40 000 000 美元

在价值链的各个环节都能找到单位成本——例如，产品设计的单位成本，上门销售的单位成本，以及顾客服务电话的单位成本。管理人员把整个价值链上的单位成本加起来，就可以计算不同产品或服务的单位成本，进而测定每一种产品或服务的获利能力。例如，管理人员使用这种信息决定应该在哪种产品上投入更多的资源，如研发和营销，以及确定产品价格。

□ 谨慎使用单位成本

虽然在财务报告和产品组合与定价决策中经常使用单位成本，但对许多决策来说，管理者应该考虑总成本而不是单位成本。以 Tennessee Products 公司的孟菲斯制造工厂为例。假设 2014 年的成本 40 000 000 美元包括 10 000 000 美元的固定成本和 30 000 000 美元的变动成本（每套扬声器系统变动成本 60 美元）。又假设 2015 年总固定成本和单位变动成本与 2014 年相同。2015 年预计不同产量下的总变动成本、总固定成本和总成本预算如下：

产量 (1)	单位变动成本 (2)	总变动成本 (3)=(1)×(2)	总固定成本 (4)	总成本 (5)=(3)+(4)	单位成本 (6)=(5)÷(1)
100 000	$ 60	$ 6 000 000	$ 10 000 000	$ 16 000 000	$ 160.00
200 000	$ 60	$ 12 000 000	$ 10 000 000	$ 22 000 000	$ 110.00
500 000	$ 60	$ 30 000 000	$ 10 000 000	$ 40 000 000	$ 80.00
800 000	$ 60	$ 48 000 000	$ 10 000 000	$ 58 000 000	$ 72.50
1 000 000	$ 60	$ 60 000 000	$ 10 000 000	$ 70 000 000	$ 70.00

如果工厂 2015 年的产出量小于 2014 年 500 000 套的水平，而工厂管理者使用 2014 年每套 80 美元的单位成本，就会低估实际总成本。假如由于出现新的竞争者，需求减少，产量降至 200 000 套，那么实际成本应该是 22 000 000 美元。单位成本 80 美元乘以 200 000 套等于 16 000 000 美元，这低估了实际总成本 6 000 000 美元（22 000 000－16 000 000）。换句话说，80 美元的单位成本只有在产量为 500 000 套时才成立。

在此情况下，过度信赖单位成本会导致产量下降到 200 000 套时没有足够的现金来支付公司成本。如上表所示，对于这种决策管理者应该考虑总变动成本、总固定成本和总成本，而不是单位成本。通常先计算总成本，如果特殊决策需要的话，再计算单位成本。

经济部门、存货类型、存货性成本和期间成本

在本节中，我们描述不同的经济部门、公司持有的不同类型的存货和制造成本的常用分类。

制造业、商业与服务业公司

我们首先定义三类经济部门，并给出各部门内公司的示例。

- **制造业公司**（manufacturing-sector companies）购买材料和零件并把它们转化为不同的产成品。如汽车制造公司（如捷豹）、移动电话生产商（如诺基亚）、食品加工公司（如亨氏）和计算机公司（如东芝）。
- **商业公司**（merchandising-sector companies）购入并销售有形产品，不改变其基本形式。这类部门包括零售商（例如，像巴诺那样的书店或像塔吉特（Target）那样的百货公司）、分销商（例如，像 Owens and Minor 那样的医疗产品供应商）或批发商（例如，像艾睿电子（Arrow Electronics）那样的电子元件供应商）。
- **服务业公司**（service-sector companies）向顾客提供服务（无形产品），如法律咨询或审计。这类公司有律师事务所（如 Wachtell，Lipton，Rosen & Katz）、会计师事务所（如安永（Ernst & Young））、银行（如巴克莱银行（Barclays））、共同基金公司（如富达（Fidelity））、保险公司（如安泰（Aetna））、运输公司（如新加坡航空（Singapore Airlines））、广告公司（如 Saatchi & Saatchi）、电视台（如特纳广播公司（Turner Broadcasting））、互联网服务提供商（如康卡斯特公司（Comcast））、旅行社

(美国运通（American Express)）和经纪公司（如美林证券（Merrill Lynch)）。

□ 存货的类型

制造业公司购买材料和零件，然后将其转化为产成品。这些公司的存货通常包括下述三种存货中的一种或几种：

1. **直接材料存货**（direct materials inventory)。将用于生产过程的库存直接材料（例如，生产移动电话所需的电脑芯片和部件）。

2. **在产品存货**（work-in-process inventory)。部分完工但还没有全部完工的产品（例如，处于生产过程不同阶段的移动电话)，也叫**半成品**（work in progress)。

3. **产成品存货**（finished goods inventory)。全部完工但尚未售出的产品（例如，移动电话成品）。

商业公司购买有形产品后售出，不改变其基本形式。它们只持有一种存货，即保持初始购入形式的产品，称为商业存货。服务业公司只提供服务或无形产品，不持有有形产品存货。

□ 常用的生产成本分类

通常用下面三个术语描述生产成本，它们是直接材料成本、直接人工成本和间接生产成本。这些术语建立在直接成本与间接成本的区别上。我们在前面的生产成本中对此区别进行了描述。

1. **直接材料成本**（direct material costs）是所有最终成为成本对象（在产品和产成品）一部分并且能以经济可行的方式追溯到成本对象的材料取得成本。生产宝马 X6 的钢铁和轮胎，以及生产移动电话的计算机芯片都是直接材料成本的例子。注意直接材料的成本不仅包括材料本身的成本，还包括运输（抵港交付）费用、销售税金和关税等必须支付的取得成本。

2. **直接人工成本**（direct manufacturing labor costs）包括所有能经济可行地追溯到成本对象（在产品和产成品）的生产工人报酬。如支付给机器操作工和组装工的工资和福利，他们把直接材料转化为产成品。

3. **间接生产成本**（indirect manufacturing costs）是所有与成本对象相关（在产品和产成品）但不能经济可行地追溯到成本对象的生产成本。例如，物料、润滑剂等间接材料，车间维修和保洁等间接人工，厂房租金、车间保险费、车间财产税、车间折旧以及车间管理人员报酬。这一成本种类也称**制造费用**（manufacturing overhead costs）或**车间费用**（factory overhead costs)。我们在本书中交替使用间接生产成本和制造费用。

我们现在描述存货性成本与期间成本的区别。

□ 存货性成本

存货性成本（inventoriable costs）是指发生时作为公司资产负债表上的资产，只在销售时作为销售成本费用化的所有产品成本。对制造业公司来说，所有的生产成本都是存货性成本。成本首先作为在产品存货资产进行归集（换句话说，它们是“可计入的”），然后作为产成品存货资产。以移动电话制造商 Cellular Products 为例。公司的直接材料（如计算机芯片）成本、直接人工成本以及制造费用共同创造出了新的资产，这种新资产开始是作为在产品存货，然后变成产成品存货（移动电话）。当移动电话售出时，成本就从资产变成了产品销售成本。这种成本要和销售收入相配比，收入是因顾客购买产品或服务而收到的资产流入（通常是现金或应收账款）。

注意，产品销售成本包括所有为生产售出品而发生的生产成本（直接材料、直接人工和制造费用）。移动电话可能在不同于生产期间的会计期间售出，因此应在产品生产的会计期间将生产成本存货化记入资产负债表，而在售出时将生产成本费用化记入利润表，以实现收入与费用的配比。

对商业公司，如沃尔玛，存货性成本是其以原样售出的商品的采购成本。这些成本包括商品本身的成本和其他诸如运输费、保险费和商品管理费等。服务业公司只提供服务或无形产品。没有可供出售的有形产品存货意味着没有存货性成本。

□ 期间成本

期间成本（period costs）是利润表中除销售成本之外的所有成本。期间成本（如营销、分销、顾客服务成本）被当作会计期间的费用，因为管理者预计它们会带来当期收益而不是未来收益。诸如研发等成本被当作期间成本，因为虽然这些成本可能在未来期间产生收入（如果研发努力是成功的），但是这些增加的收入是否以及何时发生是高度不确定的。在发生当期将这些成本费用化可以最好地实现收入与费用配比。

对制造业公司而言，利润表中所有的非生产成本（如设计成本和运输成本）都是期间成本。对商业公司而言，利润表中所有与售出商品成本无关的成本都是期间成本。期间成本的例子有销售人员的人工成本和广告成本。对服务业公司，由于没有存货性成本，其利润表中的所有成本都是期间成本。

前面的图表 2—5 列示了一家汽车制造商按直接/间接成本和变动/固定成本进行分类的存货性成本。图表 2—6 列示的是一家银行按直接/间接成本和变动/固定成本进行

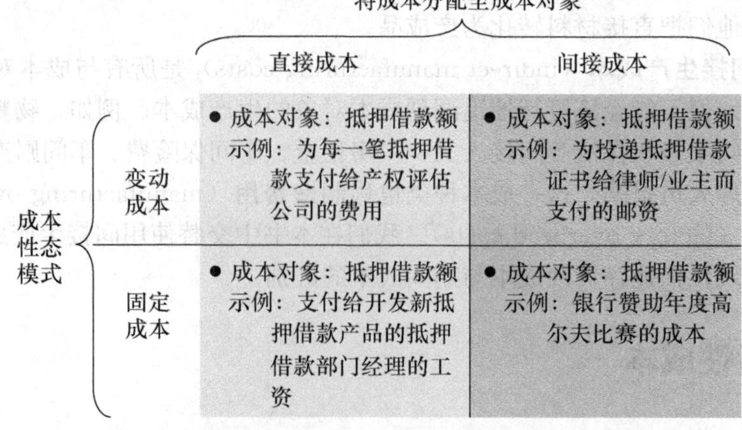

图表 2—6　一家银行按直接/间接成本和变动/固定成本进行分类的期间成本示例

分类的期间成本。

存货性成本和期间成本流转举例

我们通过一家制造业公司（Cellular Products 公司）的利润表来描述存货性成本与期间成本的流转，对制造业公司来说，存货性成本与期间成本的区别是最详细的。

制造业示例

观察一下图表 2—7 和图表 2—8 中 Cellular Products 公司的成本流。图表 2—7 形象地强调了 Cellular Products 公司存货性成本流与期间成本流的区别。注意，如前面章节描述的那样，存货性成本经过资产负债表的在产品存货和产成品存货账户，然后进入利润表的产品销售成本。期间成本直接费用化，进入利润表。图表 2—8 采用了图表 2—7 的形象表达方式，描述了 Cellular Products 公司的存货性成本和期间费用如何在利润表和产品成本计算表上反映。

首先，我们追溯图表 2—7 左侧和图表 2—8 中表 B 显示的直接材料流。

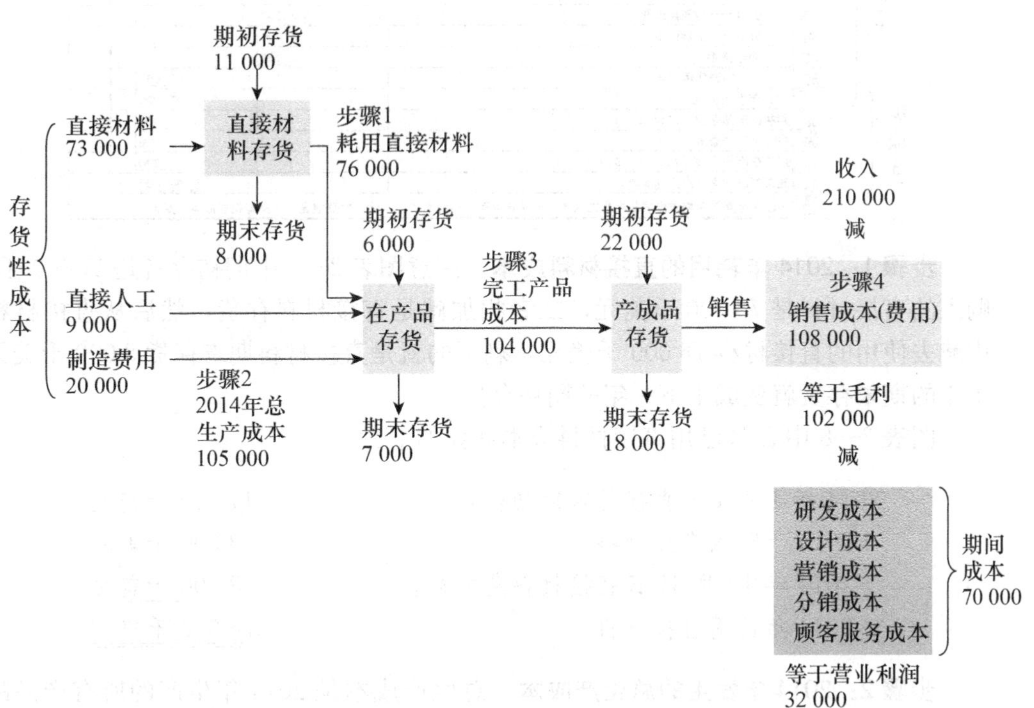

图表 2—7　Cellular Products 公司的成本与收入流（单位：千美元）

图表 2—8　　Cellular Products 公司的利润表与完工产品成本计算表

文件　开始　插入　页面布局　公式　数据　审阅　视图

		A	B	C	D
	1	**表A：利润表**			
	2	**Cellular Products**			
	3	**利润表**			
	4	截至2014年12月31日（单位：千美元）			
	5	收入		$210 000	
	6	产品销售成本			
步骤4	7	2014.1.1产成品期初存货	$22 000		
步骤4	8	完工产品成本（见表B）	104 000	←	
步骤4	9	可供销售的产品成本	126 000		
步骤4	10	2014.12.31产成品期末存货	18 000		
步骤4	11	产品销售成本		108 000	
	12	总边际（或毛利）		102 000	
	13	营业成本			
	14	研发、设计、营销、分销、顾客服务成本	70 000		
	15	营业成本合计		70 000	
	16	营业利润		$32 000	
	17				
	18	**表B：完工产品成本**			
	19	**Cellular Products**			
	20	**完工产品成本计算表**[a]			
	21	截至2014年12月31日（单位：千美元）			
步骤1	22	直接材料			
步骤1	23	2014.1.1期初存货	$11 000		
步骤1	24	购入直接材料	73 000		
步骤1	25	可使用的直接材料成本	84 000		
步骤1	26	2014.12.31期末存货	8 000		
步骤2	27	已用直接材料		$76 000	
步骤2	28	直接人工		9 000	
步骤2	29	制造费用			
步骤2	30	间接人工	$7 000		
步骤2	31	物料	2 000		
步骤2	32	供热、照明和动力	5 000		
步骤2	33	折旧——房屋建筑物	2 000		
步骤2	34	折旧——机器设备	3 000		
步骤2	35	杂项费用	1 000		
步骤2	36	制造费用合计		20 000	
步骤2/步骤3	37	2014年发生的生产成本		105 000	
步骤3	38	期初在产品存货（2014.1.1）		6 000	
步骤3	39	应计总生产成本		111 000	
步骤3	40	期末在产品存货（2014.12.31）		7 000	
步骤3	41	完工产品成本（进入利润表）		$104 000	
	42	a.注意将期初和期末产成品存货加入支持计算表中而不是利润表中，此表就变成完工产品与销售成本计算表。			

步骤 1：2014 年耗用的直接材料成本。注意图表 2—7 中期初存货是 11 000 千美元，购入的直接材料是 73 000 千美元，二者相加就是直接材料存货，然后从直接材料存货中减去使用的直接材料 76 000 千美元，剩下的就是直接材料期末存货 8 000 千美元，而本年的期末存货就变成了下一年的期初存货。

图表 2—8 中表 B 已用直接材料成本计算如下：

2014 年 1 月 1 日直接材料期初存货	11 000 千美元
+2014 年购入直接材料	73 000 千美元
−2014 年 12 月 31 日直接材料期末存货	8 000 千美元
=2014 年已用直接材料	76 000 千美元

步骤 2：2014 年发生的总生产成本。总生产成本是 2014 年生产的所有产品的直接生产成本和 2014 年发生的制造费用。Cellular Products 公司将生产成本分为前述的三种类型：

(1) 2014 年已用直接材料（图表 2—8 表 B）　　76 000 千美元

（2）2014年直接人工（图表2—8表B）	9 000千美元
（3）2014年制造费用（图表2—8表B）	20 000千美元
2014年发生的生产成本	105 000千美元

在图表2—7中，注意观察这些成本如何使在产品存货增加。

步骤3：2014年完工产品成本。完工产品成本（cost of goods manufactured）是指已经完工的产品的成本，不管这些产品是在当前还是以前会计期间开工的。

注意图表2—7中的在产品存货与步骤1中描述的直接材料存货有非常相似的结构。在产品期初存货是6 000千美元，2014年发生的总生产成本是105 000千美元，二者之和就是在产品存货。2014年发生的一部分生产成本留在期末在产品存货成本中。7 000千美元的在产品期末存货变成了下一年的期初存货，2014年的完工产品成本104 000千美元从在产品存货中减掉，计入产成品存货。

图表2—8中表B 2014年完工产品成本计算如下：

2014年1月1日期初在产品存货	6 000千美元
＋2014年发生的生产成本	105 000千美元
＝总生产成本	111 000千美元
－2014年12月31日期末在产品存货	7 000千美元
＝2014年完工产品成本	104 000千美元

步骤4：2014年的销售成本。销售成本是在当前会计期间销售给顾客的产成品存货成本。图表2—7中，产成品期初存货余额是22 000千美元，2014年完工产品成本104 000千美元计入产成品存货。产成品期末存货余额18 000千美元变成下一年的期初余额，2014年销售成本108 000千美元从产成品存货中减掉。

销售成本是一项与收入配比的费用。图表2—8中表A Cellular Products公司的销售成本计算如下：

2014年1月1日期初产成品存货	22 000千美元
＋2014年完工产品成本	104 000千美元
－2014年12月31日期末产成品存货	18 000千美元
＝2014年销售成本	108 000千美元

图表2—9显示了Cellular Product公司生产成本流程的有关总分类账T形账户。注意完工产品成本（104 000千美元）是在会计期间完工的所有产品成本。这些成本都是存货性成本。当期完工的产品转入产成品存货。当产品被售出时，这些成本就变成会计期间的产品销售成本。同时也要注意，截至2014年12月31日在产品存货（7 000千美元）中的直接材料、直接人工及制造费用和产成品存货（18 000千美元）将作为一项资产进入资产负债表。当下一年在产品转化为产成品且产成品被售出时，这些成本将变成费用。

我们现在可以编制Cellular Products公司2014年的利润表。该表显示在图表2—7的右边和图表2—8中表A部分。Cellular Products公司的收入是210 000千美元。2014年费用化的存货性成本等于销售成本108 000千美元。

毛利＝收入－销售成本＝210 000－108 000＝102 000(千美元)

研发、设计、营销、分销和顾客服务成本 70 000 千美元是 Cellular Products 公司的期间成本。这些期间成本包括销售人员工资、营销部门所用计算机及其他设备的折旧、分销用仓库的租金，等等。**营业利润**（operating income）等于营业总收入减去销售成本和营业（期间）成本（不包括利息费用和所得税），或等于毛利减去期间成本。Cellular Products 公司的营业利润是 32 000 千美元（毛利 102 000－期间成本 70 000）。如果你了解财务会计，可以回想一下，在利润表中期间成本通常称为销售与管理费用。

成本会计的初学者总是认为当期发生且与存货无关的间接成本都是期间成本，如租金、电话费和折旧费等。当这些成本发生在营销部门或者公司总部时，它们是期间成本。但是当发生在生产部门时，它们是间接生产成本，是存货性成本。

因为直到产品销售时，存货性成本才被计入费用，所以管理者可以生产超过预期销售量的产品而不减少企业的净利润。实际上，以这种方式积累存货推迟了当期固定生产成本的费用化，因为生产成本计入存货，直到后期销售时才计入费用。反过来，即使销售没有增加，公司的毛利和营业利润实际上也增加了，从而使得外部人认为公司的盈利比实际高。我们将在第 9 章详细讨论这种冒险的会计实务。

图表 2—9　Cellular Product 公司制造成本流程总分类账 T 形账户（单位：千美元）

在产品存货

借方		贷方	
2014.1.1余额	6 000	完工产品成本	104 000 →
耗用直接材料	76 000		
直接人工	9 000		
制造费用	20 000		
2014.12.31余额	7 000		

产成品存货

借方		贷方	
2014.1.1余额	22 000	销售成本	108 000 →
	→ 104 000		
2014.12.31余额	18 000		

销售成本

借方	贷方
→ 108 000	

□ 存货性成本与期间成本概要

图表 2—7 显示了一家制造业公司的存货性成本和期间成本的区别。产成品的生产成本包括直接材料、直接人工和制造费用（如监督、生产控制和机器维修）。所有这些成本都是可计入存货的：产品完工前，这些成本被分派到在产品存货，产品售出前，又被分派到产成品存货。所有非生产成本，如研发、设计和分销成本，都是期间成本。

商业公司的成本流与制造业公司相似，存货性成本和期间成本都流经利润表。但商业公司的成本流更容易理解和追溯。图表 2—10 显示了零售商或批发商（它们购买货物用于再出售）的存货性成本与期间成本。唯一的存货性成本是商品成本。（这对应于制造业公司的产成品成本。）购买的货物作为商品存货持有，其成本作为一项资产记入资产负债表。当货物售出时，它们的成本作为销售成本记在利润表上。零售商或批发商也有营销、分销和顾客服务成本，这些是期间成本。在利润表中，期间成本从收入中直接被减掉，没有包括在存货中。“观念实施：诺德斯特龙的成本结构刺激增长”证明了恰当的成本结构对零售商期间费用的重要性。

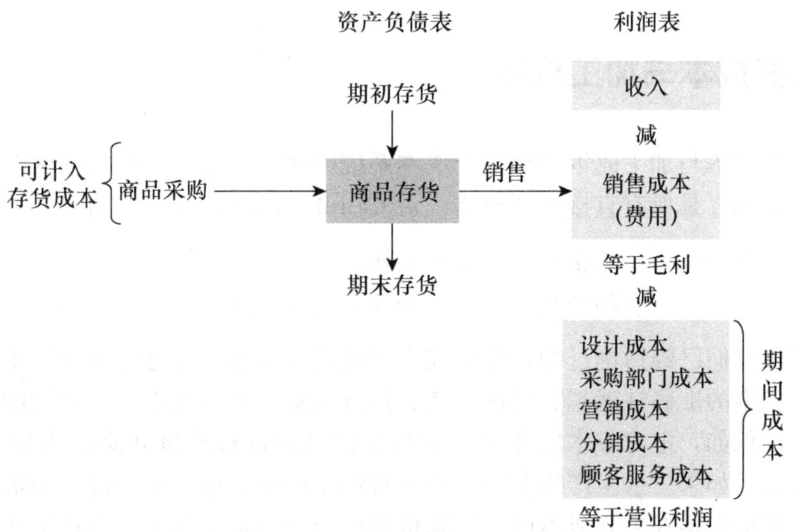

图表 2—10　商业公司（零售或批发）的收入和成本流

观念实施

诺德斯特龙的成本结构刺激增长

全球经济衰退期间，由于经济状况每况愈下和消费者购物习惯的变化，零售业遭到重创。从2009年开始，由于收入赶不上零售业的高额固定成本（包含高额租金和工资）的增加，诸如电路城（Circuit City）、Blockbuster 和博德斯（Borders）等许多历史悠久的零售商破产了。尽管某些零售商关门歇业，但其他零售商却变得更强大，并且准备在消费支出复苏之际壮大公司。

许多失败的零售商都有高额的固定成本，但高档百货连锁诺德斯特龙（Nordstrom）却拥有更多变动成本的结构。在诺德斯特龙，公司的业务主要是基于变动成本的商业模式，有40%～45%的销售费用、一般费用和管理费用（SGA）是变动的。这些成本包括薪酬（大多数销售人员赚取佣金）、福利、广告费、运输和加工处理费用等。经济萧条期间，消费支出下降的时候，公司会降低成本以减轻销售低迷对公司利润率的影响。同样，这样的成本结构也可以使诺德斯特龙在市场状况好转时迅速抓住出现的商机。

举例来说，2009年诺德斯特龙的销售费用、一般费用和管理费用占年收入82亿美元的25.5%。2011年，公司的该项费用占比提升到26.7%，但总收入为105亿美元。当销售费用、一般费用和管理费用略微增加时，变动成本的灵活性使诺德斯特龙可以首先削减成本，然后积极追求增长。

资料来源：Based on Nordstrom, Inc., 2012. 2011 Annual Report. Seattle, WA: Nordstrom, Inc.; Zacks Equity Research, "Nordstrom Pinned to Neutral," May 22, 2012.

主要成本与加工成本

主要成本与加工成本是在生产成本系统中用于描述成本分类的两个术语。**主要成本**（prime cost）是所有直接生产成本。对 Cellular Products 公司而言：

主要成本＝直接材料成本＋直接人工成本
＝76 000＋9 000＝85 000（千美元）

就像我们已经讨论过的，主要成本（或直接成本）占总成本的比重越大，管理人员对产品成本的准确性就越有把握。随着信息收集技术的进步，公司能增加更多的直接成本种类。例如，电力成本能在工厂的特定区域内进行测量并确认为特定产品的直接成本。而且，如果一条生产线专门生产一种特定产品，那么生产设备的折旧就是直接生产成本，应该包括在主要成本中。计算机软件公司经常会有一个直接生产成本项目——购入技术。这一术语反映了支付给为一种产品开发软件算法的供应商的费用，也包括在主要成本中。**加工成本**（conversion costs）指直接材料成本以外的其他生产成本。加工成本反映了为把直接材料转换成产成品而发生的所有生产成本。对 Cellular Products 公司而言：

加工成本＝直接人工成本＋制造费用＝9 000＋20 000＝29 000（千美元）

注意，直接人工成本既是主要成本也是加工成本。

有一些生产企业，如计算机集成制造（CIM）工厂，只有很少的工人。工人的职责是监督生产流程并维护生产多种产品的设备。CIM 工厂的成本系统没有直接人工成本种类，因为直接人工成本很小，也很难将它追溯到产品。在 CIM 工厂，唯一的主要成本是直接材料成本。这种公司的加工成本主要是制造费用。

计量成本需要判断

计量成本需要判断，因为管理者有许多可选择的成本定义和成本分类方法。不同的公司，有时甚至同一公司内的不同子部门可能对成本进行不同的定义和分类。在公司或者其他情境中要注意成本的定义和成本计量的方式。我们首先以人工成本为例来说明这一点。

计量人工成本

考虑像苹果这样的公司的软件编程人工成本，程序员为诸如 iMac，iPad 和 iPhone 这样的产品编写不同的应用软件。虽然各公司对人工成本的分类不同，但许多公司使用多种人工成本分类：

- 能追溯到单个产品的直接编程人工成本。
- 间接成本（与人工相关）。

- 间接人工报酬：办公室工作人员；办公室安保；返工人工（直接人工纠正软件错误所耗费的时间）；支付给软件程序员的加班工资（稍后解释）；闲置时间（稍后解释）。
- 经理、车间主管、监工的工资。
- 工资附加成本，如卫生保健福利、养老金成本等（稍后解释）。

为了获得不同类别的信息，间接人工成本通常被划分为许多子类，如办公室工作人员和闲置时间成本。注意，经理工资常常不归入间接人工成本。而监工、部门主管和所有其他管理层的报酬都归为与人工相关的间接费用的一个独立类别。

□ 加班工资和闲置时间

管理者需要特别注意两类间接人工——加班工资和闲置时间。**加班工资**（overtime premium）是支付给工人（直接人工和间接人工）的超过其正常工资的工资。加班工资通常作为间接成本或制造费用的一部分。以初级程序员 George Flexner 为例，他为许多产品编写软件。在正规工作时间，他的报酬是每小时 40 美元，在加班工作时间，报酬是每小时 60 美元（相当于原工资一倍半的加班费）。他的加班工资是每加班 1 小时 20 美元。如果某一周他工作了 44 小时，包括 4 个加班小时，那他总的报酬可以如下分类：

直接编程人工：44×40	1 760 美元
加班工资：4×20	80 美元
44 小时的总报酬	1 840 美元

在本例中，为什么支付给直接编程人工的加班工资通常被认为是间接成本而不是直接成本呢？毕竟，它能被追溯到 George 在加班时间工作的特定产品上。加班工资通常不作为直接成本，因为 George 在加班时间做的特殊工作是一个机会问题。例如，假设 George 在一个特定的工作日为两种产品工作，每种 5 小时，共持续 10 小时，包括 2 小时加班。加班工资应该分配给 George 在第 9～10 小时工作的产品吗？或者加班工资应该在两种产品间按比例分配吗？按比例分配加班工资没有仅仅因为一个特定产品碰巧在加班时间生产而“惩罚”它——增加其成本。相反，加班工资应被归因于全部繁重的工作量，其成本应被视为服务费用的一部分，由两种产品来承担。

有时加班可以被确切地归属于一个单一的产品。例如，需要满足新产品上市最后期限的加班可能是加班的唯一原因。在这种情况下，加班工资就被认为是该产品的直接成本。

间接人工成本的另一个子类是直接人工和间接人工的闲置时间。**闲置时间**（idle time）是指为非生产时间支付的工资，这些非生产时间是由缺乏订单、机器或计算机故障、工作延误、不良计划等类似情况引起的。例如，如果 George 有 3 个小时没有工作，他在等待接收其他同事的代码，那么 George 的收入将分类如下：

直接编程人工：41×40	1 640 美元
闲置时间（间接费用）：3×40	120 美元
加班工资（间接费用）：4×20	80 美元
44 小时的总收入	1 840 美元

很明显，在这种情况下，闲置时间不与某一特定产品相联系，就像我们已经讨论过的一样，加班工资也如此。加班工资和闲置时间成本都被认为是间接成本。

□ 定义会计术语的好处

管理者、会计师、供应商和其他人如果能完全理解和同意本章以及后面章节所介绍的成本术语的分类与意义，将会避免许多麻烦。

考虑编程人工工资附加成本分类，它包括雇主为雇员支付的社会保障金、人寿保险、健康保险和养老金。例如，考虑一个软件程序员，他的总工资由每小时40美元的基本工资和每小时10美元的附加工资组成。某些公司把40美元计为编写软件产品的直接编程人工成本，而将10美元计为间接费用。另一些公司把整个50美元都计为直接编程人工成本。后者的方式更合理，因为单位基本工资和附加工资合起来才是取得直接软件编程人工服务的成本。

应注意的是，在任何情况下，对管理者和管理会计师来说，明确直接人工包括什么和不包括什么是非常重要的。明晰性能预防有关成本——报酬合同、所得税和工会事宜的纠纷，这些事情常常需要管理者花费大量的时间去处理。某些国家（如哥斯达黎加和毛里求斯）向在当地创造就业岗位的公司提供大幅的税收优惠。在某些情况下，要取得税收优惠资格，公司的直接人工成本必须不少于其总生产成本的一定百分比。

当管理者不能准确定义直接人工成本，而为获取税收优惠资格需要计算直接人工百分比时，是否把附加工资成本计入直接人工成本就有争议。公司试图把附加工资作为直接人工成本的一部分，以使直接人工成本占总生产成本的比例更高。而税务机关认为，附加工资成本是间接费用的一部分。除了附加工资外，其他有争论的项目还有培训期的工资、闲置时间工资、假期工资、病假工资以及加班工资等。因此，为避免纠纷，合同与法律应在会计定义和计量上尽可能地明确。

□ 产品成本的多种含义

组织使用的许多成本术语是有歧义的。以产品成本这一术语为例，**产品成本**（product cost）是按某特定目的分配给一个产品的所有成本的总和。不同目的能导致不同的产品成本计量方法，如图表2—11价值链上的括号所示：

- **定价与产品组合决策**。为制定有关的定价及最大化利润产品组合的决策，管理者比较关心的是不同产品的全局（总体）盈利能力，进而把价值链上所有业务职能发生的成本分配给不同的产品。
- **政府合同下的补偿**。政府合同通常在“产品成本”的基础上加上事先确定的利润边际来补偿承包人。这样的合同被称为“成本加成”协议。当很难预计设计、制造和测试项目所需的货币金额时，成本加成协议通常用于服务和开发合同。因为这些合同将成本超支的风险转移给政府，所以国防部和能源部等机构会提供详细的指导，说明哪些项目能作为产品成本，哪些不能。例如，许多政府部门从产品成本中明确剔除营销、分销和顾客服务成本，并可能只补偿部分研发成本。这些部门只想对与承包人提供合同产品密切联系的那些成本进行补偿。图表2—11中的第二个括号显示了一个特定合同的产品成本计算只考虑所有设计成本、生产成本以及部分研发成本。

● 按 GAAP 编制对外财务报告。在 GAAP 下，只有生产成本能被计入财务报表的存货项目中。为计算存货成本，产品成本只包括存货性成本（生产成本）。

图表 2—11 说明了产品成本的计量如何从一个很小的为财务报告目的而只包括生产成本的范围，到一个宽一些的为政府合同中补偿目的而定的范围，再到更宽的为定价和产品组合决策目的而定的范围。

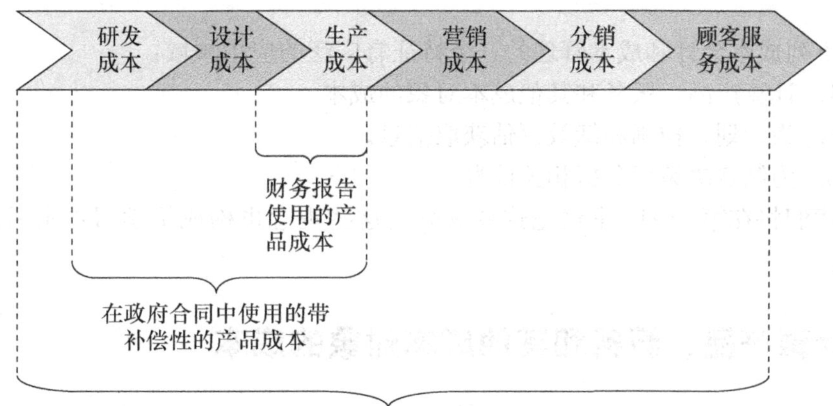

图表 2—11　为不同目的使用不同产品成本

本节关注在计量产品成本时，不同目的会如何影响业务职能价值链上不同项目的涉及程度。同样要注意，必须清楚本章所介绍的不同成本概念与不同成本分类计量方法。图表 2—12 是对主要成本分类的概括。使用第 1 章描述的五步程序，思考不同的成本分类如何帮助管理者制定决策和评价业绩。

图表 2—12　　成本分类

1. 经济功能 (1) 研发 (2) 产品和流程设计 (3) 生产 (4) 营销 (5) 分销 (6) 顾客服务 2. 向成本对象分配 (1) 直接成本 (2) 间接成本	3. 关于作业或数量水平的性态模式 (1) 变动成本 (2) 固定成本 4. 总量或平均 (1) 总成本 (2) 单位成本 5. 资产或费用 (1) 存货性成本 (2) 期间成本

1. **确定问题与不确定性**。考虑产品定价的决策。这种决策常常取决于生产此产品的支出额。

2. **获取信息**。管理者在每一个业务职能上确定产品的直接成本和间接成本。管理人员也收集其他关于顾客、竞争者和竞争产品价格的信息。

3. **预测未来**。管理者估计在未来生产这种产品的支出。这要求管理者预测产品的销售量和理解固定成本与变动成本。

4. **选择方案做决策**。基于对成本和其他信息的彻底理解，管理者选择一个价格。

5. **实施决策，评价业绩与学习**。管理人员控制成本，通过将实际总成本和单位成本与预算值进行比较来学习。

下一节将描述本章介绍的基本概念如何组成一个理解成本会计与成本管理的概念框架，这一框架可应用于许多专题的研究，如战略评估、质量管理以及投资决策等。

成本会计和成本管理的框架

下列成本会计和成本管理的三个特征有广泛的应用领域：

1. 计算产品、服务和其他成本对象的成本。
2. 为计划、控制和绩效评估获取信息。
3. 为制定决策而分析相关信息。

我们将在第 3～11 章讨论这些观念。这些观念也构成了学习本书后面一些专题的基础。

计算产品、服务和其他成本对象的成本

你们已经知道成本系统都要追溯直接成本，分配间接成本到产品。第 4 和 5 章描述用于计算产品和服务的总成本和单位成本的系统，如分批成本系统和作业成本系统。这两章也将讨论管理人员如何使用这些信息来制定战略及制定价格、产品组合和成本管理决策。

为计划、控制和绩效评估获取信息

预算是计划与控制中最常用的工具。预算鞭策管理人员向前看，把战略转化为计划，在组织中进行协调与沟通，并提供一个业绩评价的标准。管理者要努力实现预算目标，所以预算常常会影响公司员工的行为和他们制定的决策。第 6 章描述预算系统。

在报告期末，管理者把公司的实际结果与计划的业绩相比较。管理者的任务是查明实际与计划产生差异的原因，并把这些差异所提供的信息作为反馈以用于日后的学习和改进。管理者也使用非财务指标差异，如次品率和顾客满意度，来控制并评价不同部门、分部和经理的业绩。第 7 和 8 章讨论差异分析。第 9 章描述计划与控制，以及与生产能力相关的存货成本计量问题。第 6，7，8，9 章重点关注管理会计师在实施战略中的作用。

为制定决策而分析相关信息

在设计和实施战略的时候，管理者必须明白哪些收入与成本要考虑，哪些不需要考虑。管理会计师帮助管理者区分哪些信息是相关的，哪些是无关的。考虑以下应外购还是自制的决策。成本系统显示自制的单位成本是 25 美元。一个供应商开价每单位 22 美元。乍看好像外购比自制便宜。但是，假定 25 美元的自制成本中有 5 美元是厂房租金，在租赁合同下已经支付。而且，如果购买产品，工厂仍是闲置的，因为重新布置工厂生

产其他产品代价太高，即没有机会以其他盈利方式来使用工厂。在这种情况下，自制就比外购便宜。这是因为自制只引起每单位 20 美元的增量成本，而外购的增量成本是每单位 22 美元。每单位 5 美元的租金与决策无关，因为它是已经发生的过去（或沉没）成本，不管自制还是外购它都会发生。分析相关信息是制定决策的关键。

在制定有关生产何种产品以及生产多少产品的战略决策时，管理者需要知道收入与成本如何随产出水平而变动。为此目的，管理者需要区分固定成本与变动成本。第 3 章分析营业利润如何随销售水平变动，以及管理人员如何使用这些信息来制定如广告费支出水平这样的决策。第 10 章描述估计成本中的固定和变动成本的方法。第 11 章将相关性的概念应用于多种不同情况下的决策，并且描述管理人员在面临资源约束时最大化利润的方法。

本书后面的章节讨论一些专题，如战略评估、顾客盈利能力、质量、适时系统、投资决策、转移定价和业绩评价。每一个专题不可避免地有产品成本计量、计划与控制以及决策制定问题。精通前 11 章有助于你掌握这些专题。例如，第 12 章是关于战略的，描述平衡计分卡，即一组财务与非财务指标，用来实施建立在计划与控制基础上的战略。营业利润的战略分析部分建立在产品成本计量和差异分析概念的基础之上。有关缩小规模和生产能力管理的部分建立在相关收入与相关成本概念的基础之上。

自测题

Foxwood 公司是一家金属与木材切割生产商，生产家用建筑材料。2014 年的资料如下（单位：美元）：

砂纸	2 000
材料装卸成本	70 000
润滑剂和冷却剂	5 000
间接制造人工杂项费用	40 000
直接人工	300 000
直接材料（2014 年 1 月 1 日）	40 000
直接材料（2014 年 12 月 31 日）	50 000
产成品（2014 年 1 月 1 日）	100 000
产成品（2014 年 12 月 31 日）	150 000
在产品（2014 年 1 月 1 日）	10 000
在产品（2014 年 12 月 31 日）	14 000
厂房租金	54 000
折旧——机器设备	36 000
厂房设备财产税	4 000
厂房设备火灾保险费	3 000
购入直接材料	460 000
销售收入	1 360 000
促销费用	60 000
销售人员工资	100 000
分销成本	70 000
顾客服务成本	100 000

要求：

1. 编制附有产成品成本计算表的利润表。将各生产成本科目分为直接成本或间接成本。用V或F标明各生产成本科目是变动成本还是固定成本（当成本对象是一个产品单位时）。如有疑问，在判断总成本是否随产品数量的变动而变动的基础上回答。

2. 假设直接材料与厂房租赁费都是为生产900 000单位的产品而发生的，那么分配给每单位产品的直接材料成本是多少？单位厂房租赁费又是多少？假定厂房租赁费是固定成本。

3. 若下年预测产量为1 000 000单位，重新计算要求2中的直接材料以及厂房租赁费。假定成本性态模式不变。

4. 作为一个管理咨询人员，向公司董事长简要解释为什么要求2与要求3中直接材料单位成本不发生变动而厂房租赁费的单位成本却发生变动。

解答：

1. Foxwood公司的利润表如下：

Foxwood公司利润表

2014年1月1日至2014年12月31日　　单位：美元

销售收入		1 360 000
产品销售成本：		
期初产成品（2014年1月1日）	100 000	
本期产成品成本（见下计算表）	960 000	
可供销售的产品成本	1 060 000	
期末产成品（2014年12月31日）	150 000	910 000
毛利		450 000
营业成本		
促销费用	60 000	
营销人员工资	100 000	
分销成本	70 000	
顾客服务成本	100 000	330 000
营业利润		120 000

Foxwood公司产成品成本计算表

2014年1月1日至2014年12月31日　　单位：美元

直接材料		
期初存货（2014年1月1日）		40 000
购入直接材料		460 000
可用直接材料成本		500 000
期末存货（2014年12月31日）		50 000
本期使用的直接材料		450 000（V）
直接人工		300 000（V）
间接生产成本		
砂纸	2 000（V）	
材料装卸成本	70 000（V）	
润滑剂和冷却剂	5 000（V）	
间接制造人工杂项费用	40 000（V）	
厂房租金	54 000（F）	

折旧——机器设备	36 000（F）	
厂房设备财产税	4 000（F）	
厂房设备火灾保险	3 000（F）	214 000
2014 年发生的生产成本		964 000
加：期初在产品（2014 年 1 月 1 日）		10 000
生产成本合计		974 000
减：期末在产品（2014 年 12 月 31 日）		14 000
产成品成本（进入利润表）		960 000

2. 单位直接材料成本＝直接材料成本÷产量

＝450 000÷900 000＝0.50(美元/单位)

单位厂房租赁成本＝厂房租赁费÷产量

＝54 000÷900 000＝0.06(美元/单位)

3. 直接材料成本是变动的，所以它们在总量上从 450 000 美元增至 500 000 美元（1 000 000×0.5）。但是，它们的单位成本不受影响：500 000÷1 000 000＝0.50 美元/单位。

相反，厂房租赁费 54 000 美元是固定的，所以总量不变。可是，如果将厂房租赁费分配给单位产品，那么单位成本就从 0.06 美元下降至 0.054 美元：54 000÷1 000 000＝0.054 美元/单位。

4. 我们将从要求 3 的答案着手进行解释。作为一个咨询人员，你必须指出将不同成本性态的成本分配给单位产品（单位化、平均化）可能产生误导。一个常见的错误是认为整个单位成本（经常由固定成本与变动成本组成）是一个“指示灯”，当产出水平发生变化时以全部变动的方式发生变化。下一章要证明区分成本性态模式的必要性。你必须特别小心单位固定成本。单位固定成本经常被错误地看成单位变动成本。

决策要点

下面的问答形式是对本章学习目标的总结，决策代表与学习目标相关的关键问题，指南则是对该问题的回答。

决策	指南
1. 什么是成本对象?	成本对象是任何管理者需要独立计量成本的事项。示例包括产品、服务、项目、顾客、作业和部门。
2. 管理人员如何确定一项成本是直接成本还是间接成本?	直接成本是与某一个成本对象相关，并能以经济可行的方式追溯到该成本对象中的成本。间接成本是与某一成本对象相关，但不能经济可行地追溯到该成本对象中的成本。同一成本可能既是某一对象的直接成本又是另一对象的间接成本。本书使用成本追溯来表示把直接成本分派到成本对象的过程，用成本分配来表示间接成本的分派。
3. 管理人员如何确定是变动成本还是固定成本?	变动成本总额随着相关的作业或产量水平变动。固定成本总额在一个给定时间段保持不变，而无论相关的作业或产量水平如何变动。

4. 管理者应该如何估计和解释成本信息？	总的说来，应该关注总成本而不是单位成本。在做总成本估计时，将变动成本当作单位成本而把固定成本当作总额。若某一对象的单位成本包括固定成本部分，则要谨慎对待。
5. 存货性成本和期间成本核算的区别是什么？	存货性成本是在发生的会计期间公司将其视为资产，在产品销售时作为产品销售成本的所有产品成本；期间成本在发生的会计期间被费用化，期间成本是利润表中除产品销售成本之外的所有成本。
6. 在制造业和商业中，存货性成本流和期间成本流是什么？	在制造业企业中，存货性成本流经在产品和产成品账户，并作为产品销售成本被计入费用。期间成本在发生时就被计入费用。商业企业中，只有商品成本被视为存货性成本。
7. 为什么管理者把不同成本分配给同一成本对象？	根据目的，管理人员可以把不同的成本分配给同一成本对象。例如，在制造业企业对外报告中，产品的存货性成本只包括生产成本。但是在制定定价和产品组合决策时所有来自价值链上的成本都会被分配给产品。
8. 成本会计和成本管理的三个主要特征是什么？	成本会计和成本管理的三个特征是：(1) 计算产品、服务和其他成本对象的成本；(2) 为计划、控制和绩效评估获取信息；(3) 为制定决策而分析相关信息。

练习题

2—17 直接、间接、固定和变动成本。Wonder 烘培公司生产两种面包，并将它们作为批发产品卖给各面包零售商。每个面包要经过三个步骤：第一步是和面。和面部门把所有必要成分混合在一起做成面团，并通过高速搅拌机进行处理，面团烘焙前先静置。第二步是烘焙，这是一个完全自动化的过程，烘焙部门将面团放进最后的模子里用高温进行烘焙。第三步是表面处理，这是一个完全人工进行的过程。工人通过表面处理给每个面包涂上一层特殊釉，让面包冷却，然后小心地把面包放进纸盒中以供零售商销售。

要求：

(1) 工序中的成本列示如下。假定"每种面包的产量"为成本对象，指出下面的每一种成本是直接变动成本、直接固定成本、间接变动成本还是间接固定成本。

成本：
酵母
和面部门经理
面粉
各部门材料处理人员
包装材料
工厂管理者
烤箱的折旧
工厂夜间保卫
和面机的折旧
机械工（操作和面机）
厂房租金
每个部门的机器维修工
厂房火灾保险
工厂维修用品
工厂用具
工厂清理用品
表面处理部门的小时工

（2）如果成本对象是“和面部门”而不是每种面包的产量，那么上面的哪些成本现在是直接成本而不是间接成本？

2—19　成本分类，商业。Band Box Entertainment（BBE）在佐治亚州亚特兰大市经营一家大商场。店里既有电影（DVD）部门也有音乐（CD）部门。BBE将音乐部门和电影部门的收入分开报告。

要求：

将各成本项目（（1）～（8））分类如下：

（a）根据DVD销售总量划分直接成本（D）或间接成本（I）。

（b）根据电影部门的总成本随DVD销售数量的变化情况划分变动成本（V）和固定成本（F）。（如果不能肯定，可以根据以下原则来选择：如果总的DVD销售数量发生巨大变化，总成本是否会大幅变化。）

对下列每个成本项目，你将会有两个答案（D或I；V或F）：

成本项目	D或I	V或F
（1）每年支付给视频分销商的预付款。		
（2）商店经理的工资。		
（3）出售给客户的DVD的采购成本。		
（4）订阅DVD时尚杂志的费用。		
（5）BBE商店财务预算软件的租赁费用。		
（6）BBE商店免费提供给顾客的爆米花的成本。		
（7）每晚关门后清理商店的费用。		
（8）BBE购进DVD的运费。		

2—21　变动成本，固定成本，总成本。Bridget Ashton正准备新开一家小餐厅。由于预算紧张，她必须在下面的长途电话方案之间做出选择：

方案A：每个长途通话每分钟付费10美分。

方案B：支付15美元的固定月租费（可打240分钟的长途电话），超过240分钟后每分钟付费8美分（如果一个月用不到240分钟，她仍需支付15美元）。

方案C：支付22美元的固定月租费（可打510分钟的长途电话），超过510分钟后每分钟支付5美分（如果一个月用不到510分钟，她仍需支付22美元）。

要求：

1. 对于每月长途电话的不同水平，画出三种方案的每月总成本图。

2. 如果Bridget Ashton预计要打100分钟长途电话，她应该选择哪种方案？240分钟还是540分钟？

2—23　变动成本，固定成本，相关范围。Dotball糖果公司以全自动工序生产硬糖。生产糖果的机器是近期购入的，每月能够生产4 400单位。机器成本是9 500美元，采用直线法折旧，折旧年限10年，假设残值为0。每月的工厂和仓库租金以及其他固定间接成本总额为1 300美元。

Dotball目前每月生产和销售3 100单位糖果。公司每月正好足额购入生产所需的材料。每单位糖果的材料成本为10美分。

公司预计下一年的需求将增加100%。在此材料购买量上，公司将得到10%的价格折扣。租金和其他固定间接成本保持不变。

要求：

1. Dotball当年的产量相关范围是多少？

2. Dotball当年在相关范围内的固定间接成本是多少？变动间接成本是多少？

3. Dotball下一年的产量相关范围是多少？如果有变化的话，下一年度总的固定间接成本和变动间接成本如何变化？如有需要，公司可以购买一台与现在已有的一模一样的机器。

2—25　成本动因和职能。下表中右栏里的代表性成本动因是任意排列的，与左栏里的职能列表是不匹配的。

职能	代表性成本动因
1. 应付账款	A. 寄送发票的数量
2. 招聘	B. 采购订单的数量
3. 数据处理	C. 研究人员的数量
4. 研发	D. 计算机处理单元（CPU）运转时间
5. 采购	E. 员工数量
6. 仓储	F. 处理付款的数量
7. 计费	G. 货盘移动的数量

要求：

1. 将上述职能与代表性成本动因匹配起来。

2. 为每个职能再给出一个成本动因的例子。

2—27　总成本和单位成本，制定决策。Gayle玻璃厂生产用于科学目的的玻璃钢法兰。每个法兰的材料费为1美元，玻璃吹制工的工资为每小时28美元。玻璃吹制工每小时能吹10个法兰。法兰的固定制造费用为每个周期 28 000 美元。与法兰相关的期间（非制造）成本为每个周期 10 000 美元，且是固定的。

要求：

1. 以产量（法兰的数量）作为 X 轴，画出变动成本、固定成本以及总制造成本图。

2. 假设 Gayle 本期生产并销售 5 000 个法兰。其竞争对手 Flora's Flasks 以每个 10 美元的价格销售法兰。Gayle 能够以低于 Flora's Flasks 的价格销售法兰并获利吗？

3. 如果 Gayle 本期生产并销售 10 000 个法兰，要求 2 的答案将如何变化，为什么？这给在决策制定中运用单位成本带来什么启示？

2—29 计算商品采购成本和产品销售成本。下面的数据是 Marvin 百货商店 2014 年的账户余额（单位：千美元）。

营销、分销、顾客服务成本	37 000
2014 年 1 月 1 日的商品库存	27 000
水电费	17 000
一般和行政费用	43 000
2014 年 12 月 31 日的商品库存	34 000
采购	155 000
杂项费用	4 000
运入费用	7 000
进货退回和折让	4 000
进货折扣	6 000
收入	280 000

要求：

1. 计算商品采购成本和产品销售成本。
2. 编制 2014 年的利润表。

2—31 存货性成本流。Renka's Heaters 公司 2014 年 10 月的部分数据如下（单位：百万美元）：

2014 年 10 月 1 日的直接材料存货	105
采购直接材料	365
耗用直接材料	385
总制造费用	450
变动制造费用	265
2014 年 10 月总制造成本	1 610
2014 年 10 月 1 日在产品存货	230
完工产品成本	1 660
2014 年 10 月 1 日产成品存货	130
产品销售成本	1 770

要求：

计算如下成本：

1. 2014 年 10 月 31 日的直接材料存货。
2. 2014 年 10 月的固定制造费用。
3. 2014 年 10 月的直接制造人工成本。
4. 2014 年 10 月 31 日的在产品存货。
5. 2014 年 10 月的可供出售产成品成本。
6. 2014 年 10 月 31 日的产成品存货。

2—33 产成品成本、利润表和制造业公司。Shaler 公司账户余额如下（单位：千美元）：

Shaler 公司	2014 年期初余额	2014 年期末余额
直接材料存货	130 000	68 000
在产品存货	166 000	144 000
产成品存货	246 000	204 000
购买直接材料		256 000
直接制造人工		212 000
间接制造人工		96 000
间接材料		28 000
工厂保险		4 000
折旧——不动产、厂场与设备		42 000
工厂水电费		24 000
厂房修理和维修		16 000
设备租赁成本		64 000
营销、分销和顾客服务成本		124 000
一般与行政费用		68 000

要求：

1. 编制 2014 年产成品的成本表。
2. 2014 年营业收入为 12 亿美元，编制 2014 年的利润表。

2—39 缺少信息，计算存货成本。Ron Howard 最近接任了 Johnson Brothers 制造公司的主计长职位。上个月，前任主计长没有告知就离开了公司，留下混乱的会计记录。为报告第一季度的数字，Ron 需要期末存货余额。

Ron 能够拼凑出上个月（2014 年 3 月）的如下信息（单位：美元）：

购买的直接材料	120 000
在产品存货（2014 年 3 月 1 日）	35 000
直接材料存货（2014 年 3 月 1 日）	12 500
产成品存货（2014 年 3 月 1 日）	160 000
加工成本	330 000
当期增加的总制造成本	420 000
产成品成本	使用 4 次直接材料
毛利率	20%
营业收入	518 750

要求：

计算以下成本：

1. 2014 年 3 月 31 日的产成品存货。

2. 2014 年 3 月 31 日的在产品存货。

3. 2014 年 3 月 31 日的直接材料存货。

2—41　成本分类；道德。Jason Hand 是 Old Tree 制造厂新上任的经理，他刚看了年末财务报表的草稿。Hand 可获得税前营业利润 8%的年终奖金。工厂主计长提供的利润表是令人失望的。看了表中的数字后，Hand 要求工厂主计长回去重新编表。Hand 说如果下次不能看到一个更好的营业利润数字，他不得不寻找新的主计长。

Old Tree 制造工厂将所有与产品制造直接相关的成本划分为产品成本。这些成本被计入存货，然后在产品销售时作为费用计入产品销售成本。所有其他费用，包括产成品的储存成本 3 570 000 美元，被列为期间费用。Hand 曾建议，将仓储费用纳入产品成本，因为它们“明显与我们的产品相关”。在此期间，公司生产了 21 万件产品，销售了 19 万件产品。

主计长修改了数字，他发现如果把仓储费用计入产品成本，营业利润将会增加 340 000 美元。他还确信这些新的数字会让 Hand 感到高兴。

要求：

1. 用数字来说明将仓储费用计入产品成本而不计入期间费用，公司营业利润如何增加 340 000 美元。

2. Hand 有关“仓储成本明显与我们的产品相关”的理由是正确的吗?

3. 如果主计长对要求 1 进行调整，Hand 能得到多少个人收入?

4. 工厂主计长应该怎么做?

第 3 章

本量利分析

- 本量利（CVP）分析的要点
- 盈亏平衡点与目标营业利润
- 目标净利润和所得税
- 利用 CVP 分析做决策
- 敏感性分析与安全边际
- 成本计划与 CVP
- 销售组合对利润的影响
- 服务业和非营利组织的 CVP 分析
- 贡献毛益与毛利

学习目标

1. 说明本量利（CVP）分析的特征
2. 决定某一营业利润目标所需的临界点和产出水平
3. 理解所得税如何影响 CVP 分析
4. 说明管理者如何使用 CVP 分析制定决策
5. 说明敏感性分析如何帮助管理者处理不确定性
6. 利用 CVP 分析来制定变动成本和固定成本计划
7. 在生产不同产品的公司应用 CVP 分析
8. 在服务业与非营利组织应用 CVP 分析
9. 区分贡献毛益与毛利

所有管理人员都想知道当产品销售量或服务发生变化时，利润如何变化。

例如，家得宝公司（Home Depot）的管理者可能想知道必须销售多少单位新电钻才能实现盈亏平衡或获取一定的利润。宝洁公司的管理者可能会问自己：扩展在尼日利亚的业务，会对成本、收入和利润有什么影响？这些问题都有一个共同的“假设”主题：如果我们销售更多的电钻会怎么样？如果我们开始在尼日利亚销售产品会怎么样？考察这些假设的可能性和备选方案的结果，有助于管理者做出更好的决策。

管理者也必须决定如何制定产品价格，了解价格决策对收入和利润的影响。下面的文章解释了爱尔兰摇滚乐队 U2 在近期的世界巡演中如何决定是否应该降低某些票价。对你来说，降低票价听起来像一个明智的战略吗？

史上最大的摇滚秀如何创造巨额利润[①]

在近期跨越北美、欧洲和亚洲的世界巡演中，摇滚乐队 U2 在一个高 164 英尺的壮观的舞台上表演，该舞台就像一艘宇宙飞船，带有巨大屏幕和直达环形通道的人行天桥。U2 使用了三个独立的舞台，每个舞台的成本接近 4 000 万美元。此次巡演每天额外花销达到 750 000 美元。因此，这场巡演的成功不仅取决于每晚演唱会的质量，还取决于收回巨大的固定成本——不随观众中歌迷数量变化的成本。

为了收回高昂的固定成本并实现盈利，U2 需要售出大量门票。为最大化巡演的收入，每张门票只卖区区 30 美元，并增加了一个独特的环形舞台使体育馆容量增大 20%左右。该计划果然有效。U2 打破了它大多数演出场地的观众人数纪录。巡演结束时，参加演唱会的歌迷超过 700 万，门票和商品销售收入接近 7.36 亿美元，并作为史上最大的巡演而载入史册。当你阅读本章时，你将会理解 U2 如何以及为何制定降价的决策。

高固定成本的企业必须特别注意决策背后的“假设”，因为做出错误选择的后果可

---

① Gundersen, Edna. 2009. U2 turns 360 stadium tour into attendance-shattering sellouts. *USA Today*, October 4; and Waddell, Ray. 2011. U2's “360” Tour Gross: ＄736, 137, 344! *Billboard*, July 29.

能是灾难性的。美国航空公司（American Airlines）和通用汽车（General Motors）是高固定成本的著名公司的例子。当公司有高固定成本时，仅仅为了实现盈亏平衡就需要大量的收入。例如，在航空业，公司的固定成本很高，以至于大多数航空公司的利润来自每个航班最后 2～5 个登机的乘客！因此，当美国航空公司的收入下降时，公司被迫宣布破产。在本章中，你将会看到本量利（CVP）分析如何帮助管理者最小化此类风险。

本量利（CVP）分析的要点

在第 2 章中，我们讨论了总收入、总成本和利润。管理者使用**本量利（CVP）分析**（cost-volume-profit（CVP）analysis）研究这些要素在产品的销售量、售价、单位变动成本或固定成本发生变化时的性态以及它们之间的关系。考虑这样一个例子：

Emma Jones 是一个年青的企业家，她近来在使用《GMAT 考试成功》（GMAT Success），这是一个商学院入学考试的备考书和软件包的套装。Emma 非常喜欢这些书和软件，毕业后她与《GMAT 考试成功》的出版商签订了一份合同，销售学习资料。近来，她在波士顿的学院展览会上销售这些资料，现在她正在考虑在芝加哥的学院展览会上销售这些资料。Emma 知道她能以每套（书和软件）120 美元的价格从出版商那里购入，并有权原价退回所有未售出的资料，收回退款。她也知道必须支付 2 000 美元租赁一个展览会的摊位。她不会发生其他成本。她是否应该租一个摊位？

像大多数面临这种情况的管理者一样，Emma 要完成一系列步骤（第 1 章介绍的），以制定最有利的决策：

1. **确定问题与不确定性**。每一个管理决策要选择一个行动。租摊位的决定关键取决于 Emma 如何解决两个重要的不确定性：售价及此价格下的销售量。Emma 知道她选择的行动的结果是不确定的。她对高价销售大量资料越有信心，她就越愿意租赁摊位。

2. **获取信息**。当面临不确定性时，管理人员收集信息以帮助他们更好地理解不确定性。例如，Emma 收集可能参加展览会的个人的类型的信息和可能在会上销售的其他备考资料的信息。她也收集在波士顿展会上销售资料的数据。

3. **预测未来**。管理人员用所有获取的信息做预测。Emma 预测《GMAT 考试成功》能以每套 200 美元售出。在此价格下，她有很大的把握能卖出至少 30 套资料，最多可能卖出 60 套。Emma 做这些决策必须面对现实，做出判断。如果预测太乐观，Emma 会在本不应该租赁摊位时租赁摊位。如果预测太悲观，Emma 会在应该租赁摊位时不租赁摊位。

Emma 的预测基于这样一个信念，她在芝加哥展会上的经历将和四个月前在波士顿展会上的经历相似。但是，Emma 对预测的几个方面不确定。展会真的可比吗？两个展会的参观者是相同的吗？过去四个月里市场条件发生变化了吗？她的考虑有偏差吗？她渴望在芝加哥展会上销售，因为过去几个月的销售低于预期。这种经历会使她的预测过于乐观吗？她忽视了某些竞争性风险吗？展会上的其他备考资料销售商会降价吗？如果他们降价，Emma 应该怎么办？如果她降价，预计会销售多少套资料？

Emma 重新考虑了自己的计划并重新检验了自己的假设。她从展会组织者那里获得了学生出席的数据和过去几年的总销售收入数据。最后，她深信她的预测是合理的、准确的，并经过深思熟虑。

4. **选择方案做决策**。Emma 使用 CVP 分析后，决定在芝加哥展会上租赁摊位。

5. **实施决策，评价业绩与学习**。勤于思考的管理人员从来不会停止学习。他们将实际业绩与预测业绩进行比较，理解事情没有按计划进行的原因，以及他们能从中学到什么。例如，芝加哥展会结束后，Emma 想评估自己关于价格和销售数量的预测是否正确。这将帮助她更好地制定有关未来展会的摊位租赁的决策。

在第 4 步中 Emma 如何利用 CVP 分析做决策呢？Emma 从确认固定成本与变动成本开始，然后计算贡献毛益。

□ 贡献毛益

摊位租金 2 000 美元是固定成本，因为无论售出多少套都不变。套装的总成本是变动成本，因其随销售数量而成比例增加，并且她能退回没有售出的资料，收回全额退款。

为了理解不同销售数量导致营业利润如何变化，Emma 分别计算销售 5 套和 40 套时的营业利润。

单位：美元

	销售 5 套	销售 40 套
收入	1 000 （=200×5）	8 000 （=200×40）
变动购买成本	600 （=120×5）	4 800 （=120×40）
固定成本	2 000	2 000
营业利润	(1 600)	1 200

随着销售量变化的数只有总收入和总变动成本。总收入与总变动成本之间的差额叫**贡献毛益**（contribution margin）：

贡献毛益＝总收入－总变动成本

贡献毛益反映了为什么营业利润随销售数量变化。Emma 售出 5 套资料时的贡献毛益是 400 美元（1 000 美元总收入减去 600 美元总变动成本）；售出 40 套时的贡献毛益是 3 200 美元（8 000 美元总收入减去 4 800 美元总变动成本）。计算贡献毛益时，要确信减去了所有的变动成本。例如，如果 Emma 还发生了变动销售费用，如她按展会上售出的每套资料向销售员支付佣金，那么变动成本就包括每套资料的成本和销售佣金。

单位贡献毛益（contribution margin per unit）是计算贡献毛益和营业利润的一个有用工具。单位贡献毛益定义如下：

单位贡献毛益＝售价－单位变动成本

在《GMAT 考试成功》的示例里，每套资料（或每单位）贡献毛益是 200－120＝80 美元。单位贡献毛益是单位售价和单位变动成本的结合。与固定成本不同，Emma 销售一套《GMAT 考试成功》只发生 120 美元的单位变动成本。

单位贡献毛益提供了计算贡献毛益的第二种计算方法：

贡献毛益＝单位贡献毛益×销售数量

例如，当 Emma 售出 40 套时，贡献毛益＝80×40＝3 200 美元。

在 Emma 参加展会以前，她发生了 2 000 美元的固定成本。因为单位贡献毛益是 80 美元，Emma 在展会上每销售一套资料就会收回 80 美元。Emma 希望销售足够多的资料以全部收回 2 000 美元的摊位租金并赚取利润。

图表 3—1 显示了不同销售数量下的贡献毛益。形如图表 3—1 的利润表叫**贡献毛益利润表**（contribution income statement），因为它把成本分为变动成本和固定成本以强调贡献毛益。

营业利润＝贡献毛益－固定成本

销量从 0 到 1 再到 5，每多销一套，贡献毛益增加 80 美元，帮助 Emma 补偿更多的固定成本并减少了经营损失。如果 Emma 售出 25 套，贡献毛益等于 2 000 美元（80×25），正好补偿所有固定成本，营业利润为 0。如果 Emma 售出 40 套，贡献毛益就再增加 1 200 美元（3 200－2 000），所有新增的贡献毛益都成为营业利润。如果你从图表 3—1 左边看到右边，你会发现贡献毛益的增加正好等于营业利润的增加（或经营损失的减少）。

图表 3—1 《GMAT 考试成功》不同销售数量下的贡献毛益利润表

单位：美元

文件 开始 插入 页面布局 公式 数据 审阅 视图

	A	B	C	D	E	F	G	H
1						销售套数		
2				0	1	5	25	40
3	收入	200	每套	0	200	1 000	5 000	8 000
4	变动成本	120	每套	0	120	600	3 000	4 800
5	贡献毛益	80	每套	0	80	400	2 000	3 200
6	固定成本	2 000	每套	2 000	2 000	2 000	2 000	2 000
7	营业利润			(2 000)	(1 920)	(1 600)	0	1 200

当公司（如三星和普拉达）销售多种产品时，计算单位贡献毛益是比较麻烦的。这些公司也可以使用百分比而不用金额来表示单位贡献毛益，称为**贡献毛益百分比**（contribution margin percentage），**或贡献毛益率**（contribution margin ratio）：

$$贡献毛益百分比(或贡献毛益率)=\frac{贡献毛益}{收入}$$

考虑图表 3—1 中的一个销售水平，如销售 40 单位：

$$贡献毛益百分比=\frac{3\,200}{8\,000}=0.40，或\ 40\%$$

贡献毛益百分比是每单位收入的贡献毛益。对于取得的每 1 美元收入，Emma 赚取了 40%（40 美分）。贡献毛益百分比是计算不同收入额的贡献毛益的简便方法。重新整理贡献毛益百分比公式，得：

贡献毛益＝贡献毛益百分比×收入(金额)

为了推导营业利润和贡献毛益百分比之间的关系，回想一下：

营业利润＝贡献毛益－固定成本

替换上面公式中的贡献毛益：

营业利润＝贡献毛益百分比×收入－固定成本

例如，在图表3—1中，如果Emma售出了40套资料：

收入	8 000美元
贡献毛益百分比	40%
贡献毛益（0.40×8 000）	3 200美元
固定成本	2 000美元
营业利润	1 200美元

像本例一样，当只有一个产品时，我们可以将贡献毛益百分比公式中的分子、分母同时除以销售量，计算贡献毛益百分比：

$$贡献毛益百分比=\frac{贡献毛益/销售量}{收入/销售量}=\frac{单位贡献毛益}{售价}$$

在本例中：

$$贡献毛益百分比=\frac{80}{200}=0.40,或40\%$$

贡献毛益百分比是计算收入变化如何改变贡献毛益的一个有用的工具。当Emma的收入增加3 000美元，从5 000美元达到8 000美元时，她的贡献毛益从2 000美元增加到3 200美元（增加1 200美元）：

8 000美元收入的贡献毛益（0.40×8 000）	3 200美元
5 000美元收入的贡献毛益（0.40×5 000）	2 000美元
收入增加3 000美元时，贡献毛益的变化（0.40×3 000）	1 200美元

贡献毛益变化＝贡献毛益百分比×收入变化

贡献毛益分析是一种广泛应用的技术。例如，家得宝公司的管理者使用贡献毛益分析计算衰退期间的销售波动如何影响公司的获利能力。

□ CVP关系的表达

如何建立图表3—1中的电子表格？图表的基础是表述CVP关系的方程式。为了利用CVP分析做出更好的决策，我们必须理解这些关系和图表3—1中的贡献毛益利润表的结构。有三种深入思考并建立CVP关系模型的相关方式（我们称其为“方法”）：

1. 方程式法；
2. 贡献毛益法；

3. 图表法。

在本章后面，你将会看到，不同方法用于不同的决策。

当管理者想确定一些特定的销售水平（例如，销售量为 5，15，25 和 40）的营业利润时，方程式法和贡献毛益法是最有用的。图表法帮助管理者将销售量和营业利润之间的关系画成图表。

方程式法

图表 3—1 中的每一列可以表述为一个方程式。

收入－变动成本－固定成本＝营业利润

每一列的收入如何计算？

收入＝售价(SP)×销售量(Q)

每一列的变动成本如何计算？

变动成本＝单位变动成本(VCU)×销售量(Q)

因此，

[(售价×销售量)－(单位变动成本×销售量)]－固定成本＝营业利润

（方程式 1）

方程式 1 是计算不同销售量下营业利润的基础。例如，当 Emma 销售 5 套资料时，营业利润的计算如下（见图表 3—1 中的单元格 F7）：

(200×5)－(120×5)－2 000＝1 000－600－2 000＝－1 600(美元)

贡献毛益法

将方程式 1 重新整理：

[(售价－单位变动成本)×销售量]－固定成本＝营业利润

(单位贡献毛益×销售量)－固定成本＝营业利润　　　　（方程式 2）

在《GMAT 考试成功》的例子中，单位贡献毛益是 80 美元（200－120），因此，当 Emma 销售 5 套资料时，

营业利润＝(80×5)－2 000＝－1 600(美元)

方程式 2 表达了我们前面描述的基本思想——每单位销售量帮助 Emma 收回了 2 000 美元固定成本中的 80 美元（贡献毛益）。

图表法

图表法帮助管理者将总收入和总成本之间的关系画成图表。图表将每一个关系显示为一条线。图表 3—2 以《GMAT 考试成功》为例说明了图表法。因为我们假定总收入和总成本是线性的，因此确定每条线只需要两个点即可。

1. **总成本线**。它是固定成本与变动成本之和。相关范围内，在任何销量水平下，

固定成本均为 2 000 美元。要画总成本线，销售量为 0 的起始点在固定成本为 2 000 美元的点 A，因为没有销售，变动成本为 0。要确定第二点，则可选择任一销量水平（如 40 套），并确定相应的总成本。总变动成本为 4 800 美元（40×120）。记住，相关范围内，固定成本在任何销量水平下均为 2 000 美元，因此，销售 40 套的总成本为 6 800 美元（2 000＋4 800），也即图表 3—2 中的点 B。总成本线即为经过 A，B 两点的直线。

2. **总收入线**。一个方便的起始点即零收入点，即图表 3—2 中的点 C。选择一个便于计算的销量水平，确定相应的总收入，来确定第二点。当销量为 40 套时，总收入为 8 000 美元（200×40），即图表 3—2 中的点 D。总收入线是过 C，D 两点的直线。

利润或损失可以用该水平上的两线垂直距离来表示。销量小于 25 时，总成本超过总收入，表现为经营亏损区；销量大于 25 时，总收入超过总成本，表现为经营盈利区。当销量为 25 时，总收入等于总成本，Emma 销售 25 套资料实现盈亏平衡。

像 Emma 一样，许多公司，特别是中小型公司，使用图表法观察当销售量变化时收入和成本怎样变化。图表帮助他们理解盈利区和非盈利区。

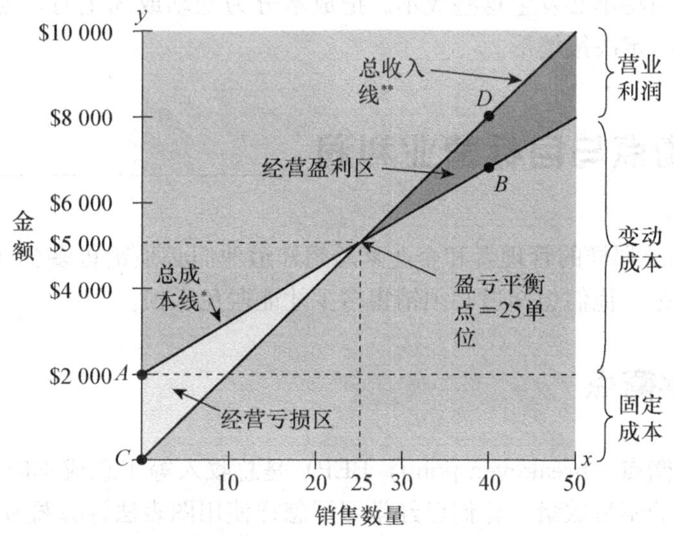

* 总成本线的斜率是单位变动成本＝120 美元

** 总收入线的斜率是售价＝200 美元

图表 3—2 《GMAT 考试成功》成本—销量图

□ 本量利假设

我们已经知道了本量利分析的作用，现在思考我们在分析中所做的下列假设：

1. 收入和成本水平的变动仅仅是因为销售的产品数量变动引起的。销售的产品数量是唯一的收入动因和成本动因。正如成本动因是影响成本的某一因素，**收入动因**（revenue driver）是影响收入的变量，如数量。

2. 总成本能分解为不随销售量而变的固定成本部分（如 Emma 的 2 000 美元摊位费）和随销售量而变的变动部分（如每套《GMAT 考试成功》120 美元）。

3. 如果给定一个相关范围（和一个时间区间），用图形表示的总收入和总成本性态对销售量是线性的（即可以用直线表示）。

4. 售价、单位变动成本和总固定成本（在一个相关范围和时间段内）是已知且不变的。

从假设中可以看出，要进行 CVP 分析，必须正确区分固定成本与变动成本。但是要记住，一项成本是固定成本还是变动成本取决于决策的时期。

时期越短，就有更大比例的总成本被认为是固定的。例如，假设一架美国航空公司的飞机一小时后起飞，现在还有 20 个座位没有售出。一位潜在乘客带着一张竞争对手公司的可转换机票赶到。美国公司利用空座位（向顾客提供免费饮料的成本）多搭载一位乘客的变动成本可以忽略不计。只有一个小时飞机就要起飞了，实际上所有的成本（如员工成本和行李处理成本）都是固定成本。

或者，假设美国航空公司必须决定是否在下一年继续提供这种特殊的航班。如果因为上一年很少有顾客乘坐，美国航空公司决定取消这种航班，那么许多成本（包括员工成本、行李处理成本和机场费）将被视作变动的：在一年内，如果不再运营这种航班，美国航空公司将不必发生这些成本。把成本分为变动或固定时，常常要考虑相关范围、时期长度和特定决策情形。

盈亏平衡点与目标营业利润

像 Emma 那样的管理者和企业家总想知道他们必须销售多少才能获得一定的利润。同样重要的是，他们想知道必须销售多少才能避免亏损。

盈亏平衡点

盈亏平衡点（breakeven point，BEP）是总收入等于总成本时的销售数量——营业利润为零时的销售数量。你们已经学习了怎样使用图表法计算盈亏平衡点。

图表 3—1 中，Emma 销售 25 套资料时，营业利润是 0，此即盈亏平衡点。但是通过理解图表 3—1 中的计算方程式，我们能够直接计算当营业利润等于 0 时《GMAT 考试成功》的盈亏平衡点，而不需要尝试不同的数量并且证明无误。

回忆方程式方法（方程式 1）：

[(售价×销售量)−(单位变动成本×销售量)]−固定成本＝营业利润

设定营业利润等于 0，以 Q 表示必须销售的产品数量：

$$(200\times Q)-(120\times Q)-2\,000=0$$
$$80\times Q=2\,000$$
$$Q=2\,000\div 80=25(\text{套})$$

如果 Emma 的销售量少于 25 套时，就会亏损；如果她销售 25 套，将不盈不亏；如果她的销售量超过 25 套时，就会有盈利。盈亏平衡点可用销售量表示，也能用收入表示：25×200＝5 000 美元。

回忆贡献毛益法（方程式 2）：

(单位贡献毛益×销售量)－固定成本＝营业利润

在盈亏平衡点，营业利润是 0，因此，有

单位贡献毛益×盈亏平衡点销售量＝固定成本 （方程式 3）

将方程式 3 重新整理，并代入数据：

$$盈亏平衡点销售量=\frac{固定成本}{单位贡献毛益}=\frac{2\,000}{80}=25(套)$$

$$\begin{aligned}盈亏平衡点收入&=盈亏平衡点销售量\times售价\\&=25\times200=5\,000(美元)\end{aligned}$$

在实务中（因为许多公司生产多种产品），管理会计师通常使用贡献毛益百分比直接计算盈亏平衡点收入。回想一下，在《GMAT 考试成功》的例子中，收入为 8 000 美元，贡献毛益是 3 200 美元：

$$贡献毛益百分比=\frac{贡献毛益}{收入}=\frac{3\,200}{8\,000}=0.40，或 40\%$$

每 1 美元收入中的 40%，或 40 美分，是贡献毛益。为实现盈亏平衡，贡献毛益必须等于固定成本 2 000 美元。为赚取 2 000 美元的贡献毛益，当每 1 美元收入创造 0.40 美元贡献毛益时，收入必须等于 2 000÷0.40＝5 000 美元。

$$盈亏平衡点收入=\frac{固定成本}{贡献毛益百分比}=\frac{2\,000}{0.40}=5\,000(美元)$$

当盈亏平衡点告诉管理者，必须销售多少产品才能避免亏损时，管理者同样感兴趣的是他们如何实现营业利润目标。在我们的例子中，以每套 200 美元的价格售出 25 套资料使 Emma 确信如果她租赁摊位，她不会亏损。这一消息是令人欣慰的，但 Emma 如何决定必须销售多少套资料才能实现目标营业利润额呢？

□ 目标营业利润

假设 Emma 想赚取 1 200 美元的营业利润，她必须销售多少套资料呢？一种方法是把不同的数字插入图表 3—1 中，当营业利润等于 1 200 美元时停止。图表 3—1 显示，销售 40 套资料时，营业利润是 1 200 美元。一种更简便的方法是使用方程式 1。

[(售价×销售量)－(单位变动成本×销售量)]－固定成本＝营业利润

（方程式 1）

我们用 Q 表示 Emma 为了赚取 1 200 美元的营业利润而必须销售的未知单位数量。售价是 200 美元，每套的变动成本是 120 美元，固定成本是 2 000 美元，目标营业利润是 1 200 美元。将这些数值代入方程式 1，得到

$$(200\times Q)-(120\times Q)-2\,000=1\,200$$

$$80\times Q=2\,000+1\,200=3\,200$$

$Q=3\,200\div80=40$(套)

或者，我们可以用方程式 2：

(单位贡献毛益×销售量)－固定成本＝营业利润　　(方程式 2)

给定目标营业利润（本例中为 1 200 美元），我们重新整理各项，得到方程式 4：

$$所需销售量=\frac{固定成本+目标营业利润}{单位贡献毛益} \qquad (方程式 4)$$

$$所需销售量=\frac{2\,000+1\,200}{80}=40(套)$$

证明如下（单位：美元）：

收入（200×40）	8 000
变动成本（120×40）	4 800
贡献毛益（80×40）	3 200
固定成本	2 000
营业利润	1 200

获得 1 200 美元营业利润所需的收入也可以这样直接算出：(1) 必须要获得 3 200 美元的贡献毛益（弥补固定成本 2 000 美元加营业利润 1 200 美元）；(2) 1 美元收入能得到 0.40 美元（40 美分）贡献毛益（贡献毛益百分比为 40%）。所以，为了获得 3 200 美元的贡献毛益，收入必须有 3 200÷0.40＝8 000 美元：

$$赚取目标营业利润所需的收入=\frac{固定成本+目标营业利润}{贡献毛益百分比}$$

$$赚取 1\,200 美元目标营业利润所需的收入=\frac{2\,000+1\,200}{0.40}=\frac{3\,200}{0.40}=8\,000(美元)$$

我们可以用图表法和图表 3—2 中的图表计算出 Emma 必须销售多少套才能获得 1 200 美元营业利润吗？是的。但是很难准确确定在哪一点上总收入线与总成本线的差异是 1 200 美元。但是，用利润—销量（PV）图来重新计算图表 3—2 就很容易回答这个问题。

PV 图（PV graph）显示了销售量的变动如何影响营业利润。图表 3—3 是《GMAT 考试成功》的 PV 图（固定成本 2 000 美元，售价 200 美元，单位变动成本 120 美元）。可以用两个点来画出 PV 图。为方便起见，第一个点（M）可以选取 0 销量时的营业亏损，它等于固定成本 2 000 美元，在图上表现为纵轴上－2 000 美元的那一点。第二点（N）是盈亏平衡点，在本例中是横轴上销量为 25 的那一点。PV 线就是从点 M 开始穿过点 N 的直线。为了找到 Emma 赚取 1 200 美元营业利润所必须销售的数量，从纵轴上 1 200 美元那一点画一条与横轴平行的水平线，与 PV 线交于一点，再从此点画一条垂直线与横轴交于一点，此交点为 40，意味着 Emma 卖出 40 套才能获得 1 200 美元的营业利润。

就像 Emma 一样，诸如加利福尼亚比萨厨房（California Pizza Kitchen）等大公司的管理者使用利润—销量分析来理解利润如何随销量变化。它们应用这种知识来制定目标销售水平，以实现利润计划。

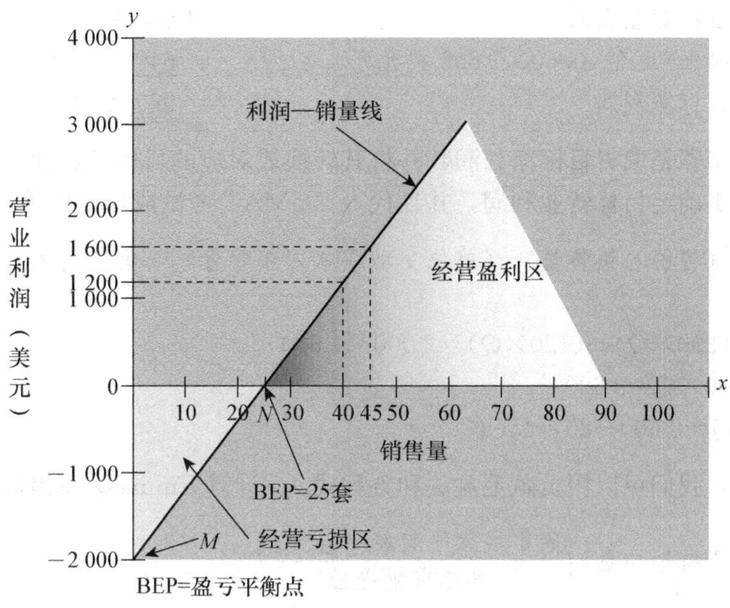

图表 3—3 《GMAT 考试成功》的 PV 图

目标净利润和所得税

净利润（net income）是经营利润加非经营收入（如利息收入）减非经营成本（如利息成本）再减所得税。为简单起见，本章假设非经营收入和非经营成本均为零。这样，净利润等式就简化为：

净利润＝营业利润－所得税

到目前为止，我们在 CVP 分析中忽略了所得税影响。在许多公司，管理者的利润目标就是净利润，因为高层管理者想让下级管理者考虑他们的决策对税后利润的影响。有些决策可能不会带来大量营业利润，但它们的税收后果使它们更有吸引力，因为它们对净利润有正向影响。净利润决定股东的股利和回报。

为了计算净利润，目标利润的 CVP 计算要用目标净利润来取代目标营业利润。例如，Emma 想知道要获得 960 美元的税后净利润需要销售多少套《GMAT 考试成功》，假定所得税税率为 40%。

目标净利润＝目标营业利润－目标营业利润×所得税税率

目标净利润＝目标营业利润×(1－所得税税率)

$$目标营业利润=\frac{目标净利润}{1-所得税税率}=\frac{960}{1-0.40}=1\ 600(美元)$$

换句话说，为了获得 960 美元的目标净利润，Emma 的目标营业利润是 1 600 美元。

证明如下：

目标营业利润	1 600 美元
税率 40%（0.40×1 600 美元）	640 美元
目标净利润	960 美元

关键步骤是取得目标净利润数并将其转换成对应的目标营业利润数。然后我们可以用方程式 1 确定目标营业利润，并且代入《GMAT 考试成功》例子中的数字。

$$[(售价\times销售量)-(单位变动成本\times销售量)]-固定成本=营业利润 \quad （方程式 1）$$

$$(200\times Q)-(120\times Q)-2\,000=1\,600$$
$$80\times Q=3\,600$$
$$Q=3\,600\div 80=45(套)$$

或者，我们可以用贡献毛益法和方程式 4，计算 Emma 必须销售的数量：

$$所需销售量=\frac{固定成本+目标营业利润}{单位贡献毛益} \quad （方程式 4）$$

$$=\frac{2\,000+1\,600}{80}=45(套)$$

证明如下（单位：美元）：

收入（200×45）	9 000
变动成本（120×45）	5 400
贡献毛益	3 600
固定成本	2 000
营业利润	1 600
所得税（1 600×0.40）	640
净利润	960

Emma 也可以用图表 3—3 中的 PV 图。要获得 1 600 美元的目标营业利润，Emma 必须售出 45 套。

关注目标净利润而不是目标营业利润的分析并不会改变盈亏平衡点，因为从定义上讲，盈亏平衡点的营业利润是 0，此时不需要缴纳所得税。

利用 CVP 分析做决策

你已经学习了如何利用 CVP 分析计算盈亏平衡点的销售量以及为获取目标营业利润或目标税后净利润所需的销售量。管理者也可以用 CVP 分析来制定其他战略决策。以选择产品特性的决策为例，如新车型发动机的大小、传输系统或转向系统。不同的选择会影响汽车的售价、单位变动成本、固定成本、销售量和营业利润。CVP 分析通过估计各备选方案的盈利性来帮助管理人员制定这个决策。我们沿用《GMAT 考试成功》

的例子，说明Emma如何使用CVP分析制定广告和售价决策。

□ 广告决策

假设Emma预期在展会上销售40套《GMAT考试成功》。图表3—3显示她的营业利润是1 200美元。Emma考虑在展会的小册子上为产品及其特性做一个广告。广告的固定成本是500美元。Emma预计广告将增加10%的销售，即可销售44套。她应该做广告吗？下表是这个问题的CVP分析。

单位：美元

	无广告 售出40套 (1)	有广告 售出44套 (2)	差异 (3)=(2)-(1)
收入（200×40；200×44）	8 000	8 800	800
变动成本（120×40；120×44）	4 800	5 280	480
贡献毛益（80×40；80×44）	3 200	3 520	320
固定成本	2 000	2 500	500
营业利润	1 200	1 020	(180)

营业利润从1 200美元减少到1 020美元，所以Emma不应该做广告。注意，Emma只需关注差异列就可以得出同样的结论：如果Emma打广告，贡献毛益将增加320美元（收入800－变动成本480），而固定成本将增加500美元，导致营业利润降低180美元。

在使用CVP分析时，你可以试着利用差异评估决策，而不需要机械地做完贡献毛益利润表。如果广告费用是400美元或600美元，而不是500美元，结果会怎么样呢？差异分析是CVP分析的核心，仅仅关注决策对收入和成本的影响可以使直觉更敏锐。

□ 降价决策

决定不打广告后，Emma考虑是否降低售价到175美元。在这一价格下，她想她能卖出50套。在此数量水平下，提供《GMAT考试成功》备考资料的公司可以按每套115美元卖给Emma，而不是120美元。Emma应该降低售价吗？

降价到175美元后的边际收益：(175－115)×50	3 000美元
保持原价的边际收益：(200－120)×40	3 200美元
降价带来的边际收益变动	(200)美元

降价会减少200美元的边际收益，而固定成本保持2 000美元不变，营业利润将降低200美元。Emma不应该降价。

□ 确定目标价格

Emma还可以问“我以什么价格卖50套（进价每套115美元）能够获取1 200美

元营业利润?”答案是 178 美元，计算如下（单位：美元）：

目标营业利润	1 200
加：固定成本	2 000
目标贡献毛益	3 200
除以：销售量（套）	÷50
目标单位贡献毛益	64
加：单位变动成本	115
目标售价	179

证明如下（单位：美元）：

收入（179×50）	8 950
变动成本（115×50）	5 750
贡献毛益	3 200
固定成本	2 000
营业利润	1 200

Emma 也可以检验其他决策的影响，如提高《GMAT 考试成功》套装的广告成本同时降低售价。在每一种情况下，Emma 估计这些行为可能对《GMAT 考试成功》需求的影响。然后，她将贡献毛益的变化（通过影响售价、变动成本和销量，从而影响贡献毛益）和固定成本的变化进行比较，从而选择营业利润最高的方案。

战略决策肯定会有风险。管理者可以使用 CVP 分析估计若达不到预测的数据（如销售量比预计低 10%），公司的营业利润将会受到何种影响。估计这种风险将影响管理者制定的其他战略决策。例如，如果销售量降低的可能性很高，管理人员就可能采取措施改变成本结构，提高变动成本比重，降低固定成本比重。

敏感性分析与安全边际

敏感性分析（sensitivity analysis）是一种“假设”技术，管理者用它来考察如果达不到初始预测的数据，或者基础假设发生变动时结果将会怎样变化。敏感性分析回答这样的问题：如果销售量比预测数少 5%，营业利润会有什么变化？如果单位变动成本增加 10%，营业利润又会怎样？这可以帮助公司在投资项目前，将可能发生的结果直观表示出来。例如，诸如波音和空客等公司为了补偿数十亿美元的新飞机设计与开发成本，使用 CVP 分析评估需要销售多少架飞机。然后，管理者做敏感性分析，检验他们的结论对不同假设（如飞机市场规模、售价以及他们认为可以抢占的市场份额）的敏感性。

电子表格（如 Excel）使管理者能系统、有效地进行以 CVP 为基础的敏感性分析，并检验售价、单位变动成本、固定成本以及目标营业利润等因素变动的影响及其相互关系。图表 3—4 展示了以《GMAT 考试成功》为例的电子表格。

在任何给定的固定成本和单位变动成本水平下，Emma 使用电子表格，可以立刻知道要实现特定水平的营业利润需要销售多少产品。例如，如果固定成本为 2 000 美元，而单位变动成本为100美元，Emma要得到1 200美元的营业利润必须销售32套。如果芝加哥展会的摊位租赁固定成本上涨到2 800美元，并且备考资料供应商将每单位变动成本增加到150美元，Emma也可以使用图表3—4确定她需要销售56套才能实现盈亏平衡。Emma能够利用这种信息和敏感性分析，以及对销量的现实预测，来决定她是否应该租赁摊位。

图表3—4　《GMAT考试成功》CVP关系的电子表格分析

文件　开始　插入　页面布局　公式　数据　审阅　视图

D5　=($A5+D$3)/(H1-$B5)

	A	B	C	D	E	F
1			以200美元售价获取目标营业利润			
2			需要销售的套数			
3		单位	$0	$1 200	$1 600	$2 000
4	固定成本	变动成本	（盈亏平衡点）			
5	$2 000	$100	20	32[a]	36	40
6	$2 000	$120	25	40	45	50
7	$2 000	$150	40	64	72	80
8	$2 400	$100	24	36	40	44
9	$2 400	$120	30	45	50	55
10	$2 400	$150	48	72	80	88
11	$2 800	$100	28	40	44	48
12	$2 800	$120	35	50	55	60
13	$2 800	$150	56	80	88	96
14						

a.需要销售的套数 $=\frac{\text{固定成本}+\text{目标营业利润}}{\text{单位贡献毛益}}=\frac{2\,000+1\,200}{200-100}=32$

敏感性分析的一个方面是**安全边际**（margin of safety）：

安全边际＝预算(或实际)收入－盈亏平衡收入

安全边际(量)＝预算(或实际)销售量－盈亏平衡销售量

安全边际可用来回答“如果……那么”式的问题：如果预计收入在盈亏平衡点之上，那么收入下跌多大幅度时才能达到盈亏平衡点？收入下跌可能是由于拙劣的市场营销或竞争者提供了更好的产品等引起的。假定Emma的固定成本是2 000美元，售价是200美元，单位变动成本是120美元。从图表3—1知，如果Emma销售40单位，预算收入是8 000美元，预算营业利润是1 200美元。盈亏平衡点为25套或5 000美元总收入。

安全边际＝预算收入－盈亏平衡点收入＝8 000－5 000＝3 000(美元)

安全边际销售量＝预算销售量－盈亏平衡点销售量＝40－25＝15(套)

有时，安全边际以百分比的形式表示：

$$\text{安全边际百分比}=\frac{\text{安全边际收入}}{\text{预算(或实际)收入}}$$

在本例中：

$$\text{安全边际百分比}=\frac{3\,000}{8\,000}=37.5\%$$

这个结果意味着收入大幅减少37.5%仍能实现盈亏平衡。这么高的安全边际让Emma相信她不可能亏损。

但是，如果 Emma 预计只销售 30 套，预算收入将只有 6 000 美元（200×30），安全边际将等于：

$$预算收入-盈亏平衡收入=6\,000-5\,000=1\,000(美元)$$

$$安全边际百分比=\frac{安全边际收入}{预算(或实际)收入}=\frac{1\,000}{6\,000}=16.67\%$$

这个分析结果意味着，如果收入减少幅度超过 16.67%，Emma 将亏损。低安全边际增加了亏损的风险，它意味着 Emma 需要降低固定成本或增加贡献毛益，以寻找方法降低盈亏平衡点。例如，她需要评估是否她的产品对顾客有足够的吸引力，使得她可以制定更高的价格而不会减少产品的需求，或者她能够以更低的成本购买资料。如果 Emma 既不能减少固定成本，也不能增加贡献毛益，并且她不能忍受这种水平的风险，那么她宁愿不在展会上租摊位。

敏感性分析使管理者对决策风险有一个好的把握。它是识别不确定性的一种简单方法，**不确定性**（uncertainty）是实际数偏离期望数的可能性。另一种识别不确定性的综合方法是使用概率分布计算期望值。

成本计划与 CVP

管理者可以在成本结构中选择变动成本与固定成本的水平。这是一个战略决策。在这一部分，我们描述管理者和管理会计师做决策时考虑的多种因素。

□ 可替代的固定成本/变动成本结构

基于 CVP 的敏感性分析突出了在公司成本结构中用固定成本替代变动成本所带来的风险和回报。在图表 3—4 中，比较行 6 和行 11。

	固定成本	单位变动成本	以 200 美元售价获取目标营业利润需要销售的套数	
			0 美元（盈亏平衡点）	2 000 美元
行 6	2 000 美元	120 美元	25	50
行 11	2 800 美元	100 美元	28	48

与行 11 相比，行 6 有较低的固定成本和较高的变动成本，盈亏平衡点较高，但只需要更少的销售量（48 对 50）就能赚取 2 000 美元的营业利润。CVP 分析能帮助管理者评估不同的固定成本/变动成本结构。下面我们更详细地讨论这些选择的影响。假设芝加哥展会组织者给 Emma 三种租金选择：

选择 1：2 000 美元的固定费用。

选择 2：800 美元固定费用加《GMAT 考试成功》收入的 15%。

选择 3：《GMAT 考试成功》收入的 25%，无固定费用。

Emma 想知道租金协议的选择将如何影响她的收入和风险。图表 3—5 用图形描述了每种选择的利润—销量关系。

● 选择 1 的利润—销量关系的线与图表 3—3 的 PV 图相同（2 000 美元固定成本，单位贡献毛益 80 美元）。

● 选择 2 的 PV 线显示固定成本 800 美元，单位贡献毛益 50 美元（售价 200 美元减单位变动成本 120 美元，再减单位变动租金 30 美元（0.15×200））。

● 选择 3 的 PV 线显示，没有固定成本，单位贡献毛益 30 美元（200－120－(0.25×200)）。

选择 3 的盈亏平衡点最低（0 套），选择 1 的盈亏平衡点最高（25 套）。如果销售量较小，选择 1 的亏损风险最大，但同时它的单位贡献毛益（80 美元）最大，因而当销售量较大（大于 40 套）时，它的营业利润最大。

在选择 1、选择 2 和选择 3 之间进行选择是一个战略决策。就像大多数的战略决策一样，她现在的决定将会显著影响她的营业利润（或亏损），这取决于对产品的需求。面对这种不确定性，Emma 的选择将受她对《GMAT 考试成功》套装需求水平的把握和如果需求量低她承担损失的意愿的影响。例如，如果 Emma 的风险承受能力很高，她将决定要选择 1，它有很高的潜在回报。但是，如果 Emma 厌恶风险，她宁愿要选择 3，如果销售量大，它的回报很小，但是如果销售量低，她不会遭受损失。

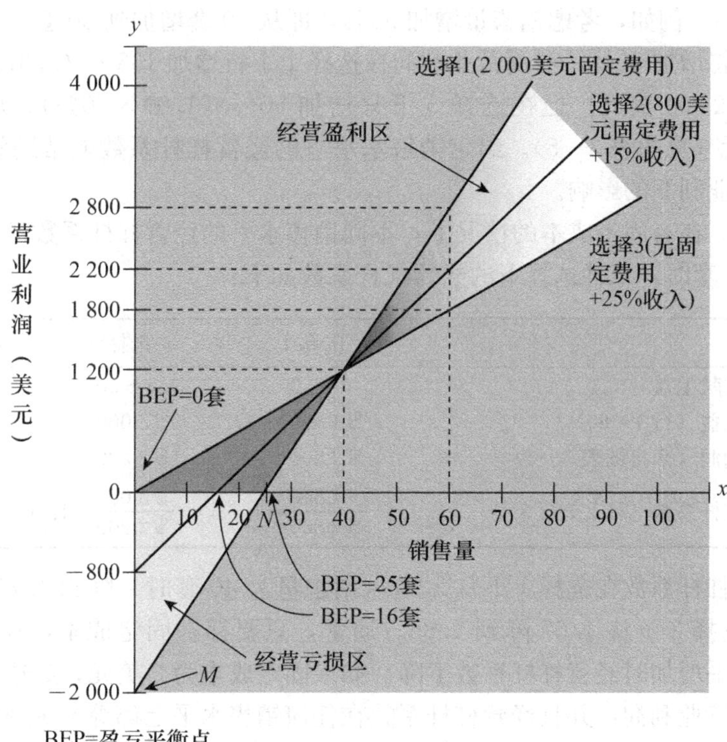

图表 3—5　《GMAT 考试成功》不同租金选择的 PV 图

□ 经营杠杆

不同成本结构之间的风险—回报权衡可以用经营杠杆来计量。**经营杠杆**（operating leverage）描述了当销售量和贡献毛益发生变动时，固定成本对营业利润变动的影响。

成本结构中固定成本比重较高的组织，如选择1的情形，其经营杠杆也较高。销售量的较小幅度增加将带来营业利润的较大幅度增加。销售量的较小幅度降低也将带来营业利润的相对较大幅度降低，从而引起更高的经营损失风险。在任何销售水平上，有

$$经营杠杆水平=\frac{贡献毛益}{营业利润}$$

下表显示了销售量为40套时三种租金选择的经营杠杆系数。

	选择1	选择2	选择3
1. 单位贡献毛益	\$80	\$50	\$30
2. 贡献毛益（行1×40）	\$3 200	\$2 000	\$1 200
3. 营业利润（来自图表3—5）	\$1 200	\$1 200	\$1 200
4. 经营杠杆系数（行2÷行3）	$\frac{\$3\,200}{\$1\,200}=2.67$	$\frac{\$2\,000}{\$1\,200}=1.67$	$\frac{\$1\,200}{\$1\,200}=1.00$

这些结果表明，当销售量为40套时，销售量和贡献毛益变动1%，对选择1而言营业利润将变动2.67%。对选择3而言，销售量和贡献毛益变动1%，只会导致营业利润变动1%。例如，考虑销售量增加50%，即从40套增加到60套。在每种选择下，贡献毛益都将增加50%，然而营业利润在选择1下将增加133%（2.67×50%），从1 200美元变到2 800美元；但在选择3下只增加50%（1.00×50%），从1 200美元变到1 800美元（见图表3—5）。给定销售水平下的经营杠杆系数能帮助管理人员计算销售波动对营业利润的影响。

记住，在有固定成本的情况下，不同销售水平的经营杠杆系数是不同的。例如，销售量是60套时，三种选择下的经营杠杆系数如下：

	选择1	选择2	选择3
1. 单位贡献毛益	\$80	\$50	\$30
2. 贡献毛益（行1×60）	\$4 800	\$3 000	\$1 800
3. 营业利润（来自图表3—5）	\$2 800	\$2 200	\$1 800
4. 经营杠杆系数（行2÷行3）	$\frac{\$4\,800}{\$2\,800}=1.71$	$\frac{\$3\,000}{\$2\,200}=1.36$	$\frac{\$1\,800}{\$1\,800}=1.00$

经营杠杆系数在选择1下从2.67（销售量为40套时）降到1.71（销售量为60套时），在选择2下从1.67降到1.36。通常，只要存在固定成本，在盈亏平衡点以上，当销售水平增加时经营杠杆系数下降。如果固定成本为0美元，如选择3的情形，贡献毛益等于营业利润，并且经营杠杆系数在任何销售水平上都等于1.00。

对管理者来说，小心监视经营杠杆是很重要的。考虑像通用汽车和美国航空这样的公司。高经营杠杆是它们财务问题的主要原因。这些公司预计对它们的服务需求很高，于是借钱购买资产，导致固定成本很高。当销售下降时，这些公司遭受损失，没有足够的现金支付利息和债务，迫使它们寻求破产保护。

管理者和管理会计师应该区分固定成本和变动成本，然后评估固定成本和变动成本水平如何影响企业的风险—回报权衡。正如我们已经解释过的，在某些情况下，区分固定成本和变动成本是相当简单的。在另外一些情况下，这种工作却是有挑战性的，因为

成本不只是随销量变化，而且还随产品或服务类型的数量、产品批数或经营的复杂性而变化。第10章描述了管理者用于区分固定成本与变动成本的技术。无论如何，区分固定成本和变动成本需要仔细判断。

管理者可以采取什么行动减少固定成本？体育用品公司耐克并不生产，没有经营和维持生产工厂的固定成本。它从供应商那里购买产品。因此，耐克的所有生产成本都是变动成本。耐克通过增加变动成本和减少固定成本来降低损失风险。“观念实施：本量利分析使 Megabus 公司获得巨大成功”描述了城际巴士公司 Megabus 开发了一个创新的商业模式，以减少固定成本。

为了降低变动成本和固定成本，许多公司正在把它们的生产设备从美国转移到低成本的国家，如墨西哥和中国。其他公司，如通用电气和惠普公司将服务职能（售后服务）转移到位于其他国家（如印度）的客户服务中心。公司的这些决策通常是有争议的。有些经济学家认为，外包使成本和价格更低，能够使美国公司保持全球竞争力。另一些人则认为，外包减少了本国工作机会，伤害了工人家庭。

观念实施

本量利分析使 Megabus 公司获巨大成功

许多游客在美国主要城市旅游时都会避开飞机和自驾车，而选择廉价的 Megabus 公司。在日益增长的特快巴士服务中，Megabus 公司是提供者之一，其运营模式也非常简单。Megabus 公司大多数车票是在线无纸化销售。每班车第一个预订座位的乘客将获得最便宜的价格，通常1美元起价，票价随需求变动。配有免费无线网络和其他福利的巴士连接了诸如波士顿、纽约和华盛顿特区等城市中心。除非有需要，巴士在路上几乎不停站，所以其行程时间通常与自驾车相当，仅略长于乘坐火车，而价格却只是它们的一小部分。

为以最低的价格提供良好的服务，Megabus 疯狂压低成本。除了车辆和其少量后勤人员，Megabus 基本上没有固定成本。公司大幅减少租金和人工成本，避免去汽车站而去城市中心搭载一些路边乘客。客户从代理商处订票需要支付额外费用。公司也经常使用车队。首席执行官 Dale Moser 说，“削减与业务无关的费用，可以把这份节约传递给乘客，从而增加公司的乘客数量”。由于没有高昂的固定成本，Megabus 还可以方便地增加或缩短行程，并保持盈利。在感恩节和圣诞节假期，Megabus 满足了所有的网上订票需求，必要时就增加车辆。

自2006年上路以来，Megabus 已经改变了许多美国人——尤其是二三十岁年轻人的旅行方式。2012年，Megabus 营业总额达1.528亿美元，利润达2 100万美元，服务2 500万人次。

资料来源：Ben Austen, “The Megabus Effect,” *Bloomberg Businessweek* (April 7, 2011); Ken Belson, “Thinking Outside Rails and Runways, and Taking the Bus,” *The New York Times* (May 5, 2010); Josh Sanburn, “Reinventing The Wheels,” *Time* (November 15, 2012); No author, “Stagecoach gets on the buses for improved profits,” *Yorkshire Post* (June 27, 2013); Stagecoach Group plc, Preliminary results for the year ended 30 April 2013 (Perth, Scotland: Stagecoach Group plc, 2013).

销售组合对利润的影响

销售组合（sales mix）是公司内构成总销售数量的不同产品（或服务）的数量（或比例）关系。假设 Emma 正为下次纽约展会做预算。她计划销售两种不同的备考资料——《GMAT 考试成功》和《GRE 保证通过》（GRE Guarantee），预算如下：

	《GMAT 考试成功》	《GRE 保证通过》	合计
预计销售量（套）	60	40	100
收入（200 美元/套，100 美元/套）	$12 000	$4 000	$16 000
变动成本（120 美元/套，70 美元/套）	7 200	2 800	10 000
贡献毛益（80 美元/套，30 美元/套）	$4 800	$1 200	6 000
固定成本			4 500
营业利润			$1 500

现在 Emma 的业务盈亏平衡点是多少？在经营多种产品的公司，盈亏平衡所要销售的总产品数量取决于销售组合。对 Emma 来说，这是《GMAT 考试成功》的销量与《GRE 保证通过》的销量的结合。我们假设总销量变化时，预算的销售组合（《GMAT 考试成功》销售 60 套对应《GRE 保证通过》销售 40 套，即比率为 3：2）保持不变。即我们想象 Emma 是将 3 套《GMAT 考试成功》和 2 套《GRE 保证通过》捆绑在一起销售。（注意，这并不意味着 Emma 在实物上把这两种产品捆绑在一起形成一个大包裹。）

每一个销售组合的贡献毛益是 300 美元，计算如下：

	每一组合中《GMAT 考试成功》与《GRE 保证通过》的套数	《GMAT 考试成功》与《GRE 保证通过》的单位贡献毛益	销售组合的贡献毛益
《GMAT 考试成功》	3	$80	$240
《GRE 保证通过》	2	30	60
合计			$300

为计算盈亏平衡点，我们计算 Emma 需要销售的销售组合数。

$$\text{盈亏平衡点的销售组合}=\frac{\text{固定成本}}{\text{每一销售组合的贡献毛益}}=\frac{4\,500}{300}=15(\text{个})$$

《GMAT 考试成功》和《GRE 保证通过》在盈亏平衡点的销售量是：

《GMAT 考试成功》(15×3)	45 套
《GRE 保证通过》(15×2)	30 套
盈亏平衡点的总销售量	75 套

《GMAT 考试成功》和《GRE 保证通过》在盈亏平衡点的收入是：

《GMAT 考试成功》(45×200)	9 000 美元

《GRE 保证通过》(30×100)　　3 000 美元

盈亏平衡点的收入　　12 000 美元

有多种产品时，使用贡献毛益百分比通常是很方便的。在这种方法下，Emma 也可以计算销售 3 套《GMAT 考试成功》和 2 套《GRE 保证通过》的销售组合的收入：

	每一组合中《GMAT 考试成功》与《GRE 保证通过》的套数	《GMAT 考试成功》与《GRE 保证通过》的售价	销售组合的收入
《GMAT 考试成功》	3	\$200	\$600
《GRE 保证通过》	2	100	200
合计			\$800

$$每一销售组合的贡献毛益百分比=\frac{每一销售组合的贡献毛益}{每一销售组合的收入}=\frac{300}{800}$$

$$=0.375，或 37.5\%$$

$$盈亏平衡收入=\frac{固定成本}{每一销售组合的贡献毛益百分比}=\frac{4\,500}{0.375}=12\,000(美元)$$

$$实现盈亏平衡所需销售组合销售量=\frac{盈亏平衡收入}{每一销售组合收入}=\frac{12\,000}{800}=15(个)$$

《GMAT 考试成功》和《GRE 保证通过》在盈亏平衡点的销量和收入如下：

《GMAT 考试成功》：15×3=45×200=9 000(美元)

《GRE 保证通过》：15×2=30×100=3 000(美元)

回想一下，在所有的计算中，我们都假设在不同的销售量下预算的销售组合（3 套《GMAT 考试成功》对 2 套《GRE 保证通过》）不变。

当然，有很多不同的销售组合（销售量）能产生 4 500 美元的贡献毛益使 Emma 实现盈亏平衡，如下表所示：

销售组合（销售量）		贡献毛益		总贡献毛益
《GMAT 考试成功》(1)	《GRE 保证通过》(2)	《GMAT 考试成功》(3)=\$80×(1)	《GRE 保证通过》(4)=\$30×(2)	(5)=(3)+(4)
48	22	\$3 840	\$660	\$4 500
36	54	2 880	1 620	4 500
30	70	2 400	2 100	4 500

如果销售组合变成每 3 套《GMAT 考试成功》对应 7 套《GRE 保证通过》，盈亏平衡点从 75 套增加到 100 套，由 30 套《GMAT 考试成功》和 70 套《GRE 保证通过》组成。盈亏平衡数量的增加，是由于销售组合朝低贡献毛益的产品《GRE 保证通过》（每套 30 美元，而《GMAT 考试成功》是每套 80 美元）那边变化。一般说来，在某个给定的总销售量下，随着销售组合向低贡献毛益的产品变化（更多套《GRE 保证通过》），营业利润会降低。

公司如何选择它们的销售组合呢？它们根据需求变化调整组合。例如，汽油价格上升，顾客需要更小型的汽车，汽车公司（如福特、大众和丰田）就将它们的生产组合转向生产更小型的汽车。转向更小型的汽车可能导致盈亏平衡点上升，因为销售组合转向了更低贡献毛益的产品。尽管盈亏平衡点上升，但将销售组合转向更小的汽车是正确的决策，因为对更大的汽车的需求下降了。在任何时候，管理者都不应该专注于将销售组合转向更低的盈亏平衡点而不考虑顾客偏好与需求。当然，销售组合转向更小的汽车会促使福特、大众和丰田公司的管理者采取其他行动，如减少小汽车的固定成本，收取更高的价格（顾客愿意为产品特色支付更高的价格）以增加贡献毛益，或降低变动成本。

这个多产品的案例中有两个成本动因：《GMAT 考试成功》和《GRE 保证通过》。它说明有多个成本动因时如何应用 CVP 分析和盈亏平衡分析。关键点是许多不同的成本动因组合可能形成一个给定的贡献毛益。

服务业和非营利组织的 CVP 分析

到目前为止，我们的 CVP 分析都是针对 Emma 而言的。当然，制造公司（如宝马）、服务公司（如美国银行（Bank of America））和非营利组织（如联合劝募）的管理者也应用 CVP 分析做决策。为了能在服务业和非营利组织中应用 CVP 分析，我们需要关注一下其产出的计量，其与制造业和商业公司的有形销售量不同。不同的服务业（例如，航空公司、酒店/汽车旅馆和医院）和非营利组织（例如，大学）产出指标的示例有：

行业	产出指标
航空业	旅行里程
酒店业	客房时间
医院	住院天数
大学	学生学分

考虑俄勒冈社会服务部，它是一个帮助残疾人就业的非营利机构。该机构 2014 年来自俄勒冈州的预算拨款（其收入）为 900 000 美元。机构平均每年给每人资助收入补贴 5 000 美元。该机构唯一的其他成本是 270 000 美元的租金和管理人员工薪固定成本。机构的管理者想知道 2014 年他们可以向多少人提供帮助。在此，我们可以利用 CVP 分析，设定营业利润为 0，Q 为他们可帮助的残疾人数：

$$收入-变动成本-固定成本=0$$

$$900\,000-5\,000Q-270\,000=0$$

$$5\,000Q=900\,000-270\,000=630\,000$$

$$Q=630\,000\div 5\,000=126(人)$$

假设 2015 年预算拨款可能削减 15%，即只有 765 000 美元（900 000×(1－0.15)）。机构的管理者想知道削减后的预算可以向多少人提供帮助。假设每人受助金额和机构固定成本不变：

$$765\,000-5\,000Q-270\,000=0$$

$$5\,000Q=765\,000-270\,000=495\,000$$

$Q=495\ 000\div 5\ 000=99$(人)

因此，在 2015 年，该机构只能帮助 99 人，而不是 126 人。在非营利机构的 CVP 关系中，有两点值得注意：

1. 受助人数降低的幅度 21.4%（=(126−99)÷126）比预算削减幅度 15%大。这是因为仍然要支付 270 000 美元的固定成本，只剩下更少的预算去帮助残疾人。换句话说，受助人数下降百分比超过了预算拨款下降百分比。

2. 给定 2015 年预算拨款（收入）降至 765 000 美元，管理者可以从以下三个主要方面来调整经营使其不超出预算：(1) 减少现有 126 人的受助人数；(2) 减少现有每人 5 000 美元的变动成本；(3) 降低机构现有 270 000 美元的总固定成本。

贡献毛益与毛利

到现在为止，我们提出了两个与利润率相关的重要概念——贡献毛益（本章介绍）和毛利（第 2 章介绍）。这两个概念之间有关系吗？在下面的方程式中，我们清楚地区分了贡献毛益（它为 CVP 分析提供信息）和毛利（一个竞争力的衡量指标，见第 2 章）。

毛利＝收入－销售成本

贡献毛益＝总收入－总变动成本

毛利衡量公司能够为它的产品收取多少高于购买或生产产品成本的费用。诸如著名的药品生产商等公司有很高的毛利，因为它们的产品通常是有专利的，并且为顾客提供了独特的好处。相反，一般药品和化学品制造商的毛利较低，因为这些产品的市场是高度竞争的。贡献毛益表明公司有多少收入可以用来补偿固定成本。它有助于评估亏损风险。例如，即使收入较低，但如果贡献毛益超过了公司的固定成本，亏损风险就较低。毛利和贡献毛益是相关的，但提供的信息不同。例如，一家在竞争市场中经营的公司，即使毛利较低，但如果它的固定成本较小，那么它的亏损风险也很低。

考虑制造行业贡献毛益与毛利的区别。概念有两个方面的不同：固定生产成本和变动非生产成本。下例（数字为虚构）显示了这两个差别（单位：千美元）：

突出贡献毛益的贡献毛益利润表			突出毛利的财务会计利润表	
收入		1 000	收入	1 000
变动生产成本	250		销售成本（变动生产成本 250＋固定生产成本 160）	410
变动非生产成本	270	520		
贡献毛益		480	毛利	590
固定生产成本	160			
固定非生产成本	138	298	非生产成本（变动成本 270＋固定成本 138）	408
营业利润		182	营业利润	182

固定生产成本 160 千美元在计算贡献毛益时不从收入中减去，而在计算毛利时要减去。制造业公司销售成本包括所有变动和固定生产成本（250 千美元＋160 千美元）。公司的变动非生产成本（如付给销售员的佣金）270 千美元在计算贡献毛益时要从收入中

减掉，而在计算毛利时不减。

和贡献毛益一样，毛利也能用总额、单位额或百分比表示。比如，**毛利率**（gross margin percentage）是毛利除以收入——在我们的制造业示例中等于59%（=590÷1 000）。

管理者有时将毛利和贡献毛益搞混的一个原因是，在商业公司，二者通常是一样的，因为销售成本等于购买（随后销售）产品的变动成本。

自测题

Wembley旅行代理公司专门代理洛杉矶和伦敦间的航班。它帮顾客从联合航空公司(United Airlines)按每张往返票900美元的价格订票。直到上个月之前，联合航空公司付给Wembley的佣金为票价的10%。这笔佣金是Wembley的唯一收入。Wembley的固定成本是每月14 000美元（包括工资、租金等），其变动成本（如销售佣金和奖金）是每张票20美元。

联合航空公司刚刚宣布实行新的旅行代理商报酬计划。它现在支付每张票10%的佣金，但最高不超过50美元。票价超过500美元的票只支付每张50美元的佣金。Wembley的管理者关心的是联合航空公司新的报酬计划如何影响其盈亏平衡点和盈利能力。

要求：

1. 在旧的10%佣金结构下，Wembley每月要售出多少往返票才能：(1) 实现盈亏平衡；(2) 获得7 000美元的营业利润？
2. 联合航空公司的新计划将如何影响要求1的答案？

解答：

1. Wembley每售出一张票能获得90美元（10%×900），因此

售价=90(美元/张)
单位变动成本=20(美元/张)
单位贡献毛益=90−20=70(美元/张)
固定成本=14 000(美元)

(1) $盈亏平衡点票数=\frac{固定成本}{单位贡献毛益}=\frac{14\,000}{70}=200(张)$

(2) 当目标营业利润为每月7 000美元时：

$$需要销售的机票数=\frac{固定成本+目标营业利润}{单位贡献毛益}$$

$$=\frac{14\,000+7\,000}{70}=\frac{21\,000}{70}=300(张)$$

2. 在新规定下，Wembley每售出一张票只得到50美元，因此

售价=50(美元/张)
单位变动成本=20(美元/张)
单位贡献毛益=50−20=30(美元/张)

固定成本＝14 000(美元)

(1) 盈亏平衡点票数$=\frac{14\,000}{30}=467$(张)(四舍五入)

(2) 需要销售的机票数$=\frac{21\,000}{30}=700$(张)

每张票50美元的佣金上限使得盈亏平衡点翻了一倍多（从200张到467张），为获取7 000美元营业利润所需的销售量也翻了一倍多（从300张到700张）。正如所预料的那样，Wembley的管理者们对联合航空公司关于改变佣金的公告反应很消极。对Wembley来说，不幸的是，其他航空公司也以同样的方式改变了它们的佣金结构。

决策要点

下面的问答形式是对本章学习目标的总结，决策代表与学习目标相关的关键问题，指南则是对该问题的回答。

决策	指南
1. CVP分析如何协助管理人员？	CVP分析帮助管理人员理解当产品的产出水平、售价、变动成本或固定成本发生变动时，总成本和总收入的变化情况。
2. 管理者如何确定盈亏平衡点或某一目标营业利润要求的产出水平？	盈亏平衡点是总收入等于总成本的产出数量。有三种方法来计算盈亏平衡点和目标利润产出水平：方程式法、贡献毛益法和图表法。每种方法只是其他方法的不同形式。管理人员通常根据特定情况选择最容易的方法。
3. 如何将所得税引入CVP分析？	可以通过采用目标净利润计算目标营业利润把所得税引入CVP分析。所得税不会影响盈亏平衡点，因为当营业利润等于0时，不需要缴纳所得税。
4. 管理者如何使用CVP分析制定决策？	管理者比较不同方案的收入、成本和贡献毛益如何变化。然后他们选择使营业利润最大的方案。
5. 管理者如何处理不确定性或基本假设的变动？	敏感性分析是一种“如果……那么”方法，用来考察达不到初始预计数据或基本假设发生变动时，结果的变动情况。在制定决策时，管理者用CVP分析来比较不同假设下的贡献毛益和固定成本。管理者也计算安全边际，它等于预算收入减盈亏平衡收入。
6. 管理者如何在不同的变动成本/固定成本结构中进行选择？	选择变动成本/固定成本结构是公司的一个战略决策。CVP分析帮助管理者在公司成本结构中的固定和变动成本比例不同时比较公司在收入较低时的损失风险和收入较高时的利润。
7. 管理者如何才能将CVP分析应用于生产多种产品的公司？	管理者在生产多种产品的公司里运用CVP分析时假设产品销售总量发生变化时，销售产品的销售组合保持不变。

8. 管理者如何在服务业和非营利组织中应用 CVP 分析？	管理者定义产出指标，如航空公司的客运里程或医院的住院天数，并且确定固定成本和随产出指标变动的成本。
9. 贡献毛益和毛利之间的区别是什么？	贡献毛益是收入减去所有变动成本，而毛利是收入减去产品销售成本。贡献毛益衡量损失的风险，毛利则衡量产品的竞争力。

练习题

3—17 CVP 计算。Garrett 制造公司 2014 年以每件 68 美元的价格卖出 410 000 件产品。单位变动成本为 60 美元，总固定成本为 1 640 000 美元。

要求：

1. 计算贡献毛益和营业利润。

2. Garrett 目前的制造过程是劳动密集型的。Kate Schoenen 是 Garrett 的生产经理，他建议引进先进的生产设备，这会使每年的固定成本增加到 5 330 000 美元。预计单位变动成本减少至 54 美元。Garrett 预计明年保持同样的销售量和价格。接受 Schoenen 的建议会如何影响要求 1 中的答案？

3. Garrett 应该接受 Kate Schoenen 的建议吗？请解释。

3—19 CVP 练习。Incredible Donut 公司在堪萨斯城及其附近地区经营六家油炸面包圈店。已知下一年公司预算数据如下（单位：美元）：

收入	10 400 000
固定成本	2 100 000
变动成本	7 900 000

变动成本随销售的油炸面包圈数量变化。

要求：

对下面各种偏离原始预算数据的情况计算预计营业利润（各题互相独立）：

1. 保持收入不变，贡献毛益增加 11%。
2. 保持收入不变，贡献毛益降低 11%。
3. 固定成本增加 4%。
4. 固定成本降低 4%。
5. 销售量增加 7%。
6. 销售量降低 7%。
7. 固定成本增加 11%，销售量增加 11%。
8. 固定成本增加 4%，变动成本降低 4%。
9. 上述情况中哪种情况可以得到最高的预计营业利润？解释原因。

3—21 CVP 分析，所得税。Brooke 汽车公司是一个小型汽车经销商。平均而言，每辆车的售价为 27 000 美元，它从制造商那里购买的价格为 23 000 美元。Brooke 每月支付 48 200 美元的租金和水电费，并支付 68 000 美元的销售人员工资。除了工资，销售人员每卖一辆车可以得到 600 美元的佣金。Brooke 每月的广告费为 13 000 美元。其税率为 40%。

要求：

1. Brooke 每月必须销售多少汽车才能达到盈亏平衡？

2. Brooke 每月的目标净利润是 51 000 美元，则它的目标营业利润是多少？每月必须销售多少汽车才能达到每月 51 000 美元净利润的目标？

3—23 CVP 分析，敏感性分析。Tuff 儿童牛仔裤公司向全国范围内的主要零售商批发蓝色牛仔裤。每条牛仔裤的销售价格是 30 美元，产品销售变动成本为 21 美元。公司的固定制造成本为 1 200 000 美元，固定营销成本为 300 000 美元。公司支付给批发销售代表的佣金是营业收入的 5%。公司所得税为 25%。

要求：

1. 为了实现盈亏平衡，必须销售多少条牛仔裤？

2. 必须销售多少条牛仔裤才能达到如下目标？

a. 目标营业利润 450 000 美元。

b. 净利润 450 000 美元。

3. 要销售多少条牛仔裤才能达到净利润 450 000 美元（分别考虑每种要求）？

a. 单位贡献毛益增加 10%。

b. 销售价格增加到32.5美元。

c. 公司将生产外包给一家海外公司，单位变动成本增加2美元，固定生产成本节约60%。

3—25　经营杠杆。Camel Rugs公司正在当地的一家仓储式商店Jean's Club举办两周的地毯销售。Camel Rugs公司计划为每条地毯定价1 000美元。公司从当地的分销商那里按每条400美元进货，并可以全价退回未售出的地毯。Jean's Club提出了两种场所租金方案：

方案1：销售期固定支付17 400美元费用。

方案2：支付销售期总收入的20%。

假设Camel Rugs公司没有其他成本。

要求：

1. 计算两个方案的盈亏平衡点销售量。

2. 销售水平为多少时，Camel Rugs公司在两个方案下的营业利润相同？

（1）在销售量的什么范围内Camel Rugs公司宁愿选择方案1？

（2）在销售量的什么范围内Camel Rugs公司宁愿选择方案2？

3. 计算销售量为87单位时，两个租金方案的经营杠杆系数。

4. 简要解释要求3的答案。

3—27　销售组合、新客户与升级客户。Chartz 1-2-3是一种最畅销的电子表格产品。Chartz即将向市场投放5.0版本。该公司将其客户划分为两个群体：新客户与升级客户（即以前购买过Chartz 1-2-3 4.0或更早的版本）。尽管提供给两个客户的产品是一样的，但在销售价格和单位变动营销成本方面存在很大不同（单位：美元）：

	新客户		升级客户	
售价		195		115
单位变动成本				
生产成本	15		15	
营销成本	50	65	20	35
单位贡献毛益		130		80

Chartz 1-2-3 5.0的固定成本为16 500 000美元。预期销售组合中，60%的销售量来自新客户而40%来自升级客户。

要求：

1. 假定6∶4的销售组合不变，Chartz 1-2-3 5.0版本的盈亏平衡点是多少？

2. 保持销售组合不变，总销售量为170 000套时营业利润是多少？

3. 在下列顾客组合下的盈亏平衡点销售量如何变化：

（1）新客户40%，升级客户60%。

（2）新客户80%，升级客户20%。

（3）对结果进行评论。

3—29　CVP，非营利。Genesee音乐协会是一个非营利组织，它会邀请客座艺术家到社区的大都市区进行演出。音乐协会刚刚在市中心买了一个小型音乐厅以供演出。预计音乐厅的租金是每月4 000美元。该组织每场音乐会支付给表演嘉宾1 800美元，预计每场音乐会相应的门票收入为4 500美元。每场音乐会的营销和广告费用大约为1 000美元。组织每年支付给艺术总监33 000美元，除了门票销售外，预计获得30 000美元的捐款。

要求：

1. 如果协会正好达到盈亏平衡，需要举办多少场音乐会？

2. 除组织的艺术总监，音乐协会还想以每年25 500美元聘请营销总监。那么盈亏平衡点是多少？音乐协会预计，营销总监将使音乐会的举办数量增加至每年41场。如果聘用了新的营销总监，那么音乐协会的营业利润/（损失）是多少？

3. 音乐协会预计将收到额外的17 000美元捐款，用于支付市场总监的工资。如果音乐协会接受捐款并聘用营销总监，则新的盈亏平衡点是多少？

3—31　贡献毛益，毛利，安全边际。Mirabella化妆品公司在大纽约地区生产一种面霜并将其销售给少数族裔商店。它向潜在投资者George Lopez提供了一张月度经营利润表，列示如下。帮助George Lopez了解公司的成本结构。

	A	B	C	D
1	Mirabella化装品公司			
2	经营利润表，2014年6月			
3	销售量			10 000
4	收入			$100 000
5	产品销售成本			
6	变动制造成本		$55 000	
7	固定制造成本		20 000	
8	合计			75 000
9	毛利			25 000
10	营业成本			
11	变动营销成本		$5 000	
12	固定营销与管理成本		10 000	
13	总营业成本			15 000
14	营业利润			$10 000

要求：

1. 重编利润表以强调贡献毛益。

2. 计算2014年6月的贡献毛益率、盈亏平衡点销量和收入。

3. 2014年6月的安全边际（量）。

4. 如果2014年6月的销量是8 000件，所得税率为30%，计算净利润。

3—33 CPV分析，服务公司。Lifetime Escapes公司提供肯尼亚野生动物园5天团队旅游，平均每人收费7 500美元。每人的变动成本如下（美元）：

机票	1 600
宾馆住宿	3 100
膳食	600
地面交通	300
公园门票和其他成本	700
合计	6 300

每年的固定成本是570 000美元。

要求：

1. 要达到盈亏平衡点，Lifetime Escapes公司必须拉到多少旅行团？

2. 要赚取102 000美元的营业利润，必须有多少收入？

3. 如果固定成本增加19 000美元，为了保持要求1中计算的盈亏平衡点，每人变动成本必须下降多少？

4. Lifetime Escapes公司总经理提出将旅行团的价格增加至8 200美元以降低盈亏平衡点销量。使用原问题中的信息计算新的盈亏平衡点销量。在决定增加旅行团的价格之前，总经理应该考虑哪些因素？

3—35 CPV分析，安全边际（摘自CMA）。Arvin税务服务公司根据每张纳税申报单平均收费206美元预期2014年的总收入为618 000美元。公司可以实现至少45%的安全边际率。公司目前的固定成本为327 600美元，每个客户变动成本平均为24美元。

要求：

分别考虑以下问题：

1. 计算盈亏平衡销量和安全边际销量。

2. 下列哪些变化有助于Arvin实现其预期安全边际？

a. 每位客户平均收费增加到224美元。

b. 编制纳税申报的计划数量提高15%。

c. Arvin购买新的税务软件，导致固定成本增加5%，但通过电子文件发送所有纳税申报表，每位客户的邮寄成本平均降低了2美元。

3—37 CVP，敏感性分析。Derby鞋业公司生产著名的鞋子Divine Loafer，每双售价70美元。2013年的营业利润如下（单位：美元）：

销售收入（每双70美元）	350 000
变动成本（每双30美元）	150 000
贡献毛益	200 000
固定成本	100 000
营业利润	100 000

Derby鞋业公司希望明年至少增加25%的利润。为了达到这个目标，公司正在考虑以下措施：

1. 用自动加工过程代替一部分变动人工。这将导致单位变动成本减少20%，但固定成本将增加15%。销售将保持不变。

2. 花25 000美元进行一个新广告宣传，这将增加10%的销售额。

3. 在鞋子生产中使用更高品质的皮革材料，这会使单位变动成本提高8美元，单位售价也会增加10美元。鞋子价格提高将会导致需求下降约20%。

4. 增加一个生产工厂，固定成本将增加一倍，但销售额会增加60%。

要求：

评价上述选择。是否有其中一项能够满足或者超过公司增加25%利润的要求？Derby应该怎么做？

3—41 CVP，可供选择的成本结构。SuperShades公司在当地商场经营着一个售货亭。销售太阳镜，每副20美元。SuperShades公司目前每月支付800美元的摊位租金，并且向两名每月工作160小时的全职员工支付每小时10美元的工资。该商店与邻近的商场共有一个经理，所以只需支付经理年薪40 000美元与工资20%的福利的一半即可。太阳镜的批发成本为每副5美元。

要求：

1. 为了实现盈亏平衡，SuperShades公司每月需要销售多少副太阳镜？

2. 如果想每月赚取4 500美元的营业利润，要卖多少副太阳镜？

3. 如果商店的小时工同意只支付15%的销售佣金的薪酬结构，而不是按小时支付报酬，则需要卖多少副太阳镜才能赚取4 500美元的营业利润？

4. 假设 Super Shades 公司根据原有的薪酬结构按小时支付员工工资，但不是按照固定租金而是按照月收入的8%向商场交租金。在什么销售水平下，Super Shades 公司宁愿支付固定金额的月租，以及在什么销售水平下，它宁愿支付8%的月收入作为租金？

3—43 薪酬计划的选择，经营杠杆（摘自CMA）。BioPharm 公司生产医药产品并通过外部销售代理网络销售。代理商可以获得收入的20%作为佣金。BioPharm 正在考虑用自己的销售人员来取代代理商，销售人员的佣金为收入的13%，总工资为240 000美元。在两种情形下，公司2013年的利润表如下（单位：美元）：

	A	B	C	D	E
1	BioPharm公司				
2	利润表				
3	截至2013年12月31日				
4		使用销售代理		使用自己的销售人员	
5	收入		32 000 000		32 000 000
6	产品销售成本				
7	变动	12 160 000		12 160 000	
8	固定	3 750 000	15 910 000	3 750 000	15 910 000
9	毛利		16 090 000		16 090 000
10	营销成本				
11	佣金	6 400 000		4 160 000	
12	固定成本	3 660 000	10 060 000	5 900 000	10 060 000
13	营业利润		6 030 000		6 030 000

要求：

1. 计算2013年 BioPharm 在两种情况下的贡献毛益率、盈亏平衡收入和经营杠杆。

2. 阐述两种销售方案的优缺点。

3. 2014年公司使用自己的销售人员，但销售人员要求收入的16%作为佣金。如果其他成本性态都没有变化，为了获得与2013年一样的营业利润，销售人员必须创造多少收入？

3—45 多产品 CVP 和决策制定。Crystal Clear 公司生产两种类型的水过滤器：一种连接到水龙头过滤水龙头流出的水；另一种是水壶过滤器，只净化饮用水。

可连接到水龙头的过滤器的单位售价为100美元，变动成本为35美元。

水壶过滤器售价120美元，变动成本为30美元。

Crystal Clear 的销售组合是每卖3个水壶过滤器就卖2个水龙头过滤器。固定成本为1 200 000美元。

要求：

1. 按照目前的销售组合，每种过滤器的盈亏平衡点销量和收入是多少？

2. Crystal Clear 公司正在考虑购买新的生产设备。新设备将会使每年的固定成本增加208 000美元，但两种过滤器的变动成本会分别下降5美元和10美元。假设同样的销售组合，为了达到盈亏平衡，两种类型的过滤器分别需要卖多少？

3. 假设同样的销售组合，在什么销量水平下，Crystal Clear 公司不关心是使用旧设备还是购买新生产设备？如果总销量预计为24 000个，Crystal Clear 公司是否应该购买新的生产设备？

3—47 毛利和贡献毛益。美国博物馆正在为有贡献的会员筹备年度答谢晚宴。去年，525名成员出席了晚宴。每位参与者的晚宴门票是24美元。去年晚宴的利润报告如下（单位：美元）：

门票收入	12 600
晚宴成本	15 300
毛利	(2 700)
请柬和文书工作	2 500
利润（亏损）	(5 200)

晚宴委员会不想今年继续亏钱。为了达到这个目标，委员会分析了去年的成本。晚宴成本为15 300美元，其中固定成本为9 000美元，变动成本为6 300美元。请柬和文书工作的成本为2 500美元，其中固定成本为1 975美元，变动成本为525美元。

要求：

1. 利用贡献毛益表编制去年的利润报告。

2. 该委员会正在考虑扩大今年的晚宴邀请名单，包括志愿者成员（除了有贡献的成员之外）。如果该委员会扩大了晚宴邀请名单，预计参加人数会翻番。假设固定成本与去年相同，计算这个变化对晚宴盈利能力带来的影响。

3—49 决定在何处生产（摘自CMA）。Portal 公司在伊利诺伊州的两个工厂（一个新工厂在皮奥尔亚，一个老工厂在莫林）生产同样的发电机。两厂的数据如下（单位：美元）：

	A	B	C	D	E
1		皮奥尔亚		莫林	
2	售价		150.00		150.00
3	单位变动生产成本	72.00		88.00	
4	单位固定生产成本	30.00		15.00	
5	单位变动营销和分销成本	14.00		14.00	
6	单位固定营销和分销成本	19.00		14.50	
7	单位成本合计		135.00		131.50
8	单位营业利润		15.00		18.50
9	日生产率	400 单位		320 单位	
10	正常年生产能力利用	240 天		240 天	
11	最大年生产能力	300 天		300 天	

所有单位固定成本按一年240个工作日的正常情况计算。当工作日数超过240天时，加班费使皮

奥尔亚工厂额外产量的单位变动生产成本增加3美元，而莫林工厂增加8美元。

Portal公司预计下一年生产并销售192 000台发电机。公司生产经理想利用莫林工厂单位营业利润高的优势，决定每个厂分别生产96 000台。这将导致莫林满负荷生产（320×300），而皮奥尔亚按正常情况生产（400×240）。

要求：

1. 计算两个工厂的盈亏平衡点销售量。

2. 按照生产经理关于每个工厂分别生产96 000台的计划，计算营业利润。

3. 确定如何在两厂间分配192 000台的生产才能最大化公司的营业利润。给出计算过程。

第 4 章

分批成本法

- 成本核算系统的概念
- 分批成本法和分步成本法
- 分批成本法：评价与实施
- 使用正常成本法的分批成本法的一般方法
- 实际成本法
- 制造业正常分批成本系统
- 预算间接成本和期末调整
- 正常成本法的变形：服务业的示例

学习目标

1. 描述成本系统的基本概念
2. 区分分批成本法和分步成本法
3. 描述评价与实施分批成本法的方法
4. 概述七步骤正常成本法
5. 区分实际成本法和正常成本法
6. 在分批成本系统中追踪成本流动
7. 年末少分配或多分配间接成本的不同会计处理方法
8. 理解变形的正常成本法

没有人愿意赔钱。

一家公司，不管是一家新的提供营销咨询服务的创业公司还是一家定制摩托车的公司，都知道分批成本法（即花费多少成本生产一件产品）对于公司创造利润是非常关键的。如下面的文章所示，美国领先的住宅建筑商 KB Home 非常清楚这一切。

分批成本法和“绿色”住宅建设①

项目获利取决于正确的定价。美国领先的住宅建筑商 KB Home 的管理者和员工负责其新型“绿色”ZeroHouse 2.0 住宅的成本核算和定价。这些环境友好型的住宅包括太阳能发电系统、太阳能热水器、LED 灯，乃至电动车充电站，来帮助业主提高能源效率。

对于每个由 KB Home 建造的定制 ZeroHouse 2.0 住宅，公司管理者都使用历史数据和市场信息来仔细评估所有与项目相关的成本：直接成本、间接成本和一般管理成本。直接成本包括环保建筑材料、太阳能电池板和直接人工。间接成本包括监督人工、公司设备和安全设备的成本。最后，分配给每个项目的一般管理成本包括办公室租金、水电费、保险等。

在整个住宅施工过程，现场的管理者要报告每个在建的 ZeroHouse 2.0 住宅的状态。这些管理者还负责识别项目的潜在问题，确定必要的更改，以确保在原项目预算内高质量、按时交付。

对 KB Home 和其他“绿色”住宅建筑商来说，分批成本法是至关重要的，并且在未来几年会更加重要。2011 年，“绿色”住宅占住宅建筑市场的 17%。到 2016 年，这一数字预计将增加 29%～38%，因为越来越多的购房者追求节能省钱的环境友好型住宅。

---

① McGraw-Hill Construction/National Association of Home Builders, *New and Remodeled Green Homes: Transforming the Residential Market*, May 2012; KB Home, *Sustainability Report* 2012, Los Angeles: KB Home, 2013; Robbie Whelan, "Martha Stewart Green Homes—Who Will Buy Them?," Developments blog, *The Wall Street Journal*, January 12, 2011, http://blogs.wsj.com/; and multiple conversations with KB Home managers, 2013 (various dates).

就像 KB Home 一样，日产公司的管理者想知道制造新款电动汽车 Leaf 的成本是多少，安永会计师事务所的管理者想知道审计有机食品店全食的成本是多少。了解批次的成本和盈利能力可以帮助管理者实施他们的经营战略，制定价格计划和满足外部报告要求。当然，在制定决策时，管理人员应该把成本信息与非成本信息结合考虑，如经营的亲自观察和非财务业绩指标（如质量和顾客满意）。

成本核算系统的概念

在我们开始讨论成本核算系统前，让我们回顾第 2 章中与成本有关的一些术语，并且介绍一些在讨论本章主题时需要用到的术语。

1. 成本对象是需要计量其成本的任何东西——如一件产品（如一台 iMac 电脑），或一项服务（如修理一台 iMac 电脑的成本）。

2. 成本对象的直接成本是与某个特定成本对象相联系，并能以经济可行（有成本效益）的方式追溯到该成本对象的成本——如购买计算机主板的成本或生产 iMac 电脑的零部件的成本。

3. 成本对象的间接成本是与某个特定成本对象相联系，但不能以经济可行（有成本效益）的方式追溯到该成本对象的成本。例如，监督人员的工资，他们监督多种产品，其中只有一种是 iMac，或修理设备的租金，这些设备用于修理 iMac 和多种不同的苹果计算机产品。间接成本通过一种成本分配方法分配给成本对象。

成本分派是一个一般性的术语，包括将直接成本和间接成本分派到成本对象。成本追溯是分派直接成本的过程；成本分配是分派间接成本的过程。这三个概念的关系用图形表示如下：

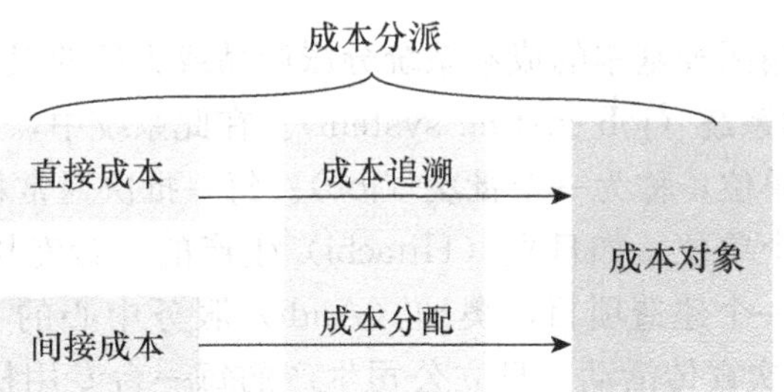

在本章，分派给成本对象（例如，一种产品，如一辆宝马 Mini Cooper 车，或服务，如 MTV 网络的审计）的成本包括变动成本和短期内固定的成本。管理者计算产品和服务成本以指导长期战略决策（例如，生产和销售的产品和服务组合以及各种产品的定价）。从长期来看，管理者希望收入超过总成本（变动成本加固定成本）。

在讨论成本系统前，我们还需要介绍和解释两个新术语：

● **成本库**。**成本库**（cost pool）是单个间接成本项目的组合。成本库的范围有宽有窄，宽的如工厂的所有成本，窄的如金属切割机的运营成本。成本库常常与成本分配基础协同组织。

● **成本分配基础**。公司如何在不同产品间分配金属切割机的运营成本？一种方法是按照不同产品使用的机器小时数来分配。**成本分配基础**（cost-allocation base）（机器小时数）是一个以系统方式将间接成本或间接成本组合（所有切割机的运营成本）与成本对象（不同产品）联系起来的因素。例如，如果金属切割机的运营成本是500 000美元，机器运转了10 000小时，则成本分配率是500 000÷10 000＝50美元/机器小时，机器小时就是成本分配基础。如果一种产品耗用了800机器小时，它将被分配40 000美元的成本（50×800）。理想的成本分配基础是间接成本的成本动因，因为成本分配基础与间接成本之间存在因果关系。成本分配基础可以是财务的（如直接人工成本），也可以是非财务的（如机器小时数）。当成本对象是一个批次、一个产品或一个客户时，成本分配基础也称为**成本摊派基础**（cost-application base）。例如，当成本对象是一个部门或另一个成本库时，成本分配基础不能称为成本摊派基础。

有时，在因果关系不明确的时候，需要进行成本分配。考虑一个公司的广告项目，它能够提升公司和分公司的形象，而不是单个产品的形象。许多公司，如百事，按收入将成本分配给各分公司：分公司的收入越高，分配的广告项目成本也越高。这种分配成本的方式是基于受益标准而不是因果关系。收入高的公司与收入低的公司相比，从广告中受益更多，理应分配更多的广告成本。

另一种分配成本的标准是成本对象承受分配成本的能力。例如，得克萨斯州休斯敦市政府基于其他城市部门（包括警察部门、消防部门、图书馆系统等）的预算规模将城市管理者的办公费用分配给它们。城市的原理是更大的部门应该吸收更大份额的成本。组织通常使用因果标准分配成本，其次是受益标准，最后是很少使用的承受能力标准。

这五个术语所代表的概念组成了我们用来设计本章所描述的成本系统的基础。

分批成本法和分步成本法

管理会计师用两种基本的成本系统分派产品或服务的成本：

1. **分批成本系统**（job costing system）。在此系统中，成本对象是独特的产品或服务的一个或几个单位，称为一个**批次**（job）。每一批次通常耗用不同数量的资源。产品或服务通常是一个单位，如日立（Hitachi）生产的一台专用机器，贝泰公司（Bechtel Corporation）的一个建造项目，奥迪（Audi）服务中心的一项修理服务或Saatchi & Saatchi公司的一次宣传活动。日立公司生产的每一台专用机器都是独特的，与工厂生产的其他机器不同。Saatchi & Saatchi公司给客户做的每次宣传活动都是独特的，与给其他客户做的宣传活动相去甚远。诸如Ethan Allen等公司也使用分批成本法计算独特的家具产品的多个单位的成本。因为产品和服务是独特的，分批成本法为每一个产品或服务单独计算成本。

2. **分步成本系统**（process costing system）。在此系统中，成本对象是大规模同质或近似的产品或服务。例如，花旗银行在处理存款的时候向所有的存款客户提供相同的服务。英特尔向每个顾客提供相同的产品（如奔腾6芯片）。美汁源（Minute Maid）的所有顾客都收到同样的橙汁产品。在每一期，分步成本法用总成本除以总生产数量来得到单位成本。这一单位成本是对每一个同质或近似的产品单位都使用的平均成本。

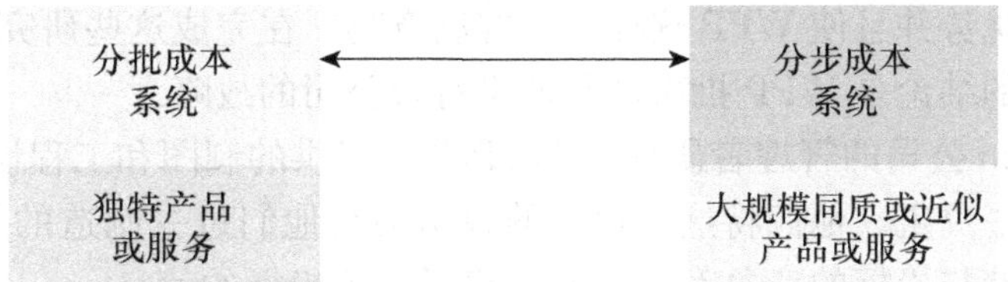

图表 4—1 列出了在服务业、商业和制造业中分批成本法和分步成本法的示例。这两种成本系统是一个连续体的两端，而在中间，两者有不同程度的交叉。

图表 4—1　　服务业、商业和制造业中分批成本法和分步成本法示例

	服务业	商业	制造业
使用分批成本法	● 普华永道的审计业务 ● 麦肯锡公司的咨询业务 ● 奥美公司（Ogilvg & Mather）的广告代理业务 ● Hale & Dorr 的法律诉讼 ● CompUSA 公司的计算机修理工作 ● 环球影业公司（Universal Studios）制作的电影	● L. L. Bean 公司的邮购业务送货 ● 沃尔玛的新产品特别促销	● 波音公司的飞行器组装 ● Litton 工业公司的造船
使用分步成本法	● 美国银行的账单清算 ● 美国邮政的邮递（标准件）	● Arthur Daniel Midlands 公司的粮食交易 ● Weyerhauser 公司的木材交易	● 壳牌石油公司的炼油业务 ● 百事公司的饮料生产

许多公司的成本系统既不是纯分批成本法也不是纯分步成本法，而是兼有两者的特点，与基本的生产运作相适应。例如，家乐氏公司使用分批成本法来计算生产不同产品的总成本，如 Corn Flakes 玉米片、Crispix 脆米花和 Froot Loops 果脆圈，并且用分步成本法来计算相同的每一盒 Corn Flake 玉米片、Crispix 脆米花等的单位成本。在本章，我们关注分批成本法。第 17 章和第 18 章将讨论分步成本法。

分批成本法：评价与实施

我们将以 Robinson 公司为例来介绍分批成本法，该公司为造纸厂生产和安装专用机器。在 2013 年年初，Robinson 公司受邀参加投标，为 Western Pulp and Paper（WPP）公司生产和安装一台新型造纸机。Robinson 公司从未制造过类似机器，它的管理人员不知道如何投标。为了制定决策，Robinson 公司的管理层实施了五步决策制定程序。

1. **确认问题与不确定性**。是否参加投标以及标价多少取决于管理层如何解决两个关键不确定性：（1）完成这一批次的成本；（2）竞争对手可能的投标价格。

2. **获取信息**。Robinson 公司的管理者首先评估投标是否符合公司的战略。他们想做更多的这种机器吗？这是一个很有吸引力的市场吗？Robinson 公司能创造一种战胜对手的竞争优势并且使WPP这样的顾客满意吗？在完成这些研究后，Robinson公司的管理者提出的结论是WPP批次产品非常符合公司的战略。

Robinson公司的管理者研究了WPP公司提供的制图和工程说明书，并对机器的技术细节做出了决定。他们将这种机器的说明书与他们过去制造的类似机器进行了比较，确认了可能参与投标的竞争对手，并收集了有关投标的信息。

3. **预测未来**。Robinson公司的管理人员估计了WPP批次的直接材料、直接人工和制造费用的成本。他们也考虑了质量因素和风险因素，并且评估了可能的偏差。例如，为WPP批次产品工作的工程师和员工有必要的技艺和技术能力吗？他们发现这种经历是有价值和有挑战性的吗？成本估计是否准确，成本超支可能会怎样？Robinson公司的管理者必须谨慎对待什么偏差？

4. **选择方案做决策**。Robinson的管理者基于他们对竞争对手投标的预测、技术专长、经营风险以及其他质量因素考虑了几个投标方案。最终公司决定要价15 000美元。生产成本估计是9 705美元（本章后面将会描述），产生了50%的制造成本加成。

5. **实施决策，评价业绩与学习**。Robinson公司赢得了WPP批次的投标。当Robinson公司生产WPP批次的时候，管理会计师仔细追溯发生的所有成本（本章后面有详述）。最后，Robinson公司的管理者将预算成本与实际成本比较，评估公司在WPP批次上的工作表现。

在其分批成本系统中，Robinson公司在某一批次（生产和安装某一台机器）中的价值链各部分累计成本，包括生产、营销和客户服务等。首先，我们将关注Robinson的生产职能（包括产品安装）。要生产一台机器，Robinson先从外部供应商处买入一些零件，同时自产剩余的零件。Robinson的每一批次都包括一个服务环节：到客户的厂址去安装机器，帮助客户把它和原有机器及流程整合起来，并保证机器满足客户的预期。

Robinson公司可以使用分批成本法的一种形式是实际成本法，**实际成本法**（actual costing）是这样一种成本计量方法，它用实际直接成本率乘以直接成本动因投入的实际数量来追溯直接成本；用实际间接成本率乘以实际的成本分配基础数量来分配间接成本。实际间接成本率等于实际年度间接成本除以实际年度成本分配基础数量。

$$\text{实际间接成本率}=\frac{\text{实际年度间接成本}}{\text{实际年度成本分配基础数量}}$$

顾名思义，实际成本法计算批次的实际成本。但在实务中，实际成本法并不常见，因为实际成本不能及时计算。[①] 问题不在于计算直接材料和直接制造人工的直接成本率。例如，Robinson公司记录了购买材料支付的实际价格。在使用材料时，价格是作为批次材料成本的实际直接成本率。但是，正如我们后面讨论的那样，每周或每月及时计算实际间接成本率是一个问题。Robinson公司只能在年末计算实际间接成本率。但是，公司的管理者不愿意等那么久才知道各批次的成本，因为在生产过程中他们就需要成本信息来监督和管理各批次的成本。在旧批次还在生产的时候，各批次的持续的成本信息也可以帮助管理者为新批次报价。

① 实际成本法在稍后的“实际成本法”部分有详细描述。

□ 用于计算间接成本率的时间区间

使用更长的时间段（如一年）来计算间接成本率有两个原因。

1. **分子原因（间接成本库）**。时间段越短，季节性因素对成本金额的影响就越大。例如，如果每月计算一次间接成本率，供暖成本（包含在分子中）将只会在冬天的月份里才发生，而以一年为时间段则整合了四个季节的影响，即年间接成本率。

总间接成本的水平还受到非季节性随机成本的影响。非季节性随机成本是某一月发生而其受益在以后月份的成本，如设备的维修成本和节假日员工工资成本。如果按月计算间接成本率，在那些非季节性随机成本较高的月份完成的批次将受到这些成本的拖累。把所有间接成本整合起来计算单一的年间接成本率有助于平滑这些特定期间随机成本所带来的差异。

2. **分母原因（成本分配基础的数量）**。使用长时间段的另一个原因是为了避免在每月波动的产出水平和波动的成本分配基础数量上平摊月固定间接成本。考虑下面这个例子。

Reardon and Pane 是一家税务会计公司，其工作有高度季节性的特征。税务季节（1—4 月）是非常忙的。其他时间不是很忙。公司有变动间接成本和固定间接成本。变动间接成本（如物料、电力和间接支持人工）随成本分配基础（直接专业人工小时）数量而变动。固定间接成本（折旧和一般管理支持）不随成本分配基础数量的短期波动而变动：

	间接成本			直接人工小时	每直接人工小时分配率	每直接专业人工小时固定间接成本分配率	每直接专业人工小时总分配率
	变动 (1)	固定 (2)	总和 (3)	(4)	(5)=(1)÷(4)	(6)=(2)÷(4)	(7)=(3)÷(4)
高产出月份	$ 40 000	$ 60 000	$ 100 000	3 200	$ 12.50	$ 18.75	$ 31.25
低产出月份	10 000	60 000	70 000	800	$ 12.50	$ 75.00	87.50

变动间接成本随着直接专业人工小时的变化而成比例变化。这样，变动间接成本率在高产出月份和低产出月份是相同的（上表中显示两个都是 12.50 美元）。有时在高产出月份加班费会引起变动间接成本率升高。在这种情况下，相对于低产出月份来说，变动间接成本应该以更高的比率分配给高产出月份。

现在考虑 60 000 美元的固定成本。固定成本引起月总间接成本率大幅变化——从每小时 31.25 美元到每小时 87.50 美元。几乎没有管理人员认为因为固定成本，在不同月份完成同样批次应该分配如此悬殊的间接成本率（87.50÷31.25=2.80 或 280%）。而且，如果准备税务申报的费用是基于成本的，那么低产出月份费用应该高，而这会导致失去业务，实际上管理层想接受更多的投标以利用这些月份闲置的生产能力（更多细节见第 9 章）。

Reardon and Pane 公司选择的特定生产能力所跨越的时间范围远不止一个月。基于年总间接成本和年总产出水平关系的年度平均分配率将平滑由于月度产出变化带来的影响。这个分配率更能代表公司管理者在选择生产能力水平以及由此产生的固定成本时考虑的总成本和总产出。

使用年间接成本率的另一个原因是一个月中周一至周五的工作日数影响月间接成本率的计算。一年中不同月份的工作日数从20天至23天不等。因为2月份的工作日（从而人工小时数）最少，如果每月单独计算分配率，那么2月份完成的批次将比其他月份的相同批次承担更大份额的间接成本（如折旧和财产税）。年度期间则减少了月度工作日数量不同对单位成本的影响。

□ 正常成本法

正如我们指出的，因为很难计算每周或每月的实际间接成本率，所以管理者不能在批次完工时计算其实际成本。但是，管理者需要定期知道不同批次的生产成本的近似数，而不只是在年末。他们想知道生产成本（以及其他成本，如营销成本）来制定批次的价格、监督和管理成本，评价批次的效果、了解做了以及没做的事、投标新批次以及编制中期财务报表。由于公司需要及时获得批次成本，很少有公司等到会计年度末才开始分配间接成本。相反，在财务年度开始时就为每一个成本库计算了预计或预算的间接成本分配率，并在工作过程中将间接成本分配给各批次。考虑到前述的分子和分母原因，每一个成本库的**预算间接成本率**（budgeted indirect cost rate）计算如下：

$$\text{预算间接成本率}=\frac{\text{预算的年间接成本}}{\text{预算的年成本分配基础数量}}$$

使用预算的间接成本率就产生了正常成本法。

正常成本法（normal costing）是这样一种成本计量系统：（1）用实际直接成本率乘以实际直接成本项目投入数来追溯直接成本；（2）用预算间接成本率乘以实际成本分配基础数量来分配间接成本。

使用正常成本法的分批成本法的一般方法

我们用下面的七个步骤来演示Robinson公司示例中的正常成本法，将成本分派给一个单个批次。这种方法适用于制造业、商业和服务业公司。

步骤1：确定被选为成本对象的批次。Robinson公司示例中的成本对象是批次WPP 298，即在2013年为WPP生产一台造纸机。Robinson公司的管理人员和管理会计师通过原始凭证收集成本批次的信息。**原始凭证**（source document）是在会计系统中给分类账提供数据的原始记录（如用来记录员工工作时间的人工时间卡）。批次WPP 298中最主要的原始凭证是批次成本记录。**批次成本记录**（job cost record），也叫**批次成本表**（job cost sheet），用于记录和累计所有分派到某一特定批次的所有成本。图表4—2为WPP公司造纸机订单的批次成本记录。遵循图表4—2批次成本记录中计算批次WPP 298成本的多个步骤。

图表 4—2　　Robinson 公司的原始凭证：批次成本记录

文件　开始　插入　页面布局　公式　数据　审阅　视图

	A	B	C	D	E	F
1				批次成本记录		
2	批号：	WPP298		客户：	WPP公司	
3	开工日：	2013.2.4		完工日：	2013.2.28	
4						
5						
6	直接材料					
7		材料领用			单位成本	总成本
8	收到日期	记录号	零件号	用量	（美元）	（美元）
9	2013.2.4	2013：198	MB 468-A	8	14	112
10	2013.2.4	2013：199	TB 267-F	12	63	756
11						•
12						•
13	合计					4 606
14						
15	直接人工					
16	直接人工	人工时间		工作	小时工资	总成本
17	期间	记录号	员工号	小时数	率（美元）	（美元）
18	2013.2.4-10	LT 232	551-87-3076	25	18	450
19	2013.2.4-10	LT 247	287-31-4671	5	19	95
20	•	•	•	•	•	•
21	•	•	•	•	•	•
22	合计			88		1 579
23						
24	制造费用*					
25				分配基础	分配率	总成本
26	日期	成本库类别	分配基础	用量	（美元）	（美元）
27	2013.12.31	生产	直接人工小时	88小时	40	3 520
28						
29						
30	合计					3 520
31	总批次成本					9 705
32						
33						
34	*Robinson公司使用单一制造费用成本库。若使用多个制造费用成本库则意味着在批次成本					
35	记录的“制造费用”部分有多条记录。					

步骤 2：确认该批次的直接成本。Robinson 确认两类直接生产成本：直接材料和直接人工。

● **直接材料**：在 WPP 提供的工程细节和草图基础上，一位生产技师向仓库提出了材料请用要求。这是通过一份叫做**材料领用记录**（materials requisition record）的原始凭证完成的，该记录包含了有关某一批次及某一部门使用的直接材料成本的信息。图表 4—3 中的 A 部分是 Robinson 公司的一份材料领用记录。请看一下如何记录领用材料的批次（WPP 298），对所领用材料的描述（零件号 MB 468-A，金属支架），实际数量（8），实际单位成本（14 美元）和总成本（112 美元）。112 美元的实际总成本也出现在批次成本记录中。加总所有材料领用记录的成本就得到批次成本记录中的实际直接材料成本 4 606 美元。它显示在图表 4—2 分批成本记录的直接材料部分。

● **直接人工**：对直接人工的记录如同直接材料。直接人工的原始凭证是**人工时间表**（labor-time sheet），它包含有关某一批次某一部门所耗用的人工时间的信息。图表 4—3 中的 B 部分是员工 G. L. Cook 一周工时表。每天 Cook 记录花在不同批次上的时间（本例中是 WPP 298 和 JL 256）以及花在其他任务上的时间，如机器的维护或清理，这些任务与特定批次是不相关的。

Cook 花在 WPP 298 上的 25 小时在图表 4—2 批次成本记录中表现为 450 美元（25×18）的成本。同样，JL 256 的批次成本记录上将显示 216 美元（12×18）的成本。花在维护和清理上的 3 小时价值 54 美元（每小时价值 18 美元）。这一成本是间接生产成本的一部分，因为它不可追溯到某一批次上。这一间接成本包含在制造费用成本库中，随后将分配到各批次。造纸机的批次成本记录（见图表 4—2）中的总直接人工成本 1 579 美元是所有相关的不同员工的直接人工成本之和。

直接材料和直接人工之外的所有成本都是间接成本。

图表 4—3　　Robinson 公司的原始凭证：材料领用记录与人工时间记录

A 部分

原材料领料单

原材料领料单编号：2013：198

批号：WPP 298　　日期：2013.2.4

零件编号	零件描述	数量	单位成本	总成本
MB 468-A	金属支架	8	$14	$112

发料：B. Clyde　　日期：2013.2.4

领料：L. Daley　　日期：2013.2.4

B 部分

工人工时记录

工人工时记录编号：LT232

员工姓名：G. L. Cook　　员工编号：551-87-3076

员工分类：三级机械师

单位工时工资：$18

本周开始时间：2013.2.4　　本周结束时间：2013.2.10

批号	周一	周二	周三	周四	周五	周六	周日	合计
WPP 298	4	8	3	6	4	0	0	25
JL 256	3	0	4	2	3	0	0	12
维护	1	0	1	0	1	0	0	3
总计	8	8	8	8	8	0	0	40

主管：R. Stuart　　日期：2013.2.10

步骤 3：选择成本分配基础，以便将间接成本分配到该批次。回想一下，间接生产成本是某一批次必需的而又不能追溯到其上的成本。而且，不同的批次需要不同数量的间接资源。如果不发生像监管、制造工程、公用设施、修理这样的间接成本，就不可能完成一个批次的生产。因为这些成本不能追溯到某个特定批次上，因此，管理者必须将它们系统地分配到所有批次上。

公司常常使用多个成本分配基础来分配间接成本，因为不同的间接成本有不同的成本动因。例如，有些间接成本，如折旧和机器修理，与机器小时更相关。其他间接成本，如监督和生产支持，与直接人工小时更相关。但 Robinson 公司只选择直接人工小时作为唯一的成本分配基础，所有间接成本都按其分配。管理者这样做是因为在 Robinson 公司劳动密集型的环境中，他们认为直接人工小时决定着各批次需要的制造费用资源。（在第 5 章我们将会看到，在许多制造环境中，管理者常常需要扩大成本动因集。）2013 年，Robinson 公司预算的直接制造人工小时数为 28 000。

步骤 4：确定与各成本分配基础相关联的间接成本。由于 Robinson 公司认为只用一个成本分配基础——直接人工小时——就可以将间接生产成本分配到批次，因此它只建立一个成本库，叫做制造费用成本。这一成本库代表了工厂生产部门发生的难以直接追溯到特定批次的所有间接成本。2013 年预算的间接生产成本总共有 1 120 000 美元。

正如我们在步骤 3 和步骤 4 中看到的，管理者首先确定成本分配基础，然后确定与各成本分配基础相关联的成本，而不是相反。他们选择这种顺序，是因为管理者在确定与各成本动因相关联的成本之前，首先必须理解公司的成本动因（成本发生的原因）。否则，没有什么能指导成本库的建立。当然，步骤 3 和步骤 4 几乎可以同时进行。

步骤 5：计算每一成本分配基础的单位分配率。对每一成本库，预算间接成本率用库内的预算总间接成本（由步骤 4 确定）除以预算总成本分配基础数量（由步骤 3 确定）得到。Robinson 公司计算其单个制造费用成本库的分配率如下：

$$
\begin{aligned}
\text{预算制造费用率} &= \frac{\text{预算制造费用}}{\text{预算总成本分配基础数量}} \\
&= \frac{1\,120\,000}{28\,000} \\
&= 40(\text{美元/直接制造人工小时})
\end{aligned}
$$

步骤 6：计算分配到批次的间接成本。批次的间接成本用与批次相关的各个分配基础的实际数量（每一成本库一个分配基础）乘以各分配基础的预算间接成本率（由步骤 5 计算确定）得到。回想一下，Robinson 公司的管理者选择直接制造人工小时作为唯一的成本分配基础。Robinson 公司使用了 88 个直接制造人工小时生产 WPP 298 批次。因此，分配给 WPP 298 批次的制造费用等于 3 520 美元（40×88），显示在图表 4—2 中 WPP 298 分批成本记录的制造费用部分。

步骤 7：加总批次的所有直接和间接成本得到批次的总成本。图表 4—2 显示 WPP 批次的总成本是 9 705 美元。

直接生产成本		
直接材料	$ 4 606	
直接制造人工	1 579	$ 6 185
间接生产成本（40×88）		3 520
WPP 298 批次的总生产成本		$ 9 705

回想一下，Robinson 公司在这一批次上的收入是 15 000 美元。在此收入下，正常成本系统显示批次的毛利有 5 295 美元（15 000－9 705），毛利率为 35.3%（5 295÷15 000＝0.353）。

Robinson 公司的生产管理者和销售管理者可以用毛利和毛利率的计算来比较不同批次，以试图理解为什么某些批次的盈利不如其他批次。是不是存在直接材料浪费？批次的直接人工成本是否太高？批次定价过低吗？分批成本分析提供了管理者评估公司生产和销售业绩所需的信息（见“观念实施：新牛仔体育场的分批成本法‘策略’”）。

图表 4—4 是 Robinson 公司分批成本系统的纵览。它由在本章开始部分介绍的分批成本系统的五个基本概念组成：（1）成本对象；（2）成本对象的直接成本；（3）成本对象的间接成本；（4）间接成本库；（5）成本分配基础。（图表 4—4 中的符号将在本书中所有的成本系统纵览中使用。比如，三角形表示直接成本，长方形是间接成本库，八边形是成本分配基础。）像图表 4—4 这样的成本系统纵览是很重要的学习工具。我们建议你在需要理解一个成本系统时画这样一个图表。

注意图表 4—4 与步骤 7 中描述的 WPP 298 批次的成本之间的相似之处。图表 4—4 显示了两类直接成本（直接材料和直接人工）和用于分配间接成本的一类间接成本（制造费用）。步骤 7 中的各成本项目有三个数额，分别对应着两类直接成本和一类间接成本。

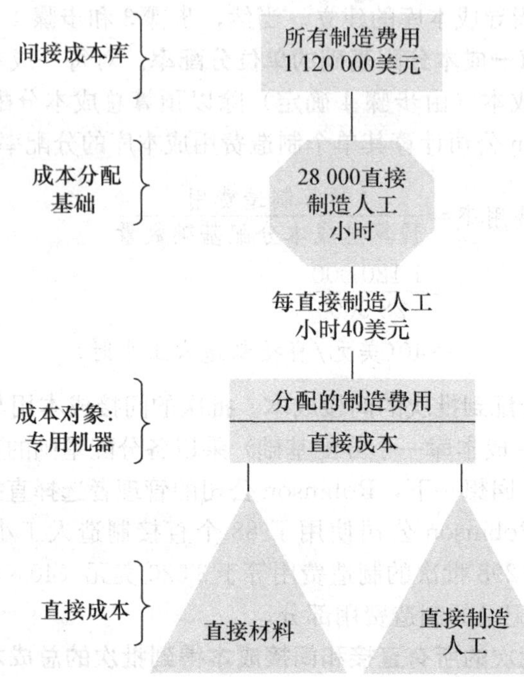

图表 4—4　计算 Robinson 公司人工制造成本的人工成本核算概览图

观念实施

新牛仔体育场的分批成本法“策略”

虽然达拉斯牛仔队（Dallas Cowboys）已经赢得了五届超级碗，但真正为球迷所熟知的是该队未来的家，位于得克萨斯州阿灵顿的牛仔体育场。这个体育场拥有 80 000 个座位，建设期为 3 年，最大特色是有两个横跨 1/4 英里圆屋顶的拱桥、一个可伸缩的屋顶、世界上最大的可伸缩玻璃门（体育场内的每个区域都有）、倾斜的玻璃外墙和一个重达 600 吨的大屏幕。对于负责这座价值 12 亿美元的牛仔体育场项目的曼哈顿建筑公司（Manhattan Construction）而言，了解这些特色的成本对于制定成功的价格决策和确保项目盈利是至关重要的。

牛仔体育场项目有五个阶段：(1) 概念化；(2) 设计与规划；(3) 预建造；(4) 建造；(5) 完工与交付。在整个过程中，曼哈顿建筑公司需要聘请建筑师与分包商，制作项目蓝图，购买并清理土地，建造体育馆，构建并完成内饰，在 2009 年体育场开放前全部完工。为了确保资源的合理配置与核算，项目经理采用了分批成本核算系统。然后分配估计的间接成本（包括监督人员工资、租金、材料处理费用等）。曼哈顿建筑公司可以根据项目完工百分比与获得的收入估算项目获利能力，为达拉斯牛仔队提供一份清晰、简洁、透明的成本数据。

就像四分卫 Tony Romo 绕过对方的防御一样，曼哈顿建筑公司能够利用分批成本核算系统的优势，确保将体育馆建设成一个标志性建筑，就像牛仔队头盔上的蓝色星星一样。

资料来源：Based on interview with Mark Penny，Project Manager，Manhattan Construction Co.，2010；David Dillon，"New Cowboys Stadium Has Grand Design，but Discipline Isn't Compromised，" *The Dallas Morning News* (June 3，2009)；Brooke Knudson，"Profile：Dallas Cowboys Stadium，" *Construction Today* (December 22，2008)；and Dallas Cowboys，"Cowboys Stadium：Architecture Fact Sheet."

□ 技术的作用

现代信息技术为管理人员提供了快速准确的产品成本信息，使得管理和控制批次作业更加方便。例如，考虑计入批次的直接材料。管理者在购买和使用时就控制它们。通过诸如电子数据交换（EDI）这样的技术，像 Robinson 这样的公司能够很简单地向其供应商订购材料，只需在计算机键盘上按几个键就行了。EDI 是公司和供货商之间的一种计算机连接，保证了订单能快速准确地传递，而所花费的纸张及其他成本能保持最小。条形码扫描器用来记录材料的到货情况。计算机把收据和订单进行匹配，打印出付给供货商的支票，并记录收到的原材料。当生产车间的操作员通过计算机终端提交一份领料要求时，计算机自动编制好材料领用记录，同时记录相关的材料账户和批次成本。每天，计算机都会加总某批次或某生产部门的所有材料领用记录。随后编制一份业绩报告，监督直接材料的实际成本。如果管理者认为每小时报告一次直接材料的使用情况是经济有效的，他们就可以经常报告。"观念实施：家得宝进行存货管理'修复'"描述了家得宝使用技术管理存货。

同样，有关直接人工的信息在员工登录计算机终端输入批次号、员工号以及在不同批次上作业的起止时间时就获得了。计算机将自动打印人工时间记录，并使用预先存进计算机的每名员工的小时工资率计算各批次的人工成本。信息技术还向管理人员提供了及时的反馈，帮助他们控制制造费用、在建批次、完工批次以及已发货并现场为客户安装的批次。

观念实施

家得宝进行存货管理"修复"

2012 年年底，家得宝公司的库存价值达 107 亿美元。然而，由于技术落后，多年来这个世界上最大的家装零售商难以随时掌握自己的库存信息。于是，家得宝进行自身改造，采用最先进的技术，改善 2 200 多家美国、加拿大、墨西哥店铺的库存管理。

如今，家得宝采用先进的数据库与移动设备帮助工人在现场定位与管理库存。通过结账时扫描商品，计算机系统就可在货架需要补充存货时自动提醒。在此之前，家得宝的运输货车都是以半满状态向各家商店运货，现在新的“快速部署”配送中心将货运与地区商店有机结合，减少了成本以及一半的运输里程。家得宝部署了59 000台“一手消息”移动无线设备，可以让商店员工及时获得产品信息、检查库存水平、缩短结账时间，甚至可以让客户通过PayPal账户购买商品。

家得宝的库存管理修复系统为公司带来了巨大收益。新技术帮助公司有效管理存货数量，减少缺货，减少以清仓价销售积压商品，以更快的速度销售存货。此外，家得宝的员工花在储存和存货上的工作时间从2008年的60%下降到现在的45%，这让他们有更多的时间去帮助顾客，增加销售额。

资料来源：Based on Miguel Bustillo, “Home Depot Undergoes Renovation,” *The Wall Street Journal* (February 24, 2010); Meridith Levinson Sun, “Home Improvement,” CIO (August 2004); Rachel Tobin Ramos, “Home Depot Getting Better Handle on Products,” *The Atlanta Journal-Constitution* (March 29, 2010); Joel Schectman, “Home Depot Rolls Out New Mobile Devices for Workers,” CIO Journal blog, *The Wall Street Journal*, June 21, 2012, http://blogs.wsj.com/; The Home Depot, Inc., 2013 Form 10-K (March 28, 2011).

实际成本法

如果Robinson公司使用实际成本而非正常成本，WPP 298批次的成本会如何变化？正常成本法和实际成本法追溯直接成本到各批次的方法是相同的，因为当工作进行时，原始凭证确认了批次的直接材料和直接人工的实际数量和实际成本率。用正常成本法和实际成本法计算批次成本的唯一区别是正常成本法使用预算的间接成本率，而实际成本法使用每年年末计算的实际的间接成本率。图表4—5区分了实际成本法和正常成本法。

图表4—5　　实际成本法与正常成本法

	实际成本法	正常成本法
直接成本	实际直接成本率×实际直接成本项目投入数	实际直接成本率×实际直接成本项目投入数
间接成本	实际间接成本率×实际成本分配基础数量	预算间接成本率×实际成本分配基础数量

Robinson公司2013年的生产运作实际数据如下（单位：美元）：

	实际
总制造费用成本	1 215 000
总制造直接人工小时	27 000

正常成本法和实际成本法中的步骤1、步骤2是相同的：步骤1确认WPP 298为一个成本对象；步骤2计算实际直接材料成本4 606美元，实际人工成本1 579美元。回忆一下，从步骤3开始，Robinson公司使用单一成本分配基础——直接人工小时——将所有的制造费用成本分配到各批次。2013年实际制造直接人工小时数为27 000小时。在步骤4，Robinson公司把所有实际间接生产成本1 215 000美元集合到单一制造费用成本库。步骤5，用成本库中的实际总间接成本（在步骤4中确定的）除以成本分配基

础的实际总数量（在步骤 3 中确定的）计算得到实际间接成本率。Robinson 公司计算 2013 年单一制造费用库的实际制造费用率如下：

$$\text{实际制造费用率}=\frac{\text{实际制造费用}}{\text{实际总成本分配基础数量}}=\frac{1\ 215\ 000}{27\ 000}=45(\text{美元/直接制造人工小时})$$

在步骤 6 的实际成本系统下，

$$\begin{array}{l}\text{分配给 WPP 298}\\\text{批次的制造费用}\end{array}=\begin{array}{c}\text{实际制造}\\\text{费用率}\end{array}\times\begin{array}{c}\text{实际直接制造}\\\text{人工小时数}\end{array}=45\times 88=3\ 960(\text{美元})$$

步骤 7，实际成本法下的批次成本是 10 145 美元，计算如下（单位：美元）：

直接生产成本		
直接材料	4 606	
直接制造人工	1 579	6 185
制造费用（45×88）		3 960
批次总生产成本		10 145

在实际成本法下，WPP 298 的生产成本（10 145 美元）比正常成本法（9 705 美元）高 440 美元，这是因为实际的间接成本率是每小时 45 美元，而预算间接成本率是每小时 40 美元，(45－40)×88 ＝440 美元。

正如我们讨论过的，在正常成本法下，批次的生产成本更容易获得。因此，Robinson 公司的生产和销售管理人员能够在批次一完成时就评价不同批次的获利能力、已完成批次的效率、不同批次的定价，而这时生产经历在每个人的脑海里还是新鲜的。正常成本法的另一个优点是它更早地向管理者提供信息——此时还有时间采取改正行动，如改进公司的人工效率或减少公司的间接成本。尽管在年末，用正常成本法分配的成本通常不等于实际发生的成本。如果这种差异是重大的话就必须调整，这样不同批次的成本和不同存货账户的成本都是基于实际成本法而不是正常成本法。我们将在本章稍后部分描述这种调整。

下一节解释正常分批成本系统如何加总一个特殊月份生产的所有批次的成本和收入。不想研究这些细节的教师和学生可以直接转到“预算间接成本和期末调整”那一节。

制造业正常分批成本系统

下面的例子考察了 2013 年 2 月发生在 Robinson 公司的事项，在详细说明正常成本法之前，先研究图表 4—6，该图表为理解分批成本法的成本流提供了一个概括性的框架。

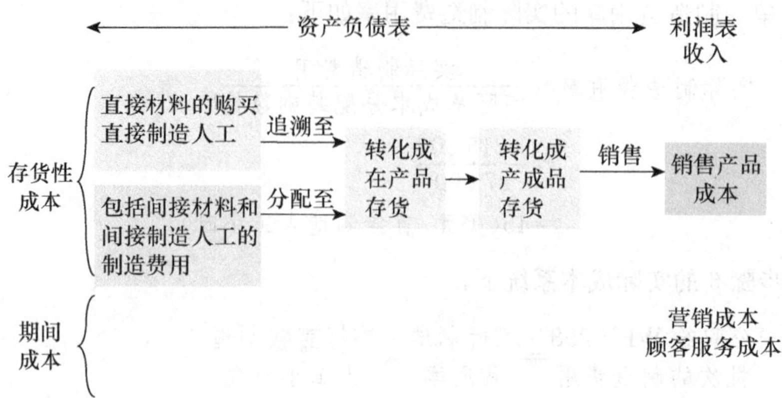

图表 4—6　分批成本法中的成本流

图表 4—6 的上部显示存货性成本流，从材料购买和其他生产投入，到在产品和产成品，再到产成品销售。

使用的直接材料与直接人工能够很容易地追溯到批次。它们变成资产负债表上在产品存货的一部分，因为直接人工把直接材料转换成了另一种资产，即在产品存货。Robinson 公司还发生制造费用（包括间接材料和间接人工）将直接材料转变成在产品存货。但是，这些制造费用（间接费用）不容易追溯到特定的批次。因此，制造费用首先累计在一个制造费用账户，然后分配到特定的批次。制造费用被分配后就变成了在产品存货的一部分。

当特定的批次完成后，在产品存货就变成了资产负债表上的另一项资产，即产成品存货。产成品被销售后就成了一项费用，即销售成本，它被确认在利润表中，与获取的收入相配比。

图表 4—6 的下部显示期间成本——营销成本和顾客服务成本。这些成本不产生任何资产负债表上的资产，因为它们不是为了把材料转化成产成品而发生的。它们是利润表上的费用，与收入相配比。

下面我们描述总分类账中的记录。

□ 总分类账

到目前为止，你已经知道了分批成本系统为每一批次单独记录批次成本。通常批次成本记录在明细分类账中，在产品控制总分类账反映了所有这些未完工批次各自的批次成本记录的总和。批次成本记录和在产品控制账从批次一开始到最终结束全程跟踪批次成本。当批次完工或出售时，它们被记录在明细账的批次产成品存货记录中。产成品控制总分类账记录所有完工和售出的批次的分批成本记录合计。

图表 4—7 显示了 Robinson 公司总分类账的 T 形账户关系。总分类账提供了一种对成本系统的“鸟瞰”。图表 4—7 列示的数字来源于每月的交易和随后的分类账记录。当你检查每一条分类账记录时，可以利用图表 4—7 看看不同的记录是如何编制在一起的。总分类账的名称中有“控制”字样（如材料控制账和应付账款控制账）的都有支持

性的明细分类账，其中包含更多的细节，如存货中每一种材料的情况和 Robinson 公司对各供应商的欠款等。

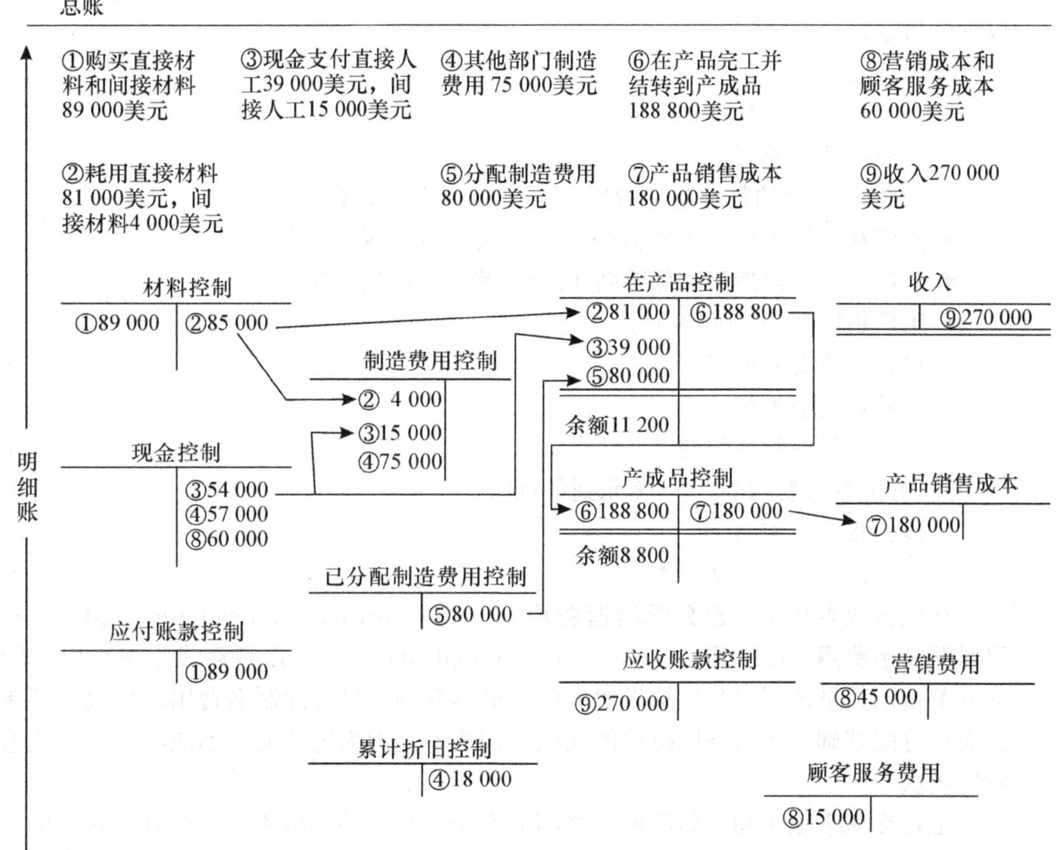

图表 4—7　正常成本法下的制造业分批成本系统：2013 年 2 月总分类账关系表

某些公司在记录总分类账的同时记录明细分类账。其他公司（如 Robinson 公司）在交易发生的时候记录明细账，记录总分类账却不是很频繁，通常每月汇总。

总分类账仅仅是管理者进行计划和控制的诸多工具中的一种。为了控制运作，管理者不仅要依赖用来记录明细账金额的原始凭证，还要依赖非财务信息，如返工率等。

□ 交易事项的解释

下面我们看看 Robinson 公司 2013 年 2 月的交易概况和相应的日记账分录。

1. 赊购材料（直接或间接）89 000 美元。

借：材料控制	89 000	
贷：应付账款控制		89 000

2. 使用直接材料 81 000 美元和间接材料 4 000 美元。

借：在产品控制	81 000	

制造费用控制　　4 000
　贷：材料控制　　85 000

3. 2月份生产工人工资：直接人工工资39 000美元，间接人工工资15 000美元，以现金付讫。

借：在产品控制　　39 000
　制造费用控制　　15 000
　贷：现金控制　　54 000

4. 2月份发生的其他制造费用成本75 000美元，包括：

- 监管和工程支持人员的薪酬44 000美元（以现金支付）。
- 工厂杂费、修理费和保险费13 000美元（以现金付讫）。
- 工厂折旧费18 000美元。

借：制造费用控制　　75 000
　贷：现金控制　　57 000
　　累计折旧控制　　18 000

5. 分配制造费用80 000美元到各批次。

借：在产品控制　　80 000
　贷：已分配制造费用　　80 000

在正常成本法下，**已分配制造费用**（manufacturing overhead allocated）——也叫**已摊派制造费用**（manufacturing overhead applied）——是以预算成本率乘以实际使用的分配基础数量得到的分配给批次的间接成本金额。已分配制造费用账户包括了所有使用成本分配基础分派给不同批次的制造费用成本，因为这些成本不能经济可行地追溯到特定批次。

记住交易事项4和交易事项5之间的区别。在交易事项4中，全月实际发生的制造费用成本被加（借记）到制造费用控制账中，这些成本没有被借记到在产品控制账，因为与直接成本不同，它们不能被追溯到单个批次。而只有在交易事项5中分配制造费用成本的时候，制造费用成本才加（借记）到单个批次和在产品控制账。在分配这些成本的时候，实际上，制造费用控制账通过它的备抵调整账户已分配制造费用减少（贷记）了。已分配制造费用被称为备抵账户是因为它的借方金额代表制造费用控制账的贷方金额。将已分配制造费用作为备抵账户就允许分批成本系统分别保留公司发生的制造费用（在制造费用控制账中）和已经分配的制造费用金额（在已分配制造费用控制账中）信息。如果已分配的制造费用已经记入制造费用控制账的贷方，那么公司将会丢失正在发生的实际制造费用信息。

在Robinson公司例子描述的正常成本系统中，年初的时候公司就在预计的年制造费用和年成本分配基础数量的基础上计算好了预算的间接成本率——40美元/直接人工小时。几乎可以确定的是，实际分配的金额会与预计不同。在本章稍后的部分，我们将讨论如何处理这种差异。

6. 2013年2月所有完工并移送至产成品的特定批次总和是188 800美元。

借：产成品控制　　188 800
　贷：在产品控制　　188 800

7. 产品销售成本180 000美元。

借：产品销售成本　　180 000
　贷：产成品控制　　180 000

8. 2013 年 2 月发生的营销成本 45 000 美元和顾客服务成本 15 000 美元，以现金付讫。

借：营销费用　　45 000
　　顾客服务费用　　15 000
　贷：现金控制　　60 000

9. 2013 年 2 月销售并交付的所有批次的销售收入均为赊销，计 270 000 美元。

借：应收账款控制　　270 000
　贷：收入　　270 000

明细分类账

图表 4—8 和图表 4—9 显示的是明细账，它包含了支持性细节——与总分类账的"鸟瞰"相对的"细查"——帮助 Robinson 公司的管理者追踪 WPP 298 批次。所有支持性明细分类账的总和等于相应总分类控制账的总额。

分类材料记录

Robinson 公司的材料明细分类账——称为材料记录——用于持续记录收到数量、发出给各批次的数量和每一类材料的存货余额。图表 4—8 的 A 部分显示了金属框的材料记录（零件号 MB 468-A）。在许多公司，记录材料收发的原始凭证（材料征用记录在图表 4—3 的 A 部分中）被扫描进计算机。然后软件程序自动更新材料记录，并且在总分类账和明细分类账中做出所有必要的会计分录。2013 年 2 月各类直接和间接材料记录中收到的材料成本是 89 000 美元（图表 4—8 中 A 部分）。2013 年 2 月各类直接和间接材料记录中发出的材料成本是 85 000 美元（图表 4—8 中 A 部分）。

当直接材料被使用时，它们在材料记录上被记作发出（见图表 4—8 中 A 部分，发出给 WPP 机器批次的金属支架的记录）。直接材料也记入各批次在产品存货记录中，批次记录是在产品控制总分类账的明细账。例如，WPP 机器批次使用的金属支架以 WPP 298 批次成本在产品记录明细账中 112 美元的直接材料出现（图表 4—9 中 A 部分，基于图表 4—2 中的批次成本记录原始凭证）。2013 年 2 月所有批次成本记录上使用的直接材料的总和为 81 000 美元（图表 4—9 中 A 部分）。

当间接材料被使用时（如润滑油），记入生产部门费用记录，这是制造费用控制账的明细账。生产部门费用记录通过总分类账中的每一个间接成本库账户累计各制造费用种类中的实际成本。回想一下，Robinson 公司只有一个间接成本库：制造费用。使用的间接材料的成本没有被直接加到各批次记录。这些成本作为制造费用的一部分被分配到各批次记录。

分员工人工成本记录

分员工人工记录（见图表 4—8 中 B 部分，G. L. Cook）用来把直接人工追溯到特定批次，并用于把间接人工累计到生产部门费用记录中（见图表 4—8 中 C 部分）。人工记录是根据人工时间表原始凭证记录的（见图表 4—3 中 B 部分）。员工人工记录明细账显示了在 2 月 10 日结束的这一周 G. L. Cook（员工号 551-87-3076）生产的不同批次和应付给 Cook 的 720 美元工资。应付给所有员工的总工资是 54 000 美元。WPP 298 的批次成本记录显示 Cook 花在该批次的劳动时间对应的直接人工成本为 450 美元（见图表 4—9 中 A 部分）。2013 年 2 月所有批次成本记录（产品控制账的明细账）上的直接人工成本为 39 000 美元。

G. L. Cook 的员工记录显示 54 美元的维修成本，这是一项间接人工成本。2013 年 2 月 15 000 美元总的间接人工成本记在明细账中的生产部门费用记录上。根据定义这些成本将不会追溯到该批次。它将作为制造费用的一部分分配到各批次。

分月生产部门费用记录

生产部门费用记录（见图表 4—8 中 C 部分）是制造费用控制账的明细账，它详细显示了费用成本的不同种类，如间接材料、间接人工、监督与工程支持、厂房保险和杂费以及工厂折旧。这些事项的原始凭证包括发票（如某项杂费的收据）和来自会计负责人的特别计划（如折旧计划）。2013 年 2 月生产部门的间接费用是间接材料 4 000 美元，间接人工 15 000 美元，和其他制造费用 75 000 美元（见图表 4—8 中 C 部分）。

A部分：按类别归集的原材料记录

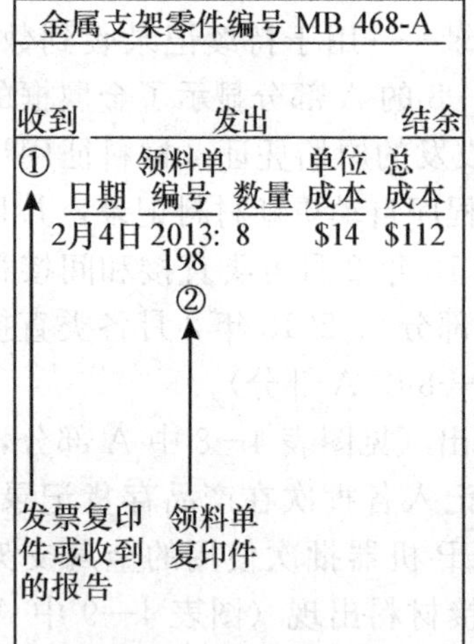

2月份收到原材料总成本 89 000美元

2月份耗用原材料总成本 85 000美元

B部分：按员工归集的人工记录

G.L.Cook员工编号 551-87-3076

周的最后一天	批号	工时	单位工时工资	总计
2月10日	WPP 298	25	$18	$450
	JL 256	12	18	216
	Mntnce.	3	18	54
				$720
2月17日				

③ 人工工时记录单复印件

2 月份直接人工和间接人工总成本54 000美元（39 000+15 000）

C部分：按月归集的生产部门制造费用

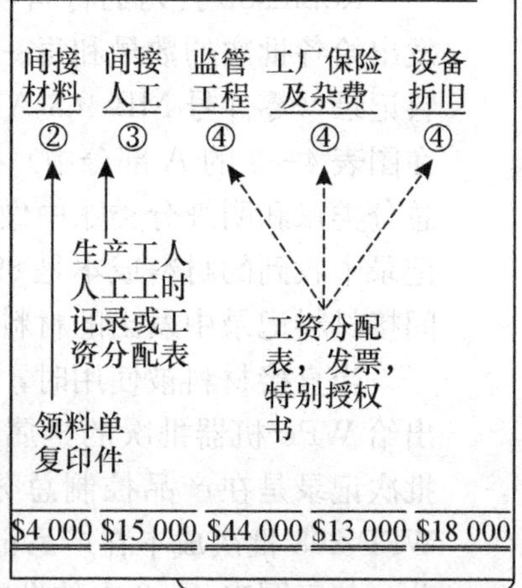

2月份其他制造费用 75 000美元

图表 4—8 材料、人工和间接费用明细账*

* 箭头表示原始凭证（如领料单复印件）是如何被最终反映为图表 4—7 中以圈码表示的会计分录的。

分批在产品记录

正如我们已经讨论过的，每一批次使用的直接材料和直接人工实际成本将被借记到明细分类账中每一批次的分批成本记录中。在 Robinson 的正常成本系统中，实际使用的直接人工小时而分配的制造费用也被借记到明细分类账中每一批次的分批成本记录中。例如，WPP 298 批次分批成本记录（图表 4—9 中 A 部分）显示分配的制造费用是

3 520 美元（40×88）。2013 年 2 月所有批次实际耗用了 2 000 直接人工小时，分配的总的制造费用等于 40×2 000＝80 000 美元。

分批产成品记录

图表 4—9 中 A 部分显示 WPP 298 批次完工成本是 9 705 美元。WPP 298 批次也同时记录在产成品明细账中。2013 年 2 月完工并转移到产成品的所有批次的总成本是 188 800 美元（见图表 4—9 中 A 部分和 B 部分）。图表 4—9 B 部分显示 WPP 298 批次已于 2013 年 2 月 28 日销售并交付给顾客，彼时，有 9 705 美元从产成品转到产品销售成本。2013 年 2 月销售并开票的所有批次的总成本是 180 000 美元（见图表 4—9 中 B 部分）。

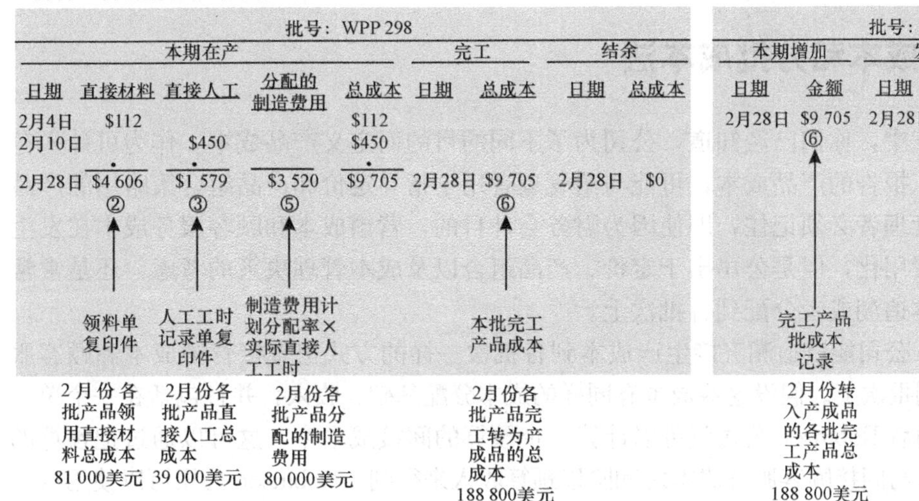

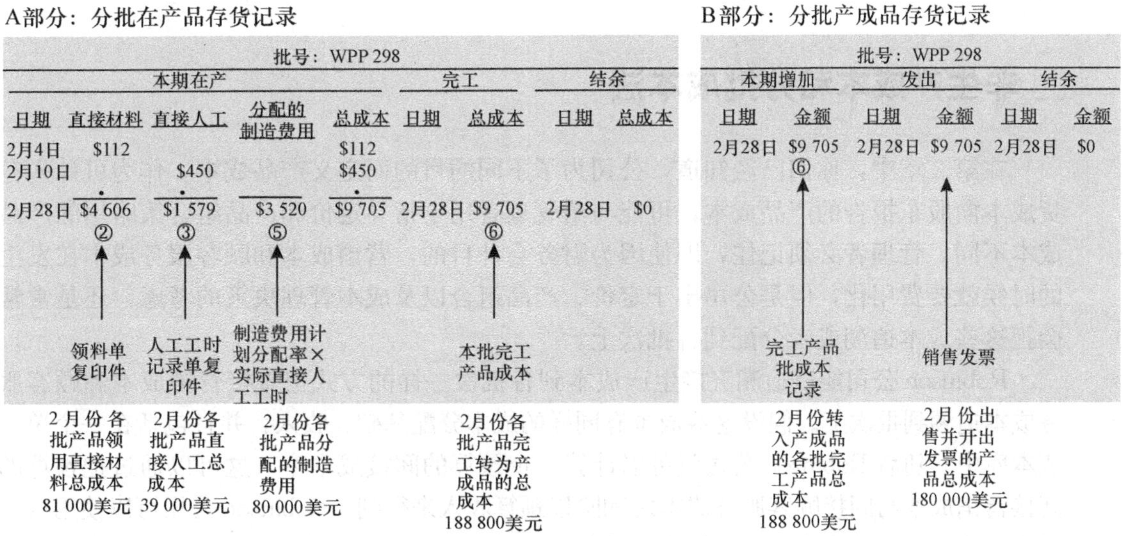

图表 4—9　各批次的明细账*

* 箭头表示原始凭证（如领料单复印件）是如何被最终反映为图表 4—7 中以圈码表示的会计分录的。

其他明细记录

就像制造工资的处理一样，Robinson 公司在明细账中保持了与营销和顾客服务工资相对应的员工工时记录和不同类型广告成本的记录（出版物、电视和广播）。应收账款明细账也用于记录 2013 年 2 月应收每一位顾客的金额，包括销售 WPP 298 批次应收取的 15 000 美元。

至此，我们停下来回顾一下示例中的 9 个分录。图表 4—7 是所有 9 个总分类账的 T 形账户的一个简单总结。一定要一步一步地跟踪每一个日记账分录直到图表 4—7 的总分类账的 T 形账户上。Robinson 公司的管理者将会用这种信息评估公司在 WPP 298 批次上的表现。

图表 4—10 提供了 Robinson 公司 2013 年 2 月的利润表，该表使用了分录 7，8，9 的信息。管理者可以将销售成本的计算进一步细分，以图表 2—8 的格式报告。使用细分格式的好处是，允许管理者辨别详细的业绩趋势，帮助他们提高未来批次的效率。

图表 4—10　　Robinson公司2013年2月利润表

收入		$270 000
产品销售成本（180 000+14 000*）		194 000
毛利		76 000
营业成本		
营销成本	$45 000	
顾客服务成本	15 000	
总营业成本		60 000
营业利润		$16 000

*产品销售成本增加了14 000美元，这是制造费用控制账户（94 000美元）与已分配制造费用控制账户（80 000美元）之间的差额。在本章后面的章节，我们将讨论这种调整，它描述2013年2月实际制造费用成本超过了分配给各批次的制造费用的金额。

□ 非生产成本和分批成本法

在第2章中，你们已经知道，公司为了不同的目的而定义产品成本。作为可计入存货成本向股东报告的产品成本，可能与给管理者用于指导定价和产品组合策略用的产品成本不同。管理者必须记住，即使因为财务会计目的，营销成本和顾客服务成本在发生的时候就要费用化，但是公司出于定价、产品组合以及成本管理决策的考虑，还是常常会把这些成本追溯或者分配到各批次上。

Robinson公司能以追溯直接生产成本到各批次一样的方式把直接营销成本和顾客服务成本追溯到批次上。假设这些成本有同样的成本分配基础、收入，并且包括在一个单一成本库中。随后Robinson公司就可以计算一个预算的间接成本率，这可以通过把预算的间接营销成本与间接顾客服务成本之和除以预算收入来得到。Robinson公司可以使用这一成本率将这些间接成本分配到批次。比如，如果成本率是收入的15%，那么Robinson公司将分配2 250美元（0.15×15 000，该批次的收入）给WPP 298批次。通过把生产成本和非生产成本都分派到批次上，Robinson公司就能把不同批次所有成本与其收入相比较。

预算间接成本和期末调整

在计算预算间接成本率时，管理者试图获得实际的制造费用和实际的直接制造人工小时。但是，由于本章前面解释的分子和分母的原因，在正常成本法下，公司每月发生的实际间接费用可能不等于每月分配的间接费用。即使在年末，分配的成本也不可能等于实际成本，因为它们是基于实际成本发生前12个月做出的估计计算的。现在，我们描述在财务年度末，分配的间接成本不同于发生的实际间接成本时，管理会计师需要做出的调整。这些调整影响评估管理者业绩的报告利润数。

□ 少分配间接成本和多分配间接成本

少分配间接成本（underallocated indirect costs）发生在某一会计期间分配的间接

成本金额少于实际（发生的）金额时。**多分配间接成本**（overallocated indirect costs）发生在某一会计期间分配的间接成本金额多于实际（发生的）金额时。

少分配(多分配)间接成本＝实际发生的间接成本－分配的间接成本

少分配（多分配）间接成本又叫做少摊派（多摊派）的间接成本或少吸收（多吸收）的间接成本。

考虑一下 Robinson 公司的制造费用成本库。在总分类账中有两项间接成本账户与制造费用有关：

1. 制造费用控制，这是所有各制造费用类别（如间接材料、间接人工、监管、工程支持、杂费以及厂房折旧）中实际成本的记录。

2. 已分配制造费用是按预算分配率乘以实际直接人工小时计算的分配给各批次的制造费用记录。

年末，间接费用账户显示如下金额（单位：美元）。

制造费用控制			已分配制造费用	
2013.12.31 余额	1 215 000		2013.12.31 余额	1 080 000

已分配制造费用账户中 1 080 000 美元的贷方余额是由 2013 年所有批次花费的 27 000 直接人工小时乘以预算的 40 美元/直接人工小时的预算分配率得到的。

135 000 美元（1 215 000－1 080 000）差异（借方净值）是少分配金额，因为实际的制造费用成本比分配的金额大。这一差异与计算 40 美元的预算分配率时的两个原因有关：

1. **分子原因（间接成本库）**。实际制造费用成本 1 215 000 美元大于预算的 1 120 000 美元。

2. **分母原因（分配基础数量）**。27 000 人工小时的实际直接人工小时少于预算的 28 000 人工小时。

对于 Robinson 公司由于低估间接成本、高估成本分配基础数量所造成的这 135 000 美元少分配制造费用，有三种主要的记账方法：(1) 调整分配率法；(2) 按比例调整法；(3) 直接计入产品销售成本法。

□ 调整分配率法

调整分配率法（adjusted allocation-rate approach）使用实际成本率代替预算成本率来重做所有的总分类账和明细账。首先，年末的时候计算出实际间接成本率。然后，用这个实际间接成本率（代替预算间接成本率）来重新计算一年中分配给各批次的间接成本。最后，进行各账户的年末结转。结果是在年末每一笔批次成本记录、产成品记录以及在产品控制账户、产成品控制账户和产品销售成本账户中都反映了实际发生的间接成本。

计算机会计系统的广泛使用大大降低了使用调整分配率法的成本。在 Robinson 公司的例子中，实际制造费用（1 215 000 美元）超出所分配的制造费用（1 080 000 美元）的 12.5%（＝(1 215 000－1 080 000)÷1 080 000)。在年末，Robinson 公司能用一个电脑指令就使 2013 年每批次分配到的制造费用增加 12.5%。这一指令既调整明细账也调整总分类账。

考虑 WPP 公司的 WPP 298 批次。在正常成本法下，分配给该批次的制造费用为 3 520 美元（40×88）。把分配的制造费用增加 12.5%，即 440 美元（3 520×0.125），意味着把分配给 WPP 298 的制造费用调整到 3 960 美元（3 520＋440）。请注意在实际成本法下，分配给这一批次的制造费用也是 3 960 美元（45×88）。在正常成本法下对明细账上的每一批都做这样的调整就保证了所有 1 215 000 美元的实际制造费用都分配到各批次上。

调整分配率法使我们同时得到两方面的好处：年中正常成本法的及时和方便性，年末实际制造费用的分配。每一笔批次成本记录和年末存货账户结余、产品销售成本账户都被调整到实际成本。这些调整反过来会影响 Robinson 公司报告的利润。对各批次完成后实际盈利能力的了解给管理人员提供了准确且有用的信息，为有关生产何种批次、批次定价以及如何管理成本等决策提供了帮助。

□ 按比例调整法

按比例调整法（proration approach）在期末在产品、产成品和产品销售成本中直接分摊少分配或多分配的制造费用。材料存货账户没有分配制造费用成本，因此也不包含在按比例调整法中。我们在 Robinson 公司的示例里描述年末按比例调整法。假设 2013 年 Robinson 公司的实际数据如下：

	A	B	C
1		账户余额（按比例调整前）	各账户余额中所含的已分配制造费用（按比例调整前）
2	账户	(1)	(2)
3	在产品控制	$ 50 000	$16 200
4	产成品控制	75 000	31 320
5	产品销售成本	2 375 000	1 032 480
6		$2 500 000	$1 080 000

Robinson 公司应该如何按比例调整 2013 年年末少分配的 135 000 美元制造费用？

Robinson 公司应该按照在产品、产成品和产品销售成本期末余额中所含的 2013 年已分配制造费用数来按比例调整少分配或多分配的金额。135 000 美元的少分配制造费用要按下表中第（2）列的已分配制造费用（调整前）在三个账户上进行调整，其结果是第（5）列与实际成本一致的期末余额（调整后）。

	A	B	C	D	E	F	G
1		账户余额（按比例调整前）	各账户余额中所含的已分配制造费用（按比例调整前）	各账户余额中所含的已分配制造费用占总成本的百分比	按比例调整135 000美元的少计制造费用		账户余额（按比例调整后）
2	账户	(1)	(2)	(3)＝(2)/$ 1 080 000	(4)＝(3)×$ 135 000		(5)＝(1)+(4)
3	在产品控制	$ 50 000	$ 16 200	1.5%	0.015×$ 135 000=	$ 2 025	$$52 025
4	产成品控制	75 000	31 320	2.9%	0.029×$ 135 000=	3 915	78 915
5	产品销售成本	2 375 000	1 032 480	95.6%	0.956×$ 135 000=	129 060	2 504 060
6	合计	$ 2 500 000	$ 1 080 000	100.0%		$ 135 000	$ 2 635 000

根据已分配制造费用（按比例分配前）按比例调整与按实际制造费用成本分配制造费用是一致的。回想一下，2013 年 Robinson 公司的实际制造费用（1 215 000 美元）超出已分配制造费用（1 080 000 美元）12.5%，因此上表第（4）列也可以通过第（2）列中的余额乘以 0.125 得到。例如，产成品账户的调整额 3 915 美元等于 0.125×31 320。加上这些金额意味着是以分配前金额的 112.5%分配制造费用。记录这一调整的日记账分录如下：

借：在产品控制	2 025	
产成品控制	3 915	
产品销售成本	129 060	
已分配制造费用	1 080 000	
贷：制造费用控制		1 215 000

如果制造费用多分配了，在产品控制账、产成品控制账和产品销售成本账就应该调减（贷记）而不是调增（借记）。

这个日记账分录结清了制造费用相关账户，改写了 2013 年在产品控制账、产成品控制账和产品销售成本账的年末余额，使它们回到使用实际制造费用率而不是预算制造费用率时的样子。这一方法与调整分配率法产生相同的 2013 年年末总分类账余额。但是，与调整分配率法不同，在按比例调整后，明细账中显示的金额总与总账中显示的金额不匹配，因为在批次成本记录中，没有将预算制造费用率调整为实际制造费用率。为财务报告目的，按比例调整法的目标是仅仅将总分类账调整为实际制造费用率。销售成本增加 129 060 美元是按比例调整法使 Robinson 公司的报告营业利润减少同样金额所致。

一些公司所使用的按比例调整法是基于在产品控制账、产成品控制账和产品销售成本账的未调整的期末余额（见上表中的第（1）列）。下表显示，基于期末账户余额的调整结果与前面基于分配至账户的制造费用金额的更准确的调整结果不同，因为在这些账户中制造费用占总成本的比例是不同的。

	A	B	C	D	E	F
1		账户余额（按比例调整前）	账户余额占总成本的百分比	按比例调整135 000美元的少计制造费用		账户余额（按比例调整后）
2	账户	(1)	(2)=(1)/$2 500 000	(3)＝(2)×$135 000		(4)＝(1)+(3)
3	在产品控制	$50 000	2.0%	0.02×$135 000=	$2 700	$52 700
4	产成品控制	75 000	3.0%	0.03×$135 000=	4 050	79 050
5	产品销售成本	2 375 000	95.0%	0.95×$135 000=	128 250	2 503 250
6	合计	$2 500 000	100.0%		$135 000	$2 635 000

但是，使用期末账户余额为基础的调整法是有利的，往往用来近似地代替准确的基于已分配制造费用的调整方法。

□ 直接计入产品销售成本法

在这种方法下，所有少分配或多分配的制造费用包括在当年的产品销售成本中。对 Robinson 公司而言，日记账分录如下：

借：产品销售成本	135 000	
已分配制造费用	1 080 000	
贷：制造费用控制		1 215 000

通过把差异转到产品销售成本中，Robinson公司结清了两个制造费用账户——制造费用控制和已分配制造费用。调整后的产品销售成本为2 510 000美元，等于调整前的2 375 000美元加上少分配的135 000美元制造费用。这导致营业利润减少135 000美元。

三种方法的选择

处理少分配和多分配间接成本的三种方法中哪一种最好？在回答这个问题时，管理者应该考虑少分配或多分配的间接成本额以及调整的目的，如下表所示。

如果调整的目的是	少分配或多分配的总额是	那么管理者倾向使用
基于实际而非预算的制造费用率陈述资产负债表和利润表	大，相对于总营业利润而言，并且存货水平高	按比例分配法，因为它是分配实际制造费用到总分类账的最准确方法
基于实际而非预算的制造费用率陈述资产负债表和利润表	小，相对于总营业利润而言，并且存货水平低	直接计入销售成本法，因为它是更准确的按比例分配法的近似
为了进行盈利能力分析，学习如何更好地管理批次成本和为未来批次报价，提供准确的单个批次实际成本记录	大，相对于总营业利润而言	调整分配率法，因为除了总账之外，它还对单个批次记录进行了调整

许多管理会计师和管理者认为在某种程度上，少分配成本衡量了该期间的无效率，因此应该直接计入产品销售成本而不应该按比例分配给在产品或产成品账户。这种推理方法支持结合使用直接冲销和按比例分配法。例如，由于无效率（比如说因为过度花费或闲置生产能力）导致的少分配成本部分本来是可以避免的，应该直接计入产品销售成本，而不可避免的部分则应该按比例分配。与全部按比例分配不同，这种方法避免将无效率成本计入存货资产。

正如我们的讨论指出的，选择使用何种方法并决定计入产品销售成本的金额通常是一个判断问题。管理者选择的方法影响公司报告的营业利润。在少分配费用的情况下，与按比例分配法相比，计入产品销售成本法会导致营业利润更低。在多分配费用的情况下，与计入产品销售成本法相比，按比例分配法会导致营业利润更低。报告更低的营业利润会降低公司的所得税，节省公司的现金，增加公司的价值。但是，报告更高的营业利润能增加管理者获得的薪酬，即使这样会导致公司缴纳更多的所得税。高层管理者设计薪酬计划激励管理者采取增加公司价值的行动。例如，除了实现营业利润水平外，薪酬计划还可能根据税后现金流指标奖励管理者，以使决策与业绩评价一致。有时候，如果公司正经历财务困难，管理者可能倾向于报告更高的营业利润以避免报告亏损，因为报告亏损可能会影响公司的信用评级，导致贷款被收回。但是，一般来说，管理者应该选择增加公司价值且能最好地表现公司业绩的方法，同时在不同年度间使用同样的方法。任何时候，管理者都不应该做出违法或不道德的选择。我们将在另一章（第23章）

中更详细地讨论这些问题。

Robinson 公司的管理者认为，以直接人工小时作为成本分配基础的单一制造费用成本库适合将所有制造费用分配到各批次。如果 Robinson 公司的管理者认为不同的生产部门（例如，加工和组装）使用的费用资源不同，他们就会将间接成本分派到各部门，并且基于各部门的间接成本动因为各部门计算单独的费用分配率。总分类账包含每个部门的制造费用控制和已分配制造费用账，导致年末对每个部门少分配或多分配间接成本进行调整。

对更详细的分配感兴趣的教师与学生可以阅读第 15 章，在该章我们将继续以 Robinson 公司为例。

正常成本法的变形：服务业的示例

分批成本法在诸如会计和咨询公司、广告公司、汽车修理店和医院这样的服务组织也是十分有用的。在会计师事务所，每一项审计业务就是一个批次。每一笔审计业务的成本都在一个批次成本记录中累计，就像 Robinson 公司的相应文档一样，按照前面描述过的七个步骤进行。在人工时间记录的基础上，专业人员（审计合伙人、审计经理和审计员）的直接人工成本被追溯到各独立批次上。其他直接费用如差旅、工作餐、住宿、电话、传真、复印等费用也都追溯到批次上。文秘后勤的成本、办公室人员费用、租金以及家具和设备的折旧是间接成本，因为它们不能经济可行地追溯到批次上。间接成本要分配到批次上，要用如专业人员的人工小时数为基础进行分配。

在一些服务业组织中，变形的正常成本法是很有用的，因为实际直接人工成本——总成本的最大组成部分，在完工时也很难追溯到批次上。例如，一项审计的实际直接人工成本可能包括要到年末才能确定的奖金（分子原因）。而且，各期的工作时间也可能波动很大，这取决于各月的工作天数和服务需求（分母原因），而直接人工成本基本是固定的。只是因为某个月的工作天数更少或该月的服务需求较低，就向某个批次计入更高的实际直接人工成本是不恰当的。使用预算率更好地描绘了公司在雇用工人时计划的每小时直接人工成本。在此类情况下，一个需要在审计过程中及时了解成本信息的公司将在某些直接成本和其他间接成本上使用预算分配率。所有预算分配率都在年度开始的时候计算。与之相对，正常成本法在所有直接成本上使用实际成本率而只在间接成本上使用预算成本率。

在直接成本上使用预算分配率的机制和正常成本法中在间接成本上用到的方法相似。我们用 Donahue 会计师事务所的情况来做示例。2013 年，Donahue 预算的总直接人工成本为 14 400 000 美元，总间接成本为 12 960 000 美元，总直接（专业人员的）人工小时数为 288 000。在这种情况下，有

$$\text{预算直接人工成本率}=\frac{\text{预算总直接人工成本}}{\text{预算总直接人工小时}}$$

$$=\frac{14\,400\,000}{288\,000}=50(\text{美元/直接人工小时})$$

假设只有一个间接成本库，以总直接人工成本为成本分配基础，则

$$预算间接成本率=\frac{间接成本库中总预算成本}{预算总成本分配基础数量(直接人工成本)}$$

$$=\frac{12\ 960\ 000}{14\ 400\ 000}=0.90,或直接人工成本的90\%$$

假设 Donahue 的一个客户 Hanley Transport 的审计于 2013 年 3 月使用了 800 个直接人工小时。Donahue 这样计算审计的直接人工成本：用预算直接人工成本率 50 美元/直接人工小时，乘以实际的直接人工小时数 800。它这样分配间接成本：用预算间接成本率（90%）乘以 Hanley 批次的直接人工成本（40 000 美元）。假设没有差旅费等其他直接成本，则 Hanley Transport 审计的成本如下（单位：美元）：

直接人工成本（50×800）	40 000
分配的间接成本（90%×40 000）	36 000
合计	76 000

在年末，用预算成本率进行追溯的直接成本通常不等于实际的直接成本，因为直接成本率和预算成本率是在不同时间用不同信息计算出来的。少分配或多分配直接成本需要进行年末调整，方法和少分配或多分配的间接成本的调整方法相同。

Donahue 的示例表明，不是所有的成本系统都同本章前面描述的实际成本系统或正常成本系统一模一样。其他的示例还有工程咨询公司，如印度 Tata Consulting Engineers 和美国 Terracon Consulting Engineers 常常使用预算分配率分配间接成本（如工程和办公室支持成本）和某些直接成本（如专业人工成本），并且追溯某些实际直接成本（如蓝图的制作成本和支付给外部专家的费用）。成本系统的用户应该知道他们可能遇到的不同的系统。

自测题

你的经理请你完成 Endeavor 印刷公司截至 2014 年 1 月 31 日的未完成账户，同时考虑 T 形账户里的数据和事项（a）～(j) 中包含的信息。

Endeavor 的正常成本系统有两类直接成本（直接材料和直接人工成本）和一个间接成本库（制造费用成本按直接人工成本分配）。

材料控制	
2013.12.31 余额 15 000	

应付工资控制	
	2014.1.31 余额 3 000

在产品控制	

制造费用控制	
2014.1.31 余额 57 000	

产成品控制	
2013.12.31 余额 20 000	

产品销售成本	

其他信息如下：

a. 制造费用按照每年 12 月制定的预算分配率分配。由你预计下年的制造费用成本和直接人工成本。2014 年预算为制造费用成本 600 000 美元，直接人工成本 400 000 美元。

b. 2014 年 1 月 31 日唯一的未完工批次为 419 批次，其直接人工成本为 2 000 美元（125 人工小时），直接材料成本为 8 000 美元。

c. 1 月份总直接材料成本 90 000 美元。

d. 1 月份产成品成本为 180 000 美元。

e. 2014 年 1 月 31 日材料存货余额 20 000 美元。

f. 2014 年 1 月 31 日产成品存货余额 15 000 美元。

g. 所有工厂工人工资率相同。1 月份总耗用直接人工 2 500 小时。其他人工成本和监管成本共 10 000 美元。

h. 1 月份共支付工厂工资 52 000 美元。忽略扣缴税款。

i. 1 月份发生的所有实际制造费用均已过账。

j. 所有材料都是直接材料。

要求：

计算下面的项目：

1. 1 月份购入的材料金额。
2. 1 月份产品销售成本。
3. 1 月发生的直接人工成本。
4. 1 月份已分配制造费用。
5. 2013 年 12 月 31 日应付工资控制账余额。
6. 2014 年 1 月 31 日在产品控制账余额。
7. 2013 年 12 月 31 日在产品控制账余额。
8. 2014 年 1 月少分配或多分配的制造费用。

解答：

来自 T 形账户的数据标记为“(T)”：

1. 材料控制账，购入材料为：90 000 美元 (c)＋20 000 美元 (e)－15 000 美元 (T)＝95 000 美元

2. 产成品控制账，产品销售成本为：20 000 美元 (T)＋180 000 美元 (d)－15 000 美元 (f)＝185 000 美元

3. 直接生产工人的工资率为：2 000 美元 (b)÷125 直接生产人工小时 (b)＝16 美元/直接生产人工小时

直接人工成本为：2 500 直接生产人工小时 (g)×16 美元/直接生产人工小时＝40 000 美元

4. 制造费用分配率为：600 000 美元 (a)÷400 000 美元 (a)＝150%

已分配制造费用为：150%×40 000 美元（参见解答 3)＝60 000 美元

5. 应付工资控制账，2013 年 12 月 31 日应付工资为：52 000 美元 (h)＋3 000 美元 (T)－40 000 美元（参见解答 3)－10 000 美元 (g)＝5 000 美元

6. 2014 年 1 月 31 日在产品控制账为：8 000 美元 (b)＋2 000 美元 (b)＋150%×2 000 美元 (b)＝13 000 美元（后面的解答 7 将用到这个结果）

7. 在产品存货控制账，2013 年 12 月 31 日在产品控制账余额为：180 000 美元（d）+13 000 美元（参见解答 6）−90 000 美元（c）−40 000 美元（参见解答 3）−60 000 美元（参见解答 4）=3 000 美元

8. 已分配制造费用为：60 000 美元（参见解答 4）−57 000 美元（T）=3 000 美元

下面 T 形账户中的括号内字母对应各事项的处理，括号内数字对应前面的要求。

材料控制

2013 年 12 月 31 日余额（已知）	15 000		
	（1）95 000①		（c）90 000
2014 年 1 月 31 日余额	（e）20 000		

在产品控制

2013 年 12 月 31 日余额	（7）3 000		（d）180 000
直接材料	（c）90 000		
直接生产人工	（b）（g）（3）40 000		
分配制造费用	（3）（a）（4）60 000		
2014 年 1 月 31 日余额	（b）（6）13 000		

产成品控制

2013 年 12 月 31 日余额（已知）	20 000		（2）185 000
	（d）180 000		
2014 年 1 月 31 日余额	（f）15 000		

应付工资控制

	（h）52 000	2013 年 12 月 31 日	（5）5 000
			（g）（3）40 000
			（g）10 000
		2014 年 1 月 31 日	（已知）3 000

制造费用控制

1 月共发生	（已知）57 000		

已分配制造费用

			（3）（a）（4）60 000

产品销售成本

	（d）（f）（2）185 000		

① 只有当账户中所有其他项过账后才能计算出。

决策要点

下面的问答形式是对本章学习目标的总结，决策代表与学习目标相关的关键问题，指南则是对该问题的回答。

决策	指南
1. 成本系统的基本概念有哪些？	包括成本对象、直接成本、间接成本、成本库、成本分配基础。成本系统关系图以系统的方式列出了这些概念。成本系统的目的在于报告成本对象（如产品或服务）耗用组织资源的方式。
2. 如何区别分批成本法和分步成本法？	分批成本法把成本分派到不同的单位产品或服务上。分步成本法把成本分派到大批同质或近似产品上，按平均成本计算单位成本。两种成本法代表了两极，多数公司的成本法整合了两种方法的元素。
3. 实施分批成本法的主要挑战是什么？	实施分批成本法的主要挑战是及时估计批次的实际成本。
4. 如何实施正常成本法？	一般七步法要求确认：(1) 批次；(2) 实际直接成本；(3) 预算成本分配基础；(4) 预算的间接成本；(5) 预算成本分配率；(6) 分配到批次的间接成本；(7) 批次的总直接成本和间接成本。
5. 如何区分实际成本法和正常成本法？	区别在于是用实际还是预算的间接成本分配率： （见下表） 这两种方法都使用实际投入数量来追溯直接成本，都用实际分配基础数量来分配间接成本。
6. 制造业分批成本系统中何时记录交易？	制造业分批成本系统在总账和明细账中记录存货性成本流：(1) 获取材料和其他生产投入；(2) 将其加工成在产品；(3) 加工成产成品；(4) 销售产成品。分批成本系统在期间成本（如营销成本）发生时就将其费用化。
7. 在会计年度末，管理者如何处理少分配或多分配的制造费用成本？	为了以实际成本陈述资产负债表和利润表，在会计年度末，处理少分配或多分配的制造费用成本有两种标准的方法：(1) 调整分配率法；(2) 按在产品、产成品、产品销售成本中已分配制造费用比例调整法。当金额不重要或少分配的间接成本是无效率导致的时候，许多公司直接把少分配或多分配的制造费用计入产品销售成本。
8. 正常成本法的一些变形是什么？	一些组织使用变形的正常成本法，用预算分配率给各批次分配直接成本，就像间接成本一样。

第 5 项中的表：

	实际成本法	正常成本法
直接成本率	实际率	实际率
间接成本率	实际率	预算率

练习题

4—17 实际成本法，正常成本法，制造费用的账务处理。Destin Products 公司的分批成本系统有两类直接成本（直接材料和直接人工）和一个制造费用成本库。Destin Products 公司使用直接人工成本为基础来分配制造费用。数据如下：

	2014 年预算	2014 年实际
直接材料成本	＄2 000 000	＄1 900 000
直接人工成本	1 500 000	1 450 000
制造费用成本	2 700 000	2 755 000

要求：

1. 计算 2014 年实际和预算的制造费用分配率。

2. 3 月份，626 批次的批次成本记录有如下信息（单位：美元）：

耗用的直接材料	40 000
直接人工成本	30 000

用实际成本法和正常成本法分别计算 626 批次的成本。

3. 计算在 2014 年年末，正常成本法下少分配或多分配的制造费用。为什么在实际成本法下没有少分配或多分配的制造费用？

4. 为什么公司的管理者更喜欢使用正常成本法？

4—19 预算制造费用率，分配的制造费用。Gammaro 公司采用正常成本核算。它使用每机器小时预算率分配制造费用。以下是 2014 年的一些数据：

预期制造费用	＄4 200 000
预期机器工时	175 000
年制造费用	＄4 050 000
年机器工时	170 000

要求：

1. 计算预期制造费用率。

2. 计算 2014 年分配的制造费用。

3. 计算少分配或多分配的制造费用金额。为什么 Gammaro 公司的管理者需要计算这个金额？

4—21 分批成本法，咨询公司。Taylor 是一家咨询公司。其 2014 年简要的预算如下（单位：美元）：

收入		20 000 000
总成本		
直接成本		
专业人工	5 000 000	
间接成本		
客户支持	13 000 000	18 000 000
营业利润		2 000 000

Taylor 有一个单一的直接成本类别（专业人工）和单一的间接成本库（客户支持）。间接成本基于专业人工成本分配给各批次。

要求：

1. 画一张分批成本系统的概览图。计算 Taylor 2014 年预算的间接成本率。

2. 批次定价的加成率旨在创造等于总收入10%的营业利润。计算专业人工成本百分比的加成率。

3. Taylor 正在竞标 Tasty Chicken 公司的咨询工作。Tasty Chicken 是一家专门生产禽肉的快餐连锁公司。工作的专业人工预算分解如下：

专业人工分类	每小时预算率	预计工时
主管	＄200	3
搭档	100	16
合伙人	50	40
助理	30	160

计算 Tasty Chicken 工作的预算成本。为了获得收入 10%的目标营业利润，Taylor 应该出多少竞标价？

4—23 制造费用的核算。Jamison 木材加工公司使用正常成本法，并按照预计的人工工时率和实际的直接人工工时将制造费用分配给各批次。如果少分配或多分配的制造费用不重要，就计入产品销售成本。2014 年，Jamison 记录如下：

预算制造费用	4 400 000 美元
预算直接人工工时	200 000
实际制造费用	4 650 000 美元
实际直接人工工时	212 000

要求：

1. 计算预算制造费用率。

2. 编制分录，记录制造费用的分配。

3. 计算少分配或多分配的制造费用金额。这个金额足够重要因而需要按比例分配间接费用，或者允许将这个金额计入产品销售成本吗？编制处理少分配或多分配制造费用的分录。

4—25　日记账分录、T 形账户和原始凭证。Creation 公司为令人垂涎的小家电市场生产小配件。下面的数据反映了 2014 年的作业。

发生的成本：	
赊购的直接材料	$ 122 000
直接生产人工成本	83 000
间接人工	54 000
工厂设备折旧	32 000
办公设备折旧	7 900
工厂设备维修	29 000
各种工厂管理费	9 900
工厂建筑物租金	78 000
广告费	94 000
销售佣金	33 000

存货：

	2014 年 1 月 1 日	2014 年 12 月 31 日
直接材料	$ 9 800	$ 13 000
在产品	6 300	23 000
产成品	68 000	27 000

公司使用正常成本系统，按每直接生产人工 2.60 美元的比率将制造费用分配给在产品。间接材料不重要，因此不设间接材料的存货账户。

要求：

1. 编制日记账分录记录 2014 年的交易，包括一个将少分配或多分配的制造费用转入产品销售成本的分录。对每个会计分录，指出该分录最可能依据的原始凭证。如果有的话，指出哪个明细分类账应该作为分录的备份被引用。

2. 将日记账分录登入存货、产品销售成本、制造费用控制账和已分配制造费用账的 T 形账户。

4—27　分批成本法，单位成本，期末在产品。Rafael 公司为音乐会性质的机构生产管乐器。每个批次都是独一无二的。2013 年 4 月，它完成了所有未完成订单，然后，2013 年 5 月，它只生产两批产品：M1 和 M2。

	A	B	C
1	Rafael公司，2013年5月	批次M1	批次M2
2	直接材料	$78 000	$51 000
3	直接生产人工	273 000	208 000

每直接人工小时 26 美元，制造费用按照预计的每直接人工小时 20 美元分配。5 月份只完成了批次 M1。

要求：

1. 计算批次 M1 的总成本。

2. 批次 M1 共生产了 1 100 个管乐器，计算每个管乐器的成本。

3. 编制将批次 M1 转入产成品的日记账分录。

4. 在产品控制账户的期末余额是多少？

4—29　分批成本法，实际成本法的变化，正常成本法和正常成本法的变化。Creative 公司为教育部门的客户设计网页。该公司的分批成本系统有一个单一的直接成本类别（网络设计人工）和由所有间接费用组成的单一的间接成本库。基于直接人工小时将间接成本分配到各个批次。公司雇用 6 名网页设计师。公司的预算和实际信息如下：

2014 年预算：

直接人工成本	273 000 美元
直接人工小时	10 500 小时
间接成本	157 500 美元

2014 年实际结果：

直接人工成本	285 000 美元
直接人工小时	11 400 小时
间接成本	159 600 美元

要求：

1. 分别在实际成本法、正常成本法、将预算率用于直接成本的变化的正常成本法下，计算 2014 年每网络设计小时的直接成本率及间接成本率。

2. 你会建议 Creative 公司使用哪种方法？请解释。

3. 预计 Creative 公司为 Greenville 走读学校设计网页需要使用 89 个直接人工小时，该项目实际耗费的时间为 79 小时。分别使用实际成本法、正常成本法和将预算率用于直接成本的正常成本法的变形，计算 Greenville 走读学校批次的成本。

4—31　分批成本法，制造费用账务处理，预算分配率。Pisano 公司在特拉华州丹佛的工厂采用分批成本系统。该工厂有一个加工车间和一个整理车间。它的分批成本系统有两个直接成本类别（直接材料和直接人工）和两个制造费用成本库（加工车间成本按实际机器小时进行分配；整理车间成本按实际人工成本进行分配），2014 年该工厂预算如下：

	加工车间	整理车间
制造费用	$9 065 000	$8 181 000
直接人工成本	$970 000	$4 050 000
直接人工小时	36 000	155 000
机器小时	185 000	37 000

要求：

1. 绘制公司分批成本系统的概览图。

2. 加工车间和整理车间的预算制造费用分配率各是多少？

3. 1月，批次431的成本记录如下：

	加工车间	整理车间
直接材料	$13 000	$5 000
直接人工成本	$900	$1 250
直接人工小时	20	70
机器小时	140	20

计算批次431总的已分配制造费用。

4. 假定批次431有300个产品，则其单位产品成本为多少？

5. 2014年年末资料如下：

	加工车间	整理车间
发生的制造费用	$10 000 000	$7 982 000
直接人工成本	$1 030 000	$4 100 000
机器小时	200 000	34 000

计算各车间以及全厂少分配或多分配的制造费用。

6. 为什么公司可以在其分批成本系统中使用两个不同的制造费用成本库？

4—35 正常成本法，间接费用分配，倒推。Gardi制造公司在分批成本系统中使用正常成本法，它有两个直接成本类别（直接材料和直接生产人工）和一个间接成本类别（制造费用）。2014年的信息如下：

- 总制造成本，8 300 000美元。
- 制造费用分配，4 100 000美元（按照直接生产人工成本的250%分配）。
- 2014年1月1日在产品存货，420 000美元。
- 产成品的生产成本，8 100 000美元。

要求：

1. 使用前两个要点中的信息计算2014年直接生产人工成本和2014年耗用的直接材料成本。

2. 计算2014年12月31日期末在产品存货。

4—37 总账关系，少分配和多分配（根据S. Sridhar改编）。Southwick公司在分批成本系统中使用正常成本法，2014年公司部分完成的T形账户和其他信息如下：

直接材料控制

2014年1月1日	25 000	234 000
	240 000	

在产品控制

2014年1月1日	44 000	
直接生产人工	348 000	

产成品控制

2014年1月1日	10 000	880 000
	925 000	

制造费用控制

	514 000	

已分配制造费用控制

产品销售成本

其他信息如下：

a. 直接生产人工工资率是每小时12美元。

b. 按照每直接生产人工小时16美元分配制造费用。

c. 当年，销售收入为1 050 000美元，营销和分销成本为125 000美元。

要求：

1. 2014年生产耗用的直接材料是多少？

2. 2014年分配给各批次的制造费用是多少？

3. 2014年完工批次的总成本是多少？

4. 2014年12月31日在产品存货的余额是多少？

5. 在少分配或多分配的费用按比例分配之前，产品销售成本是多少？

6. 2014年少分配或多分配的制造费用是多少？

7. 用如下方法处理少分配和多分配的制造费用：

a. 计入产品销售成本。

b. 按照在产品、产成品和产品销售成本期末余额（按比例分配前）按比例分配。

8. 使用要求7的每种方法，计算Southwick公司2014年的营业利润。

9. 你推荐Southwick使用要求7中的哪个方法？简要解释你的回答。

4—39 分配和间接费用按比例分配。InStep公司为各公司打印定制的培训材料。业务从2014

年 1 月 1 日开始。该公司采用正常成本核算系统。它有两个直接的成本库——原材料和人工，以及一个间接成本库——间接费用。按照直接人工成本收取打印批次的间接费用。2014 年的信息如下：

预计直接人工成本	\$ 225 000
预计间接费用	\$ 315 000
实际耗用材料成本	\$ 148 500
实际直接人工成本	\$ 213 500
实际间接费用	\$ 302 100

2014 年 12 月 31 日有两批正在进行中：批次 11 和批次 12。截至 12 月 31 日，各批次成本如下：

	直接材料	直接人工
批次 11	\$ 4 870	\$ 5 100
批次 12	\$ 5 910	\$ 6 800

InStep 公司无产成品库存，因为打印完成时，费用全部转移到产品销售成本。

要求：

1. 计算间接费用分配率。

2. 计算少分配或多分配的间接费用调整前的在产品期末余额和产品销售成本。

3. 计算少分配或多分配的间接费用。

4. 如果将少分配或多分配的间接费用进行如下处理，计算在产品期末余额和产品销售成本：

a. 计入产品销售成本。

b. 按照 2014 年账户期末余额（按比例分配前）把间接费用分配给在产品和产品销售成本。

5. 你会选择要求 4 中的哪个方法？请解释。

4—41　分批成本法，服务行业。Jordan Brady 公司为当地乐队制定演唱会计划，并制作 CD 和 T 恤衫在每个演出现场出售。Jordan Brady 公司采用正常成本核算系统，有两个直接成本库，即人工和材料；一个间接成本库，即一般间接费用。按照直接人工成本的 120%将一般间接费用分配给每个演唱会。截至 2014 年 3 月，实际间接费用等于分配的间接费用。4 月的实际间接费用是 1 980 美元。在演出规划阶段以及在演出过程中发生的所有成本都归集到资产负债表账户“尚未完成的演出(GIP)”。当演出结束后，成本转移至利润表账户“已完成演出的成本（CCG）”中。2014 年 4 月的成本信息如下：

演出	GIP 期初转入		4 月份发生额	
	材料	人工	材料	人工
Irok	\$ 570	\$ 750	\$ 110	\$ 200
Freke Out	700	550	140	100
Bottom Rung	250	475	310	250
Dish Towel	—	—	540	450
Rail Ride	—	—	225	250

截至 4 月 1 日，有三个演出尚未完成：Irok，Freke Out 和 Bottom Rung。演出 Dish Towel 和 Rail Ride 是 4 月份开始的。演出 Freke Out 和 Dish Towe 已经在 4 月份完成。

要求：

1. 计算 4 月底的 GIP。

2. 计算 4 月的 CCG。

3. 计算 4 月底少分配或多分配的间接费用。

4. 如果将少分配或多分配的间接费用进行如下处理，计算 GIP 和 CCG 的期末余额：

a. 计入 CCG。

b. 根据 GIP 和 CCG 的期末余额（按比例分配前）按比例分配。

c. 按照期末余额（按比例分配前）把间接费用按比例分配给 GIP 和 CCG。

5. 你会选择要求 4 中的哪个方法？请解释。你的选择取决于间接费用是少分配还是多分配吗？请解释。

第5章

作业成本核算与作业管理

- 广泛平均及其后果
- 改进成本系统
- 作业成本系统
- 成本层级
- 实施作业成本系统
- 作业成本系统实施中需要考虑的问题
- 作业成本管理
- 作业成本系统和部门成本系统

学习目标

1. 解释产品或服务的多计成本和少计成本
2. 提出改进成本系统的三个方针
3. 区分传统成本系统和作业成本系统
4. 描述成本的四个层级
5. 使用作业成本系统计算产品或服务的成本
6. 评估实施作业成本系统的成本和收益
7. 解释管理者在作业管理中如何使用作业成本系统
8. 比较作业成本系统和部门成本系统

一个好的秘密总是引人遐想。

钱被偷了或丢了，财产消失了或某人遇到欺诈。表面上，许多人可能认为这些事情是很典型的。但是，行家可能揭开隐藏的事实、细节和类型。为了弄清事情的真相，理解发生了什么和为什么发生并采取行动会在未解决的事情和已解决的事情之间产生差别。企业和组织面临类似的情况。它们的成本系统常常是秘密，带有未解决的问题：为什么我们有严重的财务问题？我们给产品制定的价格准确吗？作业成本法能够揭开这个秘密，并改进运营，就像 LG 电子发现的那样。

LG 电子通过作业成本法减少成本和无效率①

位于韩国首尔的 LG 电子是世界上最大的平板电视和手机制造商之一。2012 年，该公司花费 359 亿美元购买半导体、金属、连接器和其他材料制造大量电子设备。

然而，直到最近，LG 电子仍没有一个集中的采购系统以发挥规模优势，控制日益上升的供应成本。2009 年，LG 电子首次聘用首席采购官。首席采购官借助于作业成本法来寻找改进的机会。公司采购系统的作业成本法分析显示，公司的大部分资源被用于成本非常高的需要手工完成的管理任务，而不是用于战略任务，比如降低供应成本。

作业成本分析引导 LG 电子改变它的许多采购实务和过程，提高效率，并专注于最有价值的任务，如管理商品的成本和与供应商谈判。2012 年，LG 电子节省了 47 亿美元直接材料成本。此外，通过在供应商之间实现竞争性招标、在不同生产线之间实现零部件标准化、提升购买更多中国产品的能力，该公司为电视、手机、计算机和家庭影院系统开发了一个创新的全球采购战略。因此，今天 LG 电子 44%的全球采购来自韩国以外的国家。

---

① Based on J. Carbone, "LG Electronics centralizes purchasing to save," *Purchasing* (April 2009); K. Yoou-chul, "CPO expects to save $1 billion in procurement," *The Korea Times* (April 1, 2009); "Linton's goals" (May 12, 2009); M. Ihlwan, "Innovation Close-up: LG Electronics," *Bloomberg Businessweek* (April 15, 2010); T. Linton and J. Choi, Global Procurement Transformation: New Frontiers for Global Innovation, in Proceedings of 95th Annual International Supply Management Conference, April 2012; and LG Corp., "Business Partners for Win-Win Growth," http://www.lg.com/global/sustainability/business-partner/win-wingrowth, accessed May 2013.

大多数公司，如戴尔、甲骨文、摩根大通和本田都提供多种产品（或服务）。例如，戴尔公司生产台式电脑、便携式电脑和服务器。制造这些产品需要三个基本作业：(1) 设计电脑；(2) 订购电脑零件；(3) 组装产品。不同产品需要不同数量的三种作业。例如，服务器有比台式计算机更复杂的设计、更多的零件和更复杂的组装。

在作业成本系统中，戴尔公司分别追溯每种产品的作业成本。在本章，我们描述三类系统以及它们如何帮助公司制定更好的定价和产品组合决策。而且，就像LG电子的例子，我们说明作业成本系统如何帮助管理者通过改进产品设计、流程和效率来制定成本管理决策。

广泛平均及其后果

过去，公司（例如，电视和汽车制造商）只生产有限品种的产品。这些公司使用非常少的间接资源支持简单操作，因此间接成本在总成本中占的比重相对较小。管理者用简单成本系统分配间接成本是简便和相当准确的。然而，随着产品多样化和间接成本的增加，广泛平均会导致产品成本不准确。这是因为简单的花生酱成本法（peanut-butter costing）（是的，这就是它的称谓）统一将资源成本广泛分摊或平摊到成本对象（例如产品或服务）上，然而，实际上单个产品或服务使用这些资源的方式并不一样。

少计成本与多计成本

下面的例子说明成本平摊如何导致不准确和误导性的成本信息。考虑一个例子：四个同事每月聚餐一次，以讨论业务发展。我们来看看他们在饭店的账单。每人分别点菜，有主菜、甜点和饮料。最近一次会面的饭店账单如下：

	Emma	James	Jessica	Matthew	总计	平均
主菜	\$11	\$20	\$15	\$14	\$60	\$15
甜点	0	8	4	4	16	4
饮料	4	14	8	6	32	8
总计	\$15	\$42	\$27	\$24	\$108	\$27

如果108美元的账单平均分，则每人的平均成本是27美元。这种成本平均方法对每个人同等处理。当成本在四人之间平均时，Emma和Matthew的成本都被多计了，James少计了，而Jessica（碰巧）计算准确。特别是，Emma可能反对支付平均的27美元，因为她个人的账单只有15美元。

广泛平均常常导致少计或多计产品或服务的成本：

- 少计产品成本——单位产品消耗了较高的资源水平，报告的单位成本却较低（James的正餐）。
- 多计产品成本——单位产品消耗了较低的资源水平，报告的单位成本却较高（Emma的正餐）。

产品成本少计和多计的战略后果是什么？假设一名管理者使用产品成本信息指导定价决策。少计成本的产品定价低，甚至销售可能导致亏损，因为销售的收入可能低于所使用的资源成本。多计成本的产品导致定价过高，从而将市场份额拱手让给生产相似产品的竞争者。但是，如果价格由市场的顾客需求和企业的竞争决定，结果会怎样呢？在这种情况下，产品成本少计和多计会使管理者将注意力集中在错误的产品上。管理者更多关注多计成本的产品，这些产品显示的利润低，但实际上，这些产品的成本和利润是相当合理的。管理者更少关注少计成本的产品，他们认为这些产品的利润高，但实际上，这些产品消耗了大量的资源，远没有表面那么盈利。

□ 产品成本的相互补贴

产品成本的相互补贴（product-cost cross-subsidization）指如果公司少计了某种产品的成本，那么它将多计至少一种其他产品的成本。类似地，如果公司多计了某种产品的成本，那么它将少计至少一种其他产品的成本。当成本在多种产品之间被统一平摊（即成本广泛的平均），而管理者没有确认每一种产品消耗的资源数量时，产品成本的相互补贴是非常普遍的。

在饭店一账单例子中，每位用餐者饭钱的相互补贴能很容易地计算出来，因为所有成本的项目作为直接成本能追溯到每位用餐者身上。如果所有用餐者每人支付 27 美元，则 Emma 比她的实际成本 15 美元多付了 12 美元。她补贴了 James，James 比他的实际成本 42 美元少付了 15 美元。在考虑间接成本时，计算相互补贴的数字要更多工作量。为什么？因为当两个或多个用餐者共同使用间接成本代表的资源时，我们需要找到一种方法把成本分配给每位用餐者。考虑一个例子，一瓶 40 美元的酒，其成本平摊。每位用餐者付 10 美元（40÷4）。假设 Matthew 喝了两杯酒，而 Emma，James 和 Jessica 每人喝了一杯，总共 5 杯，根据每位用餐者喝的杯数分配这瓶酒的成本将导致 Matthew 付 16 美元（40×2/5），其他人每人付 8 美元（40×1/5）。在这种情况下，如果平均分摊成本，Emma，James 和 Jessica 每人多付 2 美元（10－8）补贴 Matthew，他为当晚的酒少付了 6 美元（16－10）。

为了弄清广泛平均对间接成本和直接成本的影响，下面我们考虑 Plastim 公司的成本系统。

□ Plastim 公司的简单成本系统

Plastim 公司为汽车的尾灯生产透镜。由黑、红、橘黄或白色塑料制成的透镜是我们所看到的尾灯的一部分。透镜是通过把融化的塑料注进灯的模具中制成的。模具冷却后，融化的塑料变硬，透镜就做好了。

Plastim 公司与一家主要的汽车生产商 Giovanni 汽车公司签订了合同，生产两种类型的透镜：复杂透镜 C5 和简单透镜 S3。复杂透镜是具有特殊性质的大透镜，例如彩铸（多种颜色注入到模子中）和围绕汽车棱角的复杂形状。生产 C5 透镜要复杂些，因为在模子中不同的部分必须精确组装。S3 透镜的生产要简单些，因为它只是单一的颜色并且没有特别的方面。

设计、生产和分销流程

不论透镜是简单还是复杂，Plastim 公司都遵循步骤顺序，进行设计、生产和分销：

- **设计产品和流程**。每年 Giovanni 汽车公司都要对新车型所需的简单和复杂透镜提出一些细节要求。Plastim 公司的设计部门设计新模子，并制定生产透镜的流程。
- **生产透镜**。透镜铸模，完成，清洗和检查。
- **分销透镜**。包装制成的透镜并发给 Giovanni 汽车公司。

Plastim 公司满负荷运营并且营销成本非常低。由于产品质量高，Plastim 公司的顾客服务成本也非常低。Plastim 公司与同样生产简单透镜的其他几家公司竞争。在最近的一次会议中，Giovanni 汽车公司的采购经理告诉 Plastim 公司的销售经理，一家只生产简单透镜的供应商 Bandix，正提出以 53 美元的单价向 Giovanni 汽车公司提供 S3 透镜，这个价格比 Plastim 公司 2014 年计划和预算的 63 美元的价格低很多。除非 Plastim 公司降低售价，否则在下一年度它将可能失去为 Giovanni 汽车公司生产简单透镜的业务。幸运的是，对于复杂透镜，Plastim 公司这样的竞争压力并不存在，现在正以 137 美元的单价销售给 Giovanni 汽车公司。

Plastim 公司的管理者有两个主要的方案：

- 放弃给 Giovanni 汽车公司生产简单透镜的业务，如果它不盈利。Bandix 公司只生产简单透镜，因此可能使用的技术和流程比 Plastim 公司更简单，这种更简单的经营可能给 Bandix 公司一个 Plastim 公司所不及的成本优势。如果是这样的话，Plastim 公司最好不要向 Giovanni 汽车公司供应 S3 透镜。
- 降低简单透镜的价格，或接受更低的毛益或尽力寻找方法降低成本。

为了制定这些长期战略决策，管理者首先要知道设计、生产和分销 S3 和 C5 透镜的成本。

Bandix 公司只生产简单透镜，它能够用发生的总成本除以产量相当准确地计算透镜的成本。因为制造费用支持简单透镜和复杂透镜的生产，所以 Plastim 公司的成本计算环境更具挑战性。Plastim 公司的管理者和管理会计师需要找到一种方法，将间接费用分配给每种类型的透镜。

在计算这些成本时，Plastim 公司把变动成本和短期固定成本分派给 S3 和 C5 透镜。管理者计算产品和服务的成本以指导长期战略决策，如生产和销售何种组合的产品和服务，为产品和服务制定什么样的价格。从长期来看，管理者有能力影响所有成本。只有收入超过总成本（不管这些成本在短期内是变动的还是固定的），公司才能长期生存。

为了指导定价和成本管理决策，Plastim 公司的管理者把生产成本和非生产成本都分派到 S3 和 C5 透镜上。如果管理者要计算存货成本，Plastim 公司的管理会计师将按 GAAP 的要求，只分派生产成本到透镜上去。全球范围内的公司实务调查表明，大多数公司使用成本计算系统不仅是为了存货成本计算，而且是为了战略目的，如定价和产品组合决策，关于降低成本、改进流程、设计、计划和预算的决策。这些公司的管理者将所有成本分派给产品和服务。即使是商业公司（它们的存货成本计算是直接的）和服务业公司（它们没有存货）也花了相当多的资源设计和运行它们的成本计算系统，为战略目的分配成本。

□ 使用单一间接成本库的简单成本系统

Plastim 公司目前有一个简单成本系统，使用单一间接成本分配率分配间接成本，这种系统类型在第 4 章中描述过。这两章的唯一差别是第 4 章中关注批次，而本章的成本对象是产品。图表 5—1 显示了 Plastim 公司简单成本系统的一个概览。当你学习下面的步骤（每一步都标在图表 5—1 中）时，可以用这个图表作为一个指导。

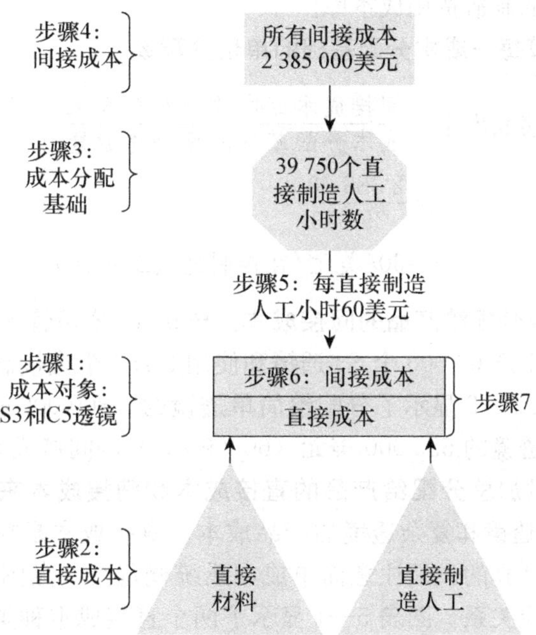

图表 5—1　Plastim 简单成本系统概览图

步骤 1：确定被选定为成本对象的产品。 成本对象是 Plastim 公司将在 2014 年生产的 60 000 个简单 S3 透镜和 15 000 个复杂 C5 透镜。Plastim 公司的管理会计师首先计算这些透镜的总成本，然后计算设计、生产和分销这些透镜的单位成本。

步骤 2：确定产品的直接成本。 直接成本是直接材料和直接制造人工。图表 5—2 用简单成本系统显示 S3 和 C5 透镜的直接和间接成本。直接成本计算显示在图表 5—2 的第 5，6，7 行。Plastim 公司的简单成本系统把直接材料和直接制造人工以外的所有成本归为间接成本。

图表 5—2　　Plastim 公司用简单成本系统计算的产品成本

	A	B	C	D	E	F	G
1		60 000个			15 000个		
2		简单透镜（S3）			复杂透镜（C5）		
3		总成本	单位成本		总成本	单位成本	总成本
4		(1)	(2)=(1)÷60 000		(3)	(4)=(3)÷15 000	(5)=(1)+(3)
5	直接材料	$1 125 000	$18.75		$675 000	$45.00	$1 800 000
6	直接人工	600 000	10.00		195 000	13.00	795 000
7	总直接成本（步骤2）	1 725 000	28.75		870 000	58.00	2 595 000
8	分配的间接成本（步骤6）	1 800 000	30.00		585 000	39.00	2 385 000
9	总成本（步骤7 ）	$3 525 000	$58.75		$1 455 000	$97.00	$4 980 000
10							

步骤3：选择成本分配基础，用来给产品分配间接成本。间接成本的大部分是由支付给支持直接生产的监工、工程师、制造支持和维修人员的工资组成的。Plastim公司的管理者使用直接制造人工小时数作为唯一的分配基础来把所有的生产和非生产间接成本分配到S3和C5透镜上。2014年，Plastim公司的管理者预算了39 750个直接制造人工小时。

步骤4：确定与每个成本分配基础相关的间接成本。因为Plastim公司仅使用单一成本分配基础，Plastim公司的管理会计师把2014年所有的预算间接成本共2 385 000美元归集到单一的制造费用成本库。

步骤5：计算每一成本分配基础的单位分配率。

$$\text{预算间接成本率}=\frac{\text{间接成本库中的预算总成本}}{\text{成本分配基础的预算总数量}}$$

$$=\frac{2\ 385\ 000}{39\ 750}$$

$$=60(\text{美元/直接制造人工小时})$$

步骤6：计算分配给产品的间接成本。Plastim公司管理者预计使用30 000个直接制造人工小时来生产60 000个S3透镜和使用9 750个直接制造人工小时来生产15 000个C5透镜。图表5—2显示了分配给简单透镜的1 800 000美元（60×30 000）间接成本和分配给复杂透镜的585 000美元（60×9 750）的间接成本。

步骤7：通过加总分配给产品的直接成本和间接成本来计算产品的总成本。图表5—2显示了简单透镜和复杂透镜的产品成本。直接成本是在步骤2里计算的，间接成本是在步骤6里计算的。请注意简单成本系统概览图（见图表5—1）和步骤7里计算的成本之间的对应关系。图表5—1显示了两个直接成本种类和一个间接成本种类。因此步骤7（见图表5—2）里每种透镜的预算成本有三个系列项目：两个是对直接成本的，另一个是对间接成本的。在了解产品和服务的成本核算细节前，绘制概览图有助于观察成本核算系统的全貌。S3透镜的单位预算成本是58.75美元，远高于Bandix公司53美元的报价。C5透镜的单位预算成本是97美元。

□ 在Plastim公司应用五步决策制定程序

为了决定如何应对Bandix公司对S3透镜业务的威胁，Plastim公司的管理者执行了第1章介绍的五步决策制定程序。

1. **确定问题与不确定性**。问题很清楚——如果Plastim公司想得到Giovanni汽车公司的S3透镜业务并获得利润，它必须找到一种方法降低S3透镜的价格和成本。Plastim公司面临的两个主要不确定性是：（1）Plastim公司的S3透镜技术和流程是否能与Bandix公司竞争？（2）S3透镜的成本是否被简单成本系统多计了？

2. **获取信息**。高级管理层请一组设计和流程工程师去分析和评估S3透镜的设计、生产和分销运营。这个小组确信简单透镜的技术和流程并不比Bandix公司和其他竞争者差。因为Plastim公司在生产和销售透镜方面（如S3透镜）有多年的经验，也有持续进行流程改进的历史和企业文化。这个小组对Plastim公司生产和分销复杂透镜的能力不是那么有把握，因为公司最近才开始生产这种透镜。即使有这些疑问，高级管理层仍高兴地得知 Giovanni 汽车公司认为 C5 透镜的价格非常有竞争力。但是让 Plastim 公司的管理者感到困惑的是，以目前的预算价格销售，Plastim 预计在 C5 透镜上有很大的毛利百分比（营业利润÷收入），而在 S3 透镜上的毛利较小。

	60 000 个简单透镜(S3)		15 000 个复杂透镜（C5）		总成本 (5)＝(1)＋(3)
	总成本 (1)	单位成本 (2)＝(1)÷60 000	总成本 (3)	单位成本 (4)＝(3)÷15 000	
收入	$3 780 000	$63.00	$2 055 000	$137.00	$5 835 000
总成本	3 525 000	58.75	1 455 000	97.00	4 980 000
营业利润	$255 000	$4.25	$600 000	$40.00	$855 000
毛利百分比		6.75%		29.20%	

在继续收集信息的时候，Plastim 公司的管理者开始思考，公司有很强的能力，但为什么 S3 透镜的利润率很低，而新产品——新近投产的 C5 透镜的利润率却很高。Plastim 公司并不是有意为 S3 透镜制定一个低价格，因此管理者开始评估成本系统。公司的简单成本系统可能多计了简单透镜 S3 的成本（对它分派了太多的成本），而少计了复杂透镜 C5 的成本（对它分派了太少的成本）。

3. **预测未来**。Plastim 公司的主要挑战是更好地估计设计、生产和分销 S3 和 C5 透镜花费多少成本。管理者对透镜的直接材料和直接制造人工成本相当自信，因为这些成本可以很容易地追溯到这些透镜上。但管理者最关注的是简单成本系统如何准确地计量每一种透镜使用的间接资源。他们认为可以大幅改进成本系统。

即使他们得出了这样的结论，但管理者仍然想避免偏颇的想法。特别是，他们要小心，使 S3 透镜有竞争力的愿望不应该导致他们认为偏爱 S3 透镜有利于降低其成本。

4. **选择方案做决策**。在预测成本和考虑 Bandix 公司可能如何应对的基础上，Plastim 公司的管理者必须决定是否投标 Giovanni 汽车公司的 S3 透镜业务，如果是的话，报价是多少。

5. **实施决策，评价业绩与学习**。如果 Plastim 公司投标赢得了 Giovanni 汽车公司的 S3 透镜业务，在它生产和运输 S3 透镜的时候，它必须比较实际成本和预算成本，并且知道为什么实际成本偏离预算成本。这样的评价和学习形成了未来改进的基础。

下面几节关注步骤 3，4 和 5：Plastim 公司如何改进对 S3 和 C5 透镜的间接成本分配；它如何利用这些预测去投标 S3 透镜业务；它如何评价业绩，改进产品设计和流程，并且学习使用新系统。

改进成本系统

改进的成本系统（refined costing system）将在分派成本给成本对象（如作业、产品和服务）时减少广泛平均方法的使用，并且提供更好的测量方法来测量被不同的成本对象所耗用的间接资源——无论成本对象对间接资源的耗费方式有多大的差异。改进成本系统有助于管理者更好地分配资源和决定生产何种产品。

□ 改进成本系统的原因

有三个主要原因加速了成本系统改进的需求。

1. **产品多样性增加**。定制产品需求的增加导致管理者增加他们公司所提供的产品和服务的品种。例如，瑞典的加热元件生产商康泰尔（Kanthal）生产 10 000 多种不同的电加热金属丝和自动调温器。银行（如英国的巴克莱银行）提供许多不同的账户和服务：特别存折账户、自动取款机、信用卡和电子银行产品。因为数量、流程、技术和复杂性不同，这些产品的生产对资源有不同的要求。例如，支持电子银行产品的计算机和网络资源远远大于支持存折储蓄账户的计算机和网络资源。广泛平均不能反映这些需求差异，导致成本信息扭曲和不准确。

2. **间接成本增加**。产品和流程技术（如计算机集成制造（CIM）和柔性制造系统（FMS））的应用导致间接成本增加、直接成本特别是直接人工成本减少。在 CIM 和 FMS 中，生产车间的计算机命令设备快速自动地进行安装和运行。计算机准确计量几百个生产参数，直接控制生产流程以取得高质量的产出。管理复杂的技术和生产多样的产品也需要额外的支持功能资源，用于生产计划、产品与流程的设计和工程技术等作业。因为直接制造人工不是这些成本的成本动因，因此在直接制造人工的基础上分配间接成本（就像 Plastim 公司的简单成本系统那样）不能准确地计量资源如何被不同的产品使用。

3. **产品市场竞争**。当市场竞争变得更激烈的时候，管理者感到有必要获得更准确的成本信息，以帮助他们做出重要的战略决策，如怎样制定产品价格，以及销售何种产品。在竞争的市场上，制定正确的价格和产品组合决策是非常关键的，因为竞争者会很快利用一个管理者的错误。例如，如果 Plastim 公司多计了 S3 透镜的成本并且收取了更高的价格，那么知道生产透镜真实成本的竞争对手会收取更低的价格，从而获得 S3 透镜业务。

前面的因素解释了管理者要改进成本系统的原因。改进成本系统需要收集、验证、分析和存储大量的数据。信息技术的发展显著降低了实施这些作业的成本。

□ 改进成本系统的指导方针

改进成本系统有三个主要的指导方针：

1. **直接成本追溯**。只要经济可行，就尽可能多地把成本划分为直接成本。这条方针旨在减少归入间接成本的数量，从而将必须分配而不是追溯的成本最小化。

2. **间接成本库**。扩展间接成本库的数量直到每一个成本库内都是同质的。在一个同质成本库里的所有成本都与用作成本分配基础的单一成本动因有相同或相似的因果（或受益）联系。例如，考虑一个同时包含间接机器成本和间接分销成本，并用机器小时数对其进行分配的单一成本库。这个成本库不是同质的，因为机器工时是机器成本的成本动因，但不是分销成本的成本动因。分销成本有不同的成本动因，是装运数量。如果机器成本和分销成本被分别分到两个间接成本库，机器成本库用机器工时作为成本分配基础，分销成本库用装运数量作为成本分配基础，那么每一个间接成本库都变成同质的。

3. **成本分配基础**。就像我们在本章后面描述的，只要可行，管理者就应该用成本动因（间接成本的原因）作为每一个同质的间接成本库（结果）的成本分配基础。

作业成本系统

改进成本系统最好的工具之一是作业成本系统。**作业成本法**（activity-based costing，ABC）通过把单独的作业确认为基本的成本对象来改进成本系统。一个**作业**（activity）是一项事件、任务或具体目的的工作单元——例如，设计产品，装配机器，运转机器和分销产品。更通俗地，作业是动词，它们是企业做的事情。为了帮助制定战略决策，作业成本系统确认价值链上所有功能里的作业，计量单个作业的成本，并且根据生产每一件产品或服务所需的作业组合将成本分配到诸如产品或服务等成本对象上。①

□ Plastim 公司的作业成本系统

在审查了它的简单成本系统和潜在的产品成本错误计算后，Plastim 公司的管理者决定实施作业成本系统。直接材料成本和直接制造人工成本能够轻易追溯到产品，因此作业成本系统关注把间接成本分派到部门、流程、产品或其他成本对象。为了识别这些作业，Plastim 公司组织了一个由设计、生产、分销、会计和管理部门经理组成的小组。然后，Plastim 公司的作业成本系统使用这些作业，把现在的单个间接成本库分解为与不同作业相关的更好的成本库。

定义作业是很难的。这个小组评估了 Plastim 公司完成的几百项任务。小组必须决定哪些任务应该被分为单独的作业，哪些应该合并。例如，制模机器的维护、制模机器的操作和流程控制应该被视为单独的作业还是应该合并成一个单一的作业？带有许多作业的一个作业成本系统变得过于详细，不便于操作。带有太少作业的一个作业成本系统不能得到足够的改进以计量成本动因和不同的间接成本之间的因果关系。为了达到有效的平衡，Plastim 公司的小组专注于占间接成本大部分的作业，并且把有相同成本动因的作业合并成一个单一的作业。例如，小组决定把制模机器的维护、制模机器的操作和流程控制合并成一个单一的作业——制模机器操作——因为所有这些作业有相同的成本

① For more details on ABC systems, see R. Cooper and R. S. Kaplan, *The Design of Cost Management System* (Upper Saddle River, NJ: Prentice Hall, 1999); G. Cokins, *Activity-Based Cost Management: An Executive's Guide* (Hoboken, NJ: John Wiley & Sons, 2001); and R. S. Kaplan and S. Anderson, *Time-Driven Activity-Based Costing: A Simpler and More Powerful Path to Higher Profits* (Boston: Harvard Business School Press, 2007).

动因：制模机器工时。

这个小组通过绘出设计、生产、分销S3和C5透镜的所有步骤和流程的流程图，识别出下列七个作业：

(1) 设计产品和流程。

(2) 安装制模机器，确保模具被放在正确的位置，并在生产开始之前确认各组件的正确排列。

(3) 运转制模机器生产透镜。

(4) 在生产完透镜后，清洗和保养模具。

(5) 准备完工透镜的运送批次。

(6) 分销透镜到客户。

(7) 经营和管理Plastim公司的所有流程。

这些作业描述（或作业清单或作业词典）形成了作业成本法的基础。然而，编制这个任务清单只是实施作业成本系统的第一步。Plastim公司还必须使用改进成本系统的三个指导方针（“改进成本系统的指导方针”一节描述过）来确认每一个作业的成本和相关的成本动因。

1. **直接成本追溯**。Plastim公司的作业成本系统把单一间接成本库分成与不同作业相关的七个小成本库。清洗和保养作业成本库（作业(4)）中的成本包括付给负责清洗模具的工人的工资和薪水。这些成本是直接成本，因为这些成本能被经济地追溯到具体模具和透镜。

2. **间接成本库**。剩下的六个作业成本库是间接成本库。与Plastim公司简单成本系统的单一间接成本库不同，每一个与作业相关的成本库是同质的。即每一个作业成本库只包括有相同成本动因的有限和集中的成本集。例如，分销成本库只包括随分销成本动因（递送包裹的立方英尺）的增加而增加的成本（如卡车司机的工资）。在简单成本系统中，Plastim公司将所有间接成本归在一起，成本分配基础、直接制造人工小时不是间接成本的动因。因此，管理者无法衡量不同成本对象如何使用资源。

为了确定作业库成本，管理者将累计在多种分类账户（如工资、薪水、维修、电力）中的成本分派到每一个作业成本库。这个程序通常叫做第一阶段分配。例如，我们将在本章后面看到，Plastim公司确认在总间接成本库2 385 000美元中有300 000美元安装成本。安装成本包括安装设备的折旧和维修成本，安装工人的工资和分配的设计工程师、工艺工程师和监督员的工资。我们将在第14和15章详细讨论第一阶段分配。此处，我们关注第二阶段分配——把作业成本库的成本分配到产品。

3. **成本分配基础**。对每一个作业成本库，Plastim公司使用成本动因（尽可能）作为成本分配基础。为了确定成本动因，Plastim的管理者考虑了多种方案，并运用他们的运营知识在其中选择。例如，Plastim的管理者选择安装小时而不是安装数量作为安装成本的成本动因，因为他们认为更复杂的安装花费更多的时间，并且更昂贵。随时间推移，Plastim的管理者可能使用数据检验他们的想法。（第10章讨论估计成本动因和成本之间关系的几种方法。）

作业成本系统的逻辑是双重的。第一，管理者将带有成本动因（作为作业成本库的成本分配基础）的作业成本库建立得越精细，作业成本计算就越精确，第二，通过计量不同产品使用的不同作业的成本分配基础把这些成本分配到产品，就能得到更准确的产品成本，我们以 Plastim 公司的安装作业为例来描述这种逻辑。

通常，安装制模机器包括试运转、调试和修正。不正确的安装可引起如刮擦透镜表面等质量问题。每次安装所需的资源依赖于生产运行的复杂性。复杂透镜每次安装所需安装资源（安装时间）比简单透镜的多。而且复杂透镜仅能以小批量生产，与简单透镜模具相比，复杂透镜模具需要更频繁地清洗。相比之下，复杂透镜不仅每次安装需要更多的时间，而且要频繁安装。

简单透镜 S3 和复杂透镜 C5 的安装数据如下：

		简单 S3 透镜	复杂 C5 透镜	合计
1	透镜生产量	60 000	15 000	
2	每批透镜数量	240	50	
3=(1)÷(2)	批数	250	300	
4	每批安装时间	2 小时	5 小时	
5=(3)×(4)	总安装小时	500 小时	1 500 小时	2 000 小时

回想一下，在简单成本系统中，Plastim 公司使用直接制造人工小时，将 2 385 000 美元的总间接成本（包括 300 000 美元的间接安装成本）分配给产品。下表比较 Plastim 公司基于安装小时而不是直接制造人工小时将安装成本分配给透镜时，分配给简单和复杂透镜的安装成本是不同的。每直接制造人工小时的预算间接成本率是 60 美元，每直接制造人工小时的安装成本是 7.547 17 美元（300 000÷39 750）。每安装小时的安装成本等于 150 美元（300 000÷2 000）。

	简单 S3 透镜	复杂 C5 透镜	合计
以直接人工小时数作为基础分配的安装成本			
\$7.547 17×30 000；\$7.547 17×9 750	\$226 415	\$73 585	\$300 000
以安装小时数作为基础分配的安装成本			
\$150×500；\$150×1 500	\$75 000	\$225 000	\$300 000

使用可用时间（本例中为安装小时）计算资源成本并将成本分配给成本对象的作业成本系统有时被称为时间驱动的作业成本系统（time-driven activity-based costing (TD-ABC) systems）。我们在描述方针 2 和 3 时已经讨论过，安装小时（不是制造人工小时）是安装成本的成本动因。C5 透镜使用的安装小时比 S3 多得多（1 500÷2 000＝总安装小时的 75%），因为 C5 需要更多数量的安装（批次），并且每一次安装更具挑战性，要求更多的安装小时。

因此，作业成本系统分配给 C5 的安装成本比 S3 多得多。在简单成本系统中，当使用直接制造人工小时而不是安装小时分配安装成本时，S3 透镜被分配了非常大比例的安装成本，因为 S3 透镜使用了更大比例的直接制造人工小时（30 000÷39 750＝75.47%）。结果，简单成本系统多计了 S3 透镜的安装成本。

正如我们将在本章后面看到的，作业成本系统向管理者提供了更准确的产品成本之外的有价值的信息。例如，将安装小时作为成本动因，为管理者正确地指明了将降低安装小时和每安装小时成本作为降低成本的努力方向。注意，安装小时和生产透镜的批次（或组）相联系而不是和单个透镜的数量相联系。作业成本系统试图为每一个作业库确认最相关的因果关系，没有把成本动因限制为产出单位或与产出单位相关的变量（如直接制造人工小时）。正如我们讨论安装成本时阐明的，将成本分配基础仅仅限制在产出单位上会削弱成本分配基础和成本库中成本之间的因果联系。

成本层级

成本层级（cost hierarchy）把成本划分进不同的成本库，其划分或基于不同成本动因类型，或基于成本分配基础，或基于确定因果（或受益）联系的不同难易度。作业成本系统通常使用四个成本层级来确定作为作业成本库的成本动因的成本分配基础：单位产出成本、批数成本、产品维持成本、设备维持成本。

单位产出成本（output unit-level costs）是针对每一单位产品或服务执行的那些作业的成本。与运转自动制模机器作业相联系的机器运行成本（如能源成本、机器折旧和修理）是单位产出成本，因为随时间推移这种作业的成本随着产出单位数（或使用的机器工时数）的增加而增加。Plastim 公司的作业成本系统使用制模机器工时——单位产出的成本分配基础，把机器运行成本分配到产品中。

批数成本（batch-level costs）是和一个产品或服务组有关的作业成本，而不是与每一产品或服务相联系。在 Plastim 公司的例子中，安装成本是批数成本。因为随时间推移安装作业的成本随所需要生产透镜批量的安装小时数的增加而增加。如前面表格描述的，S3 透镜需要 500 安装小时（2×250）。C5 透镜需要 1 500 安装小时（5×300）。分配给 S3 和 C5 透镜的总安装成本取决于每种透镜所需的安装小时，而不是所生产的 S3 和 C5 透镜的数量。（安装成本作为一种批数成本不可能通过少生产一单位 S3 和 C5 而避免。）Plastim 公司的作业成本系统使用安装小时（批数成本分配基础）将安装成本分配给产品。批数成本的另一个例子是与生产的产品批数（不是数量）有关的材料处理和质量检查成本，以及与发出采购订单数量而不是采购材料价值或数量相关的发出采购订单、接收材料与支付发票成本。

产品维持成本（product-sustaining costs，**服务维持成本**（service-sustaining costs））是用来支持某一产品或服务的作业的成本，与产品单位数或批量数无关。在 Plastim 公司的例子中，设计成本是产品维持成本。设计成本主要依赖于设计者设计和修改产品、模具和流程所花的时间。这些设计成本是模具复杂性的函数，模具复杂性通过在模具中熔化的塑料必须流过的面积（用平方英尺计量）乘以模具零件的数量来测量（对 S3 透镜来说，12 个零件×2.5 平方英尺，即 30 零件平方英尺；对 C5 透镜来说，14 个零件×5 平方英尺，即 70 零件平方英尺）。因此，分配到 S3 和 C5 镜头的总设计成本依赖于模具的复杂性，而不管单位产出或批量的多少。Plastim 公司不可能通过生产更少的单位或更少的批次来避免设计成本。Plastim 公司的作业成本系统使用零件平方英尺数（产品维持成本分配基础）来给产品分配设计成本。产品维持成本的其他例子有产品研究和开发成本、工程变化成本和推广新产品的营销成本。

设备维持成本（facility-sustaining costs）不能被追溯到单个的产品或服务，而是支持整个组织的作业成本。在 Plastim 公司的例子中以及在诸如沃尔沃、三星、通用电气等公司中，一般管理成本（包括高级管理层薪酬、租用和建造安全设施）是设备维持成本。在这些成本和成本分配基础之间很难发现好的因果联系，因此，有些公司把设备维持成本作为单独的一次性金额从营业利润中减去，而不分配到产品上。采用这种方法的管理者必须记住，在基于成本制定决策时（如定价），有些一次性成本不必分配。他们必须将价格定得远远高于成本，以补偿某些没有分配的设备维持成本。另一些公司，例如 Plastim 公司，以某种标准——如直接制造人工小时——把设备维持成本分配到产品上，因为其管理层认为所有的成本都应该分配到成本上，即使这样做有些武断。将所有成本分配给产品或服务，能够确保管理者在制定基于成本的决策（如定价）时考虑了所有成本。只要管理者知道设备维持成本的性质和分配的利弊，管理者选用何种方法就是个人偏好问题。

实施作业成本系统

你已经理解了作业成本法的基本概念，现在让我们看看 Plastim 公司如何改进简单成本系统，评价两个系统，并且在决定是否建立作业成本系统时识别需要考虑的因素。

在 Plastim 公司实施作业成本系统

为了实施作业成本系统，Plastim 公司的管理者采用成本计算的七步法和改进成本系统的三个方针（增加直接成本追溯，创建同质的间接成本库，并且确定和成本库中的成本有因果联系的成本分配基础）。图表 5—3 显示了 Plastim 公司的作业成本系统概览。当你研究下面的步骤时（每一步都标在图表 5—3 中），用这个图表作为指导。

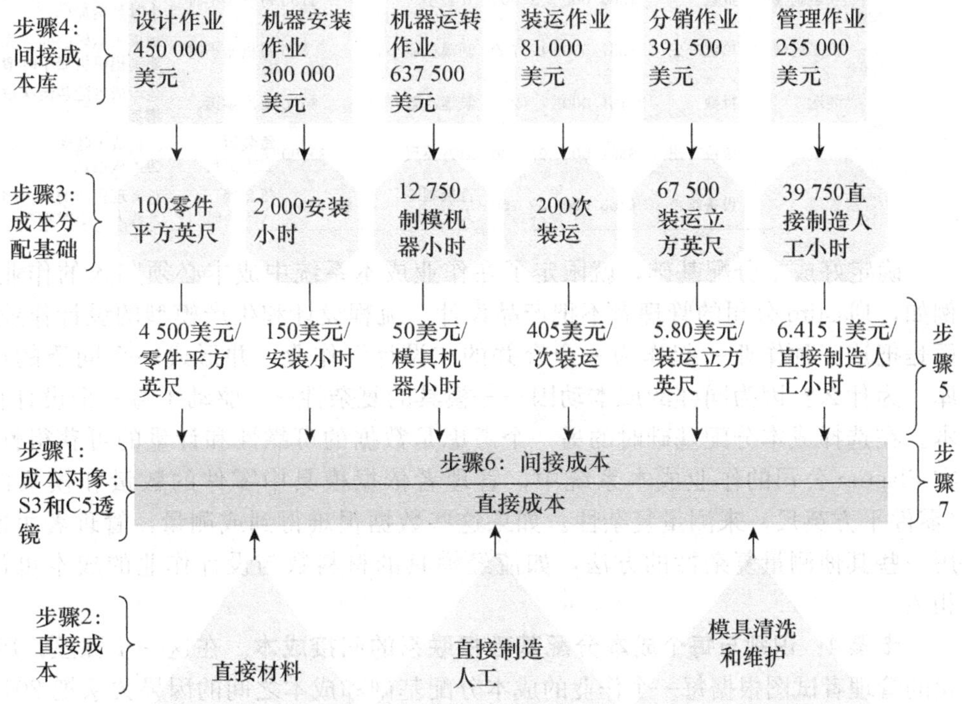

图表 5—3　Plastim 作业成本系统概览图

步骤1：识别被选做成本对象的产品。成本对象是Plastim公司将在2014年生产的60 000个S3透镜和15 000个C5透镜。Plastim公司的管理者想确定总成本，然后计算设计、生产和分销这些透镜的单位成本。

步骤2：识别产品的直接成本。管理者识别透镜的直接成本，因为这些成本可以经济地追溯至特定模型和透镜：直接材料成本、直接制造人工成本、模具清洗和保养成本。

图表5—5显示使用作业成本系统的S3和C5透镜的间接和直接成本。直接成本计算显示在图表5—5的第6，7，8，9行，Plastim公司的管理者把所有其他成本归为间接成本，就像我们在图表5—4中看到的一样。

步骤3：选择用于向产品分配间接成本的作业和成本分配基础。根据改进成本系统的方针2和3，为了向产品分配间接成本，Plastim公司的管理者确定了六个作业——设计，安装制模机，机器运转，装运，分销和管理。图表5—4第（2）列显示成本层级分类，第4列显示了第1列中所描述的每一种作业的成本分配基础及其预算数量。

图表5—4　　间接成本库的作业成本分配率

	A	B	C	D	E	F	G	H
1			（步骤4）	（步骤3）		（步骤5）		
2	作业	成本层级	总预算间接成本	成本分配基础的预算数		预算间接费用分配率		分配基础与作业成本之间的因果关系
3	（1）	（2）	（3）	（4）		（5）＝（3）÷（4）		（6）
4	设计	产品维持	\$450 000	100	零件平方英尺	\$4 500	零件平方英尺	设计部门的间接成本随设计的复杂模型（更多部件，更大表面积）的数量而增加
5	安装制模机	批数	\$300 000	2 000	安装小时	\$150	每安装小时	间接启动成本随安装小时数增加
6	机器运转	单位产出	\$637 500	12 750	制模机器小时	\$50	每机器小时	制模机运转的间接成本随制模机机器小时增加
7	装运	批数	\$81 000	200	装运次数	\$405	每次装运	装运成本随装运次数增加
8	分销	单位产出	\$391 500	67 500	立方英尺	\$5.80	每装运立方英尺	分销成本随递送产品的体积增加
9	管理	设备维持	\$255 000	39 750	直接制造人工小时	\$6.415 1	每直接人工小时	对管理资源的需求随直接人工小时增加

确定好成本分配基础，就限定了在作业成本系统中成本必须归入的作业库数量。例如，Plastim公司的管理者不把产品设计、流程设计和生产模型的设计作业相分离，而是把这三种作业一起作为一个合并的“设计”作业，并形成一个同质的设计成本库。为什么？因为同样的成本动因——模具的复杂性——驱动了每一个设计作业的成本。在选择成本分配基础时的另一个考虑是数据的可靠性和计量的可获得性。例如，在Plastim公司的作业成本系统中，管理者依据模具中零件的数量和模具的表面积（零件平方英尺）来测量复杂性。如果这些数据很难得到或测量，管理者可能被迫使用一些其他测量复杂性的方法，如流经模具的材料数与设计作业的成本也许只是弱相关。

步骤4：识别与每个成本分配基础相联系的间接成本。在这一步骤里，Plastim公司的管理者试图根据每一个作业的成本分配基础和成本之间的因果关系把2014年的预算间接成本分配到作业（见图表5—4第（3）列）。例如，所有与装运包裹立方英尺数有因果关系的成本被分派到分销成本库里。当然，不同成本库中，成本分配基础和作业成本之间的因果联系的强度不同。例如，直接制造人工小时和管理作业成本之间的因果联系（正如我们前面讨论的，这种关系有些武断），并不像安装小时和安装作业成本之间的联系那样强（安装小时是安装成本的成本动因）。

和某一特殊作业有关的一些成本可以被直接识别。例如，付给设计工程师的工资和设计部门使用的设备的折旧能直接和设计作业一起识别。其他的一些成本则需要在作业间分配。例如，基于访谈和工作时间记录，生产工程师和监督员估计他们花在设计、安装制模机和机器运转上的时间。如果一位生产工程师将 15%的时间用于设计，45%的时间用于管理安装制模机，40%的时间用于机器运转，那么公司将把生产工程师的工资按所花的时间比例分配给这些作业。还有其他成本使用衡量这些成本如何支持不同作业的指标作为分配基础将成本分配给作业成本库。例如，租赁成本就是基于不同作业所使用的平方英尺面积被分配到作业成本库。

你将会看到，并非所有的成本都恰好适合某一作业分类。通常，在作业成本被分配到产品（第二阶段）之前，成本首先需要被分配到作业（两阶段成本分配模式中的第一阶段）。

下表显示了将成本分派给前面识别的七个作业。回想一下，Plastim 公司的管理会计师把模具清理成本重新分类为直接成本，因为这些成本可以轻易追溯到特定模具和透镜。

	设计	安装制模机	机器运转	模具清理	运输	分销	管理	合计
工资（监督员、设计工程师和过程工程师）	$320 000	$105 000	$137 500	$0	$21 000	$61 500	$165 000	$810 000
支持人员工资	65 000	115 000	70 000	234 000	34 000	125 000	40 000	683 000
折旧	24 000	30 000	290 000	18 000	11 000	140 000	15 000	528 000
维修	13 000	16 000	45 000	12 000	6 000	25 000	5 000	122 000
电力和燃料	18 000	20 000	35 000	6 000	5 000	30 000	10 000	124 000
租金	10 000	14 000	60 000	0	4 000	10 000	20 000	118 000
合计	$450 000	$300 000	$637 500	$270 000	$81 000	$391 500	$255 000	$2 385 000

步骤 5：计算每个成本分配基础单位分配率。图表 5—4 的第（5）列总结了如何用步骤 3 的成本分配基础预算数和步骤 4 的每一作业的总预算间接成本来计算预算间接成本率。

步骤 6：计算分配给产品的间接成本。图表 5—5 显示分配到简单透镜上的 1 153 953 美元和复杂透镜上的 961 047 美元的总预算间接成本。理解图表 5—5 中每种透镜的预算间接成本的计算。对于每一个作业，Plastim 公司的运营人员指出用于每种透镜成本分配基础的总数量（回想一下，Plastim 公司满负荷运营）。例如，图表 5—5 的第 15 和 16 行显示，总安装小时数为 2 000，S3 透镜预计使用 500 安装小时，C5 透镜预计使用 1 500 安装小时。预算间接成本率是每安装小时 150 美元（见图表 5—4 第 5 行第（5）列）。因此分配到 S3 透镜上的安装作业的总预算成本是 75 000 美元（500×150），分配到 C5 透镜的是 225 000 美元（1 500×150）。S3 透镜的单位预算安装成本是 1.25 美元

（75 000÷60 000），C5透镜的单位预算安装成本是15美元（225 000÷15 000）。

步骤7：通过加总分配给产品的直接成本和间接成本来计算产品的总成本。图表5—5列出了简单透镜和复杂透镜的产品成本。直接成本在步骤2里计算，间接成本在步骤6里计算。在图表5—3中作业成本系统概览图显示有3个直接成本类别和6个间接成本类别。在图表5—5中，每种类型透镜的预算成本有9个项目，其中直接成本3个、间接成本6个。在图表5—5中，用作业成本法计算的S3和C5透镜产品成本之间的差别表明每种产品在各作业中如何使用不同数量的直接和间接成本。

图表5—5　　采用作业成本系统的Plastim的产品成本

文件　开始　插入　页面布局　公式　数据　审阅　视图

	A	B	C	D	E	F	G
1		60 000个			15 000个		
2		简单透镜（S3）			复杂透镜（C5）		
3		总价	单价		总价	单价	合计
4	成本描述	（1）	(2)=(1)÷60 000		（3）	(4)=(3)÷15 000	(5)=(1)+(3)
5	直接成本						
6	直接材料	$1 125 000	$18.75		$675 000	$45.00	$1 800 000
7	直接人工	600 000	10.00		195 000	13.00	795 000
8	模具清洗和维护直接成本	120 000	2.00		150 000	10.00	270 000
9	直接成本合计（步骤2）	1 845 000	30.75		1 020 000	68.00	2 865 000
10	作业的间接成本						
11	设计						
12	S3, 30零件平方英尺×$4 500	135 000	2.25				450 000
13	C5, 70零件平方英尺×$4 500				315 000	21.00	
14	安装制模机						
15	S3, 500安装小时×$150	75 000	1.25				300 000
16	C5, 1 500安装小时×$150				225 000	15.00	
17	机器运转						
18	S3, 9 000机器小时×$50	450 000	7.50				637 500
19	C5, 3 750机器小时×$50				187 500	12.50	
20	装运						
21	S3, 100次装运×$405	40 500	0.67				81 000
22	C5, 100次装运×$405				40 500	2.70	
23	分销						
24	S3, 45 000立方英尺×$5.80	261 000	4.35				391 500
25	C5, 22 500立方英尺×$5.80				130 500	8.70	
26	管理						
27	S3, 30 000直接人工小时×$6.415 1	192 453	3.21				255 000
28	C5, 9 750直接人工小时×$6.415 1				62 547	4.17	
29	分配的间接成本合计（步骤6）	1 153 953	19.23		961 047	64.07	2 115 000
30	总成本（步骤7）	$2 998 953	$49.98		$1 981 047	$132.07	$4 980 000
31							

我们强调了作业成本系统的两个主要特征。首先，系统确认产品使用的所有成本，不论这些成本在短期是变动的还是固定的。

在使用作业成本法信息制定长期战略决策时，管理者希望收入超过总成本。否则，公司就会亏损，无法继续经营。其次，在给产品分配成本时，确定成本层级是非常重要的。管理会计师首先使用成本层级来计算每一种产品的总成本，然后用总成本除以产量就可以得到单位成本。

□ 两种成本系统的比较

图表5—6比较了Plastim公司曾经使用的使用单一间接成本库的简单成本系统（见图表5—1和图表5—2）和作业成本系统（见图表5—3和图表5—5）。注意图表5—6中的三点，这三点和改进成本系统的方针是一致的：（1）作业成本系统追溯更多的成本作为直接成本；（2）作业成本系统创建了和不同作业相联系的同质成本库；（3）对每一个作业成本库，作业成本系统都能找到一个和成本库中的成本有因果联系的成本分配基础。

图表 5—6　　两种成本系统的比较

	使用单一间接成本库的简单成本系统 (1)	作业成本系统 (2)	差异 (3)=(2)-(1)
直接成本类	2	3	1
	直接材料 直接人工	直接材料 直接人工 模具清洗和维护 直接成本	
直接成本合计	$2 595 000	$2 865 000	$270 000
间接成本类	1	6	5
	用直接人工小时 分配间接成本	设计（零件平方英尺）* 安装制模机（安装小时） 机器运转（机器小时） 装运（装运次数） 分销（立方英尺） 管理（直接人工小时）	
间接成本合计	$2 385 000	$2 115 000	($270 000)
分配到简单透镜（S3）的总成本	$3 525 000	$2 998 953	($526 047)
简单透镜（S3）的单位成本	$58.75	$49.98	($8.77)
分配到复杂透镜（C5）的总成本	$1 455 000	$1 981 047	$526 047
复杂透镜（C5）的单位成本	$97.00	$132.07	$35.07

*不同间接成本的成本动因如括号内所示。

与成本层级有关的成本分配基础的选择和同质成本库让 Plastim 公司管理人员更加相信来自作业成本系统的作业和产品成本数量。图表 5—6 底端显示，若使用唯一的单位产出分配基础（直接制造人工小时，它在使用作业成本系统之前用于单一的间接成本库中）来把成本分配给透镜，则使每个简单透镜 S3 多计了 8.77 美元的成本，而使每个复杂透镜 C5 少计了 35.07 美元的成本。与直接制造人工小时分配基础所反映的数字相比较，C5 透镜不成比例地多使用了单位产出、批数和产品维持成本，而 S3 透镜不成比例地少使用了这些成本。通过使用多间接成本库和不同成本层级水平上的特定作业动因，作业成本系统能够更好地确认被 S3 和 C5 透镜所使用的资源。

作业成本系统的好处是它提供信息来改进决策，但是管理者必须权衡作业成本系统的好处与其测量和实施成本。

作业成本系统实施中需要考虑的问题

管理人员通过评估成本系统的预期成本与更好的决策带来的预期收益，选择该系统要实施到什么程度。

□ 作业成本系统的收益与成本

这里有一些迹象表明作业成本系统可能提供最多的收益：

- 相当数量的间接成本仅通过一个或两个成本库进行分配。
- 所有或大多数的间接成本被确定为单位产出成本（即几乎没有间接成本被描述为批数、产品维持和设备维持成本）。
- 因为存在数量、流程步骤、批量大小或复杂性上的不同，产品对资源有不同的需求。
- 公司非常适合生产和销售的产品显示出很小的利润，而不太适合生产和销售的产品却显示出很大的利润。
- 在生产和销售产品或服务的成本上，经营人员和会计人员有明显的不一致。

当管理者决定实施作业成本系统时，一定要对使用到什么程度做出重要的选择。管理者应该选择许多详细指定的作业、成本动因和成本库，还是只选择几个就够了？例如，Plastim公司的管理者可以确定对每种不同的制模机器类型使用不同的制模机器小时分配率。在制定这样的选择时，管理者应该权衡实施一个更详细的成本系统的收益与成本和局限。

作业成本系统的主要成本和局限是为了实施它而必须进行的计量。作业成本系统需要管理者估计作业库的成本，并且确认及计量这些成本库的成本动因，以作为成本分配基础。即使基本的作业成本系统也需要许多的计算来确定产品和服务的成本。这些计量的成本是很高的。作业成本分配率也需要定期修订。

当作业成本系统变得非常详细，并且创建了更多的成本库时，就需要更多的分配基础来计算每一个成本库的作业成本。这增加了错误确认不同作业成本库成本的机会。例如，如果管理人员不得不在五个作业而不是仅仅两个作业上分配他们的时间，则更有可能错误地确认他们花费在不同作业上的时间。

有时，管理者也被迫使用容易得到数据的分配基础，而不是用他们喜欢用的分配基础。例如，管理者可能被迫使用运载量而不是不同运载的难度和距离作为材料处理成本的分配基础，因为难度和距离数据很难获得。当使用错误的成本分配基础时，作业成本信息可能是误导性的。例如，运载的单位成本下降了，公司可能得出的结论是材料处理操作变得更有效率。实际上，更低的运载单位成本可能仅仅是因为负载更轻，搬运距离更短。

许多公司，如瑞典的加热元件制造商康泰尔，发现一个不是很详尽的作业成本系统的战略和营运收益足够好，而且不用承担更详尽的作业成本系统的成本和挑战性。其他组织，如惠普公司，仅在某些部门（如Roseville网络部，该部门生产印刷电路板）或职能（如采购和生产）里应用作业成本法。随着信息技术的改进和计量成本的相应下降，更详尽的作业成本系统已经在许多公司变成了实用的可选方法。随着这些技术进步越来越普及，更详尽的作业成本系统应该能更好地通过成本效益测试。

公司实务全球调查表明，作业成本法的实施在公司间是不同的。然而，它的框架和思想为判断简单成本系统对于特殊的管理目标是否足够好提供了一个标准。作业成本思想能够帮助管理者改进简单成本系统。

□ 作业成本系统实施中的行为问题

成功实施作业成本系统需要的不仅是理解技术细节。作业成本法的实施通常代表着成本系统的一个重大变化，如本章所述，它需要管理者选择如何定义作业及详细程度。那么，什么是管理会计师必须保持敏感的行为问题？

1. **获得高级管理层的支持，对作业成本工作产生紧迫感**。这需要管理者和管理会计师清楚地传达作业成本的战略利益，如产品和流程设计的改进。例如，在美国联邦储蓄银行（USAA Federal Savings Bank），管理者计算单个作业的成本，如开设账户和结账，并且证明从作业成本获得的信息如何提供关于银行经营效率的深刻见解，这在以前是不可行的。

2. **在整个价值链上产生一个经理人员作业成本工作指导联盟**。作业成本系统计量一个组织的资源如何被使用。对这些资源负责的经理人员最了解作业和成本动因。使经理人员进行合作并主动实施作业成本法对于获得所需的专门技能、适当的可靠性、更大的承诺、有价值的协调和必要的领导能力是必不可少的。

3. **将教育和培训员工的作业成本知识作为向员工授权的一个基础**。管理会计师必须在组织内传播关于作业成本的信息，使每一个业务领域的员工能够利用他们的作业成本知识进行改进。例如，印度一家绝缘材料生产商 WS Industries 不仅与员工共享作业成本信息，而且建立了一个激励计划，将节约成本的 1%奖励给员工。结果是戏剧性的，员工得到授权和激励去实施更多成本节约方案。

4. **寻求小的短期成功，作为作业成本实施正在产生效果的证明**。管理者和管理会计师常常过于急躁地追求大的结果和变化。在许多情况下，一夜之间取得显著变化是很难的。然而，显示作业成本信息如何帮助改进流程和节约成本，即使是小的，也能激励团队继续这个过程并制造声势。从小胜利获利的信心能够导致额外的、更大的改进，涉及更多的人和组织的不同部门。最终作业成本将会在组织文化中扎根。分享短期的成功也能激励员工创新。在美国联邦储蓄银行，管理者在 Microsoft Outlook 中创建了一个“流程改进”邮箱以分享流程改进思想。

5. **认识到作业成本信息是不完美的，因为它在对更好的信息的需求和产生管理者和职员不能理解的复杂系统的成本之间进行平衡**。管理会计师必须帮助管理者认识到作业成本的价值和局限，不能夸大。关于作业成本的公开和诚实的沟通能确保管理者考虑周到，使用作业成本做出更好的决策。然后管理者能够做出关键的判断而不产生对抗，并且可以问一些棘手的问题以帮助做出更好的系统决策。

作业成本管理

到目前为止，本章的重点一直是在作业成本系统能获得更准确的产品成本这一作用上。但是，现在Plastim公司的管理人员必须使用这些信息制定决策（五步决策制定程序的步骤4），并实施决策，评价业绩与学习（步骤5）。**作业成本管理**（activity-based management，ABM）是使用作业成本信息改进顾客满意度和获利能力的一种管理决策制定方法。我们广义地定义作业成本管理，包括定价和产品组合、成本降低、流程改进以及产品和流程设计决策。

□ 定价和产品组合决策

作业成本系统给管理人员提供了关于生产和销售不同产品的成本信息。依据这些信息管理人员能制定定价和产品组合决策。例如，作业成本系统表明，Plastim公司能够胜过竞争对手的S3透镜53美元的价格，且仍能获利，因为S3的作业成本成本是49.98美元（见图表5—5）。

Plastim公司的管理者以52美元的价格向Giovanni汽车公司出售S3透镜。Plastim的管理者能够用作业成本系统提供的对成本的深入理解去改进效率并进一步降低S3透镜的成本，他们对此很有信心。如果没有来自作业成本系统的信息，Plastim公司的管理者可能错误地认为他们以53美元的价格出售S3透镜时将会亏损。这个不正确的结论可能引起Plastim公司削减简单透镜的业务并集中到复杂透镜上来，单一间接成本库系统表明在复杂透镜上是非常有利可图的。

将业务集中到复杂透镜上是错误的。作业成本系统表明生产复杂透镜的成本高多了——是132.7美元，而不是Plastim公司一直使用的以直接制造人工小时为基础的成本系统所计算出的97美元。正如Plastim公司的经营人员过去一直思考的那样，公司在生产C5透镜上没有竞争优势。每个C5透镜以137美元出售，毛利非常小（137.00－132.07＝4.93美元）。这样，在Plastim公司降低简单透镜的价格时，很可能必须与Giovanni汽车公司谈判以提高复杂透镜的价格。

□ 成本降低和流程改进决策

管理者利用作业成本系统来确定在什么地方以及怎样减少成本。他们会在不同的作业上设置成本降低目标来减少每单位成本分配基础的成本。例如，Plastim公司分销作业的管理人员可能有一个业绩目标，即通过降低分销作业的人工成本和库房租赁成本将每立方英尺产品的分销成本从5.80美元降到5.40美元。目标是在不损害顾客服务或顾客从产品或服务中获得的实际或感知的价值（有用性）的前提下通过改进工作方式降低成本。即，Plastim公司试图去掉那些不增加价值的成本。控制这些成本动因，如安装小时或装运的立方英尺，常常是经营人员管理成本最基本的方法。例如，分销部门可以使用一种能减少运输包裹体积的方法包装透镜，降低分销成本。

下表显示了S3和C5透镜分销成本的降低成果，这得益于旨在降低装运立方英尺的单位成本（从5.80美元到5.40美元）和降低装运总立方英尺数（S3透镜从45 000立方英尺降到40 000立方英尺；C5透镜从22 500立方英尺降到20 000立方英尺）的行动。

	60 000 个 S3 透镜		15 000 个 C5 透镜	
	总成本 (1)	单位成本 (2)=(1)÷60 000	总成本 (3)	单位成本 (4)=(3)÷15 000
分销成本（来自图表 5—5）				
S3（45 000 立方英尺×5.80 美元/立方英尺）	$261 000	$4.35		
C5（22 500 立方英尺×5.80 美元/立方英尺）			$130 500	$8.70
改进流程后的分销成本				
S3（40 000 立方英尺×5.40 美元/立方英尺）	216 000	3.60		
C5（20 000 立方英尺×5.40 美元/立方英尺）			108 000	7.20
改进流程带来的分销成本的节省	$45 000	$0.75	$22 500	$1.50

从长期来看，总分销成本将从 391 500 美元（261 000+130 500）降到 324 000 美元（216 000+108 000）。但是在短期，分销成本可能是固定的，无法降低。假设 391 500 美元的分销成本在短期内是固定的。效率改进（使用更少的分销人工和空间）意味着同样 391 500 美元的分销成本现在可以用于分销 72 500 立方英尺$\left(\frac{391\,500}{5.40}\right)$。在此情况下，如何将成本分配给 S3 和 C5 透镜呢？

许多作业成本系统区分发生的成本与用于设计、生产及运送产品和服务的资源。对于分销作业来说，改进流程后，

发生的成本=391 500(美元)
耗用的资源=21 600(S3 透镜)+108 000(C5 透镜)=324 000(美元)

Plastim 公司的作业成本系统按照每一种产品耗用的资源，把 21 600 美元分配给 S3 透镜，把 108 000 美元分配给 C5 透镜，合计 324 000 美元。67 500 美元（391 500－324 000）的差异代表没有使用但可利用的分销能力的成本。作业成本系统没有把未使用能力的成本分配给产品，这样就不会用 S3 透镜和 C5 透镜没有使用的资源成本来加重其产品成本负担。相反，这个系统强调未使用能力的数量是一个单独的项目，以此提醒管理者降低这些成本，如重新调配人工到其他地方或解雇工人。第 9 章将详细讨论与未使用能力相关的问题。

□ 设计决策

作业成本系统帮助管理者评估当前的产品和流程设计对作业和成本的影响，并且确定新设计以减少成本。例如，减少模具复杂性的设计决策降低了设计、材料、人工、安装制模机、机器运转及模具的清洗和维护成本，因为不太复杂的设计减少了废品以及安装和操作制模机的时间。Plastim 公司的客户可能愿意牺牲透镜的一些特性来换取一个更低的价格。注意 Plastim 公司以前的成本系统，它以直接制造人工小时作为所有间接成本的成本分配基础，该系统可能错误地暗示 Plastim 公司选择了最能减少直接制造人

工小时的设计。而实际上，直接制造人工小时和间接成本之间的因果关系是很弱的。

□ 计划和管理作业

大多数第一次实施作业成本系统的管理者首先分析实际成本以确定作业成本库和作业成本率。然后计算用于制定计划、决策和管理作业的预算率（像Plastim公司的例子一样）。在年末，管理者将预算成本和实际成本进行比较，以评价作业管理情况。管理会计师使用第4章中描述的方法对每种作业多计或少计的间接成本进行调整。当作业和流程变化时，管理者需要计算新的作业成本率。

在后面的章节我们将回过头来考察作业管理。使用作业成本信息的管理决策将在第6章描述，在那里我们将讨论作业预算；在第11章，我们讨论外购决策，以及增加或减少业务分部；在第12章，我们将讨论重组和缩减规模的问题；在第13章，我们将评估备选设计方案以提高效率和减少非增值成本；在第14章，我们将探究顾客盈利性管理；在第19章，我们将解释质量改进；在第20章，我们将描述怎样评估供应商。

作业成本系统和部门成本系统

公司经常使用有作业成本系统特征的成本系统——例如，多重成本库和多重成本分配基础——但是不强调单个作业。许多公司已把它们的成本系统从使用单一的间接成本率的系统发展为对每一部门（例如，设计、生产、分销）或能代表广泛任务的每一子部门（例如，生产中的加工和装配部门）使用不同的间接成本率。作业成本系统关注特定作业，是部门成本系统的进一步改进。在这一部分，我们来比较作业成本系统和部门成本系统。

Plastim公司使用设计部门的间接成本率来计算它的设计作业成本。公司计算设计作业的成本率是用设计部门的总成本除以总零件平方英尺数（是模具复杂性的一种测量方法，也是设计部门成本的动因）。Plastim公司发现并不值得在设计部门内对不同的设计作业（如设计产品、生产临时模具和设计流程）计算各自的作业成本率。对于每个设计作业发生的成本来说，模具的复杂性是一个恰当的成本分配基础，因为对于这个成本分配基础来说，设计部门的成本都是同质的。

与之相反，生产部门确定两个作业成本库——安装成本库和机器运行成本库——而不是单一的生产部门间接成本库。确定这些作业成本库有两个原因。首先，在生产部门内的每一个作业都发生了相当数量的成本并且有不同的成本动因，对于安装成本库来说是安装小时，对于机器操作成本库来说是机器小时。其次，S3和C5透镜在这两个作业中以不同的比率使用资源。例如，C5透镜使用了所有安装小时的75%（1 500÷2 000），却仅使用了所有机器小时的29.4%（3 750÷12 750）。比如说，在Plastim公司内仅使用机器小时分配所有的生产部门成本将导致C5成本的少计，因为它实际使用的相当数量的安装资源并没有被计入其成本。

基于我们刚刚解释的原因，如果出现下列情形，使用部门间接成本率给产品分配成本，导致和作业成本率相同的信息：(1) 单一作业占有部门成本相当大的比例；(2) 部门内在不同的作业上发生相当数量的成本，但是每一个作业有相同的成本动因和成本分配基础（如 Plastim 公司设计部门的情况）。从纯产品成本计算的观点来看，部门和作业间接成本率也提供了相同的产品成本，如果在一个部门内不同的作业上发生相当数量的使用不同成本分配基础的成本，但是不同的产品在不同的作业中以相同的比例使用资源（例如，假设 C5 透镜使用了 65%的总安装小时和 65%的总机器小时）。然而，在这种情况下，没有在部门内确认作业和成本动因揭示能够帮助管理者管理成本并改进设计和流程的作业成本信息。

我们以一个注意事项来结束本部分：不要认为因为部门成本系统需要建立多重间接成本库，就能在部门内正确地识别成本动因和产品使用资源的情况。正如我们已经指出的，在许多情形下，部门成本系统可用作业成本系统改进。注重作业将会产生更集中和同质的成本库，有助于确认与作业成本库中的成本有着更好因果关系的作业的成本分配基础，并导致更好的设计和流程决策。但一定要权衡考虑作业成本系统的收益及其成本与局限。

□ 服务业和商业公司的作业成本系统

虽然作业成本早期的许多例子起源于制造业，但是管理者也在服务业和商业公司中应用作业成本。例如，Plastim 公司的例子还包括作业成本系统在服务作业（设计）上的应用和商业作业（分销）上的应用。像美国联邦储蓄银行、Braintree 医院、电信业的 BCTel 公司和铁路业的联合太平洋铁路公司（Union Pacific）都已实施某种形式的作业成本系统来确认盈利性的产品组合，以提高效率和使顾客满意。同样，许多零售和批发公司——例如，杂货零售和分销商超价商店（Supervalu）和医用材料分销商 Owens and Minor——已经使用了作业成本系统。如我们在第 14 章描述的，最后有许多金融服务公司应用作业成本系统的变形去分析和改进它们的顾客互动的盈利性。

作业成本系统在服务业和商业公司中的广泛应用强化了这样一种思想，即作业成本系统被管理者用于战略决策，而不用于存货估价。（在商业公司存货估价相当简单，而服务业不需要存货估价。）尤其特别的是，服务业公司从作业成本系统中发现了更大的价值，因为其产品结构的大部分是间接成本。毕竟，当银行发放贷款，或代理人在呼叫中心接电话时，几乎没有直接成本，我们已经看到，作业成本系统的主要好处是它能通过确认作业和成本动因把间接成本分配到成本对象。因此，与传统系统相比，作业成本系统对间接成本的管理提供了更深入的理解。作业成本在服务业和商业公司应用的一般方法与制造业中的类似。

美国联邦储蓄银行在银行经营中实施作业成本系统时，遵循了本章描述的方法。管理者将作业成本除以可用于执行作业的时间，得到不同作业（如执行取款机交易、开户和销户、抵押管理和处理维士卡交易）的成本率。管理者使用这些基于时间的比率计算个别产品的成本，如检查账目、抵押和维士卡，并且计算支持不同类型顾客的成本。来自这种时间驱动的作业成本系统的信息可以帮助美国联邦储蓄银行改进流程，确定盈利产品和顾客群。“观念实施：医院使用时间驱动作业成本法以降低成本和提高护理水平”描述了医院，如休斯敦安德森癌症研究中心（M. D. Anderson Cancer Research Center）和波士顿儿童医院（Children's Hospital in Boston）如何从使用作业成本分析中获得好处。

当作业成本法应用于公共服务机构（如美国邮政总局）时，产生了一些有趣的问题。向边远地区投递邮件的成本远大于市内投递邮件的成本。然而，由于公平和社区建设原因，邮政总局不能向边远地区的客户收取更高的费用。在这种情况下，作业成本法对于理解、管理和减少成本是有用的，但对定价决策无用。

观念实施

医院使用时间驱动作业成本法以降低成本和提高护理水平

美国2012年的医疗保健费用超过国内生产总值（GDP）的17%，预计到2021年将上升到19.6%。几个医疗中心，如休斯敦安德森癌症研究中心和波士顿儿童医院，正在使用时间驱动作业成本法，以帮助将准确的成本和价值计量实务引入医疗保健系统。

时间驱动作业成本法（TDABC）使用一个需要两组估计的框架，把组织所有的资源成本分配给成本对象。TDABC首先计算提供资源能力的成本，比如医生的时间。资源的总成本（包括人事、监督、保险、空间占用、技术和供应）除以可用能力（医生可用于工作的时间），得到能力成本分配率。然后，TDABC使用能力成本分配率，通过估计对象成本所需的资源能力（时间），把资源成本分配到对象成本（如检查的病人数量）。

实施TDABC的医疗中心成功地降低了成本。经过TDABC改进的流程使安德森癌症研究中心的头部和颈部检查处理时间减少了16%，技术人员的成本下降12%，并且每个病人的总成本降低36%。实施TDABC之前，管理者没有必要的信息用于制定降低成本的决策。

更广泛地说，实施了TDABC的医疗保健提供者，发现病人在获得更好护理效果的同时花费了更低的总成本。例如，在疾病早期检查和更好的诊断上花更多的钱，减少了患者痛苦，且治疗往往更便宜也不那么复杂。TDABC带来的启示是，医疗保健提供者可以更有效地利用医务人员、设备、设施和管理资源，可以通过该系统简化患者的检查程序，并且在消除不必要服务的同时，选择可以改善效果的治疗方法。

资料来源：Based on R. S. Kaplan and S. R. Anderson, "The Innovation of Time-Driven Activity-Based Costing," *Cost Management* (March-April 2007); R. S. Kaplan and S. R. Anderson, "Time-Drive Activity-Based Costing" (Boston, MA: Harvard Business School Press, 2007); and R. S. Kaplan and M. E. Porter, "How to Solve the Cost Crisis in Health Care," *Harvard Business Review* (September 2011); and Louise Radnofsky, "Steep Rise in Health Costs Projected," *The Wall Street Journal* (June 12, 2012).

自测题

家庭超市（Family Supermarkets）已经决定增加孟菲斯店铺的营业面积。它想知道单个产品线的盈利性信息：软饮料、新鲜农产品和包装食品。2014年度家庭超市每个产品线的数据如下：

	软饮料	新鲜农产品	包装食品
收入	$317 400	$840 240	$483 960
产品销售成本	$240 000	$600 000	$360 000
退瓶成本	$4 800	$0	$0
采购订单数	144	336	144
运送次数	120	876	264
货架存放时间（小时）	216	2 160	1 080
销售数量	50 400	441 600	122 400

2014年度还有其他一些信息：

作业 (1)		作业内容 (2)	总支持成本 (3)	成本分配基础 (4)
1.	退瓶	将空瓶退回商店	$4 800	直接追溯到软饮料生产线
2.	订单	处理采购订单	$62 400	624份采购订单
3.	运送	实际的交货和收到商品	$100 800	1 260次运送
4.	货架存放	在商店货架上的商品存放和续存	$69 120	3 456个货架存放小时
5.	顾客支持	提供给顾客的帮助，包括结账和装袋	$122 880	614 400个售出商品
合计			$360 000	

要求：

1. 家庭超市在每个产品线中产品销售成本的基础上把商店支持成本（除产品销售成本以外的所有成本）分配到产品线。计算营业利润和每个产品线利润率（产品线利润占收入的百分比）。

2. 如果家庭超市使用作业成本方法来把商店支持成本（除产品销售成本以外的所有成本）分配到产品线，计算营业利润和每个产品线的利润率。

3. 评价要求1和要求2的答案。

解答：

1. 下面的表格显示了营业利润和每个产品线的营业利润占收入的百分比。所有商店支持成本（除产品销售成本以外的所有成本）以每个产品线上的产品销售成本为成本分配基础分配到产品线。总商店支持成本为360 000美元（退瓶成本4 800美元＋采购订单成本62 400美元＋运送成本100 800美元＋货架存放成本69 120美元＋顾客支持成本122 880美元）。商店支持成本的分配率＝360 000美元÷1 200 000美元（软饮料240 000美元＋新鲜农产品600 000美元＋包装食品360 000美元）＝产品销售成本的30%。

家庭超市用0.30乘以每条产品线的产品销售成本，给每个产品线分配商店支持成本。

	软饮料	新鲜农产品	包装食品	合计
收入	$317 400	$840 240	$483 960	$1 641 600
产品销售成本	240 000	600 000	360 000	1 200 000
商店支持成本				
($240 000；$600 000；$360 000)×0.30	72 000	180 000	108 000	360 000
总成本	312 000	780 000	468 000	1 560 000
营业利润	$5 400	$60 240	$15 960	$81 600
营业利润÷收入	1.70%	7.17%	3.30%	4.97%

2. 作业成本系统把退瓶成本作为直接成本，因为这些成本能被追溯到软饮料产品线。家庭超市随后计算每个作业的成本分配率（像本章所描述的七步成本系统中的步骤5）。分配率如下：

作业 (1)	成本层级 (2)	总成本（美元） (3)	成本分配基础的数量 (4)	间接分配率 (5)=(3)÷(4)
订单	批数	62 400	624份采购订单	100美元/采购订单
运送	批数	100 800	1 260次运送	80美元/运送次数
货架存放	单位产出	69 120	3 456个货架存放小时	20美元/存放小时
顾客支持	单位产出	122 880	614 400个售出商品	0.20美元/售出商品

用作业成本分配率乘以每个产品线的成本分配基础总数量，就得到了按作业分配的各生产线的商店维持成本。营业利润和每条产品线的营业利润占其收入的百分比如下：

	软饮料	新鲜农产品	包装食品	合计
收入	$317 400	$840 240	$483 960	$1 641 600
产品销售成本	240 000	600 000	360 000	1 200 000
退瓶成本	4 800	0	0	4 800
订单成本				
(144；336；144)采购订单×$100	14 400	33 600	14 400	62 400
运送成本				
(120；876；264)运送次数×$80	9 600	70 080	21 120	100 800
货架存放成本				
(216；2 160；1 080)有效小时×$20	4 320	43 200	21 600	69 120
顾客支持成本				
(50 400；441 600；122 400)销售量×$0.20	10 080	88 320	24 480	122 880
总成本	283 200	835 200	441 600	1 560 000
营业利润	$34 200	$5 040	$42 360	$81 600
营业利润÷收入	10.78%	0.60%	8.75%	4.97%

3. 管理人员认为作业成本系统比它以前的成本系统更可靠。在家庭超市中作业成本系统更准确地区分了不同类型的作业，也更准确地描绘出各条产品线是如何使用资源的。相对盈利性——即营业利润占收入的百分比——在以前的成本系统和作业成本系统中的排名如下：

简单成本系统		作业成本系统	
1. 新鲜农产品	7.17%	1. 软饮料	10.78%
2. 包装食品	3.30%	2. 包装食品	8.75%
3. 软饮料	1.70%	3. 新鲜农产品	0.60%

各产品线收入、各自的产品销售成本和作业成本占总数的百分比如下：

	软饮料（%）	新鲜农产品（%）	包装食品（%）
收入	19.34	51.18	29.48
产品销售成本	20.00	50.00	30.00

续前表

	软饮料（%）	新鲜农产品（%）	包装食品（%）
退瓶	100.00	0	0
作业：			
订单	23.08	53.84	23.08
运送	9.53	69.52	20.95
货架存放	6.25	62.50	31.25
顾客支持	8.20	71.88	19.92

软饮料比新鲜农产品或包装食品需要更少的运送、更少的货架存放时间和顾客支持。大多数的软饮料供应商自己把商品运送到货架上。相比之下，新鲜农产品有最多的运输成本，消耗很大比例的货架存放时间，并且它也有最大数量的销售额，因此需要大多数顾客的支持。简单成本系统假定每条产品线在每个作业上以相同的比率使用资源，比率是每条生产线的产品销售成本占已售商品总成本的百分比。很明显，这个假定是不正确的。相对于产品销售成本，软饮料和包装食品使用了更少的资源，而新鲜农产品使用更多的资源。因此，作业成本系统减少了分配给软饮料和包装食品的成本，增加了分配给新鲜农产品的成本。简单成本系统是通过成本平摊来广泛平均的一个例子。

家庭超市管理人员能使用作业成本信息来指导他们的决策，例如，如何分配按计划增加的商场面积。增加分配给软饮料的面积比是合理的，但请注意，作业成本信息是货架空间分配决策的唯一考虑因素。在许多情况下，公司不能孤立地制定产品决策，而必须考虑到减少或淡化一种产品可能会影响顾客对其他产品的需求。例如，家庭超市可能必须分配给新鲜农产品一个空间下限，因为减少新鲜农产品的选择会导致顾客不在家庭超市购物，进而导致其他更盈利产品的销售损失。

利用作业成本信息，定价决策也能更加完善。例如，假定一个竞争者宣布在软饮料上降价5%。家庭超市当前在软饮料产品线上的利润率为10.78%，因此有降价空间并仍然能在这条产品线上盈利。而以前的成本系统错误地显示软饮料仅仅有1.70%的盈利率，只留下很小的空间来迎击竞争者的定价挑战。

决策要点

下面的问答形式是对本章学习目标的总结，决策代表与学习目标相关的关键问题，指南则是对该问题的回答。

决策	指南
1. 产品的成本多计或少计在什么时候发生？	当产品或服务消耗高（低）水平的资源而报告较低（高）的成本时发生成本少计（多计）。成本平摊或花生酱成本法，是成本多计或少计的普遍原因，它是使用广泛平均的结果。广泛平均是指各产品以不同方式消耗资源，但成本却在产品间进行统一分派或分摊。当一个产品成本被少计（或多计），从而至少另一个产品成本被多计（或少计）时，就存在产品成本的相互补贴。

2. 管理者怎样改进一个成本系统？	改进成本系统意味着寻求改变，以得到更好的成本数字来反映不同成本对象（例如产品）如何使用公司资源。这些改变可能需要更多的直接成本追溯，选择更多的同质间接成本库或使用不同的成本分配基础。
3. 在设计成本系统时，简单方法和作业成本法之间有什么不同？	作业成本法不同于简单方法，是在于它的基础集中在作业上。一般说来，作业成本法比简单方法产生更多的同质间接成本库和更多的作为成本分配基础的成本动因。
4. 什么是成本层级？	成本层级基于成本分配基础的不同类型或在确定因果（或受益）联系中的不同难度把成本划分为不同的成本库。一个四级成本层级包括单位产出成本、批数成本、产品维持成本和设备维持成本。
5. 如何使用作业成本系统管理产品或服务的成本？	在作业成本法中，通过归集作业的成本来把成本分派到其他的成本对象，例如产品或服务、基于产品或服务消耗的作业。
6. 在决定实施作业成本系统时，管理者应该考虑什么？	当间接成本占总成本的很高比例或当产品和服务产生对间接资源的不同需求时，作业成本系统可能提供最多的决策收益。作业成本系统的主要成本是实施和更新系统所必要的测量的困难性。
7. 怎样使用作业成本系统更好地进行管理？	作业管理描述了使用作业成本信息来使顾客满意并提高收益的管理决策。作业成本系统用于这样一些管理决策，如定价、产品组合、成本降低、流程改进、产品和流程重新设计以及计划与管理工作。
8. 什么时候部门成本系统可以代替作业成本系统？	作业成本系统是部门成本更加集中和同质成本库的一种精炼。当出现如下情形时，部门成本系统中的成本信息近似等于作业成本系统的成本信息：部门只有一个作业，或对不同的作业只有一个作业分配基础，或不同的产品以相同的比例使用部门的不同作业。

练习题

5—17 作业成本系统，成本层级，服务（摘自 CMA）。Vineyard 测试实验室做材料的温度测试（HT）和压力测试（ST）。在现行成本系统下，实验室将 1 190 000 美元的运行成本归入一个间接成本库中。实验室计算出每小时 17 美元（1 190 000÷70 000）的费率。HT 使用 40 000 个测试小时，ST 使用 30 000 个测试小时。实验室的主计长 Gary Celeste 认为测试程序和成本结构之间存在的差异足以分别为 HT 和 ST 建立成本系统和收费比率。测试服务市场的竞争性变得越来越激烈。如果没有这个信息，任何错误的成本和错误的定价都可能使实验室损失业务。Celeste 把实验室的成本划分成如下四个作业成本类别：

a. 直接制造人工成本 146 000 美元。这些成本能被直接追溯到 HT（100 000 美元）和 ST（46 000 美元）。

b. 和设备相关的成本（租金、维修、能源等）350 000 美元。这些成本基于测试小时被分配到 HT 和 ST 上。

c. 安装成本 430 000 美元。这些成本基于所需安装小时的数量被分配到 HT 和 ST 上。HT 需要 13 600 安装小时，ST 需要 3 600 安装小时。

d. 设计测试的成本 264 000 美元。这些成本基于所需设计测试的时间被分配到 HT 和 ST 上。HT 需要 3 000 小时，ST 需要 1 400 小时。

要求：

1. 把上述每个成本划分为单位产出、批数、产品维持和设备维持成本，并解释每个答案。

2. 计算 ST 和 HT 每测试小时的成本。简要解释为什么这些数据不同于实验室使用现行成本系统计算的每测试小时 17 美元的原因。

3. 解释使用现行成本系统和作业成本系统的准确性。实验室的管理层如何使用成本层级和作业成本信息来更好地经营业务？

5—19　工厂范围、部门和作业成本法的间接成本分配率。Automotive Produce（AP）公司设计、生产和销售汽车零件。2014 年实际变动制造费用是 308 600 美元。AP 公司的简单成本系统以机器小时和价格（基于完全成本签订的）为基础将变动制造费用分配给三位顾客。一位顾客经常抱怨收取的价格不具有竞争性。AP 公司的主计长 Devon Smith 意识到应该更严格地检查制造费用资源的消耗。他知道有三个主要部门消耗制造费用资源：设计、生产和工程。他会见了部门的人事专员，并检查了时间记录，得到如下详细信息：

	A	B	C	D	E	F
1	部门	成本动因	2014年制造费用	顾客合同成本动因的使用		
2				United Motors	Holden Motors	Leland Motors
3	设计	CAD设计小时	$39 000	110	200	80
4	生产	工程小时	29 600	70	60	240
5	工程	机器小时	240 000	120	2800	1080
6	合计		$308 600			

要求：

1. 使用简单成本系统，以机器小时为分配基础，计算 2014 年分配给每一位顾客的变动制造费用。

2. 使用以部门为基础的变动制造费用分配率，计算 2014 年分配给每一位顾客的变动制造费用。

3. 对要求 1 和 2 中的答案进行评论。你认为在简单系统中哪位顾客抱怨收取了过高的价格？如果将新的以部门为基础的分配率用于价格合同，哪位顾客会不高兴？你将如何对此问题做出反应？

4. AP 公司还可以怎样利用从逐部门变动制造费用分析中所获得的信息？

5. AP 公司的管理者正在思考是否通过识别每个部门内的不同作业，进一步将逐部门成本系统改造成作业成本系统。在什么条件下，不值得进一步将部门成本系统改造成作业成本系统？

5—21　作业成本系统，分步成本系统。Parker 公司生产数学计算器和金融计算器，且满负荷运营。与两个产品相关的数据如下：

	数学计算器	金融计算器
年产量	50 000	100 000
直接材料成本	$ 150 000	$ 300 000
直接人工成本	$ 50 000	$ 100 000
直接人工小时	2 500	5 000
机器小时	25 000	50 000
流水线生产量	50	50
检查时间（小时）	1 000	500

总的制造费用如下：

	合计
加工成本	$ 375 000
设置成本	120 000
检查成本	105 000

要求：

1. 为每个间接成本库选择一个成本动因，计算每种产品的单位制造费用。

2. 计算每种产品的单位制造成本。

3. Parker 公司的管理者如何利用作业成本系统的新成本信息去更好地管理业务？

5—23　作业成本法，服务业公司。Speediprint 公司有一台打印传单、小册子和宣传材料的小型印刷机。Speediprint 公司把它的打印工作分为标准工作和特殊工作。Speediprint 公司的简单分批成本系统有两个直接成本类别（直接材料和直接人工）和单一的间接成本库。Speediprint 公司按照产能进行生产，并以印刷机器小时作为分配基础分配所有间接成本。

Speediprint 公司考虑到分配到标准和特殊工作上成本的准确性，因此计划实施作业成本系统。Speediprint 公司的作业成本法具有和简单成本系统一样的直接成本分类。但是，不是一个单一的间接成本库，而是有 6 个间接成本分类：设计、采购、安装、印刷机操作、营销和管理。为了看看作业成本法如何影响标准工作和特殊工作的成本，Speediprint 公司收集了刚刚结束的 2014 财务年度的数据如下。

	A	B	C	D	E–H
1		标准工作	特殊工作	合计	分配基础和作业成本之间的因果关系
2	打印工作的数量	400	200		
3	每项工作的价格	$600	$750		
4	每项工作的供应成本	$100	$125		
5	每项工作的直接人工成本	$90	$100		
6	每项工作的打印机器小时	10	10		
7	打印机器操作的成本			$75 000	操作打印机的间接成本随打印
8					机器小时而增加
9	每项工作的设置小时	4	7		
10	设置成本			$45 000	间接设置成本随设置小时而增加
11	采购订单总数	400	500		
12	采购订单成本			$18 000	间接采购成本随采购订单数而
13					增加
14	设计成本	$4 000	$16 000	$20 000	设计成本按照设计部门的特殊研
15					究分配至标准工作和特殊工作
16	营销成本（占收入的百分比）	5%	5%	$19 500	
17	行政成本			$24 000	行政资源的需求随直接人工成本而增加

要求：

1. 在简单成本系统下，计算标准工作和特殊工作的成本。

2. 在作业成本法下，计算标准工作和特殊工作的成本。

3. 比较要求 1 和 2 中的标准工作和特殊工作的成本。为什么标准工作和特殊工作的成本在简单成本系统和作业成本法中会有不同？

4. Speediprint 公司如何使用作业成本系统的新成本信息去更好地管理它的业务？

5—25 作业成本系统，零售产品线的盈利能力。Henderson 超市满负荷运营，并决定把作业成本分析应用到三条产品线：烘焙食品，牛奶和果汁以及冷冻食品。它确定了四个作业和作业成本率如下：

订单	每个采购订单 102 美元
商品的运输和接收	每次运送 78 美元
货架存放	每小时 21 美元
顾客支持和帮助	每卖出一件 0.22 美元

收入、产品销售成本、商店支持成本、解释商店支持成本的作业和三条产品线的作业区域信息如下：

	烘焙食品	牛奶和果汁	冷冻食品
财务数据			
总收入	$ 59 500	$ 66 000	$ 51 000
产品销售成本	$ 36 000	$ 48 000	$ 34 000
商店支持成本	$ 10 800	$ 14 400	$ 10 200
作业区域用量（成本分配基础）			
订单（采购订单）	25	20	15
运送（交货）	90	35	30
货架存放（小时）	190	180	40
顾客支持（销量）	13 500	17 500	8 000

在简单成本系统下，Henderson 超市按产品销售成本的 30%将支持成本分配给产品。

要求：

1. 使用简单成本系统，编制 Henderson 超市生产线盈利能力报表。

2. 使用作业成本系统，编制 Henderson 超市生产线盈利能力报表。

3. 要求 2 中的作业成本系统给 Henderson 超市管理者提供了什么新启示？

5—27 作业成本系统，作业区域的成本动因率，产品相互补贴。Intex Potatoes（IP）公司按照产能生产，在它的高度自动化工厂 Pocatello 把土豆处理成土豆片。它把土豆销售给零售市场和机构市场，其中包括医院、食堂和大学宿舍。

IP 公司的简单成本系统不区分零售市场和机构市场的土豆切片，它有一个单一的直接成本类别（直接材料，即生土豆）和单一的间接成本库（生产支持）。支持成本包括按被加工的土豆切片的磅数分配的包装材料。该公司使用 1 800 000 磅的生土豆加工 1 600 000 磅土豆切片。在 2014 年年底，IP 公司投标失败，失去了一个大的机构合同。据报道，它的报价高于中标价的 30%。这种反馈令人震惊，因为 IP 公司的报价只包含最低的利润，并且 Pocatello 工厂被公认为是行业中最高效的。

重新审核失败的合同投标过程后，IP 公司决定探索方法改进其成本核算系统。公司确定 90%的直接材料（生土豆）和零售市场相关，10%和机构市场相关。而且，公司确定包装材料可以直接追溯至单个作业（190 000 美元属于零售市场，9 000 美元属于机构市场）。公司还使用作业成本法识别三个产生支持成本的主要作业区：清洗、切片和包装。

（1）清洗作业区——成本分配基础是清洗生土

豆的磅数。

(2) 切片作业区——生产线每小时生产 150 磅零售市场的土豆切片和 200 磅机构市场的土豆切片。成本分配基础是生产线上的切片工时。

(3) 包装作业区——包装线每小时包装 25 磅零售市场的土豆切片和 80 磅机构市场的土豆切片。成本分配基础是生产线上的包装小时。

下表总结了 2014 年成本分析前后的实际成本：

	成本分析前	成本分析后			
		生产支持	零售市场	机构市场	合计
用直接材料					
土豆	$ 231 000		$ 207 900	$ 23 100	$ 231 000
包装			190 000	9 000	199 000
生产支持	1 689 000				
清洗		$ 270 000			270 000
切片		624 000			624 000
包装		596 000			596 000
合计	$ 1 920 000	$ 1 490 000	$ 397 900	$ 32 100	$ 1 920 000

要求：

1. 使用简单成本系统计算 IP 公司生产每磅土豆切片的成本。

2. 计算清洗、切片、包装作业区每单位成本动因的成本率。

3. 假设 IP 公司使用来自作业成本率的信息计算零售土豆切片和机构土豆切片的成本。使用作业成本系统，每磅零售土豆切片和机构土豆切片的成本是多少？

4. 对要求 1 和 3 中两个成本系统之间的成本差异进行评论。IP 公司如何使用要求 3 中的信息制定更好的决策？

5—29 作业成本法，银行的产品成本核算，相互补贴。联合储蓄银行正在审查其高级账户（集储蓄账户和支票存款账户于一体的账户）的盈利能力。根据储户年平均存款余额支付 7%的年利率。联合储蓄银行的住房贷款利率为 10%，利率差为 3%（其贷款与存款之利率差），因此，如果 2014 年储户在“高级账户”的年平均余额为 2 000 美元，则联合储蓄银行可得到 60 美元（2 000×3%）的收入。

“高级账户”允许其储户无限制地享受存款、取现金、签发支票以及开具外币汇票等服务。在“高级账户”上余额达到或超过 1 000 美元的储户均可免费享受这些服务，余额低于 1 000 美元的储户则需每月支付 20 美元。

联合储蓄银行最近对其下述六项个人服务进行了一次作业成本分析。2014 年三位顾客对服务的使用情况如下：

	每次“交易”的作业成本	账户使用者		
		Lindell	Welker	Colsron
柜台存取	$ 2.50	44	49	4
自动取款机存取	0.80	12	24	13
每月预定存取	0.50	0	14	58
签发银行支票	8.20	8	2	3
外币汇票	12.10	6	1	5
查询账户余额	1.70	7	16	6
2013 年平均的高级账户余额		$ 1 200	$ 700	$ 24 900

假定 Lindell 和 Colsron 的存款余额一直高于 1 000 美元，而 Welker 的存款余额一直低于 1 000 美元。

要求：

1. 计算联合储蓄银行 2014 年 Lindell，Welker 和 Colston 三个“高级账户”的盈利能力。

2. 为什么在“高级账户”总体盈利的情况下，联合储蓄银行还是对其单个客户的盈利能力感到不安？

3. 你建议联合储蓄银行对“高级账户”做何改变？

5—33 第一阶段分配，作业成本核算，制造业。Thurgood Devices 公司出于定价目的，使用作业成本法将间接成本分配给顾客订单。许多客户订单都是通过竞标获得。直接材料和直接人工成本直接追溯到每个订单。Thurgood Devices公司的直接人工成本率为每小时20美元。公司报告的年度间接费用成本如下（单位：美元）：

工资和薪金	480 000
折旧	60 000
租金	120 000
其他间接费用	240 000
间接费用合计	900 000

该公司建立了四个作业成本库：

作业成本库	作业指标	本年作业合计
直接人工支持	直接人工小时数量	30 000直接人工小时
订单处理	顾客订单数量	500份订单
设计支持	定制设计数量	100个定制设计
其他	按照直接人工小时分配到订单的设施维持成本	30 000直接人工小时

Thurgood Devices公司每年只有20%的订单需要定制设计。Thurgood Devices公司的主计长Paul Moeller编制了在四个作业成本库之间分配间接费用百分比的估计如下：

	直接人工支持	订单处理	设计支持	其他	合计
工资和薪金	40%	25%	30%	5%	100%
折旧	25%	10%	15%	50%	100%
租金	30%	25%	10%	35%	100%
其他	20%	30%	35%	15%	100%

448200号订单需要4 550美元直接材料，80直接人工小时，一个定制设计。

要求：

1. 将间接成本分配至每个作业成本库。计算每个作业成本库的作业率。

2. 确定448200号订单的成本。

3. 作业成本法如何提高Thurgood Devices公司的订单定价能力？假设Thurgood Devices公司使用传统成本系统，按照直接人工小时将所有间接成本分配至订单。这会如何影响Thurgood Devices公司的定价决策？

5—35 部门和作业成本率，服务业。Raynham's放射中心（RRC）提供X光、超声波、CT扫描和磁共振成像（MRI）服务。RRC已经建立了国家顶级放射中心的声誉，因为它不断地重新审视自己的过程和程序。RRC一直采用单一的全部设施间接费用分配率。其财务副总裁认为，如果RRC使用了更加细分的成本信息，可以做出更好的过程改进。她说，“我们有最先进的医学成像技术。我们就不能有最先进的会计技术吗？”

RRC 2014年5月31日结束的年度的预算信息

	X光	超声波	CT扫描	MRI	合计
技术员人工	$ 62 000	$ 101 000	$ 155 000	$ 103 000	$ 421 000
折旧	42 240	256 000	424 960	876 800	1 600 000
材料	22 600	16 400	23 600	31 500	94 100
管理					20 000
维护					250 000
环境卫生					252 500
电费					15 100
合计	$ 126 840	$ 373 400	$ 603 560	$ 1 011 300	$ 2 788 700
程序数量	3 842	4 352	2 924	2 482	
每道程序后的清洗分钟	5	5	15	35	
每道程序分钟数	5	15	25	40	

RRC满负荷运营。拟定的间接费用分配基础如下：

行政管理	过程的数量
维护（包括部件）	设备的资本成本（使用折旧）
环境卫生	总清洗分钟
电费	总程序分钟

要求：

1. 以技术员人工成本为分配基础，计算 X 光、超声波、CT 扫描和 MRI 每次服务的预算成本。

2. 如果使用作业成本法分配间接费用，计算 X 射线、超声波、CT 扫描和 MRI 每次服务的预算成本。

3. 解释信息分解如何帮助 RRC 持续改进服务。

5—37　选择成本动因，作业成本法，作业管理。Pastel Bags (PB) 公司是高品质的背包和钱包的设计者。每种设计都是小批量生产。每年春天，PB公司发布新设计的背包和钱包。这些设计只用一年，然后转向下一个潮流趋势。这些包都是同样的制造设备生产的，预计满负荷运营。当有了新的设计时，该设备必须重新设置，为生产新产品做准备。每批产品完工后，立即运送到批发商。运费随运输数量变化。今年的预算信息如下：

Pastel Bags 公司
各项作业和成本的预算
2014 年 2 月 28 日截止的年度

直接材料——钱包	\$ 319 155
直接材料——背包	454 995
直接人工——钱包	99 000
直接人工——背包	113 000
机器设置	64 000
运输	73 000
设计	169 000
工厂电费和管理费	221 000
合计	\$ 1 513 150

其他预算信息如下：

	背包	钱包	合计
包的数量	6 175	3 075	9 250
生产小时	1 665	2 585	4 250
批次数量	120	80	200
设计数量	2	2	4

要求：

1. 识别每个成本类别的成本层级。

2. 确定每个成本类别最合适的成本动因。简单解释一下你如何选择成本动因。

3. 计算每个成本类别的单位成本动因预算成本。

4. 计算每个产品线的预算总成本和单位成本。

5. 解释你如何使用要求 4 中的信息来降低成本。

5—39　未使用的生产能力，作业成本法，作业管理。Zarson's Netballs 公司是高品质篮球和排球的制造商。设置成本由批数决定。设备和维护成本随机器小时数增加，租金按照每平方英尺支付。该设施的生产能力为 14 000 平方英尺，Zarson's Netballs 公司仅使用生产能力的 80%。Zarson's Netballs 公司将未使用的生产能力成本作为一个单独项目记录，而不是记录为产品成本。以下是 Zarson's Netballs 公司的预算信息：

Zarson's Netballs 公司
预算成本和作业
2014 年

直接材料——篮球	\$ 168 100
直接材料——排球	303 280
直接人工——篮球	111 800
直接人工——排球	100 820
机器设置	157 500
设备维修成本	115 200
租金	210 000
合计	\$ 1 166 700

其他预算信息如下：

	篮球	排球
球的数量	58 000	85 000
机器小时	13 500	10 500
生产批次	450	300
使用的生产面积（平方英尺）	3 200	8 000

要求：

1. 计算每个间接成本库的单位成本动因的预算成本。

2. 未使用的生产能力的预算成本是多少？

3. 生产篮球和排球的资源的预算总成本和单位成本是多少？

4. 为什么过剩的产能对 Zarson's Netballs 公司是有利的？在增加生产利用空间之前，Zarson's Netballs 公司应该考虑哪些问题？

5—41　作业成本系统，实施，道德（摘自 CMA）。Plum 电子公司是 Berry 公司的一个分公司，生产两种类型的大屏幕电视：Mammoth 和 Maximum。Mammoth 投产于 2010 年，售价 990 美元；Maximum 是 2012 年初引进的新型电视，售价 1 254 美元。根据下面会计年度截至 2014 年 11 月 30 日的利润表，Berry 公司的高级管理层已经决定把 Plum 电子公司的市场资源集中在 Maximum 上，并且开始逐渐停止 Mammoth 的生产，因为 Maximum 创造了更大的单位营业利润。

Plum 电子公司
利润表
本会计年度截至 2014 年 11 月 30 日

	Mammoth	Maximum	合计
收入	$21 780 000	$5 016 000	$26 796 000
产品销售成本	13 794 000	3 511 200	17 305 200
毛利	7 986 000	1 504 800	9 490 800
销售和管理费用	6 413 000	1 075 800	7 488 800
营业利润	$1 573 000	$429 000	$2 002 000
产销量	22 000	4 000	
单位已售产品的营业利润	$71.50	$107.25	

Mammoth 和 Maximum 的产品销售成本明细如下：

	Mammoth		Maximum	
	合计	单位	合计	单位
直接材料	$5 033 600	$228.80	$2 569 600	$642.40
直接人工[a]	435 600	19.80	184 800	46.20
机器成本[b]	3 484 800	158.40	316 800	79.20
直接成本合计	$8 954 000	$407.00	$3 071 200	$767.80
制造费用[c]	$4 840 000	$220.00	$440 000	$110.00
产品销售成本合计	$13 794 000	$627.00	$3 511 200	$877.80

a. 生产每台 Mammoth 需要 1.5 小时，生产每台 Maximum 需要 3.5 小时，直接生产人工成本为每小时 13.20 美元。
b. 机器成本包括机器的租赁费用，维修和保养费用。生产每台 Mammoth 需要 8 机器小时，生产每台 Maximum 需要 4 机器小时，机器小时成本为每小时 19.80 美元。
c. 制造费用按照机器工时分配到产品，每机器小时 27.50 美元。

Plum 电子公司的主计长 Steve Jacobs 提倡使用作业成本和作业管理，并且已经收集了会计年度截至 2014 年 11 月 30 日的与公司制造费用有关的如下信息：

作业中心（成本分配基础）	总作业成本	成本分配基础的数量		
		Mammoth	Maximum	合计
焊接（焊接点数）	$1 036 200	1 185 000	385 000	1 570 000
装运（装运次数）	946 000	16 200	3 800	20 000
质量控制（检测数）	1 364 000	56 200	21 300	77 500
采购订单（订单数）	1 045 440	80 100	109 980	190 080
机器动力（机器小时）	63 360	176 000	16 000	192 000
机器安装（安装次数）	825 000	16 000	14 000	30 000
制造费用合计	$5 280 000			

在完成分析后，Jacobs 向 Plum 电子公司的总裁 Charles Clark 汇报了他的结果，但 Clark 并不赞同。“如果你向总部汇报这个信息，他们会让我们停止 Maximum 的生产线，这是我们刚刚引进的。对我们来说，整个计算原料成本的方法是一个主要问题。过去是 Mammoth 不盈利，现在是 Maximum。”

“从作业成本分析，我看出两个问题。首先，我们实际的作业比你列出的作业多。如果你把所有的作业包括进去，可能你的结论会不同。其次，你使用安装次数和检测数作为分配基础。如果你使用安装小时和检测小时，数据也会不同。我知道计量问题使你没有使用其他的成本分配基础，但是我认为你应该对我们当前的数量进行一些调整以做些补偿。我知道你能做得更好。我们不能停止任何一种产品”。

Jacobs 知道他的数字相当准确。作为一种快速检查，他使用更多且不同的分配基础计算 Mammoth 和 Maximum 的盈利性。他过去使用的作业集和作业分配率结果非常近似于根据更详细分析得出的数据。知道了 Maximum 最近刚被引进，他确信总部不会让 Plum 电子公司停止它的生产。他也知道 Clark 的大部分红利基于部门的收入。停止生产任何一种产品将会对他的红利产生不利影响。他也感觉到来自 Clark 的压力。

要求：

1. 使用作业成本系统，计算 Mammoth 和 Maximum 的盈利性。

2. 简短解释为什么使用 Plum 当前的简单成本系统计算的单位毛利不同于要求 1 中的数据。

3. 对 Clark 关于作业成本系统准确性和局限性的担心进行评论。

4. Plum 如何发现作业成本信息有助于管理它的业务？

5. Steve Jacobs 应该对 Clark 的评论做出什么反应？

第 6 章

总预算和责任会计

- 预算和预算循环
- 实施预算的优点与面临的挑战
- 制定经营预算
- 财务计划模型与敏感性分析
- 预算与责任会计
- 预算编制中的人为因素
- 跨国公司的预算
- 附录　现金预算

学习目标

1. 描述总预算并解释其作用
2. 描述预算的作用
3. 编制经营预算及其支持计划表
4. 应用基于计算机的财务计划模型进行敏感性分析
5. 了解责任中心及责任会计
6. 识别预算的人为方面
7. 评价跨国公司预算面临的挑战

没有人喜欢现金短缺。

在 2007—2009 年全球经济衰退期间，家庭和企业都面临经济困难。在衰退期间出现的最热门的创新是能够让用户得到财务数据（包括支票账户、投资报表和贷款）快照、建立预算管理他们的消费和储蓄的网站，Mint. com 是其中的一个网站。2009 年，Quicken 和 TurboTax 产品的开发商 Intuit 认识到这些财务网站日益普及，就以 1.7 亿美元收购了 Mint. com。

企业像个人一样需要预算。没有预算，管理者和员工就很难了解他们是否达到增长和支出目标。遵守预算对所有类型的公司都很重要：大型金融机构（如花旗集团）在 2000 年代中期住房泡沫破灭后遭受巨大的经济损失；大型零售商（如沃尔玛）的利润率很微薄；赚钱的计算机公司（如苹果）出售高价值商品；豪华酒店（如丽思卡尔顿（Ritz Carlton））提供高价值服务。

丽思卡尔顿的“吝啬”：总预算

丽思卡尔顿连锁酒店的格言是：我们是为女士和绅士提供服务的女士和绅士。从丹佛到迪拜，该酒店都以奢华和高雅著称。然而它高贵的氛围却与其对成本控制和预算的重视形成鲜明对比。它尽一切可能满足客户对高雅和奢华的期望。

丽思卡尔顿酒店的业绩是每家分店总经理和控制人的责任。每年编制的预算是酒店和工作人员业绩评价的基础。

酒店的销售经理预测所有的收入，包括客房、会议、婚礼、宴会设施、商品、食物和饮料销售收入。然后控制者寻求成本的投入。客房部使用标准成本，即每个被占用房间的成本，制定预算。另外一些标准成本被用来计算会议室、食物和饮料的成本。完成的预算被送到公司总部，酒店依据批准的预算评价监督每月的实际业绩。

每家分店的经理每天对照计划审查酒店的业绩。如果他们选择这样做他们可以在预订时调整价格。如果酒店遭遇入住率的意外变化，那么调整价格就显得尤其重要。每家分店的经理每月从总部获得预算实施情况，同时获得其他分店实际业绩情况。任何增加收入、降低成本的想法都会在各酒店间共享。

为什么成功的公司感到有必要使用预算密切关注它们的支出呢？因为，正如丽思卡尔顿表明的那样，制定预算是公司决策程序中的一个关键职能。例如，西南航空公司使用预算控制波动的燃料成本。沃尔玛公司在与塔吉特公司竞争时，依赖预算保持微薄利润率。吉列使用预算开展剃刀的市场推广。

尽管预算对企业来讲至关重要，但许多管理者常常对预算程序感到沮丧。他们发现很难预测未来，并且他们不喜欢上司提出硬性要求让他们改善部门业绩，也不喜欢根据那些有挑战性的目标对他们个人进行评价。管理者将预算视为游戏很常见：“如果我降低业绩预期，那么我的实际业绩会很好看”，他们可能会得出这样的结论。我们将在本章后面讨论这些问题以及有想法的管理者处理这些问题的方法。而现在，我们强调管理者从预算中得到某些好处。

预算帮助管理者：

1. 将方向与目标传达给公司不同的部门以帮助它们协调行动，它们必须实施这些行动以满足顾客需求并在市场上取得成功。

2. 将财务成果与计划目标、行动和时间期限进行比较来判断业绩，并且了解潜在的问题。

3. 激励员工达到目标。

有趣的是，即使在涉及企业家活动时，研究仍显示：商业策划书增加了新企业的存活概率，提高了产品研发与企业组织活动。① 正如谚语所说：“如果你没有计划，那你就计划失败。”

在本章中，你将会看到预算是根据组织的战略编制的，表达了组织的经营和财务计划。更重要的是，你将会看到预算是一种需要判断和明智的解释的人类活动。

预算和预算循环

预算是：(1) 管理层制定的在某特定期间内行动计划的数量化表达；(2) 协助履行这一计划。预算可作为公司在下一期间的行动蓝图，通常包括公司的财务方面和非财务方面。财务预算量化了管理者对收入、现金流量和财务状况的预期。就像财务报表不仅可以反映过去，也可以顾及将来，如预算利润表、预算现金流量表、预算资产负债表。管理者使用非财务预算的支持信息制定财务预算，如产量或销售量、员工人数和即将投放市场的新产品数量。

战略计划和业务计划

当预算与公司战略结合在一起的时候，预算是最有用的。战略分析具体说明的是一个组织如何把自身能力与市场机会结合在一起以达到目标。为了制定成功的战略，管理人员必须考虑如下问题：

- 我们的目标是什么？

① For more details, see Frederic Delmar and Scott Shane, “Does Business Planning Facilitate the Development of New Ventures?” *Strategic Management Journal* (December 2003).

● 如何为我们的客户创造价值以区别于竞争者？

● 我们的产品市场是地方性的、地区性的、全国性的还是全球性的？什么样的趋势会影响我们的市场？经济、产业和我们的竞争对手如何影响我们？

● 何种形式的组织和财务结构对我们最有利？

● 可供选择的战略有什么风险和机会？如果我们看好的计划失败了，有哪些应急计划可供使用？

一个公司，如家得宝，可能有一个提供质优价廉的产品或服务的战略。另一个公司，如保时捷或丽思卡尔顿，可能有一个提供独特产品或服务但其价格高于竞争对手的战略。图表 6—1 表明，战略计划通过长期预算来表达，而经营计划通过短期预算来表达。但是故事没那么简单！图表显示箭头既指向左方，也指向右方。向左的箭头说明预算会导致计划和战略的变化。预算通过向管理者提供关于战略和计划的可能影响的反馈，帮助管理者评价战略风险和机会。有时反馈促使管理者修改计划，可能还有战略。

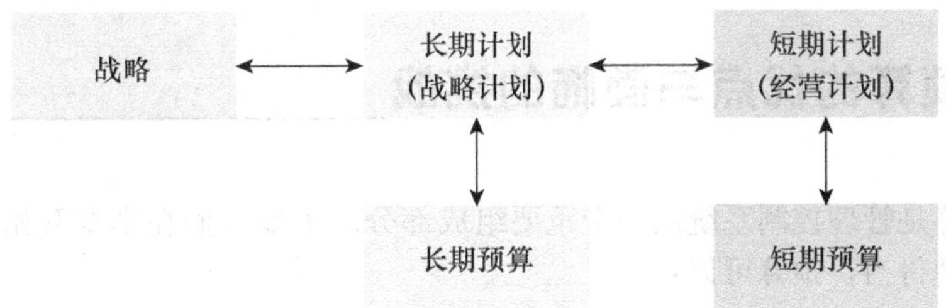

图表 6—1　战略、计划与预算

波音公司 747-8 项目的经历说明了预算如何帮助管理者修订经营计划。波音公司认为，利用 787 梦想飞机项目中实施的某些设计理念可能是改装 747-8 喷气式飞机的一种相对便宜的方法。但是，持续的成本超支和拖延损害了这种战略：在 2012 年年初，747-8 项目就已经超出预算 20 亿美元，并且比计划延迟了一年。据此，公司预计其账簿上记录的任何超过 100 架 747-8 飞机的订单都不会赚取利润。而且预算显示，设计、返工和生产的成本高于预期，波音公司推迟了 747-8 项目的生产计划。

□ 预算循环和总预算

一个管理良好的公司在会计年度中通常经历以下循环：

1. 在财务年度开始前，各级管理者会考虑公司过去的业绩、市场反馈和预测的未来变化以制定下一期的计划。例如，预测经济从衰退中恢复可能会使管理者制定增加销售、扩大产量和增加促销费用的计划。管理者和管理会计师一起编制整个公司及其各个子单元（如部门或分公司）的业绩计划。

2. 在财务年度开始的时候，上级管理者给下级管理者提供一个参照框架，一套可与实际结果比较的具体财务和非财务预期值。

3. 在年度过程中，管理会计师帮助管理者调查计划偏离实际的程度，比如销售量的意外下降。如有必要，便加以修正，比如改变产品的特征、降低价格促进收入增长或降低成本保持获利能力。

上述三个步骤描述了运行中的预算相关流程。该流程核心的工作文件是总预算。**总**

预算（master budget）反映了公司一定时期内（通常为一个会计年度）管理层的经营和财务计划，由一系列财务预算报表组成。总预算是公司想要在预算期完成的预算的初步计划，由管理者做出的经营和财务决策发展而成。

- 经营决策致力于如何最好地使用组织的有限资源。
- 财务决策致力于怎样筹集资金来获取这些资源。

用于描述预算的术语在不同公司间有差异。例如，预算财务报表有时又叫**预计报表**（pro forma statements）；还有一些公司将预算称为目标，如惠普公司；还有许多公司把预算叫做利润计划，如日产汽车（Nissan Motor）和欧文斯科宁公司（Owens Corning）。微软公司把目标叫做承诺，并且在整个公司内分配企业层面的目标，把目标与组织、团队并且最终与个人的承诺联系起来。

本书的重点是讨论管理会计怎样帮助管理者制定经营决策，因此本章着重论述经营预算。管理者在编制和分析预算上花了大量的时间，因为预算有许多优点。

实施预算的优点与面临的挑战

预算是管理控制系统的一个重要组成部分。正如我们在本章开始部分讨论的那样，只要管理得当，预算可以：

- 促进公司内部的协调和沟通。
- 提供业绩评价和促进学习的框架。
- 激励管理者和其他员工。

促进协调和沟通

协调就是以最好的方式全面组织和平衡公司生产或服务的所有方面和所有部门，以达到公司的目标。沟通就是确保所有的员工理解这些目标。协调促使业务主管考虑公司内部各个部门之间，以及公司与供应链合作伙伴之间的关系。

考虑总部设在英国的一家电子产品制造商 Pace 公司的预算。其主要产品是用于解码的卫星广播数字机顶盒。生产经理通过和营销团队的协调和沟通，可以获悉何时将机顶盒运送给顾客，从而能够更及时地生产。营销团队通过与 Pace 公司顾客的协调和沟通，可以对机顶盒的未来市场需求做出更精准的预测。

假如 Pace 公司最大的一个顾客 BSkyB 公司正打算推出新的高清晰个人视频录像机服务。如果 Pace 公司的营销小组能够获取服务的推出日期，它就可以和生产部门共享这一信息。然后生产部门与材料供应部门等进行协调和沟通。这里要重点理解的是，只有在预算制定阶段和产品生产阶段，Pace 公司都能协调好内部各职能部门、供应商和顾客之间的关系，它才更可能按顾客需要量生产个人视频录像机。

为业绩评价和促进学习提供一个框架

预算能够使公司的管理者评价实际业绩和预算业绩。预算能克服以过去业绩作为判断实际成果的基础的两个局限。一个局限是过去的成果常常包含了过去的失误和未达到标准的业绩。假设移动电话公司 Mobile Communication 正在考核当年（2014 年）销售人员的业绩。2013 年有许多销售人员因为没有很好地了解市场而离职。这些离职人员的销售成果也包括在 2013 年的业绩中。Mobile Communication 的总裁说那些销售人员“在炎热期卖不出去冰淇淋”，以这些离职人员的销售记录作为 2014 年的业绩评价基准就太低了。

另一个局限是未来的情况可能与过去不同。再以 Mobile Communication 公司为例。假如 2014 年公司的收入提高了 20%，而 2013 年收入只提高了 10%，这是否说明销售业绩突出呢？如果 2014 年预测的和实际的行业增长率都是 40%，答案就是否定的。在这种情况下，Mobile Communication 公司 2014 年 20%的实际收入增长率看起来并不好，即使它超过了 2013 年 10%的实际增长率。与使用 2013 年 10%的实际增长率作为基准相比，Mobile Communication 公司用 40%的行业预算增长率作为基准能够更好地评价 2014 年销售业绩。这是许多公司与同行相比评价业绩的原因。只用预算评价业绩会激励下属设定一个相对容易实现的目标。① 当然，各级管理者都认识到了这种行为，因此他们会为下属设置一些具有挑战性的预算目标。预算是高管和下属协商的最终产物。在年末的时候，高层管理者获得了竞争对手的业绩和外部市场情况的信息。这些信息对高层管理者判断下属业绩非常有价值。

预算最有价值的一个好处是帮助管理者收集信息，改进未来业绩。当实际结果低于预算或计划结果时，它促使高层管理者思考发生了什么，为什么会发生，以及如何运用这方面的知识来确保这样的不足不会再次发生。调查和学习是预算帮助改善业绩的重要原因之一。

□ 激励管理者和其他员工

研究表明，当员工收到一个富有挑战性的预算时，他们的业绩改善了。为什么？因为员工把不能完成预算视为一种失败。大多数员工拼命工作的动机与其说是取得成功，不如说是为了避免失败。当员工距离目标越来越近的时候，他们就会越发努力以实现目标。适当的焦虑会提高业绩，但野心勃勃和不可能实现的预算不会激励员工——因为员工无法避免失败。因此，许多主管人员喜欢为下属管理人员和员工设计富有挑战性但又是可达到的目标。② 通用电气的前首席执行官杰克·韦尔奇（Jack Welch）认为富有挑战性而又能实现的预算能使人才充分发挥他们的潜能，鼓励创造性思维，从而激励管理者和其他员工，并使他们获得满足。在本章后面的章节中，我们将回到设定难以实现的目标及其对员工的影响这个主题。

□ 来自预算管理的挑战

预算编制过程涉及各级管理层。最高管理层要求低层管理者更多地参与预算编制过

---

① 参见 Jeremy Hope and Robin Fraser，*Beyond Budgeting*（Boston：Harvard Business School Press，2003）中的几个例子。作者也对市场情况发生变化使得预算过时而管理者仍严格管理预算的倾向进行了批评。

② 有关设定具体努力目标的优点的详细讨论与若干实例，见 Gary P. Latham，“The Motivational Benefits of Goal-Setting，” *Academy of Management Executive* 18，no. 4（2004）。

程，因为低层管理者有更多的专业知识和公司日常经营活动的第一手经验。这种参与也使低层管理者对预算负有更重要的责任。这是预算流程自下而上的方面。

但是，预算的编制需要花费大量时间。有关估计表明，高层管理者在预算上花费了10%～20%的时间，财务计划部门在预算上花费了多达50%的时间。[①] 对大多数组织来说，年度预算过程长达数月，消耗大量的资源。

预算在国际大公司和本土小公司中的广泛应用表明预算系统的收益高于成本。为了使预算发挥更大作用，公司各级管理者应该理解并支持预算和管理控制体系的所有方面。低层管理者的参与对于预算的编制和成功实施是非常关键的。如果低层管理者觉得最高管理层并不信赖预算，他们也就不可能积极地参与预算流程。

预算不应管得过死。实现预算不应是预算的终极目标，特别是当环境发生重大变化时。管理者要遵守预算，但是可能出现某种情况，在此情况下一些没有计划的修理和广告项目可能会更好地增进公司的利益。一方面，2007—2009年衰退期间消费需求大幅下降，导致诸如古驰等削减设计师预算，搁置计划设立的新精品店。梅西百货（Macy's）和其他零售商的货架上堆满了金融危机前订购的没有追索权的商品，公司不得不减价、裁员。彭尼公司（J. C. Penney）最终没有完成2009年的销售预期，还差20亿美元。但是，当年的积极行动使它能够在衰退中存活下来。不幸的是，在2012年彭尼公司的销售额急剧下降，因为它改变了战略，日常低价不再提供折扣和优惠。

制定经营预算

预算通常有一个规定的期间，如一个月、一个季度、一年等。这个规定的期间也可以分为若干个子期间。例如，一个为期12个月的现金预算可以分解成12个月度预算，这样可以更好地协调现金的流入和流出。

□ 预算的时间跨度

制定预算的动机将指导管理者选择预算期间。例如，为哈雷-戴维森500-cc新型摩托车制定预算。如果预算目的是这种新款车的总体盈利性，5年期（或更长）可能较合适，时间足够长，能够包括从设计到生产、销售和售后支持的产品周期。相反，为季节性的剧院（预算只运营几个月）作预算时，如果预算目的就是估计所有的现金支出，则从计划到正式演出的6个月时间足够了。

预算期最常用的是1年，1年又常常被分为月度和季度。随着时间推移，1年期的预算数据经常被修正。在第2季度末，管理层可能根据前6个月得到的新信息对后两个季度的预算进行修改。例如，健康保险公司Amerigroup必须对2009年第3季度和年度的成本预测做出重大修改，因为H1N1病毒引起的流感疫情的相关成本高于预期数。

企业越来越多地使用滚动预算。**滚动预算**（rolling budget）亦称**连续预算**（con-

---

① See Peter Horvath and Ralf Sauter, "Why Budgeting Fails: One Management System Is Not Enough," *Balanced Scorecard Report* (September 2004).

tinuous budget），是对一个特定的未来期间总是可用的预算。滚动预算是通过不断地向刚刚结束的时期增加一个月、一个季度或一年而得到的。例如，伊莱克斯（Electrolux）是一家全球性的仪器制造公司，它有一个 3～5 年的战略计划和一个 4 个季度的滚动预算。2013 年 4 月到 2014 年 3 月的 4 季度滚动预算到下个季度（2013 年 6 月）就被 2013 年 7 月到 2014 年 6 月的滚动预算取代了。依此类推，总有一个 12 个月的滚动预算（为下一年）。滚动预算不断地促使管理层为即将到来的 12 个月打算，而不论企业处在哪个季度。某些公司，如欧洲领先的聚烯烃塑料制造商北欧化工公司（Borealis）、总部位于马萨诸塞州的生命科学研究和制造公司 Millipore、北欧和波罗的海地区最大的金融服务集团北欧联合银行（Nordea）都会编制未来 5 个季度的滚动财务预测。其他公司，如信息基础设施巨人 EMC 公司，实施 6 个季度的滚动预测程序，因此预算分配能够不断调整以适应变化的市场情况。

□ 经营预算的编制步骤

学习编制经营预算的最好方法是将公司编制经营预算的步骤执行一遍。考虑 Stylistic 家具公司，这家公司生产两种花岗岩台面的咖啡桌：Casual 和 Deluxe。2013 年末，Stylistic 家具公司的首席执行官 Rex Jordan 非常担心如何应对董事会提出在下一年度利润增长 10%的要求。Jordan 完成了第 1 章介绍的五步决策制定程序：

1. **确定问题与不确定性**。问题是确定战略和制定达到 10%利润增长的预算。这存在一些不确定性。Stylistic 能迅猛地增加获利能力更高的 Deluxe 咖啡桌的销售量吗？Stylistic 可能面临什么样的价格压力？材料成本会上升吗？Stylistic 能通过改进效率降低成本吗？

2. **获取信息**。Stylistic 的管理者收集了当年咖啡桌销量的信息。他们高兴地得知咖啡桌的销售量高于预期。而且 Stylistic 在 Casual 咖啡桌领域的一个主要竞争者存在质量问题，而该质量问题到 2014 年年初才能解决。遗憾的是，公司管理者也发现 2013 年直接材料价格略有上升。

3. **预测未来**。Stylistic 的管理者相信，有了更多的市场，他们能够扩大 Deluxe 咖啡桌业务，甚至价格与 2013 年相比可略微提高。由于主要竞争者面临的质量问题，他们预期 Casual 咖啡桌不会有巨大的价格压力。

采购经理预期直接材料价格将与 2013 年持平。生产经理相信尽管其他投入价格会上升，但提高效率可以保证咖啡桌的生产成本保持在 2013 年的水平。如果 Stylistic 想要保持 12%的营业毛利（营业利润÷收入＝12%）并增加收入及营业利润，提高效率是很重要的。

4. **选择方案做决策**。Jordan 和管理者对增加销售 Deluxe 咖啡桌的战略有信心。这个决策有一定的风险，却是 Stylistic 增加 10%利润的最好选择。

5. **实施决策，评价业绩与学习**。我们将在第 7 和 8 章讨论，管理者通过比较公司实际业绩和预算业绩了解为什么事情会按照它们的方式发生以及怎么做更好。Stylistic 的管理者想要知道他们对 Casual 咖啡桌和 Deluxe 咖啡桌的价格预测是否正确。直接材料价格比预期增加的多还是少？这样的学习对 Stylistic 计划以后的预算是非常有用的。

Stylistic的管理者启动了2014年预算的工作。图表6—2显示了总预算的不同部分，总预算包括Stylistic 2014年经营预算和财务预算的财务预测。图表6—2所显示的预算利润表及其支持预算计划表统称为**经营预算**（operating budget）。

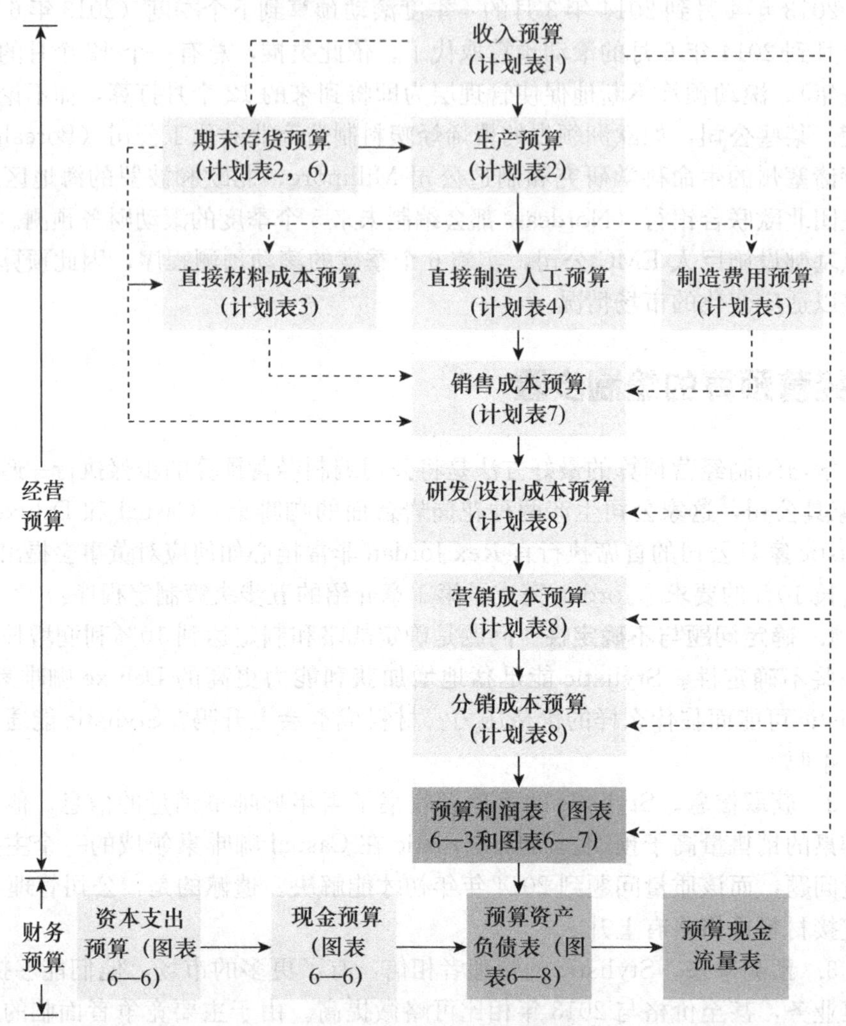

图表6—2　Stylistic的总预算图解

收入预算常常是经营预算的起点。支持计划表量化了价值链上各种业务职能的预算，从研发成本一直到分销成本。这些计划表构成预算利润表，它是经营预算中的关键报表。

财务预算（financial budget）是总预算的一部分，包括资本预算、现金预算、预算资产负债表和预算现金流量表，它关注经营活动及计划资本支出对现金的影响。管理会计师用现金预算和预算利润表来编制另外两个财务报表：预算资产负债表和预算现金流量表。

最高管理层和价值链上不同职能部门的经理在几轮讨论后才将总预算最后定下来。下面我们描述为Stylistic编制2014年经营预算的步骤。使用图表6—2指导步骤实施。本章附录中有Stylistic的现金预算表，它是总预算的另一重要组成部分。编制预算需要的详细资料如下：

● Stylistic 销售两种花岗岩台面的咖啡桌——Casual 和 Deluxe。与销售无关的收入，如利息收入，为零。

● 在产品存货微不足道，可以忽略。

● 直接材料存货和产成品存货价值以先进先出法（FIFO）计量。购入的直接材料的单位成本和售出的产成品单位成本在每个预算年度内保持不变，但可以在不同年度有所变化。

● 直接材料有两种：红橡木和花岗岩板材。直接材料成本随咖啡桌的产量变动。

● 直接制造人工以小时计，没有加班。

● 制造费用有两种成本动因：直接制造人工小时和安装小时。有两个制造费用成本库：制造业务费用和机器安装费用。

● 直接制造人工小时是制造业务费用变动部分的成本动因。制造业务费用的固定部分与 Stylistic 2014 年计划的 300 000 直接制造人工小时的生产能力有关。

● 安装人工小时是机器安装费用变动部分的成本动因。机器安装费用的固定部分与 Stylistic 2014 年计划的 15 000 安装人工小时的安装能力有关。

● 计算存货成本时，Stylistic 使用直接制造人工小时分配所有（变动的和固定的）制造业务费用，使用安装人工小时分配机器安装费用。

● 非生产成本包括产品设计、营销和分销成本。2014 年所有的产品设计成本都是固定成本。变动营销成本等于收入的 6.5%，作为销售佣金付给销售人员。分销成本的变动部分随销售与运输桌子的立方英尺变动。

以下数据可用于 2014 年预算：

直接材料	
红橡木	每板英尺 7 美元（与 2013 年相同）
花岗岩	每平方英尺 10 美元（与 2013 年相同）
直接制造人工	每小时 20 美元

单位产品内容

	产品	
	Casual 花岗岩桌	Deluxe 花岗岩桌
红橡木	12 板英尺	12 板英尺
花岗岩	6 平方英尺	8 平方英尺
直接制造人工	4 小时	6 小时

	产品	
	Casual 花岗岩桌	Deluxe 花岗岩桌
预期销售量	50 000 张	10 000 张
售价	600 美元	800 美元
目标期末存货量	11 000 张	500 张
期初存货量	1 000 张	500 张
期初存货额	384 000 美元	262 000 美元

	直接材料	
	红橡木	花岗岩
期初存货	70 000 板英尺	60 000 平方英尺
目标期末存货	80 000 板英尺	20 000 平方英尺

Stylistic基于预算成本信息制定收入预算，同时考虑2014年可能做出的效率提高。回想决策制定程序中的第3个步骤，效率提高对于抵消预期投入成本增加和保持Stylistic 12%的营业毛利是至关重要的。有的公司主要根据历史数据制定预算，其他公司主要依赖详细的工程研究报告。每个公司预算数字的计算方法都不同。

大部分公司都有一本预算手册，上面说明了公司编制预算时的指导原则和其他信息。虽然每个公司的细节都不相同，但以下列出的编制经营预算的基本步骤对于每个制造企业都是通用的。首先我们讨论收入预算，其他预算将按逻辑关系依次进行介绍。当你执行编制预算的细节时，考虑两个问题：（1）编制预算所需的信息；（2）为改善公司业绩，管理者计划采取的行动。

步骤1：编制收入预算。Stylistic目前销售两种花岗岩台面的咖啡桌：Casual和Deluxe。2013年，管理者本来考虑引进第三种咖啡桌，但最终否决了。现在，他们必须编制2014年Casual和Deluxe的数量与价格预算。

收入预算通常是经营预算的起点。为什么？因为预测的销售量和收入水平对2014年计划的生产能力和存货水平以及由此发生的生产成本和非生产成本有重要影响。许多因素影响着销售预测，这些因素包括近期销售量、宏观经济和行业状况、市场调研、价格政策、广告和推销、竞争，以及管制政策。Stylistic实现利润增长10%的目标的关键是将Deluxe咖啡桌的销售量从2013年的8 000张增加到2014年的10 000张。

销售经理和销售代表通过收集有关顾客需求、市场潜力和竞争对手产品的详细信息来制定收入预算。他们讨论如何针对竞争对手的产品更好地为Casual和Deluxe定位、定价以及促销。他们与最高管理层一起，考虑诸如增加产品特色、数字广告以及改变销售激励等多种行动，以增加收入。这些行动的成本包括在成本预算中。

管理者常常通过顾客反应管理或销售管理系统来收集信息。统计方法如回归和趋势分析也有助于销售预测。这些技术用经济活动指标和历史销售数据预测未来的销售量。统计分析是销售预测的依据之一。在最后的分析中，销售预测应该代表管理者的集体经验和判断。

在经过多次讨论后，最高管理层决定了收入预算（见计划表1）中的预算销售量和价格。这些目标是非常难的，设计这些目标是为了激励组织取得更高的业绩水平。

计划表1 **收入预算**

截至2014年12月31日的年度

	销售量	销售价格	销售收入合计
Casual	50 000 张	600 美元	30 000 000 美元
Deluxe	10 000 张	800 美元	8 000 000 美元
总计			38 000 000 美元

38 000 000美元是预算利润表中的收入数。

收入预算通常是基于预期需求制定的，因为产品需求总是实现利润目标的限制性因素。有时，其他因素限制了预算收入，如可用生产能力（小于需求）或生产投入短缺。在这种情况下，管理者根据最大产量制定收入预算，因为销量受到产量的限制。

步骤 2：编制生产预算（以件计）。做完收入预算后，合乎逻辑的下一步是编制 Casual 咖啡桌和 Deluxe 咖啡桌的生产计划，以便顾客在需要时可以获得产品。管理者编制生产预算所需的唯一新信息是 Stylistic 想保持的产成品存货水平。高存货水平增加了存货的持有成本、质量成本和损耗成本。另一方面，存货水平太低会增加准备成本，并且会因存货不足而损失销售收入。在这一年里，Stylistic 的管理层决定增加 Casual 咖啡桌的存货，以避免公司当年遇到的供应短缺，但维持 Deluxe 咖啡桌的存货水平不变。

然后，生产经理就可以编制生产预算（见计划表 2）。预计生产的产成品总量取决于预计销售量（见步骤 1 中的计算）、期末产成品存货目标和期初产成品存货：

预计生产量＝预计销售量＋期末产成品存货目标－期初产成品存货

计划表 2

生产预算

截至 2014 年 12 月 31 日的年度

	产品（张）	
	Casual	Deluxe
预计销售量（计划表 1）	50 000	10 000
加：期末产成品存货目标	11 000	500
总需求量	61 000	10 500
减：期初产成品存货	1 000	500
预计产成品生产量	60 000	10 000

生产预算决定了各种预算成本（例如，直接材料、直接制造人工和制造费用），2014 年 Stylistic 计划发生这些成本以支持收入预算，在制定预算时考虑了计划进行的效率改进。

管理者总是在寻找降低成本的机会，例如，通过重新设计产品，改进流程，精简生产，并且减少诸如安装机器或运输材料等各种作业的时间。这些变化提高了公司的竞争力，但是它也需要投入。预算编制是管理者评估其计划和索取所需财务资源的理想时间。我们从直接材料预算开始。

步骤 3：编制直接材料耗用预算和直接材料采购预算。计划表 2 中的预计生产量是计算直接材料耗用数量和金额的关键。直接材料耗用量取决于工人使用材料生产一张桌子的效率。在决定预算时，管理者期望不断改进流程提高质量，减少浪费，从而降低直接材料耗用量和成本。高层管理者制定预算，激励生产经理减少直接材料成本，并且保留微不足道的在产品存货。在编制 Stylistic 2014 年预算时，我们忽略在产品存货。

像许多公司一样，Stylistic 电脑系统中存储着一份材料文件，并且为了改善效率而不断更新。这些文件显示了产品如何生产、材料（和零件）的详细说明、材料的使用顺序、每件完工品的材料数量和业务运行的工作中心。比如，材料文件显示生产一张 Casual 咖啡桌需要 12 板英尺的红橡木和 6 平方英尺的花岗岩，生产一张 Deluxe 咖啡桌需要 12 板英尺的红橡木和 8 平方英尺的花岗岩。采用先进先出法（FIFO）核算直接材料存货成本。管理会计师使用这些信息计算计划表 3A 中的直接材料耗用预算。

计划表 3A　　　　**直接材料耗用数量和金额预算**

截至 2014 年 12 月 31 日的年度

	材料		合计
	红橡木	花岗岩	
实物单位预算			
Casual 咖啡桌耗用的直接材料			
（60 000 张×12 板英尺和 6 平方英尺）	720 000 板英尺	360 000 平方英尺	
Deluxe 咖啡桌耗用的直接材料			
（10 000 张×12 板英尺和 8 平方英尺）	120 000 板英尺	80 000 平方英尺	
直接材料耗用总量	840 000 板英尺	440 000 平方英尺	
成本预算			
期初直接材料存货资料			
（假设采用先进先出现金流法）（给定）			
红橡木：70 000 板英尺×7 美元 /板英尺	490 000 美元		
花岗岩：60 000 平方英尺×10 美元 /平方英尺		600 000 美元	
本期预计采购与使用量			
红橡木：（84 000－70 000）板英尺×7 美元 /板英尺	5 390 000 美元		
花岗岩：（440 000－60 000）平方英尺×10 美元 /平方英尺		3 800 000 美元	
本期耗用直接材料	5 880 000 美元	4 400 000 美元	10 280 000 美元

编制直接材料采购预算所需的唯一新信息是 Stylistic 拟保留的直接材料存货水平。在这一年中，Stylistic 的管理者决定增加红橡木的存货量，但将花岗岩存货量降至期末存货的计划水平（见前面的描述）。然后，采购部经理编制直接材料采购预算，见计划表 3B：

计划表 3B　　　　**直接材料采购预算**

截至 2014 年 12 月 31 日年度

	材料		合计
	红橡木	花岗岩	
实物存货预算			
生产耗用量（见计划表 3A）	840 000 板英尺	440 000 平方英尺	
加：期末目标存货	80 000 板英尺	20 000 平方英尺	
需求合计	920 000 板英尺	460 000 平方英尺	
减：期初存货	70 000 板英尺	60 000 平方英尺	
采购量	850 000 板英尺	400 000 平方英尺	
成本预算			
红橡木：850 000 板英尺×7 美元 /板英尺	5 950 000 美元		
花岗岩：400 000 平方英尺×10 美元/平方英尺		4 000 000 美元	
本期直接材料采购量	5 950 000 美元	4 000 000 美元	9 950 000 美元

步骤 4：编制直接制造人工成本预算。为了编制直接制造人工成本预算，公司的管理者估计了工资率、生产方法、流程和效率改进以及雇佣计划。公司雇用的直接生产工人按小时计算工资，工人不加班。生产经理根据前面的信息，使用标准人工（单位产量可用时间）计算计划表 4 中的直接制造人工成本预算。

计划表 4　　　　　　直接制造人工成本预算

截至 2014 年 12 月 31 日的年度

	生产量（计划表 2）	单位直接制造人工小时	总工时	单位小时工资率	总计
Casual	60 000 张	4	240 000	20 美元	4 800 000 美元
Deluxe	10 000 张	6	60 000	20 美元	1 200 000 美元
总计			300 000		6 000 000 美元

步骤 5：编制制造费用预算。下一步，公司管理者开始编制制造费用（如监督、折旧、维修、供应和电力）预算。间接成本的管理既重要又有挑战性，因为它要求管理者理解生产产品所需的各种作业及其成本动因。如前所述，Stylistic 的管理者确定了其作业成本系统中制造费用的两个作业：制造业务与机器安装。下表列示了作业及其成本动因。

制造费用	变动间接费用的成本动因	固定间接费用的成本动因	2014 年制造与安装能力
制造业务费用	直接制造人工小时	制造能力	300 000 制造人工小时
机器安装费用	安装人工小时	安装能力	15 000 安装人工小时

使用作业基础的成本动因产生了**作业预算**（activity-based budgeting，ABB），这种预算方法关注生产和销售产品与服务所必需的作业的预算成本。

在作业成本系统中，Stylistic 的生产经理估计了间接成本的各种项目，间接成本包括制造业务成本（即，成本动因是直接制造人工小时的所有成本）。管理者识别了流程与效率改进的机会，如减少次品率和生产桌子的时间，然后计算了运营部门的预算制造业务成本。他们也决定来自两个支持部门的资源：动力部门能量的千瓦时和维修部门的维修服务小时。支持部门的管理者制定人工和物料成本。为了提供经营部门所需的支持服务，他们需要人工和物料。然后将支持部门的成本作为制造业务费用进行分配（成本分配第一阶段）。第 15 章介绍了当支持部门相互提供服务以及为经营部门提供服务时，其成本如何分配给经营部门。计划表 5 的上半部分显示了制造业务费用的明细项目——由 300 000 直接制造人工小时（成本动因）引起的所有变动和固定间接费用（在经营部门和支持部门）。

Stylistic 为变动和固定间接费用制定了不同的预算。考虑供应商的变动间接费用：Stylistic 的管理者使用历史数据和业务知识估计供应商每直接制造人工工时的成本是 5 美元。因此，2014 年供应总预算成本是 5 美元乘以 300 000 预算直接制造人工小时，总额为 1 500 000 美元。总变动制造业务费用等于每直接制造人工小时 21.60 美元乘以 300 000 预算直接制造人工小时，总额为 6 480 000 美元。

为了制定固定间接费用预算，Stylistic 管理者首先确定支持其计划的 300 000 直接制造人工小时生产能力的总固定制造业务费用为 2 520 000 美元。（Stylistic 可能没有利用全部生产能力，但是它的固定制造业务费用仍是 2 520 000 美元。）它的固定制造费用是 252 000÷300 000＝8.40 美元/直接制造人工小时（不考虑预算直接制造人工小时，其在特定年份可能小于 300 000 小时）。即，每直接制造人工小时将会吸收 21.60 美元变动制造业务费用，加上 8.40 美元固定制造业务费用，得到每直接制造人工小时的直接制造业务费用是 30 美元。

下一步，Stylistic 的管理者考虑过去的经验和安装效率的潜在提高，决定 Casual 咖啡桌和 Deluxe 咖啡桌如何安装。

例如，管理者可能考虑下列情况：

- 增加每批生产的桌子数量，以便减少预算生产的批次（从而更少地安装）。
- 减少每批安装时间。
- 减少监督时间，如通过增加员工的技能。

Stylistic 的管理者预测了 Casual 咖啡桌和 Deluxe 咖啡桌的下列安装信息：

	Casual 咖啡桌	Deluxe 咖啡桌	总计
1. 生产量	60 000 张	10 000 张	
2. 每批生产量	50 张/批	40 张/批	
3. 批次 (1)÷(2)	1 200 批	250 批	
4. 每批安装时间	10 小时/批	12 小时/批	
5. 总安装时间 (3)×(4)	12 000 小时	3 000 小时	15 000 小时
6. 每张安装时间 (5)÷(1)	0.2 小时	0.3 小时	

采用类似描述制造业务费用的方法，Stylistic 的管理者估计了机器安装费用的各个成本项目（供应、间接制造人工、电力、折旧和监督），即由 15 000 安装小时（成本动因）引起的所有成本。计划表 5 下半部分做了概括：(1) 每安装人工小时的总变动机器成本＝88 美元（26＋56＋6）×预算的 15 000 安装人工小时＝1 320 000 美元；(2) 支持公司管理者计划的 15 000 安装人工小时生产能力的固定机器安装成本 1 680 000 美元。（同样，公司可能不会每年都使用全部的生产能力，但固定机器安装成本仍然是 1 680 000 美元。）每安装人工小时的固定机器安装成本是 1 680 000÷15 000＝112 美元（不考虑预算安装人工小时，其在特定年份可能小于 15 000）。即每一安装人工小时将会吸收 88 美元的变动机器安装成本，加上 112 美元的固定机器安装成本，等于 200 美元的每安装人工小时总机器安装成本。

计划表 5　　制造费用预算

截止 2014 年 12 月 31 日的年度

制造业务费用		
变动成本（300 000 直接制造人工小时）		
物料（每直接制造人工小时 5 美元）	1 500 000 美元	
间接制造人工（每直接制造人工小时 5.60 美元）	1 680 000 美元	
动力（支持部门成本）（每直接制造人工小时 7 美元）	2 100 000 美元	
维修（支持部门成本）（每直接制造人工小时 4 美元）	1 200 000 美元	6 480 000 美元
固定成本（支持 300 000 直接制造人工小时的生产能力）		
折旧	1 020 000 美元	
监管	390 000 美元	
动力（支持部门成本）	630 000 美元	
维修（支持部门成本）	480 000 美元	2 520 000 美元
制造费用成本合计		9 000 000 美元

机器安装费用		
变动成本（15 000 安装人工小时）		
物料（每安装人工小时 26 美元）	390 000 美元	
间接制造人工（每安装人工小时 56 美元）	840 000 美元	
动力（支持部门成本）（每安装人工小时 6 美元）	90 000 美元	1 320 000 美元
固定成本（支持 150 000 安装人工小时的生产能力）		
折旧	603 000 美元	
监管	1 050 000 美元	
动力（支持部门成本）	270 000 美元	1 680 000 美元
机器安装费用合计		3 000 000 美元
制造费用合计		12 000 000 美元

注意与仅以产量成本动因为基础的预算相比，使用作业成本动因如何提供改进决策制定的额外和详细的信息。当然，管理者必须经常评估增加更多的成本动因所带来的预期收益是否超过预期成本。①

注意，Stylistic 计划利用全部生产能力进行生产。因此，成本分配基础的预算数量对变动间接费用与固定间接费用是一样的——对制造业务费用是 300 000 直接制造人工小时，对机器安装费用是 15 000 安装人工小时。在这种情况下，制造业务费用的预算率不必按变动费用和固定费用分开计算，可以通过估计总预算制造业务费用来直接计算：9 000 000÷300 000＝30 美元/直接制造人工小时。类似地，机器安装费用的预算率可以计算为总预算机器安装费用：3 000 000÷15 000＝200 美元/安装小时。

步骤 6：编制期末存货预算。计划表 6A 显示了 2014 年开始生产并完工的咖啡桌的单位成本计算过程。在计算期末存货预算和预算产品销售成本时，需要进行这种计算。根据 GAAP，Stylistic 将变动制造费用和固定制造费用都作为存货性（产品）成本。制造业务费用以每直接制造人工小时 30 美元的预算率分配到产成品存货。机器安装费用以每安装小时 200 美元的预算率分配到产成品存货。

计划表 6A　　**期末产成品存货单位成本**

2014 年 12 月 31 日

		产品			
		Casual 咖啡桌		Deluxe 咖啡桌	
	单位产量成本	单位产量投入	总计	单位产量投入	总计
红橡木	7 美元	12 板英尺	84 美元	12 板英尺	84 美元
花岗岩	10 美元	6 平方英尺	60 美元	8 平方英尺	80 美元
直接制造人工	20 美元	4 小时	80 美元	6 小时	120 美元
制造费用	30 美元	4 小时	120 美元	6 小时	180 美元
机器安装费用	200 美元	0.2 小时	40 美元	0.3 小时	60 美元
总计			384 美元		524 美元

① Stylistic 公司的例子用制造费用预算中的制造业务成本和安装成本来描述作业预算。作业预算在实务中的应用包括价值链许多部分的成本。例子参见 Sofia Borjesson，"A Case Study on Activity-Based Budgeting，" *Journal of Cost Management* 10，no. 4（Winter 1997）：7-18。

在先进先出法下，管理者用这种单位成本计算计划表 6B 中的期末产成品目标存货的成本。

计划表 6B **期末存货预算**

2014 年 12 月 31 日

	数量	单位成本		合计
直接材料				
红橡木	80 000*	7 美元	560 000 美元	
花岗岩	20 000*	10 美元	200 000 美元	760 000 美元
产成品				
Casual 咖啡桌	11 000**	384 美元***	4 224 000 美元	
Deluxe 咖啡桌	500**	524 美元***	262 000 美元	4 486 000 美元
期末存货合计				5 246 000 美元

* 数据来自第 165～166 页；** 数据来自第 165～166 页；*** 来自计划表 6A，这是基于 2014 年完工产品的成本，因为先进先出法下，完工产品期末存货数量来自于 2014 年的产量。

步骤 7：编制产品销售成本预算。生产和采购经理与管理会计师一起用计划表 3 至计划表 6 中的信息编制计划表 7——产品销售成本。产品销售成本将与收入匹配以计算 Stylistic 2014 年的预算毛利。

计划表 7 **产品销售成本预算**

截至 2014 年 12 月 31 日的年度

	来源	总计
期初产成品存货，2014 年 1 月 1 日	已知*	646 000 美元
直接材料耗用	计划表 3A	10 280 000 美元
直接制造人工	计划表 4	6 000 000 美元
制造费用	计划表 5	12 000 000 美元
完工产品成本		28 280 000 美元
可供销售的产品成本		28 926 000 美元
减：期末产成品存货，2014 年 12 月 31 日	计划表 6B	4 486 000 美元
产品销售成本		24 440 000 美元

* 基于 2014 年期初存货价值，Casual 咖啡桌 384 000 美元；Deluxe 咖啡桌 262 000 美元。

步骤 8：编制非生产成本预算。计划表 2 至计划表 7 描述的是 Stylistic 的生产成本预算。在价值链的其他部分（产品设计、营销和分销），Stylistic 也发生了非生产成本。就像生产成本的例子一样，管理非生产成本的关键是理解 2014 年需要支持 Deluxe 和 Casual 设计、营销和分销的各种作业，以及这些作业的成本动因。在价值链的这些功能中的管理者考虑流程和效率的改进，依据 2014 年计划的成本动因数量来编制非生产成本预算。

设计变化的数量是产品设计成本的动因。2014 年产品设计成本 1 024 000 美元是固定成本，依据 2014 年预期设计变化数量在年初的时候进行调整。

总收入是营销（和销售）成本变动部分的成本动因。支付给销售人员的销售佣金等于每 1 美元收入的 6.5 美分（或收入的 6.5%）。管理者在年初的时候，依据 2014 年的预算收入制定的营销费用固定部分预算为 1 330 000 美元。

销售与运送桌子的立方英尺数（Casual：18 立方英尺/张×50 000 张＋Deluxe：24 立方英尺/张×10 000 张＝1 140 000 立方英尺）是预算分销成本变动部分的成本动因。变动分销成本为每立方英尺 2 美元。固定预算分销成本等于 1 596 000 美元，与公司分销能力有关，2014 年公司分销能力是 1 140 000 立方英尺（以支持 50 000 张 Casual 桌和 10 000 张 Deluxe 桌的分销）。为简洁起见，在计划表 8 中，显示了 2014 年的产品设计、营销和分销成本预算。

计划表 8　　**非生产成本预算**

截至 2014 年 12 月 31 日的年度

业务功能	变成成本	固定成本	总成本
产品设计	—	$ 1 024 000	$ 1 024 000
营销（变动成本：38 000 000×0.065）	$ 2 470 000	1 330 000	3 800 000
分销（变动成本：2×1 140 000）	2 280 000	1 596 000	3 876 000
	$ 4 750 000	$ 3 950 000	$ 8 700 000

步骤 9：编制预算利润表。如图表 6—3 所示，公司首席执行官和各个部门经理在管理会计师的帮助下，使用计划表 1、计划表 7 和计划表 8 中的信息编制预算利润表。图表 6—3 中的类型具有典型性，但管理者和会计师会将更多细节包括在利润表中。利润表包含的细节越多，所需的支持计划表就越少。

图表 6—3　　Stylistic 公司的预算利润表

文件　开始　插入　页面布局　公式　数据　审阅　视图

	A	B	C	D
1	Stylistic预算利润表			
2	2014年			
3	收入	计划表1		$38 000 000
4	产品销售成本	计划表7		24 440 000
5	毛利			13 560 000
6	营业成本			
7	产品设计成本	计划表8	$1 024 000	
8	营销成本	计划表8	3 800 000	
9	分销成本	计划表8	3 876 000	8 700 000
10	营业利润			$4 860 000

预算是一个跨部门的活动。高层管理者为实现收入和营业利润目标而制定的战略会影响价值链上不同业务职能的计划成本。例如，计划加大营销投入使销售量增加，必须相应地增加生产成本以确保有足够的桌子供应，而且必须增加分销成本以确保及时地将桌子交付给顾客。Stylistic 的首席执行官 Rex Jordan 对 2014 年的预算非常满意。他要求营业利润比 2013 年增长 10%。取得更高营业利润的关键是显著增加 Deluxe 咖啡桌的销售，改善价值链流程和增加效率。然而，当 Rex 仔细研究预算时，对其中的两个注释印象深刻：首先，要想实现桌子的预算销售量，公司需要降价 3%，即 Casual 咖啡桌 582 美元，Deluxe 咖啡桌 776 美元。其次，直接材料供应短缺可能导致直接材料（红橡木和花岗岩）价格比 2014 年预算价格高出 5%。即使直接材料价格上升，但预计售价保持不变。他请管理会计师 Tina Larsen 使用 Stylistic 的财务计划模型评估这些结果对预算营业利润的影响。

财务计划模型与敏感性分析

财务计划模型（financial planning models）是经营活动、财务活动和其他影响总预算的因素之间的关系的数字表述。管理者可以使用以计算机为基础的系统，如企业资源计划（ERP）系统，进行计划模型的计算。管理者使用ERP系统中的预算工具简化预算，减少重复输入数据，并且减少编制预算的时间。“观念实施：网络预算和亨德利克车队”提供了一个这样的公司的例子。ERP系统存储了大量有关生产不同产品所需的材料、机器设备、劳动力、动力、维修和安装方面的信息。一旦管理者识别了不同产品的销售量，软件会迅速计算出生产这些产品的预算成本。ERP系统也可以帮助管理者制定非生产成本预算。

观念实施

网络预算和亨德利克车队

许多公司使用网络软件包在组织内部管理预算和预测功能。一家实施网络预算的独特的公司是亨德利克车队。亨德利克车队拥有车手Jimmie Johnson和Dale Earnhardt，是全美房车大赛（NASCAR Sprint Cup）第一大组织，有4支全职车队，每年的赞助收入超过1.25亿美元。

亨德利克车队的工作范围包括会计、营销、发动机制造和赛车驾驶。车队有多功能领域和单元，变动的工作地点，以及不断变化的环境。亨德利克车队使用微软的预测者软件包，这是一款网络预算软件包，允许亨德利克车队的财务经理无缝管理计划和预算进程。通过内部网，不同功能领域或车队的授权用户可以登录使用并且在线编制他们的预算。管理者在六周内完成年度预算流程，编制预算和计划花费的时间减少了50%，这在比赛淡季很短的情况下是非常关键的。亨德利克车队的系统解放了财务部门，使其能致力于战略、分析和决策制定。

该系统的安全性能很高：入口仅限于授权于该预算的经理的账户（例如，车队队长Dale Earnhardt不能看到Jimmie Johnson的车队成员在做什么）。软件包也允许赛道上的用户远程登录该应用程序，经理们能够从系统接收和更新实时的“实际数字”。通过这种方式，车队经理们知道分配给各场比赛的费用。

资料来源：Badenhausen，Kurt. 2013. Hendrick “Motorsports Tops List Of Nascar's Most Valuable Teams.” Forbes. com，March 13. http://www. forbes. com/sites/kurtbadenhausen/2013/03/13/hendrick-motorsports-tops-list-of-nascars-most-valuable-teams/；Goff，John. 2004. “In the Fast Lane.” *CFO Magazine*，December 1；Hendrick Motorsports. 2013. “About Hendrick Motorsports.” Hendrick Motorsports Web site，September 26. www. hendrickmotorsports. com；Lampe，Scott. 2003. “NASCAR Racing Team Stays on Track with FRx Software's Comprehensive Budget Planning Solution.” *DM Review*，July 1；Microsoft Corporation. 2009. “Microsoft Forecaster：Hendrick Motorsports Customer Video.” October 8. http://www. microsoft. com/BusinessSolutions/frx_hendrick_video. mspx.

当管理者编制经营预算时，他们不仅关注能够实现的目标，而且也识别面临的风险，如公司产品需求的潜在下降、新竞争对手的进入、投入价格的上涨。敏感性分析是一个有用的工具，能够帮助管理者评价这些风险。敏感性分析是一种假设分析技术，它检验原始的预计数据没有实现或基本假设发生变化时，结果将怎样变化。软件包通常有一个敏感性分析模块，管理者可以将其用于计划和预算活动。

为了说明敏感性分析过程，我们考察两个可能影响 Stylistic 2014 年预算模型的方案。每个方案都可能发生，但不同时发生。

方案 1：Casual 咖啡桌和 Deluxe 咖啡桌的销售价格下降 3%。

方案 2：红橡木每板英尺价格和花岗岩每平方英尺价格增长 5%。

图表 6—4 显示了两个方案的预算营业利润。

图表 6—4　　Stylistic 的预算假设对营业利润的影响

文件　开始　插入　页面布局　公式　数据　审阅　视图

	A	B	C	D	E	F	G	H	I
1		关键假设							
2		销售量		售价		直接材料成本		预算营业利润	
3	假设方案	Casual	Deluxe	Casual	Deluxe	红橡木	花岗岩	金额	总预算的变化
4	总预算	50 000	10 000	$600	$800	$7.00	$10.00	$4 860 000	
5	方案1	50 000	10 000	582	776	$7.00	$10.00	3 794 100	降低22%
6	方案2	50 000	10 000	600	800	$7.35	$10.50	4 418 000	降低9%

注意在第一个方案下，每张桌子销售价格变动影响收入（计划表 1）和变动营销成本（销售佣金，计划表 8）。同样，直接材料价格变动影响直接材料耗用量预算（计划表 3A）、期末产成品存货单位成本（计划表 6A）、期末存货预算（计划表 6B）和产品销售成本预算（计划表 7）。敏感性分析对管理者在预算决策中考虑这些关系特别有用。

图表 6—4 显示，如果销售价格下降，营业利润会大幅减少，而直接材料价格上升 5%，营业利润只会略微减少。敏感性分析推动管理者制定应急计划。比如，如果 2014 年销售价格下降，Stylistic 可能选择推迟某些产品开发计划，这些计划本来包括在 2014 年预算中，但可以被推迟到以后年度。更一般地讲，当一项投资成败与否系于一种或几种目标是否达到时，管理者应随着不确定性的改变不断更新其预算。更新后的预算能够帮助管理者随环境变化调节支出水平。

在本章前面，我们将滚动预算描述为未来特定时期可用的预算。滚动预算即时更新，以反映最新成本与收入信息，使管理人员能够对不断变化的条件和市场需求做出反应。

此时，想研究 Stylistic 现金预算和预算资产负债表的学生和老师可以跳至本章附录。

预算与责任会计

为了达到总预算的目标，高层管理者必须对企业所有员工——从资深管理者到中层管理者再到每个普通工人——的工作进行协调。为了协调，高层管理者将某些责任分派给低层管理者，让他们对自己的行为负责。因此，一个公司的组织结构很大程度上决定了协调行动的方式。

□ 组织结构与责任

组织结构（organization structure）是对组织责任的一种安排。诸如埃克森美孚这样的公司按业务职能（提炼和销售等）来建立组织机构，每一个业务职能的总裁对他的职能都有决策制定权。诸如家用产品巨头宝洁公司等其他公司基本上按产品系列或品牌系列来建立组织。分公司（牙膏、香皂等）管理者对本公司内的所有业务职能（生产、销售等）都有决策制定权。

每个管理者，无论什么级别，都负责一个责任中心。**责任中心**（responsibility center）是组织的一个部分、分部或子单元，它的管理者负责一系列特定的经营活动。管理者的级别越高，其监督的中心责任越广，下属越多。**责任会计**（responsibility accounting）是衡量各责任中心的计划、预算、行动和实际结果的一个系统。有四种类型的责任中心：

1. **成本中心**（cost center）——管理者只对成本负责。
2. **收入中心**（revenue center）——管理者只对收入负责。
3. **利润中心**（profit center）——管理者对收入和成本负责。
4. **投资中心**（investment center）——管理者对投资、收入和成本负责。

万豪饭店的维修部门是一个成本中心，因为维修部经理只对成本负责，所以预算仅仅是基于成本的。饭店的销售部门是个收入中心，因为销售部经理主要对收入负责，该部门的预算主要是基于收入的。饭店经理则负责一个利润中心，因为他既要对收入负责，又要对成本负责，所以此预算是基于收入和成本的。地区经理负责新饭店的项目投资，同时又要对投资产生的收入和成本负责，因此他负责的是一个投资中心，其预算是基于收入、成本及投资的。

责任中心可以使个人目标与公司目标更好地保持一致。例如，最近，办公用品经销商 OPD 把销售部当成收入中心。每个销售人员可以得到每份订单收入的 3%的佣金，而无论订单大小、订单处理成本或送货成本高低。OPD 根据顾客获利能力分析发现，许多顾客是无利可图的。主要原因在于小额订单的高额订货成本和配送成本。OPD 的经理决定把销售部改为利润中心，对收入和成本负责，激励计划改为把每月顾客利润的 15%发给销售人员。每个顾客的成本包括订货成本和配送成本。这种变化的效果立竿见影。销售部门开始向顾客收取订货和配送费，OPD 的销售人员主动鼓励顾客把采购合并成更少的订单。这样每份订单带来的收入更多。由于一年中订货成本和配送成本减少了 40%，顾客获利能力增加了。

□ 反馈

预算连同责任会计一起为高层管理者提供了不同责任中心管理者的业绩反馈。

实际结果与预算数字的不同叫差异，差异能够帮助管理者在三个方面实施和评估战略：

1. **提前预警**。这些差异使管理者提前发觉那些还不甚明朗的事件，这使他们能够尽早采取纠正措施或利用有用机会。例如，管理者观察到一段时间内销售收入的小幅下降后，可能会研究这是否预示着接下来会有更大幅度的下跌。

2. **业绩评价**。这些差异促使管理者去研究公司战略的实施情况。材料和人工的利用是否有效率？研发费用是否按计划增长？产品保修费是否按计划下降？

3. **战略评估**。有时差异向管理者发出信号，告诉他们战略是无效的。例如，一个公司为了夺取市场份额而削减成本、改进质量，但它可能发现在实现目标的同时，销售收入和利润却没有什么变化，这时高层管理者就会考虑重新评估战略。

□ 责任和可控性

可控性（controllability）是指某个特定的管理者对其所负责的成本、收入或相关项目施加影响的程度。**可控成本**（controllable cost）就是在一定期限内主要受某一责任中心管理者影响的成本。在责任会计制度中，经理的业绩报告不包括不可控成本，或者包括不可控成本，但把它与可控成本分开。例如，机器监管员的业绩报告只限于直接材料、直接制造人工、动力和机器维修成本，而不包括工厂支付的租赁和税金成本。

在实践中，至少有两方面的原因导致可控性很难确认：

1. 很少有成本很确切地只受某一个管理者的影响。例如，采购经理能够影响公司直接原材料的价格，但是这些价格还取决于市场条件，这就超出了该管理者的控制范围。同样，生产经理的决策影响直接材料的耗用量，但它还取决于所购材料的质量。而且，管理者们经常是以团队的形式一起工作的。在团队工作的情况下，很难评价个人的责任。

2. 在一个足够长的时期内，所有的成本都将在某人的控制下。然而，大多数业绩报告关注一年或更短的时间，一个现任管理者可能会受益于前任的业绩，或者可能继承前任遗留下来的问题和无效率。例如，现任管理者也许不得不履行与供货商和工会的合同，尽管他不愿意，但这些合同是前任签订的。我们如何能把别人的决策结果与现任管理者实际的控制分离开呢？现任管理者到底对什么负责呢？问题的回答不可能清晰明了。

高层管理者在评价呈递给他们的报告时，对可控性的理解是不同的。有些首席执行官把预算看成是下属必须履行的一项企业承诺，认为“数字总能说明问题”。没有完成预算被视为不利。一位高级经理曾经说，“一次完不成计划可以，但你不希望第二次也完不成”。这样一种方法迫使管理者学习在不利的环境下工作，并且年复一年提供一致的结果。它消除了讨论哪些成本是可控，哪些成本是不可控的必要性，因为业绩是受可控因素还是不可控因素影响并不重要。这种方法的缺点是，它使管理者的薪酬面临更大的风险。当不可控因素对管理者的业绩评价造成不利影响时，即使他们在可控的因素方面做得很好，它也不会对管理者产生激励。

其他首席执行官认为专注于在预算中凑数给管理者施加了过多的压力。这些首席执行官调整不可控因素，只就管理者可控的因素对其进行评价，如他们相对于竞争对手的业绩。使用相对业绩指标排除了超出管理者控制、以同一种方式影响所有竞争的管理者的有利和不利经营情况。挑战在于找到正确的基准。但是，相对业绩指标减轻了环境困难时管理者的压力。

管理者应该避免只在业绩评价时才考虑可控性。责任会计是着眼于更长远的。它强调获得信息和知识，而不仅是控制。责任会计帮助管理者首要关注谁可以为他们提供信息，而不是追究谁的责任。在评价丽思卡尔顿酒店销售经理的业绩时，将实际收入的缺口与预算收入进行比较当然是相关的。但是，责任会计的根本目的是从销售经理处收集信息以便未来改进。让销售经理对销售负责，可以激励他们了解市场情况和动态变化，这些市场情况和动态变化超出了他们的控制，但在决定酒店采取增加未来收入的行动时却是相关的。类似地，采购经理对总采购成本负责，不是因为他们能够控制市场价格，而是因为他们能够预测和应对不可控的价格，并了解形成的原因。

有时，责任中心的业绩报告会使管理者的行为朝着最高管理层所希望的方向改变，即使报告降低了可控性。考虑一个生产部门。如果部门被设计成一个成本中心，生产经理可能重视效率，而不重视销售人员关于加快服务速度和紧急订单的要求。这些服务降低了效率，增加了成本。将一个部门作为利润中心进行评价，降低了生产经理的可控性（因为生产经理对销售的影响很有限），但是它激励经理看到紧急订单对销售的更多益处。管理者将权衡决策对成本和收入的双重影响，而不仅仅是对成本的影响。

另一个例子是客服中心。如果将该中心设计成一个成本中心，那么管理者就会关注于控制营业成本，例如，减少客户服务代表花在每一个电话上的时间。如果将该中心设计成一个利润中心，那么管理者就会鼓励客户服务代表在效率和更好的顾客服务之间保持平衡，并且努力向上销售和交叉销售其他产品。提供软件平台的惠普、微软、甲骨文和其他公司激励和帮助客户服务中心人员将他们的成本中心转变为利润中心。新谚语是：“每一个服务电话都是销售电话。”

预算编制中的人为因素

为什么我们要在同一章中讨论总预算和责任会计呢？主要是想强调人为因素在编制预算过程中起至关重要的作用。但编制预算常常被视为一个机械工具，因为编制预算的技术本身是不带感情色彩的，然而，管理预算的过程需要教育、说服和巧妙的阐释。

预算松弛

正如本章前面论述的那样，只有下级管理者积极参与预算编制过程，预算才是最有效的。参与增加预算编制流程的可信度，并且使员工对预算产生更大的承诺和责任。但是参与需要下属或低层管理者“诚实”地与上司进行业务沟通。

有时候下级可能会搞花样，从而产生预算松弛。**预算松弛**（budgetary slack）是指低估预算收入或高估预算成本使目标更易达到。这种情况通常出现在用预算差异（实际数字与预算数字间的差额）评估部门经理及其下属业绩的时候。如果最高管理层面临收入降低的情况，机械地全面削减预算成本（比如，各项成本均削减10%），这时部门经理也不太可能在预算沟通中保持“完全的诚实”。

预算松弛为管理者提供了一道抵御意外不利情况的藩篱，但同时也掩盖了公司的实际获利潜力，可能对最高管理层产生误导。这可能导致公司不同部门之间无效的资源计划、分配和协调。

为了避免预算松弛，一些公司主要将预算用于制定计划，而很少用于业绩评价。他们使用多种指标评估管理者的业绩，这些指标考虑了年度内众所周知的许多因素，比如商业环境和行业或竞争者的业绩。但是这种方式评估业绩很浪费时间，需要缜密的判断。

处理预算松弛的一个方法是在设定预算时获得好的基准数据。以一家饮料装瓶工厂的经理为例。假设最高管理层能够从咨询公司购买其他类似装瓶工厂的生产水平（如每小时的装瓶个数）报告。最高管理层可以将这一独立信息告知其工厂经理，并将其用于设定经营预算。使用这种外部基准业绩评价方法可以降低经理设计容易实现的预算水平的能力。

滚动预算是另一种减少预算松弛的方法。正如我们在本章前面讨论的那样，采用滚动预算的公司常常有一个确定的预算期间，如 12 个月，在每个季度末增加一个季度以替换刚结束的那个季度。相对于年度预算来说，滚动预算提供持续更新和更加丰富的信息，减少了产生预算松弛的机会。

诸如 IBM 等公司设计了创新性的业绩评价指标，它们基于预算编制中使用的预测信息的后续准确性对管理者进行奖励。例如，分公司管理者的预算利润预测得越高越准确，他们的激励奖金也越高。① 还有一种减少预算松弛的方法是让管理者定期了解他们的下属在干什么。这样的活动并非让管理者对下属的决策和行为发号施令，而是让他们对下属提供支持、鞭策，与下属共同提高对经营的认识。定期与下属沟通可以使管理者熟悉业务流程，降低下属制造预算松弛的能力。下属与上司就预算和业绩目标进行深入对话。然后，管理者使用主观（和客观）指标评价下属的业绩。当然，使用主观指标需要下属相信上司能够公正评价他们的业绩。

除了制定组织战略，最高管理层也负责确定公司核心价值观和原则，并获得员工的认同。这些价值观与原则描述了可以接受与不可接受的行为。例如，强生公司有一个信条，它阐述公司对医生、病人、员工、社会和股东的责任。员工接受公司信条的培训，以理解公司期望他们做出何种行为。强生公司的管理者常常从内部提拔，因此他们非常熟悉下属员工的工作。强生公司也有一种指导下属的强大文化。强生公司的价值观和惯例形成了一种环境，在这种环境中，管理者对下属有深入了解，这有助于减少预算松弛。

□ 伸展目标

许多业绩最好的公司，比如通用电气、微软和诺华（Novartis），设定“伸展”目标。伸展目标是有挑战性但可达到的预期业绩水平，意在产生一点不适。产生某些业绩焦虑，可激励员工更加努力以取得更好的业绩。但是，设定非常难或不可能实现的目标会损害业绩，因为员工会放弃努力。诸如高盛（Goldman Sachs）等组织使用“水平”

① 有关这些问题的一个非常好的讨论，见 Robert S. Kaplan and Anthony A. Atkinson，*Advanced Management Accounting*，3rd ed.（Upper Saddle River，NJ：Prentice Hall，1998）Chapter 14（“Formal Models in Budgeting and Incentive Contracts”）。

伸展目标，目的是要求员工承担自己舒适区以外的不同责任和角色，强化员工的职业发展。

伸展目标的主要原理是心理动机。考虑下面两种销售人员的薪酬安排：

● 在第一种安排中，销售人员实现1 000 000美元销售目标可以获得80 000美元，对于1 000 000～1 100 000美元之间的每1美元销售额，销售人员可获得8美分。

● 在第二种安排中，销售人员实现1 100 000美元销售目标可以获得88 000美元（伸展目标），对于销售额低于1 100 000美元但高于1 000 000美元的部分，每少销售1美元，销售人员的薪酬减少8美分。

为了简化，我们假定销售额在1 000 000～1 100 000美元之间。

对于1 000 000～1 100 000美元之间的所有销售额，两种安排下销售人员得到的薪酬是一样的。问题是，两种安排下的心理动机是否一样。偏好伸展目标的许多高级经理指出，销售人员对两种薪酬安排的心理感知方式是不对称的。在第一种安排中，实现1 000 000美元销售目标是好的，高出部分是奖金。在第二种安排中，没有达到1 100 000美元的伸展销售目标是失败。如果销售人员厌恶损失，即他们感到损失的痛苦大于成功的快乐，那么在第二种方案下，他们就会更加努力以实现1 100 000美元的目标，并且不会失败。

道德

嵌入伸展目标中的业绩压力不应该推动员工从事非法或不道德的行为。公司越是试图推动业绩，就越应该把重点放在培训员工遵守行为规则，禁止越界（例如，没有贿赂、补偿性支付或不诚实的交易）和违反规则与价值观（例如，顾客第一和质量不打折扣）的行为上。

道德问题有时是微妙的，不明确的。例如，一个分公司经理面临机器在2013年年末或2014年年初进行维修的选择。在2013年维修更好，因为推迟维修会增加机器损坏的可能性。但维修意味着管理者不能达到2013年的营业利润伸展目标，会损失部分奖金。如果机器损坏和发生损失的风险是巨大的，那么许多观察者认为推迟维修是不道德的。如果风险非常小，那么推迟维修是否不道德就可能有更大的争议。

许多管理者消极地对待预算。对于他们来说，预算这个词就像缩小规模、失业或罢工一样令人反感。最高管理层必须要让他们的下属确信预算是帮助他们选择目标和实现目标的一个工具。像所有管理工具一样，它有优点也存在挑战。使用预算时，必须深思熟虑。但是，不论管理者对预算的观点是支持还是反对，预算都无法补救不擅长管理的人才、不健全的组织和糟糕的会计制度。

□ 改善预算

第1章提到持续改进的重要性。持续改进在日语中用“kaizen”表示。**改善预算**（kaizen budgeting）明确地将预算期内预计的持续改进纳入预算。许多专注于降低成本的公司，包括美国通用电气、日本丰田，都使用改善预算持续降低成本。与改善预算有关的成本降低主要来自于许多小改进，而不是“巨大突破”。改进往往来自员工的建议，这是公司创造尊重、赏识、奖励员工建议的文化的结果。不管是生产、营销还是分销部门的员工都有最好的信息，非常清楚如何才能把工作做得更好。

作为一个示例，在Stylistic的九个预算步骤中，我们都是假设生产一张Casual咖啡桌需要花费4直接人工小时。改善预算方法将持续改进纳入其中，规定2014年第1季度每张桌子耗费4直接制造人工小时，第2季度为3.95小时，第3季度为3.90小时，以此类推。直接制造人工小时的减少意味着直接制造人工成本更低，变动制造费用也更低，因为直接制造人工是这些成本的动因。如果Stylistic没有达到持续改进的目标，那么管理者会调查未实现目标的原因，并调整目标或寻求员工意见以实施流程改进。当然，最高管理者应该鼓励各级管理者和员工努力寻找方法，改变操作流程和供应链关系，以更大幅度地（如果是定期的）降低成本。

管理者也可以将改善预算应用于作业，如以降低安装时间和安装成本为目标的安装或以降低运输每立方英尺桌子的成本为目标的分销。特殊作业的改善预算是使用改善方法的公司的总预算的关键构件。

在美国，越来越多经济困难的州和机构正在使用改善技术，召集政府工作人员、监管者和政府流程的终端用户，以识别减少无效率和消除官僚程序的方法。例如，几个州的环境机构召开了改善会议或正在计划召开会议。[①] 美国邮政总局确认了许多不同的项目以减少成本。这些努力取得的成功主要取决于人的因素，如管理者和其他员工做出改变的承诺和约定。

跨国公司的预算

跨国公司，比如联邦快递、卡夫和辉瑞，在许多国家都有业务。国际化带来了好处——可以获得新的市场和资源，而且也带来了一些不利——在不熟悉的商业环境中经营以及面临汇率波动风险。跨国公司以许多不同货币形式赚取利润、发生费用，每个季度它们向股东报告成果时，需要把这些经营业绩换算成单一的货币（比如美元）。换算依据当季的平均外汇牌价。结果，跨国公司的管理者要编制不同货币的预算，还要为外汇汇率编制预算。这需要管理者和管理会计师预测当年可能发生的汇率的潜在变化。为了降低不利汇率变动对公司造成的负面影响，财务经理常常会使用复杂的技术，如远期、期货和期权合约，以最小化汇率波动风险。除了汇率问题，跨国公司的管理者在编制预算时也需要了解他们所在国家的政治、法律尤其是经济环境。比如，在土耳其、津巴布韦和几内亚，年通货膨胀率非常高，这会导致当地货币极度贬值。管理者也需要考虑税收制度的差异，特别是公司在众多经营所在国间转移货物或服务时（见第22章）。

当全球化经营存在许多商业和汇率不确定性时，自然就要问一个问题："跨国公司的管理者发现预算是一个有用的工具吗？"答案是肯定的。但是，在这种环境下，编制预算不是为了评估相对于预算的公司业绩——当环境反复无常时，这种比较可能是无意

---

① For details, see "State Governments, Including Ohio's, Embrace Kaizen to Seek Efficiency via Japanese Methods," http://www.cleveland.com (December 12, 2008).

义的——它是帮助管理者改变他们的计划和协调公司需要采取的行动。高级管理者根据下属管理者在不断变化和动荡的环境中的管理表现来评估业绩，这种评价更主观。

自测题

考虑前面描述的 Stylistic 家具公司的例子。假设为了保持销售量，Stylistic 需要降低售价，每张 Casual 咖啡桌的售价降至 582 美元，每张 Deluxe 咖啡桌的售价降至 776 美元，即售价降低了 3%。其他数据不变。

要求：

编制预算利润表和所有必要的明细预算表。这些预算表将保持不变。

解答：

计划表 1 和计划表 8 将会发生变化。计划表 1 变化是因为价格变化影响收入。计划表 8 变化是因为收入是营销成本（销售佣金）的一个成本动因。计划表 2 至计划表 7 不变，因为售价变化不影响生产成本。修正的计划表和新预算利润表如下：

计划表 1　　收入预算

截至 2014 年 12 月 31 日的年度

	销售价格	销售量	销售收入合计
Casual	582 美元	50 000 张	29 100 000 美元
Deluxe	776 美元	10 000 张	7 760 000 美元
总计			36 860 000 美元

计划表 8　　非生产成本预算

截至 2014 年 12 月 31 日的年度

业务功能	变动成本	固定成本	总成本
产品设计	—	1 024 000 美元	1 024 000 美元
营销			
（变动成本：36 860 000×0.065）	2 395 900 美元	1 330 000 美元	3 725 900 美元
分销			
（变动成本：2×1 140 000）	2 280 000 美元	1 596 000 美元	3 876 000 美元
	4 675 900 美元	3 950 000 美元	8 625 900 美元

预算利润表

截至 2014 年 12 月 31 日的年度

收入	计划表 1		36 860 000 美元
产品销售成本	计划表 7		24 440 000 美元
毛利			12 420 000 美元
营业成本			
产品设计成本	计划表 8	1 024 000 美元	
营销成本	计划表 8	3 725 900 美元	
分销成本	计划表 8	3 876 000 美元	8 625 900 美元
营业利润			3 794 100 美元

决策要点

下面的问答形式是对本章学习目标的总结，决策代表与学习目标相关的关键问题，指南则是对该问题的回答。

决策	指南
1. 什么叫总预算？它有什么用？	总预算概括了所有公司预算和计划的财务目标，它描述管理层的经营计划和财务计划，即公司的财务目标和实现这些目标所使用的手段的格式化纲要。预算作为工具本身并无好坏之分，其价值取决于管理者使用它的技巧。
2. 什么时候公司需要制定预算？它有什么好处？	当公司的预期收益超过预期成本时，需要制定预算。预算的好处有：(1) 迫使公司进行战略分析和计划；(2) 促进公司不同部门的协调和沟通；(3) 为公司提供业绩评价和促进学习的框架；(4) 激励管理者和其他员工。
3. 什么叫经营预算？它的组成部分是什么？	经营预算是预算利润表及其支持性预算计划表。经营预算的起点通常是收入预算。下面的支持性计划表是根据收入预算和支持收入预算的作业编制的：生产预算，直接材料耗用预算，直接材料采购预算，直接制造人工成本预算，制造费用预算，期末存货预算，产品销售成本预算，研发/产品设计费用预算，营销成本预算，分销成本预算，以及顾客服务预算。
4. 如果预算的基本假设改变，管理者应该如何计划并管理风险？	管理者可以利用财务计划模型——经营活动、财务活动及其他影响预算的因素间的关系的数学表述。这些模型使管理层得以进行敏感性分析，以测算原始预测数据的变化或预算假定条件的变化对总预算造成的影响，根据环境变化对计划做出调整。
5. 企业如何使用责任中心？责任中心管理者的业绩报告应该只包括管理者可控的成本吗？	责任中心是某个组织的某个部分、分部或子单位，其管理者对一系列特定的作业负责。责任中心的四种类型是成本中心、收入中心、利润中心和投资中心。责任会计制度是有用的，因为它们衡量每个责任中心的计划、预算、行动和实际结果。可控成本是那些在一定期限内主要受某一责任中心的管理者影响的成本。责任中心管理者的业绩报告却经常包括他们不能控制的成本、收入和投资。责任会计将财务项目分配给管理者的依据是哪位管理者最了解该项目，而不论其能否施加彻底控制。
6. 为什么人为因素在预算编制中很关键？	预算管理需要教育、参与、劝说和明智的解释。当管理得好的时候，预算可以生产承诺、责任和诚实的沟通。而管理得不好的时候，预算可能导致博弈和预算松弛——使预算目标更容易实现的行为。

7. 跨国公司预算编制中的特殊挑战是什么？	预算编制是跨国公司非常有用的一个工具，但由于在多个国家经营的不确定性而具有挑战性。除了编制不同货币单位的预算，跨国公司的管理者还需要编制外汇汇率预算，并且需要考虑经营所在的不同国家的政治、法律和经济环境。在高度不确定性的时候，管理者使用预算更多的是帮助组织学习和适应环境，而不是评估业绩。

练习题

6—17 销售和生产预算。McKnight 公司预计 2015 年销售 208 000 个托盘。该公司 2015 年的期初存货是 18 000 个托盘，目标期末存货是 27 000 个托盘。计算 2015 年预算生产的托盘数量。

6—19 编制原材料采购预算。Howell 公司编制了一份为期 3 个月、43 000 单位产成品的销售预算。截至 12 月 31 日，公司有 11 000 单位产成品存货。在下一个季度末，公司的目标产成品存货是 19 000 单位。

生产 1 单位产成品需要 4 单位的直接材料。12 月 31 日，公司有 66 000 单位的直接材料存货。在下一个季度末，公司的目标期末存货是 56 000 单位。在 3 月 31 日之前的 3 个月里，Howell 公司需要购买多少单位的直接材料？

6—21 收入和生产预算。Price 公司利用北俄勒冈的天然泉水装瓶并分销。Price 公司出售两种产品：12 盎司一次性塑料瓶装水和 1 加仑可循环使用塑料桶装水。

要求：

1. Price 公司的市场销售经理预计 2015 年 12 盎司瓶装水的月销售量为 420 000 瓶，1 加仑桶装水的月销售量为 170 000 桶。12 盎司瓶装水的平均销售价格预计为 0.2 美元，1 加仑桶装水的平均销售价格预计为 1.5 美元。请为 Price 公司编制一份以 2015 年 12 月 31 日结束年度的收入预算。

2. Price 公司 12 盎司瓶装水在 2015 年年初的库存为 890 000 瓶。经营副总裁要求在 2015 年 12 月 31 日，12 盎司瓶装水的期末库存不少于 680 000 瓶。若以之前的销售预算为基础，Price 公司在 2015 年至少要生产多少瓶 12 盎司瓶装水？

3. 经营副总裁要求在 2015 年 12 月 31 日，1 加仑桶装水的期末库存为 240 000 桶。如果生产预算要求 Price 公司在 2015 年生产 1 900 000 桶 1 加仑桶装水，那么 2015 年 1 月 1 日，1 加仑桶装水的期初库存是多少？

6—23 预算，服务业公司。Sunshine 窗户清洁公司为商业客户提供窗户清洗服务。近几年由于成功的营销活动和服务评级网站上的好评，公司取得了相当大的增长。公司所有者 Sam Davis 亲自打电话销售，并根据窗户表面的平方英尺数来报价。Sunshine 公司雇用大学生将货车开到工作地并清洗窗户。一个业余簿记员负责向顾客开账单以及其他办公室工作。间接费用被归集在两个成本库：一个是去工作地的旅程，根据所行驶的里程数来分配；另一个是窗户清洗，根据直接人工小时来分配。

Sam Davis 估计公司的窗户清洁工在一年内会完成 2 000 项窗户清洗工作。每项工作的窗户表面平均为 2 000 平方英尺，需要 5 直接人工小时和 12.5 英里的旅程。Davis 支付给清洁工的工资为每小时 12 美元，税和福利等于工资的 20%。工资、税和福利都被当作直接人工成本。下表呈现了旅程和窗户清洗成本库的预算间接成本：

	旅程（基于 25 000 英里）	窗户清洁（基于 10 000 直接人工小时）
变动成本		
物资（每直接人工小时 4.4 美元）	$0	$44 000
燃料（每英里 0.6 美元）	15 000	0

续前表

	旅程（基于 25 000 英里）	窗户清洁（基于 10 000 直接人工小时）
固定成本（支持 30 000 英里旅程和 12 000 直接人工小时的生产能力）		
间接人工	0	20 000
折旧	40 000	35 000
其他	5 000	23 000
总预算成本	$ 60 000	$ 122 000

要求：

1. 编制一份直接人工小时预算和金额预算。计算直接人工费用率。

2. 按照预计的成本动因数量，计算旅程和窗户清洗的预算间接成本分配率。

3. 计算当年所有工作的预算总成本和平均 2 000 平方英尺窗户清洗工作的预算成本。

4. 假设 Sunshine 公司向客户收取每平方英尺 0.1 美元的费用，编制一份当年的收入预算。

5. 计算预算营业利润。

6. Davis 认为，如果花费 15 000 美元在额外的广告上，那么工作的数量就会增长 20%。如果做了这样的改变，请重新计算预算收入和营业利润。将要求 3 中计算的现有每份工作的预算成本乘以工作的数量，再加上 15 000 美元的广告成本，计算得到费用。基于预算营业利润的变化，你会推荐这个投资吗？

7. 你在这个分析过程中发现了瑕疵吗？怎样才能完善这个分析？Sunshine 公司应该在额外广告上花费 15 000 美元吗？

8. 如果 Sunshine 公司每年的工作下降到 1 800 份，那么公司的盈利性是多少？Davis 可以采取什么行动提升公司的盈利能力？

6—25 作业成本预算。Jiffy 市场的 Jerico 店是一家小型社区便利连锁店。这家商店正在编制 2015 年 1 月份的以作业为基础的预算。Jiffy 市场有三个产品类别：软饮料（35%的产品销售成本）；生鲜农产品（25%的产品销售成本）；包装食品（40%的产品销售成本）。下表显示了 Jerico 店里需要消耗间接资源的四类作业，成本动因及其比率，以及 2015 年 1 月每项作业预计耗用的成本动因量。

作业	成本动因	2015 年 1 月预算成本动因率	2015 年 1 月预算使用的成本动因量		
			软饮料	生鲜农产品	包装食品
订单	采购订单数量	$ 45	14	24	14
运送	送货数量	$ 41	12	62	19
货架存放	库存小时	$ 10.50	16	172	94
顾客支持	销售商品数量	$ 0.09	4 600	34 200	10 750

要求：

1. 2015 年 1 月 Jerico 店总的预算间接成本是多少？同期每项作业总的预算成本是多少？同期每一产品类别的预算间接成本是多少？

2. 哪一种产品类别在总预算间接成本中所占比重最大？

3. 基于要求 2 中的答案，说明与根据产品销售成本分配间接成本比较，以作业为基础的预算编制方法给 Jiffy 市场带来了什么好处？

6—27 责任和可控性。请为 Tropical 热水浴缸公司考虑以下每种相互独立的情境。Tropical 生产和销售热水浴缸。该公司还承包了自身和其他品牌的热水浴缸的维修服务。Tropical 有一个生产工厂，也有一个为生产工厂和技术服务人员（他们经常需要维修热水浴缸的零部件）供货的仓库，还有 10 辆服务车。技术服务人员驾车去客户所在地提供服务。Tropical 拥有这些车，需要付汽油费并且提供热水浴缸的零部件。但是，维修工具是技术人员自己的。

1. 生产工厂的生产经理对于采购经理采购的

发动机不是很满意。5 月份，生产经理停止从供货仓库购买发动机，并且开始直接从另一个发动机生产商那里购买发动机。5 月份的实际材料成本高于预算。

2. 6 月份生产工厂的间接费用大大超过预算。调查显示实际上升的效用率并未纳入预算。

3. 汽油成本是根据货车的服务区域和该月预计行驶的里程来制定预算的。3 号服务车的司机每个月的汽油费用经常都会超过 3 号服务车的预算。服务经理调查后发现，司机经常公车私用。

4. Tropical 热水浴缸的一个维修客户瀑布温泉度假村（Cascades Resort and Spa）只有在发生紧急状况的时候才会呼叫维修人员，并不进行日常维护。因此，这种服务的原料成本和人工成本都要超过给合约客户每月的预算成本。

5. Tropical 的维修技术人员是按小时计工资的。如果每个星期的工作时间超过了 40 小时，包含驾驶时间，就能拿到加班费。其中一个维修技术人员 Fred Friendly 每星期的工作时间经常超过 40 小时。维修客户对于 Fred 的工作非常满意，但是维修经理常常要求 Fred 工作更快一些。Fred 的加班使得每个月的实际维修成本都超过了预算。

6. 今年，汽油成本增加了 50%，这使得维修服务车的实际汽油成本大大超过了预算成本。

要求：

对于上述每一种情况，确定谁承担责任和可控性。提出解决问题或者完善现状的方法。

6—29 现金流分析，敏感性分析。Game Depot 是一个销售电子游戏的零售商店。一年中大多数月份的销售量都比较平均，但是 6 月份和 12 月份的销售量会增加，因为有新游戏发布，并且因为消费者预计寒暑假到了而购买游戏。Game Depot 也销售和修理游戏系统。2014 年 3—6 月的销售和服务收入预测如下：

2014 年 3—6 月的销售和服务收入预算

月份	预计销售收入	预计服务收入	总收入
3	$ 9 000	$ 1 500	$ 10 500
4	11 000	2 000	13 000
5	12 400	2 800	152 00
6	19 400	5 200	24 600

几乎所有的服务收入都是通过信用卡支付的。因此，Game Depot 在做预算时，把所有的收入都看做银行卡收入。银行卡要收取占总额 3% 的费用。其中一半的产品销售收入也通过银行信用卡支付，所要支付的费用平均也为 3%。10% 的销售额是用现金支付的，剩下的 40% 记录在商店账目里。虽然商店尽量只给最好的客户赊账，但还是有平均 2% 的坏账。商店 90% 的账目都能在购买后一个月内付清，有 8% 的账目是在购买后两个月内付清。

要求：

1. 请计算 2014 年 5 月和 6 月 Game Depot 预计能收到的现金。请写出每个月的计算过程。

2. 5 月份，Game Depot 为购买游戏和游戏系统的预算支出为 8 700 美元，租金、水电费和其他成本的预算支出为 2 800 美元，两个兼职雇员的工资预算为 2 000 美元。

a. 给定要求 1 中的答案，Game Depot 能够支付其 5 月份的支出吗？

b. 5 月份的预测是一个预算。假设（每个情况都是独立的）5 月份的收入会减少 5% 和 10%，并且成本会提高 8%。在这三种情况下，请计算 5 月份的总现金净额。如果现金收入少于现金支出，Game Depot 必须借多少钱？假设 5 月初的现金余额是 200 美元。

3. 除了收入、支出和营业利润预算之外，Game Depot 的管理者为什么还要编制一份现金预算？编制这样的现金预算有帮助吗？请简要说明。

4. 假设 5 月份的成本如要求 2 中描述的一样，但是 5 月份的预期现金收入是 12 400 美元，月初的现金余额为 200 美元。Game Depot 5 月份有机会赊购游戏和游戏系统。但是供货商提供给该公司的信用条件是 2/10，n/30，这意味着如果 Game Depot 在 10 天内（5 月份）付款的话，就能享受商品价格 2% 的折扣。Game Depot 能以 24% 的利率借款。Game Depot 应该获得这个购买折扣吗？

6—31 预算成本，持续改善。Trendy T 恤厂生产纯白的和有色的 T 恤衫。投入包括以下几个方面：

	价格	数量	单位产出成本
布料	每码 7 美元	每单位 1 码	每单位 7 美元
人工	每直接人工小时 14 美元	每单位 0.25 直接人工小时	每单位 3.5 美元

另外，每件有色的T恤需要3盎司的染料，每盎司的成本为0.4美元。白色T恤的价格为每件14美元，有色T恤的价格为每件18美元。公司预计今年能销售12 000件白色T恤和60 000件有色T恤。

Trendy有机会转用一种环境友好型的染料，这种染料的成本是每盎司1.25美元。每件T恤仍然需要使用3盎司的染料。由于会增加成本（降低利润），Trendy不愿意改变使用的染料。但是如果继续使用有害的但是比较便宜的染料的话，环保部门威胁对公司处以罚款120 000美元。

要求：

1. 考虑到前面的信息，如果转用环境友好型的染料，那么Trendy会赚更多吗（假设其他所有的成本都不变）？

2. 假设Trendy选择对环境负责而不考虑成本，转用新染料。生产经理建议使用改善成本法。如果Trendy的布料和人工成本每月都能降低1%，在12个月后所获利润能多接近转用更贵的染料之前所获的利润（在计算减少的成本时，四舍五入到整数）？

3. 参考要求2。怎样才能降低材料和人工的成本？这个计划有什么问题吗？

6—33 预算利润表（摘自CMA）。Smart视频公司是电视会议设备制造商。电视会议设备的维修是客户满意的一个重要方面。近来计算机行业的下滑导致电视会议设备这个细分市场也跟着遭殃，造成Smart公司财务业绩下降。下面这个利润表展示了公司2014年的经营成果：

Smart公司利润表

会计年度截至2014年12月31日　单位：千美元

收入：		
设备	8 000	
维修合同	1 900	
收入合计		9 900
产品销售成本		4 000
毛利		5 900
营业成本		
营销成本	630	
分销成本	100	
顾客维护成本	1 100	
管理成本	920	
营业成本合计		2 750
营业利润		3 150

Smart的管理团队正准备编制2015年的预算，并研究如下信息：

1. 当经济开始复苏时，设备的销售价格有望提高10%。每个维修合同的定价维持在2014年的水平。

2. 设备销量预计增加6%，维修合同的数量也相应增加6%。

3. 设备的单位销售成本预计将增加5%，用以完善技术和提高质量。

4. 营销成本预计增加290 000美元，管理成本则预计保持在2014年的水平。

5. 分销成本与设备销售量同比例变动。

6. 雇用两名维修技师，总成本为160 000美元，其中包括工资和差旅费。目的是提高顾客服务水平和缩短反应时间。

7. 没有设备的期初存货和期末存货。

要求：

1. 编制一份截至2015年12月31日的年度预算利润表。

2. 预算与Smart公司的目标如何实现一致？

3. 编制预算如何帮助Smart公司的管理团队更好地管理公司？

6—35 作业成本法的综合问题。Animal Gear公司生产两种宠物搬运器：Cat-allac和Dog-eriffic。产品由塑料制成，带金属门。但是Cat-allac更小一些。以下给出了4月份两种产品的信息：

投入价格

直接原料

塑料　每磅5美元

金属　每磅4美元

直接生产人工　每直接生产人工小时10美元

每单位产出的投入数量

	Cat-allac	Dog-eriffic
直接原料		
塑料	4磅	6磅
金属	0.5磅	1磅
直接生产人工小时	3	5
机器小时	11	19

库存信息，直接材料

	塑料	金属
期初库存	290磅	70磅
目标期末库存	410磅	65磅
期初库存成本	1 102美元	217美元

假设 Animal Gear 以先进先出成本流假设来核算直接材料。

销售和库存信息，产成品

	Cat-allac	Dog-eriffic
预期销量	530	225
售价	205 美元	310 美元
目标期末库存数量	30	10
期初库存数量	10	25
期初库存金额	1 000 美元	4 650 美元

Animal Gear 使用先入先出成本流假设来核算产成品库存。

Animal Gear 使用作业成本系统，并将间接费用分为三个作业库：准备、加工和检测。这三种作业的作业费率分别为每准备小时 105 美元，每机器小时 10 美元，每检测小时 15 美元。其他信息如下：

成本动因信息

	Cat-allac	Dog-eriffic
每批数量	25	9
每批准备时间	1.5 小时	1.75 小时
每批检测时间	0.5 小时	0.7 小时

3 月份的非生产固定成本为 32 000 美元，其中一半是职员的工资。4 月份的工资预期会提高 5%。唯一变动的非生产成本就是销售佣金，它等于销售收入的 1%。

要求：

请为 4 月份编制以下预算：

1. 收入预算。
2. 生产数量预算。
3. 直接材料使用预算和直接材料购买预算。
4. 直接生产人工成本预算。
5. 三种作业各自的制造费用预算。
6. 期末产成品存货的单位成本预算和期末库存预算。
7. 产品销售成本预算。
8. 非生产成本预算。
9. 预算利润表（忽略所得税）。
10. 编制预算如何帮助 Animal Gear 的管理团队更好地管理公司?

6—37 全面经营预算和预算资产负债表。Skulas 公司生产并销售滑雪板，其产品仅有一种型号 Pipex。2014 年夏季，Skulas 的管理会计师收集了如下数据，准备编制 2015 年的预算：

材料和人工需求

直接材料	
木材	每张滑雪板 9 板英尺
玻璃纤维	每张滑雪板 10 码
直接制造人工	每张滑雪板 5 小时

公司首席执行官预期 2015 年销售 2 900 张滑雪板，预期零售价格为每张 650 美元。他还计划 2015 年滑雪板期初存货为 500 张，期末存货为 200 张。

直接材料存货

	2015 年 1 月 1 日 期初存货	2015 年 12 月 31 日 期末存货
木材（板英尺）	2 040	1 540
玻璃纤维（码）	1 040	2 040

变动性制造费用以每直接制造人工小时 7 美元进行分摊。2015 年预计固定性制造费用为 81 000 美元。Skulas 对固定性制造费用采取和变动性制造费用相同的分摊基础，即直接制造人工小时。变动性营销成本为每次销售访问 250 美元。2015 年的营销计划要求进行 38 次销售访问。此外 2015 年的固定性非生产成本预计为 35 000 美元。

其他数据包括：

	2014 年 单价	2015 年 单价
木材（美元/板英尺）	32.00	34.00
玻璃纤维（美元/码）	8.00	9.00
直接制造人工（美元/小时）	28.00	29.00

2014 年 12 月 31 日单位产成品存货中可计入存货的成本为 374.80 美元。假设 Skulas 采用先进先出法计量直接材料存货和产成品存货。计算中不考虑在产品。

2014 年 12 月 31 日部分项目预算余额如下（单位：美元）：

现金	14 000
不动产、厂场和设备（净值）	854 000
流动负债	21 000
长期负债	182 000
股东权益	857 120

要求：

1. 编制 2015 年的收入预算（金额）。

2. 编制 2015 年的生产预算（数量）。

3. 编制 2015 年直接材料耗用和采购预算。

4. 编制 2015 年直接制造人工预算。

5. 编制 2015 年制造费用预算。

6. 2015 年预算制造费用分配率是多少？

7. 2015 年预算单位产出的制造费用是多少？

8. 计算 2015 年生产一个滑雪板的成本。

9. 编制 2015 年直接材料和产成品的期末存货预算。

10. 编制 2015 年产品销售成本预算。

11. 编制截至 2015 年 12 月 31 日的年度预算利润表。

12. 编制 2015 年 12 月 31 日的预算资产负债表。

13. 当首席执行官审阅预算的时候，他可能会问管理团队什么问题？首席执行官应该设立伸展目标吗？请简要阐述。

14. 编制预算如何帮助 Skulas 的管理团队更好地管理公司？

6—39　现金预算编制。2014 年 12 月 1 日，Iaia 批发公司试图制定截至 2015 年 1 月 31 日的现金收入和支付计划。之后，将会支付一笔107 000 美元的款项。这笔钱是 9 月份借的，目的是让公司能够度过 11 月和 12 月的季节性高峰。

12 月 1 日部分总分类账户余额如下（单位：美元）：

现金	30 000
存货	111 800
应付账款	139 000

销售条件规定，如果在销售下一个月的 10 日之前完成支付的话，就有 3%的折扣，销售下一个月末余款到期。经验显示，50%的账单能在折扣期内收回，30%能在购买后一个月的月末收回，15%在接下去的一个月内收回。剩下的 5%将无法收回。没有现金销售。

该公司产品的平均销售价格是每单位 170 美元。实际和预计销售如下（单位：美元）：

2014 年 10 月份实际销售额	287 000
2014 年 11 月份实际销售额	629 000
2014 年 12 月份预计销售额	561 000
2015 年 1 月份预计销售额	612 000
2015 年 2 月份预计销售额	510 000
截至 2015 年 6 月 30 日的年度总预计销售额	3 218 750

所有采购都在 15 天内完成支付。一个月中 60%的购买都能在当月付清，剩下的就在下一个月内付清。平均每单位采购成本为 130 美元。目标期末存货为 570 单位，加上下个月销售量的 20%。

当年的总预算营销、分销和顾客服务成本是 670 000 美元。其中，155 000 美元是固定成本（包括 43 400 美元折旧）。其余部分随销售变动。所有固定和变动营销、分销和顾客服务成本都在发生时支付。

要求：

1. 请编制 2014 年 12 月和 2015 年 1 月的现金预算。提供应收款项收款、商品支付、营销、分销和顾客服务成本的明细附表。

2. 除了营业利润预算外，为什么 Iaia 的经理们还要编制一份现金预算呢？

6—41　预算和道德。Jayzee 公司的多个部门生产多种产品。该公司通过将实际成本和产出与预算进行比较来评价各部门和部门经理。部门经理协助编制预算并且经常提供与材料、人工和间接成本有关的投入数量信息。

Kurt Jackson 是生产 Z 产品部门的经理。Kurt 估计了 Z 产品的投入：

投入	每单位产出的预算数量
直接材料	8 磅
直接生产人工	30 分钟
机器小时	24 分钟

该部门每天大约生产 100 单位的 Z 产品。Kurt 的部门经常获得极好的评价，有时还会超过预算生产数量。该公司大约平均需要 48 工时的直接生产人工（8 个工人，每人工作 6 小时），790 磅材料和 39.6 个机器小时来生产 100 单位的 Z 产品。

Jayzee 公司的最高管理层已经决定实施一个将会挑战每一个部门工人的预算标准，并且要求 Kurt 为 Z 产品设计一个更具挑战性的投入标准。Kurt 为最高管理层提供了以下投入数量信息：

投入	每单位产出的预算数量
直接材料	7.9 磅
直接生产人工	29 分钟
机器小时	23.6 分钟

请讨论以下问题：

1. 对生产 Z 产品的部门来说，这些预算标准具有挑战性吗？

2. 为什么你建议 Kurt 选择这些特殊标准？

3. Jayzee 公司的最高管理层可以采取什么措施来确保 Kurt 的标准真正达到公司的目标？

6—43 全面预算问题，作业成本法，经营和财务预算。Tyva 公司生产一种非常受欢迎的不染色的布凉鞋，分为常规款和奢华款。常规款凉鞋使用布质鞋底，奢华款使用木质鞋底，外层用布包裹。Tyva 正在编制 2015 年 6 月的预算，并且已经根据过去的经验预估了销售量。

6 月份的其他信息如下：

投入价格

直接材料	
布	每码 5.25 美元
木材	每板英尺 7.5 美元
直接生产人工	每直接生产人工小时 15 美元

每单位产出（每双凉鞋）投入数量

	常规款	奢华款
直接材料		
布	1.3 码	1.5 码
木材	0	2 板英尺
直接生产人工小时	5 小时	7 小时
每批准备时间	2 小时	3 小时

存货信息，直接材料

	布	木材
期初存货	610 码	800 板英尺
目标期末存货	386 码	295 板英尺
期初库存存货	3 219 美元	6 060 美元

Tyva 使用先进先出成本流假设核算直接原料。

销售和存货信息，产成品

	常规款	奢华款
预期销售数量（双）	2 000	3 000
售价（美元）	120	195
目标期末存货数量（双）	400	600
期初存货数量（双）	250	650
期初存货金额（美元）	23 250	92 625

Tyva 使用先进先出成本流假设核算产成品库存。

所有的凉鞋都以 50 双为一批进行生产。Tyva 承担制造费用，营销、一般行政和运输成本。除了材料和人工，生产成本包含了准备、加工和检验成本。Tyva 每次运输 40 双凉鞋。Tyva 使用作业成本法，并将 6 月份的间接费用进行了分类，见下表：

成本类型	基准作业	分配率
生产		
准备	准备工时	每准备工时 18 美元
加工	直接生产人工小时	每直接生产人工小时 1.8 美元
检验	拖鞋双数	每双 1.35 美元
非生产		
营销和一般行政	销售收入	8%
运输	运输次数	每次 15 美元

要求：

1. 编制 6 月份的如下预算：

(1) 收入预算。

(2) 生产预算（数量）。

(3) 直接材料耗用数量和金额预算与直接材料采购数量与金额预算（四舍五入到整数）。

(4) 直接制造人工成本预算。

(5) 准备、加工与检测作业的制造费用预算。

(6) 期末产成品存货预算单位成本与期末存货预算。

(7) 产品销售成本预算。

(8) 营销与一般行政及运输成本预算。

2. Tyva 公司 5 月 31 日的资产负债表如下：

Tyva 资产负债表，截至 5 月 31 日

资产		
现金		$ 9 435
应收账款	$ 324 000	
减：坏账准备	16 200	307 800
存货		
直接材料		9 279
产成品		115 875
固定资产	$ 870 000	
减：累计折旧	136 335	733 665
总资产		$ 1 176 054

负债和所有者权益	
应付账款	$15 600
应交税费	10 800
应付利息	750
长期债务	150 000
普通股	300 000
留存收益	698 904
负债与权益合计	$1 176 054

利用资产负债表和以下信息编制6月份的现金预算（四舍五入到整数）。

- 所有的销售都为赊销，其中60%的货款在销售当月收到，38%的货款在下月收到，另外2%的货款无法收回，记为坏账。
- 所有材料均是赊购。公司在当月支付80%的货款，下月支付20%的货款。
- 所有其他成本均在发生当月支付，包括6月份宣告并支付15 000美元现金股利。
- 公司正在支付一笔150 000美元长期贷款的每月0.5%（每年6%）的利息。
- 公司计划在6月份支付截至5月31日的所欠税款10 800美元，6月份的所得税费用为0。
- 加工、准备和检测成本的30%以及营销与一般行政和运输成本的10%是折旧。

3. 编制6月份的预算利润表和截至6月30日的预算资产负债表。

附录 现金预算

本章阐述了经营预算，它是总预算的一个组成部分。总预算的另一组成部分是财务预算，它包括资本预算、现金预算、预算资产负债表和预算现金流量表。本附录将着重现金预算和预算资产负债表的编制。资本预算将在第21章介绍。预算现金流量表超出了本书范围，它通常包括在财务会计和公司财务课程中。

除了本章介绍的营业利润预算之外，为什么Stylistic的管理者还想要一个现金预算呢？回想一下，Stylistic的管理会计师在应计会计基础上编制了经营预算，这与公司报告实际营业利润的基础是一致的。但是，Stylistic的管理者还需要制定现金流计划，以确保公司在款项到期时有足够的现金来支付供应商、支付工资，并支付营业费用。Stylistic可能是非常有盈利能力的，但是来自于收入的现金收款模式可能会发生延迟，从而导致现金不足，不能如期支付。Stylistic的管理者可能需要提出一个借款计划为任何现金短缺融资。建立一个盈利的经营计划并不能保证有足够的现金可用，所以除了营业利润预算外，Stylistic的管理者还需要编制现金预算。

图表6—5为Stylistic家具公司2013年12月31日的资产负债表。2014年的预算现金流如下：

	季度			
	1	2	3	4
来自顾客的收款	$9 136 600	10 122 000	10 263 200	8 561 200
支出				
直接材料	3 031 400	2 636 967	2 167 900	2 242 033
直接人工工资	1 888 000	1 432 000	1 272 000	1 408 000
制造费用	3 265 296	2 476 644	2 199 924	2 435 136
非生产成本	2 147 750	2 279 000	2 268 250	2 005 000
购买机器	—	—	758 000	—
所得税	725 000	400 000	400 000	400 000

图表 6—5　　2013年12月31日资产负债表

	A	B	C	D
1	Stylistic 家具公司 资产负债表			
2	2013年12月31日			
3	资产			
4	流动资产		$300 000	
5	现金		1 711 000	
6	应收账款		1 090 000	
7	直接材料存货		646 000	$3 747 000
8	产成品存货			
9	不动产、厂场和设备			
10	土地		2 000 000	
11	建筑物和设备	$22 000 000		
12	累计折旧	(6 900 000)	15 100 000	17 100 000
13	合计			$20 847 000
14	负债和股东权益			
15	流动负债			
16	应付账款		904 000	
17	应交所得税		$325 000	$1 229 000
18	股东权益			
19	普通股，无面值，25 000股在外流通		3 500 000	
20	留存收益		16 118 000	19 618 000
21	合计			$20 847 000

每季度的数据来自本章计划表1至计划表8中业务所产生的现金收付，为了保持阐述简洁明了并切中要点，有关编制的细节就不在此说明。

公司要在每个季度末保持320 000美元的最低现金余额。它可以按年利率12%进行借贷。除非有必要，管理层不继续借入短期贷款。经过特别安排，利息是在归还本金时一并计算偿付的。为简单起见，假设借款（数额为1 000美元的整数倍）发生在季度的起始日，而还款发生在还款季度的结束日。得出的利息额近似取到美元。

假设Stylistic的管理会计师收到以上数据及本章预算中的其他数据信息，他的任务如下：

1. 编制2013年分季度现金预算表。即按季编制现金收支表，包括借款、还款和利息等详情。
2. 编制截至2014年12月31日的年度预算利润表。这张表应包括利息费用和所得税（所得税税率为营业利润的40%）。
3. 编制2014年12月31日的预算资产负债表。

□ 预算的编制

1. 现金预算表是一张预计现金收入和支出的明细表。它预计在既定业务水平上的现金量。图表6—6分季度列示了现金预算，以体现现金在不同时间的流量对银行借款和归还的影响。在实际工作中，每月——有时是每周甚至每天——的现金计划对现金的计划和控制十分有帮助。现金预算帮助企业避免不必要的现金闲置及意外的现金短缺，因而现金余额是按照需要来确定的。现金预算表一般有以下几个主要部分：

（1）可利用的现金总额（筹资前）。期初现金余额加上现金收入等于筹资前可利用的现金总额。现金收入取决于应收账款回收、现金销售和经常发生的杂项收入，如租金和特许权收入。要使预计准确，还需要了解应收账款的可回收性。其中关键的因素是以往坏账（不可回收的账款）发生的情况（Stylistic 没有这样的问题，因为它只向为数不多的批发商销售）和销售与回款间的平均期限。

（2）**现金支付**。Stylistic 的现金支付包括：

1）直接材料采购。供货商在货物发出后一个月内收到货款。

2）直接生产人工及其他工资、薪水支出。所有与工资相关的成本在人工劳动发生的当月支付。

3）其他成本。取决于发生时期及信贷条件。（在 Stylistic 的例子中，所有其他成本在成本发生的当月支付。）请注意，折旧不需要现金支出。

4）其他支出。包括不动产、厂场与设备和其他长期投资的支出。

5）每季度所得税支付。

（3）**筹资效果**。短期筹资需求量等于可用现金总量（在图表 6—6 中标记为 x）与现金支付总量（标记为 y）的差额，加上所需最低期末现金余额。筹资计划由可用现金总量与需要的现金总量的关系决定。如果现金短缺，则 Stylistic 需要贷款。如果有溢余现金，Stylistic 则归还贷款。

（4）**期末现金余额**。图表 6—6 的现金预算体现了短期“自动清偿现金贷款”模式。第 1 季度中，Stylistic 预计有 1 940 846 美元的现金短缺，因此借入 1 年期的 1 941 000 美元的短期借款。在生产或销售的季节性高峰中，产品生产和销售会带来购买、工资和其他经营支出从而造成现金的大量支付。顾客回款一般也都在销售之后。贷款的自动清

图表 6—6　　截至 2014 年 12 月 31 日的年度的现金预算

文件　开始　插入　页面布局　公式　数据　审阅　视图

	A	B	C	D	E	F
1	Stylistic 家具公司					
2	现金预算					
3	截至2014年12月31日的年度					
4		1季度	2季度	3季度	4季度	全年
5	期初现金余额	$300 000	$320 154	$320 783	$324 359	$300 000
6	加：收入					
7	收取顾客账款	9 136 600	10 122 000	10 263 200	8 561 200	38 083 000
8	可用现金总额（x）	9 436 600	10 442 154	10 583 983	8 885 559	38 383 000
9	减：支出					
10	直接材料	3 031 400	2 636 967	2 167 900	2 242 033	10 078 300
11	直接人工工资	1 888 000	1 432 000	1 272 000	1 408 000	6 000 000
12	制造费用	3 265 296	2 476 644	2 199 924	2 435 136	10 377 000
13	非生产成本	2 147 750	2 279 000	2 268 250	2 005 000	8 700 000
14	购买机器			758 000		
15	所得税	725 000	400 000	400 000	400 000	1 925 000
16	总支出（y）	11 057 446	9 224 611	9 066 074	8 490 169	37 080 300
17	所需最低现金余额	320 000	320 000	320 000	320 000	320 000
18	总现金需求	11 377 446	9 544 611	9 386 074	8 810 169	37 400 300
19	现金溢余（短缺）*	$(1 940 846)	$897 543	$1 197 909	$75 390	$0
20	筹资					
21	借款（期初）	$1 941 000	$0	$0	$0	$1 941 000
22	还款（期末）	0	(846 000)	(1 095 000)	0	(1 941 000)
23	利息（年利率12%）**	0	(50 760)	(98 550)	0	(149 310)
24	筹资效果合计（z）	1 941 000	(896 760)	(1 193 550)	0	(149 310)
25	期末现金余额***	$320 154	$320 783	$324 359	$395 390	$395 390
26	*可用现金总额超出筹资前总现金需求。					
27	**注意短期利息支付包含在季末的本金支付中。关于利息的具体计算为：846 000×0.12×0.5=50 760(美元)；1 095 000×0.12×0.75=98 550(美元)。还要注意折旧不需要支付现金。					
28	***期末现金余额=可用现金总额（x）－总支出（y）－筹资效果合计（z）					

偿是指所借款项用于获取资源以形成生产，之后销售所得款项又用来归还贷款。这一自动清偿循环就是指从现金到存货再到应收账款最终回到现金的运动过程。

2. 图表6—7是预算利润表。它只是图表6—3的预算营业利润表的扩展，加入了利息费用和所得税。

图表6—7　　截至2014年12月31日的年度预算利润表

	A	B	C	D
1	Stylistic 家具公司			
2	预算利润表			
3	截至2014年12月31日			
4	收入	计划表1		$38 000 000
5	产品销售成本	计划表7		24 440 000
6	毛利			13 560 000
7	营业成本			
8	产品设计成本	计划表8	$1 024 000	
9	营销成本	计划表8	3 800 000	
10	分销成本	计划表8	3 876 000	8 700 000
11	营业利润			4 860 000
12	利息费用	图表6－6		149 310
13	税前利润			4 710 690
14	所得税（税率40%）			1 884 276
15	净利润			$2 826 414

3. 图表6—8是预算资产负债表。其中的每个项目都是按照先前所有的预算明细表中的有关业务计划进行预测的。例如，应收账款的期末余额1 628 000美元，就是在期初余额1 711 100美元（见图表6—5）的基础上加上预算收入38 000 000美元（见计划表1）并减去现金收款38 083 000美元（见图表6—6）计算出来的。

为简单起见，这个例子明确给出了现金收入和支出。然而通常情况下，现金的收入和支出是根据利润表及资产负债表中以权责发生制为基础记录的项目金额与相关的现金实际收付金额间的差距计算的。考虑应收账款。

当年的预算收入被分解为月度和季度收入预算。例如，Stylistic各季度销售额分别为9 282 000美元，10 332 000美元，10 246 000美元和8 140 000美元，等于2014年预算销售额38 000 000美元。

	第1季度		第2季度		第3季度		第4季度	
	Casual	Deluxe	Casual	Deluxe	Casual	Deluxe	Casual	Deluxe
预算销售量	12 270	2 400	13 620	2 700	13 610	2 600	10 500	2 300
售价（美元）	600	800	600	800	600	800	600	800
预算收入（美元）	7 362 000	1 920 000	8 172 000	2 160 000	8 166 000	2 080 000	6 300 000	1 840 000
	9 282 000		10 332 000		10 246 000		8 140 000	

注意，预计第2季度和第3季度的收入比第1季度和第4季度更高，第1季度和第4季度的天气条件限制了购买家具的客户数量。

一旦Stylistic的管理者确定了销售预算，管理会计师就编制现金收款计划表，作为编制现金预算的资料。Stylistic估计第1季度销售额的80%在当期收到，另外20%在下一个季度收到。每季度估计的收取顾客账款计算如下：

现金收款计划表

	季度			
	1	2	3	4
2014 年 1 月 1 日应收账款余额				
(2014 年 1 季度收到上年第 4 季度销售额)	$1 711 000			
来自 2014 年 1 季度的销售额				
(9 282 000×0.80；9 282 000×0.20)	7 425 600	$1 856 400		
来自 2014 年 2 季度的销售额				
(10 332 000×0.80；10 332 000×0.20)		8 265 600	2 066 400	
来自 2014 年 3 季度的销售额				
(1 024 600×0.80；10 246 000×0.20)			8 196 800	$2 049 200
来自 2014 年 4 季度的销售额				
(8 140 000×0.80)				6 512 000
收款合计	$9 136 600	$10 122 000	$10 263 200	$8 561 200

2014 年第 4 季度未收款的销售额 1 628 000 美元（8 140 000×0.20）作为应收账款出现在 2014 年 12 月 31 日的预算资产负债表（见图表 6—8）中。请注意，每个季度来自顾客的现金收款等于前面列示的分季度现金收款。

图表 6—8　　2014 年 12 月 31 日预算资产负债表

文件　开始　插入　页面布局　公式　数据　审阅　视图

	A	B	C	D
1	Stylistic 家具公司			
2	预算资产负债表			
3	2014年12月31日			
4	资产			
5	流动资产			
6	现金（取自图表6—6）		$395 390	
7	应收账款（1）		1 628 000	
8	直接材料存货（2）		760 000	
9	产成品存货（2）		4 486 000	$7 269 390
10	不动产、厂场和设备			
11	土地（3）		2 000 000	
12	建筑物和设备（4）	22 758 000		
13	累计折旧（5）	(8 523 000)	14 235 000	16 235 000
14	合计			$23 504 390
15	负债和股东权益			
16	流动负债			
17	应付账款（6）		$775 700	
18	应交所得税（7）		284 276	$1 059 976
19	股东权益			
20	普通股，无面值，25 000股在外流通（8）		3 500 000	
21	留存收益（9）		18 944 414	22 444 414
22	合计			$23 504 390
23				
24	注意：			
25	期初余额被用作下面大多数计算的起点。			
26	（1）$1 711 000+$38 000 000收入－$38 083 000收款（图表6—6）=$16 282 000			
27	（2）来自计划表6B			
28	（3）来自开始的资产负债表（图表6—5）			
29	（4）$22 000 000（图表6—5）+$758 000采购（图表6—6）=$22 758 000			
30	（5）$6 900 000（图表6—5）+$1 020 000+来自计划表5的$603 000 折旧			
31	（6）$904 000+$9 950 000（计划表3B）－$10 078 300（图表6—6）=$775 300			
32	没有其他流动负债。来自图表6－6： 直接人工现金流=$6 000 000，来自计划表4 制造费用现金流=$10 377 000（12 000 000－折旧 $1 623 000），来自计划表5 非生产成本现金流=$8 700 000，来自计划表8			
33	（7）$325 000+$1 884 276（来自图表6－7）－$1 925 000支付（图表6－6）=$284 276			
34	（8）来自开始的资产负债表（图表6－5）			
35	（9）$16 118 000（图表6－5）+净利润$2 826 414（图表6－7）=$18 944 414			

□ 敏感性分析和现金流

图表 6—4 说明了销售价格和直接材料价格的变化对 Stylistic 预算营业利润的影响。敏感性分析的一个主要用途就是进行现金流量预算。图表 6—9 概述了图表 6—4 所示的两种方案所涉及的短期借款问题。方案 1 咖啡桌销售单价较低（每张 Casual 咖啡桌售价 582 美元，每张 Deluxe 咖啡桌售价 776 美元），第 1 季度需要 2 146 000 美元短期借款，这笔贷款在 2014 年 12 月 31 日前不能完全偿还。方案 2 中直接材料成本上升了 5%，需要 2 048 000 美元短期借款，这笔贷款在 2014 年 12 月 31 日前也不能偿还。敏感性分析帮助管理者预见这些结果，并采取措施减少预期营业现金流量降低的影响。

图表 6—9　　敏感性分析：图表 6—4 中关键预算假设对 2014 年短期借款的影响

文件　开始　插入　页面布局　公式　数据　审阅　视图

	A	B	C	D	E	F	G	H	I	J
1				直接材料			每季度的短期借款与偿还			
2		售价		采购成本		预算	季度			
3	方案	Casual	Deluxe	红橡木	花岗岩	营业利润	1	2	3	4
4	1	$582	$776	$7.00	$10.00	$3 794 100	$2 146 000	$(579 000)	$(834 000)	$170 000
5	2	$600	$800	$7.35	$10.50	$4 483 800	$2 048 000	$(722 000)	$(999 000)	$41 000

第7章

弹性预算、直接成本差异与管理控制

- 静态预算与差异
- 弹性预算
- 弹性预算差异和销售数量差异
- 差异分析的标准成本
- 直接成本投入的价格差异和效率差异
- 差异在管理上的应用
- 基准制度与差异分析
- 附录　可替代投入的组合和产出差异

学习目标

1. 理解静态预算和静态预算差异
2. 检验弹性预算概念，学习编制弹性预算
3. 计算弹性预算差异和销售数量差异
4. 解释为何标准成本经常用于差异分析
5. 计算直接成本中的价格差异和效率差异
6. 理解管理者如何运用差异
7. 了解基准制度的含义及其在成本管理中的应用

每个组织，无论其盈利能力或成长性如何，都必须后退一步，认真审视自己的支出决策。

当顾客受经济衰退影响时，管理者使用预算和差异分析工具进行成本控制的必要性就变得特别重要了。通过研究差异，管理者可以重点关注业绩不足之处，并且使用已知信息进行修正调整，为公司实现巨大的节约。实现成本降低的动力似乎与推动组织追求环保的良好商业惯例不符。与此相反，试图使工厂和运营更有效的管理者发现了可持续发展运动的基石，如减少浪费和能源使用，提供新的途径来帮助他们管理风险、控制成本，就像下面的文章说明的那样。

追求（其他）绿色：降低标准成本①

在全食超市（Whole Foods）和宜家（IKEA）长期致力于生态友好发展的同时，可持续发展实践已经远远超出了这些早期的企业，扩展到更多的企业。近年来，在某些看似不可能的行业，管理者发现，可持续发展的经济效益可以通过多种方式表现出来。公司以一种惊人的方式追求绿色，降低标准成本。

APC Construction 是科罗拉多州的一家小型道路建筑公司，完全出于必要性，公司增加了再生沥青在生产流程中的用量。2003—2008 年，标准沥青水泥的成本从每吨 180 美元飞涨至每吨 600 美元，公司不得不控制水泥的标准成本。因此，公司开始提高产品中再生成分的含量。公司首席财务官 Bob Stewart 说："使用 30%的再生原料，每吨几乎可以节省 8 美元，减少了粉碎石头耗用的能源，保护了自然资源。"

食品加工和化工产业的资本设备制造商 Urschel Laboratories 在降低运输成本的同时还减少了碳排放量。随着油价持续上涨，某些 Urschel 的运输公司在运送公司的机械时开始加收燃油附加费。Urschel 销售的产品大多是重型设备，公司发现顾客通常有充足的交货时间等待订货通过 4～6 周的海运到达，而海运的成本只是以前空运标准成本的一半。这样就减少了将设备运输至世界各地客户的燃料消耗，降低了公司运输的标准成本。

理解成本性态，制定成本计划，实施差异分析，并且根据结果采取适当行动，是管

① Kate O'Sullivan, "Going for the Green" Sept. 01, 2011, CFO Magazine.

理者非常重要的职能。对于诸如麦当劳和唐恩都乐（Dunkin' Donuts）等零售商，为了以尽可能低的成本生产高质量的食品和饮料，全面理解直接成本十分必要。类似地，为了长期可持续发展，从通用电气、美洲银行到运动队（如萨克拉门托国王队）等组织，都必须管理成本和分析差异。

在第 6 章中，你已经看到了预算是怎样帮助管理者制定计划的。在本章中我们开始考察预算——特别是弹性预算——是怎样通过差异帮助管理者进行控制的。弹性预算和差异使得管理者能够对实际结果和计划业绩进行对比，理解二者为什么会产生差异，并且知道如何改进。差异分析支持五步决策制定程序的最后关键职能，使管理者能够在决策实施后评价业绩和学习。本章和下一章我们将要讨论实际和计划如何产生差异。

静态预算与差异

差异（variance）是实际结果和预期业绩的差额。预期业绩也称为**预算业绩**（budgeting performance），它是比较的一个参考点。

差异的用途

差异汇聚了计划和管理控制功能，促进了例外管理。**例外管理**（management by exception）是这样一种方法，管理者将更多注意力集中在与预计情况不符的领域，而较少关注与预计情况一致的领域。考虑 Maytag 设备工厂的废料和返工成本。如果工厂的实际成本远远高于预算成本，这一差异将促使管理者探究个中原因，并改正问题，这样未来生产会导致更少的废料和返工。有时可能产生大的正向差异，如产品的生产成本显著降低。管理者试图弄清成本降低的原因（例如，操作员得到了更好的培训或者生产方法发生变化），如此这些实践就可以延续下去并在本组织的其他部门实施。

差异也可用于业绩评价和激励管理者。Maytag 工厂的生产线管理者每个季度的效率奖金就是与预算经营成本的执行情况挂钩的。

有时候差异表明公司应该转变战略。例如，因一种新产品过高的废品率而导致的大额负向差异可能表明产品设计存在缺陷。接下来决策者就可能要研究产品设计和产品组合的潜在变化。差异也有助于管理者对未来做出更明智的决策，从而提高五步决策制定程序的质量。

差异分析的好处不限于公司。在当前比较困难的经济环境下，政府官员已经意识到基于差异信息做出及时战术变化的能力可能使他们在后来只需做出更少的苛刻的调整。例如，亚利桑那州斯科茨代尔市监督其每月的税收和费用支出绩效。为什么？因为城市的目标之一是保持其用水率稳定。通过监督城市水费收入与当期费用的匹配程度，斯科茨代尔市可以避免突然提高向居民收取的水费以及与水相关的基础设施项目的融资。①

差异分析是一个非常重要的决策工具吗？是的。英国特许管理会计师公会最近的一项调查发现，它是各种规模的组织最常用的成本核算工具。

□ 静态预算和静态预算差异

我们通过考察一个公司的会计系统来深入了解差异。当你研究本章的图表时，注意用数字加“级”表明差异分析的详细程度。1级代表最不详细，2级代表比较详细，以此类推。

Webb公司生产并销售夹克。这种夹克需要很多裁缝工艺和手工操作。Webb将产品独家销售给批发商，再由批发商卖给各个服装店及零售连锁店。简单起见，我们假定：

1. 公司唯一的成本是生产成本，在营销、分销等其他价值链职能中没有成本发生。
2. 2014年4月生产的所有产品均在当月售出。
3. 期初或期末都没有直接材料存货。另外，期初或期末都没有在产品或产成品存货。

Webb公司有三类变动成本，每类成本的预算单位变动成本如下：

成本类别	每件夹克的变动成本
直接材料成本	$60
直接制造人工成本	16
变动制造费用成本	12
变动成本合计	$88

生产数量是直接材料、直接制造人工和变动制造费用的成本动因，其相关范围是0～12 000件夹克。2014年4月的预算和实际数据如下所示：

生产0～12 000件夹克的预算固定性生产成本	276 000美元
预算销售价格	120美元/件
预算生产和销售量	12 000件
实际生产和销售量	10 000件

静态预算（static budget），也叫总预算，是以预算期开始时计划的产出水平为基础编制的。总预算被称作静态预算，是因为预算依据单一的（静态的）计划产出水平编制。图表7—1中的第3列显示了Webb公司2014年4月的静态预算，这个预算是在2013年末编制的。图表7—1中的第1列上利润表的每一个项目显示的是4月的实际成果数据。例如，实际收入为1 250 000美元，实际售价是1 250 000÷10 000＝125美元/件，而预算售价为120美元/件。同样，实际直接材料成本是621 600美元，每件夹克的直接材料成本是621 600÷10 000＝62.16美元/件，而预算直接材料成本是

① 关于政府机构的相关例子和精彩讨论参见Kavanagh S., and C. Swanson. 2009. Tactical financial management: Cash flow and budgetary variance analysis. *Government Finance Review*, October 1.

60美元/件。当我们在本章讨论不同的差异时，将描述这些差异产生的可能原因并进行解释。

图表7—1　　Webb公司2014年4月以静态预算为基础的差异分析[a]

1级分析	实际结果（1）	静态预算差异（2）=(1)−(3)	静态预算（3）
销售量	10 000	2 000 U	12 000
收入	$1 250 000	$190 000 U	$1 440 000
变动成本			
直接材料	621 600	98 400 F	720 000
直接制造人工	198 000	6 000 U	192 000
变动制造费用	130 500	13 500 F	144 000
变动成本合计	950 100	105 900 F	1 056 000
贡献毛益	299 900[b]	84 100 U	384 000
固定成本	285 000	9 000 U	276 000
营业利润	$14 900	$93 100 U	$108 000
	↑	$93 100 U	↑
		静态预算差异	

a. F代表对营业利润有利的差异；U代表对营业利润不利的差异。

静态预算差异（static-budget variance）（见图表7—1，第2列）是指实际结果与相应的静态预算数额之间的差额。

有利差异（favorable variance）（本书用F表示）导致了（孤立考虑时）实际营业利润相对于预算数额的增加。对于收入项，F意味着实际收入超过预算收入；对于成本项，F意味着实际成本少于预算成本。**不利差异**（unfavorable variance）（本书用U表示）导致了（孤立考虑时）实际营业利润相对于预算数额的减少。不利差异在有些国家（如英国）也称作逆差异。

在图表7—1中，营业利润的不利差异为93 100美元，这是用实际营业利润14 900美元减去静态预算营业利润108 000美元计算得到的：

营业利润的静态预算差异＝实际结果－静态预算金额
＝14 900 －108 000
＝93 100(美元)U

图表7—1的分析为管理者提供了关于93 100美元营业利润静态预算差异的额外信息。更详细的分类显示了这93 100美元是怎样由每个营业利润的分项（收入、各项变动成本和固定成本）加总而成的。

回想一下，Webb公司实际只产销了10 000件夹克，虽然管理者在静态预算中预计产出为12 000件。管理者想知道的是有多少静态预算差异归因于不准确的产销预测，又有多少静态预算差异归因于实际产销的10 000件夹克。因此，管理者创造了弹性预算，它使管理者能够更深入地理解对静态预算的偏离。

弹性预算

弹性预算（flexible budget）是指在预算期内根据实际产出水平计算预算收入和预算成本。弹性预算在期末（对于 Webb 公司来说是 2014 年 4 月）编制，也就是在管理者得知 10 000 件夹克的实际产出水平之后。弹性预算是假设预算，如果能够正确预测实际产出水平 10 000 件的话，Webb 公司就可以在预算期开始时编制预算了。换句话说，弹性预算不是 Webb 公司为 2014 年 4 月编制的计划（记住，Webb 公司制定了 12 000 件夹克的产量计划）。为了编制弹性预算，应该注意：

- 预算销售价格是每件 120 美元，与静态预算使用的数据相同。
- 预算单位变动成本是每件 88 美元，与静态预算使用的数据相同。
- 预算总固定成本与静态预算的数据 276 000 美元相同。为什么？因为实际生产夹克 10 000 件在 0～12 000 件的相关范围内。因此，不管公司预测生产 10 000 件还是生产 12 000 件，都应该预测同样的固定成本 276 000 美元。

静态预算和弹性预算之间唯一的区别表现为静态预算是基于计划的 12 000 件产出水平编制的，而弹性预算是基于实际的 10 000 件产出水平编制的。换句话说，静态预算从 12 000 件夹克被"弹回"或调整为 10 000 件夹克。[①] 10 000 件夹克的弹性预算假设，所有成本对于夹克的产出数量来说，要么是完全变动的，要么是完全固定的。

Webb 公司分三步编制它的弹性预算。

步骤 1：确定实际产出数量。2014 年 4 月，Webb 公司生产并销售了 10 000 件夹克。

步骤 2：以预算销售价格和实际产量为基础，计算弹性预算收入。

弹性预算收入＝120×10 000＝1 200 000(美元)

步骤 3：以单位产出的预算变动成本、实际产量和预算固定成本为基础，计算弹性预算成本。

弹性预算变动成本	
直接材料（60×10 000）	$600 000
直接制造人工（16×10 000）	160 000
变动制造费用（12×10 000）	120 000
弹性预算变动成本合计	880 000
弹性预算固定成本	276 000
弹性预算成本合计	$1 156 000

Webb 公司按这三个步骤编制了图表 7—2 第 3 列的弹性预算，弹性预算考虑了 93 100 美元的营业利润不利静态预算差异的更详细分析。

---

① 假设 Webb 公司在 2013 年底编制 2014 年年度预算的时候准确预测到 2014 年 4 月的产量是 10 000 件，那么 2014 年 4 月的弹性预算与静态预算就是一样的。

弹性预算差异和销售数量差异

图表 7—2 展示了 Webb 公司以弹性预算为基础的差异分析，它把营业利润的不利静态预算差异 93 100 美元进一步细分为两部分：29 100 美元的不利弹性预算差异和 64 000 美元的不利销售数量差异。**销售数量差异**（sales-volume variance）是弹性预算数量与相应的静态预算数量的差额。**弹性预算差异**（flexible-budget variance）是实际结果与相应的弹性预算数额的差额。

图表 7—2　　**Webb 公司 2014 年 4 月二级弹性预算差异分析**[a]

2 级分析	实际结果（1）	弹性预算差异 (2)=(1)−(3)	弹性预算（3）	销售数量差异 (4)=(3)−(5)	静态预算 (5)
销售量	10 000	0	10 000	2 000 U	12 000
收入	$ 1 250 000	$ 50 000 F	$ 1 200 000	$ 240 000 U	$ 1 440 000
变动成本					
直接材料	621 600	21 600 U	600 000	120 000 F	720 000
直接人工	198 000	38 000 U	160 000	32 000 F	192 000
变动制造费用	130 500	10 500 U	120 000	24 000 F	144 000
变动成本合计	950 100	70 100 U	880 000	176 000 F	1 056 000
贡献毛益	299 900	20 100 U	320 000	64 000 U	384 000
固定成本	285 000	9 000 U	276 000	0	276 000
营业利润	$ 14 900	$ 29 100 U	$ 44 000	$ 64 000 U	$ 108 000
2 级		$ 29 100 U 弹性预算差异		$ 64 000 U 销售数量差异	
1 级			$ 93 100 U 静态预算差异		

a. F 表示对营业利润的有利影响；U 表示对营业利润的不利影响。

销售数量差异

请记住，图表 7—2 第 3 列中的弹性预算金额与第 5 列中的静态预算金额都是用预算销售价格、预算单位产品的变动成本和预算固定成本计算的。静态预算和弹性预算金额的差异称作销售数量差异，因为它仅仅是由于 10 000 件实际销量和 12 000 件静态预算预期销量不同而产生的差异。

营业利润的销售数量差异＝弹性预算金额－静态预算金额
＝44 000－108 000
＝64 000(美元)U

Webb 公司营业利润的销售数量差异计量了预算贡献毛益的变化，因为公司仅销售了10 000件夹克，而不是预算的12 000件。

$$\begin{aligned}\text{营业利润的销售数量差异} &= (\text{预算单位贡献毛益})\times(\text{实际销售量}-\text{静态预算的销售量})\\ &= \left(\text{预算销售价格}-\text{预算单位变动成本}\right)\times\left(\text{实际销售量}-\text{静态预算的销售量}\right)\\ &= (120-88)\times(10\,000-12\,000)\\ &= 32\times(-2\,000)\\ &= 64\,000(\text{美元})\text{U}\end{aligned}$$

图表7—2中的第4列通过识别利润表中每一分项的销售数量差异，显示了总差异的成分。营业利润中的不利销售数量差异可以归结于以下一个或多个原因：

1. 公司管理者没有完成销售计划；
2. 夹克的总需求比预计的少；
3. 竞争对手抢去了Webb公司的市场份额；
4. 未预计到顾客偏好和品位出现了偏离Webb公司设计的变化；
5. 质量问题导致顾客对Webb公司夹克的不满。

Webb公司对不利销售数量差异的反应取决于管理者认为的差异产生的原因。例如，如果Webb公司认为不利销售数量差异是市场因素造成的（原因1，2，3或4），销售经理可能最有资格对此做出解释并提出改正行动，比如促销、市场研究或改变广告计划。然而，如果管理者认为不利销售数量差异是由未预计到的质量问题（原因5）造成的，生产经理可能最有资格分析其原因并提出改进策略，比如改变生产流程或者购买新机器。

静态预算差异比较的是10 000件夹克的实际收入及成本与12 000件夹克的预计收入及成本。差异的一部分是销售数量差异，它反映的是销售较少单位或不准确的销售预测的影响。将这部分从静态预算差异中分离出来，管理者就可以将2014年4月的实际收入和成本与弹性预算中基于实际生产和销售的10 000件夹克的预算收入和成本进行比较。弹性预算差异是一种比静态预算差异更好的销售价格和成本绩效指标，因为这些差异是将同样10 000件夹克的实际收入与预算收入、实际成本与预算成本进行比较。“观念实施：康宁公司的弹性预算”显示了弹性预算对实施差异分析和使公司在不确定环境中管理业务的重要性。

观念实施

康宁公司的弹性预算

从历史上看，商业预算的规则比较简单：制定预算，遵守预算。然而，在今天快速变化的环境中，许多公司将年度“静态”预算和根据作业量变化调整的弹性预算进行匹配。有着160年历史的特种玻璃和陶瓷制造商康宁公司（Corning）使用弹性预算，以迅速适应影响其业务的重大变化。

每年，康宁公司把年度预算放在一起。虽然管理者仍在努力确保实现预算，但预算不能100%准确预测康宁公司的客户和竞争对手的行为。例如，苹果公司在iPhone屏幕上使用防刮的Gorilla玻璃。如果苹果决定加快生产最新型的iPhone，康宁就必须出乎意料地增加Gorilla玻璃的生产，产生预料之外的成本和收入。在康宁公司，管理会计师和财务主管每月要进行滚动预测，以解决公司认为其余季度可能会发生的问题。康宁公司的高级副总裁和公司总监Tony Tripeny表示："在此分析的基础上，我们会到业务部门询问，'你们会有什么变化？你们打算采取什么行动？与我们预算设定有什么不同？'"

通过使用弹性预算，康宁公司的管理者可以分析不确定性，改善绩效评估，并且进行有效的差异分析来帮助公司达到目标。那么，为什么康宁公司要制定详尽的预算呢？Tripeny解释道，预算有很多明确的好处。他举了一个例子，证明预算与康宁决心成为市场上成本最低的生产商之间的关系。他说："在预算过程中，我们设立了明确的目标，如制造成本的目标。尽管一年中的业务可能会改变，但这种变化通常不会大到改变生产——业绩目标。从控制的角度来看，预算仍有价值。不过，它不能引导你们如何管理业务，感知未来发生的事情，并且先于竞争对手采取行动。"

资料来源：Pogue，David. 2010. Gorilla Glass，the smartphone's unsung hero. Pogue's Posts（blog），*New York Times*，December 9. http://pogue.blogs.nytimes.com；Banham，Russ. 2011. Let it roll. *CFO Magazine*，May.

□ 弹性预算差异

图表7—2的前3列显示的是Webb公司实际结果与弹性预算金额的比较。利润表中每一项的弹性预算差异显示在第2列。

弹性预算差异＝实际结果－弹性预算金额

图表7—2中营业利润这一项显示了29 100美元（14 900－44 000）的不利弹性预算差异。这一不利差异的产生是实际销售价格、实际单位变动成本和实际固定成本与预算金额不同造成的。销售价格和单位变动成本的实际结果和预算金额如下：

	实际结果	预算金额
销售价格	125.00美元（1 250 000÷10 000）	120.00美元（1 200 000÷10 000）
单位变动成本	95.01美元（950 100÷10 000）	88.00美元（880 000÷10 000）

收入的弹性预算差异称作**销售价格差异**（selling-price variance），这是因为造成这一差异的唯一原因是实际销售价格和预算销售价格存在差异。

销售价格差异＝(实际销售价格－预计销售价格)×实际销售量
＝(125－120)×10 000
＝50 000(美元)F

Webb公司有一个有利的销售价格差异，因为125美元的实际销售价格高于120美元的预算价格，增加了营业利润。营销经理最有资格对这一差额的产生原因进行推测和解释。比如，是因为质量更好还是市场价格的整体提高？Webb的管理者认为是由于价格的整体提高。

对于 10 000 件的实际产出水平来说，总变动成本的弹性预算差异是不利的（70 100 美元 U）。这种不利可能是由于以下一个或两个原因：

- 某种投入（如直接制造人工小时）的实际消耗量比预算消耗量更多；
- 某种投入的单位价格（如直接制造人工小时的工资率）比预算单位价格高。

之所以会发生比预算更高的投入消耗量或更高的投入价格，可能是因为 Webb 公司决定生产比原计划更好的产品，或者是因为公司的生产和采购操作效率欠佳，或者两种原因都有。你们应该始终把差异分析看做为深入调查提供建议，而不是为业绩的好坏提供结论性证据。

285 000 美元的实际固定成本比预算金额的 276 000 美元多了 9 000 美元。这种不利的弹性预算差异反映了固定间接成本的意外增加，比如工厂租金或监督员的工资。

在本章的剩余部分，我们将关注变动直接成本差异。第 8 章主要是间接制造费用差异。

差异分析的标准成本

为了获得更深入的了解，公司会把直接成本投入的弹性预算差异分解为两种更详细的差异：

1. 反映实际投入价格和预算投入价格差别的价格差异；
2. 反映实际投入数量和预算投入数量差别的效率差异。

我们把这些差异称作 3 级差异。管理者对效率差异的控制力通常要比对价格差异的控制力强，因为投入的数量主要受公司内部的因素影响（如操作效率），而材料价格或工资率的变化主要受公司外部的市场力量影响。

□ 获得预算投入价格和预算投入数量

为了计算价格和效率差异，Webb 公司需要获得预算投入价格和预算投入数量。Webb 公司有三个主要的信息来源：（1）过去的数据；（2）同类公司的数据；（3）标准。每种信息来源都有其优点与缺点。

1. **过去期间的实际投入数据**。大多数公司都有实际投入价格与实际投入数量的历史数据。可以使用我们将在其他章节（第 10 章）讨论的某些技术对这些历史数据进行趋势或模式分析。

优点：历史数据是真实的数量和价格而不是假设的，因此它们是衡量业绩改进的非常有用的基准。而且，历史数据通常容易低成本收集。

缺点：历史数据可能包括企业的低效率，如直接材料的浪费。因此，历史数据不能代表企业能够取得的理想业绩，而仅仅代表过去的业绩。历史数据也没有考虑预算期间的任何预期变动，如技术投资导致的改进。

2. **来自相似流程的其他公司的数据**。另一个信息来源是同类公司或有相似流程的公司的数据，这些数据可以作为一个基准。例如，肯塔基州路易斯维尔的浸会卫生保健系统以类似的一流医院的人工绩效数据作为基准。

优点：来自其他公司的数据能够为公司提供相对于竞争对手的公司业绩信息。

缺点：其他公司的投入价格及数量数据常常不容易获得，或不能与特定公司的情况相比。考虑美国服饰公司，它每周生产 100 多万款服装。在其位于洛杉矶的工厂，工人们得到计时工资、计件工资和医疗福利，远远超过了竞争对手支付给工人的工资。实际上，它们都是离岸的，生产成本显著更低。（我们将在本章后面详细讨论基准。）

3. **公司自己制定的标准。标准**（standard）是深思熟虑后决定的价格、成本或数量，被用作判断业绩的基准，通常用单位数额表示。考虑一下 Webb 公司是怎样决定它的直接制造人工标准的。Webb 公司进行工程研究，获得了夹克生产步骤的详细分类。每一步骤都分配标准时间，标准时间是根据熟练工在高效操作设备的情况下完成这一步骤的时间制定的。同样，Webb 公司确定了一个熟练工人制作一件夹克所需布料的标准数量。

优点：标准时间（1）目的是消除过去的无效率；（2）考虑到了预算期间可能发生的变动。第二个好处的例子是，Webb 公司的管理者决定租赁新的、更快的且更准确的缝纫机。Webb 公司在设定新标准时，将会考虑新机器带来的更高效率水平。

缺点：因为不是基于实现的基准，标准可能达不到，工人在实现目标时可能会受到挫折。

标准这个词可以指许多不同的事情：

- **标准投入**（standard input）是精心确定的投入量，比如制作一件夹克需要的布料平方码数或直接制造人工小时数。
- **标准价格**（standard price）是精心确定的单位投入的价格。在 Webb 公司的例子中，付给操作工的标准工资率就是直接制造人工小时的标准价格。
- **标准成本**（standard cost）是精心确定的单位产出成本，如 Webb 公司制作一件夹克的标准直接制造人工成本。

$$\begin{matrix}\text{每产出单位的每一变动}\\\text{直接成本投入标准成本}\end{matrix}=\text{一产出单位所需的标准投入}\times\text{每投入单位的标准价格}$$

每件夹克的标准直接材料成本：生产每一产出单位（夹克）需要 2 平方码布料，每平方码布料的标准价格为 30 美元。

$$\text{每件夹克的标准直接材料成本}=2\times30=60(\text{美元})$$

每件夹克的标准直接制造人工成本：生产每一产出单位需要 0.8 个制造人工小时，每人工小时的标准价格为 20 美元。

$$\text{每件夹克的标准直接制造人工成本}=0.8\times20=16(\text{美元})$$

预算和标准这两个词有什么联系？预算的范围更广。澄清一下：预算的投入价格、投入数量和成本并不需要以标准为基础。正如我们前面看到的，它们可能是以历史数据和竞争性的基准为基础的。但是，当标准被用以获得预算投入数量及价格的时候，“标准”和“预算”这两个词就可以互相代替。单位产出所需每项投入的标准数量及价格，决定了单位产出所需每项投入的标准成本。注意，前面提到怎样计算直接材料和直接制造人工的标准成本，计算结果为每件夹克预算直接材料成本 60 美元和预算直接制造人工成本 16 美元/小时。

在标准成本系统中，Webb 公司以有效经营可以达到的水平为标准，并允许存在正常的故障。例如，正常的中断可能包括接收用于生产夹克的材料时发生短暂延迟，或因为一台设备需要小修导致生产延迟。另一种方法是设置更有挑战性、更难达到的标准。正如我们在第 6 章中讨论的，设置有挑战性的标准能够增加员工激励和公司业绩。然而，正如我们指出的，如果工人认为标准不可能实现，他们就会变得沮丧，公司业绩会受到损害。

直接成本投入的价格差异和效率差异

Webb 公司有两类直接成本。2014 年 4 月生产并销售 10 000 件夹克的两类实际成本如下：

采购并耗用的直接材料[①]

1. 采购并耗用的布料投入量	22 200 平方码
2. 每平方码的实际价格	28 美元
3. 直接材料成本（22 200×28）（图表 7—2，第 1 列）	621 600 美元

耗用的直接制造人工

1. 耗用的直接制造人工小时	9 000 小时
2. 单位直接制造人工小时的实际价格	22 美元
3. 直接制造人工成本（9 000×22）（图表 7—2，第 1 列）	198 000 美元

让我们使用 Webb 公司的数据来说明直接成本的价格差异和效率差异。

价格差异（price variance）是实际价格和预算价格的差额与实际投入量（如采购的直接材料）的乘积。价格差异有时也称作**比率差异**（rate variance），尤其是用它描述直接制造人工价格差异的时候。**效率差异**（efficiency variance）是实际投入数量（如布料的平方码数）和实际产出水平所需的预算投入量的差额与预算价格的乘积。效率差异有时也称作**用量差异**（usage variance）。我们将更详细地探究价格差异和效率差异，以便了解管理者如何运用这些差异。

□ 价格差异

计算价格差异的公式如下：

价格差异＝(投入的实际价格－投入的预算价格)×实际投入量

Webb 公司两类直接成本的价格差异如下：

① 本章后面的自测题放松了耗用的直接材料数量等于购买的直接材料数量这个假设。

直接成本种类	（投入的实际价格－投入的预算价格）	×	实际投入量	＝	价格差异
直接材料	(28－30)	×	22 200	＝	44 400(美元) F
直接制造人工	(22－20)	×	9 000	＝	18 000(美元) U

直接材料价格差异是有利的，因为布料实际价格低于预算价格，导致营业利润增加。直接制造人工价格差异是不利的，因为支付给员工的实际工资率高于预算工资率，导致营业利润减少。

管理者应该考虑价格差异的多种可能原因。例如，Webb公司的有利直接材料价格差异也许是由以下一个或多个原因造成的：

- 采购经理的议价技巧比预想的要高超。
- 采购经理选择了一个价格更低的供货商。
- 采购经理订购了比预算量更多的材料，因此获得了数量折扣。
- 由于行业材料供给过剩，直接材料价格意外下降。
- 直接材料的预算采购价格设定过高，因为管理者没有认真分析市场情况。
- 采购经理得到了有利的价格，因为他愿意接受价格因素之外的不利条款（如质量更差的材料）。

Webb公司的管理者对材料价格差异的反应取决于其对差异原因的判断。例如，如果认为采购经理订购的数量高于预算而得到数量折扣，Webb公司应该调查大量采购是否会导致更高的储存成本。如果储存增加，存货持有成本超出了数量折扣，那么大量采购就是不利的。一些公司减少了其材料储存区域，以防止采购经理大量订货。

□ 效率差异

对于任何的实际产出水平，效率差异就是实际耗用的投入量和实际产出水平下预算投入量之间的差与预算投入价格的乘积。

效率差异＝(实际耗用投入量－实际产出下的预算投入量)×投入的预算价格

其中的思想是：给定一个产出水平，如果一个公司的实际投入量大于预算投入量，就是无效率的；相反，如果公司实际投入量小于给定产出水平下的预算投入量，就是有效率的。

Webb公司每种直接成本的效率差异为：

直接成本种类	（实际投入量－实际产出下的预算投入量）	×	预算投入价格	＝	效率差异
直接材料	[22 200－(10 000×2)]	×	30		
	＝(22 200－20 000)	×	30	＝	66 000(美元) U
直接制造人工	[9 000－(10 000×0.8)]	×	20		
	＝(9 000－8 000)	×	20	＝	20 000(美元) U

这两个生产效率差异——直接材料差异和直接制造人工差异——都是不利的。为什么？因为给定公司的实际产出，实际投入量高于预算投入量，这降低了Webb公司的营业利润。

就像价格差异，造成效率差异的原因也是多方面的。例如，Webb公司不利的直接制造人工效率差异可能由以下一个或多个原因造成：

- 由于工作太慢，或生产了低质量的夹克而需要返工，工人们花了更多的时间生产每一件夹克。
- Webb公司的人事经理雇用了技术不熟练的工人。
- Webb公司的生产调度计划工作没有效率，导致生产每件夹克要消耗比预算更多的制造人工时间。
- 维修部门没有正确地维修机器，导致生产每件夹克要消耗比预算更多的制造人工时间。
- 由于没有准确评估员工的技能水平和工作环境，Webb公司的预算时间标准太高。

假设Webb公司的管理者认定不利差异是机器维修不力造成的，那么公司就可能建立一个由工厂工程师和机器操作员组成的团队，制定一份维修计划，以减少未来故障，防止对人工时间和产品质量造成不利影响。

图表7—3提供了另一种计算价格差异和效率差异的方法。它显示了弹性预算差异是怎样分解成价格差异和效率差异的。以直接材料为例，直接材料的弹性预算差异为21 600美元U，是第1列中实际发生的成本（实际投入量×实际价格）621 600美元和第3列中弹性预算（实际产出下的预算投入量×预算价格）600 000美元的差额。第2列（实际投入量×预算价格）被插在第1列和第3列之间。第1列和第2列的差为44 400美元F的价格差异，因为第1列是用实际价格（28美元）与实际投入量（22 200平方码）相乘，而第2列是用预算价格（30美元）与实际投入量（22 200平方码）相乘。第2列和第3列的差为66 000美元U的效率差异，因为第2列是用实际投入量（22 200平方码）与预算价格（30美元）相乘，而第3列是用实际产出下的预算投入量（20 000平方码）与预算价格（30美元）相乘。直接材料价格差异44 400美元F与直接材料效率差异66 000美元U之和等于直接材料弹性预算差异21 600美元U。

图表7—3　　差异分析的分列图示：Webb公司2014年4月的直接成本[a]

3级分析	实际成本（实际投入量×实际价格）(1)	实际投入量×预算价格 (2)	弹性预算（实际产出下的预算投入量×预算价格）(3)
直接材料	(22 200×28) $621 600	(22 200×30) $666 000	(10 000×2×30) $600 000
3级分析	$44 400 F 价格差异		$66 000 U 效率差异
2级分析		$21 600 U 弹性预算差异	
直接制造人工	9 000×22 $198 000	9 000×20 $180 000	10 000×0.8×20 $160 000
3级分析	$18 000 U 价格差异		$20 000 U 效率差异
2级分析		$38 000 U 弹性预算差异	

a. F为有利差异；U为不利差异。

图表 7—4 总结了不同的差异。请注意，每一个更高层次的差异为评价业绩提供了分解的更详细的信息。

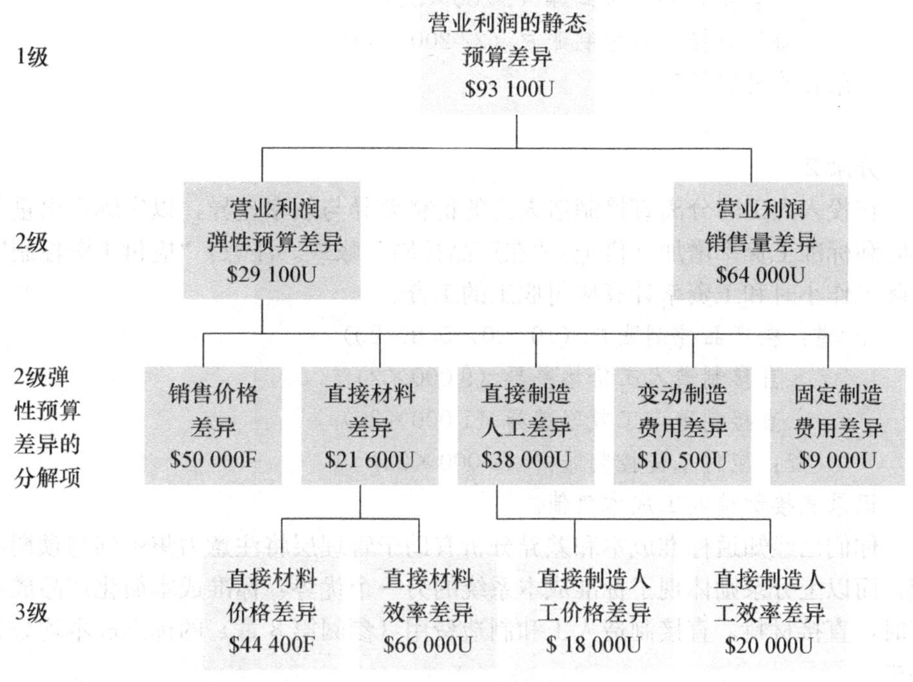

图表 7—4　1 级、2 级和 3 级差异分析小结

现在我们列示 Webb 公司标准成本下的会计分录。

□ 标准成本下的分录

第 4 章介绍了正常成本计算法下的分录，现在我们来说明 Webb 公司使用标准成本怎样做分录，重点放在直接材料和直接制造人工上。下面会计分录中的所有数据可以在图表 7—3 中找到。

注意：在下列每一个分录中，不利差异总是在借方（它使营业利润减少），有利差异总是在贷方（它使营业利润增加）。

分录 1a

购入材料时分离直接材料价格差异，并按 Webb 公司为采购材料制定的标准价格增加（借记）“直接材料控制”账户。这是可能分离差异的最早时间。

1a. 借：直接材料控制账户（22 200×30）	666 000	
贷：直接材料价格差异（22 200×2）		44 400
应付账款控制账户（22 200×28）	621 600	

记录直接材料采购。

分录 1b

领用直接材料时分离直接材料效率差异，以实际产出量所需投入的标准数量与标准采购价格的乘积增加（借记）“在产品控制”账户。

1b. 借：在产品控制账户（10 000×2×30）	600 000
直接材料效率差异（2 200×30）	66 000
贷：直接材料控制账户（22 200×30）	666 000

记录直接材料耗用。

分录2

在投入人工时分离直接制造人工的价格差异与效率差异，以实际产出量所需的标准小时和标准工资率增加（借记）“在产品控制”账户。注意，“应付工资控制”账户依据实际工作小时和工资率计算应付职工的工资。

2. 借：在产品控制账户（10 000×0.8×20）	160 000
直接制造人工价格差异（9 000×2）	18 000
直接制造人工效率差异（1 000×20）	20 000
贷：应付工资控制账户（9 000×22）	198 000

记录直接制造人工成本负债。

你们已经知道标准成本和差异分析有助于管理层将注意力集中到与预期不一致的领域。而以上分录则体现了标准成本系统的另一个优势：标准成本简化产品成本核算。生产时，直接材料、直接制造人工和制造费用（参阅第8章）的标准成本均分派到单位产品中。

从控制的角度看，一切差异都应尽早分离。例如，在材料购入时分离直接材料价格差异，如果此差异是一个很大的不利差异，管理者就可以立即采取纠正措施，比如从当前供应商那里寻求降低成本的方法，或取得其他潜在供应商的报价，而无须等到材料耗用后才采取纠正行动。

在会计年度末，如果差异账户金额已无关紧要，可以将其冲销，转至产品销售成本账户。简单起见，我们假设2014年4月不同直接成本差异账户的余额就是2014年末的余额，所以无关紧要。Webb会编制如下分录将直接成本差异账户转至产品销售成本账户。

销售成本	59 600	
直接材料价格差异	44 400	
直接材料效率差异		66 000
直接制造人工价格差异		18 000
直接制造人工效率差异		20 000

假设Webb公司会计年度末有存货，从金额上讲，差异是重要的。公司用第4章介绍的方法将材料差异账户余额在产品销售成本和不同的存货账户之间按比例分配。例如，根据各个账户期末余额中直接材料的标准成本，将“直接材料价格差异”在“材料控制”、“在产品控制”、“产成品控制”和“产品销售成本”账户之间按比例分配。根据各个账户期末余额（直接材料价格差异按比例分配以后）中的直接材料成本将“直接材料效率差异”在“在产品控制”、“产成品控制”和“产品销售成本”账户之间按比例分配。

正如第 4 章讨论的，许多会计师、产业工程师和管理者认为差异在一定程度上计量了年度间的无效率，因此它们应该被注销，减少当期的利润，而不是在存货和销售成本之间按比例分配。这些人认为对每个单独的差异结合应用注销和按比例分配的方法。这种方法与完全按比例分配法不同，公司并没有最终将无效率成本计入存货性成本。考虑一下效率差异。由于可以避免的低效率导致的那部分差异应注销计入产品销售成本。相反，不可避免的那部分应该按比例分配。同样，由于完全受市场情况的影响而不可避免的那部分直接材料价格差异，也应按比例分配。

□ 标准成本的实施

标准成本法为管理和控制材料、人工及其他生产活动提供了有价值的信息。

标准成本法和信息技术

大企业和小企业都越来越多地使用计算机化的标准成本系统。例如，许多公司，如通用药品生产商山德士（Sandoz）和戴尔（Dell）将标准价格和标准数量信息存储在计算机系统中。一个条形码扫描仪记录材料的收讫，并立即利用存储的标准价格计算各项材料的成本。材料收据和公司购货订单相匹配以记录应付账款，并分离出直接材料的价格差异。

生产结束时，通过将应该耗用的直接材料的标准数量与生产车间操作员提交的直接材料的电脑化请求进行比较，就可以计算直接材料效率差异。员工登录生产场地终端，输入员工号码、开始及终止时间和参与生产的数量，系统就可以计算出人工差异。管理者可以通过这些差异的即时反馈立即查明并纠正成本问题。

标准成本制度的广泛应用

制造业和服务业公司都发现标准成本法是一种有用的工具。实行全面质量管理的公司用标准成本法来进行材料成本的控制。诸如麦当劳等服务行业公司是劳动密集型的，它们用标准成本法进行人工成本控制。已经实施计算机集成制造（CIM）的公司，比如丰田（Toyota），使用弹性预算和标准成本法管理作业，比如材料处理和安装。越来越多 ERP 系统的使用（第 6 章介绍的），使公司能够方便地记录存货项目的标准成本、平均成本和实际成本，对差异进行实时评估。管理者运用差异信息识别公司生产和采购流程中最需要关注的领域。

差异在管理上的应用

管理者和管理会计师利用差异去评估业绩（决策实施之后），促进组织学习，进行持续改进。差异作为一种早期的预警系统，可以提醒管理者注意存在的问题或未来的机会。如果运用得当，差异分析可以帮助管理者评估当期行动的有效性和员工的业绩，帮助管理者调整战略，以便在未来取得更好的业绩。“观念实施：星巴克减少直接成本差异以酝酿转机”显示，咖啡零售巨头密切关注直接成本差异分析，从中获得了巨大的回报。

观念实施

星巴克减少直接成本差异以酝酿转机

通过咖啡，星巴克（Starbucks）多年来一直在酝酿盈利增长。但是，当消费者在最近的经济衰退中捂紧了他们的钱包时，公司陷入了困境。随着客户减少和来自唐恩都乐与麦当劳的低价竞争的加剧，星巴克的利润率受到了冲击。

对于星巴克来说，盈利能力取决于以尽可能低的成本制作每一杯饮料。在每一家星巴克门店，两种主要的直接成本是材料和人工。星巴克的材料成本包括咖啡豆、牛奶、调味糖浆、糕点、纸杯和杯盖。为了减少材料预算成本，星巴克寻求避免浪费和损耗，在下午和晚上店铺流量降低时，不再制作无咖啡因咖啡和黑咖啡混合物。随着牛奶价格上涨，公司转换到 2%的牛奶，这种牛奶更健康且成本更低，加倍努力减少与牛奶相关的损耗。为了降低人工成本，各门店雇用了更少的咖啡师。在其他门店，星巴克采用许多“精益”生产技术，使其饮料制作过程更有效。虽然一些变化似乎很小——将装咖啡豆的箱子放在柜台顶上，这样咖啡师就不用弯腰，将风味糖浆瓶移到离饮料制作更近的地方——但某些门店使用相同或更少的工人，交易却增加了 10%。

星巴克专注于降低直接成本差异。公司将店铺运营费用占总净收入的比例从 2008 年的 36.1%降至 2012 年的 29.5%。继续关注直接成本差异仍将是任何经济环境下公司未来成功的关键。

资料来源：Adamy，Janet. 2009. Starbucks brews up new cost cuts by putting lid on afternoon decaf. *Wall Street Journal*，January 28；Harris，Craig. 2007. Starbucks slips；lattes rise. *Seattle Post Intelligencer*，July 23；Jargon，Julie. 2010. Starbucks growth revives，perked by Via. *Wall Street Journal*，January 21；Jargon，Julie. 2009. Latest Starbucks buzzword：'Lean' Japanese techniques. *Wall Street Journal*，August 4；Kesmodel，David. 2009. Starbucks sees demand stirring again. *Wall Street Journal*，November 6；Starbucks Corporation，2012 Annual Report（Seattle：Starbucks Corporation，2013）；and Starbucks Corporation，2008 Annual Report（Seattle：Starbucks Corporation，2009）.

□ 差异产生的多重原因

为了正确地解释差异，并以此为基础制定恰当的决策，管理者需要认识到差异可能有多重原因。管理者不能孤立地解释差异。价值链上一个环节的差异原因可能是另一环节决策的结果。考虑 Webb 公司生产线上的不利直接材料效率差异。该公司价值链上的这种差异的可能原因是：

1. 产品或生产流程设计存在缺陷；
2. 工人技术不熟练或机器出错导致生产线运作水平低下；
3. 对于特定工作的劳动力或机器的不当分工；
4. 为了处理销售代表的大量紧急订单而造成生产拥堵；

5. 布料供应商没有生产统一的高质量的材料。

第 5 项考虑了公司供应链（在本例中，是夹克的布料供应商）上的无效率，对不利直接材料效率差异的产生原因提供了一个更宽泛的解释。只要可能，管理者必须了解差异产生的最根本原因。

□ 调查差异的时机

因为标准不是单一的衡量尺度，而是投入量、成本、产出量或价格的一个可接受范围，所以，管理者应该预料到会发生细小的差异。可接受范围内的差异被认为是“控制内的事件”，不需要管理者进行调查或采取行动。那么什么时候管理者需要调查差异呢？

通常，管理者根据主观判断或实际经验来调查差异。对于某些重要项目，如次品率，细小的差异可能就会引起调查。对于其他项目，比如直接材料成本、人工成本和维修成本的预算差异，公司通常有规定，如“超过 5 000 美元或预算成本的 25%（以二者中较低者为准），才需要进行调查”。其中的思想是，100 万美元直接材料成本的 4%的差异——40 000 美元的差异，比 10 000 美元修理成本的 15%的差异——1 500 美元的差异更值得关注。换句话说，同管理控制系统中其他阶段一样，差异分析也应遵循成本—效益原则。

□ 利用差异进行业绩评价

管理者经常使用差异评价下属或业务单位的业绩。通常我们关注业绩的两个属性：

1. **效果**（effectiveness）：实现一个事先确定的目标或对象的程度。比如，星巴克的 VIA 速溶咖啡生产线的销售、市场份额、客户满意度评级。

2. **效率**（efficiency）：达到特定产出水平所消耗的相对投入量。对于一个给定的 VIA 包数量，使用的 Arabica 咖啡豆越少，效率越高；或对于一个给定的咖啡豆数量，生产的 VIA 包越多，效率越高。

就像我们前面讨论过的，在使用差异进行业绩评价以前，弄清楚差异产生的原因是非常重要的。假设星巴克的采购经理刚刚在一笔购买交易中获得了一个有利的直接材料价格差异。有利差异的取得可能由于以下任何一个或所有原因：

1. 采购经理在与供货商的讨价还价中取胜。

2. 采购经理因为采用更少的订单进行大宗购买而得到了折扣。（但是在短期内购入量大于实际需求量导致存货过量。）

3. 采购经理没有全面检查供货商的质量监督程序就接受了要价最低的供货商的投标。

如果采购经理的业绩仅用价格差异一项指标来衡量，那么评估结果将是正面的。第 1 个原因支持了这一正面结论——采购经理讨价还价有效率。第 2 和第 3 种情况——大宗购买或没有查验供货商的质量监督程序就购买，都会带来短期利益。但这些短期收益会导致对采购经理的正面评价吗？不一定。这些短期收益可能会被更高的存货仓储成本、质检成本和次品率抵消。由于第 2 个原因和第 3 个原因，星巴克最终的损失可能比有利价格差异带来的收益还要多。

归根结底，管理者不应该机械地把有利差异当作一个“好消息”，或假设这意味着他们的下属表现良好。

企业从差异分析中得到了益处，因为差异分析强调了业绩的个别方面。然而，如果过分强调任何一个单一的业绩指标（例如，取得一定的人工效率差异或一定的顾客评级），管理者就会倾向于做出让某个特定的业绩指标看起来很好的决策。这些行为可能与公司的总体目标冲突，阻碍目标的实现。当高层管理者设计业绩评估和报酬系统而没有强调公司的总体目标时，通常就会产生这种错误的业绩观点。

□ 组织学习

差异分析的目标是让管理者理解差异因何产生以及学习和改进公司未来的业绩。例如，为了降低不利直接材料效率差异，公司管理者可能尝试改进夹克设计、提升员工首次做好工作的承诺和提高材料质量。有时不利的直接材料效率差异可能是产品战略需要改变的一个信号，因为也许不可能以足够低的成本生产产品。差异分析不应用于“推卸责任”（为每一个不利差异寻找承担责任的人），而应帮助公司了解已经发生的事情以及未来怎样做得更好。

公司必须在使用差异评价管理者和员工业绩与改进组织学习之间保持一种微妙的平衡。如果过分强调业绩评价，管理者就会专注于设定和达到那些容易实现的目标，而不是那些具有挑战性的、需要创造性和智谋、能够导致持续改进的目标。例如，Webb 公司的生产经理宁愿制定一个容易的标准，允许工人有充裕的时间进行生产。但是，这不会激励生产部门去改进流程和识别减少生产时间与成本的方法。另外，生产经理可能催促工人在规定的时间内生产夹克，即使这种行为会导致生产的夹克质量更低而损害公司的收入。如果把差异分析看成是一种促进组织学习的方式，这些负面效应就可以最小化。

□ 持续改进

管理者也可以使用差异分析创造一个持续改进的良性循环。怎样做呢？反复识别差异产生的原因，采取纠正行动，并评价结果。当公司首次生产产品时，常常很容易识别改进机会。一旦管理者识别出容易的改进，以后可能需要更多独创性识别后续的改进。一些公司采用改善预算（第 6 章）明确规定以后期间的预算成本降低目标。改善预算的优势在于它能明确持续改进目标。

□ 财务与非财务业绩指标

几乎所有公司都同时使用财务指标与非财务指标来进行绩效评估，而非仅使用其中的一种。为了控制生产流程，管理者不能空等以金额形式反映差异的会计报告。相反，出于控制目的常常使用即时的非财务绩效指标。比如，日产公司（Nissan）和其他许多制造商在全车间的 LED 大屏幕上显示实时缺陷率和生产水平，便于工人和管理者查看。

Webb公司在裁剪车间进行剪裁和拼接布料，管理者对该部门的控制表现在对工人的观察和对非财务指标的关注，比如生产1 000件夹克所使用布料的平方码数，或从开始到完工都不需要返工的夹克百分比。Webb公司的工人发现这些非财务指标很容易理解。Webb公司的生产经理也会使用一些财务指标来评估经营的总成本效率，帮助指导决策，比如改变生产夹克的投入组合。在一个公司中，财务指标是非常关键的，因为它们反映了不同实际作业的经济影响。对财务指标的了解使管理者能够进行权衡，如增加某一实际作业（如剪裁）的成本以减少另一实际指标（如次品率）的成本。

基准制度与差异分析

Webb公司的预算数额是以公司的经营分析为基础的。现在我们来分析以其他公司经营为基础建立标准的情况。**基准制度**（benchmarking）是将公司业绩水平与竞争公司或有相似流程的公司的最好业绩进行比较的持续过程。当基准被用作标准时，管理者和管理会计师知道如果公司能够达到或超过标准，它在市场上就有竞争力。

公司制定基准并计算对其业务最重要的项目的差异。用于比较航空公司效率的常用计量单位是每一可用座位英里（ASM）的成本。可用座位英里是衡量航空公司规模的一个指标，等于每架飞机的座位数与飞行距离的乘积。例如考虑联合航空公司（United）每一可用座位英里的成本。假设联合航空公司在基准成本比较中，使用来自6家竞争的美国航空公司之一的数据。数据摘要请见图表7—5。基准公司按A列中的字母顺序排列。图表中也列出了每家公司每可用座位英里的营业成本、营业收入、营业利润、燃料成本、人工成本和总的可用座位英里数。旅游业从金融危机引起的衰退中缓慢复苏，一个显而易见的事实是7家航空公司中有5家的营业利润为正。

图表7—5　联合航空公司与其他6家航空公司的可用座位英里（ASM）基准比较

	A	B	C	D	E	F	G
1		营业成本	营业收入	营业利润	燃料成本	人工成本	总ASMs
2		（美分/ASM）	（美分/ASM）	（美分/ASM）	（美分/ASM）	（美分/ASM）	（百万）
3	航空公司	(1)	(2)	(3)=(2)-(1)	(4)	(5)	(6)
4							
5	联合航空公司	14.19	13.10	-1.09	4.90	4.24	216 299
6	作为基准的航空公司：						
7	阿拉斯加航空公司	11.90	13.09	1.19	4.10	3.53	28 185
8	美国航空公司	14.26	13.47	-0.79	4.90	4.28	152 627
9	达美航空公司	13.80	14.48	0.68	5.00	3.86	200 880
10	捷蓝航空公司	11.42	11.96	0.54	4.40	2.76	40 095
11	西南航空公司	12.83	13.29	0.46	4.60	3.90	128 272
12	全美航空公司	13.25	13.49	0.24	4.60	3.54	74 204
13							
14	基准航空公司的平均值	12.91	13.30	0.39	4.60	3.65	104 044
15							
16	资料来源：2012数据来自MIT全球航空业规划。						

联合航空公司的管理者如何管理它的成本？答案依赖于比较基准的选择。联合航空的实际营业成本为14.19美分/ASM，高于其他6家航空公司的平均营业成本12.91美分/ASM。而且，联合航空每ASM的营业成本比成本最低（11.42美分/ASM）的竞争者捷蓝航空公司（JetBlue Airways）高24.2%［(14.19－11.42)÷11.42＝0.242］。那

么，为什么联合航空每ASM的营业成本如此高呢？E列和F列显示燃料成本和人工成本都是可能的原因。这些基准数据提醒联合航空管理层注意，他们需要更加有效地使用材料和人工投入，以使成本变得更有竞争力。

企业很难找到图表7—5中那样合适的基准。很多公司向咨询公司购买基准数据。另一个问题是确保基准数据是可比的。换句话说，需要“苹果对苹果”的比较。每个公司都有不同的战略、存货计价方法、折旧方法等。比如捷蓝航空只提供较少城市的服务，且大多为长途航班；而联合航空提供几乎所有的美国大城市和几个国际城市的服务，且既有长途航班也有短途航班。西南航空（Southwest Airlines）不同于联合航空，因为它专门提供短途直航，并且只提供少量的机上服务。因为联合航空的战略与捷蓝和西南航空不同，所以预期它的每ASM成本也不同于这两家航空公司。联合航空的战略与美国（American）、达美（Delta）和全美（U. S. Airways）航空公司的战略更有可比性。注意与这些航空公司相比，它的每ASM成本相对更有竞争力。但是在几个城市和市场，联合航空与捷蓝航空和西南航空公司存在激烈竞争，因此它仍需要以这些公司作为基准。

联合航空的管理会计师可以使用基准数据解决几个问题。飞机的大小和机型或续航时间等因素如何影响每ASM成本？航空公司的固定或变动成本结构是否不同？如果变更航线、不同航线使用不同机型或改变特定航班的频率和时间，能在多大程度上提高联合航空的业绩？什么能够解释不同航空公司的每ASM收入差异？是因为乘客感受到的服务质量不同还是在特定机场航空公司的竞争力不同？与简单报告差异的数量不同，管理会计师使用基准数据，能够深刻理解不同公司或同一公司的不同工厂的成本或收入为何不同，因而它们对管理者更有价值。

自测题

O'Shea公司生产陶瓷花瓶，在编制弹性预算时采用标准成本制度。2014年9月，公司生产了2 000单位产成品。该公司有两类直接生产成本：直接材料与直接制造人工。相关资料如下：

直接材料耗用4 400千克。单位产出的标准直接材料投入为2千克，每千克成本为15美元。该公司购进直接材料5 000千克，每千克16.5美元，共计82 500美元。（本自测题展示某一时期购买的材料数量不等于该期使用的材料数量时，如何计算直接材料差异。）

实际直接制造人工为3 250小时，总成本为66 300美元。单位产出的标准制造人工为1.5小时，每小时标准直接制造人工成本为20美元。

要求：

1. 计算直接材料的价格差异和效率差异，以及直接制造人工的价格差异和效率差异。直接材料价格差异根据实际采购量的弹性预算计算，效率差异则根据实际耗用量的弹性预算计算。

2. 编制标准成本制度下的分录，尽早分离差异。

解答：

1. 图表7—6显示了如何对图表7—3的材料采购及耗用差异进行适时调整。值得注意的是，图表中第2列直接材料有两组不同数字——75 000美元是购入的直接材料，66 000美元是耗用的直接材料。直接材料价格差异是基于采购计算的，因此采购经理能够立即识别并分离出差异的原因，采取必要的纠正行动。效率差异由生产经理负责，因此这种差异只有在材料被使用时才能识别。

2. 借：材料（5 000×15）	75 000	
直接材料价格差异（5 000×1.50）	7 500	
贷：应收账款（5 000×16.50）		82 500
借：在产品（2 000×2×15）	60 000	
直接材料效率差异（400×15）	6 000	
贷：材料（4 400×15）		66 000
借：在产品（2 000×1.5×20）	60 000	
直接制造人工价格差异（3 250×0.40）	1 300	
直接制造人工效率差异（250×20）	5 000	
贷：应付工资（3 250×20.40）		66 300

注意：所有差异均为贷记，因为这些差异是不利的，会减少营业利润。

图表7—6　三级分析2014年9月O'She公司差异分析的分栏图示：直接材料和直接制造人工[a]

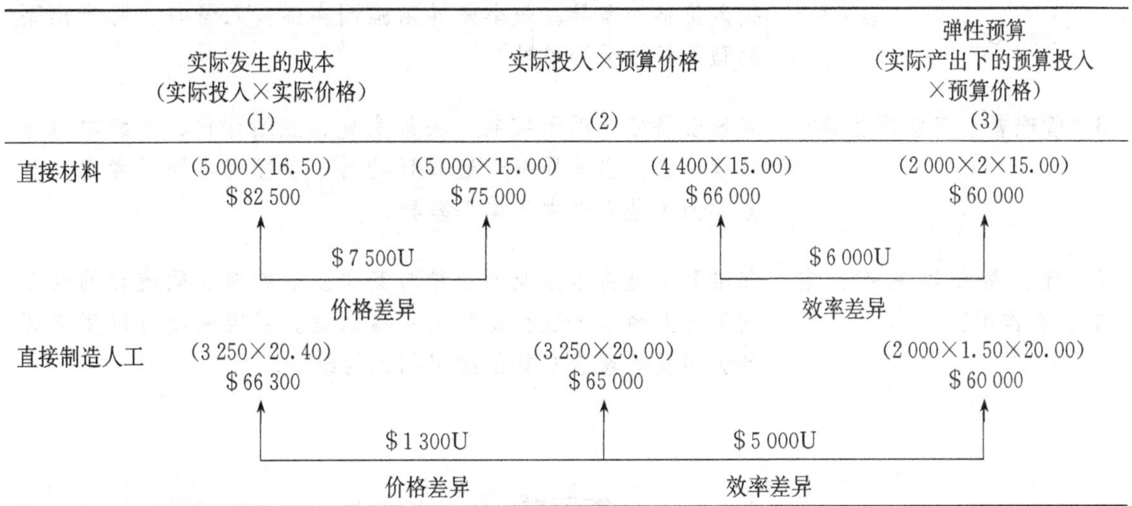

a. F为营业收入的有利价格差异；U为营业收入的不利价格差异。

决策要点

下面的问答形式是对本章学习目标的总结，决策代表与学习目标相关的关键问题，指南则是对该问题的回答。

决策	指南
1. 什么是静态预算和静态预算差异？	静态预算是以某一产出水平为基础的在预算期开始时编制的预算。静态预算差异是静态预算中实际结果与相应预算金额之间的差异。

2. 管理者怎样编制弹性预算？为什么编制弹性预算是有用的？	弹性预算是根据预算期的实际产出水平进行调整的。编制弹性预算应分三步程序。如果所有成本不是随产出单位变动的变动成本，就是固定成本，这三个步骤只需要在知道预算售价、每单位预算变动成本、预算固定成本和实际产量的情况下，即可进行。弹性预算比静态预算更能协助管理人员洞察差异的原因。
3. 怎样计算弹性预算差异和销售数量差异？	静态预算差异可分为弹性预算差异（实际结果与弹性预算金额的差）及销售数量差异（弹性预算销售量与静态预算销售量的差）。
4. 什么是标准成本？它的目的是什么？	标准成本是仔细确定、用作业绩评价基准的一种成本。标准成本的目标是消除过去的无效率并考虑到预算期内可能发生的预期变化。
5. 为什么要计算价格差异和效率差异？	计算价格差异和效率差异可协助管理人员洞察绩效的两个不同（但非独立）的层面。价格差异强调实际投入价格与预算投入价格的差异。效率差异则强调实际投入量与实际产出下的预算投入量的差异。
6. 管理者如何使用差异？	管理者将差异用于控制、决策实施、业绩评价、组织学习与持续改进。当差异用于这些目的时，管理者会同时考虑几种差异而不是只集中于单个差异。
7. 什么是基准制度？它有什么作用？	基准制度是将本企业的业绩与竞争企业或有相同流程的企业的最好业绩水平进行比较的持续过程。基准制度可以用来评估公司及管理者与其他组织相比的绩效。

练习题

7—17 弹性预算。Connor公司对每个公文包的直接材料、直接制造人工和直接营销（分销）人工的预算金额分别为40美元、8美元和12美元。董事长对下面的业绩报告很满意：

	实际成本	静态预算	差异
直接材料	$ 364 000	$ 400 000	$ 36 000F
直接制造人工	78 000	80 000	2 000F
直接营销（分销）人工	110 000	120 000	10 000F

实际生产8 800个公文包。假设这三个直接成本项目都是变动成本。

要求：

董事长的满意是有正当理由的吗？使用弹性预算和静态预算编制一个修正的业绩报告。

7—19 弹性预算，倒推。Clarkson公司为汽车制造商生产发动机。公司新来的实习会计人员不小心删掉了截至2014年12月31日的差异分析计算记录。下表是保留下来的部分数据。

	A	B	C	D	E	F
1	业绩报告，截至2014年12月31日的年度					
2						
3		实际结果	弹性预算差异	弹性预算	销售量差异	静态预算
4	销量	130 000				120 000
5	收入（销售额）	$715 000				$420 000
6	变动成本	515 000				240 000
7	贡献毛益	200 000				180 000
8	固定成本	140 000				120 000
9	营业利润	$60 000				$60 000

要求：

1. 根据要求计算所有的差异。（如果你的分析准确的话，你会发现静态预算差异总额为零。）

2. 实际和预算的销售价格分别是多少？实际和预算的单位变动成本分别是多少？

3. 回顾你所计算的差异，讨论可能的原因和潜在的问题。从中得到的最重要的收获是什么？

7—21　价格与效率差异。Peterson 食品公司生产烤南瓜饼。2014 年 1 月，公司预计购买并使用 15 000 磅南瓜，每磅 0.89 美元。2014 年 1 月实际购买并使用 16 000 磅南瓜，每磅 0.82 美元。Peterson 公司预计生产 60 000 个烤南瓜饼，实际生产 60 800 个。

要求：

1. 计算弹性预算差异。

2. 计算价格和效率差异。

3. 评论要求 1 和 2 的结果，并给出一个可能的解释。

7—23　直接材料与直接制造人工差异。SallyMay 公司设计并生产 T 恤衫。它把 T 恤衫成打地销售给知名的服装零售店。公司 2013 年 5 月直接投入的静态预算和实际结果如下：

静态预算	
T 恤衫份数（1 份＝1 打）	400
每份 T 恤衫	
直接材料	14 米×1.70 美元/米＝23.80 美元
直接制造人工	1.6 小时×8.10 美元/小时＝12.96 美元
实际结果	
T 恤衫销售份数	450
总直接投入	
直接材料	6 840 米×1.95 美元/米＝13 338 美元
直接制造人工	675 小时×8.20 美元/小时＝5 535 美元

当材料和人工成本超过弹性预算 10%时，SallyMay 会分析所有投入差异，2013 年 5 月就是这样。生产经理讨论了差异的来源：5 月份购买了一种新材料，这导致裁剪和缝纫速度更快，但工人使用的材料比平常多，因为他们要学习使用这种材料。到现在为止，标准还是适合的。

要求：

1. 计算 2013 年 5 月直接材料与直接制造人工的价格差异与效率差异。两种投入（直接材料与直接制造人工）的总弹性预算差异是多少？在弹性预算中，直接材料与直接制造人工总成本的差异百分比是多少？

2. 公司的首席执行官 Sally King 正在考虑投入差异。但是，她喜欢新材料的质量和手感，同意再使用一年。2014 年 5 月，公司又生产 450 份 T 恤衫。与 2013 年 5 月相比，耗用的直接材料减少了 2%，直接材料价格下降了 5%，耗用的直接制造人工减少了 2%。人工价格与 2013 年 5 月相同。计算 2014 年 5 月直接材料和直接制造人工价格与效率差异。两种投入（直接材料和直接制造人工）总的弹性预算差异是多少？直接材料和直接制造人工总成本的差异占弹性预算的百分比是多少？

3. 评论 2014 年 5 月的结果。你会继续使用新材料的“实验”吗？

7—25　材料与制造人工差异，标准成本。Dunn 公司是一家私营家具生产商。2014 年 8 月，公司为每张藤椅制定了以下标准：

	每张藤椅的标准
直接材料	2 平方码，每平方码 5 美元
直接制造人工	0.5 小时，每小时 10 美元

实际业绩的数据如下：实际产出 2 000 单位（藤椅）；采购并使用 3 700 平方码，每平方码售价 5.10 美元；直接制造人工成本 8 820 美元，实际工时 900 小时，每小时 9.80 美元。

要求：

1. 计算直接材料与直接制造人工的价格差异和效率差异，并对每项差异的产生给出合理解释。

2. 假设购买了6 000平方码的材料（每平方码5.10美元），只耗用了3 700平方码。进一步假设差异能被及时地识别；相应地，在采购时，直接材料价格差异能够被分离并追溯至采购部门而非生产部门。计算此方法下的价格差异和效率差异。

7—27 价格与效率差异，基准制度。Topiary公司生产模制塑料花盆和其他塑料容器。2014年6月，公司位于Mineola和Bayside的两个工厂均生产了1 000批（每批12打花盆）最受欢迎的花盆——希腊瓮，生产经理Janice Roberts让她的助手Alastair Ramy找出两个工厂确切的单位产品预算变动成本以及竞争对手Land Art公司的变动成本，Land Art公司所售花盆与Topiary公司的质量相似，但价格更低。Ramy收集了每批花盆的如下信息：

每批	Mineola工厂	Bayside工厂	Land Art公司
直接材料	13.50磅，每磅9.20美元	14.00磅，每磅9.00美元	13.00磅，每磅8.80美元
直接人工	3小时，每小时10.15美元	2.7小时，每小时10.20美元	2.5小时，每小时10.00美元
变动制造费用	每批12美元	每批11美元	每批11美元

要求：

1. Mineola工厂、Bayside工厂以及Land Art公司每批花盆的预算变动成本各是多少？

2. 以Land Art公司的数据为标准，计算Mineola和Bayside工厂直接材料、直接人工的价格和效率差异。

3. Topiary公司以Land Art公司的数据为基准计算差异的优势是什么？识别Roberts在以Land Art公司的数据为基准时应该注意的两个问题。

7—29 弹性预算、直接材料与直接制造人工差异。Milan Statuary生产著名历史人物的半身雕塑，所有的雕塑大小相同且消耗同等数量的资源。公司2014年的静态预算如下：

预计产量与销量	6 100单位
预计单价	700美元
总固定成本	1 350 000美元

直接材料与直接制造人工的标准数量、标准价格以及标准单位成本如下：

	标准数量	标准价格	标准单位成本
直接材料	16磅	每磅14美元	224美元
直接制造人工	3.8小时	每小时30美元	114美元

2014年实际生产并销售5 100单位，平均售价730美元。消耗直接材料70 000磅，每磅16.42美元，直接材料的实际成本为1 149 400美元。直接制造人工的工时为17 000小时，每小时33.70美元，故实际直接制造人工成本为572 900美元。实际固定成本为1 200 000美元，无期初和期末存货。

要求：

1. 计算营业利润的销售数量差异和弹性预算差异。

2. 计算直接材料和直接制造人工的价格和效率差异。

7—31 综合差异分析，责任问题（摘自CMA）。Ultra公司制作各式名牌太阳镜镜架及镜片。公司实行标准成本制度确定直接材料、直接人工和制造费用的可达到标准，每年都会根据需要修正标准。部门经理的评估和奖金与本部门业绩挂钩，并且有责任对本部门业绩报告中的差异做出解释。

最近，在Delta太阳镜产品线上发生了不利材料及人工差异，但原因并不清楚，这引起了公司注意。在每月的员工例会上，产品线经理John Puckett将要说明差异的原因，并且提出改进绩效的方法。Puckett将要解释下面2014年的业绩报告：

	实际结果	静态预算值
销售数量	7 300	7 800
收入	$576 700	$608 400
变动性生产成本	346 604	273 000
固定性生产成本	111 000	114 000
毛利	119 096	221 400

Puckett还收集了以下信息：

2014年标准变动性生产成本由三项组成：

- 直接材料：镜架。静态预算成本为35 880美元。2014年的标准投入为每单位2.00盎司。
- 直接材料：镜片。静态预算成本为96 720美元。2014年的标准投入为每单位4.00盎司。
- 直接制造人工。静态预算成本为140 400美元。2014年的标准投入为每单位1小时。

假设没有变动性间接生产成本。

2014年实际变动性生产成本如下：

- 直接材料：镜架。实际成本为70 080美元。每副眼镜实际消耗4.00盎司。
- 直接材料：镜片。实际成本为131 400美元。每副眼镜实际消耗6.00盎司。
- 直接制造人工。实际成本为145 124美元。实际人工工资率为每小时14.20美元。

要求：

1. 编制一份报告，包括如下内容：

(1) 销售价格差异。

(2) 销售数量差异和营业利润弹性预算差异，格式如图表7—2所示的分析。

(3) 以下各项的价格及效率差异：

- 直接材料：镜架；
- 直接人工：镜片；
- 直接制造人工。

2. 对要求1.(3)中三组价格及效率差异分别给出三个可能的解释。

7—33　材料成本差异，业绩评价中差异的使用。Katharine Johnson是一家生产高质量越野自行车的公司Best Bikes的所有者。公司参与了一个由供应商、制造商、分销商以及优质自行车商店组成的供应链。几年来，公司都是从供应链中的供应商那里采购钛。Best Bikes公司使用钛制造自行车车架以提高自行车的质量，因为它比其他的材料更结实轻便。今年早些时候，公司聘用了刚从州立大学毕业的Michael Bentfield为采购经理，Michael相信如果他能以更低的价格从网上市场购买钛的话，就可以降低成本。

公司根据以往供应商的采购经验制定了如下标准：

钛的成本	18美元/磅
每辆自行车耗用的钛	8磅

第一个月网上购买钛的实际结果如下：

自行车产量	400辆
采购的钛	5 200磅，共88 400美元
生产所耗用的钛	4 700磅

要求：

1. 计算直接材料的价格及效率差异。

2. 哪些因素可以解释要求1中的差异？其他差异会受影响吗？

3. 变换供应商对公司而言是一个好的选择吗？解释原因。

4. 应该只根据价格差异来评价Michael Bentfield的业绩吗？应该只根据价格差异来评价生产经理的业绩吗？对于Katharine Johnson来说，为什么在评价业绩前了解差异的原因是很重要的？

5. 除了业绩评价，还有什么原因要计算差异？

6. 公司决定在网上市场购买更低质量的钛会带来什么问题？

7—35　直接材料效率，组合及产量差异。Nature's Best Nuts公司生产特种坚果销售到味美天然的食品市场中。公司最畅销的产品是Zesty Zingers，这种产品是由神秘香料调制成的烤坚果混合物，以1磅罐装的形式出售。产品使用的直接材料包括杏仁、腰果、开心果和调味料。每批100罐的直接材料预算数量和预算价格如下：

	每批次的数量	价格
杏仁	180杯	每杯1美元
腰果	300杯	每杯2美元
开心果	90杯	每杯3美元
调味料	30杯	每杯6美元

直接材料数量标准组合的微小改变不会显著影响整体产品，特别是对坚果而言。此外，由于一些坚果没能通过检验，所以并非所有坚果都会添加到产成品中。目前，公司生产了25批次共2 500罐的Zesty Zingers，其实际数量、成本及投入组合如下：

	实际数量（杯）	实际成本（美元）	实际组合（%）
杏仁	5 280	5 280	33
腰果	7 520	15 040	47
开心果	2 720	8 160	17
调味料	480	2 880	3
合计	16 000	31 360	100

要求：

1. 2 500罐产品的直接材料预算成本是多少？

2. 计算总直接材料效率差异。

3. 为什么总直接材料价格差异为0？

4. 计算总直接材料的组合及产量差异。本期2 500罐产品的差异能告诉你哪些信息？这些差异是否严重到需要进一步调查？

7—37　直接材料与制造人工差异，会计分录。

Zanella's Smart Shawls 是 Zanella 在大学时期成立的一家小公司。她开始时是为室友手工编织学习时穿的披肩，随着需求的增长，她雇了一些工人，并开始管理经营。Zanella 的披肩需要羊毛和人工。她用不同类型的羊毛试验，生产各种各样的披肩。她的工人有两种类型，一些是长期和她一起工作的，另一些则是新雇用的、缺乏经验的。

Zanella 采用标准成本法核算披肩，她预期生产一条普通的披肩需要 3 小时，标准工资率为每小时 9 美元，平均每条披肩需要耗用 13 束羊毛，Zanella 从周边的店铺购买羊毛，预计支付每束 3.40 美元。

Zanella 采用的是适时库存系统，因为客户会告诉她他们希望她使用什么类型及颜色的羊毛。

4 月份，她的工人耗用 580 小时、3 500 束羊毛，共生产了 200 条披肩。Zanella 购买了 9 000 美元的羊毛（全部投入使用），耗用了 5 520 美元的人工成本。

要求：

1. 计算羊毛和直接制造人工的价格及效率差异。
2. 编写发生差异的会计分录。
3. 讨论 Zanella 差异合并的逻辑解释。

7—39 直接人工差异：价格、效率、组合与产量。Trevor Joseph 聘用了两名工人制作吉他。其中一名工人 George 已经从事吉他制作 20 年，每小时工资 30 美元；另一名工人 Earl 缺乏经验，每小时工资 20 美元。一把吉他平均需要 10 小时的人工工时。每把吉他的预算直接人工工时及价格如下：

	工时（小时）	人工工时价格（美元/小时）	每把吉他的成本（美元）
George	6	30	180
Earl	4	20	80

也就是说，一把吉他预期需要 10 小时的直接人工工时，其中 George 的工时占 60%，Earl 占 40%，虽然有时对于一把特殊的吉他而言，Earl 的工时比 George 更长，抑或相反，但吉他的质量和功能都没有明显变化。

8 月份，Joseph 生产了 25 把吉他，实际直接人工成本如下：

George（145 小时）	4 350 美元
Earl（108 小时）	2 160 美元
实际直接人工成本合计	6 510 美元

要求：

1. 25 把吉他的直接人工预算成本是多少？
2. 计算总直接人工的价格及效率差异。
3. 生产 25 把吉他实际耗用的总直接人工工时是多少？实际直接人工投入组合比例是多少？生产 25 把吉他耗用 George 和 Earl 的预算人工工时是多少？
4. 计算总直接人工的组合及产量差异。这些差异与总直接人工效率差异有何联系？这些差异说明了什么？

7—41 综合差异分析评论。Vivus Bioscience 公司生产一种用于治疗高胆固醇病人的通用类他汀类药物，10 粒药物装于泡罩包装中销售。Vivus 雇用了一个销售代表团队，向他们支付数额不等的佣金。

通用药物行业的毛利很低，Vivus 依靠其严格的标准和成本控制来管理经营。Vivus 公司 2014 年 4 月的预算标准如下：

每包平均销售价格（美元）	7.20
每包总的直接材料成本（美元）	1.80
每小时直接制造人工成本（美元）	14.40
平均人工生产率（包/小时）	280
单位销售佣金成本（美元）	0.36
固定的管理及制造费用（美元）	960 000

Vivus 预计 4 月份销售 1 400 000 包。月末，主计长揭示 4 月份的实际结果在几个方面偏离了预算：

- 生产与销售数量是计划的 90%。
- 实际平均销售价格上升至 7.30 美元。
- 生产率下降到每小时 250 包。
- 实际直接制造人工成本为每小时 14.60 美元。
- 实际的单位直接材料成本上升至 1.90 美元。
- 实际销售佣金为每单位 0.30 美元。
- 固定间接成本超出预算 12 000 美元。

要求：

计算 2014 年 4 月 Vivus 的下列数额：

1. 静态预算与实际营业利润。
2. 营业利润的静态预算差异。
3. 弹性预算营业利润。
4. 营业利润的弹性预算差异。
5. 营业利润的销售数量差异。
6. 直接制造人工的价格及效率差异。
7. 直接制造人工的弹性预算差异。

附录　可替代投入的组合和产出差异

Webb公司的例子说明，当每种投入有一个单一的形式时，如何计算生产投入的价格和效率差异。例如，生产所需的单一材料（布料）和公司雇用的单一形式的直接人工。但是，如果管理者有余地组合或者替代投入会怎么样呢？例如，Del Monte可以将材料投入（如菠萝、樱桃和葡萄）按不同的比例组合起来，制成什锦水果罐头。在一定范围内，这些单个水果是生产什锦水果的可替代生产投入。

我们说明已在本章讨论过的效率差异在投入是可替代的时，如何细分以强调投入组合和产量对财务影响的差异。考虑制作番茄酱的Delpino公司。我们的例子关注直接材料投入和三种投入之间的替代。同样的方法也可以用来检查可替代的直接制造人工投入。

为生产出指定稠度、颜色和味道的番茄酱，Delpino将生长于三个地区的不同类型的番茄（拉丁美洲番茄Latoms，加利福尼亚番茄Caltoms和佛罗里达番茄Flotoms）混合起来。按照公司的生产标准，生产1吨番茄酱需要1.60吨番茄，预计需要50%的Latoms，30%的Caltoms和20%的Flotoms。生产1吨番茄酱的直接材料投入预算如下：

Latoms：0.80（1.6的50%）吨，每吨70美元	56.00美元
Caltoms：0.48（1.6的30%）吨，每吨80美元	38.40美元
Flotoms：0.32（1.6的20%）吨，每吨90美元	28.80美元
1.6吨番茄的总预算成本	123.20美元

每吨番茄的预算平均成本为123.20÷1.60 =77(美元)。

因为Delpino公司使用新鲜的番茄制作番茄酱，所以没有存货。在需要的时候采购，因此，所有的价格差异与购买和使用的番茄相关。2014年6月的实际结果显示，使用6 500吨番茄生产了4 000吨番茄酱：

3 250吨Latoms，每吨实际成本70美元	227 500美元
2 275吨Caltoms，每吨实际成本82美元	186 550美元
975吨Flotoms，每吨实际成本96美元	93 600美元
6 500吨番茄	507 650美元
每吨123.20美元，4 000吨番茄酱的预算成本	492 800美元
直接材料的弹性预算差异	14 850美元U

给定生产1吨番茄酱所需1.6吨番茄的标准比率，应该耗用6 400吨番茄生产4 000吨番茄酱。按标准组合，每类番茄的需求数量如下：

Latoms：0.50×6 400=3 200(吨)

Caltoms：0.30×6 400=1 920(吨)

Flotoms：0.20×6 400=1 280(吨)

□ 直接材料价格和效率差异

图表7—7以分栏的形式介绍了在本章主体部分讨论过的直接材料弹性预算差异分析。分别计算每种投入材料的材料价格和效率差异，然后加总。差异分析促使Delpino公司调查不利价格和效率差异。为什么番茄的采购费和耗用量都超出了预算？是番茄的实际市场价格提高了，还是采购部门本应能够谈判下更低的采购价格？劣质番茄或加工问题会导致效率低下吗？

图表7—7　　Delpino公司2014年6月的直接材料价格和效率差异

	发生的实际成本： 实际投入数量×实际价格 (1)	实际投入数量 ×预算价格 (2)	弹性预算：实际产量下的 预算投入数量×预算价格 (3)
	Latoms：3 250×70＝227 500	3 250×70＝227 500	3 200×70＝224 000
	Caltoms：2 275×82＝186 550	2 275×80＝182 000	1 920×80＝153 600
	Flotoms：975×96＝93 600	975×90＝87 750	1 280×90＝115 200
	＄507 650	＄497 250	＄492 800
3级分析	↑ ＄10 400 U 价格差异	↑ ＄4 450 U 效率差异	↑
2级分析	↑ ＄14 850 U 弹性预算差异		↑

F表示对营业利润的有利影响，U表示对营业利润的不利影响。

□ 直接材料组合和直接材料产出差异

管理者有时可以决定用一种材料替换另一种材料。Delpino番茄酱厂的管理者能够在不影响番茄酱质量的情况下，将Latoms，Caltoms和Flotoms混合起来。我们假设，为了保持质量，每种番茄的组合比例最多只能偏离标准组合5%。例如，Caltoms的组合比例可以在25%～35%（30%±5%）之间变化。

当投入可替代时，相对于预算成本，直接材料效率提高有两个途径：(1)使用更便宜的组合方式生产给定的产出量，采用直接材料组合差异衡量；(2)使用更少的投入来达到给定的产出量，采用直接材料产出差异衡量。

维持耗用的所有直接材料投入的实际数量不变，总直接材料组合差异是(1)实际耗用直接材料总量的实际组合的预算成本与(2)实际耗用直接材料总量的预算组合的预算成本之差。维持预算投入组合不变，直接材料产出差异是(1)实际耗用直接材料总量的预算成本与(2)实际产出下耗用直接材料的预算总量的弹性预算成本之差。图表7—8介绍了Delpino公司的直接材料组合和产出差异。

图表 7—8　　Delpino 公司 2014 年 6 月的总直接材料产出和组合差异

	耗用的所有投入总量×实际投入组合×预算价格 (1)	耗用的所有投入总量×预算投入组合×预算价格 (2)	弹性预算：实际产出下所有投入的预算总量×预算投入组合×预算价格 (3)
Latoms：	6 500×0.50×70＝227 500	6 500×0.50×70＝227 500	6 400×0.50×70＝224 000
Caltoms：	6 500×0.35×80＝182 000	6 500×0.30×80＝156 000	6 400×0.30×80＝153 600
Flotoms：	6 500×0.15×90＝87 750	6 500×0.20×90＝117 000	6 400×0.20×90＝115 200
	$ 497 250	$ 500 500	$ 492 800
4 级分析	$ 3 250 F 组合差异		$ 7 700 U 产出差异
3 级分析	$ 4 450 U 效率差异		

F 表示对营业利润的有利影响；U 表示对营业利润的不利影响。

□ 直接材料组合差异

总直接材料组合差异是每种投入的直接材料组合差异之和：

$$\text{每种投入的直接材料组合差异}=\text{耗用的所有直接材料投入的实际总量}\times\left(\text{实际直接材料投入组合比例}-\text{预算直接材料投入组合比例}\right)\times\text{直接材料投入的预算价格}$$

直接材料组合差异如下：

Latoms：6 500×(0.50－0.50)×70＝6 500×0.00×70＝0(美元)
Caltoms：6 500×(0.35－0.30)×80＝6 500×0.05×80 ＝26 000(美元)U
Flotoms：6 500×(0.15－0.20)×90＝6 500×－0.05×90＝29 250(美元)F
总直接材料组合差异　3 250(美元)F

总直接材料组合差异是有利的，因为相对于预算组合，公司用更便宜的 5%的 Caltoms 替换了更贵的 5%的 Flotoms。

□ 直接材料产出差异

直接材料的产出差异是各种投入的直接材料产出差异之和：

$$\text{每种投入的直接材料产出差异}=\left(\text{耗用的所有直接材料投入实际总量}-\text{实际产出下所有直接材料投入预算总量}\right)\times\text{直接材料投入的预算组合比例}\times\text{直接材料投入的预算价格}$$

直接材料产出差异如下：

Latoms：(6 500－6 400)×0.50×70 ＝100×0.50×70 ＝3 500(美元)U

Caltoms：(6 500－6 400)×0.30×80 ＝100×0.30×80 ＝2 400(美元)U

Flotoms：(6 500－6 400)×0.20×90 ＝100×0.20×90 ＝1 800(美元)U

总直接材料产出差异　7 700(美元)U

总直接材料产出差异是不利差异，因为 Delpino 公司耗用了 6 500 吨番茄，而不是生产 4 000 吨番茄酱应该耗用的 6 400 吨。维持番茄的预算组合和预算价格不变，预算组合中每吨番茄的预算成本为 77 美元。不利产出差异代表了多耗用 100 吨番茄的预算成本，(6 500－6 400)×77＝7 700（美元）U。该公司想调查不利产出差异的原因。例如，采用更廉价的 Caltoms 替代 Flotoms 导致了有利的组合差异，这也会导致不利的产出差异吗？

图表 7—7 和图表 7—8 中计算的直接材料差异可以总结如下：

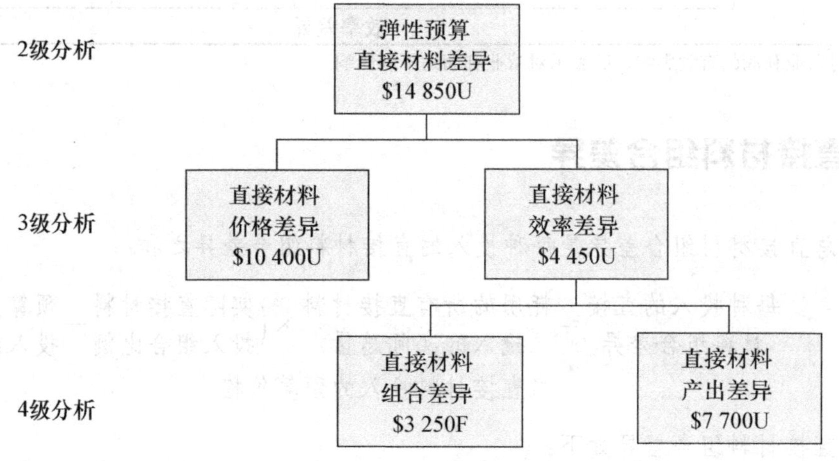

第 8 章

弹性预算、制造费用差异与管理控制

- 变动与固定制造费用的计划
- Webb 公司的标准成本制度
- 变动制造费用差异
- 固定制造费用差异
- 制造费用差异的整体分析
- 生产数量差异和销售数量差异
- 差异分析与作业成本法
- 非生产部门的间接成本差异

学习目标

1. 解释在对变动制造费用与固定制造费用进行计划时有何异同
2. 计算预算变动制造费用率和预算固定制造费用率
3. 计算变动制造费用弹性预算差异、变动制造费用效率差异及变动制造费用耗费差异
4. 计算固定制造费用弹性预算差异、固定制造费用耗费差异及固定制造费用产量差异
5. 解释四差异法是如何使实际发生的制造费用与期间内分摊的制造费用相一致的
6. 解释销售数量差异与生产数量差异之间的关系
7. 在作业成本法中计算差异
8. 考察非生产部门间接成本差异的使用

本周的天气预报和组织业绩有什么共同点呢？

在大多数情况下，现实和人们的期望并不一致。大雨导致一场小联赛中止，却又可能突然天晴出太阳。希望“吹着口哨去银行”的企业所有者在计算每月的账单，发现飞涨的经营成本严重地降低了他们的利润后，可能改变他们的曲调。不同，或是差异在我们身边随处可见。

对于一个组织来说，分析差异是一项有价值的活动，因为这个过程指出了业绩最不如预期的地方。使用这些信息进行纠正调整，公司就可以实现巨大的节约。而且，制定标准的过程要求公司全面理解固定和变动间接成本，这会给它们带来好处，就像下面这篇文章所揭示的那样。

特斯拉汽车公司制定固定和变动制造费用计划①

管理者经常检查制造费用的不同或差异，对企业运营进行调整。有时员工人数会增加或减少，有时管理者会识别耗用更少资源的方法，比如，不能增加顾客购买的产品或服务的价值的办公用品和商务会议旅行。

特斯拉汽车公司（Tesla Motors）是一家位于硅谷的电动汽车制造商。为了开发著名的S型纯电动汽车——最近《消费者报告》（*Consumer Reports*）认为这是它测试过的最好汽车——特斯拉公司需要深入了解其固定和变动制造费用，以实现计划和控制的目的。

汽车制造行业有巨大的固定制造费用。作为一个新公司，特斯拉汽车制定了前期固

① Ohnsman，Alan. 2012. Tesla Motors cuts factory cost to try to generate profit. *Bloomberg*，http://www.bloomberg.com/news/2012-04-12/tesla-motors-cuts-factory-cost-to-try-to-generate-profit.html，April 12；Tesla Motors，Inc. 2013. March 31，2013 Form 10-Q（filed May 10）；Valdes-Dapena，Peter. 2013. Tesla：Consumer Reports' best car ever tested. *CNNMoney.com*，http://money.cnn.com/2013/05/09/autos/teslamodels-consumer-reports/index.html，May 9；White，Joseph. 2013. Tesla has a fresh $1 billion—and lots of ways to spend it. *Corporate Intelligence*（*blog*），*The Wall Street Journal*，http://blogs.wsj.com/corporate-intelligence/，May 17.

定资产投资的战略决策，该投资将使公司受益多年。这些导致了各种固定制造费用，包括新建最先进制造厂的折旧和税费、生产线主管的工资、保险和工程师的工资，这些工程师为特别设计的车辆设计电池和电动机。特斯拉汽车的变动成本包括水电、办公用品和促销费用等。

特斯拉汽车公司的管理会计师理解了其固定和变动制造费用，就可以为生产的每一辆 S 型汽车编制预算固定和变动制造费用分配率。而且，公司可以使用弹性预算，根据作业来进行战略调整。例如，2013 年初，为了在北美以外的市场扩大销售，特斯拉增加了新的销售和营销人员以支持业务扩张，这样就导致了一个新的变动制造费用分配率。

诸如杜邦公司（DuPont）、美国国际纸业公司、美国钢铁集团这样在资本设备上投资巨大的公司或是诸如亚马逊、雅虎这样在软件上大额投资的公司都有很高的间接成本。特斯拉公司的例子告诉我们，了解间接费用的性态、做好计划、进行差异分析并对结果采取适当的措施，对一个公司来讲是非常重要的。

第 7 章介绍了管理者如何使用弹性预算和差异分析对直接材料、直接制造人工这样的直接成本进行计划和控制。本章介绍管理者如何对变动制造费用和固定制造费用这样的间接成本进行计划和控制。本章也会解释为什么在用制造费用概念来分析差异的时候，管理者应该倍加小心。

变动与固定制造费用的计划

本章将沿用 Webb 公司的例子，描述变动和固定制造费用的计划和控制。请回想一下，Webb 公司生产夹克并销售给批发商，再由批发商销售给独立的服装店和连锁零售商。因为我们假设公司唯一的成本是生产成本，简便起见，在本章中用“制造费用”替代“生产制造费用”。Webb 公司的变动制造费用包括能源、机器维护、工程支持及间接材料费用。Webb 公司的固定制造费用包括厂房租金、工厂设备的折旧和工厂管理者的工资。

变动制造费用的计划

为了有效地计划一项产品或服务的变动制造费用，管理者必须重点关注能为其顾客创造优质产品或服务的作业，并且消除非增值作业。例如，顾客希望 Webb 公司的夹克耐穿，所以 Webb 公司的管理者将缝制作为一项基础作业。因此，包括在 Webb 公司变动制造费用中的缝纫机维护作业也是管理者必须计划的基础作业。这样的维护作业应该经济有效地执行，如制定定期的设备维护计划，而不是坐等机器损坏。对现在的许多公司来说，制定减少能源消耗的计划是非常关键的，因为能源消耗在变动制造费用中的比重快速上升。为了实时监督能源消耗，Webb 公司安装了智能电表，引导生产运营避开消耗高峰期。

固定制造费用的计划

固定制造费用的计划和变动制造费用的计划类似——只选择基础作业，然后有效地执行这些作业。但在制定固定制造费用计划时，还必须考虑一个战略问题：应从公司的长远利益出发，选择适当的能力或投资水平。考虑 Webb 公司的缝纫机租赁，公司每年都要为此支付一笔固定成本。租入机器太多，会导致生产能力过剩，产生不必要的固定租金成本。租入机器太少，将造成需求无法满足从而损失夹克的收入，并引发顾客不满。以 AT&T 为例，它最初没有预见到 iPhone 的吸引力或应用程序的扩散，因此没有充分升级其网络以处理产生的数据流量。AT&T 后来不得不对顾客使用 iPhone 施加限制（如减少网络访问和流媒体播放）。这就解释了为何随着 iPhone 的发布，AT&T 一度是所有主要运营商中顾客满意度评级最低的。

固定制造费用的计划有别于变动制造费用计划的另一个方面是：时间。预算期开始时，管理层就需要确定将要发生的固定制造费用水平，但变动制造费用计划却是逐日不间断进行的经营决策，主要决定该期间发生的变动制造费用水平。例如，医院的变动制造费用（包括一次性用品、缝合包、药剂和医疗废物处置的成本）是实施程序的性质和数量以及医生实践模式的函数。但是，提供医疗服务的大部分成本是固定间接成本——这些成本与建筑物、设备和工薪劳动有关。这些成本与医院的作业数量无关。[①]

Webb 公司的标准成本制度

Webb 公司实行标准成本制度。第 7 章解释了 Webb 公司是如何制定其直接生产成本标准的。本章解释它的制造费用标准是如何制定的。**标准成本法**（standard costing）是这样一种成本系统：(1) 用标准价格或比率乘以实际产出所需的标准投入数量，以此计算产出的直接成本；(2) 用标准制造费用分配率乘以实际产出所需的分摊数量，以此分配制造费用。

Webb 公司生产的夹克的标准成本在预算期初就可以计算出来。标准成本法的这一特点使记录变得简单，因为无须记录实际的制造费用，也无须记录生产夹克的成本分配基础的实际数量。管理者真正需要的就是 Webb 公司的变动和固定制造费用的标准制造费用率。管理会计师根据计划的变动和固定制造费用水平及分配基础标准数量计算出标准制造费用率。稍后我们将描述这些计算。注意一旦管理者确立标准，使用标准成本系统的成本就比使用实际成本或正常成本系统的成本低。

拟定预算变动制造费用分配率

预算变动制造费用分配率可以通过四步拟定。本章我们不用“标准率”而使用更广

① 独立的外科中心蓬勃发展，因为与传统的医院相比，其固定间接成本更低。对医疗保健成本问题的启发性的总结，参见 A. Macario. 2010. “What does one minute of operating room time cost?” *Journal of Clinical Anesthesia*, June.

义的“预算率”，以便和前文中描述正常成本制度所用的术语保持一致。使用标准成本制度时，预算率就是标准率。

步骤 1：选择预算期。Webb 公司的预算期为 12 个月。第 4 章为使用年度制造费用率而非月度费用率提供了两个理由。第一个理由与分子相关，如减少季节性对公司成本结构的影响。第二个理由与分母相关，如减少产出和每月天数变化的影响。此外，每年设定一次而非 12 次制造费用率可以节省管理者的时间。

步骤 2：选择变动制造费用的成本分配基础。Webb 公司的运营经理选择机器小时作为成本分配基础，因为他们认为机器小时是变动制造费用的唯一成本动因。根据工程研究，Webb 公司估计每单位实际产出将耗费 0.40 个机器小时。2014 年的预算产出量是 144 000 件夹克，公司预算需要消耗 57 600 机器小时（0.40×144 000）。

步骤 3：确定与每一成本分配基础相关的变动制造费用。Webb 公司将所有变动制造费用（包括能源、机器维护、工程支持、间接材料和间接制造人工成本）归入一个单一成本库。Webb 公司 2014 年变动制造费用的总预算为 1 728 000 美元。

步骤 4：计算单位成本分配基础的分配率，将变动制造费用分配至产出。步骤 3 中的数据（1 728 000 美元）除以步骤 2 中的数据（57 600 机器小时），Webb 公司得到用于分配变动制造费用的单位标准机器小时的分配率是 30 美元。

在使用标准成本法时，单位成本分配基础的变动制造费用分配率（对 Webb 公司来说是 30 美元/机器小时）通常用单位产出的标准分配率表示。Webb 公司按照下式计算单位产出的预算变动制造费用分配率：

$$\begin{aligned}\begin{matrix}\text{单位产出的预算变动}\\\text{制造费用分配率}\end{matrix} &= \begin{matrix}\text{单位产出所需}\\\text{的预算投入量}\end{matrix}\times\begin{matrix}\text{单位投入的预算}\\\text{变动制造费用率}\end{matrix}\\ &= 0.40\times 30\\ &= 12(\text{美元/件})\end{aligned}$$

12 美元/件是 Webb 公司 2014 年静态预算和 2014 年期间编制的月度业绩报告中使用的预算变动制造费用率。

每件夹克 12 美元表示当产出量变化时，管理者预计 Webb 公司的变动制造费用变化的数量。随着夹克产量的增加，分配到产出的变动制造费用（为了存货成本计价）同时以每件 12 美元的比率增加。每件 12 美元表示公司单位产出的总变动制造费用，包括能源、维修、间接人工成本等。管理者为每一个项目编制预算，并调查任何重大差异的可能原因，帮助控制变动制造费用。

□ 拟定预算固定制造费用分配率

根据定义，固定制造费用在给定期间内为金额固定、不随企业作业及产量水平变动而变动的成本。固定成本包括在弹性预算中，不管在什么产出水平下，在相关范围内仍保持相同的金额。回想一下，在图表 7—2 及编制弹性预算的步骤中，静态预算和弹性预算中的月度固定成本数额都是 276 000 美元。然而，不要设想固定制造费用永远不变。如管理者可以通过卖掉设备或者裁员减少固定制造费用。但是，与变动成本（如直接材料）不同，在相关范围内，固定成本不随作业水平的变化而自动增减。从这个意义上讲，它是固定不变的。

拟定预算固定制造费用分配率的程序与计算预算变动制造费用分配率的程序一样。步骤如下：

步骤 1：选择预算期间。与变动制造费用相同，固定制造费用的预算期通常为一年，这样有助于平滑季节性影响。

步骤 2：选择成本分配基础用于固定制造费用的分摊。Webb 公司使用机器小时作为企业固定制造费用唯一的成本分配基础。为什么呢？因为 Webb 公司的管理者相信在长期的情况下，公司固定制造费用将会增减到支持机器小时需要的水平。因此在长期使用的机器小时数是固定制造费用的唯一成本动因。在预算制造费用分配率的计算中，机器小时数作为分母，称做**基准水平**（denominator level）。简便起见，我们假设 Webb 公司 2014 会计年度将满负荷生产，预算 57 600 个机器小时，预算产量 144 000 件夹克。①

步骤 3：确认每一制造费用分配基础的固定制造费用。因为 Webb 公司确认了机器小时为固定制造费用唯一的成本分配基础，因此 Webb 公司所有的固定制造费用都归于单一成本库。这些成本包括厂房及设备的折旧、厂房及设备的租金、厂部管理者的工资。Webb 公司 2014 年的预算固定制造费用为 3 312 000 美元。

步骤 4：计算每一成本分配基础的分配率，对固定制造费用进行分摊。用步骤 2 中的 57 600 机器小时去除步骤 3 中的 3 312 000 美元，得到单位机器小时 57.50 美元的固定制造费用率：

$$\begin{aligned}\frac{\text{预算每单位成本分配}}{\text{基础的固定制造费用}} &= \frac{\text{预算固定制造费用总额}}{\text{成本分配基础的预算耗用量}}\\ &= \frac{3\,312\,000}{57\,600} = 57.50(\text{美元/机器小时})\end{aligned}$$

在标准成本法下，单位机器小时的固定制造费用 57.50 美元通常用单位产出的标准成本表示。回忆一下，Webb 公司的工程研究估计每单位实际产出将耗费 0.40 个机器小时，现在可以计算单位产出的预算固定制造费用：

$$\begin{aligned}\frac{\text{单位产出的预算}}{\text{固定制造费用}} &= \frac{\text{单位产出所需的成本}}{\text{分配基础预算耗用量}} \times \frac{\text{单位成本分配基础的}}{\text{预算固定制造费用}}\\ &= 0.40 \times 57.50\\ &= 23.00(\text{美元/件})\end{aligned}$$

当 Webb 公司编制 2014 年的月度预算时，将 3 312 000 美元的年固定制造费用总额除以 12，就可得出每月 276 000 美元。

变动制造费用差异

我们现在说明如何用预算变动制造费用分配率来计算 Webb 公司的变动制造费用差

① 由于 Webb 公司的计划生产能力跨越数个期间，因此 2014 年的预期产出可能低于生产能力。不同公司选择不同的基准水平。有些公司选择预期产出，另外一些公司选择生产能力。不管在哪种情况下，本章介绍的方法和分析不变。第 9 章将更详细地讨论基准水平选择的含义。

异。下面为 2014 年 4 月的资料，公司生产并售出了 10 000 件夹克。

	实际结果	弹性预算数
1. 产量（件）	10 000	10 000
2. 单位产出的机器小时	0.45	0.40
3. 机器小时（第 1 行×第 2 行）	4 500	4 000
4. 变动制造费用	$ 130 500	$ 120 000
5. 单位机器小时的变动制造费用（第 4 行÷第 3 行）	$ 29.00	$ 30.00
6. 单位产出的变动制造费用（第 4 行÷第 1 行）	$ 13.05	$ 12.00

正如我们在第 7 章看到的，弹性预算使得 Webb 公司能够关注实际产出 10 000 件夹克时实际成本及数量与预算成本及数量的差异。

□ 弹性预算分析

变动制造费用的弹性预算差异（variable overhead flexible-budget variance）是实际变动制造费用与弹性预算变动制造费用之间的差。

$$\begin{aligned}\text{变动制造费用弹性预算差异} &= \text{实际发生的成本}-\text{弹性预算数}\\ &= 130\,500-120\,000\\ &= 10\,500(\text{美元})\text{U}\end{aligned}$$

这 10 500 美元的不利弹性预算差异意味着 Webb 公司实际生产并销售 10 000 件夹克的实际变动制造费用超过了弹性预算数 10 500 美元。Webb 公司的管理者想知道原因。是 Webb 公司生产这 10 000 件夹克所耗费的机器小时数比计划的多吗？如果是这样，是因为工人操作机器的技术没有期望的娴熟？或者是花费了更多的变动制造费用，如维护费用？

如第 7 章对直接成本项目弹性预算差异的阐述，Webb 公司的管理者将这 10 500 美元的不利差异分解成效率差异和耗用差异，就能够进一步深入理解差异产生的原因。

□ 变动制造费用效率差异

变动制造费用效率差异（variable overhead efficiency variance）是成本分配基础的实际耗用量与实际产出下应该耗用的成本分配基础的预算量的差，再与单位成本分配基础的预算变动制造费用相乘的积。

$$\begin{aligned}\begin{matrix}\text{变动制造费用}\\\text{效率差异}\end{matrix} &= \left(\begin{matrix}\text{实际产量下变动制造费用}\\\text{分配基础的实际数量}\end{matrix}-\begin{matrix}\text{实际产量下变动制造费用}\\\text{分配基础的预算数量}\end{matrix}\right)\\ &\quad\times\begin{matrix}\text{单位成本分配基础的}\\\text{预算变动制造费用分配率}\end{matrix}\\ &= (4\,500-0.40\times10\,000)\times30\\ &= (4\,500-4\,000)\times30\\ &= 15\,000(\text{美元})\text{U}\end{aligned}$$

图表 8—1 中的第 2 列和第 3 列显示了变动制造费用的效率差异。注意到差异的产生完全是因为成本分配基础的实际耗用量（4 500 小时）与预算耗用量（4 000 小时）之间的差。变动制造费用效率差异与直接成本项目效率差异的计算类似（第 7 章）。但差异的解释却有点不同。直接成本项目的效率差异反映了实际投入与实际产量下的预算投入的差异。例如，一个法医实验室（电视节目普及的那种，如 *CSI* 和 *Dexter*）会基于实验室是否使用了比实际 DNA 检测数量下的标准小时数更多或更少的小时数来计算直接人工效率差异。相反，变动制造费用的效率差异则反映了成本分配基础的使用效率。Webb 公司 15 000 美元的不利变动制造费用效率差异表示实际机器小时（成本分配基础）4 500 小时高于生产 10 000 件夹克所需的预算机器小时 4 000 小时。在某种程度上，机器小时是变动制造费用的成本动因，推高了变动制造费用的潜在耗费。

图表 8—1　　变动制造费用差异分析的分栏表示：Webb 公司 2014 年 4 月[a]

	实际发生的成本：实际投入×实际分配率 (1)		实际投入×预算分配率 (2)		弹性预算：实际产量所需的预算投入×预算分配率 (3)
	(4 500×29) ＝$130 500		(4 500×30) ＝$135 000		(0.40×10 000×30) ＝4 000×30 ＝$120 000
3 级		$4 500 F 耗费差异		$15 000 U 效率差异	
2 级			$10 500 U 弹性预算差异		

a. F 表示对营业利润的有利影响；U 表示对营业利润的不利影响。

下面给出了 Webb 公司实际机器小时超过预算机器小时的可能原因及 Webb 公司对于每一种原因的可能反应。

超出预算的可能原因	管理层的可能反应
1. 工人的机器操作没有预期的有效。	1. 鼓励人力资源部门实施更有效的员工雇用计划及培训程序。
2. 生产上的时间安排不合理，导致机器小时数高出预算。	2. 安装生产计划软件，改善厂房运营。
3. 机器维护不力，导致生产条件未能达到最佳状态。	3. 确保每台机器定期检修。
4. Webb 公司接受了一份加急订单，导致机器小时数高出预算。	4. 与销售人员和批发商协调生产计划，实现资源共享。
5. 预算机器小时标准本身设置太高。	5. 寻找更多信息源以制定合理的标准。

注意，如何在生产和价值链的其他业务职能（销售和分销）上采取纠正行动，取决于差异产生的原因。

Webb 公司的管理者发现不利差异的一个原因是工人技术不熟练。因此，Webb 公司正在改进雇用和培训工作。另一个原因是 2014 年 4 月之前的两个月维修不力。前任工厂经理为了完成每月的预算成本目标而推迟了维修工作。正如我们在第 6 章讨论的，如果可能会导致长期不良后果，管理者就不应该仅仅着眼于完成短期预算目标。例如，如果 Webb 公司的雇员在操作保养不善的机器时受伤，这不仅对他们有害，还可能致命。Webb 公司正在加强内部维修程序，未能完成当月维修任务将会受到警示，必须立即向最高管理层作出解释。Webb 公司也关注它的评价工作，以确定其是否无意间迫使管理者专注于短期目标，而对公司造成长期的损害。

□ 变动制造费用耗费差异

变动制造费用耗费差异（variable overhead spending variance）是单位成本分配基础的实际变动制造费用与预算变动制造费用之差，与变动制造费用分配基础实际耗用量的乘积。

$$
\begin{aligned}
\text{变动制造费用耗费差异} &= \left(\begin{array}{c}\text{单位成本分配基础的}\\\text{实际变动制造费用}\end{array} - \begin{array}{c}\text{单位成本分配基础的}\\\text{预算变动制造费用}\end{array}\right)\\
&\quad \times \text{变动制造费用分配基础的实际耗用量}\\
&= (29-30)\times 4\,500\\
&= (-1)\times 4\,500\\
&= 4\,500(\text{美元})\text{F}
\end{aligned}
$$

Webb 公司 2014 年 4 月单位机器小时的变动制造费用低于预算，故产生有利的变动制造费用耗费差异，图表 8—1 中的第 1 和第 2 列描述了这一差异。

为了理解变动制造费用耗费的有利差异产生的原因，Webb 公司的管理者需要明白为什么单位成本分配基础的实际变动制造费用（29 美元/机器小时）比预算变动制造费用（30 美元/机器小时）低。

总之，Webb 公司耗费了 4 500 个机器小时，比弹性预算值的 4 000 个机器小时多 12.5%，而实际变动制造费用 130 500 美元只比弹性预算 120 000 美元高 8.75%。这样，相对于弹性预算，实际变动制造费用增长率小于机器小时的增长率，因此单位机器小时的实际变动制造费用小于预算值，导致出现有利的变动制造费用耗费差异。

回想一下，变动制造费用包括能源、机器维护、间接材料及间接人工成本。实际变动制造费用增长率小于机器小时增长率的两个可能原因如下：

1. 变动制造费用中个别项目的实际价格低于预算价格，如能源价格、间接材料、间接制造人工。例如，电力的弹性预算价格为 0.10 美元/千瓦时，而实际价格也许仅为 0.09 美元/千瓦时。

2. 相对于弹性预算，变动制造费用中个别项目实际使用量的增长率低于机器小时增长率。假设实际能源耗用 32 400 千瓦时，弹性预算消耗量为 30 000 千瓦时，增长率为 8%。这个增长率小于机器小时增长率 12.5%（实际机器小时 4 500 与 4 000 机器小时的弹性预算），这将导致有利的变动制造费用耗费差异。这一差异可全部或部分归结于能源及其他变动制造费用项目的有效利用。

作为五步决策制定程序中最后一个阶段的一部分，Webb 公司的管理者需要分析变动制造费用差异所提供的信息，进行企业绩效评价与学习。通过了解这些差异产生的原因，Webb 公司可以采取适当的措施并为将来的改进作出更精确的预测。

例如，Webb 公司的管理者应该检查变动制造费用项目实际价格不同于预算价格的原因。这个差异可能是因为采购经理的高超谈判技巧、市场供给过剩或间接材料等投入的质量更低。Webb公司的反应取决于差异的可能原因。例如，如果是质量问题，Webb公司可能采用新的质量管理系统。

同样，Webb公司的管理者应该知道影响变动制造费用使用效率的可能原因，这些原因包括工人的技术水平、机器的维护及生产流程的效率。管理者发现Webb公司改进生产流程，减少了每机器小时的间接人工成本。因此，企业开始组织跨职能团队，调查能否使生产流程得到更大的改进。

需要强调的是，管理者不应该总是认为有利的变动制造费用耗费差异是可取的。比如，如果Webb公司的管理者购进廉价低质的间接材料、雇用低水平的管理员或是机器维护不到位，那么变动制造费用耗费差异是有利的。但是，这些决策可能损害产品质量，不利于企业的长期发展。

为了阐明变动制造费用效率差异与耗用差异的概念，请思考下面的例子。假设：(a)能源是唯一的变动制造费用项目，机器小时是成本分配基础；(b)实际耗费的机器小时等于弹性预算下的机器小时；(c)能源的实际价格等于预算价格。从(a)和(b)中可以得出，不存在效率差异——公司在生产实际产出的机器小时（成本分配基础）利用方面是有效率的。但是，(c)可能仍有耗费差异。为什么？因为公司即使用了正确的机器小时数，单位机器小时耗用的能源也可能高于预算（例如，因为没有正确地维护机器）。这种更高的能源使用成本将会反映在不利的耗费差异中。

□ 变动制造费用及差异的会计分录

我们现在编制变动制造费用控制账户和备抵账户——已分摊的变动制造费用账户的会计分录。

2014年4月的变动制造费用分录（数据来自图表8—1）如下：

1. 借：变动制造费用控制	130 500	
贷：应付账款及其他账户		130 500

记录实际发生的变动制造费用。

2. 借：在产品控制	120 000	
贷：已分摊的变动制造费用		120 000

记录已分摊的变动制造费用（0.4×10 000×30）。（归集到在产品控制的成本在产品完工时结转到产成品控制中，产品售出时结转到销售成本中。）

3. 借：已分摊的变动制造费用	120 000	
变动制造费用效率差异	15 000	
贷：变动制造费用控制		130 500
变动制造费用耗费差异		4 500

记录会计期间的差异。

这些差异是少分摊或多分摊的变动制造费用。在会计年度末，如果差异总数较小，将其结转到销售成本进行冲销；如果差异总数比较大，如第4章所述，根据已分配的制造费用将其按比例分配到在产品控制、产成品控制及销售成本账户中。第7章曾讨论过，只分配不可避免的成本。任何可避免的无效率差异都要在当期冲销。假设2014年

4 月的变动制造费用差异账户的余额与 2014 年会计年度末的余额相同，并且数额不重要。下面是将差异冲销结转到销售成本的会计分录：

借：产品销售成本	10 500	
变动制造费用耗费差异	4 500	
贷：变动制造费用效率差异		15 000

下面我们说明如何计算固定制造费用差异。

固定制造费用差异

固定成本项目的弹性预算值也包含在期初编制的静态预算中。对固定成本的实际发生值和预算值之间的差异无须进行调整，因为在相关范围内，固定成本不受产出水平变动的影响。2014 年初，Webb 公司预计每月的固定制造费用为 276 000 美元，而 2014 年 4 月的实际值为 285 000 美元。**固定制造费用的弹性预算差异**（fixed overhead flexible budget variance）是实际发生的固定制造费用与弹性预算的固定制造费用之间的差额。

固定制造费用的弹性预算差异＝实际发生的成本－弹性预算值
＝285 000－276 000
＝9 000(美元)U

这一差异是不利差异，因为实际固定制造费用 285 000 美元超过了 276 000 美元的预算值，这使当月的营业利润减少了 9 000 美元。

本章前面所描述的变动制造费用的弹性预算差异可分解为耗费差异和效率差异。而对固定制造费用而言，则没有效率差异。这是因为给定的固定成本是不受给定预算期间内机器小时的使用效率影响的。稍后我们会看到，这并不表示公司的固定制造费用资源使用是有效或无效的。如图表 8—2 所示，因为没有效率差异，**固定制造费用的耗费差异**（fixed overhead spending variance）等于固定制造费用的弹性预算差异。

固定制造费用耗费差异＝实际发生的成本－弹性预算值
＝285 000－276 000
＝9 000(美元)U

图表 8—2　　固定制造费用差异的分栏图解：Webb 公司 2014 年 4 月[a]

	实际发生的成本 (1)		弹性预算：无论产出水平如何预算值不变（同静态预算） (2)		分摊：实际产出下的预算投入×预算分配率 (3)
					(0.40×10 000×57.50)
	$ 285 000		$ 276 000		(4 000×57.50)
					$ 230 000
3 级		$ 9 000 U 耗费差异		$ 46 000 U 生产数量差异	
2 级		$ 9 000 U 弹性预算差异			

a. F 表示对营业利润的有利影响；U 表示对营业利润的不利影响。

导致不利的固定制造费用耗费差异的原因可能是厂房租金增加、厂房和设备的折旧增加以及管理费用增加，如付给车间经理超出预算的工资。Webb公司对差异进行了调查，发现每月的设备租金意外增长了9 000美元，然而管理层认为其他地方的租赁率不会比这一新的租赁率更低。否则，Webb公司将从其他供应商处租赁设备。

□ 生产数量差异

生产数量差异（production volume variance）只在固定成本中。它是预算固定制造费用与实际产出下分配的固定制造费用的差额。回想一下，在年初的时候，Webb公司基于月度预算固定制造费用276 000美元计算的每机器小时预算固定制造费用是57.50美元。在标准成本法下，Webb公司的固定制造费用以57.50美元/标准机器小时［相当于23美元/件（0.40×57.50）］的预算分配率分摊到当期产出中。所以，如果Webb公司生产了1 000件夹克，4月份276 000美元预算固定制造费用中的23 000美元（23×1 000）将分配到这些产品中。如果Webb公司生产10 000件夹克，就会分配230 000美元。只有当Webb公司生产12 000件夹克（即像预算的那样达到最大生产量）时，276 000美元的预算固定制造费用才全部分配到产品当中。这里的关键点是，即使Webb公司的预算固定制造费用是276 000美元，也不必把这些成本全部分配到产品中去，因为Webb公司是为了支持12 000件夹克的计划产量而制定了276 000美元的预算固定成本。如果Webb公司的产量不足12 000件，只需分配实际需要并用于生产夹克的生产能力的预算成本。

生产数量差异也称做**基准水平差异**（denominator level variance），是预算固定制造费用金额与分配的固定制造费用金额的差额。注意，分配的制造费用可以用分配基础单位（在Webb公司为机器小时）或单位预算固定成本表示：

生产数量差异＝预算固定制造费用－实际产量分配的固定制造费用
＝276 000－(0.40×57.50×10 000)
＝276 000－(23×10 000)
＝276 000－ 230 000
＝46 000(美元)U

如图表8—2所示，预算固定制造费用（276 000美元）在静态预算中是一定值，在弹性预算中的相关范围内亦为一定值。已分摊的固定制造费用（230 000美元）等于单位产出预算成本（23美元）乘以预算期产量（10 000件）。46 000美元的不利生产数量差异也可以认为是23美元/件与没有生产出的2 000件的乘积。在下面部分，我们将探究不利生产数量差异产生的可能原因及其管理含义。

图表8—3显示了Webb公司的生产数量差异。出于计划和控制目的，Webb公司的固定（生产）制造费用在0～12 000件的相关范围内是不变的。与固定成本的性态相比，图表8—3出于存货计价目的，描述这些成本。在公认会计原则（GAAP）下，固定（生产）制造费用作为存货成本分摊到产品中。Webb公司每生产一件产品，分配到产品的固定制造费用就会增加23美元。也就是说，为了把固定制造费用分摊到产品中，可以认为这些成本具有变动成本的性态模式。如图表8—3所示，276 000美元的预算固定制造

费用与 230 000 美元的分摊成本之间的差就是 46 000 美元的不利生产数量差异。

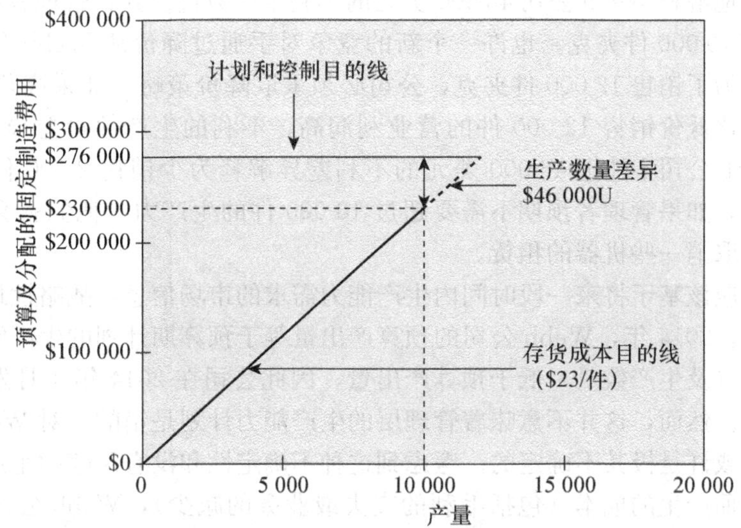

图表 8—3　固定制造费用性态：Webb 公司 2014 年 4 月计划与控制目的预算及存货成本目的的分配

管理者应该始终小心区分固定成本的真实性态与固定成本分配到产品的方式。特别是虽然出于存货成本核算目的计算单位固定成本并分配固定成本，但是管理者应该谨慎地将单位固定制造费用用于计划和控制目的。在预测固定成本时，管理者应该关注总成本，而不是单位成本。同样，我们将会在第 9 章和第 11 章看到，当管理者出于控制目的分配成本或识别使用短期内固定的生产能力资源的最好方式时，使用单位成本常常会导致不正确的决策。

□ 对生产数量差异的阐释

固定制造费用的总数表示获取生产力所付出的成本。这些成本不因为实际使用的生产能力比取得的少而自动减少。由于合同的原因（如厂房的年度租赁合同），有时成本在某个特定的时期是固定的。有时成本是固定的，因为生产能力是以固定的成本取得或处置的。例如，假设购买一台缝纫机能给 Webb 公司带来 1 000 件夹克的生产能力。如果不能购买或租赁机器的一部分，那么 Webb 公司只能以 1 000 件的增长量增加生产力。即 Webb 公司可能选择的生产力水平有 10 000 件、11 000 件或 12 000 件，但不是这些数之间的任何值。

Webb 公司的管理者拟对 46 000 美元的不利生产数量差异进行分析。为什么会出现生产力过剩？为什么生产 10 000 件而不是 12 000 件？是需求不足吗？Webb 公司应该重新评价它的产品和营销战略吗？出现了质量问题，还是 Webb 公司战略错误而获取了过多的生产力？这 46 000 美元的不利生产数量差异产生的原因将决定 Webb 公司的管理者应对差异所采取的行动。

相反，有利的生产数量差异说明固定制造费用的超额分摊。也就是说，实际产出所分摊的固定制造费用超出了 276 000 美元的预算固定制造费用。有利的生产数量差异就是记录的超过 276 000 美元的固定制造费用。

当我们根据生产数量差异是有利还是不利来决定公司的生产能力时，要十分谨慎。为了正确地解释 Webb 公司 46 000 美元的不利生产数量差异，管理者应考虑为什么 4 月只售出了 10 000 件夹克。也许一个新的竞争对手通过降价从 Webb 公司手中抢走了市场份额。为了销售 12 000 件夹克，公司必须采取降价策略。如果高价销售 10 000 件的营业利润比低价销售 12 000 件的营业利润高，不利的生产数量差异就不应归咎于此。所以 Webb 公司不能把 46 000 美元的不利差异解释为少销售 2 000 件夹克的总经济成本。然而，如果管理者预期不需要超过 10 000 件的生产力，他们就会减少多余的生产力，比如取消一些机器的租赁。

公司应该基于将来一段时间内生产能力需求的市场信息，战略性地制定工厂的生产能力计划。2014 年，Webb 公司的预算产出量等于预算期计划的生产能力的最大值，而实际需求（及生产数量）低于预算产出量，因此公司在 2014 年 4 月发生了不利的生产数量差异。然而，这并不意味着管理层的生产能力计划是错的。对 Webb 公司所生产夹克的需求或许是极其不确定的。考虑到这种不确定性和没有足够的生产能力满足突然的需求激增而产生的成本（包括毛利的丧失或业务的减少），Webb 公司的管理层可能为 2014 年的生产能力做出一个明智的选择。

那么，Webb 公司的管理者最终如何处理 4 月份的不利差异呢？他们应该减少生产能力，增加销量，还是不采取任何行动？根据对情况的分析，Webb 公司的管理者决定减少部分生产力，但保留一部分剩余生产力以应对不可预期的需求激增。第 9 章及第 12 章将详细讨论这些问题。本章“观念实施：山德士公司使用标准成本法和差异分析管理间接成本”强调了管理者使用差异帮助指导决策的一个例子。

观念实施

山德士公司使用标准成本法和差异分析管理间接成本

瑞士诺华制药公司 87 亿美元的子公司山德士美国（Sandos US）是世界最大的普通药品制造商之一。市场定价压力意味着山德士的经营利润微薄。因此，山德士必须应对间接成本核算的挑战。山德士使用标准成本法和差异分析来管理间接成本。

每年，山德士公司都会根据详细的生产计划、预计间接费用支出及其他因素编制间接成本预算。之后山德士公司使用作业成本法将预算间接成本分配到不同的作业中心（比如混合、配制、制药片、检测和包装等）。最后，每个作业中心根据每件产品需要的作业水平将制造费用分配到产品中。得出的标准产品成本用来进行产品利润分析，并作为产品定价的基础。山德士公司绩效分析的两个主要关键点是制造费用吸收分析和制造费用差异分析。

每个月，山德士公司采用吸收分析法将库存的实际产量的实际成本和标准成本进行比较。月度分析评价两个关键趋势：

1. 所有的成本与预算是否一致？如果不是，将查明原因并报告责任管理者。

2. 产量和产品组合是否和计划一致？如果不是，山德士公司检查调整机器生产能力，吸收趋势被认为是永久性的。

从作业中心层次对制造费用差异进行分析。这些差异有助于确定设备什么时候运作不佳而需要修理或更换。差异也有助于辨别无效的生产流程、安装和清洁时间，而采用更有效的方式使用设备。有时，制造费用差异也对标准自身进行检查和改进，标准是进行工厂生产力计划的一个关键因素。管理者对当前和将来的生产力进行月度检查，以识别生产能力约束和未来资本需求。

资料来源：Novartis AG. 2013. December 31，2012 Form 20-F（filed January 23，2013），accessed May 2013；and conversations with and documents prepared by Eric Evans and Erich Erchr（of Sandoz US），2004.

下面我们介绍 Webb 公司在标准成本法下记录固定制造费用所编制的会计分录。

□ 固定制造费用及差异的会计分录

我们用固定制造费用控制账户及备抵账户——已分摊的固定制造费用说明 2014 年 4 月固定制造费用的会计分录（数据来自图表 8—2）。

	借	贷
1. 借：固定制造费用控制	285 000	
贷：应付工资、累计折旧及其他账户		285 000

记录实际发生的固定制造费用。

	借	贷
2. 借：在产品控制	230 000	
贷：已分摊的固定制造费用		230 000

记录已分摊的固定制造费用（0.4 机器小时/件×10 000 件×57.5 美元/机器小时）。（归集到在产品控制账户的成本在产品完工时结转到产成品控制账户中，产品售出时结转到产品销售成本中。）

	借	贷
3. 借：已分摊的固定制造费用	230 000	
固定制造费用耗费差异	9 000	
固定制造费用生产数量差异	46 000	
贷：固定制造费用差异控制		285 000

记录会计期间的差异。

总之，4 月份发生了 285 000 美元固定制造费用，但只有 230 000 美元分配给产品。在第 4 章学习正常成本法时介绍过，55 000 美元差异正是少分摊的固定制造费用。第 3 笔分录描述在标准成本系统中，如何记录 9 000 美元固定制造费用耗用差异和 46 000 美元固定制造费用生产数量差异。

在会计年度末，如果固定制造费用耗用差异总数较小，将其结转到销售成本中进行冲销，或者如第 4 章所述，将其按比例分配到在产品、产成品及销售成本中。有些公司将冲销法和比例分配法结合起来使用，对可以避免无效率的差异部分进行冲销，对不可避免的差异进行分配。假设 2014 年 4 月的固定制造费用耗用差异账户的余额与 2014 年年末余额相等，并且总额很小。下面是将差异结转到产品销售成本进行冲销的会计分录：

	借	贷
借：产品销售成本	9 000	
贷：固定制造费用耗用差异		9 000

现在我们考虑生产数量差异。假设 2014 年 4 月的固定制造费用生产数量差异账户的余额与 2014 年年末余额也是相等的，并且 2014 年生产的夹克一部分是在产品，一部

分是产成品。很多管理会计师提供了有力的论据要把不利的生产数量差异结转到产品销售成本进行冲销而不是按比例进行分配。该论点的倡导者主张46 000美元的不利差异衡量了没有生产出来的2 000件产品所耗用的资源成本（23×2 000=46 000（美元）），而将未生产的2 000件夹克发生的固定制造费用分摊到已产出的产品上是不恰当的。已生产的产品已经以23美元/件负担了其代表的固定制造费用份额，因此，该论点支持将不利的生产数量差异冲减当年的收入，这样未使用生产力的固定制造费用就不用计入在产品和产成品的存货成本中。

然而，还有另外一种观点，此观点把基准水平作为衡量生产每件夹克所需固定资源的一种“软”指标，而不是“硬”指标。假设由于夹克的设计或机器的功能原因，生产每件夹克耗用的机器小时数比之前想象的多。结果，Webb公司4月份可能只生产10 000件夹克，而不是计划的12 000件。这样，276 000美元的预算固定制造费用支持这10 000件夹克的生产。在这种情况下，按比例分配固定制造费用生产数量差异就是把固定制造费用合理地分摊到在产品控制、产成品控制及产品销售成本账户中。

对于有利的生产数量差异如何处理呢？假设Webb公司在2014年4月份生产了13 800件夹克。

生产数量差异＝预算固定制造费用－实际产量所需的预算固定制造费用
＝276 000－(23×13 800)
＝276 000－317 400
＝41 400(美元)F

因为实际产量超过了计划生产能力，很明显，276 000美元的固定制造费用要支持13 800件夹克的全部产量，所以应该分配到这些产量中去。将有利生产数量差异按比例进行分配可以达到这种结果，同时减少了在产品控制、产成品控制及产品销售成本账户中的数量。按比例分配法在某种意义上也是一种比较保守的方法，如果把全部有利生产数量差异记入产品销售成本贷方，将会降低营业利润。

与此讨论相关的另一个观点是，如果总是将差异结转到销售成本进行冲销，那么公司就要设定一个标准是要增加收入（财务报告目的）还是减少收入（税收目的）。也就是说，冲销差异会导致博弈行为。例如，Webb公司通过降低分配固定制造费用的基准水平，产生有利的生产数量差异，从而增加营业利润。或者，如果公司想降低营业利润以减少所得税，那么可以反过来做。按比例分配法能够根据实际成本和实际产出近似地分摊固定成本，这样就不容易受到这种类型的操纵了。

没有一种明确或优先的方法处理生产数量差异。要根据不同情况通过判断使用恰当的会计程序。差异分配法可能是比较理想的。例如，一个公司可能冲销一部分生产数量差异而将剩余部分进行分配。将代表没有用于支持当期产出的生产能力成本的生产数量差异进行冲销，剩余的生产数量差异则分配到在产品控制、产成品控制及产品销售成本中。

如果Webb公司拟将生产数量差异结转到产品销售成本进行冲销，则应该编制下面的会计分录：

借：产品销售成本	46 000	
贷：固定制造费用生产数量差异		46 000

制造费用差异的整体分析

如前所述，对变动制造费用和固定制造费用的差异计算是不同的：

- 变动制造费用没有生产数量差异。
- 固定制造费用没有效率差异。

图表 8—4 综合概括了 2014 年 4 月用标准成本计算的变动及固定制造费用差异。其中 A 部分说明了制造费用差异，B 部分说明了固定制造费用差异。在研究图表 8—4 时，注意观察 A 部分和 B 部分中的列是怎样联合计量差异的。这两张表中的差异如下：

- 第 1，2 两列之差：耗费差异。
- 第 2，3 两列之差：效率差异（若存在差异）。
- 第 3，4 两列之差：生产数量差异（若存在差异）。

图表 8—4　　整体差异分析的分栏图解：Webb 公司 2014 年 4 月[a]

A. 变动制造费用

实际发生的成本：实际投入量×实际分配率 (1)	实际投入量×预算分配率 (2)	弹性预算：实际产出下的预算投入×预算分配率 (3)	已分摊：实际产出下的预算投入×预算分配率 (4)
		(0.40×10 000×30)	(0.40×10 000×30)
(4 500×29)	(4 500×30)	(4 000×30)	(4 000×30)
$130 500	$130 500	$120 000	$120 000

- (1)与(2)之差：$4 500 F　耗费差异
- (2)与(3)之差：$15 000 U　效率差异
- (3)与(4)之差：无差异
- (1)与(3)之差：$10 500 U　弹性预算差异
- (3)与(4)之差：无差异
- (1)与(4)之差：$10 500 U　少分摊的变动制造费用（变动制造费用总差异）

B. 固定制造费用

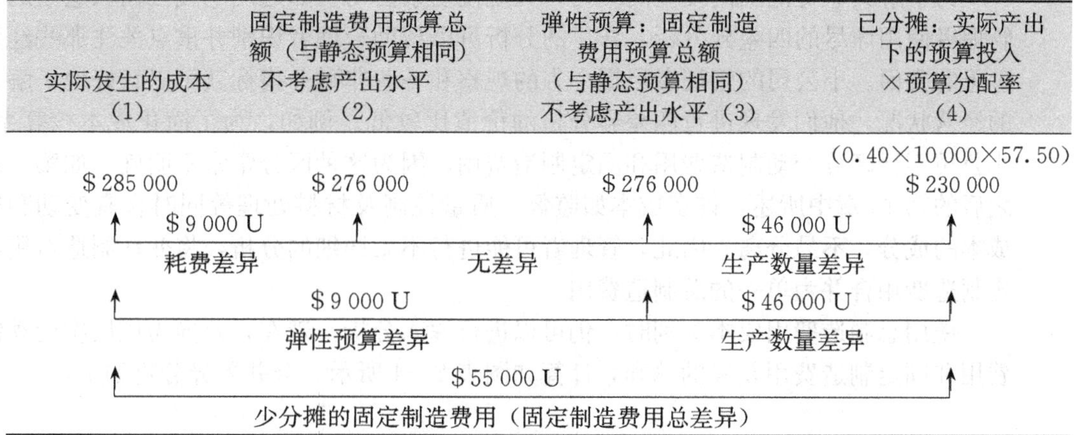

a. F 表示对经营净利的有利影响；U 表示对经营净利的不利影响。

A部分中有效率差异，而B部分中没有制造费用效率差异。正如我们讨论的，给定期间内固定成本总额不受运营效率的影响。

A部分中没有生产数量差异，因为分摊的变动制造费用总是与弹性预算相同。变动成本中不包含任何闲置的生产能力。当夹克的产销量从12 000件降为10 000件时，预算变动制造费用也同比例减少了。固定成本则不同。B部分中包含生产数量差异（见图表8—3），因为公司没有使用某些原计划生产12 000件夹克时需要支付固定制造费用的生产能力。

□ 四差异分析

当图表8—4所示的制造差异同时出现进行计算时，称做四差异分析。

	四差异分析		
	耗费差异	效率差异	生产数量差异
变动制造费用	$4 500 F	$15 000 U	无差异
固定制造费用	$9 000 U	无差异	$46 000 U

注意，四差异分析和前文分别对变动制造费用及固定制造费用进行差异分析（分别见图表8—1和图表8—2）提供了相同层次的信息，但四差异分析将两者以统一的形式表示出来，并表明不存在差异的情况。

正如其他差异分析一样，四差异分析中的差异也并非必须是彼此独立的。例如，Webb公司购入一种低质量的机油（导致有利的变动制造费用耗费差异），使机器的运行时间超出预算（导致不利的变动制造费用效率差异），产量低于预算（产生不利的生产数量差异）。

□ 合并差异分析

为了解其职责范围内发生的一切，大规模复杂公司（如通用电气公司和迪士尼）的管理者使用详尽的四差异分析。详尽的分析可以帮助管理者识别并重点关注那些经营不理想的方面。小公司的管理者根据个人的观察和一些非财务指标就可以较好地了解自身的经营状况，他们发现进行四差异分析的价值比较低。例如，为了简化成本核算系统，小公司不会区分变动制造费用和固定制造费用，因为这种区分常常不明确。如第2章及之后的第10章中所述，许多成本如监督、质量控制及材料处理等同时含有变动和固定成本的成分，不易分离。因此，管理者可能进行不太详细的分析，将变动制造费用和固定制造费用合并为单一的总制造费用。

使用总制造费用成本类别时，仍可以进行深入分析。现在，差异为该层次变动制造费用和固定制造费用差异的总和，计算如图表8—4所示。合并差异分析如下：

三差异分析			
	耗费差异	效率差异	生产数量差异
制造费用合计	$4 500 U	$15 000 U	$46 000 U

三差异分析的会计处理比四差异分析更简单，但也丢失了一些信息，因为变动和固定制造费用的耗用差异合并为单一的总制造费用的耗用差异。

最后，全部的**总制造费用差异**（total overhead variance）等于前面的差异总和。在Webb公司的例子中，这个总和等于65 500美元不利的总制造费用差异。注意，这个金额是弹性预算和生产数量差异的合计，等于少分摊（少使用）的制造费用总和（回顾一下在第4章正常成本法中关于少分摊制造费用的讨论）。使用图表8—4中的数据，65 500美元不利的总制造费用差异是以下两者的差：(1) 实际发生的制造费用总额(130 500+285 000=415 500（美元））；(2) 已分摊至实际产出的制造费用（120 000+230 000=350 000（美元））。如果总制造费用差异是有利的，那么它对应的是多使用的制造费用金额。

生产数量差异和销售数量差异

当我们完成对Webb公司差异分析的研究，再退回去看看“全局”，并把标准成本法的会计核算与绩效评价功能联系起来，将是很有益的。首先，图表7—1中，将93 000美元的不利静态预算差异确认为108 000美元静态预算营业利润与14 900美元实际营业利润之间的差额。然后，在图表7—2中，将93 000美元的不利静态预算差异分解为29 100美元的不利弹性预算差异和64 000美元的不利销售数量差异。在第7章和本章中，只要可能，我们就把单独的弹性预算差异进行分解，提供销售价格、直接材料、直接制造人工、变动制造费用。对于固定制造费用，我们注意到弹性预算差异与耗用差异是一样的。那么，生产数量差异归属于哪里呢？我们将会看到，生产数量差异是销售数量差异的一个组成部分。假设实际产销量为10 000件夹克，Webb公司成本核算系统中在产品控制账户借方增加生产10 000件产品的标准成本，然后将其结转至产成品中，最后结转到产品销售成本账户中（单位：美元）。

直接材料（第7章“标准成本下的分录”，分录1b）(60×10 000)	600 000
直接制造人工（第7章“标准成本下的分录”，分录2）(16×10 000)	160 000
变动制造费用（第8章“变动制造费用及差异的会计分录”，分录2）(12×10 000)	120 000
固定制造费用（第8章“固定制造费用及差异的会计分录”，分录2）(23×10 000)	230 000
按标准成本计算的产品销售成本（111×10 000）	1 110 000

Webb公司成本核算系统同时记录以120美元/件的预算销售价格出售10 000件夹克所取得的收入。这些分录对Webb公司预算营业利润的净影响如下（单位：美元）：

按预算销售价格计算的收入（120×10 000）	1 200 000
按标准成本计算的产品销售成本（111×10 000）	1 110 000
以单位预算利润为基础的营业利润（9×10 000）	90 000

需要记住的关键点是，在标准成本法下，固定制造费用是当作一种变动成本处理的。也就是说，在确定 90 000 美元的预算营业利润时，只考虑 230 000 美元（23×10 000）的固定制造费用，而不是预算的 276 000 美元。Webb 公司的会计师记录总额 29 100 美元的不利弹性预算差异（包括固定制造费用耗用差异，见图表 7—2）的同时，记录 46 000 美元的不利生产数量差异（预算固定制造费用 276 000 美元与分摊的固定制造费用 23 000 美元之间的差，本章“固定制造费用及差异的会计分录”，分录 2）。由此计算 14 900 美元的实际营业利润如下（单位：美元）：

以预算利润为基础的营业利润（9×10 000）	90 000
不利的生产数量差异	(46 000)
弹性预算营业利润（图表 7—2）	44 000
营业利润不利的弹性预算差异（图表 7—2）	(29 100)
实际营业利润（图表 7—2）	14 900

相反，108 000 美元的静态预算营业利润并不计入 Webb 公司的成本核算系统中，因为标准成本只记录实际生产的 10 000 件而不是计划生产销售的 12 000 件夹克的预算收入、标准成本和差异。结果，64 000 美元的不利销售数量差异，即静态预算营业利润 108 000 美元和弹性预算营业利润 44 000 美元之间的差（图表 7—2），也不会记录在标准成本中。不过，销售数量差异是有用的，因为它可以帮助管理者理解少出售 2 000 件产品所失去的贡献毛益（销售数量差异假定固定成本保持在预算的 276 000 美元的水平）。

销售数量差异由如下两部分组成：

1. 12 000 件产品的静态预算营业利润 108 000 美元与 10 000 件产品的预算营业利润 90 000 美元之间的差，即为营业利润数量差异 18 000 美元 U（108 000−90 000）。该差异反映了 Webb 公司比预算少生产销售 2 000 件产品的事实。

2. 销售数量差异的第二个组成部分为 10 000 件产品的预算营业利润 90 000 美元与弹性预算营业利润 44 000 美元（见图表 7—2）之间的差。该差异产生的原因是 Webb 公司的成本系统将固定成本按变动方式处理，因此假定固定成本等于分摊的 230 000 美元而不是预算固定成本 276 000 美元。当然，这个差异正好等于生产数量差异 46 000 美元 U。

总结如下：

	营业利润数量差异	$18 000 U
（+）	生产数量差异	46 000 U
等于	销售数量差异	$64 000 U

现在我们可以进行总结（见图表 8—5），正式将 93 100 美元的静态预算差异分解为不同组成部分。注意，综合图包含了你在第 7 和第 8 章学习的所有差异。

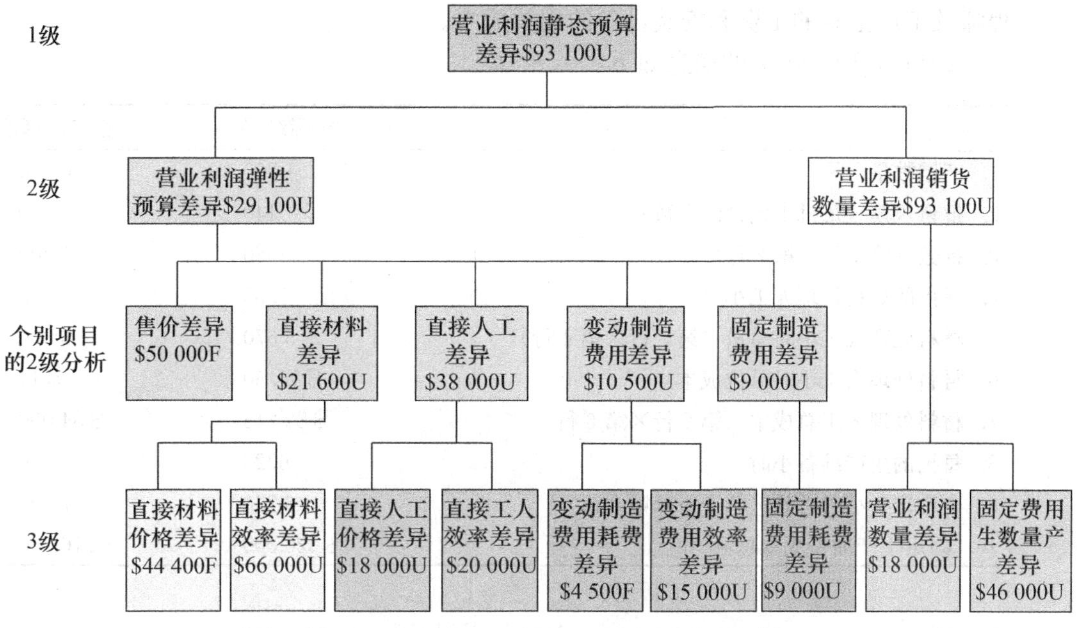

图表 8—5　1～3 级差异分析概览：Webb 公司 2014 年 4 月

下面，我们描述差异分析在作业成本系统中的应用。

差异分析与作业成本法

作业成本法（ABC）致力于将单个作业作为基本的成本对象。作业成本法将不同作业的成本分成几个层次——单位产出成本、批数成本、产品维持成本和设备维持成本（见第 5 章）。本节我们将说明实行作业成本和批次成本的公司如何从差异分析中受益。批次成本是与一组产品或服务相关的作业成本，与单独产品或服务个体不相关。我们将说明变动批次直接成本及固定批次生产准备成本的差异分析。①

以 Lyco Brass Works 公司为例，该公司生产各种水龙头和黄铜配件。因为产品种类繁多，Lyco 公司使用作业成本法系统。相反，Webb 公司使用一种简单成本系统，因为它只生产一种类型的夹克。Lyco 公司制造一种名叫 Elegance 的家庭浴室专用装饰性黄铜龙头，并进行批量生产。

对于每一种产品，Lyco 公司使用专用的材料处理人工将材料带到生产车间，将在产品从一个工作中心运到下一个工作中心，并将产成品运到发货区。因此，Elegance 的材料处理人工成本是直接成本。因为一批产品的材料放在一起，材料处理人工成本随批数变化，而不随每批的产品数量变化。材料处理人工成本是直接变动批次成本。

为了生产一批 Elegance，公司必须安装机器和模具。员工必须有很高的技术来安装机器和模具。因此，由单独的安装部负责为产品不同批次安装机器和模具。安装成本是间接成本。为了简化，假定安装成本相对于安装小时数是固定的。安装成本包括付给工

① 我们使用的技术也可以用于分析变动批次间接成本。

程师及工厂主管的工资和安装设备的租赁成本。

2014 年 Elegance 的信息如下：

	实际结果	静态预算值
1. 产销数量	151 200	180 000
2. 批量规模（每批中包含的个数）	140	150
3. 批数（第 1 行÷第 2 行）	1 080	1 200
4. 每批的材料处理人工小时	5.25	5
5. 材料处理人工小时总量（第 3 行×第 4 行）	5 670	6 000
6. 材料处理人工小时单位成本	$ 14.50	$ 14
7. 材料处理人工总成本（第 5 行×第 6 行）	$ 82 215	$ 84 000
8. 每批的生产准备小时	6.25	6
9. 生产准备小时总量（第 3 行×第 8 行）	6 750	7 200
10. 固定生产准备成本总额	$ 220 000	$ 216 000

□ 弹性预算与直接材料处理人工成本的差异分析

为了编制材料处理人工成本的弹性预算，Lyco 公司最先确认实际产出量为 151 200 单位，然后按以下步骤进行。

步骤 1：采用预算批量，计算实际产量下应该消耗的批数。每批的预算批次规模为 150 单位，Lyco 公司生产 151 200 单位的产品应分 1 008 批（151 200÷150）。

步骤 2：采用每批的预算材料处理人工小时，计算实际产量下应该消耗的材料处理人工小时。每批的预算为 5 小时，按此计算，1 008 批需要 5 040 材料处理人工小时（1 008×5）。

步骤 3：采用单位材料处理人工小时的预算成本，计算材料处理人工小时的弹性预算。弹性预算值＝5 040 材料处理人工小时×单位材料处理人工小时 14 美元预算成本＝70 560 美元。

注意，材料处理人工成本弹性预算的计算关注批次数量（每批次而非每单位产品的材料处理人工小时）。弹性预算数量的计算重点放在成本层级的适当水平。例如，材料处理是批次成本，弹性预算数量以批次来计算——Lyco 公司基于生产 151 200 单位实际数量的批数而使用的材料处理人工小时数。如果成本是产品维持成本（如产品设计成本），弹性预算数量计算的重点放在产品维持水平，例如，评价产品设计相对于预算的实际复杂性。

材料处理人工成本的弹性预算差异计算如下：

弹性预算差异＝实际发生的成本－弹性预算成本
＝(5 670×14.50)－(5 040×14)
＝82 215 －70 560
＝11 655(美元)U

不利差异表明，材料处理人工成本比弹性预算目标高 11 655 美元。通过考察弹性预算差异的价格和效率部分，我们可以洞察这种不利结果的可能原因。图表 8—6 是差异的分列图解。

图表 8—6　直接材料处理人工成本差异分析的分栏图示：Lyco Brass Works 公司 2014 年[a]

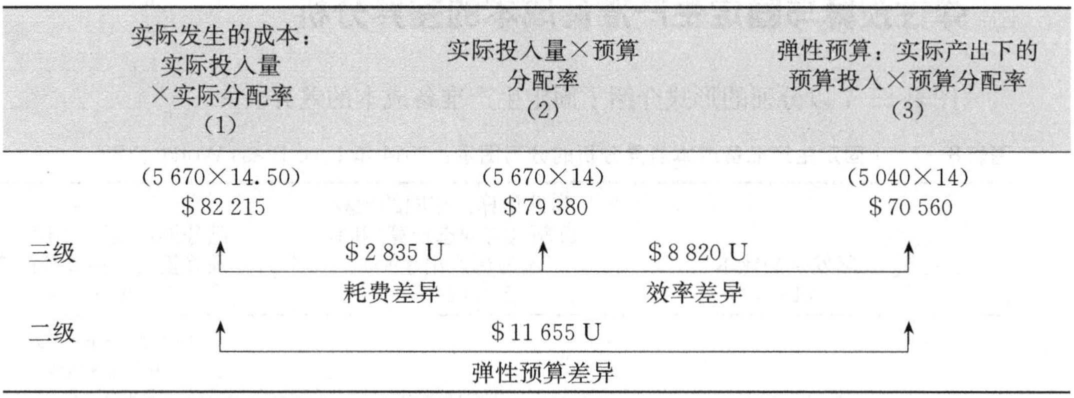

	实际发生的成本：实际投入量×实际分配率 (1)		实际投入量×预算分配率 (2)		弹性预算：实际产出下的预算投入×预算分配率 (3)
	(5 670×14.50) $82 215		(5 670×14) $79 380		(5 040×14) $70 560
三级		$2 835 U 耗费差异		$8 820 U 效率差异	
二级			$11 655 U 弹性预算差异		

a. F 为对营业利润的有利影响；U 为对营业利润的不利影响。

价格差异＝(投入的实际价格－投入的预算价格)×实际投入量
＝(14.50 －14)×5 670
＝0.50×5 670
＝2 835(美元)U

材料处理人工不利价格差异表明，每材料处理人工小时 14.50 美元的实际成本超过了每材料处理人工小时 14 美元的预算成本。这种差异可能是 Lyco 公司的人力资源经理谈判工资不熟练或者劳动力短缺导致工资率意外增加的结果。

效率差异＝(实际耗用的投入量－实际产出下投入的预算量)×投入的预算价格
＝(5 670 －5 040)×14
＝630×14
＝8 820(美元)U

不利效率差异表明，实际材料处理人工小时 5 670 超过了实际产出的预算材料处理人工小时 5 040。导致不利效率差异的可能原因如下：

● 预算批量为每批 150 单位，而实际批量只有 140 单位，导致生产 151 200 件产品从 1 008 批（151 200÷150）变为 1 080 批。

● 实际每批材料处理人工小时（5.25 小时）高于预算每批材料处理人工小时（5 小时）。

实际批量小于预算批量的原因可能包括：每批多于 140 件龙头时会发生质量问题，存货持有成本高。

每批的实际材料处理人工小时高于预算的可能原因如下：

● Elegance 生产线布局无效率；
● 在材料交付前，材料处理人工必须在工作中心等待；
● 员工缺乏积极性、经验不足或技术水平低；
● 材料处理时间的标准非常严格。

确认效率差异发生的原因有助于 Lyco 公司的管理者制定改进材料处理人工效率的

计划，并采取纠正行动，而这些行动将会包含在未来预算中。

现在我们考虑固定生产准备成本。

□ 弹性预算与固定生产准备成本的差异分析

图表 8—7 以分列的形式介绍了固定生产准备成本的差异。

图表 8—7　固定生产准备成本差异分析的分列图示：2014 年 Lyco Brass Works 公司[a]

	实际发生的成本 （1）		弹性预算：相同的预算总额（与静态预算相同，不考虑产出水平） （2）		已分摊：实际产出下的预算投入×预算分配率 （3）
					（1 008[b]×6×30） （6 048×30）
	$220 000		$216 000		$181 440
3 级		$4 000 U 耗费差异		$34 560 U 生产数量差异	
2 级		$4 000 U 弹性预算差异			

a. F 为对营业利润的有利影响；U 为对营业利润的不利影响。

b. 1 008 批＝151 200 单位÷150 单位/批。

Lyco 公司固定生产准备成本的弹性预算差异计算如下：

固定生产准备成本的弹性预算差异＝实际发生的成本－弹性预算成本
＝220 000－216 000
＝4 000（美元）U

注意固定生产准备成本的弹性预算值等于静态预算值 216 000 美元。这是因为固定成本中没有“弹性成本”。而且，因为固定制造费用没有效率差异，固定生产准备成本的耗费差异与固定制造费用的弹性预算差异相同。耗费差异可能是不利差异，因为新准备设备的租金更高，或支付给工程师和监督者的工资更高。Lyco 公司可能发生这些成本，以减轻它在准备设备中遇到的困难。

为了计算生产数量差异，Lyco 公司首先遵循同样的四步法（见本章“拟定预算固定制造费用分配率”）计算固定生产准备成本的预算成本分配率。

步骤 1：选择预算期。 Lyco 公司的预算期为 12 个月（2014 年）。

步骤 2：选择成本分配基础，分配固定制造费用至产成品。 Lyco 公司固定生产准备成本的成本分配基础是预算生产准备小时。2014 年静态预算中确定的生产准备小时为 7 200。

步骤 3：确认成本分配基础的固定制造费用。 Lyco 公司 2014 年固定生产准备成本的预算为 216 000 美元。

步骤 4：计算分摊固定制造费用至产成品时的单位成本分配率。 用步骤 3 中的 216 000 美元除以步骤 2 中的 7 200 生产准备小时，得出固定生产准备成本率为 30 美元/生产准备小时。

$$\text{每单位成本分配基础的预算固定生产准备成本}=\frac{\text{固定制造费用的预算总成本}}{\text{成本分配基础的预算总量}}=\frac{216\,000}{7\,200}$$

$$=30\text{(美元/生产准备小时)}$$

$$\text{固定生产准备成本的生产数量差异}=\text{预算固定生产准备成本}-\text{实际产出所需的预算固定生产准备成本}$$

$$=216\,000-(1\,008\times6)\times30$$

$$=216\,000-(6\,048\times30)$$

$$=216\,000-181\,440$$

$$=34\,560\text{(美元)U}$$

2014 年 Lyco 公司计划生产 180 000 单位 Elegance，而实际产出只有 151 200 单位。不利的生产数量差异衡量了公司闲置生产准备能力所耗用的固定生产准备成本。一种解释是 34 560 美元的不利生产数量差异代表利用生产准备能力的低效率。然而公司通过更高单价售出 151 200 单位产品，相比以较低价格售出 180 000 单位产品，可能获得更高营业利润，因此，Lyco 公司的管理者在分析生产数量差异时还要多加小心，因为它没有反映对售价和营业利润的影响。

非生产部门的间接成本差异

我们已对 Webb 公司的变动及固定制造费用进行了考察。管理者也可以用差异分析法考察公司非生产部门的间接成本，并制定关于定价、管理成本和产品组合的决策。例如，当产品分销成本较高时（汽车、耐用消费品、水泥和钢铁行业就是这样），标准成本法可以向管理者提供关于变动分销费用的耗费差异及效率差异的可靠及时的信息。

诸如航空公司、医院、宾馆和铁路等服务性质的公司会怎样呢？它们能从差异分析中获益吗？这些公司常用的产出指标分别是飞行英里、住院天数、客房使用天数及货物运输的吨英里数。按照成本效益原则，几乎没有成本可以追溯至这些产出。大部分成本是固定间接成本，如设备、建筑及员工成本。有效利用生产能力是盈利的关键，而固定费用差异有助于管理者完成这一任务。零售行业，如凯马特公司（Kmart），也有较高的与生产能力相关的固定成本（租用和占用成本）。在凯马特公司的例子中，销售的减少导致未使用的生产能力和不利的固定成本差异。凯马特公司关闭一些门店，减少了固定成本，但还是不得不申请破产。

从联合航空公司过去几十年中选取的若干年的数据如下。可用座位英里（ASM）等于每架飞机的座位数与飞行距离的乘积。

年度	总 ASM（百万）(1)	每 ASM 营业收入（美分）(2)	每 ASM 营业成本（美分）(3)	每 ASM 营业利润（美分）(4)=(2)−(3)
2000	175 493	10.2	10.0	0.2
2003	136 566	8.6	9.8	−1.2
2006	143 085	10.6	10.8	−0.2

续前表

年度	总ASM（百万）(1)	每ASM营业收入（美分）(2)	每ASM营业成本（美分）(3)	每ASM营业利润（美分）(4)＝(2)－(3)
2008	135 859	11.9	13.6	－1.4
2011	118 973	13.1	13.5	－0.4

2001年9月11日恐怖分子劫持多架商用飞机后，航空运输下降，联合航空的收入减少。但是大多数公司的机场设施、设备和人员等固定成本没有减少。当联合航空的运输能力没有充分利用时，产生了一个很大的不利生产数量差异。如上表中的第1列所示，联合航空在随后几年大幅削减运输能力。可用座位英里数从2000年的1 754.93亿减少到1 365.66亿，但是仍然不能充分利用保留下来的飞机的运输能力，因此，每ASM的收入下降（第2列），每ASM的成本大致相同（第3列）。联合航空于2002年12月申请破产，开始寻求政府保护，以获得所需要的贷款。随后，对航空运输的强烈需求和资源与网络使用效率提高带来的产出改进，导致运输量增加和平均票价上涨。在2003—2006年间，通过对运输能力和增长进行严格控制，联合航空每ASM的收入增加了20%以上。业绩改善使联合航空在2006年2月1日摆脱了破产。但是在过去几年，全球衰退和航油价格上涨对联合航空的业绩造成了重大负面影响，公司营业利润持续为负，运输能力进一步下降。2010年5月，联合航空与大陆航空公司（Continental Airlines）达成合并协议，大陆航空于2012年解散。

□ 财务与非财务绩效指标

本章介绍的制造费用差异是用财务指标衡量绩效的一个例子。正如前面的例子所说明的，诸如与生产能力利用和投入实物量相关的非财务指标也提供有用的信息。Webb公司管理者发现对计划和控制其制造费用有用的非财务指标包括：

1. 每机器小时实际耗用的间接材料，相对于每机器小时预算耗用的间接材料；
2. 每机器小时实际耗用的能源，相对于每机器小时预算耗用的能源；
3. 每生产一件夹克实际耗用的机器小时，相对于每生产一件夹克预算耗用的机器小时。

就像本章及第7章介绍的财务性差异一样，这些绩效指标会向管理者发出警示，提醒其注意问题。在生产部门，这些指标可能会每天或每小时报告一次。本章讨论的制造费用差异反映了诸如上面所列的三种因素的财务影响，在很多情况下，这些因素最初是以非财务绩效指标的面目出现的。这方面的一个特别有趣的例子来自日本：有些日本公司开始进行二氧化碳排放预算与实际的分析，以限制其排放。目标是使员工了解排放，在日本政府制定温室气体减排计划前，减少二氧化碳排放。

最终，财务及非财务绩效指标都被用于评价管理者的绩效。只依赖于其中一类总是过于简单，因为每一类只反映绩效的一个不同的方面。非财务指标（诸如上述指标）是对管理者绩效个别方面的反馈，而财务指标评价不同的非财务绩效指标的整体效果和指标之间的权衡。在第12，19和23章中，我们将进一步讨论这些问题。

自测题

Nina Garcia 是 Laser Products 公司的新任总裁。她正在核查 2014 年 5 月航空制品分公司的经营结果，该分公司制造人造卫星的机翼部件。她目前关注的是该分公司的制造费用情况。变动及固定制造费用均以激光切割小时为基础分摊至单位机翼部件。可获得的预算信息如下：

变动制造费用的预算成本率	200 美元/小时
固定制造费用的预算成本率	240 美元/小时
每一零件的预算激光切割时间	1.5 小时
2014 年 5 月预算产销量	5 000 个机翼部件
2014 年 5 月预算固定制造费用	1 800 000 美元

2014 年 5 月实际结果为：

机翼部件产销量	4 800 单位
激光切割小时	8 400 小时
变动制造费用	1 478 400 美元
固定制造费用	1 832 200 美元

要求：

1. 计算变动制造费用的耗费差异及效率差异。
2. 计算固定制造费用的耗费差异及生产数量差异。
3. 分别对要求 1 和 2 中计算的差异给出两个解释。

解答：

1 和 2. 答案请见图表 8—8。

图表 8—8　　综合差异分析的分栏图解：Laser Products 公司 2014 年 5 月[a]

A. 变动（制造）费用

实际发生的成本：实际投入量×实际分配率 (1)	实际投入量×预算分配率 (2)	弹性预算：实际产出下的预算投入×预算分配率 (3)	已分摊：实际产出下的预算投入×预算分配率 (4)
		(1.50×4 800×200)	(1.50×4 800×200)
(8 400×176)	(8 400×200)	(7 200×200)	(7 200×200)
$1 478 400	$1 680 000	$1 440 000	$1 440 000

(1)–(2)：$201 600 F　耗费差异；(2)–(3)：$240 000 U　效率差异；(3)–(4)：无差异

(1)–(3)：$38 400 U　弹性预算差异；(3)–(4)：无差异

(1)–(4)：$38 400 U　少分摊的变动制造费用（变动制造费用总差异）

B. 固定（制造）费用

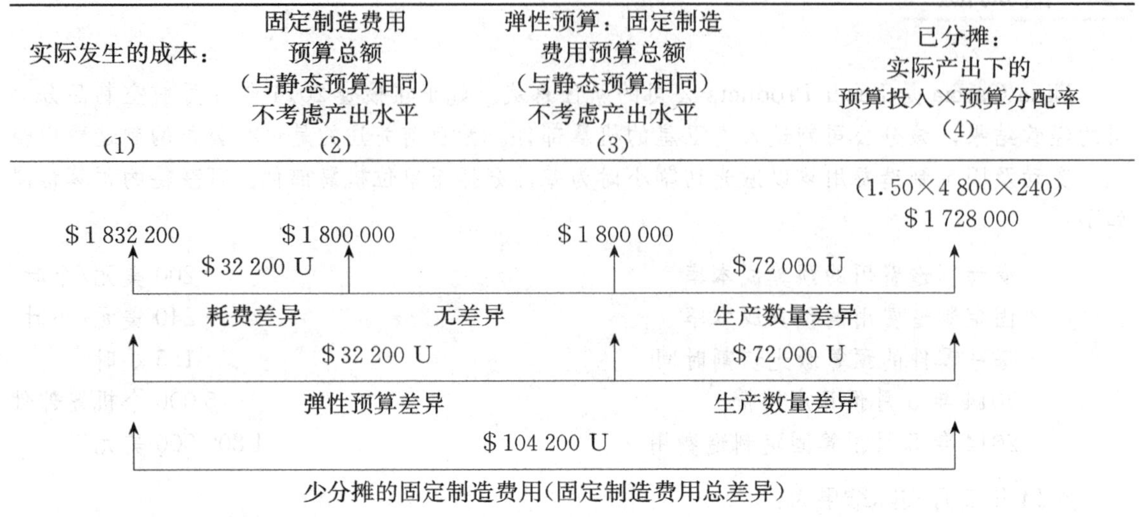

a. F表示对经营净利润的有利影响，U表示对经营净利润的不利影响。

3.（1）变动制造费用存在201 600美元的有利耗费差异。一个可能原因是单项变动制造费用（如切割液）的实际价格低于预算价格。第二个原因可能是较之弹性预算，单项变动制造费用的实际消耗量增长率低于激光切割小时的消耗量增长率。

（2）变动制造费用存在240 000美元的不利效率差异。一个可能原因是激光设备的维修不充分，导致单位零件消耗的激光切割小时增加。第二个可能原因是员工工作不积极、技术水平低或缺乏经验，这些也导致单位零件消耗的激光切割小时增加。

（3）固定制造费用存在32 200美元的不利耗费差异。可能原因之一是单项固定制造费用的实际价格意外地高于预算价格（如机器租赁成本的意外增长）。可能原因之二是本身是变动成本却错误地归入了固定成本。

（4）不利生产数量差异72 000美元。实际产出4 800单位零件，而预算产量为5 000单位。可能原因之一是需求因素，如航空航天计划的削减，导致对飞机零件需求的减少。可能原因之二是供给因素，如人工问题或机器故障导致的生产停滞。

决策要点

下面的问答形式是对本章学习目标的总结，决策代表与学习目标相关的关键问题，指南则是对该问题的回答。

决策	指南
1. 管理者怎样计划变动及固定制造费用？	计划变动及固定制造费用，包括仅从事增加价值的作业，并高效完成。一个关键区别是，对于变动成本计划，预算期间的事中决策扮演一个很重要的角色，而固定成本计划的大部分关键决策都在预算期初完成。
2. 如何计算预算变动及固定制造费用率？	预算变动（固定）制造费用率是用预算变动（固定）制造费用除以成本分摊基础的基准水平得出的。

3. 变动制造费用有哪些差异?	当变动制造费用采用弹性预算时，可以计算变动制造费用效率差异及耗费差异。变动制造费用效率差异衡量成本分摊基础的实际消耗量与预算消耗量之差。变动制造费用耗费差异是单位成本分摊基础的实际成本与预算成本之差。
4. 固定制造费用有哪些差异?	固定制造费用的静态预算与弹性预算是一致的。其预算和实际之间的差异是弹性预算差异，也叫做耗费差异。生产数量差异衡量预算固定制造费用与根据实际产量分摊的固定制造费用之间的差异。
5. 将预算期内实际发生的成本与已分摊成本统一起来的最好方法是什么?	四差异分析列示变动制造费用耗费及效率差异、固定制造费用耗费差异及生产数量差异。在同时分析这四种差异时，管理者应考虑实际消耗的成本与分配至产成品的成本之间的相互关系。
6. 销售数量差异与生产数量差异之间有何联系?	生产数量差异是销售数量差异的组成部分；生产数量差异与营业利润数量差异共同构成了销售数量差异。
7. 如何在作业成本法中使用差异分析?	作业成本系统中的弹性预算有助于我们理解为什么实际作业成本与预算作业成本之间存在差异。对一项作业的投入及产出进行衡量，可以使用综合差异分析。
8. 制造费用差异在非生产部门有用吗?	管理者可以分析所有（包括生产职能之外的）变动间接费用的差异。这种分析可以用于制定产品定价和产品组合决策，以及用于管理成本。固定间接费用差异在以有效利用生产能力为盈利关键的服务部门尤其重要。在所有情况下，差异提供的信息可以辅以合适的非财务指标的使用。

练习题

8—21　四差异分析，填空。Rozema公司为大型生物科技公司生产化学制品。公司2015年8月份的制造费用数据如下（单位：美元）：

	变动	固定
实际发生的成本	31 000	18 000
分配给产品的成本	33 000	14 600
弹性预算	____	13 400
实际投入×预算分摊率	30 800	____

用F代表有利差异，U代表不利差异：

	变动	固定
（1）耗费差异	____	____
（2）效率差异	____	____
（3）生产数量差异	____	____
（4）弹性预算差异	____	____
（5）少分摊（多分摊）的制造费用	____	____

8—23　制造费用的简单范围，标准成本系统。一家加拿大通信公司的新加坡分公司采用标准成本计算电话设备的机器生产节奏，6月份的生产数据如下：

发生的变动制造费用（美元）	618 840
变动制造费用率（美元/机器小时）	8
发生的固定制造费用（美元）	145 790
预算固定制造费用（美元）	144 000
机器小时的标准水平	72 000
每单位产出的标准机器小时	1.2
产出单位	65 500
实际耗用的机器小时	76 400
期末在产品	0

要求：

1. 利用图表8—4的四差异分析框架，编制所有的制造费用差异的分析。

2. 编写制造费用及其差异的会计分录。

3. 说明如何对个别变动制造费用项目进行日常控制。

4. 讨论变动制造费用差异的可能原因。

8—25 总制造费用，三差异分析。Ames 空军基地有个专门维修航空发动机的海湾，它采用标准成本制度及弹性预算对这项作业进行核算。2014 年，每月 8 000 个标准直接人工小时的预算变动制造费用为 64 000 美元；10 000 个标准直接人工小时的预算总制造费用为 197 600 美元。分配至修理产出的标准成本为标准直接人工成本的 120%。

2 月份发生的总制造费用为 240 000 美元，直接人工成本为 202 440 美元。直接人工价格差异为 9 640 美元（不利），直接人工弹性预算差异为 14 440 美元（不利），标准人工价格为每小时 16 美元，生产数量差异为 14 000 美元（有利）。

要求：

1. 计算直接人工效率差异。

2. 计算总制造费用的基准水平、耗费及效率差异。

3. 说明如何对个别变动制造费用项目进行日常控制，并说明如何控制个别固定制造费用项目。

8—27 制造费用差异，服务行业。Munich Partners 公司为金融服务业的客户提供各种后勤服务，业务范围从记账、合规性审核到订单处理及贸易结算。Munich 越来越依靠技术来获得、保持、服务其客户群。令人担忧的是公司的信息技术支出逐渐失控，近期公司采用差异分析作为成本管理的工具。

经过调查研究之后，公司确定变动及固定的技术间接费用都是由满足客户要求的处理时间决定的。处理时间通常在高性能计算集群的 CPU 中衡量。公司产出的主要指标是在一定期间内其合作伙伴与客户互动的次数。

2014 年第 1 季度的信息如下（单位：千美元）：

预算产出数量	14 000 次客户互动
预算固定技术间接费用	11 200 美元
预算变动技术间接费用	每 CPU 单位 1.5 美元
预算 CPU 数量	每次客户互动 0.2 单位
发生的固定技术间接费用	12 200 美元
已使用的 CPU 数量	4 000
发生的变动技术间接费用	5 500 美元
实际产出数量	15 000 次客户互动

要求：

1. 计算变动间接费用耗费及效率差异，并分别说明它是有利差异（F）还是不利差异（U）。

2. 计算固定间接费用耗费及生产数量差异，并分别说明它是有利差异（F）还是不利差异（U）。

3. 评论公司的间接费用差异。在你看来，该公司是否应该担心它的技术耗费控制？

8—29 弹性预算差异，第 7 和第 8 章复习。Michael Roberts 是一家生产贵重铜门把手的门把手设计公司（DDC）的成本会计师和经营分析师。公司有两类直接成本：直接材料与直接制造人工。Roberts 觉得制造费用与材料耗用最相关。因此，公司根据耗用的材料磅数分配制造费用。

2014 年初，公司预计生产 410 000 个门把手，每个门把手采用如下标准：

	投入	成本/门把手
直接材料（铜）	0.3 磅×9 美元/磅	2.70 美元
直接制造人工	1.2 小时×16 美元/小时	19.20 美元
制造费用		
变动	4 美元/磅×0.3 磅	1.20 美元
固定	14 美元/磅×0.3 磅	4.20 美元
门把手单位标准成本		27.30 美元

2014 年 4 月实际结果如下：

产量	32 000 个门把手
购买的直接材料	12 900 磅，10 美元/磅
耗用的直接材料	9 000 磅
直接制造人工	29 600 小时，621 600 美元
变动制造费用	64 900 美元
固定制造费用	160 000 美元

要求：

1. 计算 4 月份的下列差异，并指出是有利（F）还是不利（U）差异。

（1）直接材料价格差异（购买）；

（2）直接材料效率差异；

（3）直接制造人工价格差异；

（4）直接制造人工效率差异；

（5）变动制造费用耗费差异；

（6）变动制造费用效率差异；

（7）生产数量差异；

（8）固定制造费用耗费差异。

2. Roberts 能够用某个差异去帮助解释其他差异吗？请举例。

8—33 制造费用差异，缺失信息。请考虑下列独立情况 A，B。数据涉及 2014 年 4 月的经营。

每种情形都假设在标准成本制度下，另外假设控制变动与固定制造费用的弹性预算以机器小时为基础。

	情形 A	情形 B
(1) 实际固定制造费用（美元）	84 920	23 180
(2) 实际变动制造费用（美元）	120 400	____
(3) 机器小时的基准水平	____	1 000
(4) 实际产出所需的标准机器小时	6 200	____
(5) 固定制造费用（每标准机器小时）	____	____
弹性预算数据：		
(6) 变动制造费用（美元/标准机器小时）	____	42.00
(7) 预算固定制造费用（美元）	88 200	20 000
(8) 预算变动制造费用[a]	____	____
(9) 预算制造费用总额[a]（美元）	____	____
补充数据：		
(10) 已分摊的标准变动制造费用（美元）	124 000	____
(11) 已分摊的标准固定制造费用（美元）	86 800	____
(12) 生产数量差异（美元）	____	4 000F
(13) 变动制造费用耗费差异（美元）	5 000F	2 282F
(14) 变动制造费用效率差异（美元）	____	2 478F
(15) 固定制造费用耗费差异（美元）	____	____
(16) 实际消耗的机器小时	____	____

a. 实际产出所需的标准机器小时。

要求：

填写每一个空白（提示：参考图表 8—4 编制工作底稿，填入已知数，然后求出未知数）。

8—35　作业成本法，批次差异分析。Audrina's Fleet Feet 公司为世界各地的商店生产舞鞋。每双鞋单独装盒，并用箱包装、分批装运。货运部门记录变动直接批次成本及固定批次制造费用。2014 年，货运部门的成本信息如下：

	静态预算	实际结果
配送的舞鞋数量（双）	225 000	180 000
每箱的舞鞋平均数量（双）	15	10
每箱的包装时间（小时）	0.9	1.1
每小时的变动直接成本（美元）	18	16
固定制造费用（美元）	54 000	56 500

要求：

1. 2014 年静态预算的装箱数量是多少？
2. 2014 年弹性预算的装箱数量是多少？
3. 2014 年实际配送多少箱？
4. 假设根据装箱小时来分配固定制造费用，则预算的固定制造费用分配率是多少？
5. 计算变动直接批次成本的价格及效率差异。
6. 计算固定制造费用的耗费及生产数量差异。

8—37　作业成本法，批次差异分析。Rae Steven 出版社专门为规模小但有利可图的大学市场印刷专业课本。由于每批印刷的准备成本很高，出版社只接受需求量约为 520 本课本的印刷请求，并据此计划课本的准备与生产。对于紧急订单，出版社将会生产更少的批次，且每次准备额外加收 987 美元的费用。

2014 年印刷业务的预算与实际成本如下：

	静态预算	实际结果
课本印刷数量（本）	197 600	225 680
每次准备的平均课本数量（本）	520	496
印刷机准备时间（小时）	7	7.5
每准备小时的直接变动成本（美元）	130	70
固定准备制造费用总额（美元）	53 200	68 000

要求：

1. 2014 年静态预算的准备次数是多少？
2. 2014 年弹性预算的准备次数是多少？
3. 2014 年实际的准备次数是多少？
4. 假设根据准备时间分配固定准备制造费用，则预算的固定准备制造费用分配率是多少？
5. 出版社收取的 987 美元能补偿订单的预算直接变动成本吗？预算总成本呢？
6. 计算直接变动准备成本的价格及效率差异。
7. 计算固定准备制造费用的价格及生产数量差异。
8. 出版社在接受或拒绝特殊订单时，应该考虑哪些定性因素？

8—39　复习第 7 和第 8 章，三差异分析（摘自 CPA）。Brown 制造公司成本制度将直接成本分为直接材料及直接制造人工两类。制造费用（变动及固定）以标准直接制造人工小时为基础分摊。2014 年年初，该公司采用下列标准制造费用：

	投入	单位产出成本
直接材料	5 磅，4 美元/磅	20.00 美元
直接制造人工	4 小时，16 美元/小时	64.00 美元
制造费用：		
变动	8 美元/直接制造小时	32.00 美元
固定	9 美元/直接制造小时	36.00 美元
单位产出的标准制造费用		152.00 美元

2014 年各月制造费用基准水平为 37 000 直接制

造人工小时，该公司 2014 年 1 月弹性预算亦依据此基准水平编制。1 月份记录显示下列资料：

直接材料采购	40 300 磅，3.80 美元/磅
直接材料耗用	37 300 磅
直接制造人工	31 400 小时，16.25 美元/小时
实际制造费用总额（变动及固定）	650 000 美元
实际产量	7 600 产出单位

要求：

1. 编制 2014 年 1 月份生产 7 600 单位产品的总标准制造费用表。

2. 为 2014 年 1 月份计算下列差异，并指明各项差异为有利（F）还是不利（U）差异：

（1）直接材料价格差异，依据购买量；

（2）直接材料效率差异；

（3）直接制造人工价格差异；

（4）直接制造人工效率差异；

（5）总制造费用耗费差异；

（6）变动制造费用效率差异；

（7）生产数量差异。

8—41 制造费用差异，服务行业。Cavio 是一家云服务提供商，该公司提供处理企业内应用程序的计算资源。2014 年 3 月，公司预计向客户提供 18 000 随机存取小时的服务，预算变动制造费用率为每随机存取小时 6 美元。

3 月末，变动制造费用的有利耗费差异为 500 美元，固定制造费用的不利耗费差异为 1 575 美元。对于本月实际提供的服务，预算是 14 850 随机存取小时，实际为 15 000 随机存取小时。总实际制造费用为 119 875 美元。

要求：

1. 计算公司 2014 年 3 月份变动制造费用的效率及弹性预算差异。变动制造费用是少分配还是多分配了？少分配或多分配的数额是多少？

2. 计算公司 2014 年 3 月份固定制造费用的生产数量及弹性预算差异。固定制造费用是少分配还是多分配了？少分配或多分配的数额是多少？

8—43 制造费用差异，道德。Hartmann 公司采用标准成本制度。公司有两个生产工厂，分别位于佐治亚州和亚拉巴马州。对于位于佐治亚州的工厂而言，公司预计年度产出 2 000 000 单位。标准人工小时为每单位 0.50，变动制造费用率为每直接人工小时 3.30 美元。当年的固定制造费用预算额为 2 400 000 美元。

对于位于亚拉巴马州的工厂而言，公司预计年度产出 2 100 000 单位，标准人工小时为每单位 0.50，但是变动制造费用率为每人工小时 3.10 美元，当年的固定制造费用预算额为 2 205 000 美元。

公司管理层一直使用差异分析衡量两个工厂的绩效，并对结果进行比较。

Tom Saban 是公司新聘用的主计长。Tom 与亚拉巴马州工厂的管理者关系较好，希望他得到更好的评价。Tom 建议将 3 150 000 美元的预算固定成本中的 1/3 分配给亚拉巴马州工厂，2/3 分配给佐治亚州工厂。他对此的解释的是佐治亚州的物价高于亚拉巴马州。

当年年末，佐治亚州工厂报告的实际结果如下：总共产出 1 950 000 单位，耗用 1 020 000 人工小时，变动制造费用 3 264 000 美元，固定制造费用 2 440 000 美元。亚拉巴马州工厂的实际结果为：产出 2 175 000 单位，耗用 1 225 000 人工小时，变动制造费用 3 920 000 美元，固定制造费用 2 300 000 美元。当年实际共同的固定成本为 3 075 000 美元。

要求：

1. 分别计算两个工厂固定制造费用的每人工小时预算固定成本：

（1）不包括分配的共同固定成本；

（2）包括分配的共同固定成本。

2. 分别计算两个工厂的变动制造费用耗费与效率差异。

3. 分别计算两个工厂的固定制造费用耗费与数量差异。

（1）不包括分配的共同固定成本；

（2）包括分配的共同固定成本。

4. Tom Saban 试图通过分配共同的固定成本来使亚拉巴马州工厂看起来优于佐治亚州工厂的做法是否可行？为什么？

5. 当采用差异衡量绩效时，是否应当分配共同的固定成本？为什么？

6. 你如何全面地看待 Tom Saban 的行为？

第 9 章

存货成本与生产能力分析

- 变动成本法和吸收成本法
- 变动成本与吸收成本：营业利润与利润表
- 吸收成本法与业绩评价
- 存货成本计算方法的比较
- 基准水平生产能力概念与固定成本生产能力分析
- 生产能力水平的选择
- 生产能力成本的计划与控制
- 附录　变动成本法和吸收成本法的盈亏平衡点

学习目标

1. 区分变动成本法与吸收成本法
2. 计算吸收成本法与变动成本法下的营业利润并说明差异
3. 解释为什么在吸收成本法下管理者有增加产成品存货的不良动机
4. 区别产量成本法与变动成本法、吸收成本法
5. 解释吸收成本法使用的几种生产能力的含义
6. 理解管理者选择生产能力水平计算预算固定生产成本分配率时考虑的主要因素
7. 理解在生产能力计划与控制中发挥重要作用的其他问题

没有什么数字比营业利润更能吸引管理者和股东的注意力了。

在需要大量生产能力前期投资的行业，两个关键决策对公司利润有重大影响：(1) 公司固定投资额；(2) 公司最终利用生产能力满足顾客需求的程度。遗憾的是，公司的薪酬与奖金制度，以及存货成本计算方法的选择，可能会诱使管理者制定那些以公司长期健康发展为代价，有利于短期盈利的决策。正如下面的文章所说明的，可能有一个巨大的外部冲击（如经济急剧放缓）激励管理者做出正确的生产能力和存货选择。

精益生产帮助公司减少库存，渡过经济衰退①

改变床垫的组装方式可以帮助公司在经济衰退时期保持营业且盈利吗？对于世界上最大的床垫制造商 Sealy 来说，可以响亮地回答：“是!”

过去 Sealy 在资源允许的情况下尽可能多地生产床垫，而不管客户订单是多少。当工厂满负荷运转时，存货常常积压，每年耗费公司数百万美元。然而在近期的经济衰退中，Sealy 是数千家通过改变生产计划以更加有效利用成本，从而保持盈利的制造商之一。Sealy 采用精益生产政策，即只生产完整的产品，且只根据实际客户的订单进行生产。

Sealy 于 2004 年推出精益战略，并在经济衰退期间强化了该战略。公司改造了旧的生产流程以使其更加高效。结果：

- 每个床垫的生产时间从原来的 21 小时缩短至 4 小时。
- 从 Sealy 到零售商的平均交货时间从 72 小时缩短至 60 小时。
- 原材料存货减少 50%。
- 公司严格按照零售商的订单进行精确生产。工厂不再满负荷运行，仅在收到客户订单时进行生产。

Sealy 的生产和库存策略是其在经济衰退及以后期间生存的关键。2008—2011 年，Sealy 的精益生产模式成功地使其库存成本降低了 12%，大约 760 万美元。成本降低提

---

① Davidson, Paul. 2009. Lean manufacturing helps companies survive recession. *USA Today*, November 2; Sealy Corporation. 2011 Annual Report. Trinity, NC: Sealy Corporation, 2012; Sealy Corporation. 2009 Annual Report. Trinity, NC: Sealy Corporation, 2010; Hsu, Tiffany. 2012. Mattress mates: Tempur-Pedic buys Sealy for $1.3 billion. *The Los Angeles Times*, September 27.

高了公司的运营能力，使其成为一个有吸引力的收购目标。2012 年，竞争对手 Tempur-Pedic 以 13 亿美元的价格收购了 Sealy，成为竞争激烈的床上用品行业最大的企业之一。

诸如制造业等高固定成本行业的管理者必须管理生产能力水平，并对可用生产能力的使用作出决策。管理者还必须确定生产和存货政策（像 Sealy 公司那样）。管理者作出的这些决策和会计选择影响制造业公司的营业利润。本章重点关注两种成本计算方法：

1. 存货成本法。决定将哪种生产成本作为存货成本。回想一下第 2 章，存货成本在发生时被视为资产的所有产品成本，在销售的时候则视为销售商品成本。有三类存货成本计算方法：吸收成本法、变动成本法及产量成本法。

2. 基准水平能力法。用预先设定的成本分配基础计算预算固定生产成本率，有四种可供选择的生产能力水平——理论生产能力、实际生产能力、正常生产能力和总预算生产能力。

变动成本法和吸收成本法

变动成本法和吸收成本法是制造业企业中两种最常见的存货成本计算方法。在本节中，我们分别描述这两种方法，然后再以一个假想的望远镜制造公司为例详细讨论这两种方法。

变动成本法

变动成本法（variable costing）是一种把全部变动生产成本作为存货成本的成本计算方法。固定生产成本不包括在存货成本之中，而是作为当期的期间费用处理。注意用变动成本法这个术语描述这种存货成本计算方法并不准确，因为只有变动生产成本是可计入存货的。变动非生产成本仍然被视为期间成本，计入费用。另一个描述这种成本计算方法的常用术语是**直接成本法**（direct costing），但这个术语也是不准确的，因为变动成本法认为变动制造费用（一种间接成本）是可计入存货的，但不包括诸如直接营销成本等。

吸收成本法

吸收成本法（absorption costing）是一种把全部变动生产成本和全部固定生产成本均作为存货成本的成本计算方法。即存货“吸收”了全部生产成本。在第 4 章中学习过的分批成本系统就是吸收成本法的一个例子。

无论是在变动成本法下还是在吸收成本法下，所有的变动生产成本都计入存货成本。所有价值链上的非生产成本（如研发成本和营销成本），无论是变动成本还是固定成本，都是期间成本，在发生时计入费用。

比较变动成本法与吸收成本法

理解变动成本法与吸收成本法的区别，最好通过举例。在本章中，我们将以光学日用消费品制造商 Stassen 公司为例，关注它为有抱负的天文学家生产高端望远镜的生产线。

Stassen公司采用标准成本法：

● 直接成本按实际产出的标准价格与标准投入追溯至产品。

● 间接成本按实际产出的标准投入乘以标准间接成本分配率进行分摊。

Stassen公司的管理层想编制2014年利润表（会计年度刚结束），以评价望远镜生产线的业绩。当年的经营信息如下：

	A	B
1		单位
2	期初存货	0
3	生产数量	8 000
4	销售数量	6 000
5	期末存货	2 000

2014年实际价格和成本数据如下：

	A	B
10	销售价格	$1 000
11	单位产品的变动生产成本	
12	单位直接材料成本	$110
13	单位直接制造人工成本	40
14	单位间接制造成本	50
15	单位产品的变动生产成本合计	$200
16	单位售出产品的变动营销成本	185
17	固定生产成本（全部为间接成本）	$1 080 000
18	固定营销成本（全部为间接成本）	$1 380 000

为了简化和关注主要思想，我们做如下假设：

● Stassen公司只发生生产和营销成本。变动生产成本的成本动因是产量；变动营销成本的成本动因是销售量。没有批数成本及产品维持成本。

● 无价格差异，无效率差异，无耗费差异，因此，2014年预算（标准）价格及成本就是实际价格及成本。

● 在产品数量为零。

● 2014年的预算产量为8 000单位，以此计算单位产品的预算固定生产成本是135美元（1 080 000/8 000）。①

● 2014年的预算销售量为6 000单位，实际销售量也为6 000单位。

● 2014年的实际产量为8 000单位，因此2014年的生产成本没有生产数量差异。后面的例子是基于2015年的数据，包括生产数量差异。但是，即使是在这样的情况下，利润表也不包含除生产数量差异以外的其他差异。

● 所有差异都在发生当期（年）作为产品销售成本冲销。

基于前面的信息，两种存货成本方法下Stassen公司2014年单位产出的可计入存货成本如下：

---

① 为了论述方便，在本节中，我们使用预算产出作为计算单位固定制造费用的基础。在本章后半部分，我们考虑计算这种单位成本的其他分母选择的相对优点。

	变动成本法		吸收成本法	
单位产出的变动生产成本				
直接材料	$110		$110	
直接制造人工	40		40	
间接制造成本	50	$200	50	$200
单位产出的固定生产成本		—		135
单位产出的存货成本合计		$200		$335

总结一下：变动成本法和吸收成本法的主要区别在于对固定生产成本的会计处理：

- 在变动成本法下，固定生产成本不计入存货，视为当期费用。
- 在吸收成本法下，固定生产成本是可计入存货成本。本例中，标准固定生产成本为每单位产出135美元（1 080 000÷8 000）。

变动成本与吸收成本：营业利润与利润表

在比较变动成本法与吸收成本法时，我们必须考虑是否考察短期或长期数据。在变动成本法与吸收成本法下，一年期的数据与两年期的数据有何不同？

比较一年的利润表

如果Stassen公司使用变动成本法或吸收成本法，它的营业利润是多少？从图表9—1可以看出，这两种方法的区别是很明显的。A部分为2014年Stassen公司变动成本法下望远镜生产线的利润表，B部分为吸收成本法下的利润表。变动成本法下的利润表使用了贡献毛益的形式（第3章中介绍的）。吸收成本法下的利润表使用了销售毛利的形式（第2章中介绍的）。为什么两种方法在形式上有差异呢？变动成本和固定成本的区别是变动成本法的核心，而贡献毛益形式则使这一区别更加明显。与此类似，生产成本和非生产成本的区别是吸收成本法的核心，而销售毛利形式又使这一区别更加显著。

图表9—1　比较变动成本法与吸收成本法：Stassen公司2014年望远镜产品线利润表

文件　开始　插入　页面布局　公式　数据　审阅　视图

	A	B	C	D	E	F	G
1	A．变动成本法				B．吸收成本法		
2	收入：1 000美元×6 000单位		$6 000 000		收入：1 000美元×6 000单位		$6 000 000
3	变动产品销售成本				产品销售成本		
4	期初存货	$0			期初存货	$0	
5	变动生产成本：200美元×8 000单位	1 600 000			变动生产成本：200美元×8 000单位	1 600 000	
6					分配的固定生产成本：135美元×8 000单位	1 080 000	
7	可供销售的产品成本	1 600 000			可供销售的产品成本	2 680 000	
8	减：期末存货：200美元×2 000单位	(400 000)			减：期末存货：335美元×2 000单位	(670 000)	
9	变动产品销售成本		1 200 000		产品销售成本		2 010 000
10	变动营销成本：185美元×6 000单位		1 110 000				
11	贡献毛益		3 690 000		销售毛利		3 990 000
12	固定生产成本		1 080 000		变动营销成本：185美元×6 000单位		1 110 000
13	固定营销成本		1 380 000		固定营销成本		1 380 000
14	营业利润		$1 230 000		营业利润		$1 500 000
15							
16	A部分中计入费用的生产成本				B部分中计入费用的生产成本		
17	变动产品销售成本		$1 200 000				
18	固定生产成本		1 080 000				
19	合计		$2 280 000		产品销售成本		$2 010 000

吸收成本法下的利润表不需要区分变动成本和固定成本，然而在 Stassen 公司的例子中，利润表将变动成本与固定成本分开列示，这是为了区分变动成本法与吸收成本法在项目归类上的不同。图表 9—1（B）是吸收成本法下的利润表，其中可计入存货成本为每单位产品 335 美元，包括分配的固定生产成本 135 美元和单位变动生产成本 200 美元。

注意，图表 9—1 中变动成本法与吸收成本法下对 1 080 000 美元的固定生产成本的会计处理方式。在变动成本法下，1 080 000 美元被当做 2014 年的费用从利润表中扣除。而在吸收成本法下，1 080 000 美元（135×8 000）从一开始就被当作 2014 年的存货成本。其中，有 810 000 美元（135×6 000）随后变成了 2014 年产品销售成本的一部分，而270 000 美元（135×2 000）仍是资产，成为 2014 年 12 月 31 日期末产成品存货的一部分。

吸收成本法下的营业利润比变动成本法的高出 270 000 美元，这是因为在吸收成本法下只有 810 000 美元的固定生产成本计入费用，而在变动成本法下全部 1 080 000 美元固定生产成本都计入了费用。注意在图表 9—1 的两张利润表中，每单位产品 200 美元的变动生产成本用了同样的会计处理方式。

这些观点可以概括如下：

	变动成本法	吸收成本法
变动生产成本： 每个望远镜 200 美元	可计入存货	可计入存货
固定生产成本： 每年 1 080 000 美元	作为当期费用扣除	每个望远镜中有 135 美元可计入存货成本，以年产 8 000 单位的预算基准水平为基础（1 080 000÷8 000＝135（美元））

变动成本法与吸收成本法的区别在于固定生产成本是如何处理的。如果存货水平变了，由于对固定生产成本的会计处理不同，两种方法下的营业利润亦不同。为了说明这一点，我们在 8 000 单位的产出水平下分别讨论 Stassen 公司 2014 年三种不同的望远镜销售情况——6 000 单位、7 000 单位和 8 000 单位。对于 1 080 000 美元的总固定生产成本，在三种不同的情况下，2014 年利润表的费用化金额为：

	A	B	C	D	E	F	G
1			变动成本法			吸收成本法	
2						固定生产成本	
3			固定生产成本			计入存货	费用化金额
4	销售量	期末存货	计入存货	费用化金额		＝$135×期末存货	＝$135×销售量
5	6 000	2 000	$0	$1 080 000		$270 000	$810 000
6	7 000	1 000	$0	$1 080 000		$135 000	$945 000
7	8 000	0	$0	$1 080 000		$0	$1 080 000

在最后一种情况下，产销量都是 8 000 单位，变动成本法与吸收成本法报告的净利润相同，因为存货水平不变。本章附录详细介绍了当存货水平变化时，变动成本法与吸收成本法对盈亏平衡销售量的影响。

□ 比较多年的利润表

为了对变动成本法和吸收成本法的影响有一个全面的了解，Stassen 公司的管理会计师编制了从 2014 年开始的两个经营年度的利润表。下表中的数据是数量：

	E	F	G
1		2014年	2015年
2	预算产量	8 000	8 000
3	期初存货	0	2 000
4	实际产量	8 000	5 000
5	销售数量	6 000	6 500
6	期末存货	2 000	500

2015 年沿用前面给定的 2014 年的其他数据。

在 2015 年，Stassen 公司望远镜的实际产量与用来计算单位预算固定生产成本的 8 000 单位的预算产量有所不同，因此出现生产数量差异。2015 年的实际销售量是 6 500 单位，与当年的预算销售量相同。

图表 9—2 显示了 2014—2015 年变动成本法下的利润表（A 部分）及吸收成本法下的利润表（B 部分）。注意图表 9—2 中 2014 年的数字与图表 9—1 中的数字相同。除了

图表 9—2　　Stassen 公司变动成本法与吸收成本法的比较：2014 年和 2015 年望远镜生产线利润表

	A	B	C	D	E
1	**A. 变动成本法**				
2			2014年		2015年
3	收入：1 000美元×6 000；6 500单位		$6 000 000		$6 500 000
4	变动产品销售成本:				
5	期初存货：200美元×0；2 000单位	$0		$400 000	
6	变动生产成本：200美元×8 000；5 000单位	1 600 000		1 000 000	
7	可供销售的产品成本	1 600 000		1 400 000	
8	减：期末存货：200美元×2 000；500单位	(400 000)		(100 000)	
9	变动产品销售成本		1 200 000		1 300 000
10	变动营销成本：185美元×6 000；6 500单位		1 110 000		1 202 500
11	贡献毛益		3 690 000		3 997 500
12	固定生产成本		1 080 000		1 080 000
13	固定营销成本		1 380 000		1 380 000
14	营业利润		$1 230 000		$1 537 500
15					
16	**B. 吸收成本法**				
17			2014年		2015年
18	收入：1 000美元×6 000；6 500单位		$6 000 000		$6 500 000
19	产品销售成本				
20	期初存货：335美元×0；2 000单位	$0		$670 000	
21	变动生产成本：200美元×8 000；5 000单位	1 600 000		1 000 000	
22	分配的固定生产成本：135美元×8 000；5 000单位	1 080 000		675 000	
23	可供销售的产品成本	2 680 000		2 345 000	
24	减：期末存货：335美元×2 000；500单位	(670 000)		(167 500)	
25	生产数量差异调整[a]	$0		$405 000 U	
26	产品销售成本		2 010 000		2 582 500
27	销售毛利		3 990 000		3 917 500
28	变动营销成本：185美元×6 000；6 500单位		1 110 000		1 202 500
29	固定营销成本		1 380 000		1 380 000
30	营业利润		$1 500 000		$1 335 000
31					
32	a.生产数量差异=预算固定生产成本-实际产出水平下分配的固定制造费用（B部分第22行）				
33	2014年：1 080 000-（135×8 000）=1 080 000-1 080 000=0(美元)				
34	2015年：1 080 000-（135×5 000）=1 080 000-675 000=405 000(美元)U				
35					
36	生产数量差异也可以如下计算：				
37	单位固定生产成本×（基准水平-实际产量）				
38	2014年：135×（8 000-8 000）=135×0=0(美元)				
39	2015年：135×（8 000-5 000）=135×3 0000=405 000(美元)U				

B 部分中吸收成本法下的生产数量差异项目外，2015 年这一列与 2014 年是相似的。在研究图表 9—2 的吸收成本法（B 部分）时，应始终牢记以下几点：

1. 2014 年和 2015 年，135 美元的固定生产成本率是在生产 8 000 单位的预算基准水平上计算出来的（1 080 000÷8 000＝135（美元））。只要产量（生产数量而非销售数量）与基准水平不同，就会产生生产数量差异。差异等于 135 美元乘以实际产量与基准水平之差。

请回想吸收成本法下标准成本法是怎样运作的。每制造出一单位产品，135 美元的固定生产成本就包含在产品生产成本中了。2015 年，当生产了 5 000 单位产品时，可供销售的产品成本中已包含 675 000 美元（135×5 000）的固定成本（见图表 9—2（B），第 22 行）。2015 年总固定生产成本为 1 080 000 美元。405 000 美元的不利生产数量差异等于 1 080 000 美元与 675 000 美元之差。注意图表 9—2（B），每年包含在可供销售的产品成本中的固定生产成本加上生产数量差异总是等于 1 080 000 美元。

2. 注意，在吸收成本法下，由于生产数量差异的影响，虽然 2015 年多销售了 500 件产品，但其利润低于 2014 年。我们将在本章后面更详细地研究吸收成本法下生产水平对利润的影响。

3. 仅与固定生产成本相关的生产数量差异只会在吸收成本法下出现，而不会在变动成本法下出现。在变动成本法下，1 080 000 美元的固定生产成本总是被视为当期费用，不受产量（和销售量）的影响。

两种方法下 Stassen 公司 2014—2015 年营业利润差异（数据来自图表 9—2）概括如下：

	2014 年	2015 年
1. 吸收成本法下的营业利润	$ 1 500 000	$ 1 335 000
2. 变动成本法下的营业利润	$ 1 230 000	$ 1 537 500
3. 差异：（1）－（2）	$ 270 000	$ (202 500)

上表中的巨大差异说明了为什么在业绩评估与账面营业利润挂钩的情况下，管理者特别注重变动成本法与吸收成本法的选择。

为什么变动成本法与吸收成本法计算出的营业利润不一致？一般来说，如果在一个会计期间内存货水平上升，变动成本法下的营业利润将低于吸收成本法下的营业利润。相反，如果存货水平降低，变动成本法下的营业利润将高于吸收成本法下的营业利润。造成这一不同的原因是，在吸收成本法下：（1）当存货增加时，固定生产成本转移到了存货中；（2）当存货减少时，固定生产成本随存货转出。

吸收成本法与变动成本法下的营业利润差异可通过公式 1 计算，请注意期初及期末存货中包含的固定生产成本。

文件 开始 插入 页面布局 公式 数据 审阅 视图

	A	B	C	D	E	F	G	H
1	公式1							
2								
3		吸收成本法下	－	变动成本法下	＝	吸收成本法下期末存货中	－	吸收成本法下期初存货中
4		的营业利润		的营业利润		的固定生产成本		的固定生产成本
5	2014	$1 500 000	－	$1 230 000	＝	($135×2 000)	－	($135×0)
6		$270 000			＝	$270 000		
7								
8	2015	$1 335 000	－	$1 537 500	＝	($135×500)	－	($135×2 000)
9		($202 500)			＝	($202 500)		

吸收成本法下，期末存货中包含的固定生产成本将递延至未来期间。例如，2014 年 12 月 31 日 270 000 美元的固定生产成本递延到了 2015 年。变动成本法下，全部 1 080 000 美元的固定生产成本计入了 2014 年的费用。

回想一下：

期初存货＋生产产品成本＝产品销售成本＋期末存货

因此，我们重点关注完工产品和销售产品中的固定生产成本，不关注期初和期末存货中的固定生产成本（如公式 1 那样）。后面的方法（见公式 2）强调固定生产成本在会计年度内的完工产品和销售产品间转移。

	A	B	C	D	E	F	G	H
1	公式2							
2								
3		吸收成本法下	-	变动成本法下	=	吸收成本法下期末存货中	-	吸收成本法下期初存货中
4		的营业利润		的营业利润		的固定生产成本		的固定生产成本
5	2014	$1 500 000	-	$1 230 000	=	($135×8 000)	-	($135×6 000)
6			$270 000		=		$270 000	
7								
8	2015	$1 335 000	-	$1 537 500	=	($135×5 000)	-	($135×6 500)
9			($202 500)		=		($202 500)	

对管理者来说，降低存货水平的压力越来越大。一些企业利用适时生产（在此生产系统下，产品按需生产）等手段成功实现了存货的急剧减少。从公式 1 可以看出，当 Stassen 公司降低存货水平时，吸收成本法与变动成本法下的营业利润差异变得无关紧要了。例如 2014 年的公式。如果 Stassen 公司只有 2 单位而不是 2 000 单位的期末存货，吸收成本法与变动成本法下的营业利润差异将从 270 000 美元下降到 270 美元。

□ 变动成本法下销售量及产量对营业利润的影响

假设单位产品的贡献毛益一定，固定成本一定，采用变动成本法计算的营业利润在不同期间的变化可以完全归结于销售量的变化。考虑 Stassen 公司 2014 年与 2015 年在变动成本法下营业利润情况的比较。回想一下：

单位贡献毛益＝销售价格－单位变动生产成本－单位变动营销成本
＝1 000－200－185
＝615(美元)

变动成本法下营业利润的变动＝单位贡献毛益×销售量变动

2015 年对比 2014 年：1 537 500－1 230 000＝615×(6 500－6 000)
307 500 美元＝307 500 美元

变动成本法下，Stassen 公司的管理者不能通过“为存货而生产”来提高营业利润。为什么不能呢？因为通过前面的计算我们可以看到，在变动成本法下，只有提高销售量才能使营业利润增加。稍后我们会提到，在吸收成本法下，增加销售量与提高产出水平都可以达到使营业利润增长的目的。在学习下一节之前，确信你已经研究了图表 9—3 中变动成本法与吸收成本法差别的详细比较。

图表 9—3　　变动成本法与吸收成本法对利润影响的比较

问题	变动成本法	吸收成本法	说明
固定生产成本是否计入存货？	否	是	何时将成本计入费用的基本理论性问题
是否存在生产数量差异？	否	是	仅在吸收成本法下，基准水平的选择对营业利润有影响
是否需要区分变动成本和固定成本？	是	不常	将吸收成本法稍加改动就可以得到变动成本和固定成本的细分成本构成（参见图表 9—1（B））
存货水平变化怎样影响营业利润？[a]			
产量＝销售量	相等	相等	差异取决于固定生产成本费用化时间的不同
产量 > 销售量	较低[b]	较高[c]	
产量 < 销售量	较高	较低	
对本量利关系有什么影响（给定固定成本及单位贡献毛益）？	受销售量驱动	受销售量、产量及基准水平驱动	管理控制收益：在变动成本法下，产量变动对营业利润的影响更易理解

a. 假设所有制造费用差异都结转至期间成本，无在产品存货变动，且不同会计期间内预算固定生产成本率不发生变化。

b. 即与吸收成本法下计算的营业利润相比较低。

c. 即与变动成本法下计算的营业利润相比较高。

吸收成本法与业绩评价

大多数国家规定外部财务报告必须采用吸收成本法（我们将在本章后面为这种规则提供可能的原因）。许多公司也将吸收成本法用于内部会计，因为：

- 它符合成本效益原则，管理者将一种通用的存货成本计算方法用于对内、对外和业绩评价，不会引起混乱。
- 它有助于防止管理者做出使他们的业绩指标看起来很好但却损害股东利益的行为。
- 它计量所有生产存货所需资源的成本，而不管它们是变动的还是固定的。许多公司将存货成本信息用于长期决策，如定价和产品组合。对于这些长期决策来说，存货成本应该包括变动和固定成本。

吸收成本法的一个重要特性是它使管理者能够通过生产更多的期末存货来增加营业利润。当管理者预计需求会快速增长，需要生产和储存额外的产品以应对下一年可能发生的产品短缺时，为存货而生产就是合理的。例如，随着近来国民经济的增长，节能门窗生产商加快生产，以利用预计的房屋市场的反弹。但是，在吸收成本法下，Stassen 公司的管理者可能会试图生产存货，即使他们预测顾客的需求不会增加。原因是，这种生产会导致更高的营业利润，从而在两个方面对管理者有利：直接方面，因为更高的利润通常会导致管理者获得更高的奖金；间接方面，更高的营业利润对股价有正向影响，这会增加管理者的基于股票的薪酬。但是，更高的利润导致公司需要支付更高的所得税。股东和良好公司治理的支持者也会认为，管理者采取行动只是为了增加他们的薪酬而不是改善公司治理，这是不道德的。为存货而生产是一种冒险战略，特别是在需求波动大或因为创新速度快、产品过时风险高的行业。例如，新的黑莓 Z10 智能手机销售率下降，存货水平高，正在英国大幅打折销售。“观念实施：吸收成本法和美国汽车制造商的破产”描述了汽车行业为存货而生产的极大负面影响。

观念实施

吸收成本法和美国汽车制造商的破产

在 2008 年经济衰退之前的几年里，通用汽车、福特和克莱斯勒公司的汽车产量超过了市场需求。这导致美国各地汽车经销商库存大量增加。与此同时，公司利润上升，这三家公司的高管实现了短期激励目标。这怎么可能呢？吸收成本法也许会给出答案。

2009 年，通用汽车和克莱斯勒申请破产并请求政府援助。这些汽车制造商产能过剩，还有大量的固定成本——从厂房、设备到受合同保护的工人。这些合同保护工人在劳动力需求降低时免于被裁员。为了“吸收”这些成本，汽车制造商在使用吸收成本法时生产了更多的汽车。生产的车辆越多，每辆车的成本越低，利润表中的利润也越高。实际上，汽车制造商将成本从利润表转移至资产负债表。

由于广告费用和库存成本上升，这种做法最终损害了汽车制造商的利益。密歇根州立大学教授 Karen Sedatole 最近与他人合作对此问题进行了研究，他说：“当经销商不能售出汽车时，它们就只能听天由命了。”“它们必须更换轮胎，这样就会发生成本。”

公司还必须经常以回扣、员工定价和零融资促销的折价方式支付汽车广告费用。通用汽车和克莱斯勒缺乏经营现金和向购车者提供贷款的现金。2009 年 1 月，美国政府拨付 249 亿美元救助资金用于救助通用汽车和克莱斯勒。

资料来源：Based on Marielle Segarra, “Lots of Trouble,” *CFO Magazine* (March 2012); and Bruggen, A., R. Krishnan, and K. L. Sedatole. 2011. Drivers and Consequences of Short-Term Production Decisions: Evidence from the Auto Industry. *Contemporary Accounting Research* 28 (1): 83-123.

为了避免吸收成本法可能产生的不利存货增长，许多公司采用变动成本法进行内部报告。变动成本法区分变动生产成本和固定生产成本。这种区分对于短期决策是非常重要的（见第 3 章本量利分析和第 6～8 章计划与控制）。

有些公司将两种方法用于对外报告——变动成本法用于短期决策和评价，吸收成本法用于长期决策，这样就能取二者之长。世界最大的管理会计师职业团体特许管理会计师公会（英国）发起的调查显示，虽然大多数组织应用吸收成本法，但是 75%以上的组织表示变动成本信息是最重要或次重要的决策信息。

在下一节，我们更详细地讨论来自吸收成本法的挑战。

不利存货增长

管理者的奖金是根据吸收成本法报告的营业利润计算的，那么管理者就有动机增加不利存货的水平。假设 Stassen 公司也拥有这样的奖励计划。图表 9—4 显示了 Stassen 公司在吸收成本法下，2015 年营业利润如何随产量变化而变化。该图表假设生产数量差异在年底结转至产品销售成本。图表 9—2 的假设不变，即 2015 年期初存货为 2 000 单位，售出 6 500 单位。注意图表 9—4 中的计算与图表 9—2 中的计算基本相同。

图表 9—4　不同产出水平对吸收成本法下营业利润的影响：Stassen 公司 2015 年 6 500 单位销售水平下的望远镜产品线利润表

文件　开始　插入　页面布局　公式　数据　审阅　视图

	A	B	C	D	E	F	G	H	I
1	**数量数据**								
2	期初存货	2 000		2 000		2 000		2 000	
3	产量	4 500		5 000		6 500		9 000	
4	可供销售的产品	6 500		7 000		8 500		11 000	
5	销售量	6 500		6 500		6 500		6 500	
6	期末存货	0		500		2 000		4 500	
7									
8	**利润表**								
9	收入	$6 500 000		$6 500 000		$6 500 000		$6 500 000	
10	产品销售成本								
11	期初存货（335美元×2 000）	670 000		670 000		670 000		670 000	
12	变动生产成本：200美元×产量	900 000		1 000 000		1 300 000		1 800 000	
13	分配的固定生产成本：135美元×产量	607 500		675 000		877 500		1 215 000	
14	可供销售的产品成本	2 177 500		2 345 000		2 847 500		3 685 000	
15	减：期末存货：335美元×期末存货	0		(167 500)		(670 000)		(1 507 500)	
16	生产数量差异调整[a]	472 500	U	405 000	U	202 500	U	(135 000)	F
17	产品销售成本	2 650 000		2 582 500		2 380 000		2 042 500	
18	销售毛利	3 850 000		3 917 500		4 120 000		4 457 500	
19	营销成本：（1 380 000美元+185美元/单位×6 500销售单位）	2 582 500		2 582 500		2 582 500		2 582 500	
20	营业利润	$1 267 500		$1 335 000		$1 537 500		$1 875 000	
21									
22	a. 生产数量差异=预算固定生产成本-分配的固定生产成本（利润表第13行）								
23	产量4 500单位：1 080 000-607 500=472 500(美元)U								
24	产量5 000单位：1 080 000-675 000=405 000(美元)U								
25	产量6 500单位：1 080 000-877 500=202 500(美元)U								
26	产量9 000单位：1 080 000-1 215 000=(135 000)(美元)F								

图表 9—4 显示，2015 年只需生产 4 500 单位即可满足销售预算 6 500 单位（期初存货 2 000 单位＋生产 4 500 单位），在这一产出水平下的营业利润为 1 267 500 美元。当产量超过 4 500 单位时，通常称为“为存货而生产”，Stassen 公司可以借此提高营业利润。2015 年每增加一单位期末存货将使营业利润增加 135 美元。例如，如果生产 9 000 单位（图表 9—4，H 列），期末存货变为 4 500 单位，而营业利润增加至 1 875 000 美元。这一数字比期末存货为零时的营业利润高出了 607 500 美元（1 875 000－1 267 500，或 4 500×135＝607 500（美元））。通过为存货而生产 4 500 单位，使用吸收成本法的公司将 607 500 美元的固定生产成本包括在产成品存货中，因此 2015 年这些成本没有费用化。

图表 9—4 中的情景提出了另外三个重点。首先，D 列是基本设置，只是再次重申了图表 9—2（B）中 2015 年吸收成本法的结果。第二，F 列强调，当存货水平不变时，即生产等于销售，吸收成本法的利润等于变动成本法下的利润（比较见图表 9—2（A））。第三，图表 9—4 的例子仅涉及一年（2016 年）的会计信息。如果 Stassen 公司管理者 2015 年将望远镜的期末存货增加至 4 500 单位，他将不得不在 2016 年为存货而生产，进一步增加期末存货，以增加 2016 年的营业利润。存货水平的提高是有限度的，因为储存空间的有形约束和管理层控制，这些限制降低了吸收成本法带来的不利影响的

可能性。不管怎样，为了管理吸收成本法下的营业利润，管理者都有能力和动机将成本移入和移出存货。

在吸收成本法下，最高管理层能够实施制衡，限制管理者为存货而生产。但是，在实务中不可能完全禁止。管理者有许多隐秘的方法进行这种生产，这种行为并不容易察觉。例如，考虑下面的情景：

- 管理者可能会使工厂转向生产那些能够最大限度地吸收固定生产成本的产品，而不考虑顾客的需要（称为“有选择的”生产线）。没有或包含较少固定生产成本的产品生产会被推迟，可能导致在承诺的交货日无法交货（继而造成顾客不满）。
- 工厂管理者可能会接受一个能够增加产量的订单，即使公司的另一个下属工厂更适合完成这份订单。
- 为了增加生产，管理者可能会把维修保养递延到以后期间。这样做虽然会使当期的营业利润提高，但设备维修费的提高及运转效率的降低可能会使未来的营业利润大幅下降。

□ 对改进业绩评价体系的建议

最高管理层在主计长和管理会计师的帮助下，能够采取几个步骤，减少吸收成本法的不利影响：

- 认真对待预算和存货计划，降低管理层提高存货水平的自由度。比如每月的预算资产负债表应包含对存货金额的估计，如果实际存货超出预算额，高层管理者应对存货增加的原因展开调查。
- 在内部会计系统中，收取存货持有费。例如，对管理者进行业绩评价时，利用每月1%的存货持有费评估存货投资利润和存货损坏与过时程度。越来越多的公司开始收取存货持有费。
- 改变业绩评价的期间。吸收成本法会导致管理人员采取行动以牺牲长期利润为代价换取当季或当年利润的最大化。当业绩评价期间延长3～5年时，管理者为存货生产的动机就会降低。
- 非财务变量和财务变量一起作为业绩评价的指标。可用于监测 Stassen 公司管理者2015年业绩的非财务指标（见图表9—4，H列）如下：

$$(a)\frac{2015\text{年期末存货数量}}{2015\text{年期初存货数量}}=\frac{4\,500}{2\,000}=2.25$$

$$(b)\frac{2015\text{年生产数量}}{2015\text{年销售数量}}=\frac{9\,000}{6\,500}=1.38$$

最高管理层希望看到生产数量等于销售数量和存货水平的相对稳定。生产和销售若干种产品的公司可能会报告每一种产品的这两个指标。

除了正式的业绩评价系统外，公司还建立了行为规则，制止那些有利于管理者但不利于公司的行为，并且建立强调道德行为的公司价值和文化。我们将在第23章讨论这些主题。

存货成本计算方法的比较

在开始讨论生产能力之前，我们先考察变动成本法的一种变形——产量成本法，并且比较一下不同的成本计算方法。

产量成本法

某些管理者认为，即使是变动成本法也鼓励将一些额外的成本计入存货。他们认为只有直接材料（如 Stassen 公司望远镜例子中的透镜、套管、瞄准器和底座）是产出中“真正可变的”。**产量成本法**（throughput costing），也称为**超变动成本法**（super-variable costing），是变动成本法的一种极端形式，在这种存货成本计算方法之下，只有直接材料可以计入存货成本，而其他所有成本在发生当期均作为期间费用处理。特别地，变动直接制造人工成本和变动间接生产成本视为期间费用，在当期作为费用扣除。

图表 9—5 是 Stassen 公司 2014 年及 2015 年采用产量成本法编制的利润表。产量贡献等于收入减去所有售出产品的直接材料成本。将图表 9—5 中的营业利润与吸收成本法及变动成本法下的营业利润进行比较：

	2014 年	2015 年
吸收成本法下的营业利润	$ 1 500 000	$ 1 335 000
变动成本法下的营业利润	$ 1 230 000	$ 1 537 500
产量成本法下的营业利润	$ 1 050 000	$ 1 672 500

图表 9—5　产量成本法：Stassen 公司 2014—2015 年望远镜产品线利润表

文件　开始　插入　页面布局　公式　数据　审阅　视图

	A	B	C
1		2014年	2015年
2	收入：1 000美元×6 000；6 500单位	$6 000 000	$6 500 000
3	已售出产品的直接材料成本		
4	期初存货：110美元×0；2 000单位	0	220 000
5	直接材料：110美元×8 000；5 000单位	880 000	550 000
6	可供销售的产品成本	880 000	770 000
7	减：期末存货：110美元×2 000；500单位	(220 000)	(55 000)
8	已售出产品的直接材料成本	660 000	715 000
9	产量贡献[a]	5 340 000	5 785 000
10	生产成本（不含直接材料）[b]	1 800 000	1 530 000
11	营销成本[c]	2 490 000	2 582 500
12	营业利润	$1 050 000	$1 672 500
13			
14	a.产量贡献等于收入减去全部已售出产品的直接材料成本		
15	b.固定生产成本+[（单位变动人工成本+单位变动制造费用）×产量]；		
16	1 080 000+[（40+50）×8 000；5 000]		
17	c.固定营销成本+（单位变动营销成本×销售量）；		
18	1 380 000+(185×6 000；6 500)		

在产量成本法下，只有 110 美元的单位直接材料成本被计入存货成本，而吸收成本法下为 335 美元，变动成本法下为 200 美元。当产量超过销售量时，如 2014 年的情况，产量成本法将导致当期的利润表中出现大量费用。因此产量成本法的支持者认为较之变动成本法，特别是吸收成本法，产量成本法下为存货而生产的动机最低。与变动成本法和吸收成本法相比，产量成本法出现比较晚，有热心的支持者，但目前还没有得到广泛应用。①

□ 其他存货成本计算方法的比较

变动成本法及吸收成本法可以与实际成本法、正常成本法或标准成本法结合起来。图表 9—6 比较了六种存货成本计算方法下的产品成本计算。

图表 9—6　　不同存货成本计算法的比较

			实际成本法	正常成本法	标准成本法
吸收成本法	变动成本法	变动直接生产成本	实际价格×实际投入数量	实际价格×实际投入数量	标准价格×实际产出下的标准投入数量
		变动间接生产成本	实际变动间接成本分配率×成本分配基础的实际消耗量	预算变动间接成本分配率×成本分配基础的实际消耗量	标准变动间接成本分配率×实际产出下的成本分配基础的标准消耗量
		固定直接生产成本	实际价格×实际投入数量	实际价格×实际投入数量	标准价格×实际产出下的标准投入数量
		固定间接生产成本	实际固定间接成本分配率×成本分配基础的实际消耗量	预算固定间接成本分配率×成本分配基础的实际消耗量	标准固定间接成本分配率×实际产出下的成本分配基础的标准消耗量

在会计界存在关于变动成本法的争论。争论的焦点并不是采用变动成本法还是固定成本法进行内部计划和控制，而是在外部报告中应该采用哪种方法。支持采用变动成本法编制外部报告的会计师认为，生产成本中的固定部分与生产能力更相关，而不是特定产量下的实际生产水平，因此，固定成本应费用化，而不是计入存货成本。

吸收成本法的支持者认为存货应该包含固定生产成本。因为变动及固定生产成本都是生产所必须支付的成本，因此，两种成本都应计入存货，以使全部生产成本与收入配比，而不论其本身的性态如何。全球范围内，越来越多的公司在面向股东的外部报告中开始遵循公认会计原则的规定，将所有生产成本计入存货成本。这也减轻了公司和审计师区分变动和固定生产成本的负担，在实务中，这种差别并不总是清楚的。

类似地，美国公司在报税时，根据存货成本计算的"全部吸收"法，管理者必须将直接生产成本，还有固定和变动间接生产成本都计入存货。间接生产成本包括租金、水电费、维护、修理费、间接材料和间接人工。对于其他间接成本（包括折旧、保险、

① 参见 E. Goldratt，*The Theory of Constraints*（New York：North River Press，1990）；E. Noreen，D. Smith，and J. Mackey，*The Theory of Constraints and Its Implications for Management Accounting*（New York：North River Press，1995）。

税、办公室人员工资、工厂管理费和罢工相关成本）来说，对生产或制造操作或加工必不可少的这部分成本，只有当其出于财务报告目的被当作可计入存货的成本时，是可以因税收目的而计入存货成本的。因此，管理者必须经常在与生产作业相关的部分和与生产作业不相关的部分之间分配成本。[①]

基准水平生产能力概念与固定成本生产能力分析

我们已经看到，变动成本法与吸收成本法的差异只是因为对固定生产成本的处理不同。固定生产成本支出使企业能够获得满足预期市场顾客需求的规模或生产能力。确定“正确的”支出金额或适当的生产能力水平是管理者面临的最艰巨的战略决策之一。相对于实际生产需求，如果生产能力过剩，就会造成生产能力的闲置；如果生产能力不足，则意味着有一部分顾客需求无法得到满足，而这些顾客就会义无反顾地转而投奔其他厂商。因此，管理者和会计师必须理解与生产能力成本相关的问题。

□ 吸收成本法与基准水平生产能力的几种含义

前面几章，特别是第4，5，8章着重阐述的是对于一个会计期间内的持续生产作业，运用一般成本法和标准成本法是怎样报告成本的。其中，分摊预算固定生产成本时会用到生产能力水平，因此，生产能力水平的选择将在很大程度上影响两种方法下的营业利润以及管理者获取的产品成本信息。

仍以Stassen公司为例。它的年固定生产成本是1 080 000美元。公司在标准成本系统下采用吸收成本法进行外部报告。在计算预算固定生产成本分配率时，以每单位为基础。我们现在就来计算四种基准生产能力下的预算固定生产成本分配率。这四种基准水平为理论生产能力、实际生产能力、正常生产能力和总预算生产能力。

理论生产能力与实际生产能力

在商业及会计领域中，生产能力一词带有“约束”和“上限”的意味。**理论生产能力**（theoretical capacity）是假设全天满负荷高效运转下的生产能力水平。在生产线以最大速度运行时，Stassen公司每一班能够生产25单位。假设一年有360天，每天分2班轮换生产，则理论年生产能力如下：

$$25\times2\times360=18\,000(\text{单位})$$

理论生产能力是一种理论意义上的生产能力，它没有考虑任何因设备维修造成的减速、因装配线停工造成的生产中断。理论生产能力水平在现实世界中是无法达到的，但

① 在美国《国内税收法典》条款1.471-11部分：制造业企业存货（见http://ecfr.gpoaccess.gov）中，可以找到税收规定的细节。回想一下第2章，与生产不相关的成本，如营销、分销或研究费用，作为财务报告中的期间费用。在美国税收法规下，企业出于税收目的，仍然可以将这些成本作为存货成本，只要企业一贯这样做。

它代表着公司可以追求的生产能力利用的理想化目标。

实际生产能力（practical capacity）在理论生产能力中扣除了不可避免的生产中断的影响，如固定维修时间或由于假日原因造成的停工等降低生产能力的因素。假设一年有 300 个工作日（理论生产能力下是一年 360 个工作日），每天生产 2 班，每班生产 20 单位（理论生产能力下是每班 25 单位），那么实际年生产能力为：

$$20\times2\times300=12\,000(\text{单位})$$

为计算理论生产能力或实际生产能力，还要同时考虑工程与人力资源因素。Stassen 公司的工程师可以提供机器切割和抛光镜片的技术可行性方面的信息。人力资源可以评估员工安全因素，比如生产线以较高的速度运转可能导致事故风险的增加。

正常生产能力和总预算能力

理论生产能力和实际生产能力反映的都是工厂能够提供的生产能力——即可达到的生产能力；相比而言，正常生产能力和总预算生产能力衡量的则是与产品需求对应的生产能力——即在为满足市场需求而生产时使用的生产能力。在许多情况下，预算需求远远低于可以达到的生产能力。

正常生产能力（normal capacity utilization）是指在一定时期（如 2～3 年）内，为满足顾客平均需求的生产能力利用水平，包含了季节性、周期性和趋势性的因素。**总预算生产能力**（master-budget capacity utilization）是指在当前预算期（通常为 1 年）内，预期的生产能力利用水平。在面临周期性需求模式的行业，这两种生产能力利用水平可能有很大的差别。例如：

- 汽车行业可能有由于低利率导致的高需求期，或由于衰退而导致的低需求期；
- 半导体行业可能有由于公司更新员工计算机而导致的高需求期，或由于公司缩减规模而导致的低需求期。

仍以 Stassen 公司为例。假设 2014 年总预算是建立在年产 8 000 副望远镜的生产水平上的。然而，公司最高管理层认为在今后 3 年内，正常（平均）的年产出水平将达到 10 000 副，2014 年总预算 8 000 副的产出水平比“正常”低，因为 Stassen 的一个主要竞争对手已大幅降低其产品的销售价格并且投入了大量广告，但 Stassen 公司认为竞争对手的闪电行动不会造成长期影响，因此 2015 年及以后，公司的产销量会得到增长。

□ 对预算固定生产成本分配率的影响

我们现在讨论这四个基准水平各自对预算固定生产成本分配率的影响。Stassen 公司 2014 年的预算（标准）固定生产成本分配率为 1 080 000 美元。这些成本都是望远镜的生产所导致的固定成本，主要包括设备的租赁成本和工厂管理者的薪酬。在四种生产能力水平下，2014 年预算固定生产成本分配率如下所示：

	A	B	C	D
1	基准水平	预算年固定	预算生产能力	预算单位固定
2	生产能力概念	生产成本	水平（单位）	生产成本
3	(1)	(2)	(3)	(4)＝(2)/(3)
4	理论生产能力	$1 080 000	18 000	$60
5	实际生产能力	$1 080 000	12 000	$90
6	正常生产能力	$1 080 000	10 000	$108
7	总预算生产能力	$1 080 000	8 000	$135

成本分配率的显著差异（从60美元到135美元）源于不同生产能力概念下预算生产能力水平的巨大差异。

预算（标准）变动生产成本是每单位200美元。不同生产能力概念下的预算（标准）单位总生产成本如下所示：

	A	B	C	D
1	基准水平	预算单位变动	预算单位固定	预算单位
2	生产能力概念	生产成本	生产成本	总生产成本
3	(1)	(2)	(3)	(4)＝(2)+(3)
4	理论生产能力	$200	$60	$260
5	实际生产能力	$200	$90	$290
6	正常生产能力	$200	$108	$308
7	总预算生产能力	$200	$135	$335

因为不同的基准水平生产能力概念产生不同的预算单位固定生产成本，Stassen公司必须决定使用哪种生产能力水平。Stassen公司在分别从事管理计划和控制、外部报告或申报所得税时，不必使用同一种生产能力水平概念。

生产能力水平的选择

正如我们刚才所见，在每个会计年度初，管理者要为不同生产能力概念确定不同的基准水平并且计算不同的单位预算固定生产成本。我们现在讨论针对不同目的选择不同基准水平，包括：(1)产品成本及生产能力管理；(2)定价；(3)业绩评价；(4)对外报告；(5)税收法规。

□ 产品成本及生产能力管理

在进行产品定价及产品组合决策时，经常要用到正常成本系统或标准成本系统中的成本信息。以Stassen公司为例，采用理论生产能力导致固定生产成本不真实地变小，因为它是根据理想化的不可能达到的生产能力水平计算的。由于与公司的真实生产能力相去甚远，理论生产能力很少被用来确定固定生产成本分配率。

许多公司喜欢将实际生产能力作为计算预算固定生产成本分配率的基准。Stassen公司的实际生产能力代表了在每年的最大生产能力（12 000单位）中，为维持这一生产能力每年需要花费1 080 000美元。如果公司打算将产量保持在较低水平，比如年产量6 000副望远镜，那么公司应该缩小工厂规模，从而降低成本。

维持 12 000 单位生产能力的固定成本为每年 1 080 000 美元，从而固定生产成本分配率为每单位 90 美元。早在生产之初，公司还不知道实际将会利用多少生产能力的情况下，我们就可以确定一个生产能力水平。也就是说，90 美元的预算固定生产成本衡量的是可以供给的生产能力的单位成本。

2014 年对 Stassen 公司望远镜的需求预计为 8 000 副，这一水平比实际生产能力 12 000 副低 4 000 副，但维持 12 000 副的生产能力的成本为每年 1 080 000 美元，因此生产 12 000 副望远镜的生产能力成本仍为每副 90 美元。生产能力及其成本在短期内是固定的，与变动成本不同，可用的生产能力并不会自动降低到 2014 年所需的生产能力水平。因此，以每副 90 美元的成本提供的生产能力在 2014 年并不能完全利用。将实际生产能力作为基准水平，管理者可以把生产能力的供给成本分为已利用的生产能力成本和闲置生产能力成本两部分。以 Stassen 公司为例，生产能力的供给成本为每副 90 美元，将会利用的生产能力成本为 720 000 美元（90×8 000）；将会闲置的生产能力成本为 360 000 美元［90×(12 000－8 000)］。

使用实际生产能力时，无论对生产能力的需求如何变动，生产能力成本总是固定在提供生产能力的成本上。对于那部分已取得但未利用的生产能力成本的关注，引发了闲置生产能力的管理，包括为了利用闲置生产能力而开发新产品，将闲置生产能力出租，或者消除闲置生产能力。相反，以需求为出发点的生产能力水平——总预算生产能力或正常生产能力，均掩盖了闲置生产能力的问题。如果 Stassen 公司将总预算生产能力作为基准水平，确定的预算固定生产成本为每副 135 美元（1 080 000÷8 000）。在计算中没有涉及实际生产能力的数据，因而没有独立确认闲置生产能力。然而请注意，每副 135 美元的成本中实际包含了闲置生产能力成本——90 美元的固定生产成本是实际生产能力耗用的，剩下的 45 美元（360 000÷8 000）就是闲置生产能力的成本。

从长期的视角来看，Stassen 公司应该以哪种生产能力为基础，为其产品定价或与竞争对手进行成本结构比较呢？是采用实际生产能力成本 90 美元，还是总预算生产能力成本 135 美元？90 美元也许是更好的选择。为什么呢？因为 90 美元排除了任何闲置生产能力成本，代表仅仅用于产出的生产能力的预算成本。消费者愿意为实际使用的生产能力支付一个价格，而不愿意为没有用于生产的成本付费，他们希望 Stassen 公司对其闲置生产能力进行管理，或者承担这部分成本而不要转嫁给消费者。不仅如此，如果 Stassen 公司的竞争对手对闲置资产的利用更加有效，在其竞争者的成本结构（指导竞争者的定价决策）中，生产能力的成本可能接近每副 90 美元。在下一节，我们将探讨正常生产能力和总预算生产能力对非竞争性定价有什么影响。

□ 定价决策与需求的螺旋下降

需求的螺旋下降（downward demand spiral）体现了当产品价格无法降低到与竞争对手相同的情况下，对本公司产品需求是持续降低的。越来越高的单位成本导致公司越来越没有能力与竞争对手的价格进行竞争。

我们还是用一个例子来说明向下的需求曲线的含义。假设 2014 年 Stassen 公司以总预算生产能力 8 000 副为基础进行产品定价。计算出的生产成本为每副 335 美元（变动生产成本 200 美元＋固定生产成本 135 美元）。如果一个竞争对手在 2013 年 12 月对

Stassen 的一个主要客户（预计 2014 年这一客户将购买 Stassen 公司 2 000 副产品）承诺以每副 300 美元的价格向其提供产品。Stassen 公司虽然不愿意看到账面损失，但更希望在以后各期弥补所有成本，因此并没有降价。这样账面上出现了一项损失，这项损失意味着总预算产量降低到 6 000 副，但仍要分摊所有的预算固定生产成本 1 080 000 美元，即每副 180 美元（1 080 000÷6 000）。

假设 Stassen 公司的另一个客户——同样在预算销售量中占有 2 000 副的份额——接受了来自另一个竞争对手的每副 350 美元的销售价格。Stassen 公司将这一价格与修正后的单位成本 380 美元（200＋180）进行比较，还是没有降价，账面上又出现了损失。计划产量减少到 4 000 副，预算固定生产成本增至每副 270 美元（1 080 000÷4 000）。随着总预算生产能力的减少，固定生产成本的变化情况如下所示：

	A	B	C	D
1	总预算		预算单位固定	
2	基准水平	预算单位变动	生产成本	预算单位
3	生产能力（单位）	生产成本	[1 080 000美元÷(1)]	总生产成本
4	(1)	(2)	(3)	(4)＝(2)＋(3)
5	8 000	$200	$135	$335
6	6 000	$200	$180	$380
7	4 000	$200	$270	$470
8	3 000	$200	$360	$560

相比较而言，实际生产能力是一个稳定的指标。如果把实际生产能力作为计算预算固定生产成本的基准，当需求水平变动时，单位成本是不变的，因为固定生产成本分配率是根据可以达到的生产能力而不是利用的生产能力来确定的，因此公司如果采用实际生产能力作为分摊固定生产成本的基准并以此进行定价，则不太可能出现向下的需求曲线。

用实际生产能力作为基准水平，不包括未使用的生产能力，从而使管理者能够更准确地了解生产单位产品所需和所用的资源。正如前面讨论的，用于生产一副望远镜的生产能力成本是 290 美元（200 美元单位变动生产成本＋90 美元单位固定生产）。这一成本低于竞争对手的价格，将会正确引导管理者制定相应的价格和记录账户（为了讨论方便，假定 Stassen 公司没有其他成本）。然而，如果竞争对手提供的价格低于 290 美元，Stassen 公司的管理者将不能收回生产望远镜的能力成本。这就向管理者发出了一个信号，即使公司的生产能力得到了充分利用，它也是没有竞争力的。从长远来看，Stassen 公司获利和保留顾客的唯一方法是降低单位生产成本。①

□ 业绩评价

我们考虑选择哪种基准水平，是正常生产能力、总预算生产能力还是实际生产能力，影响公司如何评价营销经理的业绩。正常生产能力取决于选择的时间跨度以及对各年的预测，经常用于制定长期计划。然而正常生产能力是一个平均量，无法反映营销经

① 目前需求的螺旋下降在传统的固定电话行业中应用。随着更多的固定电话顾客转向无线和互联网服务，美国两家最大的电话服务提供商 Verizon 和 AT&T 正在减少其向家庭和企业提供的有线电话服务。就像 AT&T 对美国联邦通信委员会所说的，“传统电话服务的商业模型处在一个死亡螺旋中”。

理一年来的业绩如何。如果使用这一指标评价营销经理的业绩，就会犯用长期评价指标衡量短期业绩的错误。公司应该使用总预算生产能力而不是正常或实际生产能力评价当年营销经理的业绩，因为总预算是主要的短期计划和控制工具，设计总预算时考虑到了当年可以达到的最大销售量，对于管理者来说更有强制力。

当实际生产能力与总预算生产能力之间存在巨大差异时，一些公司（如得州仪器（Texas Instruments）、宝兰山（Polysar）和山德士）把差异中的一部分归入"计划闲置生产能力"。这种方法的出发点之一就是有利于业绩评价。仍以 Stassen 望远镜为例。生产能力的规划者通常无权为产品定价。最高管理层在未来 5 年需求预测的基础上，决定建立一个年产 12 000 副望远镜的工厂，但是由中层管理者，即营销经理进行产品定价决策。这些中层管理者认为他们仅仅对一部分制造费用负责任，而这部分制造费用仅仅与他们在 2014 年的潜在顾客有关。2014 年总预算生产能力为 8 000 副（实际生产能力 12 000 副的 2/3），体现了顾客基础。根据责任会计原则（参见第 6 章），在预算总固定生产成本中，只有 2/3（1 080 000×2/3＝720 000(美元)）是为满足 2014 年的市场需求而消耗的固定生产能力成本，剩下的 1/3（1 080 000×1/3＝360 000(美元)）是为满足 2014 年以后的长期需求增长所消耗的生产能力成本。[①]

□ 对外报告

选择哪种基准水平计算单位产品的预算固定生产成本，将会影响吸收成本法计算的有利或不利生产数量差异的大小。假设 Stassen 公司 2014 年实际运营信息如下所示：

	A	B	C
1	期初存货	0	
2	生产数量	8 000	单位
3	销售数量	6 000	单位
4	期末存货	2 000	单位
5	售价	$1 000	每单位
6	变动生产成本	$200	每单位
7	固定生产成本	$1 080 000	
8	变动营销成本	$185	每销售单位
9	固定营销成本	$1 380 000	

注意这些数据与图表 9—1 中变动成本法和吸收成本法下计算利润的数据相同。和前面一样，我们假设不存在生产成本的价格差异、耗费差异或效率差异。

生产数量差异的计算公式已在第 8 章介绍过：

$$\text{生产数量差异} = \text{预算固定制造费用} - \text{实际产出下的按单位产出预算成本分配的固定制造费用}$$

① 详见 T. Klammer, *Capacity Measurement and Improvement* (Chicago: Irwin, 1996)。此研究由 CAM-I 协助。CAM-I 是一个致力于推动创新会计实践的组织。在 CAM-I 对生产能力成本的研究基础上，可以减少（甚至消除）公司确认的各种生产能力成本，同时又不影响顾客所需的目标产出。例如，由于与供应商和顾客的沟通不力，有一部分生产能力是为预防某些可能发生的处理困难而准备的，持续改进过程成功地消除了这部分生产能力成本。

生产能力水平的不同含义导致四个不同的单位产品预算固定制造费用分配率。不同的分配率又导致分配给 8 000 单位产量的固定制造费用不同，生产数量差异不同。使用总预算生产成本 1 080 000 美元（等于实际固定生产成本）和不同基准水平下的分配率（本章“对预算固定生产成本分配率的影响”），可以计算生产数量差异：

生产数量差异(理论生产能力)＝1 080 000－(8 000×60)
＝1 080 000－480 000
＝600 000（美元)U

生产数量差异(实际生产能力)＝1 080 000－(8 000×90)
＝1 080 000－720 000
＝360 000（美元)U

生产数量差异(正常生产能力)＝1 080 000－(8 000×108)
＝1 080 000－864 000
＝216 000(美元)U

生产数量差异(总预算生产能力)＝1 080 000－(8 000×135)
＝1 080 000－1 080 000
＝0(美元)

Stassen 公司对这些期末差异如何处理，决定这些生产数量差异最终对营业利润造成何种影响。我们现在讨论三种可供选择的方案，这些方法在第 4 章就已经简单地介绍过了。

1. **调整分配率法**。总账和分类账中的一切数据都用实际成本分配率计算，取代原来的预算成本分配率。例如，实际固定制造费用是 1 080 000 美元，实际产量为 8 000 副，重新计算后的固定制造费用为每副 135 美元（1 080 000÷8 000）。成本分配率如此调整之后，计算预算固定制造费用之前对基准生产能力的不同选择就不会对期末的财务报表产生影响了，客观上相当于在期末采用实际成本系统。

2. **按比例调整法**。少分摊或多分摊的间接成本涉及在产品控制、产成品控制和产品销售成本账户的期末余额。这种方法要求将预算成本分配率改为实际成本分配率，重新计算这些账户的期末余额。这样一来，计算预算固定制造费用之前对基准生产能力的选择，同样不会对期末的财务报表产生影响。

3. **直接计入产品销售成本法**。图表 9—7 说明了 Stassen 公司 2014 年的营业利润是怎样受这种方法影响的。回想一下，Stassen 公司 2014 年 12 月 31 日的期末存货为 2 000 副。若基准水平为总预算生产能力，结果会导致 2 000 副期末存货分摊了数额最大的固定制造费用（见图表 9—7 中“减：期末存货”项目），而相应的营业利润也是最高的。图表 9—7 中，四种基准水平下营业利润之间的差异归结于 2014 年末固定制造费用可计入存货成本的差异：

2014 年 12 月 31 日包含在存货中的固定制造费用	
理论生产能力	2 000×60＝120 000(美元)
实际生产能力	2 000×90＝180 000(美元)
正常生产能力	2 000×108＝216 000(美元)
总预算生产能力	2 000×135＝270 000(美元)

图表 9—7　使用不同生产能力对利润表的影响：Stassen 公司 2014 年

	A	B	C	D	E	F	G	H
1		理论生产能力		实际生产能力		标准生产能力		总预算生产能力
2	基准水平	18 000		12 000		10 000		8 000
3	收入[a]	$6 000 000		$6 000 000		$6 000 000		$6 000 000
4	产品销售成本							
5	期初存货	0		0		0		0
6	变动生产成本[b]	1 600 000		1 600 000		1 600 000		1 600 000
7	固定生产成本[c]	480 000		720 000		864 000		1 080 000
8	可供销售的产品成本	2 080 000		2 320 000		2 464 000		2 680 000
9	减：期末存货[d]	(520 000)		(580 000)		(616 000)		(670 000)
10	产品销售成本（标准成本）	1 560 000		1 740 000		1 848 000		2 010 000
11	生产数量差异调整	600 000	U	360 000	U	216 000	U	0
12	产品销售成本	2 160 000		2 100 000		2 064 000		2 010 000
13	销售毛利	3 840 000		3 900 000		3 936 000		3 990 000
14	营销成本[e]	2 490 000		2 490 000		2 490 000		2 490 000
15	营业利润	1 350 000		1 410 000		1 446 000		1 500 000
16								
17	a.1 000×6 000=6 000 000(美元)			d.期末存货成本：				
18	b.200×8 000=1 600 000(美元)			(200+60)×2 000=520 000(美元)				
19	c.固定制造费用：			(200+90)×2 000=580 000(美元)				
20	60×8 000=480 000(美元)			(200+108)×2 000=616 000(美元)				
21	90×8 000=720 000(美元)			(200+135)×2 000=670 000(美元)				
22	108×8 000=864 000(美元)			e.营销成本：				
23	135×8 000=1 080 000(美元)			1 380 000+185×6 000=2 490 000(美元)				

在图表 9—7 中，总预算生产能力与正常生产能力之间的差异 54 000 美元（1 500 000－1 446 000），来自计入存货成本的固定制造费用差异 54 000 美元（270 000－216 000）。

总之，图表 9—4 和图表 9—7 中营业利润增加的共同原因是期末存货中包括的固定生产成本增加。固定生产成本计入存货的数量取决于两个因素：期末存货数量和固定生产成本分配率。图表 9—4 显示了期末存货数量增加（增加生产）对营业利润的影响。图表 9—7 显示了固定生产成本分配率增加（降低计算分配率的基准水平）对营业利润的影响。

第 8 章讨论了管理者和管理会计师在决定将生产数量差异按比例分配给存货和产品销售成本还是简单冲销差异计入产品销售成本时必须考虑的各种问题。目标是将代表没有用于支持当期生产的生产能力成本的那部分生产数量差异冲销。确定这个数额常常是一个判断问题。

□ 税收规定

在美国，出于税收报告目的，国税局（IRS）要求公司通过“在生产的多种产品间公允地分配成本的分配方法”分配存货性间接成本。国税局接受间接费用分配率（国税局的术语是“生产负担分配率方法”）和标准成本等方法。在每种方法下，美国税收报告要求期末在实际和使用调整分配率方法或按比例分配方法的间接成本间进行协调。[①]更有趣的是，在各种方法下，国税局允许使用实际生产能力计算预算单位固定生产成

① 例如，美国《国内税收法典》条款 1.471-11（Section 1.471-11，U.S. Internal Revenue Code）规定：“正确使用标准成本法，纳税人必须将总差异（净正或净负）按一定比例在期末存货产品中分摊。”当然，如果差异在金额上不重要，可以计入费用（即直接计入产品销售成本），假设企业财务报告中也做同样的处理。

本。而且，出于税收目的，这种方法产生的生产数量差异可以在成本发生当年扣除。从图表 9—7 中可以明显看出这种政策的税收好处。注意，当基准水平设定为实际生产能力（D 列，360 000 美元生产数量差异冲销计入产品销售成本）时，营业利润小于正常生产能力（F 列）或总预算生产能力（H 列）的营业利润。

生产能力成本的计划与控制

在制定生产能力水平计划和决定如何最好地控制及分配生产能力成本时，除了前面讨论的问题，管理者还必须考虑其他许多因素。这些因素包括已有生产能力的预计成本和预计需求的不确定性水平；在非生产部门，与生产能力有关的问题的存在；作业成本法技术在分配生产能力成本中的潜在应用。

选择基准水平的困难

实际生产能力衡量可利用的生产能力大小。管理者通常能够利用工程研究工具，同时考虑一些人力资源因素（比如工人安全），对预算期基准水平做出可靠的估计。有效估计需求方的基准水平更困难，特别是长期正常生产能力。例如在 20 世纪 80 年代，很多美国的钢铁制造公司坚信它们虽然处于需求波动周期中的需求下降阶段，但不出两三年情况一定会变好。钢铁行业确实存在周期性起伏，因此这一行业中的企业对正常生产能力进行预测应该说是比较有把握的。遗憾的是，80 年代钢铁的需求状况并没有好转，大量工厂倒闭，一些公司因此破产。近期全球经济放缓证明，在某种程度上，需求预测可能是不准确的。考虑一下，2006 年汽车分析师预测，2009—2010 年印度对汽车和客车的年需求将达到 192 万辆。2009 年早期，该预测被向下修正到 137 万辆。不准确的预测并非汽车行业所独有。2013 年 4 月，由于主要金属价格下降，最大的大宗商品消费者中国的需求放缓，世界最大的矿商必和必拓（BHP Billiton）取消了价值 400 亿美元的澳大利亚项目计划。除了应对经济周期和不准确的预测，公司也面临市场营销管理者的问题，他们可能高估自己夺回失去的销售和市场份额的能力。因此他们对产品“正常”需求的估计往往过于乐观。总预算生产能力只是考虑下一年的预期需求。因此，公司对总预算生产能力的估计比正常生产能力更为可靠。但是，总预算生产能力仍然只是一个预测，真实的需求可能高于或低于这个估计。

理解成本核算系统（如正常成本法或标准成本法）不能像管理者那样识别不确定性是很重要的。在吸收成本法下计算单位固定生产成本的时候，用一个唯一的数量作为基准，而不是一个可能的范围。考虑 Stassen 公司的设施，其实际生产能力的估计为 12 000 副；对其在 2014 年总预算生产能力的估计为 8 000 副。但是，对 Stassen 公司 2014 年及以后年度必须生产的产品实际数量仍有很大的疑问。管理者意识到生产计划的这种不确定性。Stassen 公司把工厂设计为 12 000 副的产出水平，部分原因就是为了应对可能的需求波动。即使在给定期间内需求并没有发生激增，认定目前闲置的生产能力是资源的浪费也是一种错误的观点。在某些期间内需求突然上升所带来的收益可能远比生产能力的闲置成本要大。

□ 预测固定制造费用的困难

根据分子（预算固定生产成本）和分母（某种生产能力指标）来确定固定制造费用分配率。到目前为止，我们的讨论一直围绕着分母的选择问题。然而，分子的确定同样是个复杂的问题。例如，美国对电力行业解除管制后，许多电力公司由盈利变为亏损。这一情况导致工厂设备的价值缩水，计入每千瓦时固定生产能力成本的折旧降低，从而分子变小了。在这种情况下，管理者面临的困难是价值缩水的金额并不清楚，从而需要进行判断。在一些行业，更加重视可持续发展和关注环境已经导致固定运营成本意外增加。另一方面，信息技术基础设施的成本不断下降，由于供应商（如亚马逊网络服务）提供的能力，该成本在许多情况下已经从固定成本转为变动成本。

□ 非生产成本

生产能力成本同样发生在价值链上的非生产环节。在 Stassen 公司的望远镜制造工厂中，同样存在一小部分承担分销功能的车辆生产能力。当实际利用的生产能力低于实际生产能力时，闲置生产能力成本不仅包括生产环节上的闲置，而且包括分销环节上的闲置。

正如第 8 章所述，生产能力成本问题在服务业中十分突出，如航空公司、医院、铁路，即使这些公司并没有存货和存货成本的问题。以医院为例，对于如何计算妇产科每个病人每天的固定成本，医院必须决定选择哪种生产能力作为基准：实际生产能力、正常生产能力或总预算生产能力。医院的决策将影响生产能力管理、定价决策以及业绩考核。

□ 作业成本法

为了专注于为预算固定生产成本分配率选择一个适当的基准，Stassen 公司的例子都假设所有固定制造费用只有一个成本动因：生产望远镜的数量。如第 5 章所述，作业成本法将生产成本归入若干成本库中，包括单位产出成本、批数成本、产品维持成本和设备维持成本——每类成本的成本动因都不同。在计算作业成本率时（比如生产准备成本和材料处理成本），管理层必须为成本动因的数量（生产准备小时或装运材料批数）选择一个生产能力水平。应该选择实际生产能力，或者正常生产能力，还是总预算生产能力？基于本章给出的一切理由（如定价和生产能力管理），大多数作业成本法的倡导者都认为管理者应该采用实际生产能力作为计算作业成本率的基准。

自测题

假设 Stassen 公司在 2014 年 1 月 1 日决定与另一公司签订合同，以预先装配该公司望远镜的大部分部件。2014—2015年期间修订的生产成本结构如下：

每单位的变动生产成本	
直接材料	250美元
直接制造人工	20美元
制造费用	5美元
每单位的变动生产成本总额	275美元
固定生产成本	480 000美元

在这个修订的成本结构下，公司生产成本中的大部分是随产量而变动的。计算2014年与2015年单位产品的预算固定生产成本的基准生产水平是8 000单位。假设图表9—1与图表9—2中的数据没有其他变化。在修订的成本结构下，吸收成本法与变动成本法营业利润的概要信息如下：

	2014年	2015年
吸收成本法营业利润	1 500 000美元	1 560 000美元
变动成本法营业利润	1 380 000美元	1 650 000美元
差异	120 000美元	(90 000)美元

要求：

1. 计算2014年和2015年单位产品的预算固定生产成本。

2. 解释2014年和2015年吸收成本法与变动成本法下营业利润之间的差异，重点关注期初和期末存货中的固定生产成本。

3. 为什么这些差异小于图表9—2中的差异？

4. 假设除了2014年的总预算生产能力由8 000单位变为10 000单位之外，其他信息不变。公司2014年的吸收成本法利润与先前的1 500 000美元相比，有何不同？说明你的计算。

解答：

1. $单位产品的预算固定生产成本=\dfrac{预算固定生产成本}{预算产量}$

$$=\frac{480\,000}{8\,000}$$

$$=60（美元/单位）$$

2. $\begin{matrix}吸收成本法\\营业利润\end{matrix}-\begin{matrix}变动成本法\\营业利润\end{matrix}=\begin{matrix}吸收成本法下期末\\存货中的固定生产成本\end{matrix}-\begin{matrix}吸收成本法下期初\\存货中的固定生产成本\end{matrix}$

2014：1 500 000－1 380 000＝(60×2 000)－(60×0)

120 000美元＝120 000美元

2015：1 560 000－1 650 000＝(60×500)－(60×2 000)

－90 000美元＝－90 000美元

3. 将大部分生产分包可以大幅降低固定生产成本，这种降低意味着吸收成本法和变动成本法之间的差异小于图表9—2中的差异。

4. 给定更高的总预算生产能力水平10 000单位，2014年的预算固定成产成本率如下：

$$\frac{480\,000}{10\,000}=48(美元)$$

每单位的生产成本为 323 美元（275 +48），因此，2014 年的生产数量差异为：

$$(10\,000-8\,000)\times 48 = 96\,000(美元)\text{U}$$

2014 年吸收成本法的利润表如下（单位：美元）：

收入：1 000×6 000	$6 000 000
产品销售成本	
期初存货	0
变动生产成本（275×8 000）	2 200 000
固定生产成本（48×8 000）	384 000
可供销售的产品成本	2 584 000
减：期末存货（320×2 000）	(646 000)
产品销售成本（标准成本）	1 938 000
生产数量差异调整	96 000U
产品销售成本	2 034 000
毛利	3 966 000
营销成本（1 380 000+185×6 000）	2 490 000
营业利润	$1 476 000

用于计算单位预算固定生产成本的基准水平越高，意味着在总预算生产能力为 8 000 单位（60×2 000=120 000（美元））时，计入存货中的固定生产成本（48×2 000=96 000（美元））越低。与先前计算出的 1 500 000 美元相比，24 000 美元（120 000−96 000）的差异导致营业利润降低了 24 000 美元。

决策要点

下面的问答形式是对本章学习目标的总结，决策代表与学习目标相关的关键问题，指南则是对该问题的回答。

决策	指南
1. 变动成本法与吸收成本法有何差异？	变动成本法和吸收成本法仅在一点有所不同，即如何记录固定生产成本。在变动成本法下，固定生产成本被排除在可计入存货成本之外，作为发生当期的一项期间成本处理。在吸收成本法下，固定生产成本可被归入存货，当产品售出时成为产品销售成本的一部分。
2. 变动成本法和吸收成本法下的利润有何不同？	变动成本法的利润表建立在贡献毛益形式的基础上，营业利润受销售量影响。而吸收成本法的利润表建立在销售毛利形式的基础上，营业利润受产量、销售量和分配固定成本的基准水平影响。

3. 管理者在采用吸收成本法时，为什么要设立产成品存货账户？	管理者在采用吸收成本法时，可通过生产更多的存货来提高营业利润。为了增加存货而进行生产，将使存货中包含更多的固定生产成本，同时使当期发生的成本减少。对吸收成本法的批评主要是固定生产成本被计入存货成本，它的最大危害就是对利润的操纵。
4. 产量成本法与变动成本法及吸收成本法有何不同？	产量成本法将除直接材料之外的所有成本都视为成本发生当期的期间费用。相对变动成本法和吸收成本法，在产量成本法下计入存货的生产成本更低。
5. 一个公司可以采用哪些生产能力水平计算预算固定生产成本率？	生产能力可以用工厂能够提供的生产水平来衡量——理论生产能力或实际生产能力；亦可以用市场对产品的需求来衡量——正常生产能力或总预算生产能力。
6. 管理者为计算预算固定生产成本率而选择生产能力水平时，考虑的主要因素有哪些？	管理者为计算预算固定生产成本率而选择生产能力水平时，考虑的主要因素包括：（1）对计算产品成本的影响及对生产能力管理的影响；（2）对定价决策的影响；（3）对业绩评价的影响；（4）对财务报表的影响；（5）监管要求。
7. 计划生产能力水平并分配生产能力成本时，管理者应该考虑哪些问题？	计划生产能力水平并分配生产能力成本时的关键因素包括预期生产能力成本耗费与已有生产能力需求的不确定性；非生产领域与生产能力相关的因素的作用；分配生产能力成本时，作业成本法技术的可能应用。

练习题

9—21 吸收成本法与变动成本法（摘自CMA）。Osawa公司在营业的第一年2014年计划并实际生产200 000单位的单一产品。单位产品变动生产成本为20美元，单位售出产品的变动营业（非生产）成本为10美元。计划和实际的固定生产成本为600 000美元，计划与实际的固定营业（非生产）成本合计400 000美元。公司以每单位40美元销售了120 000单位产品。

要求：

1. 公司2014年吸收成本法下的营业利润为：（1）440 000美元；（2）200 000美元；（3）600 000美元；（4）840 000美元；（5）以上均不是。列示计算过程。

2. 公司2014年变动成本法下的营业利润为：（1）800 000美元；（2）440 000美元；（3）200 000美元；（4）600 000美元；（5）以上均不是。列示计算过程。

9—23 变动与吸收成本法，销售量和营业利润变化。一家成立3年的公司Smart Safety生产销售一种类型的自行车头盔。公司采用标准成本法。在审查了前3年的利润表后，公司的董事长Stuart Weil说："我们的会计师告诉我——事实上我一直记得——我们的盈亏平衡销售量是52 000单位。我很高兴头两年我们达到了这个销售目标。但是有一件奇怪的事情：在第1年我们销售了52 000单位，实现了盈亏平衡。然后在第2年，我们销售了同样数量的产品，却实现了盈利。当然，我不会抱怨，但现在出现了糟糕的情况。在第3年，我们的销售量比第2年多20%，但营业利润却下降了80%多。在过去的3年里，我们的售价和成本结构都没有变，也没有价格、效率和耗费差异……这到底是怎么了？"

	A	B	C	D
1	吸收成本法			
2		2013年	2014年	2015年
3	销售量	52 000	52 000	62 400
4	收入	$2 236 000	$2 236 000	$2 683 200
5	产品销售成本			
6	期初存货	0	0	405 600
7	产量	2 028 000	2 433 600	2 028 000
8	可供销售量	2 028 000	2 433 600	2 433 600
9	减：期末存货	0	(405 600)	0
10	生产数量差异调整	0	(260 600)	0
11	产品销售成本	2 028 000	1 768 000	2 433 600
12	毛利	208 000	468 600	249 600
13	销售与管理费（固定）	208 000	208 000	208 000
14	营业利润	$ 0	$ 260 000	$ 41 600
15				
16	期初存货	0	0	10 400
17	产量	52 000	62 400	52 000
18	销售量	52 000	52 000	62 400
19	期末存货	0	10 400	0
20	单位变动生产成本	$ 14	$ 14	$ 14
21	固定间接制造成本	$1 300 000	$1 300 000	$1 300 000
22	单位产品分配的固定间接制造成本	$ 25	$ 25	$ 25

要求：

1. Smart Safety使用什么基准水平分摊固定间接制造成本？公司在年末如何处理有利或不利差异？简要解释你的答案。

2. 公司的会计师是如何算出52 000单位的盈亏平衡销售量的？

3. 编制各年以变动成本为基础的利润表。根据单位贡献毛益和销售量，解释各年变动成本法下营业利润的变化。

4. 比较各年变动成本法与吸收成本法下的营业利润。用这些信息向Stuart Weil解释2014年的净盈利和2015年营业利润的下降。

9—25 基准水平问题。Thunder Bolt公司是畅销摩托车G36的生产商。公司最近采用了吸收成本法并正在讨论使用哪种基准水平概念。G36摩托车平均售价为8 200美元。2014年的预算固定制造费用预估为6 480 000美元。公司向组件运营商购买零部件。公司管理层考虑的基准水平有以下几个选项：

a. 理论生产能力——基于三班制，每班生产5辆摩托车，一年生产360天——3×5×360=5 400辆。

b. 实际生产能力——根据不可避免的中断、故障等调整的理论生产能力——3×4×320=3 840辆。

c. 正常生产能力——预计为3 240辆。

d. 总预算生产能力——股票市场的走强与摩托车的日益流行促使营销部门发布2014年预计为3 600辆。

要求：

1. 分别计算四种基准水平概念的预算固定制造费用率。

2. 使用理论生产能力或实际生产能力对Thunder Bolt公司有什么好处？

3. 在基于成本的定价系统中，总预算基准水平的负面作用是什么？正面作用是什么？

9—27 变动成本法与吸收成本法。Mavis公司采用以标准成本为基础的吸收成本法系统。包含直接材料成本在内的总变动生产成本为每单位3美元，标准生产率为每机器小时生产10单位产品。总预算与实际固定制造费用为420 000美元。固定制造费用按照每机器小时7美元（基准水平：420 000÷60 000）进行分配。每单位产品售价5美元。由销售量决定的变动营业（非生产）成本为每单位1美元。固定营业（非生产）成本为120 000美元。2014年的期初存货为30 000单位，期末存货为40 000单位。2014年的销售量为540 000单位。2013年和2014年的单位标准成本维持不变。为简单起见，假设没有价格、耗费或效率差异。

要求：

1. 假设生产数量差异计入年末的产品销售成本，编制2014年的利润表。

2. 公司的董事长听说过变动成本法。她要求你采用变动成本法重新编制2014年的报表。

3. 解释要求1和2中的营业利润差异。

4. 用图表说明吸收成本法下如何核算固定制造费用。即可以分为两条线：一是预算固定制造费用（在本题中，它等于实际固定制造费用）；二是分配的固定制造费用。要求在图表中显示生产数量差异。

5. 批评人士声称，一种广泛使用的会计系统导致库存水平不良上升。(1) 是变动成本法还是吸收成本法更容易导致这种问题？为什么？(2) 管理者可以采取哪些措施抵制不良库存的形成？

9—29 变动成本法与吸收成本法的比较。Gammaro公司使用标准成本制度。公司的新任董事长Tim Sweeney得到的2014年数据如下：

	A	B	C
1	Gammaro公司		
2	截至2014年12月31日的年度利润表		
3		变动成本法	吸收成本法
4	收入	\$9 350 000	\$9 350 000
5	产品销售成本（标准成本）	4 695 000	5 855 000
6	固定制造费用（预算）	1 350 000	
7	固定制造费用差异（均为不利差异）		
8	耗费	125 000	125 000
9	生产数量	—	405 000
10	营销与管理费用总额（均为固定费用）	1 570 000	1 570 000
11	总成本	7 740 000	7 955 000
12	营业利润	\$1 610 000	\$1 395 000
13			
14	存货（标准成本）		
15	2013年12月31日	1 345 000	1 730 000
16	2014年12月31日	45 000	215 000

要求：

1. 2014年工厂经营占基准水平的比例是多少？

2. 吸收成本法下，2013年和2014年期末存货中固定制造费用是多少？

3. 比较并解释2014年两种方法下的营业利润差异。

4. Tim Sweeney注意到2014年尽管销售量相比2013年有所增长，但在吸收成本法下的营业利润实际上降低了。解释这种现象是如何产生的。

9—31 不同的基准水平概念，对营业利润的影响。Castle Lager刚收购了Jacksonville啤酒厂。啤酒厂刚刚建立两年，使用吸收成本法。它把产品以每桶47美元的价格"卖"给Castle Lager。Castle Lager的主计长Peter Bryant得到2014年Jacksonville啤酒厂生产能力和预算固定制造成本的信息如下：

	A	B	C	D	E
1		每期	每期	每天	
2	基准水平	预算固定	生产	生产	每小时
3	生产能力概念	制造费用	天数	小时数	桶数
4	理论生产能力	\$27 900 000	358	22	545
5	实际生产能力	\$27 900 000	348	20	510
6	正常生产能力	\$27 900 000	348	20	410
7	每半年的总预算生产能力				
8	(1) 2014年1—6月	\$13 950 000	174	20	315
9	(2) 2014年7—12月	\$13 950 000	174	20	505

要求：

1. 采用四种基准水平计算固定制造费用分配率。说明为什么会不同。

2. 2014年，Jacksonville啤酒厂报告的生产结果如下：

	A	B
12	2014年1月1日期初存货（桶）	0
13	产量（桶）	2 670 000
14	2014年12月31日期末存货（桶）	210 000
15	实际变动生产成本（美元）	80 634 000
16	实际固定制造费用（美元）	26 700 000

没有变动成本差异。固定制造费用差异计入发生当期产品销售成本。分别用理论生产能力、实际生产能力和正常生产能力作为基准水平生产能力，计算Jacksonville啤酒厂的营业利润。

9—33 基准水平选择，存货水平变化，对营业利润的影响。Donaldson公司是一家计算机配件的生产商。公司采用以标准成本为基础的吸收成本法。2014年报告的数据如下：

	A	B	C
1	理论生产能力	275 000	单位
2	实际生产能力	265 000	单位
3	正常生产能力	233 200	单位
4	销售价格	$39	/单位
5	期初存货	35 000	单位
6	生产量	235 000	单位
7	销售数量	250 000	单位
8	预算变动生产成本	$8	/单位
9	总预算固定生产成本	$2 915 000	
10	总预算营业（非生产）成本（固定）	$200 000	

没有价格、耗费及效率差异。实际营业成本等于预算营业成本。生产数量差异计入产品销售成本。对于每种基准水平选择，单位预算生产成本与期初存货的单位成本一致。

要求：

1\. 基准水平为：（1）理论生产能力；（2）实际生产能力；（3）正常生产能力时，2014年生产数量差异分别是多少？

2\. 采用理论生产能力、实际生产能力与正常生产能力作为基准水平，编制该公司以吸收成本法为基础的利润表。

3\. 为什么正常生产能力下的营业利润会低于其他两种基准水平下的营业利润？

4\. 将理论生产能力与实际生产能力下的营业利润差异与包含在存货中的固定生产成本差异进行对比。

9—35 需求螺旋式下降。Gostkowski公司即将在竞争激烈的个人电子市场上推出光学阅读机。基于对未来成长的预期，公司租借了一台大型的生产设施，并采购了几台昂贵的设备。2013年是公司经营的第一年，Gostkowski预计生产并销售24 000单位，而实际生产能力为48 000单位。公司的成本数据如下（单位：美元）：

	A	B
1	单位变动生产成本	
2	直接材料	20
3	直接制造人工	35
4	制造费用	9
5	固定制造费用	576 000

要求：

1\. 假设公司采用吸收成本法，并使用预算产量作为计算固定制造费用率的基准水平。销售价格定为生产成本的130%。计算公司的销售价格。

2\. 公司以先前计算出的销售价格进入市场。然而，尽管整个市场在增长，但销售却不如公司预计的那样强劲，而且竞争者的产品售价比Gostkowski公司低16美元。公司董事长Enrico Gostkowski坚持认为竞争者一定是亏本销售且无法持续下去。因此，Gostkowski公司除了将2014年的生产和销售量调整为18 000单位之外，并未做其他调整。预期变动及固定成本也不会变化。计算该公司新的销售价格，并评价公司预算生产量的选择如何影响销售价格和竞争地位。

3\. 重新计算采用实际生产能力作为基准水平

时的销售价格。这种选择对该公司的市场地位有何影响？对生产数量差异有何影响？

9—39 成本分摊，需求螺旋式下降。Top Catering经营洛杉矶地区的10家连锁医院。它的中央食品餐饮服务部门Topman为医院准备和配送套餐。Topman的生产能力能达到一年配送1 025 000份套餐。2014年，基于每家医院主计长的估计，Topman预计一年配送925 000份套餐。2014年的预算固定成本为1 517 000美元。Topman就每份套餐向每家医院收费6.24美元——4.60美元的变动成本加上分摊的1.64美元预算固定成本。

最近，医院一直抱怨Topman的套餐质量和上升的成本。2014年年中，Top Catering董事长宣布公司所有医院和保障部门都将作为利润中心运营。医院可以自由从外面采购有质量保证的服务。Topman的主计长Ron Smith正在编制2015年的预算。他听说3家医院决定使用外部供应商供餐，这将使2015年的估计需求量降至820 000份。2015年预计每份套餐的变动成本或总固定成本不变。

要求：

1. Smith是如何计算出2014年每份套餐的预算固定成本1.64美元的？

2. 使用与2014年相同的方法计算每份套餐的预算固定成本并定价，2015年医院应当就每份套餐向Topman支付多少美元？对于这个价格，医院的主计长会有什么反应？

3. 推荐另一种更容易被医院接受的Smith可能提出的基于成本的每份套餐定价方法。从长期来看，Topman和Smith可以采取什么措施使得这个价格有利可图？

9—41 吸收成本法、变动成本法与产量成本法。特斯拉汽车公司（Tesla Motors）在加利福尼亚州弗里蒙特工厂组装型号为S-85的全电动汽车。2014年每辆车的标准变动生产成本为58 800美元，包括：

直接材料	36 000美元
直接制造人工	10 800美元
变动制造费用	12 000美元

变动制造费用根据组装时间分摊，每辆车的标准组装时间为20小时。

该工厂实现高度自动化，每月的实际生产能力为4 000辆汽车。预算每月固定制造费用45 000 000美元。固定制造费用按照工厂预计正常生产能力的标准组装时间分摊。2014年，预算正常生产能力为每月3 000辆。

公司于2014年开始生产S-85汽车。当年前3个月实际生产与销售的数据如下：

	1月	2月	3月
生产量	3 200	2 400	3 800
销售量	2 000	2 900	3 200

Franz Holzhausen是该公司的高级副总裁，同时也是该工厂的负责人。他的薪酬包括使用吸收成本法计算的季度营业利润的0.25%的红利。公司每月编制吸收成本法的利润表，其中包含对当月发生的生产数量差异的调整。2014年的前3个月没有变动成本差异或固定制造费用耗费差异。

该工厂销售每辆S-85汽车的收入（扣除营销成本）是96 000美元。

要求：

1. 计算：（1）单位固定生产成本；（2）单位总生产成本。

2. 分别计算1月、2月和3月吸收成本法下的营业利润。每月应当向Franz Holzhausen支付的红利分别是多少？

3. 如果改用变动成本法下的营业利润作为计算基础，那么每月支付给Holzhausen的红利会变化多少？

4. 解释要求2和3中Holzhausen红利的差异。

5. 如果改用产量成本法下的营业利润作为计算基础，那么每月支付给Holzhausen的红利会变化多少？

6. 该公司能够采取哪些不同方法来减少工厂使用吸收成本法时可能的不良行为？

附录　变动成本法和吸收成本法的盈亏平衡点

第3章介绍了本量利分析。如果使用变动成本法，盈亏平衡点（当营业利润为0时的点）按常规方式计算。在这个案例中只有一个盈亏平衡点，它取决于固定（生产和运营）成本和单位贡献毛益。

变动成本法下，计算盈亏平衡点的公式是第 3 章中目标营业利润一般公式的特例：

令　Q＝获取目标营业利润所需的销售量

则　$$Q=\frac{\text{总固定成本＋目标营业利润}}{\text{单位贡献毛益}}$$

当目标营业利润为 0 时就实现了盈亏平衡。在 2014 年 Stassen 实例中（见图表 9—1）：

$$Q=\frac{(1\,080\,000+1\,380\,000)+0}{1\,000-(200+185)}=\frac{2\,460\,000}{615}$$
$$=4\,000(\text{单位})$$

现在我们证明，在变动成本法下 Stassen 要实现盈亏平衡需要销售 4 000 单位产品：

收入，1 000×4 000	$4 000 000
变动成本，385×4 000	1 540 000
贡献毛益，615×4 000	2 460 000
固定成本	2 460 000
营业利润	$　　0

如果使用吸收成本法，获得特定目标营业利润所需的销售量就会因为包含的变量数量而不是唯一的。下面的公式显示了在吸收成本下，影响目标营业利润的因素：

$$Q=\frac{\text{总固定成本＋目标营业利润＋[固定生产成本率×(盈亏平衡点销售量－产量)]}}{\text{单位贡献毛益}}$$

式中，分子是三个项目的总和（从两个“＋”号的角度看），而前面的变动成本法公式的分子中只有两个项目。吸收成本法下，分子中增加的项目如下：

[固定生产成本率×(盈亏平衡点销售量－产量)]

这一项目减去了当产量超过盈亏平衡销售量时需要补偿的固定成本。当产量超过盈亏平衡销售量时，一些在变动成本法下计入费用的固定生产成本却没有在吸收成本法下计入费用；相反，它们包含在产成品存货中。吸收成本法下的盈亏平衡销售量要相应地小于变动成本法下的盈亏平衡销售量。①

假设 Stassen 公司 2014 年实际产量是 5 280 单位。那么，吸收成本法下的一个盈亏平衡点 Q 如下：

$$Q=\frac{(1\,080\,000+1\,380\,000)+0+[135\times(Q-5\,280)]}{1\,000-(200+185)}$$
$$=\frac{(2\,460\,000+135Q-712\,800)}{615}$$
$$615Q=1\,747\,200+135Q$$
$$480Q=1\,747\,200$$

① 产量小于盈亏平衡销量的相反情况是不可能的，除非工厂有期初存货。在那种情况下，假设单位变动生产成本和固定生产成本率是恒定的，盈亏平衡公式仍然是有效的。那么，吸收成本法下的盈亏平衡销量将超过变动成本法下的盈亏平衡销量。

$Q=3\ 640$

接下来我们证明在吸收成本法下，产量为5 280单位，销量为3 640单位时，Stassen能实现盈亏平衡。

收入，1 000×3 640		$3 640 000
产品销售成本		
以标准成本计算的产品销售成本，335×3 640	$1 219 400	
生产数量差异，135×(8 000－5 280)	367 200U	1 586 600
毛利		2 053 400
营销成本		
变动营销成本，185×3 640	673 400	
固定营销成本	1 380 000	2 053 400
营业利润		$ 0

吸收成本下的盈亏平衡点取决于：(1) 固定生产成本；(2) 固定运营（营销）成本；(3) 单位贡献毛益；(4) 产量水平；(5) 选择作为基准以设定固定生产成本率的生产能力水平。对Stassen来说，2014年销量3 640件，固定生产成本1 080 000美元，固定营销成本1 380 000美元，单位贡献毛益615美元，基准水平8 000单位，产量5 280单位，就导致营业利润为零。但是，请注意，还有许多这5个因素的组合可以使营业利润为零。比如，在吸收成本法下保持其他因素不变，产量6 240单位，销量3 370单位，也可以使营业利润为零。下面我们提供了这种盈亏平衡点的验证：

收入，1 000×3 370		$3 370 000
产品销售成本		
以标准成本计算的产品销售成本，335×3 370	$1 128 950	
生产数量差异，135×(8 000－6 240)	237 600 U	1 366 550
毛利		2 003 450
营销成本		
变动营销成本，185×3 370	623 450	
固定营销成本	1 380 000	2 003 450
营业利润		$ 0

假设2014年的实际产量等于基准水平8 000单位，没有销售，没有固定营销成本。所有产品都是存货，那么所有固定生产成本将包含在存货中。没有生产数量差异。基于这些条件，在吸收成本法下，这个公司没有销售都能实现盈亏平衡！与此相反，在变动成本法下，营业亏损等于固定生产成本1 080 000美元。

第 10 章

成本性态的确定

- 基本假设和成本函数示例
- 识别成本动因
- 成本估计方法
- 用定量分析法估计成本函数
- 评价与选择成本动因
- 非线性成本函数
- 数据收集及调整问题
- 附录　回归分析

学习目标

1. 描述线性成本函数及三种常见类型
2. 解释因果关系在成本函数估计中的重要性
3. 了解成本估计的各种方法
4. 概述用定量分析法估计成本函数的六个步骤
5. 说明评价和选择成本动因的三个标准
6. 解释非线性成本函数，特别是学习曲线效应导致的非线性成本函数
7. 注意在估计成本函数时遇到的数据问题

回顾过去有什么用吗？

可能是回想家庭和朋友的美好记忆，或帮助你理解历史事件。也许回想过去可以帮助你更好地理解和预测未来。组织回顾过去是为了分析业绩，为改善公司未来的业绩制定最好的决策。这些活动要求管理者收集关于成本和成本性态的信息，以便管理者能够预测将来它们会是什么样。理解成本性态是一个非常有价值的技术技能，在此过程中获得的知识能够激励组织以创新的方式认识它的运营，应对重要的挑战。管理者依靠管理会计师帮助他们识别成本动因，估计成本关系，并且确定成本中的变动和固定部分。为了有效识别降低成本和增加盈利的新机会，管理会计师必须清楚地理解企业的战略。正如下面的文章所表明的，管理会计师对公司运营的深入理解可以降低成本，同时也支持环境可持续发展。

思科在理解成本的同时保护了环境①

理解成本性态有助于环境可持续发展吗？在思科系统公司（Cisco Systems），对公司成本和运行的深入了解不仅降低了成本，还有助于保护环境。思科是计算机网络设备（包括路由器和无线交换机）制造商。传统上，思科把从客户手中回收的旧设备当作废品，每年回收成本约为800万美元。从2005年开始，思科尝试探索这些设备的用途，主要是因为80%的回收设备是可用的。

思科的一个价值恢复团队确定了公司内部可以使用回收设备的小组。这个小组包括支持保修索赔和服务合同的客户服务小组，以及提供技术支持、培训和产品演示的实验室。基于价值恢复团队最初的成功，思科指定把回收小组作为一个业务单元，为其设定清晰的目标，并且编制独立的利润表。因此，回收设备的再利用率从2004年的5%上升到2008年的45%，同时思科的回收成本下降了40%。到2010年，公司对所有回收的电子设备完全进行了再利用。这个回收单元已成为一个利润中心，2012年为思科的利润总额贡献了2.86亿美元。现在除了回收利用，思科还通过减少实验室能耗削减成

① Cisco Systems, Inc. 2013. *2012 corporate social responsibility report*. San Jose, CA: Cisco Systems, Inc.; Nidumolu, R., C. Prahalad, and M. Rangaswami. 2009. Why sustainability is now the key driver of innovation. *Harvard Business Review*, September.

本，每年可以节约 900 万美元，并且在数据中心安装了太阳能电池板。

思科的例子说明，管理者必须了解成本性态，以便制定一个对环境有正面影响的战略和经营决策。考虑其他几个例子，联邦快递的管理者决定用新的波音 757 飞机取代旧飞机，这样不仅减少了 36%的燃料消耗，而且运输能力提高了 20%。在 Clorox 公司，管理者决定建设一条新型非合成清洁产品生产线，这条生产线更有利于保护环境，并且有助于生产一种年产值约 2 亿美元的新“绿色”清洁产品。

任何情况下，为了回答关键的管理问题，了解成本性态都是至关重要的。本章的重点就是管理者如何确定成本性态模型，即成本如何随着作业水平、产量等的变动而变动。

基本假设和成本函数示例

管理者可通过成本函数理解成本性态，成本函数是估计成本的基本构件。**成本函数**（cost function）是对成本如何随作业水平变动而变动的一种数学描述。对作业水平进行计量后，可画出成本函数的图形，如用横轴（也称 x 轴）表示产品的批数或机器小时数，用纵轴（也称 y 轴）表示与作业水平相对应（或者根据作业水平确定）的总成本。

□ 基本假设

管理者对成本函数的估计通常基于以下两个假设：

1. 总成本的变动可解释为与这些成本有关的单个作业（成本动因）水平的变动。

2. 在相关范围内，可以用线性成本函数很好地估计出成本性态。回想一下第 2 章的内容，相关范围是作业水平和总成本之间关系的作业范围。对于**线性成本函数**（linear cost function）来说，在相关范围内，总成本与相关的单个作业水平之间的关系曲线为一条直线。

这些假设贯穿了本章的大部分内容。并非所有的成本函数都是线性且可以用单个作业加以解释的。后面的章节将会讨论不依赖于这些假设的成本函数。

□ 线性成本函数

下面以 StoreBox 公司同 Forest Web Services（FWS）公司就企业级云计算服务问题进行的谈判为例，说明线性成本函数的三种类型以及成本函数在公司决策中扮演的角色。

- **方案 1**：每小时 CPU 使用费用为 0.50 美元。StoreBox 的总成本随 CPU 使用时间的变动而变动。CPU 使用时间是影响总成本变动的唯一因素。

图表 10—1（A）表示 StoreBox 的变动成本。在方案 1 中，云计算服务没有固定成本。我们可以将图表 10—1（A）的成本函数写为：

$y=0.50X$

式中，X 表示CPU使用时间（x 轴）；y 表示用成本函数计算出来的总成本（y 轴）。由图表10—1（A）可以看出，0.50美元为**斜率系数**（slope coefficient），表示作业水平变动一个单位（在StoreBox的例子中，指CPU使用一个小时）时总成本的变动数。在本章中，大写字母，如 X 表示实际的观测值，而小写字母，如 y 表示利用成本函数估计或计算得到的数值。

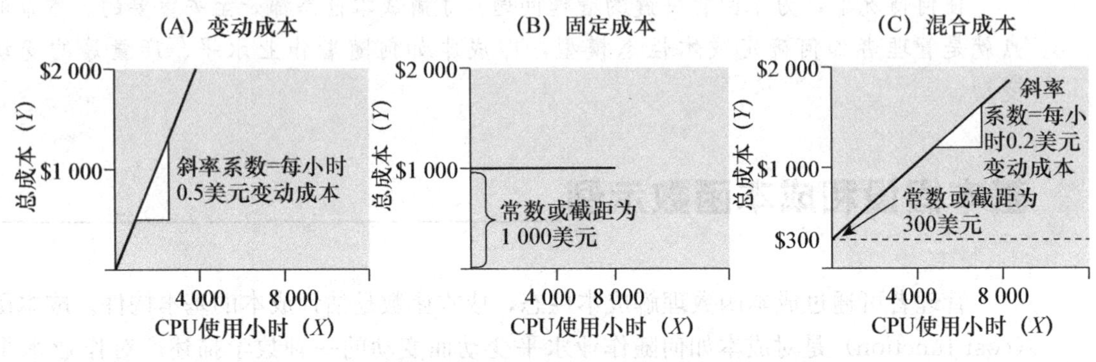

图表10—1　线性成本函数示例

- **方案2**：不考虑CPU使用时间，总成本为每月1 000美元（我们用同一个作业——CPU使用时间作计量尺度，以比较三种不同备选方案下的成本性态模式）。

图表10—1（B）显示StoreBox的固定成本方案。我们可以将图表10—1（B）中的成本函数写为：

$y=1\ 000$(美元)

1 000美元的固定成本称为**常数项**（constant）；它是总成本的一个组成部分，不随作业水平的变动而变动。常数项构成了全部的成本，因为这里没有变动成本。在图表10—1（B）中，成本函数的斜率系数为零；该成本函数与 y 轴交于一个常数值，因此常数项也称**截距**（intercept）。

- **方案3**：每月付300美元，另外CPU使用每小时支付0.20美元。这是一个混合成本的例子。**混合成本**（mixed cost）——也称**半变动成本**（semivariable cost）——是指既包含固定成本又包含变动成本的一种成本。

图表10—1（C）显示StoreBox的混合成本方案。我们可以将图表10—1（C）的成本函数写为：

$y=300+0.20X$

与方案1和方案2的图形不同，图表10—1（C）既有300美元的常数项（截距），又有0.20美元的斜率系数。在混合成本的例子中，相关范围内的总成本随CPU使用时间的增加而增加，但请注意，在相关范围内，总成本并不严格随CPU使用时间的变动而成比例变动。例如，当CPU使用时间为4 000小时时，总成本为1 100美元［300+（0.20×4 000)］，但当CPU使用时间为8 000小时时，总成本变为1 900美元［300+（0.20×8 000)］。虽然使用时间增加了一倍，但总成本仅增加了73%［(1 900−1 100)÷1 100］。

StoreBox的管理者必须了解三种备选方案下的成本性态模型，以便从中选择一个最佳方案同 FWS 进行交易。假设 StoreBox 估计每月的 CPU 使用时间至少有 4 000 小时，那么三种备选方案下 4 000 小时的成本分别为：

- **方案 1**，2 000 美元（0.50×4 000）；
- **方案 2**，1 000 美元；
- **方案 3**，1 100 美元［300+(0.20×4 000)］。

方案 2 的成本最少，而且如果 StoreBox 的使用时间超过 4 000 小时，方案 1 和方案 2 的成本将会更高，因此，StoreBox 应选择方案 2。

请注意，图表 10—1 中的图形都是线性的。也就是说，它们都是直线。我们只需知道常数项（截距）数值（通常用 a 表示）和斜率系数（通常用 b 表示）即可。对任一单个作业的线性成本函数（回想一下本节开始时我们讨论的两个假设）来说，知道 a 和 b 就足以描述并画出相关范围内所有使用时间的数值。线性成本函数的一般形式是

$$y=a+bX$$

方案 1 中，a=0 美元，b=0.50 美元/小时；方案 2 中，a=1 000 美元，b=0 美元/小时；方案 3 中，a=300 美元，b=0.20 美元/小时。为了画出图表 10—1（C）中的混合成本函数，我们从 y 轴的 300 美元出发作一条直线。这是固定部分。如果 StoreBox 使用 1 000 小时，总成本增加 200 美元（0.20×1 000），达到 500 美元（300+200）；类似地，使用 2 000 小时，总成本增加 400 美元（0.20×2 000），达到 700 美元（300+400），以此类推。

□ 成本分类的回顾

在讨论成本函数估计的相关问题之前，让我们先简单地回顾一下第 2 章中将成本划分为变动和固定两部分的三个标准。

成本对象的选择

特定的成本项目可能对一个成本对象是变动的，而对另一个成本对象又是固定的。以航空运输公司 Super Shuttle 为例，若以运货车队为成本对象，则每年的货车登记和执照费对货车数而言是变动成本，但若以某一特定的货车为成本对象，则该货车的登记和执照费对一年的驾驶里程而言是固定成本。

时间跨度

对一个特定的作业而言，一项成本是变动成本还是固定成本，取决于管理者决策时考虑的时间跨度。其他条件不变，时间跨度越大，成本就越有可能是变动的。例如，短期内，波音公司的质检成本对检查时间而言通常是固定成本，因为在给定的年度质检员的工资是固定的，不受检查的小时数影响。但在长期内，波音的总质检成本将会随所需检查时间的变动而变动：如果需要更多的检查时间，就需要雇用更多的质检人员，而如果所需的检查时间减少，就要解雇一些质检人员，或给他们分配其他任务。

相关范围

只有在特定的相关范围内，变动和固定成本性态模型才对线性成本函数有效。在相

关范围以外，固定成本性态模型发生变动，会使得成本变为非线性（非线性意味着坐标图中的关系图将不是一条直线）。例如，图表 10—2 中给出了 Winter Sports Authority 公司 Vermont 工厂每年总直接制造人工成本与滑雪板产量之间的关系（多年）图。在本例中，由于人工或其他方面的低效（开始是因为工人正在学习生产滑雪板，后来是因为生产能力达到极限），在相关范围外出现了非线性关系。了解正确的相关范围对于正确划分成本十分必要。

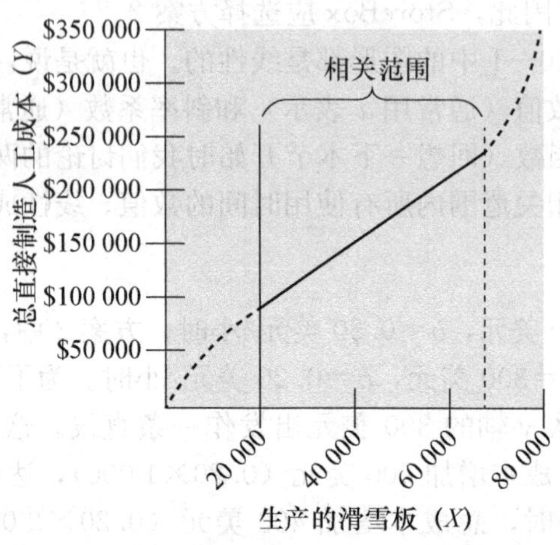

图表 10—2　Winter Sports Authority 公司相关范围内的线性

识别成本动因

在 StoreBox/FWS 例子中，我们使用 StoreBox 正在考虑的未来成本结构信息讨论了变动成本函数、固定成本函数和混合成本函数，但成本函数通常是根据过去的成本数据估计得到的。**成本估计**（cost estimation）实际上是试图在过去的成本数据和相关的作业水平基础之上给出某种过去的关系。管理人员之所以对估计过去的成本性态函数感兴趣，主要是因为这些估计能帮助他们对未来成本做出更为精确的**成本预测**（cost predictions）。例如，索尼公司（Sony）的管理者使用过去的成本函数评估方案设计成本，并将这些信息与顾客的支付意愿相结合，为新的 TV 模型选择设计特点。类似地，大众公司营销经理可以通过成本估计来了解是什么因素导致顾客服务成本的年度变化（如可能是汽车销售量或开发新车型的数量）以及它的固定成本部分和变动成本部分。合理的成本预测能帮助管理人员制定更明智的计划和控制决策，如编制下一年度的顾客服务预算，但更好的管理决策、成本预测和成本函数估计有赖于管理者准确识别影响成本的因素。

□ 因果标准

估计成本函数时最关键的问题是决定作业水平和相应成本之间是否存在因果关系。没有因果关系，管理人员就不能估计或预测成本。回想一下第 2 章的内容。当作业水平的变化与总成本的变化存在因果关系时，我们把作业称为成本动因。在估计成本函数时，我们交替使用作业水平和成本动因水平这两个术语。

理解成本动因对于管理成本是非常关键的。因果关系可能由以下几种情况产生：

- **作业水平与成本之间的实物关系**。直接材料成本和产量之间的实物关系就是一个例子。生产更多的滑雪板需要更多的塑料，从而造成更高的总直接材料成本。
- **合同协议**。考虑 StoreBox 公司与 FWS 之间的合同。合同中指定 CPU 使用时间为影响云服务成本的作业水平。因此，二者之间有直接的因果关系。
- **经营知识**。经营知识的一个例子是，将零部件数作为计量订购成本的作业。一个由许多零部件组成的联想计算机比只有几个零部件的产品需要更高的订购成本。

管理者必须小心，不要将两个变量之间的高度相关性或联系解释为两者之间存在因果关系。考虑 Winston 家具公司的总直接材料成本和人工成本。Winston 家具公司生产两种类型的桌子，一种是花岗岩桌面，一种是木头桌面。花岗岩桌子比木头桌子的直接材料成本高，因为花岗岩更昂贵。但是花岗岩被做成了预制块，因此花岗岩桌子比木头桌子需要的直接生产人工成本少。Winston 公司目前销售 10 000 张花岗岩桌子和 30 000 张木头桌子。

如果 Winston 公司两种桌子多销售 20%，那么每种桌子的总直接材料成本和总直接生产人工成本将会增加 20%。在这个例子中，两类成本是高度相关的。但是，特别要注意的是，两种成本之间没有因果关系，因此用一种成本预测另一种成本是有问题的。

为了说明原因，假设 Winston 公司多销售 20%的桌子（总共 48 000 张），其中 4 000 张是花岗岩桌子，44 000 张是木头桌子。与花岗岩桌子相比，木头桌子的总直接人工生产成本更高，因此，Winston 公司的总直接人工生产成本将增加 20%以上。相反，因为花岗岩比木头更昂贵，Winston 公司的总直接材料成本会下降。因此，用 Winston 公司的总直接人工生产成本预测总直接材料成本就会发生错误。诸如每类桌子的产量等其他因素可以更准确地预测公司总直接材料成本的变化。

只有存在因果关系——而不仅仅是相关关系——才能在作业水平与成本之间建立经济合理的关系。经济合理性之所以重要，是因为它使分析师和管理者确信，估计出的关系能在其他同类数据中得到证明。确认成本动因也使管理者能够深入了解减少成本的方法，并且确信减少成本动因数量将会导致成本降低。

□ 成本动因和决策程序

为了准确确定成本动因以制定决策，管理者常常会使用一个比较长的时间跨度。因为成本在短期内可能是固定的（在此期间，这些成本没有成本动因），但是从长期来看，这些成本是变动的，有成本动因。专注于短期可能无意中使管理者相信，一项成本没有成本动因。

考虑一个例子，Elegant 地毯公司用最先进的自动化纺织机器生产家用和办公用地毯。管理者对生产流程作了改动，想引进一种新型地毯。管理者执行了第 1 章中介绍的五步决策制定程序，评估这些改动如何影响成本以及应该引进什么类型的地毯。

步骤 1：确定问题与不确定性。改变生产流程以减少 Elegant 地毯公司的间接制造人工成本。管理者想知道公司的监督、维修和质量控制成本是否真的降低了。一种方法是简单比较流程改变前后的间接制造人工成本。这种方法存在的问题是流程改变前后的作业数量和生产的地毯类型有很大不同，因此在进行成本比较前要考虑这些变化。

Elegant公司的管理者对新型地毯的直接材料和直接人工成本相当有信心。但是，他们不太确定不同类型的选择对间接生产成本的影响。

步骤2：获取信息。管理者收集关于潜在成本动因的信息，诸如机器小时或直接制造人工小时等，它们会引发间接人工成本。管理者也开始考虑不同的技术（下一节讨论），估计成本动因对间接制造人工成本的影响程度。他们的目标是确定最好的单一成本动因。

步骤3：预测未来。管理者用历史数据估计成本动因和成本之间的关系，并用这种关系预测未来的成本。

步骤4：选择方案做决策。正如我们后面将要描述的，管理者选择机器小时作为间接制造人工成本的成本动因。管理者使用回归分析估计不同类型地毯的单位机器小时间接制造人工成本，并选择生产最能获利的类型。

步骤5：实施决策，评价业绩与学习。一年后，管理者评价决策的结果。将预计成本与实际成本进行比较，有助于管理者确定估计的准确性，设定持续改进目标，并寻求改进Elegant公司效率和效果的方法。

成本估计方法

成本估计有四种方法：（1）工业工程法；（2）会谈法；（3）账户分析法；（4）定量分析法（有不同的形式）。这些方法的不同之处在于实施成本、前提假设和估计成本函数的精确性。但它们并不互相排斥，许多组织把它们结合起来使用。

工业工程法

方法描述

工业工程法（industrial engineering method），也称**工作衡量法**（work-measurement method），通过分析实物形态下投入产出之间的关系来确定成本函数。Elegant地毯公司投入棉布、羊毛、染料、直接人工、机时及动力。产出是按平方码计量的地毯。时间和动作研究分析了制造地毯的各道工序所要求的时间。例如，由时间和动作研究可以得出，生产10平方码的地毯要用1小时的直接人工。生产标准与预算把这些实物形态的投入转化为成本来计量。这样就建立了反映直接制造人工成本与成本动因（即产出地毯的平方码）之间关系的估计成本函数。

优势与面临的挑战

当投入和产出之间存在一种实物关系时，工业工程法是估计成本函数的一种非常全面、详细的方法。虽然工业工程法非常耗时，但有些政府合同规定采用这种方法。很多组织（如Bose和诺基亚（Nokia））用其估计直接人工成本，但发现利用这种方法分析整个成本结构的代价实在是太大或不实际。例如，对于某些项目，如间接生产成本、研发成本和广告成本时，投入产出之间的实物形态关系很难说明。

□ 会谈法

方法描述

会谈法（conference method）是以公司各部门（如采购、工艺工程、生产、雇员关系等）对成本和成本动因的分析和意见为基础估计成本函数的方法。例如，某些银行在归纳相关部门意见的基础上开发零售银行产品（如经常账户、威士卡、抵押贷款等）的成本函数。对于估计软件开发项目的成本来说，依赖专家的集体判断是最流行的战略。Elegant 地毯公司收集监督员和生产工程师关于间接人工成本如何随机器小时和直接人工小时变动的意见。

优势与面临的挑战

会谈法促进了部门间的互相合作。价值链中各个环节专业知识的融合使会谈法具有真实可信性。由于会谈法不需要对数据进行深入分析，因此能很快得到成本函数和成本估计。但是，因为是利用人们的意见，因此成本估计的精确程度在很大程度上依赖于信息提供者的技能和努力。

□ 账户分析法

方法描述

账户分析法（account analysis method）把不同成本账户按作业水平划分为变动成本、固定成本和混合成本，由此估计成本函数。管理者在进行成本分类决策时，通常采用定性分析而不是定量分析的方法。

考虑 Elegant 地毯公司一个小作业区域（单元）的间接制造人工成本。间接制造人工成本包括支付给监管人员、维修人员、质量控制人员及调试人员的工资成本。在最近的 12 周内，该作业单元总共使用了 862 个机器小时，发生间接制造人工成本共 12 501 美元。管理者和管理会计师进行定量分析后，确定间接制造人工成本为混合成本，唯一的成本动因是机器小时。机器小时变动时，成本中的某一项（如监管成本）保持不变，而另一项（如维修成本）则随之变动。管理者和管理会计师欲使用机器小时数作为成本动因，为作业单元的间接制造人工成本估计一个线性成本函数。为此，他们必须区分变动成本与固定成本。依据历史经验和判断，他们决定按照与机器小时的关系，将总间接制造人工成本（12 501 美元）分解为固定成本（2 157 美元，基于该单元 12 周内 950 机器小时生产能力）和变动成本（10 344 美元）。每机器小时的变动成本是 10 344÷862＝12 美元。代入线性成本函数公式 $y=A+BX$，得出成本函数：

间接制造人工成本＝2 157＋(12×机器小时数)

Elegant 地毯公司的管理者可以利用这个成本函数估计间接制造人工成本。比如，可以估计出在未来 12 周内耗用 950 个机器小时生产地毯而发生的间接制造人工成本。估计的成本等于 13 557 美元［2 157＋(950×12)］。单位机时的间接制造人工成本为

14.50美元（12 501÷862）。因为固定成本2 157美元分摊到了更多的机器小时，所以单位机器小时的间接制造人工成本降到了14.27美元（13 557÷950）。

优势与面临的挑战

账户分析法在实务中运用很广，因为它相当准确，符合成本效益原则，并且使用方便。为了对成本中固定和变动两部分做出更可信的估计，组织必须注意确保制定成本分类决策的人员非常熟悉企业的运作过程。用会谈法对账户分析法加以补充，可以提高结果的可信程度。账户分析法的准确性取决于管理者和管理会计师对固定成本和变动成本分类判断的准确性。

“观念实施：AT&T无线公司发送一条短信的成本是多少”描述了外部专家对现代重要通信媒介短信的固定成本和变动成本的分析。

观念实施

AT&T无线公司发送一条短信的成本是多少

2011年全球手机用户发送了大约5万亿条短信。尽管数量庞大，但短信是一项十分有利可图的业务。你会问怎么可能呢？在了解短信成本性态后，你会知道，对AT&T无线公司和其他无线运营商来说，提供这种广受欢迎的服务成本是十分低廉的。

短信不需要AT&T无线公司增添任何额外的基础设施、设备或无线频段。短信从手机以无线方式传输到最近的基站，然后通过有线连接到电话网的数据信道，之后在靠近接收者的地方，从基站重新转换为无线信号，再传输到接收者的手机。短信不需要额外的频谱。小短信文件一般限制在160个字符以内，被塞进所谓的控制通道或无线网络运行预留空间，成为“搭便车者”。

其他的短信成本是半变动且最小的。对于计费，每条短信会触发一条识别短信发送者和接收者的控制消息返回到AT&T无线的计费系统，因此可以每月更新用户账单。如果一条短信发送失败，它必须被存储起来直到收件人可接收信息。AT&T无线公司根据运营能力来支付信息存储系统的费用：能力越高，成本就越大，尽管数据存储十分便宜。最后，AT&T无线公司需要维护一个存储计费信息的数据库。该数据库成本低且不随短信数量增加而变化。

那么，AT&T无线公司发送一条短信的成本是多少呢？公司不会披露这种信息，但是滑铁卢大学的教授Srinivasan Keshav计算了这个成本：0.3美分。没错，就是1美分的3/10！Keshav博士发现，无线信道的成本约占1美分的1/10，会计费用是前者的2倍。由于数量庞大，且发短信需要很少的AT&T无线基础设施，因此，短信业务其他的成本基本为零。正如你所看到的，短信业务为AT&T无线带来了惊人的利润。

资料来源：Radcliffe，Vaughan，Mitchell Stein，and Michael Lickver. 2012. AT&T Wireless：Text Messaging. Richard Ivey School of Business No. W11049，London，ON：University of Western Ontario；Stross，Randall. 2008. What Carriers Aren't Eager to Tell You About Texting. *The New York Times*，December 28；and Bender，Eric. 2009. Guess What Texting Costs Your Wireless Provider? *Time*，September 10.

□ 定量分析法

方法描述

定量分析法是指用过去的观测资料按正规的数学方法来估计线性成本函数。Excel 是进行定量分析的有用工具。图表 10—3 中的 B 列、C 列分别表示 Elegant 地毯公司最近 12 周来总间接制造人工成本（12 501 美元）和总机器小时（862 小时）的每周明细。注意数据都是成对的——每周的间接制造人工成本发生数都有与之相对应的机器小时数。比如，第 12 周显示间接制造人工成本 963 美元和 48 机器小时。在下一节，我们将用图表 10—3 的数据说明如何利用定量分析法估计成本函数。我们检验两种技术：相对简单的高低点法和用于检验与理解数据的更一般的定量工具回归分析。

图表 10—3　Elegant 地毯公司每周的间接制造人工成本和机器小时

文件　开始　插入　页面布局　公式　数据　审阅

	A	B	C
1	周数	成本动因：机器小时	间接制造人工成本：美元
2		(*X*)	(*Y*)
3	1	68	$1 190
4	2	88	1 211
5	3	62	1 004
6	4	72	917
7	5	60	770
8	6	96	1 456
9	7	78	1 180
10	8	46	710
11	9	82	1 316
12	10	94	1 032
13	11	68	752
14	12	48	963
15	合计	862	$12 501
16			

优势与面临的挑战

数量分析是估计成本的最有效的方法。用计算机程序做定量分析，特别是回归分析，是非常容易的。但是，回归分析需要更详细的成本、成本动因和成本函数信息，因此实施起来更费时。

用定量分析法估计成本函数

用过去数据的定量分析法估计成本函数有六个步骤。我们以 Elegant 地毯公司为例描述这六个步骤。

步骤 1：选择因变量。因变量（dependent variable，被预测或管理的成本）的选择取决于被估计的成本函数。在 Elegant 地毯公司一例中，因变量为间接制造人工成本。

步骤 2：确认自变量或成本动因。自变量（independent variable，作业水平或成本动因）是指用来预测因变量（成本）的因素。若该成本为间接成本，如 Elegant 地毯公司，也将自变量称为成本分配基础。虽然这些术语有时交替使用，但我们通常用成本动因描述自变量。通常管理会计师和管理团队一起反复循环执行这六个步骤，尝试不同的经济合理的成本动因，以识别出能最好地拟合数据的成本动因。

回想一下，成本动因应该是可以准确计量的，并且与因变量之间有经济上的合理性。经济合理性指成本动因与因变量之间的关系（描述成本如何随成本动因变化而变化）以实物形态、契约或运营知识为基础，而且对营运经理和管理会计师而言有经济上的意义。正如第 5 章所述，所有列入因变量的项目都要有相同的成本动因，即成本库应该是同质的。当因变量中的所有成本项目没有相同的成本动因时，管理会计师应该调查建立同质成本库的可能性，为每对成本项目/成本动因估计一个成本函数。

例如，付给员工的额外福利的几种形式及其成本动因如下：

额外福利	成本动因
健康福利	员工人数
餐费补贴	员工人数
养老金福利	员工工资
人寿保险	员工工资

健康福利和餐费补贴的成本可以归结为一个同质成本库，因为它们有相同的成本动因——员工人数。养老金福利和人寿保险的成本动因是员工工资，与健康福利和餐费补贴的成本动因不同，所以不能和它们并在一个成本库内，而应归为另一个独立的同质成本库。在这个成本库里，我们能用员工工资作为成本动因来估计养老金福利和人寿保险成本。

步骤 3：收集因变量和成本动因的数据。这通常是成本分析中最困难的一步。管理会计师从公司文件、与管理人员的座谈及专门研究中获得数据。这些数据可能是时间序列数据或横截面数据。

时间序列数据是指同一单位（如一个组织、工厂、作业）不同历史时期的数据。Elegant 地毯公司每周的间接制造人工成本和机器小时观测值就是一个时间序列数据。理想的时间序列数据库应由大量不受经济或技术变化影响的观测数据组成。稳定的经济和技术状况可确保估计期间的数据所反映的成本动因与因变量之间的关系稳定不变，而且用以计量因变量和成本动因的时段应该是一致的。

横截面数据是指同一时期不同单位的数据。例如，对 2014 年 3 月 50 家分支银行的贷款及相关人事成本的调查就生成了银行 3 月份的横截面数据。横截面数据来自不同的单位，在每一个单位内，成本动因和成本之间都有相同的关系。本章后面将描述数据收集过程中产生的问题。

步骤 4：绘制散点图。一旦绘制成图表，成本动因与成本之间的相互关系就很容易呈现在散点图上。从散点图上也可以直接看出动因和成本之间是否近似线性相关，以及成本函数的相关范围。而且，散点图还可以突出分析人员应注意检查的那些极端观测值（落在一般图像之外）。是否数据记录有误，或者是否发生了一些不正常事件（如停工），从而使观测值不能代表因变量和成本动因间的正常关系。

图表 10—4 是图表 10—3 中 Excel 电子表格 B 列、C 列的每周数据的散点图。它直观地显示出 Elegant 地毯公司的机器小时数与间接制造人工成本之间的正线性相关关系（当机器小时增加时，间接制造人工成本也增加）。图表 10—4 中没有出现任何极端的观测值，相关范围是每周 46～96 机器小时（分别是第 8 周和第 6 周）。

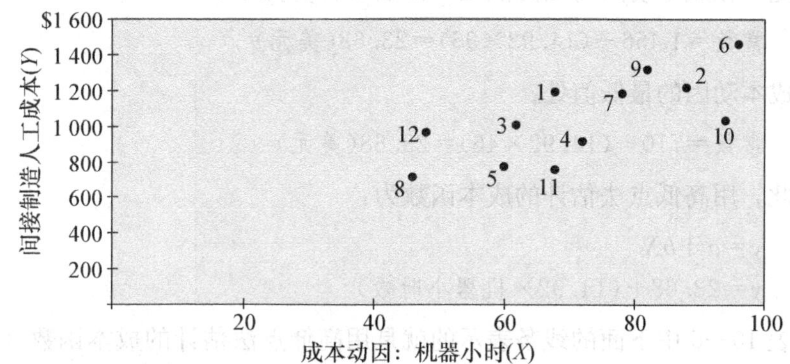

图表 10—4　Elegant 地毯公司每周间接制造人工成本和机器小时的散点图

步骤 5：估计成本函数。管理者和会计师用于估计成本函数的两种最常用的定量分析方法是高低点法和回归分析法。虽然像 Excel 这样的计算机程序使得回归分析更容易做，但我们仍将描述高低点法，为画一条线拟合数据点的思想提供一些基本的直觉。步骤 6 之后，我们将介绍这两种方法。

步骤 6：评价估计成本函数的成本动因。在这一步，我们给出了估计成本函数成本动因的评价标准。但这样做，首先需要理解高低点法和回归分析。确定成本动因是管理成本和提高获利能力的一个关键方面，是管理者工具箱的一个重要组成部分。

□ 高低点法

用一条线拟合数据点的最简单的定量分析方法是**高低点法**（high-low method）。高低点法只用相关范围内成本动因观测值的最高点和最低点以及它们对应的成本，估计成本函数的斜率和常数项。高低点法可以帮助我们快速初步观察成本与成本动因之间的关系。我们用图表 10—3 中的数据来说明高低点法的应用。

	成本动因：机器小时（X）	间接制造人工成本（Y）
成本动因的最高观测值（第 6 周）	96	$ 1 456
成本动因的最低观测值（第 8 周）	46	710
差异	50	$ 746

斜率 b 计算如下：

$$斜率系数=\frac{成本动因最高与最低观测值对应成本间的差异}{成本动因最高与最低观测值间的差异}$$

$$=746\div 50$$

$$=14.92(美元/机器小时)$$

我们可以用成本动因的最高或最低观测值来算出常数项。两种方法得到的结果相同，因为用两个线性方程可以解出两个未知数：斜率系数和常数。因为

$$y=a+bX$$

$$a=y-bX$$

因此，在成本动因的最高值处，常数 a 计算如下：

常数＝1 456－(14.92×96)＝23.68(美元)

在成本动因的最低值处：

常数＝710－(14.92×46)＝23.68(美元)

因此，用高低点法估计的成本函数为：

$$y=a+bX$$

y＝23.68＋(14.92×机器小时数)

图表 10—5 中下面的线条表示的就是用高低点法估计的成本函数（基于图表 10—3 中的数据）。估计的成本函数的几何图形就是连接成本动因（机器小时数）最高观测值和最低观测值之间的一条直线。注意这条简单的高低线落在数据点之间，其中有 3 个观测值位于线上，4 个观测值位于线上方，5 个观测值位于线下方。截距项（a ＝ 23.68 美元）在图中表现为下面线条的虚线延长线与 y 轴的交点，在方程中表现为常数部分，它给出了 46～96 个机器小时的相关范围内对成本性态的最佳线性估计。但如果企业停产，管理者就不能把截距项作为固定成本的估计值，原因是企业关闭，没有机器运转，机器小时数为零，已不在相关范围内。

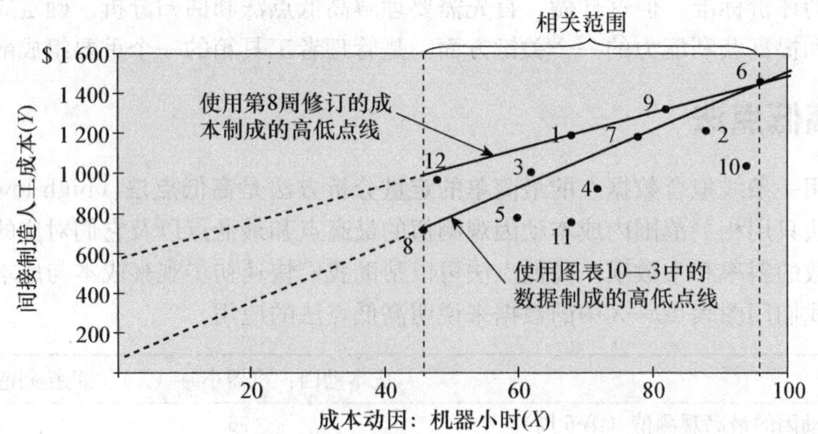

图表 10—5　Elegant 地毯公司每周间接制造人工成本和机器小时所用的高低点法

设 Elegant 公司第 6 周的间接制造人工成本不是 1 456 美元，而是 1 280 美元，耗用 96 机器小时。在这种情况下，成本动因的最高值（第 6 周的 96 机器小时）与新的成本最

高值（第 9 周的 1 316 美元）就不一致了。这一变化将对高低点的计算产生何种影响呢？如果成本函数中的因果关系是成本动因与成本之间的关系，我们将选择成本动因观测值（引起成本变动的因素）的最高值和最低值，因此，高低点法仍然用第 6 周（高点）和第 8 周（低点）的数据估计新的成本函数。

高低点法易于计算和理解，有助于 Elegant 公司的管理者快速、直观地理解成本动因——机器小时数——如何影响间接制造人工成本。但是管理者仅仅依靠两个观测值估计成本函数是危险的。假设由于劳动合同规定了第 8 周的最低工资限额，第 8 周即使只有 46 机器小时，间接制造人工成本也必须是 1 000 美元，而不是 710 美元。图表 10—5 中上面的线条表示成本修正后用高低点法估计的成本函数。我们可以看出，除了用来连线的两点以外，其他所有的点都落在这条线下面。在这种情况下，采用机器小时变量最高值和最低值估计的成本函数并不能很好地描述间接制造人工成本和机器小时之间的线性关系。在这种情况下，管理者可以修正高低点法，如从观测值中选择两个“具代表性的高点”和“具代表性的低点”，通过这种调整，管理者可以避免由于非常事件所引起的极端观测值对成本函数的影响。这种修正使管理者能够估计出更能代表成本和成本动因之间关系的成本函数，因此对决策（定价和业绩评价）更有用。下面我们描述回归分析法。回归分析法不是只使用最高点和最低点的值，而是使用所有数据估计成本函数。

□ 回归分析法

回归分析法（regression analysis）是一种统计方法，用以计量一个或多个自变量每变动一单位导致因变量变动的平均值。这种方法得到了广泛应用，因为它有助于管理者理解数字背后的含义，这样管理者就能了解成本的性态，并知道如何影响成本。例如，在数字和模拟集成电路制造商 Analog 设备公司，管理者应用回归分析评价缺陷率和产品质量随着时间推移如何变化以及为何变化。管理者理解了这些关系，就能更深入地洞察公司的经营，做出更明智的决策，实施更有效的管理。

简单回归（simple regression）分析用于估计因变量和一个自变量之间的关系。在 Elegant 地毯公司的例子中，因变量是总间接制造人工成本，单个自变量或成本动因是机器小时。**多元回归**（multiple regression）分析则用于估计因变量和两个或多个自变量之间的关系。在 Elegant 地毯公司一例中，如果自变量为机器小时数和批数，可用多元回归分析法进行分析。本章附录部分详细研究了简单回归和多元回归。

在后面的章节，我们将解释如何运用 Excel 进行回归分析。此处我们讨论管理者如何解释和应用诸如 Excel 等程序的输出结果来制定关键战略决策。图表 10—6 显示了用回归分析法生成的与图表 10—3 B 列、C 列中的数据拟合得最好的直线。Excel 估计的估计成本函数为：

$$y=300.98+10.31X$$

图表 10—6 中的回归线是用最小二乘法得出的，这条回归线使得各个数据点（图中各点）到回归线的垂直距离平方和最小。垂直距离，也称**残差项**（residual term）度量的是成本动因的每个观测值的实际成本与估计成本之间的差值。图表 10—6 标明了第 1 周数据的残差。从观测值到回归线的直线应与水平轴（或 x 轴）垂直。残差越小，估计成本与实

际成本之间的拟合程度就越高。拟合优度也体现了成本动因和成本之间关系的强弱。图表 10—6 中的回归线向右上方倾斜，其斜率为正，残差很小，这表明平均来说，间接制造人工成本是随机器小时的增加而增加的。图表 10—6 中的垂直虚线表明的是相关范围，即成本函数适用的范围。

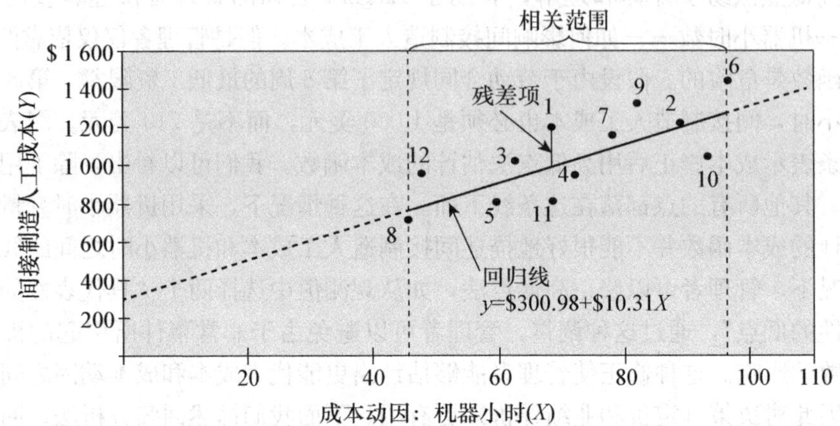

图表 10—6 Elegant 地毯公司间接制造人工成本和机器小时所用的回归分析法

斜率系数 b 的估计值表明，在相关范围内，每变动一个机器小时，间接制造人工成本平均变动 10.31 美元。管理管理者可以用这个回归方程对未来的间接制造人工成本做预算。例如，下周的机器小时预计是 90 个，那么预期的间接制造人工成本为：

$$y=300.98+10.31\times90=1\,228.88(\text{美元})$$

我们已经提到过，与高低点法相比，回归法更为精确，这是因为回归方程在估计成本时用到了所有观测值的信息，而高低点方程只用了两个观测值。高低点法的不精确可能会误导管理人员。以前述高低点方程“$y=23.68+14.92\times$机器小时数”为例，若机器小时数为 90，预期周成本为 1 366.48 美元（$23.68+14.92\times90$）。假设 Elegant 地毯公司在下个 12 周的 7 周内，每周运转机器 90 个小时，而这 7 周的平均间接制造人工成本为 1 300 美元，那么，根据高低点法 1 366.48 美元的成本预测值，Elegant 地毯公司可能会认为公司运转良好，因为实际成本低于预测成本。但如果将 1 300 美元的实际值同用回归分析法预测的成本值 1 228.88 美元作比较，就会得出不同的结论，可能促使该公司采取措施提高其成本效率。

如果 Elegant 地毯公司最近改变了生产作业流程，从而得到了图表 10—3 的数据，管理者希望评估这一战略决策是否削减了诸如监管、维修、质量控制等间接制造人工成本。根据以前的机器小时、间接制造人工成本数据（此处不列示），管理者估计出的回归方程为：

$$y=545.26+15.86\times\text{机器小时数}$$

新流程的常数项 300.98 美元及斜率系数 10.31 美元都小于老流程的 545.26 美元及 15.86 美元。这表明新的生产流程降低了公司的间接制造人工成本。

评价与选择成本动因

在估计成本函数时，公司应如何确定最合适的成本动因呢？在很多情况下，管理者必须了解运作和成本会计。为了理解为什么需要了解公司的运作，我们用一家生产文件柜的公司 Helix 对金属切割机的维修成本为例来解释这个问题。Helix 公司将机器维修安排在生产任务较少的时期，以避免在生产任务重的情况下机器停止运转。月数据分析表明低产量月份的维修成本高，高产量月份的维修成本低。一个不熟悉公司运作的人可能会得出产量与维修成本呈反向关系的结论。然而，维修成本与产量之间通常存在很明显的生产技术上的因果关系：产量水平越高，维修成本就越高。为了正确估计维修成本与产量之间的关系，运营经理和分析人员应认识到维修成本滞后于高产量时期，因此应用前期产量作为成本动因。

在其他一些实例中，对成本动因的选择则更为微妙和困难。再以 Elegant 地毯公司的间接制造人工成本为例，虽然机器小时和直接制造人工时间作为间接制造人工成本的成本动因似乎是合理的，但是管理管理者不能确定哪一个是更好的成本动因。图表 10—7 列出了图表 10—3 中近 12 周每周的间接制造人工成本和机器小时，以及同一时期内直接制造人工小时数（以 Excel 形式）。

图表 10—7　Elegant 地毯公司每周的间接制造人工成本、机器小时和直接制造人工小时

文件　开始　插入　页面布局　公式　数据　审阅　视图

	A	B	C	D
1	周数	原始成本动因：机器小时	另一种成本动因：直接制造人工成本 (*X*)	间接制造人工成本 (*Y*)
2	1	68	30	$1 190
3	2	88	35	1 211
4	3	62	36	1 004
5	4	72	20	917
6	5	60	47	770
7	6	96	45	1 456
8	7	78	44	1 180
9	8	46	38	710
10	9	82	70	1 316
11	10	94	30	1 032
12	11	68	29	752
13	12	48	38	963
14	合计	862	462	$12 501
15				

那么，不同的成本估计方法在选择成本动因时各自都遵循什么原则呢？工业工程法依赖于成本动因与成本之间的实物形态关系，但在本例中操作起来比较困难。会谈法和账户分析法采用主观评价的方法选择成本动因及成本函数中的变量和常量。这两种情况下，管理者都必须依靠他们的最佳判断，而且管理者不能用这些方法检验

和尝试其他的成本动因。定量分析法的最大优势在于其客观性，因此管理者可以运用定量分析法评价不同的成本动因。我们将用回归分析法说明如何评价不同的成本动因。

首先，Elegant 地毯公司的成本分析师将图表 10—7 中 C 列、D 列的数据输入 Excel，并估计出下面的间接制造人工成本与直接制造人工小时之间的回归方程：

$$y=744.67+7.72X$$

图表 10—8 显示了间接制造人工成本和直接制造人工小时的散点图，以及与这些数据最为拟合的回归线。回想一下，图表 10—6 显示了机器小时为成本动因的相应散点图。为确定 Elegant 公司应选择哪一个成本动因，分析人员比较了机器小时回归方程和直接制造人工小时回归方程。在评价成本动因时有三个标准：

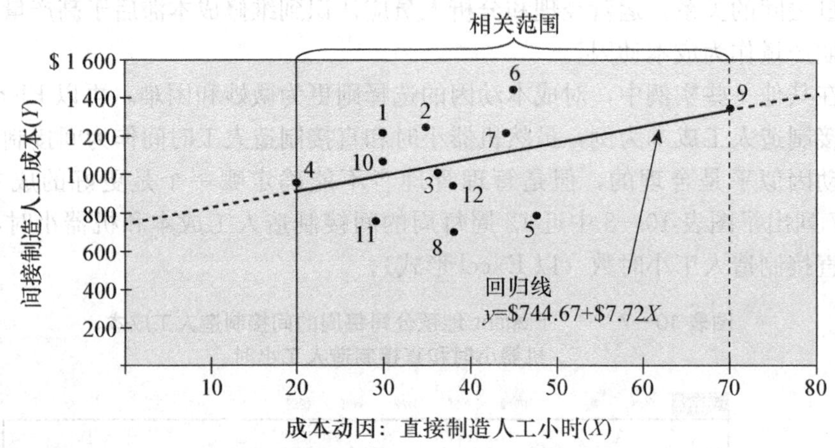

图表 10—8　Elegant 地毯公司每周间接制造人工成本和直接制造人工小时的回归模型

1. **经济合理性**。两者都具备经济合理性，但在 Elegant 地毯公司最先进、高度自动化的生产环境里，熟悉运营的管理者相信诸如机器维修等成本可能与机器小时更相关，而不是直接制造人工小时。

2. **拟合优度**。比较图表 10—6 和图表 10—8，以机器小时作为成本动因做回归的实际成本与预测成本的垂直差异要比以直接制造人工小时作为成本动因做回归的差异小，因此机器小时与间接制造人工成本有更强的相关关系，或者说拟合优度。

3. **自变量的显著性**。再次比较图表 10—6 和图表 10—8（两个图表的刻度大致相同），机器小时回归线相对陡峭，而直接人工小时回归线相对平缓。若观测值的分散程度（拟合优度）一样（或更强），水平或略有倾斜的回归线表示成本动因与成本之间相关程度不高。在本例中，直接制造人工小时的变动对间接制造人工成本的影响很小。

因此，Elegant 地毯公司的管理者选择机器小时而不是直接制造人工小时作为成本动因，并用成本函数"$y=300.98+10.31\times$机器小时数"预测未来的间接人工成本。

为什么选择正确的成本动因预测间接制造人工成本如此重要呢？因为确定错误的

动因或错误估计成本函数可能导致管理层在多个维度上做出错误（且代价高昂）的决策。以 Elegant 公司管理者制定的下述战略决策为例，公司正在考虑引进一种新型地毯。从生产的角度看，这种地毯与过去生产的地毯相似。公司预计地毯每周的销售量为 650 平方码。管理者估计每周 650 平方码的产量需要 72 个机器小时及 21 个直接人工小时。

用机器小时回归方程，Elegant 地毯公司可预测出新型地毯的间接人工成本为 $y=300.98+10.31\times72=1\ 043.30$ 美元。但若用直接人工小时做成本动因，就会得出一个不正确的预测成本 906.79 美元（$744.67+7.72\times21$）。如果 Elegant 地毯公司在估计其他间接成本时也选择了错误的成本动因，从而系统地低估了成本，就会得出新型地毯生产成本低且基本固定（因为回归线几乎是水平的）的错误结论。但是，在机器小时和其他正确的成本动因驱动下的实际成本却相对较高。由于没有选择正确的成本动因，管理者认为新型地毯的盈利能力比实际的更强。而如果管理者使用正确的成本动因，他们就会意识到新型地毯并不盈利，可能就不会引进新型地毯。

错误估计成本函数也会影响 Elegant 公司的成本管理和成本控制活动。假设将直接制造人工小时作为成本动因，而实际发生的间接制造人工成本为 970 美元，则实际成本将会高于预测成本 906.79 美元。那么，公司管理者会认为有必要降低成本。但实际上，用机器小时做成本动因，实际发生的成本要比预测的成本值 1 043.30 美元低，管理层应该保持成本现状而不是寻求改变！

□ 成本动因和作业成本制度

作业成本制度（ABC）主要将单个作业作为基本成本对象，如产品设计、设备安装、材料处理、分销、顾客服务等。为了完成作业成本系统，管理者必须为每一个作业选择一个成本动因。以电子产品生产商 Westronics 公司的管理者为例。用本章所描述的方法，管理者必须决定是将装载次数还是将装载重量作为公司材料处理成本的成本动因。

为选择成本动因，管理者收集了相当长一段时间内有关材料处理成本以及两种成本动因数量的数据。为什么需要相当长的一段时间呢？因为短期内，材料处理成本可能为固定成本，不会随成本动因的变化而变化。而在长期内，材料处理成本与成本动因之间有明显的因果关系。假设装载次数是成本动因，装载次数增加则需要更多的材料处理人工及设备，而装载次数减少则需要出售设备并调整工人到其他岗位。

作业成本系统有很多种不同的成本动因及成本库，这就意味着作业成本系统需要管理者对很多成本关系进行估计。在为每一种成本库估计成本函数时，管理人员必须注意成本层级。比如，如果成本为批数成本（如安装调试成本），那么管理人员只需考虑类似安装调试时间等批数成本动因。在某些情况下，成本库中的成本可能有来自成本层级不同水平的多个成本动因。Elegant 地毯公司的间接人工成本的成本动因可能是机器小时和生产地毯批数。而且，很难将间接人工成本分解为两个成本库，并计量与每一个成本动因相关的成本。在这样的情况下，公司可以使用多元回归分析估计成本。本章附录详细讨论了多元回归。

“观念实施：作业成本法：识别成本动因”描述了多种方法——工业工程法、会谈法、回归分析法，实施作业成本法的管理者可以用它们来估计斜率系数。在进行选择时，管理人员权衡考虑了详尽程度、精确度、可行性和估计成本函数的成本等因素。例如，为了估计诸如开设银行账户或进行转移支付等作业的成本，西班牙洲际银行（Bankinter）使用工作测量法，而加拿大皇家银行（Royal Bank of Canada）使用包括回归在内的高级分析技术。

观念实施

作业成本法：识别成本动因

本章中提到的很多成本估算的方法对在全球范围内运用作业成本法都是十分关键的。在英国，伦敦市警察机关使用投入产出关系（工业工程法）来决定一项作业的成本动因和成本。官员使用调查法，可以确定应对入室抢劫、处理入室盗窃和填写警察报告的总成本。美国政府机构也使用工业工程法，如美国邮政总局用这种方法确定每一项邮局业务的成本，美国专利与商标局用这种方法识别每一项专利审查的成本。管理者越来越多地使用定量分析来确定作业的成本动因。近期，在国际航运公司敦豪快递（DHL Express），从会谈法转为对“大数据”系统进行深入定量分析。现在，管理者有一个单一的、世界范围的作业成本系统，在网络上显示每一项运输的成本和盈利。通过严密地分析数据库，敦豪快递公司能够将特定航班运输的货物的利润与其运输成本联系起来，然后确定250架飞机中的哪一架最适合这项任务。

资料来源：Carter, T., A. Sedaghat, and T. Williams. 1998. How ABC changed the post office. *Management Accounting*, February; Leapman, B. 2006. Police spend £500 m filling in forms. *The Daily Telegraph*, January 22; Peckenpaugh, J. 2002. Teaching the ABCs. *Government Executive*, April 1; The United Kingdom Home Office. 2007. *The police service national ABC model*; *Manual of guidance*. London: Her Majesty's Stationary Office; Provost, T. 2013. How DHL's big data boosts performance. *CFO.com*, January 30.

非线性成本函数

正如我们解释的那样，成本函数并非总是线性的。**非线性成本函数**（nonlinear cost function）是在相关范围内其总成本（以单个作业水平为基础）的几何图形并不表现为一条直线的成本函数。为说明非线性成本函数的形状，请回到图表10—2。当前的相关范围是20 000～65 000个滑雪板。但是如果我们将相关范围扩展到0～80 000个滑雪板，很显然，在扩展后的范围内，成本函数在图中表现为一条曲线。

再举一个例子，如规模经济效应可能使广告的数目增加2倍，而广告成本的增加却小于2倍。甚至直接材料成本也并非总是线性的，因为有直接材料购买时的数量折扣。如图表10—9（A）所示，总的直接材料成本随材料购买数量的增加而上升，但由于数量折扣的存在，当材料购买数量增加时，成本上升速度变慢了（如斜率系数所示）。当购货数量为 1～1 000 个单位时，成本函数中的 $b=25$ 美元/单位；购货数量为 1 001～2 000 个单位时，$b=15$ 美元/单位；购货数量为 2 001～3 000 个单位时，$b=10$ 美元/单位。在每个价格间断点，单位直接材料成本都会下降。在相关范围为 1～3 000 个单位时，成本函数是非线性的。在一个更窄的相关范围内（如 1～1 000 个单位），成本函数就是线性的。

A. 数量折扣对直接材料成本函数斜率的影响

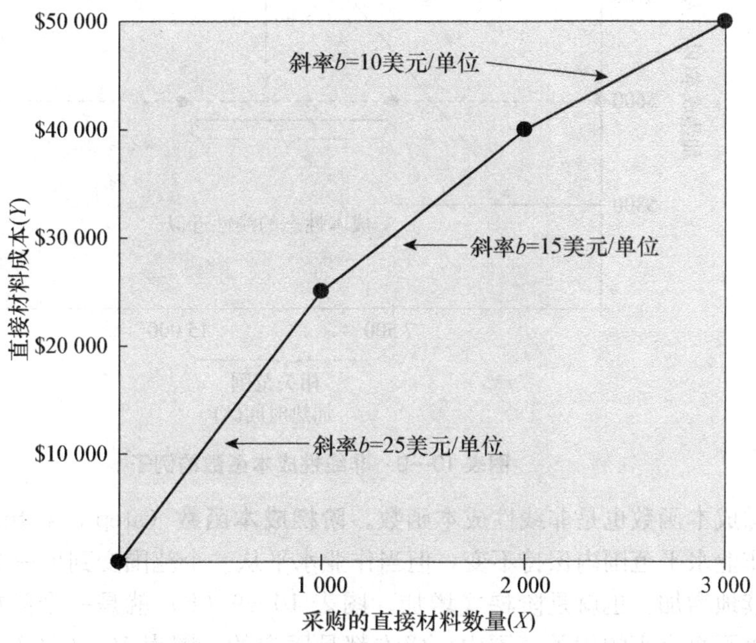

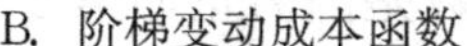
B. 阶梯变动成本函数

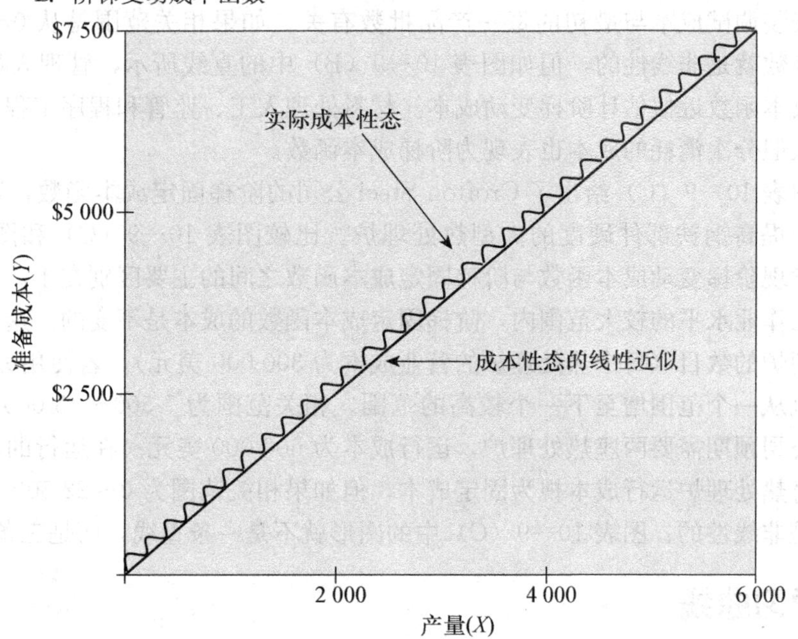

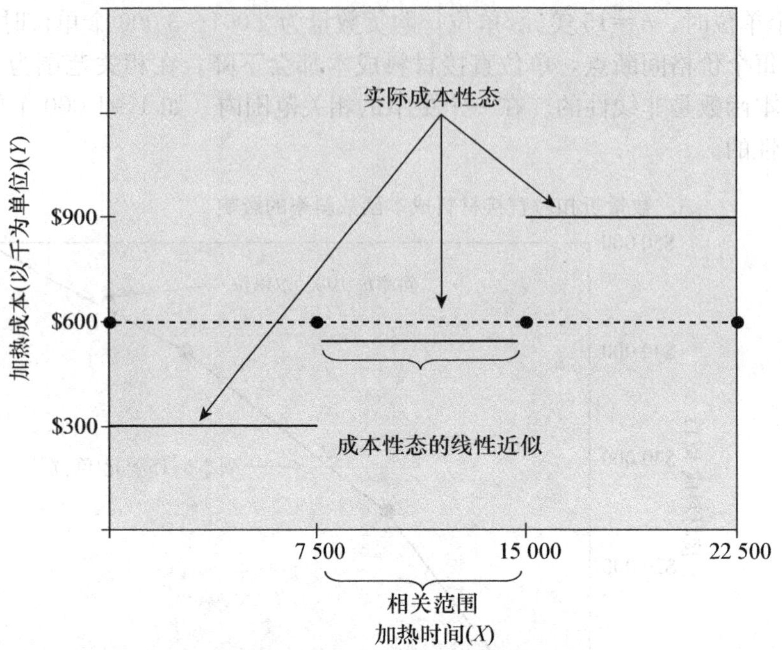

图表 10—9 非线性成本函数的例子

阶梯成本函数也是非线性成本函数。**阶梯成本函数**（step cost function）是指成本在一定作业水平范围内保持不变，但当作业水平从一个范围变到另一个范围时，成本就会不连续地增加，也就是阶梯式增加。图表 10—9（B）就是一个阶梯变动成本函数，在作业水平每个小的相关范围内，成本都是固定的。图表 10—9（B）表明了安装调试成本与产量之间的关系，它之所以是阶梯成本函数是因为正如第 5 章作业成本制度所述，安装调试成本与最初的每一产品批数有关。如果相关范围是从 0～6 000 个单位，成本函数就是非线性的，但如图表 10—9（B）中的直线所示，管理人员通常用连续变动的成本函数近似估计阶梯变动成本。材料处理人工、监管和程序工程人工等这些一次性投入但分次消耗的成本也表现为阶梯成本函数。

图表 10—9（C）给出了 Crofton Steel 公司的阶梯固定成本函数，这家公司主要生产用于提高钢铁部件硬度的大型热处理炉。比较图表 10—9（C）和图表 10—9（B），你会发现阶梯变动成本函数与阶梯固定成本函数之间的主要区别在于，对于每个相关范围，在作业水平的较大范围内，阶梯固定成本函数的成本是不变的。这些范围表示已用热处理炉的数目（每个热处理炉的营业成本为 300 000 美元）。若使用另外一个熔炉时，成本就从一个范围增至下一个较高的范围。相关范围为 7 500～15 000 个加热小时数，表明公司预期需要两座热处理炉，运行成本为 600 000 美元。在运行的相关范围内，管理者将热处理炉运行成本视为固定成本，但如果相关范围为 0～22 500 个小时，成本函数就是非线性的：图表 10—9（C）中的图形就不是一条直线，而是三条断开的线。

□ 学习曲线

非线性成本函数也可能由学习曲线引起。**学习曲线**（learning curve）是用来衡量因工人熟练程度的提高，每单位人工小时数如何随产量增加而减少的函数。管理者用学习曲线来预测人工小时数或人工成本如何随产量增加而增加。

飞机装配行业首先认识到学习对效率的影响。一般来说，工人越熟悉他们的工作，工作效率就越高。管理者学习如何有效地安排工作班次和运营工厂。因此，单位成本随产量的增加而降低，单位成本函数就是非线性的。在估计和预测单位成本时，必须考虑到单位成本函数的非线性。

经验曲线一词描述了学习曲线更广阔的适用领域——这个领域扩展到了价值链的其他业务职能，如营销、分销及顾客服务。**经验曲线**（experience curve）衡量这些业务职能的单位成本如何随作业量增加而下降。对诸如戴尔、沃尔玛和麦当劳这样的公司来说，学习曲线和经验曲线是利润最大化战略的关键要素。这些公司使用学习曲线和经验曲线来降低成本、提高顾客满意度、增加市场份额和增强获利能力。

现在，我们描述两种学习曲线模式：累积平均时间学习模式和边际单位时间学习模式。

□ 累积平均时间学习模式

在**累积平均时间学习模式**（cumulative average-time learning model）中，累积产量每增加一倍，单位累积平均时间都以固定比例递减。考虑雷达系统生产商 Rayburn 公司的例子。Rayburn 公司有一条 80%学习曲线，这意味着当产量从 X 增至 $2X$ 时，在 $2X$ 产出水平下的单位累积平均时间是产量为 X 时的 80%。换句话说，单位累积平均时间减少了 20%（即 100%－80%）。图表 10—10 显示了（以 Excel 形式）Rayburn 公司累积平均时间学习模式的计算过程。要注意的是，当 A 列中的产量从 1 增至 2 时，B 列中单位累积平均时间从 100 小时降至 100 小时的 80%，即 80 小时（0.8×100 小时）。若产量从 2 增至 4，单位累积平均时间降至 80 小时的 80%，即 64 小时，以此类推。单位累积平均时间乘以累积产量就得到 D 列中的累积总时间，例如，累积产量为 4 时，累积总时间就为 256 小时（4×64）。

图表 10—10　　Rayburn 公司累积平均时间学习模式

文件　开始　插入　页面布局　公式　数据　审阅　视图

	A	B	C	D	E
1		Rayburn公司的累积平均时间学习模式			
2					
3		80%学习曲线			
4					
5–7	累积件数 (X)	每件累积平均时间 (Y)*：人工小时		累积总时间：人工小时 D列=A列×B列	以累积件数为自变量的单件产品工时：人工小时
8–9	1	100.00		100.00	100.00
10	2	80.00	=(100×0.8)	160.00	60.00
11	3	70.21		210.63	50.63
12	4	64.00	=(80×0.8)	256.00	45.37
13	5	59.56		297.82	41.82
14	6	56.17		337.01	39.19
15	7	53.45		374.14	37.13
16	8	51.20	=(64×0.8)	409.60	35.46
17	9	49.29		443.65	34.05
18	10	47.65		476.51	32.86
19	11	46.21		508.32	31.81
20	12	44.93		539.22	30.89
21	13	43.79		569.29	30.07
22	14	42.76		598.63	29.34
23	15	41.82		627.30	28.67
24	16	40.96	=(51.2×0.8)	655.36	28.06
25					

E11=D11－D10
=210.63－160.00

*累积平均时间学习模式中的算术关系是：

$$y=aX^{b}$$

其中，y=每单位累积平均时间(人工小时)
　　x=生产单位累积数
　　a=生产第一件产品所需的时间(人工小时)
　　b=用以计算生产单位产品的累积平均时间的因素
　　　=ln(以十进制表示的学习曲线百分数)÷ln2
对80%学习曲线来说，b=ln0.8/ln2=-0.2231/0.6931=-0.3219
例如，x=3, a=100, b=-0.3219时
　　$y=100\times3^{-0.3219}$=70.21(人工小时)
当x=3时，累积时间是70.21×3=210.63(人工小时)。
由于四舍五入的原因，表格中的数据可能并不精确。

□ 边际单位时间学习模式

在**边际单位时间学习模式**（incremental unit-time learning model）中，累积产量每增加一倍，生产最后一单位产品所需要的时间都以固定比例递减。再一次考虑 Rayburn 公司的例子，它有一条 80%学习曲线。根据这个模式，80%意味着当产量从 X 增至 $2X$ 时，生产第 $2X$ 单位所需要的时间是生产第 X 单位所需时间的 80%。图表 10—11 显示了 Rayburn 公司边际单位时间学习模式的 Excel 计算过程（基于 80%的学习曲线）。要注意的是，当 A 列中的产量从 2 增至 4 时，B 列中生产第 4 个产品所需的时间（产量为 4 时的最后一个单位）为 64 小时，是生产第 2 个产品（产量为 2 时的最后一个单位）所需时间 80 小时的 80%。将 B 列中的个别单位时间累加，就可以得到 D 列中的累积总时间。例如，累积产量为 4 时，需要 314.21 人工小时（100.00＋80.00＋70.21＋64.00）。

图表 10—11　　　　Rayburn 公司边际单位时间学习模型

Rayburn公司 边际单位时间学习模式

80%学习曲线

累积件数(X)	以累积件数为自变量的单件产品工时(Y)*:人工小时		累积时间:人工小时	单位产品累积平均时间:人工小时 E列=D列÷A列
1	100.00		100.00	100.00
2	80.00	=(100×0.8)	180.00	90.00
3	70.21		250.21	83.40
4	64.00	=(80×0.8)	314.21	78.55
5	59.56		373.77	74.75
6	56.17		429.94	71.66
7	53.45		483.39	69.06
8	51.20	=(64×0.8)	534.59	66.82
9	49.29		583.89	64.88
10	47.65		631.54	63.15
11	46.21		677.75	61.61
12	44.93		722.68	60.22
13	43.79		766.47	58.96
14	42.76		809.23	57.80
15	41.82		851.05	56.74
16	40.96	=(51.2×0.8)	892.01	55.75

D14=D13+B14
=180.00+70.21

*边际单位时间学习模式中的算术关系是：

$y=aX$

其中，y=生产最近一件产品耗费的时间（人工小时）

x=生产单位累积数

a=生产第一件产品所需的时间（人工小时）

b=用以计算生产单位产品的边际单位时间的因素

=ln（以十进制表示的学习曲线百分数）÷ln2

对80%学习曲线来说，b=ln0.8÷ln2=−0.2231÷0.6931=−0.3219

例如，当x=3，a=100，b=−0.3219时

$y=100\times3^{-0.3219}$=70.21（人工小时）

当x=3时，累计时间是100+80+70.21=250.21（人工小时）。

由于四舍五入的原因，表格中的数据可能并不精确。

图表 10—12 显示了累积平均时间模式（数据来自图表 10—10）和边际单位时间模式（数据来自图表 10—11）。其中 A 部分描绘了两种模式下单位产品累积平均时间作为累积产量的一个函数（图表 10—10 或图表 10—11 中的 A 列）。累积平均时间模式的曲线是用图表 10—10 中 B 列的数据绘制的，边际单位时间模式的曲线是用图表 10—11 中 E 列的数据绘制的。B 部分描绘了两种模式下累积总人工小时作为累积产量的一个函数。累积平均时间模式的曲线是用图表 10—10 中 D 列的数据绘制的，边际单位时间模式的曲线是用图表 10—11 中 D 列的数据绘制的。

图表 10—12　　Rayburn Corporation 累积平均时间学习模式和边际单位时间学习模式图

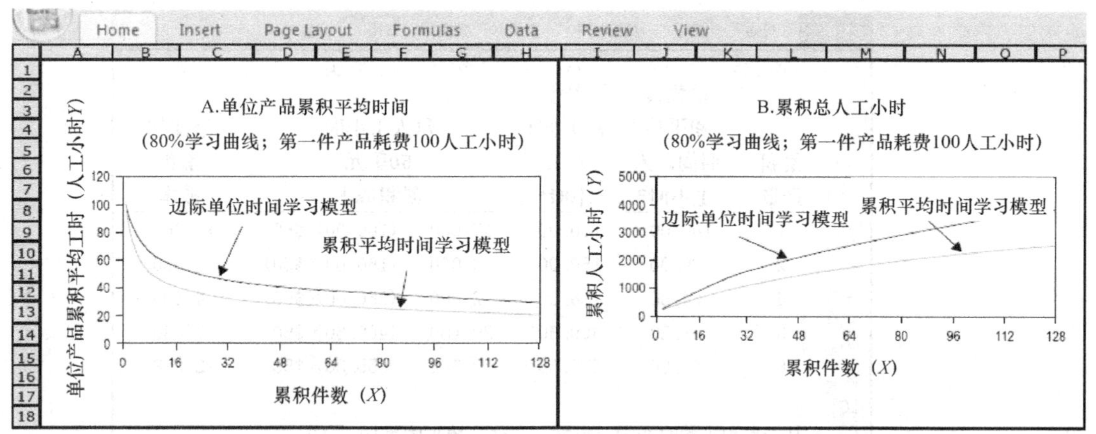

若两个模式的学习比率相同，累积平均时间学习模式代表着更快的学习速度。图表 10—12（B）中的事实可以证明这一点，80％边际单位时间学习模式的曲线图位于 80％累积平均时间学习模式的曲线图上方。比较图表 10—10（D 列）和图表 10—11（D 列）中的数字，就可以发现累积产量为 4 时，80％边际单位时间学习模式预测的累积总时间为 314.21 人工小时，而 80％累积平均时间学习模式预测的却只有 256.00 人工小时。这是因为在累积平均时间学习模式下，生产 4 个单位产品所需的平均人工小时为 64 小时，生产第 4 个单位时所需的人工小时数为 45.37 小时（参见图表 10—10），远远小于 64 小时。在边际单位时间学习模式下，生产第 4 个单位所需的人工小时数为 64 小时，而生产前三个单位所需的人工小时数超过了 64 小时，因此生产 4 个单位产品所需的平均时间就会超过 64 小时。

管理者可以根据具体情况选择何种模式和何种百分比学习曲线。例如，当产出水平增加时，如果制造人工小时的耗用符合 80％学习曲线累积平均时间学习模式，就应选用 80％学习曲线累积平均时间学习模式。工程师、工厂经理及工人都是了解实际学习效果与产量增量间关系的良好信息来源。将这些信息作成图表并估计最能拟合数据的模式将有助于选择合适的评价模式。①

□ 将学习曲线效应与定价和标准相结合

公司是如何利用学习曲线的呢？以图表 10—10 中 Rayburn 公司累积平均时间学习模式的数据为例，假设受学习效应影响的变动成本包括直接制造人工（每小时 20 美元）及相关费用（每直接制造人工小时 30 美元）。管理人员可以预测图表 10—13 中所示的成本。

---

① 进一步的讨论请参见 Bailey，C. 2000. Learning curve estimation of production costs and labor-hours using a free Excel add-in. *Management Accounting Quarterly*，Summer 2000：25-31。Dr. Bailey 的网站（www. profbailey. com）上有可估计学习曲线的免费软件。

图表 10—13　Rayburn Corporation 用学习曲线预测成本

	A	B	C	D	E	F
1		单位累	累积			
2		积平均	总时间：	每人工小时		增加的
3	累积	时间：人	人工	50美元		累积
4	产量	工小时[a]	小时[a]	累积成本		成本
5	1	100.00	100.00	$5 000	(100.00×$50)	$5 000
6	2	80.00	160.00	8 000	(160.00×$50)	3 000
7	4	64.00	256.00	12 800	(256.00×$50)	4 800
8	8	51.20	409.60	20 480	(409.60×$50)	7 680
9	16	40.96	655.36	32 768	(655.36×$50)	12 288
10						
11	a. 基于累积平均时间学习模式。金额计算见图表10—10。					

这些数据表明，学习曲线效应可能对 Rayburn 公司管理者的决策产生重大影响。例如，管理者可能对公司的雷达系统制定极低的价格以刺激需求。当公司增加雷达系统产量以满足扩大的需求时，单位成本也随之下降。在获得市场份额后，公司便按照学习曲线来决定产量。尽管公司在最初销售中盈利不丰，甚至有可能亏本，但随着产量的增加，公司在单位产品上的盈利将会越来越多。

或者，受法律和其他因素的影响，公司管理者可能只对最后 8 个单位的产品制定较低的价格。毕竟，预期最后 8 个产品的人工和相关间接费用只有 12 288 美元（32 768－20 480）；单位成本仅为 1 536 美元（12 288÷8），大大低于最初生产的单位成本 5 000 美元。

许多公司，如必胜客（Pizza Hut）和家得宝（Home Depot），也使用学习曲线评价业绩水平。日产汽车公司为新车型设定装配人工效率标准时，就考虑了产量增加时的学习效应。公司希望员工在工作中学习，并据此评价他们的业绩。

图表 10—10 至图表 10—13 中的学习曲线模式都假定学习过程仅与一个自变量（产量）有关。其他的学习模式（由模拟器件（Analog Devices）、惠普（Hewlett-Packard）等公司开发）集中考察产品质量，而不是人工小时，将如何随时间而非产量增量的变化而变化。研究表明，除产量之外的其他因素，如岗位轮换、建立团队等也有助于改进质量的学习。

数据收集及调整问题

在成本函数的估计中，理想的数据库有两个特征：

1. **数据库应包括大量计量可靠的成本动因（自变量）与相关成本（因变量）的观测值**。计量成本和成本动因时出现差错是很严重的事，因为这会导致错误估计成本动因对成本的影响。

2. **数据库中的成本动因值应范围大、数量多**。若只用少量且相近的成本动因值，将会使相关范围太小，从而降低估计的可信性。

遗憾的是，管理会计师通常不能得到同时满足上述两个特征的数据库。本部分将讨论经常遇到的数据问题，并给出解决这些问题的步骤。管理者在依赖源于数据的成本估计前应该考虑这些问题，并且评估如何解决这些问题。

- **计量因变量的期间与计量成本动因的期间不一致**。这一问题在会计记录不是以权责发生制为基础时经常出现。以采用机器小时为成本动因、机器润滑成本为因变量的成本函数为例，假设有一批零星购买以备日后使用的润滑剂，在以收付实现制为基础的会计记录中反映为很多月份几乎不消耗润滑剂，而其他月份对润滑剂的消耗量却特别大。这显然远远偏离了真实情况。本例中，分析人员应使用权责发生制计量机器润滑剂的消耗情况，才能使成本与成本动因更好地配比。

- **将固定成本当作变动成本分配**。例如，折旧、保险费、租金之类的成本可能会被分配给产品以计算单位产出的成本。问题是这样可能使这些成本被当作变动成本，而不是固定成本。由于使用分配方法，它们看起来好像是变动成本。为避免这个问题，分析人员应仔细区分固定成本与变动成本，不要把已分配的单位固定成本当作变动成本。

- **不是所有观测都能获得数据，或者数据不都可靠**。由于成本记录中的错误或成本分类失当，可能会造成遗漏成本观测值的现象。例如，由于把销售拜访成本错当作售后服务成本，可能会导致营销成本被低估。手工记录数据的遗漏率和错误率都比电算化处理要高。从内部会计系统之外取得成本动因数据也会产生错误。例如，会计部门可能要从公司的生产部门得到医疗设备的测试时间，从分销部门得到发出产品数量。这些部门的记录可能不准确。为了最大限度地避免这个问题，成本分析人员应设计数据汇总报告书，以便能够定期得到所需数据，并在数据遗漏后及时补救。

- **出现极端观测值**。这些极端值来自：(1) 记录成本中的错误（如小数点错位）；(2) 特殊时期（如主要机器出现故障或由于国外供应商材料供给延误使产量削减）的影响；(3) 观测值超出相关范围。在估计成本关系之前，分析师应调整或剔除异常观测值。

- **因变量成本库中的单个成本项目与成本动因之间不存在同质关系**。只有成本包括在因变量中的每一项作业有同样的成本动因时，才存在相同的关系。只有在这种情况下，才可能估计单个成本函数。如用定量分析法估计成本函数的步骤 2 所示，当每一个作业的成本动因都不同时，就必须（用各自的成本动因）对每项活动分别估计成本函数。或者，分析师应该使用多元回归估计有多个自变量的成本函数。

- **成本动因与成本之间的关系并不稳定**。生成观测值的基本流程不稳定时，就会发生这种情况。例如，如果在选取观测值的期间引入新技术，制造费用和机器小时之间的关系就不太可能是固定的。检测稳定性的一种方法是将样本分为技术变化前和技术变化后两个部分，分别估计各自的成本函数。这样，如果这两个期间估计的系数基本是一致的，分析人员就可以把所有的数据归集在一起估计出一个成本函数。如果可行，归集的数据为估计成本函数提供了一个更大的数据集，也提高了预测成本的可信性。

- **成本和成本动因分别或同时受到通货膨胀的影响**。例如，即使成本动因未发生变化，通货膨胀也可能导致成本上升。分析人员在研究成本动因与成本间的内在因果关系之前，应先用成本发生当日的价格指数去除每一项成本，以从数据中消除纯通货膨胀的价格影响。

很多时候，成本分析人员需要在根据过去的数据估计成本函数之前，花费大量精力来减少上述这些问题的影响。在制定决策前，管理者必须仔细审查可疑数据，与企业分析师和会计师密切配合，获取和处理正确且相关的信息。

自测题

GLD公司直升机分厂正在检查其印度工厂的直升机装配成本。它得到的第一份合同是装配8架新型巡逻直升机。GLD可以采用下面两种方法中的一种装配直升机。

	A	B	C	D	E
1			劳动密集型装配法		设备密集型装配法
2	每架直升机的直接材料成本	40 000美元		36 000美元	
3	第一架直升机的直接装配人工小时	2 000	工时	800	工时
4	每架直升机的装配工时学习曲线	85%	累积平均时间*	90%	边际单位时间**
5	直接装配人工成本	30美元	单位小时	30美元	单位小时
6	与设备相关的间接生产成本	12美元	单位直接装配工时	45美元	单位直接装配工时
7	与材料处理相关的间接生产成本	50%	直接材料成本	50%	直接材料成本
8					
9					
10	*使用图表10—10中的公式，85%学习曲线中的 $b=\frac{\ln 0.85}{\ln 2}=\frac{-0.162\ 519}{0.693\ 147}=-0.234\ 465$				
11					
12					
13					
14					
15	**使用图表10—10中的公式，90%学习曲线中的 $b=\frac{\ln 0.90}{\ln 2}=\frac{-0.105\ 361}{0.693\ 147}=-0.152\ 004$				
16					
17					

要求：

1. 在下面两种方法下，装配最初8架直升机需要的直接人工小时数各为多少？

(1) 劳动密集法；

(2) 设备密集法。

2. 在下面两种方法下，装配最初8架飞机的总成本是多少？

(1) 劳动密集法；

(2) 设备密集法。

解答：

1. (1) 劳动密集法（85%累积平均时间学习模式）计算如下（使用Excel）：

	G	H	I	J	K
1	累积	单位累积		累积	第X单位
2	产量	平均		总时间：	产品的
3		时间（y）：		人工小时	个别时数：
4		人工小时			人工小时
5				J列=G列×H列	
6	1	2 000		2 000	2 000
7	2	1 700	(2 000×0.85)	3 400	1 400
8	3	1 546		4 637	1 237
9	4	1 445	(1 700×0.85)	5 780	1 143
10	5	1 371		6 857	1 077
11	6	1 314		7 884	1 027
12	7	1 267		8 871	987
13	8	1 228.25	(1 445×0.85)	9 826	955
14					

H 列中单位累积平均时间的计算公式是：$y=aX^b$；参看图表 10—10。例如，当 $X=3$ 时，$y=2\,000\times3^{-0.234\,465}=1\,546$ 人工小时。

（2）设备密集法（90%边际单位时间学习模式）计算如下：

	G	H	I	J	K
1	累积	第X单位		累积	单位累积
2	产量	产品的		总时间：	平均
3		个别时数（y）：		人工小时	时间：
4		人工小时			人工小时
5					K列=J列÷G列
6	1	800		800	800
7	2	720	（800×0.9）	1 520	760
8	3	677		2 197	732
9	4	648	（720×0.9）	2 845	711
10	5	626		3 471	694
11	6	609		4 081	680
12	7	595		4 676	668
13	8	583	（648×0.9）	5 258	657

H 列中第 X 单位产品个别时数的计算公式是：$y=aX^b$；参看图表 10—11。例如，当 $X=3$ 时，$y=800\times3^{-0.152\,004}=677$ 人工小时。

2. 最初 8 架直升机的总装配成本如下表所示。

	O	P	Q
1		劳动密集型	设备密集型
2		装配法	装配法
3		（用1（1）中的数据）	（用1（2）中的数据）
4	直接材料成本：		
5	8架×40 000美元/架；36 000美元/架	\$320 000	\$288 000
6	直接装配人工：		
7	9 826小时；5 258小时×30美元/小时	294 780	157 740
8	间接生产成本		
9	与设备相关的间接生产成本：		
10	9 826小时×12美元/小时；5 258小时×45美元/小时	117 912	236 610
11	与材料处理相关的间接生产成本：		
12	0.50×320 000美元；288 000美元	1 600 000	144 000
13	总装配成本	\$892 692	\$826 350

可见，设备密集法下的装配成本比劳动密集法下少 66 342 美元（892 692—826 350）。

决策要点

下面的问答形式是对本章学习目标的总结，决策代表与学习目标相关的关键问题，指南则是对该问题的回答。

决策	指南
1. 什么是线性成本函数？它能表示哪几种成本性态？	线性成本函数是这样的函数：在相关范围内，总成本与单个作业水平的图形为一条直线。可用常数项 a 和斜率系数 b 来描述线性成本函数。其中，常数项 a 表示在相关范围内对总成本中不随作业水平变动而变动的组成部分的估计；斜率系数 b 表示在相关范围内对总成本随作业水平每一单位变动而发生的变动的估计。三种线性成本函数分别是变动成本函数、固定成本函数及混合（或半变动）成本函数。

2. 在估计成本函数时最重要的问题是什么？	估计成本函数时最重要的问题是确定作业水平和相关成本之间是否存在因果关系。只有因果关系——不只是相关关系——才能建立作业水平与成本之间的经济合理关系。
3. 估计成本函数的方法有哪几种？	四种估计成本函数的方法分别是工业工程法、会谈法、账户分析法、定量分析法（高低点法和回归分析法）。若有可能，成本分析人员应尽量使用多种分析法。每一种方法都可用来检验其他方法。
4. 使用定量分析估计成本函数有哪几个步骤？	使用定量分析估计成本函数需要六个步骤：(1) 选择因变量；(2) 确认成本动因；(3) 收集因变量和成本动因的数据；(4) 绘制散点图；(5) 估计成本函数；(6) 评价估计成本函数的成本动因。在大多数情况下，成本分析人员必须与运营经理紧密合作，在确定一个可接受的成本函数前常常要多次重复以上步骤。
5. 公司应如何评价和选择成本动因？	在评价和选择成本动因时有三个标准：(1) 经济合理性；(2) 拟合优度；(3) 自变量的显著性。
6. 什么是非线性成本函数？学习曲线是如何产生非线性成本的？	非线性成本函数是这样的成本函数：在相关范围内，总成本和作业水平的图形不是一条直线。非线性成本可能会因为数量折扣、阶梯成本函数及学习曲线效应而产生。由于存在学习曲线，当产量增加时，单位人工小时减少。在累积平均时间学习模式中，累积产量每增加一倍，单位累积平均时间都以固定比例减少。在边际单位时间学习模式中，累积产量每增加一倍，边际单位时间（生产最后一单位产品所需时间）都以固定比例减少。
7. 公司在估计成本时需注意哪些常见的数据问题？	成本估计中最困难的任务是收集质量高且计量可靠的成本及成本动因数据。通常容易出现的问题包括数据遗漏、极端观测值、技术变动以及通货膨胀带来的数据歪曲。

练习题

10—17 识别变动、固定与混合成本函数。太平洋公司（Pacific Corporation）在 20 多家机场经营汽车租赁代理业务。顾客可以从以下三种一天以内的汽车租赁合同中选择一种：

- 合同 1：每天 50 美元；
- 合同 2：每天 30 美元，每行驶 1 英里加收 0.20 美元；
- 合同 3：每行驶 1 英里收费 1 美元；

要求：

1. 以成本为纵轴，行驶英里数为横轴，分别画出三种合同的曲线图。
2. 采用 $y=a+bX$ 形式的线性成本函数表示每种合同。
3. 将每种合同确定为变动、固定与混合成本函数。

10—19 成本与收入行为描述的图形匹配

(D. Green)。给定以下几张图。每张图的横轴代表当年的产量，纵轴代表总成本或者收入。

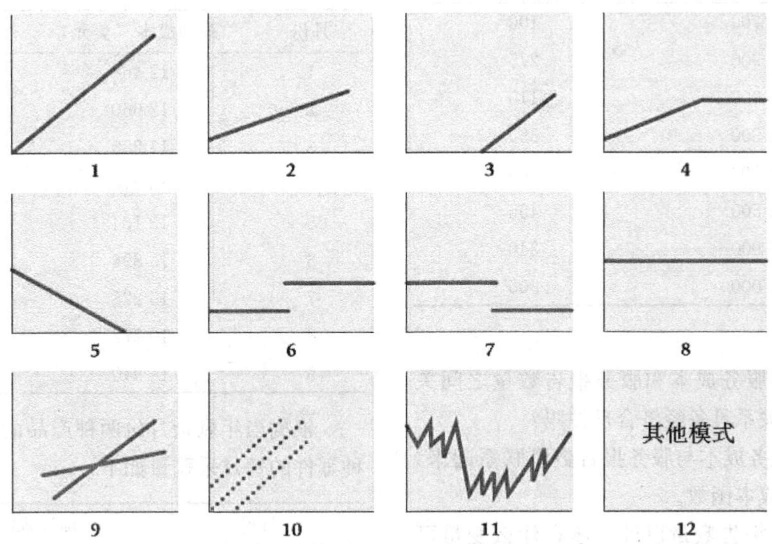

要求：

指出哪张图最符合描述的情景或项目（a 至 h)。某些图可能会被重复使用，某些图可能不适合以下任何情景。

a. 直接材料成本；

b. 一班制和两班制管理者的工资；

c. 本量利图；

d. 混合成本——例如，汽车租赁固定收费加上每行驶 1 英里增加的费用；

e. 采用直线法计算的厂房折旧；

f. 支持使用变动成本率的数据，如单位制造人工成本 14 美元；

g. 每超额生产 1 单位产品就向管理者支付 0.10 美元的激励红利计划；

h. 2 000 000 美元固定利率借款的利息费用。

10—21　账户分析方法。Gower 公司生产塑料制品，截至 2014 年 12 月 31 日的年度生产成本与账户分析分类信息如下：

账户	分类	金额（美元）
直接材料	都是变动的	300 000
直接制造人工	都是变动的	225 000
电力	都是变动的	37 500
监管人工	20%是变动的	56 250
材料处理人工	50%是变动的	60 000
维修人工	40%是变动的	75 000
折旧	0%是变动的	95 000
租金、财产税与管理费用	0%是变动的	100 000

Gower 公司 2014 年生产了 75 000 单位产品。公司管理层基于 2014 年的数据正在估计 2015 年的成本。以下是可获得的 2015 年的额外信息：

a. 2015 年的直接材料价格预计比 2014 年增长 5%；

b. 根据劳动合同条款，2015 年直接制造人工工资率预计比 2014 年增长 10%；

c. 电费和监管、材料处理及维修的工资率预计与 2014 年一致；

d. 折旧成本预计增长 5%，租金、财产税与管理费用预计增长 7%；

e. 公司预计 2015 年生产并销售 80 000 单位产品。

要求：

1. 编写 2015 年每个账户的变动、固定和总生产成本计划，并估计 2015 年的总生产成本。

2. 计算公司 2014 年的单位总生产成本，并估计 2015 年的单位总生产成本。

3. 如何才能得到更好的固定和变动成本估计？为什么这些更好的估计对公司是有用的？

10—23　估计成本函数，高低点法。Laurie Daley 正在检查 Capitol Product 公司在南部地区的顾客服务成本。Capitol Product 公司有 200 多种电气产品，销售时都承诺 6 个月内包修包换。当产品被顾客退回时，就编写一份服务报告，服务报告包括问题的细节及解决问题所花费的时间和成本。最近 8 周的周数据如下：

周	顾客服务部门成本（美元）	服务报告数量
1	13 700	190
2	20 900	275
3	13 000	115
4	18 800	395
5	14 000	265
6	21 500	455
7	16 900	340
8	21 000	305

要求：

1. 画出顾客服务成本和服务报告数量之间关系的图表。这种关系具备经济合理性吗？

2. 将顾客服务成本与服务报告数量联系起来，用高低点法求出成本函数。

3. 除了服务报告数量以外，还有什么变量可以作为每月顾客服务成本的成本动因？

10—25 本量利和回归分析。Goldstein 公司生产 CT8 型儿童自行车。公司现在生产自行车架。2014 年，Goldstein 以 1 056 000 美元的总成本生产了 32 000 个车架。Ryan 公司已经以每个 32.50 美元的成本向 Goldstein 提供所需的车架。Goldstein 预期在接下来的几年内每年都需要 35 000 个车架。

要求：

1. （1）2014 年生产一个自行车架的平均成本为多少？与 Ryan 公司的出价相比如何？

（2）Goldstein 公司能否用上一问题中的答案决定生产 35 000 个自行车架的成本？请解释。

2. Goldstein 的成本分析人员用过去的年度数据估计出下面的回归方程，其中自行车架的总生产成本为因变量，自行车架的产量为自变量：

$$y=435\ 000+19X$$

在用于估计回归方程的年度，自行车架的产量在 31 000～35 000 个之间变动。请用上面的方程估计 Goldstein 公司生产 35 000 个自行车架所耗的成本。与从 Ryan 公司外购相比，自制的成本是更高还是更低？

3. 为了确认要求 2 中的方程是否准确预测了自行车架的生产成本，你还需要哪些其他信息？

10—27 高低点，回归。Mandy Knox 是 Timken Manufacturing 公司材料库房的新任主管。公司要求 Mandy 估计零件＃696 未来每月的采购成本，公司的两种产品会用到这种零件。Mandy 有如下过去 9 个月的采购成本和数量数据：

月份	采购成本（美元）	采购数量（个）
1	12 468	2 700
2	12 660	2 820
3	17 280	4 068
4	15 816	3 744
5	13 164	2 988
6	13 896	3 216
7	15 228	3 636
8	10 272	2 316
9	14 940	3 552

根据当年剩余月份两种产品的预测需求估计这种零件的每月采购量如下：

月份	预计采购数量（个）
10	3 360
11	3 720
12	3 000

要求：

1. Mandy 办公室的计算机出了故障，要求 Mandy 立即提供一个方程，以估计零件＃696 的未来采购成本。Mandy 拿起一个计算器，采用高低点法估计成本方程。她得到的成本方程是什么？

2. 使用要求 1 的方程，计算当年最后 3 个月的每月预计采购成本。

3. 几小时后 Mandy 的计算机修好了。Mandy 使用前 9 个月的数据进行回归分析，估计零件＃696 的采购数量与采购成本之间的关系。Mandy 得到的线性回归方程如下：

$$y=2\ 135.5+3.67X$$

使用经济合理性、拟合优度与自变量的显著性等标准评价回归线。将回归方程与用高低点法计算出的方程进行比较，哪个更好？为什么？

4. 使用回归结果计算 10 月、11 月与 12 月的预计采购成本。将预计采购成本与要求 2 中用高低点法计算出的预计采购成本进行比较。对结果进行评价。

10—31 高低点法与回归分析。Fresh Choice 是一家威斯康星州麦迪逊以外的有机家庭农场合作社。该合作社最近成立了一家新鲜农产品俱乐部，为集团的成员农场提供支持服务，并向附近的城郊社区推销本地生产的有机食品。每个家庭需支付 75

美元的季节性会员费，并以每份订单 35 美元的价格提前一周提交订单。Fresh Choice 会将新鲜采摘的季节性农产品配送至附近的几个分销点。第一个季度有 700 个家庭加入了俱乐部，但是订单数量每周都不一样。

Daniel Craig 已经在第一个 10 周经营这个产品俱乐部了。在成为农场主以前，Daniel Craig 在大学修习商科，并记住了成本分析的某些内容。在制定下一年的计划时，他想知道每周需要多少订单才能使俱乐部达到盈亏平衡，但首先他必须估计俱乐部的固定和变动成本。该俱乐部第一个 10 周的经营数据如下：

周	每周订单数量	每周总成本（美元）
1	353	19 005
2	390	22 605
3	414	22 850
4	450	22 500
5	422	21 950
6	491	24 750
7	449	23 650
8	472	23 005
9	529	25 275
10	508	24 350

要求：

1. 绘制每周订单数与每周总成本的关系图。

2. 使用高低点法估计成本方程，并在图中画出这条线。

3. 用计算机计算出的回归公式如下：

每周总成本＝10 048＋(28.91×每周订单数)

在图中画出回归线，并使用经济合理性、拟合优度、自变量的显著性等标准评价这条回归线。采用回归方法得到的成本函数与采用高低点法估计的成本函数近似吗？简要解释。

4. Fresh Choice 这个季节能否达到盈亏平衡？记住每个家庭支付的季节性会员费为 75 美元。

5. 假设下一年有 850 个家庭加入俱乐部，且价格和成本均不变。Fresh Choice 平均每周要收到多少份订单才能达到盈亏平衡？

10—33　回归分析，作业成本制度，选择成本动因。Parker Manufacturing 公司一直使用作业成本法计算产品 X-678 的成本。检验作业刚好发生在产品完工前。Parker 每隔 10 个抽取 1 个检验，并且一直使用检验数量作为成本动因。检验成本的一个重要组成部分是每次检验中使用的试剂成本。

生产线经理 Sharon MacPhen 正在考虑人工小时是不是检验成本的一个更好的成本动因。Sharon 收集了每周的检验成本信息、检验数量和检验人工小时数，列示如下：

周	检验数量	检验人工小时	检验成本（美元）
1	1 800	210	3 600
2	800	90	1 700
3	2 100	250	4 400
4	2 800	260	5 700
5	2 500	230	5 200
6	1 100	110	2 300
7	1 300	130	2 800

Sharon 对每一个可能的成本动因进行了回归，估计了这些成本函数：

检验成本
＝98.79＋(2.02×检验产品数量)

检验成本
＝3.89＋(20.06×检验人工小时数)

要求：

1. 解释为什么检验产品数量与检验人工小时数是貌似有理的检验成本动因。

2. 画出检验数量与检验成本的数据和回归线。画出检验人工小时数与检验成本的数据和回归线。你选择哪一个作为检验成本的成本动因？请解释。

3. Sharon 希望下一期检验员能工作 160 小时，检验 1 500 个产品。使用你在要求 2 中选择的成本动因，Sharon 预计检验成本应该是多少？解释 Sharon 选择成本动因（你在要求 2 中没有选择的）预测检验成本的含义。

10—35　成本估计，累积平均时间学习曲线。Blue Seas 公司与美国海军签订了一份生产军用舰艇的合同。作为其研究项目的一部分，公司已经完成了第 1 艘新型军舰（PT109）的组装。美国海军对 PT109 很感兴趣，并要求该公司提出生产另外 6 艘 PT109 型军舰的成本计划书。

Blue Seas 公司报告了第 1 艘 PT109 的成本信息，并采用了 90%的累积平均时间学习模式作为预测另外 6 艘 PT109 的直接制造人工小时的基础。

（90%学习曲线中的 $b=-0.152\,004$）。

	A	B	C
1	直接材料成本	201 000	美元
2	第1艘军舰的直接制造人工时间	15 700	人工小时
3	直接制造人工成本率	43	美元/直接制造人工小时
4	变动制造费用	24	美元/直接制造人工小时
5	其他制造费用	15%	直接制造人工成本
6	工具费用[a]	281 000	美元
7	每艘军舰制造人工时间学习曲线	90%	累积平均时间[b]
8			
9			
10	a. 工具可以重复使用而不会增加成本，因为它的费用已全部计入第1艘军舰的成本中。		
11	b. 使用图表10—10中的公式，90%学习曲线，$b=\frac{\ln 0.9}{\ln 2}=\frac{-0.105\,361}{0.693\,147}=-0.152\,004$。		

要求：

1. 计算为海军制造 6 艘 PT109 型军舰的预测总成本（Blue Seas 公司将把成本为 1 533 900 美元的第 1 艘军舰作为样品展示给潜在顾客）。

2. 下列两种情况存在多大金额的差异？

（1）要求 1 中建造 6 艘 PT109 型军舰的预测总成本。

（2）假设没有直接制造人工小时学习曲线时，即直接人工小时与产量线性相关时，建造 6 艘 PT109 型军舰的预测总成本。

10—37 回归，选择模型。Apollo 医院专门从事相对简单的门诊手术。作为一家非营利组织，为了以一种有效的方式向社区居民提供服务，Apollo 医院非常重视成本控制。

Apollo 的首席财务官 Julie Chen 一直关注医院的医疗用品费用。为更好地理解成本性态，Julie 咨询了医院成本系统的负责人 Rhett Bratt。经过讨论，Julie 和 Rhett 得出医院的医疗用品费用有两个潜在成本动因的结论，第一个是执行程序的数量，第二个是医院产生的病人小时数。他们认为后者是更好的潜在成本动因，因为与其他医院相比，这家医院的执行程序更多、更复杂。

Rhett 向 Julie 提供的上年的数据如下：

	A	B	C	D
1	月份	医疗用品费用（美元）	程序数量	病人小时数
2	1	106 000	320	2 000
3	2	230 000	500	3 900
4	3	84 000	240	1 900
5	4	238 000	520	4 100
6	5	193 000	240	3 400
7	6	180 000	340	3 700
8	7	210 000	420	3 100
9	8	92 000	360	1 200
10	9	222 000	320	3 000
11	10	78 000	180	1 300
12	11	127 000	440	2 800
13	12	225 000	380	3 800

要求：

1. 估计：（1）医疗用品费用与程序数量；（2）医疗用品费用与病人小时数的回归方程。你会得到如下结果：

回归 1：医疗用品费用 $=a+(b\times$ 程序数量$)$

变量	系数	标准误	t 值
常数	36 939.77 美元	568 504.86 美元	0.65
自变量：程序数量	361.91 美元	152.93 美元	2.37

$r^2=0.36$；Durbin-Watson 统计量 $=2.48$

回归 2：医疗用品费用 $=a+(b\times$ 病人小时数$)$

变量	系数	标准误差	t 值
常数	3 654.86 美元	23 569.51 美元	0.16
自变量：病人小时数	56.76 美元	7.82 美元	7.25

$r^2=0.84$；Durbin-Watson 统计量 $=1.91$

2. 在不同的图中画出数据的分布点图和下列成本函数的回归线：

（1）医疗用品费用 $=a+(b\times$ 程序数量$)$；

（2）医疗用品费用 $=a+(b\times$ 病人小时数$)$。

3. 根据图表 10—18 的格式，评价程序数量和病人小时数分别作为成本动因的回归模型。

4. 基于你的分析，Julie Chen 应该为 Apollo 医院采用哪种成本动因？对你的答案进行解释。

10—39 成本估计。Hankuk 电子公司从 2013 年开始生产一种采用安卓操作系统的新型高级智能手机。由于消费电子行业极低的利润空间，Hankuk 电子公司的成功主要依靠公司尽可能经济地生产手机。

投产第一年的年末，公司的主计长 Inbee Kim 收集了每月的产出水平与每月的直接人工小时（DLH）消耗数据。Inbee 认为人工小时是公司直接成本与制造费用的关键动因。Inbee 收集的信息如下：

	A	B	C
1	月份	产出数量	直接人工工时
2	1	684	1 400
3	2	492	820
4	3	660	875
5	4	504	670
6	5	612	760
7	6	636	765
8	7	648	735
9	8	600	660
10	9	648	695
11	10	696	710
12	11	672	690
13	12	675	700

要求：

1. Inbee想要检验直接人工消耗与产出水平之间的关系，她决定根据月度数据采用简单线性回归方法来估计这种关系。以下结果是Inbee得到的：

回归1：直接人工工时$=a+(b\times$产出数量)

变量	系数	标准误	t 值
常数	345.24 美元	589.07 美元	0.59
自变量：产出数量	0.71 美元	0.93 美元	0.76

$r^2=0.054$；Durbin-Watson 统计量$=0.50$

2. 画出数据分布点图和上述估计的回归线。使用经济合理性、拟合优度、回归线的斜率等标准评价回归结果。

3. Inbee估计公司的变动成本为每直接人工工时17.50美元。她预期公司下个月，即2014年1月，将生产650单位产品。她预算的变动成本应该是多少？她对自己的估计有多大的信心？

10—41　解释回归结果，匹配时间周期。Nandita Summers在一家迎合年轻人时尚的商店Modus工作。Nandita负责商店的在线广告和促销预算。在过去的一年里，她研究了搜索引擎优化，并购买了关键字，在谷歌、Facebook和Twitter上展示广告。为了分析她的努力效果，决定是否继续使用在线广告或者将广告费转移到传统平面媒体上，Nandita收集了以下数据：

	A	B	C
1	月份	在线广告费(美元)	销售收入(美元)
2	1	5 125	44 875
3	2	5 472	42 480
4	3	3 942	53 106
5	4	1 440	64 560
6	5	4 919	34 517
7	6	4 142	59 438
8	7	1 290	51 840
9	8	5 722	36 720
10	9	5 730	62 564
11	10	2 214	59 568
12	11	1 716	35 450
13	12	1 875	36 211

要求：

1. Nandita进行回归分析，将每月的在线广告费用与每月的收入进行比较。核实她获得的如下结果：

收入$=51\,999.64-(0.98\times$在线广告费)

变量	系数	标准误	t 值
常数	51 999.64 美元	7 988.68 美元	6.51
自变量：在线广告费	−0.98 美元	1.99 美元	−0.49

$r^2=0.02$；标准误差$=11\,837.30$

2. 绘制数据的分布点图，并画出回归线。每月在线广告费与收入关系的成本公式说明了什么？这一关系具有经济合理性吗？

3. 经过进一步考虑，Nandita意识到她的方法可能存在缺陷，尤其是顾客通过Modus网站的点击时间、研读社交媒体内容（在线广告费发生之时）与在实体商店的购物时间之间存在滞后。Nandita通过比较每月销售收入与前一个月广告费来修正她的分析。舍弃9月份收入和8月份广告费后，修改的回归如下：

收入$=28\,361.37+(5.38\times$在线广告费)

变量	系数	标准误	t 值
常数	28 361.37 美元	5 428.69 美元	5.22
自变量：上月的在线广告费	5.38 美元	1.31 美元	4.12

$r^2=0.65$；标准误差$=7\,393.92$

4. 修改后的公式说明了什么？绘制修改数据的分布点图。这种关系具有经济合理性吗？

5. Nandita可以得出在线广告费与销售收入之间存在因果关系的结论吗？为什么？

附录　回归分析

本附录描述了回归方程估计、几种常用的回归统计以及如何选择回归分析估计出的成本函数。我们以图表 10—3 中 Elegant 地毯公司的数据为例说明这些问题。

周数	成本动因：机器小时（X）	间接制造人工成本：美元（Y）
1	68	1 190
2	88	1 211
3	62	1 004
4	72	917
5	60	770
6	96	1 456
7	78	1 180
8	46	710
9	82	1 316
10	94	1 032
11	68	752
12	48	963
合计	862	12 501

估计回归线

用来估计回归线的最小平方法是使数据分布点到估计回归线之间的垂直距离（图表 10—6 中也称残差）平方和最小的一种方法。目的是求出线性回归方程 $y=a+bX$ 中的 a 和 b 的数值。其中，y 是预测成本值，以与成本观测值（用大写 Y 表示）相区别。我们希望能够找出使 $\sum(Y-y)^2$，即 Y 与 y 之间垂直距离平方和最小的 a 和 b。通常可用 Excel 等软件完成这些计算。对本例中的数据进行计算[①]，可得 $a=300.98$ 美元，$b=10.31$ 美元，因此回归线方程为 $y=300.98+10.31X$。

① 计算 a 和 b 的公式为：

$$a=\frac{(\sum Y)(\sum X^2)-(\sum X)(\sum XY)}{n(\sum X^2)-(\sum X)(\sum X)} \text{ 和 } b=\frac{n(\sum XY)-(\sum X)(\sum Y)}{n(\sum X^2)-(\sum X)(\sum X)}$$

代入图表 10—3 中 Elegant 公司的数据

$n=$ 数据个数 $=12$

$\sum X=$ 给定的 X 值之和 $=68+88+\cdots+48=862$

$\sum X^2=X$ 的平方和 $=(68)^2+(88)^2+\cdots+(48)^2=4\,624+7\,744+\cdots+2\,304=64\,900$

$\sum Y=$ 给定的 Y 值之和 $=1\,190+1\,211+\cdots+963=12\,501$

$\sum XY=$ 给定 X 与相应观测值 Y 的乘积之和 $=(68)(1\,190)+(88)(1\,211)+\cdots+(48)(963)$

$=80\,920+106\,568+\cdots+46\,224=928\,716$

$$a=\frac{(12\,501)(64\,900)-(862)(928\,716)}{12(64\,900)-(862)(862)}=300.98\text{(美元)}$$

$$b=\frac{12(928\,716)-(862)(12\,501)}{12(64\,900)-(862)(862)}=10.31\text{(美元)}$$

□ 拟合优度

拟合优度计量的是成本动因 X 通过回归分析得到的预测成本值 y 与实际成本观测值 Y 之间的吻合程度。回归分析法用可决系数来计量拟合优度。可决系数 r^2 指 Y 的变动中可用 X（自变量）来解释的百分比，也就是说，Y 的变差中有多大比例可用自变量 X 来解释。可用一种更简便的方法来计算 r^2，就是用 1 减去不能解释的变差与总变差之比。不能解释的变差是由实际值 Y 与预测值 y 之间的差异引起的。在 Elegant Rugs 一例中①：

$$r^2=1-\frac{\text{不能解释的变差}}{\text{总变差}}=1-\frac{\sum(Y-y)^2}{\sum(Y-\bar{Y})^2}=1-\frac{290\,824}{607\,699}=0.52$$

计算结果表明，当预测值 y 越接近实际观测值 Y 时，r^2 的值也就越大。r^2 的变动范围是从 0（毫无解释力度）到 1（完全解释）。一般来说，若 r^2 值大于或等于 0.3，都可认为通过了拟合优度检验。但不能过分依赖拟合优度，因为它可能导致不加判断地选择那些能增加 r^2 但不具备经济合理性的自变量。只有在成本动因与成本之间具备经济合理性时，拟合优度才有意义。

评估拟合优度的另一种方法是计算回归标准误差。**回归标准误差**（standard error of the regression）是残差的方差。它等于

$$S=\sqrt{\frac{\sum(Y-y)^2}{\text{自由度}}}=\sqrt{\frac{\sum(Y-y)^2}{n-2}}=\sqrt{\frac{290\,824}{12-2}}=170.54(\text{美元})$$

自由度等于观察值个数 12 减去回归中被估计的系数个数（本例中为 2，即 a 和 b）。平均来说，实际值 Y 和预计值 y 相差 170.54 美元。为了比较，$Y=\bar{Y}$ 的平均值是 1 041.75 美元。回归的标准差越小，拟合就越好，不同 X 值的预测越准确。

□ 自变量的显著性

图表 10—14 显示了一个方便的格式（Excel），概括了机器小时数与间接制造人工成本的回归结果。如果具备经济合理性的自变量发生变化，会不会引起因变量的显著变化呢？或者换言之，回归线斜率 $b=10.31$ 美元是否具备统计意义上的显著性（也就是说，不同于 0 美元）？回忆前面在对 Elegant 地毯公司机器小时与间接制造人工成本进

---

① 从上页脚注可知

$\sum Y=12\,501$，$\bar{Y}=12\,501\div12=1\,041.75$

$\sum(Y-\bar{Y})^2=(1\,190-1\,041.75)^2+(1\,211-1\,041.75)^2+\cdots+(963-1\,041.75)^2=607\,699$

每一个 X 都对应产生一个预测值 y。例如，在第 1 周，$y=300.98+(10.31\times68)=1\,002.06$ 美元；第 2 周，$y=300.98+(10.31\times88)=1\,208.26$ 美元；第 12 周，$y=300.98+(10.31\times48)=795.86$ 美元。

$\sum(Y-y)^2=(1\,190-1\,002.06)^2+(1\,211-1\,208.26)^2+\cdots+(963-795.86)^2=290\,824$

行回归分析时，b 是由12个观测值样本计算出的。从统计学的角度看，斜率系数 b 受随机因素的影响。也就是说，另外选取12个数据点作为样本，无疑会得到对 b 的不同估计值。**估计系数的标准误**（standard error of the estimated coefficient）表示 b 的估计值在多大程度上受这种随机因素的影响。

斜率系数 b 的 t 值可以用来计量估计的斜率系数在多大程度上与标准误相关。斜率系数 b 的 t 值（在Excel输出中叫做t Stat）是估计的系数值10.31美元÷估计系数的标准误3.12美元＝3.30。它与临界值比较，以确保自变量和因变量之间的关系不是出于偶然因素。用来判断的临界 t 值是自由度、显著性水平的函数。通常会找一个5%的显著性水平，它表明随机因素影响系数 b 的概率小于5%。10个自由度和5%显著性水平上的临界 t 值是2.228。因为斜率系数 b 的 t 值是3.30，超过了2.228，我们可以得出结论，机器小时和间接制造人工成本之间存在统计上显著的关系。①

或者，可以用置信区间来检验斜率系数 b 显著不为零：机器小时斜率系数 b 的真实值落在区间10.31美元±2.228×3.12美元，或10.31美元±6.95美元，或3.36～17.26美元之外的可能性小于5%。因为0没有出现在置信区间中，因此，我们可以得出结论，机器小时的变动确实会影响间接制造人工成本。类似地，用图表10—14的数据可以得到，常数 a 的 t 值为1.31（300.98÷229.75），小于2.228。这个 t 值表明，在相关范围内，常数项显著不为零。我们将在以后章节讨论图表10—14中尚未论及的Durbin-Watson统计量。

图表10—14　Elegant地毯公司用机器小时作自变量（成本动因）、间接制造人工成本作因变量的简单回归结果

文件(F)　编辑(E)　视图(V)　插入(I)　格式(O)　工具(T)　数据(D)　窗口(W)　帮助(H)

	A	B	C	D	E	F
1		**变量系数**	**标准误差**	**t值**		=系数/标准误差
2		**(1)**	**(2)**	**(3)=(1)÷(2)**		=B3/C3
3	截距	300.98美元	229.75美元	1.31 →		=300.98/229.75
4	自变量： 机器小时（X）	10.31美元	3.12美元	3.30		
5						
6	**回归统计**					
7	R平方	0.52				
8	Durbin-Watson值	2.05				

□ 估计假设的设定分析

设定分析（specification analysis）主要是对回归分析假设的检验。如果满足四个假设：(1) 相关范围内线性相关；(2) 残差的方差稳定；(3) 残差独立；(4) 残差为正态分布，那么简单回归方法就能对系数求出可靠的估计值。本章简单回顾了设定分析。如果不能满足这些假设，就必须用更为复杂的回归方法来求得最佳的估计函数。②

① 如果估计的系数是负的，那么 t 值低于－2.228表示统计上显著相关。正如预料的那样，如果估计的关系是基于更大的观测数，那么临界值的绝对值更低。例如，自由度为60，5%显著性水平的临界 t 值是2.00。

② 详见Greene，W. H. *Econometric Analysis*，7th ed.（Upper Saddle River，NJ：Prentice Hall，2011）。

1. **相关范围内线性相关**。一般我们都假设自变量 X 和因变量 Y 在相关范围内线性相关。这在很多商业应用中看似合理，但如果用线性回归模型估计非线性关系，那么得出的系数估计值是不正确的。

在只有一个自变量的情况下，线性检验的最简便的方法是研究散点图中的数据，这一步常被人们忽视。图表 10—6 就是图表 10—3 中 Elegant 地毯公司间接制造人工成本和机器小时变量的散点图。散点图显示对这些数据而言，线性假设合理。

本章论及的学习曲线模型是一个非线性函数的例子：虽然成本随产量的增加而增加，但增加的数量小于按线性成本函数计算增加的数量。在这种情况下，成本分析人员应选择非线性成本函数以反映学习效应。

2. **残差的方差稳定**。残差（或称扰动项、误差）是指观测值 Y 与回归线上的预测值 y 之间的垂直偏差，即 $u=Y-y$。方差稳定的假设是指残差不受成本动因水平的影响，也就是分布在回归线周围的数据点有一个相同的分布区域，如图表 10—15（A）所示。在不同规模经营成本的截面估计中可能会违背这个假设。例如，假设 Elegant 公司有不同规模的生产区域，公司收集不同生产区域的数据估计机器小时和间接制造人工成本之间的关系。在这个回归中，机器小时更高和间接制造人工成本更高的大生产区域的残差项很可能更大。在回归线（见图表 10—15（A））周围的数据点没有一个相同的分布区域。方差稳定也称为同方差，违背这个假设的则叫做异方差。

异方差不影响线性估计 a 和 b 的精确性，但是它会降低标准误差估计值的可信度，进而影响从回归估计推断总体参数的精确性。

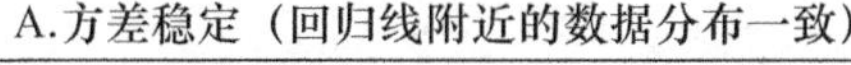
A.方差稳定（回归线附近的数据分布一致）

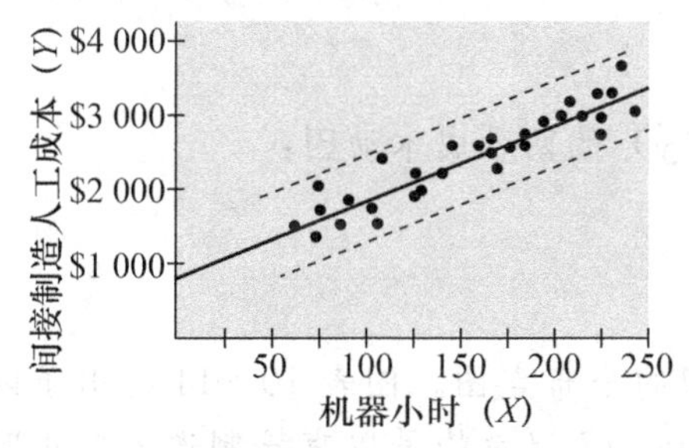

B.方差不稳定（残差越大，产量越高）

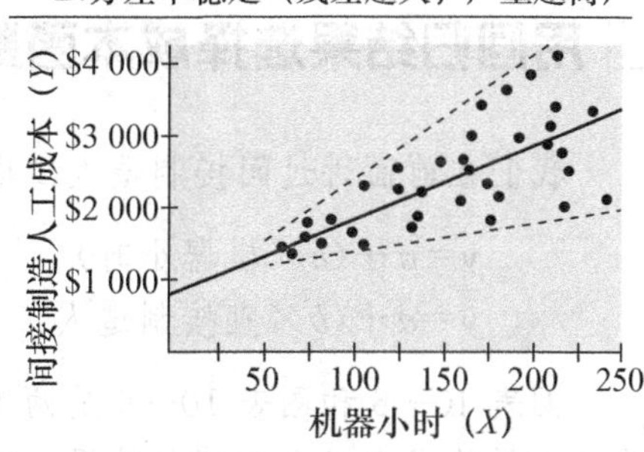

图表 10—15　残差的方差稳定性假设

3. **残差独立**。残差独立性假设是指任何一个观测值的残差都与另外一个观测值的残差不相关。当残差序列中存在系统模式，如第 n 个观测值的残差传递了第 $n+1$，$n+2$ 个观测值的残差信息时，就会产生序列相关（也叫自相关）的问题。考虑 Elegant 地毯公司的另一个生产单元，在 20 周的期间内，它的产量和机器小时都有增加。图表 10—16（B）是机器小时和间接制造人工成本的一个散点图。观察图表中残差的系统性模式——机器小时极端值（高或低）的残差为正，中间值的残差为负。在成本动因值比较低时出现这种模式的一个原因是成本“黏性”。当机器小时低于 50 小时，间接制造人工成本没有下降。当机器小时增加，产量上升时，虽然 Elegant 公司的经理努力控制成本，但间接制造人工成本增加得更快。如果没有自相关，残差图看起来像什么？如图表 10—16（A）所示，残差没有系统模式。

B.残差序列相关（模式为使用的机时过大或过小时残差为正，在中间区域残差为负）

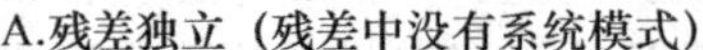

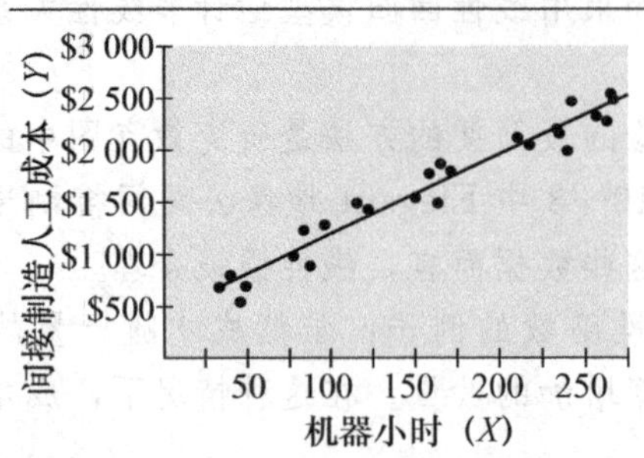

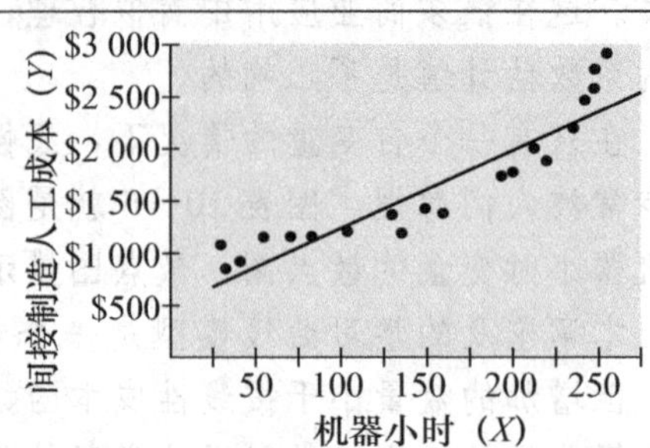

图表 10—16　残差的独立性假设

与残差的方差不稳定一样，系列相关也不会影响回归估计 a 和 b 的精确性，但会影响系数的标准误差，进而影响到从回归估计推出总体参数的精确性。

用 Durbin-Watson 统计量可以检验在残差估计中是否出现序列相关。对于包含 10～20 个观测值的样本，如果 Durbin-Watson 统计量在 1.10～2.90 的范围内，就可以认为残差是独立的。图表 10—14 中 Elegant 地毯公司回归结果的 Durbin-Watson 统计量等于 2.05，因此，在该回归模型中残差独立性的假设是合理的。

4. **残差为正态分布**。残差的正态性假设是指残差在回归线附近呈正态分布。在对实际成本数据进行回归分析时，残差的正态性假设通常是满足的。即使假设不成立，会计人员也能够根据回归方程得出精确的估计值，但置信区间可能不精确。

□ 用回归结果选择成本函数

我们在前面讲过间接制造人工成本（y）的两个成本动因：

$y=a+(b\times$机器小时$)$

$y=a+(b\times$直接制造人工小时$)$

图表 10—6 和图表 10—8 是两个回归的分布点图。图表 10—14 给出了以机器小时作自变量的成本函数的回归结果，图表 10—17 记录的是以直接制造人工小时作自变量的成本函数的回归结果。

图表 10—17　Elegant 地毯公司以直接制造人工小时作自变量（成本动因）、间接制造人工成本作因变量的简单回归结果

文件(F)　编辑(E)　视图(V)　插入(I)　格式(O)　工具(T)　数据(D)　窗口(W)　帮助(H)

	A	B	C	D	E	F	G	H
1		**变量系数**	**标准误差**	**t值**				
2		(1)	(2)	(3)＝(1)÷(2)				
3	截距	744.67美元	217.61美元	3.42				
4	自变量：直接制造人工小时（X）	7.72美元	5.40美元	1.43 →		＝系数/标准误差 ＝B4/C4 ＝7.72/5.40		
5								
6	**回归统计**							
7	R平方	0.17						
8	Durbin-Watson值	2.26						

根据本附录所述内容，哪一个回归更合适呢？图表 10—18 系统地比较了这两个成本函数。根据几项判断的标准，以机器小时为成本动因的成本函数要优于以直接制造人工小时为成本动因的成本函数。其中，经济合理性是一个特别重要的判断标准。

图表 10—18　Elegant 地毯公司用简单回归估计间接制造人工成本的两个成本函数的比较

标准	成本函数 1： 机器小时为自变量	成本函数 2： 直接制造人工小时为自变量
经济合理性	在 Elegant 公司高度自动化的工厂，间接制造人工成本（技术支持人工）与机器小时之间的正相关关系在经济上是合理的。	间接制造人工成本与直接制造人工小时之间的正相关关系也具备经济合理性，但在 Elegant 公司高度自动化的工厂里其经济合理性较机器小时要差。
拟合优度[a]	$r^2=0.52$；回归标准误差＝170.50 美元。拟合度好。	$r^2=0.17$，回归标准误差＝224.60 美元。拟合度差。
自变量显著性	t 值＝3.30，在 0.05 水平上显著。	t 值＝1.43，在 0.05 水平上不显著。
估计假设的设定分析	数据点分布图表明函数满足线性、残差方差稳定、残差独立（Durbin-Watson 统计量＝2.05）且为正态分布的假设，但仅由 12 个观测值推导的结论可信度不高。	数据点分布图表明函数满足线性、残差方差稳定、残差独立（Durbin-Watson 统计量＝2.26）且为正态分布的假设，但仅由 12 个观测值推导的结论可信度不高。

a. 如果可用来估计机器小时回归的观测值个数与可用来估计直接制造人工小时回归的观测值个数不一样，可用调整的 r^2 来消除这一差异（自由度）的影响。Excel 等软件能计算并给出调整的 r^2。

不要奢望任何一个成本函数都能满足图表 10—18 中所有的判断标准。成本分析人员常常不得不在“不完美”的成本函数中做选择，因为任何一个特定成本函数的数据都不可能完全满足回归分析的一个或多个假设。例如，图表 10—18 中的两个成本函数都是不完美的，正如本章中估计假设的特定分析所述，仅由 12 个观测值推导出的结论可信度不高。

□ 多元回归分析和成本层级

在某些情况下，只要有一个自变量就可以估计出令人满意的成本函数，如上例中的机器小时。但在多数情况下，选用多个自变量（即多元回归）可能更具备经济合理性并可提高精确度。描述两个或多个自变量与一个因变量的关系时，应用最为广泛的方程为线性方程，如下所示：

$$y=a+b_1X_1+b_2X_2+\cdots+u$$

式中，y 为待测成本；X_1，X_2，…为自变量；a，b_1，b_2，…为回归模型的估计系数；u 为残差，包括模型外的其他因素的净影响以及自变量和因变量的计量误差。

案例　以图表 10—19 中 Elegant 地毯公司的数据为例，公司的 ABC 分析表明，间接制造人工成本包括调试成本以及开始生产新一批地毯时的转换成本。管理人员认为间接人工成本除了受机器小时（单位产出层的成本动因）影响外，还受到每周生产地毯批数影响（批数层的成本动因），因此，Elegant公司估计这两个自变量（机器小时和每周生产批数）与间接制造人工成本之间的关系。

图表10—19　Elegant地毯公司每周的间接制造人工成本、机器小时、直接制造人工小时和生产批数

文件(F)　编辑(E)　视图(V)　插入(I)　格式(O)　工具(T)　数据(D)　窗口(W)

	A	B	C	D	E
1	周数	机器小时 (X_1)	生产批数 (X_2)	直接制造人工小时	间接制造人工成本(美元) (Y)
2	1	68	12	30	1 190
3	2	88	15	35	1 211
4	3	62	13	36	1 004
5	4	72	11	20	917
6	5	60	10	47	770
7	6	96	12	45	1 456
8	7	78	17	44	1 180
9	8	46	7	38	710
10	9	82	14	70	1 316
11	10	94	12	30	1 032
12	11	68	7	29	752
13	12	48	14	38	963
14	合计	862	144	462	12 501
15					

图表10—20是图表10—19中B，C，E列的数据用下面的多元回归模型得到的回归结果：

$$y=42.58+7.60X_1+37.77X_2$$

式中，X_1表示机器小时；X_2表示生产批数。用机器小时和批数两个自变量解释间接人工成本的变动更具经济合理性，因为用机器小时作简单回归时的r^2为0.52（见图表10—14），而在多元回归模型下的r^2增至0.72（见图表10—20）。t值表明无论是机器小时还是生产批数的自变量系数都显著不为零（与临界t值2.26相比，机器小时自变量系数的t值=2.74，生产批数自变量系数的t值=2.48）。图表10—20中的多元回归模型符合经济和统计标准，并且相比只用机器小时作自变量的简单回归模型，它更能解释间接制造人工成本的变动（即0.72的r^2比0.52的r^2）。① 包括批次数作为自变量的回归方程的标准误是：

① 增加另外一个变量总是会增加r^2。问题是这是不是充分的。洞察这个问题的一种方法是计算调整的r^2：调整的$r^2=1-(1-r^2)\dfrac{n-1}{n-p-1}$，此处$n$是样本数，$p$是估计系数。在只有机器小时作为自变量的模型中，调整的$r^2=1-(1-0.52)\dfrac{12-1}{12-2-1}=0.41$。在机器小时和批数都作为自变量的模型中，调整的$r^2=1-(1-0.72)\dfrac{12-1}{12-3-1}=0.62$。调整的$r^2$与$r^2$的解释不一样，但是批数作为自变量加入时，调整的$r^2$增加。这表明通过估计另一个系数补偿了自由度的损失，加入这一变量显著地提高了模型的拟合度。

$$\sqrt{\frac{\sum(Y-y)^2}{n-3}}=\sqrt{\frac{170\ 156}{9}}=137.50(\text{美元})$$

这一误差低于只有机器小时作为自变量的回归标准误差 170.50 美元。也就是说，虽然增加一个变量减少了分母自由度，但它大幅提高了拟合度，因此分子 $\sum(Y-y)^2$ 下降得更多。在 Elegant 地毯公司，机器小时和生产批量都是间接制造人工成本的重要成本动因。

在图表 10—20 中，斜率系数（机器小时的斜率系数为 7.60 美元，生产批数的斜率系数为 37.77 美元）计量一个自变量每变动一个单位所引起的间接制造人工成本的变动（假定其他自变量保持不变）。例如，假设机器小时保持不变，每增加一个生产批数，间接制造人工成本就增加 37.77 美元。

图表 10—20 Elegant 地毯公司间接制造人工成本与两个自变量或成本动因（机器小时与生产批数）的多元回归结果

文件(F) 编辑(E) 视图(V) 插入(I) 格式(O) 工具(T) 数据(D) 窗口(W) 帮助(H)

	A	B	C	D	E	F
1		**变量系数**	**标准误差**	**t值**		
2		(1)	(2)	(3) = (1) ÷ (2)		
3	截距	42.58美元	213.91美元	0.20		
4	自变量1： 机器小时(X1)	7.60美元	2.77美元	2.74 →		=系数/标准误差 =B4/C4 =7.60/2.77
5	自变量2： 生产批数（X2）	37.77美元	15.25美元	2.48		
6						
7	**回归统计**					
8	R平方	0.72				
9	Durbin-Watson值	2.49				

另一种备选方案是把间接制造人工成本分为两个成本集合，一个与机器小时相关，另一个与生产批数相关，然后再分别估计每个成本集合中成本动因与成本之间的关系。但实际上把间接制造人工成本正确地分为两个成本集合是相当困难的。

□ 多重共线性

在多元回归分析中应注意多重共线性问题。当两个或两个以上的自变量彼此之间高度相关时，就会产生**多重共线性**（multicollinearity）。一般来说，在应用回归分析时，若自变量之间的相关系数超过 0.7，就可认为存在多重共线性。多重共线性增大了单个变量系数的标准误差，也就是说，原本经济和统计上显著的变量会显得不那么显著。

图表 10—19 中不同变量之间的相关系数矩阵如下所示：

	间接制造人工成本	机器小时	生产批数	直接制造人工小时
间接制造人工成本	1			
机器小时	0.72	1		
生产批数	0.69	0.4	1	
直接制造人工小时	0.41	0.12	0.31	1

结果显示，运用图表10—19中的任何两个自变量进行多元回归分析，都不会产生多重共线性问题。

如果存在多重共线性，就应该试着取得不受多重共线性影响的新数据。不能遗漏一个应包含在模型中的自变量（成本动因），因为它可能与其他自变量存在相关性。遗漏这样一个变量会造成这个模型中的自变量系数的估计值偏离真实值。

第 11 章

决策制定与相关信息

- 信息与决策过程
- 相　关
- 自制与外购决策
- 生产能力约束下的产品组合决策
- 瓶颈、约束理论与产量边际分析
- 顾客盈利能力和相关成本
- 过去成本的无关性与设备更新决策
- 决策与业绩评价
- 附录　线性规划

学习目标

1. 采用五步决策制定程序
2. 区分决策中的相关信息与不相关信息
3. 解释机会成本概念及其在自制与外购决策制定中的作用
4. 了解在生产能力约束下如何制定产品选择决策
5. 解释如何管理瓶颈
6. 说明在增加或减少顾客和业务部门时应考虑的因素
7. 解释设备账面价值与管理者制定设备更新决策不相关的原因
8. 解释管理者使用的决策模型与高层管理者对管理者的业绩评价模型之间是如何产生冲突的

今天你做了多少决策？

也许你做了一个重大决策，如接受一个工作机会。或许你的决策就像制定周末计划或选择一家吃饭的餐馆一样简单。不管决策是重大的还是日常的，大多数人都遵循一个简单、合乎逻辑的决策程序。这一程序包括收集信息、预测、选择、行动和评价结果。这一程序还包括评价每种选择的成本和收益。对于涉及成本的决策来说，有些成本是不相关的。例如，一旦你购买了咖啡机，在计算每一次你在家煮咖啡与在星巴克买咖啡相比能节省多少钱时，购买咖啡机的成本就是不相关的。咖啡机的成本发生在过去，你不能收回这一成本。本章将解释哪些成本和收益是相关的，哪些是不相关的——在不同方案间选择时，应该如何考虑它们。

相关成本、捷蓝航空公司和 Twitter①

捷蓝航空公司搭载一名乘客往返于纽约市和楠塔基特之间的飞行成本是多少呢？其增量成本其实非常少，大约需要5美元饮料，因为其他的成本（飞机、机组人员、票务代理、燃油、机场降落费以及行李搬运费）都是固定的。那么对于捷蓝航空公司，以至少5美元多卖一张票是否值得呢？答案取决于航班是否满员。

假设捷蓝航空一张往返机票的售价一般为344美元，如果航班已满员，捷蓝航空肯定不愿意以低于344美元的价格出售机票，因为还有乘客愿意以344美元的价格购买机票。但是如果还有空座位，则只要卖出一张价格高于5美元的机票，就比留着那个空座位而什么也没赚到更值得。

假设一名旅客通过互联网提前一个月订票，达美航空可能会开价344美元，因为它期望能够卖出所有的机票。飞机预定周五起飞，如果在此前的周一，达美航空发现航班未满员，航空公司也许愿意大幅降价吸引更多的乘客，以便从未利用的座位上赚得一点利润。

---

① Jones, Charisse. 2009. JetBlue and United give twitter a try to sell airline seats fast. *USA Today*, August 2. www.usatoday.com/travel/flights/2009-08-02-jetblue-united-twitter-airfares_N.htm.

进入 Twitter。广泛应用的微博服务使捷蓝航空可以快速连接客户，售空机票，否则可能未满员就起飞。当 Twitter 用户得知 344 美元从纽约到楠塔基特的往返机票仅售 18 美元时，航班会迅速满员。为了使用这种定价策略，管理者必须深入理解不同决策情况下的成本。

就像达美航空一样，全世界公司的管理者使用一种决策程序。摩根大通（JP Morgan Chase）的管理者在决定是否向顾客提供新服务之前，要收集包括金融市场、顾客偏好以及经济趋势等各方面的信息。梅西百货（Macy's）的管理者在选择生产商前，要全面了解国内外关于服装生产的所有相关信息。而保时捷公司（Porsche）的管理者收集成本信息，以决定究竟是自己生产组装配件还是从供应商处采购。决策程序也许并不容易，但是正如彼得·德鲁克（Peter Drucker）所说，"每一个成功的企业，都做出过勇敢的决策"。

信息与决策过程

管理人员通常用决策模型在各种活动中进行选择。**决策模型**（decision model）是做出选择的正式方法，通常包括定性和定量分析。管理会计师要分析并提供相关数据以帮助管理人员决策。

以一家生产高尔夫球杆的精密运动用品公司（Precision Sporting Goods）为例，该公司管理者面临一个战略决策问题：是否应进行生产作业重组以减少制造人工成本？精密运动用品公司只有两种备选方案："重组"或"不重组"。

生产过程重组可以消除所有人工管理材料工序。现有生产线有 20 名工人：15 人操作机器，5 人管理材料。这 5 个材料管理工人都是合同工，可以临时解雇而不用额外支付费用。每个工人的年工作量为 2 000 小时。预计重组费（主要是新设备租赁费）为每年 90 000 美元。重组不影响 25 000 单位的产量、250 美元的售价、50 美元的单位直接材料成本、750 000 美元的制造费用、2 000 000 美元的营销费用。

管理人员采用第 1 章介绍的五步决策制定程序制定"重组"还是"不重组"的决策（见图表 11—1）。注意在图表 11—1 中，各步骤的顺序以及步骤 5 是如何进行业绩评价，从而为前几个步骤提供实施反馈的。这一反馈可能会影响对未来的预期、使用的预测方法、选择方法或决策的执行。

相　关

本章的重点为图表 11—1 中的步骤 4 及选择方案时的相关成本与相关收入。

相关成本与相关收入

相关成本（relevant costs）是预期的未来成本，**相关收入**（relevant revenues）是预

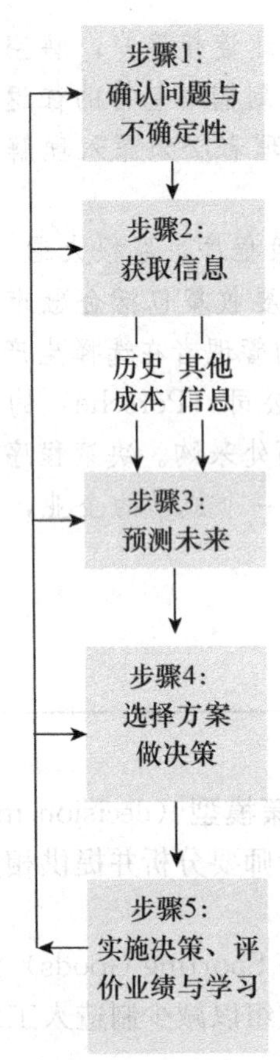

精密运动用品公司应进行生产作业重组以减少制造人工成本吗？一个重大的不确定性是重组如何影响员工士气。

以前的人工成本为14美元/小时，最近按协议规定，员工福利每小时增加2美元，因此人工成本变为16美元/小时。生产作业重组将解雇5名管理材料的工人，因此工人数从20人降为15人。重组可能对员工士气有负面影响。

以步骤2中的信息为基础，预测未来的人工成本。在“不重组”方案中，预期成本为640 000美元（20个工人×2 000小时/人×16美元/小时），而在“重组”方案中，预期成本为480 000美元（15个工人×2 000小时/人×16美元/小时）。预期重组每年成本为90 000美元。

比较步骤3中不同备选方案的预期收益（640 000－480 000＝160 000（美元），即节省材料处理人工成本5个工人×2 000小时/人×16美元/小时＝160 000美元）并考虑重组成本（90 000美元）及其他因素（如对员工士气的负面影响）后，管理层选择了重组。因为财务利益是显著的，预期对员工士气的影响是暂时的、相对较小的。

决策实施后进行业绩评价，提供关键反馈，重复上述五个步骤的全部或部分。实际结果显示，新的制造人工成本为540 000美元，不是预期的480 000美元，这是由于制造人工的生产能力低于预期。这一历史信息能使管理人员制定出更好的预期。管理人员还设法通过员工培训或更有力的监管等措施提高执行效果。

图表 11—1　精密运动用品公司的五步决策制定程序

期的未来收入，不同的方案有不同的相关收入和相关成本。不相关的成本和收入称为无关。相关成本与相关收入必须满足：

- **在未来发生**——每一个决策都涉及管理者以预期未来结果为基础的方案选择；
- **因方案的不同而不同**——成本和收入如果没有差异，就不重要，也就与决策无关。

问题始终是，特殊方案到底有何差异呢？

精密运动用品公司“重组”和“不重组”两种方案的数据如图表 11—2 所示。管理者可以用两种方法分析数据：考虑全部收入和成本或只考虑相关收入和成本。

图表 11—2　　确定精密运动用品公司的相关收入和相关成本

	全部收入和成本		相关收入和成本	
	方案 1：不重组	方案 2：重组	方案 1：不重组	方案 2：重组
收入[a]	$ 6 250 000	$ 6 250 000	—	—
成本：				
直接材料[b]	1 250 000	1 250 000	—	—
制造人工	640 000[c]	480 000[d]	$ 640 000[c]	$ 480 000[d]
制造费用	750 000	750 000	—	—

续前表

	全部收入和成本		相关收入和成本	
	方案 1：不重组	方案 2：重组	方案 1：不重组	方案 2：重组
营销费用	2 000 000	2 000 000	—	—
重组成本	—	90 000	—	90 000
总成本	4 640 000	4 570 000	640 000	570 000
营业利润	$1 610 000	$1 680 000	$(640 000)	$(570 000)
	差异$70 000		差异$70 000	

a. 25 000×250=6 250 000（美元）。
b. 25 000×50=1 250 000（美元）。
c. 20×2 000×16=640 000（美元）。
d. 15×2 000×16=480 000（美元）。

开始两列描述第一种方法并提供了全部数据，最后两列描述第二种方法且只有相关成本：640 000 美元及 480 000 美元的预期未来制造人工成本和 90 000 美元的预期未来重组成本，两种方案的这些成本都不同。管理者可忽略收入、直接材料、制造费用及营销费用，因为不管精密运动用品公司是否重组，它们都不变。它们在两种方案间无差异，是不相关的成本。

值得注意的是，图表 11—2 中没有过去（历史）14 美元/小时的制造人工成本和 560 000 美元（20 个工人×2 000 小时/人×14 美元/小时）的总制造人工成本。尽管在预测 640 000 美元和 480 000 美元的预期未来制造人工成本时可能要用到这两个数据，但历史成本本身是过去的成本，与决策制定无关。过去的成本也称做**沉没成本**（sunk costs），因为无论采取什么措施，它们都不可避免，而且无法改变。

图表 11—2 中的数据表明，生产作业重组可以每年增加 70 000 美元的预期营业利润。值得注意的是，公司管理者在分析中不论用“全部数据”还是只用“相关数据”，都能得到同样的结论。将分析限定于相关数据，管理者能够清除掉潜在的令人迷惑的不相关数据。当不能取得编制详尽的利润表所需的全部信息时，只考虑相关数据就非常有用。懂得什么成本是相关的、什么是不相关的，可以帮助决策制定者只关注相关数据。

□ 定性和定量的相关信息

我们将备选方案的结果分为定量和定性两大类。**定量因素**（quantitative factors）是指可用数字计量的结果。有些定量因素是财务性的：它们能表现为货币形式。比如，直接材料成本、直接制造人工成本和营销费用。其他定量因素是非财务性的：它们能用数字计量，但很难表现为货币形式，这样的例子包括诸如微软等公司新产品研发时间的减少和诸如捷蓝航空等公司的航班准点率等。**定性因素**（qualitative factors）是指很难用数字准确计量的结果，如员工士气等。

相关成本分析通常强调可以用财务数据表示的定量因素。虽然定性因素以及非财务的定量因素很难用财务数据表示，但是它们对管理者很重要。在精密运动用品公司的例子中，在选择“重组”方案前，管理者会再三考虑辞退材料处理工人对员工士气的负面影响，这就是一个定性因素。比较和权衡非财务和财务两方面的影响对管理者来说常常是一个挑战。

图表 11—3 总结了相关信息的重要特征。相关这一概念适用于所有决策情形。在本章里，我们给出了一些这样的决策情形。后面的章节描述了其他需要管理者应用相关概念的决策情形，如联合成本（第 16 章），质量和及时性（第 19 章），存货管理和供应商评估（第 20 章），资本投资（第 21 章），以及转移定价（第 22 章）。我们从影响产出水平的管理者决策开始讨论相关性，比如，是推广新产品还是增加现有产品销售量。

图表 11—3　　相关信息的重要特征

- 过去（历史）成本作为预测基础可能很有用，但过去的成本本身却是决策制定的不相关成本。
- 可通过检查预期的未来收入与成本之间的差异来比较不同方案。
- 不是所有的预期未来收入和成本都是相关的。各方案间没有差异的预期未来收入和成本是不相关的，因此可从分析中剔除这些不相关项。关键是，它会导致何种差异？
- 必须赋予非财务的定性因素和定量因素以合适的权重。

一次性特殊订单

影响产出水平的一种决策是，在公司存在闲置生产能力时是否应接受无长期影响的订单。我们用**一次性特殊订单**（one-time-only special order）描述这一情形。

【例 1】　Surf Gear 公司在其北卡罗来纳州伯灵顿市高度自动化的工厂生产毛巾。该厂的生产能力是每月 48 000 条，现在每月产量是 30 000 条。零售部门负责所有毛巾的销售。下个月（8 月）的预期结果如图表 11—4 所示（这些数字都是基于历史成本的预期值）。我们假定，在短期内，对一个成本动因（产量）而言，所有成本要么归入变动成本，要么归入固定成本。

图表 11—4　　Surf Gear 公司 8 月吸收成本法下的预算利润表

文件　开始　插入　页面布局　公式　数据　审阅　视图

	A	B	C	D
1		总额	单价	
2	销售数量	30 000		
3				
4	销售收入	$600 000	$20.00	
5	主营业务成本(生产成本)			
6	变动生产成本	225 000	7.50[b]	
7	固定生产成本	135 000	4.50[c]	
8	销售商品的总成本	360 000	12.00	
9	销售费用			
10	变动销售费用	150 000	5.00	
11	固定销售费用	60 000	2.00	
12	总销售费用	210 000	7.00	
13	产品总成本	570 000	19.00	
14	营业收入	$30 000	$1.00	
15				
16	a.Surf Gear没有研发、产品设计、送货或客户服务成本			
17	b.单位变动生产成本=单位产品直接材料成本+单位产品直接人工成本+单位产品变动制造费用			
18	=6.00+0.50+1.00= 7.50(美元)			
19	c.单位固定生产成本=单位产品固定直接人工成本+单位产品固定制造费用			
20	=1.50+3.00=4.50(美元)			

Azelia 是一家豪华连锁酒店，它从 Mugar 公司购买毛巾。Mugar 公司的工人罢工，因此 Azelia 必须找一个新的供应商。8 月，Azelia 与 Surf Gear 公司联系，提出以 11 美元的价格购入 5 000 条毛巾的订货要求。基于下面的事实，Surf Gear 公司的管理者是否应接受 Azelia 的订货？

管理会计师收集了下面的额外信息。

- 预期 Azelia 以后不再购买。
- 固定生产成本是基于 45 000 条毛巾的生产能力。也就是说，固定生产成本与可用生产能力有关，而与已用生产能力无关。如果 Surf Gear 接受这笔特殊订单，它可以利用现有闲置生产能力生产这 5 000 条毛巾，而不影响固定生产成本。
- 这笔 5 000 条毛巾的一次性特殊订货没有营销费用。
- 接受这笔订货预计不影响产品的正常售价或销售量。

管理会计师在吸收成本法（变动和固定生产成本包括在存货成本和产品销售成本中）的基础上编制了图表 11—4 显示的数据。在该图表中，12 美元/条的生产成本和 7 美元/条的营销费用既包括变动成本也包括固定成本。**业务职能成本**（business function costs）是指价值链上的某一特定业务职能包含的所有成本（固定和变动），如生产成本、营销费用等。**产品的全部成本**（full costs of the product）（本例为 19 美元/条）是价值链上所有业务职能（研发、设计、生产、营销、分销和顾客服务）的变动成本和固定成本的总和。对 Surf Gear 公司而言，产品的全部成本包括生产成本和营销费用，因为它只有这两个业务职能。因为特殊订单不需要营销费用，所以 Surf Gear 的经理只需关注生产成本。而单位生产成本为 12 美元，高于 Azelia 提出的单价 11 美元，管理人员应拒绝接受此订单。

在图表 11—5 中管理会计师将生产成本和营销费用分为变动和固定两部分，并将这些数据以贡献收益表的形式列示出来。相关收入和成本是由于 Surf Gear 公司接受了特殊订单而有所不同的预期未来收入和成本：55 000 美元（11×5 000）的收入和 37 500 美元（7.50×5 000）的变动生产成本。在此情况下，固定生产成本和所有营销费用（包括变动营销费用）都是不相关成本，因为不管是否接受这笔特殊订单，这些成本的总额都不会变。若 Surf Gear 公司接受这笔订单，其营业利润将会增加 17 500 美元（相关收入 55 000 美元—相关成本 37 500 美元）。比较图表 11—5 中 30 000 条和 35 000 条的总金额，或者只关注图表 11—5 中差异列的相关数值，管理者能避免误导：因为 11 美元的单价低于 12 美元的单位生产成本（如图表 11—4 所示，既包括变动生产成本，又包括固定生产成本）而拒绝这个特殊订单。

在一次性特殊订单决策分析中，没有长期或战略影响这一假设非常重要。例如，如果 Surf Gear 公司以 11 美元的单价将毛巾出售给 Azelia 会导致零售商店（Surf Gear 公司的长期顾客）提出降价的要求。在这种情况下，来自长期顾客的收入就变成了相关收入。为什么呢？因为在 Surf Gear 公司接受和拒绝订单两种情况下，来自长期顾客的未来收入是不一样的。因此 Surf Gear 公司的管理者必须修正对 Azelia 订单的相关收入和相关成本分析，不仅考虑接受订单带来的短期利益，还应考虑降低对所有长期顾客的售价给获利能力带来的长期影响。

图表 11—5　　Surf Gear 公司的一次性特殊订单决策：比较贡献收益表

	A	B	D	F	H
1		除特别订单外，有		包含特别订单，有	差异：与
2		30 000条		35 000条	5 000条
3		可供出售		可供出售	特别订单
4		单价	总价	总价	相关的数量
5		(1)	(2)=(1)×30 000	(3)	(4)=(3)-(2)
6	销售收入	$20.00	$600 000	$655 000	$55 000[a]
7	变动成本：				
8	生产成本	7.50	225 000	262 500	37 500[b]
9	销售费用	5.00	150 000	150 000	0[c]
10	总变动成本	12.50	375 000	412 500	37 500
11	边际贡献	7.50	225 000	242 500	17 500
12	固定成本：				
13	生产成本	4.50	135 000	135 000	0[d]
14	销售费用	2.00	60 000	60 000	0[d]
15	总固定成本	6.50	195 000	195 000	0
16	营业收入	$1.00	$30 000	$47 500	$17 500
17					
18	a. 5 000×11.00=55 000(美元)				
19	b. 5 000×7.50=37 500(美元)				
20	c. 这份一次性的5 000单位的特别订单没有变动销售费用				
21	d. 这份特别订单不会影响固定生产成本和固定销售费用				

□ 相关成本分析中的潜在问题

管理者在相关成本分析中应避免两个潜在问题。首先，注意不要有不正确的一般性假设，如所有变动成本都是相关的，所有固定成本都是不相关的，等等。在 Surf Gear 公司一例中，5 美元的单位变动营销费用就是不相关的，因为 Surf Gear 公司接受特殊订单并不会产生额外的营销费用。但固定生产成本可能是相关的。每月多生产 5 000 条（从 30 000 条到 35 000 条）毛巾并不影响固定生产成本，因为我们假定固定生产成本的现有水平能够支持每月 30 000～45 000 条毛巾相关范围内的任何生产水平。但是，在某些情况下，多生产 5 000 条毛巾可能会增加固定生产成本（也会增加单位变动生产成本）。假设 Surf Gear 公司要达到其最大生产能力每月生产 45 000 条毛巾，就必须用到三个班次，每个班次每月生产 15 000 条毛巾。因为两个班次只能生产 30 000 条毛巾，将月产量从 30 000 条提高到 35 000 条就需要第三个班次的部分生产能力（或加班费）。这部分班次将增加固定生产成本，从而使得增加的固定生产成本与决策相关。

其次，单位成本数据可能在以下两个方面误导决策制定者：

1. **包含不相关成本时**。以 Surf Gear 公司的一次性特殊订单为例，其单位生产成本 12 美元中包括 4.50 美元的固定直接制造人工和制造费用（参见图表 11—4 和图表 11—5）。这 4.50 美元的单位成本是不相关成本，因为如果接受一次性特殊订单，这些成本不会改变。因此管理者不应考虑它。

2. **不同的产出水平有相同的单位成本时**。一般来说，管理者常用总固定成本，而不是单位固定成本，因为总固定成本更容易使用，并且减少了错误决策的机会。但如果需要，也可将总固定成本单位化。在 Surf Gear 公司的例子中，即使公司接受了特殊订单，生产 35 000 条毛巾，但总的固定生产成本保持 135 000 美元不变。而将 4.50 美元的单位固定生产成本当做特殊订单的成本，就会得到总固定生产成本增至 157 500 美元

(4.50×35 000）的错误结论。

避免出现这两个潜在问题，最好是只考虑：(1) 总固定成本（而不是单位固定成本）；(2) 相关概念。分析中的每一项都应是与其他方案有所不同的预期总未来收入和预期总未来成本。

□ 短期定价决策

在前面章节的一次性特殊订单决策中，Surf Gear 公司的管理者必须决定是接受还是拒绝 Azelia 以每条 11 美元购买毛巾的订单。有时管理者必须决定一次性特殊订单的报价是多少。这是一个短期定价决策（时间跨度只有几个月的决策）的例子。

考虑 Surf Gear 公司的管理者面临的一个短期定价决策。Cranston 公司要求 Surf Gear 公司在 8 月完成 Azelia 的订单后，在 9 月向其提供 5 000 条毛巾。Cranston 公司在未来不会再与 Surf Gear 公司签订订单。Cranston 公司将在 Surf Gear 公司的销售区域外的市场和地区以自己的品牌销售 Surf Gear 公司生产的毛巾。无论 Surf Gear 公司接受还是拒绝此订单，都不会影响其现有销售渠道的收入——既不影响销量，也不影响售价。

短期定价决策的相关成本

和前面一样，Surf Gear 公司的管理者估计提供 5 000 条毛巾需要花费多少成本。销售成本不会增加，相关成本是 7.50 美元的变动生产成本（前面章节已经计算了）。和前面一样，9 月，产量从 30 000 条增加到 35 000 条而多生产的 5 000 条毛巾并不影响固定生产成本，因为相关范围是每月 30 000～45 000 条毛巾。价格高于 7.50 美元将会提高 Surf Gear 的短期获得能力。Surf Gear 公司的管理者应该为 5 000 条毛巾的订单报价多少?

短期定价中的战略因素和其他因素

基于市场调查，Surf Gear 公司的管理者认为，有竞争力的报价应该在 10～11 美元之间，因此他们决定每条毛巾报价 10 美元。如果 Surf Gear 公司赢得这个投标，营业利润将会增加 12 500 美元（相关收入（10×5 000＝50 000（美元））－相关成本（7.50×5 000＝37 500（美元）））。鉴于剩余的生产能力和强大的竞争力，管理层的战略是报价尽可能高于 7.50 美元，同时仍要低于竞争对手报价。注意，Surf Gear 公司站在竞争对手的角度选择价格，而不只是基于自身的成本。

如果 Surf Gear 公司是唯一的供应商，Cranston 公司可能降低 Surf Gear 公司在当前市场上的售价吗? 报价决策的相关成本包括向现有顾客销售而损失的贡献毛益。如果有多方急于报价并赢得了 Cranston 公司的合同怎么办? 在这种情况下，向现有顾客销售而损失的贡献毛益与决策无关，因为不管 Surf Gear 公司是否赢得这个合同，Cranston 公司都会削减现有业务。

与 Surf Gear 公司的情况相反，在某些短期情况下，公司产品的市场需求旺盛或生产能力有限。在这种情况下，管理层应该在短期内将价格提高到市场可以承受的水平。我们观察到，新产品或旧产品的新模型，如微处理器、计算机芯片、移动电话和软件等，会出现短期高价格情况。

自制与外购决策

现在，我们用相关的概念解释另一个战略决策问题：公司应自己制造部件还是从供应商那里购买部件。我们再次假定存在闲置生产能力。

□外购与闲置设备

外购（outsourcing）是指从外部供应商那里购买产品或服务，而不是**自制**（insourcing），即在组织内生产同样的产品或提供同样的服务。例如，柯达公司（Kodak）自己生产电影胶片（自制），而将数据处理交给IBM公司（外购）。本田公司（Honda）的一部分零件由外部供应商生产（外购），而另一部分则在公司内部生产（自制）。

厂商选择自制还是外购产品或服务的决策也称**自制或外购决策**（make-or-buy decisions）。调查表明，公司在制定自制或外购决策时，考虑最多的因素是质量、对供应商的依赖性和成本。有时，定性因素决定管理人员的自制或外购决策。比如，戴尔公司从英特尔公司（Intel）为其个人电脑购买奔腾芯片，因为戴尔公司没有生产芯片的技术。相反，可口可乐公司（Coca-Cola）为防止其秘方泄露，从不外购核心产品。

【例2】 Soho公司生产二合一视频系统，包括一台DVD播放机、一个数字媒体接收器（从诸如网飞（Netflix）等互联网站下载电影和视频）。下表中的（1）列、（2）列列出了生产DVD播放机的预期总成本和单位成本。

Soho公司计划分2 000批生产250 000台DVD播放机，每批125台。每批625美元的变动批次成本随批数变化，而不随总产量变化。

一家生产DVD播放机的厂商Broadfield可在明年根据Soho的优先交付时间表，向Soho提供250 000台DVD播放机，单价64美元。假定只考虑财务因素，Soho应购买还是自制DVD播放机？

	明年生产2 000批，250 000台的预期总成本 (1)	预期单位成本 (2)＝(1)÷250 000
直接材料（36×250 000）	$9 000 000	$36.00
直接制造人工（10×250 000）	2 500 000	10.00
变动间接制造费用（包括动力和公用设施）（6×250 000）	1 500 000	6.00
混合（变动和固定）间接制造费用（包括材料处理费和安装调试费）［750 000＋（625×2 000）］	2 000 000	8.00
固定制造费用（包括设备租赁费、保险费和管理费用）	3 000 000	12.00
总生产成本	$18 000 000	$72.00

上表中的（1）列、（2）列显示了明年生产 250 000 台 DVD 播放机的预期总成本和单位成本。预期明年的单位生产成本为 72 美元。初看起来，公司管理者应选择购买 DVD 播放机，因为预期自制的单位成本 72 美元大于外购的单位成本 64 美元。然而，自制或外购决策并非如此简单明了。为制定这一决策，管理者需要回答下面这个问题：方案间相关成本的差异是多少？

现在假设：（1）如果选择外购，现有 DVD 播放机生产能力明年将会闲置；（2）不管如何决策，明年都会发生 3 000 000 美元的固定制造费用；（3）如果完全停止 DVD 播放机的生产，就不用支付材料处理和安装调试人员的固定工资 750 000 美元。

图表 11—6 列出了相关成本的计算，结果显示，与从 Broadfield 公司购买相比，Soho 公司自制 DVD 播放机节约了 1 000 000 美元。基于此分析，Soho 公司的管理者决定自制 DVD 播放机。

图表 11—6　Soho 公司自制或外购 DVD 播放机决策的相关（增量）项目

相关项目	总相关成本		单位相关成本	
	自制	外购	自制	外购
外购零件（64×250 000）		$ 16 000 000		$ 64
直接材料	$ 9 000 000		36	
直接制造人工	2 500 000		10	
变动制造费用	1 500 000		6	
混合（变动和固定）材料处理费和安装调试费	2 000 000		8	
总相关成本[a]	$ 15 000 000	$ 16 000 000	$ 60	$ 64
自制 DVD 播放机的有利差异	$1 000 000		$4	

a. 也可以在两种方案中都加上 3 000 000 美元的设备租赁费、保险费、管理费。从概念上讲，它们不属于相关成本，因为这些成本与决策无关。在实务中，有些管理者想列出每种方案下发生的所有成本，就会把这些成本包括进来。

请注意这里是如何应用图表 11—3 中的相关性要点的：

● 图表 11—6 比较了预期未来总收入和预期未来总成本的差异。在制定决策时，过去的成本总是无关的。

● 图表 11—6 表明，自制方案中包括 2 000 000 美元的未来材料处理费和安装调试费，但外购方案则不包括这些费用。为什么？因为外购 DVD 播放机节约了每批 2 000 000 美元的未来变动成本并且可避免固定成本。2 000 000 美元是两个方案间不同的未来成本，因此与自制或外购决策相关。

● 图表 11—6 中，两种方案都不包括 3 000 000 美元的设备租赁费、保险费和管理费。为什么？因为这些未来成本在方案间没有差异，属于不相关成本。

增量成本是决策制定中经常用到的一个术语。**增量成本**（incremental cost）是指某一作业所引起的总成本的增加。图表 11—6 中，自制 DVD 播放机的增量成本是 Soho 公司选择自制时发生的总成本增加额 15 000 000 美元。而 3 000 000 美元的固定制造费用不是增量成本，因为不论 Soho 公司是否选择自制 DVD 播放机，这些成本都会发生。类似地，外购播放机的增量成本是 Soho 公司选择外购时发生的总成本增加额 16 000 000 美元。**差量成本**（differential cost）是指两种方案下总（相关）成本之间的差值。在图表11—6中，自制播放机和外购播放机两种方案的差量成本为1 000 000美元（16 000 000−15 000 000）。应注意的是，在实务中有时会将增量成本与差量成本交替使用。在看到这些术语时，应明确它们的含义。

增量收入和差量收入的定义与增量成本和差量成本的定义类似。**增量收入**（incremental revenue）是指某一作业所引起的总收入的增加。**差量收入**（differential revenue）是指两种方案总收入之间的差值。

□ 战略因素和定性因素

战略因素和定性因素会影响外购决策。例如，Soho公司的管理者可能会愿意公司内部自制DVD播放机，从而控制DVD播放机的设计、质量、可靠性和发货时间。相反，虽然存在图表11—6所示的成本优势，但Soho公司的管理者可能会选择外购，以期变成一个规模更小的公司，从而可以将重点放在其核心竞争力，即视频系统的生产和销售上。比如，J. Walter Thompson等广告公司只专注广告创意和广告策划（它们的核心竞争力），而外购电影、照片和插图等生产作业。

外购是有风险的。随着公司对其供应商的依赖性增强，供应商可以提高价格、不重视质量或延迟交货时间。为了将这些风险降至最低，公司通常与供应商签订长期合同，且在合同中规定价格、质量和交货时间。聪明的管理人员甚至会与几个重要供应商建立密切合作关系或者与其联合。例如，丰田将它自己的工程师送到供应商那里，帮助它们改进生产流程。福特、现代、松下和索尼等公司的供应商已经研制并开发出了创新产品，从而满足了增加数量、维持质量、按时交货和低成本的需要——这些行为都是福特等公司自身没有能力实现的。

外购决策不可避免地有一个长时间跨度，在此期间，外购的财务成本和收益都很不确定。战略与定性因素几乎总是变成外购决策的重要决定因素。对所有这些因素进行权衡需要管理者进行大量判断和仔细考虑。

□ 国际外包

如果DVD播放机的供应商位于墨西哥，Soho公司的管理者需要考虑额外的因素吗？有一个重要的因素是汇率风险。假设墨西哥供应商以192 000 000比索向Soho公司销售250 000台DVD播放机。那么Soho应该自制还是外购？答案取决于Soho公司管理者预计的下一年汇率。如果他们预计的汇率是12比索兑换1美元，那么Soho公司预计的购买成本等于16 000 000美元（192 000 000÷12），大于生产DVD播放机的相关成本15 000 000美元（见图表11—6），因此Soho公司宁愿自制而不是外购。但是，如果Soho公司的管理者预计汇率是13.50比索兑换1美元，那么预计购买成本是14 222 222美元（192 000 000÷13.50），小于生产DVD播放机的相关成本15 000 000美元，因此Soho公司宁愿外购而不是自制。

Soho公司的管理者还有另一个选择。公司可以参与一个远期合约，购买192 000 000比索。远期合约允许Soho公司现在订立一个合约，在下一年以预定的固定成本购买比索，这样可以保护它免受汇率风险。如果Soho公司的管理者选择这种方法，当合约的成本大于（小于）15 000 000 美元时，他们可以自制（外购）DVD 播放机。

国际外包要求管理者评估生产和运输成本、汇率风险和前面讨论的其他战略与定性因素，如供应链的质量、可靠性和效率。“观念实施：乐高集团”描述了乐高集团（LEGO Group）如何将生产外包给成本更低的国家，最终又将生产收回丹麦。

观念实施

乐高集团

几十年来，丹麦乐高集团凭借其组装玩具赢得了各个年龄段孩子的青睐。这家世界第五大玩具制造商每年生产数十亿块小积木，但一个将大部分生产外包的决策却几乎危及公司的全球供应链和运营。

2004 年，为了应对濒临破产的困境，公司将西欧内部 80%的生产外包给了三个低成本国家：捷克共和国、匈牙利和墨西哥。乐高集团试图降低成本，获得规模经济，但它没有说明管理外包的全球生产网络的复杂性。乐高集团所面临的挑战包括：控制多个地区的生产设备，传授生产知识给外包伙伴，允许需求的季节性波动（考虑到圣诞假期需求，乐高 60%的生产在下半年进行）。

这些问题导致了预料之外的生产延迟和成本。因此，2009 年，公司取消了外包合同，并将所有生产活动收回公司内部。

乐高集团的经验说明了外包和离岸外包的成本、将业务流程和工作外包给其他国家的成本。尽管外包常常会节约大量成本，但国际税收、全球供应链协调和关闭现有设备也会带来大量的成本。

资料来源：基于乐高集团 2011 年年报（Billund，Denmark：LEGO Group，2012）；乐高集团 2012 年年报（Billund，Denmark：LEGO Group，2013）；Marcus Moller Larsen，Torben Pedersen，and Dmitrij Slepniov，*Lego Group：An Offshore Outsourcing Journey Towards a New Future*，No. 910M94（London，Ontario：Richard Ivey School of Business，2010）。

□ 完全替代法

在图表 11—6 的简单自制还是外购的决策中，我们假定如果 Soho 公司从 Broadfield 公司购买 DVD 播放机，就会闲置其现有 DVD 播放机生产能力。但闲置的生产能力常常还可用于其他盈利性的目的。在这个例子中，Soho 公司的管理者必须基于如何最好地使用可用生产能力，选择自制还是外购。

【例 3】　如果 Soho 公司决定从 Broadfield 公司购买视频系统的 DVD 播放机，那么，Soho 闲置生产能力的最好用途就是生产 100 000 台便携的、独立的 DVD 播放机 Digiteks。从制造的角度看，Digiteks 与视频系统 DVD 播放机相似。在运营经理的帮助下，Soho 公司的管理会计师估计如果生产并销售 Digiteks 的未来收入和成本如下：

预期增加收入		＄8 000 000
预期增加成本		
直接材料	＄3 400 000	
直接制造人工	1 000 000	
变动制造费用（动力、公用设施）	600 000	
材料处理费和安装调试费	500 000	
预期增加的成本合计		5 500 000
预期增加未来营业利润		＄2 500 000

由于存在生产能力约束，Soho 公司或者生产视频系统的 DVD 播放机，或者生产 Digiteks，但不能两者同时生产。Soho 公司的管理者应选择两个方案中的哪一个：(1) 生产视频系统的 DVD 播放机，不生产 Digiteks；(2) 购买视频系统的 DVD 播放机，生产 Digiteks。

图表 11—7 的 A 部分总结了"完全替代法"，列出了所有产品的未来成本和收入。Soho 公司管理者将会选择方案 2，即购买视频系统的 DVD 播放机并利用可用生产能力生产和销售 Digiteks。外购 DVD 播放机的未来增量成本（16 000 000 美元）大于自制 DVD 播放机的未来增量成本（15 000 000 美元）。但利用因外购而闲置的生产能力可以生产和销售 Digiteks，从而增加 2 500 000 美元（预期增加收入 8 000 000 美元—预期增加成本 5 500 000 美元）的营业利润。因此，外购 DVD 播放机并生产和销售 Digiteks 的净相关成本是 13 500 000 美元（16 000 000－2 500 000）。

图表 11—7　　Soho 自制或外购决策的全部方案法和机会成本法

相关项目	Soho 公司的方案	
A. 自制或外购决策的完全替代法	**1. 自制播放机，不生产 Digiteks**	**2. 外购播放机，生产 Digiteks**
自制/外购 DVD 播放机增加的总未来成本（来自图表 11—6）	＄15 000 000	＄16 000 000
减去 Digiteks 的未来收入与未来成本的差额	0	(2 500 000)
完全替代法下的总相关成本	＄15 000 000	＄13 500 000
B. 自制或外购决策的机会成本法	**1. 生产播放机**	**2. 购买播放机**
自制/外购播放机增加的总未来成本（来自图表 11—6）	＄15 000 000	＄16 000 000
机会成本：没有利用闲置生产能力生产 Digiteks（次优方案）而丧失的利润	2 500 000	0
机会成本法下的总相关成本	＄17 500 000	＄16 000 000

说明：A 部分和 B 部分中各列成本之间的差额都是一样的——方案 2 的成本比方案 1 的成本少 1 500 000 美元。

□ 机会成本法

决定以某种方式使用一种资源意味着管理人员必须放弃以其他方式使用该种资源的机会。放弃的机会也是管理人员决策时应该考虑的一种成本。**机会成本**（opportunity cost）

是指没有将有限资源用于次优方案而丧失的收益。例如，在学校攻读会计学士学位的（相关）成本不仅包括学费、书本费、住宿费和餐费，还包括选择学习而非工作所丧失的收益（机会成本）。但是，获得会计学士学位后的预期未来收益（如薪酬更高的职位）很可能会超过这些付现成本和机会成本。

图表 11—7 的 B 部分列示了分析 Soho 公司各种可选方案的机会成本法。注意，在两种方法下，方案的定义是不同的：

完全替代法：	机会成本法
1. 生产 DVD 播放机，不生产 Digiteks	1. 生产 DVD 播放机
2. 购买 DVD 播放机，生产 Digiteks	2. 购买 DVD 播放机

机会成本法并未涉及 Digiteks。在机会成本法下，每个方案的成本包括：(1) 增量成本；(2) 机会成本，即不生产 Digiteks 而放弃的利润。因为 Digiteks 被排除在方案的正式考虑之外，所以产生了机会成本。

考虑方案 1，即自制 DVD 播放机。在该方案下自制播放机的全部成本是多少？显而易见，Soho 自制播放机的增量成本为 15 000 000 美元。但这是全部成本吗？不，由于把有限的制造资源用来生产播放机，Soho 公司丧失了生产 Digiteks 获得 2 500 000 美元收益的机会。因此，自制播放机的相关成本应该是 15 000 000 美元的增量成本与 2 500 000 美元的机会成本之和。

下面考虑方案 2，外购播放机。外购播放机的增量成本为 16 000 000 美元。机会成本是 0。这是为什么呢？因为该方案没有放弃生产并销售 Digiteks 带来的收益。

根据图表 11—7 的 B 部分可以得到与图表 11—7 的 A 部分相同的决策——外购播放机且生产 Digiteks 是最优方案。

图表 11—7 中的 A 部分和 B 部分描述了在解决生产能力约束下决策制定问题的两种常见的方法。A 部分中的完全替代法包括所有未来增量成本和收入。例如，在方案 2 下，预期外购播放机增加的成本（16 000 000 美元）要减去利用生产能力生产销售 Digiteks 带来的预期增加的营业利润（2 500 000 美元）。B 部分中的机会成本分析法采用了相反的方法。它以 DVD 播放机为中心，不管生产能力是否用于生产销售 Digiteks，未来丧失的营业利润都作为自制或外购播放机的一项机会成本，如方案 1 所示。（请注意，当生产 Digiteks 时，如方案 2 所示，不存在“不生产 Digiteks 的机会成本”。）因此，A 部分在方案 2 中减去 2 500 000 美元，而 B 部分在方案 1 中增加 2 500 000 美元。B 部分强调了这样一种观点：存在生产能力约束时，任一方案的相关收入和成本都等于：(1) 预期增加的收入和成本加 (2) 机会成本。但是，当管理者同时考虑两个以上的方案时，一般用完全替代法较为简单。

财务会计系统中没有记录机会成本。为什么呢？因为历史记录仅限于实际选用的方案而不包括放弃的方案，因为一旦放弃，就没有交易可以记录。如果 Soho 公司自制播放机，同时不生产 Digiteks，它就不会记录任何关于 Digiteks 的会计分录。然而，生产 DVD 播放机的机会成本，即不生产 Digiteks 而丧失的营业利润，却是进行自制或外购决策时必须考虑的重要因素。在图表 11—7 的 B 部分中，若仅考虑系统记录在会计账面上的增量成本，自制成本将低于外购成本。考虑 2 500 000 美元的机会成本后，结果迥异，外购 DVD 播放机成为优选方案。

若假设Soho公司即使生产播放机，也有足够的生产能力生产Digiteks。对这种方案而言，自制播放机的机会成本为0美元。因为即使Soho公司选择自制播放机，也没有丧失生产并销售Digiteks的2 500 000美元营业利润。相关成本为15 000 000美元（15 000 000美元的增量成本与0美元的机会成本之和）。因此在这种情况下，Soho公司管理者宁愿选择自制播放机而不是外购，同时也生产Digiteks。

除定量因素以外，管理者也要考虑自制或外购决策中的战略因素和定性因素。在决定外购播放机时，Soho公司管理者就应考虑供应商产品质量的信誉和能否按时交货等因素。他们也应考虑销售Digiteks的战略后果。如销售Digiteks会使公司的重心偏离视频系统业务吗？

□ 存货持有成本

以下面Soho公司DVD播放机购买决策的数据为例说明机会成本的另一应用。

估计明年的播放机需求量	250 000单位
每次采购量为2 500单位时的单位成本	64.00美元
每次采购量等于或大于30 000单位时的单位成本 （64美元扣除0.5%的折扣）	63.68美元
订购单成本	150美元
Soho公司的管理者正在评估下面的方案：	
A. 明年采购100次（每周两次），每次2 500单位	
B. 当年采购8次（每季度两次），每次31 250单位	
平均存货投资：	
A. （2 500单位×64美元/单位）÷2[a]	80 000美元
B. （31 250单位×63.68美元/单位）÷2[a]	995 000美元
将现金进行其他与存货投资有相同风险的投资（如股票或债券）的年报酬率	12%

a. 本例假设DVD播放机的采购量将在这一年内均匀耗尽。平均存货投资就是指收到货物时存货成本与收到下批货物时存货成本（本例为零）的平均。

Soho公司在购买DVD播放机时支付现金，那么对它来说，哪一种采购方案更为经济？

管理会计师使用完全替代法向公司的管理者提供了如下分析，确认Soho公司平均有995 000美元现金可以用于投资。如果Soho公司像方案A那样，只投资80 000美元于存货，则还有915 000美元（995 000－80 000）现金可投资于其他方案，如果回报率为12%，就会产生109 800美元的总回报。这个利润从方案A的订货成本和采购成本中扣除。如果Soho公司像方案B那样，将全部995 000美元投资于存货，它就没有现金投资于其他方案，不能获得回报。

	方案 A：年度内采购 100 次，每次 2 500 单位，并且将剩余现金投资 (1)	方案 B：年度内采购 8 次，每次 31 250 单位，并且将剩余现金投资 (2)	差异 (3)=(1)-(2)
年订购单成本 (100×150；8×500)	$15 000	$1 200	$13 800
年采购成本 (250 000×64.00；250 000×63.68)	16 000 000	15 920 000	80 000
扣除将剩余现金投资于其他相同风险水平的存货所获取的年报酬率 [0.12×(995 000－80 000)； 0.12×(995 000－995 000)]	(109 800)	0	(109 800)
相关成本	$15 905 200	$15 921 200	$ (16 000)

与持有更少存货的趋势一致，对于 Soho 公司管理者来说，每年购买 100 次、每次购买 2 500 单位比每年购买 8 次、每次购买 31 250 单位节省 16 000 美元。

下表提供了管理会计师使用机会成本法对两种方案的分析。每种方案仅根据两种购买决策进行定义，没有明确提到剩余现金的投资。

	方案 A：年度内采购 100 次，每次 2 500 单位 (1)	方案 B：年度内采购 8 次，每次 31 250 单位 (2)	差异 (3)=(1)-(2)
年订购单成本 (100×150；8×500)	$15 000	$1 200	$13 800
年采购成本 (250 000×64.00；250 000×63.68)	16 000 000	15 920 000	80 000
机会成本：如果存货投资被用于其他相同风险投资所获取的年报酬率 (0.12×80 000；0.12×995 000)	9 600	119 400	(109 800)
相关成本	$16 024 600	$16 040 600	($16 000)

回想一下，在机会成本法下，任何方案的相关成本是：(1) 方案的增量成本加上 (2) 选择方案而放弃利润的机会成本。持有存货的机会成本也就是将现金投资于存货而不是其他所丧失的收益。机会成本不记入会计系统，因为一旦将钱投入存货，就没有可用的钱投资于其他方面，因此就没有与该投资有关的回报可以记录。基于会计系统记录的成本（订单成本和采购成本），Soho 公司的管理者错误地认为分 8 次购买、每次购买 31 250 单位是更便宜的方案。但 (3) 列表明，在完全替代法中，一年购买 100 次、每次购买 2 500 单位，比一年购买 8 次、每次购买 31 250 单位节省 16 000 美元。为什么？因为持有更少的存货时，机会成本的减少超过了采购和订单成本的增加。如果投资于存货的机会成本大于每年 12%，或者考虑持有少量存货所带来的其他好处——如保险、材料处理、保管、过时、损坏等费用的减少，将使采购 100 次的方案更经济。

生产能力约束下的产品组合决策

现在，我们考察相关这一概念如何应用于**产品组合决策**（product-mix decisions）——以多少产量生产何种产品。因为受生产能力约束，这些决策经常着眼于短期，而长期内生产能力约束是可以放松的。例如，在短期内，德国汽车生产商宝马公司（BMW）必须经常调整其不同型号的汽车（如325i，525i和740i）组合以适应售价和需求的波动。

为确定产品组合，管理者要在给定约束（如生产能力和需求量约束）的情况下，使其营业利润最大。本节中我们假设产品组合发生短期变动，唯一变化的成本是与产量（销售量）有关的变动成本。在这种假设下，对单个产品贡献毛益的分析提供了使产品组合营业利润最大化的思路。

【例4】 以Power Recreation公司为例，其设在肯塔基的莱克星顿工厂组装两种发动机——一种雪地汽车发动机，一种船用发动机。

	雪地汽车发动机	船用发动机
售价	$ 800	$ 1 000
单位变动成本	560	625
单位贡献毛益	$ 240	$ 375
贡献毛益率（240÷800；375÷1 000）	30%	37.5%

每天仅有600个机器小时可用于装配发动机，短期内不能获得额外生产能力。Power Recreation公司能售出其全部发动机，那么约束因素只有机器小时。生产一台雪地汽车发动机需2个机器小时，生产一台船用发动机需5个机器小时。Power Recreation公司的管理者应选择哪一种产品组合以最大化其营业利润？

从单位贡献毛益和贡献毛益率的角度来看，例4中的数据显示，船用发动机更为有利可图，然而Power Recreation公司应生产和销售的产品不一定是单位贡献毛益或贡献毛益率较高的产品。如下表所示，管理人员应选择约束资源（限制因素）的单位贡献毛益最高的产品。这些约束资源限制了给定产品的生产或销售。

	雪地汽车发动机	船用发动机
单位贡献毛益	$ 240	$ 375
单位产品所需机器小时	2	5
单位机时贡献毛益		
240÷2	$ 120	
375÷5		$ 75
600个机器小时的总贡献毛益		
120×600	$ 72 000	
75×600		$ 45 000

在本例中，机器小时量是约束资源。与船用发动机的单位机器小时贡献毛益（75美元/机器小时）相比，雪地汽车发动机的单位机器小时贡献毛益（120美元/机器小

时）更大。因此，应生产和销售雪地汽车发动机以最大化总贡献毛益（72 000 美元，而生产和销售船用发动机的总贡献毛益是 45 000 美元）和营业利润。生产过程中的另一些限制因素可能是直接材料、配件、熟练工人的可获得性，以及财务或销售因素。零售店的限制因素可能是缺乏足够摆放商品的空间。不论是哪种限制因素，都应选择使限制因素的单位贡献毛益最大的产品，从而最大化总贡献毛益。

在很多情况下，一个生产商或零售商不得不面临这样的挑战：试图使一个产品组合的总营业利润最大，而其中的每一个产品又面临多种限制因素。一些限制因素可能要求生产商或零售商保留一定数量的某种产品，即使这些产品不是非常有利可图。例如，超市必须储存一些微利的商品，如纸巾和卫生纸，因为只有拥有各种商品，顾客才愿意光顾这家超市。为了确定多种限制因素下最能盈利的生产计划和产品组合，就必须确定多种约束下最大的总贡献毛益是什么。最优化技术（如本章附录中的线性规划技术）可以解决这些复杂的问题。

最后，管理瓶颈限制以增加产出从而增加贡献毛益是一个问题。例如，能够通过减少闲置时间，将可用于组装发动机的机器小时增加到 600 机器小时以上吗？再如，能够通过减少组装的准备时间和处理时间，减少组装每台雪地汽车发动机（2 机器小时）和船用发动机（5 机器小时）所需的时间吗？某些组装操作能够外包以增加发动机的生产吗？

在下面的章节中，我们研究当某些运营受瓶颈约束，而其他运营不受约束时，管理者如何处理瓶颈约束以增加产量，从而增加贡献毛益。

瓶颈、约束理论与产量边际分析

假设 Power Recreation 公司的雪地汽车发动机在组装操作前进行锻造操作。公司每天有 1 200 小时的雪地汽车发动机锻造生产能力。每台雪地汽车发动机的锻造时间为 3 小时，因此 Power Recreation 公司每天能够锻造 400 台雪地汽车发动机（1 200÷3）。回想一下，公司每天只能组装 300 台雪地汽车发动机（600÷2）。雪地汽车发动机的生产受到组装操作而非锻造操作的约束。

约束理论（theory of constraints，TOC）描述当面临某些瓶颈与非瓶颈操作时，最大化营业利润的方法。[①] 约束理论定义了如下三个指标：

1. **产量边际**（throughput margin）等于收入减产品的直接材料成本。

2. 投资等于三者之和：(a) 直接材料、在产品和产成品存货中的材料成本；(b) 研发成本；(c) 设备与建筑物的资本成本。

3. 营运成本等于为获得产量边际而发生的全部营运成本（不含直接材料）。营运成本包括工资、租金、水电费、折旧等成本。

---

① Eliyahu M. Goldratt and Jeff Cox, *The Goal* (New York: North River Press, 1986); Eliyahu M. Goldratt, *The Theory of Constraints* (New York: North River Press, 1990); Eric W. Noreen, Debra A. Smith, and James T. Mackey, *The Theory of Constraints and Its Implications for Management Accounting* (New York: North River Press, 1995); and Mark J. Woeppel, *Manufacturers' Guide to Implementing the Theory of Constraints* (Boca Raton, FL: Lewis Publishing, 2000).

约束理论的目标是增加产量边际，同时减少投资和营运成本。约束理论考虑几个月的短期时间跨度，并且假定营运成本是固定的，直接材料成本是唯一的变动成本。在短期内，某些营运成本也是变动成本的情况下，贡献毛益就替代了产量边际。在 Power Recreation 公司的例子中，每台雪地汽车发动机的售价是 800 美元。我们假定，560 美元的变动成本仅由直接材料成本（锻造部门发生的）组成，那么产量边际就等于贡献毛益。为了阐述方便并与前面章节一致，在本节中我们使用**贡献毛益**（contribution margin）代替产量边际。

约束理论专注于管理瓶颈操作，下面的步骤对此进行了解释：

步骤 1：应该认识到，瓶颈操作决定整个系统的贡献毛益。在 Power Recreation 公司的例子中，组装操作的产出量决定了雪地汽车发动机的产出量。

步骤 2：通过识别有大量存货等待加工的操作来识别瓶颈操作。当雪地汽车发动机在锻造操作部门进行生产时，存货就堆集在组装操作部门，因为每天 300 台雪地汽车发动机的组装能力小于每天 400 台雪地汽车发动机的锻造能力。

步骤 3：使瓶颈操作处于忙碌状态，并且使所有非瓶颈操作服从于瓶颈操作。即瓶颈操作的需求决定着非瓶颈操作的生产计划。为使营业利润最大化，管理者必须使受约束资源或瓶颈资源的贡献毛益最大化。瓶颈组装操作必须始终保持运行，工人不应该等待组装发动机。为了实现这个目标，Power Recreation 公司的管理者只保留非常少的雪地汽车发动机保险存货，这些雪地汽车发动机经过锻造操作，正等待组装。瓶颈组装操作决定了非瓶颈锻造操作的进度。运营管理者通过开发一个详细的锻造操作生产计划，以确保组装操作不会等待工作，以最大生产能力运行，从而使贡献毛益最大化。同时，锻造更多不能组装的雪地汽车发动机并不能增加产量或贡献毛益，它只是生产了过多没有组装的雪地汽车发动机存货。

步骤 4：只要增加的贡献毛益超过了为提高效率和生产能力而增加的成本，就应该采取行动，提高瓶颈操作的效率与生产能力。

我们用 Power Recreation 公司的锻造与组装操作数据来说明步骤 4。

	锻造	组装
每日生产能力（台）	400	300
每日产销量（台）	300	300
每日其他固定营运成本（不包括直接材料）（美元）	24 000	18 000
单位产品其他固定营运成本（美元） （24 000÷300；18 000÷300）	80	60

Power Recreation 公司的产出量受到组装操作 300 台生产能力的约束。公司管理者如何缓解组装操作的瓶颈约束呢？

可采取的行动如下：

1. **消除瓶颈操作的空闲时间（组装设备既没有准备组装也没有实际组装雪地汽车发动机的时间）**。Power Recreation 公司的管理者正在评估在组装操作中长期安排两个工人，一旦雪地汽车发动机组装完成就将其卸下，并调整设备开始组装下一批雪地汽车发动机。这种行为每天花费 320 美元，瓶颈产出量每天增加 3 台雪地汽车发动机。管理者应该追加这些成本吗？应该，因为 Power Recreation 公司的贡献毛益每天将会增加 720 美元（240×3），大于每天增加的成本 320 美元。所有其他成本都是不相关成本。

2. **将不必在瓶颈机器上生产的产品转到非瓶颈机器或外部加工设备上生产**。假设外部承包商 Spartan 公司以每台 75 美元的价格每天组装 5 台雪地汽车发动机，这些发动机经过 Power Recreation 公司的锻造操作。Spartan 公司的报价高于 Power Recreation 公司组装部门每台 60 美元的营运成本。那么，Power Recreation 公司的管理者应该接受这个报价吗？应该，因为组装是瓶颈操作。让 Spartan 公司组装额外的雪地汽车发动机，每天的贡献毛益将会增加 1 200 美元（240×5），而增加生产能力的相关成本是每天 375 美元（75×5）。Power Recreation 公司单位成本低于 Spartan 公司报价的事实与决策无关。

假定另一个外部承包商 Gemini Industries 使用 Power Recreation 公司提供的直接材料，以每台 65 美元的价格每天锻造 8 台雪地汽车发动机。Gemini 公司的报价高于 Power Recreation 公司锻造部门每台 80 美元的营运成本。那么，Power Recreation 公司的管理者应该接受这个报价吗？不应该，因为其他营运成本是固定成本。Power Recreation 公司将锻造操作转包出去并不会节省任何成本。相反，由于受组装能力的约束，它的成本每天增加 520 美元（65×8），而贡献毛益并不增加。

3. **减少瓶颈操作的调整时间与处理时间（例如，简化设计或减少产品部件数量）**。假设，Power Recreation 公司通过减少组装操作的准备时间，能以 1 000 美元的代价每天多组装 10 台雪地汽车发动机。那么管理者应该追加成本吗？应该，因为贡献毛益每天增加 2 400 美元（240×10），大于每天增加的成本 1 000 美元。追加成本以减少非瓶颈锻造操作的加工时间值得吗？不值得。其他营运成本将会增加，而贡献毛益保持不变，因为组装操作的瓶颈生产能力没有增加。

4. **提高瓶颈操作生产的产品或部件的质量**。瓶颈操作的低质量比非瓶颈操作的代价更高。非瓶颈操作低质量的代价是浪费的材料成本。如果 Power Recreation 公司在锻造操作中生产 5 台有缺陷的雪地汽车发动机，低质量的成本是 2 800 美元（直接材料成本 560×5）。因为锻造有未利用的生产能力，因此没有放弃贡献毛益。尽管存在缺陷产品，锻造部门还是能生产和转移 300 台质量好的雪地汽车发动机到组装部门。在瓶颈操作中，低质量的代价就是浪费的材料成本加上损失的贡献毛益的机会成本。没有浪费在生产缺陷雪地汽车发动机中的瓶颈生产能力可以用来创造额外的贡献毛益。如果公司在组装操作中生产了 5 台有缺陷的产品，低质量的代价就是损失的 4 000 美元（800×5）收入，或者说是 2 800 美元直接材料成本（直接材料成本 560×5）加上放弃的 1 200 美元（560×5）贡献毛益。

瓶颈操作中低质量的高昂代价意味着瓶颈时间不应该浪费在加工缺陷产品上。即在瓶颈操作前，应该对发动机进行检测，以确保在瓶颈操作中只加工高质量的部件。而且，质量改进计划应该特别强调最小化瓶颈机器的缺陷。

如果成功的话，步骤 4 中的行动将会提高组装操作的生产能力，直到最终超过锻造操作的生产能力。那么，瓶颈就会转移到锻造操作。然后，Power Recreation 公司将持续改进行动重点放在提高锻造操作的效率和生产能力上。例如，与 Gemini Industries 公司签订合约，以每台 65 美元的价格每天锻造 8 台雪地汽车发动机，直接材料由 Power Recreation公司提供，这个合约将会变得非常有吸引力，因为每天的贡献毛益将会增加1 920美元（240×8），大于增加的成本520美元（65×8）。

约束理论强调瓶颈操作的管理是改进整体生产操作绩效的关键。它重点关注贡献毛益的短期最大化。因为约束理论认为营运成本短期内很难改变，它没有识别单个作业和成本动因。因此约束理论对成本的长期管理不是很有用。相反，作业成本系统采取长期视角，致力于消除非增值作业和减少增值作业的成本以改进流程。因此，对于长期定价、成本控制和生产能力管理来说，作业成本系统比约束理论更有用。短期约束理论强调通过管理瓶颈来最大化贡献毛益，对作业成本法的长期战略成本管理进行补充。①

顾客盈利能力和相关成本

我们已经知道管理者如何选择以多少产量生产何种产品。此外，管理者还经常需要制定增加或关闭某条生产线或某个经营分部的决策。类似地，如果成本对象是顾客，公司就必须决定是增加还是放弃顾客（类比生产线）或分公司（类比经营分部或分公司）。我们用顾客而不是产品作为成本对象制定决策的例子说明相关收入和相关成本分析。

【例5】 Allied家具公司是一家专门生产家具的批发商，它在西海岸的销售处Allied West向三家当地的零售商Vogel，Brenner和Wisk供货。图表11—8使用作业成本系统列示了下一年由顾客产生的预期收入和成本。Allied West的管理会计师根据支持每位顾客所需的作业将成本分配给顾客。Allied West在不同成本层级水平下不同作业的成本资料如下：

- 家具管理人工成本随着家具发货量的变化而变化。
- Allied West在不同地区的仓库为不同的顾客储存家具。简化起见，假设用顾客作账户确认某一地区的家具管理和Allied West已购设备折旧成本（顾客层次成本），不用的设备就闲置，设备寿命是一年，处置价值为零。
- Allied West根据为每个顾客储存家具所占用的仓库面积将固定租金分配到顾客账户上。
- 营销费用随着上门推销的次数而变化。
- 订单费用是批次成本，随订单数而变化；运输费用是批次成本，随运输次数而变化。
- Allied West根据每个顾客的购买金额将固定管理费用（设备层次成本）分配到顾客账户。
- Allied家具公司根据各销售处的预算成本将固定公司办公费用分配到各销售处。Allied West根据顾客的购买金额将这些费用分配到顾客账户。

① 对约束理论、营运管理、成本会计和约束理论与作业成本法之间关系的出色评价，参见Anthony Atkinson, *Cost Accounting, the Theory of Constraints, and Costing* (Issue Paper, CMA Canada, December 2000)。

图表 11—8　　Allied West 的顾客盈利能力分析

	顾客			
	Vogel	Brenner	Wisk	合计
销售收入	$ 500 000	$ 300 000	$ 400 000	$ 1 200 000
产品销售成本	370 000	220 000	330 000	920 000
家具管理人工成本	41 000	18 000	33 000	92 000
家具管理设备折旧费用	12 000	4 000	9 000	25 000
租金	14 000	8 000	14 000	36 000
营销费用	11 000	9 000	10 000	30 000
订单和运输费	13 000	7 000	12 000	32 000
管理费用	20 000	12 000	16 000	48 000
已分配公司办公费用	10 000	6 000	8 000	24 000
营业成本合计	491 000	284 000	432 000	1 207 000
营业利润	$ 9 000	$ 16 000	$ (32 000)	$ (7 000)

在下面几节，我们考虑如下决策问题：Allied West 是否应终止同 Wisk 的业务？它是否应增加第 4 个顾客 Loral？Allied 家具公司是否应关闭 Allied West 销售处？它是否应再开设一个销售处 Allied South（其收入和成本与 Allied West 一样）？

□ 放弃一个客户的相关收入和相关成本分析

图表 11—8 表明对 Wisk 的销售亏损 32 000 美元。Allied West 的管理者认为出现亏损是由于 Wisk 有低边际利润的订货，较高的订单和运输费用、家具管理以及营销费用。Allied West 的管理者正在为 Wisk 考虑几种可能的方案：提高效率减少支持 Wisk 的成本、减少某些为 Wisk 提供的服务、要求 Wisk 减少订单次数而增加每次订货量、提高对 Wisk 的收费或终止与 Wisk 的业务。以下分析的是终止 Wisk 业务对本年营业利润的影响。

Allied West 的管理者和管理会计师首先确认相关收入和相关成本。终止与 Wisk 的业务：

- 节省发生在对 Wisk 的产品销售成本、家具管理人工成本、营销费用、订单和运输费用。
- 原来用于向 Wisk 供货的仓库和家具管理设备将闲置。
- 不影响固定租金、管理费用或公司办公费用。

图表 11—9 中的（1）列用图表 11—8 中 Wisk 的数据进行了相关收入和相关成本分析。终止与 Wisk 的业务节约的成本 385 000 美元不足以抵消减少的收入 400 000 美元，终止与 Wisk 的业务将使 Allied West 的营业利润减少 15 000 美元，因此 Allied West 的管理者决定保留与 Wisk 的业务。当然，他们会继续寻找使公司变得更有效率的方法，改变 Wisk 的订购模式，或收取更高的价格。

图表 11—9　　终止 Wisk 业务和增加 Loral 业务的相关收入和相关成本分析

	终止 Wisk 业务引起的收入减少和成本节约（1）	增加 Loral 业务引起的收入增加和成本增加（2）
销售收入	\$(400 000)	\$400 000
产品销售成本	330 000	(330 000)
家具管理人工成本	33 000	(33 000)
家具管理设备成本计入折旧费	0	(9 000)
租金	0	0
营销费用	10 000	(10 000)
订单和运输费	12 000	(12 000)
管理费用	0	0
已分配公司办公费用	0	0
营业成本合计	385 000	(394 000)
对营业利润（损失）的影响	\$(15 000)	\$6 000

Allied West 已购设备的折旧属于过去成本，因此它是不相关的。租金、管理费用和公司办公费用都是未来成本，如果终止与 Wisk 的业务对它们没有影响，因此也是不相关的。

分配给销售处和顾客的间接成本总是不相关的。唯一的问题是，预期公司办公费用总额是否会因终止与 Wisk 的业务而减少？在这个例子中，它们不受影响，因此这些成本与决策无关。如果预期公司办公费用总额因终止与 Wisk 的业务而减少，即使分配给 Allied West 的金额不变，这一成本节省也是相关成本。

注意，Wisk 使用仓库空间与设备没有机会成本，因为仓库与设备没有其他用途。也就是说，如果管理者终止与 Wisk 的业务，这些空间与设备仍然是闲置的。但是，假设 Allied West 以每年 20 000 美元的租金将闲置的空间和设备出租给 Sanchez 公司，那么 20 000 美元就是 Allied West 继续使用仓库向 Wisk 提供服务的机会成本。终止与 Wisk 的业务并出租仓库，Allied West 可以获利 5 000 美元（租金收入 20 000 美元减去损失的 15 000 美元）。在完全替代法下，终止与 Wisk 的业务带来的收入损失是 380 000 美元（400 000－20 000），而节省的成本是 385 000 美元（见图表 11—9 中（1）列）。但在进行最后决策之前，Allied West 的管理者必须考虑 Wisk 是否能够变成一个盈利顾客，以致向 Wisk 提供产品的获利超过租给 Sanchez 的租金收入 20 000 美元。同时，它还要考虑诸如终止与 Wisk 的业务对公司发展稳定的声誉、长期顾客业务关系的影响等战略因素。

□ 增加顾客的相关收入和相关成本分析

假设 Allied West 的管理者正在评估在现有顾客 Vogel，Brenner 和 Wisk 的基础上增加第 4 个顾客 Loral 的盈利性。Allied West 的设备没有其他用途。Loral 的状况与 Wisk 相似。假设 Allied 预测与 Loral 交易的收入和成本与图表 11—8 中 Wisk 列的数据相同。特别之处是，Allied 必须为 Loral 业务购买价值 9 000 美元的家具管理设备，设备的使用年限为 1 年，处置价值为零。如果增加 Loral 业务，仓库租金（36 000 美元）、管理费用（48 000 美元）和实际的公司办公费用都不会改变。Allied 应该增加与 Loral 的业务吗？

图表 11—9 中的（2）列表明相关收入超出相关成本 6 000 美元。增加 Loral 业务的机会成本是 0 美元，因为 Allied West 的设备没有其他用途。基于这个分析，Allied West 的管理者建议增加与 Loral 的业务。租金、管理费用和公司办公费用是不相关成本，因为即使增加 Loral 业务，这些成本也不会改变。但为 Loral 业务购买新设备的成本（在图表 11—9 的（2）列中作为折旧费 9 000 美元冲销）被视为相关成本，这是因为如果 Allied West 不与 Loral 交易就不会发生该成本。注意此处的关键区别是：已购设备的折旧费用在决定是否终止与 Wisk 的业务时是不相关成本（它是过去发生的成本），但未来购买新设备的成本（将作为折旧费冲销）在增加与 Loral 的业务时是相关成本。

□ 关闭或增设分公司或经营部门的相关收入与相关成本分析

公司有时会面临是否应关闭或增设分公司或经营分部的决策问题。例如，在 Allied West 预期亏损 7 000 美元的情况下（参见图表 11—8），Allied 家具公司的管理者是否应关闭 Allied West？关闭 Allied West 将会节省其当年发生的所有成本。回想一下，Allied West 已经购买的设备没有处置价值。终止 Allied West 的经营不会影响公司办公费用总额。Allied West 的空间没有其他用途。

图表 11—10 中的（1）列给出了用图表 11—8 的“合计”列数据所做的相关收入和相关成本分析。1 200 000 美元的收入减少将超过 1 158 000 美元的成本节约，结果导致营业利润减少了 42 000 美元。因此，不应关闭 Allied West。其中，关键的原因是关闭 Allied West 不会减少折旧费用（过去成本或沉没成本）或实际的公司办公费用总额。折旧费用是过去成本或沉没成本，因为它代表着 Allied West 已经购买的设备成本。分配给各销售处的公司办公费用会发生改变，但总费用不会下降。原来分配给 Allied West 的 24 000 美元将分配给其他销售处。因此，已分配的 24 000 美元公司办公费用是不相关的，因为它不代表关闭 Allied West 所带来的预期成本节约。

图表 11—10　关闭 Allied West 和增设 Allied South 的相关收入和相关成本分析

	关闭 Allied West 引起的收入减少和成本节约（1）	增设 Allied South 引起的收入增加和成本增加（2）
销售收入	\$(1 200 000)	\$1 200 000
产品销售成本	920 000	(920 000)
家具管理人工成本	92 000	(92 000)
家具管理设备成本作为折旧费冲销	0	(25 000)
租金	36 000	(36 000)
营销费用	30 000	(30 000)
订单和运输费	32 000	(32 000)
管理费用	48 000	(48 000)
公司办公费用	0	0
总成本	1 158 000	(1 183 000)
营业利润（亏损）	\$(42 000)	\$17 000

最后假设 Allied 家具公司可以另设一个销售处 Allied South，其收入和成本与 Allied West 相同，包括一台价值 25 000 美元的家具管理设备，使用年限为 1 年，处置价值为零。开设该销售处不会影响公司办公费用总额。那么，Allied 家具公司的管理者是否应增设 Allied South？图表 11—10 中的（2）列表明应增设这个销售处，因为增设 Allied South 可以增加营业利润 17 000 美元。如前所述，未来将要购买的新设备成本（以及作为折旧费冲销）属于相关成本。分配的公司办公费用是不相关成本，因为如果新设 Allied South，公司办公费用总额不会发生改变。

过去成本的无关性与设备更新决策

在本章的几个要点上，我们认为过去的（历史或沉没）成本是与决策无关的成本，因为决策不能改变已经发生的事情。现在，我们将相关性概念应用于设备更新决策。我们要强调这样一种思想：现有设备的**账面价值**（book value）——初始成本减去累计折旧——是不相关的过去成本。

【例 6】 Toledo 公司是一个飞机零部件制造商，它打算用新设备取代现有金属切割机。新设备比旧设备的效率高，但使用年限较短。该更新决策不会影响飞机零件的销售收入（每年 1 100 000 美元）。管理会计师为现有（旧）设备和替换（新）设备编制的数据如下：

	旧设备	新设备
初始成本（美元）	1 000 000	600 000
使用年限（年）	5	2
已使用年限（年）	3	0
剩余年限（年）	2	2
累计折旧（美元）	600 000	未知
账面价值（美元）	400 000	未知
现行处置价值（现金）（美元）	40 000	未知
期末处置价值（两年后的现金）（美元）	0	0
年营业成本（维修、能源、修理、冷却剂等）（美元）	800 000	460 000

Toledo 公司采用直线折旧法。为便于集中讨论相关性的概念，此处忽略资金时间价值和所得税。[①] Toledo 的管理者是否应更新旧设备？

图表 11—11 列出了两种设备的成本比较。考虑以下四个项目，为什么在 Toledo 公司的设备更新决策中这些项目是相关的或不相关的：

1. **旧设备的账面价值 400 000 美元**：无关，因为它是过去的或沉没成本。所有的过去成本都已“付诸东流”，现在的决策无法改变公司已经支出或发生的成本。

2. **旧设备的现行处置价值 40 000 美元**：相关，因为它是预期的未来利益，只在公司更新设备时才会发生。

① 参见第 21 章中关于资金时间价值和所得税的讨论。

图表 11—11　　营业利润比较：Toledo 公司的设备更新、相关项和不相关项

	两年合计		
	继续使用（1）	更新（2）	差异（3）=(1)−(2)
销售收入	$ 2 200 000	$ 2 200 000	—
营业成本：			
现金营业成本			
（800 000×2；460 000×2）	1 600 000	920 000	680 000
旧设备账面价值：			
分期计提折旧或一次冲销	400 000	—	—
	—	400 000[a]	
旧设备的现行处置价值	—	(40 000)[a]	40 000
新设备成本，分期计提折旧	—	600 000	(600 000)
营业成本合计	2 000 000	1 880 000	120 000
营业利润	$ 200 000	$ 320 000	$ (120 000)

a. 在正式损益表中，这两项合并作为“设备处置损失”360 000 美元列示。

3. **处置损失 360 000 美元**：这是项目 1 和项目 2 之间的差值。由于混淆了不相关的账面价值与相关的处置价值之间的区别，它成为毫无意义的组合。管理者应对每个项目单独加以考虑，就如项目 1 和项目 2 中的处理一样。

4. **新机器成本 600 000 美元**：相关，因为它是预期的未来成本，只在公司购买设备时才会发生。

图表 11—11 可清楚地表明这四点。其中“差异”列表明两方案间的旧设备账面价值没有差异，决策时可完全忽略。也就是说，不论是当期一次冲销还是在两年内分期摊销，对不同的方案，可冲减收入的费用均为 400 000 美元，因为它是过去（历史）成本。相反，600 000 美元的新设备成本和 40 000 美元的旧设备现行处置价值是相关成本，因为如果不更新就不会发生这一成本。考虑更新设备的成本和现金营业成本的节约，Toledo 的管理者应该更新设备，因为更新设备的两年合计营业利润要多 120 000 美元。

图表 11—12 仅集中讨论了相关项目，即使计算过程中忽略账面价值，也可以得到相同的结果——更新设备能降低成本，多产生 120 000 美元的营业利润。此处仅有的相关项目是现金营业成本、旧设备的处置价值及新设备的购置成本（作为折旧费列于图表 11—12 中）。

图表 11—12　　成本比较：Toledo 公司的设备更新，仅限于相关项

	两年合计		
	继续使用（1）	更新（2）	差异（3）=(1)−(2)
现金营业成本	$ 1 600 000	$ 920 000	$ 680 000
旧设备现行处置价值	—	(40 000)	40 000
新设备，分期计提折旧	—	600 000	(600 000)
相关成本合计	$ 1 600 000	$ 1 480 000	$ 120 000

决策与业绩评价

再考虑上面设备更新的例子，按图表 11—1 中的五个步骤进行。

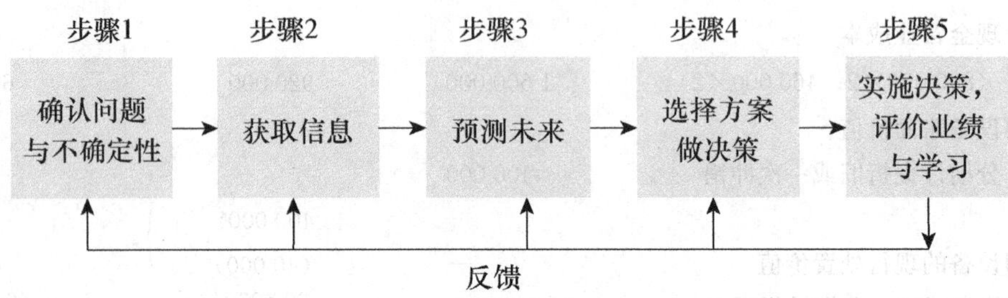

图表 11—11 和图表 11—12 中的决策模型分析（步骤 4）表明，应更新设备而不是继续使用旧设备。但在现实中，管理人员会愿意更新设备吗？更新决策的一个重要因素是，管理者是否认为决策模型与决策实施后的业绩评价（步骤 5 业绩评价模型）是一致的。

从自身职业角度考虑，管理人员都倾向于选择使他们的业绩看上去更好的方案，这并不奇怪。在本章的例子中，决策模型与业绩评价模型是一致的。但是，如果业绩评价模型与决策模型冲突，那么业绩评价模型常常会影响管理人员的决策。下表比较了当管理者决定继续使用设备或更新设备时，Toledo 第一年和第二年的应计会计利润。

	权责发生制下 第一年损益		权责发生制下 第二年损益	
	继续使用	更新	继续使用	更新
销售收入	$1 100 000	$1 100 000	$1 100 000	$1 100 000
营业成本				
现金营业成本	800 000	460 000	800 000	460 000
折旧	200 000	300 000	200 000	300 000
处置损失	—	360 000	—	—
营业成本合计	1 000 000	1 120 000	1 000 000	760 000
营业利润（亏损）	$100 000	$（20 000）	$100 000	$340 000

如果更新设备，两年合计的总应计会计利润会多出 120 000 美元（见图表 11—11）。但是，如果 Toledo 管理人员的升迁或奖金取决于权责发生制下第一年的营业利润，那么管理人员就绝不会更新设备。为什么呢？因为在权责发生制下，继续使用旧设备时第一年的营业利润是 100 000 美元，而如果更新设备，第一年会亏损 20 000 美元。即使高层管理者以两年为目标（与决策模型一致），但只要以第一年的营业利润等短期指标评价基层管理者的业绩，他们就会只注重第一年的收益。

管理者常常发现很难解决决策模型与业绩评价模型之间的冲突。从理论上讲，解决这个困难似乎很简单：管理者设计使二者一致的模型。仍以上述设备更新为例。更新对营业利润的年度影响可以列入两年的规划期内，管理人员的业绩就能被合理评价，第一年的预期收益较差，但第二年就会好得多。然而，如果每一个决策都这样做的话，业绩评价模型将会变得很麻烦。实务中的困难在于会计系统很少单独追溯每一个决策。对责任中心的业绩评价集中于某一特定时期，而不是项目或者寿命期限内的单个设备。因此，许多不同决策的影响合并在一个业绩报告或评价指标（如营业利润）中。低层管理者做决策以使营业利润最大化，高层管理人员很少能通过报告系统了解到特别有利但因为决策与业绩评价模型之间的冲突而未被低层管理者选中的方案。

考虑决策模型与业绩评价模型之间的另一种冲突。假设管理人员在购买了一台设备后发现本应该购买更好的设备，根据决策模型应用更好的设备更换刚购入的现有设备。但管理人员会这么做吗？可能不会。为什么？因为在设备买回不久就更换会显得管理者能力低下、业绩不佳。如果其上级缺乏有关更好设备的知识，管理者就会继续使用现有设备，而不会更换。

许多管理者认为，当行动不符合公司最大利益时，采取行动使自己的业绩看起来很好是不道德的。批评者认为，正是这种行为助推了近期的全球金融危机。为了抑制这种行为，管理者制定了行为准则，强调价值，并且建立了致力于做正确事情的文化。第 23 章将详细讨论业绩评价模型、道德和减少决策模型和业绩评价模型之间冲突的方法。

自测题

Wally Lewis 是 Goldcoast Products 公司的技术研发部经理。他刚刚收到一份由 15 位工程师签名的报告，建议用联网个人电脑（网络 PC）替换现有台式工作站系统。Lewis 对该提议并不感兴趣。

工作站和联网个人电脑的资料如下：

	工作站	联网个人电脑
初始成本（美元）	300 000	135 000
使用年限（年）	5	3
已使用年限（年）	2	0
剩余年限（年）	3	3
累计折旧（美元）	120 000	未知
当前账面价值	180 000	未知
当前处置价值（现金）（美元）	95 000	未知
期末处置价值（3 年后的现金）（美元）	0	0
与计算机相关的年现金营业成本（美元）	40 000	10 000
年收入（美元）	1 000 000	1 000 000
与计算机无关的年营业成本（美元）	880 000	880 000

Lewis 年终奖金的一部分与部门营业利润有关。他下一年有可能晋升为 Goldcast Products 公司的集团副总裁。

要求：

1. 忽略资金的时间价值和所得税的影响，考虑 3 年的累计结果，比较工作站和联网个人电脑的成本。

2. 为什么 Lewis 不愿意购买联网个人电脑？

解答：

1. 在比较工作站和联网个人电脑的未来成本时，下表列示了两者的所有成本项目。

所有项目	3 年合计		
	工作站（1）	联网个人电脑（2）	差异（3）=（1）−（2）
收入	$ 3 000 000	$ 3 000 000	—
营业成本			
与计算机无关的营业成本（880 000 美元/年×3 年）	2 640 000	2 640 000	—
与计算机相关的现金营业成本（40 000 美元；10 000 美元/年×3 年）	120 000	30 000	$ 90 000
工作站的账面价值			
分期计提折旧或一次冲销	180 000	—	—
	—	180 000	
工作站的当前处置价格	—	(95 000)	95 000
联网个人电脑的每期折旧	—	135 000	(135 000)
营业成本合计	2 940 000	2 890 000	50 000
营业利润	$ 60 000	$ 110 000	$ (50 000)

或者，也可以仅对不同方案间的差异项目进行分析，如下表所示。

相关项目	3 年合计		
	工作站	联网个人电脑	差异
与计算机相关的现金营业成本（40 000 美元；10 000 美元/年×3 年）	$ 120 000	$ 30 000	$ 90 000
工作站的当前处置价值	—	(95 000)	95 000
联网个人电脑的每期折旧	—	135 000	(135 000)
相关成本合计	$ 120 000	$ 70 000	$ 50 000

分析表明，用联网个人电脑更换现有工作站系统更合算。

2. 权责发生制下两种方案第一年的营业利润如下。

	继续使用工作站系统		购买联网个人电脑	
收入		$ 1 000 000		$ 1 000 000
营业成本				
与计算机无关的营业成本	$ 880 000		$ 880 000	
与计算机相关的现金营业成本	40 000		10 000	
折旧	60 000		45 000	
处置工作站的损失	—		85 000[a]	
营业成本合计		980 000		1 020 000
营业利润		$ 20 000		$ (20 000)

a. 85 000 美元=工作站的账面价值 180 000 美元−当前处置价值 95 000 美元。

购买联网个人电脑会有 20 000 美元的经营损失，而继续使用旧系统却有 20 000 美元的营业利润，Lewis 肯定不愿意购买联网个人电脑。因为这不仅会减少他的奖金，而且可能影响他的升迁。

决策要点

下面的问答形式是对本章学习目标的总结，决策代表与学习目标相关的关键问题，指南则是对该问题的回答。

决策	指南
1. 管理者用于制定决策的五步程序是什么？	五步决策制定程序是：(1) 确定问题与不确定性；(2) 获取信息；(3) 预测未来；(4) 选择方案做决策；(5) 实施决策，评价业绩与学习。
2. 收入或成本在什么情况下与特定决策相关？在相关成本分析中管理者应避免的陷阱是什么？	成本或收入与特定决策相关必须满足两个标准：(1) 必须是预期的未来收入或未来成本；(2) 必须因行动方案的不同而不同。相关收入和相关成本分析仅考虑能用财务数据表示的定量结果。定量的结果是可以用数值表示的结果。其他方案的结果也有非财务定量和定性影响。诸如员工士气等定性因素很难用数字准确计量。但是在制定决策时，管理者必须考虑定性因素和非财务定量因素。 相关成本分析中常见的两个陷阱是：(1) 默认不正确的一般性假定——如所有变动成本都是相关的，所有固定成本都是不相关的；(2) 不考虑固定成本总额，只关注单位固定成本。
3. 什么是机会成本？为什么管理者在制定自制与外购决策时要考虑机会成本？	机会成本是指没有将有限资源用于次优方案而丧失的收益。之所以在制定决策时考虑机会成本，是因为任何决策的相关成本是：(1) 决策的增量成本加上 (2) 放弃利润的机会成本。生产能力有限的情况下，在决定是内部制造还是外购时，管理者必须考虑使用生产能力的机会成本。
4. 当存在资源约束时，管理人员应如何从多种产品中选择产品进行生产和销售？	当存在资源约束，需从多种产品中进行选择时，管理者应选择使约束资源（限制因素）的单位贡献毛益最大的产品。这样，总贡献毛益将达到最大。
5. 管理者可以采取哪些步骤来管理瓶颈？	管理者可以采取四个步骤来管理瓶颈：(1) 识别决定产量边际（贡献毛益）的瓶颈操作；(2) 确定瓶颈操作；(3) 保持瓶颈忙碌，让所有非瓶颈操作服从于瓶颈操作；(4) 提高瓶颈的效率和生产能力。
6. 在决定增加或终止业务，增设或关闭分公司、经营分部时，管理者应关注什么，如何处理已分配间接成本？	在制定终止或增加业务，关闭或增设分公司、经营分部的决策时，管理者应该只关注会发生变化的成本和机会成本。管理人员应忽略已分配的间接成本。

7. 现有设备的账面价值是否与设备更新决策相关？	现有设备的账面价值为过去（历史或沉没）成本，与设备更新决策不相关。
8. 决策模型是如何与管理者业绩评价模型发生冲突的？	高层管理者面临着一个持续的挑战：确保对下属的业绩评价模型与决策模型一致。通常的不一致在于，要求下属管理人员在决策时有长远眼光，却又以当年的营业收入为基础评价他们的业绩。

练习题

11—17 相关成本和不相关成本。回答下列问题：

1. DeCesare 电脑公司生产了 5 200 块 CB76 型线路板，单位成本为 280 美元。单位变动成本为 190 美元，单位固定成本为 90 美元。Peach 电子公司可以提供 5 200 块 CB76 型线路板，单位售价 260 美元。如果 DeCesare 公司从 Peach 公司购买，每单位可以节约固定成本 10 美元，但是剩余的 80 美元会继续发生。DeCesare 公司是否应该购买？请解释。

2. LN 制造公司正在决定是否替换老机器。信息如下：

	老机器	新机器
初始成本（美元）	10 700	9 000
使用年限（年）	10	3
已使用年限（年）	7	0
剩余年限（年）	3	3
累计折旧（美元）	7 490	未知
账面价值（美元）	3 210	未知
当前处置价值（现金）（美元）	2 200	未知
最终处置现值（3 年后）（美元）	0	0
年营业成本（美元）	17 500	15 500

LN 制造公司采用直线折旧法。不考虑资金时间价值和所得税，LN 制造公司是否应该换机器？说明理由。

11—19 特殊订单，作业成本法（摘自 CMA）。Gold Plus 公司生产颁发给在运动会或其他比赛中获胜者的奖章。其生产能力为每月 11 000 枚，现在的月产销量是 10 000 枚。奖章的正常售价是每枚 150 美元。现有作业水平下的成本资料如下（单位：美元）：

随产量变化的变动成本	
直接材料	350 000
直接制造人工	375 000
随生产批数变化的变动成本 （安装调试、材料处理、质量控制等） 200 批×500 美元/批	100 000
固定生产成本	300 000
固定营销费用	275 000
总成本	1 400 000

Gold Plus 刚刚接到了一份单价为 100 美元、总量为 1 000 枚的一次性订单。接受一次性订单不会影响公司的正常经营。Gold Plus 为现有顾客生产奖章的单位批量为 50 枚（200 批×50 枚/批＝10 000 枚）。这份一次性订单要求 Gold Plus 以批量 40 枚生产 25 批。

要求：

1. Gold Plus 公司应接受该订单吗？列出计算过程。

2. 假设工厂的生产能力是每月 10 500 枚而不是 11 000 枚。特殊订单必须全部接受或全部拒绝。Gold Plus 公司应接受特殊订单吗？列出计算过程。

3. 继续要求 1，仍假设月生产能力为 11 000 枚，Gold Plus 公司担心如果接受了特殊订单，现有顾客会在完成特别订单的当月要求 10 美元的折扣，因为他们认为 Gold Plus 的成本分摊给了更多的产品，他们理应从中得到好处。在这种情况下，Gold Plus 应该接受特殊订单吗？列出计算过程。

11—21 存货决策，机会成本。割草机制造商 Best Trim 预计明年需要 204 000 个火花塞，月需求量 17 000 个。某供应商的报价是每个火花塞 9 美元，还提供了一个特殊折扣选择：若在年初一次购买 204 000 个，给予 2%的折扣。Best Trim 现金投资的年回报率为 10%。每下一次订单要花费 260 美元。

要求：

1. 与每月购买 17 000 个相比，年初一次购买 204 000 个的机会成本是多少？

2. 机会成本会记入会计系统吗？为什么？

3. Best Trim 应在年初一次购买 204 000 个火花塞还是每月购买 17 000 个？列出计算过程。

4. Best Trim 在做决策时还应考虑哪些其他因素？

11—23 最优产品组合。Fitness Gym 公司生产两种基本举重器材：型号 9 和型号 14。相关资料如下（单位：美元）：

	A	B	C
1		每单位	
2		型号19	型号14
3	售价	130.00	105.00
4	成本		
5	直接材料	26.00	20.00
6	直接人工	20.00	16.00
7	变动制造费用	10.00	11.00
8	固定制造费用*	6.00	3.00
9	营销成本（变动）	10.00	9.00
10	总成本	72.00	59.00
11	营业利润	58.00	46.00
12			
13	*基于机器小时分配。		

要求：

举重爱好者建议 Fitness Gym 公司生产足够多的型号 9 或型号 14 以保持工厂满负荷运转。两种产品由相同的生产部门生产。公司应该生产哪种产品？请简要解释你的答案。

11—25 商店开张和歇业。Sanchez 公司经营两家便利店，一家位于康涅狄格州，另一家位于罗德岛州。2014 年每家商店的营业利润如下（单位：美元）：

	康涅狄格州商店	罗德岛州商店
收入	1 070 000	860 000
营业成本		
产品销售成本	750 000	660 000
租赁成本（每年更新）	90 000	75 000
人工成本（计时工资）	42 000	42 000
设备折旧	25 000	22 000
水电费（电力、供暖）	43 000	46 000
分摊的制造费用	50 000	40 000
总营业成本	1 000 000	885 000
营业利润（亏损）	70 000	(25 000)

设备的处置价值是 0。在高级管理会议上，Sanchez 公司的管理会计师 Maria Lopez 做了以下陈述：“公司可以通过关闭罗德岛州商店或增加类似的商店来增加盈利。”

要求：

1. 通过关闭罗德岛州商店，Sanchez 可以削减 44 000 美元的间接费用。计算关闭罗德岛州商店后的营业利润。Maria Lopez 的关店建议正确吗？请解释。

2. 如果保留罗德岛州商店，并且新开一家收入、成本与罗德岛州商店一样的商店（包括花 22 000 美元购买使用寿命为 1 年、处置价值为 0 的设备），计算公司的营业利润。新开的商店会增加间接费用 4 000 美元，Maria Lopez 关于新开商店的建议正确吗？请解释。

11—27 设备成本的相关性。Papa's 比萨店正在考虑更换新的更节能的比萨烤箱。新旧比萨烤箱的有关信息如下（单位：美元）：

旧烤箱—初始成本	60 000
旧烤箱—账面成本	50 000
旧烤箱—现行市价	42 000
旧烤箱—年营业成本	14 000
新烤箱—购置价格	75 000
新烤箱—安装费用	2 000
新烤箱—年营业成本	6 000

旧烤箱于一年前购买。Papa's 比萨店预计两种烤箱的剩余使用寿命均为 5 年。5 年后两者的残值均为 0。不考虑所得税和资金的时间价值。

要求：

1. 上述哪些成本和收益与更换烤箱的决策相关？

2. 哪些信息是不相关的？为什么不相关？

3. Papa's 比萨店是否应该购买烤箱？请说明理由。

4. 管理者购买原设备一年后即考虑更新设备，此时决策模型会不会与管理者动机发生冲突？

5. 当购买价格为多少时，购买新烤箱和继续使用旧烤箱无差别？

11—29 特殊订单，短期定价。Slugger 公司生产青少年用棒球棒，每根售价 36 美元。公司的生产能力是每年 50 000 根。这 50 000 根棒球棒的生产和销售成本如下（单位：美元）：

	单位成本	总成本
直接材料	13	650 000
直接人工	5	250 000
变动制造费用	2	100 000
固定制造费用	6	300 000
变动销售费用	3	150 000
固定销售费用	2	100 000
总成本	31	1 550 000

要求：

1. 假设Slugger公司现在生产并销售40 000根，在这个生产和销售水平上，它的固定成本与上表中的相同。Bench公司一次性的特殊订单是以单价23美元购买10 000根棒球棒。Slugger不会为这个订单发生变动销售费用。Slugger公司应该接受这个一次性订单吗？列出计算过程。

2. 假设Slugger公司现在生产和销售50 000根棒球棒。如果接受了Bench公司的订单，Slugger公司对老客户的销售会减少10 000根。

（1）单从财务方面考虑，Slugger公司应该接受这个特殊订单吗？列出计算过程。

（2）单从财务方面考虑，当售价为多少时，接受订单和继续以单价36美元向老客户销售是无差别的？

（3）在决定是否接受特殊订单时，Slugger公司应该考虑哪些其他因素？

11—31 国际外购。Cuddly Critters公司在位于俄亥俄州的克利夫兰工厂生产毛绒玩具。最近，公司设计了一组树脂雕像随毛绒玩具流水线生产。公司正在考虑是利用克利夫兰工厂的现有空间生产树脂雕像，还是接受一家印度尼西亚制造公司的供货。决策的相关数据如下：

预期雕像年销量（件）	400 000
雕像的平均售价（美元）	5
印度尼西亚公司的报价（印尼盾/件）	27 300
现行汇率	1美元=9 100印尼盾
变动生产成本（美元/件）	2.85
与新生产线相关的年增量固定生产成本（美元）	200 000
变动销售与分销成本[a]（美元/件）	0.50
年固定销售与分销成本[a]（美元）	285 000

a. 无论是自制还是进口，销售与分销成本不变。

要求：

1. Cuddly Critters应该自制400 000件雕像，还是从印度尼西亚进口？请解释。

2. Cuddly Critters预期在未来几个月内，美元兑印尼盾会走弱，不想承担汇率风险。假设公司可以签订一份远期合同：以3.4美元购买27 300印尼盾。Cuddly Critters是应该自制400 000件雕像，还是从印度尼西亚进口？请解释。

3. 在决定是否从印度尼西亚进口时，Cuddly Critter还应该考虑哪些定性因素？

11—33 机会成本与相关成本。Jason Wu经营Exclusive Limousines公司，公司拥有10辆豪华轿车，为华盛顿特区的婚礼、舞会及商业活动服务。Wu就每辆车向客户收取合同规定的固定费用250美元，外加每小时80美元的费用。5月份的利润表如下（单位：美元）：

收入（(200份合同×250美元)+(1 250小时×80美元)）	150 000
营业成本：	
司机工资及福利（35美元/时×1 250小时）	43 750
豪华轿车折旧	19 000
燃油费（12.8美元/小时×1 250小时）	16 000
保养费	18 400
责任和意外险	2 500
广告费用	10 500
管理费用	24 200
总费用	134 350
营业利润	15 650

除了司机的工资和福利以及燃油费是按小时变动的以外，其他费用都是固定的。5月份，公司的豪华轿车都被预订了。Wu预计6月份公司会接近满负荷运转。华盛顿著名的社交名人Shelly Worthington请Wu投标承包6月底她主办的一场大型慈善活动。她聘请的轿车公司在最后一刻取消了合作，她需要5辆豪华轿车，每辆车提供4小时的服务。如果Wu承包了这个项目，那么她只会单独聘请Exclusive Limousines公司。Wu查看了日程，发现那天只有3辆车可用。

要求：

1. 如果Wu和Shelly Worthington签订了合同，那么他必须：（1）取消2份舞会合同，每份合同需要1辆车提供6小时的服务；或者（2）取消一份商业活动合同，该合同需要3辆车，每辆车提供2小时的服务。对这两个方案而言，接受Shelly Worthington合同的相关机会成本各是多少？他应该取消哪个合同？

2. Wu 想要赢得 Worthington 的投标，因为它可能带来利润丰厚的未来业务。假设 Wu 取消了要求 1 中机会成本最低的合同，且如果竞标不成功，现有的 3 辆可用的轿车在那天将无人租赁。他竞标 Worthington 的订单最低价是多少？

3. 另一家豪华轿车公司可以租给 Exclusive Limousines 公司 2 辆车，每辆车每天 300 美元。Wu 还要支付这些车的燃油费和司机的工资。Wu 应该租这 2 辆车以避免取消其他两份合同吗？

11—35　产量不确定时的自制或外购决策 (A. Atkinson)。Denver Engineering 公司生产小型发动机出售给割草机等类似产品的生产商。该公司目前自制所有零件，但正在考虑外购发动机的启动器。

启动器现由公司的第 3 分部制造。第 3 分部过去 12 个月的成本信息如下（单位：美元）：

直接材料	400 000
直接制造人工	300 000
制造费用	800 000
总计	1 500 000

第 3 分部去年共生产了 150 000 台启动器，启动器的平均成本是 10 美元（1 500 000÷150 000）。

进一步分析制造费用表明，全部制造费用中只有 25%是变动成本。固定部分中的 300 000 美元属于管理费用，与是否外购启动器无关，另外 200 000 美元因启动器的停产而省去。剩下的 100 000 美元固定制造费用是支付给第 3 分部经理的工资，若停止生产启动器，则将其调任第 2 分部，工资不变。与外聘相比，公司可节约 80 000 美元。

要求：

1. Tutwiler 电气公司是启动器的可靠供应商，该公司的报价为单价 8 美元。因其低于平均的自制成本 10 美元，生产副总裁认为可以接受。仅考虑财务因素，是否应外购？列出计算过程。（提示：下一年的产量可能与今年不同。）

2. 如果公司可以用空闲的工厂作仓库从而节约 100 000 美元的仓储费用，要求 1 的答案如何？该信息是否相关？为什么？

11—37　产品组合，资源约束。Wechsler 公司生产三种产品：A110，B382 和 C657。三种产品使用同样的直接材料 Voxx。单位产品的数据如下（单位：美元）：

	产品		
	A110	B382	C657
售价	168	112	140
变动成本			
直接材料	48	30	18
人工和其他成本	56	54	80
单位产品 Voxx 用量（磅）	8	5	3

产品的需求量远超可以生产产品的直接材料。Voxx 每磅 6 美元，每月最多可得 5 000 磅。Wechsler 每种产品至少生产 200 单位。

要求：

1. Wechsler 应生产多少单位的 A110，B382 和 C657？

2. Wechsler 愿意为另外 1 200 磅 Voxx 支付的最大金额是多少？

11—39　约束理论，产量边际，相关成本。Nebraska Industries 工厂生产电子检测设备。Nebraska 还在客户现场安装设备以确保运行顺畅。生产部门和安装部门的额外信息如下（生产能力表示为电子监测设备的数量）：

	生产设备	安装设备
年生产能力	每年 310 台	每年 275 台
生产和安装的设备	每年 275 台	每年 275 台

Nebraska 每年仅生产 275 台，因为安装部门的生产能力仅为 275 台。（安装好的）设备单位价格 45 000 美元，直接材料成本 20 000 美元。除了直接材料外，其他成本固定不变。以下要求仅涉及前面给出的数据。要求之间没有联系。

要求：

1. Nebraska 的工程师发现了减少设备生产时间的方法。新方法可以让公司每年多生产 20 台，而单位产品成本增加 50 美元。Nebraska 应该采用新方法吗？列出计算过程。

2. Nebraska 设计师提议改变直接材料，这将会使单位产品的直接材料成本增加 2 000 美元。这个变化能让 Nebraska 每年安装 310 台设备。如果 Nebraska 做出这种改变，新设计将适用于所有已售的设备。它应该使用新设计吗？列出计算过程。

3. 一种新开发的安装技术使 Nebraska 的工程师每年能够多安装 7 台设备。新方法将会使每年的安装成本增加 55 000 美元。Nebraska 应该采用这种新技术吗？列出计算过程。

4. Nebraska 在考虑如何激励员工提高生产率（单位小时产量）。一个提议就是基于工人的生产率来评价和补偿生产部门和安装部门的工人。你觉得这个提议是一个好想法吗？请简要解释。

11—41 关闭分部。Ainsley 公司有 4 个营运部门。每个部门 2014 年的收入和费用预算如下所示（单位：美元）：

	分部			
	A	B	C	D
销售收入	504 000	948 000	960 000	1 240 000
产品销售成本	440 000	930 000	765 000	925 000
销售、一般和管理费用	96 000	202 500	144 000	210 000
营业利润	(32 000)	(184 500)	51 000	105 000

进一步的成本分析显示了每个分部变动成本的比例如下：

产品销售成本	90%	80%	90%	85%
销售、一般和管理费用	50%	50%	60%	60%

关闭任何一个部门可以节省该部门 40%的固定成本。

最高管理层非常担心亏损的部门（A 和 B），正在考虑年内关闭它们。

要求：

1. 如果 Ainsley 关掉部门 A，营业利润增加或减少多少？

2. 如果 Ainsley 关掉部门 B，营业利润增加或减少多少？

3. 在做决策前，最高管理层还应该考虑哪些其他因素？

11—43 最优产品组合（摘自 CMA）。Della Simpson 公司生产两种品牌的曲奇：Della's Delight 和 Bonny's Bourbon。Della's Delight 要经过搅拌部和烘焙部，Bonny's Bourbon 是一种夹心曲奇，要经过搅拌部、填充部和烘焙部。

销售副总裁 Michael Shirra 认为在当前的价格下，公司能将每天生产的两种曲奇都销售出去。两种曲奇的批量都为 3 000 个。在每个部门，每一批所需时间和每天可用时间如下（单位：分钟）：

文件(F) 编辑(E) 视图(V) 插入(I) 格式(O) 工具(T) 数据(D)

	A	B	C	D
1			部门	
2		搅拌	填充	烘焙
3	Della's Delight	30	0	10
4	Bonny's Bourbon	15	15	15
5	每日可用时间	660	270	300

每种曲奇的收入和成本数据如下（单位：美元）：

文件(F) 编辑(E) 视图(V) 插入(I) 格式(O) 工具(T)

	A	B	C
7		Della's	Bonny's
8		Delight	Bourbon
9	每批收入	475	375
10	每批变动成本	175	125
11	每批贡献毛益	300	250
12	每月固定成本		
13	（分配到每个产品）	18650	22350

1. 用 LP 模型说明 Shirra 面临的问题。用 D 表示 Della's Delight 的产销量，用 B 表示 Bonny's Bourbon 的产销量。

2. 计算公司每天生产和销售的每种曲奇的最优批次数，以使营业利润最大化。

11—45 更换设备决策与绩效评价。Sean Fitzpatrick 管理着 Garcia Manufacturing 公司的 Peoria 工厂。Darien Engineering 公司的一个代表与 Fitzpatrick 接洽，拟提供一种更加高效的设备来更换 Garcia 流程中的一台大型生产设备。那位代表提出了更换那台使用了三年的旧设备的令人信服的论据，但 Fitzpatrick 却犹豫了。Fitzpatrick 希望明年晋升为更大的 Detroit 工厂的经理。他知道 Peoria 工厂的应计净营业利润是晋升决策的评价指标之一。有关设备更换决策的信息如下：

- 老机器的历史成本是 600 000 美元，现在账面价值 240 000 美元，剩余使用年限 2 年，市场价值 144 000 美元。年折旧费用 120 000 美元。预计寿命结束时的残值为 0。
- 新设备成本 360 000 美元。使用寿命 2 年，残值为 0，Garcia 的所有设备采用直线折旧法。
- 新设备每年节省电费 70 000 美元，每年节省直接人工成本 60 000 美元。

为简单起见，不考虑所得税和资金时间价值。

要求：

1. 假设 Fitzpatrick 优先考虑的事是晋升，他基于明年的应计净营业利润制定设备更换决策。他会选择哪个方案？列出计算过程。

2. 决策中要考虑哪些相关因素？哪个方案最符合公司未来 2 年的利益？列出计算过程。

3. Fitzpatrick 愿意以什么价格购买新设备？请解释。

附录　线性规划

以本章讨论过的 Power Recreation 公司为例，假定所有雪地汽车发动机和船用发动机在发给顾客前，都要在一台非常昂贵的机器上进行检测。可用的检测机器小时是有限的，生产数据如下：

部门	日可用生产能力（机器小时）	单位产品所用生产能力（机器小时）		最大日产量（台）	
		雪地汽车发动机	船用发动机	雪地汽车发动机	船用发动机
装配	600	2.0	5.0	300[a]	120
检测	120	1.0	0.5	120	240

a. 比如，600 机时÷2.0 机时/雪地汽车发动机＝300 台，即装配线仅生产雪地汽车发动机时的最大日产量。

上述数据和其他相关数据列示在图表 11—13 中。而且由于船用发动机的原料短缺，每天最多只能生产 110 台船用发动机。每种发动机的日产量为多少，才能使营业利润最大？

图表 11—13　　Power Recreation 公司的经营数据

	部门日生产能力（台）		售价（美元）	单位变动成本（美元）	单位贡献毛益（美元）
	装配	检测			
只生产雪地汽车发动机	300	120	800	560	240
只生产船用发动机	120	240	1 000	625	375

因为这里存在多种约束条件，我们用线性规划（LP）来解决这一问题，确定 Power Recreation 的产量。LP 模型一般假定所有成本都可以在单动因（产量）下划分为变动成本或固定成本。同时，它也需要满足一些其他的线性假设。如果这些假设不成立，就必须考虑使用其他决策模型。①

解 LP 问题的步骤

我们以图表 11—13 中的数据为例说明解 LP 问题的三个步骤。此处，S 代表雪地汽车发动机的产销量，B 代表船用发动机的产销量。

步骤 1：确定目标函数。线性规划的**目标函数**（objective function）表示要最大化（如营业利润）或最小化（如营业成本）的对象或目标。本例的目标是找到使总贡献毛益最大的产品组合。固定成本与产品组合决策无关，因而是不相关的成本。总贡献毛益（TCM）用线性函数表示如下：

$$TCM = 240S + 375B$$

步骤 2：确定约束条件。约束条件（constraint）是数学模型中的变量必须满足的等式或不等式。本例中的约束条件用线性不等式表示如下：

---

① 其他决策模型参考 Barry Render, Ralph M. Stair, and Michael E. Hanna, *Quantitative Analysis for Management*, 11th ed.（Upper Saddle River, NJ: Prentice Hall, 2012）和 Steven Nahmias, *Production and Operations Analysis*, 6th ed.（New York: McGraw-Hill/Irwin, 2008）。

装配部门约束条件	$2S+5B\leqslant 600$
检测部门约束条件	$1S+0.5B\leqslant 120$
船用发动机材料约束条件	$B\leqslant 110$
产量不能为负	$S\geqslant 0$ 且 $B\geqslant 0$

图表 11—14 中的三条实线分别表示装配、检测和材料约束条件。① 可行或技术上可能的方案是满足所有约束条件的雪地汽车发动机和船用发动机产量组合。图表 11—14 中的深灰色阴影部分表示所有可行的产量组合。

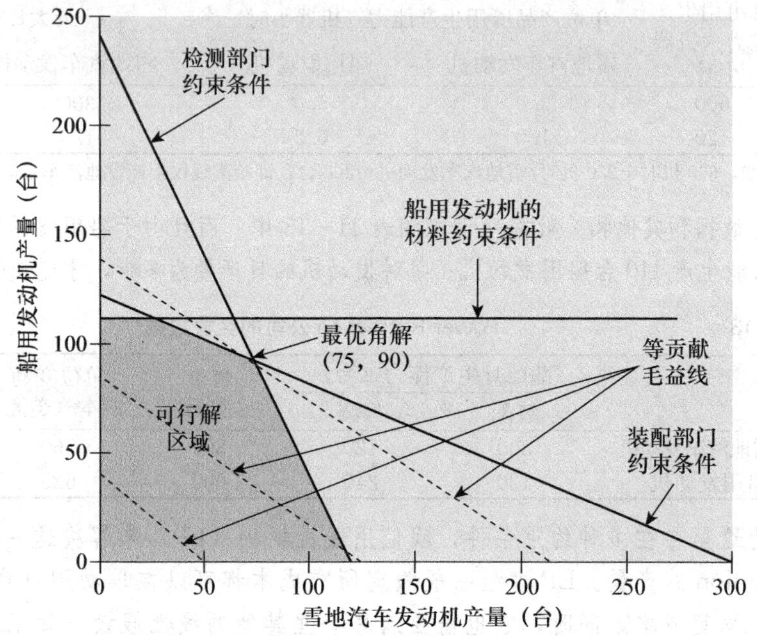

图表 11—14　线性规划：Power Recreation 公司的图解法

步骤 3：计算最优解。线性规划（linear programming，LP）是多个约束条件下用来最大化目标函数的一种优化技术。用 LP 得到最优解的方法有两种：试错法和图解法。本例中用这些方法都很容易求解，因为目标函数中只有两个变量，而且约束条件较少。理解这两种方法有助于掌握 LP 模型。在多数 LP 的实际应用中，管理者用计算机软件包计算最优解。②

试错法

管理者可以用可行区域的角点试错找到最优解。

① 图表 11—14 中直线的画法：例如，用等号代替不等号，并假设装配部门的 $B=0$，算出 $S=300$（600 机器小时÷2 机器小时/雪地汽车发动机），再假设 $S=0$，算出 $B=120$（600 机器小时÷5 机器小时/船用发动机）。连接两点得到直线。

② 虽然试错法和图解法可以求解两变量或三变量问题，但对多变量问题却无能为力。标准软件包使用简单算法。简单算法通过迭代确定 LP 问题的最优解。它从一个特定可行解开始，然后进行变量替代看能否改善结果，在结果无法再改善时即得到最优解。

首先，选择任一角点计算总贡献毛益。图表 11—14 中共有 5 个角点。用联立方程组可以得到图中精确的坐标值。比如，将两个有关约束不等式化为方程组，求解可得到角点（$S=75$，$B=90$）：

$$2S+5B=600 \quad (1)$$
$$1S+0.5B=120 \quad (2)$$

式（2）乘以 2，得

$$2S+1B=240 \quad (3)$$

式（1）一式（3），得

$$4B=360$$

因此

$$B=360\div4=90$$

将 B 代入式（2），得

$$1S+0.5(90)=120$$
$$S=120-45=75$$

$S=75$ 台雪地汽车发动机，$B=90$ 台船用发动机时，$TCM=(240\times75)+(375\times90)=51\,750$（美元）。

然后，依次计算每一个角点的总贡献毛益。

序号	角点（S，B）	雪地汽车发动机（S）	船用发动机（B）	总贡献毛益
1	（0，0）	0	0	240（0）+375（0）=0
2	（0，110）	0	110	240（0）+375（110）=41 250
3	（25，110）	25	110	240（25）+375（110）=47 250
4	（75，90）	75	90	240（75）+375（90）=51 750[a]
5	（120，0）	120	0	240（120）+375（0）=28 800

a. 最优解。

最优产量组合是总贡献毛益最大的产量组合，即 75 台雪地汽车发动机、90 台船用发动机。为了更好地理解这个解，思考从点（25，110）到点（75，90）将会发生什么。Power Recreation 放弃了船用发动机的贡献毛益 7 500 美元 [375×(110−90)]，获得了雪地汽车发动机的贡献毛益 12 000 美元 [240×(75−25)]，从而使得贡献毛益增加了 4 500 美元（12 000−7 500），从 47 250 美元增至 51 750 美元。

□ 图解法

考虑所有总贡献毛益都等于 12 000 美元的产量组合，即

$$240S+375B=12\,000(\text{美元})$$

在图表 11—14 中，贡献毛益为 12 000 美元的集合是一条通过 [$S=50$（12 000÷

240)，$B=0$] 和 [$S=0$，$B=32$ (12 000÷375)]的虚线。其他等贡献毛益线可用与之平行的直线表示。在图表11—14中，我们画出了三条等贡献毛益线。等贡献毛益线离原点越远，代表的总贡献毛益越大，因为相应的销售收入增加了。

最优线是一条离原点最远但又经过可行区域内一点的直线，代表最大贡献毛益。最优解在角点（$S=75$，$B=90$）上，表示使目标函数总贡献毛益最大的雪地汽车发动机产量和船用发动机产量。将一把尺子从原点平行于12 000美元线向外移动时可以很明显地发现这一结果。使尺子尽可能地远离原点（增加总贡献毛益）但又不脱离可行区域。最大化问题的最优解一般是虚线与可行区域极点相交的角点，把尺子再向外移动一点都会让它落到可行区域外。

□ 敏感性分析

在成本函数（如雪地汽车发动机或船用发动机的单位贡献毛益）或约束条件（如雪地汽车发动机或船用发动机所需机器小时）中，会计或技术系数的不确定性有什么含义呢？考虑雪地汽车发动机的单位贡献毛益由240美元变为300美元对最优解的影响，假设船用发动机的单位贡献毛益仍为375美元，修正的目标函数为：

$$TCM=300S+375B$$

用试错法计算每个角点的总贡献毛益，最优解仍是（$S=75$，$B=90$）。如果雪地汽车发动机的单位贡献毛益减至160美元，结果会如何呢？最优解保持不变（$S=75$，$B=90$）。因此，雪地汽车发动机单位贡献毛益的大幅变化对最优解没有影响。这是因为虽然雪地汽车发动机的单位贡献毛益从240美元变为300美元再到160美元，会导致图表11—14中等贡献毛益线的斜率发生改变，但等贡献毛益线与可行区域相交且离原点最远的点依旧为（$S=75$，$B=90$）。

第 12 章

战略、平衡计分卡与战略盈利性分析

- 什么是战略
- 建立内部能力：Chipset 的质量改进和重组
- 战略实施和平衡计分卡
- 营业利润的战略性分析
- 生产能力的缩减和管理生产能力
- 附录　生产率衡量

学习目标

1. 确认公司运用哪一种基本战略
2. 识别什么构成了重组
3. 介绍平衡计分卡的四个维度
4. 分析营业利润的变化以评价战略
5. 识别未利用生产能力，并探讨如何运用它

橄榄园公司（Olive Garden）想知道。

巴诺公司（Barnes and Noble）、百事公司（PepsiCo）和L. L. Bean公司也想知道，甚至当地汽车经销商和过境管理局也很好奇，它们都想知道是否实现了自己的目标。许多公司成功运用了平衡计分卡测量自己的进步。大众汽车巴西公司就是其中之一。

大众汽车巴西公司的平衡计分卡①

2009年，大众汽车巴西公司——德国汽车制造商的巴西子公司开始感受到全球金融危机的影响，销量直线下降，新生产的汽车停在大众汽车巴西工厂的周围等待顾客再次购买。首席执行官Thomas Schmall做出了暂时减产降低支出的决定，转向使用平衡计分卡战略来指导他的管理团队度过此次危机。

大众汽车巴西公司在2007年引入平衡计分卡来逆转连年的市场份额下降和经济损失。最初的转变是成功的。员工、客户、供应商和经销商的热情带来了销售的强劲增长和盈利回报。平衡计分卡致力于满足消费者期望、提升公司形象、扩大市场份额、实现持续和积极的财务业绩。

随着2009年金融危机爆发，Schmall谨慎地考虑在增加生产和恢复支出之前是恢复拨款还是等待销售回暖。如果进一步削减生产计划和投资就会危及市场份额扩张和新产品开发的计划。根据平衡计分卡战略，Schmall继续保持大众汽车巴西公司在战略项目上的投资，并开始提高产量。随着2009年新兴市场的复苏，巴西的货物运输需求开始增加，大众汽车巴西公司迎来了它的兴盛时期。金融危机之后，大众汽车巴西公司超越德国公司一跃成为世界第二大的大众汽车生产商，仅次于中国。

本章的重点是管理会计信息如何帮助诸如Infosys、默克（Merck）、威瑞森（Verizon）和大众等公司执行和评价它们的战略。战略驱动公司的运转并指导管理者的短期和长期决策。我们将描述实施战略的平衡计分卡方法，及分析营业利润来评价战略是否成功的方法。同时将说明管理会计信息是如何协助战略实施的，比如生产率改进、再造和缩减规模。

---

① 基于Kaplan, Robert S., and Ricardo Reisen de Pinho, 2011. "Volkswagen do Brasil: Driving Strategy with the Balanced Scorecard." HBS No. 9-111-049. Boston: Harvard Business School Publishing, 2011。

什么是战略

战略确定一个组织如何匹配自己的能力和市场机会来实现目标。换句话说，战略描述一个组织如何区别于竞争者，为其顾客创造价值。比如说，零售巨人沃尔玛（Walmart）通过将商店建在郊区和乡村地区，提供价格低廉、种类繁多但每个种类可选品种较少的产品为顾客创造价值。为了与战略一致，沃尔玛与供应商协商，以低价格大量采购，并且保持一种不提供非必要服务、注重成本、雇用最少销售人员的环境，从而开发降低成本的能力。

在设计战略时，组织必须对它所在的行业有彻底的理解。行业分析集中于五方面的力量：（1）竞争对手；（2）潜在市场进入者；（3）替代品；（4）顾客讨价还价的能力；（5）供应商讨价还价的能力。① 这些力量的综合影响决定了一个组织的盈利潜力。一般而言，更大的竞争、更强的潜在进入者、相似的产品、更苛求的顾客和供应商会使盈利潜力下降。下面我们将以 Chipset 公司为例说明这五方面的力量，该公司是调制解调器和通信网络使用的线性集成电路设备（LICD）的生产商。Chipset 生产一种专用产品 CX1。这种标准化、高性能的微芯片可以用在多种操作中，Chipset 公司在进行广泛的市场调查并考虑了顾客的许多意见后设计 CX1。

1. **竞争对手**。CX1 在价格、及时交货和质量方面面临严峻的竞争。本行业的公司有很高的固定成本，在充分利用生产能力和削减售价上始终存在压力。价格降低会刺激增长，因为它使得 LICD 在新的应用，如数码用户线路（DSL）中，是一个物有所值的选择。

2. **潜在市场进入者**。利润率低、资本成本高阻止了新的进入者。而且，现有公司（如 Chipset）还有降低成本并与客户和供应商建立紧密关系的经验。

3. **替代品**。Chipset 根据顾客需求生产 CX1，并且通过不断改进 CX1 的设计和流程以减少生产成本来降低销售价格，由此降低了未来几年替代品或新技术替代 CX1 的风险。

4. **顾客讨价还价的能力**。诸如 EarthLink 和威瑞森等激烈地与 Chipset 及其竞争对手进行谈判以降低成交价格，因为它们都大量购买产品。

5. **供应商讨价还价的能力**。为了生产 CX1，Chipset 需要高质量的材料（如硅片、连接插件、塑胶或陶制的包装物）以及有技能的工程师、技术人员和生产工人。这种技能使得供应商和员工在要求更高的价格和工资方面有一定的讨价还价能力。

总之，激烈的竞争以及员工、供应商的讨价还价能力给 Chipset 的销售价格带来了很大的压力。Chipset 必须选择两种基本战略中的一种来应对这些挑战：产品差异化战略和成本领先战略。

产品差异化（product differentiation）是组织的一种能力，它使顾客感觉公司的产品和服务要比竞争对手的产品和服务更优质、更独特。惠普公司曾经在电子行业成功地差异化自己的产品，强生公司在制药行业和可口可乐公司在软饮料行业都是如此。通过创新产品研发、开发和推广品牌以及产品快速投放市场，这些公司实现了差异化战略。

---

① Michael Porter, *Competitive Strategy* (New York: Free PreSS, 1980); Michael Porter, *Competitive Advantage* (New York: Free Press, 1985); and Michael Porter, "What Is Strategy." *Harvard Business Review* (November-December 1996): 61-78.

这种差异化提升了品牌忠诚度和顾客支付更高价格的意愿。

成本领先（cost leadership）是组织的另一种能力，它通过提高生产率和效率、消除浪费和严格控制成本来实现比竞争对手更低的成本。许多在各自行业中的成本领先者包括沃尔玛公司（消费品零售）、家得宝和劳氏（建筑产品）、得州仪器（电子消费品）、艾默生电气（电动机）。这些公司都提供与竞争对手相似而不是差异化的产品，但是以更低的成本提供给顾客。更低的销售价格而不是独特的产品或服务给这些成本领先者一种竞争优势。

为了评估战略成功与否，公司必须追踪其盈利能力的来源至产品差异化或成本领先。例如，保时捷公司（Porsche）的盈利能力分析表明其盈利能力的增加是由于产品差异化战略的成功实施。产品差异化使保时捷公司能够增加利润率和销售额。家得宝公司盈利能力变化的原因则是提高生产力和改进质量而成功实施了成本领先战略。

Chipset应该遵从什么战略？为了帮助决策，Chipset绘制了如图表12—1所示的顾客偏好图。Y轴描述顾客期望产品具有的多种属性，X轴描述Chipset与实行产品差异化战略的竞争对手Visilog如何处理顾客期望的从1（差）到5（好）的多种属性。该图强调了战略中的权衡。Chipset的CX1芯片在价格、可扩展性[①]和顾客服务方面有优势。Visilog的芯片速度更快更强大，并且可以根据不同的应用情况定制，如调制解调器和通信网络的不同类型。

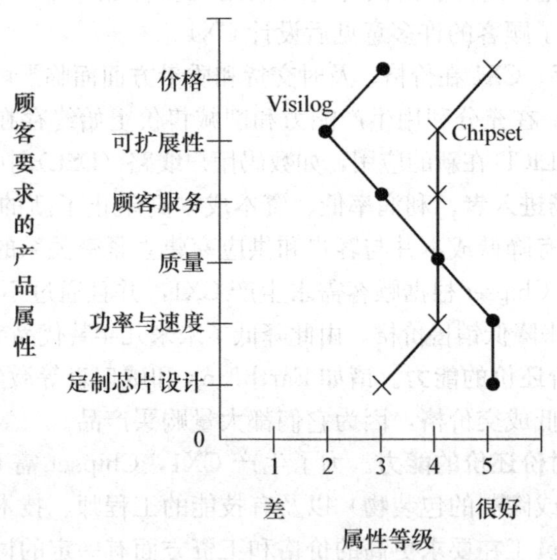

图表12—1　线性集成电路设备的顾客偏好图

CX1是与竞争对手有一定差异的产品。进一步差异化CX1将是昂贵的，但它使得Chipset可以制定一个更高的价格。相反地，降低CX1的成本可以使公司降价、刺激成长并增加市场份额。CX1的可扩展性为满足不同顾客的需求提供了一个有效的解决方案。而且，与其战略一致，这些年来Chipset一直都招募更善于生产产品和改进流程而不是创造性设计新产品和技术的工程技术人员。市场份额的增长受益于改进生产流程提高生产效率引起的价格降低，这也导致了Chipset使用成本领先战略。

为了实现成本领先战略，Chipset必须进一步改进自己的内部生产能力。公司必须提

① 通过改变产品中CX1元件的数量来达到不同性能的能力。

高质量、进行流程，再造以缩减规模和消除过度生产能力。同时，Chipset 的管理团队不想削减人员以免挫损员工士气，阻碍公司未来成长。我们将在下一节研究这些行为。

建立内部能力：Chipset 的质量改进和重组

为了改进产品质量，即在生产过程中减少不合格品和提高产出，Chipset 必须使流程参数保持在严格的范围内。为了实现这种目标，Chipset 需要生产过程参数的实时数据，如温度与压力。Chipset 还必须在质量管理技术方面培训员工，帮助他们找到出现不合格品的原因并且采取行动提高质量。

Chipset 成本降低战略的第二个方面是重组订单交付流程。有些顾客对订购产品和接收产品之间的时间间隔有抱怨。**重组**（reengineering）是为了提高业绩关键指标（如成本、质量、服务、速度、顾客满意度等）而对业务流程进行的基本再思考和再设计。[①] 以 Chipset 2012 年的订单交付系统为例说明重组，当 Chipset 收到顾客的一份订货单，副本被送到生产间，在那里生产计划员开始为生产订购物品做计划。在生产开始前通常有较长的等待时间。生产完成后，CX1 芯片被送到发运部门，要发出的 CX1 数量与顾客订单数量相匹配。完成的 CX1 芯片在有一辆卡车可以运送给客户前通常都以存货存放。如果发出的数量少于顾客要求的数量，发运部门将为余下的芯片安排一次专门的发运。运输单据被送到开单部门开发票，会计部门的专门人员将追踪客户付款。

符合顾客订单的 CX1 芯片和有关信息在多个部门间（销售、生产、发运、开单、会计）传递，导致了耽搁。并且，没有一个人为顾客订单的完成负责。为了应对这些挑战，Chipset 在 2012 年底组织了一个跨职能团队，重新设计 2013 年的订单交付流程。

在新的系统下，由一位客户关系经理对每个顾客负责，并与顾客以特定的数量和价格签订长期合同。这位客户经理与客户和生产部门紧密合作，在装运前一个月制定 CX1 芯片交付进度表。顾客订单进度表以电子形式传输给生产部门。完成的芯片直接从生产部门发送到顾客处。每次发运自动生成发票以电子形式传输给顾客，顾客将款项电子划拨到 Chipset 的银行账户。

诸如美国电话电报公司（AT&T）、信诺保险公司（Cigna Insurance）和思科（Cisco）等公司，都显著受益于公司在设计、生产和营销业务流程上的重组（就像 Chipset 的例子那样）。当重组仅仅集中于单个作业（如发运或开发票）而非整个订单交付流程时，重组的好处就很有限。为了取得成功，重组工作必须关注整个流程、改变角色和责任、消除不必要作业和任务、运用信息技术和提高员工技能。

再看一下图表 12—1，注意 Chipset 战略中的相互关联和一致性。为了满足客户对价格、质量和服务的偏好，Chipset 决定使用成本领先战略。为了实现成本领先，Chipset 通

---

① 参见 Michael Hammer and James Champy，*Reengineering the Corporation*：*A Manifesto for Business Revolution*（New York：Harper，1993）；Edwin Ruhil，Christoph Treichler，and Sascha L. Schmidt，“From Business Reengineering to Management Reengineerint—A European Srudy，” *Management International Review*（1995）：361-371；and Kirsten D. Sandberg，“Reengineering Tries a Comeback—This Time for Growth，Not Just for Cost Savings，” *Harvard Management Update*（November 2001）。

过提高质量和重组业务流程来建立内部能力。Chipset的下一个挑战是有效地实施战略。

战略实施和平衡计分卡

许多组织，如好事达保险公司（Allstate Insurance）、蒙特利尔银行（Bank of Montreal）、英国石油公司（BP）和陶氏化学公司（Dow Chemical），引入了平衡计分卡方法来管理它们战略的执行。

平衡计分卡

平衡计分卡（balanced scorecard）将组织的使命和战略转化为一系列业绩衡量标准，它们为战略的执行提供了框架。① 平衡计分卡不仅仅关注实现财务目标，它还强调一些非财务目标，这是一个组织为达到和保持它的财务目标所必须实现的。平衡计分卡从四个维度评价一个组织的业绩：

1. 财务：为股东创造的利润和价值
2. 顾客：公司在目标市场上的成功
3. 内部业务流程：为客户创造价值的内部活动
4. 学习和成长：支持内部活动的人与系统的能力

一个公司用来追踪业绩的指标取决于它的战略。为什么这套指标被称为平衡计分卡呢？因为它平衡了在一个报告中评价短期和长期业绩的财务性和非财务性标准的运用。平衡计分卡降低了经理对短期财务业绩（如季度盈余）的重视。那是因为关键的战略非财务性和经营性指标，如产品质量和顾客满意度等，衡量了一个公司为长期发展所做的变化。这些长期变化的财务效益也许不能在短期盈余上立即显现，但是给定公司的战略，对非财务性指标的强有力改进通常表明未来经济价值的创造。例如，用顾客调查和重复购买衡量的顾客满意度的增长，标志着未来销售额和利润可能更高。通过平衡财务性和非财务性指标，平衡计分卡扩大了管理者对短期和长期业绩的关注。在许多营利性公司，平衡计分卡的主要目标是维持长期财务绩效。非财务指标只是作为难以测度的长期财务目标的先导指标。其他公司明确设定长期财务、社会和环境目标。在后面的小节中，我们将讨论这些公司使用平衡计分卡来实现多个目标。

战略地图和平衡计分卡

在这一节中，我们以Chipset为例来阐释战略地图和平衡计分卡的四个方面。

① 参见Robert S. Kaplan and David P. Norton，*The Balanced Scorecard*（Boston：Harvard Business School Press，1996）；Robert S. Kaplan and David P. Norton，*The Strategy-Focused Organization：How Balanced Scorecard Companies Thrive in the New Business Environment*（Boston：Harvard Business School Press，2001）；Robert S. Kaplan and David P. Norton，*Strategy Maps：Converting Intangible Assets into Tangible Outcomes*（Boston：Harvard Business School Press，2004）；and Robert S. Kaplan and David P. Norton，*Alignment：Using the Balanced Scorecard to Create Corporate Synergies*（Boston：Harvard Business School Press，2006）。为简单起见，本章和许多文献都强调将长期财务目标作为营利性公司的主要目标。对长期财务、环境和社会目标感兴趣的营利性公司采用平衡计分卡来实施全部三个目标，就像我们在后面章节中讨论的那样。

Chipset 的管理者为每一个方面选择的目标和措施都与推进 Chipset 的成本领先战略：提高质量和流程重组的行动方案有关。

战略地图

设计平衡计分卡的第一个有用步骤是战略地图。**战略地图**（strategy map）是一个图解式的图表，描述组织以明确的因果关系，互相连接财务、顾客、内部业务流程、学习和成长四个维度的战略目标以创造价值。图表 12—2 介绍了 Chipset 的战略地图。你可以沿着箭头观察一个战略目标如何影响其他战略目标。例如，授权给员工有助于使企业和雇员的目标达成一致并改进流程，由此提高生产质量和生产率，减少交货时间，实现准时交货，改善售后服务，所有这些都会提高顾客满意度。提高生产质量和生产率直接增加了营业利润，并且提高了顾客满意度，而顾客满意度反过来又会提高市场份额、营业利润和股东价值。

为了成功地进行竞争，Chipset 投资于其雇员，实施新的技术和流程控制，改进质量，并进行流程再造。战略地图帮助 Chipset 评估这些作业是否正在产生财务收益。

Chipset 可以将许多其他因果关系包括在图表 12—2 的战略地图中。但是，像其他实施平衡计分卡的公司一样，Chipset 只关注那些它认为是最重要的关系，因此，计分卡并没有变得杂乱而难以理解。

Chipset 使用图表 12—2 中的战略地图来编制图表 12—3 所示的平衡计分卡。计分卡强调业绩的四个方面：财务、顾客、内部业务流程、学习和成长。第一列显示图表 12—2 战略地图中的战略目标。2013 年初，公司管理者详细说明了战略目标、指标、主动的行动（为了实现目标必须采取的行动）和目标业绩（图表 12—3 的前四列）。

Chipset 想利用平衡计分卡目标驱动组织达到一个更高的业绩水平。因此，管理者设定了一个可以达到但明显高于竞争对手的业绩水平目标。第五列报告了管理者 2013 年底完成的实际业绩，这一列显示与目标业绩相比 Chipset 完成状况如何。

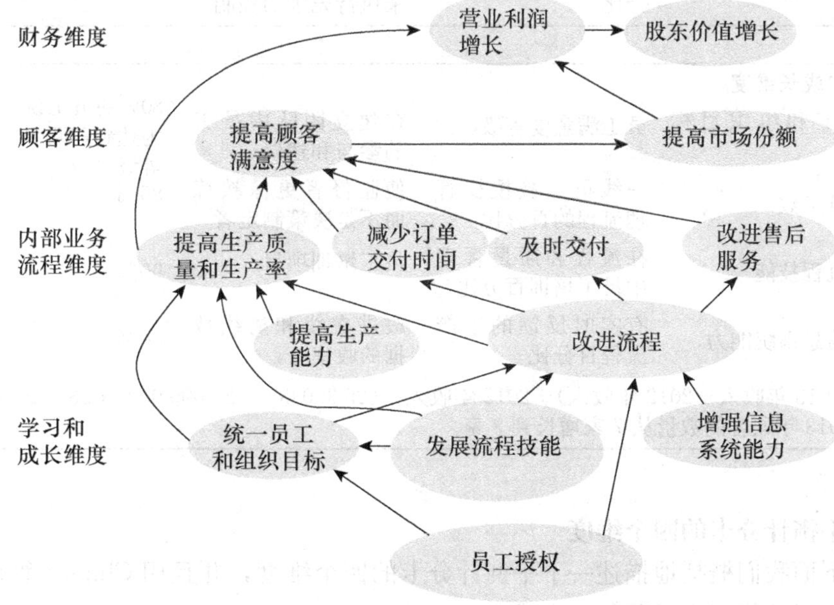

图表 12—2　Chipset 公司 2013 年的战略地图

图表 12—3 Chipset 公司 2013 年平衡计分卡

目标	指标	行动	目标业绩	实际业绩
财务维度				
提高营业收入	来自生产率收益的营业利润	管理成本和未利用生产能力	＄1 850 000	＄1 912 500
增加股东价值	来自成长的营业利润	增强客户关系	＄2 500 000	＄2 820 000
	收入增长		9%	10%[a]
		↑		
顾客维度				
增加市场份额	在通信网络单元的市场份额	识别未来的顾客需求	6%	7%
增加顾客满意度	新顾客数量	识别新的目标顾客群	1	1[b]
	顾客满意度等级	增强顾客对销售组织的关注	90%的顾客认为达到前两个等级	87%的顾客认为达到前两个等级
		↑		
内部业务流程维度				
改进售后服务	服务响应时间	改进顾客服务流程	4 小时以内	3 小时以内
提高生产质量和生产率	产出	识别问题的根源并改进质量	78%	79.3%
减少送货到顾客的时间	订单交付时间	重组订单交付流程	30 天	30 天
满足特定送货时间	及时交付	重组订单交付流程	92%	90%
改进流程	生产与业务流程上的主要改进的数目	由生产和销售部门组成团队来修正流程	5	5
提高生产能力	控制先进的流程百分比	组织研发/生产团队来执行先进的控制	75%	75%
		↑		
学习和成长维度				
使员工和组织目标一致	员工满意度等级	在建立团队中员工的参与和建议	80%的员工认为达到前两个等级	88%的员工认为达到前两个等级
授权员工数	一线员工被授权管理流程的百分比	使监督者更像教练而不是决策制定者	85%	90%
发展流程技能	在流程和质量管理中员工培训百分比	员工培训项目	90%	92%
增强信息系统能力	有实时反馈的生产流程百分比	改进在线和离线数据的收集	80%	80%

a. (2013 年收入－2012 年收入)÷2012 年收入＝(25 300 000－23 000 000)÷23 000 000＝10%。
b. 2013 年顾客的数量从 7 家增长到 8 家。

平衡计分卡的四个维度

下面我们概括地描述一下平衡计分卡的四个维度，并且用 Chipset 管理者在战略环境下选择的指标来说明每一个维度。

1. **财务维度**。这一维度评价战略的盈利性。因为相对竞争对手的成本降低和销售额增长是 Chipset 的关键战略性行动，所以财务维度主要考虑由于成本降低和销售量增加带来的 CX1 芯片营业利润的多少。

2. **顾客维度**。这一维度识别目标顾客、细分市场和公司在这些细分市场成功的标准。为了监控顾客目标，Chipset 管理者采取：(1) 市场研究，如调查和采访来确定通信网络细分市场的市场份额；(2) 从顾客管理系统中获取新顾客数量和顾客满意度等级的信息。

3. **内部业务流程维度**。这一维度集中于为顾客创造价值的内部运作，内部运作通过增加股东价值来促进财务维度。在将主要竞争对手设为标杆后，Chipset 确定了内部业务流程改进目标。标杆管理需要从公开的财务报表、现行价格、顾客、供应商、以前的员工、行业专家和财务分析师那里获得竞争对手的信息。内部业务流程维度由以下三个子流程组成：

- 创新流程：创造满足顾客需求的产品、服务和流程。对于实行产品差异化战略的公司来说，这是一个非常重要的流程。这些公司必须不断地设计和开发创新产品以保持市场竞争力。Chipset 的创新重点是工序、改进生产技术和流程控制，以降低成本和改进质量。Chipset 通过生产流程改进的数量和具有先进控制的流程比例来衡量创新。
- 经营流程：生产并发送现有的满足顾客需求的产品和服务。Chipset 的战略性行动是：(1) 提高生产质量；(2) 减少交付顾客的时间；(3) 在特定交付日期如期交付。因此，Chipset 衡量的是产量、订单交付时间和如期交付数量。
- 售后服务：在销售产品后为顾客提供服务和支持。Chipset 监测如何快速、准确地对顾客服务要求做出反应。

4. **学习和成长维度**。这一维度确定组织学习、提高和成长所必需的人力和信息能力。这些能力将帮助企业获得先进的内部流程，从而为顾客和股东创造价值。Chipset 的学习和成长维度强调了以下三个能力：

- 信息系统能力，用有实时反馈的生产流程百分比来衡量；
- 员工能力，用在流程和质量管理中员工培训百分比衡量；
- 动机，用员工满意度和生产、销售员工（一线员工）被授权管理流程的百分比来衡量。

图表 12—3 中的箭头表明了广泛的因果联系——学习和成长维度的收益如何导致内部业务流程的改善，进而导致更高的顾客满意度和市场份额，最后导致更优异的财务业绩。注意计分卡是如何描述 Chipset 的战略执行元素的。员工培训和授权改善了员工满意度并导致生产和经营流程的改进，进而提高了质量，缩短了交付时间，结果提升了顾客满意度并扩大了市场份额。从财务维度讲这些行动是成功的。Chipset 从它的成本领先战略中获得了巨大的营业利润，也促进了它的成长。

为了维持长期财务业绩，公司必须加强平衡计分卡不同维度间的所有连接。例如，美国西南航空公司雇员的高满意度和低离职率（学习和成长维度）导致了更高的效率和顾客友好型服务（内部业务流程维度），由此提高了顾客满意度（顾客维度），并且增加了利润和投资回报（财务维度）。

平衡计分卡的一个主要优点是它促进了前文中描述的因果思考——一项作业的改进会引起另一项作业的改进。因而可以将平衡计分卡看作一个联系计分卡或因果记计分卡。管理者必须寻求经验证据测试（而不是仅仅依靠直觉判断）各种联系之间的有效性和强度。因果计分卡使公司能够将重点放在引导战略实施的关键动因上。如果没有令人信服的联系，计分卡将失去其大部分价值。

□ 实施平衡计分卡

成功地实施平衡计分卡需要来自最高管理者的参与和领导。在 Chipset 公司，制定平衡计分卡的团队（由战略计划副总裁领导）会见高级经理，调查关于客户、竞争对手和技术发展的执行人员，为平衡计分卡的四个维度目标征求意见。团队接下来一起讨论这些反馈意见并建立有优先次序的目标列表。

在所有高级经理参加的会议上，团队力争在计分卡目标上达成共识。高级经理被分成四组，每组负责一个维度。另外，来自下一级管理层的代表和核心职能经理也被纳入每个小组，来扩大投入基础。小组为每一个目标确定标准，并为每一个标准确定信息来源。然后小组一起制定最后的计分卡目标、指标、目标业绩和实现目标业绩的行动。管理会计师在平衡计分卡的设计和实施，特别是在确定描绘业务现状的指标中起着重要作用。这需要管理会计师了解行业的经济环境、Chipset 公司的顾客、竞争对手和内部业务问题，如人力资源、运营和分销。

Chipset 的管理者确信员工理解了计分卡及其流程。最终的平衡计分卡要向所有的员工传达。例如，分享计分卡可以使工程师和操作人员理解顾客满意和不满意的原因，并对改进内部流程提出建议，目的在于使顾客满意，并实施公司战略。常常只有精选的一群管理者能看到计分卡。由于限制了计分卡的公开，Chipset 将失去广泛参与和调整的机会。如花旗银行（Citibank）、埃克森美孚（Exxon Mobil）、诺华制药（Novartis）等公司在分公司和部门间分享计分卡。

Chipset 也鼓励每一个部门制定自己的计分卡，嵌入图表 12—3 中描述的 Chipset 的主计分卡中。例如，质量控制部门的计分卡被部门经理用于改进质量的指标——质量圈的数量、统计流程控制图、帕累托图，并实施根本原因分析。部门计分卡有助于调整每一个部门的行动，以实施公司战略。

公司常常使用平衡计分卡评价和奖励管理者的业绩，由此影响管理者的行为。平衡计分卡的使用激励管理者更多地考虑业绩的非财务驱动因素，从而拓宽业绩管理的视野。但是，调查表明，许多公司继续将更多的权重分配给财务维度（55%）而不是其他维度——顾客（19%）、内部业务流程（12%）、学习和成长（14%）。公司为此列举了几个原因——评价不同指标相对重要性的困难，衡量和量化定性、非财务数据面临的挑战以及虽然财务业绩差仍要向管理者付报酬的问题（关于业绩评价更详细的讨论见第 23 章）。越来越多制造业、零售业和服务业的公司在激励员工时将更大的权重赋予非财务指标，因为它们相信诸如客户满意度、流程改进、员工激励等非财务指标能够更好地评价管理者在更高层次上取得成功的潜力。随着这种趋势的持续，运营经理在决策时将赋予非财务因素更大的权重，尽管这些非财务因素在决定他们的年薪时只占很小的权重。但是，为了使平衡计分卡发挥效用，管理者必须将其视为评价和奖励管理者业绩和晋升的所有重要方面的一种公平的方法。

□ 不同的战略需要不同的计分卡

回想一下，当 Chipset 实施成本领先战略时，它的竞争对手 Visilog 在设计用于调制解调器和通信网络中的定制芯片时，遵循了产品差异化战略。Visilog 将设计适合其战略的平衡计分卡。例如，在财务维度，Visilog 评价有多少营业利润来自其产品的溢价；在顾客维度，Visilog 衡量来自新产品和新顾客的收入百分比；在内部业务流程维度，Visilog 衡量推出的新产品数和新产品的开发时间；在学习和成长维度，Visilog 衡量生产定制芯片的先进生产能力的开发。Visilog 也运用一些如图表 12—3 中描述的 Chipset 的平衡计分卡的指标，例如，收入增长、顾客满意等级、订单交付时间、及时交付、一线员工被授权管理流程的百分比和员工满意等级，这些也是产品差异化战略中的重要指标。要点在于使平衡计分卡与公司战略保持一致。① 图表 12—4 介绍了服务业、零售业和制造业公司计分卡上的一些共同指标。

图表 12—4　　常见的平衡计分卡指标

财务维度
利润指标：营业利润、毛利率
收入和成本指标：收入增长、来自新产品的收入、关键领域的成本降低
利润和投资指标：经济增加值[a]（EVA®）、投资回报

顾客维度
市场份额、顾客满意度、顾客保持率、满足顾客请求的时间、顾客抱怨数

内部业务流程维度
创新流程：生产能力、新产品或新服务的数量、新产品开发时间、新专利数
经营流程：产出、缺陷率、送货到顾客的时间、及时交付率、完成订单的平均时间、调整时间、生产停工期
售后服务：替换和修理缺陷产品的时间、培训顾客使用产品的小时数

学习和成长维度
员工指标：员工教育和技能水平、员工满意等级、员工流动率、员工建议采用率、基于个人和团体激励的报酬百分比
技术指标：信息系统可用性、有先进控制的流程百分比

a. 这种标准将在第 23 章阐述。

□ 环境绩效、社会绩效与平衡计分卡

公司日渐认识到它们必须不断地获得在所在社区和国家经营的权利。未能充分执行环境和社会流程会使公司向股东提供未来价值的能力受到威胁。在推动公司履行和报告环境和社会义务方面，公民和政府正变得越来越积极。例如，在 2010 年，美国证券交易委员会（SEC）发表了一份声明，意在提醒企业在现有的联邦政府证券法律法规之下

① 简单起见，我们通过或者遵循成本领先或者遵循产品差异化战略的公司背景来介绍平衡计分卡。当然，一个公司可能有些产品成本领先很重要，而有些产品差异化很重要。公司将为执行不同的产品战略而各自开发计分卡。在其他情况下，产品差异化可能是很重要，但是有些成本领先也必须实现。平衡计分卡的标准与战略之间应存在因果关系。

它们应该承担的义务，“在它们编制披露文件提交给我们和投资者时，要考虑气候变化及其后果”。

正如我们在第1章中讨论的那样，许多管理者正在推进可持续发展——实现下列目标的发展与战略实施：

- 长期财务绩效
- 社会绩效，如减少工伤，提高产品安全和消除腐败
- 环境绩效，如减少温室气体排放和不可回收的废品

布伦特兰委员会①将可持续发展社会定义为“当代人在没有危及子孙后代满足需求的前提下满足自己的需求”的社会。

在这个问题上有各种不同的观点。一些人认为，管理者应该只关注长期财务绩效，而不应该因追求超出了法律规定最低水平的社会和环境目标分心。另一些人则认为管理者在实现良好财务绩效的同时还应该采取行动去实现超出法律规定的环境和社会目标——这通常被称为三重底线——是公司社会责任的一部分。还有些人则认为，实现社会和环境目标与长期财务目标之间不存在冲突。

许多管理者认识到良好的环境和社会绩效有助于吸引和激励优秀员工、改善员工的安全与健康、增加生产力和降低运营成本。环境和社会绩效也提高了公司在有社会意识的客户和投资者中的声誉，提升了公司在政府和公民眼中的形象。对于有良好环境和社会绩效的公司，由于它们更高的透明度和与多个利益相关者的合作关系，经验丰富的财务分析师会发布有利的报告。重视环境和社会绩效的公司的一个显著组织特征是它们的长期取向。最近的一些研究表明，长远眼光和与多个利益相关者的密切关系会导致卓越的财务绩效。诸如Natura、中国电力与照明（China Light & Power）和陶氏化学等专注于财务、环境和社会绩效三重底线的公司，受益于它们在技术、工艺、产品和商业模式上的创新，减少了在财务目标与可持续发展目标之间的权衡取舍。这些公司还建立了转型和过渡时期的领导能力，并改变了实施战略以实现三重底线所需的能力。

那些对衡量环境和社会绩效感兴趣的管理者将这些因素纳入到他们的平衡计分卡，以设置行动的优先级、指导决策和行为、激起战略和商业模式讨论以提高业绩。假设Chipset决定在平衡计分卡中强调环境和社会目标，那么它会将什么指标加到如图表12—3所示的平衡计分卡中呢？像所有强调环境和社会目标的公司一样，Chipset将其如图表12—5所示的可持续发展目标和指标与如图表12—3所示的商业的目标和指标整合在一个单一的计分卡中。Chipset从衡量环境和社会绩效中获得了以下益处：

1. **创造共享价值**。衡量环境和社会绩效的一个主要好处是它提供了创造共享价值的机会②——认识到Chipset的竞争力和它的社会活动是相互依赖的。从这个观点来看，实现社会和环境目标为经营提供了战略优势。例如，减少温室气体排放激励Chipset重新设计其产品和流程，以减少能源消耗。衡量未回收的有害和无害废物促使Chipset与供应商合作，重新设计和减少包装以及材料和组件中的有毒物质。衡量与员工有关的伤害和疾病促使Chipset重新设计流程以减少此类事件的数量。在每个行动中，Chipset

① 联合国设立布伦特兰委员会作为世界环境与发展委员会。1987年，它发布了报告《我们共同的未来》。

② Porter, M., and M. Kramer. 2011. Creating shared value: Redefining capitalism and the role of the corporation in society. *Harvard Business Review*, January/February, Volume 89, Issue 1/2, pp. 62-77.

图表 12—5　　Chipset 公司 2013 年环境和社会平衡计分卡指标

战略目标	指标	行动	目标业绩	实际业绩
财务维度				
减少浪费	来自减少浪费和能源使用的成本节约	质量改进项目	\$400 000	\$415 000
减少工伤和疾病带来的时间损失成本	来自更少的工伤和疾病的成本节约	训练工人的安全和卫生意识	\$50 000	\$55 000
		↑		
顾客维度				
为增加持久性顾客提高声誉	对环境和社会绩效给予前两个等级评价的顾客百分比	传达环境和社会目标和绩效	90%	92%
		↑		
内部业务流程维度				
减少温室气体排放	每 100 万美元销售收入的温室气体排放	提高能源使用效率并且通过植树减少碳排放	27 克/100 万美元收入	25.6 克/100 万美元收入
减少未回收的运营废物	每 100 万美元销售收入的有害和无害未回收废弃物	增加回收项目以及重新设计产品	130 克/100 万美元收入	126 克/100 万美元收入
减少工伤和疾病	由于工伤和疾病导致的每个工人每年减少的工作天数	重新设计流程改善工人的卫生和安全	0.20 天每人每年	0.18 天每人每年
		↑		
学习和成长维度				
通过社会和环境目标激励员工	对环境和社会绩效给予前两个等级评价的员工百分比	对员工进行环境和社会效益的培训	87%	90%
员工多样化	管理职位中女性和少数族裔所占的百分比	发展人力资源实践以支持帮助女性和少数族裔	40%	42%

都实现了环境和社会目标，同时通过推动自身创新和将社会与环境价值主张纳入经营战略而获得了竞争优势。

2. **识别因果关系以评估利益**。连同发展如图表 12—3 所示的各种流程和信息系统中的技能，Chipset 的高管层创建了一种鼓励招聘背景各异，特别是女性和少数族裔员工的文化。这种做法促进了公司的社会目标，也使公司能够获得来自广阔社会层面的顶尖人才。公司培训和指导员工创造共享价值，这种训练能提高内部业务流程以减少温室气体、危险和非危险废物以及工伤。这些行为进而会提高顾客维度的指标，如 Chipset 的可持续发展的声誉和顾客满意度。财务方面的益处来自于共享价值带来的成本节约，例如，更低的能源消耗和更少的浪费。Chipset 在环境和社会方面的行动可以吸引更多的顾客，如果 Chipset 能够合理准确地计量这些顾客带来的收入或营业利润的增长，那么公司可以把这个指标加入到它的财务维度。计分卡显示 Chipset 已经实现了它的全部环境和社会目标，表明它的环境和社会行动转化成了财务收益。这些结果将会鼓励

Chipset在环境和社会方面继续努力。

3. **减少风险**。衡量环境和社会绩效的最后一个益处是通过充当良好企业公民，帮助管理不利风险。这包括对不同的利益相关者负责和减少商业活动对环境和社会的任何不利影响。例如，减少温室气体排放可以避免来自美国环境保护机构的罚款或更严格的碳排放限制。温室气体和废物增加可能会导致罚款和诉讼，还可能引起负面的媒体关注和利益相关者激进主义行为，损害公司声誉。

除了Chipset的例子里描述的指标之外，公司可以使用各种环境和社会绩效指标：

1. **财务维度**。预防和补救环境破坏的成本（培训、清理、诉讼费用和消费者抵制的成本）；可回收材料成本与材料总成本之比。

2. **顾客维度**。品牌形象（对企业持高信任度的调查受访者比例）。

3. **内部业务流程维度**。能源消耗（焦耳/1 000美元销售额），水消耗（百万立方米）；废水排放（千立方米）；不同温室气体的个体数量，例如二氧化碳、一氧化二氮、二氧化硫（克/100万美元销售额）；环境事故的数量（例如气体、液体或固体废物的意外排放）；违反行为准则（占总雇员的百分比）；对社区非营利组织的贡献；企业和社区组织间合资企业和合作伙伴的数量。

4. **学习和成长维度**。ISO 14000环境管理标准的实施（主观评分）；受过行为准则培训和认证的雇员（占总雇员的百分比）；受过联合国全球契约（例如人权，公平的薪酬，禁止使用童工，预防腐败和贿赂）培训的雇员（占总雇员的百分比）。

□ 好的平衡计分卡的特征

设计良好的平衡计分卡有以下几个特征：

1. 它能描述公司战略的情况，清晰明白地表明因果关系——与战略一致的不同维度之间的联系。在营利性公司中，计分卡中的每一个指标就是导致财务结果的因果关系链的一部分。非营利组织如世界银行设计因果关系链以实现战略服务目标，如脱贫的人数或入学的小孩人数。

2. 平衡计分卡通过把战略转化为一致相连的可理解和可计量经营目标集，有助于把战略传达给组织中的所有人。由计分卡作为指导，管理者与员工采取行动、制定决策来实现公司战略。公司有不同的战略业务单元（SBU），如强生公司的消费品和药品，在战略业务单元层面制定平衡计分卡。每一个战略业务单元有自己的独特战略和实施目标；建立各自的计分卡可以使每个战略业务单元选择有助于实现其独特战略的指标。

3. 在营利性公司，平衡计分卡必须激励管理者采取最终能改善财务业绩的行动。管理者有时候倾向在创新、质量和顾客满意度上投入很多精力，例如，施乐公司（Xerox）发现通过服务保证获得的更高顾客满意度并没有增加顾客忠诚度和财务回报，因为客户也希望有满足他们需求的产品创新，如高速彩色打印。有些公司用统计方法，如回归分析，检验预测的不同财务指标和非财务指标之间的因果关系。这种分析所用的数据可能来自时间系列数据（一段时期内收集的）或横截面数据（如跨越零售链上的多个商店收集的）。在Chipset的例子中，非财务性因素的改进实际上已经带来了财务性因素的改进。

4. 平衡计分卡限制了指标的数量，只能确定最关键的指标。例如，Chipset 的计分卡有 16 个指标，每一维度有 3～6 个指标。限制指标的数量使管理者将注意力集中在对战略执行最有影响的指标上。使用太多的指标将使管理者很难处理相关信息。

5. 平衡计分卡突出次优权衡，尤其当管理者没有很好地同时考虑经营性和财务性指标时。例如，一个实施创新和产品差异化战略的公司可能通过减少研发支出来实现短期优异的财务业绩。一个好的平衡计分卡应能表明短期财务业绩的实现有可能是以牺牲未来财务业绩为代价的，因为业绩的先导指标——研发支出和研发产出下降了。

□ 实施平衡计分卡时易犯的错误

在实施平衡计分卡时需要避免的错误包括以下方面：

1. 管理者不应该设想因果关系是精确的。它们仅仅是假定的。经过一段时间，公司必须收集非财务性和财务性指标之间关系的强度和时机的证据。凭借经验，公司应该变更计分卡使它包括那些非财务目标和指标，它们是财务业绩（滞后指标或结果）最好的先导指标（原因）。了解计分卡随时间的演变，有助于管理者在开始时就避免试图设计“完美的”计分卡而徒劳地花费时间和金钱。而且当业务环境和战略随时间变化时，计分卡中的指标也需要变化。例如，当通用药品生产商 Sandoz 将其战略转向生产生物药品时，新技术和病患实验需要大量投资，它的平衡计分卡也从仅仅关注生产率和成本效率转向同时关注创新。

2. 管理者不应该寻求整个过程中所有指标的改进。例如，为改善质量和及时性而做出的业绩努力不能超过某个临界点，以免这些目标上的进一步改进成本过高，与长期利润最大化目标不一致。成本效益因素始终是设计平衡计分卡的基本要素。

3. 管理者在平衡计分卡中不应仅用客观标准。Chipset 的平衡计分卡既包含客观标准（如来自成本领先的营业利润、市场份额、生产产出），也包含主观标准（如顾客和员工满意等级）。然而，在运用主观标准时，管理层必须小心，丰富信息带来的收益可能会因为使用这些不精确的或容易被操纵的指标而丧失。

4. 尽管存在计量上的挑战，在评价管理者和其他员工时，高级管理层不应该忽略非财务性指标。管理者倾向于把精力放在能够被衡量的业绩上。评价业绩时如果排除非财务性指标（如顾客满意度或产品质量），将会减少管理者给予非财务性指标的重要性和权重。

□ 评价战略与实施的成功

为了评价战略及其执行是否成功，Chipset 的管理层比较了平衡计分卡中的目标业绩和实际业绩这两列（见图表 12—3）。2013 年 Chipset 实现了以竞争对手为基准设置的大多数目标。因为学习和成长维度的改进很快影响到财务维度，Chipset 将继续在没有实现的目标上寻求改进。但是大多数目标的实现表明，Chipset 为学习和成长维度确定和衡量的战略行动带来了内部业务流程、顾客和财务维度的改进。

Chipset如何知道战略实施方面是否有问题呢？如果它不能在公司内部非常注重两个维度：学习和成长、内部业务流程，就很容易出现问题。

如果Chipset在学习和成长、内部业务流程方面做得比较好，但是当年和下一年的顾客指标和财务业绩并没有改进，那会怎么样呢？Chipset的管理者可能认为实施得不错（设定的多种内部非财务指标得到了改进），但它的战略是错的（对顾客或长期财务业绩和价值创造没有影响）。在这种情况下，管理层没有识别正确的因果联系，它把错误的战略实施得很好！因而，管理层应该重新评估战略和驱动战略的因素。

营业利润的战略性分析

如我们所讨论的，Chipset在许多非财务指标方面做得很好，并且当年和下一年的营业利润也增加了。Chipset的管理层可能会宣称战略是成功的，因为营业利润增加了。但遗憾的是，管理层仍然不会有任何把握认为Chipset成功地制定和实施了战略。为什么？营业利润增长可能仅仅是因为整个市场扩大了。例如，同Chipset一样采取成本领先战略的一个公司可能发现营业利润的增长实际上来自一定程度的产品差异化。管理者和管理会计师需要通过把营业利润增长的来源和战略联系起来评价战略的成功。这些都是高管层和董事会在业绩评估会议上日常讨论的细节。那些掌握了营业利润变化战略分析的管理者能够理解有助于他们实现持续经营业绩的战略方法和战略实施。

如果Chipset的高管认为他们在战略实施方面是成功的，就必须证明财务业绩和营业利润的改善来自于成本节约和市场份额增长目标的实现。幸运的是，图表12—3中Chipset平衡计分卡的前两行显示，来自生产率（1 912 500美元）和成长（2 820 000美元）的营业利润收益超过了目标。本章的下一节描述这些数字是如何计算的。因为战略成功了，Chipset的管理层对随后几年收益的持续性可能更有信心。

公司的管理会计师把营业利润的变化细分为分别与产品差异化、成本领先和成长有关的三部分。为什么还有成长？因为成功的成本领先或产品差异化一般会增加市场份额，有利于公司的成长。分解营业利润变化来评价公司战略成功与在第7和8章讨论的差异分析在概念上相似。一个区别是管理会计师将两个不同时期的实际经营业绩相比，而不像差异分析是将同一时期的实际与预算数字相比。① 第二个区别是本节的分析分解了营业利润的变化，而不像第7和8章那样关注各类成本（直接材料、直接人工和间接费用）中的差异。

下面的实例解释如何将一个时期到未来任何时期的营业利润变化进行分解。这些部分将描述一个公司在成本领先、产品差异化和成长方面的业绩。② 我们使用2012年

---

① 关注两个时期的实际业绩而不是实际与预算的比较的其他例子可参见J. Hope and R. Fraser, *Beyond Budgeting* (Boston, MA: Harvard Business School Press, 2003)。

② 进一步的讨论，见Rajiv D. Banker, Srikant M. Datar, and Robert S. Kaplan, "Productivity Measurement and Management Accounting," *Journal of Accounting, Auditing and Finance* (1989): 528-554; and Anthony J. Hayzens, and James M. Reeve, "Examining the Relationships in Productivity Accounting," *Management Accounting Quarterly* (2000): 32-39。

和 2013 年的数据描述这种分析，因为 Chipset 在 2012 年底和 2013 年初实施了战略关键因素，预期这些战略的财务结果将会在 2013 年显现。假设这些战略的财务结果预期只影响 2014 年的营业利润。那么，我们可以简单将 2012 年与 2014 年进行比较。如果有必要，我们也可以将 2012 年与合在一起的 2013 年和 2014 年进行比较。

Chipset 公司 2012 年和 2013 年的数据如下：

	2012 年	2013 年
1. CX1 的产销量（单位）	1 000 000	1 150 000
2. 售价（美元）	23	22
3. 直接材料（平方厘米硅片）	3 000 000	2 900 000
4. 每平方厘米直接材料成本（美元）	1.40	1.50
5. 生产流程的生产能力（平方厘米硅片）	3 750 000	3 500 000
6. 加工成本（美元）	16 050 000	15 225 000
7. 单位产量的加工成本（6÷5，美元）	4.28	4.35

Chipset 的管理者获得了以下其他信息：

1. 每年的加工成本（人工和制造费用）依赖于以能够加工的硅片平方厘米数定义的生产能力。这些成本不会随实际加工的硅片数量变化。

2. Chipset 没有发生研发费用。相对其他成本来说，它的营销、销售和顾客服务成本都很少。Chipset 有 8 个顾客，购买大约相同数量的 CX1。由于产品的高技术性质，Chipset 采用跨职能团队来进行营销和销售活动。这种跨职能的方法能够对此做出保证。虽然营销和销售成本很低，但整个 Chipset 组织仍然保持对提高顾客满意度和市场份额的关注。（本章末的自测题描述了一种营销、销售和顾客服务成本都很高的情况。）

3. Chipset 公司 2012 年和 2013 年的资产结构非常相似。

4. 每年的营业利润如下（单位：美元）：

	2012 年	2013 年
收入		
（23×1 000 000；22×1 150 000）	23 000 000	25 300 000
成本		
直接材料成本（1.40×3 000 000；1.50×2 900 000）	4 200 000	4 350 000
加工成本（4.28×3 750 000；4.35×3 500 000）	16 050 000	15 225 000
总成本	20 250 000	19 575 000
营业利润	2 750 000	5 725 000
营业利润增长	2 975 000F	

Chipset 管理者的目标是评估 2 975 000 美元的营业利润增长有多少是由成功执行公司的成本领先战略带来的。因此，管理会计师分析三个主要因素：成长、价格补偿和生产率。

成长部分（growth component）衡量的是仅由 2012 年和 2013 年销售产出变化带来的营业利润变化。**价格补偿部分**（price-recovery component）衡量的是仅由 2012 年和 2013 年 Chipset 投入与产出价格变化带来的营业利润变化。价格补偿部分衡量与投入价格变化相比产出价格的变化。与投入价格的增长相比，成功实施产品差异化战略的公司将能够更快地提高产出价格，提高毛利和营业利润。价格补偿部分将显示为一个较大的正数。

生产率部分（productivity component）衡量的是由于2013年投入数量与为生产2013年的产出2012年应投入的数量之间的变化带来的成本变化。生产率部分衡量通过运用有效降低成本的投入所带来的营业利润的增长量。一个成功实施成本领先战略的公司能够用更少的投入生产既定的产出：生产率部分将显示为一个较大的正数。假定Chipset实施成本领先战略，我们预期营业利润的增长应归因于生产率和成长部分，而不是价格补偿部分。我们现在详细讨论这三个部分。

□ 营业利润变化的成长部分

营业利润变化的成长部分衡量的是由于2013年（1 150 000单位）比2012年（1 000 000单位）销售了更多的CX1而带来的收入增加减去成本增加，假定其他因素不变。

成长的收入影响

成长的收入影响＝(2013年实际销售产出量－2012年实际销售产出量)×2012年销售价格
＝(1 150 000－1 000 000)×23
＝3 450 000(美元)(有利)

这部分差异是有利的，因为2013年销售产出的提高增加了营业利润。减少营业利润的部分是不利的。

注意此处Chipset使用了2012年CX1的价格，并且只关注2012年与2013年间销售量的增加，这是因为成长部分的收入影响计算的是如果Chipset销售的是1 150 000单位而不是1 000 000单位，2012年收入变化有多大。

成长的成本影响

成长的成本影响衡量的是如果2012年Chipset生产1 150 000单位而不是1 000 000单位的CX1，成本变化有多大。为了衡量成长的成本影响，Chipset的管理者区分了变动成本（如直接材料成本）与固定成本（如加工成本和研发成本）。这是因为当生产（和销售）量增加时，变动成本成比例增加，而固定成本通常不变。

成长的变动成本影响＝(2012年生产2013年的产出需要的投入量－生产2012年产出实际的投入量)×2012年投入价格

$$成长的直接材料成本影响=\left(3\ 000\ 000\times\frac{1\ 150\ 000}{1\ 000\ 000}-3\ 000\ 000\right)\times 1.40$$

＝(3 450 000－3 000 000)×1.40
＝630 000(美元)(不利)

2012年生产2013年的产出需要的投入量也可以这么计算：

$$2012年单位产出所需的投入量=\frac{3\ 000\ 000}{1\ 000\ 000}=3(平方厘米/单位)$$

2012年生产2012年的产出1 150 000单位需要的投入量＝3×1 150 000＝3 450 000(单位)

成长的固定成本影响＝(2012 年生产 2013 年的产出需要的 2012 年实际生产能力
－2012 年实际生产能力)×2012 年每单位生产能力价格

成长的加工成本影响＝(3 750 000－3 750 000)×4.28＝0(美元)

在给定的生产能力水平下，加工成本是固定成本。2012 年 Chipset 有加工 3 750 000 平方厘米硅片的生产能力，每平方厘米成本为 4.28 美元（见前面的数据）。2012 年为了生产 1 150 000 单位产出，Chipset 需要加工 3 450 000 平方厘米直接材料，小于 3 750 000 的可用生产能力。在本章，我们假定当年（2012 年）有足够的生产能力生产下一年（2013 年）的产出。在此假设下，根据定义，成长的与生产能力相关的固定成本影响是 0 美元。如果 2012 年没有足够的生产能力生产 2013 年的产出，我们就需要计算所需增加的生产能力。这些计算超出了本书的范围。

总之，作为成长结果的营业利润净增长为：

成长的收入影响		3 450 000 美元（有利）
成长的成本影响		
直接材料成本	630 000 美元（不利）	
加工成本	0 美元	630 000 美元（不利）
归因于成长的营业利润变化		2 820 000 美元（有利）

□ 营业利润变化的价格补偿部分

假定 2012 年的投入—产出关系在 2013 年保持不变，营业利润变化的价格补偿部分衡量的仅是价格变化对 2013 年生产和销售 1 150 000 单位 CX1 的收入和成本的影响。

价格补偿的收入影响

价格补偿的收入影响＝(2013 年的销售价格－2012 年的销售价格)
×2013 年实际的产销量
＝(22－23)×1 150 000
＝－1 150 000(美元)(不利)

注意，计算集中于 2012 年（23 美元）和 2012 年（22 美元）间 CX1 销售价格变化引起的收入变化。

价格补偿的成本影响

Chipset 的管理会计师分别计算价格补偿的变动成本和固定成本影响，就像他们计算成长的成本影响时那样。

价格补偿的变动成本影响＝(2013 年投入价格－2012 年投入价格)
×2012 年生产 2013 年产出需要的投入单位

价格补偿的直接材料成本影响＝(1.50－1.40)×3 450 000＝345 000(美元)(不利)

回想一下，在计算成长的成本影响时，已经计算过 2012 年生产 2013 年产出需要的

3 450 000 平方厘米的直接材料。

$$\text{价格补偿的固定成本影响} = \left(\text{2013 年单位生产能力价格} - \text{2012 年单位生产能力价格}\right) \times \text{2012 年实际的生产能力（因为现有生产能力足以在 2012 年生产 2013 年所需的产出）}$$

价格补偿的固定成本影响是：

加工成本：(4.35 −4.28)×3 750 000＝262 500(美元)(不利)

回想一下，在计算成长的成本影响时提供了生产能力的详细分析。

总之，归因于价格补偿的营业利润净减少是：

价格补偿的收入影响		1 150 000 美元（不利）
价格补偿的成本影响		
直接材料成本	345 000 美元（不利）	
加工成本	262 500 美元（不利）	607 500 美元（不利）
归因于价格补偿的营业利润变化		1 757 500 美元（不利）

价格补偿分析表明，即使投入价格上涨，但 CX1 的销售价格下降，Chipset 不能够将投入价格上涨转嫁给顾客。

□ 营业利润变化的生产率部分

营业利润变化的生产率部分利用 2013 年投入价格来衡量与 2012 年应用的投入和生产能力相比，利用更少的投入、更好的投入组合或者更少的生产能力生产 2013 年的产出，成本是如何降低的。

生产率部分计算采用 2013 年的价格和产出，这是因为生产率部分将仅仅由投入量、组合或生产能力变化导致的 2012 年和 2013 年的成本变化分离出来。①

$$\text{生产率的变动成本影响} = (\text{生产 2013 年产出利用的实际投入量} - \text{2012 年生产 2013 年产出需要的投入量}) \times \text{2013 年的投入价格}$$

使用前面给出的 2013 年的数据和讨论成长的成本影响时计算的 2012 年生产 2013 年产出需要的投入量，有

$$\text{生产率的直接材料成本影响} = (2\,900\,000 - 3\,450\,000) \times 1.50 = 550\,000 \times 1.50 = 825\,000(\text{美元})(\text{有利})$$

相对 2012 年来说，Chipset 的质量和产出改进减少了生产 2013 年产出需要的直接

---

① 注意，生产率部分的计算利用 2013 年实际的投入价格，然而对应的第 7 章和第 8 章的效率差异采用预算价格（实际上，预算价格符合 2012 年的价格）。生产率的计算运用 2013 年的价格是因为 Chipset 想使管理者基于当前的一般价格选择投入数量来最小化 2013 年的成本。如果在生产率计算中运用 2012 年的价格，管理者将选择基于一年前适用的不相关的投入价格来选择投入数量。第 7 章和第 8 章使用预算价格不会引起类似问题。为什么呢？因为 2012 年的价格描述一年前发生的事，而预算价格代表对当期价格的预期。而且如果有必要，可以改变预算价格以使它们与当前的实际价格相符。

材料数量。

生产率的固定成本影响＝(2013 年实际生产能力－2012 年实际的生产能力，因为现有生产能力能够满足 2012 年生产 2013 年所需的产出)×2013 年的单位生产能力价格

为了计算生产率的固定成本影响，我们使用前面给出的 2013 年的数据和讨论成长的成本影响时对 2012 年生产 2013 年的产出需要的生产能力的分析。

生产率的固动成本影响是：

加工成本：(3 500 000－3 750 000)×4.35＝－1 087 500(美元)(有利)

2013 年 Chipset 的管理者将生产能力减少到 3 500 000 平方厘米。他们通过卖掉旧设备和解雇员工减少劳动力降低生产能力。

总之，归因于生产率的营业利润净增加是：

生产率的成本影响	
直接材料成本	825 000 美元（有利）
加工成本	1 087 500 美元（有利）
归因于生产率的营业利润变化	1 912 500 美元（有利）

生产率部分表明，Chipset 能够通过提高质量和生产率、削减生产能力和减少成本来增加营业利润。本章附录考核了 2012 年和 2013 年部分和全部的生产率因素的变化，并且描述管理会计师如何才能更深刻地理解 Chipset 的成本领先战略。注意，生产率部分只关注成本，所以这部分没有收入影响。

图表 12—6 总结了营业利润变化的成长、价格补偿和生产率部分。一般情况下，成本领先战略成功的公司将显示有利的生产率和成长部分。成功进行产品差异化的公司将显示有利的价格补偿和成长部分。在 Chipset 的例子中，与它的战略和实施一致，生产率对营业利润的增长贡献了 1 912 500 美元，成长贡献了 2 820 000 美元，但是，价格补偿对营业利润的减少贡献了 1 757 500 美元，因为即使投入价格上涨，CX1 的售价仍然下降。如果 Chipset 能够进行产品差异化并索取更高的价格，那么价格补偿影响可能没有那么不利或者可能有利。因此，Chipset 的管理者计划评估产品特征的一些适度变化，这可能有助于将 CX1 与竞争对手的产品区别开来。

图表 12—6　　盈利性战略分析　　单位：美元

	2012 年利润表金额 (1)	2013 年成长部分收入与成本影响 (2)	2013 年价格补偿部分收入与成本影响 (3)	2013 年生产率部分成本影响 (4)	2013 年利润表数量 (5) ＝ (1) ＋ (2) ＋ (3) ＋ (4)
收入	23 000 000	3 450 000（有利）	1 150 000（不利）	—	25 300 000
成本	20 250 000	630 000（不利）	607 500（不利）	1 912 500（有利）	19 575 000
营业利润	2 750 000	2 820 000（有利）	1 757 500（不利）	1 912 500（有利）	5 725 000

2 975 000（有利）
营业利润的变化

□ 成长、价格补偿和生产率部分的进一步分析

如同所有其他的差异和利润分析一样，Chipset 的管理者希望更加严密地分析营业利润的变化。在 Chipset 的例子中，成长可能是由于整个行业的市场规模都在增长。所以，营业利润的增长可能部分归于行业内有利的市场条件，而不是战略的成功执行。很多成长可能是由于管理者降价而得到的生产率收益的结果。在这种情况下，成本领先的营业利润增加必须包括生产率收益加上由于生产率提高从而市场份额增长所带来的营业利润增加。

我们用 Chipset 案例和下面的额外信息来说明这些思想。不希望讨论这些详细计算的读者可以转到“将五步决策制定程序应用于战略”，这样并不会失去连贯性。

- 2013 年行业的市场增长率为 8%。2012 年和 2013 年间增加的 CX1 销售数量 150 000 单位（1 150 000－1 000 000）中，80 000 单位（0.08×1 000 000）是由于行业市场规模的增长（不考虑生产率收益后 Chipset 的收益），剩下的 70 000 单位是由于市场份额的增加。
- 2013 年期间，Chipset 的 CX1 销售价格应该维持 2012 年每单位 23 美元的价格。但是管理层决定凭借生产率优势将 CX1 的价格降低 1 美元，以提高市场份额，增加 70 000 单位的销售。

行业市场规模因素对营业利润的影响（而不是特定的战略行动）是：

由于行业市场规模增长带来的营业利润变化：

$$2\,820\,000\text{(见图表 12—6,第 2 列)}\times\frac{80\,000}{150\,000}=\underline{\underline{1\,504\,000}}\text{(美元)(有利)}$$

由于缺少差异化产品，Chipset 可以将 CX1 的价格维持在每单位 23 美元，与此同时，投入价格上涨了。

产品差异化对营业利润的影响是：

投入价格的变化（价格补偿的成本影响）	607 500 美元（不利）
由于产品差异化导致的营业利润下降	607 500 美元（不利）

为了实施成本和价格领先，Chipset 做出了将 CX1 降价 1 美元的战略决策。这种决策导致市场份额增加，销量增加了 70 000 单位。

成本领先对营业利润的影响是：

生产率部分	1 912 500 美元（有利）
降价的战略性决策的影响（1×1 150 000）	1 150 000 美元（不利）
由于生产率提高和降价的战略性决策带来的市场份额增长	
2 820 000（见图表 12—6，第 2 列）$\times\frac{70\,000}{150\,000}=$ 1 316 000（美元）（有利）	
由于成本领先带来的营业利润增长	2 078 500 美元（有利）

2012 年和 2013 年的营业利润变化总结如下：

归因于行业市场规模的变化	1 504 000 美元（有利）

归因于产品差异化的变化	607 500 美元（不利）
归因于成本领先的变化	2 078 500 美元（有利）
营业利润的变化	2 975 000 美元（有利）

与其成本战略一致，Chipset 在 2013 年得到的 1 912 500 美元的生产率收益是 2012 年到 2013 年营业利润增长的很大一部分。Chipset 凭借生产率收益将每个单位的产品降价 1 美元，由此付出了 1 150 000 美元的代价，但销售增加 70 000 单位而获得 1 316 000 美元营业利润。本章的自测题描述了对一个遵循产品差异化战略的公司的成长、价格补偿和生产率部分的分析。"观念实施：营业利润分析揭示百思买面临的战略挑战"描述了营业利润分析如何帮助百思买（Best Buy）改变战略与亚马逊竞争。

在 CX1 销售价格变化的不同假设下，分析师将把不同的数量归因于不同的战略。

观念实施

营业利润分析揭示百思买面临的战略挑战

2008 年，在最大的竞争对手电路城破产后，百思买成了电子零售业无可争议的王者。在没有实体竞争对手的情况下，百思买重申之前积极的"仓储式"商店扩张的成功战略。从 2008 年到 2012 年，百思买在美国增加了 532 家门店，接待量提高了 49%，年收入增长达到 106 亿美元。

然而，到 2012 年，公司的营业利润分析揭示其面临战略挑战。尽管收益在增长，但从 2008 年到 2012 年，营业收入却下降了 50%。同时，同店销售额下降，销售、一般和行政管理费用还在上升。这些数据显示，电子商务正在侵蚀百思买的业绩。在公司致力于通过客户体验和附加服务实现差异化战略时，许多消费者已被亚马逊和其他在线零售商的低价吸引，去购买平板电视、计算机和数码相机等，而这三种产品是百思买最主要的销售产品。为应对挑战，百思买加大广告和电子商务的支出，由此增加了整体的成本。

为了扭转公司局面，百思买宣布了一系列计划：(1) 关闭某些现有的"仓储式"商店，开设一些主要出售智能手机的小店，包括在 1 400 个不同地点开设三星迷你店；(2) 进一步扩张在线服务，并引入价格匹配保证，以更好地与亚马逊竞争；(3) 通过公司的"极客团队"客户支持业务来提供更多的服务。

资料来源：Miguel Bustillo, "Best Buy to Shrink 'Big Box' Store Strategy," *The Wall Street Journal* (April 15, 2011); Andria Cheng, "Best Buy to Scale Back Big-Box Strategy," *MarketWatch* (April 14, 2012); Kevin Kelleher, "Best Buy: Not Your Standard Corporate Comeback," *Fortune* (June 12, 2013); Salvador Rogriguez, "Samsung Opening 1 400 Mini-Shops Inside Best Buy Stores Across U. S.," *Los Angeles Times* (May 7, 2013); Best Buy, Inc. Form 10-K. Best Buy, Inc., Richfield, MN: 2010; and Best Buy, Inc. Form 10-K. Best Buy, Inc., Richfield, MN: 2012.

□ 将五步决策制定程序应用于战略

我们下面简要描述第 1 章已经介绍过的五步决策制定程序，在战略决策的制定中它也是很有用的。

1. **确定问题和不确定性**。Chipset 的战略选择取决于两个不确定因素的解决：(1) Chipset 是否能够增加客户价值且令其竞争对手难以效仿；(2) Chipset 是否能够建立必要的内部能力增加这种价值。

2. **获取信息**。Chipset 的管理者制定客户偏好图以识别客户期望的不同产品特性，以及相对于竞争对手来说，每一特性所具有的竞争优势和劣势。管理者还收集有关公司内部能力的数据。Chipset 设计和开发创新产品的研发能力如何？它的工序和生产能力如何？

3. **预测未来**。Chipset 的管理者断定他们将不能够以成本—效益的方式开发创新产品。他们认为，Chipset 的优势在于提高质量，再造流程，降低成本和更加快速地为客户提供产品。

4. **选择方案做决策**。Chipset 管理层决定采取成本领先战略，而不是产品差异化战略。Chipset 决定引入平衡计分卡，以调整和衡量其质量改进和流程再造的成果。

5. **实施决策、评价业绩与学习**。在平衡计分卡上，Chipset 的管理者比较实际和目标业绩并且评价可能的因果关系。例如，他们了解到，增加先进控制流程的百分比会提高产出。结果，正如他们所预期的，生产率和增长的举措导致 2013 营业利润增加。Chipset 管理者计划 2014 年适度改变产品的特性，这可能有助于将 CX1 与竞争性产品区别开来。因此，反馈和学习有助于未来战略和实施计划的制定。

生产能力的缩减和管理生产能力

如我们在生产率部分的讨论中讲到的，固定成本与生产能力紧密联系。与变动成本不同，固定成本不自动随业务量的变化而变化（例如，在生产成本例子中投入生产的硅片）。那么管理者如何减少基于生产能力的固定成本呢？通过衡量和管理未利用生产能力。**未利用生产能力**（unused capacity）是超过或高于满足当前顾客需求所需的生产能力的能力。为了理解未利用生产能力，有必要区分工程成本与酌量性成本。

工程成本和酌量性成本

工程成本（engineered costs）来源于成本动因（产出）与用来生产这一产出的（直接或间接）资源之间的因果关系。工程成本与产出之间有一个详细的、可观察的和重复性的关系。在 Chipset 的例子中，直接材料成本是直接工程成本，加工成本是间接工程成本。以 2013 年为例，1 150 000 个 CX1 的产出和投入转化为产出的效率导致 2 900 000 平方厘米的硅片用于生产。用于生产 1 150 000 个 CX1 的生产加工成本为 12 615 000 美元（4.35× 2 900 000），假设利用的资源成本随着加工硅片的平方厘米数成比例增加。当然加工成本更高（15 225 000 美元），因为这些成本与加工 3 500 000 平方厘米硅片的生产能力相联系（4.35×3 500 000＝15 225 000 美元）。虽然这些成本在短期内是固定的，但从较长期来看，产出和所需生产能力（及所需加工成本）之间存在因果关系。从长期看来，Chipset 将发展其他的生产能力从而满足需求。

一般来说，成本领先要求管理者特别注意工程成本和生产能力。诸如美国联合航空公司（United Airlines）等都在努力追求盈利，因为它们在管理与生产能力相关的工程成本时都有困难。美国联合航空的成本结构随着时刻表上的航班数而变化。对于一个给定的航班数，美国联合航空的大多数成本（如飞机租赁、燃油和员工工资）都是固定的，联合航空必须预测未来收入并确定生产能力水平及相关成本。如果收入不足，联合航空公司就很难快速降低成本。

酌量性成本（discretionary costs）有以下两个重要特征：(1) 它们由那些与将要发生的最大数量有关的期间（通常是年度）决策产生；(2) 在产出和耗用资源间没有可计量的因果关系。在资源取得和资源耗用之间通常会有一定时间间隔。酌量性成本包括广告、行政培训、研发以及如法律、人力资源和公共关系等部门的成本。与工程成本不同，酌量性成本与产出之间的关系是微弱和不清晰的，因为这种关系是非重复和非常规的。其中最值得一提的方面是管理者对正在花费的“正确”数量不自信。跨国消费品公司 Lever Brothers 的一位创立者曾经提到：“我在广告上的花费有一半是浪费，但问题是我不知道是哪一半。”

□ 识别工程成本和酌量性生产成本的未利用生产能力

与酌量性成本相比，识别工程成本的未利用生产能力有很大的不同。首先考虑工程加工成本。

2013 年初，Chipset 拥有加工 3 750 000 平方厘米硅片的能力，2013 年内的质量和生产率改进使 Chipset 能通过加工 2 900 000 平方厘米硅片来生产 1 150 000 单位的 CX1。2013 年初，Chipset 计算其未利用生产能力为 850 000 平方厘米（3 750 000－2 900 000）硅片的加工能力。2013 年加工成本是 4.35 美元/平方厘米，因此，

$$\begin{aligned}\text{未利用生产能力成本} &= \text{年初生产能力成本} - \text{当年利用的生产资源}\\ &= (3\,750\,000\times4.35)-(2\,900\,000\times4.35)\\ &= 16\,312\,500-12\,615\,000=3\,697\,500(\text{美元})\end{aligned}$$

由于没有因果关系，很难确定酌量性成本的未利用生产能力。例如，管理层不能确定实际产出所耗用的研发资源。因为不能衡量所用的生产能力，也不可能计算出未利用生产能力。

□ 管理未利用生产能力

当意识到存在未利用生产能力时，Chipset 的管理层能采取什么行动？通常它有两种选择：它可以消除未利用生产能力或者通过使用未利用生产能力来增加产出。

近年来，很多公司在试图消除未利用生产能力时缩减规模。**缩减规模**（downsizing，又称为**合适规模**（rightsizing））是一种整合方式，对流程、产品和人员进行配置，以使成本与那些需要在现在和将来有效果并有效率地执行的作业相匹配。如 AT&T、达美航空、通用汽车、IBM 和 Scott Paper 等公司进行规模缩减以集中于核心业务，并改变机构组织以提高效率、降低成本和改善质量。然而，缩减规模经常意味着

削减业务，这会给员工士气和公司文化造成不利影响。最好在公司整个战略背景下进行规模的缩减，并在缩减规模时保留那些有更好管理水平、领导力、技术技能和经验的员工。

考虑Chipset对未利用生产能力的选择。因为在2013年它需要加工2 900 000平方厘米硅片，所以能降低生产能力到3 000 000平方厘米（如前所述，生产能力只能够以250 000平方厘米的增量增加或减少），这将会节约成本3 262 500美元（(3 750 000−3 000 000)×4.35美元/平方厘米）。然而Chipset的战略不仅仅是降低成本，还要增加业务。因此，在2013年早期，Chipset只降低生产能力250 000平方厘米——从3 750 000平方厘米降低到3 500 000平方厘米——节约1 087 500美元（4.35×250 000）。它为将来发展保留了一些未利用生产能力。通过避免生产能力的更大削减，它还保持了有技能、有能力的员工的士气。这一战略的成功将依赖Chipset实现预期的未来成长。

识别酌量性成本（如研发成本）的未利用生产能力很困难，因此，缩减规模或者用其他方法管理未利用能力也是困难的。管理层在确定研发成本水平时，要实施相当多的判断，研发成本引起了所需产品和流程的改善。与工程成本不同，我们无法清晰地知道管理层在研发上的花费是否太多（或太少）。

自测题

遵循产品差异化战略，Westwood公司生产高端的厨房抽油烟机KE8。下面是Westwood在2012年和2013年的数据（单位：美元）：

	2012年	2013年
1. 生产和销售KE8的数量（个）	40 000	42 000
2. 销售价格	100	110
3. 直接材料（平方英尺）	120 000	123 000
4. 每平方英尺直接材料成本	10	11
5. KE8的生产能力（个）	50 000	50 000
6. 加工成本	1 000 000	1 100 000
7. 每单位生产能力的加工成本（第6行÷第5行）	20	22
8. 销售和顾客服务能力（顾客数）	30	29
9. 销售和顾客服务成本	720 000	725 000
10. 每位顾客的销售和服务能力成本（第9行÷第8行）	24 000	25 000

2013年，Westwood生产的产品无残品，并减少了每单位KE8的直接材料。每年的加工成本与生产能力有关。销售和顾客服务成本与顾客的数量有关，销售和服务职能是用来保持顾客数量的。Westwood在2012年有30个顾客，2013年有29个顾客。

要求：

1. 简要描述你将要包含进Westwood平衡计分卡的元素。
2. 计算从2012到2013年解释营业利润变化的成长、价格补偿和生产率部分。
3. 假设在2013年，在产品数量方面，高端厨房抽油烟机的市场数量增加3%，所有市场份额的增长（也就是说，销售产品数量的增长大于 3%）都是由于 Westwood 的产品差异化战略。计算从 2012 到 2013 年营业利润变化的多大部分是由于行业市场规模因素、成本领先和产品差异化产生的。

4. Westwood 在执行战略中是如何成功的？请解释。

解答：

1. 平衡计分卡应该描述 Westwood 的产品差异化战略，包含在平衡计分卡中的元素是：

- 财务维度。由 KE8 更高的毛利和成长带来的营业利润的增长。
- 顾客维度。顾客满意度和高端市场的市场份额。
- 内部业务维度。新产品特性、新产品开发时间、生产流程改进、生产质量、订单交付时间和及时交付。
- 学习和成长维度。参加产品开发的员工数量、接受流程和质量管理培训的员工百分比和员工满意度评级。

2. 每年的营业利润如下所示（单位：美元）：

	2012 年	2013 年
收入		
（100 美元/单位×40 000 单位；110 美元/单位×42 000 单位）	4 000 000	4 620 000
成本		
直接材料		
（10 美元/平方英尺×120 000 平方英尺；11 美元/平方英尺×123 000 平方英尺）	1 200 000	1 353 000
加工成本		
（20 美元/单位×50 000 单位；22 美元/单位×50 000 单位）	1 000 000	1 100 000
销售和顾客服务成本		
（24 000 美元/顾客×30 顾客；25 000 美元/顾客×29 顾客）	720 000	725 000
总成本	2 920 000	3 178 000
营业利润	1 080 000	1 442 000
营业利润变动额	362 000（有利）	

营业利润变动的成长部分

成长部分的收入影响＝(2013 年实际销售产出量－2012 年实际销售产出量)×2012 年产出价格

＝(42 000－40 000)×100

＝200 000(美元)(有利)

成长的变动成本影响＝(2012 年生产 2013 年的产出需要的投入量－生产 2012 年产出实际的投入量)×2012 年投入价格

$$\text{成长的直接材料成本影响}=\left(120\,000\times\frac{42\,000}{40\,000}-120\,000\right)\times 10$$

＝(126 000－120 000)×10＝60 000(美元)(不利)

成长的固定成本影响＝(因为 2012 年生产能力足以生产 2013 年的产出，2012 年生产实际能力－2012 年实际生产能力)×2012 年每单位生产能力价格成长的固定成本影响：

加工成本：(50 000－50 000)×20＝0(美元)

销售与顾客服务成本：(30－30)×24 000＝0(美元)

总之，成长部分的净营业利润增长如下：

成长的收入影响		200 000 美元（有利）
成长的成本影响		
直接材料成本	60 000 美元（不利）	
加工成本	0	
销售与顾客服务成本	0	60 000 美元（不利）
归因于成长的营业利润变化		140 000 美元（有利）

营业利润变动的价格补偿部分

价格补偿的收入影响＝(2013 年的销售价格－2012 年的销售价格)×2013 年实际的产销量
＝(110－100)×42 000
＝420 000(美元)(有利)

价格补偿的变动成本影响＝(2013 年投入价格－2012 年投入价格)×2012 年生产2013 年产出需要的投入单位

直接材料成本：(11－10)×126 000＝126 000(美元)(不利)

价格补偿的固定成本影响＝(2013 年单位生产能力价格－2012 年单位生产能力价格)×2012 年生产能力足以生产 2013 年的产出，2012 年实际生产能力

价格补偿的固定成本影响：

加工成本：(22－20)×50 000＝100 000(美元)(不利)

销售和顾客服务成本：(25 000－24 000)×30＝30 000(美元)(不利)

总之，价格补偿部分的净营业利润增长如下：

价格补偿的收入影响		420 000 美元（有利）
价格补偿的成本影响		
直接材料成本	126 000 美元（不利）	
加工成本	100 000 美元（不利）	
销售和顾客服务成本	30 000 美元（不利）	256 000 美元（不利）
归因于价格补偿的营业利润变化		164 000 美元（有利）

营业利润变动的生产率部分

生产率的变动成本影响＝(生产 2013 年产出利用的实际投入量－2012 年生产 2013 年产出需要的投入量)×2013 年的投入价格

生产率的直接材料成本影响＝(123 000－126 000)×11＝－33 000(美元)(有利)

生产率的固定成本影响＝(2013 年实际生产能力－2012 年生产能力足以生产 2013 年的产出，2012 年实际的生产能力)×2013 年的单位生产能力价格

生产率的固定成本影响：

加工成本：(50 000－50 000)×22＝0(美元)

销售和顾客服务成本：(29－30)×25 000＝－25 000(美元)（有利）

总之，归因于生产率的营业利润净增加如下：

生产率的成本影响	
直接材料成本	33 000 美元（有利）
加工成本	0 美元
销售与顾客服务成本	25 000 美元（有利）
归因于生产率的营业利润变化	58 000 美元（有利）

2012 年与 2013 年营业利润变化的总结如下（单位：美元）：

	2012 年利润表数量(1)	2013 年成长部分收入与成本影响(2)	2013 年价格补偿部分收入与成本影响(3)	2013 年生产率部分成本影响(4)	2013 年利润表数量(5)＝(1)＋(2)＋(3)＋(4)
收入	4 000 000	200 000（有利）	420 000（有利）	—	4 620 000
成本	2 920 000	60 000（不利）	256 000（不利）	58 000（有利）	3 178 000
营业利润	1 080 000	140 000（有利）	164 000（有利）	58 000（有利）	1 442 000

362 000（有利）
营业利润变化

3. 行业市场规模因素对营业利润的影响：销售量从 40 000 单位上升到 42 000 单位，其中的 3%或 1 200 单位（0.03 × 40 000）是因为市场规模的增长，800 单位（2 000－1 200）是由于市场份额的增长。Westwood 来自行业市场规模因素而不是来自特定战略行为的营业利润增长是：

140 000(上表第 2 列)×$\frac{1\,200}{2\,000}$	84 000 美元(有利)

产品差异化对营业利润的影响：

销售价格的上涨（价格补偿部分的收入影响）	420 000 美元（有利）
投入价格的上涨（价格补偿部分的成本影响）	256 000 美元（不利）
归因于产品差异化的市场份额增长	
140 000（上表第 2 列)×$\frac{800}{2\,000}$	56 000 美元（有利）
归因于产品差异化的营业利润增长	220 000 美元（有利）

成本领先对营业利润的影响：

生产率部分	58 000 美元（有利）

2012—2013 年营业利润变化的总结如下：

归因于行业市场规模因素的变化	84 000 美元（有利）

归因于产品差异化的变化	220 000 美元（有利）
归因于成本领先的变化	58 000 美元（有利）
营业利润变化	362 000 美元（有利）

4. 营业利润分析表明，营业利润中的很大数量增长是来自 Westwood 成功执行了产品差异化战略（归因于产品差异化的营业利润是 220 000 美元（有利））。公司能够继续对产品收取溢价并且扩大市场份额。Westwood 也能够通过提高生产能力以改善成本领先而获得额外的营业利润。

决策要点

下面的问答形式是对本章学习目标的总结，决策代表与学习目标相关的关键问题，指南则是对该问题的回答。

决策	指南
1. 公司能够利用的两种基本战略是什么？	这两种基本战略是产品差异化和成本领先。产品差异化给顾客提供优质的和独特的产品和服务。成本领先是与竞争对手相比实现低成本。公司基于对顾客偏好的理解及自己内部的生产能力选择战略，并区别于竞争对手。
2. 什么是重组？	重组是对业务流程（如订单交付流程）的重新思考，以改善诸如成本、质量、顾客满意度等关键业绩指标。
3. 组织如何将战略转化为一系列业绩标准？	可以通过开发能够为战略标准和管理系统提供框架的平衡计分卡来做到。平衡计分卡通过四个维度来衡量业绩：(1) 财务；(2) 顾客；(3) 内部业务流程；(4) 学习和成长。为了建立平衡计分卡，组织常常创建战略地图以描述不同战略目标之间的因果关系。
4. 公司如何通过分析营业利润的变化来评价战略成功与否？	为了评价战略成功与否，公司将营业利润变化细分为成长、价格补偿和生产率部分。成长部分衡量的是假定价格、效率或生产能力没有变化，由于销量更多或更少带来的收入和成本的变化。价格补偿部分衡量来自产出和投入价格变化带来的收入和成本变化。生产率部分衡量来自使用更少投入、更好的投入组合和削减生产能力导致的成本减少。当营业利润的变化与战略紧密联系时，公司被认为是成功地执行了战略。
5. 公司如何识别和管理未利用生产能力？	公司必须先区分工程成本和酌量性成本，工程成本来自产出和所利用资源之间的因果关系。酌量性成本是由那些与将要发生的最大数量有关的期间（通常是年度）决策引起的。它们与投入和产出之间的因果关系没有联系。与酌量性成本相比，工程成本的未利用生产能力更容易识别。通过使成本与需要执行的作业相匹配进行缩减规模是管理未利用生产能力的一种方式。

练习题

12—16　平衡计分卡。Ridgecrest Electric 公司生产电动机。它想通过以低成本生产高品质电动机和及时交付的方式来进行竞争和计划发展，因为有许多生产类似的其他电动机生产商。Ridgecrest 相信在 2013 年生产流程的不断改善和员工满意度的提高对执行战略至关重要。

要求：

1. Ridgecrest 公司 2013 年的战略是产品差异化还是成本领先？请简要解释。

2. Ridgecrest 的一个竞争对手 Kearney 公司生产电动机，其产品的型号和特征比 Ridgecrest 公司的更丰富，价格也更高。Kearney 公司的产品质量高，但生产时间更长，交货时间也更长。利用价格、交货时间、质量和设计的属性，为两家公司画一个类似图表 12—1 的简单的顾客偏好图。

3. 画一个类似图表 12—2 的战略地图，每个平衡计分卡维度包含两个战略目标。

4. 指出你希望在 Ridgecrest 公司 2013 年平衡计分卡中看到的每个战略目标的一个指标。

12—17　分析成长、价格补偿和生产率部分（续上题）。Ridgecres 公司 2012 年和 2013 年营业利润变化的分析如下（单位：美元）：

2012 年的营业利润	1 900 000
增加的成长部分	95 000
抵减价格补偿部分	(82 000)
增加的生产率部分	160 000
2013 年的营业利润	2 073 000

电动机行业的市场规模在 2013 年没有增长，投入价格没有变化，Ridgecrest 降低了电动机的价格。

要求：

1. Ridgecrest 在 2013 年营业利润的获益与你在练习 12—16 要求 1 中确定的战略一致吗？

2. 解释生产率部分。通常而言，它仅代表变动成本的节约、固定成本的节约还是两者都有？

12—26　战略，平衡计分卡，服务公司。Southland 公司是一家小型的信息系统咨询公司，专门帮助公司安装标准的销售管理软件。公司所在的服务市场竞争极为激烈。为了在竞争中取得成功，公司必须以较低的成本提供高质量的服务。公司 2012 年和 2013 年的数据如下：

	2012 年	2013 年
1. 计费的作业数量	40	55
2. 每个作业收费（美元）	45 000	42 000
3. 软件安装人工工时（小时）	25 000	28 000
4. 每个软件安装人工工时成本（美元）	58	60
5. 软件安装支持能力（公司可实施的作业数）	70	70
6. 软件安装支持总成本（美元）	224 000	252 000
7. 每个作业软件安装支持能力成本（6÷5）（美元）	3 200	3 600

软件安装人工工时成本是变动成本。每年的软件安装支持成本由公司每年选择保持的软件安装支持能力（即每年可实施的作业数）决定。软件安装支持成本不随当年实际实施的作业数变化。

要求：

1. 公司的战略是产品差异化还是成本领先？请简要解释。

2. 描述你会包括在公司平衡计分卡中的关键指标，以及你这样做的原因。

12—27　营业利润的战略分析（续 12—26）。参考练习 12—26。

要求：

1. 计算 Southland 公司 2012 年和 2013 年的营业利润。

2. 计算能够解释 2012—2013 年营业利润变化的成长、价格补偿和生产率部分。

3. 评论你在要求 2 中的回答，它们表明了什么？

12—35　平衡计分卡（改编自 R. Kaplan）。Petrocal 公司精炼汽油并通过自己的加油站进行销售。基于市场调研，公司认为整个汽油市场的 60%由“服务导向型顾客”构成。他们是中等和高等收入的个人，如果加油站能够提供优质的客户服务，如干净的设备、便捷的商店、友好的员工、快速的周转、能够用信用卡支付以及高辛烷优质汽油等，他们愿意为汽油支付更高的价格。剩下的 40%的市场由“价格购物者”构成，这些人期望购买最便宜的汽油。该公司的战略是专注于那 60%的服务导向型顾客。该公司 2013 年的平衡计分卡如下。为了简要起见，省略了每个目标下采取的行动。

目标	指标	目标业绩	实际业绩
财务维度			
增加股东价值	价格补偿带来的营业利润变化	\$ 80 000 000	\$ 85 000 000
	成长带来的营业利润变化	\$ 60 000 000	\$ 62 000 000
顾客维度			
增加市场份额	占整个汽油市场的市场份额	4%	3.8%
内部业务流程维度			
提高汽油质量	质量指标	92 分	93 分
提高精炼绩效	精炼可靠性指标	91%	91%
保证汽油供应	产品可用性指标	99%	99.5%
学习和成长维度			
增加精炼工艺能力	有先进控制的精炼工艺所占比例	94%	95%

要求：

1. 2013 年 Petrocal 成功地实施了战略吗？请解释你的答案。

2. 你将一些员工满意度和员工培训指标纳入了学习和成长维度吗？这些目标对 Petrocal 实施战略是否关键？为什么？请简要解释。

3. 请解释为什么 Petrocal 没有实现其在整个汽油市场的目标市场份额却仍然超过了财务目标？“占整个汽油市场的市场份额”是市场份额的一个正确指标吗？请简要解释。

4. 内部业务流程维度指标的改善和顾客维度指标的改善之间是否有因果关系？也就是说，你是否会在内部业务流程维度或顾客维度增加其他指标？为什么？请简要解释。

5. 你同意 Petrocal 不将生产率提高带来的营业利润变化指标包括在平衡计分卡的财务维度中的决定吗？请简要解释。

12—37 平衡计分卡，环境和社会绩效。Cerebral Chocolates 为特殊的活动和广告目的制作定制标签的、高质量的特殊糖果。该公司雇用了几个在德国受过培训的巧克力制作者。公司提供各种各样的巧克力，包括牛奶巧克力、半甜巧克力、白巧克力和黑巧克力。公司也提供各种原料，如咖啡、浆果和新鲜的薄荷。然而，公司产品的真正吸引力在于产品的定制标签。顾客可以订购特殊场合（例如，婚礼邀请标签）或者商业目的（例如，名片标签）的标签。公司 2013 年的平衡计分卡如下（单位：美元）。为简要起见，省略了每种目标下采取的行动。

目标	指标	目标业绩	实际业绩
财务维度			
增加股东价值	来自价格补偿的营业利润的变化	\$ 500 000	\$ 750 000
	来自增长的营业利润的变化	\$ 100 000	\$ 125 000
	减小包装尺寸带来的成本节约	\$ 20 000	\$ 25 000
顾客维度			
增加市场份额	占整个糖果市场的份额	8%	7.8%
增加新产品提供数量	新产品提供数量	5	7
通过持续努力增加顾客数量	要求回收纸选项的新客户的百分比	35%	40%
内部业务流程维度			
降低顾客的时间	平均设计时间	3 天	3 天
提高质量	内部质量评分（10 分制）	7 分	8 分

续前表

目标	指标	目标业绩	实际业绩
增加回收材料的使用	回收材料占全部使用材料的比例	30%	32%
学习和成长维度			
增加专业巧克力制作者的数量	巧克力制作者的数量	5	6
增加女性和少数族裔在劳动力中的数量	女性和少数族裔在劳动力中的百分比	40%	38%

要求：

1. 2013 年 Cerebral 成功地实施了战略吗？请解释你的答案。

2. 你将一些顾客满意度指标纳入了顾客维度吗？这些目标对于 Cerebral 实施其战略是否关键？为什么？请简要解释。

3. 请解释为什么 Cerebral 没有实现其在糖果市场的目标市场份额却仍然超过了财务目标？对于 Cerebral 来说，“占整个糖果市场的份额”是不是其市场份额的一个好指标？请简要解释。

4. 你同意 Cerebral 不将生产率提高带来的营业利润变化指标包括在平衡计分卡的财务维度中的决定吗？请简要解释。

5. 为什么 Cerebral 将环境和社会绩效相关的指标纳入平衡计分卡？该公司是否达到了这些领域内的绩效目标？

12—39　平衡计分卡，环境和社会绩效。Smooth Air 是一家为中西部提供无不必要服务的航空公司。它的使命是在中西部提供短途、低票价、高频率、点对点的承运。但是，有几家大型的商业承运公司提供航空运输，Smooth Air 知道自己无法和这些公司在服务上相提并论。Smooth Air 选择不提供一些如食物和娱乐等机舱服务来降低成本。该公司致力于以最低的费用提供最高质量的运输服务。公司 2013 年的平衡计分卡指标（和实际结果）如下（单位：美元）：

目标	指标	目标业绩	实际业绩
财务维度			
增加股东价值	来自生产率的营业利润变化	$1 200 000	$1 400 000
	来自价格补偿的营业利润变化	$450 000	$600 000
	来自成长的营业利润变化	$500 000	$660 000
	喷气燃料消耗减少带来的成本节约	$150 000	$180 000
顾客维度			
增加准点到达次数	FAA 准点到达排名	行业第一	行业第二
改善品牌形象	对公司的可持续发展工作有 90%以上的认可度的客户调查受访者的百分比	100%	90%
内部业务流程维度			
减少中转时间	地面时间	<25 分钟	30 分钟
减少二氧化碳排放	减少二氧化碳排放的引擎更换数	10	9
学习和成长维度			
协调地面人员	地面人员股东占比	70%	68%
获取新的能源管理工具和技术	能源管理方面取得 ISO 50001 认证	12 月 31 日前获得认证	12 月 31 日前获得认证

要求：

1. Smooth Air 的战略是什么？Smooth Air 在 2013 年成功地实施了战略吗？请解释你的答案。

2. 根据 1 中确定的战略，价格补偿部分在解释公司的成功中发挥了什么样的作用？

3. 你是否在顾客维度考虑了顾客服务指标？为什么？请简要解释。

4. 你是否在学习与成长维度考虑了雇员满意度以及雇员培训指标？你觉得这个目标对该公司实施其战略是否关键？请简要解释。

5. 你认为 Smooth Air 为什么会在平衡计分卡中加入环境指标？该公司是否达到了该领域的绩效目标？

附录 生产率衡量

生产率（productivity）衡量实际投入（数量和成本）与实际产出的关系。既定产出投入越少或既定投入得到越高的产出，则生产率越高。一段时间后，衡量生产率改进突出了特定投入—产出关系，这对成本领先做出了贡献。

□ 部分生产率标准

部分生产率（partial productivity）是最经常使用的生产率标准，它是将所用的某单一投入数量与产出数量进行比较。最常见的部分生产率形式表达如下：

$$部分生产率=\frac{产出数量}{使用的投入数量}$$

比率越高，生产率越高。

思考一下 Chipset 在 2013 年的直接材料生产率。

$$直接材料部分生产率=\frac{2013\text{ 年生产的 CX1 数量}}{2013\text{ 年用于生产 CX1 的直接材料数量}}$$

$$=\frac{1\,150\,000}{2\,900\,000}$$

$$=0.397(单位/平方厘米)$$

注意，直接材料部分的生产率忽略了 Chipset 的其他投入和生产加工能力。当比较是用来监测一段时间内不同设备间或与基准相比的生产率变化时，部分生产率标准就更有意义。图表 12—7 介绍了 Chipset 在 2013 年投入的部分生产率标准和与之相比在 2012 年生产 2013 年产出量使用的投入，资料来自前面有关生产率部分的计算。这些标准比较了 2013 年生产 1 150 000 单位 CX1 实际利用的投入和假定 2012 年的投入—产出关系在 2013 年保持不变时，2013 年本应使用的投入。

图表 12—7　比较 Chipset 在 2012 年和 2013 年的部分生产率

投入	2013 年部分生产率	基于 2012 年投入—产出关系的可比较部分生产率	从 2012 年到 2013 年的变化百分比
直接材料	$\frac{1\,150\,000}{2\,900\,000}=0.397$	$\frac{1\,150\,000}{3\,450\,000}=0.333$	$\frac{0.397-0.333}{0.333}=19.2\%$
生产加工成本	$\frac{1\,150\,000}{3\,500\,000}=0.329$	$\frac{1\,150\,000}{3\,750\,000}=0.307$	$\frac{0.329-0.307}{0.307}=7.2\%$

□ 评价生产率变化

注意区别变动成本部分和固定成本部分的部分生产率影响。对于变动成本部分，如直接材料，生产率改进衡量的是用于生产产出的投入资源的减少（硅片从 3 450 000 平方厘米减少到 2 900 000 平方厘米）。对于像加工成本这样的固定成本元素，部分生产率衡量的是从 2012 年到 2013 年总生产能力的减少（硅片从 3 750 000 平方厘米减少到 3 500 000 平方厘米），而不管每期实际使用的生产能力数量。

部分生产率标准的一个优点是，集中于单一投入，计算简单，容易理解。管理者和操作人员通过检测这些数字可以理解生产率变化的原因——更好的员工培训、更低的劳动力转换率、更好的动机、改善的方法或者材料代替劳动。分离相关因素可帮助 Chipset 在未来执行和维持这些行为。

尽管它们有这些优点，部分生产率标准同样有很多严重的缺陷。由于部分生产率在一个时期集中于单一投入而不是同时集中于所有投入，所以管理者不能评估投入替代物对整个生产率的影响。假设从一个时期到下一个时期，生产加工能力生产率上升的同时直接材料的生产率下降，部分生产率标准不能评价生产加工部分生产率的增长是否抵减了直接材料部分生产率的下降。全要素生产率（TFP）或者总生产率是同时考虑所有投入的生产率标准。

□ 全要素生产率

全要素生产率（total factor productivity，TFP）是产出数量与基于当期价格的所有投入价格比。

$$全要素生产率=\frac{产出数量}{使用的所有投入的成本}$$

全要素生产率同时考虑所有投入和基于当期投入价格的投入之间的权衡。不要把所有生产率标准看作缺乏财务含义的实际标准——每单位投入带来多少单位产出。全要素生产率与最小化成本（财务目标）有着错综复杂的联系。

□ 计算和比较全要素生产率

我们首先利用 2013 年的价格和 1 150 000 单位的产出（根据前面生产率部分计算中第 1 段所给资料）来计算 Chipset 在 2013 年的全要素生产率。

$$\begin{aligned}\text{基于 2013 年价格的 2013 年全要素生产率}&=\frac{2013\text{ 年产出数量}}{\text{基于 2013 年价格的 2013 年使用的投入的成本}}\\&=\frac{1\,150\,000}{(2\,900\,000\times1.50)+(3\,500\,000\times4.35)}\\&=\frac{1\,150\,000}{19\,575\,000}\\&=0.058\,748(\text{单位产出/美元投入成本})\end{aligned}$$

就其本身而言，2013 年 0.058 748 单位/美元 CX1 投入的全要素生产率没有特别的用处。我们需要与 2013 年的全要素生产率做比较。一种选择是比较 2013 年其他相似公司的全要素生产率。然而，找到类似公司和获得可比较的准确数据往往很困难。所以，公司通常比较不同时间段自己的全要素生产率。在Chipset的例子中，我们运用了一个基准，利用基于2013年的价格2012年生产1 150 000单位产品所需的投入（我们利用生产率部分计算的第2段计算得出的成本）。我们为什么使用2013年的价格？因为在两个计算中利用当年价格可控制投入价格差异并集中分析管理者为相应价格变化而进行的调整。

$$\begin{aligned}基准全要素生产率 &= \frac{2013\text{ 年产出数量}}{2012\text{ 年生产 }2013\text{ 年产出本应使用的投入的成本}}\\ &= \frac{1\,150\,000}{(3\,450\,000\times1.50)+(3\,750\,000\times4.35)}\\ &= \frac{1\,150\,000}{21\,487\,500}\\ &= 0.053\,519(\text{单位产出/美元投入成本})\end{aligned}$$

使用2013年的价格，从2012到2013年全要素生产率增长9.8%［(0.058 748－0.053 519)÷0.053 519＝0.098，或9.8%］。注意，全要素生产率9.8%的增长也等于1 912 500美元（见图表12—6，第4列）收益除以2013年实际发生的19 575 000美元（见图表12—6，第5列）的成本。全要素生产率增长了，因为同时使用2013年的价格衡量，与2012年相比，Chipset在2013年每美元投入有更高的产出。之所以产生来自全要素生产率的收益，是因为Chipset提高了单一投入的部分生产率，而且与战略保持一致，寻求最低的投入组合以生产CX1。注意，全要素生产率的提高不是因为投入价格的差异，因为我们都采用2013年的价格来评价在2012年生产1 150 000单位CX1需要的投入和2013年实际使用的投入。

□ 运用部分的和全要素的生产率标准

全要素生产率的一个主要优点是它衡量所有投入的综合生产率，并且精确地考虑由于减少实际投入和投入品之间的互相替代而带来的收益。管理者能通过分析这些数字理解全要素生产率的变化原因，例如，人力资源管理的增强、材料质量的提高或生产方法的改进。

虽然全要素生产率标准是综合性的，但操作人员发现财务性全要素生产率标准更难理解，并且在执行目标时不如实际的部分生产率标准有用。例如，比Chipset更加劳动密集型的公司使用制造人工部分生产率标准。然而，如果基于生产率的红利仅仅取决于制造人工部分生产率的收益，那么员工就有以材料（或资本）替代劳动的动机，这种替代提高了他们自己的生产率标准，但却可能降低公司的全要素生产率。为了克服这些动机问题，如天合汽车集团（TRW）、伊顿（Eaton）、惠而浦（Whirlpool）等许多受到新设备投资和更高水平的废料等其他因素影响的公司，准确地调整了基于人工部分生产率的红利，也就是说，它们结合了部分生产率和全要素生产率类似的标准。

如钢铁生产商Behlen Manufacturing和戴尔计算机（Dell Computers）等许多公司同时利用部分生产率和全要素生产率来评价业绩。因为一个的优点可以抵减另一个的弱点，所以部分生产率和全要素生产率一起使用最好。

第 13 章

定价决策与成本管理

- 影响定价决策的主要因素
- 长期的成本与价格
- 以市场为基础的定价法：目标成本与目标定价
- 价值工程，成本发生与锁定成本
- 成本加成定价法
- 生命周期产品的预算与成本制度
- 在定价决策中考虑非成本因素
- 反托拉斯法与定价决策

学习目标

1. 讨论影响定价决策的三个主要因素
2. 理解公司如何制定长期定价决策
3. 应用目标成本法制定产品价格
4. 应用成本发生和成本锁定的概念
5. 应用成本加成法制定产品价格
6. 应用生命周期预算和成本制定定价决策
7. 描述定价决策中有关非成本因素重要性的两个定价实例
8. 解释反托拉斯法对定价决策的影响

大多数公司仔细分析投入成本和产品价格。

它们知道如果价格太高，顾客将会转向竞争对手；如果价格太低，公司又无法收回产品的生产成本。公司必须知道顾客对特殊的定价战略会有何反应。当彭尼公司改变它的定价战略时，顾客不高兴了。

公平和公正：不是彭尼公司顾客想要的东西①

公司的定价决策依赖于对客户、竞争对手和成本的深入了解。彭尼公司一度被认为是美国最受尊敬的连锁百货商店，2012 年 2 月，该公司彻底改变了定价策略。在彭尼公司采用高低定价（high-low pricing）策略时，零售商频繁在高定价的基础上以很大的折扣促销。在仓储式零售商和小型专卖店的压力下，彭尼公司从其现有的高低定价策略转变为避免促销和清仓打折的日常低价模式。

新的定价策略被首席执行官 Ron Johnson 称为“公平公正”的定价，是为了简化彭尼公司的定价策略，使其对顾客来说更加简单明了。通过维持日常价格稳定和减少低价促销，彭尼公司吹嘘其新定价策略：“不是游戏，不是噱头”，同时邀请顾客来“做算术”，看看公司如何定期给顾客提供更低的价格。公司视其新战略为一种逃避高成本和不断升级的价格促销效应螺旋式下降的方法。2011 年，彭尼公司花了 12 亿美元来实施 590 项销售活动和促销，年度收入 173 亿美元中的 72%来自价格折扣 50%以上的产品销售。

没有经过任何消费者测试就推出的新定价策略戏剧性地失败了。消费者用脚投了票，当不能以预期的打折价格获得产品时，他们纷纷离开。2012 年，彭尼公司的销售额下降了 25%，即 43 亿美元。为此，公司董事会解雇了 Ron Johnson，重新聘用前任首席执行官 Myron Ullman，撤消了“公平公正”的价格策略。Ullman 说：“我不建议回到我离开时公司的道路。情况发生了变化。”但是他补充说，“没有理由疏远想在彭尼

---

① 改编自 Elie Ofek and Jill Avery，*J. C. Penney's 'Fair and Square' Pricing Strategy*，HBS No. 9－513－036（Boston：Harvard Business School Publishing，2013）；and Joann Lublin and Dana Mattioli，“Penney CEO Out，Old Boss Back In，” *The Wall Street Journal*（April 8，2013）。

公司购物的顾客。”

诸如宜家、联合利华和沃尔玛等许多公司的管理者都从战略高度制定定价决策。本章将描述管理者如何评估不同价位上的需求以及如何通过管理整个价值链和产品生命周期的成本来实现盈利。

影响定价决策的主要因素

考虑一下，阿迪达斯公司（Adidas）的管理者如何为它最新款的运动鞋制定价格，或者，康卡斯特公司（Comcast）的决策者如何确定互联网服务每月的订购费是多少。管理者如何制定产品或服务的价格最终取决于其供给和需求。影响供给和需求的三个因素是：顾客、竞争对手和成本。

□ 顾客

顾客通过他们对产品或服务的需求来影响价格。需求受诸如产品的特点和质量等因素影响。公司必须时常从顾客的角度来检查它们的定价决策，然后管理成本以赚取利润。

□ 竞争对手

没有任何一个公司是在真空中经营的，管理者必须时刻了解竞争对手的行为。一种极端情况是，对于诸如家得宝或得州仪器这样的公司，竞争对手的产品可能影响需求，迫使企业降低自己的价格；另一种极端情况是，诸如苹果或保时捷这样的公司有独特的产品和有限的竞争，公司可以制定较高的价格。当存在竞争对手时，企业可以通过了解竞争对手的生产技术、生产能力和经营策略来估计其产品成本，这些信息对于制定产品价格是很有价值的。

竞争常常是超出国界的，因此成本和定价决策也会受到不同国家之间汇率波动的影响。例如，当人民币对美元贬值时，对于每一美元的销售，中国生产者会收到更多的人民币。这些生产者能够降低价格而仍然赚钱，中国产品对美国的顾客来说就更加便宜，在美国市场上当然也就更有竞争力。

□ 成本

成本影响定价，因为它影响供给。产品（如丰田普锐斯汽车或诺基亚手机）的生产成本越低，公司愿意提供的产品数量越多。当公司增加供给时，生产额外一单位产品的成本最初是下降，但最终会上升。只要销售产品的额外收入超过生产的额外成本，公司就会提供产品。了解公司产品成本的管理者会把价格制定在能够最大化公司的营业利润同时又能吸引顾客的水平。

□ 顾客、竞争对手和成本的权衡

调查显示，管理者在定价决策时，会给顾客、竞争对手和成本赋予不同的权重。一种极端的情况是，公司在完全竞争市场上出售非常相似的产品，如小麦、大米、钢铁和铝。这些公司的管理者无法控制价格，必须接受由众多参与者组成的市场决定的价格。这里，成本信息仅仅能帮助管理者决定最大化营业利润的产出水平。

在竞争性较弱的市场上，例如，照相机、电视和移动电话市场，产品是有差异的，三个因素都会影响定价：顾客对产品价值的评价、竞争产品的价格影响需求、产品的生产和运输成本影响供给。

如果竞争变得更弱，例如，在微处理器或操作软件市场，影响定价决策的关键因素是基于顾客对产品或服务的估价而产生的顾客支付意愿，而不是成本或竞争对手。极端的情况下会有垄断。垄断者没有竞争对手，有很大的余地制定高价格，不过也有限度。垄断者制定的价格越高，对垄断者产品的需求越低，因为顾客会寻找替代产品或放弃购买产品。

长期的成本与价格

长期定价是一个战略性的决策，旨在基于稳定的、可预见的价格与顾客建立长期的关系。管理者偏好稳定的价格，因为它降低了持续监督价格的必要性，提高了企业的计划水平，并能建立买卖双方的长期合作关系。麦当劳对它的快餐食品菜单保持稳定的价格，苹果公司也是这样，它总将入门级的新 iPad 定价为 499 美元。但是为了制定稳定的价格和赚取长期的目标回报，管理者必须了解和管理向顾客提供产品的成本，包括所有未来的直接和间接成本。一个成本对象的间接成本是那些与成本对象相联系但不能通过经济可行（有成本效益）的方法来追溯的成本，通常包括很多从总成本中分摊给成本对象（如产品、顾客和分销渠道）的成本。

考虑 Astel Computers 公司的成本分配问题。Astel 生产两种产品：服务器 Deskpoint 和奔腾芯片的个人电脑 Provalue。下图描述了 Astel 价值链的六个业务功能。

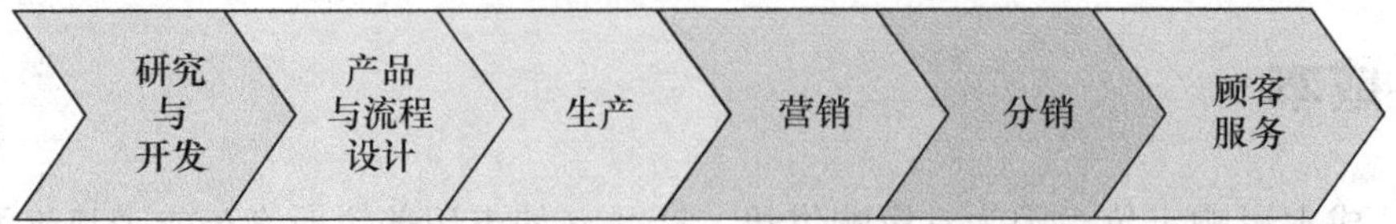

图表 13—1 举例说明了成本分配的四个目的。不同成本适用于不同目的。在制定 Deskpoint 和 Provalue 的定价决策时，Astel 的管理者分配所有六个业务功能的间接成本。因为从长远来看，只有顾客愿意为产品支付的价格超过生产的全部成本，公司能够赚取合理的资本回报时，销售产品才是值得的。

图表 13—1　　成本分配的目的

目的	举例说明
1. 为经济决策提供信息	决定产品或服务的销售价格 决定是否增加一项新的产品特色
2. 激励经理和员工	激励生产更简单或服务成本更低的设计 激励销售代表推销高边际利润的产品或服务
3. 合理化成本或计算补偿	给产品估定一个“公允”价格，法律和政府国际合同经常会有这个要求 计算给咨询公司的报酬，通常根据执行其建议而带来的成本节约确定一个比例
4. 计量利润和资产	为财务报告估定存货价值 为向税务部门报告，估定存货价值

成本分配和产品盈利性分析影响管理者推广的产品。基于全部分配的成本计算产品盈利性，根据产品盈利性给予销售人员报酬，将激励销售人员推销高边际利润的产品。成本分配也影响管理者的成本管理决策。例如，为了管理采购和订货成本，Astel 的管理者可能请设计人员使用更少的部件生产 Provalue。这些设计决策将影响某些但非全部价值链范畴的成本（生产成本，不包括顾客服务成本）。

成本分配有时被用于合理化成本补偿。Astel 向美国政府供应电脑的合同是基于成本的。美国政府的成本补偿规则允许用全部分配的生产和设计成本加上边际利润，但明确将营销成本排除在外。

为计量利润和资产而进行的存货估价要求成本分配时计算生产存货的成本。出于这种目的，Astel 仅向产品分配生产成本，不分配来自价值链其他部分（如研发、营销或分销）的成本。

成本分配是不同成本适用于不同目的的另一个例子。我们将在后面几章讨论成本分配。在本章中，我们关注基于整个价值链成本制定长期定价决策时成本分配的作用。

□ 计算长期定价决策的生产成本

Astel 的市场研究表明，Provalue 的市场竞争日益激烈。公司管理者面临着为 Provalue 制定价格的重要决策。

管理者从审查 2013 年的数据开始。Astel 没有 Provalue 的期初和期末存货，这一年的生产和销售都是 150 000 台。Astel 采用作业成本法计算分配 Provalue 的生产成本。Astel 的作业成本法系统有：

- 三类直接生产成本：直接材料、直接制造人工和直接加工成本。
- 三个间接生产成本库：订购及接收部件、测试及检查最终产品、返工（纠正与修理错误和缺陷）。

Astel 将加工成本作为 Provalue 的直接成本，因为 Provalue 是在专用机器上制造的。①

① 回想一下，Astel 生产 Deskpoint 服务器和 Provalue 个人电脑。如果 Deskpoint 和 Provalue 使用相同的机器，Astel 将根据生产两种产品使用的预算机器工时来分摊加工成本，将这些成本作为间接固定成本。

Astel 意在为 Provalue 制定一个长期的价格。基于这一情况，Astel 的管理者注意到：

● 直接材料成本随 Provalue 产量变动。

● 直接制造人工成本随直接制造人工小时数变动。

● 直接加工成本是多年中每年租赁 300 000 机时的生产能力的固定成本。这些成本不随每年使用的机时变动。每单位 Provalue 需要 2 个机时。2013 年 Astel 全部的加工能力都用于生产 Provalue(2×150 000＝300 000 机时)。

● 订货及收货、测试及检查、返工成本随对应的成本动因变动。例如，订货及收货的成本随订单数量的变动而变动。从长期而言，如果企业需要发出的订单数量减少，那些负责发订单的工作人员可以被调换工作或被解雇，如果要处理更多的订单，工作人员人数可能要增加。

下面的 Excel 电子表格汇总了 2013 年生产 150 000 台 Provalue 的生产成本信息。Astel 的管理者用每个成本库中的总成本除以成本动因数量（第 5 列）得到成本动因单位间接成本（第 6 列）。(没有列示计算过程。)

	A	B	C	D	E	F	G	H
1		生产150 000台Provalue的生产成本信息						
2								
3	成本类别	成本动因	成本动因数量明细				成本动因总数	成本动因单位成本
4	(1)	(2)	(3)		(4)		(5)＝(3)×(4)	(6)
5	直接生产成本							
6	直接材料	配套元件号	1	配套元件/台	150 000	台	150 000	$460
7	直接制造人工(DML)	DML时间	3.2	每台DML时间	150 000	台	480 000	$20
8	直接加工(固定的)	机时					300 000	$38
9	间接生产成本							
10	订购与收货成本	订单号	50	订单/部件	450	部件	22 500	$80
11	测试与检验成本	检测时间	30	每台检测时间	150 000	台	4 500 000	$2
12					8%	缺陷率		
13	返工	返工时间	2.5	每台返工时间	12 000[a]	台	30 000	$40
14								
15	[a]8%缺陷率×150 000台＝12 000台							

图表 13—2 表明 2013 年 Provalue 产品的总生产成本 1.02 亿美元细分为间接成本与直接成本。图表 13—2 中，单位生产成本为 680 美元。但是产品生产仅仅是价值链上的一个业务职能。为了制定产品的长期价格，Astel 的管理者必须通过分配价值链上所有职能中的成本，计算生产并销售 Provalue 的全部成本。

对于每个非生产业务职能，Astel 公司的管理者跟踪产品的直接成本，使用成本库和衡量因果关系的成本动因分配间接成本（没有给出计算过程）。图表 13—3 汇总了 2013 年 Provalue 的营业利润，结果显示，2013 年 Astel 公司从 Provalue 产品中赚取了 1 500 万美元，折合为每台 100 美元。

图表 13—2　　2013 年基于作业成本制度分析的 Provalue 生产成本　　单位：美元

	A	B	C
1		150 000台	
2		的总生产成本	单位生产成本
3		(1)	(2) = (1) ÷150 000
4	直接生产成本		
5	直接材料成本		
6	(150 000×460)	69 000 000	460
7	直接制造人工成本		
8	(480 000×20)	9 600 000	64
9	直接机器成本		
10	(300 000×38)	11 400 000	76
11	直接生产成本合计	90 000 000	600
12			
13	间接生产成本		
14	订货及收货成本		
15	(22 500×80)	1 800 000	12
16	测试及检查成本		
17	(4 500 000×2)	9 000 000	60
18	返工成本		
19	(30 000×40)	1 200 000	8
20	间接生产成本合计	12 000 000	80
21	总生产成本	102 000 000	680

图表 13—3　　2013 年基于价值链作业成本制度分析的 Provalue 盈利能力　　单位：美元

	A	B	C
1		150 000台的	
2		总收入及总成本	单位收入及单位成本
3		(1)	(2) = (1) ÷150 000
4	销售收入	150 000 000	1 000
5	产品销售成本[a]（来自图表13—2）	102 000 000	680
6	营业成本[b]		
7	研究与开发成本	2 400 000	36
8	产品与流程设计成本	3 000 000	20
9	营销与管理成本	15 000 000	100
10	分销成本	9 000 000	60
11	顾客服务成本	3 600 000	24
12	营业成本合计	33 000 000	220
13	产品全部成本	135 000 000	900
14	营业利润	15 000 000	100
15			
16	[a]产品销售成本＝总生产成本，因为Provalue在2013年没有期初和期末存货。		
17	[b]营业成本项目的数字假定没有来源。		

□ 其他长期定价方法

Astel 公司的管理者如何应用产品成本信息来制定 Provalue 2014 年的价格呢？定价

决策有两种不同的方法：

1. 以市场为基础。

2. 以成本为基础，又称成本加成。

以市场为基础的定价方法着眼于，“给定顾客的需求和竞争对手的反应，我们应该制定什么价格?”基于这个价格，管理者控制成本以赚取目标投资回报。以成本为基础的定价方法则着眼于，“给定生产产品的成本，我们应该制定什么样的价格才能弥补我们的成本并得到目标投资回报?”

在竞争的市场上（如钢铁、石油、天然气等商品），公司采用以市场为基础的定价方法。一家公司提供的产品或服务与其他公司提供的同类产品或服务十分相似，所以这些市场里的公司必须接受市场确定的价格。

在缺少竞争的市场上，公司提供的产品或服务各不相同（如汽车、计算机、管理咨询以及法律服务），公司可以采用以市场为基础的定价方法或以成本为基础的方法作为定价决策的起点。有些公司使用以成本为基础的方法：它们先考虑成本，因为成本信息更容易获得，然后再考虑顾客和竞争对手。另一些公司使用以市场为基础的方法：它们先考虑顾客和竞争对手，再考虑成本。两种定价方法都必须考虑顾客、竞争对手和成本，只是它们的起点不同。不管采用哪一种定价方法，管理者必须始终记住市场的力量。例如，建造合同常常在成本加成的基础上报价，但是在随后协商的过程中会降低价格，以应对其他更低成本的报价。

在没有竞争的市场上，公司偏爱以成本为基础的方法。因为这些公司不需要考虑竞争对手的价格。确定价格时，在成本基础上增加的利润取决于顾客对产品或服务的支付能力和意愿。

我们首先考虑以市场为基础的定价法。

以市场为基础的定价法：目标成本与目标定价

以市场为基础的定价方法从目标价格开始。**目标价格**（target price）是估计的潜在顾客对某种产品或服务所愿意支付的价格。管理者将目标价格的估计建立在了解顾客对产品或服务的感知价格和竞争对手如何制定竞争产品或服务的价格基础之上。在当今的经营环境中，由于三个原因，管理者需要了解顾客和竞争对手：

1. 低成本竞争对手持续限制价格。

2. 产品的生命较短，公司挽回错误定价、市场份额丧失和获利能力损失的时间和机会更少。

3. 顾客变得更有见识，因为他们很容易在线获得价格和其他信息，要求公司以合理的价格提供高质量的产品。

了解顾客的感知价值

公司的销售和市场部门通过与顾客的联系密切和相互影响，识别顾客的需求和他们对产品的价值判断。诸如东芝和戴尔这样的公司也对顾客需要什么样的产品以及他们愿意为产品支付的价格进行市场调查。

□ 分析竞争对手

为了测量竞争对手对预期价格的反应，管理者需要了解竞争对手的技术、产品或服务、成本和财务状况。通常，产品或服务越有特色，公司越能制定高价格。公司从何处得到竞争对手的信息呢？一般是通过以前的顾客、供应商及竞争对手的员工。有时公司通过反向工程——拆解并分析竞争对手的产品以了解其设计和材料并理解竞争对手所采用的技术。管理者决不应该通过非法或不道德的方式获取竞争对手的信息。例如，管理者不应该贿赂现有员工或冒充供应商或顾客以获取竞争对手的信息。

□ 目标定价和目标成本法的实施

我们用 Provalue 的例子描述建立目标价格和目标成本的五个步骤。

步骤 1：开发出满足潜在顾客需要的产品。管理者使用顾客反馈和有关竞争对手产品的信息敲定了 2014 年 Provalue 的产品特征和设计修改。市场调查表明顾客不看重 Provalue 产品的额外特征，如包含了各种产品升级功能，可以提高个人电脑运行速度的特殊音频要素和设计。顾客希望 Astel 公司重新设计 Provalue 产品，使之成为朴实无华而又可靠的个人电脑，并以较低的价格出售。

步骤 2：选择目标价格。Astel 的管理者预测其竞争对手会将个人电脑的价格下调至 850 美元。Astel 的管理者想主动将公司为 Provalue 制定的价格降低 20%，由每台 1 000 美元降至 800 美元，以打击竞争对手。在这样一个较低的价格水平上，Astel 公司的营销经理预计年销量将由 150 000 台上升到 200 000 台。

步骤 3：从目标价格中减去单位目标营业利润，得到单位目标成本。单位目标营业利润（target operating income per unit）是指企业每销售 1 单位产品（或服务）所希望得到的营业利润。**单位目标成本**（target cost per unit）是以目标价格销售时，使公司能够实现单位目标营业利润的预期单位长期成本。[①] 单位目标成本是从目标价格中减去单位产品的目标营业利润而得。单位目标成本往往低于目前的单位产品的全部成本。单位目标成本其实只是一个目标，是公司必须去实现的。

为了赚取资本的目标回报，Astel 公司需要从计划销售的 200 000 台 Provalue 中赚取 10%的目标营业利润。

总目标收入＝800×200 000＝160 000 000(美元)

总目标营业利润＝10%×160 000 000＝16 000 000(美元)

单位目标营业利润＝16 000 000÷200 000＝80(美元/台)

单位目标成本＝目标价格－单位目标营业利润＝800－80＝720(美元/台)

---

① 对目标成本的更详细讨论参见 Shahid L. Ansari, Jan E. Bell, and the CAM-I Target Cost Core Group, *Target Costing: The Next Frontier in Strategic Cost Management* (Martinsville, IN: Mountain Valley Publishing, 2009). 实施信息见 Shahid L. Ansari, Dan. Swenson, and Jan E. Bell, "A Template for Implementing Target Costing," *Cost Management* (September-October 2006): 20-27。

目前 Provalue 的总全部成本＝135 000 000（美元）（来自图表 13—3）

目前 Provalue 的单位全部成本＝135 000 000÷150 000＝900（美元/台）

Provalue 每台 720 美元的目标成本比目前每台 900 美元的成本低 180 美元。Astel 的管理者必须减少从研发到顾客服务的价值链各个部分的成本，例如，在保证质量的同时，减少材料和部件的价格。

目标成本包括所有未来成本、变动成本和短期内固定的成本，因为从长远来看，如果一个公司想继续经营，它的价格和收入必须能够弥补它所有的成本。相反，对短期定价或一次性的特殊订单决策，管理者只须考虑短期内变化的成本，这些成本大多是变动成本。

步骤 4：进行成本分析。Astel 公司的管理者分析产品的具体方面，旨在降低成本：

- 不同部件的功能，如主板、光驱、图形和视频卡。
- 顾客对不同功能特征的重视程度。如 Provalue 的顾客更看重可靠性，而不是视频质量。
- 功能特征与部件之间的关系与权衡。如使用更简单的主板可以增强计算机的可靠性，但不能支持最高级的视频卡。

步骤 5：执行价值工程，实现目标成本。**价值工程**（value engineering）是对价值链各个方面的系统评估，其目的在于在满足顾客质量需要的同时降低成本。价值工程包含产品设计的改进，材料规格的改变，或者生产流程的修正。“观念实施：宜家极端的目标定价和成本管理”描述了宜家的目标定价和目标成本方法。

观念实施

宜家极端的目标定价和成本管理

宜家是全球家具零售业的奇迹。以用瑞典城镇的名字来命名产品、现代化的设计、平板包装和 DIY 说明而闻名的宜家，已经发展成为在世界范围拥有 343 个卖场的全球最大的家具零售商。这一切是怎么发生的？答案是：凭借积极的目标定价，再加上不懈的成本管理。宜家的价格通常比竞争对手低 30%～50%。而且，自 2000 年以来，当其他公司的产品价格随时间推移不断上涨时，宜家的价格却每年下降 2%～3%。

当宜家决定开发新产品，产品开发人员就会调查竞争对手，以确定竞争对手对类似商品的定价——如果有定价的话，然后选择一个比竞争对手低 30%～50%的目标价格。产品和价格既定，宜家将确定使用哪些材料，并且通过竞争性招标在 1 800 个供应商中选择一家生产产品。这个价值工程的过程在整个设计和生产过程中提升了基于数量的成本效益。积极的成本管理并没有就此止步。宜家所有的产品都以未组装的状态被扁平地封装并运输。据公司估算，如果运输组装好的家具，其成本将会是未组装时的 7 倍！

已经开发出来的产品怎么办呢？宜家的成本管理技术也同样适用。例如，宜家最畅销的产品之一拉克边桌，自 1981 年以来一直保持同样的低零售价格。自从开始上市销售以来，已经有超过 100 个技术开发项目被应用在拉克边桌上。尽管原材料成本和工资不断上涨，宜家仍积极寻求减少产品成本和分销成本的方法，在不危害公司产品利润的情况下保持拉克边桌最初的零售价格。正如创始人 Ingvar Kamprad 曾经总结的那样："在宜家，浪费资源是弥天大罪。昂贵的解决方案往往是平庸的象征，没有标明价格的方案将永远不会被接受。"

资料来源：Lisa Margonelli, "How IKEA designs its sexy price tags," *Business 2.0* (October 2002); Enrico Baraldi and Torkel Strömsten, "Managing product development the IKEA way. Using target costing in interorganizational networks," Working Paper, December 2009; Daniel Terdiman, "Anatomy of an IKEA product," CNET News. com, April 19, 2008, http://news.cnet.com/8301-13772_3-9923315-52.html, accessed June 2013; and Anna Ringstrom, "Ikea Founder to Leave Board," *The New York Times* (June 5, 2013).

价值工程，成本发生与锁定成本

为了实施价值工程，管理人员要区分增值作业及其成本与非增值作业及其成本。**增值成本**（value-added cost）是一种成本，如果省去，将会减少顾客从产品或服务中感觉到的或实际的价值或效用（有用性）。在 Provalue 的例子中，增值成本是顾客期望的某种产品的特质和特色，如可靠性、足够的内存、预装的软件、清晰的图像以及快捷的顾客服务。

非增值成本（non-value-added cost）是一种成本，如果省去，将不会减少顾客从产品或服务中感觉到的或实际的价值或效用（有用性）。非增值成本的例子是生产缺陷产品和机器停工的成本。因为非增值成本不能给顾客带来好处，公司力求将其降到最低。

作业及其成本并非总能清楚地分为增值与非增值两类，因此管理者通常必须运用判断进行成本分类。有些成本，如监督和生产控制成本，既有增值成分也包括非增值成分。当不确定时，某些管理者宁愿将成本分为非增值成本，以便将组织的注意力集中于降低成本。这种方法的风险是，组织可能降低某些增值成本，导致糟糕的客户体验。

虽然存在这些棘手的灰色区域，管理者仍发现，区分增值成本和非增值成本对价值工程是有用的。在 Provalue 的例子中，直接材料、直接制造人工成本以及直接加工成本是增值成本，订货及收货、测试及检查成本既有增值成分也有非增值成分；返工成本则是非增值成本。

然后，Astel 的管理者需要区分成本发生与成本锁定。**成本发生**（cost incurrence）描绘的是为了达到特定目标而消耗资源（或放弃利润）的发生时间。成本制度测量成本的实际发生。例如，只有在 Provalue 被装配并售出时，Astel 才能确认 Provalue 的直接材料成本。但是，Provalue 的单位直接材料成本早在设计师选择 Provalue 的组成部件时就被锁定，或设计确定了。**锁定成本**（locked-in costs），**或设计成本**（designed-in costs），是指那些尚未发生，但根据已经做出的决策在未来必然要发生的成本。

管理成本的最好时机是在成本锁定前，Astel 的管理者模仿不同产品设计选择对成本（例如，仅发生在生产阶段的废料和返工成本）的影响，然后他们通过聪明的设计选择来控制成本。同样地，软件行业的管理者通过更好的软件设计和分析来减少校检和测试期间出现的耗费很高且难以修正的错误。

图表 13—4 描绘了 Provalue 的锁定成本曲线和成本发生曲线。下面的曲线利用图表 13—3 中的信息描绘了在价值链上不同职能中发生的累计单位成本。上面的曲线描绘了累计的锁定成本（省略了据以画出曲线的具体数字）。两条曲线的总累计单位成本都为 900 美元。但是，锁定成本和成本发生之间存在巨大差异。例如，产品设计环节锁定了 Provalue 的大于 86%（780÷900）的单位成本（包括直接材料、订购、检测和返工、分销和顾客服务），但发生了 4%（36÷900）的单位成本。

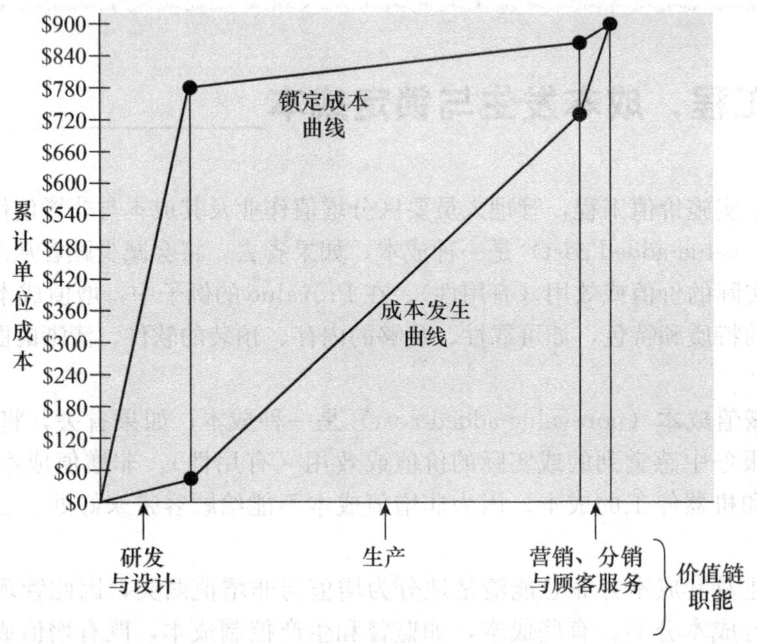

图表 13—4　Provalue 成本发生和锁定成本的图示

□ 价值链分析与跨职能团队

由营销经理、产品设计人员、生产工程师、采购经理、供应商、经销商以及管理会计人员组成的跨职能价值工程团队重新设计 Provalue，命名为 ProvalueⅡ，以降低成本，同时保留顾客看重的产品特征。下面是团队的一些想法：

- 使用更简单、更可靠且没有复杂特征的主板，以减少生产与修理成本。
- 零部件咬合而不是焊接在一起，以减少直接制造人工时间及相关成本。
- 使用更少的零部件，减少订货、收货、测试与检查成本。
- 使 Provalue 更轻、更小，减少分销和包装成本。

管理会计师根据他们对价值链的了解估计成本节省。

团队关注设计决策，在被锁定前减少成本。但是，不是所有成本在设计阶段就被锁定。管理者改善（kaizen）或持续改进技术，以减少完成作业的时间，消除浪费，并改进经营效率和生产率。总的来说，价值工程的关键步骤是：

1. 理解顾客需求和增值成本、非增值成本。
2. 预测成本在发生前是如何被锁定的。
3. 采用跨职能团队重新设计产品和流程，在满足顾客需求的同时减少成本。

□ 实现 Provalue 的单位目标成本

图表 13—5 使用作业法比较了 2013 年生产并销售的 150 000 台 Provalue 和 2014 年预算的 200 000 台 Provalue Ⅱ 的成本动因数量和分配率。价值工程既减少增值成本（通过设计 Provalue Ⅱ，减少直接材料和部件成本、直接制造人工时间和检验时间），也减少非增值成本（简化 Provalue Ⅱ的设计，减少返工）。价值工程也将生产 Provalue Ⅱ 所需的机时减少到每台 1.5 小时。Astel 现在可以利用其 300 000 机时生产能力来生产 200 000 台 Provalue Ⅱ（而 Provalue 为 150 000 台），减少了单位产品的加工成本。为简便起见，我们假定价值工程不会减少单位直接制造人工小时成本 20 美元、单位订单成本 80 美元、单位小时测试成本 2 美元或单位小时返工成本 40 美元。（本章自测题研究价值工程如何才能减少这些成本动因率。）

图表 13—5　使用作业成本法计算的 2013 年 Provalue 和 2014 年 Provalue Ⅱ的成本动因数量和分配率

文件　开始　插入　页面布局　公式　数据　审阅　视图

	A	B	C	D	E	F	G	H	I	J	K	L	M	N
1		2013年150 000台的Provalue的							2014年200 000台的Provalue Ⅱ的					
2		生产成本信息							生产成本信息					
3	成本类别	成本动因	成本动因数量明细				成本动因总数	成本动因单位成本	成本动因数量明细				成本动因总数	成本动因单位成本
4	(1)	(2)	(3)		(4)		(5)＝(3)×(4)	(6)	(7)		(8)		(9)＝(7)×(8)	(10)
5	直接生产成本													
6	直接材料	配套元件号	1	配套元件/台	150 000	台	150 000	$460	1	配套元件/台	200 000	台	200 000	$385
7	直接制造人工(DML)	DML时间	3.2	每台DML时间	150 000	台	480 000	$20	2.65	每台DML时间	200 000	台	530 000	$20
8	直接加工(固定的)	机时					300 000	$38					300 000	$38
9	间接生产成本													
10	订购与收货成本	订单号	50	订单/部件	450	部件	22 500	$80	50	订单/部件	425	部件	21 250	$80
11	测试与检验成本	检测时间	30	每台检测时间	150 000	台	4 500 000	$2	15	每台检测时间	200 000	台	3 000 000	$2
12	返工				8%	缺陷率					6.5%	缺陷率		
13		返工时间	2.5	每台返工时间	12 000[a]	台	30 000	$40	2.5	每台返工时间	13 000[b]	台	32 500	$40
14														
15	a 8%缺陷率×150 000台 ＝12 000台													
16	b 6.5%缺陷率×200 000台＝13 000台													

图表 13—6 列出了 Provalue Ⅱ 的目标生产成本，成本动因和成本动因率数据来自图表 13—5。为便于比较，图表 13—6 中显示了来自图表 13—2 的 Provalue 的 2013 年实际单位生产成本。

图表 13—6　　2014 年 Provalue Ⅱ 的目标生产成本　　单位：美元

	A	B	C	D	E	F
1		Provalue Ⅱ				Provalue
2		200 000台产品		预计单位		单位生产成本
3		的预计生产成本		生产成本		(图表13—2)
4		(1)		(2)=(1)÷200 000		(3)
5	直接生产成本					
6	直接材料成本					
7	(200 000×385)	77 000 000		385.00		460.00
8	直接制造人工成本					
9	(530 000×20)	10 600 000		53.00		64.00
10	直接机器成本					
11	(300 000×38)	11 400 000		57.00		76.00
12	直接生产成本合计	99 000 000		495.00		600.00
13	制造费用					
14	订货及收货成本					
15	(21 250×80)	1 700 000		8.50		12.00
16	测试及检查成本					
17	(3 000 000×2)	6 000 000		30.00		60.00
18	返工成本					
19	(32 500×40)	1 300 000		6.50		8.00
20	制造费用合计	9 000 000		45.00		80.00
21	总生产成本	108 000 000		540.00		680.00

若预计销售量为 200 000 台，Astel 的管理者期望将减少单位生产成本 140 美元（由 680 美元降低到 540 美元），其他业务职能单位成本从 220 美元（见图表 13—3）减少到 180 美元（没有列示计算过程）。Provalue Ⅱ 的预算全部单位成本是 720 美元（540 美元+180 美元），这是它的目标单位成本。在 2014 年末，管理者将把实际成本与目标成本进行比较，以了解在随后的目标成本努力中可以做出的改进。

除非管理得当，否则价值工程和目标成本可能会带来一些不良的影响：

- 如果员工不能实现目标成本，他们会感到沮丧。
- 跨职能的团队可能会仅仅为了满足团队成员的不同愿望而给产品增加过多的功能。
- 因为反复地评定各种设计，可能需要很长的时间才能研制出一种产品。
- 当削减成本的压力在公司价值链上的各职能之间分配不均（如生产部门的压力比营销部门更大）时，可能会产生组织冲突。

为了避免这些失误，目标成本法必须：（1）鼓励员工参与并表扬为实现目标成本而做出的细小改进；（2）关注顾客；（3）注意进度表；（4）为所有价值链职能设定成本削减目标以鼓励团队文化和合作文化。

目标定价法是第 1 章中介绍的五步决策制定程序的另一个例证。

1. 确定问题与不确定性。问题是 2014 年为 Provalue 索取的价格。不确定性是识别顾客需要什么、竞争对手如何反应，以及如何管理成本。

2. 获取信息。Astel 的管理者进行市场调研，以识别顾客需求、竞争对手可能索取的价格，以及降低成本的机会。

3. 预测未来。管理者预测不同价格对销售量的影响，以及通过价值工程和产品重新设计能够在多大程度上降低成本。

4. 选择方案做决策。管理者决定 2014 年将 Provalue 的价格从 1 000 美元减至 800 美元，预计销售量将从 150 000 台增加到 200 000 台。

5. 实施决策，评价业绩与学习。跨职能价值工程团队重新设计 Provalue，以实现 720 美元的单位目标成本，大幅低于目前 900 美元的成本。2014 年末，管理者将比较实际成本与目标成本，以评价业绩，并识别进一步降低成本的途径。

成本加成定价法

除了将以市场为基础的方法用于长期定价决策，管理者有时也采用以成本为基础的方法。以成本为基础制定售价的一般公式是在成本之上加上一个加成额。因此，以成本为基础的定价方法常称为成本加成定价法。

好市多（Costco）公司在确定仓储式商店中的产品价格时使用成本加成法。

管理者使用成本加成定价公式作为决策的起点。加成额通常是灵活的，随竞争对手和顾客的行为而发生变动。换句话说，市场条件最终决定加成额。[①] 例如，如果山姆会员店（Sam's Club）等竞争对手以更低的价格提供这些产品，好市多公司的管理者将会降低产品价格。

目标投资回报率成本加成

假设 Astel 公司使用 Provalue Ⅱ的全部单位成本再加上 12%的成本加成计算售价。成本加成价格是（单位：美元）：

成本基础（Provalue Ⅱ全部单位成本）	720.00
加成率 12%（0.12×720）	86.40
预期售价	806.40

管理者如何确定 12%的加成率呢？一种方法是根据目标投资回报率加以确定。**目标投资回报率**（target rate of return on investment）是企业预期目标年营业利润与投入资本额的比率。投入资本额的确定有很多方法，在本章中，我们将其定义为总资产——也就是长期资产加上流动资产。我们假定 Astel 的（税前）目标投资回报率为 18%，Provalue Ⅱ的投资额为 9 600 万美元。那么，Provalue Ⅱ的目标年营业利润可计算如下（单位：美元）：

投入资本	96 000 000
目标投资回报率	18%

① 在很多国家，电力和天然气的价格是例外，其价格是政府在成本的基础上加上投入资本回报设定的。在这些情况下，产品不受制于竞争，成本会计法代替市场作为定价基础。

目标年营业利润（0.18×96 000 000美元）	17 280 000
Provalue Ⅱ的单位目标营业利润 （17 280 000÷200 000）	86.40

计算表明Astel需要从每台Provalue Ⅱ中得到86.40美元的目标营业利润。

86.40美元的加成表述成单位产品全部成本720美元的一个百分比，即为12%（86.40÷720）。

不要把18%的目标投资回报率与12%的成本加成率混同。

- 18%的目标投资回报率是Astel的预期年营业利润占投资额的比率。
- 12%的成本加成率是单位营业利润占单位产品全部成本的比率。

Astel使用目标投资回报率计算成本加成率。

□ 其他成本加成法

确定一个产品的投资额是有挑战性的，因为需要在不同产品中分配设备和建筑成本，这是一项困难的、武断的工作。下表使用其他成本基础（详细计算过程从略）和假定的加成率确定Provalue Ⅱ的期望售价，不需要计算投入资本来确定价格（单位：美元）。

成本基础	预计单位成本 (1)	加成比率 (2)	加成因子 (3)＝(1)×(2)	期望售价 (4)＝(1)＋(3)
变动生产成本	475.00	65%	308.75	783.75
产品的变动成本	547.00	45%	246.15	793.15
生产成本	540.00	50%	270.00	810.00
产品的全部成本	720.00	12%	86.40	806.40

不同的成本基础和加成率得到了四个相近的期望销售价格。在实务中，公司会选择一个可靠的成本基础和加成率去确定价格，以弥补成本并赚取投资回报。例如，因为很难区分变动成本和固定成本，咨询公司通常选择客户参与的全部成本作为成本基础。

前面图表中的成本加成数字差别很大，从最高的65%的变动生产成本加成率到最低的12%的产品全部成本加成率。为什么有这么大的变化呢？在确定预期售价时，包括更少成本的成本基础（如变动生产成本）需要更高的加成率，因为制定的价格需要赚取利润率，补偿成本基础之外的成本（固定生产成本和所有非生产成本）。

调查表明，大多数管理者使用产品的全部成本——也就是说，他们在计算单位成本时既包括变动成本，又包括短期内固定的成本。管理者在成本基础中包括单位固定成本有几个原因：

1. **产品全部成本的全额补偿**。从长期来看，如果公司要继续经营，产品价格必须超过产品的全部成本。仅仅使用变动成本作为成本基础可能诱使管理者将价格削减至仅高于变动成本，有正的贡献毛益。航空业的经验证明，当航空公司将价格削减至仅超过变动成本时，价格战导致航空公司亏损，因为收入太低，不足以补偿产品的全部成本。使用产品全部成本作为定价基础，减少了将价格削减至全部成本以下的诱惑。

2. **价格稳定**。使用产品全部成本作为定价决策的基础，限制了销售人员削价的能力与企图，也促进了价格稳定。稳定的价格便于购销双方进行更准确的预测和计划。

3. **简单**。全部成本加成公式不需要管理会计师对成本性态进行详细分析，不需要把每种产品的成本分为固定成本和变动成本。对诸如检验成本、调查成本、装备成本等许多成本来说，很难识别变动与固定成本成分。

在定价的成本基础中包括单位固定成本是有挑战性的。在不同的产品间分配固定成本可能是随意的。而且，计算单位固定成本需要知道未来的产品销量，而这只是一个估计值。估计的错误将导致单位产品的实际全部成本与估计数据不同。尽管有这些挑战，管理者在制定基于成本的定价决策时，通常包括固定成本。

□ 成本加成定价和目标定价

在成本加成定价方法下计算的产品售价是期望价格。例如，假定 Astel 最初的产品设计结果是每台 Provalue Ⅱ的成本为 750 美元。假定加成率为 12%，则 Astel 设定的期望价格为 840 美元［750＋(0.12×750)］。由于个人电脑市场竞争十分激烈，顾客和竞争对手对这个价格的反应可能迫使 Astel 降低加成率，并将价格压得更低，如 800 美元。Astel 可以重新设计 Provalue Ⅱ将其单位成本降至 720 美元，就像我们在例子中所述，就可以在保持 800 美元售价的情况下获得接近 12%的加成率。最终的设计和成本加成价格应该在成本、加成以及顾客反应中取得平衡。

目标定价方法消除了在期望的成本加成价格、顾客反应、设计修改之间反复权衡的过程。与成本加成定价法相比，目标定价方法首先在顾客偏好和预期竞争对手反应的基础上决定产品的特征和目标价格，然后确定目标成本。

提供独特产品或服务的供应商，例如会计师和管理咨询师，经常使用成本加成定价法。专业服务机构在合伙人、经理以及助理的单位小时成本加成率的基础上确定价格。但是，在面临激烈竞争的情况下，这些价格会下调。专业服务机构在制定价格时，也会考虑服务多年的可能，因为顾客喜欢与公司进行长期合作。例如，注册会计师有时开始对顾客索取较低的价格，后来则索取较高的价格，以补偿开始几年的低利润或亏损。

服务公司如房屋维修服务、汽车维修服务和建筑公司使用一种叫做时间加材料法的成本加成定价方法。根据材料和人工时间制定每批次的价格。材料价格等于材料的成本加上一个加成，人工的价格是人工成本加上一个加成，即每一直接成本项目的价格包括它自己的加成。公司选择加成以补偿间接成本并赚取利润。

生命周期产品的预算与成本制度

管理者有时要考虑多年的产品生命周期中的产品目标价格与目标成本。**产品生命周期**（product life cycle）是指从产品最初的研发到不再向顾客提供该产品的技术支持和服务的期间。对于汽车公司，如宝马（BMW）、福特（Ford）和日产（Nissan），设计、推出、销售和维修不同汽车的产品生命周期是 12～15 年；对某些药品，如在辉瑞（Pfizer）、默克（Merck）和葛兰素史克（GlaxoSmithKline）等公司，生命周期大概为 15～20 年；对于银行，如富国银行（Wells Fargo）和大通（Chase），诸如新设计的有特定优惠的储蓄账户等产品的生命周期为10～20年；个人计算机的生命周期比较短，为2～3年，因为计算能力和微处理器速度的快速创新，老机型会很快过时。

运用**生命周期预算**（life-cycle budgeting），管理人员可以估计分配给每一种产品的收入和价值链业务职能成本（从最初的研发到最后为顾客提供服务与支持）。**生命周期成本制度**（life-cycle costing）追溯并归集分配给每一种产品的价值链业务职能成本（从最初的研发到最后为顾客提供服务与支持）。生命周期预算和生命周期成本制度时间跨度有若干年。

□ 生命周期预算与定价决策

预算的生命周期成本可为从战略上评估定价决策提供有用的信息。以Insight有限公司为例，该公司是一家计算机软件公司，正在开发一款名为"总账"的新会计软件包。假定下面是"总账"在6年的产品生命周期内的预算（单位：美元）：

第1年～第2年

	总固定成本
研究与开发成本	240 000
设计成本	160 000

第3年～第6年

	总固定成本	单位变动成本
生产成本	100 000	25
营销成本	70 000	24
分销成本	50 000	16
顾客服务成本	80 000	30

图表13—7列示了"总账"软件包三种可选择的价格/销量组合的生命周期预算。

图表13—7　Insight公司"总账"软件包生命周期收入及成本的预算[a]　单位：美元

	各种可选择的价格/销量组合		
	A	B	C
每套软件销售价格	400	480	600
销售量	5 000	4 000	2 500
生命周期收入			
（400×5 000；480×4 000；600×2 500）	2 000 000	1 920 000	1 500 000
生命周期成本			
研究与开发成本	240 000	240 000	240 000
产品及流程设计成本	160 000	160 000	160 000
生产成本			
100 000+(25×5 000)			
100 000+(25×4 000)			
100 000+(25×2 500)	225 000	200 000	162 500
营销成本			
70 000+(24×5 000)			

续前表

	各种可选择的价格/销量组合		
	A	B	C
70 000+(24×4 000)			
70 000+(24×2 500)	190 000	166 000	130 000
分销成本			
50 000+(16×5 000)			
50 000+(16×4 000)			
50 000+(16×2 500)	130 000	114 000	90 000
顾客服务成本			
80 000+(30×5 000)			
80 000+(30×4 000)			
80 000+(30×2 500)	230 000	200 000	155 000
总生命周期成本	1 175 000	1 080 000	937 500
生命周期营业利润	825 000	840 000	562 500

a. 表中数字在计算生命周期收入和生命周期成本过程中没有考虑货币的时间价值。本书第 21 章介绍了如何将这一重要因素结合在此类计算中。

一些成本特征使得生命周期预算特别重要：

1. **研发和设计的过程很长且代价很大**。就像“总账”的例子里那样，在开始生产之前或获得收入之前发生的成本占总生命周期成本的比例很高时，企业特别需要考虑产品生命周期内的收入和成本，以决定是否开始进行昂贵的研发与设计活动。

2. **许多成本被锁定在研发和设计阶段，即使研发与设计成本很小**。在“总账”例子里，如果设计的会计软件包很差，不方便安装和使用，将会导致随后几年里发生更高的营销成本、分销成本和顾客服务成本。如果产品没有达到预定的性能水平，这些成本将会更高。生命周期收入与成本预算可以阻止 Insight 公司的管理者在决策中忽略这些成本之间的相互联系。生命周期预算强调整个产品生命周期内的成本，以便于制定目标价格和目标成本，注重成本被锁定前在设计阶段运用价值工程。图表 13—7 中所列示的数据是价值工程的结果。

Insight 公司的管理者决定将“总账”软件以每套 480 美元的价格卖出，因为这个价格可以使公司的生命周期营业利润最大化。然后他们会将实际成本与生命周期预算进行比较以获得反馈，并了解如何更好地为以后的产品估计成本。

图表 13—7 假定每套软件卖出的价格在整个生命周期中是一样的。出于战略考虑，Insight 的管理者可能决定对市场撇脂，这意味着当产品首次进入市场时，公司对于急于购买“总账”软件的顾客索要更高的价格，当产品成熟后再降低价格。或者在以后年度，公司可以增加产品的特色，以区别于其他产品，从而保持价格与销售量。生命周期预算中必须包括这些战略的成本和收入。

□ 环境成本管理

环境成本管理是生命周期成本和价值工程的另一个例子。诸如美国的《空气清洁法案》(U. S. Clean Air Act) 以及《超级基金法修正案与再授权法案》(U. S. Superfund

Amendment and Reauthorization Act）等环境保护法引入了严格的环境标准，提出了严格的清除要求，对污染空气、地表土壤和地下水的行为进行严厉处罚。在产品生命周期若干年内发生的环境成本往往在产品和流程设计阶段就被锁定了。要避免这些环境责任，诸如炼油、化工和汽车制造等行业的管理者就必须实行价值工程，并对产品和流程进行设计，以防止和降低整个产品生命周期的污染。例如，诸如惠普和苹果等便携式电脑的生产制造商已经引入昂贵的再循环系统，以保证镍镉电池的危险化学物质不会渗入土壤。

□ 顾客生命周期成本

在前面的章节中，我们从产品或服务的视角考虑了生命周期成本。**顾客生命周期成本**（customer life-cycle costs）把重点放在顾客购买、使用、维修和处置产品或服务所发生的总成本。顾客生命周期成本影响公司能够为产品索取的价格。例如，福特汽车公司的汽车 1 000 英里的维护费用最低，那么它可以索取一个较高的价格，并且获得更高的市场份额。同样，美泰克公司（Maytag）为它的节电与低维修成本的家电索要更高的价格；波音公司对波音 777 收取更高的价格是合理的，因为飞机的设计使技师能够更容易地进入飞机的不同位置实施日常维修，减少时间和维修成本，并显著降低飞机的生命周期成本。

在定价决策中考虑非成本因素

在许多情况下，成本并不是制定价格的一个主要因素。我们研究与成本无关的支付能力、生产能力限制和顾客购买力影响价格制定的几种方式。

□ 价格歧视

以一家航空公司对从波士顿到旧金山的往返机票的定价为例，如果周六乘客在旧金山停留一个晚上，提前 7 天预订一张经济舱机票的价格是 450 美元。如果乘客在周六之前就要返回，这样一张机票的价格是 1 000 美元。这种价格差异能够用航空公司往返飞行的成本来解释吗？显然不是，无论乘客是否在旧金山停留一个周六的晚上，航空公司将乘客从波士顿送到旧金山再回来的成本是一样的。这种价格差异源于价格歧视。

价格歧视（price discrimination）是在实际定价中对于相同的产品和服务，对不同的顾客收取不同的价格。那么，价格歧视在这个航空公司的例子中如何实现呢？对机票的需求主要有两个方面：商务乘客和旅游乘客。商务乘客的旅行是由于需要代表公司去处理商业业务，这使得商务乘客对价格相对不太敏感，航空公司能够对商务乘客索取较高价格。需求对价格变动的敏感性称为需求弹性。商务乘客一般在到达目的地完成他们的工作之后立即返回。旅游乘客对在本周内返回的需求不是那么紧迫，他们更愿意在目的地度过周末。由于自己购买机票，他们的需求是具有价格弹性的；更低的价格刺激需求，而更高的价格限制需求。通过向旅游乘客收取更低的价格，航空公司能够赚到更高的营业利润。

航空公司怎样在向商务乘客索要高的价格的同时向那些旅游乘客索要较低的价格呢？即利用停留一个周六晚上的要求将两类旅客区分开来。航空公司利用商务乘客和旅游乘客表现出的对价格的不同敏感性，在两个细分市场上实行价格歧视。即使对两个细分市场服务的成本是一样的，也可以存在价格差异。

如果经济环境恶化以至于商务乘客变得对价格更敏感会怎么样？航空公司就需要降低对商务乘客的价格。2001 年美国“9·11”恐怖袭击后，一些航空公司已经在某些航线对特定的商务乘客群提供折扣机票，并没有要求停留一个周六的晚上，以刺激商务旅行。果然，商务旅行有了好转，航空公司的上座率比以前高了。但遗憾的是，旅行乘客市场回暖不够理想，航空行业整体上在过去几年里遭受了重大亏损。

□ 高峰定价法

除价格歧视以外，诸如生产能力限制等非成本因素也影响定价决策。**高峰定价法**(peak-load pricing）是在实务中当对产品或服务的需求接近实际的能力限制时，对该种产品或服务要求较高的价格。当需求很高，生产能力进而供给有限时，顾客愿意为得到产品或服务支付更多的费用。相反，在淡季或存在大量闲置能力时，公司降低价格刺激需求以利用生产能力。高峰定价法在电话、电信、旅馆、汽车租赁和电力行业都有应用。2012 年伦敦夏季奥运会期间，旅馆收费非常高，并且要求住宿多个晚上。在运动会大约一个月的时间里，航空公司对进出该地区多个城市的航班收取高额费用。需求远大于供给能力，旅馆业和航空公司就采用高峰定价法增加它们的利润。

□ 国际定价

另外一个非成本因素影响定价的例子发生在相同的产品在不同的国家出售时。考虑一下软件、书籍、药物等在一个国家生产而在全球范围内出售的情况。在每个国家的定价差异比将这些产品运输到各个国家的成本差异更大。这些价格差异的产生是因为各个国家顾客的购买力有很大的区别（价格歧视的一种形式），政府管制也可能对定价有限制。

反托拉斯法与定价决策

法律因素也会影响定价决策。公司不能总是按照自己想要的价格来定价。例如，1936 年美国《罗宾逊—帕特曼法》(Robinson-Patman Act）规定，制造商不能在两群顾客之间实施目的在于降低或阻止顾客竞争的歧视性定价。这种反价格歧视法有以下两个主要特点：

1. 如果价格差异可以被成本差异解释，那么这种价格歧视是允许的。
2. 仅当价格歧视的意图是降低或阻止竞争时，价格歧视才是非法的。

前面介绍的航空公司的价格歧视是合法的，因为它们没有妨碍竞争。

掠夺性定价

美国的反托拉斯法，如《谢尔曼法》（Sherman Act）、《克莱顿法》（Clayton Act）、《联邦贸易委员会法》（Federal Trade Commission Act）以及《罗宾逊—帕特曼法》，禁止企业进行掠夺性定价。[①] **掠夺性定价**（predatory pricing）是指企业有意使产品的售价低于成本，以期将竞争对手逐出行业，限制供给，然后抬高产品价格，而不是扩大市场需求。[②]

美国最高法院确立了如下条件以证明发生了掠夺性定价：

- 掠夺性定价企业索取一个低于合理成本尺度的价格。
- 通过高市场占有率或高价，掠夺性定价企业对在未来能够补偿价格低于成本的损失有合理的预期。

最高法院并没有对“合理成本尺度”做出规定。[③]

美国大多数法院将“合理成本尺度”定义为短期边际成本或平均变动成本。[④] 在 Adjustor's Replace-a-Car 诉 Agency Rent-a-Car 一案中，Adjustor's（原告）声称由于 Agency 实行掠夺性定价行为，它被迫退出奥斯汀、圣安东尼奥和得克萨斯的市场。[⑤] 为了证明 Agency 的掠夺性定价行为，Adjustor 指出在分配了 Agency 总部的费用以后 Agency 公司的利润表上显示为“经营亏损”。可是，法官判决 Agency 没有实行掠夺性定价行为，因为其每辆汽车的出租价格从来没有低于它的平均变动成本。

最高法院在 Brooke Group 诉布朗威廉姆森烟草公司（Brown & Williamson Tobacco (BWT)）一案中的决定使公司更难证实掠夺性定价。法院规定，如果公司没有合理的机会在日后提高价格或市场份额来弥补损失，那么低于平均变动成本的定价不是掠夺性定价。[⑥] 被告方 BWT（一家香烟厂商）销售著名品牌的香烟，并占有 12%的市场份额。普通香烟的出现对 BWT 的市场份额构成威胁，BWT 做出反应，以低于平均变动成本的价格推出自己的普通香烟，使其他普通香烟生产商难以继续经营。最高法院判决 BWT 的行为是竞争性反应而不是掠夺性定价。这是因为考虑到 BWT 目前 12%这样小的市场份额和该行业的竞争情况，它不能在以后索取一个垄断价格以弥补现在的损失。

---

① 关于《谢尔曼法》和《克莱顿法》的讨论请见 Arnold I. Barkman and John D. Jolley, "Cost Defenses for Antitrust Cases", *Management Accounting 67*, No. 10 (1986): 37-40。

② 进一步的讨论请参见 W. Kip Viscusi, John M. Vernon and Joseph E. Harrington, *Economics of Regulation and Antitrust*, 4th ed. (Cambridge, MA: MIT Press, 2006)；以及 Jessica L. Goldstein, "Single Firm Predatory Pricing in Antitrust Law: The Rose Acre Recoupment Test and the Search for an Appropriate Judicial Standard," *Columbia Law Review* 91 (1991): 1557-1592。

③ *Brooke Group v. Brown & Williamson Tobacco*, 113 S. Ct. (1993)；Timothy J. Trujillo, "Predatory Pricing Standards Under Recent Supreme Court Decisions and Their Failure to Recognize Strategic Behavior as a Barrier to Entry," *Iowa Journal of Corporation Law* (Summer 1994): 809-831.

④ 一个例外是 *McGahee v. Northern Propane Gas Co.* [858 F, 2d 1487 (1988)]，第十一巡回法院认为低于平均总成本的价格构成了掠夺性意图的事实。进一步讨论，可以参见 Phillip Areeda and *Donald F. Turner*, "Predatory Pricing and Related Practices under Section 2 of Sherman Act," *Harvard Law Review* 88 (1975): 697-733。关于案例法的概述可以参考 W. Kip Viscusi, John M. Vernon, and Joseph E. Harrington, *Economics of Regulation and Antitrust*, 4th ed. (Cambridge, MA: MIT Press, 2006)。对于法庭案例的总结，可以参考载于 *Journal of Marketing* 的 "Legal Development" 一节的相关内容。

⑤ *Adjustor's Replace-a-Car, Inc. v. Agency Rent-a-Car*, 735 2d 884 (1984).

⑥ *Brooke Group v. Brown & Williamson Tobacco*, 113 S. Ct. (1993).

倾销

与掠夺性定价密切相关的是倾销。根据美国法律，**倾销**（dumping）是指外国公司在美国市场上以低于其在生产国市场价值的价格出售产品，并且这种行为严重损害了美国的某个行业或对其构成了严重的威胁。若倾销行为得到证实，根据美国税法，可对商品征收金额相当于其在外国市场上的价值超过美国市场价格的反倾销税。与倾销有关的诉讼在水泥、计算机、木材、纸、半导体、钢铁、羊毛衫以及轮胎行业都已出现。2012 年 11 月，美国商务部声明将对进口的中国太阳能电池板征收 24%～36%的关税。美国国际贸易委员会裁定，由于中国企业在美国市场以低于中国市场的价格销售太阳能电池板，美国太阳能电池板制造商丧失了国内的市场份额。中国说这个裁定是“不公平的”，计划向世界贸易组织争端解决小组提出申诉。世界贸易组织是一个国际组织，其创立的目标是促进和管制不同国家之间的贸易交往。①

合谋定价

另一种违反反托拉斯法的行为是**合谋定价**（collusive pricing），是指某一行业中的若干企业就其定价和产量决策达成协议，以实现高于竞争性价格的销售价格，并且限制贸易。例如，2013 年，联邦法官裁定，苹果公司与五家主要的美国图书出版商合谋，哄抬电子书的价格。②

自测题

再次考虑 Astel Computer 的例子。Astel 的营销经理认为，要实现售出 200 000 台 Provalue Ⅱ的目标，有必要进一步降价。为了获得 1 600 万美元的目标利润或者说每台 Provalue Ⅱ获得 80 美元的利润，Astel 需要将 Provalue Ⅱ的成本降低 600 万美元或者说每台 Provalue Ⅱ降低 30 美元。Astel 的目标是将生产成本降低 400 万美元，也就是每台 20 美元；营销、分销以及顾客服务的成本降低 200 万美元，也就是每台 10 美元。指派完成这项任务的跨部门团队对生产一个不同版本的 Provalue（名为 Provalue Ⅲ）提出了下面几点建议：

1. 购买组装而不是单个部件，以减少直接材料和订货成本。
2. 重新设计订货及收货流程，以减少单位订单的订货及收货成本。
3. 缩短测试时间，并降低每小时测试所需的人工和动力。
4. 开发新的返工程序，以减少单位小时返工成本。

单位直接制造人工成本和总机器成本没有发生改变。

与 Provalue Ⅱ比较，下表总结了 Provalue Ⅲ的成本动因数量和每个成本动因的单位成本。

---

① Ryan Tracy, “Washington to Hit Beijing With Solar-Panel Tariffs,” *The Wall Street Journal* (November 8, 2012).

② Chad Bray, Joe Palazzolo, and Ian Sherr, “U. S. Judge Says Apple Colluded In E-Books,” *The Wall Street Journal* (July 11, 2013).

文件(F) 编辑(E) 视图(V) 插入(I) 格式(O) 工具(T) 数据(D) 窗口(W) 帮助(H)

	A	B	C	D	E	F	G	H	I	J	K	L	M	N
1			2014年生产200 000台						2014年生产200000台					
2			Provalue Ⅱ的生产成本信息						Provalue Ⅲ的生产成本信息					
3	成本类别	成本动因	成本动因数量明细				成本动因总数	成本动因单位成本	成本动因数量明细				成本动因总数	成本动因单位成本
4	(1)	(2)	(3)		(4)		(5)＝(3)×(4)	(6)	(7)		(8)		(9)＝(8)×(8)	(10)
5	直接材料	配套元件号	1	配套元件/台	200 000	台	200 000	$385	1	配套元件/台	200 000	台	200 000	$375
6	直接制造人工(DML)	DML时间	2.65	每台DML时间	200 000	台	530 000	$20	2.65	每台DML时间	200 000	台	530 000	$20
7	直接加工(固定的)	机时					300 000	$38					300 000	$38
8	订购与收货成本	订单号	50	订单/部件	425	部件	21 250	$80	50	订单/部件	400	部件	20 000	$60
9	测试与检验成本	检测时间	15	每台检测时间	200 000	台	3 000 000	$2	14	每台检测时间	200 000	台	2 800 000	$1.70
10	返工				6.5%	缺陷率					6.5%	缺陷率		
11		返工时间	2.5	每台返工时间	13 000[a]	台	32 500	$40	2.5	每台返工时间	13 000[a]	台	32 500	$32
12														
13	[a] 6.5%缺陷率×200 000台＝13 000 台									台	台			

要求：

新方案是否能够实现 Astel 将生产成本降低 400 万美元（或者每台 20 美元）的目标？列出你的计算过程。

解答：

图表 13—8 列示了改进后的 Provalue Ⅲ的生产成本。新方案将成本从 1.08 亿美元，或者每台 540 美元（见图表 13—6），降至 1.04 亿美元，或者每台 520 美元（见图表 13—8），从而实现 Astel 将成本降低 400 万美元或每台 20 美元的目标。

图表 13—8 改进后的 Provalue Ⅲ在 2014 年的目标生产成本 单位：美元

文件(F) 编辑(E) 视图(V) 插入(I) 格式(O) 工具(T) 数据(D) 窗口(W) 帮助(H)

	A	B	C
1		200 000台	预算
2		的预算生产成本	单位生产成本
3		(1)	(2) ＝ (1) ÷200 000
4	直接生产成本		
5	直接材料成本		
6	(200 000×375)	75 000 000	375.00
7	直接制造人工成本		
8	(530 000×20)	10 600 000	53.00
9	直接机器成本		
10	(300 000×38)	11 400 000	57.00
11	直接生产成本合计	97 000 000	485.00
12			
13	间接生产成本		
14	订货及收货成本		
15	(20 000×60)	1 200 000	6.00
16	测试及检验成本		
17	(2 800 000×1.70)	4 760 000	23.80
18	返工成本		
19	(32 500×32)	1 040 000	5.20
20	间接生产成本合计	7 000 000	35.00
21	总生产成本	104 000 000	520.00

决策要点

下面的问答形式是对本章学习目标的总结，决策代表与学习目标相关的关键问题，指南则是对该问题的回答。

决策	指南
1. 影响定价决策的三个主要因素是什么？	消费者、竞争对手和成本通过其对需求和供给的影响来影响定价；消费者和竞争对手影响需求，成本影响供给。
2. 公司如何制定长期定价决策？	公司考虑所有未来成本（变动的或短期内固定的），并使用基于市场或基于成本的方法以获得目标投资报酬率。
3. 企业如何确定目标成本？	长期定价的方法之一是使用目标价格。目标价格是所估计的潜在顾客对于某种产品或服务愿意支付的价格。单位目标成本等于目标价格减去目标单位营业利润。单位目标成本是某种产品或服务的估计长期成本，这一成本保证了当产品售出时目标营业利润的实现。价值工程帮助企业进行必要的成本改进以达到目标成本。
4. 为什么区分成本发生和锁定成本很重要？	成本发生于资源被真正消耗之时。锁定成本是指那些尚未发生，但根据已经做出的决策将在未来发生的成本。为了减少成本，在成本锁定以前使用一些如价值工程的工具是很有效的。
5. 企业如何使用成本加成法为产品定价？	成本加成定价方法通过在成本基础之上附加加成额进行定价选择。许多不同的成本，如全部产品成本或生产成本可以在运用成本加成公式时作为成本基础，然后在消费者和竞争对手反应的基础上修正价格。因此，“加成额”的大小是由市场决定的。
6. 描述生命周期预算和生命周期成本制度，企业什么时候使用它们？	生命周期预算评估和生命周期成本制度，追溯并归集从最初的研发到最终的顾客服务与支持整个生命周期的所有成本（和收入）。这些生命周期在下面这些情况下尤为重要：(1) 非生产成本很大；(2) 开始生产之前或获得收入之前发生的成本占总生命周期成本的比例很高；(3) 大部分生命周期成本被锁定在研发和设计阶段。
7. 描述价格歧视和高峰定价法，以及国家间的价格差异	价格歧视是指对于同样的产品，对某些消费者的定价高于其他消费者。高峰定价法是指在需求量接近实际的生产能力限制时对同一产品或服务制定较高的价格。在价格歧视和高峰定价方法下，即使不同细分市场的产品或服务成本大致相同，其价格也会存在差异。同样产品的价格在国家间有差异，因为消费者的购买力和政府的限制不同。
8. 反托拉斯法如何影响定价？	出于遵从反托拉斯法的考虑，企业不能从事掠夺性定价、倾销或合谋定价活动。这些活动降低了竞争水平或使其他的企业处于不公平的竞争劣势，或者损害了消费者的利益。

练习题

13—17 目标经营利润，增值成本，服务公司。Calvert Associates 遵照当地结构安全规范准备建筑图纸。2013 年的利润表如下：

收入	$ 701 250
专业人员工资（$ 7 500×52 小时）	390 000
差旅费	15 000
行政与支持成本	171 600
总成本	576 600
营业利润	$ 124 650

以下是专业人员花在各种作业上的时间百分比：

为客户计算和绘制图纸	77%
检查计算和图纸	3
纠正图纸中发现的错误（不向客户收费）	8
应客户要求进行修改（向客户收费）	5
纠正自己建筑规范方面的错误（不向客户收费）	7
合计	100%

假定行政和支持成本随专业人工成本变化。假设每个要求都是独立的。

要求：

1. 2013 年总成本中有多少成本是增值成本、非增值成本和两者间的灰色地带成本？简要解释你的答案。Calvert 可以采取什么措施降低成本？

2. 把非增值成本错误分类为增值成本会有什么后果？存在疑问的时候，你会把一种成本分类为增值成本还是非增值成本？请简要解释。

3. 假设 Calvert 能消除所有错误以至于不需要花费时间纠正，这样的话就能成比例地降低专业人工成本。计算 2013 年 Calvert 的营业利润。

4. 假设 Calvert 能够接受尽可能多的它能完成的业务，但是它无法增加更多的专业人员。假定 Calvert 能够消除所有的错误以至于不必花费时间来纠正错误，且 Calvert 可以用省下来的时间成比例地增加收入，差旅费用仍为 15 000 美元。计算 2013 年 Calvert 的营业利润。

13—19 目标成本，产品设计变化对产品成本的影响。Neuro Instruments 使用一个制造成本核算系统，有一个直接成本类别（直接材料）和三个间接成本类别：

a. 安装，生产订单以及随批量变动的材料处理成本

b. 随机器工时变动的制造操作成本

c. 随工程变化数量变动的工程变化成本

为了应对 2012 年末的竞争压力，Neuro Instruments 使用了价值工程技术来降低制造成本。2012 年和 2013 年的实际信息如下（单位：美元）：

	2012 年	2013 年
每批的安装、生产订单和材料处理成本	8 900	8 000
单位机器工时的总制造操作成本	64	48
单位工程变化成本	16 000	8 000

Neuro Instruments 的管理层想要评估价值工程是否成功地将 HJ6（它的产品之一）的目标单位制造成本降低了 5%。

2012 年和 2013 年 HJ6 的实际结果如下：

	2012 年实际结果	2013 年实际结果
HJ6 的产量	2 700	4 600
每单位 HJ6 的直接材料成本（美元）	1 400	1 300
HJ6 的生产总批次	60	70
HJ6 的生产总机时	20 000	30 000
工程变化发生的次数	24	7

要求：

1. 计算 2012 年 HJ6 的单位制造成本。

2. 计算 2013 年 HJ6 的单位制造成本。

3. 2013 年 Neuro Instruments 达到 HJ6 的单位目标制造成本了吗？请解释。

4. 请解释 2013 年 Neuro Instruments 如何降低 HJ6 的单位制造成本。

5. Neuro Instruments 的管理者在实现目标成本的过程中可能会遭遇什么挑战？他们会怎样克服这些挑战呢？

13—21 投资定价的成本加成目标收益率。John Branch 是一个公司的管理合伙人，公司刚建造完成了一个有 60 个房间的汽车旅馆。Branch 预

计下一年他可以将这些房间出租 16 000 晚（或 16 000 房间夜）。所有房间都相似且以同样的价格出租。Branch 预测下一年的营业成本如下：

变动营业成本	每房间夜 4 美元
固定成本	
工资（美元）	170 000
建筑和水池的维护（美元）	48 000
其他经营和管理费用（美元）	122 000
总固定成本（美元）	340 000

汽车旅馆的投入资本是 1 000 000 美元。合伙人的目标投资收益率是 20%。Branch 预计一年内对房间的需求是均匀的。他计划在完全成本的基础上加上利润制定房间价格，以赚取目标投资收益率。

要求：

1. Branch 应该为一个房间夜制定的价格是多少？加成占一个房间夜全部成本的百分比是多少？

2. Branch 的市场调查显示，如果将要求 1 中确定的一个房间夜的价格降低 10%，那么 Branch 可以出租的房间夜的预计数量会增加 10%。Branch 应该降价 10%吗？请列示计算过程。

13—23 生命周期预算制定和成本计算。Jurgensen Manufacturing 公司计划开发一个只能用可充电电池的工业动力家用真空吸尘器。产品需要花费 6 个月来设计和测试。公司期望在销售的头 6 个月里能卖出 10 000 件吸尘器，随后两年每年卖出 20 000 件，在产品生命周期的最后 6 个月能卖出 5 000 件。预计成本如下（单位：美元）：

期间	成本	期间总固定成本	单位变动成本
0～6 个月	设计成本	500 000	
7～12 个月	生产	1 300 000	90
	营销	1 000 000	
	分销	200 000	10
13～36 个月	生产	4 900 000	70
	营销	2 325 000	
	分销	700 000	8
37～42 个月	生产	800 000	60
	营销	475 000	
	分销	100 000	7

忽略资金的时间价值。

要求：

1. 如果每件吸尘器的定价为 375 美元，那么在产品的生命周期里公司能获得多少营业利润？单位营业利润是多少？

2. 假设定价仍为 375 美元，除去最初的产品设计成本，在产品生命周期的三个销售阶段，每个阶段的营业利润是多少？

3. 你会怎么解释产品生命周期内预算营业利润的变化？在研发新真空吸尘器前，公司还需要考虑哪些其他因素？

4. Jurgensen 担心第一个销售阶段报告的营业利润。它考虑在头 6 个月将吸尘器定价为 425 美元，而后降为 375 美元。在这个定价策略下，Jurgensen 预期在头 6 个月能卖出 9 500 件而不是 10 000 件，随后两年每年卖出 19 000 件，在最后 6 个月卖出 5 000 件。假定成本结构相同，你会推荐哪个定价策略？请解释。

13—25 成本加成，目标定价，逆向作业。Rusty Manufacturing 新上任的 CEO 询问了去年公司运营的各种信息。下面是 CEO 得到的信息，但是有一些数据缺失：

总销售收入	?
产销量	500 000 单位
售价	?
营业利润	180 000 美元
资产投资总额	2 250 000 美元
单位变动成本	4.00 美元
本年固定成本	2 500 000 美元

要求：

1. 计算这种产品的（a）总销售收入，（b）售价，（c）投资收益率，以及（d）成本全部成本加成比例。

2. 新上任的 CEO 计划将固定成本减少 225 000 美元，并将单位变动成本减少 0.30 美元，但同时继续产销 500 000 单位。使用要求 1 中相同的加成比例，计算新的销售价格。

3. 假定 CEO 实施了要求 2 中包括新售价在内的变化。然而，变动成本降低导致产品质量下降，进而导致与变化前相比销量降低了 5%。计算营业利润（亏损）。

4. 除了要求 3 中描述的质量问题之外，你还能看出关于实现 CEO 计划的其他担忧吗？简要解释。

13—27 目标服务成本，价值工程，作业成本制度。Lagoon 是一个游乐园，提供家庭友好型的娱乐项目和景点。游乐园占地超过 25 英亩。包含所有景点的入园门票价格是 35 美元。在这个门票价格下，Lagoon 的目标利润是收入的 35%。Lagoon 的管理者已经确定了决定园区经营成本的主要作业。作业成本库、每个作业的成本动因、每个成本库的单位成本动因如下：

生产作业	作业描述	成本动因	成本动因的单位成本
1. 门票销售	现场销售入园门票	现场销售门票数	每张门票 2 美元
2. 门票验证	验证在游乐园和网上购买的门票	游客人数	每位游客 1.50 美元
3. 经营景点	在景点接待、监督和欢送游客	行程数	每行程 90 美元
4. 清理垃圾	巡视园区和清理垃圾	清理垃圾的小时数	每小时 20 美元

以下资料说明了目前的经营情况：

(1) 园区营业时间为早上 10 点至晚上 8 点，每周 7 天。每周的平均游客人数为 55 000 人。

(2) Lagoon 维护一个在线网站，用于游客提前购买门票。这个网站由一个外部公司维护，每售出一张票，它们就收取 1 美元。只有 15%的门票是从网上购买的。

(3) 一旦门票被购买，另一个园区雇员就检查门票，并对游客进行标记，以便顾客退出和返回。

(4) 园区有 27 个景点。一个行程是接待、监督和欢送游客的一个完整循环。平均而言，景点一小时做 6 个行程。经营景点的费用包括操作人员的工资、维护和设备折旧。

(5) 清理组成员按面积分配。每人每小时可以清理约 1 英亩地。每英亩地都是持续清理的。垃圾清理的费用包括员工的工资和清洁用品。

面对竞争压力，为了持续吸引每周 55 000 名游客，Lagoon 决定将门票价格降至每人 33 美元。为了保持与以前同样的利润水平，Lagoon 希望进行如下改进，以降低经营成本：

(1) 每星期花 1 000 美元进行广告宣传，以促进对网上购票的认识。Lagoon 的管理者预计，这种广告宣传将使网上购票增加到总门票销售的 40%。在这个数量上，每张网上售票的成本将下降到 0.75 美元。

(2) 将 8 个不是很受欢迎的景点的运营时间从每天 10 小时减少到每天 7 小时。

(3) 每星期额外花费 250 美元增加园区垃圾箱的数目。清理垃圾的员工将能够每小时清理 1.25 英亩。

所有其他作业的成本动因的单位成本保持不变。

要求：

1. 目前 Lagoon 实现了销售收入的 35%的目标利润吗？

2. 新变化和改进能够使 Lagoon 达到同样的目标利润额吗？列出你的计算过程。

3. Lagoon 的管理者在实现目标成本的过程中会遇到什么挑战？他们如何克服这些挑战？

13—29 成本加成，时间和材料，道德。A & L Mechanical 公司销售水管、暖气和空调系统，并提供服务。A & L 的成本会计系统有两个成本类别：直接人工和直接材料。A & L 使用一个时间—材料定价系统，直接人工加成 80%，直接材料加成 60%来弥补支持人员、支持材料以及共享设备和工具等间接成本并获得盈利。

在炎热的夏季，Michelle Lowry 家的中央空调停止工作了。A & L 的技师 Tony Dickenson 来到 Lowry 家并检查了空调。他考虑了两种选择：更换压缩机或修理压缩机。Dickenson 所能得到的成本信息如下：

	人工	材料
修理选择	7 小时	120 美元
更换选择	4 小时	230 美元
人工率	45 美元/小时	

要求：

1. 如果 Dickenson 向 Lowry 提出替换或修理选择，他会为每种选择报什么价？

2. 在 Lowry 打算住在家里的 3 年时间里，如果这两种选择都有效，她会选哪个？

3. 如果 Dickenson 的目标是利润最大化，他会向 Lowry 推荐哪个？什么样的行为是道德的？

13—31 成本加成法和基于市场的定价（摘自 CMA）。Quick Test 实验室评估材料对温度极端升高的反应。公司早期大部分的发展都归功于政府合同，但近期的增长来自于商业市场的扩展。Quick Test 的环境检测包括：热检测（HTT）和冷检测（ACT）。目前，所有的营业成本预算都集中在单一的间接费用库中。所有的预估检测时间都集中在单一的集合库中。单位测试小时的比率可以用于两种类型的测试。在这个比率基础上加成 30%，以弥补管理费用和税费，并赚取利润。

George Barton 是 Quick Test 的主计长，他认为测试程序和成本结构有很大的差异，足以建立单独的成本比率和 30%加成的收费率。他也认为公司目前正在使用的刚性的比率结构在当前竞争性的环境中是不够的。分析相关数据后，他将营业成本分成如下三个成本库：

人工与监督	$ 436 800
准备与设备成本	351 820
水电费	435 600
期间预算总成本	$ 1 224 220

George Barton 预计下一年度的总检测小时为 112 000 小时。检测小时也是人工与监督的成本动因。准备与设备成本的成本动因的预算量为 700 准备小时。水电费的成本动因的预算量为 12 000 机器小时。

George 估计 HTT 耗用 70%的检测小时，20%的准备小时和一半的机器小时。

要求：

1. 基于检测小时计算营业成本的单一分配率，并计算 HTT 和 ACT 的小时收费率。

2. 计算经营成本的三个作业分配率。

3. 根据作业成本结构，计算 HTT 和 ACT 的收费率是多少。根据检测小时确定比率。参考要求 1，2，哪个比率对 Quick Test 更合理？

4. 如果竞争对手单位小时冷检测收费 23 美元，Quick Test 如何保持竞争力？

13—33 航班定价中的非成本因素。北方航空公司准备开通一条纽约与洛杉矶之间的每日往返航班，公司目前正在为它的往返机票定价。

北方航空公司的市场调研部门把乘客分为商务乘客和旅游乘客两类，并对两种不同的定价以及每张票的变动成本（包括付给旅行代理公司的佣金）预计了其对座位售出量的影响（单位：美元）：

定价	每张票的变动成本	预计的座位售出量（个）	
		商务乘客	旅游乘客
800	85	300	150
1 800	195	285	30

旅游乘客通常在第一周开始旅程，在目的地度过一个周末，在下周回来；而商务乘客往往在一个礼拜以内就完成了他们的往返旅程，周末不会在目的地停留。

假定往返的燃料费用成本是固定成本，为 24 700 美元，分配到往返航班的年固定租赁费、地面服务费、固定航班人员工资总额为 183 000 美元。

要求：

1. 如果你可以对商务乘客和旅游乘客制定不同的机票价格，你会怎么做？列出计算过程。

2. 请解释你在回答要求 1 时所需考虑的主要因素。

3. 北方航空公司如何运用价格歧视的策略？也就是说，航空公司应设计一个什么样的方案，才能让商务乘客支付航空公司想要的价格，同时让旅游乘客也支付航空公司想要的价格？

13—35 道德和定价。为了新的发展，Instyle Interior Designs 被要求准备一份装饰 4 间样板房的投标。对销售代表 Jim Doogan 来说，赢得这个投标是一个很大的帮助，他从事的是完全按业绩提成的工作。Instyle 的成本会计师 Sara Groom 基于以下成本信息来准备投标（单位：美元）：

直接成本		
设计成本		20 000
家具和艺术品		70 000
直接人工		10 000
交付与安装		20 000
间接成本		
设计软件	5 200	
家具处理	4 800	
一般与行政管理费用	8 000	
总间接成本		18 000
全部产品成本		138 000

基于公司按照全部成本的 120%定价的策略，Groom 就这项工作向 Doogan 提出了 165 600 美元的报价。Doogan 非常担忧，他告诉 Groom，以这个价格 Instyle 不可能赢得这个投标。他向她坦言，他花了 600 美元的公司基金请开发商看了一场篮球季后赛，开发商透露说 156 000 美元的投标会赢得这项工作。他本没有打算告诉 Groom，因为他很自信她制定的投标会低于那个金额。Doogan 推论说如果 Instyle 不能利用这条有价值的信息，他花的 600 美元就浪费了。无论怎样，如果公司以 156 000 美元投标成功的话，还是会赚钱的，因为这比全部成本 138 000 美元高。

要求：

1. 花费在篮球赛票上的 600 美元与投标决策相关吗？为什么？

2. Groom 建议说如果 Doogan 愿意用更便宜

的家具和艺术品的话，156 000美元的投标价格是可能的。设计早已被检查和接受了，而且没有额外费用的话是不能被改变的，因此，全部的成本降低额只能来自于家具和艺术品。假定目标加成为全部成本的20%，那么家具和艺术品的目标成本是多少才能让Doogan提出156 000美元的投标价格？

3. 评价Groom建议Doogan使用开发商的内幕消息是否不道德。若Doogan重新设计这个项目以达到一个较低的报价，这是不道德的吗？Doogan和Groom应该采取什么措施解决这个问题？

第 14 章

成本分配、客户盈利性分析和销售差异分析

- 客户盈利性分析
- 客户盈利性剖面图
- 基于成本层级的营业利润表
- 成本分配的标准
- 完全分配的客户盈利能力
- 销售差异

学习目标

1. 讨论为什么公司的收入和成本在顾客之间有差异
2. 识别顾客盈利性剖面图的重要性
3. 理解基于成本层级的营业利润表
4. 理解指导成本分配决策的标准
5. 讨论归集和分配间接成本给顾客时面临的决策
6. 将销售量差异细分为销售组合差异和销售数量差异，将销售数量差异细分为市场份额差异和市场规模差异

许多公司竭力想让他们的客户满意。

但是他们应该在多大程度上、以什么代价让客户满意？一家公司应该区别对待客户，还是一视同仁？下面的文章解释为什么管理者能够算出他们的每一个客户多么有利可图是如此重要。

喜达屋酒店：不是所有客户都是一样的①

2013 年，拥有并经营包括威斯汀（Westin）、喜来登（Sheraton）、W 酒店（W Hotels）的喜达屋酒店及度假村国际集团（Starwood Hotels & Resorts Worldwide, Inc.）为它的常客宣布了新的优惠。

喜达屋增加的特色包括 24 小时滚动登记入住和结账离开、个人旅行助理、授予“大使”称号。新的优惠花费了公司 2 500 万美元。为什么为常客投入这么多钱？客户盈利分析显示，常客为喜达屋的盈利做出了更大的贡献。

喜达屋发现，2%的客户创造了 30%的息税折旧摊销前利润（EBITDA）。EBITDA 是酒店行业的一个关键盈利指标。喜达屋预期 9.8 亿美元 EBITDA 预算中的 2.8 亿美元来自这些客户。新优惠的使用取决于入住喜达屋酒店的频率，只有那些一年入住 100 天的客户才能享受这种最高水平的服务。公司估计有资格享受这种服务的客户至少有数万人。

喜达屋重视常客是酒店业从回头客那里获得更多业务的持续竞赛的一部分。当竞争加剧时，酒店势均力敌，竞相为最有利可图的客户提供优惠。

为了确定哪些产品、客户、项目或部门是盈利的，组织必须决定如何分配成本。建立在诸如第 5 章介绍的作业成本法这样的理念上，在本章及下一章中，我们深入了解成本分配。本章的重点是成本分配的宏观问题：分公司和客户的成本分配。第 15 章将描述成本分配的微观问题：将辅助部门的成本分配给生产部门，以及将成本分配给不同的用户和作业——收入分配也是如此。

---

① 基于 Alexandra Berzon, “Starwood Perks Up Loyalty Program,” *Wall Street Journal*, (February 1, 2012)。

客户盈利性分析

客户盈利性分析（customer-profitability analysis）是对来自客户的收入与为获得这些收入发生的成本的报告和分析。对客户收入和成本差异的分析能够对为何不同的客户会带来不同的营业利润提供观察点。具备了这些信息，管理者就能够确信对公司营业利润做出更大贡献的客户受到了公司相应的更多关注，而对公司造成损失的客户没有使用比他们提供的收入更多的资源。正如本章开始部分描述的那样，在喜达屋酒店，管理者使用客户盈利性分析将客户分为经常住在酒店且得到更多优惠的盈利客户与盈利更少且得到更少服务的其他客户。

仍以第 13 章中的 Astel Computers 公司为例。Astel 有两个分公司：Deskpoint 分公司生产并销售服务器，Provalue 分公司生产奔腾芯片的个人电脑。图表 14—1 与图表 13—3 一样，提供了 Provalue 分公司 2013 年的数据。Astel 通过两个渠道销售并分销 Provalue：(1) 批发商，他们把 Provalue 卖给零售店；(2) 直接卖给企业客户。Astel 销售同样的 Provalue 电脑给批发商和企业客户，因此，不管卖给谁，Provalue 的全部制造成本都是 680 美元。2013 年 Provalue 的目录售价是 1 100 美元，扣除价格折扣后，平均售价为 1 000 美元。我们重点关注 Provalue 分公司 10 个批发商的客户获利性。

图表 14—1　2013 年 Provalue 分公司使用价值链作业成本核算的获利性　单位：美元

	A	B	C
1		总量	
2		150 000台	每台
3		(1)	(2)=(1)÷150 000
4	收入	150 000 000	1 000
5	销售成本[a]（来自于图表13—2）	102 000 000	680
6	营业成本[b]		
7	研发成本	2 400 000	16
8	产品设计与加工成本	3 000 000	20
9	营销与管理成本	15 000 000	100
10	分销成本	9 000 000	60
11	顾客服务成本	3 600 000	24
12	营业成本	33 000 000	220
13	全部产品成本	135 000 000	900
14	营业利润	15 000 000	100
15			
16	a 销售成本＝总制造成本，因为2013年Provalue没有期初和期末存货		
17	b 假定营业成本项目中没有辅助成本		

□ 客户收入分析

分析一下 Provalue 分公司的 4 位批发商，他们是从 2013 年的 10 位客户中选出的

（单位：美元）：

	A	B	C	D	E
1		客户			
2		A	B	G	J
3	Provalue销量（台）	30 000	25 000	5 000	4 000
4	目录销售价格	1 100	1 100	1 100	1 100
5	折扣	100	50	150	—
6	发票价格	1 000	1 050	950	1 100
7	收入（第3行×第6行）	30 000 000	26 250 000	4 750 000	4 400 000

两个变量解释了4位批发客户的差异：（1）购买的电脑数；（2）价格折扣。**价格折扣**（price discounting）是为了鼓励客户大量购买而对目录销售价格的抵扣。如果公司只是在信息系统中记录最后发票价格，就不能容易地跟踪其价格折扣的数量。①

出现价格折扣的原因是多方面的，包括购买量（客户购买量越大，折扣越高）和销售产品给这位客户可能促进其他销售的愿望。在某些情况下，折扣也可能是因为销售人员较差的谈判能力或者是公司仅基于收入的激励计划的不利影响。但是，在任何时候价格折扣都不应该源于非法活动，如以价格歧视、掠夺性定价，或合谋定价的方式。

对客户和销售人员进行折扣追踪，有利于改善客户盈利性。例如，Provalue分公司的经理可能决定严格执行基于销售量的折扣政策，也可能要求销售人员给那些正常情况下得不到大额折扣的客户很大的折扣。进一步，公司可能追踪这些客户的未来销售额，因为销售人员预测“有很高的潜在增长”才给了很大的价格折扣。例如，经理应该追踪对G客户的未来销售额，看每台电脑150美元的折扣是否转化为更高的未来销售额。

客户收入是客户盈利性的一个因素，而另一个同等重要的因素是获得、服务和保持客户成本。

□ 客户成本分析

我们将第5章讨论的成本层级应用于客户。根据不同类型的成本动因、成本分配基础或决定因果关系、受益关系的困难程度，**客户成本层级**（customer cost hierarchy）将与客户有关的成本分别归到不同的成本库。Provalue分公司的客户成本由几部分构成：（1）营销与管理成本15 000 000美元；（2）分销成本9 000 000美元；（3）客户服务成本3 600 000美元（见图表14—1）。经理识别出五种类别的间接成本。

1. **客户单位产出成本**——销售每一单位（电脑）给客户的作业成本。如售出每台电脑的产品处理成本。

2. **客户批数成本**——与销售一批产品有关的作业成本。如处理订单或进行交付时发生的成本。

① 顾客收入的进一步分析将区别毛收入和净收入。这种方法突出了销售回报中的顾客差异。对顾客收入差异的进一步讨论，可参见Robert S. Kaplan and Robin Cooper，*Cost and Effect*：*Using Integrated Cost Systems to Drive Profitability and Performance*（Boston：Harvard Business School Press，1998），Chapter 10；and Gary Cokins，*Activity-Based Cost Management*：*An Executive's Guide*（New York：Wiley，2001），Chapter 3。

3. **客户维持成本**——支持单独客户的作业成本，不考虑交付客户的产品数量或产品批别。如访问客户的成本或在客户所在地展览的成本。

4. **分销渠道成本**——与一种特定销售渠道有关的作业成本，而不是与单位产品或产品批次或特定客户有关的作业成本。如 Provalue 分公司批发渠道经理的工资。

5. **公司维持成本**——不能追踪到某个客户或某个销售渠道的作业成本。如 Provalue 分公司经理的工资。

从以上描述中可发现，除 Provalue 分公司的重点放在客户而第 5 章的成本层级关注产品外，Provalue 分公司成本层级中有四个与第 5 章中描述的成本层级一致。Provalue 分公司有一个额外的成本层级类别——分售渠道成本，因为这些成本是用来支持其批发和企业销售渠道的。

□ 客户层成本

图表 14—2 按作业总结了营销与管理、分销和客户服务的成本细节。这个图表也确认了成本动因（如果适当的话）、作业总成本、成本动因总量、成本动因的单位成本和每种作业的客户成本层级类别。

图表 14—2　　Provalue 分公司 2013 年营销、分销与客户服务作业，成本与成本动因信息

文件　开始　插入　页面布局　公式　数据　审阅　视图

	A	B	C	D	E	F	G	H
1	2013年150 000台Provalue的营销、分销和顾客服务成本							
2								
3	作业域	成本动因	作业总成本	成本动因总量		单位成本动因率		成本层级类别
4	(1)	(2)	(3)	(4)		(5)=(3)÷(4)		(6)
5	**营销与管理**							
6	销售订单	销售订单量	6 750 000	60 000	销售订单	1 125	每个销售订单	顾客批数成本
7	顾客拜访	顾客拜访量	4 200 000	750	顾客拜访	5 600	每次顾客拜访	顾客维持成本
8	批发渠道营销		800 000					分销渠道成本
9	企业销售渠道营销		1 350 000					分销渠道成本
10	Provalue 分公司管理		1 900 000					
11	营销与管理总成本		15 000 000					
12								
13	**分销**							
14	产品处理	移动立方英尺数	4 500 000	300 000	立方英尺	15	每立方英尺	顾客单位产出成本
15	定期出货	定期出货量	3 750 000	3 000	定期出货	1 250	每次定期出货	顾客批数成本
16	快速出货	快速出货量	750 000	150	快速出货	5 000	每次快速出货	顾客批数成本
17	总分销成本		9 000 000					
18								
19	**顾客服务**							
20	顾客服务	出货单位量	3 600 000	150 000	出货单位	24	每个出货单位	

例如，下面是 Provalue 分公司 15 000 000 美元的营销与管理成本的分解：

- 6 750 000 美元用于销售订单作业，包括 6 000 个销售订单的协商、完成、发出和收款，每个销售订单成本为 1 125 美元（6 750 000÷6 000）。销售订单成本是客户批数成本，因为这些成本随发出的销售订单数量变化，而不随一个销售订单中的 Provalue 电脑数量变化。
- 4 200 000 美元用于客户拜访，这是客户维持成本。每位客户的成本随拜访次数变化，而不随 Provalue 分公司交付给客户的产品数量或批数变化。
- 800 000 美元用于管理批发渠道，这是分销渠道成本。
- 1 350 000 美元用于管理企业销售渠道，这是分销渠道成本。

● 1 900 000 美元用于 Provalue 分公司的一般管理，这是分公司维持成本。

Provalue 分公司的管理者对分析客户层间接成本特别有兴趣，这些成本是客户成本层级中的前三种类别：客户单位产出成本、客户批数成本和客户维持成本。管理者想与客户合作来减少这些成本，因为他们相信客户的行动对客户层（间接）成本比对分销渠道和分公司维持成本有更多的影响。4 个批发客户使用的成本动因数量信息如下：

文件 开始 插入 页面布局 公式 数据 审阅 视图

	A	B	C	D	E	F
1				客户		
2	**作业**	**成本动因量**	**A**	**B**	**G**	**J**
3	**营销**					
4	销售订单	销售订单量	1 200	1 000	600	300
5	顾客拜访	顾客拜访量	150	100	50	25
6	**分销**					
7	产品处理	移动立方英尺数	60 000	50 000	10 000	8 000
8	定期出货	定期出货量	600	400	300	120
9	快速出货	快速出货量	25	5	20	3
10	**顾客服务**					
11	顾客服务	出货单位量	30 000	25 000	5 000	4 000

图表 14—3 使用前面介绍的客户收入信息和单位成本动因比率（见图表 14—2）乘以每位客户使用的成本动因数量（见上表）得到的客户层间接成本信息，说明了 4 家批发客户的客户层营业利润。图表 14—3 显示，Provalue 分公司在客户 G 上赔钱了（客户 G 使用的资源成本超过了收入），而在收入更少的情况下，Provalue 分公司从客户 J 处赚钱了。与客户 A 相比，Provalue 分公司销售给客户 B 的电脑更少，但从客户 B 处获得的营业利润却比客户 A 多。

图表 14—3　　Provalue 分公司 2013 年 4 个批发客户的客户盈利性分析

文件 开始 插入 页面布局 公式 数据 审阅 视图

	A	B	C	D	E
1		A	B	G	J
2	目录价格下的收入	33 000 000	27 500 000	5 500 000	4 400 000
3	折扣	3 000 000	1 250 000	750 000	–
4	收入	30 000 000	26 250 000	4 750 000	4 400 000
5					
6	产品销售成本[a]	20 400 000	17 000 000	3 400 000	2 720 000
7					
8	毛利	9 600 000	9 250 000	1 350 000	1 680 000
9					
10	顾客层成本				
11	营销成本				
12	销售订单[b]	1 350 000	1 125 000	675 000	337 500
13	拜访顾客[c]	840 000	560 000	280 000	140 000
14	分销成本				
15	产品处理[d]	900 000	750 000	150 000	120 000
16	定期出货[e]	750 000	500 000	375 000	150 000
17	快速出货[f]	125 000	25 000	100 000	15 000
18	顾客服务成本				
19	顾客服务[g]	720 000	600 000	120 000	96 000
20					
21	总顾客层成本	4 685 000	3 560 000	1 700 000	858 500
22					
23	顾客层营业利润	4 915 000	5 690 000	(350 000)	821 500
24	[a]\$680×30 000;25 000;5 000;4 000 [b]\$1 125×1 200;1 000;600;300 [c]\$5 600×150;100;50;25 [d]\$15×60 000;50 000;10 000;				
25	8 000 [e]\$1 250×600;400;300;120 [f]\$5 000×25;5;20;3 [g]\$24×30 000;25 000;5 000;4 000				

Provalue 分公司的管理者能够使用图表 14—3 中的信息与客户合作来减少支持它们的作业数量。以客户 G 和客户 J 为例，客户 G 购买的电脑比客户 J 多 25%，但是为了实现这些销售，公司向客户 G 提供了大量的价格折扣。与客户 J 相比，客户 G 开出了 2 倍的销售订单，要求 2 倍的客户拜访，发生了 2.5 倍的定期出货和差不多 7 倍的快速出货。假如 Provalue 分公司的销售人员限制价格折扣的数量，且客户不使用 Provalue 分公司的大量资源，那么销售更少数量的产品是有利可图的。例如，通过对使用大量营销与分销服务的客户收取额外的费用，管理者可能诱使客户 G 使用更少却更大额的订单，要求更少的客户拜访、定期出货和快速出货，而同时预期在未来增加销售。Provalue 分公司的管理者可以进行类似的分析，以理解客户 A 相对于客户 B 盈利性较低的原因。

医院医疗用品分销商 Owens and Minor 公司遵循此方法。它在战略上对其每种服务进行差别定价。例如，如果一个医院希望快递或特殊包装，Owens and Minor 公司会针对每个特殊服务收取额外的费用。公司的客户是如何反应的呢？重视这些服务的医院，对服务有需求，因而会继续支付这些服务的费用；而不重视这些服务的医院放弃了这些服务，节省了 Owens and Minor 公司的成本。Owens and Minor 公司的定价策略通过增加客户收入或减少客户成本影响了客户的行为。

作业成本系统还给出了另一个降低成本的机会：通过将第 13 章中介绍的价值工程程序应用于非制造成本，Provalue 分公司的管理者可以寻求降低每个作业的成本。例如，提高处理订单的效率（比如，使客户订单电子化）能够降低销售订单成本，即使客户开出了同样数量的订单。

简化设计、减轻 2014 年新设计的 ProvalueⅡ的重量，减少了处理 Provalue 的每立方英尺成本和总产品处理成本。通过影响客户行为，改进营销、分销和客户服务操作，Provalue 分公司的管理者拟将 Provalue 的非制造成本降至每台电脑 180 美元，实现 ProvalueⅡ720 美元的目标成本。

客户盈利性剖面图

客户盈利性剖面图是管理者的一个有用工具。图表 14—4 按照客户层营业利润对 Provalue 分公司的 10 个批发客户进行了排序。（其中 4 个已在图表 14—3 中分析过。）

第 4 列由第 1 列中的单个数累加计算得出，表示累计客户层营业利润。例如，客户 C 的累计客户层营业利润在第 4 列是 13 260 000 美元，这个数字是客户 B 的 5 690 000 美元、客户 A 的 4 915 000 美元和客户 C 的 2 655 000 美元的总和。

第 5 列显示客户 A，B，C 的累计客户层营业利润 13 260 000 美元占批发分销渠道 10 位客户总客户层营业利润 15 027 500 美元的 88%，它们是最具盈利性的客户。这些客户应该获得最好的服务和最大的优先权。公司想尽办法让他们最好的客户开心，包括提供特殊电话号码、提升精英层常客的特权、免费使用豪华酒店套房。在许多公司，很高的营业利润百分比通常是由很少的客户贡献的。微软用“并不是所有的收入都被赋予相等的盈利性”来强调这一点。

第3列表明了客户单位收入的盈利性。这一客户盈利性标准表明，虽然客户A贡献了次高的营业利润，但因为很高的价格折扣和客户层成本使单位收入的盈利性在前6个客户中最低。Provalue分公司想通过降低折扣、节约客户层成本但保持或增加销售额来努力提高客户A的边际利润。客户D，F，J有很高的边际利润率，但销售额很低，Provalue分公司面对这些客户的挑战是保持边际利润的同时提高销售额。对于客户E，G，H和I，管理者有增加利润和销售额的双重挑战。

图表14—4　Astel Computers公司2013年Provalue分公司批发客户的累计客户盈利性分析

单位：美元

	A	B	C	D	E	F
1	零售顾客代号	顾客层营业利润	顾客收入	顾客层营业利润除以顾客收入	累计顾客层营业利润	累计顾客层营业利润占总顾客层营业利润的百分比
2		(1)	(2)	(3)＝(1)÷(2)	(4)	(5)＝(4)÷15 027 500
3	B	5 690 000	26 250 000	21.7%	5 690 000	38%
4	A	4 915 000	30 000 000	16.4%	10 605 000	71%
5	C	2 655 000	13 000 000	20.4%	13 260 000	88%
6	D	1 445 000	7 250 000	19.9%	14 705 000	98%
7	F	986 000	5 100 000	19.3%	15 691 000	104%
8	J	821 500	4 400 000	18.7%	16 512 500	110%
9	E	100 000	1 800 000	5.6%	16 612 500	111%
10	G	(350 000)	4 750 000	-7.4%	16 262 500	108%
11	H	(535 000)	2 400 000	-22.3%	15 727 500	105%
12	I	(700 000)	2 600 000	-26.9%	15 027 500	100%
13	合计	15 027 500	97 550 000			

□ 呈现盈利性分析

图表14—5描述了展示客户盈利分析结果的两种常用方法。管理者常常发现，A部分中的柱状图演示（基于图表14—4第1列）是一个将客户盈利性形象化的直观方法，因为高盈利性的客户被清楚地突出出来，而且招致损失的客户数目和损失额也很明显。B部分是表现客户盈利性另一种流行方法。它把图表14—4第5列的内容绘成图形。这个图形叫做鲸鱼曲线，因为在客户开始变得不盈利的那一点，它是向后弯曲的，像一个座头鲸①。

Provalue分公司的管理者必须寻找方法使"损失类"客户能盈利。图表14—2至图表14—5强调了年度客户盈利性。在客户间分配资源时，管理者还应该考虑以下因素：

---

① 实际上，图中的曲线可能非常陡峭。累计盈利性鲸鱼曲线通常反映最盈利的20%的顾客创造了150%～300%的总利润；中间70%的顾客不盈不亏；最不盈利的10%的顾客损失了总利润的50%～200%。（见Robert S. Kaplan and V. G. Narayanan, "Measuring and Managing Customer Profitability," *Journal of Cost Management* (September/October 2001): 1-11。）

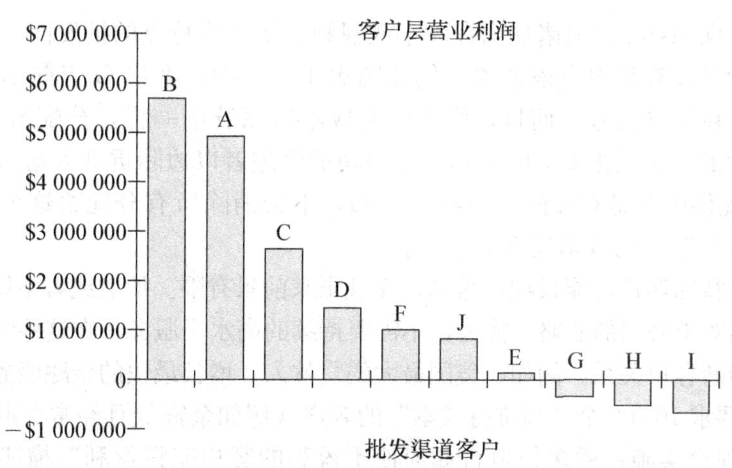

A 部分：2013 年 Provalue Division 批发渠道客户的客户层营业利润柱状图

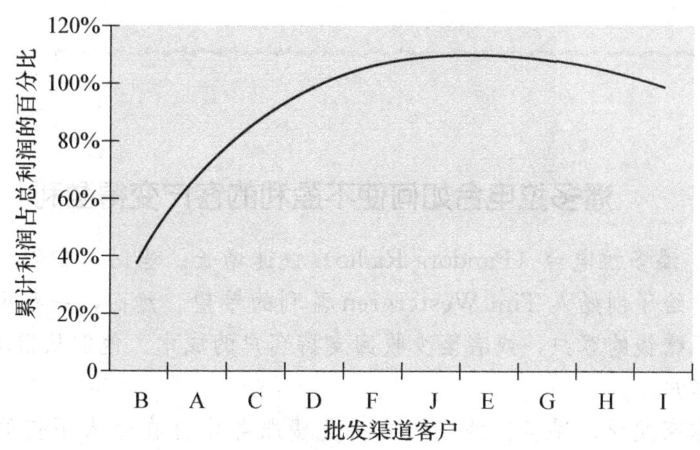

B 部分：2013 年 Provalue 分公司批发渠道客户的累计盈利能力鲸鱼曲线

图表 14—5

- **维持客户的可能性**。客户与公司继续做生意的可能性越大，客户就越有价值，例如在过去几年中每年都销售 Provalue 的批发商。在忠诚度和经常“做生意”的意愿上，每个客户是不同的。
- **销售增长的潜力**。客户的销售额越有可能成长，客户就越有价值。而且公司更愿意拥有那些交叉购买其他赚钱产品的客户，例如，愿意同时分销 Astel 的 Provalue 品牌和 Deskpoint 品牌的批发商。分析集中于客户盈利性，因为它与 Provalue 有关。为了理解 Astel 与客户关系的全貌，管理者需要为 Deskpoint 分公司做同样的客户盈利性分析，并且检查同时销售 Provalue 和 Deskpoint 的客户的总客户盈利性。为了简化说明，我们假定 Provalue 分公司和 Deskpoint 分公司的客户是截然不同的。
- **长期客户盈利性**。这个因素将受到前面两个因素（维持客户的可能性与潜在销售增长）影响，同时也受客户支持人员成本及特殊服务成本影响。
- **由知名客户带动的整体需求的增长**。一些有名望的客户认可产品，能帮助其他客户创造销售额。
- **向客户学习的能力**。能够提供新产品想法或改进现有产品方法的客户尤其有价值，例如，向 Astel 反馈诸如内存大小或视频显示主要特点的批发商。

管理者对放弃客户应该谨慎。例如图表 14—4 中，客户 G 当前不盈利可能对其长期盈利性提供误导信号。而且，像在作业成本法系统中一样，分配给客户 G 的成本并不都是变动的。短期来看，Provalue 分公司的管理者以边际贡献为基础，使用闲置产能为客户 G 提供服务是有效的。放弃客户 G，不会消除所有分配给这个客户的成本，可能导致失去比节省的成本还多的收入。

当然，特殊客户可能长期不盈利，而且未来前景有限。他们或者不属于公司的目标市场，或者相对于公司的战略与能力，不需要持续的高水平服务。在这些情况下，组织正日益积极地切断客户关系。例如，美国最大的贷款人、增长最快的金融服务组织 Capital One 360，每月要求 10 000 个“高维持成本”的客户（例如余额低且经常存取款的客户）注销账户。[①]“观念实施：潘多拉电台如何使不盈利的客户变得盈利”描述了潘多拉电台如何改变经营模式，使不盈利的客户变得盈利，但不影响最重要客户的满意度。

观念实施

潘多拉电台如何使不盈利的客户变得盈利

2009 年，潘多拉电台（Pandora Radio）快速增长。当时，初创公司还不盈利。客户的广泛应用给了创始人 Tim Westergren 盈利的希望。然而，一些风险资本家希望潘多拉去掉最不赚钱的客户，或者至少收回支持客户的成本。他们从根本上希望潘多拉解除不盈利的客户。

风险资本家发现，潘多拉的广告支持免费服务中存在令人不安的趋势。公司以每 1 000 次显示收取 6～7 美元的费用来销售广告。广告客户按到达率而不是持续时间支付费用。当潘多拉免费向客户放送音乐，公司按合同为每一首播放的歌曲支付版税。因此，重度用户让公司花费得更多。事实上，潘多拉的“甜点”本应该更多地派发给轻、中度用户。一些潜在投资者希望潘多拉向重度用户收取服务费用或投放更多广告，如果他们长时间收听广播。

Westergren 担心这样的收费是否真的符合公司的最大利益，因为重度用户是公司最大的传播者。潘多拉最终决定不放弃那些不盈利的客户。公司宣布，免费收听限制在每月 40 小时，但当月交费 0.99 美元可以无限收听。在 2009 年末，潘多拉持续盈利了。公司发展了 4 300 万名用户，取得了 5 000 万美元收入，变成了 YouTube 之后的第二大互联网流媒体。今天，有包括 1.4 亿名移动用户在内的 2 亿多名用户通过潘多拉的盈利服务享受音乐。

资料来源：基于 Willy Shih and Halle Tesco，“Pandora Radio：Fire Unprofitable Customers?” HBS No. 9-610-077（Boston：Harvard Business School Publishing，2011）；and “Pandora is Now 200 Million Music Fans Strong,” Pandora Media，Inc.（Oakland，CA，April 9，2013）。

---

① 示例见 http://hbswk.hbs.edu/item/5884.html，“The New Math of Customer Relationships”。

利用五步决策制定程序管理客户盈利性

在这一部分，我们应用第 1 章介绍的五步决策制定程序，帮助理解管理者如何利用不同的客户分析类型在客户间分配成本。

1. **确定问题与不确定性**。问题是如何管理资源和在客户间分配资源。

2. **获取信息**。管理人员确认过去每个客户所创造的收入和支持每位客户而发生的客户层成本。

3. **预测未来**。管理人员预计来自每个客户的预期收入和未来将发生的客户层成本。在做出这些预测后，管理人员要了解未来价格折扣对收入的影响、不同服务（如快递服务）的定价将会对客户需求产生多大影响，以及降低提供服务的成本的方式。例如，领先的支票打印机公司 Deluxe 开始修正流程以控制成本，通过开放电子渠道，将客户纸质订购转向自动订购。

4. **选择方案做决策**。管理人员使用客户盈利性剖面图确定应该得到最高的服务和优先权的小部分客户群。他们还确定各种方式使盈利性较低的客户（例如，Astel 的客户 G）更加具有盈利性。例如，银行经常对客户提出最低余额的要求。分销企业可能要求最小的订单数量或对小批量的或定制的订单征收附加费。在做出资源分配的决定后，管理人员还要考虑长期影响，如未来销售增长的潜力和充分利用特定客户与其他客户达成交易的机会。

5. **实施决策，评价业绩与学习**。在决策实施后，管理人员通过对实际结果与预测结果比较，评估他们做出的决策及实施情况，以及可能提高盈利性的方式。

基于成本层级的营业利润表

到目前为止，我们的分析集中在客户层成本——Provalue 分公司的管理者能够与客户合作影响的作业（如销售订单、客户拜访和出货）成本。现在我们考虑 Provalue 分公司的其他成本（如研发与设计成本、管理不同分销渠道的成本和分公司管理成本）和 Astel Computers 发生的公司成本（如公司品牌广告成本与一般管理成本）。客户行为不影响这些成本，由此产生了两个重要问题：(1) 在计算客户盈利性时，这些成本应该分配给客户吗？(2) 给定成本与客户行为之间的弱因果关系，如果分配这些成本，那么应该根据什么基础进行分配？我们先考虑第一个问题，介绍基于成本层级的营业利润表，此表不分配非客户层成本。

图表 14—6 显示了 2013 年 Provalue 分公司的营业利润表。图表 14—3 中客户 A，B 的客户层营业利润显示在图表 14—6 的第 3，4 列。图表 14—6 的形式是参照 Provalue 分公司成本层级建立的。正如图表 14—2 中描述的那样，图表 14—6 中某些客户服务成本，如批发分销渠道经理的工资，不是客户层成本，因此不分配给客户。管理者确认这些成本为分销渠道成本，因为客户行为的变化对这些成本没有影响。只有与渠道有关的决策，如决定终止批发分销的决策才会影响这些成本。管理者也认为，如果他们的销售奖金受到已分配分销渠道成本的影响，而他们对这些成本的影响力很小，那么负责

管理单个客户账户的销售人员将失去动力。

图表 14—6　　2013 年 Provalue 分公司使用成本层级编制的利润表　　单位：美元

	顾客分销渠道										
		批发顾客					企业销售顾客				
	总计	合计	A[b]	B[b]	A3		合计	A	B	C	
	(1)=(2)+(7)	(2)	(3)	(4)	(5)	(6)	(7)	(8)	(9)	(10)	(11)
收入（在实际价格下）	150 000 000[a]	97 550 000	30 000 000	26 250 000	–	–	52 450 000	7 000 000	6 250 000	–	–
产品销售成本加顾客层成本	125 550 000[a]	82 522 500	25 085 000[c]	20 560 000	–	–	43 027 500	5 385 000	4 760 000	–	–
顾客层营业利润	24 450 000	15 027 500	4 915 000	5 690 000	–	–	9 422 500	1 615 000	1 490 000	–	–
分销渠道成本	2 150 000	800 000					1 350 000				
分销渠道营业利润	22 300 000	14 227 500					8 072 500				
公司维持成本											
管理成本	1 900 000										
研发成本	2 400 000										
设计成本	3 000 000										
总公司维持成本	7 300 000										
公司营业利润	15 000 000										

a 产品销售成本$102 000 000（见图表14—1）+销售订单成本$6 750 000+顾客拜访成本$4 200 000+产品处理成本$4 500 000+定期出货成本$3 750 000+ 快速出货成本 $750 000+顾客服务成本 $3 600 000（所有内容见图表14—2）

b 详细内容见图表14—3

c 产品销售成本+图表14—3中顾客A的总顾客层成本＝20 400 000+4 685 000＝25 085 000

接下来考虑分公司维持成本，如研发与设计成本和 Provalue 分公司的管理成本。管理者认为这些成本与客户或销售经理的行为没有直接因果关系。根据这种观点，分配分公司维持成本对决策制定、业绩评价或激励毫无用处。例如，假设 Provalue 分公司将 7 300 000 美元分公司维持成本分配给分销渠道，在后续期间，这种分配会导致企业销售渠道出现亏损。Provalue 分公司应该关闭企业销售分销渠道吗？不，如果关闭企业销售分销渠道，分公司维持成本不变。将分公司维持成本分配到分销渠道可能会误导公司认为停止分销渠道潜在的成本节约数额将大于可能的数额。

在一个基于成本层级的利润表中，我们应该怎样处理 Astel Computers 支持 Provalue 分公司和 Deskpoint 分公司而发生的 1 050 000 美元品牌广告公司成本和 4 400 000 美元管理公司成本呢？Deskpoint 分公司有 200 000 000 美元收入和 170 000 000 美元营业成本。图表 14—7 提供了 Astel Computers 基于成本层级的利润表。公司维持成本没有分配给分公司或客户。正如前面在分公司维持成本中讨论的那样，因为这些成本与不同客户的盈利性之间没有直接因果关系。这些成本不受分公司经理或客户行为的影响，因此在汇总分公司营业利润后，将公司维持成本作为一个总金额减掉了。

其他管理者和管理会计人员主张将所有成本全部分配给客户和分销渠道，因为所有发生的成本都是为了支持向客户销售产品。分配所有公司成本可以激励分公司管理者检查公司成本的计划与控制。类似地，把分公司成本分配给分销渠道可以激励分销渠道管理者监督分公司发生的成本。想计算客户服务全部成本的管理者必须把所有公司、分公司和分销渠道的成本分配给客户。这些管理者和管理会计人员认为，从长远来看，以全部成本为基础的客户和产品最终都必须是盈利的。正如我们在第 13 章讨论的那样，为了制定某些决策，如定价决策，分配所有成本能够保证长期价格被设定在这样一个水平上，即可以补偿所有生产和销售产品使用资源的成本。在这个例子中，所有客户营业利润的总和等于公司范围的营业利润。

还有其他公司只向客户分配公司成本、分公司成本或渠道成本，这些成本被普遍认为与客户行为有因果关系，或者为客户的盈利性提供了明确的好处。公司广告是这种成本的一个例子。这些公司排除了其他成本，如公司管理或对慈善基金的捐赠，因为它们对客户的好处不明显或太间接。如果一个公司决定不分配部分或所有公司、分公司和渠道成本，将导致总的公司盈利性少于单个客户盈利性的总和。

为了某些决策目的，分配部分而非全部间接成本给客户可能是首选的方案。考虑 Provalue 分公司批发渠道经理的业绩评价问题。可控观念常常用于证明从批发渠道经理责任会计报告中排除公司成本（如公司总部高管的工资）是合理的。虽然批发渠道经理也会从这些公司成本中受益，但是他对使用多少公司资源或资源的价值没有发言权（不负责任）。

然而，图表 14—6、图表 14—7 中层次格式的价值在于，它在分配成本时可以区别客观性的不同程度，可以与制定决策和业绩评价的不同水平相吻合。何时分配和分配什么成本的问题是全书强调的“不同目的不同成本”主题的又一个例子。

在下一节，我们考虑如果 Astel 的管理者决定将分销渠道成本（如批发渠道成本）、分公司维持成本（如研发与设计成本）和公司维持成本（如 Astel Computers 公司管理成本）分配给单个客户会发生什么。

图表 14—7　　2013 年 Astel Computers 使用成本层级编制的利润表

	A	B	C	D
1	2013年Astel Computers使用成本层级编制的利润表			
2				
3		合计	Provalue 分公司	Deskpoint 分公司
4				
5	收入	350 000 000	150 000 000	200 000 000
6	公司营业成本	(305 000 000)	(135 000 000)*	(170 000 000)
7	未扣除公司成本的公司营业利润	45 000 000	15 000 000	30 000 000
8	公司广告	(1 050 000)		
9	公司管理	(4 400 000)		
10	营业利润	39 550 000		
11	*135 000 000=125 550 000+2 150 000+7 300 000，见图表14—6第1列			

成本分配的标准

图表 14—8 介绍了四个管理者用来指导成本分配决策的标准。这些决策不但影响间接成本库的数目，还影响每个间接成本库的成本分配基础。在本书中，我们强调因果和受益标准的优先性，尤其当成本分配的目的是经济决策或激励经理和员工时。[①] 在作业成本应用中，因果标准是最主要的标准。作业成本制度使用成本层级概念，以确定最能体现作业与对应成本之间因果关系的成本动因。这些成本动因也就成为了成本分配的基础。在分公司维持成本和公司维持成本中，因果关系常常很难确定。在此情况下，管理者与对分配成本感兴趣的管理会计师就使用图表 14—8 中概述的其他方法。

① 财务会计准则委员会（Federal Accounting Standards Advisory Board，FASB）（为美国政府部门和机构制定管理会计准则）建议：“成本分配应这样执行：（1）只要能以经济可行的方式追溯，就直接追溯成本；（2）在因果基础上分配成本；（3）在合理和一致的基础上分配成本。”（*FASAB*，1995，p. 12）。

图表 14—8　　成本分配决策的标准

1. **因果**。管理者利用这一标准识别出导致资源消耗的变量。例如，当将产品的监测成本分配给产品时，管理者可能将监测小时数作为变量。根据因果标准分配成本对操作人员来说最可靠。

2. **受益**。管理者利用这一标准识别出成本对象产出的受益者。成本对象的成本按照受益比例在受益者之间分配。以提高整个公司形象而不是单个产品的广告项目为例，项目的成本可能按照部门收入基础来分配。收入越高，部门分配的广告成本越高。这样分配的合理性在于，有更高收入的部门显然从广告中得到的收益多于低收入部门，所以应该被分配更多的广告成本。

3. **公允或公正**。这一标准经常列在政府合同里，成本分配是建立政府和供应商都满意价格的基础。在合同双方的意识中，这里的成本分配是建立销售价格的“合理”和“公平”的方法。对大多数分配决策而言，公允是比其他操作性标准更难实现的目标。

4. **承担能力**。这一标准提倡按照成本对象承担分配给它的成本的能力来进行成本分配。在分公司营业利润基础上分配公司高级经理人员的工资是一个例子。它的假设是高盈利的分公司有更强的能力来吸收公司总部的成本。

如果不能建立因果关系，最好的成本分配方法是通过识别出成本对象产出的受益者，使用受益标准。例如，管理 Provalue 批发渠道的成本，如批发渠道管理者的工资。成本与批发商的销售额之间没有因果关系。但是可以合理假设，高收入客户从批发渠道支持中受益更多。受益标准证明，基于客户收入将 800 000 美元的批发渠道管理成本分配给客户是合理的。

公平和承受能力标准没有因果和受益标准用得频繁。双方很难达成公平的标准。一方认为是公平的，另一方可能认为不公平。① 例如，一所大学可能认为将管理费用的一部分分配给政府合同是公平的，因为发生的管理费用支持大学的一切活动。政府可能认为这样的成本分配不公平，因为不管是否签订政府合同，大学的管理费用都要发生。解决这个问题的最公平的方法可能是尽可能理解政府合同与管理费用之间的因果关系，但这很难。换句话说，公平不仅是一个简单的选择标准更是一种判断。

为了理解使用承受能力标准时产生的问题，以客户 G 为例，在分公司维持成本或公司维持成本分配前，其客户层成本超过了收入。这个客户没有能力承担任何分公司维持成本或公司维持成本，因此，按承担能力标准，这些成本不分配给客户 G。不分配成本是因为希望管理者减少对这些更遥远的分公司和公司维持成本（如管理成本）的依赖，以支持亏损客户，把客户关系带回盈利状态。但是，如果不减少间接成本，而只是简单地将其分给其他客户，那么其他客户将会补贴这个亏损客户。承担能力标准会扭曲对亏损客户和盈利客户服务盈利性的看法，导致潜在的不当行为，比如提高价格恢复盈利性，这可能引起竞争对手人为降价提供服务。

最重要的是，公司在设计和实施成本分配时必须在成本和效益之间进行权衡。公司所要承担的成本不仅包括收集数据，而且要花费时间对管理者进行成本分配方面的教育。一般情况下，成本分配越复杂，教育成本越高。

设计和实施复杂的成本分配也是需要成本的。精心设计的成本分配能够使管理者做

① 例如，Kaplow 和 Shavell 在一篇法律文献评论中提到：“公平理念是多种多样的。不同的作者以不同的方式分析和解释公平理念，公平理念取决于具体情景。因此，不可能确定这些理念的一个共识。”参见 Louis Kaplow and Steven Shavell，“Fairness Versus Welfare，” *Harvard Law Review* (February 2001)；and Louis Kaplow and Steven Shavell，*Fairness Versus Welfare* (Boston：Harvard University Press，2002)。

出明智的采购决策、定价决策、成本控制决策等。但遗憾的是，它所带来的收益很难计量。尽管如此，在进行成本分配时，管理者应该既考虑收益也考虑成本。随着收集和处理信息的成本的减少，公司正在进行更加详细的成本分配。

完全分配的客户盈利能力

在本节，我们将重点介绍成本分配的第一个目的（见图表 13—1）：通过计量作业成本法下产品的全部成本为经济决策（如定价）提供信息。

我们继续以本章前面介绍的 Astel Computers 为例，关注 Provalue 分公司 的 10 个批发客户的所有分配的客户盈利性计算。Provalue 分公司也使用直接销售渠道向企业客户销售 Provalue 电脑。Astel 还有另一个销售服务器的分公司 Deskpoint 分公司。我们将利用 Astel Computers 举例说明发生在公司不同部分的成本如何被分配、再分配，以计算客户盈利性。

我们概括的成本类别如下：

- **公司成本**——有两种主要的公司成本类别：

1. **公司广告成本**——提升 Astel 公司品牌的广告与推广成本是 1 050 000 美元。
2. **公司管理成本**——高级经理工资、租金和管理费用 4 400 000 美元。

- **分公司成本**——Provalue 分公司是我们分析的焦点，它有三个间接成本库，每个成本库对应不同的成本动因，向分销渠道分配分公司成本：(1) 成本库 1 汇集所有基于每个渠道的收入分配给批发和企业销售渠道的分公司成本；(2) 成本库 2 累计研发与设计成本，在公平和公正的基础上把成本分配给分销渠道；(3) 成本库 3 汇总所有基于分配前每个渠道的营业利润（如果为正）分配给批发和企业销售渠道的分公司成本。成本库是同质的，即一个成本库中的所有成本与成本分配基础有相同或相似的因果、受益或公平公正关系。不同成本库需要不同成本分配基础，以便将成本库中的成本分配给分销渠道。

- **渠道成本**——Provalue 分公司的每个分销渠道有两个间接成本库：一个成本库汇集所有基于客户收入分配给客户的渠道成本，另一个成本库汇集所有基于分配前的客户营业利润（如果为正）分配给客户的渠道成本。

图表 14—9 介绍了公司、分公司和分销渠道间接成本分配给 Provalue 分公司批发商的概览图。注意 Deskpoint 分公司自己有间接成本库用于将成本分配给客户。这些成本库和成本分配基础与 Provalue 分公司的间接成本库和分配基础是类似的。

实施公司与分公司成本分配

图表 14—10 基于图表 14—9 中的概览图将所有的间接成本分配给客户。我们基于图表 14—8 中的成本分配标准，描述某些分配选择。

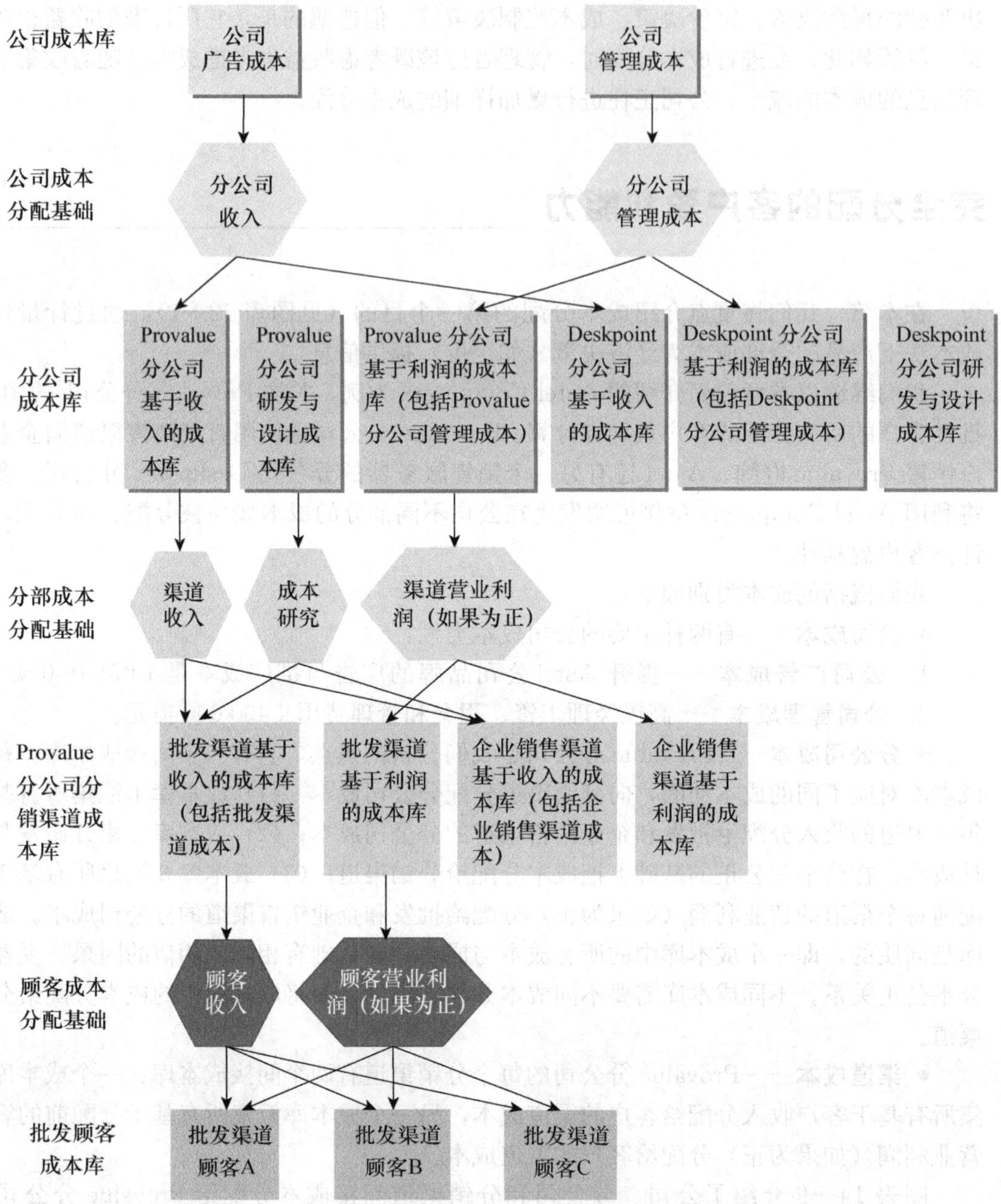

图表 14—9　将公司、分公司和渠道间接成本分配给 Provalue 分公司的批发客户的概览图

1. 从图表 14—9 顶部开始，基于 Provalue 分公司和 Deskpoint 分公司客户对公司资源的需求，分配公司广告与公司管理成本。图表 14—10 中前两列显示将公司广告与公司管理成本分配给 Provalue 和 Deskpoint 分公司。

a. Astel 基于各分公司的收入（受益），将 1 050 000 美元的公司广告成本分配给两个分公司。假定高收入客户比低收入客户（各分公司的收入信息见图表 14—7）从公司广告成本中受益更多是合理的。

图表14—10　将公司、分公司和渠道成本完全分配后**Provalue** 分公司的批发客户盈利能力　单位：千美元

14-10 - Microsoft Excel

	Astel公司成本库		Provalue 分公司成本库			Provalue 分公司分销渠道成本库				批发渠道顾客										
	基于分公司收入分配的成本	基于分公司管理成本分配的成本	基于渠道收入分配的成本	研发与设计成本分配库	基于渠道营业利润分配的成本	基于顾客收入分配的批发渠道成本	基于顾客营业利润分配的批发渠道成本	基于顾客收入分配的企业销售渠道成本	基于顾客营业利润分配的企业销售渠道成本	A	B	C	D	E	F	G	H	I	J	合计
收入（见图表14—4）										30 000	26 250	13 000	7 250	1 800	5 100	4 750	2 400	2 600	4 400	97 550
顾客层成本（见图表14—4）										(25 085)	(20 560)	(10 345)	(5 805)	(1 700)	(4 114)	(5 100)	(2 935)	(3 300)	(3 578)	(82 522)
顾客层营业利润（见图表14—4）										4 915	5 690	2 655	1 445	100	986	(350)	(535)	(700)	822	15 028
Astel公司广告成本	(1 050)																			
Astel公司管理成本		(4 400)																		
基于分公司收入向分公司分配广告成本[1]	1 050		(450)																	
基于分公司管理成本向分公司分配公司管理成本[2]		4 400			(2 090)															
研发成本				(2 400)																
设计成本				(3 000)																
分公司管理费用					(1 900)															
基于渠道收入向批发渠道分配Provalue分公司广告成本[3]			450			(293)		(157)												
基于公平向渠道分配研发与设计成本[4]				(5 400)		(2 700)		(2 700)												
分销渠道成本						(800)		(1 350)												
基于渠道营业利润向批发渠道分配Provalue 分公司管理成本[5]					3 990		(2 725)		(1 265)											
基于顾客收入向顾客分配批发渠道成本						3 793				(1 166)	(1 021)	(505)	(282)	(70)	(198)	(185)	(93)	(101)	(172)	(3 793)
分公司与公司管理成本分配前的营业利润										3 749	4 669	2 150	1 163	30	788	(535)	(628)	(801)	650	11 235
基于顾客营业利润（如果为正）向顾客分配批发渠道成本（承担能力）							2 725			(774)	(964)	(444)	(240)	(6)	(163)				(134)	(2 725)
全部分配的顾客盈利性										2 975	3 705	1 706	923	24	625	535	628	801	516	8 510

1. 1 050×150 000/(150 000+200 000)=450
2. 4 400×1 900/(1 900+2 100)=2 090
3. 450×97 550/150 000=293;450×52 450/150 000=157
4. 5 400/2=2 700
5. 3 990×11 235/16 450=2 725;3 990×5 215/16 450=1 265

$$\text{Provalue 分公司}: 1\ 050\ 000 \times \frac{150\ 000\ 000}{150\ 000\ 000 + 200\ 000\ 000} = 450\ 000(\text{美元})$$

$$\text{Deskpoint 分公司}: 1\ 050\ 000 \times \frac{200\ 000\ 000}{150\ 000\ 000 + 200\ 000\ 000} = 600\ 000(\text{美元})$$

b. 因为公司管理的主要作用是支持分公司管理，因此，Astel 基于分公司管理成本，使用受益标准，将 4 400 000 美元公司管理成本分配给各分公司。图表 14—6 显示，Provalue 分公司的分公司管理成本是 1 900 000 美元，Deskpoint 分公司的分公司管理成本是 2 100 000 美元。分配如下：

$$\text{Provalue 分公司}: 4\ 400\ 000 \times \frac{1\ 900\ 000}{1\ 900\ 000 + 2\ 100\ 000} = 2\ 090\ 000(\text{美元})$$

$$\text{Deskpoint 分公司}: 4\ 400\ 000 \times \frac{2\ 100\ 000}{1\ 900\ 000 + 2\ 100\ 000} = 2\ 310\ 000(\text{美元})$$

2. 然后，在图表 14—9 中下移一级，关注 Provalue 分公司将分公司成本库的成本分配给分销渠道成本库。在图表 14—10 中，标示有“Provalue 分公司成本库”的三列显示，将 Provalue 分公司的成本分配给批发渠道和企业销售渠道。

a. 现在使用受益标准，基于各渠道的收入，将已经分配给 Provalue 分公司的 450 000 美元公司广告成本再分配给批发渠道和企业销售渠道（见图表 14—6）。

$$\text{批发渠道}: 450\ 000 \times \frac{97\ 550\ 000}{97\ 550\ 000 + 52\ 450\ 000} = 292\ 650(\text{美元})$$

$$\text{企业销售渠道}: 450\ 000 \times \frac{52\ 450\ 000}{97\ 550\ 000 + 52\ 450\ 000} = 157\ 350(\text{美元})$$

b. 研发成本与设计成本汇总进入一个同质的成本库，并且基于批发和企业销售渠道对研发与设计资源需求的研究，分配给批发和企业销售渠道。研发与设计成本的大部分来自于更有经验的企业客户对 Provalue 电脑提出的修正要求。使用研究结果和公平标准，Provalue 分公司将一半的研发与设计成本分配给企业销售渠道（另一半分配给批发渠道），即使企业销售渠道只占 Provalue 分公司总收入的大约 1/3。图表 14—10 显示，Provalue 分公司向批发渠道和企业销售渠道各分配了 2 700 000 美元（5 400 000÷2）。

c. 各分公司将分配的公司管理成本加入分公司管理成本库。此成本库中的成本是设备维持成本，与分销渠道中的任何作业都没有因果关系。但是，Astel 将所有成本分配给产品，因此管理者在制定价格或其他决策时了解所有的成本。Provalue 分公司基于批发渠道和企业销售渠道的营业利润，将管理成本库中 3 990 000 美元的总成本分配给批发渠道和企业销售渠道。营业利润代表着各渠道承担分公司管理成本（包括分配的公司管理成本）的能力。渠道的营业利润越低，分配给它的分公司成本越低。正如本章前面所述，承担能力标准的原理是，如果收入更低的分公司能够管理间接成本，他们就应该努力减少这些成本。图表 14—10 中，减去所有分配给它的成本后，批发渠道现在的营业利润是 11 234 850 美元（单元格 R7 中 15 027 500 美元－单元格 G15 中 292 650 美元－单元格 G16 中 2 700 000 美元－单位格 G17 中 800 000 美元），而企业销售渠道的营业利润是 5 215 150 美元（计算没有列示）。

$$\text{批发渠道}: 3\ 990\ 000 \times \frac{11\ 234\ 850}{11\ 234\ 850 + 5\ 215\ 150} = 2\ 725\ 049(\text{美元})$$

$$企业销售渠道：3\ 990\ 000\times\frac{5\ 215\ 150}{11\ 234\ 850+5\ 215\ 150}=1\ 264\ 951(美元)$$

3. 最后，关注图表 14—9 中底部的几行，关注 Provalue 分公司将分销渠道成本库的成本分配给单个批发渠道客户。在图表 14—10 中，标示有"Provalue 分公司分销渠道成本库"的四列显示，批发渠道和企业销售渠道归集的成本被分配给客户。图表 14—10 仅呈报了将批发渠道成本分配给批发客户。

a. 某些批发渠道成本是基于收入分配给单个批发客户的，因为收入是一个衡量单个客户从成本中受益的好指标。这个成本库中的成本总额是 3 792 650 美元，由三部分组成：(1) 在步骤 2a 中分配给批发渠道的公司广告成本 292 650 美元；(2) 在步骤 2b 中分配给批发渠道的研发与设计成本 2 700 000 美元；(3) 批发分销渠道自身的成本 800 000 美元（见图表 14—6）。在图表 14—10 中，分配给客户 A，B 的成本如下：

$$A客户：3\ 792\ 650\times\frac{30\ 000\ 000}{97\ 550\ 000}=1\ 166\ 371(美元)$$

$$B客户：3\ 792\ 650\times\frac{26\ 250\ 000}{97\ 550\ 000}=1\ 020\ 574(美元)$$

b. 第二个批发渠道成本库由 2c 步骤中分配给批发渠道的 2 725 049 美元分公司管理成本构成。这些成本基于营业利润（如果为正）分配给单个批发客户（见图表 14—10，第 21 行），因为营业利润代表着客户承担这些成本的能力。在图表 14—10 中，第 20 行的所有正数之和等于 13 195 922 美元。分配给 A 客户和 B 客户的成本如下：

$$A客户：2\ 725\ 049\times\frac{3\ 748\ 629}{13\ 195\ 922}=774\ 117(美元)$$

$$B客户：2\ 725\ 049\times\frac{4\ 669\ 426}{13\ 195\ 922}=964\ 269(美元)$$

□ 向分公司和客户分配公司成本中存在的问题

Astel 的管理团队有几种选择来将公司成本归集和分配给分公司。我们提出如下两个问题：

1. 当 Astel 把公司成本分配给分公司时，它是只分配随分公司作业变动的成本还是也分配固定成本？管理者将可变和固定成本分配到分公司，然后再分配到客户，因为这些成本对制定长期战略决策（如应该重视哪些客户，制定什么价格）是有用的。为了制定好的长期决策，管理者需要知道向客户销售产品所需要的所有资源的成本（无论在短期内是固定的还是变动的）。为什么呢？因为从长远来看，企业能够管理所有成本的水平，很少有成本是真正固定的。而且，为了长期生存与繁荣发展，企业必须确保来自于客户的收入超过支持客户所消耗的总资源，不管这些成本在短期内是变动的还是固定的。

同时，将成本分配给分公司，公司必须仔细识别与特定决策的相关成本。假定一个分公司在公司成本分配前是盈利的，但在公司成本分配后是亏损的，该分公司是否应该关闭？在这种情况下，相关的公司成本不是所分配的公司成本，而是如果关闭该分公司可以节约的成本。如果分公司的利润超过了相关的公司成本，该分公司不应该关闭。

2. 如果 Astel 把成本分配给分公司、渠道和客户，它应该使用多少个成本库呢？一个极端是将所有公司成本归集到一个成本库，另一个极端是拥有大量的单个成本库。如第5章讨论的，主要的考虑是建立**同质成本库**（homogeneous cost pool），这样成本库中的所有成本与成本分配基础有相同的或类似的因果或受益关系。

例如，当把公司成本分配给分公司时，如果两种成本类别与同一成本分配基础有相同的或类似的因果关系，Astel 就能够将公司广告成本与公司管理成本合并为一个成本库。

但是，正如现在的情形，如果每个成本类别与不同的成本分配基础（例如，每个分公司的收入影响公司广告成本，而每个分公司管理成本影响公司管理成本）有因果关系或受益关系，公司则更应该为这些成本各自设立一个成本库。决定同质成本库需要进行判断，并应该定期评估。

管理者必须权衡使用多个成本库系统的收益与其实施成本。信息收集技术的进步使得多个成本库系统更可能符合成本效益原则。

使用完全分配的成本做决策

在图表14—10中，Astel 的管理者怎样应用所有分配的客户盈利性分析？正如我们在第13章中讨论的，在讨论产品定价时，管理者在做出定价决策时常常喜欢使用产品的全部成本。计算所有分配的客户成本有同样的好处。

考虑一个例子，图表14—10中显示客户E有24 000美元盈利。如果这个客户需要降价50 000美元，Provalue 分公司应该如何回应？基于图表14—4中的分析，客户E有100 000美元的盈利，即使降价50 000美元，客户E仍然是一个盈利的客户。但从长期来看，客户E必须产生足够的利润，以收回所有 Provalue 分公司的分公司成本和 Astel 的公司成本。从长期来看，50 000美元的降价是不可持续的。当 Provalue 分公司开始为 Provalue Ⅱ制定计划时（见第13章），必须同时考虑它能做什么，以更好地管理客户，提高盈利。

向客户分配成本的另一个好处是强调管理成本的机会。例如，批发渠道的经理想研究公司广告或研发和设计支出是否有助于促进对批发客户的销售。这些讨论可能激起对广告、研发和设计作业数量与类型的重新评估。

销售差异

前一节的客户盈利性分析集中在一种销售渠道（如批发）中的单个客户的实际盈利性和它们对 Provalue 分公司2013年盈利性的影响。然而，在一个更高的战略性水平上，Provalue 分公司是在两个不同的市场上销售 Provalue：批发和直接面对企业。企业销售市场的营业毛利比批发市场高。2013年 Provalue 分公司预算通过批发销售60%的 Provalue，直接向企业销售40%的 Provalue。实际上销售的总量比预算还多，但它的实际销售组合（按电脑计算）是66.67%给批发商，33.33%直接给企业。不考虑企业销售渠道还是批发渠道的单独客户的销售盈利性，与预算相比，销售 Provalue 的增加对 Provalue 分公司的实际营业利润有正面影响，而倾向不盈利批发客户的销售组合对它有不利影响。销售数量和销售组合差异识别了各因素对 Provalue 分公司盈利性的影响。

许多公司，如思科（Cisco）、通用电气公司（GE）和惠普（Hewlett-Packard）做了同样的分析，因为它们通过多种分销渠道销售产品，如通过互联网、电话或零售商店。

Provalue 分公司把所有客户层成本（除了固定机器成本 11 400 000 美元）都归为变动成本，而分销渠道和公司维持成本归为固定成本。为了简化销售差异的分析和计算，我们假设所有变动成本是随着销售 Provalue 电脑的变化而变化的（这意味着 Provalue 电脑销售总数变动时，平均客户批数规模保持不变）。如果没有这些假设，分析将变得更加复杂，就应该使用第 8 章描述的作业成本差异分析方法了。当然，基本的观点没有变化。

2013 年预算和实际的营业数据如下：

2013 年预算数据

	单位销售价格 (1)	单位变动成本 (2)	单位贡献毛益 (3)=(1)−(2)	销售量 (4)	销售组合（基于销量）(5)	$贡献毛益 (6)=(3)×(4)
批发渠道	$980	$755	$225	93 000	60%[a]	$20 925 000
企业销售渠道	1 050	775	275	62 000	40%	17 050 000
总计				155 000	100%	$37 975 000

a. 批发渠道的销售量百分比=93 000÷155 000=60%。

2013 年实际结果

	单位销售价格 (1)	单位变动成本 (2)	单位贡献毛益 (3)=(1)−(2)	销售量 (4)	销售组合（基于销量）(5)	贡献毛益 (6)=(3)×(4)
批发渠道	$975.50	$749.225	$226.275	100 000	66.67%[a]	$22 627 500
企业销售渠道	1 049.00	784.55	264.45	50 000	33.33%	13 222 500
总计				150 000	100.00%	$35 850 000

a. 批发渠道的销售量百分比=100 000÷150 000=66.67%。

预算和实际的固定分销渠道成本、分公司成本和公司层成本是一样的（参见图表 14—6、图表 14—7）。

第 7 章详细介绍的层级包括静态预算差异（1 级）、弹性预算差异（2 级）和销售量差异（2 级）。销售数量和销售组合差异是 3 级差异，它们细分了销售量差异。①

□ 静态预算差异

静态预算差异是实际结果与对应的静态预算数字之间的差异。我们分析的重点在实际与预算贡献毛益的差异（前表中的第 6 列）。总的静态差异是 2 125 000 美元（不利）（实际贡献毛益 35 850 000 美元－预算贡献毛益 37 975 000 美元）。图表 14—11（第 1 列和第 3 列）使用第 7 章介绍的柱状格式来说明静态预算差异的详细计算。关于静态预算差异的更多内容可以通过将它细分为弹性预算差异和销售量差异而得到。

① 本章介绍的差异使用了 J. K. Harris 编写的教学笔记。

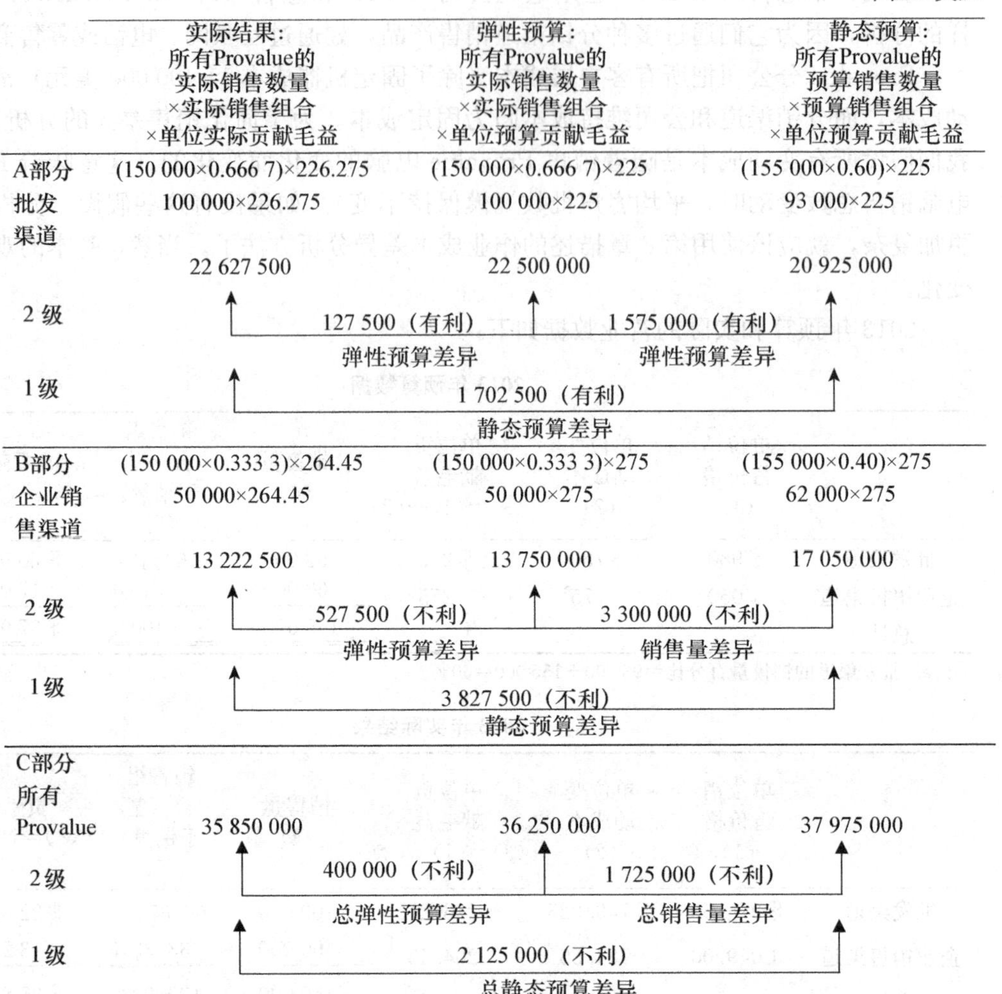

图表 14—11　　Provalue 分公司 2013 年弹性预算差异和销售量差异分析

□ 弹性预算差异与销售量差异

弹性预算差异是实际结果与对应的基于预算期实际产出的预算数字之间的差异。弹性预算贡献毛益等于单位预算贡献毛益乘以实际销售量。图表 14—11 第 2 列说明了弹性预算的计算。弹性预算标准衡量的是 Provalue 分公司本应为实际销售数量预算的贡献毛益。弹性预算差异是图表 14—11 中第 1 列和第 2 列的差异。第 1 列和第 2 列的唯一差异是第 1 列是实际销售量乘以单位实际贡献毛益，而第 2 列是实际销售量乘以单位预算贡献毛益。400 000 美元的不利总弹性预算差异是由于企业销售每台 Provalue 实际贡献毛益 264.45 美元低于预算的 275 美元，批发渠道销售实际贡献毛益 226.275 美元略高于预算的 225 美元。Provalue 分公司的管理者知道企业销售每台电脑 10.55 美元（275－264.45）的贡献毛益来自更高的订货与检测成本，并且提出了未来减少这些成本的行动计划。

销售量差异是弹性预算数字与对应的静态预算数字的差异。在图表 14—11 中，销售量差异说明了实际销售数量和预算销售数量差异对预算贡献毛益的影响。图表14—11 第 2 列和第 3 列的差异是 1 725 000 美元的不利销售量差异。在这种情况下，差异是不利的，因为 Provalue 批发渠道销售高于预算，而预期单位电脑盈利更多的企业销售则低于预算。Provalue 分公司的管理者通过将销售量差异细分为销售数量差异和销售组合差异能获得更多的洞察力。

□ 销售组合差异

销售组合差异（sales-mix variance）是指实际销售组合下的预算贡献毛益与预算销售组合下的预算贡献毛益之间的差异。计算公式和计算如下（单位：美元）：

	所有 Provalue 的实际销售数量	×	(实际销售组合比例 − 预算销售组合比例)	×	单位预算贡献毛益	=	销售组合差异
批发	150 000	×	(0.666 67−0.60)	×	225	=	2 250 000（有利）
企业销售	150 000	×	(0.333 33−0.40)	×	275	=	2 750 000（不利）
总销售组合差异							500 000（不利）

一个有利的销售组合差异来自批发渠道，因为实际的销售组合比例 66.67%大于预算的销售组合比例 60%。相反，企业销售渠道有一个不利差异，因为实际的销售组合比例 33.33%小于预算的销售组合比例 40%。总销售组合差异是不利的，因为实际的销售组合比例与预算的相比偏向了盈利性较差的批发渠道。

解释销售组合差异时，最好用组合单位来表示。**组合单位**（composite unit）是对组合中单个产品赋予一定权重而假设形成的单位。给定 2013 年预算销售，组合单位由 0.60 单位的批发渠道销售和 0.16 单位的零售渠道销售组成。对预算组合而言，组合单位由 0.80 单位的批发渠道销售和 0.20 单位的企业销售渠道销售组成。因此，预算销售组合下每组合单位的预算贡献毛益如下（单位：美元）：

$$0.60\times225+0.40\times275=245$$ ①

类似地，对于实际销售组合，组合单位由 0.666 67 单位的批发渠道销售和 0.333 33 单位的企业销售渠道销售组成。因此，实际销售组合下每组合单位的预算贡献毛益是（单位：美元）：

$$0.666\,67\times225+0.333\,33\times275=241.666\,7$$

现在销售组合转换的影响很明显。Provalue 分公司获得了更低的每组合单位预算贡献毛益 3.333 3 美元（245－241.666 7）。这种下降对于实际销售的 150 000 单位而言，便转化为 500 000 美元的不利销售组合差异（3.333 3×150 000）。

管理者应该研究 2013 年为什么发生 500 000 美元的不利销售组合差异。销售组合转换是因为很难发现盈利性的企业客户吗？是因为企业销售渠道的竞争者以更低的价格提供了更好的服务吗？或者是因为开始估计销售量没有对潜在市场进行充分的分析？

---

① 每组合单位的预算贡献毛益可以用总预算贡献毛益 37 975 000 美元除以总预算单位 155 000 这种方法来计算：37 975 000÷155 000＝245 美元/单位。

图表 14—12 使用分列格式来计算销售组合差异和销售数量差异。

销售数量差异

销售数量差异（sales-quantity variance）是指在预算销售组合下实际销售数量的预算贡献毛益与静态预算（在预算组合下基于预算销售数量）中贡献毛益的差异。公式和计算是：

	实际销售数量（台）	−	预算销售数量（台）	×	预算销售组合比例	×	单位预算贡献毛益（美元）	=	销售数量差异（美元）
批发	（150 000	−	155 000）	×	0.60	×	225	=	675 000（不利）
零售	（150 000	−	155 000）	×	0.40	×	275	=	550 000（不利）
销售数量差异									1 225 000（不利）

当实际销售数量少于预算销售数量时，这一差异是不利的。Provalue 分公司比预算少销售了 5 000 台 Provalue，产生不利销售数量差异 1 225 000 美元（也等于预算组合下每组合单位的预算贡献毛益乘以少销售的数量，245×5 000）。管理者应该查明销售下降的原因。更少的销售量是因为竞争者的积极营销，还是由于提供了更差的客户服务，或者是整个市场的衰退？通过分析整个市场中 Provalue 分公司份额的变化和整个市场规模的变化，管理者能够得到对销售数量差异原因的进一步认识。销售数量差异可以分解为市场份额差异和市场规模差异。

市场份额差异和市场规模差异

Provalue 销售量依赖于市场对类似电脑的总体需求和 Provalue 分公司的市场份额。假定管理层对总销售量的预算是市场份额的 20%，预算的市场规模是 775 000 台，得出 Provalue 电脑 2013 年预算销售量是 155 000 台（0.20×775 000）。2013 年，实际市场规模是 800 000 台，实际市场份额是 18.75%（150 000÷800 000）。图表 14—13 说明了 Provalue 分公司的销售数量差异被进一步分为市场份额和市场规模差异。

市场份额差异

市场份额差异（market-share variance）是指仅由实际市场份额不同于预算市场份额而导致的实际市场规模下预算贡献毛益的差异。计算市场份额差异的公式是：

$$\text{市场份额差异}=\text{实际市场规模}\times\left(\text{实际市场份额}-\text{预算市场份额}\right)\times\text{预算组合下每组合单位的预算贡献毛益}$$

$$=800\,000\times(0.187\,5-0.20)\times245$$

$$=2\,450\,000(\text{美元})(\text{不利})$$

Provalue 分公司损失了 1.25 个市场份额百分点——从预算的 20%降到实际的 18.75%。2 450 000 美元的不利市场份额差异是贡献毛益下降导致的。

市场规模差异

市场规模差异（market-size variance）是指仅由实际市场规模不同于预算市场规模而导致的预算市场份额下预算贡献毛益的差异。计算市场规模差异的公式是：

单位：美元

	弹性预算： 所有Provalue的 实际销售数量 ×实际销售组合 ×单位实际贡献毛益	所有Provalue的 实际销售数量 ×实际销售组合 ×单位预算贡献毛益	静态预算： 所有Provalue的 预算销售数量 ×预算销售组合 ×单位预算贡献毛益
部分 A 批发 渠道	(150 000×0.666 7)×225 100 000×225 22 500 000	(150 000×0.60)×225 90 000×225 20 250 000	(155 000×0.60)×225 93 000×225 20 925 000
3 级	2 250 000（有利） 销售组合差异		675 000（有利） 销售数量差异
2 级	1 575 0000（有利） 销售量差异		
部分 B 企业销 售渠道	(150 000×0.333 3)×275 50 000×275 13 750 000	(150 000×0.40)×275 60 000×275 16 500 000	(155 000×0.40)×275 62 000×275 17 050 000
3 级	2 750 000（不利） 销售组合差异		550 000（不利） 销售数量差异
2 级	3 300 000（不利） 销售量差异		
部分 C 所有 Provalue	36 250 000	36 750 000	37 975 000
3 级	500 000（不利） 总销售组合差异		1 225 000（不利） 总销售数量差异
2 级	1 725 000（不利） 总销售量差异		

图表 14—12　Provalue 分公司 2013 年销售组合差异和销售数量差异分析

单位：美元

实际市场规模 ×实际市场份额 ×预算组合下每组合单位 的预算贡献毛益	实际市场规模 ×预算市场份额 ×预算组合下每组合单位 的预算贡献毛益	静态预算： 预算市场规模 ×预算市场份额 ×预算组合下每组合单位 的预算贡献毛益
800 000×18.75%[a]×245	800 000×20%[b]×245	775 000×20%[b]×245
36 750 000	39 200 000	37 975 000
2 450 000（不利） 市场份额差异		1 225 000（不利） 市场规模差异
1 225 000（不利） 销售数量差异		

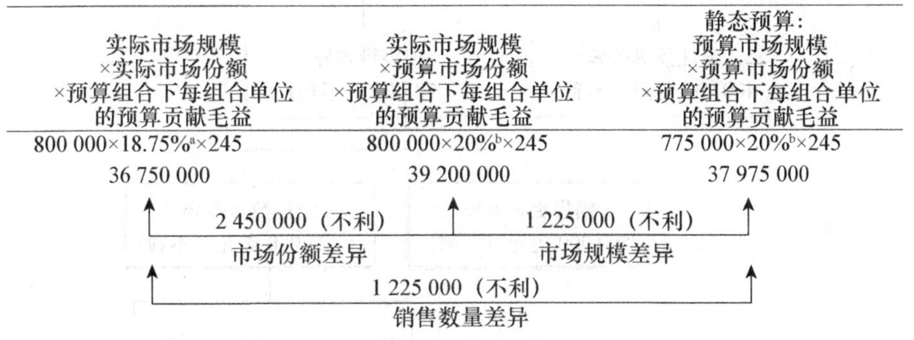

图表 14—13　Provalue 分公司 2013 年的市场份额和市场规模差异分析

a. 实际市场份额：150 000 单位÷800 000 单位＝0.187 5 或 18.75%。
b. 预算市场份额：155 000 单位÷775 000 单位＝0.20 或 20%。

$$\text{市场规模差异}=\left(\text{实际市场规模}-\text{预算市场规模}\right)\times\text{预算市场份额}\times\text{预算组合下每组合单位的预算贡献毛益}$$

$$=(800\,000-775\,000)\times 0.20\times 245$$

$$=1\,225\,000(\text{美元})(\text{有利})$$

市场规模差异是有利的，因为实际的市场规模比预算上涨了 3.23% [(800 000－775 000)÷775 000＝0.032 3 或 3.23%]。

管理者应该调查 2013 年市场份额和市场规模差异的原因。

1 225 000 美元的有利市场规模差异是由于市场规模的增长，这一增长在未来是否继续？如果是，Provalue 分公司通过等于或超过 20%的预算市场份额将得到更多利益。

2 450 000 美元的不利市场份额差异是因为竞争者提供了更好的服务或更低的价格，还是竞争者积极削减价格刺激市场需求？相对于预算，Provalue 分公司的管理者略微降低了价格，他们应该更大幅度地降价吗？特别是对企业销售客户，Provalue 的销售大幅低于预算，而售价显著高于批发价格。Provalue 电脑的质量和可靠性不如竞争者吗？

在评价管理者时，很多公司往往更愿把重点放在市场份额差异而不是市场规模差异上。因为它们认为市场规模差异是由经济范围因素和客户偏好转移影响的，这些不是管理者所能控制的，而市场份额差异衡量管理者与同事相比表现如何。

计算市场规模差异和市场份额差异时须谨慎。不是所有行业都有可靠的市场规模和市场份额信息。汽车、计算机和电视行业的市场规模和市场份额统计有充足的信息。在其他行业，如管理咨询和个人财务规划，市场规模和市场份额的信息就很不可靠。

图表 14—14 介绍了 Provalue 分公司的销售组合差异、销售数量差异、市场份额差异和市场规模差异。这些差异也能在多产品公司中计算，那么每个单独产品会有不同的单位贡献毛益。自测题介绍了这样一种设定。

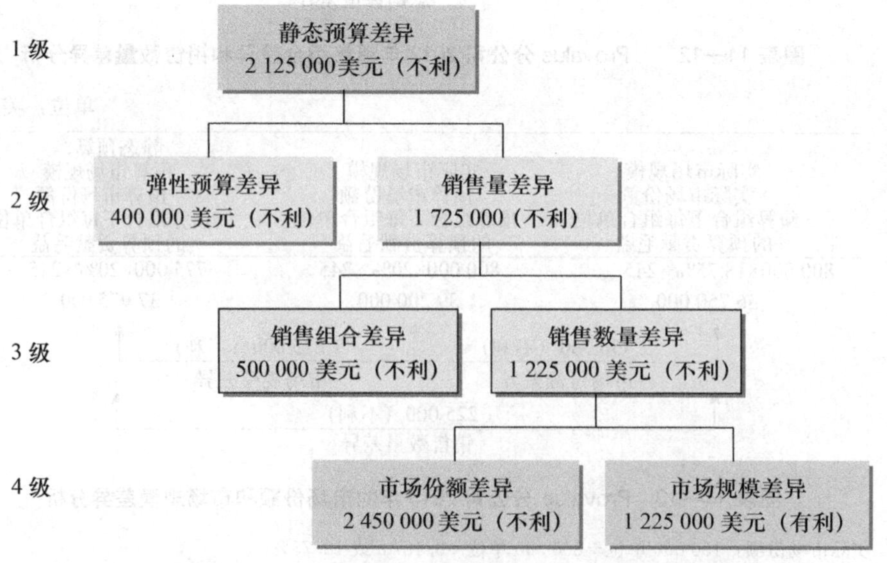

图表 14—14　Provalue 分公司 2013 年差异概览

自测题

Payne 公司生产两种类型的乙烯基地板，2013 年的预算和实际数据如下（单位：美元）：

	静态预算			实际结果		
	商用	居住用	总计	商用	居住用	总计
销售量	20 000	60 000	80 000	25 200	58 800	84 000
贡献毛益	10 000 000	24 000 000	34 000 000	11 970 000	24 696 000	36 666 000

2012 年底，一家市场研究公司预测 2013 年商用和居住用乙烯基地板的产业规模是 800 000 卷，2013 年的实际产业规模是 700 000 卷。

要求：

1. 计算不同类型地板及总的销售组合差异和销售数量差异（根据贡献毛益计算所有差异）。

2. 计算市场份额差异和市场规模差异。

3. 要求 1 和 2 计算的差异为 Payne 公司 2013 年的业绩提供了什么进一步的说明？

解答：

1. 实际销售组合比例：

商用＝25 200÷84 000＝0.30 或 30%
居住用＝58 800÷84 000＝0.70 或 70%

预算销售组合比例：

商用＝20 000÷80 000＝0.25 或 25%
居住用＝60 000÷80 000＝0.75 或 75%

单位预算贡献毛益：

商用＝10 000 000÷20 000＝500(美元/卷)
居住用＝24 000 000÷60 000＝400(美元/卷)

	实际销售数量（卷）	×	实际销售组合比例－预算销售组合比例	×	单位预算贡献毛益（美元/卷）	＝	销售组合差异（美元）
商用	84 000	×	(0.30－0.25)	×	500	＝	2 100 000（有利）
居住用	84 000	×	(0.70－0.75)	×	400	＝	1 680 000（不利）
销售组合差异							420 0000（有利）

	实际销售数量－预算销售数量	×	预算销售组合比例	×	单位预算贡献毛益	＝	销售数量差异
商用	(84 000－80 000)	×	0.25	×	500	＝	500 000（有利）
居住用	(84 000－80 000)	×	0.75	×	400	＝	1 200 000（有利）
销售数量差异							1 700 000（有利）

2. 实际市场份额＝84 000÷700 000＝0.12 或 12%

预算市场份额＝80 000÷800 000＝0.10 或 10%

预算组合中每组合单位的预算贡献毛益＝34 000 000÷80 000＝425(美元/卷)

预算组合中每组合单位的预算贡献毛益也可以这样计算：

商用：	500×0.25＝125(美元/卷)
居住用：	400×0.75＝300(美元/卷)
每组合单位的预算贡献毛益	425(美元/卷)

市场份额差异＝实际市场规模×(实际市场份额－预算市场份额)×预算组合下每组合单位的预算贡献毛益

＝700 000×(0.12－0.10)×425

＝5 950 000(美元)(有利)

市场规模差异＝(实际市场规模－预算市场规模)×预算市场份额×预算组合下每组合单位的预算贡献毛益

＝(700 000－800 000)×0.10×425

＝4 250 000(美元)(不利)

注意市场份额差异和市场规模差异的代数和等于销售数量差异：5 950 000（有利）＋4 250 000（不利）＝1 700 000（有利）。

3. 销售组合差异和销售数量差异都是有利的，有利的销售组合差异发生是因为实际销售组合中边际利润更高的商用地板占了更大比例。有利的销售数量差异发生是因为实际销售的总数量超过预算数量。

公司较大的有利市场份额差异是由于实际市场份额是12%而预算的市场份额是10%。市场规模差异不利是因为实际总销售量比预算量少了100 000卷。2013年Payne公司的业绩看起来很好，虽然整个市场规模下降，但公司通过获得市场份额销售了比预算更多的数量。

决策要点

下面的问答形式是对本章学习目标的总结，决策代表与学习目标相关的关键问题，指南则是对该问题的回答。

决策	指南
1. 公司收入与成本如何才能在顾客间产生差异？	由于购买数量和价格折扣不同，收入就会不同。在提交订单、交付产品、顾客支持方面，不同顾客对公司资源有不同的要求，成本就会不同。
2. 顾客盈利性剖面图怎样帮助管理者？	公司应该意识到并且提供足够资源来维持和扩大与这些顾客的关系，他们对盈利做出了重大贡献，公司还应该设计激励以改变无利可图的顾客的行为模式。顾客盈利性剖面图经常表明一小部分的顾客贡献了大部分的营业利润。

3. 为什么管理者编制基于成本层级的营业利润表?	基于成本层级的营业利润表仅分配那些在特定层级受到行为影响的成本。例如,将销售订单成本和运输成本等成本分配给顾客,因为顾客行为可能影响这些成本。但是管理批发渠道的成本并不分配给顾客,因为顾客行为的变化不会对这些成本产生影响。
4. 管理者应该使用什么样的标准来指导成本分配决策?	管理者使用因果和受益标准来指导大多数成本分配决策。其他标准是公允或公正和承受能力。
5. 当收集间接成本库中的成本时,管理者必须做哪两个重要决策?	与间接成本库相关的两个重要决策是:形成间接成本库的数目和形成同质成本库时每个成本库包含的单个成本项目。通常,管理者既分配变动成本,也分配短期内固定的成本。
6. 销售量差异的两个解释是什么?销售数量差异的两个解释是什么?	销售量差异的两个解释是:(1) 实际销售组合与预算销售组合的差异(销售组合差异);(2) 实际销售量和预算销售量的差异(销售数量差异)。销售数量差异的两个解释是:(1) 实际市场份额与预算销售份额的差异(市场份额差异);(2) 实际市场规模与预算市场规模的差异(市场规模差异)。

练习题

14—17　顾客盈利性,顾客成本层级。Enviro-Tech 有两个零售顾客和两个批发顾客。2013 年每个顾客相关的信息如下(单位:千美元):

	批发顾客		零售顾客	
	North America Wholesaler	South America Wholesaler	Green Energy	Global Power
目录价格下的收入	375 000	590 000	175 000	130 000
目录价格的折扣	25 800	47 200	8 400	590
产品销售成本	285 000	510 000	144 000	95 000
交付成本	4 550	6 710	2 230	2 145
订单处理成本	3 820	5 980	2 180	1 130
销售拜访成本	6 300	2 620	2 620	1 575

Enviro-Tech 每年的批发顾客分销渠道成本是 33 000 000 美元,零售顾客的分销渠道成本是 12 000 000 美元,公司维持成本(如高层管理人员的薪水和一般管理成本)是 48 000 000 美元。任何成本分配基础和公司维持成本之间都没有因果关系或受益关系。也就是说,只要公司完全停工,就可以节约公司维持成本。

要求:

1. 使用图表 14—3 的格式计算顾客层营业利润。

2. 使用图表 14—6 的格式编制顾客成本层级报告。

3. 公司管理层决定将所有公司维持成本分配给分销渠道:38 000 000 美元分配给批发商渠道,10 000 000 美元分配给零售顾客渠道。这样批发商渠道的成本是 71 000 000 美元(33 000 000+38 000 000),零售顾客渠道的成本是 22 000 000 美元(12 000 000+10 000 000)。计算分销渠道层营业利润。基于这些计算,如果公司经理采取行动的话,他们应该采取什么行动?请解释。

4. Enviro-Tech 应该怎样使用作业成本法系统的新成本信息来更好地管理业务?

14—19　顾客盈利性,分销中心。Best Drugs 是一家医药产品分销商,它的 ABC 系统包含 5 种作业:

作业区	2013年成本动因率
1. 订单处理	42美元/订单
2. 商品订购	5美元/件
3. 商店派送	47美元/商店派送
4. 纸箱发货	4美元/箱
5. 货架库存	13美元/库存小时

公司的主计长Rick Flair想利用ABC系统分析每个分销市场的单个顾客盈利能力。他首先关注Ma和Pa单店分销市场。仅用两个客户有助于强调ABC方法的深刻见解。2013年8月，与这两个客户有关的数据如下：

	Ma药店	Pa药店
总订单	13	7
每份订单平均商品数	11	19
总商店派送数	5	7
每次商店派送的平均运送箱数	21	18
每次商店派送的货架库存平均小时	0.5	0.75
每次派送的平均收入（美元）	2 600	1 900
每次派送的平均商品销售成本（美元）	2 100	1 700

要求：

1. 使用ABC系统计算2013年8月每个客户的营业利润。对结果进行评论，如果可能的话，说明Flair应该怎么做。

2. Flair根据月营业收入对Ma和Pa单店分销市场的单个客户进行了排序，前20%的客户的累计营业利润为58 120美元。公司报告称后40%的客户的营业亏损是23 670美元。根据此新客户盈利信息，提出你认为公司应该考虑的四个建议。

14—21 向分公司分配成本。Rembrandt Hotel & Casino坐落在内华达州美丽的Tahoe湖畔，该建筑群包括一个300间客房的酒店，一个赌场和一个餐厅。作为Rembrandt的新主计长，你的经理让你推荐2014年酒店用于向三个分部分配固定间接成本的基础。你有如下2013年利润表的信息（单位：美元）：

	酒店	餐厅	赌场
收入	16 425 000	5 256 000	12 340 000
直接成本	9 819 260	3 749 172	4 248 768
部门毛利	6 605 740	1 506 828	8 091 232

你也可以获得三个分部的如下信息：

	酒店	餐厅	赌场
房屋面积（平方英尺）	80 000	16 000	64 000
员工人数	200	50	250

你被告知可以在以下指标中选择一个来分配间接成本：直接成本、房屋面积或员工人数。2013年总的固定间接成本为14 550 000美元。

要求：

1. 计算固定间接成本分配前每个分部的利润百分比。

2. 分别用以上三种分配基础，将间接成本分配给三个分部。对于每种分配基础，计算分配后各分部的营业利润额和营业利润率（占收入的百分比）。

3. 讨论以上结果。你将如何确定向各分部分配间接成本的方法？为什么？

4. 分析后你会建议关掉其中的某个分部（并且可能将资源重新分配给其他分部）吗？如果会，你建议关掉哪个分部，为什么？

14—23 差异分析，多种产品。芝加哥狼队是全美曲棍球联盟的一支参赛队。它们的主体育场是Downtown Arena（由芝加哥政府拥有并管理）。它可以容纳17 500个座位（其中低层看台座6 500个，高层看台座11 000个）。Downtown Arena对狼队的每场售票收取一定的费用。所有售票工作由网络预订完成，同时每张票也提取一部分收入支付网络费用。狼队2013年预算每种票的贡献毛益计算如下（单位：美元）：

	低层看台票	高层看台票
售价	32	14
场地费	9	4
网络费	6	2
每张票贡献毛益	17	8

2013年每场比赛的预算和实际到场观众人数数据如下（单位：个）：

	预算出售坐席票	实际售出坐席票
低层看台	5 500	3 600
高层看台	7 000	6 400
合计	12 500	10 000

无论是哪种看台座，其预算和实际的贡献毛益

没有差异。

管理人员欣喜地发现在过去 6 个月经济不景气的条件下，每场比赛上座率仍高出预算的 20%。

要求：

1. 计算 2013 年芝加哥狼队的每种票型及总的销售量差异（从贡献毛益的角度计算所有差异）。

2. 计算 2013 年每种票型及总的销售数量差异和销售组合差异。

3. 汇总要求 1 和要求 2 的差异结果。对结果进行结论。

14—25　差异分析，多种产品。Soda-King 公司生产并销售两种软饮料——Kola 和 Limor。公司 2014 的预算和实际结果如下（单位：美元）：

产品	2014 年预算结果			2014 年实际结果		
	销售价格	每箱变动成本	销售量（箱）	销售价格	每箱变动成本	销售量（箱）
Kola	10.00	5.50	500 000	10.10	5.75	504 300
Limor	7.50	4.00	750 000	7.75	3.70	725 700

要求：

1. 计算 2014 年的总销售量差异、销售组合差异和总销售数量差异。（根据贡献毛益计算所有差异。）在计算中显示每种产品的结果。

2. 根据要求 1 中计算的差异，你能得出什么推论？

14—27　成本分配的目的。Sarah Reynolds 最近在 Mize Manufacturing 公司的成本会计部门开始了行政助理的工作。新步入成本会计领域，Sarah 很困惑地发现 Mize Manufacturing 的一个产品 SR460 会由于不同人的要求而有不同的成本。当营销部门为了确定新目录的定价而索取 SR460 的成本时，有人告诉 Sarah 报告一个金额。但第二天财务报告部门索取 SR460 的成本时，有人告诉她报告一个完全不同的成本。Sarah 使用 Mize 的成本核算系统进行报告，在这个系统中每一单位的 SR460 的成本要素如下（单位：美元）：

直接材料	57.00
直制造人工	32.70
变动制造费用	17.52
分配的固定制造费用	65.68
专门用于 SR460 的研究和开发成本[a]	12.40
营销成本[a]	11.90
销售佣金[a]	22.80
分配的生产部门管理成本	10.76
分配的公司总部行政成本	37.20
客户服务成本[a]	6.10
分销成本[a]	17.60

a. 这些成本是专门用于 SR460 的，但即使外购 SR460，这些成本也不会消除。如果公司停止生产 SR460，原本分配给 SR460 的成本将会分配到公司的其他地方。

要求：

1. 向 Sarah 解释为什么给营销部门和财务报告部门报告的成本会有所不同？

2. 计算一个单位的 SR460 的成本，以确定以下内容：

a. SR460 的售价。

b. 财务报告的存货成本。

c. 是应该继续制造 SR460 还是外购（假设 SR460 可用做 Mize 其他某种产品的零部件）？

d. Mize 的生产经理控制成本的能力。

14—29　顾客盈利性，分销公司。Green Paper Delivery 公司现在要分析五个新顾客的获利能力。公司按 20 美元一箱购入再生纸，并按 26 美元一箱的目录价格卖给零售顾客。五位顾客的有关数据如下：

	顾客				
	1	2	3	4	5
销售量（箱）	1 830	6 780	44 500	31 200	1 950
目录销售价格（美元）	26	26	26	26	26
实际销售价格（美元）	26	25.20	24.30	25.80	35
采购订单数量	10	18	35	16	35
顾客拜访数量	3	5	12	4	12
交付数量	12	28	65	25	35
每次交付运输英里	14	4	8	6	45
快速交付数量	0	0	0	0	3

它的五类作业和成本动因是：

作业	成本动因率
订单处理	90 美元/采购订单
顾客拜访	75 美元/顾客拜访
交付	3 美元/英里
产品处理	1.20 美元/箱
快速交付	250 美元/快速交付

要求：

1. 计算这五个客户各自的顾客层营业利润，并评价这一结果。

2. 比较每个客户的目录价格及实际售价可以得出什么结论？

3. 在决定是否终止与5个客户中的一个或多个的交易时，公司应该考虑什么因素？

14—31 顾客成本层级，顾客盈利性。Denise Nelson开了一家室内设计咨询及窗帘制作公司Denise经营内饰业务。她的业务由两个不同的分销渠道构成：咨询业务中，Denise为两个建筑公司（Attractive Abodes 和 Better Buildings）服务；商业窗帘业务中，Denise为三个商业客户（Cheery Curtains，Delightful Drapes 和 Elegant Extras）设计和制作窗帘。Denise想评估她的两个建筑公司客户和三个商业窗帘客户的盈利能力，同时评估两个分销渠道以及业务整体的盈利能力。她最新一个季度的信息如下（单位：美元）：

Attractive Abodes（AA）的总收入	117 000
Better Buildings（BB）的总收入	94 400
Cheery Curtains（CC）的总收入	178 690
Delightful Drapes（DD）的总收入	73 920
Elegant Extras（EE）的总收入	36 600
专门用于AA的成本	73 500
专门用于BB的成本	58 600
专门用于CC的成本	109 290
专门用于DD的成本	57 860
专门用于EE的成本	28 520
间接成本*	170 200

* Denise已经确定25%的间接成本与建筑业务直接相关，40%的与窗帘业务直接相关，其余的从本质上讲是共同承担的。

对于上面显示的收入，Denise会给予Attractive Abodes公司10%的折扣以鼓励其脱离一家竞争对手，Denise也会因Elegant Extras提前支付现金而给予其5%的折扣。

要求：

1. 用图表14—6的格式，编制Denise内饰业务的客户成本层级报告。

2. 用图表14—4的格式，编制五个客户的客户盈利能力分析报告。

3. 评论前述报告的结果。你会给Denise什么建议？

14—33 将成本分配给分公司。Forber Bakery公司为零售店制作烘培食物。它有三个分公司：面包分公司、蛋糕分公司和甜甜圈分公司。每个分公司独立经营和评价。总部发生的成本是分公司的间接成本。总部发生的成本如下（单位：美元）：

人力资源成本	1 900 000
会计部门成本	1 400 000
租金和折旧	1 200 000
其他	600 000
总成本	5 100 000

Forber的高级管理层目前将这些成本均分给分公司。其中一个分公司的经理对作业成本法做了一些研究，并且建议对不同的间接成本使用不同的成本分配基础——对人力资源成本使用雇员人数，对会计部门成本使用总收入，对租金和折旧成本使用占地面积，其他成本则在分公司间平均分配。三个分公司的信息如下：

	面包分公司	蛋糕分公司	甜甜圈分公司
总收入	$20 900 000	$4 500 000	$13 400 000
直接成本	14 500 000	3 200 000	7 250 000
分公司毛利	$6 400 000	$1 300 000	$6 150 000
雇员人数	400	100	300
占地面积（平方英尺）	10 000	4 000	6 000

要求：

1. 将Forber的直接成本均分给各分公司。计算总部成本分配后分公司的营业利润。

2. 使用建议的分配基础将总部的间接成本分配给各分公司。计算分配后分公司的营业利润。对用于分配总部成本的分配基础进行评论。

3. 你认为是哪个分公司的经理建议使用这种新分配基础？请简要解释。你觉得哪个分配更好？

14—35 成本层级利润表，向顾客分配公司、分公司和渠道的成本。Basic Boards制造键盘并通过两种主要分销渠道销售给不同的顾客。最近公司的盈利能力有所下降。管理层想根据以下信息分析每个渠道的盈利能力。

	分销渠道A	分销渠道B	合计
收入（美元）	2 599 506	2 690 494	5 290 000
顾客层成本（美元）	1 627 047	1 783 953	3 411 000
顾客层营业利润（美元）	972 459	906 541	1 879 000
顾客层营业利润占收入的百分比	37.409%	33.694%	35.5%

公司将分销成本分配给两个渠道：

	合计	分配基础
分销成本		
营销成本	560 000美元	渠道收入
管理成本	240 000美元	顾客层成本

基于一个特殊研究，公司根据渠道需要的资源

将公司成本分配给两个渠道：分销渠道 A，440 000 美元；分销渠道 B，500 000 美元。如果公司关闭一个分销渠道，不会节省公司成本。

要求：

1. 计算分配顾客层成本、分销成本和公司成本后每个渠道的营业利润占收入的百分比。

2. 公司应该关闭分销渠道吗？请简要解释。

3. 你会将公司成本分配给分公司吗？为什么分配这些成本是有帮助的？它会帮助你采取什么行动？

14—37　市场份额和市场规模差异（续 14—36）。Houston Infonautics 的高级副营销总裁在第 3 季度初编制预算时，假设公司占 25%的市场份额。据 Foolinstead Research 估计整个笔记本电脑市场在第 3 季度全球销量达到 444 000 台，不过实际销售量是 500 000 台。

要求：

1. 为 Houston Infonautics 计算 2014 年第 3 季度的市场份额和市场规模差异（以贡献毛益为基础计算所有差异）。

2. 基于市场份额和市场规模差异，请解释发生了什么情况。

3. 计算不会导致市场规模差异（再次使用单位预算贡献毛益）的实际市场规模。使用市场规模数据计算将会导致零市场份额差异的实际市场份额。

14—39　顾客盈利性和道德。KC 公司生产一种名为 GoodAir 的空气清新装置，并将其销售给 6 个商业企业。一件 GoodAir 的售价为 30 美元，全部的生产成本为 18 美元。销售人员得到的销售佣金不依据销售额和销售数量计算，而是依据接到的订单数量计算。每份订单可使销售人员获得 10 美元的佣金（除正常工资外）。

KC 公司根据预期需求生产产品。公司持有一定数量的库存，因此加急订单时不会导致高于每单位 18 美元的额外生产成本。无论是正常配送还是加急配送，公司将产成品运送给顾客都不收取额外费用。而加急配送的成本显著高于正常配送。客户有时会退回一定数量的货物，公司计算总收入时会减去这些退货。公司不会向客户收取退货的补货费用。

预算（预计）的顾客层面成本动因率如下：

接受订单（不含销售佣金）	每份订单 15 美元
产品处理	每件产品 1 美元
送货	每行驶 1 英里 1.20 美元
加急配送	每次装运 175 美元
补货	每次退回装运 50 美元
拜访客户	每位顾客 125 美元

因为每份订单可使销售人员获得 10 美元佣金，因此他们常常会将大订单分解成多个小订单。由于小订单都是同时写的，因此这种做法使每份小订单的实际接受订单成本降低了 7 美元（从 15 美元降至 8 美元）。因为管理层和财务部门都不知道销售人员分解大订单的做法，因此预算中没有包括这种更低的成本率。所有其他的实际成本与预算成本相同。

KC 公司的客户信息如下：

	AC	DC	MC	JC	RC	BC
购买的产品总数	225	520	295	110	390	1 050
实际订单数	5	20	4	6	9	18
写的订单数	10	20*	9	12	24	36
运送所有产品行驶的总英里数	360	580	350	220	790	850
退回的产品总数	15	40	0	0	35	40
退回装运数	3	2	0	0	1	5
加急配送数	0	8	0	0	3	4

* 因为客户 DC 下了 20 个单独的订单，每份订单的订单成本是 15 美元。所有其他订单都是小订单，因此每份订单的实际订单成本是 8 美元。

要求：

1. 将每种顾客层营业成本分类为顾客产出单位成本、客户批数成本和客户维持成本。

2. 利用以上信息，计算 KC 公司 6 个顾客的预计顾客层营业利润。使用写的订单数，按每份订单 15 美元，计算预计的订单成本。

3. 使用写的订单数，按每份订单 8 美元（除 DC 的每份订单实际成本为 15 美元外）重新计算顾客层的营业利润。KC 公司将如何评价本期的顾客层营业成本绩效？

4. 如果销售人员没有将实际订单拆分为多个更小的订单，重新计算此时顾客层的营业利润。不要忘记调整销售佣金。

5. 销售人员的行为会如何影响 KC 公司的利润？他们的行为是否道德？KC 公司会采取什么措施来改变销售人员的行为呢？

第 15 章

辅助部门成本、共同成本与收入的分配

- 使用单一比率法与双重比率法分配辅助部门成本
- 预算成本与实际成本以及分配基础的选择
- 多个辅助部门的成本分配
- 共同成本的分配
- 成本分配与合同争议
- 捆绑产品与收入分配方法

学习目标

1. 区别单一比率和双重比率成本分配法
2. 理解预算或实际成本分配率的选择、预算或实际使用量的选择如何影响分公司对管理者的激励
3. 使用直接、阶梯和交互方法分配辅助部门成本
4. 使用增量或独立成本分配法分配共同成本
5. 解释以发生成本为基础计算补偿时，合同双方明确协议的重要性
6. 理解捆绑产品如何引发收入分配问题，以及管理者用于分配收入的方法

公司如何在不同的生产部门或项目间分配间接成本和内部支持成本——与营销、广告和其他内部服务相关的成本——会对这些部门或项目的盈利情况有重大影响。

从整体上看，分配不影响公司的利润。然而，如果分配不当的话，它能使某些部门或项目（和它们的经理）的盈利看起来比实际的更好或更差。正如下面的文章表明的那样，项目成本分配方法不仅影响企业，而且影响顾客。对于同样的服务，顾客可能花得更多或更少，这取决于使用的方法。

成本分配和智能电网能源基础设施的未来①

世界各个国家都在采用产生和分配能源的替代方法。美国正在开发智能电网，即使用技术、计算机和软件使传输、输电线运营和联系更有效率和效果。这个处于计划中的系统还将整合新兴清洁能源资源，如太阳能发电站和地热系统，以帮助创建一个减少碳排放的更持续的电力供应。

总部设在加利福尼亚州的电力资源研究所是一个独立的非营利组织。该研究所表示，在未来 20 年发展智能电网的成本在 3 380 亿美元到 4 760 亿美元之间。这些成本包括新基础设施和技术改进——大部分是输电线的成本，还有升级供电系统的成本。民营公用事业和美国政府将支付智能电网开发的成本，但是这些成本将通过向能源用户收费而随着时间推移逐渐收回。美国政府在讨论两种向用户收费的成本分配方法时出现了争议。一个方法是互联范围成本分配。在这个系统下，新技术部署地区的每个人都需要帮忙付费。例如，如果科罗拉多州的丹佛装配了新输电线和智能电表，那么科罗拉多州的每个人都需要付费。支持者认为，这种方法将有助于减少实际用户为新技术上的重大投资支付的成本。

一个竞争性的提议认为，应该将成本只分配给实际受益于新智能电网系统的公共事业纳税人。在前面的例子中，只向丹佛的公用事业用户收取新输电线和智能电表的费用。该方法的支持者认为，使用新智能电网的用户不应该从那些没有任何受益的人那里

---

① Josie Garthwaite, "The ＄160B Question: Who Should Foot the Bill for Transmission Buildout?" *Salon.com* (March 12, 2009); Mark Jaffe, "Cost of Smart-Grid Projects Shocks Consumer Advocates," *The Denver Post* (February 14, 2010).

得到补贴。

最终，政府决定只向受益的用户收费。这些用户会发现他们平均每月的电费从9美元增加到12美元，但智能电网技术将会提供更高的电网可靠性、太阳能屋顶发电和电动汽车，减少电力需求，加强了网络安全。

在雀巢等制造业企业、康卡斯特等服务业企业、Trader Joe's等零售业企业和奥本大学（Auburn University）等学术机构，当公司辅助部门的成本在多个分公司或运营部门之间进行分配时，会出现同样的分配困境。本章重点关注管理者在制定成本和收入分配决策时面临的一些挑战。

使用单一比率法与双重比率法分配辅助部门成本

公司划分了运营部门（和运营分公司）和辅助部门。**运营部门**（operating department），也称为**生产部门**（production department），直接增加产品或服务的价值。**辅助部门**（support department），也称为**服务部门**（service department），协助该公司的其他内部部门（运营部门和其他辅助部门）提供服务。辅助部门有信息系统、生产控制、材料管理和设备维修。管理者在将辅助部门的成本分配到运营部门或分公司时面临两个问题：(1) 辅助部门的固定成本（如部门经理的工资）应该分配给运营分公司吗？(2) 如果分配固定成本，变动成本与固定成本按同样的方式分配吗？关于第一个问题，大多数公司认为，辅助部门的固定成本应该分配，因为辅助部门需要发生固定成本以提供运营部门所需要的服务。关于第二个问题，视第一个问题的回答情况而定，有两种分配辅助部门成本的方法：单一比率法与双重比率法。

单一比率法与双重比率法

单一比率法（single-rate method）不区分变动成本与固定成本。它采用单一成本分配基础的同一比率将每个成本库（本节中指辅助部门）中的成本分配给成本对象（本节中指运营部门）。**双重比率法**（dual-rate method）将每个辅助部门的成本划分到两个成本库，一个变动成本库与一个固定成本库，每个成本库采用不同的成本分配基础。在使用单一比率法或双重比率法时，管理人员可以基于预算比率或最终的实际成本比率将辅助部门成本分配到运营部门。后一种方法在概念上既不是首选，实务中也没有广泛使用(我们将在下一节解释原因)。因此，下面我们基于预算比率的应用举例说明单一比率法与双重比率法。

我们继续以第4章中的Robinson公司为例。Robinson为造纸行业生产并安装特定的机器。在第4章中，我们使用单一的制造费用成本库，将直接制造人工小时作为成本分配基础，把所有制造费用分配给各批次产品。在本章中，我们描述一个更详细的会计系统，考虑Robinson生产部门中不同的运营部门和服务部门。

Robinson有两个运营部门——加工部门和装配部门——进行生产，并且有三个辅助部门——工厂管理部门、工程与产品控制部门和材料管理部门——它们为运营部门生产特定机器提供基本服务。

● 工厂管理部门负责管理工厂的所有作业。即，它的成本是为支持所有其他部门发生的，可以作为其他部门监督成本的一部分。

● 工程与生产控制部门支持其他部门的所有工程作业。换句话说，它的成本是为支持其他部门的工程成本而发生的，因此可以作为这些部门工程成本的一部分。

● 材料管理部门负责管理和移动不同批次产品需要的材料与部件。Robinson 的每一批次产品都不同，需要加工与装配少量的独特部件。材料管理部门的成本随支持每个部门而发生的材料处理人工小时数变动。材料管理部门投入了大量材料处理人工小时支持装配部门。

Robinson 生产的特殊机器不经过服务部门，因此服务部门的成本必须分配给运营部门，以确定生产特殊机器的全部成本。一旦将成本归集在运营部门，Robinson 生产的不同特殊机器就能承担这些成本。不同批次产品需要不同数量的加工与装配资源。每个运营部门有一个不同的间接成本动因承担生产机器的间接成本：加工部门的成本动因是机器小时，装配部门的成本动因是装配人工小时。

我们先关注将材料管理部门的成本分配给加工部门和装配部门。以下是 2013 年的预算数据：

实际生产能力	4 000 小时
在 3 000 人工小时～4 000 人工小时相关范围内材料管理部门的固定成本	144 000 美元
人工小时预算使用量：	
加工部门	800 小时
装配部门	2 800 小时
合计	3 600 小时
在 3 000 人工小时～4 000 人工小时相关范围内预算的单位材料处理人工小时变动成本	30 美元/小时
2013 年实际使用人工小时	
加工部门	1 200 小时
装配部门	2 400 小时
合计	3 600 小时

材料管理部门成本的预算比率可以基于材料处理服务的需求或材料处理服务的供给来计算。我们认为材料管理部门的成本首先基于材料处理服务的需要（或使用），然后基于材料处理服务的供给来分配。

□ 基于材料处理服务需要（或使用）的分配

我们先介绍单一比率法，再介绍双重比率法。

单一比率法

在此方法下，固定成本和变动成本使用合并的分配率。比率计算如下：

预算使用量	3 600 小时

预算总成本库：144 000＋(3 600×30)	252 000 美元
预算每小时分配率：252 000÷3 600	70 美元/小时
加工部门的分配率	70 美元/小时
装配部门的分配率	70 美元/小时

注意，70 美元/小时的预算分配率远高于 30 美元/小时的预算变动成本。这是因为 70 美元的分配率包括运行设备的固定成本分配率 40 美元/小时（预算固定成本 144 000 美元÷预算使用量 3 600 小时）。

在单一比率法下，对于实际使用中心设施的每一小时，按预算比率向部门收费。应用到我们的例子中，Robinson 公司基于每小时 70 美元的预算比率和运营部门使用的实际小时数分配材料管理部门的成本。此种方法下，分配到两个部门的辅助成本如下：

加工部门：70×1 200	84 000 美元
装配部门：70×2 400	168 000 美元

双重比率法

当公司使用双重比率法时，管理者必须为材料管理部门的变动成本与固定成本库选择分配基础。

正如单一比率法，公司基于各部门使用的实际小时的预算变动成本 30 美元/小时分配变动成本。但是，公司基于每小时预算固定成本和各部门的预算小时数分配固定成本。给定加工部门 800 小时的预算使用量和装配部门 2 800 小时的预算使用量。预算的固定成本比率是 40 美元/小时（144 000 美元/3 600 小时）。因为这个比率是基于预算使用量计算的，但固定成本是基于运营部门预期使用材料管理设备的相对比例事先一次性分配的。

2013 年双重比率法下分配给加工部门的成本如下：

固定成本：40×800(预算)	32 000 美元
变动成本：30×1 200(实际)	36 000 美元
总成本	68 000 美元

2013 年分配给装配部门的成本如下：

固定成本：40×2 800(预算)	112 000 美元
变动成本：30×2 400(实际)	72 000 美元
总成本	184 000 美元

注意，在单一比率法和双重比率法下，每个运营部门承担同样数量的变动成本（每小时 30 美元乘以使用的实际小时）。但是，两种方法下，总成本分配是不同的，因为单一比率法下辅助部门的固定成本是根据运营部门实际使用的材料处理资源进行分配的，而双重比率法分配固定成本是基于预算使用量。

接下来我们考虑根据材料处理服务提供能力分配材料管理部门成本的可选方法。

□ 基于生产能力供给的分配

我们以材料处理部门的实际能力 4 000 小时为例来说明这种方法。预算比率计算如下：

预算固定成本分配率：144 000÷4 000	36 美元/小时
预算变动成本分配率	30 美元/小时
预算总成本分配率	66 美元/小时

在上一节中，在相同的方法下使用单一比率和双重比率，分配给运营部门的材料管理部门成本如下：

单一比率法：

加工部门：66×1 200（实际）	79 200 美元
装配部门：66×2 400（实际）	158 400 美元
未利用材料处理设施的固定成本：	
36 ×400[a]	14 400 美元

a. 400 小时＝实际能力 4 000 小时－（加工部门利用的 1 200 小时＋装配部门利用的 2 400 小时）

双重比率法：

加工部门：	
固定成本：36×800（预算）	28 800 美元
变动成本：30×1 200（实际）	36 000 美元
总成本	64 800 美元
装配部门：	
固定成本：36×2 800（预算）	100 800 美元
变动成本：30×2 400（实际）	72 000 美元
总成本	172 800 美元
未利用材料处理设施的固定成本：	
36× 400[b]	14 400 美元

b. 400 小时＝实际能力 4 000 小时－（加工部门预算利用的 800 小时－装配部门预算利用的 2 800 小时）

当公司使用实际能力分配成本时，单一比率法只分配加工部门和装配部门使用的实际固定成本资源，而双重比率法分配运营部门使用的预算固定成本资源。未利用的材料管理部门资源被突出显示但并未分配给这些部门。①

采用实际能力分配成本的优点是引导管理者注意管理未利用能力（第 9 章和第 12 章有描述）。采用实际能力还可以避免因为材料管理部门未利用能力的成本而加重部门的负担。当成本以材料处理服务需求为基础分配时，包括未利用能力的所有 144 000 美元预算固定成本均被分配给使用部门。如果成本被用做定价的基础，向使用者收取未利用能力的费用可能导致需求螺旋下降（见第 9 章）。

近来，双重比率法受到了更多的关注。一个新兴的管理会计系统资源消耗会计(Resource Consumption Accounting，RCA）采用与双重比率系统类似的分配程序。对于每个成本/资源库，固定成本的成本分配率是基于实际供给能力，而比例成本（即随

① 在我们的例子中，单一比率法与双重比率法下未使用能力的成本是一致的（都等于 14 400 美元）。这是因为设备实际总使用量与预期总使用量 3 600 小时是匹配的。未使用能力的预算成本（双重比率法中）可能大于或小于实际成本（单一比率法中），这取决于实际总使用量是否低于或高于预算使用量。

资源库的输出而变动的成本）的分配率是基于计划数量。①

使用单一比率法和双重比率法有优点也有缺点。下面我们进行讨论。

□ 单一比率法的优点和缺点

优点：（1）单一比率法的执行成本很低。因为它避免了将一个部门的单个成本项目分别归入固定和变动成本类别所需的昂贵分析。（2）单一比率法以辅助服务的实际使用量而不是预期需求的不确定性预测来决定最终分配，为使用部门承担的费用提供了操作控制。

缺点：单一比率法可能导致运营部门管理者做出最符合他们自己的利益但对组织整体无效率的次优决策。这种情况之所以发生，是因为在单一比率法下，辅助部门分配的固定成本显示为运营部门的变动成本。考虑这样一种情形，管理者基于材料处理服务的需求进行成本分配。在此情况下，在单一比率法下，各使用部门承担每小时70美元的费用。（回想一下，其中40美元费用与材料管理部门分配的固定成本有关）。假设一个外部供应商以每小时55美元为加工部门提供材料处理人工服务，此时，材料管理部门有未利用的生产能力。加工部门的管理者可能会利用这个供应商，因为它会降低部门的成本（55美元代替了70美元的材料处理服务内部费用）。但是，从短期看，在相关范围内（在3 000小时使用量和4 000小时实际生产能力之间）材料管理部门的固定成本没有变化。因此，如果管理者采纳这种提议，Robinson公司将会发生每小时25美元的额外成本——55美元的外部购买价格和使用材料管理部门的真实内部变动成本30美元之间的差额。

单一比率法下，当基于实际生产能力进行分配时，在Robinson公司的利益和部门管理者利益之间产生的分歧减轻了。运营部门管理者感知的每小时变动成本现在是66美元（不是基于预算使用量分配时的70美元）。但是，任何高于30美元（Robinson公司的真实变动成本）低于66美元（单一比率每小时的费用）的外部报价仍会导致使用部门的管理者在损害Robinson公司整体利益的情况下选择外包服务。

□ 双重比率法的优点和缺点

优点：（1）双重比率法指导部门管理者做出既利于各部门又利于组织整体的决策，因为它给部门管理者一个信号，即变动成本和固定成本是如何不同的。例如，使用收费每小时超过30美元的材料处理外部供应商将导致Robinson公司的情况比使用自己的材料管理部门时更差，因为后者有一个每小时30美元的变动成本。在双重比率法下，部门管理者没有向外部提供商支付超过30美元/小时的费用的动机，因为材料处理服务的内部费用正好是这个金额。通过一次性支付部门预计使用的资源的固定成本，在制定关

① 资源消耗会计的其他重要特征包括：（1）选择性地使用作业成本法；（2）不存在因果关系时不分配固定成本；（3）资产按重置成本计提折旧。资源消耗会计植根于有近50年历史的德国成本会计系统（GPK），被梅赛德斯-奔驰、保时捷、斯蒂尔（Stihl）等组织采用。资源消耗会计和GPK在组织中应用的更多细节和例证见Sally Webber and Douglas B. Clinton, “Resource Consumption Accounting Applied: The Clopay Case,” *Management Accounting Quarterly*（Fall 2004）；和Brain Mackie, “Merging GPK and ABC on the Road to RCA,” *Strategic Finance*（November 2006）。

于服务外包的边际决策时，双重比率法成功地将固定成本从部门管理者的考虑中消除了。因此，双重比率法能够避免单一比率法下可能产生的潜在利益冲突。(2) 基于预算使用量分配固定成本有助于使用部门制定长期与短期计划，因为使用部门事先知道分配给它们的成本。基于长期计划的视角，公司承担基础设施成本（如辅助部门的固定成本）；预算使用量衡量使用部门对辅助部门服务的长期需求。

缺点：(1) 双重比率法要求管理者区分变动成本与固定成本，这通常是一项具有挑战性的工作。(2) 双重比率法没有向运营管理者指明使用的辅助部门资源的固定成本，因为固定成本是基于预算而非实际使用量分配给运营部门的。因此，即使加工部门实际使用了 1 200 人工小时，加工部门的管理者仍基于 800 人工小时的预算使用量分配材料管理部门的固定成本。(3) 把预算长期使用量作为固定成本的分配基础，可能使一些管理者试图低估他们的计划使用量。低估将使他们的部门承担更低比例的固定成本（假定其他管理者没有类似地低估他们的使用量）。如果所有使用部门管理者低估使用量，也会导致 Robinson 公司低估它的辅助部门的总需求。为了阻止这种低估，许多公司对那些长期使用量预测准确的管理者给予奖励和红利——“胡萝卜”方法；其他公司对那些低估长期使用量的给予成本惩罚——“大棒”方法，例如，一个部门超过它的预算使用量后将对它实行更高的成本率。

预算成本与实际成本以及分配基础的选择

就辅助部门成本和成本分配给运营部门的方式而言，前面描述的分配方法遵循了具体的程序。在本节中，我们更详细地研究这些选择，并且考虑替代方法的影响。我们证明，是否使用实际或预算成本以及选择实际或预算使用量作为分配基础的决策，对分配给各运营部门的成本和运营部门管理者的激励有重要影响。

预算与实际分配率

在单一比率法和双重比率法中，Robinson 公司使用预算比率分配辅助部门成本（固定与变动成本）。另一种方法是基于当期实际辅助成本采用实际比率进行成本分配。因为这种方法给使用部门带来了不确定性，所以很少用。当成本分配采用预算比率时，被分配成本的部门经理确切知道预算期间使用的分配率。使用者可以决定要求服务的数量（如果公司政策允许）并决定使用内部资源还是外部资源。相反地，当采用实际比率分配成本时，使用部门直到预算期间期末才能知道它们的费用。

预算比率还可以激励辅助（供应）部门（比如，材料管理部门）管理者改善效率。在预算期间，由供应部门而非使用部门承担不利的成本差异风险，因为使用部门不支付供应部门超过预算比率法的任何成本或无效率。

当不利成本差异是由于无力控制的价格上涨引起时，供应部门经理可能消极地看待预算比率。有些组织试图识别出这些不能控制的因素，解除辅助部门经理对这些差异的责任。在其他组织，供应部门和使用部门商定分担供应部门使用的材料不可控的大幅价格上涨风险（通过一个明确的规则）。这种程序避免完全由供应部门（当使用预算分配率时）或使用部门（在实际分配率的情况下）承担风险。

在本章余下的部分，我们将继续考虑使用预算分配率的分配方法。

□ 预算与实际使用量

在单一比率法和双重比率法中，基于预算比率和实际使用量分配变动成本。因为变动成本与使用量直接相关，且有因果关系，将它作为实际使用量的函数是恰当的。而且，基于预算使用量分配变动成本将不会激励使用部门控制它们的辅助服务消耗。

固定成本怎么处理？以 Robinson 公司材料管理部门的预算固定成本 144 000 美元为例。回想一下，加工部门的预算使用量是 800 小时，装配部门为 2 800 小时。假定加工部门的实际使用量总是等于预算使用量。我们考虑三种情况：

情况 1：装配部门实际使用量等于预算使用量。

情况 2：装配部门实际使用量大于预算使用量。

情况 3：装配部门实际使用量小于预算使用量。

□ 基于预算分配率与预算使用量的固定成本分配

这是前面章节中描述的双重比率程序。当以预算使用量作为分配基础时，不管设备的实际使用量如何（不管情况 1，2，3 中的哪种发生），使用部门均得到预设的一次性固定成本。如果分配率是基于每小时 40 美元（144 000÷3 600）的预期需求，加工部门分配 32 000 美元（40×800），装配部门分配 112 000 美元（40×2 800）。如果将分配率设定为每小时 36 美元（144 000÷4 000）的实际生产能力，那么加工部门承担 28 800 美元（36×800），装配部门分配 100 800 美元（36×2 800），剩下的 14 400 美元（36×400）是过剩生产能力的未分配成本。

□ 基于预算分配率与实际使用量的固定成本分配

图表 15—1 第 2 列显示预算比率（每小时 40 美元）是基于预期需求时的分配，第 3 列显示实际生产能力作为分配率（每小时 36 美元）时的分配。注意每个运营部门的固定成本分配随辅助设备的实际使用量变动。但是，一个部门实际使用量的变动并不影响其他部门分配的成本。加工部门分配 32 000 美元或 28 800 美元，这取决于选择的预算分配率，与装配部门的实际使用量无关。

但是，注意，这种固定成本的分配程序与单一比率法下的分配程序完全一样。因此，这个程序具有单一比率法的优点，如预先知道预算比率，可以控制基于实际使用量分配给他们的成本。[①] 这个程序也具有前面章节讨论过的单一比率法的缺点，如分配率基于预期使用量时，会承担过高的成本，包括未利用生产能力的成本。例如，在情况 1 中，实际使用量等于材料处理 3 600 人工小时的预算使用量，少于 4 000 人工小时的实

① 分配给部门的成本总额通常不等于实际实现的成本。然后使用前面第 4、7、8 章讨论的方法调整过度分配和分配不足。

际能力。但是，即使材料处理部门有闲置的生产能力，材料管理部门全部固定成本144 000美元仍分配给运营部门。另一方面，如情况 2，实际使用量（4 000 人工小时）大于预算使用量（3 600 人工小时）时，总共分配 160 000 美元，大于 144 000 美元的固定成本。这导致固定成本过度分配，需要在期末进行调整，正如第 4、8 章讨论的那样。

明确确认未利用生产能力的成本，基于实际使用量分配固定成本就避免了这些问题。但是，正如我们前面已经讨论过的，在评估外包可能性时，基于实际使用量的固定成本分配率会导致使用部门和企业之间的利益冲突。

□ 基于实际使用量分配预算固定成本

最后，考虑公司分配总预算固定成本给运营部门（而不是确定预算固定成本分配率，正如目前我们看到的）时，以实际使用量作为分配基础的影响。如果使用预算使用量分配 144 000 美元预算固定成本，我们就回到了熟悉的双重比率法。另一方面，如果将设备的实际使用量作为分配基础，那么费用就等于图表 15—1 第 4 列中的金额。

- 情况 1 中，固定成本分配等于基于预算使用量计算的金额（它也与双重比率法下基于材料处理服务需求计算的费用一样）；
- 情况 2 中，加工部门比预期的固定成本少分配 3 200 美元（28 800 美元与 32 000 美元之差）；
- 情况 3 中，加工部门比预期的固定成本多分配 4 000 美元（36 000 美元与 32 000 美元之差）。

为什么即使它的实际用量等于预算用量，情况 3 中加工部门还有 4 000 美元的增长？因为固定成本 144 000 美元被分配在比实际总使用量少 400 的使用小时上，换句话说，装配部门更低的使用量导致分配到加工部门的固定成本增加。当基于实际使用量分配预算固定成本时，使用部门直到预算期间期末才能知道有多少固定成本分配给它。因此，这种方法与那些依赖实际成本比率而非预算成本比率的方法有同样的缺点。

总之，有优越的经济和激励原因证明前面章节中介绍的单一比率法和双重比率法的简化形式是合理的，特别是，有优越的经济和激励原因介绍双重比率分配程序。

图表 15—1　　实际使用量的变化对运营部门固定成本分配的影响　　单位：美元

	(1) 实际使用量（小时）		(2) 基于预期需求的预算比率[a]（美元）		(3) 基于实际能力的预算比率[b]（美元）		(4) 预算总固定成本分配（美元）	
情况	加工部门	装配部门	加工部门	装配部门	加工部门	装配部门	加工部门	装配部门
1	800	2 800	32 000	112 000	28 800	100 800	32 000[c]	112 000[d]
2	800	3 200	32 000	128 000	28 800	115 200	28 800[e]	115 200[f]
3	800	2 400	32 000	96 000	28 800	86 400	36 000[g]	108 000[h]

a. $\frac{144\,000}{(800+2\,800)}=40$；b. $\frac{144\,000}{4\,000}=36$；c. $\frac{800}{(800+2\,800)}\times 144\,000$；d. $\frac{2\,800}{(800+2\,800)}\times 144\,000$；

e. $\frac{800}{(800+3\,200)}\times 144\,000$；f. $\frac{3\,200}{(800+3\,200)}\times 144\,000$；g. $\frac{800}{(800+2\,400)}\times 144\,000$；

h. $\frac{2\,400}{(800+2\,400)}\times 144\,000$

多个辅助部门的成本分配

在前面一节中，我们研究了成本从一个辅助部门分配到运营部门时发生的一般问题。在本节中，我们研究当两个或更多个被分配成本的辅助部门既对运营部门提供支持又提供相互支持时产生的特殊的成本分配问题。相互支持的一个例子是 Robinson 公司材料管理部门对所有其他部门（包括工程与生产控制部门）提供材料处理人工服务的同时，为了管理材料处理设备和编制材料移至生产车间的计划，也利用工程与生产控制部门的服务。更精确的辅助部门成本分配带来更精确的产品、服务和顾客成本。

图表 15—2 第 6 列提供了 Robinson 公司 2013 年 1 120 000 美元总预算生产间接成本的明细，例如，监督工资 200 000 美元，折旧和修理 193 000 美元，间接人工 195 000 美元，以及租金、设备和保险 160 000 美元。Robinson 公司按几个步骤将 1 120 000 美元的总预算生产间接成本分配给加工和装配部门。

步骤 A：追踪或分配每种成本至不同的辅助和运营部门。图表 15—2 第（1）列至第（5）列显示了这一步的计算。例如，追踪监督工资至监督者工作的部门。如第 2 章所述，监督成本是单个批次的间接成本，因为监督成本不能追踪至单个批次。但是，它们是不同部门的直接成本，因为它们能以经济可靠的方式确认至每个部门。租金、设备和保险成本不能追踪至每个部门，因为这些成本是为 Robinson 公司所有生产设备发生的。因此，基于租金、设备和保险成本的成本动因平方英尺，将这些成本分配给不同的部门。

图表 15—2　Robinson 公司 2013 年预算制造费用明细与工厂管理部门成本分配

文件　开始　插入　页面布局　公式　数据　审阅　视图

	A	B	C	D	E	F	G
1		辅助部门			运营部门		
2	步骤A	工厂管理部门（1）	工程与控制部门（2）	材料管理部门（3）	加工部门（4）	装配部门（5）	合计门（6）
3	工厂管理者的工资	92 000					92 000
4	监督工资（追踪至各部门）		48 000	40 000	52 000	60 000	200 000
5	工程工资（追踪至各部门）		110 000	36 000	60 000	24 000	230 000
6	折旧与维修（追踪至各部门）		39 000	55 000	79 000	20 000	193 000
7	间接材料（追踪至各部门）		20 000	12 000	11 000	7 000	50 000
8	间接人工（追踪至各部门）		43 000	77 000	37 000	38 000	195 000
9	租赁、设备与保险（基于平方英尺分配至各部门，8[1]×1 000；2 000；3 000；8 000；6 000平方英尺）	8 000	16 000	24 000	64 000	48 000	160 000
10	合计	100 000	276 000	244 000	303 000	197 000	1 120 000
11							
12	步骤B						
13	工厂管理成本分配 0.50[2]×48 000；40 000；52 000；60 000	(100 000)	24 000	20 000	26 000	30 000	
14		0	300 000	264 000	329 000	227 000	
15	[1]160 000美元÷20 000平方英尺=8美元/平方英尺						
16	[2]工厂管理成本分配率 $\frac{\text{工厂管理总成本}}{\text{总监督工资}}=\frac{100\ 000}{200\ 000}=0.50$						

步骤 B：将工厂管理成本分配给其他辅助部门和运营部门。 工厂管理支持每个部门的监督者，因此，基于监督成本将工厂管理成本分配给各部门。

有些公司不愿意把工厂管理成本分配给各批次、产品或顾客，因为这些成本是固定的，不受工厂作业水平的影响。但是，诸如 Robinson 等大部分公司将工厂管理成本分配给各部门和批次、产品或顾客，因为分配所有成本便于公司计算产品的全部生产成本。Robinson 公司计算的工厂管理成本分配率如下：

$$\text{工厂管理成本分配比率}=\frac{\text{工厂管理总成本}}{\text{总监督工资}}=\frac{100\,000}{200\,000}=0.50$$

图表 15—2 下半部分显示 Robinson 公司如何使用成本分配率 0.50 和监督工资，将工厂管理成本分配给其他辅助和运营部门。

步骤 C：将工程与生产控制和材料管理成本分配给加工和装配运营部门。 注意，工程与生产控制部门和材料管理部门这两个辅助部门的成本已经被分配了，它们互相提供交互支持，并为运营部门提供支持。即，工程与生产控制部门为材料管理部门提供服务（例如，为材料处理设备和制定转移材料至生产车间的计划提供服务），而材料管理部门为工程与生产控制部门提供服务（如提供材料）。

再次考虑材料管理部。正如我们在前面章节所看到的那样，这个部门预算为加工部门提供 800 小时的材料处理人工服务，为装配部门提供 280 小时的材料处理人工服务。在本节中，我们进一步假设材料处理部门为工程与生产控制部门额外提供 400 小时的材料处理人工服务。前面章节中提到，材料管理部门有 144 000 美元预算固定成本（如工厂管理、折旧和租赁），预算变动成本（如间接材料、间接人工和修理）是每人工小时 30 美元。因此，本节分析的材料管理部门总预算成本等于 264 000 美元（144 000＋30×(800＋2 800＋400)），见图表 15—2。①

图表 15—3 显示了图表 15—2 中的预算间接成本在分配工厂管理部门成本后尚未进一步分配部门间成本前的数据，以及每一个辅助部门为其他部门提供服务。我们以工程与生产控制部门为例解释图表中的百分比数字。该部门支持其他部门的工程作业，因此该部门的成本是基于其他各部门的工程工资进行分配的。图表 15—2 中，材料管理部门的预算工程工资是 36 000 美元，加工部门是 60 000 美元，装配部门是 24 000 美元，总成本是 120 000 美元（36 000＋60 000＋24 000）。因此，工程与生产控制部门为材料管理部门提供了 30%（36 000÷120 000）的支持，为加工部门提供了 50%（60 000÷120 000）的支持，为装配部门提供了 20%（24 000÷120 000）的支持。同样地，材料管理部门总共提供了 4 000 材料处理人工小时的辅助服务：工程与生产部门 10%（400÷4 000），加工部门 20%（800÷4 000），装配部门 70%（2 800÷4 000）。

我们描述了三种将辅助部门预算间接成本分配给加工部门和装配部门的方法：直接法、阶梯法和交互法。在本节中，我们使用预算成本和预算小时。为什么？因为我们的目标是确定 Robinson 公司将辅助部门（材料管理、工程与生产控制）的预算成本分配给运营部门后运营部门（加工和装配）的预算成本。用加工部门的预算成本除以该部门

---

① 前面章节假定，材料处理部门只为加工和装配部门提供服务，不为工程与生产控制部门提供服务，因此，总预算成本是 252 000 美元（144 000＋30×（800＋2 800））。

的预算机器小时、装配部门的成本除以该部门的预算直接生产人工小时来计算各运营部门的预算间接成本分配率。根据各批次在加工部门使用的实际机器小时数和在装配部门使用的实际直接生产人工小时数，使用这些间接成本分配率将间接成本分配给各批次。为了集中对概念的理解，我们采用单一比率法使用预算分配率和其他部门使用的预算小时数来分配每个辅助部门的成本。（本章末的自测题将举例说明如何使用双重比率法分配辅助部门成本。）

□ 直接分配法

直接分配法（direct method）将每个辅助部门的全部成本仅仅分配给各运营部门。它并不把辅助部门的成本分配给其他辅助部门。图表15—4以图表15—3中的数据为例阐释了这一方法。将工程与生产控制成本分配给运营部门的基础是运营部门的预算工程工资：60 000＋24 000＝84 000美元。这个数字不包括工程与生产控制部门为材料管理部门提供服务的36 000美元预算工程工资。同样，将材料管理成本分配给运营部门的基础是800＋2 800＝3 600预算材料处理人工小时，不包括材料管理部门为工程与生产控制部门提供的预算支持时间400小时。

与使用直接分配法相同的另一个方法是计算每个辅助部门成本的预算比率。例如，工程与生产控制部门的成本分配率是300 000÷84 000，或357.143%。然后加工部门分配214 286美元（357.143%×60 000），而装配部门分配85 714美元（357.143%×24 000）。本节中为便于说明，我们将用其他部门使用的辅助部门服务的比例，而不是预算比率分配辅助部门的成本。

因为易于使用，大多数管理者采用直接法。直接法的好处就在于简单，管理者不必预计其他辅助部门对该辅助部门资源的使用。直接法的一个缺点是它没有确认辅助部门之间互相提供的服务，可能因此导致运营部门的成本估计不准确。我们现在研究第二种方法，它部分确认辅助部门相互提供的服务。

图表15—3　2013年Robinson公司辅助部门成本分配数据

文件　开始　插入　页面布局　公式　数据　审阅　视图

	A	B	C	D	E	F	G
1		辅助部门			运营部门		
2		工程与生产控制部门	材料管理部门		加工部门	装配部门	合计
3	部门间成本分配前的预算						
4	制造费用（美元）	300 000	264 000		329 000	227 000	1 120 000
5	提供服务：						
6	工程与生产控制部门						
7	预算工程工资	—	36 000		60 000	24 000	120 000
8	百分比	—	30%		50%	20%	100%
9	材料管理部门						
10	预算材料处理人工小时	400	—		800	2 800	4 000
11	百分比	10%	—		20%	70%	100%

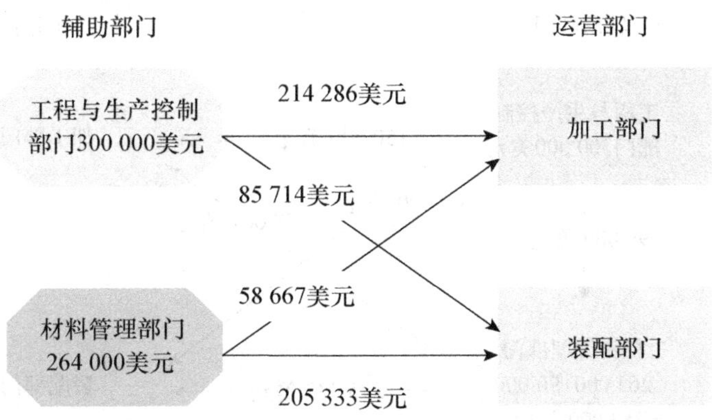

	A	B	C	D	E	F	G
1		辅助部门			运营部门		
2		工程与生产控制部门	材料管理部门		加工部门	装配部门	合计
3	部门间成本分配前的预算						
4	制造费用	300 000	264 000		329 000	227 000	1 120 000
5	工程与生产控制部门的分配(5/7,2/7)[a]	(300 000)			214 286	85 714	
6	材料管理的分配(2/9, 7/9)[b]		(264 000)		58 667	205 333	
7							
8	运营部门的总预算制造费用	0	0		601 953	518 047	1 120 000
9							
10	[a]基础为(60 000+24 000)或84 000美元；60 000÷84 000=5/7；24 000÷84 000=2/7						
11	[b]基础为(800+2 800)或3 600小时；800÷3 600=2/9；2 800÷3 600=7/9						

图表 15—4 2013 年 Robinson 公司辅助部门成本的直接分配法

□ 阶梯分配法

有些组织采用**阶梯分配法**（step-down method），亦称**次序分配法**（sequential allocation method）。这一方法按次序将辅助部门的成本分配给其他辅助部门和运营部门，部分确认所有辅助部门间相互提供的服务。

图表 15—5 说明了阶梯法。首先分配的是 300 000 美元的工程与生产控制成本。图表 15—3 显示 30%的服务提供给材料管理部门，50%给加工部门，20%给装配部门。所以分配给材料管理部门 90 000 美元（300 000 美元的 30%），分配给加工部门 150 000 美元（300 000 美元的 50%），分配给装配部门 60 000 美元（300 000 美元的 20%）。现在材料管理部门的总成本是 354 000 美元：部门间成本分配前的材料管理部门预算成本 264 000 美元，加上工程与生产控制部门分配给材料管理部门的 90 000 美元。接下来 354 000 美元的成本根据材料管理部门提供给加工部门与装配部门的服务比例只分配给这两个运营部门。从图表 15—3 中得知，材料管理部门 20%的服务提供给加工部门，70%给装配部门。所以 78 667 美元（2/9×354 000）分配给加工部门，275 333 美元（7/9×354 000）分配给装配部门。

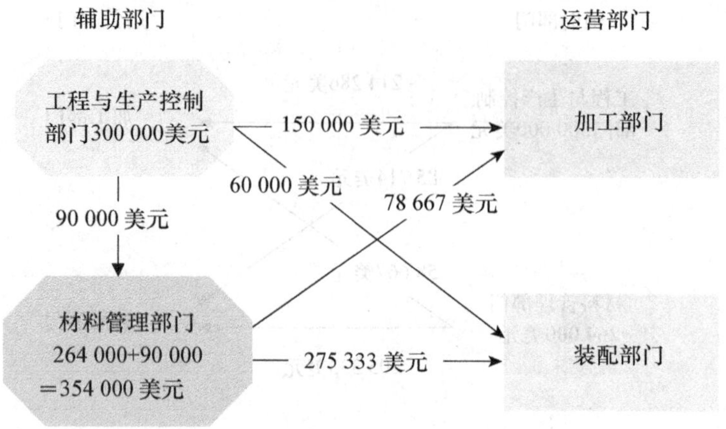

单位：美元

	A	B	C	D	E	F	G
1		辅助部门			运营部门		
2		工程与生产控制部	材料管理部		加工部	装配部	合计
3	部门间成本分配前的预算						
4	制造费用	300 000	264 000		329 000	227 000	1 120 000
5	工程与生产控制部的分配(3/10, 5/10, 2/10)[a]	(300 000)	90 000		150 000	60 000	
6			354 000				
7	材料管理部的分配 (2/9, 7/9)[b]		(354 000)		78 667	275 333	
8							
9	运营部门的总预算制造费用	0	0		557 667	562 333	1 120 000
10							
11	[a]基础为(36 000+60 000+24 000)或120 000美元：36 000÷120 000=3/10；60 000÷120 000=5/10；24 000÷120 000=2/10						
12	[b]基础为(800+2 800)或3 600小时：800÷3 600=2/9；2 800÷3 600=7/9。						

图表 15—5 2013 年 Robinson 公司辅助部门成本阶梯分配法

注意，这一方法要求管理者按阶梯分配的过程将辅助部门排列（次序）。在我们的例子中，工程与生产控制部门的成本首先分配给其他所有部门，包括信息材料管理部门。材料管理部门的成本再只分配给两个运营部门。不同的次序将导致辅助部门成本对运营部门的不同分配——例如，如果首先分配材料管理部门的成本再分配工程与生产控制部门的成本。一种普遍的阶梯次序是从提供给其他辅助部门最大比重服务的辅助部门开始，接下来是比重稍小的辅助部门，最后是比重最小的辅助部门。① 在我们的例子中，首先分配工程与生产控制部门的成本是因为它为材料管理部门提供 30%的服务，而材料管理部门只为工程与生产控制部门提供 10%的服务（参见图表 15—3）。

在阶梯分配法下，一个辅助部门的成本一旦被分配，后继辅助部门的成本就不会再分配给它。这样一旦工程与生产控制部门的成本被分配，它将不再接收来自其他（较低次序）后继辅助部门的成本分配。这样，阶梯分配法没有确认辅助部门相互提供的总服务。下面你将看到，交互分配法全部确认了所有这些服务。

□ 交互分配法

交互分配法（reciprocal method）在将辅助部门成本分配给运营部门时包括了所有

① 另一种选择分配次序的方法是从为其他辅助部门提供最高服务金额的辅助部门开始，以为其他辅助部门提供最低服务金额的辅助部门的成本分配结束。

辅助部门间提供的相互服务。例如，工程与生产控制部门为材料管理部门提供工程服务。同样，材料管理部门也为工程与生产控制部门处理材料。交互分配法使部门间关系能够被完全纳入辅助部门成本分配。

图表 15—6 介绍了理解交互法（阶梯法的一种扩展）的一种方式。首先，工程与生产控制成本分配给所有其他部门，包括材料管理辅助部门（材料管理 30%，加工 50%，装配 20%）。这样材料管理部门的总成本就是 354 000 美元（264 000 美元＋来自第一轮分配的 90 000 美元），见图表 15—5。354 000 美元再被分配给材料管理部门支持的其他部门，包括工程与生产控制辅助部门，其中工程与生产控制 10%，加工 20%，装配 70%（参见图表 15—3）。原先降低到 0 美元成本的工程与生产控制部门现在又有材料管理部门分配来的 35 400 美元。这些成本又按原先分配工程与生产控制成本的比例重新分配给其他部门，包括材料管理部门。现在成本被降至 0 美元的材料管理部门又有工程与生产控制部门分配来的 10 620 美元。这些成本又按原先分配材料管理部门成本的比例重新分配。循环分配导致分配至辅助部门和从辅助部门分配来的数目越来越小，直到最后所有的成本分配至加工部门和装配部门。

图表 15—6　2013 年 Robinson 公司采用重复迭代的辅助部门成本交互分配法　　单位：美元

文件　开始　插入　页面布局　公式　数据　审阅　视图

	A	B	C	D	E	F	G
1		工程与生产控制	材料管理		加工	装配	合计
2	部门间成本分配前的预算						
3	制造费用	300 000	264 000		329 000	227 000	1 120 000
4	工程与生产控制的第一次分配（3/10，5/10，2/10）[a]	(300 000)	90 000		150 000	60 000	
5			354 000				
6	材料管理的第一次分配（1/10，2/10，7/10）[b]	35 400	(354 000)		70 800	247 800	
7	工程与生产控制的第二次分配（3/10，5/10，2/10）[a]	(35 400)	10 620		17 700	7 080	
8	材料管理的第二次分配（1/10，2/10，7/10）[b]	1 062	(10 620)		2 124	7 434	
9	工程与生产控制的第三次分配（3/10，5/10，2/10）[a]	(1 062)	319		531	212	
10	材料管理的第三次分配（1/10，2/10，7/10）[b]	32	(319)		63	224	
11	工程与生产控制的第四次分配（3/10，5/10，2/10）[a]	(32)	10		16	6	
12	材料管理的第四次分配（1/10，2/10，7/10）[b]	1	(10)		2	7	
13	工程与生产控制的第五次分配（3/10，5/10，2/10）[a]	(1)	0		1	0	
14							
15	运营部门的总预算制造费用	0	0		570 237	549 763	1 120 000
16							
17	分配与再分配的辅助部门总数量（前两列括号中的数字）						
18	工程与生产控制：300 000+35 400+1 062+32+1=336 495美元						
19	材料管理：354 000+10 620+319+10=364 949美元						
20	[a]基础为36 000+60 000+24 000=120 000美元；36 000÷120 000=3/10；60 000÷120 000=5/10；24 000÷120 000=2/10						
21	[b]基础为400+800+2 800=4 000人工小时；400÷4 000=1/10；800÷4 000=2/10；2 800÷4 000=7/10。						

实施交互分配的另一种方法是用公式表达并求解线性方程组。这需要三个步骤。

步骤 1：以线性方程组的形式表达辅助部门成本与辅助部门间的相互联系。以 *EPC* 表示工程与生产控制的全部交互成本，*MM* 表示材料管理的全部交互成本。**全部交互成本**（complete reciprocated costs）指辅助部门自己的成本加上任何部门间分配的成本。可将图表 15—3 中的数据表达如下：

$$EPC = 300\,000 + 0.1MM \qquad (15—1)$$

$$MM = 264\,000 + 0.3EPC \qquad (15—2)$$

式（15—1）中的 0.1*MM* 表示材料管理服务中为工程与生产控制部门所用的部分。式（15—2）中的 0.3*EPC* 则表示工程与生产控制服务中为材料管理部门所使用的部分。式（15—1）和式（15—2）中的全部交互成本有时也称做辅助部门的**人为成本**（artificial costs）。

步骤 2：解联立方程组求得各个辅助部门的全部交互成本。将式（15—1）代入式（15—2）：

$$MM=264\ 000+[0.3\times(300\ 000+0.1MM)]$$
$$MM=264\ 000+90\ 000+0.03MM$$
$$0.97MM=354\ 000$$
$$MM=364\ 949\text{(美元)}$$

代入式（15—1）：

$$EPC=300\ 000+0.1\times364\ 949$$
$$EPC=300\ 000+36\ 495=336\ 495\text{(美元)}$$

材料管理部门的全部交互成本或人工成本是 364 949 美元，工程与生产控制部门的是 336 495 美元。全部交互成本数字也会作为分配与再分配的合计数出现在图表 15—6 的底部。当有两个以上的辅助部门间存在交互关系时，管理者可利用计算机软件如 Excel 来求解每一辅助部门的全部交互成本。因为计算涉及找逆矩阵，交互法有时也称为**矩阵法**（matrix method）。①

步骤 3：以使用比例为基础（按向所有部门提供的服务量计算），将各辅助部门的全部交互成本分配给其他所有部门（包括运营部门和辅助部门）。以材料管理部门为例，该部门 364 949 美元的全部交互成本分配如下（单位：美元）：

工程与生产控制部门(1/10)×364 949	=36 495
加工部门(2/10)×364 949	=72 990
装配部门(7/10)×364 949	=255 464
合计	364 949

同样地，工程与生产控制部门的交互成本 336 495 美元分配给材料管理部门（3/10），加工部门（5/10）和装配部门（2/10）。

图表 15—7 介绍了交互法下的综合数据。

Robinson 公司辅助部门 701 444 美元的全部交互成本超过了 564 000 美元的预算数量。

辅助部门	全部交互成本	预算成本	差异
工程与生产控制	336 495	300 000	36 495
材料管理	364 949	264 000	100 949
合计	$701 444	$564 000	$137 444

各辅助部门的全部交互成本大于预算数量，因为考虑到辅助成本分配给所有使用其服务的部门而不仅仅是运营部门。这不仅确认了辅助与运营部门之间的关系，而且全部确认了辅助部门之间的关系。每个辅助部门的全部交互成本与预算成本的差异是辅助部门之间分配的全部成本。在交互分配法下，分配给运营部门的总成本仍然仅是 564 000 美元（168 247 美元+从工程与生产控制部门分配来的 67 299 美元和 72 990 美元+从材料管理部门分配来的 255 464 美元，见图表 15—7）。

① 如果有 n 个辅助部门，那么步骤 1 会产生 n 个线性方程。解方程计算全部交互成本，需要找一个 $n\times n$ 的逆矩阵。

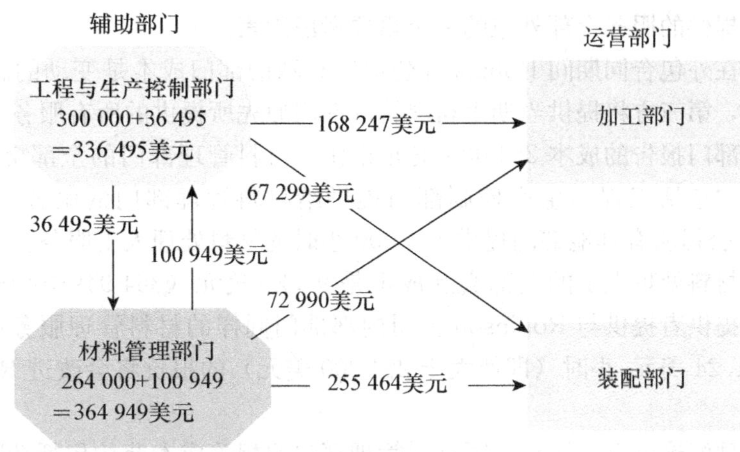

单位：美元

	A	B	C	D	E	F	G
1		辅助部门			运营部门		
2		工程与生产控制部门	材料管理部门		加工部门	装配部门	合计
3							
4	部门间成本分配前的预算制造费用	300 000	264 000		329 000	227 000	1 120 000
5	工程与生产控制部门的分配(3/10，5/10，2/10)[a]	(336 495)	100 949		168 247	67 299	
6	材料管理的分配(1/10，2/10，7/10)[b]	36 495	(364 949)		72 990	255 464	
7							
8	运营部门总预算制造费用	0	0		570 237	549 763	1 120 000
9							
10	[a]基础为(36 000+60 000+24 000)或120 000美元；36 000÷120 000=3/10；60 000/120 000=5/10；24 000/120 000=2/10						
11	[b]基础为(400+800+2 800)或4 000小时；400÷4 000=1/10；800÷4,000=2/10；2 800÷4 000=7/10						

图表 15—7　2013 年 Robinson 公司采用线性方程组的辅助部门成本交互分配法

□ 方法总结

分配给加工部门和装配部门的制造费用会因分配辅助部门成本使用的方法而不同。三种方法分配数的差异随（1）交互分配数量的增加和（2）运营部门对辅助部门服务的使用量的增加而增加。请注意，虽然在我们的例子中，交互分配法下的最终分配数处在直接法和阶梯法下的最终分配数之间，但通常在不同的方法下，分配给运营部门的成本之间没有关系。在要求分配辅助部门成本的成本补偿合同情况下，分配方法变得特别重要。为了避免争议，管理者应该阐明分配成本所采用的方法。例如，医疗报销以及与大学签订的间接成本补偿联邦政府研究合同通常要求使用阶梯法，对能被包括在间接成本库中的成本有明确要求。

交互分配法在理论上是最精确的方法，因为它考虑了所有辅助部门之间提供的相互服务。直接法与阶梯法的优点在于易于计算、易于理解。如果使用直接法或阶梯法分配给运营部门的成本接近使用交互法分配的成本，管理者应该使用更简单的直接法或阶梯法。然而，随着重复迭代（图表 15—6 中的情况）与解联立方程组计算能力的增强，更多的公司将发现交互法会更容易执行。

交互法的另一个优点是它突出了辅助部门的全部交互成本，并且突出了这些成本如何不同于部门的预算或实际成本。我们知道一个辅助部门的全部交互成本是决定是否把辅助部门提供的服务全部外包的一个重要考虑因素。

假设在外包合同期间Robinson公司所有辅助部门成本是变动的。以第三方提供的报价为例，第三方将提供当期由材料管理部门原先所提供的所有服务。不要将该报价与材料管理部门报告的成本264 000美元相比。材料管理部门的全部交互成本是364 949美元，其中包括工程与生产控制部门提供给材料管理部门的服务；材料管理部门为Robinson公司所有其他部门提供了4 000小时的材料处理人工服务。

单位材料处理人工的全部交互成本是91.24美元（364 949÷4 000）。其他情况相同，外部提供者提供与Robinson公司内部部门同样的材料管理服务小于364 949美元或小于91.24美元/小时（即使大于264 000美元）的报价将会改进Robinson公司的营业利润。

为了理解这一点，注意关闭材料管理部门的相关成本节约包括264 000美元的材料管理部门成本再加上100 949美元的工程与生产控制部门成本。通过关闭材料管理部门，Robinson公司将不再发生支持材料管理部门的20%的工程与生产控制部门成本（等于100 949美元）。所以，总的成本节约是364 949美元（264 000+100 949）。[①] 无论是直接法还是阶梯法都无法为外包决策提供这些相关信息。

□ 计算WPP298批次的成本

Robinson公司使用每个运营部门（加工和装配）的预算成本，计算用于将间接成本分配给批次的各成本分配基础的单位分配率（见第4章，分批成本系统的步骤5）。Robinson公司为装配部门安排20 000直接人工小时（总直接生产人工小时28 000），为加工部门安排10 000机器小时。

不同分配方法下，各运营部门的预算间接成本分配率如下（单位：美元）：

辅助部门成本分配法	辅助部门成本分配后的总预算制造费用		计算生产成本时的预算小时费用率	
	加工部门	装配部门	加工部门（10 000机器小时）	装配部门（20 000人工小时）
直接法	601 953	518 047	60.20	25.90
阶梯法	557 667	562 333	55.77	28.12
交互法	570 237	549 763	57.02	27.49

分批成本法的下一步（见第4章步骤6）是计算分配给批次的间接成本。对于WPP298批次来说，Robinson公司使用了装配部门42人工小时（直接生产人工小时88），加工部门46机器小时。在三种方法下，分配给WPP298批次的间接成本如下（单位：美元）：

直接法：3 857美元（46×60.20+42×25.90）
阶梯法：3 746美元（46×55.77+42×28.12）
交互法：3 778美元（46×57.02+42×27.49）

① 关于外包决策中使用交互法的技术性问题，请参见Robert S. Kaplan and Anthony A. Atkinson, *Advanced Management Accounting*, 3rd ed.（Upper Saddle River, NJ: Prentice Hall, 1998, pp. 73-81）。

在三种方法下，分配给 WPP298 的生产间接成本仅有细微不同，因为 WPP298 需要大致相等的机器小时和装配人工小时。如果批次需要比装配小时更多的机器小时或反之，这些差异将会更大。

使用正常成本法和多成本分配基础也会导致分配给 WPP298 更高的间接生产成本 3 778 美元（交互分配法下），而第 4 章中使用直接生产人工小时作为唯一的分配基础分配的成本是 3 520 美元。两种成本分配基础——机器小时和装配人工小时——能够更好地模仿生产间接成本的动因。

最后一个步骤（见第 4 章步骤 7）将所有分配给批次的直接与间接成本加起来计算批次的总成本。在交互法下，WPP298 批次的总生产成本如下：

直接生产成本		
直接材料	$4 606	
直接生产人工	1 579	$6 185
制造费用		
加工部门		
(57.02×46)	2 623	
装配部门		
(27.49×42)	1 155	3 778
WPP298 批次的总制造费用		$9 963

注意，步骤 7 中的成本有 4 个金额，每一个分别对应成本核算系统中的两个直接成本和两个间接成本类别。

年末，加工部门和装配部门的实际生产间接成本将会与每个部门分配的生产间接成本进行比较。为了计算加工部门和装配部门的实际生产间接成本，Robinson 公司需要使用本章介绍的方法，将材料管理和工程与生产控制部门的实际成本分配给加工部门和装配部门。然后，管理会计师将分别为间接成本分配过度与分配不足的成本库进行年末调整。

现在我们来考察一下共同成本，它是另一种特殊的成本，管理会计师为它开发了特殊的分配方法。

共同成本的分配

共同成本（common cost）是两个或多个使用者共同使用某设备、作业或类似成本对象而产生的成本。共同成本存在是因为每个用户通过共享分担了比单独使用的用户更低的成本。

目标是将共同成本以一种合理的方式分配给每个使用者。例如，西雅图一名即将毕业的高年级学生 Jason Stevens 到奥尔巴尼与雇主进行面试。西雅图到奥尔巴尼的往返机票是 1 200 美元。一周后，Stevens 又被邀请到芝加哥与另一位雇主进行面试。西雅图到芝加哥的往返机票是 800 美元，Stevens 决定把两次应聘旅行合并为一个花费为 1 500 美元的西雅图——奥尔巴尼——芝加哥——西雅图之旅。两边的未来雇主会为 Stevens 报销机票。这 1 500 美元的共同成本使两边的未来雇主均受益，因为此成本低于两个雇主单独支付的2 000美元（1 200＋800）。

分配1 500美元共同成本的合理方法是什么？有两种方法可将这一共同成本在这两位雇主间分配：独立法与增量法。

独立成本分配法

独立成本分配法（stand-alone cost-allocation method）根据成本对象的各个使用者信息决定成本分配的权重，每个使用者被视为独立实体。对于1 500美元的共同飞行费用，分开的（独立的）往返费用信息（1 200美元与800美元）作为决定分配权重的依据：

$$奥尔巴尼雇主应分配的费用=\frac{1\,200}{1\,200+800}\times 1\,500=0.60\times 1\,500=900(美元)$$

$$芝加哥雇主应分配的费用=\frac{800}{1\,200+800}\times 1\,500=0.40\times 1\,500=600(美元)$$

这种方法的提倡者们总是强调其公允或公正的标准（参见图表13—1）。它之所以被视为合理，是因为每个雇主都承担了与各自独立成本相对应的总成本中的一部分。

增量成本分配法

增量成本分配法（incremental cost-allocation method）按照最应对共同成本负责的使用者次序将成本对象的各个使用者排序，然后按此排序把成本分配给这些使用者。成本对象的第一使用者称为主要使用者（也称为主要方），作为一个独立使用者被分配成本。列于第二位的使用者称为第一增量使用者（第一增量方），只分配因两者共同使用而非主要使用者单独使用而导致的额外成本。列于第三位的使用者称为第二增量使用者（第二增量方），只分配因三者共同使用而非两者使用而导致的额外成本，依此类推。

为了理解这一方法如何使用，我们以Jason Stevens和他的1 500美元费用为例。假设将奥尔巴尼的雇主视为主要方，Stevens的理由是在芝加哥的邀请前他已经约定去奥尔巴尼。那么，成本分配如下（单位：美元）：

雇主	分配的成本	累计分配的成本
奥尔巴尼（主要）	1 200	1 200
芝加哥（增量）	300（1 500－1 200）	1 500
合计	$1 500	

奥尔巴尼的雇主分摊了西雅图至奥尔巴尼的全部费用，全部成本中未能被分配的部分分摊给芝加哥雇主。如果芝加哥雇主被选为主要方，那么分配给芝加哥的成本为800美元（只是西雅图到芝加哥的往返费用），分配给奥尔巴尼雇主的为700美元（1 500—800）。当存在两个以上的成员时，此方法要求将多方从头至尾排序（例如，根据每个雇主邀请候选人参加面试的日期）。

在增量成本分配法下，一般来说主要方分摊到的共同成本最高。有些情况下，增量使用者是一个新成立的公司或一个公司的子单元，如一条新的生产线或新的销售区域。

如果它承担了相对低的共同成本，那么它的短期生存机会可能会增加。这种方法的难点是，如果涉及一笔很大的共同成本，每一使用者都乐于被视为增量方。

在这种情况下，管理者可以使用的避免争议的一种方法就是独立成本分配法。另外一种方法是采用 Shapley 值法（Shapley value），它把每一方首先作为主要方，然后作为增量方。从前面显示的计算看，奥尔巴尼雇主作为主要方分摊了 1 200 美元，作为增量方分摊了 700 美元，平均是 950 美元［(1 200＋700)÷2］。芝加哥雇主作为主要方分摊了 800 美元，作为增量方分摊了 300 美元，平均 550 美元［(800＋300)÷2］。Shapley 值法向每位雇主分配平均成本（分配给主要方和增量方的成本的平均）：分配给奥尔巴尼雇主 950 美元，分配给芝加哥雇主 550 美元。①

就像我们的讨论表明的那样，共同成本的分配并不是很明确，可能会产生争议。在可能的情况下，管理者应该预先确定分配的规则。如果不这样做，那么不要盲目地遵循某一种方法，在分配共同成本的时候，管理者应该仔细考虑对各方公平的分配方法进行判断。例如，Stevens 必须选择为每个未来的雇主所接受的机票成本分配方法。对每个公司他都不能超过最大的补偿数额。下一节讨论成本数据在不同类型合同中的作用，这是成本分配常常产生争议的另一个领域。

成本分配与合同争议

许多商业合同中包含基于成本会计信息的条款。例如：

- 国防部与一家设计并生产新型战斗机的公司间的合同中说明，飞机的支付价格为签约者的直接和间接成本加上固定费用。
- 一家咨询公司与一家医院间的合同说明，咨询公司收取一笔固定费用并加上因实施咨询公司的建议而产生的成本节约的一部分。

成本计算方面经常出现合同纠纷。管理者通过制定明确的“游戏规则”并将其写入合同，可降低合同双方的争议。这种游戏规则包括可列支成本项目的定义、使用术语的定义（如直接人工包括什么）、允许的成本分配基础、如何解决预算与实际成本之间的差异等。

与美国政府签约

美国政府通常以下面两种方式中的一种向大多数订约人付款：

1. **不分析实际成本数据，支付预定价格**。当存在竞争性投标、充分的价格竞争或有向公众大量销售的价格为引证时，会采用这一方式。

2. **分析实际合同成本数据后支付**。有时，因为任务的性质，完成一项工作的成本

---

① 关于 Shapley 值法的进一步讨论请参阅 Joel S. Demski, “Cost Allocation Games,” in *Joint Cost Allocations*, ed. Shane Moriarity (University of Oklahoma Center for Economic and Management Research, 1981); Lech Kruś and Piotr Bronisz, “Cooperative Game Solution Concepts to a Cost Allocation Problem,” *European Journal of Operational Research* 122: 2 (April 16, 2000): 258-271.

是不确定的，例如一个新的武器系统，合同将明确规定支付以实际可列支成本加上固定费用为基础。[①] 这称为成本加成合同。

所有与政府签订的合同都必须与成本会计准则委员会（Cost Accounting Standards Board，CASB）制定的成本会计准则一致。CASB具有制定、颁布、修正、废止成本会计准则及其说明的绝对权威；这些标准的设计是为了实现与美国政府合同成本计量、分配、分摊的一致性与连贯性。[②]

在政府合同中，政策考虑与会计原则有复杂的相互影响。像因果与受益一样，“公平”与“平等”这样的术语经常在政府合同中使用。

定价的公平性

在许多国防合同中包含新式武器和设备，对于生产它们需要多少成本具有很大的不确定性。这种合同很少受竞争标价的支配，因为没有人愿意去承担以固定价格接受这份合同而后来发生很高的成本来完成合同的风险。所以，以市场为基准的固定价格合同不能吸引订约人或者从政府角度讲合同价格过高。因此，政府将对完成合同潜在发生的高成本承担大部分的风险。它采用成本加固定费用而不是像平常由市场上的供应商设定销售价格来进行合同谈判。涉及几十亿美元的成本加固定费用合同中，以因果关系进行某种成本（例如，支持所有合同的一般管理成本）的分配也许是困难的。虽然如此，合同双方仍然认为它是帮助设立合同价格的一个“合理的”或“公平的”方式。

有些成本是“可列支的”，另外一些是“不可列支的”。一项**可列支成本**（allowable cost）是合同各方同意以此来补偿的成本。有些合同详细说明了如何确定可列支成本。例如，许多美国政府合同只允许列支飞机经济舱的费用。有些合同说明了不可列支的成本种类。例如，游说活动及酒类饮料的成本不允许包括在美国政府合同的成本中。然而，什么成本是可列支的并不总是很清楚。合同纠纷与对政府过分讨价的问题时时发生（参阅“观念实施：关于美国国防部支付可补偿成本的合同纠纷”）。

观念实施

关于美国国防部支付可补偿成本的合同纠纷

2013年，美国国防部的预算超过5 000亿美元。这些钱中的一部分被分配给私人企业进行具体的承包服务。近年来美国政府几次因为承包商收费过高而进行追究。下面的

---

① 2005年3月发布的《联邦并购法》（FAR）（见 www.acquisition.gov/far/current/pdf/FAR.pdf）对“可列支”有以下定义（FAR 31.201-4）：“根据受益或其他权益关系能够分摊或对一个或多个成本对象进行收费的成本是可列支的。根据前述，当满足以下条件时，成本是可以列支给政府合同的：(a) 专门为此合同而发生；(b) 使合同与其他工作受益……可根据合理的受益比例分配给它们；(c) 虽然没有与特别成本对象有明显的关系，但对整个业务的操作来说是必要的。”

② 成本会计准则委员会的详细情况可从以下网站得到：www.whitehouse.gov/omb/procurement/casb.html。成本会计准则委员会是美国行政管理与预算局联邦政府采购政策办公室的一部分。

例子来自美国司法部的民事法律科代表联邦政府追究的案例。

1. 马士基航运有限公司（Maresk Line Limited）支付了 3 190 万美元以了结美国国防部对其收费过高的指控。该公司将数以千计的货物集装箱从中东港口运送至伊拉克和阿富汗的内陆目的地。据称，该公司为冷藏容器储存、滞纳金和 GPS 货物追踪等收取的费用超出了合同费用。

2. 联合技术公司向美国空军赔偿了逾 4.73 亿美元，起因是一个提供 F-15 和 F-16 飞机发动机的合同。该公司的报价没有考虑从供应商处获得的折扣，由此导致国防部为这些发动机支付的费用超过了本该支付的金额。

3. 洛克希德·马丁公司同意支付 1 580 万美元以了结指控，该公司为多份工具合同向国防部收取了过高的费用。具体地说，该公司被指控抬高各种工具的成本，并连续 8 年把这些成本转嫁给美国政府。

资料来源：Press releases from the U. S. Department of Justice，Civil Division (2011－2013).

捆绑产品与收入分配方法

当来自多种产品（例如，不同的软件程序或电缆和上网套餐）的收入被打包并且按一个价格销售时，分配问题便出现了。收入分配方法与描述的共同成本分配方法类似。

□ 捆绑与收入分配

收入是因为提供给顾客产品或服务而引起的资产流入（几乎总是现金或应收账款）。与成本分配相似，当收入与某一特定收入对象有关但不能以经济可行（有成本效益的）的方法追溯给收入对象时，便出现了**收入分配**（revenue allocation）问题。**收入对象**（revenue object）是为了单独的收入衡量而存在的。收入对象的例子有产品、顾客与分部。我们以动态软件公司（Dynamic Software Corporation）为例来解释收入分配问题，动态软件公司开发、销售与维护三种软件包：

1. 字库王，36 个月前发行的一种文字处理程序。
2. 数据王，18 个月前发行的一种电子制表软件。
3. 财务王，6 个月前发行、得到很多媒体关注的一种预算与现金管理程序。

动态软件公司同时单独销售与捆绑销售这三种产品。

捆绑产品（bundled product）是指两种或两种以上的产品（或服务）被打包，按一个价格出售，而在这捆绑产品中的单个产品都可以以自己的“独立价格”单独出售。捆绑产品的统一价格往往比单个产品的售价之和要便宜。举例来说，银行往往为客户提供其不同部门（核算、保险箱、投资咨询）的各种服务而只收取统一的费用。旅游胜地的旅馆也可以在一个价格下，提供包括住宿服务（房间）、餐饮服务（餐馆）和娱乐服务（高尔夫球与网球运动）在内的周末服务。当部门经理对单独产品有自己的收入或利润责任目标时，必须将捆绑产品的收入分配到不同的单个产品中去。

动态软件公司将来自捆绑销售（也称“套餐”销售）的收入分配给单个产品。单独产品的盈利性经常作为支付软件工程师、开发者和负责开发与管理每个产品的经理报酬的基础。

动态软件公司如何将套餐收入分配给单个产品？考虑2013年三个独立销售价格与套餐销售价格的信息（单位：美元）：

	销售价格	单位生产成本
独立		
字库王	125	18
数据王	150	20
财务王	225	25
套餐		
字库王＋数据王	220	
字库王＋财务王	280	
财务王＋数据王	305	
字库王＋财务王＋数据王	380	

正如共同成本分配一节所讨论的，收入分配的两种主要方法是独立法和增量法。

□ 独立收入分配法

独立收入分配法（stand-alone revenue-allocation method）是使用捆绑销售中的单个产品的特定信息作为权数将捆绑产品收入分配给单个产品。所谓的独立是将产品作为相互分离（非成套）的项目。以字库王＋财务王捆绑销售为例，其售价为280美元。三种不同权数的独立法如下：

1. **销售价格**。采用字库王的单位售价125美元和财务王的单位售价225美元作为权数分配280美元收入的计算如下：

$$字库王：\frac{125}{125+225}\times280=0.357\times280=100(美元)$$

$$财务王：\frac{225}{125+225}\times280=0.643\times280=180(美元)$$

2. **单位成本**。这种方法按单个产品成本（本例中为单位生产成本）决定收入分配权数。

$$字库王：\frac{18}{18+25}\times280=0.419\times280=117(美元)$$

$$财务王：\frac{25}{18+25}\times280=0.581\times280=163(美元)$$

3. **实际数量**。这种方法在将套餐收入分配给每个产品时，给予套餐中的每种产品相同的权数。因此，字库王＋财务王套餐中的两种产品各占50%的权重。

$$字库王：\frac{1}{1+1}\times280=0.50\times280=140(美元)$$

财务王：$\frac{1}{1+1}\times 280=0.50\times 280=140$（美元）

独立法下决定权数的三种方法导致分配给单个产品的收入不同（单位：美元）：

收入分配权数	字库王	财务王
销售价格	100	180
单位成本	117	163
实际数量	140	140

管理者首选哪种方法？销售价格法最好，因为其明确地考虑了顾客对每种产品的支付意愿。使用收入信息的权数方法比单位成本或实际数量更好地把握了顾客的“受益”。[①] 实际数量收入分配法在管理者不能使用其他方法时使用（比如，销售价格不稳定、单个产品的单位成本很难计算时）。

□ 增量收入分配法

增量收入分配法（incremental revenue-allocation method）是指按照管理当局确定的标准（如捆绑产品中的最大销售额）将捆绑产品中的产品首先划分等级，然后按级别分配捆绑收入。第一级产品被认为是主要产品，第二级产品被认为是第一增量产品，第三级产品被认为是第二增量产品，依此类推。

在增量法下管理者如何决定产品的等级次序？有些组织调查顾客，了解单个产品在他们决策购买捆绑产品时的重要性。其他组织使用近期单个产品的独立销售业绩数据。第三种方法是管理者运用他们的知识和直觉决定产品的次序。

仍以字库王＋财务王的捆绑销售为例。字库王被指定为主要产品。如果捆绑产品售价超过了主要产品的独立售价，那么主要产品的独立收入将 100％分配给主要产品。因为捆绑产品的售价 280 美元超过了字库王的独立售价 125 美元，所以，125 美元的收入归字库王，剩下的 155 美元（280－225）收入归财务王（单位：美元）：

产品	收入分配	累计收入分配
字库王	125	125
财务王	155（280－125）	280
合计	280	

如果捆绑售价小于或等于主要产品的单独售价，那么捆绑收入 100％归入主要产品，捆绑产品中的其他产品没有分配到收入。

现在假定财务王被指定为主要产品，字库王为第一增量产品。那么增量收入分配法分配的字库王＋财务王捆绑产品收入如下（单位：美元）：

① 外部报告也存在收入分配问题。美国注册会计师协会（AICPA）的 Statement of Position 97-2（软件收入确认）声明对于捆绑产品，收入分配被要求“根据公允价值特定卖主的客观证据”进行。“部件单独销售时的价格”被认为是“公允价格的客观证据”。(参阅“Statement of Position 97-2,”Jersey City，NJ：AICPA，1998)。2009 年 9 月，美国财务会计准则委员会（FASB）批准了紧急会计问题工作组 Issue 08-1，指明如果一项安排中各会计单位销售价格没有 VSOE 或第三方的证据，该安排收到的对价应分配给基于其估计的相对销售价格的独立单元。

产品	收入分配	累计收入分配
财务王	225	225
字库王	55（280－225）	280
合计	280	

如果动态软件公司销售相同数量的字库王和财务王，那么 Shapley 值法将每种产品作为主要产品和第一增量产品向其分配平均收入：

字库王：(125＋55）÷2＝180÷2＝ 90(美元)

财务王：(225＋155)÷2＝380÷2＝190(美元)

合计 280(美元)

如果在最近季度，动态软件公司销售 80 000 单位字库王和 20 000 单位财务王，会怎么样呢？因为动态软件公司销售的字库王是财务王的 4 倍，它的管理者认为字库王＋财务王的组合更可能由字库王作为主要产品在起作用。加权的 Shapley 值法考虑了这种事实。字库王是主要产品时收入分配的权重是财务王是主要产品时的 4 倍，由此得到下面的分配：

字库王：(125×4＋55×1）÷(4＋1)＝555÷5＝111(美元)

财务王：(225×1＋155×4)÷(4＋1)＝845÷5＝169(美元)

合计 280(美元)

当捆绑产品中有两个以上的产品时，捆绑收入按次序分配。假设财务王是动态软件公司三种捆绑产品（字库王＋财务王＋数据王）的主要产品，财务王是第一增量产品，数据王是第二增量产品。套餐售价为 380 美元，则 380 美元的收入分配如下（单元：美元）：

产品	收入分配	累计收入分配
字库王	125	125
财务王	155（280－125）	280（字库王＋财务王套餐价格）
数据王	100（380－280）	380（字库王＋财务王＋数据王套餐价格）
合计	380	

现在假设字库王是主要产品，数据王是第一增量产品，财务王是第二增量产品（单位：美元）：

产品	收入分配	累计收入分配
字库王	125	125
数据王	95（220－125）	220（字库王＋数据王套餐价格）
财务王	160（380－220）	380（字库王＋数据王＋财务王套餐价格）
合计	380	

单个产品的次序决定了分配给它的收入。动态软件公司的产品经理可能对他们的单个产品对套餐收入的贡献有不同的看法。事实上，每位产品经理都会声称负责套餐（字库王＋数据王＋财务王）中的主要产品①。因为收入分配的独立法不要求对套餐中的产

① 计算 Shapley 值将削弱这一问题，因为每种产品将分别被视为主要产品、第一增量产品、第二增量产品。假定所有的产品都是等权重的，分配给每种产品的收入是在不同假设下分配给每种产品收入的平均。在前面的例子中，感兴趣的读者能够证明这将导致下面的收入分配方案：财务王 180 美元，字库王 87.5 美元，数据王 112.5 美元。

品排序，这种方法也就不太可能引起产品经理之间的激烈争论。

收入分配对税收也很重要。例如，美国第二大通讯与有线电视服务提供商威瑞森公司，单独或捆绑销售电话、有线电视和宽带服务。州和地方税法常常规定，如果捆绑销售，顾客账单上的每个项目的价格没有分开，那么所有服务按电话服务交税，通常电话服务的税率是最高的。为了防止顾客为整个套装支付更高的税费，威瑞森通讯公司基于这些服务的单独售价，把捆绑服务收入分给电话、有线电视和宽带服务。顾客根据为每种服务支付的金额交税。特殊软件套装，如 SureTax，帮助诸如威瑞森通讯公司等公司根据每个州的法律，正确识别收入。①

自测题

这一问题阐述如何使用双重比率法将公司两个辅助部门的成本分配给运营部门。固定成本按预算成本和其他部门使用的预算小时进行分配，变动成本按实际成本和其他部门使用的实际小时进行分配。

Computer Horizons 公司总部的两个辅助部门（法律部与人事部）互相支持并为两个生产部门——微机部和工作站部提供服务的预算如下：

文件(F)　编辑(E)　视图(V)　插入(I)　格式(O)　工具(T)　数据(D)　窗口(W)　帮助(H)

	A	B	C	D	E	F	G
1		辅助部门			运营部门		
2		法律部	人事部		微机部	工作站部	合计
3	预算使用量						
4	法律部(小时)	—	250		1 500	750	2 500
5	(比例)	—	10%		60%	30%	100%
6	人事部(小时)	2 500	—		22 500	25 000	50 000
7	(比例)	5%	—		45%	50%	100%
8							
9	实际使用量						
10	法律部(小时)	—	400		400	1 200	2 000
11	(比例)	—	20%		20%	60%	100%
12	人事部(小时)	2 000	—		26 600	11 400	40 000
13	(比例)	5%	—		66.50%	28.50%	100%
14	部门之间分配成本之前的						
15	预算固定间接成本	360 000	475 000		—	—	835 000
16	部门之间分配成本之前的						
17	实际变动间接成本	200 000	600 000		—	—	800 000

要求：

法律部和人事部的成本将如何分配给微机部与工作站部？请分别采用下列三种方法计算：(1) 直接法；(2) 阶梯法（先分配法律部的成本）；(3) 应用线性方程组的交互法。

解答：

图表 15—8 介绍了辅助部门固定成本与变动成本的分配计算。以下是这些成本的简要概

① SureTax, LLC. "SureTax Revenue Allocation Manager," http://www.suretax.com/solutions/suretax-revenue-allocation-manager/, accessed July 2013; Verizon Communication Inc., 2012 Annual Report (New York: Verizon Communication Inc., 2013).

括（单位：美元）：

	微机部	工作站部
（1）**直接法**		
固定成本	465 000	370 000
变动成本	470 000	330 000
	935 000	700 000
（2）**阶梯法**		
固定成本	458 053	376 947
变动成本	488 000	312 000
	946 053	688 947
（3）**交互法**		
固定成本	462 513	372 487
变动成本	476 364	323 636
	938 877	696 123

图表 15—8　Computer Horizons 公司辅助部门成本分配给运营部门的备选方法：双重比率法　单位：美元

	A	B	C	D	E	F	G
20		公司辅助部门			运营部门		
21	分配方法	法律部	人事部		微机部	工作站部	合计
22	**(1)直接法**						
23	固定成本	360 000	475 000				
24	法律部(1 500÷2 250；750÷2 250)	(360 000)			240 000	120 000	
25	人事部(22 500÷47 500；25 000÷47 500)		(475 000)		225 000	250 000	
26	分配给运营部门的固定辅助部门成本	0	0		465 000	370 000	835 000
27	变动成本	200 000	600 000				
28	法律部(400÷1 600；1 200÷1 600)	(200 000)			50 000	150 000	
29	人事部(26 600÷38 000；11 400÷38 000)		(600 000)		420 000	180 000	
30	分配给运营部门的变动辅助部门成本	0	0		470 000	330 000	800 000
31	**(2)阶梯法**						
32	(法律部在先)						
33	固定成本	360 000	475 000				
34	法律部(250÷2 500；1 500÷2 500；750÷2 500)	(360 000)	36 000		216 000	108 000	
35	人事部(22 500÷47 500；25 000÷47 500)		(511 000)		242 053	268 947	
36	分配给运营部门的固定辅助部门成本	0	0		458 053	376 947	835 000
37	变动成本	200 000	600 000				
38	法律部(400÷2 000；400÷2 000；1 200÷2 000)	(200 000)	40 000		40 000	120 000	
39	人事部(26 600÷38 000；11 400÷38 000)		(640 000)		448 000	192 000	
40	分配给运营部门的变动辅助部门成本	0	0		488 000	312 000	800 000
41	**(3)交互法**						
42	固定成本	360 000	475 000				
43	法律部(250÷2 500；1 500÷2 500；750÷2 500)	(385 678)[a]	38 568		231 407	115 703	
44	人事部(2 500÷50 000;22 500÷50 000;25 000÷50 000)	25 678	(513 568)[a]		231 106	256 784	
45	分配给运营部门的固定辅助部门成本	0	0		462 513	372 487	835 000
46	变动成本	200 000	600 000				
47	法律部(400÷2 000；400÷2 000；1 200÷2 000)	(232 323)[b]	46 465		46 465	139 393	
48	人事部(2 000÷40 000;26 600÷40 000;11 400÷40 00	32 323	(646 465)[b]		429 899	184 243	
49	分配给运营部门的变动辅助部门成本	0	0		476 364	323 636	800 000
50							
51	[a]固定成本：	[b]变动成本：					
52	LF代表法律部固定成本，PF代表人事部固定成本，交互法下固定成本的联立方程组如下：	LV代表法律部变动成本，PV代表人事部变动成本，交互法下变动成本的联立方程组如下：					
53	LF=360 000+0.05PF	LV=200 000+0.05PV					
54	PF=475 000+0.10LF	PV=600 000 +0.20LV					
55	LF=360 000+0.05(475 000+0.10LF)	LV=200 000+0.05(600 000+0.20LV)					
56	LF=385 678（美元）	LV=232 323（美元）					
57	PF=475 000+0.10(385 678)=513 568（美元）	PV=600 000+0.20(232 323)=646 465（美元）					

决策要点

下面的问答形式是对本章学习目标的总结，决策代表与学习目标相关的关键问题，指南则是对该问题的回答。

决策	指南
1. 什么时候管理者应该采用双重比率法而不采用单一比率法？	单一比率法使用相同的单位比例，将每个成本库中的成本分给每个成本对象。双重比率法下，成本被分为变动成本库和固定成本库两组；每个成本库采用不同的成本分配基础。如果成本很容易被区分为变动成本和固定成本，管理者就应该采用双重比率法，因为它为决策提供了更好的信息。
2. 在预算与实际分配率之间以及预算与实际使用量之间进行决策时，管理者应该考虑哪些因素？	采用预算比率能够使用户部门的管理者确定分配给他们的成本，并且使用户免受供应部门无效率的影响。基于实际使用量，使用预算变动成本率向用户分配成本在因果关系上是适当的，可以促进资源消耗的控制。基于预算使用量，使用固定成本率有助于用户部门制定计划，在考虑外包决策时实现目标一致性。
3. 管理者能采用什么方法将多个辅助部门的成本分配给运营部门？	三种方法是直接法、阶梯法与交互法。直接法将每个辅助部门的成本分配给运营部门，而并不把一个辅助部门的成本分配给其他辅助部门。阶梯法按次序将辅助部门的成本分配给其他辅助部门和运营部门，部分确认所有辅助部门间相互提供的服务。交互法全部确认所有辅助部门间提供的相互服务。
4. 管理者能够采用什么方法将共同成本分配给两个或多个使用者？	共同成本是有两个或更多使用者共享的成本对象（比如，运营设备或者执行作业）的成本。独立成本分配法使用成本对象的各个使用者的信息来决定成本分配权数。增量成本分配法首先对成本对象的使用者进行排序，再将共同成本首先分配给主要使用者，再分配给其他增量使用者。Shapley 值法把每一方依次作为主要使用者和增量使用者。
5. 如何降低根据成本进行补偿的合同纠纷？	尽可能地使成本分配规则明确，并将其包括在合同中。这些规则应该包括可列支成本项目、可接受的成本分配基础、如何解释预算与实际成本的差异等问题的细节。
6. 什么是捆绑产品？管理者如何才能将捆绑产品的收入分配给单个产品？	两个或多个产品（或服务）被打包按统一价格销售就称为捆绑产品。当用产品收入或产品营业利润来评价单独产品经理时，便需要对捆绑产品的收入进行分配。可以采用独立法、增量法、Shapley 值法来分配捆绑产品的收入。

练习题

15—17　单一比率成本分配法，预算与实际成本额及数量。Chocolat 公司是一家位于帕洛阿尔托的高级巧克力生产商。公司的两种产品各自都有独立的分公司：黑巧克力和牛奶巧克力。Chocolat 公司从威斯康星州购入黑巧克力分公司的生产原料，从路易斯安那州购入牛奶巧克力分公司的生产原料。两地到 Chocolat 帕洛阿尔托工厂的距离是相等的。

Chocolat 有一个卡车队。车队作为一个成本中心，向分公司收取车队运营的变动成本（驾驶员与油料）和固定成本（车辆折旧、保险和登记费）。根据营业利润对分公司进行评价。2013 年，车队的实际运营能力是在帕洛阿尔托工厂与两个供应商之间往返 50 趟。记录的信息如下：

	A	B	C
1		预算	实际
2	卡车队成本（美元）	115 000	96 750
3	黑巧克力分公司的往返行程次数（帕洛阿尔托工厂—威斯康星）	30	30
4	牛奶巧克力分公司的往返行程次数（帕洛阿尔托工厂—路易斯安那）	20	15

要求：

1. 在以下三种方法下，使用单一比率法将成本分配给黑巧克力分公司和牛奶巧克力分公司：

（1）计算单位往返行程预算分配率，并根据每个分公司预算往返行程次数分配成本；

（2）计算单位往返行程预算分配率，并根据每个分公司实际往返行程次数分配成本；

（3）计算单位往返行程实际分配率，并根据每个分公司实际往返行程次数分配成本。

2. 讨论要求 1 中三种方法的优缺点。你鼓励 Chocolat 公司使用哪一种？解释并简要说明你的假设。

15—19 辅助部门成本分配，直接法与阶梯法。凤凰合伙人公司向政府与公司客户提供管理咨询服务。凤凰公司有两个辅助部门——管理服务部（AS）与信息系统部（IS），和两个运营部门——政府咨询部（GOVT）与公司咨询部（CORP）。2013 年第一季度，凤凰公司的成本记录如下（单位：美元）：

	A	B	C	D	E	F	G
1		辅助部门			运营部门		
2		AS	IS		GOVT	CORP	合计
3	部门间成本分配前的						
4	预算间接成本（美元）	600 000	2 400 000		8 756 000	12 452 000	24 208 000
5	AS提供的辅助工作（预算的员工人数）	—	25%		40%	35%	100%
6	IS提供的辅助工作（预算的计算机时间）	10%	—		30%	60%	100%

要求：

1. 用以下方法将两个辅助部门的成本分配给两个运营部门。

（1）直接法；

（2）阶梯法（先分配 AS）；

（3）阶梯法（先分配 IS）。

2. 比较并解释将辅助部门成本分配给每一运营部门的差异。

3. 用阶梯法分配辅助部门成本时决定分配次序的方法是什么？

15—21 直接分配法和阶梯分配法。E-book 是一家在线图书零售商，拥有两个运营部门——企业销售部和消费者销售部，以及两个辅助部门——人力资源部和信息系统部。每个销售部都要独立进行经营和营销业务。E-book 公司使用员工人数分配人力资源成本，使用处理时间分配信息系统成本。2013 年 9 月的相关数据如下：

	A	B	C	D	E	F
1		辅助部门			运营部门	
2		人力资源部	信息系统部		企业销售部	消费者销售部
3	部门间成本分配前发生的					
4	预算成本（美元）	72 700	234 400		998 270	489 860
5	人力资源部提供的辅助工作					
6	预计员工人数	—	21		42	28
7	信息系统部提供的辅助工作					
8	预计处理时间（分钟）	320	—		1 920	1 600

要求：

1. 用直接法将辅助部门的成本分配给运营部门。

2. 按照向其他辅助部门提供服务的比例对辅助部门进行排名。利用这个排名，基于阶梯分配法将辅助部门的成本分配给运营部门。

3. 你会怎样对辅助部门进行不同的排名？

15—23　共同成本分配。Evan 和 Brett 是伯克利学院（Berkeley College）的学生。他们同住在 Brett 的公寓中。Brett 正考虑订购一套互联网服务，互联网提供商有以下套餐：

套餐	每月（美元）
A. 互联网接入	75
B. 电话服务	25
C. 互联网接入＋电话服务	90

Evan 的大部分时间都在使用互联网（“现在一切都可以在网上找到”）。Brett 更喜欢打电话而不是使用互联网（“上网是浪费时间”）。他们一致认为购买 90 美元的总套餐是“双赢”。

要求：

1. 使用（a）独立成本分配方法，（b）增量成本分配方法，（c）Shapley 值法在 Evan 和 Brett 之间分配 90 美元的费用。

2. 你会推荐他们使用哪种方法，为什么？

15—25　收入分配，捆绑产品。Essence 公司调配和销售设计师香水。它有一个男士香水部和一个女士香水部，每个部门有不同的销售战略、分销渠道和产品。Essence 正在考虑销售一种由一瓶男士古龙水 Him 和一瓶女士香水 Her 组成的捆绑产品 Sync。Essence 报告了最近一年的信息如下（单位：美元）：

	A	B
1	产品	零售价
2	Him	25.00
3	Her	50.00
4	Sync (Him和Her)	60.00

要求：

1. 使用下列方法，将每单位 Sync 的销售收入分配给 Him 和 Her：

（1）根据单个产品的售价的独立收入分配法；

（2）增量收入分配法，Him 作为第一增量产品；

（3）增量收入分配法，Her 作为第一增量产品；

（4）Shapley 值法，假设 Him 和 Her 的销售量相等。

2. 在要求 1 的四种方法中，你建议在将 Sync 的收入分配给 Him 和 Her 时采用哪种方法？请解释。

15—27　单一比率、双重比率与实际能力分配。Preston 百货公司有一项新的促销计划，为顾客提供免费礼品包装服务。Preston 顾客服务部的月实际礼品包装能力为 5 000 件礼品，预算固定成本为 4 950 美元。平均每件礼品的变动包装成本是 0.35 美元。在最近一个月，顾客服务部预计包装 4 500 件礼品。虽然对顾客而言服务是免费的，但是销售礼品的部门需要分摊礼品包装成本。顾客服务部报告最近一个月的信息如下：

	A	B	C
1	部门	预计商品包装数	实际商品包装数
2	礼品	1 000	1 200
3	女士服装	850	650
4	香水	1 000	900
5	男士服装	750	450
6	棉布	900	800
7	合计	4 500	4 000

要求：

1. 采用单一比率法，将下列三种情形下的礼品包装服务的成本分配给每个部门。

（1）根据预算的礼品包装数计算预算分配率，并根据礼品包装服务的预算使用数分配成本。

（2）根据预算的礼品包装数计算预算分配率，并根据礼品包装服务的实际使用数分配成本。

（3）根据可用的礼品包装实际能力计算预算分配率，并根据礼品包装服务的实际使用数分配成本。

2. 当（a）使用预算成本和实际礼品包装能力计算固定成本分配率，（b）根据礼品包装服务的预算使用数分配固定成本，（c）使用预算变动成本分配率和实际礼品包装服务使用数分配变动成本时，采用双重比率法计算分配给每个部门的数额。

3. 评论要求 1 和要求 2 的答案。讨论双重比率法的优点。

15—29　固定成本分配。Baker 大学在 2013 年底完成了最新的行政楼的建设。2014 年 1 月 1 日学校的第一批员工搬进了大楼。大楼包括办公室、公共会议室（包括一个会议中心）、自助餐厅，以及一个健身房。2014 年大楼 250 000 平方英尺的面积利用情况如下：

空间利用	占总建筑空间的百分比
办公室（已用）	52%
空置办公室	8%
公共会议室	25%
健身房	5%
自助餐厅	10%

新楼的成本为6 000万美元，使用直线法折旧，折旧年限为20年。2014年末，使用大楼的三个部门是：校长行政办公室、会计部和人力资源部。每个部门的空间使用情况如下：

部门	实际使用的办公空间（平方英尺）	计划使用的办公空间（平方英尺）	办公空间的实际容量（平方英尺）
行政	32 500	24 800	36 000
会计	52 000	52 080	66 000
人力资源	45 500	47 120	48 000

要求：

1. 若总成本按如下方法分配，2014年有多少总大楼成本要分配给各部门？

a. 三个部门实际使用的面积；

b. 三个部门计划使用的面积；

c. 三个部门的实际容量。

2. 假设该大学按如下方式分配年度总大楼成本：

a. 所有闲置办公室的成本由大学负责而不分配给各部门；

b. 所有使用的办公室成本按实际使用面积（平方英尺）分配；

c. 所有公共区域的成本按部门的实际容量分配。

根据以上方案，计算2014年分配给各部门的成本。你认为此处使用的分配方法适当吗？请解释。

15—31 辅助部门成本分配，单一部门成本库，直接法、阶梯法与交互法。Milton公司生产两种产品，产品1全部在部门X生产，产品2全部在部门Y生产，为了生产这两类产品，Milton公司有两个辅助部门：部门A（材料处理部门）与部门B（发电部门）。

一段时期内部门A与部门B的工作量如下：

辅助部门	使用部门 A	B	X	Y
A	—	200	500	300
B	750	—	125	375

A部门工作量按材料处理的直接人工小时衡量；B部门工作量按千瓦小时电力衡量。

下一年度辅助部门的预算成本为（单位：美元）：

	部门A（材料处理）	部门B（电力生产）
变动间接人工与间接材料成本	150 000	15 000
监管	45 000	25 000
折旧	15 000	50 000
	210 000	90 000
	＋电力成本	＋材料处理成本

下一年度运营部门的预算成本为：部门X 1 250 000美元，部门Y 950 000美元。

监管成本是工资费用。部门B的折旧是用直线法对估计使用年限为25年的发电设备第19年计提的折旧；设备已经很旧了，但保养得很好。

要求：

1. 按照以下方法，辅助部门A和部门B的成本如何分配到运营部门X，Y中去？（1）直接法；（2）阶梯法（首先分配A部门）；（3）阶梯法（首先分配B部门）；（4）交互法。

2. 一家外部公司已经答应供给Milton公司所需的全部电力，并提供现有电力部门的所有服务。此项服务的成本为每千瓦小时电力80美元。Milton公司应该接受吗？请解释。

15—33 独立收入分配。Office Magic公司向终端用户销售电脑硬件。其最受欢迎的是一款捆绑销售产品CX30，包括一个个人电脑（PC）机箱、一个26英寸显示器和一个彩色激光打印机。这些产品是由公司三个单独的生产部门制造的，可以单个购买也可以捆绑购买。单个售价和单位成本如下：

计算机零件	单位产品单个售价（美元）	单位成本（美元）
个人电脑机箱	1 140	376
显示器	260	200
彩色激光打印机	600	224
电脑捆绑购买价	1 500	

要求：

1. 根据单位产品的单个售价，使用独立成本分配法，将电脑捆绑销售的收入分配给每一个硬件产品。

2. 根据单位成本，使用独立成本分配法，将电脑捆绑销售的收入分配给每一个硬件产品。

3. 根据实物量（即每个捆绑产品中单个产品的销售量），使用独立成本分配法，将电脑捆绑销售的收入分配给每一个硬件产品。

4. 哪种分配基础最合理？请解释。

15—35 收入分配，捆绑产品。Premier Resorts (PR) 经营带有高级高尔夫球场的五星级酒店。公司有分权化管理结构，有三个部门：

- 住宿部（客房、会议设施）；
- 餐饮部（餐厅和客房服务）；
- 娱乐部（高尔夫球场、网球场、游泳池等等）。

下个月开始，公司将提供一项两天两人的"度假套餐"，价格为 800 美元。

这个业务包括如下内容：

	单独定价
两人在海景房住两晚	640 美元（每晚 320 美元）
两轮高尔夫（任一客人使用）	300 美元（每轮 150 美元）
两人在公司最好的餐馆共进烛光晚餐	160 美元（每人 80 美元）
套餐总价	1 100 美元

娱乐部的经理 Jenny Lee 近期向公司 CEO 询问她所在的部门如何分享该项度假套餐 800 美元的收入。高尔夫球场一直满负荷运营。目前任何预订该项度假套餐的人都保证能够进入球场。Lee 指出，每一个"度假"预订将取代 300 美元的与套餐不相关的其他高尔夫预订。她强调高需求反映了她的团队在保持高尔夫球场被《高尔夫月刊》评定为"世界十佳球场"上所作的努力。另外，她还指出住宿部和餐饮部在新年等旺季应该拒绝部分客户。

要求：

1. 使用下列方法，用销售价格将 800 美元度假套餐收入分配到三个部门：

a. 独立收入分配法；

b. 增量收入分配法（按娱乐、住宿、餐饮的顺序）。

2. 要求 1 中两种方法的优点和缺点是什么？

3. 因为娱乐部能够预订 100%的高尔夫球场，因此公司 CEO 决定将"度假套餐"修改为只包含住宿和餐饮。新套餐的价格为 720 美元。用以下方法将收入分配给住宿和餐饮部门：

a. Shapley 值法；

b. 加权 Shapley 值法（假设住宿部销售额为餐饮部的 3 倍）。

第 16 章

成本分配：联产品与副产品

- 联合成本基础
- 分配联合成本
- 联合成本的分配方法
- 分配方法选择
- 为什么联合成本与决策无关
- 副产品会计核算

学习目标

1. 确定联合成本的分离点，区分联产品和副产品
2. 解释将联合成本分配到单独产品的原因
3. 说明联合成本分配的四种方法
4. 确认分配联合成本时更倾向采用分离点销售价值法的情形
5. 解释为何联合成本与决定产品是出售还是进一步加工的决策无关
6. 会计上核算副产品的两种方法

许多公司同时生产和销售两种或两种以上的产品，如炼油厂。

例如，埃克森美孚公司销售石油、天然气和液化石油气，这些产品是公司提取原油并提炼时生产出来的。类似地，有些公司销售或提供多种服务，如医疗服务提供者。这些公司如何将成本分配给“联合”产品和服务？了解联产品成本的分配方式并不只是公司需要知道的事情，它也是农民需要处理的事情，特别是当涉及生产玉米制造数十亿加仑乙醇燃料时。

联合成本分配和乙醇燃料的生产①

全球对石油的需求增加导致其价格上涨，并迫使一些国家寻找环境友好型的可持续的替代品。在美国，替代燃料的最主要来源是玉米乙醇。2012 年，美国生产的乙醇从 2001 年的每年 17 亿加仑增加至 138 亿加仑。生产乙醇需要大量的玉米。美国国内玉米产量的 40%用于制造乙醇燃料，但不是所有玉米都能生产出可以与汽油混合，并在加油站销售的乙醇。

大多数生物操作，如制造乙醇，都会产出两种或两种以上的产品。蒸馏玉米制造乙醇时，这个过程中的细胞团如抗生素和酵母会发酵，从液体中分离出来成为一个独特的产品，这种产品通常作为动物饲料出售。这种产出能够清楚识别的分开点叫做分离点。同样，玉米加工工厂的残留物会用于制造二次产品，包括干酒糟和麸质。

会计师把这些二次产品当作副产品，从主要产品乙醇燃料的成本中减去销售这些产品的利润来核算乙醇副产品（如动物饲料和麸质）。因为乙醇的价格大约是每加仑 2 美元，而副产品的售价每磅仅几美分，大部分生产成本都分配给了主要产品乙醇燃料。由于乙醇生产商可能不得不支付处置副产品的费用，因此副产品相对较少的收入刚好帮助公司实现了生产“盈亏平衡”。

然而，在未来的几年里，这种情况可能会改变。随着乙醇产量的增加，以玉米为基础的动物饲料副产品将越来越丰富。一些乙醇制造商正在共同努力，创建一个乙醇饲料

① Hacking，Andrew. 1987. Economic aspects of biotechnology. Cambridge，United Kingdom：Cambridge University Press；Leber，Jessica. 2010. Economics improve for first commercial cellulosic ethanol plants. *New York Times*，February 16；PBS. 2006. Glut of ethanol byproducts coming. *The Environmental Report*，Spring；United States Department of Energy 2013. U. S. ethanol production and the renewable fuel standard RIN bank. Press Release，June 5；Meyer，Gregory. 2013. US ethanol lobby urges brake on biofuels. *Financial Times*，April 18.

市场，这些饲料更便宜且蛋白质含量高于普通玉米。这使得农场主可以在每磅饲料成本更低的情况下，让动物体重增加得更快。

本章研究在联产品之间分配成本的方法。我们同时还研究一些成本数字如何适合一种目的（如对外报告），但可能不适合其他目的（如联产品进一步加工的决策）。

联合成本基础

联合成本（joint costs）是指同时生产出多种产品的生产流程的成本。例如，煤的蒸馏可以得到焦炭、煤气和其他产品。蒸馏过程的成本称为联合成本。联合成本中的一个或多个产品能被分别确认的时点就称为**分离点**（splitoff point），例如，煤变成焦炭、煤气和其他产品的时点。**可分属成本**（separable costs）是在分离点之后发生的能归属于一个或多个单独产品的成本（如生产、营销与分销等成本）。在分离点或分离点之后，制定销售或进一步加工单独产品的决策与其他产品决策无关。

如图表16—1中的例子所示，许多行业的生产流程同时生产出两种或更多种产品，它们或者出现在分离点上或者在进一步加工后。在每个例子中，虽然它们的比例可能不同，但都是没有联产品的出现便没有单独产品。联合成本制度将联合成本分配给最终出售的单独产品。

图表16—1　　联合成本举例

行业	分离点处可分离的产品
农业与食品加工	
可可豆	可可黄油、可可粉、可可饮料、乳酪
羊羔	羊肉、肚、皮、骨、脂肪
肥猪	咸肉、火腿、排骨、烤肉
生奶	奶油、脱脂牛奶
木材	各种等级与形状的木材
火鸡	鸡胸、翅、股、腿、内脏、飞禽肉和家禽肉
采掘业	
煤	焦炭、煤气、苯、焦油、氨
铜矿	铜、银、铅、锌
石油	原油、汽油、液化石油气
盐	氢、氯、苛性钠
化工业	
液化石油气	丁烷、乙烷、丙烷
半导体业	
硅片的制造	不同品质（如容量、速度、寿命预期和温度容忍度）的存储芯片

联合生产过程的产出可分为两种：正销售价值的产出与零销售价值的产出。[①] 例如，沿海碳水化合物在形成石油、天然气的过程中也会产出水，而水具有零销售价值

---

① 联合生产过程的许多产出具有“负”收入，因为要考虑它们的处置成本（比如，对无法销售的有毒物质进行特别处理的处置成本）。这些处置成本应该加到联合生产成本中，联合生产成本再在主产品和联产品中进行分配。

时，它将回到海洋中进行循环利用。**产品**（product）描述的是有正销售价值（或者使公司避免成本发生，如中间化学产品用于另一个过程的投入）的任何产出。当然，销售价值有高有低。

当联合生产过程中，有一种产品与流程中其他产品相比有较高销售价值时，我们称这种产品为**主产品**（main product）。当联合生产过程中有多种产品与其他产品相比有较高销售价值时，则这些产品称为**联产品**（joint products）。相反，联合生产过程中，与主产品或联产品相比具有很低价值的产品称为**副产品**（byproducts）。

例如，原木被加工为标准木材与木屑，因为与木屑相比标准木材具有较高的销售价值，所以标准木材是主产品，木屑是副产品。假如原木被加工为高级木材、标准木材与木屑，因为与木屑相比高级木材、标准木材都具有较高的销售价值，那么高级木材与标准木材是联产品，木屑是副产品。

主产品、联产品和副产品在实务中的区别并不是很明确。公司使用不同的门槛，确定一个产品的相对销售价值是否足够高，是否可以被认为是一个联产品。例如，煤油是冶炼原油时得到的。基于煤油与汽油和其他产品销售价值的比较，有些公司将煤油归类为联产品，而有些公司把煤油归类为副产品。而且，产品的分类——主产品、联产品、副产品会随时间发生变化。尤其是那些市价在一年内上升或下降 30%或更大幅度的低级半导体芯片。当低级芯片的价格很高时，它们与高级芯片一起被视为联产品；当低级芯片价格大幅下降时，它们又被视为副产品。在实务中，理解一个具体公司的产品分类是很重要的。

分配联合成本

管理者分配联合成本前，必须首先看看这样做的背景。出于以下几个目的，必须将联合成本分配给单独的产品或服务：

- 为对内和对外报告目的，计算存货性成本和产品销售成本。回想一下，在第 9 章中，财务会计和税务报告要求应用吸收成本法。将联合生产或加工成本分配给产品对于计算期末存货价值是必要的。而且，许多公司使用基于联合成本分配的内部会计数据分析各部门的盈利性，并评价部门管理者的业绩。
- 补偿一部分但非全部产品或服务在（比如说，与政府机构的）成本加成合同下需要补偿的企业。例如，为了确定医保病人移植的补偿率，从一个单一的供体摘除多个器官时发生的联合成本必须分配给不同的器官中心。在这种情况下，有严格的规定指明将联合成本分配给协议中包括的产品或服务的方式。国防合同（常常是成本加成合同）中的欺诈仍然是《联邦虚假诉讼法案》（Federal False Claims Act）下虚假索赔诉讼最活跃的区域之一。通常的做法是“交叉收费”，即合同一方将联合成本从“固定价格”国防合同转化成以成本加成为基础的合同。国防承包商也将不正确的联合成本分配给与政府签订的成本加成合同以试图确保来自私人公司或外国政府的合同。①

① 例如 www.dodig.mil/iginformation/IGInformationReleases/3eSettlementPR.pdf。

● 对一种或多种联合产品或服务的价格或分配率进行管制。这个问题在萃取和能源行业是至关重要的，在这些行业，产出价格受到管制，只能在包括联合成本分配的成本基础上获得一个固定的回报。在通信行业，有巨大市场力量的企业的某些产品受到价格管制（如互联），其他活动不受管制（如将设备租赁给终端用户）。在这种情况下，必须分配联合成本，以确保成本没有从不受管制的服务转移到受管制的服务。

● 对任何商业诉讼或保险结算情况来说，联产品或服务的成本都是关键信息。

"观念实施：慈善组织在以误导捐助者的方式分配联合成本吗?"概述了另一种场景，在此场景中，联合成本分配很重要，并且成为某些争议的对象。

观念实施

慈善组织在以误导捐助者的方式分配联合成本吗?

无论是帮助孩子还是消除疾病，慈善机构都是从慈善捐赠者处筹集资金来履行它们的公益使命。在美国，慈善机构直接通过邮件或其他活动把公共教育工作与筹款呼吁相结合时，必须把与这些活动相关的联合成本分配给项目、筹款和管理。一些批评人士认为，通过伪装高融资成本，高估用于组织使命的资金，联合成本分配可以用来误导捐赠者。

根据美国财务会计准则委员会规定，慈善机构仅在某些情况下需要分配联合成本。他们必须设计活动让人们采取特定行动来支持他们的使命——例如，联系官员，回收废物或降低健康风险。此外，他们必须选择接受者，因为这些人能够采取行动或受益于此——并非因为他们可能成为捐助者。主要会计问题如下：对于慈善机构常用的邮件方式来说，信封和邮票的联合成本（通常是活动总成本的最大部分）应该归为哪一类呢?

例如，根据2012年纳税申报表，美国心脏协会将约5.96亿美元总开支中的2.275亿美元分配给联合成本，其中78%的钱花在项目上。如果联合成本被低估，项目支出就降至51%。

许多慈善机构认为，如果使用得当，联合成本会带来效率，因为慈善机构可以在一个活动中实现多个目标，并将其反映在成本明细中。其他人认为联合成本允许慈善机构夸大工作中的项目比例，从而误导捐助者相信慈善机构为公众做的慈善事业比实际做得多。包括慈善导航（Charity Navigator）和商业改进局（Better Business Bureau）等非营利监管机构都在密切关注美国慈善机构的做法，联合成本可能仍会是非营利关注的焦点。

资料来源：Christopher Jones and Andrea Roberts, "Management of Financial Information in Charitable Organizations: The Case of Joint-Cost Allocations," *The Accounting Review* 81 (1) (January 2006); Suzanne Perry, "Watchdog Cracks Down on Misleading Statements on Fundraising Costs," *The Chronicle of Philanthropy* (February 10, 2013); "Watchdog Barks Louder on Cost Allocation Issues," *The NonProfit Times* (October 1, 2012).

联合成本的分配方法

分配联合成本有两种方法：

● 方法 1：利用市场销售数据（例如销售收入）分配联合成本。本章举例说明采用这一方法分配成本时的三种具体方法：

1. 分离点销售价值法；
2. 预计可实现净值法（NRV）；
3. 固定毛利率可实现净值法。

● 方法 2：用实物计量数据分配联合成本，实物计量有联产品的重量、数量（实物单位）或体积。

在前面的章节中，我们采用因果关系与受益原则来指导成本分配决策（见图表 14—2）。在联合成本情况下，联合生产过程同时生产多种产品，单独产品之间也就不存在因果关系。如果采用受益原则将导致倾向方法 1 下的具体方法。一般而言，收益因素比实物计量因素更好。例如，矿业公司从 1 吨金矿石中得到的利益大于从 10 吨煤中得到的利益。

在最简单的联合生产过程中，联产品在分离点被出售而不再进一步加工。我们将利用例 1 来说明分离点销售价值法和实物计量法。接下来我们考虑在分离点之后继续加工的情况。例 2 说明预计可实现净值法和固定毛利率可实现净值法。为了集中在关键概念上，我们用的数字与数量比实务中要小得多。

本章的图表采用以下符号来区别联产品、主产品与副产品：

联产品或主产品

副产品

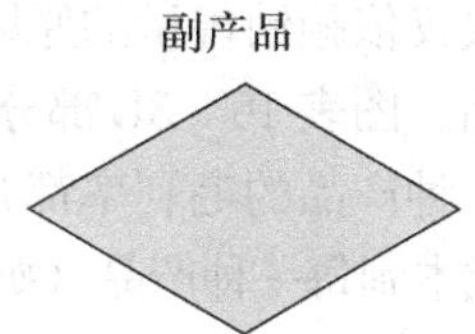

为了对不同方法进行比较，我们将说明单独产品在每一种方法下的毛利率。

【例 1】　Farmland 牛奶场从各个农场购买生牛奶并加工到分离点，获得两种产品——奶油和脱脂奶。然后将两种产品卖给一家独立的公司，公司再把产品出售给超市和其他零售商。

2014 年 5 月，Farmland 牛奶场加工原奶 110 000 加仑；在加工中由于蒸发、溢出等损耗 10 000 加仑，生产出 25 000 加仑奶油与 75 000 加仑脱脂奶。简要数据如下：

	A	B	C
1		联合成本	
2	联合成本（110 000加仑原奶与加工到分离点的成本）	$400 000	
3			
4		奶油	脱脂奶
5	期初存货（加仑）	0	0
6	生产量（加仑）	25 000	75 000
7	销售量（加仑）	20 000	30 000
8	期末存货（加仑）	5 000	45 000
9	每加仑售价	$8	$4

图表 16—2 描述了这个例子中的基本关系。

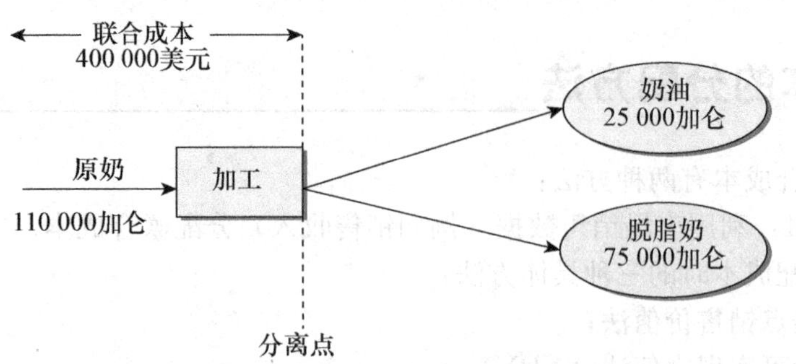

图表 16—2 例 1：Farmland 牛奶厂概览图

400 000 美元的联合成本应该分配多少给售出的 20 000 加仑奶油与 30 000 加仑脱脂奶，应该分配多少给期末 5 000 加仑奶油与 45 000 加仑脱脂奶存货呢？我们先描述在分离点使用产品特性的两种方法：分离点销售价值法和实物计量法。

□ 分离点销售价值法

分离点销售价值法（sales value at splitoff method）根据会计期间各产品总产量在分离点的相对销售价值来分配联合成本。例 1 中使用这种方法。图表 16—3A 部分，显示联合成本如何分配到单个产品以计算每加仑奶油和脱脂奶的成本，并计算期末存货价值。这种方法使用的是会计期间全部产量（25 000 加仑奶油和 75 000 加仑的脱脂奶）的销售价值，而不仅仅是销售量（20 000 加仑奶油和 30 000 加仑的脱脂奶）的价值。这种方法不仅仅依赖销售量的原因是联合成本发生在所有生产的产品上，不仅仅是那些在当期售的产品。图表 16—3B 部分描述了采用分离点销售价值法分配联合成本的产品利润表。注意，每一种产品的毛利率都是 20%，因为分离点销售价值法按照总产量销售价值比例分配联合成本到每一种产品（奶油：160 000÷200 000=80%；脱脂奶：240 000÷300 000=80%）。因此，2014 年 5 月生产的每一种产品的毛利率都是 20%。①

图表 16—3　　Farmland 牛奶厂联合成本分配和产品利润表：分离点销售价值法

	A	B	C	D
1	**A部分　分配联合成本（采用分离点销售价值法）**	**奶油**	**脱脂奶**	**合计**
2	所有产品在分离点的销售价值			
3	（奶油：25 000×8；脱脂奶：75 000×4）	$200 000	$300 000	$500 000
4	权重（200 000÷500 000；300 000÷500 000）	0.40	0.60	
5	联合成本分配（奶油：0.40×400 000；脱脂奶：0.60×400 000）	160 000	240 000	400 000
6	每加仑联合生产成本			
7	（160 000÷25 000；240 000÷75 000）	6.40	3.20	
8				
9	**B部分　2014年5月产品线利润表（采用分离点销售价值法）**	**奶油**	**脱脂奶**	**合计**
10	收入（奶油：20 000×8；脱脂奶：30 000×4）	160 000	120 000	280 000
11	产品销售成本（联合成本）			
12	生产成本（奶油：0.40×400 000；脱脂奶：0.60×400 000）	160 000	240 000	400 000
13	减：期末存货（奶油：5 000×6.40；脱脂奶：45 000×3.20）	32 000	144 000	176 000
14	产品销售成本（联合成本）	128 000	96 000	224 000
15	毛利	32 000	24 000	56 000
16	毛利率（32 000÷160 000；24 000÷120 000；56 000÷280 000）	20%	20%	20%

① 假设 2014 年 5 月 Farmland 牛奶场的奶油和脱脂奶有期初存货，当这批存货被售出，公司获取的毛利不是 20%。那么，奶油和脱脂奶的毛利率是不同的。相对毛利率取决于期初存货和当期产品的销售情况。

注意分离点销售价值法如何遵循成本分配中的受益标准：成本按照它们的获益能力（预期收入）分配给各种单独产品。成本分配基础（分离点销售价值）以共同分母（收入数量）的方式表达出来，并在会计制度中得到系统记录。公司只有在分离点有所有产品的市场销售价值数据，才能采用这一方法。

□ 实物计量法

实物计量法（physical-measure method）以产品在分离点处的相对重量、数量或体积等实物测量为基础将联合成本分配给会计期间生产出的联产品。在例 1 中，400 000 美元联合成本生产出 25 000 加仑奶油和 75 000 加仑脱脂奶。将生产出的加仑数量作为实物测量，图表 16—4B 部分显示联合成本如何分配到单个产品来计算每加仑奶油和脱脂奶的成本。

图表 16—4　　Farmland 牛奶厂联合成本分配和产品利润表：实物计量法

文件　开始　插入　页面布局　公式　数据　审阅　视图

	A	B	C	D
1	**A 部分　分配联合成本（采用实物计量法）**	**奶油**	**脱脂奶**	**合计**
2	所有产品的实物计量（加仑）	25 000	75 000	100 000
3	权重（奶油：25 000÷100 000；脱脂奶：75 000÷100 000）	0.25	0.75	
4	联合成本分配（奶油：0.25×400 000；脱脂奶：0.75×400 000）	100 000	300 000	400 000
5	每加仑联合生产成本（奶油：100 000÷25 000；脱脂奶：300 000÷75 000）	4.00	4.00	
6				
7	**B 部分　2014年5月产品线利润表（采用实物计量法）**	**奶油**	**脱脂奶**	**合计**
8	收入（奶油：20 000×8；脱脂奶：30 000×4）	160 000	120 000	280 000
9	产品销售成本（联合成本）			
10	生产成本（奶油：0.25×400 000；脱脂奶：0.75×400 000）	100 000	300 000	400 000
11	减：期末存货（奶油：5 000×4.00；脱脂奶：45 000×4.00）	20 000	180 000	200 000
12	产品销售成本（联合成本）	80 000	120 000	200 000
13	毛利	80 000	0	80 000
14	毛利率（80 000÷160 000；0÷120 000；80 000÷280 000）	50%	0%	28.6%

由于实物计量法是基于加仑数对联合成本进行分配，所以这两种产品每加仑的成本是相同的。图表 16—4B 部分列出实物计量法下生产线利润表。奶油和脱脂奶的毛利率百分比分别是 50%和 0%。

从受益标准看，分离点销售价值法优于实物计量法。为什么？因为单独产品的实物计量与它们创造收入的能力之间并没有关系。设想有一个矿藏，挖出的矿石含有金、银、铅。如果采用实物计量（吨）分配联合成本，将导致几乎所有的成本分配给最重的产品——铅，而铅的获益能力是最低的。在该例中，成本分配的方法与公司发生成本的主要原因——通过金、银而不是铅来获取收入——不一致。当一个公司的生产线利润表使用实物计量法时，每吨销售价值高的产品，如金和银，会表现出更大的利润；而每吨销售价值低的产品，如铅，则将表现出大额亏损。

有时候获得所有产品可比较的实物计量数据并不容易。例如，石油和天然气作为联合产品的情况下，石油是液体而天然气是气体。为了采用实物标准，天然气与石油需要转换成它们的能量当量英热单位（BTU）。采用实物计量法分配联合成本时，有时需要会计系统以外的技术人员。

对联合生产过程中的哪些产品包含在实物计量计算中的决定，会大大影响这些产品之间的成本分配。不具有价值的产出（如采矿中的土）总是被排除在外。虽然土比金子有更大的产出量，无价值的产出也不会承担成本。相对于联产品或主产品，具有较低价值的副产品也往往排除在实物计量法下的分母外，因为它们的价值相对于联产品或主产品来说更低。实物计量法的一般规则是在分母计算中只包含联产品的产出。

□ 预计可实现净值法

在很多情况下，为了使产品具有可销售的形式或高于分离点处的价值，需要将产品进一步加工。例如，当提炼原油时，汽油、柴油、苯和挥发油在售出前需要进一步加工。为了举例说明，我们扩展 Farmland 的例子。

【例 2】 *除了奶油和脱脂奶可被进一步加工以外，其他数据与例 1 相同。*

- *奶油→黄油：25 000 加仑的奶油被进一步加工生成 20 000 加仑黄油，附加加工成本为 280 000 美元，黄油以每加仑 25 美元出售，用于生产其他黄油制品。*
- *脱脂奶→浓缩奶：75 000 加仑脱脂奶被进一步加工生成 50 000 加仑浓缩奶，附加加工成本为 520 000 美元，浓缩奶以每加仑 22 美元出售。*
- *2014 年 5 月销售 12 000 加仑黄油和 45 000 加仑浓缩奶。*

图表 16—5A 部分描述了在联合生产过程中原奶被转化为奶油与脱脂奶，奶油与脱脂奶又分别进一步加工成黄油和浓缩奶的基本关系。B 部分提供了例 2 中的数据。

A 部分：例 2 流程的图解表示法

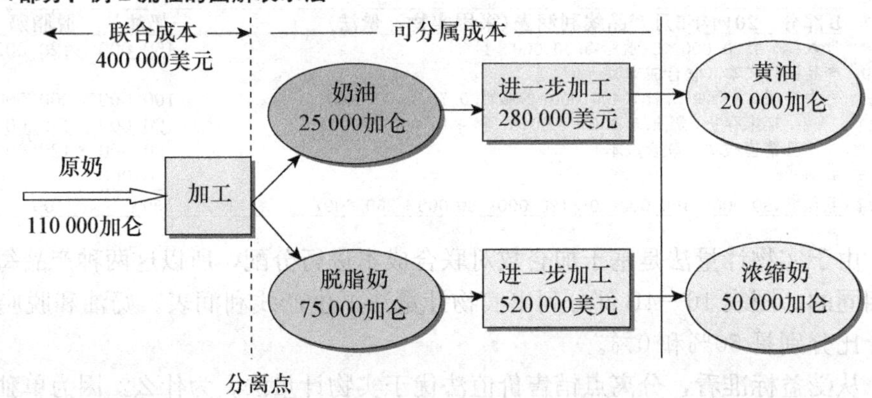

B 部分：例 2 数据

	A	B	C	D	E
1		联合成本		黄油	浓缩奶
2	联合成本（110 000加仑原奶加工至分离点成本）	$400 000			
3	25 000加仑奶油加工成20 000加仑黄油的可分属成本			$280 000	
4	75 000加仑脱脂奶加工成50 000加仑浓缩奶的可分属成本				$520 000
5					
6		奶油	脱脂奶	黄油	浓缩奶
7	期初存货（加仑）	0	0	0	0
8	产量（加仑）	25 000	75 000	20 000	50 000
9	进一步加工转移（加仑）	25 000	75 000		
10	销售量（加仑）			12 000	45 000
11	期末存货（加仑）	0	0	8 000	5 000
12	每加仑销价	$8	$4	$25	$22

图表 16—5 Farmland 牛奶厂概览图

预计可实现净值法（net realizable value（NRV）method）是以会计期间所有联合生产得到产品的相应预计可实现净值（预计最终销售价值减去可分属成本）为基础的联合成本分配法。当我们不知道一种或多种产品在分离点的市场销售价格时，预计可实现净值法优于分离点销售价值法。例 2 使用这种方法，图表 16—6A 部分显示联合成本如何被分到单个产品以计算每加仑黄油和浓缩奶的成本。B 部分显示了使用 NRV 方法的产品线利润表。黄油的毛利率为 22.0%，浓缩奶的毛利率为 26.4%。

预计可实现净值法经常采用简化的假设来执行。例如，即使联产品的销售价格经常变化，公司也会在会计期间连续使用一套给定的销售价格来实施预计可实现净值法。类似地，即使公司可以经常改变分离点后的加工步骤顺序或数目，但为了适应投入质量或当地条件的变化，在实施预计可实现净值法时，公司假定这些步骤是固定不变的。

图表 16—6　Farmland 牛奶厂联合成本分配以及产品线利润表：可实现净值法

	A	B	C	D
1	A部分　分配联合成本(采用预计可实现净值法)	黄油	浓缩奶	合计
2	会计期间所有产品最终销售价值			
3	(黄油：20 000×25；浓缩奶：50 000×22)	$500 000	$1 100 000	$1 600 000
4	减：可分属成本	280 000	520 000	800 000
5	分离点的可实现净值	220 000	580 000	800 000
6	权重(黄油：220 000÷800 000；浓缩奶：580 000÷800 000)	0.275	0.725	
7	分配联合成本(黄油：0.275×400 000；浓缩奶：0.725×400 000)	110 000	290 000	400 000
8	每加仑生产成本			
9	((110 000+280 000)÷20 000；(290 000+520 000)÷50 000)	19.50	16.20	
10				
11	B部分　2014年5月产品线利润表(采用预计可实现净值法)	黄油	浓缩奶	合计
12	收入（黄油：12 000×25；浓缩奶：45 000×22）	300 000	990 000	1 290 000
13	产品销售成本			
14	联合成本(黄油：0.275×400 000；浓缩奶：0.725×400 000)	110 000	290 000	400 000
15	可分属成本	280 000	520 000	800 000
16	生产成本	390 000	810 000	1 200 000
17	减：期末存货(黄油：8 000×19.50；浓缩奶：5 000×16.20)	156 000	81 000	237 000
18	产品销售成本	234 000	729 000	963 000
19	毛利	66 000	261 000	327 000
20	毛利率(660 000÷300 000；261 000÷990 000；327 000÷1 290 000)	22.0%	26.4%	25.3%

□ 固定毛利率可实现净值法

固定毛利率可实现净值法（constant gross-margin percentage NRV method）对所有产品都采用相同的毛利率来将联合成本分配给联产品。这种方法首先计算共同毛利。然后，从每种产品的最终产品销售价值中减去毛利率和可分成本，回到这种产品的联合成本分配。此方法可以分为三个步骤，图表 16—7A 部分列示了 Farmland 牛奶厂例子中在黄油和浓缩奶之间分配 400 000 美元联合成本的三个步骤。我们描述每一步时，以图表为例来说明。

步骤 1：计算共同毛利率。首先计算所有联产品的共同毛利率。这是基于会计期间总产量的最终销售价值，而不是期间的总收入。因此，图表 16—7A 部分中使用黄油和浓缩奶全部产出的最终预计销售价值 1 600 000 美元，而不是 5 月的实际销售总额 1 290 000 美元。

步骤 2：计算每种产品的总生产成本。运用毛利率乘以各种产品的预计最终销售价值计算出各种产品的毛利，从每一产品最终销售价值中减去毛利，得到每一产品需承担的总成本。

步骤 3：计算分配的联合成本。作为最后一步，从产品必须承担的总成本中减去每种产品的预计可分属成本，得到该产品应分配的联合成本。

图表16—7B部分是采用固定毛利率可实现净值法的产品利润表。

图表16—7　Farmland牛奶厂联合成本分配以及产品线利润表：固定毛利率可实现净值法

	A	B	C	D
1	**A部分　联合成本分配（采用固定毛利率可实现净值法）**			
2	**步骤1：**			
3	会计期间产品最终销售价值 [(20 000×25)+(50 000×22)]	$1 600 000		
4	减：联合成本和可分属成本(400 000+280 000+520 000)	1 200 000		
5	毛利	400 000		
6	毛利率(400 000÷1 600 000)	25%		
7		**黄油**	**浓缩奶**	**合计**
8	**步骤2：**			
9	会计期间产品最终销售价值(20 000×25；50 000×22)	500 000	1 100 000	1 600 000
10	减：毛利(用总毛利率计算，25%×500 000；25%×1 100 000)	125 000	275 000	400 000
11	总生产成本	375 000	825 000	1 200 000
12	**步骤3：**			
13	减：可分属成本	280 000	520 000	800 000
14	分配的联合成本	95 000	305 000	400 000
15				
16	**B部分　2014年5月产品线利润表（采用固定毛利率可实现净值法）**	**黄油**	**浓缩奶**	**合计**
17	收入(12 000×25；45 000×22)	300 000	990 000	1 290 000
18	产品销售成本			
19	联合成本(见A部分)	95 000	305 000	400 000
20	可分属成本	280 000	520 000	800 000
21	生产成本	375 000	825 000	1 200 000
22	减：期末存货			
23	(8 000×18.75[a]；5 000×16.50[b])	150 000	82 500	232 500
24	产品销售成本	225 000	742 500	967 500
25	毛利	75 000	247 500	322 500
26	毛利率(75 000÷300 000；247 500÷990 000；322 500÷1 290 000)	25%	25%	25%
27				
28	a黄油生产成本÷黄油产量=375 000÷20 000=18.75（美元/加仑）			
29	b浓缩奶生产成本÷浓缩奶产量=825 000÷50 000=16.50（美元/加仑）			

固定毛利率可实现净值法是唯一的产品可能分到负的联合成本的方法。为了把相对不盈利的产品的毛利率纳入平均数中，需要使用这种方法。固定毛利率可实现净值法从根本上不同于前两种基于市场的联合成本分配法。分离点销售价值法与预计可实现净值法只将联合成本分配给联产品。分配联合成本时，在分离点前后它们都没有考虑赚得的利润。而固定毛利率可实现净值法既是联合成本分配法又是利润分配法。在固定毛利率可实现净值法下，总毛利被分配给联产品以决定联合成本分配，所以每种产品有相同的毛利率。

分配方法选择

应该选用哪种方法来分配联合成本呢？如果存在销售价格数据，即使进行了进一步加工，最好还是采用分离点销售价值法。原因如下：

1. **衡量收益**。相对于其他分配联合成本的方法，分离点的销售价值是衡量联产品收益的最好标准。它是分配联合成本的一个有意义的基础，因为获利是公司当初发生成本的原因。有时也可能改变最终产出的实物组合，发生或多或少的联合成本，产生或多或少的市场价值。在此情况下，总成本与总产出价值之间有一个清晰的因果联系，这样进一步证实了分离点销售价值法的应用有价值。①

① 例如，在半导体行业，更清洁设施的使用、更高质量的硅晶片和更复杂的设备（所有这些都需要更高的联合成本）将输出分布转向有着更高市场价值的更高质量的存储设备。更多细节，见 James F. Gatti and D. Jacque Grinnell, "Joint Cost Allocations: Measuring and Promoting Productivity and Quality Improvements," (*Journal of Cost Management*) (2000)。作者也证明，基于市场价值的联合成本分配对于促进质量和生产力提高是更好的。

2. **与进一步加工决策无关**。如果存在进一步加工，分离点销售价值法不要求知道分离点后进一步加工的信息。相反，预计可实现净值法与固定毛利率可实现净值法要求以下信息：(1) 进一步加工决策的详细步骤；(2) 进一步加工的可分属成本；(3) 确认单独产品销售的时点。

3. **共同分配基础**。分离点销售价值法与其他基于市场的分配方法有一个共同的联合成本分配基础，那就是收入。相反，实物计量法中可能就缺少一个共同的联合成本分配基础。

4. **简明**。分离点销售价值法比较简单。相反，预计可实现净值法与固定毛利率可实现净值法在多个产品和多个分离点情况下使用起来十分复杂。当管理者对于分离点后的加工步骤或单独产品的销售时点经常调整时，复杂程度还会增加。

若所有产品分离点的销售价格都不存在，预计可实现净值法是最好的选择。预计可实现净值法企图通过从销售价格中减去分离点后的各种产品的可分属成本来接近分离点的销售价值。它假定所有的成本加成（边际利润）都归属于联合生产过程，没有加成归属于可分属成本。但这是不现实的，例如，如果企业在可分离过程中采用一种特殊的专利技术或创新营销，使公司能够产生巨额利润。尽管有这些限制，但不能得到分离点的售价时，还是常常使用预计可实现净值法，与固定毛利率可实现净值法和实物计量法相比，它提供了一个更好的衡量收益的指标。

固定毛利率可实现净值法将联产品视为组成的单一产品。此方法计算总毛利率，将毛利率应用到各种产品，将核算可分离成本后的剩余视为分配给各产品的联合成本总额。因此，与预计可实现净值法不同，此方法不需要衡量各种产品在分离点的收益。而且，固定毛利率法确认，利润率不仅归属于联合过程，也来自分离后发生的成本。这种方法的缺点是它假定所有产品都有相同的利润率，即假定所有产品都有相同的成本销售价值比。回想一下在第 15 章中我们对作业成本法的讨论，当公司生产多种系列的产品时，这种情形是十分少见的。

虽然采用实物计量法有些困难，如不能与收益标准保持一致，但有些情况下还是采用它。在最终价格波动或分离后的过程冗长或不确定的情况下，在分离处可比的实物计量的存在支持使用这种方法。例如，在化工和石油精炼行业就是这样的。当联合成本分配被用于设定市场价格的基础时，如利率管制，实物计量法也是有用的。它避免了使用销售价格来分配成本，而价格（利率）又是以成本为基础的循环论证。

□ 不分配联合成本

由于生产或提取工艺复杂，且难以收集正确分配成本的足够数据，有些公司选择不将联合成本分配给产品。例如，9 家挪威锯木厂的调查显示，没有一家分配联合成本。调查者特别提到，“受访的锯木厂认为联合成本问题非常有趣，但是他们指出这个问题不容易解决”。①

---

① 更多细节，见 Torgrim Tunes，Anders Q. Nyrud，and Birger Eikenes，“Cost and Performance Management in the Sawmill Industry，” *Scandinavian Forest Economics*（2006）。

某些公司不分配联合成本，只是简单地把联合成本从管理账户的总收入中直接减掉。如果有大量存货，公司就按预计可实现净值来登记存货价值，肉类加工、罐头和采矿行业的公司常常使用这种方法的变化形式。会计人员通常不采用预计可实现净值法计算存货价值。因为这种方法需要在产品完工但未销售时确认损益。为了解决这一问题，其中的某些公司用预计可实现净值减去估计的毛利作为存货的账面价值。当期末存货在下一期间被销售时，销售成本便等于这种账面价值。这种方法类似于本章后面介绍的核算副产品的“生产法”。

为什么联合成本与决策无关

第11章介绍过相关收入（不同方案下的行为带来不同的预期收益）与相关成本（不同方案下的行为带来不同的预期成本）概念。这些概念可以应用于是否在分离点销售联产品或主产品，还是进一步加工的决策。

□ 出售还是进一步加工决策

在分离销售点时，Farmland牛奶场决定是销售联产品奶油和脱脂奶还是进一步加工成黄油和浓缩奶。分离点后进一步加工的决策应以分离点后可获得的营业利润的增量为基础。例2假定奶油和脱脂牛奶分别被加工成黄油和浓缩奶后都是可盈利的，这些进一步加工决策的增量分析如下（单位：美元）：

将奶油进一步加工成黄油	
增量收入	
(25×20 000－8×25 000)	300 000
减去增量加工成本	280 000
黄油增加的营业利润	20 000
将脱脂奶进一步加工成浓缩奶	
增量收入	
(22×50 000－4×75 000)	800 000
减去增量加工成本	520 000
浓缩奶增加的营业利润	280 000

本例中，对两种产品而言营业利润都增加，所以管理者应该将奶油和脱脂奶进一步加工成黄油和浓缩奶。注意，发生在分离点前的400 000美元联合成本与是否进一步加工的决策无关。为什么无关？因为不管是否进一步加工，400 000美元的联合成本都一样发生了。重要的是来自额外加工的增量利润。

增量成本是一项活动，如是否进一步加工等发生的额外成本。不要认为联合成本分配中的所有可分属成本都是增量成本。有些可分属成本可能是固定成本，如进一步加工所在的建筑物的租金成本；有些可分属成本可能是沉没成本，如将奶油转化为黄油的设备折旧；有些可分属成本可能是已分配的成本，如分配给加工浓缩奶的公司总部成本。不管选择在分离点销售还是进一步加工，这些成本都是一样的。因此，它们不相关。

□ 制定决策与业绩评价

制定决策使用的成本概念与评价管理者业绩使用的成本概念在制定销售或进一步加工决策时有着潜在的冲突。我们将沿用例 2 来思考。假设将奶油进一步加工成黄油分配的固定公司和管理成本是 30 000 美元，并且如果生产了黄油则只将固定成本分配给黄油和管理者的产品利润表中。这将如何影响进一步加工的决策？

正如我们所看到的，在增量收入与增量成本基础上，通过将奶油加工成黄油，Farmland 的营业利润增加 20 000 美元。然而，生产黄油也同时导致额外分配来 30 000 美元的费用。如果根据所有成本基础（也就是全部成本分配后）评价管理者，将奶油加工成黄油将导致管理者的业绩下降 10 000 美元（增量营业利润 20 000 美元－分配的固定成本 30 000 美元）。所以，管理者可能倾向直接将奶油销售而不是进一步加工成黄油。

联产品也会出现相似的冲突。仍以例 1 为例，假设 Farmland 有这样的选择：直接销售原奶可获得利润 20 000 美元。从制定决策的角度而言，Farmland 应该将原奶加工成奶油和脱脂奶，因为销售两种联产品的总收入（500 000 美元，见图表 16—3）超过总的联合成本（400 000 美元）100 000 美元，大于销售原奶获得的 20 000 美元利润。但是，假定奶油与脱脂奶产品线由不同的管理者管理，并且都由产品线的利润表来衡量他们的业绩。如果采用实物计量法来分配联合成本，脱脂奶的单位销售价格下降到 4 美元以下，脱脂奶产品线将显示出损失（收入将少于 120 000 美元，而销售成本保持不变仍然是 120 000 美元，来自图表 16—4）。因此，从业绩衡量角度而言，脱脂奶产品线的管理者将倾向于直接销售原奶而不是加工成脱脂奶。

如果 Farmland 采用基于市场标准的任何联合成本分配方法——分离点销售价值法、预计可实现净值法或固定毛利率可实现净值法，业绩衡量冲突可能不会那样激烈。因为这些方法是根据收入来分配成本的，而收入一般会为每种联产品带来正利润。

□ 定价决策

企业应该警惕使用联合产品的全部成本（即联合成本分配后的成本）作为定价决策的基础。因为在很多情况下，没有因果关系确定每一联产品所需的资源，然后把它们作为定价的基础。事实上，使用分离点销售价值法或预计可实现净值法分配联合成本会导致相反的效果：联合产品的销售价格决定联合成本的分配，而不是将成本分配作为联合产品定价的基础！当然，第 13 章中介绍的定价原理是作为一个整体应用于联合加工的。即使企业不能改变联合加工生产的产品组合，它也必须确保从长远来看，联合产品产生了足够数量的联合收入以补偿加工的联合成本。

副产品会计核算

联合生产过程可能不仅产出联产品与主产品，也会生产出副产品。虽然副产品的销售价值相对较低，但是联合生产过程中副产品的存在会影响联合成本的分配。而且，对企业来说，副产品可能相当有利可图。快餐连锁店温迪（wendy's）将剩余的汉堡包肉饼用在其另一道食品碎肉辣椒中，因为这道食品只需10%的时间，所以即使一份8盎司的碎肉辣椒价格仅为0.99美元，也能赚取大量利润。

让我们考虑只包含一种主产品与一种副产品的例子。

【例3】 西湖公司将木材加工成精细的木料和木片，木片可用作花园和草坪的覆盖物。

- 精细木料（主产品）——每板英尺6美元
- 木片（副产品）——每立方英尺1美元

2014年7月数据如下：

	期初存货	生产量	销售量	期末存货
精细木料（板英尺）	0	50 000	40 000	10 000
木片（立方英尺）	0	4 000	1 200	2 800

2014年7月这些产品的联合生产成本为250 000美元，由直接材料成本150 000美元与加工成本100 000美元组成。如图表16—8所示，两种产品没有进一步加工而是在分离点销售。

我们提供了副产品的两种会计核算方法：生产法和销售法。生产法在生产完成时在财务报告中确认副产品，销售法将副产品的确认推迟到销售时。① 图表16—9提供了西湖公司两种方法下的利润表。

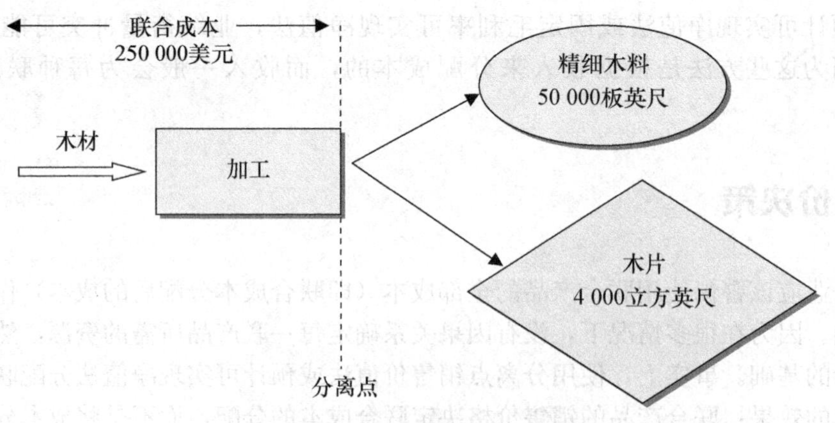

图表16—8 西湖公司概览图

① 联合成本分配和副产品会计处理方法的讨论，见P. Douglas Marshall and Robert F. Dombrowski，"A Small Business Review of Accounting for Primary Products，Byproducts and Scrap，" *The National Public Accountant*（February/March 2003）：10-13。

图表 16—9　　2014 年 7 月西湖公司用生产法和销售法核算副产品的利润表　　单位：美元

	生产法	销售法
收入		
主产品：精细木料（40 000×6）	240 000	240 000
副产品：木片（1 200×1）	—	1 200
总收入	240 000	241 200
产品销售成本		
总生产成本	250 000	250 000
减：副产品收入与存货（4 000×1）	(4 000)	—
净生产成本	246 000	250 000
减：主产品存货	(49 200)[a]	(50 000)[b]
产品销售成本	196 800	200 000
毛利	43 200	41 200
毛利率（43 200÷240 000；41 200÷241 200）	18.00%	17.08%
存货成本（期末）		
主产品：精细木料	49 200	50 000
副产品：木片（2 800×1）[c]	2 800	0

a.（10 000÷50 000）×净生产成本＝（1 000÷50 000）×246 000＝49 200（美元）
b.（10 000÷50 000）×总生产成本＝（1 000÷50 000）×250 000＝50 000（美元）
c. 以销售价格记录。

□ 生产法：在生产完成时确认副产品

2014 年 7 月，这种方法在财务报告中确认本月生产出的 4 000 立方英尺木片。生产出的副产品的可实现净值冲减了主产品的成本。下面的分录说明了这种方法：

1. 借：在产品	150 000	
贷：应付账款		150 000

记录 7 月生产中购买和使用的直接材料。

2. 借：在产品	100 000	
贷：应付工资和累计折旧等相关账户		100 000

记录 7 月生产过程中的加工成本。例如，包括能源、制造费用、总直接人工与厂房折旧。

3. 借：副产品存货——木片（4 000×1）	4 000	
产成品——精细木料（250 000 － 4 000）	246 000	
贷：在产品（150 000＋100 000）		250 000

记录 7 月完工产品的成本。

4.（1）借：产品销售成本［(4 000÷5 000)×246 000］	196 800	
贷：产成品——精细木料		196 800

记录 7 月主产品的销售成本。

(2) 借：现金或应收账款（40 000×6） 240 000
　　贷：收入——精细木料 240 000
记录7月主产品的销售收入。
5. 借：现金或应收账款（1 200×1） 1 200
　　贷：副产品存货——木片 1 200
记录7月副产品的销售。

这种方法在资产负债表中以每立方英尺1美元的销售价格报告副产品木片存货2 800美元［(4 000－1 200)×1］。

这种方法的一种变异是以预计可实现净值减去一个正常的利润率，比如说20%（2 800－20%×2 800＝2 240）来报告副产品存货。[①] 当副产品存货在后来期间销售时，利润表将销售价格2 800美元与报告副产品存货的"成本"2 240美元匹配，产生副产品营业利润560美元（2 800－2 240）。

□ 销售法：销售时确认副产品

这种方法直到副产品销售时才进行会计记录。副产品收入在销售时计入利润表。这些收入或者和其他销售一起包含在其他收入中，或者冲减产品销售成本。在西湖公司的例子中，2014年7月的副产品销售收入为1 200美元（1 200×1），因为7月份只销售了1 200立方英尺的木片（生产了4 000立方英尺）。分录如下：

1和2与生产法相同。
借：在产品 150 000
　　贷：应付账款 150 000
借：在产品 100 000
　　贷：应付工资和累计折旧等相关账户 100 000
3. 借：产成品——精细木料 250 000
　　贷：在产品 250 000
记录7月的完工产品成本。
4. (1) 借：产品销售成本
　　［(40 000÷50 000)×250 000］ 200 000
　　贷：产成品——精细木料 200 000
记录7月主产品的销售成本。
(2) 与生产法相同。
借：现金或应收账款（40 000×6） 240 000
　　贷：收入——精细木料 240 000
5. 借：现金或应收账款 1 200
　　贷：收入——木片 1 200
记录7月副产品的销售收入。

---

① 这是一种类似固定毛利率可实现净值法的方法，它假设所有的产品都有相同的"正常"利润率。另外一种方法是，根据对那些将产品作为单独产品销售的其他公司的利润分析，公司可以允许不同的产品有不同的利润率。

公司应该使用哪种方法？核算副产品的生产法与匹配原则一致，是首选的方法。这种方法确认会计期间生产的副产品存货，同时减少了主产品或联产品的生产成本，使主产品的销售收入和成本更好地匹配。然而，销售法更简单，实务中应用更多，主要是因为副产品价值很小。

这种方法的缺点是它允许公司通过安排销售副产品的时间来“管理”报告利润。例如，管理者可以将副产品储存一段期间，然后在主产品或联产品的收入和利润很低时销售副产品，以此小幅提升公司的收入和利润。

自测题

Inorganic 化学药品公司（IC）购买盐并把它加工成多种工业品。2014 年 7 月，Inorganic 化学药品公司购买了 100 000 美元的盐，并将其转化为两种产品：苛性钠和氯。虽然氯的外部市场很活跃，但 IC 将生产的全部 800 吨氯加工成 500 吨聚氯乙烯（PVC）再出售。7 月份盐、苛性钠、氯或聚氯乙烯都没有期初存货。2014 年 7 月的生产和销售资料如下（单位：美元）：

	A	B	C	D
1		联合成本		聚氯乙烯
2	联合成本（分离点前盐和加工成本）	100 000		
3	800吨氯加工成500吨聚氯乙烯的可分属成本			20 000
4				
5		苛性钠	氯	聚氯乙烯
6	期初存货（吨）	0	0	0
7	产量（吨）	1 200	800	500
8	进一步转换（吨）		800	
9	销售量（吨）	1 200		500
10	期末存货（吨）	0	0	0
11	外部活跃市场上的每吨售价（产品没有实际售出）		75	
12	销售产品每吨售价	50		200

要求：

1. 按如下方法将 100 000 美元的联合成本在苛性钠和氯之间进行分配：(1) 分离点销售价值法；(2) 实物计量法（吨）。

2. 在预计可实现净值法下将 100 000 美元的联合成本在苛性钠和氯之间进行分配。

3. 在要求 1，2 的三种分配方法下，苛性钠和聚氯乙烯的毛利率分别是多少？

4. Lifetime 公司 2014 年 8 月份要求以每吨 75 美元的价格购买 800 吨氯。假设 8 月份的其他生产和销售数据与 7 月份相同。IC 公司将氯销售给 Lifetime 公司意味着 8 月份将不再生产聚氯乙烯。接受此项请求将如何影响 IC 公司 8 月份的营业利润？

解答：

下图描述了本题中的主要事实。

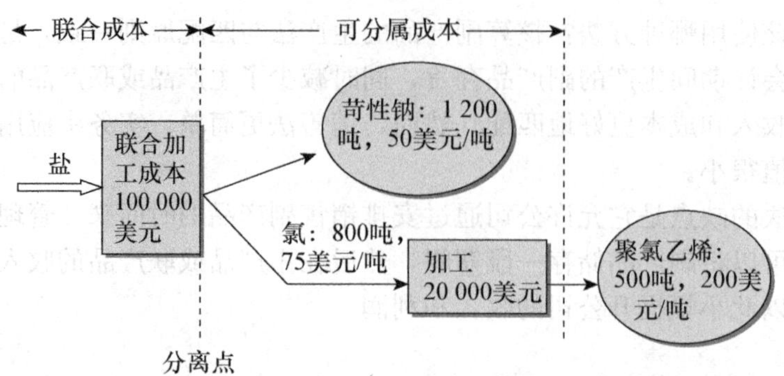

注意，苛性钠被出售，而氯只在加工成聚氯乙烯后出售，尽管它在分离点有市价。目标是将100 000美元的联合成本分配给最终产品——苛性钠和聚氯乙烯。但是，在分离点处，聚氯乙烯只以氯的形式存在，因此在分离点销售价值和分离点实物计量法下，我们用氯的销售价值和实物计量作为向聚氯乙烯分配联合成本的基础。详细计算如下：

1a. 分离点销售价值法（单位：美元）：

	A	B	C	D
1	**使用分离点销售价值法的联合成本分配**	**苛性钠**	**聚氯乙烯/氯**	**合计**
2	分离点处销售价值			
3	（1 200×50；800×75）	60 000	60 000	120 000
4	权数(60 000÷120 000；60 000÷120 000)	0.50	0.50	
5	分配的联合成本(0.5×100 000； 0.5×100 000)	50 000	50 000	100 000

1b. 实物计量法（单位：美元）：

	A	B	C	D
8	**使用实物计量法的联合成本分配**	**苛性钠**	**聚氯乙烯/氯**	**合计**
9	总产量实物计量(吨)	1 200	800	2 000
10	权数(1 200÷2 000；800÷2 000)	0.60	0.40	
11	分配的联合成本(0.6×100 000； 0.4×100 000)	60 000	40 000	100 000

2. 可实现净值法（单位：美元）：

	A	B	C	D
14	**使用可实现净值法的联合成本分配**	**苛性钠**	**聚氯乙烯**	**合计**
15	会计期间产品最终销售价值			
16	（1 200×50； 500×200）	60 000	100 000	160 000
17	减去可分属成本	0	20 000	20 000
18	分离点处可实现净值	60 000	80 000	140 000
19	权数(60 000÷140 000;80 000÷140 000)	3/7	4/7	
20	联合成本分配(3/7×100 000； 4/7×100 000)	42 857	57 143	100 000

3a. 苛性钠的毛利率（单位：美元）：

	A	B	C	D
23	**苛性钠**	**分离点处销售价值**	**实物计量**	**可实现净值**
24	收入（1 200×50）	60 000	60 000	60 000
25	产品销售成本（联合成本）	50 000	60 000	42 857
26	毛利	10 000	0	17 143
27	毛利率(10 000÷60 000;0÷60 000;17 143÷60 000)	16.67%	0.00%	28.57%

3b. 聚氯乙烯毛利率（单位：美元）：

	A	B	C	D
30	聚氯乙烯	分离点处销售价值	实物计量	可实现净值
31	收入（500×200）	100 000	100 000	100 000
32	产品销售成本			
33	联合成本	50 000	40 000	57 143
34	可分属成本	20 000	20 000	20 000
35	产品销售成本	70 000	60 000	77 143
36	毛利	30 000	40 000	22 857
37	毛利率（30 000÷100 000；40 000÷100 000；22 857÷100 000）	30.00%	40.00%	22.86%

4. 销售氯或加工成聚氯乙烯（单位：美元）：

	A	B
1	800吨氯加工成500吨聚氯乙烯的增量收入	
2	(500×200)－(800×75)	40 000
3	800吨氯加工成500吨聚氯乙烯的增量成本	20 000
4	进一步加工的增量营业利润	20 000

如果 Inorganic 化学药品公司将 800 吨氯出售给 Lifetime 公司而不是进一步加工成聚氯乙烯，2014 年 8 月它的营业利润将减少 20 000 美元。

决策要点

下面的问答形式是对本章学习目标的总结，决策代表与学习目标相关的关键问题，指南则是对该问题的回答。

决策	指南
1. 联合成本与分离点的含义是什么？联产品和副产品有何不同？	联合成本是由单一生产过程生产多种产品时所发生的成本。分离点是指生产过程中产品可以被分别确认时的结合处。联产品在分离点具有较高的销售价值。与联产品或主产品的销售价值相比，副产品在分离点具有较低的销售价值。
2. 为什么将联合成本分配给单独产品？	将联合成本分配给单独产品的目的包括对外对内财务报告的存货成本计算、基于合同的成本补偿、保险结算和利率管制及产品成本诉讼。
3. 分配联合成本可以采用哪些方法？	分配联合成本的方法包括分离点销售价值法、实物计量法、预计可实现净值法和固定毛利率可实现净值法。
4. 什么时候优先使用分离点销售价值法分配联合成本？为什么？	分离点处的市场价格存在时，优先采用分离点销售价值法，因为采用收入因素与受益原则相一致。而且，该方法不依赖有关继续加工的决策，并且计算简单。
5. 在出售或进一步加工决策中联合成本是否相关？	不相关。联合成本以及它们如何分配是不相关的，因为不管是否进一步加工，联合成本总是相同的。

6. 可以采用什么方法对副产品进行会计核算？哪种方法更好？	生产法在生产时在财务报表中确认副产品，而销售法在销售时在财务报表中确认副产品。生产法在概念上更优越，但因为副产品的价值很小，在实务中经常采用销售法。

练习题

16—19 可选择的联合成本分配方法，进一步加工决策。Wood Spirits公司通过联合加工生产松脂和甲醇（木醇）两种产品。每批产出的联合成本总额为120 000美元。每批产出为10 000加仑：25%的甲醇和75%的松脂。进一步加工中两种产品的数量不会变化。甲醇的可分属加工成本为每加仑3美元，松脂的可分属加工成本为每加仑2美元。甲醇的售价为每加仑21美元，松脂的售价为每加仑14美元。

要求：

1. 假设根据分离点处的加仑数量分配联合成本，分配给松脂和甲醇的每批联合成本有多少？

2. 如果根据预计可实现净值法分配联合成本，那么分配给松脂和甲醇的联合成本有多少？

3. 为要求1和2编制各批次的产品线利润表，假设没有期初和期末存货。

4. 公司发现通过进一步加工，甲醇可以制成一种可口的酒精饮料。该饮料的售价为60美元/加仑。进一步加工的可分离成本为9美元/加仑（除了生产甲醇所需的3美元可分离成本）。公司必须按饮料销售价格的20%缴纳消费税。假设成本没有其他变化，甲醇应分担的联合成本是多少（使用预计可实现净值法）？公司是否应该生产这种酒精饮料？列示计算过程。

16—21 联合成本分配，进一步加工。大型能源企业集团Sinclair油气公司将购买的碳氢化合物进行联合加工，以生产三种非销售的中间产品：ICR8，ING4和XGE3。这些中间产品进一步单独加工，生产原油、液态天然气（NGL）和天然气（用液体当量计量）。流程概览图和2014年8月份的结果如下。（注意：数字很小，重点关注关键概念。）

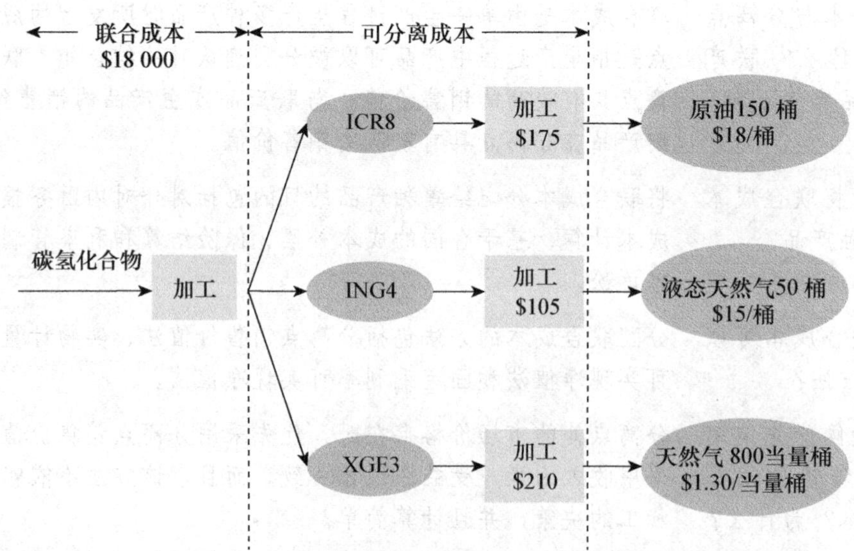

一项刚通过的新联邦法律规定按营业利润的30%对原油征税。液态天然气和天然气不缴纳新税。从2014年8月起，公司必须为原油单独编制产品线利润表。公司面临的一个挑战是如何分配生

产三种单独可销售产品的联合成本。假设期初和期末库存为零。

要求：

1. 使用以下方法在三种产品间分配 2014 年 8 月份的联合成本：

a. 实物计量法；

b. 预计可实现净值法。

2. 使用要求 1 中的方法，计算每种产品的营业利润。

3. 讨论两种方法在帮助公司制定有关产品决策（定价、销售或进一步加工决策等）时的优缺点。

4. 代表公司起草一封信给税务机关，为你推荐公司使用的联合成本分配法进行辩护。

16—23　联合成本分配：立即销售或进一步加工。Illinois Soy Products（ISP）购买大豆并加工成其他大豆产品。每吨大豆的买价是 340 美元，另加上 190 美元就可以将其转换成 575 磅大豆粉和 160 加仑豆油。在分离点，大豆粉的售价是每磅 1.24 美元，豆油的批量售价是每加仑 4.25 美元。

另加上 380 美元的成本，ISP 就可以将 575 磅大豆粉加工成 725 磅大豆饼干。每磅大豆饼干的售价是 2.24 美元。花 240 美元成本可以将 160 加仑豆油包装制成 640 夸脱 Soyola。每夸脱 Soyola 的售价是 1.35 美元。

要求：

1. 使用下列方法将联合成本分配给饼干和 Soyola：

(1) 分离点销售价值法；

(2) 预计可实现净值法。

2. ISP 应该进一步加工每种产品吗？分配方法对此决策有何影响？

16—25　联合成本和决策。Jack Bibby 是得克萨斯州潘汉德尔的一名勘探者。过去几年中他也经营着一项副业。由于“响尾蛇王国”这类节目很受欢迎，很多专业人士或业余爱好者怀着很大的兴趣参观得克萨斯北部的县，在野地里捕蛇。Jack 自称收购这些捕获的蛇。

Jack 以每条平均 11 美元的价格从“捕蛇人”处购买响尾蛇，然后生产蛇肉罐头、蛇皮制品和摇铃纪念品。他将蛇肉视为主产品。在最近的季度末，Jack 评估了他的财务成果（单位：美元）：

	蛇肉	蛇皮	摇铃	合计
销售收入	33 000	8 800	2 200	44 000
购蛇成本分配	19 800	5 280	1 320	26 400
加工费用	6 600	990	660	8 250
分配的间接费用	4 400	660	440	5 500
利润（亏损）	2 200	1 870	(220)	3 850

根据蛇肉、蛇皮和摇铃的相对销售价值（即每种产品创造的总收入百分比）将购蛇成本分配给各生产线。加工费用直接追溯到各生产线。间接成本主要是 Jack 的基本生活费用。依据加工费用将这些成本分配给各生产线。

Jack 认为每条产品线应该自负盈亏，并且决定削减摇铃生产线，以停止其带来的亏损。

要求：

1. Jack 应该停止摇铃的生产吗？用计算证明你的答案。

2. 一位老矿工提出要以 0.6 美元的单价购买“原始的”摇铃（注：“原始的”是指直接从蛇上取下来，没有加工成本）。假设 Jack 希望每个季度加工相同数量的蛇。他应该将摇铃卖给老矿工吗？用计算证明你的答案。

16—27　联合成本分配的方法，期末存货。Tivoli 公司生产一种用于治疗高血压的药物。药物分批生产。混合、加热和反应的化学品成本为 60 000 美元；经过一个独特的分离过程，然后将药物从混合物中提取出来。每批生产 2 500 加仑化学品。先产出的 2 000 加仑售出供人使用，后产出的 500 加仑由于包含杂质，卖给兽医。

每批产品混合、加热和提取药物的总成本为 90 000 美元，供人使用的那部分产品要经过巴氏杀菌，总成本为 120 000 美元，售价为 585 美元/加仑。卖给兽医的产品经过放射线照射，所需成本为 10 美元/加仑，售价为 410 美元/加仑。

3 月份，公司期初库存为 0，加工了一批化学品。销售了 1 700 加仑供人使用的产品和 300 加仑兽医产品。公司用预计可实现净值法分配联合生产成本。

要求：

1. 公司分配给每种产品的联合成本是多少？

2. 计算每种产品的期末库存成本。

3. 若公司使用固定毛利率可实现净值法，公司将如何分配联合成本？

4. 在固定毛利率可实现净值法下，计算3月份销售供人使用的产品的毛利。

5. 假设分离过程也产生300品脱的有毒副产品。目前公司支付另一公司5 000美元处理这部分副产品。一家公司与Tivoli联系，愿意以6 000美元的价格购买这种副产品的改良型产品。Tivoli估计，每品脱需要花费30美元进行改良。Tivoli应该接受这个报价吗？

16—29 比较可选择的联合成本分配法，进一步加工决策，巧克力产品。可可公司生产并销售巧克力产品。公司购进可可豆，并将其加工成两种中间产品：巧克力粉浆和牛奶巧克力粉浆。这两种中间产品在一个分离点变得可以单独识别。每2 000磅可可豆可以生产50加仑的巧克力粉浆和50加仑的牛奶巧克力粉浆。

巧克力粉浆可以进一步加工成巧克力粉。每50加仑的巧克力粉浆可以生产650磅巧克力粉。牛奶巧克力粉浆可以进一步加工成牛奶巧克力。每50加仑的牛奶巧克力粉浆可以生产1 070磅的牛奶巧克力。

2014年8月的生产和销售数据如下（假设期初库存为0）：

- 加工的可可豆：2 800磅；
- 分离点之前加工可可豆的成本（包括购买可可豆的成本）：6 200美元。

	生产	销售	售价	可分离加工成本
巧克力粉	9 100磅	6 500磅	每磅9美元	50 100美元
牛奶巧克力	14 980磅	13 500磅	每磅10美元	60 115美元

公司将全部中间产品都加工成巧克力粉或牛奶巧克力。中间产品有活跃的市场。2014年8月，公司能够以每加仑20美元出售巧克力粉浆，以每加仑60美元出售牛奶巧克力粉浆。

要求：

1. 按下列方法，计算62 000美元的联合成本如何在巧克力粉和牛奶巧克力之间分配：

a. 分离点销售价值法

b. 实物计量法

c. 预计可实现净值法

d. 固定毛利率可实现净值法

2. 在要求1的每种方法下，巧克力粉和牛奶巧克力的毛利率分别是多少？

3. 公司可以通过全部加工两种中间产品来增加营业利润吗？写出计算过程。

16—31 联合成本分配。Clover奶产品公司购买全脂牛奶并通过搅乳过程进行提纯。每1加仑牛奶生产3杯奶油和9杯酸奶。2014年5月，公司以44 500美元购入12 000加仑牛奶。在搅乳过程，公司另外花费18 860美元将牛奶分离成奶油和酸奶，奶油可以直接销售，每磅4.40美元，酸奶也可以直接销售，每夸脱2.40美元。（注：2杯＝1磅，4杯＝1夸脱）

公司选择将奶油与芥花油混合进一步加工成涂抹黄油，为此每磅发生额外成本3.20美元。每磅奶油经过加工得到2杯涂抹黄油。每杯涂抹黄油售价4.60美元。

要求：

1. 采用以下方法，将联合成本63 360美元分配给酸奶和涂抹黄油：

（1）实物计量法；

（2）分离点销售价值法；

（3）预计可实现净值法。

（4）联合成本分配的固定毛利率可实现净值法。

2. 每种方法的优缺点是什么？

3. 有人认为分离点销售价值法是最好的方法。讨论这一观点背后的逻辑。

16—33 有一个副产品的联合成本分配。Mat Place公司购买旧轮胎，并重新利用其生产橡胶地板垫和汽车垫。公司将旧轮胎清洗、绞碎、压模制成薄片，然后剪成地板垫和汽车垫。裁剪后还有少量橡胶碎片。这些橡胶碎片可以出售用于铺路或铺操场。公司利用100个旧轮胎可以生产25张地板垫、75张汽车垫和40磅橡胶碎片。

5月期初库存为0，公司加工了125 000个旧轮胎，发生联合生产成本600 000美元。当月售出25 000张地板垫、85 000张汽车垫和43 000磅橡胶碎片。地板垫和汽车垫的单价分别为12美元和6美元。公司将橡胶碎片作为副产品，售价为0.7美元/磅。

要求：

1. 假设公司使用分离点销售价值法将联合成本分配给地板垫和汽车垫，并用生产法核算副产品。每种产品的期末库存是多少，公司毛利是多少？

2. 假设公司使用分离点销售价值法将联合成本分配给地板垫和汽车垫，并用销售法核算副产品。每种产品的期末库存是多少，公司毛利是多少？

3. 讨论两种副产品核算方法的差异，重点关注使用每种方法的必要条件。

16—35　进一步加工还是出售，副产品（摘自 CMA)。纽卡斯尔矿业公司（NMC）开采煤炭，经过单步骤的压碎过程后，大量原煤被装上内河驳船运送给顾客。

公司的管理层正在评估通过筛分与清洗来进一步加工，并以更高的价格销售给更多的客户的可能性。由于财务上不可行，排除了新建一个筛分与清洗厂的方案。公司要求采矿工程师 Amy Kimbell 研究筛分与清洗的外部合同协议。Amy Kimbell 提出了下面的简要信息：

	A	B	C
1	原煤价格	30美元	每吨
2	生产原煤成本	21美元	每吨
3	经过筛分与清洗的煤炭售价	34美元	每吨
4	每年原煤产量	9 000 000	吨
5	筛分与清洗过程中损失的原料重量百分比	6%	
6			
7		**筛分与清洗过程中的增量成本**	
8	直接人工	790 000美元	每年
9	监督人员	190 000美元	每年
10	重型设备：租赁、运营和维护成本	35 000美元	每月
11	订约筛分与清洗	3.30美元	每吨原煤
12	对外铁路运输	250美元	每600吨轨道车
13			
14	筛分与清洗中可以作为煤粉回收的百分比	75%	
15	出售煤粉的准备成本范围	3美元	5美元
16	煤粉销售价格（每吨）范围	14美元	25美元

Kimbell 得知，筛分与清洗过程中损失的原煤有 75%可以作为煤粉销售给钢铁厂用于鼓风炉。煤粉的销售不稳定，NMC 需要将其贮存在保护区域达一年。煤粉的价格为 14 美元/吨～25 美元/吨，出售煤粉的准备成本为 3 元/吨～5 美元/吨。

要求：

1. 编制一份分析报告，说明 NMC 继续直接销售还是通过筛分与清洗进一步加工可以更盈利？(在分析中忽略煤粉的相关价值。)

2. 如果生产原煤成本可以缩减至每吨 20 美元，这将如何影响你的分析？

3. 现在考虑煤粉的潜在价值，准备一份附录，说明它们的价值如何影响要求 1 中你的分析结果。

16—37　联合成本分配方法，综合。Kardash Cosmetics 公司购进大量鲜花将其加工成香水。公司利用工序 A 从花瓣的特定混合物中生产高级香水 Seduction，还有某些残余物。然后利用工序 B 对这些残余物进行进一步处理，生产中端香水 Romance。1 盎司的残余物可以生产 1 盎司的 Romance 香水。

7 月份公司使用了 25 000 磅的花瓣。工序 A（即将花瓣变为 Seduction 和残余物）涉及的成本如下：

直接材料 440 000 美元；直接人工 220 000 美元；制造费用 110 000 美元。

工序 B 生产 Romance 的额外成本是：

直接材料 22 000 美元；直接人工 50 000 美元；制造费用 40 000 美元。

7 月，工序 A 生产了 7 000 盎司 Seduction 和 49 000 盎司的残余物。其中 5 000 盎司的 Seduction 经包装以每盎司 109.50 美元售出。28 000 盎司的 Romance 经工序 B 加工，然后包装以每盎司 31.50 美元售出。其他 21 000 盎司仍然是残余物。Seduction 和 Romance 的包装成本分别为 137 500 美元和 196 000 美元。公司 7 月 1 日没有期初库存。

如果有需求，公司可将未包装的 Seduction 和工序 A 的残余物分别以每盎司 56 美元和每盎司 24 美元售出。

要求：

1. 应该分配给 Seduction 和 Romance 的公司联合成本是多少？

2. 在实物计量法下，如何将联合成本分配给

Seduction 和 Romance?

3. 在分离点销售价值法下，分配给 Seduction 和 Romance 的联合成本分别占多大比例?

4. 每盎司 Seduction 和 Romance 的预计可实现净值是多少?

5. 在预计可实现净值法下，分配给 Seduction 和 Romance 的联合成本分别占多大比例?

6. 公司整体的毛利率是多少?

7. 用固定毛利率可实现净值法将联合成本分配给 Seduction 和 Romance。

8. 若你是公司的经理，你会继续将花瓣残余物加工成 Romance 香水吗? 请解释。

第 17 章

分步成本法

- 分步成本法图解
- 情况 1：期初和期末均无在产品存货时的分步成本法
- 情况 2：期初无存货但期末有在产品存货时的分步成本法
- 情况 3：同时存在期初和期末在产品存货时的分步成本法
- 分步成本法中的转入成本
- 混合成本制度
- 附录　分步成本法的标准成本法

学习目标

1. 识别分步成本法的适用范围
2. 理解分步成本法的基本概念并计算平均单位成本
3. 描述分步成本法的五个步骤并计算约当产量
4. 使用分步成本法中的加权平均法和先进先出法（FIFO）
5. 将分步成本法方法应用到转入成本中
6. 理解混合成本制度（如工序成本法）的必要性

许多公司使用大规模生产技术生产相同或相似产品或服务：

苹果公司（智能手机）、可口可乐公司（软饮料）、埃克森美孚（汽油）、摩根大通（处理支票）、诺华制药（药品），诸如此类公司的管理会计师使用分步成本法，因为它可以帮助会计师：（1）确定在会计报告期末，公司还有多少库存产品；（2）评估产品的完工程度；（3）将成本分配给生产的产品和存货。基于产品成本流的不同假设，还有不同的分步成本法方法（例如，先进先出法（FIFO）法或加权平均法）。就像你在财务会计课中学到的，方法选择会导致不同的营业利润，并且影响公司的税款和管理者的业绩评价。有时，国际规则和惯例的变化也决定了方法的选择。在埃克森美孚的案例中，美国和欧洲存货会计规则的差异对公司的利润和税款有重大影响。

埃克森美孚公司和油田的会计差异①

2013年，在《财富》500强年度排名中，埃克森美孚公司名列第二，总收入为4 530亿美元，利润超过440亿美元。但是，无论你信不信，从某个指标来看，埃克森美孚的利润被低估了。

像大多数美国能源公司一样，埃克森美孚采用后进先出（LIFO）的核算方法编制财务报告。在后进先出法下，埃克森美孚采用公开市场最新的原油价格来记录公司存货成本，即使它经常销售以更低成本生产的油。这就增加了公司的产品销售成本，相应地减少了利润和税款。

将成本分配给存货是分步成本法的重要部分，公司的方法选择可能会导致显著不同的利润。例如，在先进先出法下，埃克森美孚2012年净利润会少43亿美元。然而，如果埃克森美孚在以前年度采用先进先出法，那么它这些年来的营业利润会多213亿美元。假设边际税率是35%，这将导致税收负担增加约75亿美元。

有趣的是，国际财务报告准则（IFRS）不允许使用后进先出法。欧洲的石油公司，如荷兰皇家壳牌集团和英国石油公司等，在核算存货时必须使用先进先出法，从而阻止它们使用埃克森美孚采用的有利存货会计处理。

① Exxon Mobil Corporation, 2012 Annual Report (Irving, TX: Exxon Mobil Corporation, 2013); Izabella Kaminska, "Shell, BP, and the Increasing Cost of Inventory," *Financial Times*. "FT Alphaville" blog (April 29, 2010); David Reilly, "Big Oil's Accounting Methods Fuel Criticism," *Wall Street Journal* (August 8, 2006).

诸如埃克森美孚、家乐氏（谷物）和百威英博（啤酒）等公司，都会采用批量生产技术生产相同或相似的产品。这些公司对单个生产流程的关注产生了分步成本核算。本章描述公司如何使用分步成本法来确定产品或服务的成本，并计算存货价值和产品销售成本。

分步成本法图解

在更详细地研究分步成本法之前，我们简单回顾一下第 4 章中解释的分步成本法和分批成本法的区别。分步成本法和分批成本法系统被视为两个极端：

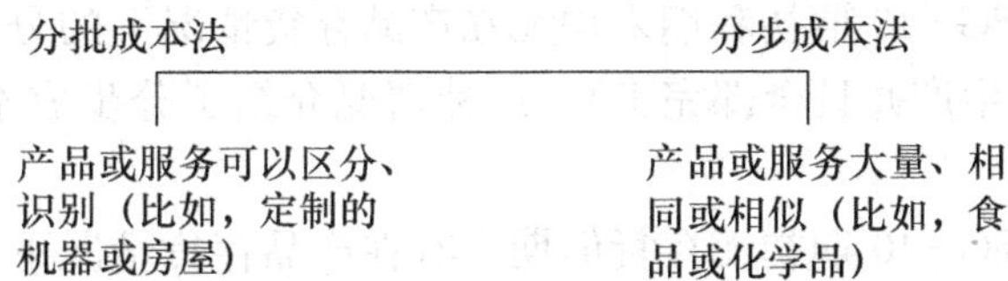

在分步成本法中，通过将全部成本分配给相似或类似的产品来得到产品或服务的单位成本。换言之，单位成本由总成本除以生产流程中的产量得出。在制造业分步成本法条件下，每单位产品有相同或相似数量的直接材料成本、直接人工成本和制造费用。

分步成本法与分批成本法的本质区别在于，计算产品或服务的单位成本时平均的程度不同。在分批成本系统中，不同的工作任务使用的生产资源数量不同。所以，按平均产品成本计算每一项工作任务成本是不正确的。相反，如果相似或类似的产品被大规模地生产，而不是按照单项工作任务进行加工，就可采用分步成本法来计算全部产出产品的平均生产成本。有些加工，如服装制造，既有分步成本（每一操作的单位成本，如裁剪或缝纫，是相同的），也有分批成本（不同批次的衣服使用不同的材料，比如羊毛与棉花）。本章最后一节描述“混合”成本计算系统将分步成本法与分批成本法的要素结合起来。

考虑下面的分步成本法例子。假设太平洋电子公司生产不同型号的手机。这些手机在装配部门进行装配，完成时被转移到检测部门。我们集中于装配部门对 SG-40 型号手机的加工。每件产品都是一样的，并符合一系列特定的性能标准。SG-40 在装配部门的成本核算系统由一个单一的直接成本账户（直接材料）和一个单一的间接成本账户（加工成本）构成。加工成本是指除直接材料成本外所有的生产成本，包括制造人工、能源、厂房折旧等。如下图所示，诸如电话线路板、天线和麦克风等直接材料在装配的初始阶段投入，加工成本在装配过程中均匀投入。

下图是对这一过程的总结：

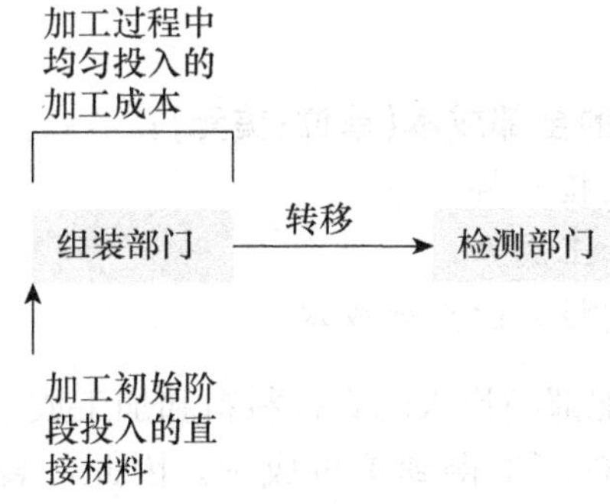

分步成本系统根据成本何时进入加工过程，将成本进行分类。通常，像我们的例子一样，有两种成本类别直接材料与加工成本就满足成本分配的需要了。为什么只有两种呢？因为所有的直接材料在一个时刻投入，所有的加工成本一般在加工过程中均匀投入。有时情况却不同。

1. 如果两种不同的直接材料——如电路板和麦克风——在不同的时点投入加工，则需要对两种不同的直接材料类别进行成本分配。

2. 如果直接人工不与其他加工成本同时投入，而是在不同的时点投入，那么就需要一个额外的成本类别——直接人工成本来将成本分配给产品。

我们以复杂程度逐渐增加的三种情况为例说明分步成本法：

- 情况 1：SG-40 期初和期末均无在产品存货情况下的分步成本法。（所有产品均在会计期间投入生产并且全部完工）。这种情况介绍了分步成本法的基本概念并举例说明平均成本。
- 情况 2：SG-40 期初无存货但期末有在产品存货情况下的分步成本法。（会计期间投入生产的 SG-40 有一部分在期末仍未完成）。这种情况将介绍分步成本法的五个步骤和约当产量的概念。
- 情况 3：SG-40 期初和期末均有在产品存货情况下的分步成本法。这种情况进一步增加了复杂性，并描述了加权平均和先进先出法（FIFO）对完工产品和在产品成本的影响。

情况 1：期初和期末均无在产品存货时的分步成本法

2014 年 1 月 1 日，装配部门没有 SG-40 期初存货。在 2014 年 1 月，太平洋电子公司投入并完成装配 SG-40 共 400 件，已全部移交检测部门。

2014 年 1 月份装配部门的有关数据如下：

2014 年 1 月份的实物数量(单位:件)：	
在产品，期初存货(1 月 1 日)	0
本期投入生产	400
本期完工并转至检测部门	400
在产品，期末存货(1 月 31 日)	0

实物数量是指产出量，不管完工还是未完工。2014 年 1 月投入生产的 400 件实物都已完工。

2014 年 1 月份的全部成本(单位:美元)：	
1 月份投入的直接材料	32 000
1 月份投入的加工成本	24 000
1 月份装配部门投入的全部成本	56 000

太平洋电子公司装配部门投入的直接材料和加工成本在发生时记录。会计期间发生的总成本除以该期间的总产量得到单位成本。因此，装配部门 SG-40 的单位成本为

56 000÷400＝140 美元：

单位直接材料成本(32 000÷400)	80 美元
单位加工成本(24 000÷400)	60 美元
装配部门单位成本	140 美元

当公司生产同质的产品或服务，但在会计期末没有未完工的产品时，就可以应用这种情况，常见于服务性组织。举例来说，银行在计算一个月内处理 100 000 名客户存款的单位成本时通常采用分步成本法，因为不管存款金额多大，每笔存款都以同样的方式处理。

情况 2：期初无存货但期末有在产品存货时的分步成本法

2014 年 2 月份，太平洋电子公司又投入生产 400 单位的 SG-40。由于 2014 年 1 月份装配部门投入生产的所有产品都已完成，因此车间在 2 月 1 日没有未完成的在产品。有些客户订货较迟，导致 2 月份未能完成所有产品的装配。只有 175 单位产品完成并转移到检测部门。

装配部门 2014 年 2 月份有关资料如下（单位：件）：

	A	B	C	D	E
1		实物数量 (SG-40s) (1)	直接材料 (2)	加工成本 (3)	总成本 (4)＝(2)＋(3)
2	在产品，期初存货(2月1日)	0			
3	2月份投入生产	400			
4	2月份完成并转出	175			
5	在产品，期末存货(2月28日)	225			
6	期末在产品完工程度		100%	60%	
7	2月份增加的总成本		$32 000	$18 600	$50 600

2014 年 2 月 28 日的 225 件在产品对于直接材料而言，已经充分加工。因为装配部门的所有直接材料均在装配过程的一开始就已投入，而加工成本是在整个装配过程中平均投入的。装配部门的主管人员估计，部分完工产品相对加工成本而言已经完成 60%。

完工比例的精确度取决于主管人员的着眼点、技能与经验以及生产工序本身的性质。估计直接材料的完工程度一般而言比估计加工成本要容易。因为单位完工产品需要的直接材料数量与部分加工的单位产品的直接材料数量能更准确地测量。相反，加工成本往往包括生产流程不同步骤一定数量的操作，每种操作都有特定的时间。① 因此，加工成本的完工程度取决于完成一单位（或一批产品）所需的全部投入中到底哪几部分已构成在产品的成本。

① 例如，考虑将兽皮制成皮革的传统制革工艺。获得 250～300 千克的皮革需要将 1 吨生皮进行多达 15 个步骤的加工：从浸泡、浸灰、酸洗到鞣制、染色和加脂。

部门主管与生产线经理最熟悉加工过程，因此他们经常估计加工成本的完工率。但是，在诸如半导体等行业中，不可能进行准确估计，因为生产是在密封环境中进行，只在完工时开放。在其他情况下，如纺织业，诸如衬衫和裤子等未完工的产品数量很大，所以不可能经济地估计出实物量。这种情况下，为了计算加工成本，管理者假定每个部门各工序的所有工作量均按预定的比例完成（例如，1/3，1/2 或 2/3）。

因为某些产品是完全装配的，某些产品仅仅是部分装配的，因此需要一个共同的衡量标准，使我们能够比较为每种产品所做的工作，更重要的是得到所做工作的总量。为此我们使用约当产量这个概念。我们下面将更详细地解释这一概念，并用一系列的五个步骤计算：（1）2014 年 2 月完工产品成本；（2）太平洋电子公司月底仍在装配过程的在产品成本。分步成本法的五个步骤如下：

步骤 1：汇总实物产量。

步骤 2：根据约当产量计算产出。

步骤 3：汇总全部应计成本。

步骤 4：计算约当产量的单位成本。

步骤 5：将总成本在产成品和期末在产品之间进行分配。

□ 汇总实物产量与约当产量（步骤 1 和步骤 2）

在步骤 1 中管理者考察实物产量——产出的数量，其中包括完工产品也包括未完工产品。图表 17—1 考察了实物从何而来（期初投入 400 单位），又流向何方（完工并已转出 175 单位，期末存货为 225 单位）。记住，当没有期初存货时，投入的数量必须等于转出数量与期末存货之和。

图表 17—1　2014 年 2 月装配部门：汇总实物产量与计算约当产量　　单位：件

	A	B	C	D
1		（步骤1）	（步骤2）	
2			约当产量	
3	生产流	实物产量	直接材料	加工成本
4	期初在产品	0		
5	本期投入	400		
6	应计产量	400		
7	本期完工并结转	175	175	175
8	期末在产品[a]	225		
9	（225×100%；225×60%）		225	135
10	实计产量	400		
11	本期完工产品约当产量		400	310
12				
13	[a]本部门完工程度：直接材料100%；加工成本60%。			

因为 400 单位并没有全部完成，所以在步骤 2 中管理者计算约当产量，而不是实物产量。**约当产量**（equivalent units）是一种导出的产出指标，通过考察完工产品与在产品的每种投入（产品要素）数量，以及将上述的投入数量转化为用这些投入可以全部完工的产品数量而计算得到。

为了理解约当产量，假定某月投入 50 单位实物，但没有完成。管理者估计，就加工成本而言，这 50 单位期末存货完工了 70%。现在，假定这些产品中反映的所有加工成本用来生产全部完工的产品。那么，会得到多少完工产品？答案是 35 单位。为什么？

因为生产 50 单位 70%完工产品发生的加工成本可以生产 35 单位 100%完工的产品。也就是说，就对这些产品所做的工作而言，可以认为 50 单位未完工产品相当于 35 单位完工产品。

注意，约当产量要针对每一种投入（如直接材料和加工成本）分别计算。而且，根据定义，每一个完工产品包括生产该产品所需投入的一个约当单位。本章重点讨论制造业中约当产量的计算，但是，在非制造业环境下也可以计算约当产量。例如，大学将非全日制注册学生转化为“约当全日制学生”，以得到一个更好的师生比指标。如果没有这种调整，非全日制学生的增加将会导致更低的师生比，这将会给出一个教学质量下降的错误建议。而事实上，非全日制学生很少上学术课，不需要与全日制学生相同数量的教师。

在步骤 2 中计算约当产量时，主要是针对数量。只有计算出约当产量后才考虑金额。在太平洋电子公司例子中，因为直接材料在装配加工初期就全部投入，所以对于直接材料而言所有的 400 单位实物——175 单位全部装配与 225 单位部分装配——都 100%完工。图表 17—1 显示对于直接材料约当产量是 400：装配并转出的 175 实物量的约当产量是 175，期末存货 225 实物量的约当产量是 225。

175 件完全装配完工的产品发生了所有的加工成本。期末存货中 225 单位的部分装配产品只有 60%的完工程度（平均来看），因此它们的加工成本相当于 135 单位完全装配完工的产品的加工成本（60%×225＝135）。图表 17—1 显示加工成本的约当产量为 310 单位：175 单位装配并转出的产品与 225 单位部分装配产品的约当产量 135 单位。

□ 产品成本计算（步骤 3、步骤 4 与步骤 5）

图表 17—2 说明了步骤 3、步骤 4 和步骤 5。它们一起称为产品成本工作表。

步骤 3 中，管理者汇总了应计总成本。由于 2 月 1 日在产品存货期初余额为零，因此全部应计成本（也就是“在产品——装配”账户的全部费用或应借）只包括 2 月份的投入成本：直接材料 32 000 美元，加工成本 18 600 美元，总计 50 600 美元。

图表 17—2　2014 年 2 月装配部门：汇总应计总成本，计算约当单位成本，将成本分配给完工品和在产品　单位：美元

	A	B	C	D		E
1			总生产成本	直接材料		加工成本
2	（步骤3）	2月份投入成本	50 600	32 000		18 600
3		应计总成本	50 600	32 000		18 600
4						
5	（步骤4）	本期投入成本	50 600	32 000		18 600
6		除以本期约当产量（图表17—1）		÷400		÷310
7		约当单位成本		80		60
8						
9	（步骤5）	成本分配：				
10		完工并结转（175单位）	24 500	(175[a]×80)	+	(175[a]×60)
11		期末在产品（225单位）	26 100	(225[b]×80)	+	(135[b]×60)
12		实计总成本	50 600	32 000	+	18 600
13						
14	a来自图表17—1步骤2的完工并结转的约当产量。					
15	b来自图表17—1步骤2的期末存货约当产量。					

在步骤 4 中，管理者将 2 月份投入的直接材料和加工成本除以相对应的约当产量（图表 17—1 中得出），就可以得出约当产量的单位成本。

通过比较2014年1月份和2月份的加工成本，我们可以看到在单位成本计算中约当产量的重要性。首先可以看到2月份的400单位产品投入的加工成本共计18 600美元，少于1月份生产400单位产品投入的24 000美元加工成本，但是这两个月内完全完工产品的单位加工成本均为60美元。而2月份总加工成本少的原因只是在于2月份的约当产量（310单位）少于1月份（400单位）。注意，使用实物量而非约当量计算单位成本，就有可能得出单位加工成本由1月份的60美元降到了2月份的仅46.5美元（18 600÷400）。这样错误的成本计算可能会导致公司管理者认为装配部门有效率，降低了SG-40的加工成本，但实际上成本并没有下降。

一旦计算了直接材料与加工成本的约当产量单位成本，管理者就可以转向步骤5：将总成本分配给产成品与2014年2月底的在产品。如图表17—2所示，将每种投入的约当产量与约当单位成本相乘。例如，分配给期末在产品存货225实物量的总成本（直接材料和加工成本）如下（单位：美元）：

直接材料成本：225约当产量（步骤2）	
×步骤4计算的直接材料约当单位成本80美元	18 000
加工成本：135约当产量（步骤2）	
×步骤4计算的加工成本约当单位成本60美元	8 100
期末在产品总成本	26 100

注意步骤3应计总成本（50 600美元）等于实计总成本（步骤5）。

□ 分录

对于直接材料和加工成本，分步成本法的分录与分批成本法基本一致。两者主要的不同在于，在分步成本法下每个加工过程都有一个在产品账户。在我们的例子中就有“在产品——装配部门”和“在产品——检测部门”两个账户。太平洋电子公司根据需要购买直接材料，这些材料直接运到装配部门。利用图表17—2中的数据金额，2月份的相关分录汇总如下：

1. 借：在产品——装配部门	32 000	
贷：应付账款		32 000
记录2月份直接材料的购买和领用材料用于生产。		
2. 借：在产品——装配部门	18 600	
贷：应付工资和累计折旧等其他相应科目		18 600
记录2月份投入的加工成本。例如，能源、制造费用、全部制造人工和设备折旧。		
3. 借：在产品——检测部门	24 500	
贷：在产品——装配部门		24 500
记录2月份装配部门完工并转至检测部门的产品成本。		

图表17—3是一个用T形账户形式对成本流转进行的一般描述。注意分录3中的24 500美元是如何随实物产品从装配部门流转到检测部门的。“在产品——装配部门”T形账户显示2014年2月期末余额为26 100美元，它也是2014年3月“在产品——装

配部门”的期初余额。确保所有成本都已经记入账户，本月的期末存货是下月的期初存货。

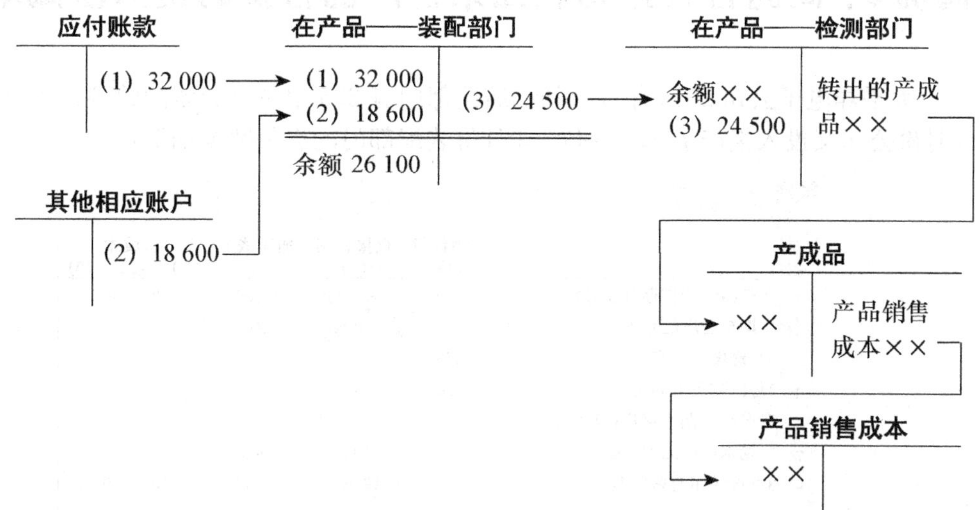

图表 17—3　2014 年 2 月装配部门在分步成本核算系统中的成本流

我们在前面讨论了准确估计加工成本完成百分比的重要性。现在，我们可以计算错误估计完工程度的影响。例如，假设太平洋电子公司的管理者将 60%的加工成本完工程度高估为 80%，计算将有如下变化：

- 图表 17—1，步骤 2：

  装配部门完工产品加工成本约当产量＝80%×22.5＝180

  本期加工成本约当产量＝175＋180＝355

- 图表 17—2，步骤 4：

  加工成本单位约当成本＝18 600÷355＝52.39(美元)

直接材料单位约当成本不变。

- 图表 17—2，步骤 5：

  175 单位完工并结转产品的成本＝175×80＋175×52.39＝23 168.25(美元)

该数额比图表 17—2 中计算的分配给完工并结转产品的成本 24 500 美元要少。高估的完工程度减少了分配给转出产品的成本，进而减少了产品销售成本，并最终提高了营业利润。

管理者必须确保在估计完工程度方面避免部门主管的个人偏误。例如，为了更好的个人绩效，部门主管可能会报告一个较高的完工程度，从而高估营业利润。如果当期绩效非常好，部门主管也可能倾向于报告一个较低的完工程度，减少当期利润。这将减少当期期末存货，进而减少下一期期初存货。也就是说，对完工程度的估计有助于平滑当期和下一期的收益。

为了防止出现偏误的可能，管理者应该向部门主管询问关于流程的问题。高层管理者应强调必须获得正确的答案，无论对绩效有怎样的影响。这种强调会减少组织中的职业道德问题。

情况 3：同时存在期初和期末在产品存货时的分步成本法

太平洋电子公司 2014 年 3 月初的装配部门有 225 单位部分装配的 SG-40 存货。在 3 月份公司又投入生产了 275 单位。3 月份装配部门的有关数据如下：

	A	B	C	D	E
1		实物数量 (1)	直接材料 (2)	加工成本 (3)	总成本 (4)＝(2)＋(3)
2	在产品，期初存货(3月1日)	225	18 000[a]	8 100[a]	26 100
3	期初在产品完工率		100%	60%	
4	3月份投入生产	275			
5	3月份完工并转出	400			
6	在产品，期末存货(3月31日)	100			
7	期末在产品完工率		100%	50%	
8	3月份增加的总成本		19 800	16 380	36 180
9					
10					
11	[a]在产品期初存货（等于2月份在产品期末存货）				
12	直接材料：225实物单位×100%完工率×80单位＝18 000				
13	加工成本：225实物单位×60%完工率×60单位＝8 100				

2014 年 3 月，太平洋电子公司既有期初在产品又有期末在产品。我们使用前述的五步骤来计算完工并结转的产品成本与期末在产品成本。为了将成本分配给每类产品，我们需要选择一种存货估价方法。下面，我们描述加权平均法和先进先出法的五步骤法。当每一期的单位投入成本不同时，两种不同的估价方法会使产成品与在产品的成本不同。

加权平均法

加权平均分步成本法（weighted-average process-costing method）是指将截至本期末所有产品的平均约当单位成本（不管产品何时生产）分配到本期完工产品和期末存货中去。加权平均成本仅仅是进入“在产品”账户（包括本期期初在产品与期末在产品）的所有成本被所有约当产量相除后的成本。我们还将沿用情况 2 的五步骤来描述加权平均法。

步骤 1：汇总实物产量。图表 17—4 的实物产量栏说明了它们的来源（期初在产品存货 225 单位和本期投入生产的 275 单位）与去向（完工并结转 400 单位和 100 单位期末在产品存货）。

步骤 2：计算约当产量。我们利用下面等式中的关系。

$$\text{期初在产品约当产量} + \text{本期约当产量} = \text{本期完工并结转的约当产量} + \text{期末在产品约当产量}$$

虽然我们对上面等式左边的计算感兴趣，但是用右边很容易计算这个总和：本期完工并结转的约当产量加上期末在产品约当产量。注意，计算中不会用到期初在产品在本期的完工程度。

图表 17—4 约当产量列说明到目前为止生产的约当产量：直接材料为 500 单位约当产量，加工成本为 450 单位约当产量。完工与转出的产品相对于直接材料和加工成本来说是 100%完工，部分完工的在产品从直接材料成本来看属于 100%完工品（因为所有的直接材料都是在期初一次性投入的），而相对于加工成本来说，根据装配部门的管理者估计，在产品完工比率为 50%。

图表 17—4　2014 年 3 月装配部门：汇总实物产量与计算约当产量，加权平均法　单位：美元

	A	B	C	D
1		（步骤1）	（步骤2）	
2			约当产量	
3	生产流	实物产量	直接材料	加工成本
4	期初在产品（已给出）	225		
5	本期投入（已给出）	275		
6	应计产量	500		
7	本期完工并结转	400	400	400
8	期末在产品[a]（已给出）	100		
9	（100×100%；100×50%）		100	50
10	实计产量	500		
11	本期完工产品约当产量		500	450
12				
13	a 本部门完工程度：直接材料100%；加工成本50%。			

步骤 3：汇总应计总成本。 图表 17—5 描述了步骤 3。2014 年 3 月应计总成本的数据：

期初在产品	
（直接材料 18 000＋加工成本 8 100）	26 100 美元
3 月份投入成本	
（直接材料 19 800＋加工成本 16 380）	36 180 美元
3 月份应计总成本	62 280 美元

步骤 4：计算约当单位成本。 图表 17—5 步骤 4 说明了按直接材料和加工成本分别核算的约当产量的单位加权平均成本。约当产量的单位加权平均成本由期初在产品的成本加上本期成本除以本期全部约当产量得出。例如，图表 17—5 中，计算约当产量的单位加权平均加工成本如下：

全部加工成本	
（期初在产品 8 100＋本期的 16 380）	24 480 美元
除以全部约当产量	
（期初在产品加工成本的约当产量与本期的约当产量）	÷450 单位
约当产量的单位加权平均成本	54.40 美元

步骤 5：将成本在产成品和在产品之间进行分配。 图表 17—5 中步骤 5 考察了完工并结转的约当产量与期末在产品的约当产量（图表 17—4 中步骤 2），并使用步骤 4 中的直接材料约当产量的单位加权平均成本与加工成本约当产量的单位加权平均成本计算了它们的金额。例如，期末在产品 100 实物单位的总成本如下（单位：美元）：

直接材料	
约当产量 100×约当产量单位加权平均成本 75.60	7 560

加工成本

约当产量 50×约当产量单位加权平均成本 54.40　　2 720

在产品的总成本　　10 280

图表 17—5　2014 年 3 月装配部门：计算约当单位成本，汇总应计总成本，将成本分配给完工产品与在产品，加权平均法　　单位：美元

	A	B	C	D	E
1			总生产成本	直接材料	加工成本
2	（步骤3）	期初在产品（前面已给出）	26 100	18 000	8 100
3		本期投入成本（前面已给出）	36 180	19 800	16 380
4		本期成本	62 280	37 800	24 480
5					
6	（步骤4）	本期投入成本		37 800	24,480
7		除以本期约当产量（图表17—4）		÷500	÷450
8		约当单位成本		75.60	54.40
9					
10	（步骤5）	成本分配：			
11		完工并结转（400单位）	52 000	（400[a]×75.60） +	（400[a]×54.40）
12		期末在产品（100单位）：	10 280	（100[b]×75.60） +	（50[b]×54.40）
13		实计总成本	62 280	37 800 +	24 480
14					
15	[a]来自图表17—4步骤2的完工并结转的约当产量；				
16	[b]来自图表17—4步骤2的期末存货约当产量。				

下面的表格汇总了应计总成本 62 280 美元并再现了图表 17—5 中的核算。箭头表明采用加权平均成本计算产成品与在产品的成本，总成本由期初在产品成本与本期投入成本组成。

应计总成本

期初在产品	\$26 100
本期投入成本	36 180
应计总成本	\$62 280

加权平均法下计算的实计总成本

完工并转出	\$52 000
期末在产品	10 280
实计总成本	\$62 280

深入讨论之前，请复习图表 17—4 与图表 17—5，全面理解加权平均法。注意：图表 17—4 只是处理实物产量与约当产量，不是成本，图表 17—5 则说明了成本金额。

根据图表 17—5 的数据，太平洋电子公司 3 月份加权平均法下的有关分录如下：

1. 借：在产品——装配部门　　19 800
　　贷：应付账款　　19 800

记录 3 月份购买并投入生产的直接材料。

2. 借：在产品——装配部门　　16 380
　　贷：其他相关账户　　16 380

记录 3 月份装配部门投入的加工成本，包括能源、制造费用、制造人工和设备折旧等。

3. 借：在产品——检测部门　　52 000
　　贷：在产品——装配部门　　52 000

记录 3 月份装配部门完工并转至检测部门的产品。

加权平均法下，T 形账户“在产品——装配部门”如下：

在产品——装配部门

期初存货，3 月 1 日	26 100	(3) 完工并转至在产品——检测部门	52 000
(1) 直接材料	19 800		
(2) 加工成本	16 380		
期末存货，3 月 31 日	10 280		

先进先出法

先进先出分步成本法（first-in，first-out（FIFO）process-costing method）：(1) 将期初在产品的约当产量成本分配给首先完工并结转的产品；(2) 本期的成本首先分配给期初存货的完工产品，然后是本期投入并完工的产品，最后是期末在产品。这种方法假定期初在产品存货被首先加工完工并结转。

先进先出分步成本法的一个明显特征是将前期的工作即期初在产品与本期的工作进行区分。用本期发生的成本与本期完工的产品来计算本期的约当单位成本。相反，在加权平均法下，约当产量与约当单位成本的计算包括期初存货的数量与成本和本期的数量与成本。

我们将继续沿用情况 2 中介绍的五步骤来说明先进先出法。

步骤 1：汇总实物产量。图表 17—6 步骤 1 考察了生产实物流转，并且解释了先进先出法下的实物产量计算。

图表 17—6　　2014 年 3 月装配部门：汇总实物产量与计算约当产量，先进先出法　　单位：件

	A	B	C	D
1		（步骤1）	（步骤2）	
2	生产流		约当产量	
3		实物产量	直接材料	加工成本
4	期初在产品(前面已给出)	225	（前期完成的工作）	
5	本期投入(前面已给出)	275		
6	应计	500		
7	本期完工并结转：			
8	来自期初在产品[a]	225		
9	[225×(100%-100%);225×(100%-60%)]		0	90
10	投入并完工	175[b]		
11	(175×100%;175×100%)		175	175
12	期末在产品[c](前面已给出)	100		
13	(100×100%;100×50%)		100	50
14	实计	500		
15	本期完工品约当产量		275	315
16				
17	a本部门完工程度：直接材料100%；加工成本60%。			
18	b完工并结转的400单位减去来自期初存货的完工并结转的225单位。			
19	c本部门完工程度：直接材料100%；加工成本50%。			

- 假定本期首先完工并结转的实物是 225 单位的期初在产品。
- 情况 3 中 3 月份的数据表明 3 月完工了 400 单位。先进先出法假设其中 175 单位

（400单位－期初在产品存货225单位）是3月份投入的。

● 期末在产品包括100单位实物，即本期投入的275单位减去在3月份投入并完工的175单位。

● 应计实物产量等于实计实物产量（500单位）。

步骤2：计算约当产量。图表17—6也说明了先进先出法下步骤2的计算。每一种成本类别的约当产量仅是本期（3月份）完工的约当产量。

在先进先出法下，3月份对期初存货加工的约当产量等于225乘以剩下的需要3月份完成的工作，即0%的直接材料与40%的加工成本，因为对于直接材料期初存货已100%完工，对于加工成本60%完工。结果是对于直接材料是0单位（225×0%）的约当产量，对于加工成本是90单位（225×40%）的约当产量。

本期投入并完工的175单位实物的约当产量对于直接材料与加工成本都是175乘以100%，因为这些产品的工作都是本期完成的。

100单位的期末在产品的约当产量对于直接材料等于100乘以100%，对于加工成本等于100乘以50%（因为直接材料在本期已全部投入，而加工成本投入50%）。

步骤3：汇总应计总成本。图表17—7中总生产成本列描述了步骤3并汇总了2014年3月应计总成本62 280美元（期初在产品成本26 100美元与本期投入的成本36 180美元）。

图表17—7　2014年3月装配部门：计算约当单位成本，汇总应计总成本，将成本分配给完工产品与在产品，先进先出法　　单位：美元

文件　开始　插入　页面布局　公式　数据　审阅　视图

	A	B	C	D	E
1			**总生产成本**	**直接材料**	**加工成本**
2	**（步骤3）**	期初在产品（前面已给出）	26 100	18 000	8 100
3		本期投入成本（前面已给出）	36 180	19 800	16 380
4		本期成本	62 280	37 800	24 480
5					
6	**（步骤4）**	本期投入成本		19 800	16 380
7		除以本期约当产量（图表17—6）		÷275	÷315
8		约当单位成本		72	52
9					
10	**（步骤5）**	成本分配：			
11		完工并结转（400单位）			
12		期初在产品（225单位）	26 100	18 000 +	8 100
13		本期投入成本	4 680	$(0^a \times 72)$ +	$(90^a \times 52)$
14		来自期初存货的总成本	30 780		
15		本期投入并完工（175单位）	21 700	$(175^b \times 72)$ +	$(175^b \times 52)$
16		完工并结转产品的总成本	52 480		
17		期末在产品（100单位）：	9 800	$(100^c \times 72)$ +	$(50^c \times 52)$
18		实计总成本	62 280	37 800 +	24 480
19					
20	a来自图表17—6步骤2的完工期初在产品的约当产量；				
21	b来自图表17—6步骤2的本期投入并完工的约当产量；				
22	c来自图表17—6步骤2的期末在产品的约当产量。				

步骤4：计算约当单位成本。图表17—7说明了步骤4仅指本期的直接材料与加工成本完成的约当产量的单位成本计算。例如，加工成本的约当单位成本52美元由本期加工成本16 380美元除以本期加工成本的约当产量315单位计算得出。

步骤5：将成本在产品和产成品之间分配。图表17—7说明了FIFO下的成本分配。本期投入的生产成本先用于完成期初在产品，然后用于本期投入并完工转出的产品，最

后才形成本期期末在产品成本。步骤 5 考虑了图表 17—6 步骤 2 计算的各种约当产量，并计算了它们的金额（使用了步骤 4 约当单位成本的计算）。目标是确定本期来自期初在产品与本期投入的完工并结转产品与期末在产品的总成本。

在 400 单位的完工产品中，225 单位来自期初存货，175 单位是本期投入并完工的。FIFO 以将期初在产品存货的成本 26 100 美元分配给最先完工并结转的产品开始。如我们在步骤 2 中看到的，本期还需要 90 单位约当产量的加工成本投入完成这些产品。本期约当产量单位加工成本是 52 美元，所以还需要 4 680 美元（90×52）来完成期初在产品。期初在产品的总成本是 30 780 美元（26 100＋4 680）。本期投入并完工的 175 单位产品由 175 单位的直接材料与 175 单位的加工成本组成。这些产品本期的单位成本是直接材料 72 美元，加工成本 52 美元，总成本是 21 700 美元［(175×72)＋(175×52)］。

在 FIFO 下，期末在产品存货一定是本期投入生产但尚未完工的产品。期末 100 件部分完工的在产品存货的总成本包括（单位：美元）：

直接材料：	
100 单位×3 月份约当单位成本 72 美元	7 200
加工成本：	
50 单位×3 月份约当单位成本 52 美元	2 600
3 月 31 日在产品总成本	9 800

下面的图汇总了图表 17—7 中 FIFO 下 62 280 美元的应计总成本与实计总成本。注意，FIFO 法如何将期初在产品层与本期投入的成本层分开。箭头表明了每层成本的去向——即完工并结转的产品或期末在产品。确保在计算完工品的成本时，包含了期初在产品的成本（26 100 美元）。

深入讨论前，请仔细复习图表 17—6 与图表 17—7，深刻理解 FIFO 法。注意图表 17—6 只是处理了实物产量与约当产量，而不是成本。图表 17—7 说明了成本金额。

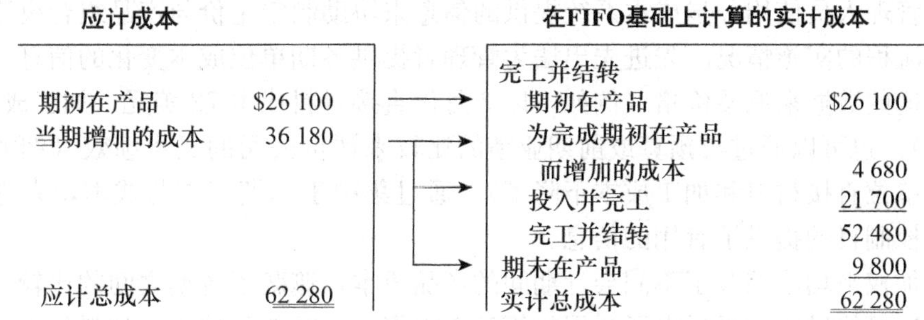

除了一个差异外，FIFO 下的会计分录与加权平均法下的会计分录相同。在 FIFO 下记录完工与转出产品的成本是 52 480 美元，而加权平均法下是 52 000 美元。

记住，FIFO 只对从本车间转出的产品适用。而在实务中，给定期间转入的产品经常使用简单的加权平均成本。例如，在前面的例子中，装配部门运用 FIFO 来识别各月的生产批次。由此得到转出装配部门的 SG-40 的单位平均成本为 131.20 美元（52 480÷400）。而检测部门就直接使用平均成本（131.20 美元）计算这些产品的成本（包括 2、3 月份发生的成本）。如果不进行平均，而在一系列的步骤中以绝对 FIFO 为基础追溯成本会过于复杂。所以，FIFO方法应该称为修正的或部门层次的FIFO法。

□ 加权平均法与先进先出法比较

下面总结了例子中2014年3月份加权平均法和先进先出法下产成品与在产品之间的成本分配（单位：美元）。

	加权平均法（来自图表17—5）	先进先出法（来自图表17—7）	差异
完工与转出产品的成本	52 000	52 480	+480
期末在产品	10 280	9 800	−480
实计总成本	62 280	62 280	

加权平均法下的期末存货比先进先出法高出480美元，比例为4.9%（480÷9 800=0.049，或4.9%）。如果同时考虑太平洋电子公司生产的上千种商品，这一差异将变得很大。本例中，加权平均法下的销售成本低于FIFO法下的数据，从而使得相应的营业利润和所得税支付都较高。为了查明差异的原因，让我们回顾图表17—2的数据，期初存货的直接材料约当单位成本是80美元，加工成本的约当单位成本是60美元，这些成本分别比本期直接材料约当单位成本72美元、加工成本约当单位成本52美元更高。由于直接材料与加工成本投入的价格下降，或者由于太平洋电子公司的加工过程更有效率，使用较少的投入可以得到相同的产出，那么成本就可能更低。

先进先出法假定：(1) 成本较高的期初在产品存货首先加工完工并结转；(2) 期末在产品存货由本期较低成本的产品组成。而加权平均法则假设：(1) 完工并结转更多低成本的产品；(2) 部分高成本的产品被留在了期末存货中来平滑约当单位成本。加权平均法与FIFO法相比，本期约当单位成本的下降导致完工并结转产品的单位成本要较低，而期末在产品成本较高。

管理人员使用分步成本系统提供的信息来协助制定定价与产品组合决策，并且了解企业流程的实施情况。先进先出法为管理者提供各期单位成本变化的信息。管理者可以利用这些数据来调整价格（例如，以3月份直接材料成本72美元、加工成本52美元为基础），也可以通过与预算或前期业绩的比较来评价公司的成本绩效（例如，与前期相比，单位直接材料和加工成本下降了）。通过集中于本期工作与成本，先进先出法为计划和控制目的提供了有用的信息。

加权平均法综合了不同会计期间的产品成本，遮蔽了各期之间的比较。例如，加权平均法可能导致太平洋电子公司的管理者根据75.60美元的直接材料与54.40美元的加工成本而不是当期占有优势的72美元与52美元的成本数据做出决策。然而，使用加权平均法的话，成本相对容易计算，并且当投入价格各月变化重大时可以报告更有代表性的单位平均成本。

当出现以下两种情况时，完工产品成本与营业利润在两种方法下会出现重大差异：(1) 各期之间的单位直接材料和加工成本有重大变动；(2) 在产品的实物存货水平与转出产品相比数量巨大。随着各期之间单位成本变化和存货水平降低，两种方法下完工产品成本的差异也随之降低。[①]

当加权平均法下的完工产品成本与 FIFO 法下的完工产品成本存在巨大差异时，管理者应该选择哪种方法？在价格下降期间，如太平洋电子公司的例子，FIFO 法下产品销售成本更高，会导致营业利润更低，税款更低，节约了公司的现金，增加了公司的价值。FIFO 是优先选择，但管理者可能不会做出这种选择。比如，如果管理者的薪酬是基于营业利润的，那么管理者可能更喜欢加权平均法，即使这种方法会增加税款，但能增加营业利润。高层管理者必须仔细设计薪酬计划，以鼓励管理者采取能增加公司价值的行动。例如，除了营业利润指标之外，薪酬计划可以根据税后现金流指标进行奖励，将决策与业绩评价结合起来。

有时，选择一个分步成本法可能更难。例如，假定由于使用 FIFO，公司会违反贷款到期偿还的债务合约（公司与债权人之间的协议规定公司应该保持一定的财务比率）。在此情况下，即使加权平均法会导致更高的税款，但管理者可能更喜欢这种方法，因为公司没有资金偿还贷款。

在价格上升期，加权平均法会减少税款，因为产品销售成本会更高，营业利润更低。回想一下本章开头处的短文，它描述了埃克森美孚公司如何使用后进先出法（本章没有介绍）节省税款。[②]

最后，作业成本法与分步成本法有何关系呢？像作业成本法一样，每一加工过程——装配、检测等——可以视作不同的（生产）作业。但是，使用分步成本法，每一加工过程中不需要再识别更多的作业活动，因为产品是同质的并且按照相同的方式消耗每一加工过程的资源。总之，在分步成本法环境下，不太适合应用作业成本法，但在分批成本法中它能发挥重要作用。附录说明了装配部门标准成本法的应用。

分步成本法中的转入成本

很多分步成本系统的生产循环有两个以上的车间或加工过程。一般而言，产品从一个部门转到另一个部门的同时，相关的成本也按月通过日记账转出。**转入成本**（transferred-in costs）（或**前期部门成本**（previous department costs））是指在产品在生产工序的前一部门发生的，并随着产品进入下一部门而转入下一部门的产品成本。

现在让我们考虑太平洋电子公司的检测部门。太平洋电子公司装配部门将加工完成的产品 SG-40 直接转入检测部门。检测部门的加工成本是在整个期间均匀投入的。在检测工序结束时，还会对产品追加直接材料投入，包括装箱和其他包装材料，使产品可

---

① 例如，假定 3 月份的期初存货是 125 单位实物（不是 225 单位），并且假定当期（3 月份）的约当单位成本为直接材料 75 美元，加工成本 55 美元，3 月份其他数据与我们例子中的一样。那么，加权平均法与先进先出法下的完工产品成本分别为 52 833 美元与 53 000 美元，期末存货的成本分别是 10 417 美元与 10 250 美元（不列示计算过程）。它们的差异远远小于本章中的例子。加权平均法下的期末存货成本比先进先出法下的仅仅高出 167 美元（10 417－10 250），或者 1.6%（167÷10 250＝0.016），没有我们例子中的 4.9%高。

② 不熟悉后进先出法的学生仅需注意，在价格上升时期，后进先出法减少的营业利润和税款甚至比加权平均法还高。

以准备好起运。检测部门的产品一旦完成马上转入产成品。检测部门的成本包括检测中追加的直接材料和加工成本，还有转入成本。

下图再现了这些关系：

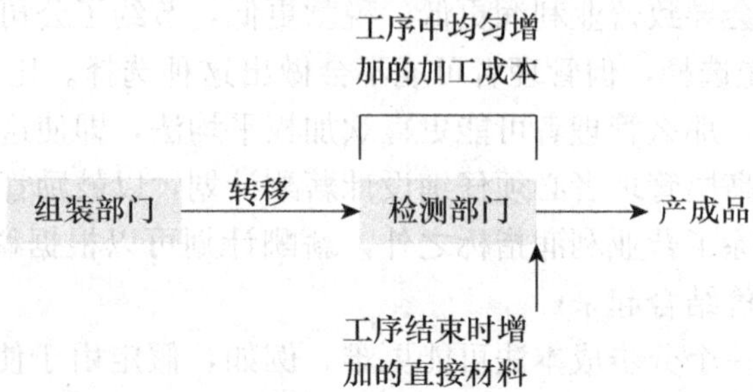

2014 年 3 月份检测部门的数据如下：

	A	B	C	D	E
1		实物数量（SG-40）	转入成本	直接材料	加工成本
2	在产品，期初存货(3月1日)	240	33 600	0	18 000
3	期初在产品完工率		100%	0%	62.5%
4	3月份转入	400			
5	3月完工并转出	440			
6	在产品，期末存货(3月31日)	200			
7	期末在产品完工率		100%	0%	80%
8	3月份实际追加的总成本				
9	直接材料和加工成本			13 200	48 600
10	转入成本(加权平均，来自图表17—5)[a]		52 000		
11	转入成本(FIFO，来自图表17—7)[a]		52 480		
12					
13	[a] 加权平均法（图表17－5）和FIFO法（图表17－7）下3月份的转入成本不同。在我们的例子中，期初在产品存货51 600美元（33 600＋0＋18 000）加权平均法和FIFO下是一致的，是因为假定1、2月份的约当单位成本相同。如果1、2月份的约当单位成本不同，那么加权平均法和FIFO下的2月份期末存货（3月份期初存货）将会产生差异。但是，转入成本的分步成本法的基本过程与我们本节的讨论仍然是一致的。				

我们将转入成本视为在加工初期投入的一种单独类型的直接材料。即，转入成本在新部门工序开始时总是100%完成的。当涉及连续部门时，从上一部门转入的产品成为下一部门的全部或部分直接材料，只不过它们称为转入成本而不是直接材料成本。

□ 转入成本和加权平均法

为了研究存在转入成本的加权平均分步核算法，我们仍然沿用前述的五步骤程序，将检测部门的成本分配给产成品与期末在产品。

图表 17—8 描述了步骤 1 和步骤 2。它们的计算与图表 17—4 中在加权平均法下对装配部门的约当产量计算相同，此处的区别是我们还将转入成本视为一种投入。所有产品，不管是当期完工转出还是期末在产品，对于转入成本来说，产品总是已经完工。原因是，转入成本是发生在组装部门的成本，检测部门收到的任何产品都必须先在组装部门完工。然而，在检测部门无论是期初还是期末在产品存货，其直接材料均在加工的最后一道工序才投入，所以完工率为零。

图表 17—8　　2014 年 3 月检测部门：汇总实物产量与计算约当产量，加权成本法　　单位：件

	A	B	C	D	E
1		（步骤1）		（步骤2）	
2				约当产量	
3	生产流	实物产量	转入成本	直接材料	加工成本
4	期初在产品（前面已给出）	240			
5	本期转入（前面已给出）	400			
6	应计产量	640			
7	本期完工并结转	440	440	440	440
8	期末在产品[a]（前面已给出）	200			
9	（200×100%；200×0%；200×80%）		200	0	160
10	实计产量	640			
11	本期完工		640	440	600
12					
13	[a]本部门完工程度：转入成本100%；直接材料0%；加工成本80%。				

图表 17—8 描述了加权平均法的步骤 3、步骤 4 与步骤 5。为了计算转入成本、直接材料与加工成本的约当单位成本，期初在产品与本期的投入合并计算。

从检测部门转到产成品的会计分录（见图表 17—9）如下：

借：产成品　　120 890

　贷：在产品——检测部门　　120 890

记录从检测部门完工并转到产成品的成本。

"在产品——检测部门"账户的内容（见图表 17—9）如下：

在产品——检测部门

借方		贷方	
期初存货（3 月 1 日）	51 600	转出成本	120 890
转入成本	52 000		
直接材料	13 200		
加工成本	48 600		
期末存货（3 月 31 日）	44 510		

图表 17—9　　2014 年 3 月检测部门：计算约当单位成本，汇总应计总成本，将成本分配给完工品与在产品，加权平均法　　单位：美元

	A	B	C	D	E	F
1			总生产成本	转入成本	直接材料	加工成本
2	（步骤3）	期初在产品（前面已给出）	51 600	33 600	0	18 000
3		本期投入成本（前面已给出）	113 800	52 000	13 200	48 600
4		应计总成本	165 400	85 600	13 200	66 600
5						
6	（步骤4）	本期成本		85 600	13 200	66 600
7		除以本期约当产量（图表17—8）		÷640	÷440	÷600
8		约当单位成本		133.75	30.00	111.00
9						
10	（步骤5）	成本分配：				
11		完工并结转（440单位）	120 890	(400[a]×133.75)+	(440[a]×30)+	(440[a]×111)
12		期末在产品（200单位）：	44 510	(200[b]×133.75)+	0[b]×30 +	160[b]×111
13		实计总成本	165 400	85 600 +	13 200 +	66 600
14						
15	[a]来自图表17—8步骤2的完工并结转的约当产量。					
16	[b]来自图表17—8步骤2的期末存货约当产量。					

□ 转入成本与 FIFO 法

为了研究存在转入成本的 FIFO 分步核算法，我们仍然沿用前述的五步骤程序。图表 17—10 描述了步骤 1 和步骤 2。除了核算转入成本，约当产量的计算与图表 17—6 中在 FIFO 法下对装配部门的计算相同。

图表 17—10　　2014 年 3 月检测部门：汇总实物产量与计算约当产量，FIFO 法　　单位：件

	A	B	C	D	E
1		（步骤1）	（步骤2）		
2			约当产量		
3	生产流	实物产量	转入成本	直接材料	加工成本
4	期初在产品（前面已给出）	240	（前期投入成本）		
5	本期转入（前面已给出）	400			
6	应计产量	640			
7	本期完工并结转				
8	来自期初在产品[a]	240			
9	[240×(100%-100%)；240×(100%-0%)；240×(100%-62.5%)]		0	240	90
10	本期投入并完工	200[b]			
11	(200×100%；200×100%；200×100%)		200	200	200
12	期末在产品[c]（前面已给出）	200			
13	(200×100%；200×0%；200×80%)		200	0	160
14	实计产量	640			
15	本期完工品		400	440	450
16					
17	a本部门完工程度：转入成本100%；直接材料0%；加工成本62.5%；				
18	b完工并结转的440单位减去来自期初存货的完工并结转的240单位；				
19	c本部门完工程度：转入成本100%；直接材料0%；加工成本80%。				

图表 17—11 描述了步骤 3、步骤 4 与步骤 5。步骤 3 中，在 FIFO 法下应计总成本

图表 17—11　　2014 年 3 月检测部门：计算约当单位成本，汇总应计总成本，将成本分配给完工产品与在产品，FIFO 法　　单位：美元

	A	B	C	D		E		F
1			总生产成本	转入成本		直接材料		加工成本
2	（步骤3）	期初在产品（前面已给出）	51 600	33 600		0		18 000
3		本期投入成本（前面已给出）	114 280	52 480		13 200		48 600
4		应计总成本	165 880	86 080		13 200		66 600
5								
6	（步骤4）	本期成本		52 480		13,200		48 600
7		除以本期约当产量（图表17—10）		÷400		÷440		÷450
8		本期约当单位成本		131.20		30		108
9								
10	（步骤5）	成本分配：						
11		完工并结转（440单位）						
12		期初在产品（240单位）	51 600	33 600	+	0	+	18 000
13		本期投入加工成本	16 920	(0[a]×131.20)	+	(240[a]×30)	+	(90[a]×108)
14		来自期初存货的总成本	68 520					
15		本期投入并完工（200单位）	53 840	(200[b]×131.20)	+	(200[b]×30)	+	(200[b]×108)
16		总计完工并结转产品成本	122 360					
17		期末在产品（200单位）：	43 520	(200[c]×131.20)	+	(0[c]×30)	+	(160[c]×108)
18		实计总成本	165 880	86 080	+	13 200	+	66 600
19								
20	a来自图表17—10步骤2的完工期初在产品的约当产量；							
21	b来自图表17—10步骤2的本期投入并完工的约当产量；							
22	c来自图表17—10步骤2的期末在产品的约当产量。							

165 880 美元不同于加权平均法下为 165 400 美元，因为在加权平均法和 FIFO 法下装配部门完工转入检测部门的成本不同，FIFO 法下为 52 480 美元，加权平均法下为 52 000 美元。在步骤 4 中，本期约当单位成本是以本期在产品和转入成本为基础计算的。然后步骤 5 将 165 880 美元的总成本分配给转出的产品和期末在产品。同样不考虑转入成本，这种计算与装配部门 FIFO 法下的计算（图表 17—7 所示）是一样的。

记住，在一系列部门之间的转移中，出于会计的考虑，每一个部门都应相互独立可识别。从检测部门转入产成品（见图表 17—11）的有关分录如下：

借：产成品	122 360	
贷：在产品——检测部门		122 360

记录从检测部门完工并转入产成品的成本。

“在产品——检测部门”账户（见图表 17—11）的内容如下：

在产品——检测部门

期初存货（3 月 1 日）	51 600	转出成本	122 360
转入成本	52 480		
直接材料	13 200		
加工成本	48 600		
期末存货（3 月 31 日）	43 520		

□ 计算转入成本的要点

在核算转入成本时，应记住以下几点：

1. 确认把前一部门转入的成本包括在计算内。

2. 在用先进先出法计算转移成本时，不要忽视前一期间分配给本期期初在产品的成本包含在转移成本中。例如，图表 17—11 中的 51 600 美元不可忽视。

3. 单位成本在各期之间可能会波动，因此，转入的产品可能包括以不同的单位成本累积的批量。举例来看，图表 17—11 中的 400 单位的转入成本 52 480 美元在使用 FIFO 情况下就包括在装配部门生产过程中引起的不同的直接材料和加工成本的单位成本（见图表 17—7）。记住，这些产品如果转入下一部门，就应由下一部门按平均的单位成本计算，参见图表 17—11 中的单位成本 131.20 美元（52 480÷400）。

4. 产量在各部门可能按不同的计量单位来表示。应分别考虑每一部门的具体情况。例如，单位成本在前一部门以千克为标准，而在后一部门以公升为标准。因为是后一部门接受这些产品，所以它们的单位应该转化为公升。

混合成本制度

产品成本制度并不完全划分为分批成本制度与分步成本制度。许多生产系统是大规模生产和定制生产的混合系统。以福特汽车公司为例，汽车是在连续的流程中生产出来的（这适合分步成本制度），但是它的单独产品又因为发动机型号、传输系统、音响系统等的组合而成为定制化产品（这要求使用分批成本制度）。**混合成本制度**（hybrid-costing system）混合了分批成本制度与分步成本制度两者的特点。管理者必须设计分批成本制度以适合不同生产系统的特定特征。

生产紧密相连的标准化产品（比如，不同类型的电视机、洗碗机、洗衣机和鞋子）的企业倾向采用混合成本制度。它们使用分步成本法核算加工成本，使用分批成本法核算材料和定制部件。例如，长期单独为专业运动员制作鞋子的运动服装制造商耐克公司现在也能够为其他顾客设计鞋子和服装。耐克公司的顾客使用互联网和移动应用程序，可以为乔丹系列运动鞋和其他服装定制自己的颜色和款式。"观念实施：阿迪达斯定制鞋的混合成本制度"描述了耐克的主要竞争对手阿迪达斯的定制与混合成本法的应用。下一节介绍混合成本制度的一种常见类型——工序成本制度。

观念实施

阿迪达斯定制鞋的混合成本制度

阿迪达斯设计和生产运动鞋已经有近90年的历史了，虽然一直在为专业运动员手工制作个人专用鞋，但当阿迪达斯首创了mi adidas计划时，定制概念得到了进一步的发展。

在网上和世界各地的零售店均可以进行mi adidas定制。消费者可以从7类运动和生活方式的200多个风格中进行选择。为满足顾客对性能、舒适度和设计的要求，mi adidas与竞争对手耐克和新百伦（New Balance）一起，为消费者提供其量身定制的机会。一旦设计方案确定并被购买，设计和产品的数据就会被传送到生产车间，产品在车间定制并直接配送给消费者。

阿迪达斯使用混合成本会计制度。进行个人定制的核算需采用分批成本法，但用于制造运动鞋的类似过程使其适合采用分步成本法。每一双鞋的成本是用所有生产成本和除以鞋子的数量得到的。换句话说，即使每双鞋子不一样，但加工成本是大致相同的。

定制与某些特色的批量生产的结合叫做批量定制。能够将单个顾客的信息进行数字化是很重要的。现在公司在批量生产条件下能够定制的多种产品（包括个人计算机、牛仔裤、自行车）仍然需要对材料采用分批成本法核算，并需要相当多的人工干预。然而，当生产系统变得灵活时，公司也可以利用分步成本法计算标准化的加工成本。

资料来源：Tien，Ellen. 2011. These (custom) colors do run. *New York Times*，April 7；Kamenev，Marina. 2006. Adidas' high tech footwear. *Bloomberg Businessweek*，November 3；Seifert，Ralf. 2003. The "mi adidas" mass customization initiative. IMD No. 159. Lausanne，Switzerland：International Institute for Management Development.

□ 工序成本制度概述

工序（operation）是重复执行的标准方法或技术，通常加工不同的材料得到不同的产品。一个车间经常执行多种工序。例如，服装制造师可能在一个车间进行切割工序与卷边工序。工序概念比较宽泛，它可能是车间或加工过程的同义词。例如，许多公司称它们的完工车间为完工过程或完工工序。

工序成本制度（operation costing system）是一种混合成本制度，它适用于批量生产相似但不相同的产品。每批产品经常是一个设计的变异，并且它经过一系列工序。但是每批并不一定与其他批经过相同的工序。在同一道工序，所有的产品被相同对待，使用相同的工序资源。生产批别也经常称为生产周期。

在一家生产服装的公司，管理者可能对生产的服装选择一项基本设计。但是，根据具体的要求，每批服装可能有些不同。各批次可能在使用的材料或拼接的类型方面有所不同。半导体、纺织与制鞋也是按批别生产，不同批次之间可能有些变化。

工序成本制度采用工作任务单，工作任务单详细规定了需要的直接材料与步骤工序。产品成本根据工作任务单而定。如分批成本系统，对于每个工作任务单的直接材料都是独特的，是适合工作任务单的。但是，对于给定的工序，每件产品消耗相同数量的加工成本，如分步成本法。对于每一道工序，都计算一个唯一的平均单位加工成本，由该工序总加工成本除以经过这道工序的产品数量得到。然后，这个平均成本要平均分配给经过这道工序的产品，不经过工序的产品不分配该工序的任何成本。在我们讨论的例子中只有两种成本类别：直接材料与加工成本，但工序成本制度可能有两个以上的成本类别，每种类别中的成本与采用适当的分批或分步成本法的特定工作任务单一致。

因为工序成本制度关注实物流程的控制或给定生产系统的工序，所以管理者发现在成本管理中工序成本制度很有价值。例如，在布料生产中，管理者很关注布料的浪费、一次切割布料的层数等。工序成本核算从财务角度衡量了管理者对实物流程的控制。

□ 工序成本制度的示例

Baltimore 公司是一家服装生产商，为专卖店生产两种运动夹克：一种是用羊毛制作的，一种是用聚酯制作的。毛料夹克比聚酯夹克使用更高质量的原料、经过更多的工序。生产 50 件毛料夹克的工作任务单 423、生产 100 件聚酯夹克的工作任务单 424 的有关信息如下：

	工作任务单 423	工作任务单 424
直接材料	毛料	聚酯
	缎全里	人造丝局部衬里
	骨制扣	塑料扣
工序		
1. 切割布料	使用	使用
2. 检测布边	使用	不使用
3. 缝纫主体	使用	使用
4. 检测接缝	使用	不使用
5. 机器缝制领子与翻领	不使用	使用
6. 手工缝制领子与翻领	使用	不使用

2014 年 3 月投入并完工的成本数据如下：

	工作任务单 423	工作任务单 424
夹克数量（件）	50	100
直接材料成本（美元）	6 000	3 000
加工成本分配（美元）：		
工序 1	580	1 160
工序 2	400	—
工序 3	1 900	3 800
工序 4	500	—
工序 5	—	875
工序 6	700	—
总生产成本	10 080	8 835

假定对某一特定工序，所有的产品都消耗相同数量的加工成本。Baltimore 的工序成本制度采用预算分配率来分配每道工序的加工成本。工序 1 的预算加工成本分配率（数据是假设的）如下：

$$2014\text{ 年工序 1 的预算加工成本分配率}=\frac{2014\text{ 年工序 1 的预算加工成本}}{2014\text{ 年工序 1 的预算产量}}$$

$$=\frac{232\,000}{20\,000}$$

$$=11.60(\text{美元/单位})$$

工序 1 的预算加工成本包含人工、动力、维修、供料、折旧与这道工序的其他费用。如果存在没有完工的产品（工序 1 的所有产品没有接受相同数量的加工成本），那么，加工成本分配率就应该由预算加工成本除以约当产量得出。

当公司生产夹克时，管理者将加工成本分配给经过工序 1 的工作单，由单位加工成本乘以加工的产品数量得出。50 件毛料夹克的工序 1 加工成本为 580 美元（11.60×50），100 件聚酯夹克则是 1 160 美元（11.60×100）。如果使用约当产量计算分配率，成本则根据约当产量单位加工成本乘以约当产量分配给工作任务单。直接材料成本则与分批成本法一样，成本与工作单一致，那么 50 件毛料夹克（工作单 423）的直接材料成本是 6 000 美元，100 件聚酯夹克（工作单 424）的直接材料成本是 3 000 美元。工序成本法的基本点是：假定单位加工成本是相同的，与工作单无关，而直接材料成本则因工作单不同而不同，因为每一工作单的材料不同。

□ 会计分录

假定 2014 年 3 月份工序 1 的实际加工成本是 24 400 美元，并按此计入加工成本控制账户。

1. 借：加工成本　　24 400
　　贷：其他相应账户（如应付工资、累计折旧等）　　24 400

下面将汇总聚酯夹克（工作单 424）成本分配的分录，毛料夹克的分录与之相似。

工作单 424 的 3 000 美元直接材料中有 2 975 美元用在工序 1 中，剩下的 25 美元材料用在其他工序中。3 月份 100 件聚酯夹克使用直接材料的分录如下：

2. 借：在产品——工序 1	2 975	
贷：材料存货		2 975

下面的分录记录分配给产品的加工成本，采用的是预算分配率 11.60 乘以 100 件聚酯夹克，也就是 1 160 美元：

3. 借：在产品——工序 1	1 160	
贷：加工成本分配		1 160

下面的分录记录 100 件聚酯夹克（成本是 2 975 美元+1 160 美元）从工序 1 转到工序 3（不经过工序 2）：

4. 借：在产品——工序 3	4 135	
贷：在产品——工序 1		4 135

过账后，“在产品——工序 1”的账户如下：

在产品——工序 1

2. 直接材料	2 975	4. 转入工序 3	4 135
3. 加工成本分配	1 160		
3 月 31 日期末存货	0		

夹克的成本在工序之间流转，夹克也在工序中被加工直到产成品。在全年期间内成本被加入到加工成本账户与加工成本分配账户。成本分配中的任何多分配或少分配都以与分批成本系统中制造费用的多分配或少分配一样的方式处理。

自测题

Allied Chemicals 公司在它的塑料工厂运行着三个加工程序中的第二道程序——热电装配。用于热电装配的直接材料在工序结束时投入，加工成本均匀投入。下面是该热电装配部门 2014 年 6 月份的有关数据资料：

文件(F)　编辑(E)　视图(V)　插入(I)　格式(O)　工具(T)　数据(D)　窗口(W)　帮助(H)

	A	B	C	D	E
1		**实物单位**	**转入成本**	**直接材料**	**加工成本**
2	期初在产品存货	50 000			
3	期初在产品完工率		100%	0%	80%
4	本期转入	200 000			
5	本期完工并结转	210 000			
6	期末在产品存货	?			
7	期末在产品完工率		100%	0%	40%

要求：

计算加权平均法与先进先出法下的约当产量。

解答：

1. 加权平均法采用截至当期投入的约当产量来计算约当单位成本。计算如下：

	A	B	C	D	E
1		（步骤1）	（步骤2）		
2			约当产量		
3	生产流	实物产量	转入成本	直接材料	加工成本
4	期初在产品（已知）	50 000			
5	本期转入（已知）	200 000			
6	应计	250 000			
7	本期完工并结转	210 000	210 000	210 000	210 000
8	期末在产品[a]	40 000[b]			
9	（40 000×100%；40 000×0%；40 000×40%）		40 000	0	16 000
10	实计	250 000			
11	全部已完工品		250 000	210 000	226 000
12					
13	[a]本部门完工程度：转入成本100%；直接材料0%；加工成本40%。				
14	[b]250 000实物单位减去完工并结转的210 000实物单位。				

2. 先进先出法采用本期投入的约当产量来计算约当单位成本。计算如下：

	A	B	C	D	E
1		（步骤1）	（步骤2）		
2			约当产量		
3	生产流	实物产量	转入成本	直接材料	加工成本
4	期初在产品（已知）	50 000			
5	本期转入（已知）	200 000			
6	应计	250 000			
7	本期完工并结转				
8	来自期初在产品[a]	50 000			
9	[50 000×(100%-100%)；50 000×(100%-0%)；50 000×(100%-80%)]		0	50 000	10 000
10	本期投入并完工	160 000[b]			
11	(160 000×100%；160 000×100%；160 000×100%)		160 000	160 000	160 000
12	期末在产品[c]（已知）	40 000[d]			
13	(40 000×100%；40 000×0%；40 000×40%)		40 000	0	16 000
14	实计	250 000			
15	本期完工品		200 000	210 000	186 000
16					
17	[a]本部门完工程度：转入成本100%；直接材料0%；加工成本80%。				
18	[b]完工并结转的210 000单位减去来自期初存货的完工并结转的50 000单位。				
19	[c]本部门完工程度：转入成本100%；直接材料0%；加工成本40%。				
20	[d]250 000实物单位减去完工并结转的210 000实物单位。				

决策要点

下面的表格形式是对本章学习目标的总结，决策代表与学习目标相关的关键问题，指南则是对该问题的回答。

决策	指南
1. 分步成本制度的适用条件是什么？	当生产大量相似或类似的产品时采用分步成本制度来确定产品或服务的成本。采用这一方法的行业有食品、纺织和炼油行业。
2. 没有存货的时候如何计算平均单位成本？	用给定会计期间的总成本除以该期间的总产量就得到平均单位成本。
3. 分步成本法的五个步骤是什么？如何计算约当产量？	分步成本法的五个步骤是：(1) 汇总实物产量；(2) 计算约当产量；(3) 计算约当单位成本；(4) 汇总应计总成本；(5) 将成本分配给产成品和期末在产品。 约当产量是一种导出的产出数量：(1) 考察完工产品与在产品的每种投入（生产要素）数量；(2) 将上述的投入数量转化为用这些投入可以全部完工的产品数量。

4. 分步成本制度的加权平均法和先进先出法是怎样的？在什么情况下，它们会产生不同的营业利润水平？	加权平均分步成本法通过在产品账户总成本除以截至本期期末完工的约当产量计算出单位成本，并将平均成本运用到产成品与期末在产品的成本分配中。 先进先出（FIFO）分步成本法根据本期发生的成本与本期投入所得到的约当产量计算单位成本。 当（1）不同期间的单位约当产量直接材料和加工成本变化很大时，（2）在产品实物存货水平相对于转出产品总量很大时，两种方法产生的营业利润可能有很大差异。
5. 转入成本如何适用于加权平均与先进先出法？	加权平均分步成本法通过截至本期期末的总转入成本除以截至本期期末转入成本完工的约当产量计算出单位平均转入成本，并将平均成本运用到产成品与期末在产品的成本分配中。FIFO分步成本法将期初在产品的转入成本分配给完工产品，而且本期发生的成本首先用于完成期初在产品，然后是本期投入并完工的产品，最后是期末在产品。
6. 什么是工序成本制度？什么时候它是一种更好的产品成本核算方法？	工序成本法是一种混合成本核算系统，它将分批成本（对于直接材料）和分步成本系统（对于加工成本）的特点混合在一起。当生产系统具有某些定制订单生产特点和大规模生产的其他特点时，工序成本法是一种更好的产品成本核算方法。

练习题

17—19 加权平均法，约当产量。Fenton Watches公司的组装部门使用分步成本法的加权平均法。考虑2014年5月的如下数据：

	实物产量	直接材料（美元）	加工成本（美元）
期初在产品（5月1日）[a]	80	493 360	91 040
2014年5月投入	500		
2014年5月完工	460		
期末在产品（5月31日）[b]	120		
2014年5月增加的总成本		3 220 000	1 392 000

a. 完工程度：直接材料90%，加工成本40%。
b. 完工程度：直接材料60%，加工成本30%。

要求：

计算直接材料和加工成本的约当产量。列出表中第一列的实物产量。

17—23 工序成本制度。Whole Goodness Bakery需要确定6月份两份工作订单的成本，订单215是2 400包晚餐面包卷，订单216是2 800块杂粮面包。晚餐面包卷在烘焙之前被混合并切成单个的小卷，然后再进行包装。杂粮面包在烘焙之前被混合成型，然后切片、包装。以下是订单215和订单216的信息：

	订单215	订单216
数量（包）	2 400	2 800
工序		
1. 混合	使用	使用
2. 成形	不使用	使用
3. 切卷	使用	不使用
4. 烘焙	使用	使用
5. 切片	不使用	使用
6. 包装	使用	使用

6月份，精选的预算信息如下：

	晚餐面包卷	杂粮面包	合计
包装	9 600	13 000	22 600
直接材料成本	$5 280	$11 700	$16 980

6月份，每道工序的预算加工成本如下（单位：美元）：

混合	18 080
成形	3 250
切卷	1 440
烘焙	14 690
切片	1 300
包装	16 950

要求：

1. 用包装的预算数量作为基准，计算每道工序的预算加工成本率。

2. 利用要求1中的信息，计算为两份6月份订单生产的商品的预算成本。

3. 计算订单215、订单216的每包晚餐面包卷和杂粮面包的成本。

17—29 有期初期末在产品的标准成本法。Priscilla's Pearls公司是一家高仿珠宝制造商，公司每年2月份和9月份都会参加纽约时装周以判断珠宝的流行趋势。然后以很低的成本制造时装周展示的珠宝。今年秋季最流行的是三链的珍珠项链。因为生产量较大，公司采用分步成本法核算。10月份，公司已经投产了一部分三链项链，11月份继续生产。产量及成本数据如下：

Priscilla's Pearls公司分步成本法

2014年11月

	单位	直接材料	加工成本
单位标准成本		2.40美元	9.00美元
期初在产品存货（11月1日）	29 000	69 600美元	156 600美元
期初在产品完工程度		100%	60%
11月投入	124 200		
完工转出	127 000		
期末在产品存货（11月30日）	26 200		
期末在产品完工程度		100%	40%
11月增加的总成本		327 500美元	1 222 000美元

要求：

1. 计算直接材料和加工成本的约当产量。将实物量填在表格的第一列。

2. 计算11月份转出珍珠项链的总标准成本和11月30日在产品存货的总标准成本。

3. 计算11月份直接材料和加工成本的总差异。

17—31 加权平均法。Larsen公司的圣安东尼工厂生产汽车坐椅。每个汽车坐椅的生产经过装配部门和检测部门。本题主要涉及装配部门。Larsen公司的分步成本系统有一种直接成本（直接材料），一种间接成本（加工成本）。直接材料在装配过程开始时投入，加工成本在装配过程中均匀投入。当装配部门产品完工以后，立即将其转入检测部门。

公司使用加权平均法下的分步成本法。下面是2014年10月份装配部门的有关数据（单位：美元）：

	实物产量（汽车坐椅）	直接材料	加工成本
期初在产品（10月1日）[a]	5 000	1 250 000	402 750
2009年10月投入	20 000		
2009年10月完工	22 500		
期末在产品（10月31日）[b]	2 500		
2009年10月投入总成本		4 500 000	2 337 500

a. 完工程度：直接材料?%，加工成本60%。
b. 完工程度：直接材料?%，加工成本70%。

要求：

1. 计算装配部门每一成本因素的约当产量。说明第一栏的实物量。

2. 当检查约当产量的计算时，管理层应该重点关注什么问题？

3. 汇总装配部门 2014 年 10 月份每一成本要素的总成本，并计算约当单位成本。

4. 将成本分配给在产成品、转出产品和期末在产品。

17—41　多工序或操作，成本核算。Sedona 公司生产满足环保爱好者需求的产品。公司致力于以可持续的方式生产满足客户需求的产品。公司以 KLN 水瓶闻名，这是一种不含 BPA、可用洗碗机清洗并带有柔软硅胶套的玻璃瓶。

生产流程包括三种基本操作。第一步操作中，通过重新熔化碎玻璃（破碎的或废弃的玻璃）制造玻璃。第二步操作中，为玻璃装配硅胶垫和套管。在最后一步操作中加上聚丙烯瓶盖完成产品。

咨询研究表明，在完成一个产成品所需的总加工成本中，成型操作需要 60%，装配需要 30%，第三步占 10%。

2014 年 3 月份的数据如下（没有任何期初库存）（单位：美元）：

购入的碎玻璃	67 500
购入的硅胶	24 000
旧的聚丙烯	6 000
总加工成本	68 850
期末碎玻璃库存	4 500
期末硅胶库存	3 000
完工产品	12 000
期末在产品	
已成形但未装配的产品	4 000
已装配但未完工的产品	2 000

要求：

1. 2014 年 3 月 KLN 瓶子加工成本的单位约当产量成本是多少？

2. 计算碎玻璃、硅胶和聚丙烯三种材料的单位约当产量成本。

3. 完工转出产品的成本是多少？

4. 已成型但未装配的产品成本是多少？

5. 已装配但未完工的产品成本是多少？

17—43　标准成本法。Hi-sense Technologies 公司为处在前沿经济体中的客户生产简装手机。公司购进旧的或过时的智能手机，然后卸载非标准的应用，并安装开源安卓软件，解锁手机，使手机可以在 GSM 网络下运用。Hi-sense 最受欢迎的产品是 IZoom 手机。

考虑到规模及成本对公司商业模式成功的重要性，公司采用标准成本系统，2014 年第二季度（4 月 1 日至 6 月 30 日）的信息如下：

2014 年第二季度 IZoom 手机实际产量和约当产量

		约当产量	
	实际产量	直接材料	加工成本
本期完工的期初在产品	1 158 000	—	521 100
新投入并完工的产品	1 014 000	1 014 000	1 014 000
期末在产品	2 180 400	2 180 400	1 308 240
合计	4 352 400	3 194 400	2 843 340

	成本（美元）
由期初在产品生产的产成品成本	9 206 100
投入并完工的新产品成本	8 061 300
第二季度产成品成本	17 267 400
期末在产品成本	14 630 484
应计总成本	31 897 884

要求：

1. IZoom 手机期初在产品的两种投入完工百分比分别是多少？

2. IZoom 手机期末在产品的两种投入完工百分比分别是多少？

3. 直接材料和加工成本的单位标准成本是多少？

4. 截至 2014 年 4 月 1 日（第二季度开始）期初在产品存货的总成本是多少？

附录　分步成本法的标准成本法

第 7 章描述了标准成本核算系统的会计处理。回想一下，这涉及用标准成本编制分录，然后将差异从这些标准中分离出来，以支持管理控制。本附录描述在分步成本核算系统中，如何应用标准成本核算原理。

□ 标准成本法的优势

运用分步成本系统的公司往往生产大量类似或相近的产品。在这些公司里往往直接设定生产产出需要的投入标准量。将单位投入的标准成本与投入的标准数量相结合可以得出单位产出的标准成本。

诸如纺织、陶瓷、油漆和包装食品等生产多样化产品的行业会感到无论是加权平均法还是先进先出法都很复杂。举例来说，一个轧钢厂会使用各种钢铁合金生产出各种不同型号不同类别的产成品。投入的直接材料项目和需要的加工工序可能并不复杂，但是在它们之间采取大量不同的组合方式情况下，可以得到多种多样的产品。在这样的情况下，如果应用广泛平均的分步成本法，会使各种产品的成本不准确。因此，这些行业的管理者通常使用分步成本法的标准成本法。

在标准成本法下，根据每种产品的不同技术加工要求，设计团队与工程师、操作人员、管理会计人员一起来制定单独标准或约当单位成本。识别每种产品的标准成本可以消除将所有产品按单一的平均成本计算的弊端。

□ 标准成本核算下的计算过程

我们仍以太平洋电子公司的装配部门为例，不过这次是使用标准成本分配。假定2014年2月份和3月份采用相同的标准成本规定，装配部门的数据如下（单位：美元）：

文件(F) 编辑(E) 视图(V) 插入(I) 格式(O) 工具(T) 数据(D) 窗口(W) 帮助

	A	B	C	D	E
1		实物数量 (SG-40) (1)	直接材料 (2)	加工成本 (3)	总成本 (4)= (2)+ (3)
2	单位标准成本		74	54	
3	在产品，期初存货(3月1日)	225			
4	期初在产品完工率		100%	60%	
5	标准成本制下期初在产品存货成本		16 650[a]	7 290[a]	23 940
6	3月份投入生产	275			
7	3月份完成并转出	400			
8	在产品，期末存货(3月31日)	100			
9	期末在产品完工率		100%	50%	
10	3月份实际追加的总成本		19 800	16 380	36 180
11					
12					
13	[a]标准成本制下期初在产品存货				
14	直接材料：225×100%×74=16 650				
15	加工成本：225×60%×54=7 290				

下面我们将采用以前描述的五步骤来说明分步成本法的标准成本法。

图表17—12介绍了标准成本核算的第1、2两个步骤。这两个步骤与图表17—6中的先进先出法的前两步完全一致，因为与先进先出法一样，标准成本法也假设期初在产品中最早的约当产量最先完工。本期投入的产出相当于275约当产量的直接材料和315约当产量的加工成本。

图表 17—12 2014 年 3 月装配部门：汇总实物产量与计算约当产量，标准成本法

单位：件

	(步骤1)	(步骤2)	
		约当产量	
生产流	实物产量	直接材料	加工成本
期初在产品（已知）	225		
本期投入（已知）	275		
应计	500		
本期完工并结转：			
来自期初存货[a]	225		
[225×(100%-100%);225×(100%-60%)]		0	90
投入并完工	175[b]		
(175×100%;175×100%)		175	175
期末在产品[c]（已知）	100		
(100×100%;100×50%)		100	50
实计	500		
本期完工产品		275	315

a本部门完工程度：直接材料100%；加工成本60%。

b完工并结转的400单位减去来自期初存货的完工并结转的225单位。

c本部门完工程度：直接材料100%；加工成本50%。

图表 17—13 描述了步骤 3、步骤 4 与步骤 5。步骤 3 汇总了应计总成本（也就是说“在产品——装配部门”账户的借方），这一数据与实际成本基础上的加权平均法和 FIFO

图表 17—13 2014 年 3 月装配部门：计算约当单位成本，汇总应计总成本，将成本分配给完工品与在产品，标准成本法

单位：美元

		总生产成本	直接材料		加工成本	
(步骤3)	期初在产品（已知）					
	直接材料：225×74；加工成本：135×54	23 940	16 650		7 290	
	在标准成本下本期投入					
	成本直接材料：275×74；加工成本：315×54	37 360	20 350		17 010	
	应计总成本	61 300	37 000		24 300	
(步骤4)	约当产量的单位标准成本（已知）		74		54	
(步骤5)	在标准成本下的成本分配：					
	完工并结转（400单位）					
	期初在产品（225单位）	23 940	16 650	+	7 290	
	本期投入成本	4 860	(0[a]×74)	+	(90[a]×54)	
	来自期初存货的总成本	28 800				
	本期投入并完工（175单位）	22 400	(175[b]×74)	+	(175[b]×54)	
	完工并结转产品的总成本	51 200				
	期末在产品（100单位）	10 100	(100[c]×74)	+	(50[c]×54)	
	实计总成本	61 300	37 000	+	24 300	
汇总本期业绩差异						
在标准成本下本期投入的成本（步骤3）			20 350		17 010	
实际发生的成本（已知）			19 800		16 360	
差异			550	F	630	F

a来自图表17—12步骤2的完工期初在产品的约当产量。

b来自图表17—12步骤2的本期投入并完工的约当产量。

c来自图表17—12步骤2的期末在产品的约当产量。

下的“在产品——装配部门”账户的借方不同。因为在标准成本核算系统中，在产品账户的借方反映的是标准成本而不是实际成本。标准成本合计为61 300美元。步骤4对约当单位成本的计算，在标准成本法下比加权平均法和FIFO简单得多。因为无须像加权平均法和FIFO一样计算约当单位成本，约当单位成本就是标准成本：直接材料耗费74美元，加工成本54美元。

图表17—13步骤5像先进先出法一样对完工并结转产品和期末在产品进行成本分配。步骤5按图表17—12计算的约当产量计算标准成本金额。这些成本：(1)首先分配给完工的期初在产品存货；(2)再分配给本期投入并完工的产品；(3)最后分配给本期投入但本期未完工的期末在产品。可以看到图表17—13步骤5中的实计总成本61 300美元等于应计总成本。

□ 差异的会计处理

使用标准成本的分步成本系统在直接材料控制账户中记录实际直接材料成本，在加工成本控制账户（与第8章中的控制费用控制账户相似）中记录实际加工成本。在下面的分录中，最初的两个分录按实际成本入账。在分录3和4a中，“在产品——装配部门”账户按标准成本累计直接材料成本和加工成本。分录3和4a分离了总差异，最后的分录按标准成本转出完工产品。

	借方	贷方
1. 借：装配部门直接材料控制（实际成本）	19 800	
贷：应付账款控制		19 800

记录3月份买入并用于生产的直接材料。此成本控制账户借方为实际成本。

	借方	贷方
2. 借：装配部门加工成本控制（实际成本）	16 380	
贷：应付工资和累计折旧等其他相关账户		16 380

记录装配部门3月份投入加工成本。此成本控制账户借方为实际成本。分录3、4、5使用图表17—13中的标准成本数据。

	借方	贷方
3. 借：在产品——装配部门（标准成本）	20 350	
贷：直接材料差异		550
装配部门直接材料控制		19 800

记录实际直接材料成本和全部直接材料差异。

	借方	贷方
4a. 借：在产品——装配部门（标准成本）	17 010	
贷：装配部门分配的加工成本		17 010

记录3月按标准率分配的加工成本。

	借方	贷方
4b. 借：在产品——装配部门（标准成本）	17 010	
贷：加工成本差异		630
装配部门加工成本控制		16 380

记录全部加工成本差异。

	借方	贷方
5. 借：在产品——检测部门（标准成本）	51 200	
贷：在产品——装配部门（标准成本）		51 200

记录装配部门完工并转入检测部门产品的标准成本。

在分录3和分录4b中，标准成本法下出现了差异科目，因为分配给本期产量的标准成本往往与本期实际成本不一样。回想一下，导致比预期更高利润的差异称为有利差异，而减少利润的差异是不利差异。从会计的角度讲，有利的成本差异记贷方，而不利的成本差异记借方。在前面的例子中，直接材料和加工成本差异都是有利差异。这也反映在图表 17—13 中两个差异的“F”符号上。

如第 7 章和第 8 章中提到的，根据计划与控制目的，可以对差异进行粗略或详细的测量与分析。有时，在直接材料购买时分离直接材料价格差异，分录 3 中只计算了效率差异。图表 17—14 显示在标准成本法下，成本如何在总账户间流转。

图表 17—14　　2014 年 3 月装配部门分步成本核算系统的标准成本流

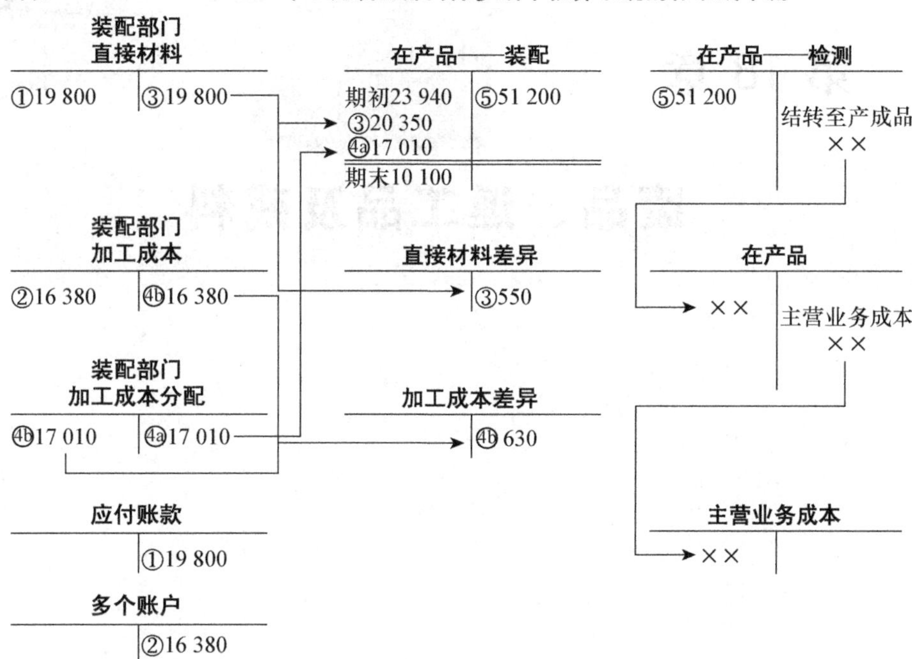

第 18 章

废品、返工品及残料

- 废品、返工品及残料定义
- 废品的两种类型
- 加权平均与先进先出分步成本法中的废品
- 质检点与正常废品的成本分配
- 分批成本法与废品
- 分批成本法与返工品
- 残料核算
- 附录　标准成本法与废品

学习目标

1. 理解废品、返工品及残料的定义
2. 识别正常与非正常废品的区别
3. 在分步成本法中用加权平均法、先进先出法核算废品成本
4. 在分步成本法的不同完工阶段核算废品成本
5. 在分批成本法中核算废品成本
6. 在分批成本法中核算返工品成本
7. 核算残料成本

当产品不符合规格，但随后经过维修被卖出去时，就叫做返工。

公司会尽最大可能减少生产中的返工、废品与残料。为什么？因为超过正常水平的废品与残料可能对公司的利润有重大的负面影响。返工也会引起大量产品延误，就像下面有关波音公司的文章说明的那样。

波音梦幻客机的返工和延误①

2007 年，波音公司计划推出最新的飞机——波音 787 梦幻客机。作为工程上最节能高效的商用飞机，梦幻客机收到了 900 多个客户订单，使其成为史上最畅销的商用飞机。

然而，第一架梦幻客机直到 2011 年底才实现首飞。设计和装配过程中充斥着生产混乱、零件短缺和供应链瓶颈。梦幻客机是波音公司的首次重大尝试——让供应商和合作伙伴负责设计制造机翼、机身和其他关键部件，运往波音总装。在飞机完成生产线装配后，问题还在发生。2013 年，两架飞机发生电池过热的问题——一架日本航空公司的飞机只能停在波士顿机场，一架全日空航空公司的飞机被迫紧急降落在日本。此后，监管者停飞了所有运行的 50 架梦幻客机。

波音梦幻客机被要求在未来几年进行重大返工。公司的工程师重新设计并改造了机翼的结构性缺陷，修复了飞机复合材料的裂缝，修改了错误的软件，重新设计了飞机的锂离子电池系统。这次返工给波音公司造成了昂贵的延误。许多客户因为飞机燃油效率低要求公司补偿，其他客户则取消了订单。2012 年，澳大利亚航空公司取消了 35 架飞机的订单，从波音公司拿到了包括定金和延误赔偿在内的 4.33 亿美元。据估计，该公司还损失了大约 4.5 亿美元的收入和改进电池系统时支付给航空公司的赔偿金。看来，梦幻客机的整体返工可能要持续到 2015 年。

① "Boeing 787 Faces Limits on Extended Range," *CNBC.com* (March 27, 2013); "Dreamliner Ready for Phase Ⅱ After Successful Test Flight," *Chicago Tribune* (March 26, 2013); Dominic Gates, "Boeing Dreamliner on Track, but Rework May Stretch to 2015," *Seattle Times* (November 26, 2012); Ross Kelly, "Qantas Deals New Blow to Boeing Dreamliner," *Wall Street Journal* (August 23, 2012); Peter Sanders, "At Boeing, Dreamliner Fix Turns Up New Glitch," *Wall Street Journal* (November 13, 2009); Karen West, "Boeing Has Much to Prove with 787," *MSNBC.com* (December 16, 2009).

如同波音公司一样，许多公司越来越重视提高产品、服务和作业质量，降低缺陷率。以前认为属于正常范围的缺陷率现在已变得不可忍受，公司都在追求质量持续改进。诸如建筑（Skanska 公司）、航空（洛克希德马丁公司）、产品开发软件（Dassault Systemes 公司）和特色食品（Tate & Lyle 公司）等不同行业的公司都设定了零缺陷目标。本章集中讨论废品、返工品及残料三种缺陷导致的成本及其核算方法，并说明在存在废品、返工品及残料时，如何确定：(1) 产品成本；(2) 产品销售成本；(3) 存货价值。

废品、返工品及残料定义

你可能对本章使用的下列术语很熟悉，但应确保你在管理会计的背景下理解它们。

废品（spoilage）是指由于不合格而被废弃或被削价处理的完工品或半成品。例如，被当作次品处理掉的衬衫、牛仔裤、鞋和地毯，以及那些出售给铝制品厂商以再次熔化生产铝箔的铝罐。

返工品（rework）是指由于不合格被退回后经返工修理作为合格产品出售的产成品。例如，在生产过程中或生产过程已结束但还未交货时检查出的不合格产品（如智能手机、平板电脑、笔记本电脑），有时可以经返工修理后作为合格产品出售。

残料（scrap）是指生产产品时剩余的材料。例如，木工作业中产生的短木片；塑料制模作业中产生的边角料；成衣业中产生的磨损布料和碎布料等。残料有时以相对较小的金额出售。在这个意义上，残料类似于我们在第 16 章研究的副产品。不同的是，残料是制造过程产生的残余，不是公司制造或销售的产品。

对很多生产流程而言，出现一定数量的废品、返工品及残料是很正常的。例如，半导体的制造非常复杂和精细，由于在晶片生产过程中，有灰尘附着在晶片上，并且硅衬底上有晶体缺陷，因此出现一些废品在所难免。通常这些废品不能返工。在生产那些要求能承受高强度的高精密机械工具时，也会产生废品和返工品，这些废品能返工修理成为合格产品，但需要相当大的成本。在采矿业，公司要处理富含多种贵重金属的矿石，因此出现少量矿石残料不可避免。

废品的两种类型

废品的会计核算目的，是确定废品成本的大小并区分正常废品成本与非正常废品成本。[①] 为了便于管理、控制并减少废品成本，公司应将这些成本单独列示出来，而不应把它们混杂在合格产品成本中。

我们以 Mendonza Plastics 公司为例说明正常废品与非正常废品。Mendonza 公司采

① 十分感谢 Saskatchewan 大学的 Samuel Laimon 的有益建议。

用塑料注塑成型法为 iMac 台式计算机生产塑料外壳，2014 年 1 月，Mendonza 公司以 3 075 000 美元的成本生产了 20 500 件产品，其中 20 000 件为完工合格产品，500 件为废品。该月期初期末均无存货。500 件废品中，400 件是由注塑成型设备本身不能始终生成 100%合格的外壳引起的，也即虽然机器有效运转但还是出现了这些废品。剩下的 100 件是由机器故障和误操作引起的。

□ 正常废品

正常废品（normal spoilage）是指即使有效生产，在特定生产过程中依旧不可避免会产生的废品。正常废品的成本通常被视为完工合格产品成本的一部分，因为如果没有一些缺陷产品，就不可能生产出合格产品。由于这种原因，正常废品的成本是计入存货的，即这些成本包括在完工合格产品成本中。下面的计算显示了 Mendonza 公司如何核算 400 件正常废品的成本。

单位生产成本为 150 美元（3 075 000÷20 500）	
合格产品成本（150×20 000）	3 000 000 美元
正常废品成本（150×400）	60 000 美元
完工合格产品成本（包括正常废品）	3 060 000 美元

$$单位合格产品生产成本=\frac{3\ 060\ 000}{20\ 000}=153(美元)$$

计算正常废品率时，应用正常废品数量除以总完工合格产品数量，而不是除以实际的投入单位。在 Mendonza 公司，正常废品率为 400÷20 000＝2%。在生产速度和正常废品率之间有一个权衡。管理层在精确地做出每小时的产量决策时，应该了解一定水平的废品是不可避免的。

□ 非正常废品

非正常废品（abnormal spoilage）是指在有效的生产条件下不应该产生的废品。它不是特定生产流程的必然结果。在 Mendonza 公司，100 件废品是由于机器故障和操作失误而产生的，因此属于非正常废品。（如果 Mendonza 公司设定的目标是 100%的合格产品，那么 500 件废品就是非正常的。）非正常废品通常都被视为可避免和可控制的。生产线工人或其他人员可以通过识别机器故障、意外事故等发生原因，并采取措施防止其再次发生，从而减少或消除非正常废品。为了突出非正常废品成本的影响，公司应计算非正常废品数量，并将非正常废品的成本作为单独项目反映在利润表的非正常废品损失账户中。即，非正常废品的成本不计入存货，直接作为期间费用冲销。Mendonza 公司的非正常废品损失为 15 000 美元（150×100）。

分步成本法和分批成本法中都会出现废品核算问题。下面我们讨论这两种情况，首先讨论分步成本法下的废品核算。

加权平均与先进先出分步成本法中的废品

分步成本法是如何核算废品数量的？我们已经说过，应计算非正常废品的数量并单独记录在非正常废品损失账户中。但正常废品又该如何？分步成本法下，这些废品被计入实物产量或约当产量中。下面的例子说明了这种方法。

计算所有废品

【例1】 Chipmakers公司为电视设备生产计算机芯片，所有直接材料均在期初投入。为了突出正常废品引起的问题，我们假设没有期初存货，且只讨论直接材料成本。2014年5月的数据如下：

	A	B	C
1		实物产量	直接材料
2	在产品期初存货（5月1日）	0	
3	5月投入量	10 000	
4	5月完工并结转的合格品	5 000	
5	废品量（所有正常废品）	1 000	
6	在产品期末存货（5月31日）	4 000	
7	5月追加的直接材料成本		270 000

生产流程结束时确认废品，废品的净处置价值为零。

质检点（inspection point）是指生产周期中对产品进行检验以判断产品是否合格的一个阶段。通常假定废品产生在完工检验时。因此在我们的例子中，假定用直接材料100%完成了废品的生产。

图表18—1核算并分配了生产合格品和正常废品而使用的直接材料成本。总的说来，Chipmakers公司的约当产量为10 000单位，其中5 000单位（5 000×100%）的约当产量为完工合格产品，4 000单位（4 000×100%）的约当产量为期末在产品，1 000单位（1 000×100%）的约当产量为正常废品。给定5月的直接材料总成本是270 000美元，这样约当单位成本是27美元。包含正常废品成本在内的完工并结转产品的总成本是162 000美元（6 000×27），而期末存货成本是108 000美元（4 000×27）。

注意，4 000单位的期末在产品没有承担任何正常废品成本，因为这些产品没有经过检验。毫无疑问，某些期末存货的产品将被检验出是废品，这些产品在下一个会计期间才完工并检验。那时，这些成本将计入当期的完工合格产品成本中。再次注意，图表18—1描述了正常废品的成本是27 000美元。这种方法强调正常废品成本的重要性，有助于管理层重点关注减少废品的潜在经济利益。

图表 18—1 2014 年 5 月 Chipmakers 公司使用约当产量核算合格产品与废品的直接材料成本 单位：美元

	A	B
1		计算约当产量时计入废品数量
2	应计成本	270 000
3	除以约当产量	÷10 000
4	约当单位成本	27
5	成本分配：	
6	完工合格品成本（5 000×27）	135 000
7	加正常废品成本（1 000×27）	27 000
8	完工并结转的合格品总成本	162 000
9	期末在产品（4 000×27）	108 000
10	实计成本	270 000

□ 分步成本法核算废品成本的五步骤法

【例 2】 Anzio 公司的生产部门生产一种可回收容器。直接材料在生产周期的期初一次性投入，产品加工成本在生产期内均匀发生。生产过程中出现的废品只有在成品检验时才能发现。正常来说，废品率是完工合格产品的 10%，即每生产 10 单位完工合格产品，就会出现 1 单位正常废品。2014 年 7 月的汇总数据如下：

	A	B	C	D	E
1		实物产量 (1)	直接材料 (2)	加工成本 (3)	总成本 (4) = (2) + (3)
2	在产品，期初存货（7月1日）	1 500	12 000	9 000	21 000
3	期初在产品完工率		100%	60%	
4	7月投入生产	8 500			
5	7月完工并结转的合格品	7 000			
6	在产品，期末存货（7月31日）	2 000			
7	期末在产品完工率		100%	50%	
8	7月追加的总成本		76 500	89 100	165 600
9	正常废品占合格品的百分比	10%			
10	正常废品完工率		100%	100%	
11	非正常废品完工率		100%	100%	

我们稍微改动第 17 章中介绍的五步骤法就可以用于废品成本的核算。

步骤 1：汇总实物产量。确定正常废品和非正常废品数量。

$$\begin{aligned}\text{总废品数量} &= \left(\text{期初在产品存货数量} + \text{投入数量}\right) - \left(\text{结转合格品数量} + \text{期末在产品存货数量}\right)\\ &= (1\,500+8\,500)-(7\,000+2\,000)\\ &= 10\,000-9\,000\\ &= 1\,000(\text{单位})\end{aligned}$$

回想一下，Anzio 公司的正常废品数量为合格产品的 10%。因此正常废品数量等于 7 000 单位合格产品的 10%，即 700 单位。然后，我们可以用这些信息计算正常废品数量：

非正常废品数量＝总废品数量－正常废品数量
＝1 000－700
＝300(单位)

步骤 2：用约当产量来计算产量。管理者采用与核算合格品约当产量相同的方法核算废品的约当产量。所有废品数量都包括在产量的计算中。由于 Anzio 公司的质检点在完工时，因此单位废品与单位合格产品消耗的工作量是一样的。

步骤 3：汇总应计总成本。应计总成本包括借方为在产品的所有成本。该步骤与第 17 章的步骤 3 类似。

步骤 4：计算约当单位成本。这一步骤与第 17 章的步骤 4 类似。

步骤 5：在完工品、废品和期末在产品中分配总成本。本步骤包括废品成本及合格产品成本的计算。

下面，我们分别在加权平均法、先进先出法下说明应用分步成本法核算废品成本的五步骤法。本章附录有标准成本法的说明。

加权平均法与废品

图表 18—2 的 A 部分列出了步骤 1 和步骤 2，计算出本期约当产量，并包含正常废品和非正常废品的约当产量计算。图表 18—2 列出了步骤 3、步骤 4 和步骤 5（合起来称为产品成本计算表）。

图表 18—2　2014 年 7 月生产部门在分步成本法下用加权平均法核算废品成本

A. 汇总实物产量和计算约当产量

文件　开始　插入　页面布局　公式　数据　审阅　视图

	A	B	C	D	E
1			（步骤1）	（步骤2）	
2				约当产量	
3		生产流	实物产量	直接材料	加工成本
4		期初在产品（见前面）	1 500		
5		本期投入（见前面）	8 500		
6		应计产量	10 000		
7		本期完工并结转的合格品	7 000	7 000	7 000
8		正常废品[a]	700		
9		（700×100%；700×100%）		700	700
10		非正常废品[b]	300		
11		（300×100%；300×100%）		300	300
12		期末在产品[c]（见前面）	2 000		
13		（2 000×100%；2 000×50%）		2 000	1 000
14		实计	10 000		
15		已完工产品约当产量		10 000	9 000
16					
17	a.正常废品为结转合格品的10%：10%×7 000=700（单位）。本部门的正常废品完工程度：直接材料，				
18	100%；加工成本，100%。				
19	b.非正常废品=总废品-正常废品=1 000-700=300（单位）。本部门的非正常废品完工程度：直接材料，				
20	100%；加工成本，100%。				
21	c.本部门完工程度：直接材料，100%；加工成本，50%。				

B. 汇总应计总成本，计算约当产量单位成本，并将总成本分配给完工产品、废品和期末在产品（单位：美元）

	A	B	C	D		E
23			产品总成本	直接材料		加工成本
24	(步骤3)	期初在产品（见前面）	21 000	12 000		9 000
25		本期追加成本（见前面）	165 600	76 500		89 100
26		应计总成本	186 600	88 500		98 100
27	(步骤4)	已发生成本		88 500		98 100
28		除以已完工约当产量（见表A）		÷10 000		÷9 000
29		约当单位成本		8.85		10.90
30	(步骤5)	成本分配:				
31		完工并结转的合格品（7 000单位）				
32		不含正常废品的成本	138 250	(7 000[d]×8.85)	+	(7 000[d]×10.90)
33		正常废品（700单位）	13 825	(700[d]×8.85)	+	(700[d]×10.90)
34	(A)	完工并结转的合格品总成本	152 075			
35	(B)	非正常废品（300单位）	5 925	(300[d]×8.85)	+	(300[d]×10.90)
36	(C)	期末在产品（2 000单位）	28 600	(2 000[d]×8.85)	+	(1 000[d]×10.90)
37	(A)+(B)+(C)	实计总成本	186 600	88 500	+	98 100
38						
39	d.直接材料与加工成本约当产量的计算见A部分的步骤2。					

在步骤 3 中，管理者汇总了应计总成本。在步骤 4 中，他们用加权平均法计算约当单位成本。应注意的是，对于每一个成本分类，加权平均成本是用期初在产品成本与本期发生的成本之和除以期初在产品约当产量与本期完工的约当产量之和得到的。在最后一个步骤中，管理者用步骤 2 的约当产量与步骤 4 的约当单位成本相乘，将总成本分配给完工品、正常废品、非正常废品及期末存货。还要注意，13 825 美元的正常废品成本计入合格品的成本中去。

$$\text{完工并结转的合格品的单位成本} = \frac{\text{总结转成本(包括正常废品的成本)}}{\text{完工的合格品数}}$$
$$= 152\,075 \div 7\,000 = 21.725(\text{美元/单位})$$

它并不等于单位约当产量的直接材料成本（8.85 美元）与加工成本（10.90 美元）之和 19.75 美元/单位。这是因为单位合格产品成本等于单位约当产量的成本 19.75 美元加上正常废品的成本 1.975 美元（13 825÷7 000），即为 21.725 美元/单位。5 925 美元的非正常废品成本被记入非正常废品损失账户，不包括在合格品成本中。①

□ 先进先出法与废品

图表 18—3 的 A 部分给出了先进先出法下的步骤 1 和步骤 2，该方法关注本期发生的约当产量。图表 18—3 的 B 部分给出了步骤 3、步骤 4 和步骤 5。应注意的是，分配成本时，先进先出法将期初在产品成本与本期发生成本区分开来。由于使用的是本期的单位成本，因此假定所有废品成本都与本期完工产量有关。②

① 废品（和返工品）的实际成本通常大于会计系统中记录的成本，因为会计系统不记录生产线的中断成本、仓储成本以及丧失的贡献毛益。第 19 章从成本管理的角度对这些机会成本进行了讨论。

② 为了简化先进先出法的计算，可认为废品在本期一次性投入。虽然有些期初在产品可能已经报废了，但所有废品都视为由本期生产产生的。

图表 18—3　　2014 年 7 月生产部门在分步成本法下用先进先出法核算废品成本

A. 汇总实物产量和计算约当产量

文件　开始　插入　页面布局　公式　数据　审阅　视图

	A	B	C	D	E
1			（步骤1）	（步骤2）	
2				约当产量	
3		生产流	实物产量	直接材料	加工成本
4		期初在产品（见前面）	1 500		
5		本期投入（见前面）	8 500		
6		应计产量	10 000		
7		本期完工并结转的合格品：			
8		期初在产品完工[a]	1 500		
9		（1 500×（100%-100%）；1 500×（100%-60%））		0	600
10		本期投入并完工	5 500[b]		
11		（5 500×100%；5 500×100%）		5 500	5 500
12		正常废品[c]	700		
13		（700×100%；700×100%）		700	700
14		非正常废品[d]	300		
15		（300×100%；300×100%）		300	300
16		期末在产品[e]（见前面）	2 000		
17		（2 000×100%；2 000×50%）		2 000	1 000
18		实计	10 000		
19		本期完工产品		8 500	8 100
20					
21	a.本部门完工程度：直接材料，100%；加工成本，60%。				
22	b.完工并结转的7 000单位实物产量减去期初在产品完工并结转的1 500单位实物产量。				
23	c.正常废品为结转合格品的10%：10%×7 000=700（单位）。本部门正常废品完工程度：直接材料，100%；加工成本，100%。				
24	d.非正常废品=实际废品－正常废品=1 000－700=300（单位）。本部门非正常废品完工程度：直接材料，100%；加工成本，100%。				
25	e.本部门完工程度：直接材料，100%；加工成本，50%。				

B. 汇总应计总成本，计算约当产量单位成本，并将总成本分配给完工产品、废品和期末在产品（单位：美元）

文件　开始　插入　页面布局　公式　数据　审阅　视图

	A	B	C	D		E
26			产品总成本	直接材料		加工成本
27	（步骤3）	期初在产品（见前面）	21 000	12 000		9 000
28		本期追加成本（见前面）	165 600	76 500		89 100
29		应计总成本	186 600	88 500		98 100
30	（步骤4）	本期追加成本		76 500		89 100
31		除以本期完工产品的约当产量（见A部分）		÷8 500		÷8 100
32		约当单位成本		9.00		11.00
33	（步骤5）	成本分配：				
34		完工并结转的合格品（7 000单位）				
35		期初在产品（1 500单位）	21 000	12 000		9 000
36		本期追加成本	6 600	（0[f]×9）	+	（600[f]×11）
37		期初在产品的完工产品（不含正常废品）	27 600			
38		投入并完工的产品（不含正常废品，5 500单位）	110 000	（5 500[f]×9）	+	（5 500[f]×11）
39		正常废品（700单位）	14 000	（700[f]×9）	+	（700[f]×11）
40	（A）	完工并结转的合格品总成本	151 600			
41	（B）	非正常废品（300单位）	6 000	（300[f]×9）	+	（300[f]×11）
42	（C）	期末在产品（2 000单位）	29 000	（2 000[f]×9）	+	（1 000[f]×11）
43	（A）+（B）+（C）	实计总成本	186 600	88 500	+	98 100
44						
45	f.直接材料与加工成本约当产量的计算见A部分的步骤2。					

第 17 章强调了管理者在先进先出法与加权平均法之间进行选择时，必须考虑税收、业绩评价、会计基础的契约等要素。为了避免虚报营业利润，它还强调了仔细估计完成

程度的重要性。这些因素也同样适用于本章中的材料。此外，废品带来了一个新问题，就是要以一种无偏见的方式估计正常废品的比率。希望表现更好业绩的主管可能将更多的废品归为正常产品，从而减少作为非正常废品损失而必须冲销的金额。管理者必须强调完工和正常废品比率的一致和无偏估计的重要性，阐明追求道德行为与报告正确利润数字的重要性，而不管这样做的短期后果。

分录

由图表 18—2 的 B 部分、图表 18—3 的 B 部分中的信息可得到如下分录，将完工合格品转入完工品，并确认非正常废品损失。

	加权平均法		先进先出法	
借：产成品	152 075		151 600	
贷：在产品——生产部门		152 075		151 600
结转 7 月完工合格品。				
借：非正常废品损失	5 925		6 000	
贷：在产品——生产部门		5 925		6 000
确认 7 月非正常废品损失。				

质检点与正常废品的成本分配

废品可能发生在生产过程的不同阶段，但通常只能在一个或几个质检点发现废品。废品成本等于质检点前发生的所有生产成本。若废品还有处置价值（如将地毯作为“次品”售出），废品的净成本等于废品成本减去处置价值。

当正常废品和非正常废品在同一个质检点被查出，则两者单位成本相等。Anzio 公司的例子就是这种情况，只在产品完工时检验。但若非正常废品不在同一个质检点被查出，就会出现问题。以衬衫生产为例，在产品完工检验时能发现正常废品。现在假定生产过程中一台机器出现故障，导致出现多件不合格衬衫。这些不合格衬衫为非正常废品，不发生在正常废品质检点，而发生在生产流程的某一点。那么，非正常废品的单位成本以生产流程中间累计发生的成本为基础计算而得，而正常废品的单位成本以生产流程结束时累计发生的成本为基础计算而得，因此这两者的单位成本不一样。

非正常废品的成本要作为发现当期的损失单独核算。但由于正常废品成本为合格品成本的追加成本，这就产生了一个问题：是否应将正常废品成本在完工品和期末在产品存货间进行分配？一般的处理方法是假定正常废品发生在质检点，因此应将其成本分摊在会计期间内经过质检点的所有产品上。

Anizo 公司只在生产过程结束时检验产品。因此不应将正常废品成本分配给期末在产品。假设 Anizo 公司准备在更早的阶段检验产品。如果期末在产品也经过质检点，那么正常废品成本除了分配给完工品，还应分配给期末在产品。例如，如果质检点在生产周期的中间，那么任何在产品都至少完成了 50%，应进行完全的正常废品成本分配，分配基数为质检点前发生的所有成本。但完工程度低于50%的在产品则不必进行正常废品成本的分配。

为了更好地理解这些问题，假设Anizo公司在生产过程的不同阶段检验产品。这如何影响正常废品与非正常废品的数量？像前面一样，考虑生产部门，直接材料在生产开始时投入，而加工成本在生产过程中均匀投入。

考虑三种不同的情况：（1）完工20%时进行检验；（2）完工55%时进行检验；（3）完工100%时进行检验。最后一种选择是我们已经分析过的（见图表18—2）。假设，正常废品是检验合格品的10%。在这三种情况下共有1 000单位废品。根据当期通过检验的合格品数量计算正常废品。下面是2014年7月的数据。应注意正常废品与非正常废品的数量如何随检验阶段而变化。

	A	B	C	D
1		实物产量：检验发生的完工阶段		
2	生产流	20%	55%	100%
3	期初在产品[a]	1 500	1 500	1 500
4	7月投入	8 500	8 500	8 500
5	应计产量	10 000	10 000	10 000
6	完工并结转的合格品			
7	（10 000-1 000－2 000）	7 000	7 000	7 000
8	正常废品	750[c]	550[d]	700[e]
9	非正常废品	250	450	300
10	期末在产品[b]	2 000	2 000	2 000
11	实计	10 000	10 000	10 000
12				
13	a.本部门完工程度：直接材料，100%；加工成本，60%。			
14	b.本部门完工程度：直接材料，100%；加工成本，50%。			
15	c.10%×（8 500－1 000），因为当期只有投入的产品通过了20%的完工质检点。期初在产品没有			
16	包括在计算中，因为在产品在期初已经完工了60%，在上期通过了质检点。			
17	d.10%×（8 500－1 000－2 000）。不包括期初和期末在产品，因为本期二者都没有检验。			
18	e.10%×7 000，因为本期7 000单位全部完工并检验。			

下图显示了7月的实物产量流，并且说明了表中的正常废品数量。注意，7 000单位合格品已经完工并结转——1 500单位来自期初在产品，5 500单位来自本期投入并完工的产品——还有2 000单位期末在产品。

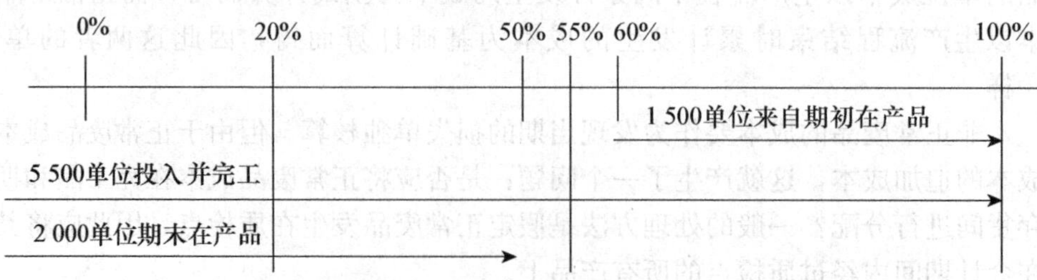

为了观察通过每个质检点的产品数量，考虑图中20%，55%和100%质检点处的垂直线。注意，20%处的垂直线穿过了两条水平线——投入并完工的5 500单位合格品和2 000单位期末在产品——共7 500单位合格品。（20%的垂直线没有穿过那条代表1 500单位完工合格品的线，这些产品来自期初在产品，因为这些产品在期初时已完工

60%，因此本期没有检验。）正常废品等于 750 单位（7 500×10%）。另一方面，55%处的垂直线穿过了第二条水平线，这表明只有 5 500 单位的合格品通过了这个点。在此情况下，正常废品是 550 单位（5 500×10%）。在 100%这一点处，正常废品是 700 单位（7 000（即 1 500+5 500）×10%）。

图表 18—4 显示了如果在 20%完工阶段检验产品，加权平均法下约当产量的计算方法。产品在质检点前发生的直接材料和加工成本决定了约当产量的计算。废品有 100%的直接材料和 20%的加工成本。因为期末在产品存货通过了质检点，所以要将正常废品成本分配给这些产品，就像这些产品已经完工并结转一样。例如，完工并结转产品的加工成本包括 7 000 单位合格品的加工成本加上 20%×10%×5 500=110 约当产量正常废品的加工成本。因为在质检点加工成本只完成了 20%，所以要乘以 20%才能得到正常废品的约当产量。期末在产品存货的加工成本包括 2 000×50%=1 000 约当产量合格品的加工成本，加上 20%×10%×2 000=40 约当产量正常废品的加工成本。这样，实计的正常废品约当产量就是与完工并结转产品相关的 110 约当产量，加上与期末在产品存货有关的 40 约当产量，总共 150 约当产量，如图表 18—4 所示。

图表 18—4　2014 年 7 月生产部门在分步成本法下用加权平均法核算废品约当产量，完成 20%检验

	A	B	C	D
1		（步骤1）	（步骤2）	
2			约当产量	
3	生产流	实物产量	直接材料	加工成本
4	期初在产品[a]	1 500		
5	本期投入	8 500		
6	应计产量	10 000		
7	本期完工并结转的合格品	7 000	7 000	7 000
8	正常废品	750		
9	（750×100%；750×20%）		750	750
10	非正常废品	250		
11	（250×100%；250×20%）		250	250
12	期末在产品[b]	2 000		
13	（2 000×100%；2 000×50%）		2 000	2 000
14	实计	10 000		
15	本期完工产品		10 000	8 200
16				
17	a. 完工程度：直接材料，100%；加工成本，60%。			
18	b. 完工程度：直接材料，100%；加工成本，50%。			

及早的质检能防止继续在废品上浪费直接材料和加工成本。例如，如果能在产品完成加工成本的 70%（而不是 100%）时进行检验，而废品发生在 70%点之前，公司就能避免在废品上继续浪费 30%的加工成本。尽管在 Anzio 的例子中不适用，但更一般地，公司还可以节省 70%完工阶段后投入的包装或其他直接材料。在过早的完工阶段进行检验的缺点是后期过程阶段损坏的产品可能没有被发现。正是由于这些原因，企业往往进行多次检验，并授权员工及时识别和解决缺陷。

分批成本法与废品

正常和非正常废品的概念同样也可以应用于分批成本法中。公司试图单独确定非正常废品，这样就可以完全消除它。因此我们不将非正常废品成本视为存货成本，而是在发现的本期作为期间成本直接冲销。与分步成本法一样，分批成本法也将正常废品成本作为存货成本，虽然越来越多的公司只能容忍小部分正常废品的存在。在分配成本时，分批成本法通常要区分与特定批次有关的正常废品和与所有批次有关的正常废品。

我们用下面的例子说明分批成本法下的废品成本核算。

【例3】 Hull机械厂生产飞机零部件，一批50个零部件出现了5个废品。在产品检验前已发生的单位成本为2 000美元。在发现废品时，按每个600美元的净处置价值记入存货账户。

在本节及以后的章节中，我们关注的核心问题是，应如何核算这2 000美元的单位成本。

与特定批次有关的正常废品

当正常废品的发生与特定的批次有关时，该批次要承担扣除了处置价值后的净废品成本。确认残值处置价值的分录如下：

借：材料——本期废品的处置价值（5×600）	3 000
贷：在产品——特定批次（5×600）	3 000

应注意的是，在产品——特定批次账户已借记了10 000美元（5×2 000）的废品成本。该分录使得45单位（50－5）合格品的直接成本增加了正常废品的净成本7 000美元（10 000－3 000）。因此，合格品的总成本为97 000美元，包括生产合格品所发生的成本90 000美元（45×2 000）及正常废品的净成本7 000美元。合格品的单位成本即为2 155.56美元（97 000÷45）。

与所有批次有关的正常废品

在某些情况下，废品被认为是某一给定生产周期的正常特征。因此在这个生产过程中，只要对某一特定批次进行生产，就会产生废品。但这时废品并不是由这一特定批次引起的，因此也不应归入其成本中。相反，它应被视为制造费用。相关分录为：

借：材料——本期废品的处置价值（5×600）	3 000
制造费用——正常废品（10 000－3 000）	7 000
贷：在产品——特定批次（5×2 000）	10 000

当所有批次都可能发生正常废品时，预算制造费用分配率就包括了正常废品成本准备。这样，正常废品成本通过制造费用的分配在所有批次而不是特定批次中进行分摊。[①] 例如，如果Hull机械厂一个月内生产了140单位的合格品，7 000美元的正常废品制造费用就应按50美元/单位（7 000÷140）的比率进行分配。因此，上述特定批次应分摊

① 注意：已分配给产品的成本又记入制造费用账户中。该账户一般仅核算已发生的成本，而不是既核算已发生的成本又核算已分配的成本。

的正常废品制造费用为 2 250 美元（50×45），总成本为 92 250 美元，包括生产合格品所发生的成本 90 000 美元（45×2 000）及正常废品制造费用 2 250 美元。合格品的单位成本即为 2 050 美元（92 250÷45）。

非正常废品

如果废品是非正常的，则其净损失应记入非正常损失账户。与正常废品成本不同，非正常废品不是合格品生产成本的一部分。45 单位合格品的总成本为 90 000 美元（45×2 000）。合格品的单位成本为 2 000 美元（90 000÷45）。

借：材料——本期废品的处置价值（5×600）	3 000	
非正常废品损失（10 000－3 000）	7 000	
贷：在产品——特定批次（5×2 000）		10 000

虽然由于外部财务报告需要，非正常废品成本在发生本期冲销，且不与特定批次或产品单位相连，但公司经常会找出非正常废品发生的特殊原因，而且若合适，还会出于成本管理的目的将非正常废品与特定批次或产品单位相连。

上述会计处理强调了误判废品性质的潜在影响。正常废品成本可计入存货，加入生产的合格品成本中，而非正常废品的成本在发生当期计入费用。因此，在有存货的情况下，将废品划分为正常废品而不是非正常废品会导致当期营业利润增加。在上面的例子中，如果期末仍有 45 件产品未售出，那么这样的错误分类会使当期的利润增加 7 000 美元。与完工百分比的讨论一样，管理者确认废品率和废品类别不受部门主管为追求短期利益而操纵是很重要的。

分批成本法与返工品

返工品是指那些经检验为不合格品，需进行返工修理后才能作为合格品出售的产品。同废品一样，我们也必须区分：(1) 仅与某一特定批次有关的正常返工；(2) 与所有批次有关的返工；(3) 非正常返工。

我们还是沿用例 3 中 Hull 机械厂的数据来讨论该问题。假设 Hull 机械厂的 5 个废品零部件要进行返工。在考虑返工成本之前，分配到 5 个废品零部件的总成本 10 000 美元（成本明细是假定的）的分录如下：

借：在产品——特定批次	10 000	
贷：材料		4 000
应付职工薪酬		4 000
已分配制造费用		2 000

假设返工成本等于 3 800 美元（包括直接材料 800 美元、直接人工 2 000 美元、制造费用 1 000 美元）。

与特定批次有关的正常返工品

如果返工属于正常情况，而且是由于某一特定批次而发生的，则这些成本应分配到该批次中。有关分录如下：

借：在产品——特定批次	3 800
贷：材料	800
应付职工薪酬	2 000
已分配制造费用	1 000

与所有批次有关的正常返工品

如果返工属于正常情况，而且不是由于某一特定批次而发生的，则返工成本应属于制造费用并通过制造费用的分配分摊到所有批次中。

借：制造费用——返工成本	3 800
贷：材料	800
应付职工薪酬	2 000
已分配制造费用	1 000

非正常返工

如果返工属于非正常情况，应将该非正常返工记入损失账户。

借：非正常返工损失	3 800
贷：材料	800
应付职工薪酬	2 000
已分配制造费用	1 000

在分步成本法中，对返工品的成本核算也要求区分正常和非正常返工品。其对非正常返工品的会计处理与分批成本法类似，而由于分步成本法核算的是大量相同或相似产品的生产，因此其对正常返工品的会计处理类似于分批成本法对与所有批次有关的正常返工品的核算。

返工品的成本核算强调的是作业活动中的资源浪费。如果生产正常进行，就不会发生这些浪费，因而它促使管理人员采取措施以减少返工品。例如，设计新产品或新流程、培训工人或者购买新设备。为消除返工情况并简化会计核算，一些公司设定了零返工的标准。这样，所有的返工品都被视做非正常废品并作为本期费用予以冲销。

残料核算

残料是指生产产品时剩下的材料。与产品的销售价值相比，其经济价值很低。我们无须区分正常和非正常残料，因为残料无成本可言。唯一需要区分的是与特定批次有关的残料和与所有批次有关的残料。

残料成本核算主要涉及以下两个方面：

1. 计划和控制，包括其实物追溯；
2. 存货成本核算，包括何时及如何影响营业利润。

我们通常用实物形式对最初的残料进行记录。在不同的行业中，如金属残料或塑料制模的边角料等都是用重量、数量或者其他合适的单位来计量的。残料记录不仅对效率的衡量有帮助，而且能清楚地了解残料情况从而杜绝盗窃的发生。残料报告对实际发生的残料进行定期汇总，以便与预算或标准额度进行比较。它们或是被立即出售或处理，或是被储存以在将来进行出售、处理或再利用。

为了仔细地追溯残料，许多公司都在其会计系统单独记录有关残料的成本信息。这里的问题与第 16 章对副产品会计核算的讨论类似：

- 应于何时确认残料价值：生产时还是出售时？
- 应如何核算残料收入？

为了说明这一问题，我们再次沿用 Hull 机械厂的例子。假设在飞机零部件的生产过程中有残料产生，且一个批次残料的净处置价值为 900 美元。

□ 销售时确认残料

残料的金额不重要时，最简单的会计处理是注明返回仓库的残料数量，并将残料销售收入作为其他收入中的一项，单独列在利润表中。唯一的分录如下：

残料销售：

借：现金或应收账款	900	
贷：残料收入		900

若残料金额巨大且很快被售出，那么对其成本的核算取决于残料是仅与某一特定批次有关还是与所有批次都有关。

与特定批次有关的残料

分批成本法有时把残料的销售收入追溯到产生该残料的批次上。只有在追溯经济可行时才应使用这种方法。例如，Hull 机械厂和其客户——美国国防部达成以下协议：所有返工品或废品成本计入该特定订单，所有残料收入亦计入该批次。有关分录如下：

残料退库：

不做分录（仅将收到的数量和相关的批次记入存货记录中）。

残料销售：

借：现金或应收账款	900	
贷：在产品		900

过账到特定批次成本中。

与废品和返工品不同的是，没有与残料有关的成本发生，从而也就没有正常和非正常残料之分。无论残料的数目为多大，所有的残料收入都贷记到特定订单中，从而抵减了该批次的成本。

与所有批次有关的残料

此种情况下的分录如下：

残料退库：

不做分录（仅将收到的数量和相关的批次计入存货记录中）。

残料销售：

借：现金或应收账款	900	

贷：制造费用 900

过账到部门成本记录中的残料销售这一明细分类账中。

因为残料与任何特定批次或产品没有联系，所以除了在制定制造费用分配率时考虑到残料的销售收入，所有的产品都承担了生产成本，而没有贷记任何残料销售收入。这样，预算的制造费用分配率要比在不扣除预期残料销售收入时的制造费用分配率低。当残料金额不重要时，这种核算方法也可以用于分步成本法，因为分步成本法中的残料是所有相同或相似的产品共有的（与特定的产品无关）。

□ 生产时确认残料

在下面的例子中，我们假设回库的残料很快被销售或者是被处理掉，这样将不分配任何存货成本。但有时，如塑料制模边角料等残料的市场价值可能很高，而且从储存到销售或重新利用的时间间隔会很长且难以预测。在这种情况下，公司在分批成本法下，残料成本已记入有关批次的在产品账户中了。如将残料成本归入该批次，不需要另做分录；但若残料被售出，则应贷记该批次的在产品账户，以从批次成本中扣除残料处置价值。对残料的可变现价值做出较为保守的估计，以在同一会计期间确认生产成本和相关的残料收入。一些公司往往会推迟残料销售时间，以等待最有利的市场价格。在金属残料市场，价格的波动非常大。在这种情况下，很难确定一个“合理的存货价值”。

与特定批次有关的残料

在Hull机械厂的例子中，有关分录如下：

残料退库：

借：材料 900

贷：在产品 900

与所有批次有关的残料

在此情况下，有关分录如下：

残料退库：

借：材料 900

贷：制造费用 900

注意，借记的材料账户其实是代替了现金或应收账款账户。残料销售时的分录如下：

残料销售：

借：现金或应收账款 900

贷：材料 900

有时我们将残料作为直接材料再利用，而不作为残料销售。在这种情况下，它应以估计的可变现净值借记材料账户，而在再利用时贷记材料账户。例如，残料与所有批次都相关时的分录为：

残料退库：

借：材料 900

贷：制造费用 900

残料再利用：

借：在产品	900	
贷：材料		900

由于分步成本法适于核算大量相同或类似产品的生产，其对残料的会计处理类似于分批成本法对与所有批次有关的残料的核算。

管理人员开始关注残料的减少及其充分使用，尤其在残料成本很高时。例如，通用汽车公司重新设计了其塑模处理流程，从而减少了塑模产品中必须废弃的残料，同时也把废塑料当作直接材料进行再回收和再利用，节省了大量的投入成本。“观念实施：美国服饰公司将废料转化为产品出售”说明了致力于环境可持续发展的公司如何最小化废料和残料。

观念实施

美国服饰公司将废料转化为产品出售

在服装制造商中，美国服饰公司（American Apparel）在很多方面是独一无二的。该公司以前沿（并且有争议的）广告和产品品牌闻名，采用了垂直整合的商业模式——美国服饰公司是自己的制造商、批发商和零售商，这样就可以尽可能少地使用分包商。所有针织、染色、缝制、摄影、营销、分销和设计都在洛杉矶的工厂中进行。美国服饰公司也坚定地致力于可持续发展，目标就是尽可能减少浪费。

美国服饰公司减少浪费的一个关键方法是尽量减少废料——公司制造服装剩下的边角料。在裁剪衣服时，公司会最大限度地减少布匹图案之间的空隙。服装样式会按照原料使用率排名。对使用率低的样式，美国服饰公司会试图找到互补的样式，把它们放在一起裁剪，减少废料的产生量。公司已经为提高现有样式利用率竭尽所能，它还将剩余的材料做成纱线，用于制作新衣服，如果可能的话，就做成更小的配件。从这些模式的差距中，美国服饰公司发明了“创造性再利用”生产线用于生产 45 种不同的特色物件，包括（女子束发用的）弹性编织带、发饰、内衣和其他配件，并定期增加新产品。

这样说来，公司剩下的所有废料都卖给了顾客！2010 年，随着项目建议翻开新的一页，公司以 8 美元的售价推出了一款用剩料制作的包 Bag-O-Scraps。总的来说，除了传统的回收边角料和不可再利用的纤维残料，美国服饰公司每周还有 30 000 多磅的棉布边角料没有送入垃圾填埋场，即每年超过 100 万磅。

资料来源：Tice，Carol. 2010. American Apparel tries spinning straw into gold，sells scraps as econ-clothes. *CBS News*，May 11；American Apparel Inc.，“Vertical Integration：Sustainability，” http://www.americanapparel.net/verticalintegration/sustainability.html，accessed July 2013；“American Apparel takes environmental stand by recycling over 1 million pounds of cotton cuttings per year，” American Apparel Inc. press release（Los Angeles，CA，August 13，2002）.

自测题

Burlington 纺织公司有一些成本为 40 000 美元、处理净值为零的废品。

要求：

根据下面给出的资料，分别用分步成本法（部门 A）和分批成本法编制会计分录：

1. 非正常废品成本为 40 000 美元；
2. 所有批次共有的正常废品成本为 40 000 美元；
3. 与特定批次有关的正常废品成本为 40 000 美元。

解答：

	分步成本法			分批成本法		
1.	借：非正常废品损失	40 000		借：非正常废品损失	40 000	
	贷：在产品——部门 A		40 000	贷：在产品——特定批次		40 000
2.	直到完工结转时才编制分录，正常废品成本作为合格品成本的一部分结转。			借：制造费用	40 000	
	借：在产品——部门 B	40 000		贷：在产品——特定批次		40 000
	贷：在产品——部门 A		40 000			
3.	不适用。			无分录。废品成本仍包含在在产品——特定批次账户中。		

决策要点

下面的问答形式是对本章学习目标的总结，决策代表与学习目标相关的关键问题，指南则是对该问题的回答。

决策	指南
1. 什么是废品、返工品和残料？	废品是指由于不合格而被废弃或被削价处理的产品。返工品是指由于不合格被退回后经返工修理作为合格品出售的产品。残料是指生产产品时剩余的材料。与产品的销售价值相比，它的经济价值很低。
2. 正常废品与非正常废品有什么区别？	正常废品是指即使有效生产，在特定生产过程中依旧不可避免会产生的废品。非正常废品是指在有效的生产条件下不应该产生的废品，它不是特定生产流程的必然结果。非正常废品通常都被视为是可避免的和可控制的。
3. 如何用分步成本法中的加权平均法和先进先出法核算合格品和废品成本？	加权平均法下，期初存货成本和本期发生成本一起决定本期合格品成本（包含正常废品成本）和非正常废品成本（作为会计期间的损失）。 先进先出法下，在决定本期合格品成本（包含正常废品成本）和非正常废品成本（作为会计期间的损失）时，期初存货成本与本期发生成本是分别核算的。
4. 在不同完工程度进行质检如何影响正常和非正常废品的数量？	废品成本等于质检点前发生的所有生产成本。因此，废品成本随不同质检点而变化。
5. 如何用分批成本法核算废品成本？	与特定批次有关的正常废品成本归入该批次中，而与所有批次有关的正常废品成本作为制造费用的一部分在所有批次中进行分配。非正常废品损失作为会计期间的损失直接冲销。

6. 如何用分批成本法核算返工品成本？	与特定批次有关的正常返工品成本归入该批次中，而与所有批次有关的正常返工品成本作为制造费用的一部分在所有批次中进行分配。非正常返工品损失作为会计期间的损失直接冲销。
7. 如何核算残料成本？	残料或于销售或于生产时进入会计系统。如果残料不重要，销售时通常记作收入；如果残料重要，则在其与特定批次相关时，用售价或可变现净值冲减特定批次成本，而在其与所有批次相关时，冲减制造费用。

练习题

18—17　加权平均法，废品，约当产量（摘自 CMA）。Gray Manufacturing 公司制造丝制三角旗，Gray 公司采用分步成本法。下面是该公司 2014 年 11 月的数据。所有直接材料在期初一次性投入，加工成本在本期均匀连续地投入。质检在生产流程结束时进行。废品的净处置价值为零。Gray 公司采用分步成本法下的加权平均法进行成本核算。

	实物产量（三角旗）	直接材料（美元）	加工成本（美元）
11 月 1 日在产品[a]	1 000	1 423	1 110
2009 年 11 月投入	?		
2009 年 11 月完工并结转的合格品	9 000		
正常废品	100		
非正常废品	50		
11 月 30 日在产品[b]	2 000		
2009 年 11 月新增成本		12 180	27 750

a. 完工程度：直接材料，100%；加工成本，50%。
b. 完工程度：直接材料，100%；加工成本，30%。

要求：

计算直接材料和加工成本的约当产量。在你所列表格的第一列注明实物单位。

18—19　先进先出法，废品，约当产量。参看练习题 18—17 所给资料，假设 Gray 公司用分步成本法下的先进先出法而不是加权平均法核算成本。

要求：

计算直接材料和加工成本的约当产量。在你所列表格的第一列注明实物单位。

18—21　加权平均法，废品。LaCroix 公司生产中等质量的皮革手袋，并通过直销店和连锁百货店对外销售。在位于俄亥俄州东北部的工厂中，直接材料（主要是皮革）在生产开始时一次性投入，加工成本在生产过程中均匀投入。鉴于最小化产品回收的重要性，在生产结束时对产品进行检验，废品净处置价值为零。

公司采用分部成本法下的加权平均法。2014 年 4 月的数据如下：

	A	B	C	D
1		实物产量	直接材料	加工成本
2	期初在产品存货（4月1日）	2 400	21 240 美元	13 332 美元
3	期初在产品完工程度		100%	50%
4	4月投入	12 000		
5	4月完工并结转的合格产品	10 800		
6	期末在产品（4月30日）	2 160		
7	期末在产品完工程度		100%	75%
8	4月增加的总成本		97 560美元	111 408美元
9	正常废品占合格品的百分比	10%		
10	正常废品的完工程度		100%	100%
11	非正常废品的完工程度		100%	100%

要求：

1. 为每种成本类别计算约当产量。将实物产量填在表格的第一列。

2. 汇总应计总成本，计算每种成本类别的单位约当产量成本，将成本分配给完工并结转的产品（包括正常废品）、非正常废品和期末在产品。

18—23 废品，分录。Safeclear公司是一家汽车玻璃组件（如挡风玻璃）的领导制造商。公司用分步成本法核算在产品存货。当雪佛兰迈锐宝车型的挡风玻璃订单即第26批次产品正在加工时，一块夹层玻璃片偏离了切割机的中心，造成两块挡风玻璃损坏。因为这个问题周期性地出现，因此被视为正常损坏并被计入制造费用。因为这个步骤是挡风玻璃生产过程的第一步，所以唯一发生的成本是325美元直接材料。假设夹层玻璃不能出售，其成本已被计入产品存货。

要求：

请编制分录记录产生的废品。

18—25 加权平均法，废品。Waferco是一家飞速成长的计算机芯片制造商。直接材料在生产初期一次性投入。加工成本在生产过程中均匀投入。产品检验只能在产品生产完成后进行。废品的处置价值为零。公司使用分部成本法下的加权平均法。

2014年9月的汇总数据如下：

	A	B	C	D
1		实物产量	直接材料	加工成本
2	期初在产品存货（9月1日）	1 200	142 321美元	16 314 美元
3	期初在产品完工程度		100%	30%
4	9月投入	2 257		
5	9月完工并结转的合格品	2 300		
6	期末在产品存货（9月30日）	520		
7	期末在产品完工程度		100%	20%
8	9月增加的总成本		573 278美元	257 376美元
9	正常废品占合格品的百分比	15%		
10	正常废品完工程度		100%	100%
11	非正常废品完工程度		100%	100%

要求：

1. 计算每一种成本类别的约当产量。将实物产量填入表格第一列。

2. 汇总应计总成本；计算每种成本类别的单位约当产量成本；在完工并结转产品（包括正常废品）、非正常废品及期末在产品之间分配成本。

18—27 标准成本法，废品。参考练习题18—25中的信息。假设公司确定期初在产品和当期产成品的直接材料单位约当产量的标准成本为240美元，加工成本的单位约当产量标准成本为100美元。

要求：

1. 用标准成本法做练习题18—25。

2. 在检查约当产量的计算时，管理者应关注什么问题？

18—29 返工品，返工品成本。Heyer Appliances公司在其亚拉巴马州的Tuscaloosa工厂装配洗碗机。2014年2月发现60台洗碗机的循环马达不合要求。这些循环马达是从一家现已破产的供应商那里购进的，单位成本为110美元，处置价值为零。Heyer公司可以从现有供应商那里购买新的循环马达，以对60台洗碗机进行返工修理。每重换一个马达需花费125美元。

要求：

1. 核算这些返工品的材料成本时，是否还有其他备选方案？

2. 核算返工品的材料成本时，应用110美元的单位成本还是125美元的单位成本？请解释。

3. 由于这些循环马达是从一家（现）已破产的供应商那里购来的，Heyer公司在分析返工品总成本时还应考虑哪些其他成本？

18—31 加权平均法，废品。Seafood公司是一家位于缅因州的食品加工公司。它采用分步成本法下的加权平均法核算成本。该公司有两个部门：清洗和包装。在清洗部门，加工成本在加工过程中均匀地投入，直接材料在期初一次性投入。废品发生在每个过程末进行质检时，废品的净处置价值为零。所有的完工品转移到包装部门。5月的简要数据如下：

	A	B	C	D
1	Seafood公司：清洗部门	实物产量	直接材料	加工成本
2	期初在产品（5月1日）	3 600	5 316美元	1 953美元
3	期初在产品完工程度		100%	60%
4	5月投入	30 000		
5	5月完工并结转	24 600		
6	期末在产品（5月31日）	5 040		
7	期末在产品完工程度		100%	30%
8	5月投入的总成本		55 500美元	44 659美元
9	正常废品占合格品的百分比	10%		
10	正常废品完工程度		100%	100%
11	非正常废品完工程度		100%	100%

要求：

对清洗部门汇总应计总成本，并在完工并结转产品（包括正常废品）、非正常废品和期末在产品之间进行成本分配。（练习题18—33将从另一个方面对本题进行探讨。）

18—33 加权平均法，包装部门（续练习题18—31）。在Seafood公司的包装部门，加工成本在包装过程中均匀地投入，直接材料在期末一次性投入。废品发生在每个过程末进行质检时，废品的净处置价值为零。所有的完工品转移到下一个部门。5月的转入成本等于5月从清洗部门完工并结转的总成本，练习题 18—31 采用分步成本法下的加权平均法计算了此成本。5 月的简要数据如下：

	A	B	C	D	E
1	Seafood公司：包装部门	实物产量	转入成本	直接材料	加工成本
2	期初在产品（5月1日）	12 600	33 698美元	0	23 475美元
3	期初在产品完工程度		100%	0%	70%
4	5月投入	24 600			
5	5月完工并结转	26 400			
6	期末在产品（5月31日）	8 400			
7	期末在产品完工程度		100%	0%	40%
8	5月投入的总成本		?	5 760美元	40 845美元
9	正常废品占合格品的百分比	8%			
10	正常废品完工程度			100%	100%
11	非正常废品完工程度			100%	100%

要求：

用加权平均法汇总包装部门的应计总成本，并在完工并结转产品（包括正常废品）、非正常废品和期末在产品之间进行成本分配。

18—35　实物产量，不同完工水平下的质检，加权平均分步成本法。SunEnergy 公司生产太阳能板。将原料硅加工成太阳能板的关键步骤发生在组装部门，即将轻量光伏电池组装成模块并连接在构架中。在该部门，材料在生产初期一次性投入，加工是均匀进行的。

2014 年 11 月初，公司组装部门期初在产品有 2 400 个，材料完工程度为 100%，加工成本完工程度为 40%。当月投产 12 000 个，月末仍有 3 600 个在产品。未完工产品的材料完工程度为 100%，加工成本完工程度为 70%。

11 月，组装部门有 1 800 件废品。由于保持模块干燥并将光伏电池密封在玻璃层之间较为困难，因此正常废品约为合格品的 12%。11 月部门的成本如下（单位：美元）：

	期初在产品	本期发生的成本
直接材料成本	76 800	240 000
加工成本	123 000	1 200 000

要求：

1. 利用“质检点与正常废品的成本分配”章节的表格，计算质检点在完工程度为 30%、完工程度为 60% 和完工程度为 100% 时正常和非正常废品的数量。

2. 参考要求 1 的答案。为什么在不同质检点正常与非正常废品的数量不同？

3. 现假设装配部门在完工程度为 60% 时进行检验。用加权平均法计算 11 月组装部门结转产品的成本、非正常废品的成本及期末存货的成本。

18—39　实物产量，不同完工阶段的质检。Superb Furniture 公司以连续工艺生产塑料草坪家具。公司将熔融塑料注入模具中，然后进行冷却。直接材料在生产初期一次性投入，加工成本在生产过程中均匀投入。有时由于有气泡，塑料不能完全填充模具，就被当作废品。正常废品数量为通过检验的合格品数量的 6%。2014 年 3 月的信息如下：

期初库存：2 200（材料完工程度为 100%，加工成本完工程度为 20%）

投入产品：21 000

期末在产品：1 900（材料完工程度为 100%，加工成本完工程度为 70%）

2014 年 3 月公司有 1 800 件废品。

要求：

利用“质检点与正常废品的成本分配”章节的表格，计算质检点在完工程度为 15%、完工程度为 40% 和完工程度为 100% 时正常和非正常废品的数量。

18—41　加权平均法，80% 完工时的质检（A. Atkinson）。Horsheim 公司是一个家具制造商，它有两个部门：成型与表面加工。公司采用分步成本法中的加权平均法进行成本核算。表面加工部门 8 月记录的数据如下：

期初存货数量	25 000 单位
期初存货完工程度	25%
期初存货直接材料成本	0 美元
投入数量	175 000 单位
完工数量	125 000 单位
期末存货数量	50 000 单位
期末存货完工程度	95%
废品数量	25 000 单位
本期新增成本：	
直接材料	1 638 000 美元
直接制造人工	1 589 000 美元
制造费用	1 540 000 美元
期初在产品：	
转入成本	207 250 美元
加工成本	105 000 美元
本期转入成本	1 618 750 美元

加工成本在生产过程中均匀地投入，直接材料成本发生在 90% 完工时，质检发生在 80% 完工时，正常废品是质检合格品数的 10%，废品的净处置价值为零。

要求：

1. 汇总 8 月的应计总成本，并在完工并结转产品（包括正常废品）、非正常废品和期末在产品之间进行成本分配。

2. 在决定正常废品损失的比例时有什么管理问题需要考虑？如果所有的废品损失都是正常的，那么要求1的答案将会有什么变化？

附录　标准成本法与废品

标准成本法简化了正常和非正常废品成本的计算。为了举例说明，我们回到本章Anzio公司的例子。假设2014年7月，Anzio公司生产部门采用标准成本法，完工品的单位标准成本如下所示（单位：美元）：

直接材料	8.50
加工成本	10.50
总生产成本	19.00

同时还假设完工品的单位标准成本也适用于期初存货，包括1 500约当产量（1 500×100%）的直接材料，900约当产量（1 500×60%）的加工成本。因此，标准成本法下的期初存货如下（单位：美元）：

直接材料（1 500×8.50）	12 750
加工成本（900×10.50）	9 450
总生产成本	22 200

图表18—5的A部分给出了用来计算实物产量和约当产量的步骤1和步骤2。这些步骤与图表18—3中先进先出法下的步骤一样。图表18—5的B部分给出了步骤3、步骤4和步骤5。

图表18—5　2014年7月生产部门在分步成本法下用标准成本法核算废品成本

A. 汇总实物产量和计算约当产量

文件(F)　编辑(E)　视图(V)　插入(I)　格式(O)　工具(T)　数据(D)　窗口(W)　帮助(H)

	A	B	C	D	E
1			（步骤1）	（步骤2）	
2				约当产量	
3		生产流	实物产量	直接材料	加工成本
4		期初在产品（见前面）	1 500		
5		本期投入（见前面）	8 500		
6		应计产量	10 000		
7		本期完工并结转的合格品：			
8		期初在产品完工[a]	1 500		
9		（1 500×（100%-100%）；1 500×（100%-60%））		0	600
10		本期投入并完工	5 500[b]		
11		（5 500×100%；5 500×100%）		5 500	5 500
12		正常废品[c]	700		
13		（700×100%；700×100%）		700	700
14		非正常废品[d]	300		
15		（300×100%；300×100%）		300	300
16		期末在产品[e]（见前面）	2 000		
17		（2 000×100%；2 000×50%）		2 000	1 000
18		实计	10 000		
19		本期完工产品		8 500	8 100
20					
21					
22	a.本部门完工程度：直接材料，100%；加工成本，60%。				
23	b.完工并结转的7 000单位实物产量减去期初在产品完工并结转的1 500单位实物产量。				
24	c.正常废品为结转合格品的10%：10%×7 000=700(单位)。本部门的正常废品完工程度：直接材料，100%；				
25	加工成本，100%。				
26	d.非正常废品=实际废品－正常废品=1 000－700=300(单位)。本部门的非正常废品完工程度：直接材料，100%；				
27	加工成本，100%。				
28	e.本部门完工程度：直接材料，100%；加工成本，50%。				

B. 汇总应计总成本，计算约当产量单位成本，并将总成本分配给完工产品、废品和期末在产品（单位：美元）

	A	B	C	D	E
30			产品总成本	直接材料	加工成本
31	（步骤3）	期初在产品（见前面）	22 200	（1 500×8.50）	（900×10.50）
32		本期追加成本（标准价格）	157 300	（8 500×8.50）	（8 100×10.50）
33		应计总成本	179 500	85 000	94 500
34	（步骤4）	单位约当产量的标准成本（见前面）	19.00	8.50	10.50
35	（步骤5）	在标准成本下的成本分配：			
36		完工并结转的合格品（7 000单位）			
37		期初在产品（1 500单位）	22 200	（1 500×8.50）	（900×10.50）
38		本期追加直接材料和加工成本	6 300	（0[f]×8.50）	（600[f]×10.50）
39		期初在产品的完工产品（不含正常废品）	28 500		
40		投入并完工的产品（不含正常废品，5 500单位）	104 500	（5 500[f]×8.50）	（5 500[f]×10.50）
41		正常废品（700单位）	13 300	（700[f]×8.50）	（700[f]×10.50）
42	（A）	完工并结转的合格品总成本	146 300		
43	（B）	非正常废品（300单位）	5 700	（300[f]×8.50）	（300[f]×10.50）
44	（C）	期末在产品（450单位）	27 500	（2 000[f]×8.50）	（1 000[f]×10.50）
45	（A）+（B）+（C）	实计总成本	179 500	85 000	94 500
46					
47	f.直接材料与加工成本约当产量的计算见A部分的步骤2。				

步骤 3 中的应计成本为标准成本，因此与加权平均法和先进先出法下的核算不同，后两者核算的是实际发生的成本。在步骤 4 中，单位约当产量的成本即为标准成本：直接材料 8.50 美元/单位，加工成本 10.50 美元/单位。标准成本法下，不用计算单位约当成本，因此也就简化了分步成本法。步骤 5 用步骤 2 约当产量与步骤 4 单位约当产量的标准成本相乘，在完工产品（包括正常废品）和非正常废品及期末在产品存货之间分配成本。这使得管理者能够以第 17 章附录描述的方式计量和分析差异。①

最后，需要注意的是，与步骤 5 中计算的金额对应的分录如下：

	借	贷
借：产成品	146 300	
贷：在产品——生产部门		146 300

记录 7 月完工合格品的转移。

	借	贷
借：非正常废品损失	5 700	
贷：在产品——生产部门		5 700

记录 7 月检验的非正常废品。

① 例如，图表 18—5 的 B 部分中，7 月的标准成本为耗用直接材料成本 72 250 美元（8 500×8.50）和加工成本 85 050 美元（8 500×10.50）。而已知 7 月实际追加的直接材料成本为 76 500 美元，加工成本为 89 100 美元，导致直接材料差异 72 250－76 500＝4 250 美元（不利），加工成本差异 85 050－89 100＝4 050 美元（不利）。第 7 章和第 8 章对这些差异进行了进一步的细分；非正常废品为效率差异的一部分。

第 19 章

平衡计分卡：质量与时间

- 以质量作为竞争武器
- 使用非财务衡量指标评价与改进质量
- 改进质量的成本与收益权衡
- 公司质量业绩评价
- 以时间作为竞争武器
- 延迟的相关收入与相关成本
- 平衡计分卡和与时间有关的指标

学习目标

1. 解释质量成本计划中的四种成本类型
2. 建立改进质量的非财务指标和方法
3. 使用质量成本指标做决策
4. 使用财务和非财务指标评价质量
5. 描述顾客响应时间和准时履约以及延迟发生的原因
6. 确定延迟的成本
7. 使用财务和非财务时间指标

为了满足顾客日益增加的预期，三星、索尼、得州仪器和丰田等公司的管理者寻找符合成本效益的方法，以持续改进产品和服务的质量并缩短响应时间。

它们在实现改进所需的成本和业绩改善所带来的收益之间进行权衡。提高质量和减少顾客反应时间是很艰苦的工作，但是当公司不进行这些改进时，可能会有很大的损失，就像下面关于丰田汽车公司的文章说明的那样。

丰田在召回数以百万计的缺陷汽车后谋划变革①

日本汽车制造商丰田汽车公司，凭借汽车质量可靠建立了良好的声誉。作为积极增长战略的一部分，丰田在 2008 年超过通用汽车成为全球最大的汽车制造商。但该公司致力于快速增长是以牺牲质量声誉为代价的。

2009 年 11 月到 2010 年 1 月间，丰田被迫在全球召回 900 万辆汽车，因为油门踏板发生阻延，造成八款丰田车型不必要的加速。在与政府安全官员争执几个月后，公司召回了 12 款车型，暂停了八款丰田和雷克萨斯车型（包括很受欢迎的凯美瑞和卡罗拉）的生产和销售。尽管大多数的汽车很快又回到销售市场，但丰田因召回而损失的销售额估计达到 20 亿美元。

除了收入受损，丰田曾经引以为豪的形象也遭受了严重打击。当危机爆发时，公司没有及时对此问题承担责任。而后公司还面临长期而艰巨的任务：恢复信誉并向已经解决问题的车主和新车购买者提供保险。公司建立了质量委员会，增加了刹车后备保险系统，扩大了质量培训并增加了检测。公司还减少了发动机类型和产品特性以简化工作，专注于质量。到 2012 年，丰田的销量反弹，公司夺回了全球最大汽车制造商的头衔。

丰田公司的例子生动地说明了质量的重要性。本章涵盖了给企业带来竞争优势的两个主题。我们首先把质量作为竞争武器，在讨论质量的评价之前，从财务维度、顾客维

① "Can Toyota recover its reputation for quality?" Wendy Kaufman, *Morning Edition*, National Public Radio, February 9, 2010, http://www.npr.org/templates/story/story.php?storyId=123519027; Kate Linebaugh and Norihiko Shirouzu, "Toyota heir faces crisis at the wheel," *The Wall Street Journal* (January 27, 2010); Micheline Maynard and Hiroko Tabuchi, "Rapid growth has its perils, Toyota learns," *New York Times* (January 27, 2010); Mike Ramsey and Norihiko Shirouzu, "Toyota alters car development," *The Wall Street Journal* (July 6, 2010); and Chester Dawson, "Toyota again world's largest automaker," *The Wall Street Journal* (January 28, 2013).

度、内部业务流程维度和学习与成长维度来考虑质量问题。然后我们把时间作为一个竞争武器，关注顾客响应时间、准时履约、时间动因和与时间有关的财务和非财务指标。

以质量作为竞争武器

美国质量学会根据在购买与使用期间满足顾客的具体要求，将质量定义为产品或服务的总特征。世界上的许多公司——比如，思科、摩托罗拉、英国电信、富士、丰田、克莱斯勒和三星公司等都强调质量是重要的战略因素。这些公司发现，关注一种产品或服务的质量可以成为产品生产的专家，降低生产成本，使该产品的顾客产生较高的满意度，并为销售这些产品的公司带来更高的未来收益。几个久负盛名的大奖——美国的马尔科姆·鲍德里奇（Malcolm Baldridge）国家质量奖、日本的戴明（Deming）奖、墨西哥的 Premio Nacional de Calidad 奖——都是颁给生产优质产品和服务的公司的。

一些国际质量标准也应运而生。例如，国际标准化组织制定的 ISO 9000 就是一套被 85 个以上国家和地区采用的质量管理方面的国际化标准，它协助公司有效地记录并确认生产过程中能改善质量的因素。为了确保供应商以竞争性的价格提供高质量的产品，许多公司如杜邦和通用电气会要求它们的供应商获得 ISO 9000 质量认证。ISO 9000 质量认证已经成为在全球市场竞争的必要条件。

公司也正在使用质量管理和测量方法，以求找到有效的方法来减少空气污染、废水、石油泄漏、有害废品处置等环境和经济成本。国际标准化组织制定的 ISO 14000 是一个标准，旨在鼓励组织发展环境管理系统来降低环境成本，以及通过发展环境审计和业绩评价系统对组织完成环境目标的进展进行评价和监督。2010 年，英国石油公司的深水地平线钻井平台在墨西哥湾钻探石油时发生爆炸，质量和环境问题就同时大规模地发生了。有 11 名工人死于爆炸，而且在大约 3 个月的时间里，有近 500 万加仑的石油泄漏到海湾地区，造成了环境灾难。

产品质量也可能是环境发展的一个重要动力。例如，世界领先的有机酸奶公司石原农场（Stonyfield Farm）提供高质量、全天然的产品，同时对顾客和供应商进行可持续农业和环境保护的教育。随着向有机生产的转移，石原农场发展了质量控制能力，每日执行超过 900 次质量检查以确保其生产酸奶的有机牛奶、水果和糖的较高成本是合理的。自动化系统电子化地完成质量符合检查。工厂流程是相互联系的，除非产品通过流程上每一个阶段的检验，生产要素才能向前移动。重视质量使得石原公司能够在超过 18 年的时间里以每年 23%的速度增长，而其有机成分的使用使得超过 180 000 英亩的农场免于使用农药和化学肥料。

我们将集中讨论质量的两个方面：设计质量和一致质量。**设计质量**（quality design）衡量的是产品或服务的功能符合顾客需求的程度。**一致质量**（conformance quality）是指符合设计与产品规格的产品或服务的性能。苹果公司开发了许多创新产品，如 iPod，iPhone 和 iPad，满足了顾客的音乐、电话、娱乐和商业需求，为设计质量建立了良好的声誉。苹果公司的产品通常也有卓越的一致质量，很少做不该它做的产品。但是，在 iPhone5 的例子中，地图应用存在的问题是设计质量好但一致性质量差的一个例子。因为地图的功能是顾客所需的，但地图应用程序本身并没有按照其规范进行。以下图表说明，实际的性能可能因为设计质量失败和一致质量失败而使顾客感到不满意。

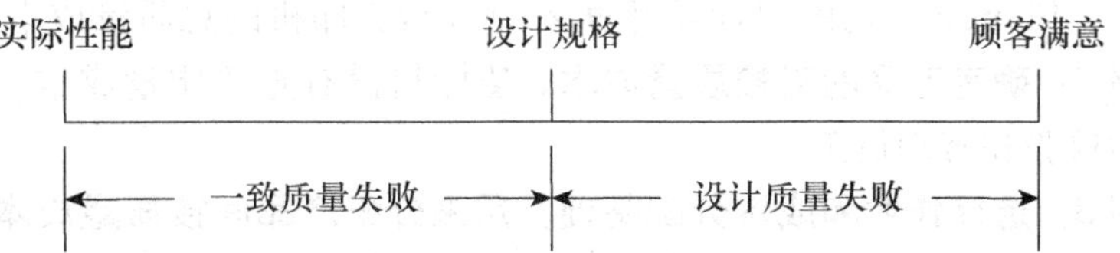

下面我们用 Photon 公司的例子来说明质量管理问题——从计算质量成本，到识别质量问题，再到采取措施以提高质量。Photon 公司生产多种产品，我们着重研究该公司的影印机产品。该公司 2013 年影印机的销售额为 3 亿美元（销售量为 20 000 台），营业利润为 2 400 万美元。

质量既有财务成分，也有与顾客满意、改进内部质量流程、减少缺陷和培训及授权工人有关的非财务成分。为了提供某种体系，我们从平衡计分卡的四个维度讨论质量：下一小节从财务维度，下一节从顾客、内部业务流程、学习和成长维度。

□ 财务维度：质量成本

财务指标包括受质量影响的指标，如收入和利润增长。但是，最直接的质量财务指标是质量成本。**质量成本**（costs of quality，COQ）是指为预防生产出低质量产品而发生的成本或由于生产了低质量产品而导致的成本。这些成本通常可分为四种，图表 19—1 给出了各种质量成本的例子。

1. **预防成本**（prevention costs）——为防止生产不合格产品而发生的成本。
2. **鉴定成本**（appraisal costs）——在检测哪些产品不符合标准时发生的成本。
3. **内部差错成本**（internal failure costs）——在交付给顾客之前检测出不合格产品而承担的成本。
4. **外部差错成本**（external failure costs）——在已经交付给顾客之后检测出不合格产品而承担的成本。

图表 19—1　　**与质量成本报告有关的项目**

预防成本	鉴定成本	内部差错成本	外部差错成本
设计工程	检测	废品	顾客支持
流程工程	在产品的生产和流程检测	返工品	针对外部差错的生产/流程工程
供货商评估	产品测试	残料	保修成本
预防性设备维修		停工维修	赔偿责任
质量培训		针对内部差错的生产/流程工程	
新材料检验			

图表 19—1 中的成本项目来自价值链的所有业务职能，这比在第 18 章中所考虑的生产过程中产生的废品、返工品及残料等内部差错成本的范围要大得多。

Photon公司采用第5章中介绍过的七步作业基础成本核算法来确定影印机的质量成本。

步骤1：确定选择的成本对象。成本对象是Photon公司2013年生产并销售的影印机的质量。Photon公司的目标是计算20 000台影印机的总质量成本。

步骤2：确定产品的直接质量成本。影印机没有直接质量成本，因为没有管理影印机质量的检验和修理员工。

步骤3：选择作业和成本分配基础，用来分配产品间接质量成本。图表19—2的A部分的第1列将Photon公司的作业按照预防成本、鉴定成本、内部差错成本和外部差错成本进行分类，并在括号中列出了这些成本发生的价值链位置。例如，质量检测作业导致了鉴定成本，并发生在生产阶段。Photon公司将检测总小时数作为检测作业的成本分配基础。（为了避免解释概念时的不必要细节，我们没有显示每项成本分配基础的总数量。）

图表19—2　　Photon公司影印机的作业基础质量成本分析

	A	B	C	D	E	F
1	A.会计质量成本报告					占销售收入
2	质量成本和价值链	成本分配		成本分配		百分比
3	类型	比率[a]		基础数量	总成本（美元）	(5)=(4)÷
4	(1)	(2)		(3)	(4)=(2)×(3)	300 000 000
5	预防成本					
6	设计工程（研发/设计）	80美元	每小时	40 000小时	3 200 000	1.1%
7	流程工程（研发/设计）	60美元	每小时	45 000小时	2 700 000	0.9%
8	总预防成本				5 900 000	2.0%
9	鉴定成本					
10	检测（生产）	40美元	每小时	240 000小时	9 600 000	3.2%
11	总鉴定成本				9 600 000	3.2%
12	内部差错成本					
13	返工（生产）	100美元	每小时	100 000小时	10 000 000	3.3%
14	总内部差错成本				10 000 000	3.3%
15	外部差错成本					
16	客户支持（营销）	50美元	每小时	12 000小时	600 000	0.2%
17	运输成本（分销）	240美元	每次运输	3 000次运输	720 000	0.2%
18	保修成本（客户服务）	110美元	每小时	120 000小时	13 200 000	4.4%
19	总外部差错成本				14 520 000	4.8%
20	总质量成本				40 020 000	13.3%
21						
22	a.计算未列示。					
23						
24	B.机会成本分析					
25					预计损失	占销售收入
26					的总贡	百分比
27	质量成本类型				献毛益	(3)=(2)÷
28	(1)				（美元）(2)	300 000 000
29	外部差错成本					
30	预计由于销售量的下降而					
31	放弃的贡献毛益和利润				12 000 000[b]	4.0%
32	总外部差错成本				12 000 000	4.0%
33						
34	b.用总收入减去2013年减少的收入中所有变动成本（不论是单位产出成本、批处理成本、产品维持成本还是					
35	设备维持成本）计算得出。如果低质量导致Photon公司在以后的年度中还会发生收入下降，那么机会成本会					
36	更大。					

步骤4：识别与每个成本分配基础相关的间接质量成本。这是指在Photon公司的所有产品中，为每项质量成本作业发生的总成本（变动成本和固定成本），如检测成本。

（为了避免理解概念时的不必要细节，我们没有报告总成本。）

步骤 5：计算每个成本分配基础的分配比率。对于每种作业，总成本（在步骤 4 已经计算出来的值）除以成本分配基础（在步骤 3 已经计算出来的值）来得到分配比率。在图表 19—2 的 A 部分的第 2 列中给出了这些分配比率（没有具体的计算过程）。

步骤 6：计算分配给产品的间接质量成本。在图表 19—2 的 A 部分的第 4 列中给出的影印机的间接质量成本，等于影印机成本分配基础的总数（第 3 列）乘以在步骤 5（第 2 列）中得出的每种作业的成本分配率。例如，确保影印机质量的检测成本就是 9 600 000 美元（40×240 000）。

步骤 7：将分配给产品的所有直接质量成本、间接质量成本相加，得到总的质量成本。在质量成本报告中，Photon 公司影印机的总质量成本是 4 002 万美元（图表 19—2 的 A 部分的第 4 列），即当前收入的 13.3%（第 5 列）。

正如我们在第 11 章中看到的，机会成本并没有记录在财务会计系统中。然而，质量成本的一个重要组成部分是由于销售损失、生产损失或低劣的设计和一致性质量引起的低价格而放弃的收入与贡献毛益的机会成本。

Photon 公司的市场研究部门估计因为顾客遭遇的设计质量和一致质量问题导致 2013 年公司少销售 2 000 台影印机，放弃贡献毛益和营业利润 1 200 万美元（图表 19—2 的 B 部分）。因此，总质量成本（包括机会成本在内）应该等于 5 202 万美元（图表 19—2 的 A 部分）中显示的会计系统中记录的 4 002 万美元，加上图表 19—2 的 B 部分中显示的机会成本 1 200 万美元），即当期收入的 17.3%。机会成本占总质量成本的 23.1%（即 1 200÷5 202）。

下面，我们转向质量成本的先导指标：Photon 公司影印机的非财务质量指标。

使用非财务衡量指标评价与改进质量

诸如联合利华、联邦快递和 TiVo 等公司使用非财务指标来管理质量。几乎总是如此：第一步是从顾客的角度来考察质量，然后管理者将注意力转向组织内部，开发流程帮助改进质量，并建立企业文化帮助保持质量。

顾客维度：顾客满意度的非财务衡量指标

Photon 公司的管理者监测下面的顾客满意度指标：

- 关于顾客偏好和对某些特定产品功能满意度的市场研究信息（衡量设计质量）；
- 市场份额；
- 高满意度顾客的百分比；
- 交到顾客手里的不合格产品数目占交付产品总数目的百分比；
- 顾客投诉的次数（许多公司估算，每实际发生 1 次顾客投诉，就会有 10～20 名其他顾客对这种产品有过不愉快的体验，只是没投诉而已）；
- 交货后不久即出故障的产品比例；
- 平均交货拖延（约定交货日与顾客要求交货日之间的时差）；

● 准时交货率（在约定交货日当天或之前交货的比例）。

管理当局需要监控这些数字是否会随着时间改善或恶化。更高的顾客满意度将导致更低的外部差错成本、更低的质量成本，较高的顾客保留度、忠诚度和顾客积极的口碑会使未来的收入增加。更低的顾客满意度表明，未来的外部差错成本和质量成本可能会增加。下面我们讨论内部业务流程以识别和分析质量问题，帮助改进质量和增加顾客满意度。

□ 内部业务流程维度：分析质量问题与改进质量

我们为识别和分析质量问题提供三种方法：控制图、帕累托图和因果图。

控制图

统计质量控制，也称为统计流程控制，是一种鉴别生产流程中随机差异和非随机差异的正式方法。随机差异可能发生，例如，设备高速运转中的随机波动会导致生产出缺陷产品，如影印机复印出太亮或太暗或模糊不清的复印件。非随机差异也会发生，一般发生在因系统问题（如不正确的速度设定、有缺陷的零件设计，或组成部分处理不当）而生产出缺陷产品时。**控制图**（control chart）是进行统计质量控制的一种重要工具，按一定时间间隔对某个特殊步骤、程序或者操作进行一系列连续的观察，并将观察结果记录后描绘成图。那些落在既定范围内的观察结果符合预期分布；而那些落在控制范围之外的观察结果则被看做非随机的，值得进行检测。

图表19—3是对Photon公司三条影印机生产线进行观测得出的每天有缺陷产品比例（有缺陷的影印机除以生产的总影印机数）的控制图。每条生产线前60天的观测结果为每天不合格品率分布状况提供了良好的计算基础。算术平均数（μ）和标准方差（σ，观测值偏离均值的程度）是在图表19—3中的控制图所使用的两个重要的分布参数。根据以往经验，该公司决定管理者应该对超出 $\mu\pm2\sigma$ 范围的观测进行调查。

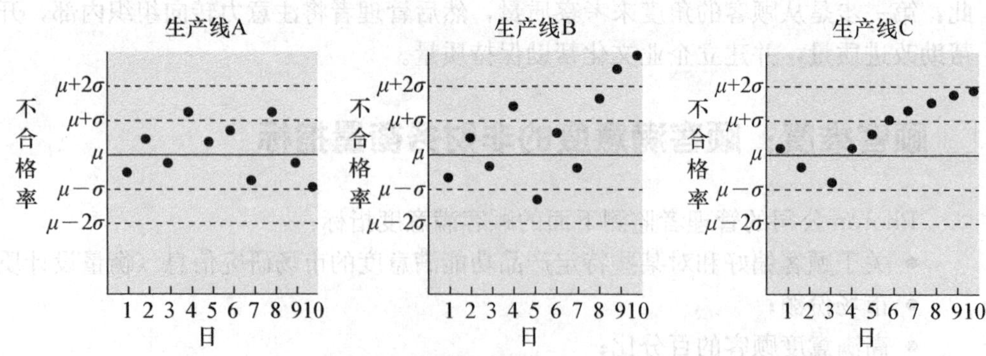

图表19—3　统计质量控制图：Photon公司影印机的日不合格率

对于生产线A来说，观测结果都落在均值 $\pm2\sigma$ 范围内，因此管理者认为不必进行调查。而生产线B的最后两个观测显示有更高比例的影印机性能没有达到预期，这表明问题可能是由非随机、失控事件（如不正确的速度设定或组成部分处理不当）造成的。若以±2σ 为界限，就需要对这两个观测进行调查。生产线 C 的观测结果表明，虽然按照±2σ 的界限标准不需要进行调查，但可能失控。为什么？因为最后 8 个观测显露出明显的失控趋势：在最后的 6 天中，缺陷影印机的比例上升，并且和均值离得越来越远。这可能是由于加工机器开始磨损，导致加工产品质量下降。随着加工磨损的进一步恶化，生产缺陷产品的趋势可能持续下去，直到生产线失去控制。统计分析程序已发展到能对趋势和变动同时进行分析，以判断流程是否已经失控。

帕累托图

我们把超出控制范围的观测值作为帕累托图中的输入点。**帕累托图**（Pareto diagram）反映的是每种缺陷发生的频率，按照从最经常发生到频率最小的次序排列。图表 19—4 表示 Photon 公司 2013 年在最后检测点处位于控制界限之外的所有观测的质量问题的帕累托图。失真和复印件模糊不清是最频繁发生的问题，会造成高额的返工成本。这种问题有时也会在用户那里发生，会导致高额的保证成本和维修成本，以及更低的顾客满意度。

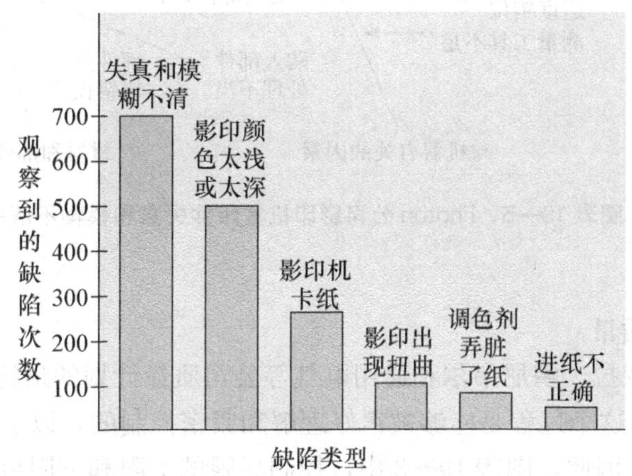

图表 19—4　Photon 公司影印机的帕累托图

因果图

在帕累托图中最频繁发生的问题和高成本问题可以用因果图来进行分析。**因果图**（cause-and-effect diagram）用一个类似于鱼骨结构的图（这就是这些图被称为鱼骨图的原因）来确定缺陷发生的潜在原因。① 图表 19—5 显示了“失真和模糊不清”问题发生的潜在原因。图的“骨干”代表待检验的问题。从“骨干”延伸出来的大“骨头”代表差错潜在原因的主要类别。图表中列出了四种潜在的差错原因——人为因素、操作和设计因素、与机器有关的因素、材料和部件因素。Photon 公司的工程师确认材料和部件因素是失真和模糊不清的主要原因。其他的“箭头”和“骨头”为每一个更高层次的原因提供了更详细的理由。例如，Photon 公司的工程师确定材料和部件问题的两个潜

① 参见 Timothy J. Clark，“Getting the Most from Cause-and-Effect Diagrams，” *Quality Progress* 33：6（June 2000）。

在原因是购买的部件差异和部件规格不正确。工程师快速确定 Photon 公司的部件规格是正确的，因此，购买的部件差异或部件处理不当就是可能的原因。进一步的分析使 Photon 公司得出结论：影印机多个部件（如鼓轮、镜子和透镜）的钢框架处理不当导致这些部件失调，造成复印件失真和模糊不清。

制造商使用自动化设备和计算机来记录差错产生时差错的数量和类型以及操作状态。使用这些输入，计算机程序可以同步反复地给出带有持续减少平均缺陷率 μ 和标准方差 σ 目标的控制图、帕累托图和因果图。

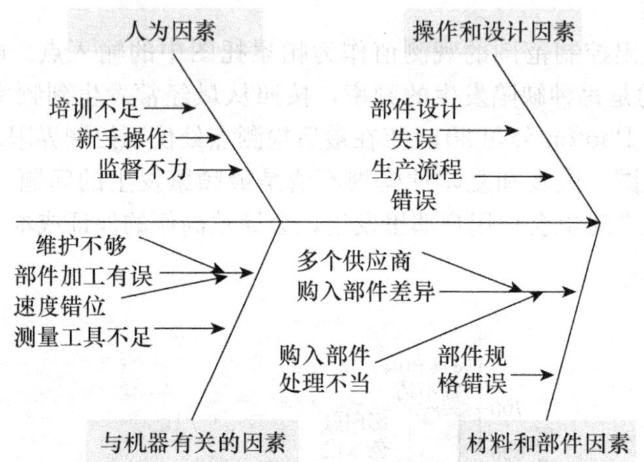

图表 19—5　Photon 公司影印机复印件失真和模糊不清的因果图

六西格玛质量

诸如摩托罗拉、霍尼韦尔和通用电气等公司质量计划的最终目标是实现六西格玛质量。[①] 这意味着这个过程是能够被很好理解和紧密控制的，以至于平均缺陷率 μ 和标准方差 σ 都很小。因此，图表 19—3 中，控制界限的上限和下限可以设定为偏离均值的 6σ 距离。在六西格玛中，控制过程的含义是该过程生产的 100 万件产品中只有不超过 3.4 件有缺陷。

为了实施六西格玛，公司使用诸如控制图、帕累托图和因果图等技术定义、计量、分析、改进和控制过程以减少制造中的变异和实现几乎零缺陷。六西格玛的批评者认为，它强调渐进的而不是戏剧性的或破坏性的创新。然而，许多公司都报告了从六西格玛项目中获得的巨大好处。

□ 内部业务流程质量的非财务衡量指标

公司通常用非财务指标监测它们所做的质量改进。Photon 公司的管理者使用下面的内部业务流程质量非财务衡量指标：

- 缺陷产品所占的百分比；

① 六西格玛是摩托罗拉公司的注册商标。

- 返工产品所占的百分比；
- 利用控制图、帕累托图和因果图进行不同类型的缺陷分析的次数；
- 提高设计质量和降低质量成本的设计和变化流程的次数。

Photon 公司的管理者认为，改善这些指标将得到更高的顾客满意度、更低的成本质量和更好的财务业绩。

□ 学习和成长维度：质量改进

什么是内部业务流程质量的动因？Photon 公司的管理者认为招聘杰出的设计工程师、提供更多的员工培训、降低员工流动率、提高员工授权程度和满意度会降低缺陷产品的数量。为了建立员工重视质量的企业文化，Photon 公司的管理者鼓励员工通过识别和消除缺陷的根本原因，不断努力改进质量。公司从平衡计分卡学习和成长的维度衡量了以下因素：

- 设计工程师的经验和资格；
- 员工流动率（离开公司的员工人数与平均员工总数之比）；
- 员工授权（无监督人员的情况下，员工有权做出决定的流程数量与总流程数量之比）；
- 员工满意度（高满意度员工人数与调查员工总数之比）；
- 员工培训（利用不同的质量提高的方法训练的员工百分比）。

改进质量的成本与收益权衡

回想一下，因果图显示，从供货商仓库将影印机钢架（或底盘）运送到 Photon 公司仓库及生产线的过程中，经常出现处理不当的情况。这个钢架必须满足非常精确的规格要求，否则，影印机内的其他部件（如鼓轮、镜子和透镜）就不能准确地装配在钢架上。搬运中钢架处理不当会引起错位，造成复印件失真和模糊不清。

工程师小组提出了两种解决方案：(1) 在生产开始前，对钢架进行电子检验和测试；(2) 重新设计并加固钢架和用于运输的集装箱，以承受运输过程中可能出现的不当操作。

为了评估各种方案与现状，管理者需要关注每种方案下总成本和总收入会如何变化，来确定每种解决方案的相关成本和收益。相关成本和收益分析都忽视了分配的成本(见第 11 章)。

Photon 公司只使用一年的时间范围进行分析，因为 Photon 公司计划在 2014 年末引进一套全新的生产线。新的生产线如此不同，以至于无论采用检测还是重新设计，都不会对以后年度的影印机销售有任何影响。

图表 19—6 说明了每种方案的相关成本和收益。

1. **预计增量成本**。追加检测将花费 40 万美元，而重新设计钢架和集装箱将花费 66 万美元（30 万美元用于工艺工程，16 万美元用于设计工程，20 万美元用于钢架）。

图表 19—6　　Photon 公司影印机的质量改进方案对质量成本的预计影响　　单位：美元

文件　开始　插入　页面布局　公式　数据　审阅　视图

	A	B	C	D	E	F	G	H	I	J
1						相关成本和收益				
2				进一步检测钢架				重新设计钢架		
3	相关项目	单位相关收益		数量		总收益		数量		总收益
4	(1)	(2)		(3)		(4)		(5)		(6)
5	新增检验和测试成本					(400 000)				
6	新增流程工程成本									(300 000)
7	新增设计工程成本									(160 000)
8	新增钢架成本（10×20 000）									(200 000)
9						(2)×(3)				(2)×(5)
10	返工成本的节省	40美元	每小时	24 000	小时	960 000		32 000	小时	1 280 000
11	顾客支持成本的节省	20美元	每小时	2 000	小时	40 000		2 800	小时	56 000
12	返修部件运输成本的节省	180美元	每次装载	500	次装载	90 000		700	次装载	126 000
13	保修成本的节省	45美元	每小时	20 000	小时	900 000		28 000	小时	1 260 000
14	新增销售量的总贡献毛益	6 000美元	每台	250	台	1 500 000		300	台	1 800 000
15										
16	净成本节省和增加的贡献毛益					3 090 000				3 862 000
17										
18	重新设计钢架可多节省的成本（J16－F16）						772 000			

2. **因为更少的返工、顾客支持以及维修引起的成本节省**。图表 19—6 中的第 10 行中给出了减少的返工成本——40 美元/小时。但是，图表 19—2 的 A 部分的第 2 列第 13 行中给出了总的返工成本是 100 美元/小时，而不是 40 美元/小时。为什么会有差异呢？因为随着质量改进，Photon 公司只能节省每小时 40 美元的变动成本，而不能节省返工时每小时 60 美元的固定成本。

图表 19—6 中的第 10 行显示，如果公司检测钢架，可以节省 960 000 美元（40×24 000）的成本，而如果重新设计钢架，可以节省 1 280 000 美元（40×320 000）的成本。对公司的管理者来说，成本效益选择是很清楚的：重新设计钢架并消除问题产生的根本原因比以后检测缺陷产品更好。丰田已经设立了一个类似的推理：永远强调缺陷预防（“管道解决方案前”），而非缺陷检测（“管道解决方案后”）。图表 19—6 还给出了两种方案中因为顾客支持（第 11 行）、运输（第 12 行）以及保修（第 13 行）而预计节省的变动成本。

3. **因为建立了质量和业绩方面的信誉，使得销售额增长，并带来贡献毛益的增加。**图表 19—6 中第 14 行显示，检测方案下增加 250 台影印机的销售，贡献毛益增加 150 万美元；重新设计方案下增加 300 台影印机的销售，贡献毛益增加 180 万美元。管理者应该寻找因为改善质量而引起更高收入而不仅仅是降低成本的机会。

图表 19—6 显示检测和重新设计两种方法与现状相比，都能产生净收益。但是，与价值工程一致，为生产而设计和持续改进强调消除缺陷的根本原因，Photon 公司预计，重新设计方案会多产生 972 000 美元的净收益。

注意质量改进如何影响质量成本。重新设计钢架提高了预防成本（工艺工程、设计工程和钢架增加的成本），但是减少了内部差错成本（返工）和外部差错成本（顾客支持成本、运输成本和保修成本）。改进质量也导致更大的收入和更高的贡献毛益。质量成本报告为质量改进提供了深入的见解，允许管理者从时间趋势的角度来进行比较。在成功的质量计划中，公司降低了质量成本，特别是外部与内部差错成本占收入的比例会减少。诸如惠普等许多公司进一步认为它们应该消除所有差错成本，从而达到零缺陷。

公司质量业绩评价

因为财务（质量成本）和非财务指标有着不同的优势，所以 Photon 公司的管理者使用这两类指标评价公司的质量业绩。

质量成本指标的优点

- 质量成本指标引导管理者关注质量低下如何影响营业利润；
- 总质量成本有助于管理者计算总成本，权衡预防成本和鉴定成本，以消除内部和外部差错成本；
- 质量成本指标会比较不同的质量改进项目的成本和收益，确定成本削减的重点次序，从而帮助解决问题。

非财务质量指标的优点

- 非财务指标容易量化，便于理解；
- 非财务指标直接反映实物生产过程的状况，有助于将注意力集中在需要改进的问题上；
- 非财务指标，如缺陷的数量，可以及时反馈提高质量的努力是否真正有效；
- 非财务指标，如顾客满意度，对于长期经营业绩来说是很有用的指标。

质量成本指标和非财务质量指标是相互补充的。没有财务指标，公司可能会投入更多的资金来改善非财务质量指标，而这并不值得。如果没有非财务质量指标，质量问题的识别就会太晚。大多数组织同时采用财务和非财务指标，衡量它们在质量方面的业绩。麦当劳向“神秘顾客”支付报酬，让他们给各餐馆的质量、清洁度、服务和价值指标打分。然后公司在这些维度上对一段时间内各餐馆的业绩进行评价，并与其他餐馆进行比较。在平衡计分卡中，Photon 公司评估改善各种非财务质量指标最终是否会改善财务指标。

以时间作为竞争武器

公司日益将时间视为一个战略驱动因素。例如，Capital One 公司承诺在 30 分钟内办理房屋贷款批准手续，从而增加了它网站上的业务。一些公司，如 AT&T、通用电气和沃尔玛，认为及时和更快地完成工作不仅对收入提高有帮助，而且可以降低成本。例如，这些公司认为，因为能够很快地满足顾客的需要，它们只需要维持很低的存货水平。

管理者需要对时间进行衡量并对其进行适当的管理。在本节中，我们的重点在于时间的经营指标：顾客响应时间（反映公司对需求该公司产品或服务的顾客的反应速度）、准时履约（反映公司在预定的递送日期如期递送的可靠性）。我们将说明管理者如何寻找和衡量延迟的原因和成本。

□ 顾客响应时间和准时履约

顾客响应时间（customer-response time）是从顾客提出购买某种产品或要求某项服务开始到这项产品交付或服务完成并提供给顾客所需要的时间。在许多行业中，包括建筑业、金融业、汽车租赁业和快餐业，快速响应顾客在战略上是非常重要的。某些公司，如空中客车公司，由于延迟交付飞机导致顾客收入和利润损失（由于不能实现航班运营），因而不得不赔款，以补偿顾客（航空公司）的损失。

图表19—7描述了顾客响应时间的构成成分。接收订单时间是指营销部门能够准确地描述顾客订单的确切要求并通知生产部门所花费的时间。**生产周期**（manufacturing cycle time）（也称**生产间隔期**（manufacturing lead time））是指生产部门接到订单到最后产品完工的时间。生产周期是订单等待时间和生产时间之和。例如，空中客车公司生产部门接收的飞机订单在飞机组装前可能需要等待零部件。订单交货时间是将已经完成的订单递送到顾客手中的时间。

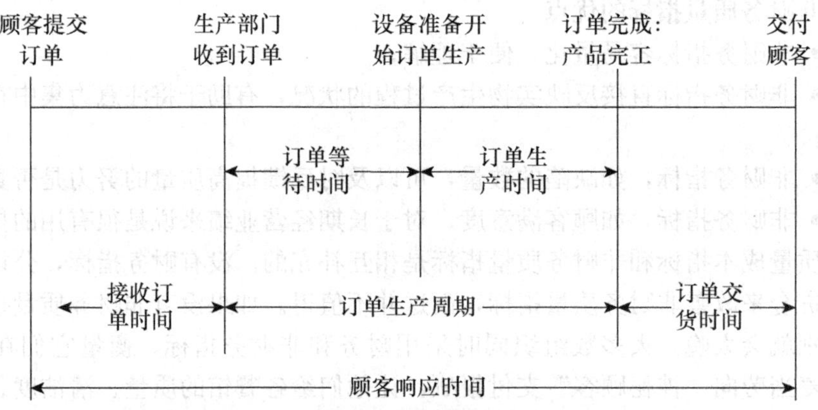

图表19—7　顾客响应时间的构成成分

有些公司用**生产周期效率**（manufacturing cycle efficiency，MCE）指标评估其响应时间的改进程度，

生产周期效率＝增值生产时间÷生产周期

增值生产作业（见第13章）是指顾客感知增加了产品价值或效用的作业。组装产品有效耗用的时间是增值生产时间。生产周期的其余时间（如在生产流程中等待零件和下一个阶段或维修的时间）是非增值生产时间。识别和最小化非增值生产时间所耗的资源，公司就可以减少成本，提高对顾客的响应速度。

类似的指标也适用于服务公司。考虑有40分钟时间去看医生，假定病人将其中的9分钟用于非治疗工作，如填写表格，20分钟在接待区和检查室等待，11分钟用于护士或医生的治疗。这次访问的服务周期效率等于11÷40，或0.275。换言之，在40分钟的时间里，只有27.5%的时间在给病人/顾客提供增值服务。尽量减少他们的非增值服务时间，可以使医院（如宾夕法尼亚州的Alle-Kiski医疗中心）在更短的时间治疗更多的病人。

准时履约（on-time performance）指的是按约定时间交付产品或服务的行为。例如，联邦快递公司标明每个邮包的递送价格，明确表明隔夜专递服务的送达时间是次日的上午 10 点半。联邦快递公司基于公司达到这种标准的频率来衡量准时履约情况。商务航班通常通过坚持及时服务来赢得忠实顾客。但是在更好的准时履约和顾客对更短的响应时间的需求之间存在均衡。延长顾客响应时间，如航空公司延长计划的到达时间，一方面会惹怒顾客，但另一方面通过提高航空公司准时履约率可以增加顾客满意度。

□ 瓶颈和时间动因

管理顾客响应时间和准时履约需要正确理解延迟的原因和成本。例如，延迟可能因为生产过程中的一台机器或者商店中的一个收款台的问题而发生。**时间动因**（time driver）是指那些使作业速度随之变化的因素。两种时间动因是：

1. **顾客订购产品或服务的时间的不确定性**。例如，空中客车公司接收到的飞机订单的随机性越强，就越可能造成排队问题，发生延误。

2. **生产能力限制导致的瓶颈问题**。**瓶颈**（bottleneck）问题在工作达到或超出可利用的生产能力时发生。例如，当有一批产品需要在某台特殊机器上加工，而这台机器正在加工其他产品时，瓶颈就出现了，并且会引发延迟。瓶颈还会发生在很多用户在同一时间试图操作无线移动设备时（见本章“观念实施：克服无线数据瓶颈”）。

诸如中国银行等许多银行、诸如克罗格等商店和诸如迪士尼乐园等娱乐公园，都积极工作，减少排队和延迟，以更好地服务顾客。

再次以 Photon 公司为例，该公司用一台车床将钢棒加工成影印机上使用的一种特殊定影辊。这种定影辊是公司在车床上生产的唯一产品。Photon 公司在收到批发商的订单后开始生产，并将其作为影印机的零部件销售。每张订单的数量是 1 000 个定影辊。

Photon 公司的管理者正在寻找机会增加利润，同时不牺牲其较短的顾客响应时间。管理者使用第 1 章介绍的五步决策制定程序研究这些机会。

步骤 1：确定问题与不确定性。Photon 公司的管理者正在考虑是否推出第二种产品，即定影齿轮，这种产品与定影辊使用同样的车床。主要的不确定性是第二种产品的引进将如何影响定影辊的生产周期。（我们关注 Photon 公司的生产周期，因为定影辊和定影齿轮的接收时间和交货时间是最短的。）

步骤 2：获取信息。管理者收集公司过去接收的订单数量、生产时间、可用生产能力和平均生产周期等数据。公司每年通常会收到 30 份定影辊订单，但它也许会收到 10 份、30 份或 50 份订单。每份订单的订购数量是 1 000 单位，需要 100 小时的生产时间（8 小时的生产准备时间以清洗和准备生产定影辊的机器，92 小时的加工时间）。这台机器的年生产能力是 4 000 小时。假设 Photon 公司刚好收到预计的 30 份订单，需要的生产时间是 3 000 小时（100×30），小于可用的生产能力 4 000 小时。排队和延误仍可能发生，因为批发商可能会在任何时间下订单，甚至是机器正在加工前一个订单时。

平均等待时间（average waiting time）是一批订货排队等候加工的平均时间。平均等待时间等于①：

$$\frac{\text{辊轴平均订单数}\times\text{每份辊轴订单的生产时间}^2}{2\times(\text{年机器生产能力}-\text{辊轴平均订单数}\times\text{每份辊轴的订单时间})}$$

$$=\frac{300\times100^2}{2\times(4\,000-(30\times100))}=\frac{300\times10\,000}{2\times(4\,000-3\,000)}=\frac{300\,000}{2\,000}$$

$$=150(\text{小时/订单})$$

因此，每一个辊轴订单的平均生产周期是250小时（150+100）。注意生产时间在公式中以平方的形式出现在分子中，平方项显示了生产时间对于等待时间有较大的影响。随着生产时间延长，收到新订单时机器正在忙的可能性变大，也就是延迟的时间变长。公式中的分母是对未利用生产能力或者说缓冲垫的度量。随着未利用生产能力变小，机器正在生产时收到订单的可能性变大，延迟也就变长。

公式描述的仅仅是平均的等待时间。有时碰得巧，接到订单时机器正在空闲，则可以马上进行加工。但在其他情况下，公司可能在还有两份订单在等待加工的时候就接到新的订单，这时延误时间将比150小时还要长。

步骤3：预测未来。管理者对齿轮进行了如下预测：公司预计下一年度将收到10份齿轮订单，每份订单的数量是1 600单位。每批订货的生产时间为50小时，包括3小时的生产准备时间和47小时的加工时间。预计顾客对辊轴的需求并不受是否生产和销售齿轮的影响。

在生产准备之前的平均等待时间预计如下（该公式是前面的单一产品例子情况下的公式的推广）：

$$\frac{\begin{matrix}\text{平均滚轴}\\\text{订单数}\end{matrix}\times\begin{matrix}\text{每份滚轴订单}^2\\\text{生产时间}\end{matrix}+\begin{matrix}\text{平均齿轮}\\\text{订单数}\end{matrix}\times\begin{matrix}\text{每份齿轮订单}^2\\\text{生产时间}\end{matrix}}{2\times\left(\begin{matrix}\text{年机器}\\\text{生产能力}\end{matrix}-\begin{matrix}\text{滚轴平均}\\\text{订单数}\end{matrix}\times\begin{matrix}\text{每份滚轴的}\\\text{订单时间}\end{matrix}-\begin{matrix}\text{齿轮平均}\\\text{订单数}\end{matrix}\times\begin{matrix}\text{每份齿轮订单}\\\text{生产时间}\end{matrix}\right)}$$

$$=\frac{300\times100^2+10\times50^2}{2\times(4\,000-30\times100-10\times50)}=\frac{30\times10\,000+10\times2\,500}{2\times(4\,000-3\,000-500)}$$

$$=\frac{300\,000+25\,000}{2\times500}=\frac{325\,000}{1\,000}=325(\text{小时/订单})$$

生产齿轮产品使得每份订单的平均等待时间增加了1倍多，从150小时增加到325小时。等待时间增加是因为生产齿轮产品使得未利用生产能力减少，因此机器尚未完成目前的生产任务时，又接到新生产任务的可能性增大了。平均等待时间对于未利用生产能力的减少是非常敏感的。

如果管理者决定既生产齿轮又生产辊轴，那么辊轴订单的平均生产周期是425小时（325+100），齿轮订单的平均生产周期是375小时（325+50）。辊轴订单需要花费76.5%（即325÷425）的生产周期，只是为了等待生产开始！

---

① 严格的技术性假设是：(1) 顾客产品订单服从均值等于预期订单数的泊松分布（本例中齿轮为30）；(2) 订单以先进先出法进行加工。在现实的许多环境中，顾客订单服从泊松分布到达方式是合理的。可以对先进先出法的假设进行修改，在修正之后的假设中，最基本的排队和延迟影响仍会发生，但是严格意义上的公式将是有差别的。

步骤 4：选择方案做决策。在齿轮会降低辊轴生产周期的情况下，公司应当生产齿轮吗？为了帮助管理者制定决策，管理会计师需要识别和分析生产齿轮的相关收入和相关成本，特别是所有产品延迟的成本。下一节关注步骤 4。

观念实施

克服无线数据瓶颈

有线世界正在被迅速无线化。不仅智能手机发展迅速，新兴设备包括电子书阅读器、iPad 和其他平板电脑、机器对机器设备（所谓的"物联网"）也加入快速增长的数据通信大军。思科最近预测，数据通信将以 66% 的复合比率增长，从 2012 年的每月 885 拍字节增长到 2017 年的每月 11.2 艾字节（1 艾字节是 10 亿个 10 亿字节）。

这种极其巨大的增长已经导致许多用户遭受移动瓶颈，这是由在一个给定区域内有太多的用户试图在同一时间传输移动数据造成的。这些瓶颈对一些通过移动互联网买卖商品和服务的公司（如亚马逊和 eBay）是最有害的。为缓解移动瓶颈，无线服务提供商和其他高科技公司正在部署更高效的移动宽带网络，如 4G LTE，同时正在研究互补技术，这种技术可以自动选择最佳可用的无线网络以增加容量。某些技术提供商直接提供 Wi-Fi，使移动用户可以在移动设备之间自由地传输视频、音乐和照片，不会堵塞宝贵的带宽。世界各地的企业和政府机构也试图增加无线宽带频谱。例如，美国鼓励广播电台和政府机构等现有的频谱持有者向无线提供商出售或分享它们过剩的容量，以换取部分利润。

资料来源：Cisco Systems, Inc.，"Cisco Visual Networking Index: Global Mobile Data Traffic Forecast Update, 2012-2017"（February 6, 2013）；Cliff Edwards, "Wifi Direct Seen as Way to Alleviate Network Congestion," *Bloomberg Businessweek*（January 7, 2010）；John Morris, "CTIA: More Spectrum, and Other Ways to Break the Wireless Data Bottleneck," *ZDNet*, "Laptops & Desktops" blog（March 24, 2010）；George Pyle, "Wireless Growth Leading to Bottlenecks," *Buffalo News*（May 9, 2010）；Danny Yardon, "Federal Agencies Urged to Free Up Airwaves," *The Wall Street Journal*（June 14, 2013）.

延迟的相关收入与相关成本

为了决定步骤 4 下生产齿轮的相关成本和收益，管理会计师编制了以下额外的信息（单位：美元）：

产品	平均订单数（份）	平均生产周期下的每份订单平均售价		每订单直接材料成本	每订单每小时存货持有成本
		少于 300 小时	多于 300 小时		
辊轴	30	22 000	21 500	16 000	1.00
齿轮	10	10 000	9 600	8 000	0.50

生产周期既影响收入又影响成本。收入受到影响是因为顾客为能更快地收到货物，

宁愿支付一小笔额外费用。成本方面，在引入齿轮产品时，直接材料成本和存货持有成本是唯一的相关成本（所有其他成本都不受影响，因此是不相关的）。存货持有成本通常包含与存货有关的投资机会成本（见第 11 章“存货持有成本”）和与场地租赁、货物损坏、腐烂变质和材料处理等有关的储存成本。通常企业用每订单每年的费用为基础来计算存货持有成本。为了简化计算，管理会计师将存货持有成本以每份订单每个小时来表示。而且，Photon 公司在接到订单的时候得到直接材料，因此应计算生产周期内的存货持有成本。

图表 19—8 给出了公司“推出齿轮产品”和“不推出齿轮产品”两种方案的相关收入和相关成本。根据分析，公司的管理者决定不推出齿轮产品，尽管每份订单能为公司带来 1 600 美元（9 600－8 000）的贡献毛益，且公司的机器有能力生产齿轮。如果生产齿轮，在 4 000 机器小时的可利用生产能力中，公司平均也只利用了 3 500 机器小时（辊轴：100×30，齿轮：50×10）。那么为什么公司最好不要推出齿轮产品？因为生产齿轮对现有产品辊轴会造成负面影响。下面的表格显示了时间成本，即由于生产齿轮会引起延迟，从而引起的期望收入的减少和预计成本的增加（单位：美元）：

产品	增加平均生产周期的影响		推出齿轮产品的预期收入损失和预期增加成本的和
	辊轴的预期收入损失 (1)	预期所有产品存货持有成本的增加 (2)	(3) ＝ (1) ＋ (2)
辊轴	15 000[a]	5 250[b]	20 250
齿轮	—	1 875[c]	1 875
总和	15 000	7 125	22 125

a. (22 000－21 500)×30＝15 000(美元)。
b. (425－250)×1.00×30＝5 250(美元)。
c. (375－0)×0.50×10＝1 875(美元)。

图表 19—8　Photon 公司是否推出齿轮产品决策的预期相关收入和成本分析　单位：美元

相关项目	方案 1：推出齿轮产品 (1)	方案 2：不推出齿轮产品 (2)	差额 (3)＝(1)－(2)
预期收入	741 000[a]	660 000[b]	81 000
预期变动成本	560 000[c]	480 000[d]	(80 000)
预期存货持有成本	14 625[e]	7 500[f]	(7 125)
预期总成本	574 625	487 500	(87 125)
预期收入减去预期成本	166 375	172 500	(6 125)

a. 21 500×30＋9 600×10＝741 000(美元)；平均生产周期将大于 300 小时。
b. 22 000×30＝660 000(美元)；平均生产周期将小于 300 小时。
c. 16 000×30＋8 000×10＝560 000(美元)。
d. 16 000×30＝480 000(美元)。
e. 辊轴平均生产周期×辊轴每订单存货持有成本×辊轴预期订单数＋齿轮平均生产周期×齿轮每订单存货持有成本×齿轮预期订单数＝425×1.00×30＋375×0.50×10＝12 750＋1 875＝14 625(美元)。
f. 辊轴平均生产周期×辊轴每订单存货持有成本×辊轴预期订单数＝250×1.00×30＝7 500(美元)。

推出齿轮产品将造成辊轴产品的平均生产周期从 250 小时延长到 425 小时。更长的生产周期增加了辊轴的存货持有成本，降低了辊轴的收入（因为辊轴的平均生产周期超过了 300 小时，因此每份订单的平均售价从 22 000 美元降至 21 500 美元）。连同齿轮的存货持有成本，引入齿轮产品的预计成本是22 125美元，比销售齿轮得到的预计贡献毛益16 000美元（1 600×10）高6 125美元（图表19—8中计算的差额）。

这个例子说明，当需求的不确定性较高时，保留一些没有利用的生产能力是可取的。① 增加一个瓶颈资源的生产能力可以减少生产周期和延迟。增加生产能力的一种方法是减少准备和加工所花的时间；另一种方法是在新设备上进行投资，如可以更快地从生产一个产品转换到生产另一个产品的灵活生产系统。通过仔细地对生产进行计划——例如，将相似的批次产品同一批进行加工——也能减少延迟。

平衡计分卡和与时间有关的指标

在本节中，我们重点关注五步决策制定程序的最后一步——**实施决策、评价业绩与学习**（implement the decision，evaluate performance，and learn）——追踪时间指标的变化，评价和获知这些变化是否影响财务业绩，并修改决策和计划以实现公司的目标。我们使用平衡计分卡的维度结构——财务、顾客、内部业务流程以及学习和成长——总结财务和非财务的时间指标之间的相互关系，减少延误，增加瓶颈资源的利用效率。

财务指标

更少的延误带来的收益或价格上涨

存货持有成本

顾客指标

顾客响应时间（完成顾客订单所花费的时间）

准时履约（在规定的时间内提供产品或服务）

内部业务流程指标

关键产品的平均生产时间

关键流程的生产周期效率

瓶颈环节生产的缺陷产品

瓶颈环节生产准备和加工减少的平均时间

学习和成长指标

员工满意度

培训管理瓶颈环节员工的数量

为了考察平衡计分卡维度之间的因果关系，考虑珠宝设备的设计者和制造商贝尔集团（Bell Group）。一个关键的财务指标是实现特定产品线更高的利润率。在顾客指标类别中，该公司为产品设定的目标是所有订单的周转时间为2天。为了实现这一目标，内部业务流程指标要求瓶颈机器每周6天、每天22小时运作。最后，在学习和成长指标中，公司培训新员工进行非瓶颈操作，使经验丰富的员工解脱出来操作瓶颈机器。贝

① 其他一些复杂情形，如分析机器网络、优先调度、加工时间的不确定等，超出了本书的范围。在这些情况下，基本的排队和延迟问题继续存在，但精确的公式更为复杂。

尔集团的重点放在平衡计分卡与时间相关的指标上，使公司大幅增加了产量并大幅削减了顾客响应时间，从而使收入和利润增加。

管理者使用财务与非财务指标沿着时间维度管理企业的业绩。他们使用收入和成本指标评价顾客响应时间增加或减少的财务影响。非财务指标帮助管理者评价他们对目标的影响，如改进生产周期时间和顾客响应时间。

自测题

Sloan Moving 公司将家庭用品从美国大陆的一个城市搬运到另一个城市。它通过以下方面来测定服务质量：(1) 搬运货物需要的时间；(2) 及时递送（在约定递送日 2 天内）；(3) 在搬运过程中丢失或者损坏物品的数量。Sloan 公司正在考虑投资一项新的计划和追踪系统，每年的成本是 160 000 美元。这个系统可以提高第 (2) 项和第 (3) 项的业绩。下面给出了 Sloan 公司的目前业绩和实施新系统的期望业绩。

	目前业绩	未来期望业绩
及时递送率	85%	95%
丢失或损坏每箱的变动成本	60 美元	60 美元
丢失或损坏每箱的固定成本	40 美元	40 美元
每年丢失或损坏的数量	3 000 箱	1 000 箱

Sloan 公司预期及时递送率每增长一个百分点，可以带来 20 000 美元的年收入增长。Sloan 公司的贡献毛益率是 45%。

要求：

1. Sloan 公司应该购买新系统吗？列出计算过程。

2. Sloan 公司对采用新系统带来的成本节约非常有信心，但是对收入的增长不确定。计算值得公司投资新系统所需的最小收入增长量。

解答：

1. 新计划和追踪系统的额外成本是每年 160 000 美元。新计划和追踪系统带来的额外年收益（单位：美元）如下：

因为及时投递率从 85%提高到 95%，增加 10%的及时投递率带来的年收入（20 000×10）	200 000
因为额外的年收入得到的 45%的贡献毛益（0.45×200 000）	90 000
因为减少了丢失或损坏的箱数而减少的成本（只有变动成本是相关成本）（60×(3 000−1 000))	120 000
总额外收益	210 000

因为预计 210 000 美元的收益超过了 160 000 美元的成本，所以 Sloan 公司应该在新系统上进行投资。

2. 只要 Sloan 公司从增加的年销售中获得 40 000 美元的贡献毛益（弥补增量成本 160 000 美元减去节约的变动成本 120 000 美元），在新系统上的投资就是有利的。贡献毛益对应的销售额为 40 000÷0.45=88 889 美元。

决策要点

下面的问答形式是对本章学习目标的总结，决策代表与学习目标相关的关键问题，指南则是对该问题的回答。

决策	指南
1. 质量成本计划中的四种成本类型是什么？	质量成本计划中的四种成本类型是：预防成本（为预防生产不合格产品而承担的成本）、鉴定成本（为发现不合格产品而承担的成本）、内部差错成本（在交付顾客之前发现不合格产品而承担的成本）和外部差错成本（在交付顾客之后发现不合格产品而承担的成本）。
2. 管理者能够用什么非财务指标和方法来改善质量？	管理者能够使用的非财务质量指标包括顾客满意度指标，如顾客投诉数量和发送给顾客的次品百分比；内部业务流程指标，如缺陷和返工产品百分比；学习和成长指标，如接受培训并有权使用质量原则的员工百分比。 三种用来识别质量问题并改善质量的方法是：(1) 控制图，用于区分生产过程中的随机性偏差和其他原因造成的偏差；(2) 帕累托图，表明每种差错发生的频率；(3) 因果图，识别差错发生的原因或潜在的因素。
3. 管理者如何识别质量改进的相关收入和成本？	质量改进的相关成本是为了执行计划而承担的预期增量成本。相关收入是指节省的总成本及质量改进后预计增加收入而增加的贡献毛益。
4. 管理者如何使用财务和非财务指标评价质量？	财务指标有助于在预防成本、鉴定成本和差错成本之间进行权衡。非财务指标识别那些需要改善的问题，并作为未来财务业绩的指示器。
5. 什么是顾客响应时间？延迟的原因是什么？	顾客响应时间是从顾客提交订单购买产品或服务开始到该产品或服务交付于顾客所花费的时间。延迟的发生是因为：(1) 顾客订货时间的不确定性；(2) 生产能力限制带来的瓶颈制约。瓶颈是那些等待完成的工作接近或超过可利用生产能力的作业环节。
6. 延迟的相关收入和成本是什么？	延迟的相关收入和成本包括减少的收入和增加的存货持有成本。
7. 管理者在平衡计分卡中能够使用的财务与非财务的时间指标是什么？	管理者在平衡计分卡中用于评价与时间相关的公司业绩的财务与非财务指标有：延误损失的收入、顾客响应时间、准时履约、平均生产周期、培训管理瓶颈环节员工的数量。

练习题

19—17　质量成本分析。Safe Travel 公司为新生儿到 2 岁之间的儿童生产汽车座椅。由于公司的一个竞争对手最近出现产品故障而受到了公众的监督，公司较为担心。以往，公司汽车座椅的唯一问题就是肩带的缝合。这个问题通常在内部检测中可以测出并修复。检测成本为每个座椅5美元，修复成本为每个座椅1美元。上年检测了200 000个座椅，在内部检测中发现5%的肩带缝合有问题。另有1%的座椅肩带缝合有问题但内部检测没有发现。这些有缺陷的座椅售出后还会返回到公司进行维修。运送成本为每个座椅8美元，维修成本为每个座椅1美元。但是，这些现金支付成本（运送和维修）不是内部检测没有发现缺陷的唯一成本。负面宣传会导致未来每次外部差错损失100美元贡献毛益。

要求：

1. 计算鉴定成本。
2. 计算内部差错成本。
3. 计算外部差错成本。
4. 确定外部差错的机会成本。
5. 总的质量成本是多少？
6. 由于对全部200 000个座椅进行检查的成本较为昂贵，公司正考虑另一种内部检测计划，每个座椅的检查成本仅为3美元。在内部检测期间，替代技术只能检测有缝合问题的200 000座椅的3.5%，另外2.5%的缺陷座椅将在售出后检测。替代技术的总质量成本为多少？
7. 在改变检测技术前，公司还应该考虑除成本之外的哪些因素？

19—19 质量成本，质量改进。Cell Design公司为各种型号的手机生产手机壳。公司每年销售1 050 000个手机壳，单价为10美元，贡献毛益率为40%。

过去12个月对公司顾客的一项调查显示，顾客对产品满意度较高，但有一部分顾客有些失望，因为他们买到的手机壳不适合他们的手机，不得不退货更换。

公司的管理者想改进生产流程，开发与公司说明书更匹配的产品，因为阻止不合适的产品送达顾客的质量控制措施没有发挥作用。

当前的质量成本如下（单位：美元）：

预防成本	210 000
鉴定成本	100 000
内部差错成本	
返工	420 000
残料	21 000
外部差错成本	
产品更换	315 000
顾客退货损失的收入	787 500

质量控制经理和主计长预计修改生产流程的额外成本如下：

CAD设计改进	150 000
提高机床校准规范	137 500

要求：

1. 管理者关注哪一种质量类别的成本？为什么？

2. 如果生产流程的改进可以使顾客的更换成本下降60%，退货量下降70%，这将对公司的质量成本和营业利润产生什么影响？公司应该怎样做？请解释。

3. 计算生产流程改进前后预防成本、鉴定成本、内部差错成本和外部差错成本占总质量成本的比例和总销售收入的比例。对你的结果进行简要评论。

19—21 质量改进，相关成本，相关收益。Keswick Conference Center and Catering是一家每年举办300多场、50 000名专业人士参加的国内和国际会议的会议中心和餐馆。由于竞争加剧和客户期望飙升，公司被迫重新考虑它的质量标准。在过去的25年里，客户对高品质产品和服务的需求从来没有增长。2013年Keswick的预算固定和变动成本如下（单位：美元）：

	会议中心总固定成本	每位参会者的变动成本
建筑与设施	4 320 000	
管理层工资	1 680 000	
顾客支持与服务人员		66
食物与饮料		120
会议材料		42
附带产品和服务		18

公司的预算营业利润为4 200 000美元。

在对3 000名会议出席者进行调查以后，公司了解到顾客最希望看到产品和服务质量在以下方面得到改进：（1）更多的菜品和更快的服务；（2）更多的附带产品和服务（无线接入所有的会议室，互联网使用的计算机站，免费本地电话等）；（3）高档清洁的会议设施。为满足这些需求，公司每年的固定成本需增加50%，每位出席者的变动成本增加 12 美元，明细如下（单位：美元）：

顾客支持与服务人员	4
食物与饮料	5
会议材料	0
附带产品和服务	3

Keswick 公司相信改善产品和服务质量会使会议出席人数增加 40%。

要求：

1. 每位会议出席者的预算收入是多少？

2. 假设每位会议出席者的预算收入不变，公司应该实施拟定的改进吗？

3. 假设每位会议出席者的预算收入不变，每位会议出席者的变动成本在改进前和改进后会有什么变化？

19—23 等待时间，服务业。Small Midwestern University（SMU）的注册导师们每学期帮助 4 200 名学生开发他们的班级课程表并为班级注册。每个导师在注册期间每天工作 10 小时。SMU 现有 10 个顾问。为单个学生提供咨询可能花费 2～30 分钟，平均为每名学生花费 12 分钟。在注册期间，10 个导师平均每天会见 300 名学生。

要求：

1. 使用“瓶颈和时间动因”章节步骤 2 中的公式，计算每个学生在导师办公室的平均等待时间。

2. 注册导师主任可能会增加每天会见学生的人数。因为每天会见 300 名学生，需要 14 个工作日才能会见完所有学生。但这样会生产问题，因为注册期只持续两周（10 个工作日）。如果导师每天会见 400 名学生，只需要两周（10 天）。但是，他们想弄清楚等待时间是不是太长。如果每天会见 420 名学生，平均等待时间是多长？

3. SMU 想知道减少提供咨询的平均时间对平均等待时间的影响。如果 SMU 能将提供咨询的平均时间减少到 10 分钟，每天会见 420 名学生，平均等待时间是多长？

19—25 质量和时间的非财务指标。Global Cell Phones（GCP）公司新开发了一种可以在世界各地（即使是在像日本这种有着相对独特手机系统的国家）使用的移动电话。公司一直收到有关电话的投诉。过去两年中，公司一直在试销手机，并收集有关手机质量实际与感知方面的非财务信息。由于市场缺乏竞争性，公司预期提高产品质量会提升销量，进而提高利润。

2012 年和 2013 年的质量数据如下：

	2012 年	2013 年
生产并发货的手机	3 000	15 000
发货的缺陷产品数量	150	600
顾客投诉数量	225	375
发货前返工的产品数量	180	1 050
生产周期	15 天	16 天
平均顾客响应时间	30 天	28 天

要求：

1. 分别计算 2012 年和 2013 年的如下问题：

（1）发货的缺陷产品的比例；

（2）发货产品中收到顾客投诉的比例；

（3）生产过程中返工产品的比例；

（4）生产周期占从订单到交货总时间的百分比。

2. 参考要求 1 中计算的信息，解释公司的质量和及时性是否提升了。

3. 为什么客户响应时间减少而生产周期变长了？（先描述一下每个时间指标中包含的内容可能会有所帮助，见图表 19—7。）

19—27 统计质量控制。Harvest Cereals 生产一系列的早餐产品。公司最畅销的三种早餐谷类食品是 Double Bran Bits，Honey Wheat Squares 和 Sugar King Pops。每箱特定种类的谷类食品都要满足预定的重量规格，因此不会有任何一箱比其他箱更多或更少。公司计量每条生产线的平均重量，以确定是否有高于公司规定的最高控制范围或低于最低控制范围的差异。超出规定控制范围的生产线不符合质量标准，管理层要对其做进一步调查来确定产生差异的原因。Harvest 公司 3 月的三种早餐谷类食品的重量标准和生产线数据如下：

质量标准：每条生产线的平均重量（盎司）

Double Bran Bits	Honey Wheat Squares	Sugar King Pops
17.97	14.00	16.02

每条生产线的实际平均重量（盎司）

生产线	Double Bran Bits	Honey Wheat Squares	Sugar King Pops
1	18.23	14.11	15.83
2	18.14	14.13	16.11
3	18.22	13.98	16.24
4	18.30	13.89	15.69

续前表

生产线	Double Bran Bits	Honey Wheat Squares	Sugar King Pops
5	18.10	13.91	15.95
6	18.05	14.01	15.50
7	17.84	13.94	15.86
8	17.66	13.99	16.23
9	17.60	14.03	16.15
10	17.52	13.97	16.60
标准差	0.28	0.16	0.21

要求：

1. 使用$\pm 2\sigma$规则，应该制定什么差异调查决策？

2. 分别绘制3月三种早餐谷类食品的控制图。你能从图中得出什么结论？

3. 本例中的质量成本是多少？Harvest公司应该如何应用六西格玛程序提高质量？

19—29 质量改进，相关成本，相关收益。Tristan公司向小汽车和载重卡车行业出售250 000个V262型阀门。Tristan公司的生产能力是150 000机器小时，每机器小时能生产2个阀门。V262的单位贡献毛益是7美元。Tristan公司之所以只卖出250 000个阀门，是因为有50 000个阀门（占合格阀门的20%）需要返工。返工2个阀门需1小时，因此使25 000小时的生产能力浪费在返工品的加工上。Tristan公司的返工成本为550 000美元。返工成本包括：

● 直接材料和直接返工人工（变动成本）：5美元/单位；

● 设备固定成本、租金和间接费用的分配：6美元/单位。

Tristan公司的工序设计师提出了一种新的生产工序。该工序仍将维持原有的加工速度，但能百分之百地保证质量，不再发生返工品。这种新工序每年要花费538 000美元，其他有关数据如下：

● 顾客对Tristan公司V262阀门的年需求量是400 000个；

● 若Tristan公司启用新工序生产T971型阀门，则Colton公司将订购27 000个。T971型阀门的贡献毛益是每单位12美元。Tristan公司可以每小时生产1个T971型阀门，质量100%合格且没有返工。

要求：

1. 假设Tristan公司的设计师启用了新的设计工序。那么，Tristan公司是否应该接受Colton公司订购27 000个T971型阀门的订单？列出计算过程。

2. Tristan公司是否应该启用新的设计工序？列出计算过程。

3. 在决定是否应采用新工序时，Tristan公司应该考虑哪些非财务和定性的因素？

19—31 等待时间，生产周期。Seawall公司接受客户订单后，用注塑机制造塑料产品Z39。公司预计下一年会接受50份Z39的订单。每份订单需要80机器小时。机器年产能为5 000小时。

要求：

1. 计算：

（1）一份Z39订单在加工前的平均等待时间；

（2）每份Z39订单的平均生产周期。

2. 公司正考虑推出一种新产品Y28，预计下一年会收到25份Y28的订单，每份订单需要20机器小时。假设Z39的需求量不会受到Y28的影响。如果公司生产Y28，计算：

（1）每份订单的平均等待时间；

（2）每种产品每份订单的平均生产周期。

19—33 生产周期，相关收入，相关成本。Brandt公司为航空业生产束线。Brandt公司对什么时候收到顾客订单、会收到多少顾客订单不能确定。公司只在接到顾客订单后才开始生产束线。空中客车公司最近购买了一台可以生产两种束线的新机器，一种是为波音公司的飞机（B7）制造的，一种是为空中客车公司的飞机（A3）制造的。新机器的年生产能力是6 000小时。下面给出的是下一年的信息。

顾客	年平均订购数量	所需要的生产时间	平均生产周期下每个订单的售价		变动成本	每小时单位订单的存货维持成本
			小于200小时	大于200小时		
B7	125单位	40小时	15 000美元	14 400美元	10 000美元	0.50美元
A3	10单位	50小时	13 500美元	12 960美元	9 000美元	0.45美元

要求：

1. 计算每份订单的平均生产间隔期：

（1）如果Brandt公司只生产B7；

（2）Brandt公司同时生产B7和A3。

2. 如果 A3 有正的贡献毛益，Brandt 公司的管理者正在评估是否应该只生产和销售 B7，或者生产并销售 B7 和 A3。哪种选择会最大化 Brandt 公司的营业利润？给出你的计算。

3. 对要求 2 中的两种方案进行选择时，Brandt 公司应该考虑哪些其他因素？

19—35　道德，质量。Weston 公司为两家行业领先的日本汽车制造商制造汽车零部件。Nancy Evans 是 Weston 公司最大的一家制造工厂的管理会计师。工厂的总经理 Chris Sheldon 刚刚从公司总部开完会回来，会议提出了 2014 年的质量期望。Chris 把 Nancy 叫进办公室传达企业质量目标，即总的质量成本在任何情况下都不应该超过工厂总收入的 10%。他要求 Nancy 向他提供一系列为实现公司总部质量目标的方案。2014 年工厂的初始预算收入及质量成本如下（单位：美元）：

收入	5 100 000
质量成本：	
采购材料的检测	48 000
生产人员的质量控制培训	7 500
质保维修	123 000
质量设计工程	72 000
顾客支持	55 500
材料废料	18 000
产品检测	153 000
不合格零件的工程再设计	31 500
不合格零件的返工	27 000

在得知新的企业质量目标之前，Nancy 已经收集了有关提高产品质量并降低质量成本的所有可能方案的信息。她打算引入流程再造的想法，花费的一次性成本为 112 500 美元，这将使每年的检测成本降低 25%，每年的质保维修和顾客支持成本降低约 40%。得知新的公司目标后，Nancy 正在重新考虑流程再造的想法。

Nancy 回到办公后再次处理数据，以寻找其他方案。她得出结论：每年增加 22 500 美元对生产人员进行质量控制成本培训，可以使公司每年的检测成本降低 10%，还可以使每年的质保维修和顾客支持成本降低 20%。她倾向于只将第二个方案报送给 Chris，因为这是实现公司新的质量目标的唯一方案。

要求：

1. 计算 2014 年每个预算成本质量类别（预防成本、鉴定成本、内部差错成本和外部差错成本）与预算收入的比例。总的预算质量成本占预算收入的比例小于 10%吗？

2. Nancy 应该将哪种质量方案提供给总经理 Chris？计算每个方案 2 年的成果：

（1）以 112 500 美元再造流程；

（2）每年增加 22 500 美元的质量培训支出。

3. 假设 Nancy 决定不向 Chris 提供流程再造方案，那么 Nancy 的行为是不道德的吗？请解释。

第 20 章

存货管理、适时生产和简化成本法

- 零售组织中的存货管理
- 适时采购
- 存货管理、物料需求计划和适时生产
- 倒推成本法

学习目标

1. 识别六种和待售存货有关的成本
2. 使用经济订货量决策模型平衡订货成本和持有成本
3. 识别使用经济订货量决策模型时可能产生的失误影响以及减少经济订货量决策模型和业绩评价模型之间冲突的方法
4. 描述公司为何使用适时采购
5. 区别物料需求计划系统和适时生产系统
6. 了解适时生产系统的特点和优点
7. 了解倒推成本法可以通过哪些方式简化传统的存货成本系统
8. 理解精益会计的原则

假设有一件你经常使用的产品提供了大幅折扣，但是，为了得到这个折扣，你必须购买够用一年的产品，这是一笔大额预付款的支出。

你会要这个数量折扣吗？很多公司也面临相似的抉择，因为公司需要为滞存的货物花费一笔不小的开销。在经营困难的时候，存货占用的资金是一个特别严重的问题。诸如好市多（Costco）等公司努力保持低库存。

好市多积极管理存货从而在艰难时期茁壮成长①

好市多公司凭借其每年 55 美元会员费和大量简朴的仓库被广泛知晓，那些仓库从地板到天花板都塞满了货物，从肥皂到苏打水都有。好市多在世界各地共有 627 个仓库。相比其竞争者，好市多在仓库中储存的货物更少。其采用的创新存货管理实践成功地帮其在全球运营中节省了成本。

一般的杂货店大约有 40 000 件物品，但好市多采用限制供应的方式，供应货物量约为 40 00 件或比一般杂货店少供应 90%，从而降低了存货成本。好市多还采用零库存管理系统，该系统还包括直接与其众多最大供应商共享数据。诸如百事可乐和卡夫食品这样的公司可以逐个仓库地跟踪其产品销售业绩，从而仅在好市多需要的时候进行货物补给。这些存货管理技术使好市多超越了竞争对手。好市多每年的存货周转率超过 12 次，远比其他零售商频繁。

有时，公司还可以利用其 8 700 万平方英尺的仓库空间来降低采购成本。例如，宝洁公司最近宣布其纸制品涨价 6%，好市多在其原价格时购买了 258 卡车的纸巾，并且把它们储存在配送中心和仓库。

存货管理是重要的，因为材料成本常常占制造业公司总成本的 40%以上，占商业公司总成本的 70%以上。在这一章，我们将描述存货成本的组成要素、不同存货决策

---

① McGregor, Jena. 2008. Costco's artful discounts. *Business Week*, October 20; Brad Stone, "Costco CEO Craig Jelinek Leads the Cheapest, Happiest Company in the World," *Bloomberg Business week* (June 6, 2013); Liz Parks, "Sharing the View," NRF Stores (February 2006); and Costco Wholesale Company, 2012Annual Report (Issaquah, Washington: Costco Wholesale Company, 2012).

的相关成本以及计划和控制系统（如适时制）如何减少存货。

零售组织中的存货管理

存货管理（inventory management）是在一个组织中与存货的流入、流转、流出相关的一系列计划、协调和控制活动。现在让我们考察三个大型零售商的成本细分情况，其产品销售成本在总成本中都占有最大比例。

	克罗格	好市多	沃尔玛
收入	100%	100%	100%
减成本：			
产品销售成本	79.4%	87.6%	75.1%
销售及管理费用	15.4%	9.6%	18.9%
其他成本、利息及税金	3.7%	1.1%	2.2%
总成本	98.5%	98.3%	96.2%
净利润	1.5%	1.7%	3.8%

净利润在收入中所占比例是比较低的。这意味着优化待售商品的购买和管理将会使净利润的比例大幅增长。

与待售商品有关的成本

与存货有关的成本有许多类型，而购买的实际商品的成本则不是这样。总的来说，与存货有关的成本有六种类别：

1. **采购成本**（purchasing costs）。它是从供应商处购得的包含运费在内的产品取得成本。这些成本通常构成了存货商品成本中最大的组成部分。采购成本还受不同订货规模决定的折扣大小及供应商的支付条款等因素影响。

2. **订货成本**（ordering costs）。它是从订货前的准备，到收取订单及检查订单条款、查询已收到的发货单，再到正式订货及付款过程中发生的所有成本。订货成本包括取得采购批准的成本及其他在特定流程中发生的成本。

3. **持有成本**（carrying costs）。当企业持有存货商品时就会有持有成本发生。这一费用包括占用在存货中的资金而不能再投资的机会成本（见第11章）及场地租金、保险费、陈旧物品等与储存有关的费用。

4. **缺货成本**（stockout costs）。当顾客需要某种产品而这种产品又不能被提供时，公司必须迅速补充存货以满足这一需求，否则就会发生损失。面对缺货，公司可以迅速向供应商订货。这会带来额外的订货与生产成本及相关运输费用，否则公司可能因缺货而失去一笔销售。在这种情况下，缺货的机会成本包括这笔失去的销售的贡献毛益，以及信誉受损而失去的未来销售的贡献毛益。

5. **质量成本**（quality costs）。它是为预防和鉴定而发生的成本，或者是质量问题产生的成本。例如，在产品出库和入库时产品损坏、破坏或处理不当，就会产生质量问题。如前面第 19 章所述，存在四种质量成本——预防成本、鉴定成本、内部差错成本和外部差错成本。

6. **损失成本**（shrinkage cost）。它是由于外部人盗窃、员工侵占、分类错误和笔误而产生的成本。损失是账面记录的存货成本（更正错误后）与实物计算的存货成本之差。损失往往是管理层业绩的一项重要衡量指标。例如，杂货店的营业利润率在 2%左右徘徊。由于边际利润率这么小，很容易理解为什么一家商店经理的首要职责是控制存货损失。损失增加 1 000 美元将抵消 50 000 美元销售收入创造的利润（2 %×50 000＝1 000）。因为公司存货增加时，损失成本通常也会增加，所以大多数公司并不会持有不必要的存货。

现有财务会计体系并不能提供所有存货的成本。例如，机会成本往往未被纳入现有体系，但却是存货成本的重要组成部分。

信息收集技术大大提高了存货信息的可靠性和及时性，减少了与存货有关的成本。例如，条形码技术通过一台扫描仪就可以记录下采购和销售的个别单位的详细信息。产品一经扫描，关于产品流动的记录就产生了，这有助于企业更好地管理采购成本、持有成本和缺货成本。在接下来的内容中，我们分析在商业公司中如何计算不同存货决策的相关成本。

□ 经济订货量决策模型

某种指定产品的订购量应该是多少？**经济订货量**（economic order quantity，EOQ）提供一种决策模型，可以在一系列假设的基础上计算订货的最优数量。

- 最简单的经济订货量模型假设只有订货成本和持有成本，因为这些成本是存货最一般的成本。
- 每一再订货点的订货量相同。
- 已知需求、订货成本及持有成本。订货和交货之间的时间间隔——**采购间隔期**（purchase-order lead time）也是已知的。
- 单位采购成本不受订货量大小的影响。这一假设使采购成本与经济订货量的取值无关。因为不管订货数量是多少，采购价格都是一样的。
- 不会发生存货短缺。该假设的前提是缺货成本非常高，为了避免缺货的发生，管理者将保持足够的存货。
- 在确定订货量时，只有当质量对订货及持有成本有影响时，管理者才考虑质量成本和损失成本。

注意，经济订货量分析忽略了采购成本、缺货成本、质量成本和损失成本。回忆一下第 11 章的内容，管理者在制定决策时只考虑相关成本。在后面的章节中，我们将讨论如何识别相关的订货与持有成本。在这一点上，我们只需要注意，经济订货量是使公司的订货与持有相关成本总和最小的订货量。成本总和是公司存货的订货与持有相关总成本。相关总成本计算如下：

相关总成本＝相关订货成本＋相关持有成本

我们使用下面的标记：

D＝一个特定期间内（本例中是 1 年）的需求。

Q＝每张订单的规模（订货量）。

每年总相关成本＝每年相关订货成本＋每年相关持有成本＝$\left(\frac{D}{Q}\times P\right)+\left(\frac{Q}{2}\times C\right)$。

平均存货量＝$\frac{Q}{2}$，因为每次存货降至 0，就收到 Q 单位的订货。存货量从 Q 变到 0，因此，平均存货量是$\frac{0+Q}{2}$。

P＝每张采购订单的相关订货成本。

C＝在 D 中的期间（1 年）内每持有 1 单位存货的相关持有成本。

对任何订货量 Q，每年相关订货成本＝每年采购订单数×每张订单的相关订货成本＝$\frac{D}{Q}\times p$，每年相关持有成本＝平均存货量×单位年度相关持有成本＝$\frac{Q}{2}\times C$。

使每年总相关成本最小的订货量是：

$$Q=\sqrt{\frac{DP}{2}}$$

用微积分求解模型，当相关订货成本等于相关持有成本时总相关成本最小。如果持有成本小于（大于）订货成本，可以通过增加（减少）订货量来减少总成本。为了求解经济订货量，我们设定

$$\frac{Q}{2}\times C=\frac{D}{Q}\times P$$

两边乘以$\frac{2Q}{C}$，得

$$Q^2=\frac{2DP}{C}$$

$$Q=\sqrt{\frac{DP}{2}}$$

公式显示，经济订货量随需求和（或）订货成本增加而增加，随持有成本增加而减少。

下面我们看看如何进行经济订货量分析。Glare Shade 公司销售太阳镜。这个问题专注于 Glare Shade 公司销售的基本款太阳镜 UX1。它以每副 14 美元的价格从 Rytek 公司购入。Rytek 公司支付所有运费。收货时无须进行检查，因为 Rytek 公司提供高质量的商品。Glare Shade 公司每年需要 13 000 副 UX1，每周 250 副。同时公司要求每年有 15％的投资回报率。每张订单的相关订货成本为 200 美元。

每副太阳镜每年的相关持有成本如下（单位：美元）：

要求的年投资回报（0.15×14）	2.10
每年的相关保险、材料处理、损失及其他成本	3.10
合计	5.20

UX1 太阳镜的经济订货量是多少副？

将 $D=13\ 000$ 副/年，$P=200$ 美元/订单和 $C=5.20$ 美元/副/年，代入经济订货量公式，得

$$EOQ=\sqrt{\frac{2\times13\ 000\times200}{5.20}}=\sqrt{1\ 000\ 000}=1\ 000(\text{副})$$

每次订货 1 000 副可以将总的订货成本和持有成本最小化。因此，每一期间（本例中为 1 年）的送货次数如下：

$$\frac{D}{EOQ}=\frac{13\ 000}{1\ 000}=13(\text{次})$$

回想一下，每年的相关总成本

$$RTC=\frac{D}{Q}\times P+\frac{Q}{2}\times C$$

当 $Q=1\ 000$ 时，

$$\begin{aligned}RTC&=\frac{13\ 000\times200}{1\ 000}+\frac{1\ 000\times5.20}{2}\\&=2\ 600+2\ 600\\&=5\ 200(\text{美元})\end{aligned}$$

图表 20—1 刻画了每年订货的相关总成本（DP/Q）和在不同订单规模（Q）下的持有成本（$QC/2$），并且说明了如何在这两种成本之间进行权衡。订货数量越大，年相关订货成本越低，而年相关持有成本越高。年相关总成本在 EOQ 处达到最小，此时相关订货成本和持有成本相等。

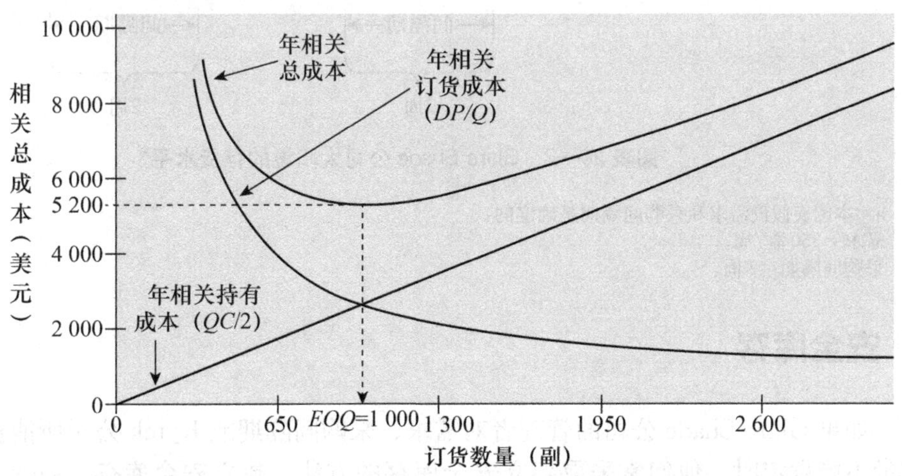

图表 20—1　Glare Shade 公司 UX1 太阳镜的订货成本和持有成本

□ 确定情况下的订货时间选择

Glare Shade 公司管理者面临的第二个决策是确定订货时间。**再订货点**（reorder

point）是指需要再订货时持有存货的数量水平。当需求和采购间隔期已知时，再订货点是最容易计算的：

再订货点＝单位时间内销售的数量×采购间隔期

假定 UX1 的采购间隔期是 2 周：

经济订货量	1 000 副
每星期售出的数量	250 副/周（13 000÷52）
采购间隔期	2 周

再订货点＝250×2＝500（副）

Glare Shade 公司会在每次存货数降低至 500 副时再订货 1 000 副。[①] 图表 20—2 中显示了假设每周需求不一致时 UX1 存货水平的变动。如果采购间隔期为 2 周，当存货水平降低到 500 副时，就需要发出一个新的订单，这样在存货数量降到零的时候 1 000 副订货刚好到达。

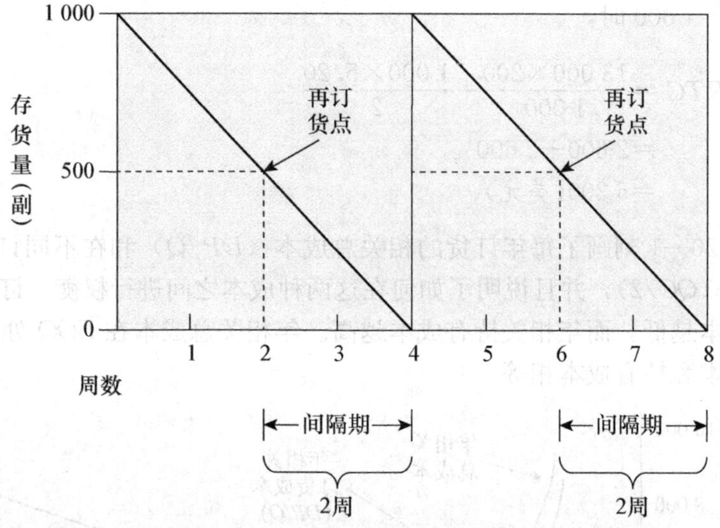

图表 20—2 Glare Shade 公司太阳镜的存货水平[a]

a. 本图表假设需求和采购间隔期是确定的：
需求＝250 副/周。
采购间隔期＝2 周。

□ 安全库存

如果 Glare Shade 公司的管理者对需求、采购间隔期或 Rytek 公司所能提供的 UX1 数量不能肯定时，他们常采取建立安全库存的方法。建立**安全库存**（safety stock）是指始终恒定的一种存货水平，而不管经济订货量模型计算出的订货量是多少。公司将安全库存作为一种保护，能够防止需求的意外上升、采购间隔期的不确定性以及供应商的

① 当订货量无法使再订货点的存货数量增加时，这一简单的公式不再适用（例如，间隔期为 3 周，而订货量只能维持 1 周的供给）。在这种情况下，订货将发生重叠。

产品短缺带来的风险。假设 Glare Shade 公司的管理者不确定的是需求。他们预计的需求是每周 250 副，但每周的最大需求量可能会达到 400 副，最小为 100 副。如果缺货成本很高，管理者可以建立一个 300 副的安全库存，这样会产生更高的持有成本。300 副等于 1 周的最大超额需求 150 副（400－250）乘以采购间隔期 2 周。如果缺货成本非常小，就不需要安全库存，以免发生额外的持有成本。

管理者可以用过去每天或每周的需求概率分布计算安全库存水平。对 UX1 而言，在采购间隔期的 2 周内，可能面对如下不同需求水平之一：

2 周的总需求	200 副	300 副	400 副	500 副	600 副	700 副	800 副
概率（总和为 1.00）	0.06	0.09	0.20	0.30	0.20	0.09	0.06

从表中我们可以看出可能性最大的需求量是 500 副，其发生的概率最大。我们也可看出，需求量是 600，700 和 800 副的概率为 0.35（即 0.20＋0.09＋0.06）。

假设一个顾客需要购买一些 UX1，而 Glare Shade 公司此时缺货。为了及时把商品送到顾客手中，公司将为每副 UX1 付出 4 美元的额外成本。此时相关的缺货成本是每副 4 美元。最佳安全库存水平是使一年总的缺货成本和持有成本最小的库存量。注意 Glare Shade 公司每年发出 13 份订单，不管安全库存水平是多少，订货成本都是一样的。因此，订货成本与安全库存决策无关。对于 Glare Shade 公司来说，每副 UX1 的相关持有成本为每年 5.20 美元。

图表 20—3 显示了再订货点为 500 时的一年总的相关缺货成本和持有成本。在 2 周的采购间隔期内，如果需求量是 600，700 或 800 副时，就会发生缺货，因为这些需求水平超过了 Glare Shade 公司发出采购订单时的 500 副库存。因此，Glare Shade 公司只评估 UX1 为 0，100，200 和 300 副时的安全库存。

如果需求量是 600，700 或 800 副时，安全库存为 0，就会发生缺货成本，但没有额外的持有成本。在另一个极端，如果安全库存为 300，就不会发生缺货成本，但持有成本会更高。正如图表 20—3 所示，当安全库存为 200 副时，年相关总缺货成本和持有成本达到最小值（1 352 美元）。因此，200 副是最佳安全库存水平。200 副是 Glare Shade 公司经常保持的额外库存。对于 Glare Shade 公司来说，当其经济订货量为 1 000 副时，再订货时的库存为 700 副（再订货点 500 副加上安全库存 200 副）。

□ 对存货相关成本的预计及其影响

Glare Shade 公司的管理者如何计算年度相关存货成本，如相关持有成本、缺货成本和订货成本？

我们先讨论每年每单位 5.20 美元的相关存货持有成本，此成本包括相关增量成本和资本的相关机会成本。那么，哪些成本属于持有存货的相关增量成本？只有那些随存货持有数量变动的成本才属于增量成本，如库房租金及工人工资、报废成本、损失成本、破损成本和保险成本。如果支付给员工、仓库保管员和材料处理员的工资不受存货水平变化的影响，那么这些工资就是不相关的。然而，如果存货增加（减少），员工、仓

图表 20—3　　当再订货点为 500 副时 Glare Shade 公司安全库存的计算

文件　开始　插入　页面布局　公式　数据　审阅　视图

安全库存量（件）	造成缺货的需求水平（件）	缺货数量[a]（件）	缺货概率	相关缺货成本[b]（美元）	年订货次数[c]	预期缺货成本[d]（美元）	相关持有成本[e]（美元）	相关总成本（美元）
(1)	(2)	(3)=(2)-500-(1)	(4)	(5)=(3)×4	(6)	(7)=(4)×(5)×(6)	(8)=(1)×5.20	(9)=(7)+(8)
0	600	100	0.2	400	13	1 040		
	700	200	0.09	800	13	936		
	800	300	0.06	1 200	13	936		
						2 912	0	2 912
100	700	100	0.09	400	13	468		
	800	200	0.06	800	13	624		
						1 092	520	1 612
200	800	100	0.06	400	13	312	1 040	1 352
300	—	—	—	—	—	0[f]	1 560	1 560

a.导致缺货的需求量一间隔期内可以取得的存货（不包括安全库存）500副一安全存货量。
b.缺货数量×每单位的相关缺货成本4.00美元。
c.13 000÷1 000=13(次订货/年)。
d.缺货概率×相关缺货成本×一年的订货次数。
e.安全库存×年相关持有成本5.2美元/单位（不考虑因实际耗用量低于预期水平使持有库存量增加的情况，即持有的安全库存量永远保持恒定）。
f.当安全库存达到300副时，短缺现象不会出现，因此期望缺货成本为0。

库保管员和材料处理人员增加（转岗到其他作业或被解雇）导致总工资成本增加（减少），这部分支付的工资就属于持有存货的相关成本。类似地，当存货减少时原有的存货场地如果不能用于其他盈利目的，则这块场地的租金不属于持有成本。但如果这块场地可用作其他用途并能带来收益，或者总的租金成本可随空间占用大小而调整的话，那么储存费用也是一项相关的存货持有成本。

哪些成本属于资本的相关机会成本？它是通过投资于存货而不是其他方面得到的回报。这种成本可以用要求的回报率和购买存货的单位成本（如，单位购买价格、进货运费以及进货查验费用）相乘得到。如果投资不受存货水平变化的影响，那么机会成本也可以按投资（如，设备）计算。

在缺货的情况下，相关增量成本是加快采购订单的成本。相关机会成本是：(1) 由于缺货而放弃收入导致的贡献毛益损失；(2) 由于顾客敌意而减少收入导致的未来贡献毛益损失。

相关订货成本只是那些随订单数量变化的订货成本（例如，编制和发出采购订单的成本，以及接收和检查材料的成本）。

□ 预测失误的成本

对相关成本进行估计是相当困难的，很少能够完全准确，这就会引发一个问题，即如何计算预测的相关成本与实际不符所带来的损失？

假设 Glare Shade 公司 UX1 每张订单的相关订货成本是 100 美元，但是在计算订货量时，管理者估计的是 200 美元。我们可以通过以下三个步骤计算预测失误的损失。

步骤 1：给定成本投入的实际数量（每张订货单的成本），计算可能采取的最优行动带来的货币结果。这是基准，即如果已知可以计量实际业绩的正确的订单成本，那么管理者应该制定的决策。

使用数据 $D=13\,000$ 副/年，$P=100$ 美元，$C=5.20$ 美元/副/年：

$$EOQ=\sqrt{\frac{2DP}{C}}$$

$$=\sqrt{\frac{2\times 13\,000\times 100}{5.20}}$$

$$=\sqrt{500\,000}$$

$=707$(副)(四舍五入)

当经济订货量$=707$ 副时，每年的相关总成本如下：

$$RTC=\frac{DP}{Q}+\frac{QC}{2}$$

$$=\frac{13\,000\times 100}{707}+\frac{707\times 5.20}{2}$$

$=1\,839+1\,838=3\,677$(美元)

步骤 2：以不正确的成本投入估计（每张订货单的成本）为基础，计算最优行动引发的现金流出。在本步中，管理者基于订货成本为 200 美元的预计（后面证实是错的）计算订货量。此时，最优行动是每次订货 1 000 副。但是，订货的实际成本仅仅是 100 美元。因此，当 $D=13\,000$ 副/年，$Q=1\,000$ 副，$P=100$ 美元，$C=5.20$ 美元/副/年时，实际的年相关总成本为：

$$RTC=\frac{13\,000\times 100}{1\,000}+\frac{1\,000\times 5.20}{2}$$

$=1\,300+2\,600=3\,900$(美元)

步骤 3：计算步骤 1 和步骤 2 得到结果的差额。

	现金流出（美元）
步骤 1	3 677
步骤 2	3 900
差额	(223)

预测失误的成本是 233 美元，小于相关总成本 3 677 美元的 7%。图表 20—1 所示的年相关总成本曲线在订货量从 700 副至 1 300 副之间的范围内是比较平坦的。即，即使错误估计了相关持有和订货成本，导致经济订货量 1 000 副增加 30%（1 300），或减少 30%（700），但年相关总成本是大致相同的。经济订货量模型中的开方降低了估计误差的影响，因为它使错误数字的影响变得更小。

在下一小节中，我们讨论在存货管理中经常出现的计划和控制以及业绩评价问题。

□ 经济订货量决策模型与管理者业绩评价之间的冲突

如果管理者为了使个人业绩更好看而选择的订货量与基于经济订货量决策模型而确

定的订货量不一致，会发生什么？例如，考虑一下机会成本。正如我们所看到的，经济订货量模型考虑了机会成本，因为在计算存货持有成本时，这些成本是相关成本。但是，通常是基于财务会计数字对管理者进行评价的，因此管理者会忽略机会成本。为什么？因为财务会计仅仅记录实际的交易，而不记录放弃的机会成本（见第11章）。管理者喜欢将他们自己的业绩做得更好看，因此，他们只关注那些评价他们业绩的指标。那么，经济订货量模型的最优订货量与管理者认为的最优订货量之间就会产生冲突。

因为忽略了某些持有成本（机会成本），管理者会倾向于购买比经济订货量模型计算的批量更大的材料批量，特别是在更大的批量会导致更低的采购价格时。正如我们在前面章节所讨论的，如果采购量接近经济订货量，那么这些次优选择的成本是很小的。但是，如果批量变得很大，那么公司的成本可能就很大。而且，如果我们考虑其他成本，如质量成本和持有大量存货的损失，大批量采购的公司成本甚至更大。为了使经济订货量决策模型与管理者的业绩评价一致，诸如沃尔玛等公司设计业绩评价系统，把要求的投资收益纳入持有成本的计算中，从而使管理者承担存货管理的相应责任。

适时采购

适时采购（just-in-time（JIT）purchasing）是指原材料（或商品）在生产（或销售）需要时才送货的一种采购方式。我们考察一下惠普公司的适时采购。惠普就打印机的主要部件与供应商签订了长期合同。每一供应商必须根据惠普提供的生产计划，频繁地将小规模订单货物直接送到惠普的生产作业区。供应商都会努力兑现它们的承诺，因为它们的任何疏忽都会导致惠普的组装工厂无法按计划发出打印机。

适时采购和经济订货量模型中的参数

假设Glare Shade公司的管理者认为，当前的采购政策可能导致公司存货的持有成本（即经济订货量模型中的参数C）比估计的要大，因为仓储、处理、保险以及设备成本更高。假设他们还认为，发出一张采购订单的成本（经济订货量模型中的参数P）可能减少，这是因为：

- Glare Shade公司在签订长期采购合同时规定了在一段较长期间内的价格和质量要求。订货前不需要进行额外的谈判。
- 公司使用新电子系统发出订单，记录发货，更有效地付款给供应商。
- 公司使用订货卡（类似消费者信用卡，如威士和万事达卡）。只要每次单独的采购额及总交易额低于预先设定的上限，传统的人工密集的采购批准程序就不再需要了。

图表20—4显示了经济订货量对UX1持有成本和订货成本变化的敏感程度。其结论支持转向适时采购：当公司的相关持有成本增加、每张订单的相关订货成本减少时，经济订货量减少，同时订货频率增加。

图表 20—4　UX1 太阳镜的经济订货量对持有成本和订货成本变化的敏感性

	A	B	C	D	E	F
1			在不同持有和订货成本条件下的			
2			经济订货量			
3	年需求量＝	13 000	副			
4						
5	每年单位商品的		每张订单的相关订货成本(美元)			
6	相关持有成本(美元)		200	150	100	30
7	5.20		1 000	866	707	387
8	7.00		862	746	609	334
9	10.00		721	624	510	279
10	15.00		589	510	416	228

□ 适时采购的相关成本

只有经济订货量模型并不能完全支持适时采购，因为模型只着重于持有成本和订货成本的平衡。而存货管理还包括核算采购成本、缺货成本、质量成本和损失成本。Glare Shade 公司的管理者担心，订购并储存大量的 UX1 会产生有缺陷、损坏的产品，造成损失。因此，公司开始实施适时采购，要求供应商更小规模、更频繁地发货。Glare Shade 公司最近与供应商 Rytek 公司建立了网上企业对企业（business-to-business，B-to-B）的采购渠道。这样，Glare Shade 公司订购 UX1 只需通过一台电脑就可以进行。付款方式不再是每次采购分别支付，而是依靠电子化手段集中支付。这些改变使得每张订单的订货成本从 200 美元减少到 2 美元！无论是否适时采购，Glare Shade 公司都可以使用互联网渠道进行订货。下面，我们评估适时采购对质量和成本的影响。

项目描述	当前采购做法	适时采购做法
发货	每年采购 13 次、每次 1 000 副	每年采购 130 次（每 2 周 5 次）、每次 100 副
采购成本	每副 14 美元	每副 14.02 美元（注意：许多公司并没有为更频繁的送货支付更高的价格）
质量检查	收货时检查，以确认需要退货的产品，每副检查成本 0.05 美元	没有检查，因为 Rytek 公司确保向 Glare Shade 公司发送高质量 UX1 太阳镜，以支持其适时采购
必要投资回报率	15%	15%
保险、材料处理、储存等相关持有成本	每年平均存货的单位成本为 3.10 美元	每年平均存货的单位成本为 3.00 美元（更低的保险、材料处理与储存率）
顾客退货成本	运输与处理一副顾客退回的缺陷产品为 10 美元。Rytek 公司提供的高质量产品与 Glare Shade 公司的检查程序导致没有顾客退货	运输与处理一副顾客退回的缺陷产品为 10 美元。Rytek 公司提供的高质量产品导致没有顾客退货
缺货成本	没有缺货成本，因为 4 周（52÷13）期间的需求与订货时间差是确切已知的	在适时采购下，需求变化和两次订货间的短时间间隔期内更可能发生供应延迟，缺货更多。Glare Shade 公司预计在适时采购政策下，每年发生 150 副 UX1 的缺货成本。缺货时，Glare Shade 公司必须以每副 4 美元的额外成本紧急订货

Glare Shade 公司应该实施每年送货 130 次的适时采购吗？图表 20—5 比较了 Glare Shade 公司在现有采购政策与适时采购政策下的相关总成本，并显示转向适时采购政策每年将节约 1 901 美元的成本。适时采购的优点是更好的质量带来的更低的持有和检测成本。通过减少由大量存货提供的“安全网”，适时采购向管理者及时反馈质量问题。

图表 20—5　　UX1 在现有采购政策与适时采购政策下的年相关成本

文件　开始　插入　页面布局　公式　数据　审阅　视图

	A	B	C	D	E	F	G	H	I	J
1		相关成本								
2		现有采购政策下的					适时采购政策下的			
3	相关项目	每单位相关成本（美元）		每年数量	总成本（美元）		每单位相关成本（美元）		每年数量	总成本（美元）
4	(1)	(2)		（副）(3)	(4)=(2)×(3)		(5)		（副）(6)	(7)=(5)×(6)
5	采购成本	14.00	每单位	13 000	182 000		14.02	每单位	13 000	182 260
6	订货成本	2.00	每订单	13	26		2.00	每订单	130	260
7	质量检查成本	0.05	每单位	13 000	650		-	每单位	-	-
8	机会持有成本	2.10[a]	每年每单位平均库存	500[b]	1 050		2.10[a]	每年每单位平均库存	50[c]	105
9	其他持有成本（保险、材料处理等）	3.10	每年每单位平均库存	500[b]	1 550		3.10	每年每单位平均库存	50[c]	155
10	顾客退货成本	10.00	每退货单位	0	0		10.00	每退货单位	0	0
11	缺货成本	4.00	每单位	0	0		4.00	每单位	150	600
12	年相关成本合计				185 276					183 375
13	支持适时采购的年差额					1 901				
14										
15	a.每单位购买成本×0.15/年。									
16	b.订货量/2=1 000/2=500（副）。									
17	c.订货量/2=100/2=50（副）。									

□ 供应商评估、相关质量成本和及时供货

采用适时采购方式的公司都会审慎地挑选供应商，尤其会注意发展与供应商的长期合作关系。一些供应商的地理位置较好，这正是适时采购所需要的。例如，菲多利（Frito-Lay）是一家薯片和其他快餐食品的供应商，公司的战略强调服务、连贯性、产品的新鲜和质量。因此，它能支持的送货频率比其许多竞争对手都要高。

选择供应商的相关成本有哪些？我们仍以 Glare Shade 公司购买的 UX1 为例。另一家 UX1 的供应商 Denton 公司，能提供 Glare Shade 公司所需的全部 UX1。Glare Shade 公司要求供应商每年送货 130 次（每 2 周 5 次），每次 100 单位。Glare Shade 公司将建立一个基于互联网的采购订单与它选择的供应商链接，通过一次计算机输入触发一个 UX1 的采购订单，并且按交货批次而不是个别交货进行电子支付。正如前面所讨论的，公司的订货成本为每张订单 2 美元。下表提供了有关 Denton 公司和 Rytek 公司的信息。Rytek 公司的价格比 Denton 公司高，但提供的 UX1 质量也更高。Rytek 公司的有关信息与图表 20—5 中适时采购下介绍的信息相同。

项目描述	来自 Rytek 公司的采购条款	来自 Denton 公司的采购条款
采购成本	每副 14.02 美元	每副 13.80 美元
质量检查	Glare Shade 公司以前从 Rytek 公司购进 UX1，知道 Rytek 公司会及时发送高质量 UX1。Rytek 公司提供的 UX1 无须检查	Denton 公司并不享有质量方面的盛誉，因此 Glare Shade 公司计划以每副 0.05 美元的成本检查 UX1
必要投资回报率	15%	15%
保险、材料处理、储存等相关持有成本	每年每副 3.00 美元	因为采购成本更低，每年每副 2.90 美元
顾客退货成本	Glare Shade 公司估计运输与处理一副顾客退回的缺陷产品需 10 美元。幸运的是，Rytek 公司提供的高质量产品导致没有顾客退货	Glare Shade 公司估计运输与处理一副顾客退回的缺陷产品需 10 美元。有 2.5%的销售产品被退回
缺货成本	Glare Shade 公司预计每次发生 150 副 UX1 的缺货成本，导致 Glare Shade 公司必须以每副 4 美元的成本紧急订货	Denton 公司很少控制它的流程，因此，Glare Shade 公司预计每次发生 360 副 UX1 的缺货成本，导致以每副 4 美元的成本紧急订货

图表 20—6 分别列出了从 Rytek 公司和 Denton 公司进货的相关总成本。尽管 Denton 公司的单位价格较低，但从 Rytek 公司进货却要比从 Denton 公司进货每年少花 1 873 美元，因为检测成本、顾客退货成本和缺货成本更低。如果从 Rytek 公司采购高品质的 UX1，提高了 Glare Shade 公司的信誉，增加顾客的满意度，进而带来更高的未来收入和获利能力，那么从 Rytek 公司进货的好处可能会更大。

图表 20—6　　从 Rytek 公司和 Denton 公司适时采购 UX1 的年相关成本

文件　开始　插入　页面布局　公式　数据　审阅　视图

	A	B	C	D	E	F	G	H	I	J
1		从何处购买的适时采购的相关成本								
2		Rytek 公司					Denton			
3	相关项目	每单位相关成本		每年数量	总成本		每单位相关成本		每年数量	公司总成本
4	(1)	(美元) (2)		(副) (3)	(美元) (4) = (2) × (3)		(美元) (5)		(副) (6)	(美元) (7) = (5) × (6)
5	购买成本	14.02	每单位	13 000	182 260		13.80	每单位	13 000	179 400
6		2.00	每订单	130	260		2.00	每订单	130	260
7	质量检查成本	–	每单位	–	–		0.05	每单位	13 000	650
8	持有存货的机会成本	2.10[a]	每年每单位平均库存	50[b]	105		2.07[a]	每年每单位平均库存	50[b]	103
9	其他持有成本（保险、材料处理等）	3.00	每年每单位平均库存	50[b]	150		2.90	每年每单位平均库存	50[b]	145
10	顾客退货成本	10.00	每退货单位	0	0		10.00	每退货单位	325[c]	3 250
11	缺货成本	4.00	每单位	150	600		4.00	每单位	360	1 440
12	年相关成本合计				183 375					185 248
13	支持Rytek公司的年差额					1 873				
14										
15	a.每单位购买成本×0.15/年。									
16	b.订货量/2=100/2=50(副)。									
17	c.退货单位的2.5%×13 000。									

适时采购、计划、控制和供应链分析

零售商的存货水平取决于顾客的需求模式、与批发商和生产商的供应关系以及生产商与其供应商的关系等。供应链描述了从初始原材料及服务的取得直到商品送达顾客这一过程中，商品、服务和信息的流动，不考虑这些活动是否发生在同一个公司内。只有整个供应链上的作业得到适当的计划、协调和控制时，零售商才应该实施存货适时采购。

宝洁公司就曾在帮宝适这种产品上通过供应链整合获利不少。帮宝适的零售商发现产品每周的需求都有所不同，这是因为家庭在实际购买一次性尿布时有随机性。需求预期的不确定性，以及缺乏可提供的存货信息，使零售商对宝洁公司的订单具有更大的变动性。这反过来增加了宝洁公司供应商订单的变动性，导致在供应链的所有环节都出现了高水平的存货。

宝洁如何对这些问题做出反应？就是在零售商、宝洁和宝洁的供应商之间实现信息共享并计划和协调整个供应链的活动。分享销售信息会降低宝洁和供应商对产品零售需求的不确定性水平，并且会导致：（1）零售环节上缺货情况减少；（2）没有立即需求的商品生产减少；（3）“加急”或“紧急”的制造订单减少；（4）供应链上每个公司的存货持有量减少。宝洁公司通过整合获得了巨大收益，沃尔玛等零售商已和宝洁签订合同，为其进行存货管理。这种行为称为供应商存货管理或卖方存货管理。然而，协调供应链可能很难，因为供应链合作伙伴并不会总是与别人分享有关销售、存货水平以及销售预测的准确而及时的信息。这些挑战的某些原因是沟通问题、公司间的信任问题、信息系统不兼容和人力与财务资源有限等。

存货管理、物料需求计划和适时生产

现在我们将注意力从采购转到制造业公司的生产存货管理。在工厂内，计划和实施存货作业的两个广泛使用的系统是材料需求计划和适时生产。

物料需求计划

物料需求计划（materials requirements planning，MRP）是一种“推动型”系统，在这种系统中，生产商在需求预测的基础上进行存货的生产。诸如医疗设备制造商佳腾公司（Guidant）和生产消费电子产品的飞利浦公司等都使用物料需求计划系统。物料需求计划使用最终产品的需求预测，每种最终产品的原材料、零部件和配件的用料单，公司材料、零部件及产品存货的信息来决定每一生产阶段的产出。一个总的生产时间表必须明确规定每一生产项目的数量和时间，同时考虑到购买原材料、生产零部件及完工品所需要的准备时间。一旦生产按计划开始，每个部门的产出都被推动到生产线上。

在物料需求计划系统中，维持准确的存货记录和成本是非常关键的。例如，在了解到其持有产成品存货的全部成本之后，国家半导体公司（National Semiconductor）与联邦快递签订合同，经由联邦快递将其微型芯片从新加坡空运到世界各地的客户那里，而不是储存在分散的多个仓库中。

□ 适时生产

相反，适时生产是一种由“需求拉动”的方法，诸如汽车行业的丰田、计算机行业的戴尔和家电行业的布劳恩（Braun）等公司都使用这种方法。**适时生产**（just in time (JIT) production），也称为**精益生产**（lean production），是一种由“需求拉动”的生产系统，在这一系统中，生产线上的每种零部件只有在下一生产步骤需要该部件时才会立即生产。生产中的每个步骤都是由需求引发的，从生产线终点处客户对完工产品的需求开始，一直追溯到生产线起点处对直接材料的需求。就这样，需求拉动订单在生产线上进行生产。适时生产系统的需求拉动这一特点促成生产环节之间的紧密合作，可以在低存货水平上平滑产品流。适时生产系统有助于公司以尽可能最低的成本及时满足顾客对高质量产品的需求。

□ 适时生产系统的特点

一个适时生产系统有以下特点：

● 在生产单元中组织生产。**生产单元**（manufacturing cells）是指集合不同的设备以生产相关产品的工作区。材料从一台机器转移到另一台机器，不同的操作按顺序进行。材料处理成本达到最小化。

● 对工人进行培训，使其掌握多种技能并且能够完成一系列操作和任务，这些操作包括少量的修理以及常规的设备维护。

● 积极消灭缺陷。因为工作站与其他每个工作站的最小存货紧密相连，所以一个工作站出现缺陷就会很快影响到生产线上的其他工作站。适时制度可以促使问题立刻解决，并尽快消除缺陷的根源。存货的低水平使得管理者可以将问题追踪到生产流程中可能发生问题的更早的工作站，并解决这些问题。

● 减少生产准备时间（使设备、工具及原材料达到生产状态所需要的时间）和生产周期（从生产商收到订单直至产品完成所用的时间）。生产准备时间对应于经济订货量模型中的订货成本 P。生产准备时间的减少使小批量生产更为经济，进而降低存货水平。生产周期的减少使得公司可以更快地对客户需求的变动做出反应（见本章“观念实施：加演之后：现场音乐会的适时录音”）。

● 根据及时发送高质量材料的能力选择供应商。大多数公司实行适时生产的同时还实行适时采购。采用适时制度的工厂希望采用适时制度的供应商及时地把高质量货物直接运送到生产作业区域。

下面我们进行相关成本分析，以决定是否实施适时生产系统。

观念实施

加演之后：现场音乐会的适时录音

每年，数百万歌迷涌向音乐会，欣赏从珍珠果酱乐队（Pearl Jam）到戴夫·马修斯（Dave Matthews）等的表演。表演结束后，歌迷会停留在小商铺旁边挑选T恤或海报，他们常常还有另一种选择：购买他们刚刚观赏完的音乐会的专业录音。得益于技术的发展，适时生产使歌迷在最后一根琴弦被拨动仅仅几分钟之后就可以重温现场音乐会。

现场音乐会的录制曾长时间受制于生产和分销的困难。现场专辑通常仅能卖出几份，而且通过销售大量商品赚钱的零售商也不太愿意销售现场专辑。

现在，包括Live Nation和Nugs. net在内的几家公司，在演出期间使用麦克风、录音设备、音频混编软件和硬件以及大量高速计算机来制作音乐会的录音。每当一首歌唱完之后，工程师就立刻把这首单曲刻录到数以百计的CD或U盘上。音乐会结束后，他们只需要再刻录最后一首歌。完成之后，这些录音会被包装并快速送到音乐会场的商铺进行销售。

资料来源：Sabra Chartrand，"How to Take the Concert Home." *New York Times*（May 3，2004）；Stephen Humphries，"Get Your Official 'Bootleg' Here，" *Christian Science Monitor*（November 21，2003）；Eliot Van Buskirk，"Apple Unveils 'Live Music' in iTunes，" *Wired Business*（blog），November 24，2009，http://www. wired. com/business/，accessed July 2013；and Clyde Smith，"Nugs. net Appetizer Puts Direct-to-Fan Download Sales In Facebook Newsfeed，" Hypebot. com（blog），August 12，2011，http://www. hypebot. com/，accessed July 2013.

□ 适时生产的成本和收益

正如我们所看到的，适时生产明显地降低了公司存货的持有成本。不过存货水平的降低还会带来其他好处：强调通过消除返工、废料和浪费以提高质量，并且缩短生产周期。因此，管理者在计算适时生产系统中减少存货引起的相关收益和成本时，考虑所有收益和成本是非常重要的。

我们以Hudson公司为例。Hudson公司生产黄铜制品，正考虑采用适时生产系统。实施该系统后，Hudson公司每年为了减少生产准备时间会发生100 000美元的工具成本。公司希望适时生产会使平均存货减少500 000美元，同时每年发生在保险、储存、材料处理以及生产准备等方面的相关成本会降低30 000美元。公司要求的存货投资回报率为每年10%。Hudson公司是否应该实施适时生产系统？在已经提供的数据的基础上，我们的回答是"不"。因为在持有成本上相关成本上每年只减少80 000美元（10%×500 000+30 000），低于多出的每年100 000美元的工具成本。

然而，我们的分析是不完全的。我们还没有考虑适时生产中存货水平降低的其他优势。例如，Hudson公司估计实施适时生产会提高产品质量，每年的返工量降低为500单位，这意味着每单位产品可以节省50美元。另外，更高的质量和更快的交货会使Hudson公司在年销售20 000单位的基础上每单位可以多收2美元。

实施适时生产产生的年度相关收益和成本如下（单位：美元）：

保险、储存、材料处理和生产准备的节约	30 000
存货持有成本的节约（10%×500 000）	50 000
返工成本的节约（50×500）	25 000
更好的质量和更快的交货产生的贡献毛益	

(2×20 000)	40 000
增加的年度模具成本	(100 000)
收益净增加	45 000

因此，Hudson 公司应该实施适时生产系统。

适时方法在服务业的应用

适时采购和生产方法也可适用于服务行业。例如，在大多数医院里，存货及其相关的人工管理成本占费用的 1/3 以上。通过实施适时采购和分销系统，加利福尼亚州棕榈泉的艾森豪威尔纪念医院，在 18 个月内减少了 90%的存货。麦当劳已经适应了用适时生产方式制作汉堡包。[①] 在此之前，麦当劳预先烤好一批汉堡包，然后把它们放在加热灯下保温，直到接到订单。如果这批汉堡包没有在指定期限内售出将被扔掉，导致存货持有成本和废品成本较高。而且，汉堡包在加热下放置的时间越长，其质量越差。顾客为了订制一个特殊的汉堡包（如没有奶酪的汉堡包）不得不等待很长一段时间。现在，麦当劳的汉堡包只在有订货时才生产。JIT 提高了汉堡包的质量，并减少了特殊订单所需的时间，从而导致了更高的顾客满意度。

下面我们将注意力转向生产系统的计划和控制。

企业资源计划系统[②]

企业资源计划系统常常与适时生产结合起来应用。**企业资源计划系统**（enterprise resource planning (ERP) system）是一个软件模块集，包括公司的会计、分销、生产、采购、人力资源和其他功能。将实时信息收集在一个单独的数据库中，同时输入到所有的软件中，让全体员工更好地看到公司端对端的业务程序。例如，使用企业资源计划系统，一名销售人员可以与德国的顾客签订合同，核实顾客的信用后发出生产订单。然后，系统会自动生成巴西生产厂的生产时间表，安排原材料供应和零部件采购，以及安排货物装运。同时系统还能把销售佣金自动打入销售人员的账户，并记录所有成本和财务会计信息。企业资源计划系统也允许公司根据供需变化迅速调整生产计划和分销计划。

许多公司认为，企业资源计划系统在减少生产间隔期方面是切实有效的，因此适时制至关重要。例如，Autodesk 是一家计算机辅助设计软件生产商，采用了企业资源计划系统后，采购间隔期从两个星期减少到了 1 天；富士公司在采用企业资源计划系统后将采购间隔期从 18 天减少到了 1.5 天。

企业资源计划系统庞大而笨拙。由于其复杂性，企业资源计划系统的提供者，像

① Charles Atkinson, "McDonald's, A Guide to the Benefits of JIT," *Inventory Management Review* (November 8, 2005). http://www.inventorymanagementreview.org/2005/11/mcdonalds_a_gui.html.

② 想了解相关的讨论，请参阅 Thomas H. Davenport, "Putting the Enterprise into the Enterprise System," *Harvard Business Review* (July-August 1998)。也可参见 A. Cagilo, "Enterprise Resource Planning Systems and Accountants: Towards Hybridization?" *European Accounting Review* (May 2003)。

SAP和甲骨文（Oracle）都提供标准的软件包，这些软件也能够以高额成本定制。如果没有特殊的定制，企业资源计划系统独特而非凡的功能就不能够充分发挥作用。在实施企业资源计划系统的时候，如何保持更低的成本和标准系统的可靠性以及定制的战略利益之间的平衡，是一个很大的挑战。

□ 适时生产的业绩评估和控制

除了亲自观察，管理者还用财务与非财务指标来评估和控制适时生产。现在，我们描述这些指标，并说明预期适时生产系统对这些指标的影响。

1. 财务业绩指标，如存货周转率（产品销售成本÷平均存货成本），这一指标应该提高。

2. 有关时间、存货和质量的非财务业绩指标如下：

- 存货持有天数，应减少。
- 单位小时产量，应提高。
- $\frac{\text{需要返工的产品数量或残料}}{\text{投入并完工的产品总数}}$，应减少。
- 生产周期，应缩短。
- $\frac{\text{机器的总准备时间}}{\text{总生产时间}}$，应减少。

个人观察和非财务衡量指标以最及时、最直观和最易理解的方式衡量工厂的生产绩效。迅速和信息量高的反馈是十分关键的，因为在需求拉动系统中存货少，这就需要管理者能快速发现并解决问题。

□ 适时制度对产品成本系统的影响

通过减少材料处理、仓储和质量检查支出，适时系统成功地减少了制造费用。同时，适时系统还能追溯一些通常被归入间接成本的成本。例如，生产单元的应用使工厂能有效追溯某一产品或某一生产单元的材料处理成本、机器运转成本和检查成本。因此，这些成本就成为这些产品的直接成本。同时，在这些单元中雇用多技能工人，使装配、维护及质量检验的成本都可以追溯为直接成本。这些变化已促使一些使用适时系统的企业采用与适时生产相吻合的简化的产品成本计算方法，这种方法比第4，7，8，17章介绍的传统方法的操作成本低。下面我们考察一下这样两种方法：倒推成本法和精益会计。

倒推成本法

以生产单元的方式组织生产、减少错误、缩短生产周期并确保材料的准时供应，使得公司的采购、生产和销售能在最小化存货水平的基础上快速地连续运行。存货的减少使得选择成本流转假设（如加权平均法或先进先出法）和存货成本核算方法（如吸收成本法或变动成本法）都变得不重要：会计期间内所有生产成本都直接记入产品销售成本账户。直接材料迅速转变为产成品并很快售出，大大简化了成本核算系统。

□ 简化的正常或标准成本法

传统的正常成本法和标准成本法（第 4，7，8，17 章）使用**顺序追溯法**（sequential tracking）来进行计算，即分录的建立与实际采购和生产流程是同样的顺序。当产品经过下面的每一个阶段时，成本被顺序追溯：

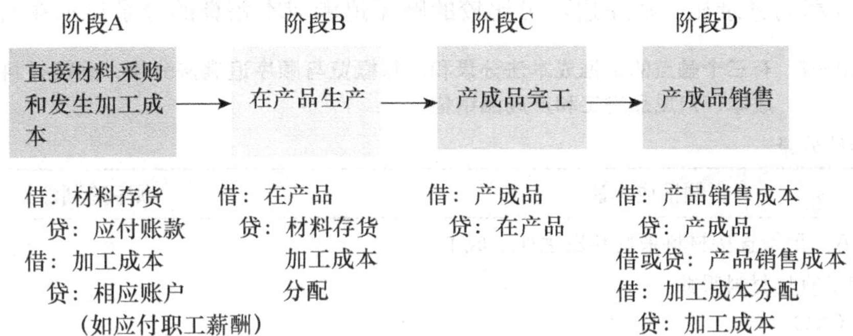

顺序追溯成本核算系统包含四个触点，对应于 A，B，C，D 四个阶段。**触点**（trigger point）是指在从直接材料采购和发生加工成本（阶段 A）到产成品销售（阶段 D）的循环中，需要建立会计分录入账的时刻。每个阶段的会计分录都显示在该阶段框的下方（如第 4 章所描述的那样）。

倒推成本法可以作为顺序追溯法的一种替代方法。**倒推成本法**（backflush costing）不记录与生产销售循环相关的某些或所有分录。生产销售环节缺失的会计分录，是利用正常成本法或标准成本法倒推出来的。当存货很少时，如适时生产系统的情况，倒推成本法简化了成本系统，而又没有损失很多信息。

考虑硅谷计算机公司（Silicon Valley Computer，SVC）4 月的如下数据，SVC 生产个人计算机键盘。

- 无期初原材料存货，也没有期初和期末在产品。
- SVC 只有一个直接制造成本账户（直接材料）和一个间接制造成本账户（加工成本）。所有制造人工成本都包含在加工成本账户中。
- 从它的材料单和作业列表（描述将要进行的操作工序）中可知，SVC 确定的 4 月每台键盘的标准直接材料成本为 19 美元，标准加工成本为 12 美元。
- SVC 购买 1 950 000 美元的直接材料。为了基础概念的理解，我们假设 SVC 没有直接材料差异。实际发生加工成本为 1 260 000 美元。生产了 100 000 个键盘，并且售出 99 000 个。
- 少分配或多分配的加工成本将在 4 月底结转至当月的产品销售成本。

我们用三个例子阐述倒推成本法。在这些示例中，触点的数量和位置是不同的。

【例 1】　会计分录的三个触点位于直接材料采购和发生加工成本（阶段 A）、产成品完工（阶段 C）和产成品销售（阶段 D）。

注意，在产品生产（阶段 B）没有会计分录，因为在产品存货最小时使用这种方法（投入产品迅速转化成产成品）。

SVC 记录两个存货账户：

类型	会计科目
材料存货和材料在产品	材料和在产品
产成品	产成品

图表 20—7 以三个触点总结了例 1 的会计分录：直接材料采购和发生加工成本、产成品完工和产成品销售（并且确认少分配或多分配的成本）。对于每个阶段，SVC 倒推成本核算的分录显示在左边，可比较的顺序追溯成本核算的分录显示在右边。

图表 20—7　有三个触点的倒推成本法分录和总账概览与顺序追溯法分录：直接材料采购和发生加工成本、产成品完工和产成品销售

A. 会计分录　　　　单位：美元

倒推成本法			顺序追溯法		
阶段 A：记录直接材料采购和发生加工成本					
1. 记录直接材料采购					
分录（A1）					
借：材料和在产品	1 950 000		借：材料存货	1 950 000	
贷：应付账款		1 950 000	贷：应付账款		1 950 000
2. 记录发生加工成本					
分录（A2）					
借：加工成本	1 260 000		借：加工成本	1 260 000	
贷：相应账户（如应付职工薪酬）		1 260 000	贷：相应账户（如应付职工薪酬）		1 260 000
阶段 B：记录在产品生产					
分录（B1）					
无分录			借：产成品	3 100 000	
			贷：材料存货		1 900 000
			加工成本分配		1 200 000
阶段 C：记录产成品完工					
分录（C1）					
借：产成品	3 100 000		借：产成品	3 100 000	
贷：材料和在产品		1 900 000	贷：在产品		3 100 000
加工成本分配		1 200 000			
阶段 D：记录产成品销售成本（和少分配或多分配的加工成本）					
1. 记录产成品销售成本					
分录（D1）					
借：产品销售成本	3 069 000		借：产品销售成本	3 069 000	
贷：产成品		3 069 000	贷：产成品		3 069 000
2. 记录少分配或多分配的加工成本					
分录（D2）					
借：加工成本分配	1 200 000		借：加工成本分配	1 200 000	
产品销售成本	60 000		产品销售成本	60 000	
贷：加工成本		1 260 000	贷：加工成本		1 260 000

B. 倒推成本法总账概览

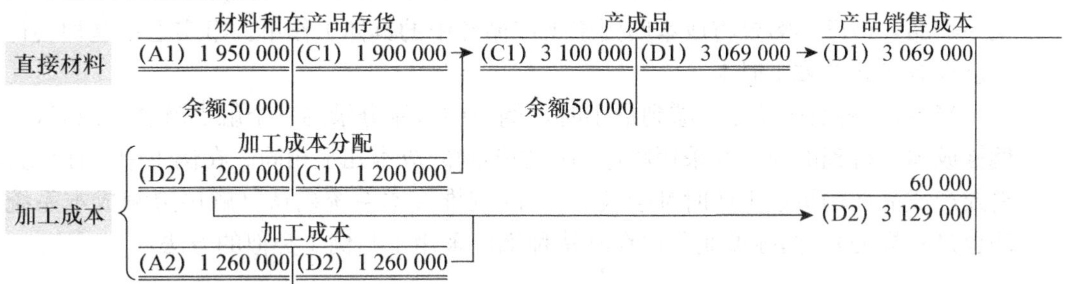

说明：每个分录括号中的代码表示文中介绍的与分录相关的生产流程阶段。

首先考虑购买直接材料和发生加工成本（阶段 A）的分录。如前所述，倒推成本法下的存货账户包括直接材料和在产品。材料采购时，这些成本增加（借记）材料和在产品账户。在顺序追溯法下，直接材料和在产品账户是分开的，因此直接材料采购借记材料存货账户。在倒推成本法中，实际加工成本在发生时入账，就像在顺序追溯法下一样，增加（借记）加工成本账户。

下面考虑在产品生产分录（阶段 B）。回想一下，4 月投产 100 000 单位的产品，每单位的标准成本是 31 美元（19＋12）。在倒推成本法下，阶段 B 无须做分录，因为在产品存货极少，所有产品都快速加工成产成品。在顺序追溯法下，生产时在产品存货增加，当生产完成和产品变成产成品时在产品存货减少。

倒推成本法因记录合格产成品完工的分录（阶段 C）而得名。成本并不是与从在产品到产成品的产品流同步顺序记录的。相反，产出触点回到前面，拉（“冲”）出标准加工成本和材料和在产品账户中的标准直接材料成本，倒推出产成品的生产成本。在顺序追溯法下，随着生产结束，产成品完工，借记（增加）产成品账户，贷记（减少）在产品账户。在顺序追溯法下，阶段 B 和 C 的实际结果与倒推成本法下的相同（除了存货账户的名字）。

最后考虑记录产成品销售的分录（少分配或多分配的加工成本）（阶段 D）。4 月售出的 99 000 单位产品的标准成本等于 3 069 000 美元（99 000×31）。顺序追溯法和倒推成本法下，记录产成品销售成本的分录是完全一样的。

实际的加工成本可能会在一个会计期间少分配或多分配。第 4 章（“预算间接成本和期末调整”一节）讨论了处理少分配或多分配间接成本的不同方法。采用倒推成本法的公司通常存货很少，因此在在产品、产成品和产品销售成本之间确定少分配或多分配的比例通常是没有必要的。通常，公司只有在年末才把少分配或多分配的加工成本结转至产品销售成本，而还有一些像 SVC 的公司则每个月结转一次。顺序追溯法和倒推成本法下，实际加工成本与标准加工成本之间差异的处理分录是完全一样的。

在倒推成本法下，4 月 30 日的期末存货余额为（单位：美元）：

材料和在产品（1 950 000－1 900 000）	50 000
产成品（1 000×31 或 3 100 000－3 069 000）	31 000
存货总额	81 000

在顺序追溯法下，4 月 30 日的期末存货余额正好一样，除了存货账户是材料存货。图表 20—7 的 B 部分提供了采用倒推成本法时的总账。

在产品账户的省略减少了会计系统中的数据量。虽然仍可能追溯成本到生产线上的某一物品，但已不需要将成本归因于生产循环中的具体工作单。事实上在这种会计系统中已没有工作单或工时卡。

当 SVC 将在产品存货减到最小时，例 1 中编制分录的三个触点就会导致 SVC 采用倒推成本法得到的成本和采用顺序追溯法得到的成本几乎相同。在例 1 中，任何直接材料或产成品在购买或生产时都会被 SVC 的倒推成本系统确认（顺序追溯成本系统的做法也是一样的）。国际纸业公司在其特种纸厂采用了与例 1 类似的方法。

差异的会计处理

在所有的标准成本核算体系中，实际成本与标准成本的差异处理基本上都是一致的。这些程序已在第 7 章和第 8 章中描述过了。在例 1 中，假设 SVC 有 42 000 美元的不利直接材料价格差异，则分录变为：

借：材料和在产品	1 950 000	
直接材料价格差异	42 000	
贷：应付账款		1 992 000

直接材料成本通常占总生产成本的很大比重，有时甚至超过 60%。因此许多公司在度量整体的直接材料效率差异时，是通过直观地比较直接材料的实际存量和基于当期产出的应有存量进行的。在本例中，假设通过这种比较我们发现有 30 000 美元的不利直接材料效率差异，分录为：

借：直接材料效率差异	30 000	
贷：材料和在产品		30 000

少分配或多分配制造费用的部分可以区分为不同的制造费用差异（耗费差异、效率差异和生产数量差异），如第 8 章所述。如果数量上不是很重大，就可以结转至产品销售成本。

【例 2】 两个触点位于直接材料采购和发生加工成本（阶段 A）以及产成品销售（阶段 D）。

本例仍沿用 SVC 的数据，介绍另外一种倒推成本法，这种方法相对于例 1 的倒推成本法，与顺序追溯法更加不同。本例的第 1 个触点与例 1 一样：直接材料采购。但第 2 个触点为产成品销售，而不是例 1 中的产成品完工。注意，没有在产品生产（阶段 B）和合格产成品完工（阶段 C）的分录，因为在产品和产成品存货极少时（投入快速加工为产成品并立即售出）才使用这种方法。

本例仅有一个存货账户：直接材料，无论这些直接材料存在于库房、在产品还是产成品之中。

类型	会计科目
直接材料存货以及任何以在产品或产成品形式存在的直接材料	存货

图表 20—8 的 B 部分总结了例 2 的分录，有两个触点：直接材料采购和发生加工成本以及产成品销售（并且确认少分配或多分配的成本）。就像例 1 中一样，对于每个阶段来说，SVC 倒推成本法的分录显示在左边，与之相比较的顺序追溯法下的分录显示

在右边。

除了存货账户被称为“存货”，直接材料采购和发生加工成本（阶段 A）的分录与例 1 中的一样。像例 1 一样，无须记录在产品存货生产（阶段 B）的分录，因为在产品存货极少。当产成品完工时（阶段 C），无须分录记录，因为预计完工产成品会快速售出，产成品存货极少。当产成品售出时，计算的产品销售成本是 99 000×31=3 069 000 美元，由直接材料成本（99 000×19=1 881 000 美元）和分摊的加工成本（99 000×12=1 188 000 美元）组成。这与例 1 中顺序追溯法下计算的产品销售成本相同。

在倒推成本法下，加工成本不计入存货，因为在阶段 C 中生产产成品时没有分录记录。也就是说，与顺序追溯法相比，例 2 没有将 12 000 美元（12×1 000）的加工成本分配给已生产但未销售的产成品存货。在 1 260 000 美元的加工成本中，有 1 188 000 美元是按标准成本分摊至产品销售成本中的，剩下的 72 000 美元（1 260 000−1 188 000）是少分配的加工成本，而顺序追溯法下少分配的加工成本是 60 000 美元。分录（D2）显示，SVC 和大多数公司一样，将这些少分配的成本按月作为产品销售成本的加项冲销。

4 月 30 日的期末存货账户余额为 69 000 美元（1 950 000−1 881 000）。这个余额代表持有的直接材料 50 000 美元＋包含在当期完工但还未售出的 1 000 单位产品中的直接材料成本 19 000 美元。顺序追溯法下的产成品存货是：直接材料 19 000 美元＋加工成本 12 000 美元，总额 31 000 美元。图表 20—8 的 B 部分显示了例 2 的总账。当公司持有最小限度的在产品和产成品存货时，使用例 2 中的方法与使用顺序追溯法的结果几乎相同。

丰田公司位于美国肯塔基州的工厂拥有的成本会计系统与本例类似。这种会计系统有两个优点：(1) 消除管理者为存货而生产的动机，因为加工成本被计入期间费用而不是存货成本；(2) 促使管理者重视销售。

图表 20—8　有两个触点的倒推成本法分录和总账概览与顺序追溯法分录：直接材料采购和发生加工成本和产成品销售

A. 会计分录　　　　单位：美元

倒推成本法			顺序追溯法		
阶段 A：记录直接材料采购和发生加工成本					
1. 记录直接材料采购					
分录（A1）					
借：存货	1 950 000		借：材料存货	1 950 000	
贷：应付账款		1 950 000	贷：应付账款		1 950 000
2. 记录发生加工成本					
分录（A2）					
借：加工成本	1 260 000		借：加工成本	1 260 000	
贷：相应账户（如应付职工薪酬）		1 260 000	贷：相应账户（如应付职工薪酬）		1 260 000
阶段 B：记录在产品生产					
分录（B1）					
无分录			借：产成品	3 100 000	
			贷：材料存货		1 900 000
			加工成本分配		1 200 000

续

倒推成本法		顺序追溯法	
阶段C：记录产成品完工			
分录（C1）			
无分录		借：产成品	3 100 000
		贷：在产品	3 100 000
阶段D：记录产成品销售成本（和少分配或多分配的加工成本）			
1. 记录产成品销售成本			
分录（D1）			
借：产品销售成本	3 069 000	借：产品销售成本	3 069 000
贷：存货	1 881 000	贷：产成品	3 069 000
加工成本分配	1 188 000		
2. 记录少分配或多分配的加工成本			
分录（D2）			
借：加工成本分配	1 188 000	借：加工成本分配	1 200 000
产品销售成本	72 000	产品销售成本	60 000
贷：加工成本	1 260 000	贷：加工成本	1 260 000

B. 倒推成本法总账概览

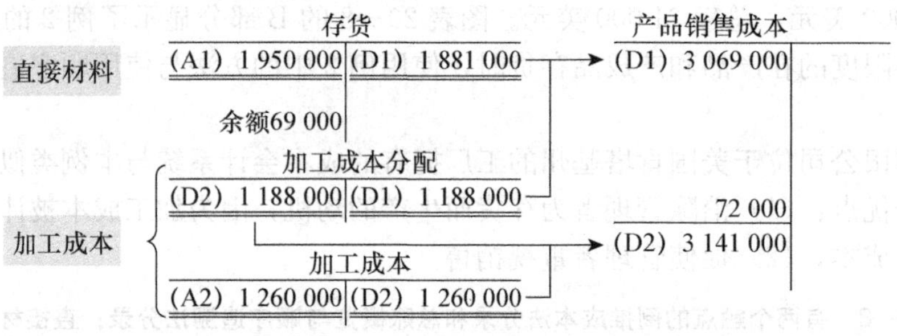

说明：每个分录括号中的代码表示文中介绍的与分录相关的生产流程的阶段。

【例3】 两个触点位于产成品完工（阶段C）和产成品销售（阶段D）。

本例中有两个触点。与例2相比，例3的第1个触点拖后到了阶段C，即合格产成品完工的时刻。注意，没有直接材料采购和发生加工成本（阶段A）和在产品生产（阶段B）的分录，因为直接材料和在产品存货极少时（采购的直接材料被快速投入生产，然后快速加工为产成品）才使用这种方法。图表20—9的A部分总结了例3的分录，有两个触点：合格产成品完工和产成品销售（并且确认多分配和少分配的成本）。就像例1和例2中一样，对于每个阶段来说，SVC倒推成本法的分录显示在左边，与之相比较的顺序追溯法下的分录显示在右边。

无须记录1 950 000美元直接材料采购的分录，因为直接材料采购并不是倒推成本法中的触点。就像例1和例2中一样，实际加工成本在发生时记录，无须记录在产品存货生产（阶段B）的分录。就像例1中一样，以每单位31美元（19＋12）的标准成本记录100 000单位完工合格产成品的成本，应该贷记应收账款（不是材料和在产品存货）账户，因为在阶段A中没有记录直接材料采购的分录。注意在4月末，还有50 000美元（1 950 000－1 900 000）采购的直接材料没有投入生产，这些直接材料的成本也没有进入存货成本核算系统。例 3 形式的倒推成本法适合于适时生产系统，其中直接材料存货和在产品存货都极少。当产成品售出时（阶段 D），计算的产品销售成本是 99 000×31＝3 069 000 美元。这与顺序追溯法下计算的产品销售成本相同。倒推成本法和顺序追溯法下，产成品账户有 31 000 美元余额。两种方法下，处理实际发生的加工成本与分配的标准加工成本之间差异的分录是相同的。两种方法的唯一差异是，没有记录 50 000 美元的直接材料存货（和相应的应收账款），如果直接材料存货极少的话，就没有问题。图表 20—9 的 B 部分显示了例 3 的总账。

将例 3 再推进一步，倒推成本法可以仅将产成品销售作为唯一的触点。这种倒推成本法最适用于持有最少的直接材料、在产品和产成品存货的适时生产系统，因为该倒推成本法没有存货账户。

图表 20—9　有两个触点的倒推成本法分录和总账概览与顺序追溯法分录：产成品完工和产成品销售

A. 会计分录　　　　单位：美元

倒推成本法			顺序追溯法		
阶段 A：记录直接材料采购和发生加工成本					
1. 记录直接材料采购					
分录（A1）					
无分录			借：材料存货	1 950 000	
			贷：应付账款		1 950 000
2. 记录发生加工成本					
分录（A2）					
借：加工成本	1 260 000		借：加工成本	1 260 000	
贷：相应账户（如应付职工薪酬）		1 260 000	贷：相应账户（如应付职工薪酬）		1 260 000
阶段 B：记录在产品生产					
分录（B1）					
无分录			借：在产品	3 100 000	
			贷：材料存货		1 900 000
			加工成本分配		1 200 000
阶段 C：记录产成品完工成本					
分录（C1）					
借：产成品	3 100 000		借：产成品	3 100 000	
贷：应付账款		1 900 000	贷：在产品		3 100 000
加工成本分配		1 200 000			
阶段 D：记录产成品销售成本（和少分配或多分配的加工成本）					
1. 记录产成品销售成本					
分录（D1）					
借：产品销售成本	3 069 000		借：产品销售成本	3 069 000	
贷：产成品		3 069 000	贷：产成品		3 069 000
2. 记录少分配或多分配的加工成本					
分录（D2）					
借：加工成本分配	1 200 000		借：加工成本分配	1 200 000	
产品销售成本	60 000		产品销售成本	60 000	
贷：加工成本		1 260 000	贷：加工成本		1 260 000

B. 倒推成本法总账概览

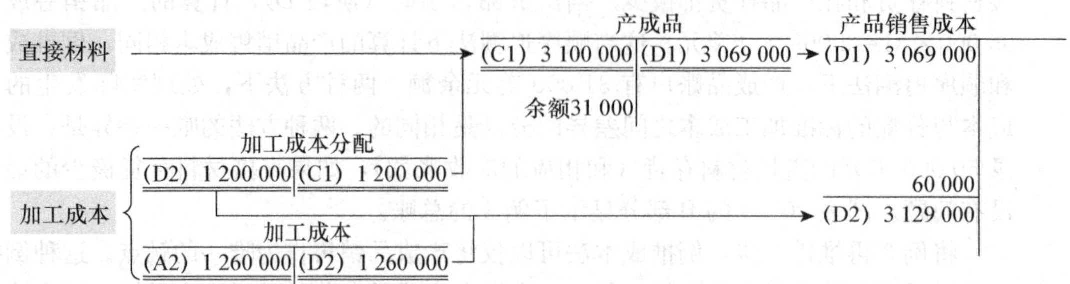

说明：每个分录括号中的代码表示文中介绍的与分录相关的生产流程的阶段。

倒推成本法中的特殊问题

例 1、例 2 和例 3 介绍的会计方法并不严格受制于 GAAP。例如，在产品是一项资产，在财务报表中是存在的，但是却没有确认。然而倒推成本法的支持者把 GAAP 中的重要性原则作为他们支持的依据。这三个示例显示，改变一下触点的个数和位置，倒推成本法的结果就近似等于顺序成本法的结果。如果存在直接材料存货和产成品存货，调整分录就可以纳入（下面将予以说明）。

假设倒推成本体系和传统标准成本体系在营业利润和存货上存在重大差异，就需要通过调整分录，使倒推成本法的结果遵守 GAAP 的要求。例如，例 2 中的倒推成本法分录使得加工成本全部计入了产品销售成本 1 260 000 美元（1 188 000＋72 000）。但是如果加工成本在数量上足够重要，则应进入存货账户，那么在例 2 分录（D2）中就应对加工成本账户结账，做出以下调整：

原始分录（D2）：

借：加工成本分配	1 188 000	
产品销售成本	72 000	
贷：加工成本		1 260 000

修正分录（D2）：

借：加工成本分配	1 188 000	
存货（1 000×12）	12 000	
产品销售成本	60 000	
贷：加工成本		1 260 000

对倒推成本法的批评集中在它缺乏审计追溯的能力——会计系统确认生产流程每一步中资源使用情况的能力。如果没有大量的材料存货、在产品存货和产成品存货，管理者就必须通过实地观察、计算机监控和非财务手段来跟踪作业流程。

适时制和倒推成本法对作业成本系统有什么启示？在适时制中，生产流程得到简化，更多的成本变为直接成本，制造费用分配的范围变小了。对于实施适时制的公司，简化的 ABC 系统通常就足够了。但即使这些 ABC 系统相对简单，也有助于倒推成本法的运用。ABC 系统可以为倒推成本法提供不同产品更为准确的单位预算加工成本。以作业为基础的成本数据同样也有助于产品成本核算、决策和成本管理。

□ 精益会计

可以与适时生产（或精益生产）系统一起使用的另一种简化的产品成本核算系统是精益会计。当公司利用适时生产时，必须关注业务职能的整个价值链（从供应商、生产商到顾客），以减少存货、生产周期和浪费。价值链改进导致一些采用适时生产的公司建立关注价值流的组织结构和成本核算系统，价值流是所有设计、生产和交付指定产品或产品线的增值作业。例如，价值流可以包括必要的设计、广告和营销、处理订单、采购与接收材料、生产和装运、开票和收款等作业。适时生产系统中生产单元的使用有助于公司关注价值流。

精益会计（lean accounting）是一种成本核算方法，它关注价值流而不是单个产品或部门，由此消除会计处理中的浪费。① 如果公司在单个价值流上生产多种相关的产品，那么就不计算单个产品的成本。相反，它将许多实际成本直接追溯到价值流。将更多成本作为直接成本追溯到价值流是可能的，因为使用精益会计的公司常常将资源用于单独的价值流。现在我们说明 Manuela 公司的精益会计。

Manuela 公司生产打印机使用的硒鼓和墨盒。它在一个生产单元中生产两种型号的硒鼓，在另一个生产单元中生产两种型号的墨盒。下表列示了不同产品的收入、营业成本、营业利润和其他信息（单位：美元）。

	硒鼓		墨盒	
	型号 A	型号 B	型号 C	型号 D
收入	600 000	700 000	800 000	550 000
直接材料	340 000	400 000	410 000	270 000
直接生产人工	70 000	78 000	105 000	82 000
制造费用（如，设备租赁、监督和未利用设备成本）	112 000	130 000	128 000	103 000
返工成本	15 000	17 000	14 000	10 000
设计成本	20 000	21 000	24 000	18 000
营销与销售成本	30 000	33 000	40 000	28 000
总成本	587 000	679 000	721 000	511 000
营业利润	13 000	21 000	79 000	39 000
购买的直接材料	350 000	420 000	430 000	285 000
未利用设备成本	22 000	38 000	18 000	15 000

Manuela 公司的管理者使用精益会计原则，计算硒鼓和墨盒的价值流（而非单独型号）营业成本和营业利润如下（单位：美元）：

① 见 Bruce L. Baggaley, "Costing by Value Stream," *Journal of Cost Management* (May-June 2003)。

	硒鼓	墨盒
收入		
（600 000＋700 000；800 000＋550 000）	1 300 000	1 350 000
直接材料		
（340 000＋400 000；410 000＋270 000）	740 000	680 000
直接生产人工		
（70 000＋78 000；105 000＋82 000）	148 000	187 000
制造费用（减去未利用设备成本后）		
（(112 000－22 000)＋(130 000－38 000)；(128 000－18 000)＋(103 000－15 000)）	182 000	198 000
设计成本		
（20 000＋21 000；24 000＋18 000）	41 000	42 000
营销与销售成本		
（30 000＋33 000；40 000＋28 000）	63 000	68 000
总价值流营业成本	1 174 000	1 175 000
价值流营业利润	126 000	175 000

为了深入了解，像许多精益会计系统一样，Manuela公司的精益会计系统将价值流成本与包括所有购买材料的成本进行比较。这样做可以使公司持续关注减少直接材料和在产品存货。在我们的例子中，购买直接材料的成本超过了使用的直接材料成本。

Manuela公司根据每个价值流使用的面积（平方英尺）将设备成本（折旧、财产税和租金）分配给价值流，以鼓励管理者使用更少的生产空间和更少的持有和移动存货的空间。注意，在计算价值流制造费用时，Manuela公司没有考虑未使用的设备成本。相反，它将这些成本作为工厂和业务部门的费用。Manuela公司没有将未使用的设备成本计入价值流成本，因为价值流成本中只包括增值的成本。增加未使用设备成本的可见性，可以激励企业减少这些成本或寻找生产能力的其他用途。在计算价值流成本和营业利润时，Manuela公司也没有包括返工成本，因为这些成本是非增值成本。公司也没有将共同成本（如公司或支持部门成本）计入价值流成本，因为这些成本不能合理地分派到价值流。

分析显示，虽然基于购买的直接材料而非使用的直接材料计算的硒鼓的总成本是1 296 000美元（587 000＋679 000＋(350 000－340 000)＋(420 000－400 000)），但使用精益会计计算的价值流成本是1 174 000美元（90.6%×1 296 000）。二者之间的差异表明，通过减少未使用设备和返工成本，以及只购买生产所需的直接材料，还有机会提高公司的盈利能力。做出改进是非常重要的，因为Manuela公司的价值流营业利润只占收入的9.7%（即126 000÷1 300 000）。Manuela公司的墨盒则是另一种情况。基于购买的直接材料而非使用的直接材料计算的墨盒的总成本是1 267 000美元（721 000＋511 000＋(430 000－410 000)＋(582 000－270 000)），而使用精益会计计算的价值流成本是1 175 000美元（92.7%×1 267 000）。墨盒价值流的未使用设备和返工成本较低，更有效率。而且，墨盒也有更高的价值流营业利润盈利能力13%（即175 000÷1 350 000）。

精益会计比传统的产品成本核算更简单。为什么？因为通过价值流计算实际产品成本时只需要更少的间接费用分配。与适时生产和精益生产一致，精益会计强调从供应商到顾客的整个价值链改进。精益会计鼓励的做法——如减少直接材料和在产品存货、改进质量、使用更少的空间和消除未使用的生产能力——反映了适时生产的目标。

批评者指出，精益会计不计算单独产品的成本，这使得它对决策不是很有用。而精益会计的支持者认为不计算单独产品的成本不是问题，因为大多数决策是产品线层次的，而不是单独产品层次的，并且定价是基于为顾客创造的价值（市价）而不是产品成本。

对精益会计的另一个批评是它没有包括某些支持成本和未使用设备成本。因此，仅仅基于价值流成本的决策可能看起来是盈利的，因为它们没有考虑所有成本。支持者认为精益会计可以解决这个问题，通过在价值流成本上增加一个更大的加成来补偿没有记入的成本。而且在竞争市场上，价格最终将稳定在产品价值流成本加上合理加成的水平上，因为顾客不愿意为非增值成本付费。因此目标一定是消除非增值成本。

对精益会计的最后一个批评是，与倒推成本法一样，没有在 GAAP 下正确地解释存货。然而，此方法的支持者很快指出，在精益会计环境中，从会计的角度看，在产品和产成品存货都不重要。

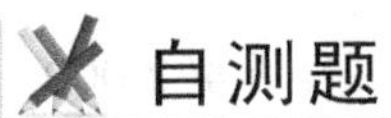

自测题

问题 1

Lee 公司在新加坡有一家工厂，生产 MP3 播放器。其中一个组件是 XT 芯片。2013 年 3 月对这些芯片的需求预计为 5 200 个。公司预计每张订单的订货成本是 250 美元。一个 XT 芯片的存货持有成本为 5 美元。

要求：

1. 计算 XT 芯片的经济订货量。
2. 计算 2013 年 3 月 XT 芯片的送货次数。

解答：

1. 经济订货量：

$$EOQ=\sqrt{\frac{2\times 5\ 200\times 250}{5}}=721(\text{个})(\text{四舍五入})$$

2. 送货次数：

$$\text{送货次数}=\frac{5\ 200}{721}=8(\text{次})(\text{四舍五入})$$

问题 2

Littlefield 公司采用倒推成本法，有三个触点：

- 直接材料采购；
- 产成品完工；
- 产成品销售。

没有期初存货，2013 年 4 月的数据如下（单位：美元）：

直接材料采购	880 000

直接材料耗用	850 000
加工成本发生	422 000
加工成本分配	400 000
转移到产成品中的成本	1 250 000
产品销售成本	1 190 000

要求：

1. 编制4月的分录（不处理少分配或多分配的加工成本）。假设没有直接材料差异。
2. 理想的适时制生产体系下的分录金额与要求1中的分录有何不同？

解答：

1. 4月的分录为：

分录（1）（直接材料采购）：

	借	贷
借：存货——材料和在产品	880 000	
贷：应付账款		880 000

分录（2）（发生加工成本）：

	借	贷
借：加工成本	422 000	
贷：相关账户（如应付职工薪酬）		422 000

分录（3）（完工产成品的标准成本）：

	借	贷
借：产成品	1 250 000	
贷：存货——材料和在产品		850 000
分配的加工成本		400 000

分录（4）（售出产成品的标准成本）：

	借	贷
借：产品销售成本	1 190 000	
贷：产成品		1 190 000

2. 在理想的适时生产系统下，如果单位产品的生产间隔期非常短，就可以在每日末保持零存货。在分录（3）中，产成品不是1 250 000美元，而是1 190 000美元（为了和分录（4）中的售出产成品相匹配）。如果营销部门只售出了成本为1 190 000美元的产品，适时生产系统就要求降低直接材料采购成本和加工成本，分别降至880 000美元和422 000美元以下，详见分录（1）和分录（2）。

决策要点

下面的问答形式是对本章学习目标的总结，决策代表与学习目标相关的关键问题，指南则是对该问题的回答。

决策	指南
1. 与待售商品有关的六种成本是什么？	这六种成本为：采购成本（从供应商取得商品的成本）、订货成本（下订单及收货的成本）、持有成本（持有待售商品存货的成本）、缺货成本（当顾客需要某一产品却缺货的成本）、质量成本（预防、鉴定、内部差错和外部差错成本）和损失成本（由于外部人盗窃、员工侵占、分类错误和笔误造成的成本）。

2. 经济订货量决策模型帮助管理者做什么，管理者如何确定安全库存水平？	经济订货量决策模型通过权衡订货成本和持有成本帮助管理者计算存货采购的最优数量。订货的数量越大，年持有成本越高、订货成本越低。经济订货量模型除了包含财务会计体系中的成本，还包含不进入财务会计体系的机会成本。管理者选择安全存货水平以最小化缺货成本和持有更多存货的持有成本。
3. 经济订货量模型中的参数预测失误如何影响成本？公司如何减少经济订货量决策模型和业绩评价模型之间的冲突？	在使用经济订货量模型时预测失误的成本是很小的。为了减少经济订货量决策模型和业绩评价模型之间的冲突，公司在评价管理者业绩时，应该包括存货投资的机会成本。存货投资的机会成本是经济订货量决策模型中的一个关键变量，它常常在业绩评价模型中被忽略。
4. 为什么公司采用适时采购？	适时采购是指在生产（或销售）需要时才以小订货量进行采购。适时采购是对高持有成本和低订货成本的一个应对。适时采购增加了公司和供应商对质量和及时送货的关注。公司通过整合从初始原材料和服务直到产品送达顾客这整个供应链上的活动而减少存货数量。
5. 物料需求计划系统与适时生产系统有哪些区别？	物料需求计划系统采用“推动型”的方法，在需求预测的基础上进行产成品的制造。适时生产系统采用“需求拉动”的方法，为了满足顾客需要而生产。
6. 适时生产系统的特点和优点是什么？	适时生产系统：(1) 以生产单元的形式组织生产；(2) 雇用和培训多技能工人；(3) 注重全面质量管理；(4) 减少生产周期和生产准备时间；(5) 与供应商建立密切联系。 适时生产的优点包括信息更好地流动带来的更低成本和更高利润、更高的质量、更快的交货和更简单的会计系统。
7. 倒推成本法如何简化传统存货成本核算？	传统的分批成本法使用连续的追溯，会计分录的记录是与实际采购和生产流程同步的。大多数倒推成本法并不建立在产品阶段的分录。有些倒推成本法也不建立直接材料采购的分录或产成品完工的分录。
8. 精益会计如何不同于传统成本计算方法？	精益会计将成本分配给价值流而不是产品。非增值成本、未使用生产能力成本和不能追溯到价值流的成本都不分配，而是计入费用。

练习题

20—19　生产商的经济订货量。Turfpro 公司是生产割草机的厂家，每年需要以每件 30 美元的价格购入4 500件转子刀片。Turfpro要求的年投资回报率为15%。另外，相关的持有成本（保险、材料处理、破损等费用）每年每件为3美元，每张订单的相关订货成本为75美元。

要求：

1. 计算转子刀片的经济订货量。

2. 计算要求1中经济订货量的年度相关订货成本。

3. 计算要求1中经济订货量的年度相关持有成本。

4. 假设全年的需求量是均匀的，并且确切可知，因此不需要安全库存。采购间隔期为半个月，计算转子刀片的再订货点。

20—21 适时生产，相关利益，相关成本。Colonial公司在Lynchburg工厂生产特制的黄铜门把手，Colonial公司在考虑实施适时生产系统。下面是适时生产的估计成本和收益：

a. 每年的额外模具成本是200 000美元；

b. 平均库存将在现有2 000 000美元水平上下降80%；

c. 保险、空间、材料处理和准备成本将在目前每年600 000美元的水平上下降25%；

d. 适时生产对内在质量的强调将使返工成本减少30%，目前每年发生的返工成本是400 000美元；

e. 适时生产下质量的提高使公司能将产品的单位价格提高8美元，公司每年销售40 000件。

公司存货投资的必要报酬率是每年15%。

要求：

1. 如果Colonial公司在Lynchburg工厂实施适时生产，计算公司的净利润和成本。

2. 当Colonial公司制定采用适时生产的决策时，应该考虑哪些非财务和定性因素？

3. 假设Colonial公司在Lynchburg工厂实施适时生产。举例说明Colonial公司可以用于评价和控制适时生产的业绩指标。Colonial公司实施ERP系统的优点是什么？

20—25 经济订货量，不确定性，安全库存量，再订货点。Chadwick公司生产并销售优质步行鞋。生产后，鞋子将被分销到全国各地的20个批发商店。每个批发商店服务该地区的大约100家商店。Chadwick用经济订货量模型确定每个批发商店从工厂订购的鞋子数量。OR2批发商店的年需求大约为12 0000双鞋。每次订货成本为250美元，每双鞋子的年持有成本为2.4美元。

要求：

1. 用经济订货量模型确定鞋子的最佳经济订货量。

2. 每月大约有4周，如果接受订单需要1周的时间，OR2批发商店应该在什么点再次订购鞋子？

3. 尽管OR2平均每周需要2 500双鞋子（即120 000÷12÷4），但每周需求量可能按下列概率分布变化：

1周的总需求（双）	2 000	2 250	2 500	2 750	3 000
概率（总和为1.00）	0.04	0.20	0.52	0.20	0.04

如果商店需要鞋子而OR2没有库存，OR2可以加急提供，但每双鞋的成本需增加2美元，则OR2应该持有的安全库存是多少？这将怎样影响再订货点和再订货数量？

20—27 物料需求计划，经济订货量和适时制。Tech Works公司生产一种可以下载数千首歌曲的音乐播放器J-Pod。公司预测2014年J-Pod的需求为48 000台，每台J-Pod的变动生产成本为54美元。在公司的材料需求计划系统中，由于每次准备的成本10 000美元较大，公司计划每月生产一次，每次批量为4 000台。每台J-Pod的年持有成本为17美元。

要求：

1. 在物料需求计划系统下，公司生产和持有J-Pod的年成本是多少？（假设每月库存平均为当月产量的一半。）

2. 公司的新管理者建议用经济订货量模型确定生产的最佳批量（为使用经济订货量模型，公司需要用传统经济订货量模型处理订货成本的方法处理准备成本）。计算最优的批量和批次。批次保留整数。最优批量下，公司生产和持有J-Pod的年成本是多少？将该成本与要求1中计算的成本进行比较，并简要评论。

3. 公司也在考虑将物料需求计划系统换为适时生产系统。转换后生产批量将变为600台，且会减少过时，提高质量和产品售价。生产批次增多使得公司必须缩短生产准备时间，进而减少生产准备成本。新的生产准备成本为500美元/次。在适时系统下，公司生产和持有J-Pod的年成本是多少？

4. 比较前几部分中分析的模型。每个模型的优点和缺点是什么？

20—29　适时采购，相关收益，相关成本（摘自 CMA）。Greene 公司使用自动车削机器把钢条加工成精密部件。钢材的平均存货为 300 000 美元，总经理 John Oates 与主计长 Helen Gorman 对存货的持有成本十分重视。钢材供应商希望以不变的价格、更小的批量进行供货。Gorman 认为实施适时存货管理将对降低存货产生如下影响：

● 没有加班，由于缺货将造成每年损失 35 000 单位销售量。当每年的加班奖金为 20 000 美元时，由于缺货造成的销售损失将降至 20 000 单位，这也是 Greene 公司所能忍受的最大限度。

● 原有的两个存放钢条的仓库将不再需要。Greene 公司与另一公司签订了可取消的租赁协议，以 45 000 美元的年租金租赁一个库房。另一库房为 Greene 公司所有，面积为 12 000 平方英尺，其中的 3/4 可以以每年每平方英尺 1.25 美元的价格出租。每年 7 000 美元的保险费和财产税将不复存在。

长期资本投资将给 Greene 公司带来每年 20% 的报酬率。2014 年 12 月 31 日的预算利润表为（单位：千美元）：

收入		5 400
产品销售成本		
变动成本	2 025	
固定成本	725	
产品销售成本合计		2 750
销售毛利		2 650
营销分销成本		
变动成本	450	
固定成本	750	
营销分销成本合计		1 200
营业利润		1 450

要求：

1. 计算 Greene 公司在 2014 年采用适时存货管理后预计的收益或损失。

2. 识别并解释在实施适时制前 Greene 公司应该考虑的其他因素。

20—31　供应链对总相关存货成本的影响。Joe's Deli 从两个不同的供应商处订购特制三明治面包，供应商分别是 Gold Star Breads 和 Grandma's Bakery。Joe's Deli 将来只想用一家供应商。由于质量不同，Joe's Deli 需要检测 30% 的 Gold Star Breads 的面包和 60% 的 Grandma's Barkery 的面包。下面是两家供应商的成本数据：

	Gold Star Breads	Grandma's Barkery
每年订货次数	100	100
年需求量	2 400	2 400
单价（美元）	2.50	2.00
每次订货成本（美元）	10.00	12.00
单位检测成本（美元）	0.50	0.50
平均存货水平	200	200
预计缺货数量	10	10
紧急订单的缺货成本（美元）	10.00	3.00
估计因缺陷而被顾客退回的三明治数量	60	100
因缺陷而被顾客退回的三明治的处理成本（美元）	1.50	1.50
投资机会成本	12%	12%
每年单位产品的其他持有成本（美元）	0.50	0.50

要求：

1. 从 Gold Star Breads 和 Grandma's Barkery 采购的相关成本是多少？

2. Joe's Deli 应该考虑成本之外的哪些其他因素？

20—35　精益会计。Reliable Security Devices（RSD）采用了适时生产系统，并且正在考虑采用精益会计原则以支持新的生产理念。公司有两条生产线：一种是机械装置，一种是电子装置。每条生产线生产两种个别产品。公司传统的成本会计系统将所有工厂层面的间接成本分配给个别产品。生产线间接成本直接追溯到生产线，然后分配给每条生产线上的两种个别产品。设备成本直接追溯到产品。使用传统成本会计方法的最新的会计报告包括如下信息（单位：千美元）：

	机械装置		电子装置	
	产品 A	产品 B	产品 C	产品 D
销售额	1 400	1 000	1 800	900
直接材料（基于使用量）	400	200	500	150
直接制造人工	300	150	400	120
制造费用（设备租赁、监督、生产控制）	180	240	400	190
分配的工厂设备成本	100	80	160	60
设计和营销成本	190	100	210	84
分配的工厂间接成本	30	20	40	16
营业利润	200	210	90	280

RSD公司已经确定每条生产线代表一个独特的价值流。它还确定400 000美元（100 000＋80 000＋160 000＋60 000）分配的工厂层面间接成本代表公司成本。产品A占用工厂面积的22%，产品B占用工厂面积的18%，产品C占用工厂面积的36%，产品D占用工厂面积的14%。其余面积由工厂管理部门占用或闲置。最后公司确定直接材料应该在购买期间而不是在耗用时被费用化。根据采购记录，期间内的直接材料购买成本是（单位：美元）：

	机械装置		电子装置	
	产品A	产品B	产品C	产品D
直接材料（购买）	420	240	500	180

要求：

1. 在公司的精益会计系统中，成本对象是什么？在计算这些成本对象的营业利润时，不应该包括哪种成本？

2. 用精益会计原则计算要求1中确定的成本对象的营业利润。为什么此营业利润不同于按传统成本会计方法计算的营业利润？

第21章

资本预算与成本分析

- 资本预算的步骤
- 贴现现金流
- 回收期法
- 应计会计收益率法
- 贴现现金流量分析中的相关现金流
- 项目管理与业绩评价
- 资本预算中的战略因素
- 附录　资本预算和通货膨胀

学习目标

1. 了解对投资项目进行资本预算的五个步骤
2. 运用并评价两种主要的贴现现金流量法：净现值法和内部收益率法
3. 运用并评价回收期法和贴现回收期法
4. 运用并评价应计会计收益率法
5. 确定在资本预算决策中的相关现金流入及流出量
6. 理解实施资本预算决策与评价管理者业绩中存在的问题
7. 解释管理者如何利用资本预算实现企业的战略目标

本田公司应该在中国或印度新开一家工厂吗？

索尼公司应该投资开发下一代 PlayStation 游戏机吗？盖普公司应该停止童装生产线而扩大女式运动服装生产线吗？高层管理人员与会计师紧密协作，必须搞清楚如何以及何时在不同的选择机会间最好地分配公司的财务资源，为公司创造未来价值。因为很难知道未来会发生什么以及项目的最终成本是多少，这可能是一个具有挑战性的任务，但是这是管理者必须经常面对的任务。为了应对这种挑战，诸如塔吉特和雪佛龙（Chevron）等公司为制定项目资本预算决策建立了一个特殊工作组。本章解释管理者在承担项目方面所使用的各种最省钱的方法。

田纳西河谷管理局的资本预算电力决策①

田纳西河谷管理局（Tennessee Valley Authority，TVA）是一家由美国政府所有的全美最大公共电力供应商。尽管其为联邦政府所有，TVA 并不依靠纳税人的钱来资助，相反，其融资来源于电力销售。近期，TVA 面临一项艰难的战略决策：确保足够的电力生产，同时继续向服务领域日益增长的顾客提供负担得起的电力。

同时，TVA 正在更换其现有发电设备的重要部分。TVA 曾宣布，计划在 2018 年前关闭多座煤电站，以实现成为清洁能源领导者的目标。新的发电潜在资源包括建设核能、天然气、煤炭、风能和太阳能电站。发电选择有不同的成本、预期现金流量和使用寿命。再者，TVA 的决策受到了其有限的资本预算的约束。TVA 用净现值和内部收益率的计算结果来指导决策制定。

经过大量的计算，TVA 发现天然气、核能和风能电站的净现值和内部收益率均为正数。太阳能和煤电站的净现值为负数，且它们的内部收益率低于 TVA 的资本成本（由当前 30 年政府债券的到期收益率加上 1%的溢价计算得出）。2012 年，四座位于堪萨斯、伊利诺伊和爱荷华州的可再生风力发电站正式接入 TVA 电网，一座新的燃气燃

---

① Bob Wood，Steven Isbell，and Cass Larson，“The Tennessee Valley Authority：The Cost of Power.” *IMA Educational Case Journal*，Volume 5，Number 4 (Montvale，NJ：Institute of Management Accountants，Inc.，December 2012)；and “TVA Releases Cost，Schedule Estimates for Watts Bar Nuclear Unit 2，” Tennessee Valley Authority press release (Knoxville，TN，April 5，2012).

烧循环发电站也开始建设。此外，Watts Bar 二号核能发电站计划于 2015 年投入运营。该电站最初于 80 年代中期开始建设，现在用更新的技术恢复建设。TVA 也正在开发一种智能电网部署计划，以帮助顾客更好地理解这些新能源的成本和收益。

就像在 TVA 一样，诸如塔吉特、本田、索尼和盖普等公司的管理者也面临具有挑战性的投资决策。在本章中，我们会介绍几种用来评价长期投资项目的资本预算方法，这些方法帮助管理者选择能为其组织创造最大价值的项目。

资本预算的步骤

资本预算（capital budgeting）就是为项目投资制定长期计划的过程。在许多会计项目中，收入是逐期计算的。但是，在选择投资时，管理者从多个项目中进行选择，每个项目可能跨越多个期间。图表 21—1 表明了成本分析的两个不同却又互相交叉的维度：（1）水平方向的表示项目维度；（2）垂直方向的表示时间维度。每一个水平的矩形代表一个项目，它们跨过不同时间段。每个项目的起点和终点都在不同的时间，覆盖不同的时间段而且寿命都超过一年。2015 年度会计期间的垂直矩形表示所有项目的维度，它包括该年度的利润确定以及对各项目的日常计划与控制。

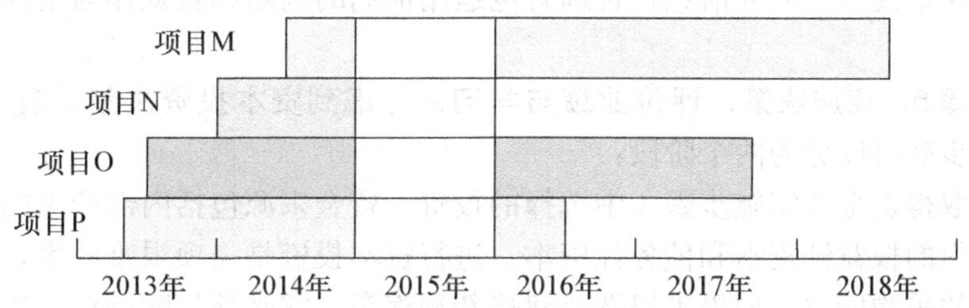

图表 21—1　资本预算的项目维度和时间维度

为了制定资本预算决策，管理者分析每个项目从初始投资到终止的整个寿命期的现金流。这个过程与生命周期预算和成本制度（第 13 章）相似。例如，当本田考虑一款新车时，它先估计项目的潜在收入和生产周期（可能长达 10 年）内发生的成本。只有在研究了新车项目整个寿命期内从研发到顾客服务价值链上所有业务职能的潜在成本和收益后，公司才能确定新型汽车是不是一个明智的投资。

管理者将资本预算作为一种决策和控制工具。就像我们在本书中一直强调的五步决策程序一样，在资本预算程序也有五个步骤：

步骤 1：确定项目。确定与组织战略一致的潜在的资本投资。例如，产品差异化的行业领导者耐克在产品创新、工程和设计方面进行了大量投资，希望开发出新一代的高质量运动装备。另外，管理者可以提高生产率和效率，实行成本领先战略推广产品。例如，戴尔公司的成本领先战略包括将某些部件外包给低成本的海外制造商。确定投资于哪一种资本项目在很大程度上是企业高层管理者的责任。

步骤 2：获取信息。从价值链的各部分收集信息以评估备选方案。我们回到本田公司新型汽车的例子。在这个阶段，公司高层管理者向营销经理询问潜在的收入，向工厂经理询问装配时间，向供应商询问价格和关键部件的供应情况。高层管理者要求低层管理者验证提供的数据并解释背后的假设。目标是鼓励开放和诚实的沟通，做出更准确的估计，以便制定最好的决策。在这个阶段某些项目会被否决。例如，假设本田知道不能用现有工厂生产汽车，那么它可能选择中止这个项目。在全球油漆和涂料公司阿克苏诺贝尔（Akzo-Nobel），首席可持续发展官用一系列环境标准来审查项目，他有权否决不符合标准或对公司不考虑可持续发展因素缺乏合理解释的项目。

步骤3：进行预测。预测备选投资方案的全部潜在现金流。一个新的项目通常需要企业做出大量的初始支出，这些支出要通过每年的现金流入和项目终止后资产的处置价值来补偿。因此，投资新项目需要企业预测未来几年的现金流。例如，宝马公司估计每年的现金流，并据此制定了一个12年期的投资预算。因为这些预测有很大的不确定性，企业通常分析多种备选的情况。在宝马公司的例子中，要求营销小组在90%的置信区间内估计可能的销售数量。公司也努力确保这种估计在现实情况下是可靠的。为了使资本预算过程的结果偏向他们的首选，管理者在这些预测中会带有偏见，这是很有诱惑力的。管理者预计在这些年里不会受雇于公司，因此无法对他们的估计负责时会加剧这种影响。

步骤4：选择方案做决策。确定哪一个投资的收益最大、成本最小。使用步骤3中获得的数量信息，企业用诸多资本预算方法确定哪一个项目能最好地实现组织目标。资本预算通常仅限于财务信息，管理者也运用他们的判断和直觉作为定性信息和战略考虑因素。

步骤5：实施决策、评价业绩与学习。考虑到资本投资决策的复杂性和时间跨度大，本步骤可以分为两个阶段：

- 取得资金并实施步骤4中选择的投资。资金来源包括内部产生的现金流和从资本市场获得的权益性资本和债务性资本。进行资本投资是一项艰难的事，常常为不同产品和服务的采购所累。如果本田选择建造新型汽车，它必须订购钢铁、铝和油漆等。如果不能获到某些材料，管理者必须确定使用替代材料的经济可行性。

- 追踪实现的现金流，将其与估计数比较，并对计划进行必要的修正。随着现金的流入和流出开始累积，管理者可以核实步骤3中的预测是否与项目产生的实际现金流相符。当宝马公司2001年向市场投放Mini Cooper时，它的销售量比估计的需求多很多。作为应对，宝马公司生产了更多的汽车。它还扩大生产线，将敞篷车和更大的Clubman车型包括进来。

对于公司来说，放弃一个业绩不如预期的项目是同等重要的。对于管理者来说，一个自然的偏好是扩大他们对自己选择实施的项目的承诺，因为害怕这个项目揭示他们做出了错误的资本预算决策。但是，当项目在财务上不可持续的情况已经很明显时，承认错误是符合企业和管理者的长远利益的。例如，2012年4月，加拿大电力公司TransAlta中止了一个位于阿尔伯塔省的14亿加元的碳捕获项目。在工程与设计研究上花费了3 000万加元后，企业意识到碳销售收入和减少排放的成本不足以使项目经济可行。

我们以Vector Transport公司为例说明资本预算。Vector公司经营遍布美国的公交线路，公司经常代表地方运输当局提供运输服务。Vector公司几辆公交车的有效寿命快要结束了，需要增加运营和维修成本。顾客也抱怨公交车缺乏足够的空间、灵活的座位配置和更新的便利设施，如无线网络接入。公司承诺以对环境负责的方式，只追求对生态系统伤害最小的工程。因此，在第 1 阶段，Vector 公司的管理者决定寻找低排放的替代汽车。在信息收集阶段（阶段 2），公司知道，在 2014 年，它就可以购买和使用柴电混合动力公交车，配有 Wi-Fi，也能提供更好的舒适性和更大的空间。在收集了额外的数据后，Vector 公司开始预测投资新公交车产生的未来现金流（步骤 3）。Vector 公司估计购买的混合动力汽车的有效寿命是 5 年，初始投资税后净额为 648 900 美元，计算如下（单位：美元）①：

新混合动力公交车成本	660 000
营运资本投入	30 000
处置现有公交车的现金流（税后）	(41 100)
新公交车的初始投资净额	648 900

营运资本是流动资产与流动负债的差。新项目通常需要额外的流动资产投资，如存货与应收账款。在 Vector 公司的例子中，在购买新汽车的同时需要增加 30 000 美元的支出，用于补充、替换电池和备件存货。在项目结束的时候，30 000 美元的流动资产将被清算，会有一个现金流入。但是，因为混合动力技术快速发展的性质，预计该公交车 5 年后最终处置价值为零。

管理者预计引入新混合动力公交车后，前 4 年的经营现金流入（现金收入减现金营业成本）将增加 180 000 美元（税后），第 5 年将增加 150 000 美元。这是由于更高的票价和增加乘客所致，因为混合动力公交车的便利设施吸引了新顾客，同时节省了燃料、维修和操作成本。为了简化分析，我们假定所有的现金流都发生在年末。注意第 5 年末现金流也增加了 180 000 美元，其中 150 000 美元是营业现金流入，30 000 美元是营运资本。接下来，管理层计算拟实施项目的成本和收益（步骤 4）。本章讨论四种资本预算方法来分析财务信息：（1）净现值法；（2）内部收益率法；（3）回收期法；（4）应计会计收益率法。净现值法和内部收益率法都使用贴现现金流，我们在下一节讨论贴现现金流。

贴现现金流

贴现现金流量法（discounted cash flow（DCF）methods）假定未来所有预计的现金流入和流出都发生在现在，并对之进行计量。贴现现金流量法的关键在于它考虑了资金的时间价值。**资金的时间价值**（time value of money）是指今天收到的 1 美元（或者是任何一个货币单位）比未来任何时间收到的 1 美元更有价值。这是因为今天的 1 美元可以用来进行投资，赚取 1 年比如 10%的回报，这样，今天的 1 美元在年末将会变成 1.10 美元。资金的时间价值就是今天放弃这一笔资金的机会成本（放弃 0.10 美元的回报）。本例中，1 年后得到的 1 美元在今天的价值是 0.909 1 美元（1÷1.10）。同样，1 年

① 出于说明目的，我们研究更换一辆公交车而不是一个车队的资本预算问题。

后得到的 100 美元应乘以 0.909 1，从而得到今天的贴现值为 90.91 美元，也就是 1 年后的 100 美元在现在的价值。这样，贴现现金流量法通过资金的时间价值清楚地衡量了现金流。注意，贴现现金流量法重视现金的流入和流出，而不是应计制会计计算的营业利润。

本书附录 A 提供了进行贴现现金流量分析时常用的复利表及计算公式。如果你对复利不是很熟悉，请在学会附录 A 后继续往下学习。本章将会经常用到附录 A 里的表格。

两种贴现现金流量法主要包括净现值法和内部收益率法。贴现现金流量法用**应得收益率**（required rate of return，RRR）计算，应得收益率是指投资项目应达到的可以接受的最低年收益率。这个收益率通常由最高管理层制定，是一个组织在相同的风险条件下在其他地方投资也可以获得的报酬率。应得收益率也称为**贴现率**（discount rate）、**临界收益率**（hurdle rate）、**资本成本**（cost of capital），或者**资本的机会成本**（opportunity cost of capital）。我们假定 Vector 公司为新投资制定的应得收益率为 8%。

□ 净现值法

净现值法（net present value（NPV）method）用应得收益率将投资项目未来各年的预计现金流入量和流出量贴现为现值，并计算出该项目的预计货币损益。运用净现值法包括以下三步：

步骤 1：绘制相关现金流入、流出量草图。图表 21—2 右边的箭头描绘了新混合动力公交车的现金流情况。这个草图可以帮助决策制定者系统地组织和观察数据。注意在本章所有图表中，圆括号表示相关现金流出。图表 21—2 包含第 1 年初（也即第 0 年末）购入新车时的现金流出和随后 5 年的现金流入。净现值法关心的是实际现金流，而不关心现金来自何处，如经营所得、设备的购买或销售、营运资本的投入或收回等。但是，不包括应计制会计核算的概念，如赊销收入或者是非现金支出，因为重点是现金流入和流出。

图表 21—2　　净现值法：Vector 公司的混合动力公交车

文件　开始　插入　页面布局　公式　数据　审阅　视图

	A	B	C	D	E	F	G	H	I
1			初始净投资	648 900美元					
2			使用年限	5年					
3			每年现金流	180 000美元					
4			要求回报率	8%					
5									
6			按8%的贴现率计		每年年底相关现金流(美元)				
7		现金流的现值	算的1美元的现值	0	1	2	3	4	5
8	方法1：将每年的现金流分别贴现[a](美元)								
9	初始投资净额	(648 900)	1.000	(648 900)					
10		166 680	0.926		180 000				
11		154 260	0.857			180 000			
12	每年现金流	142 920	0.794				180 000		
13		132 300	0.735					180 000	
14		122 580	0.681						180 000
15	购买新车情况下的净现值	69 840							
16									
17	方法2：用年金表格[b]								
18	初始投资净额	(648 900)	1.000	(648 900)					
19					180 000	180 000	180 000	180 000	180 000
20									
21	每年现金流	718 740	3.993						
22	购买新车情况下的净现值	69 840							
23									
24	注：在第21章的所有图表中，圆括号都表示相关的现金流出。								
25	a. 从本书附录A第2张表格中得到的现值。如：$0.857=1\div1.08^2$。								
26	b. 从本书附录A第4张表格中得到的年金现值。年金表格中3.993是所有单独贴现率的和0.926+0.857+0.794+0.735+0.681。								

步骤 2：用附录 A 中正确的复利表将现金流贴现并计算总和。在本例中既可以查附录

A表2将各年现金流量分别折算为现值，也可以用附录A表4计算年金的现值，年金是指在间隔相等的会计期间内一系列相等的现金流。如果使用表2，我们发现1～5期的贴现因子在8%列。图表21—2中的方法1使用了这5个贴现因子。为得到现值数，将贴现因子与图表21—2中右边箭头代表的对应现金流相乘（－379 100×1.000；100 000×0.926；依此类推，直到100 000×0.681）。因为新车投资创造一笔年金，我们也可能使用表4。

我们从8%列中找到5年期的年金因子是3.993，它是方法1中5个贴现因子之和。我们用统一的年现金流入乘以这个因子得到现金流入的现值（718 740＝180 000×3.993）。从中减去初始投资得到项目的净现值是69 840美元（718 740－648 900）。

步骤3：根据计算的净现值制定项目决策。净现值为0或为正，从财务角度看公司应该接受该项目，因为它的预计报酬率等于或超过了应得收益率。如果净现值为负，公司应该拒绝这个项目，因为它的预计报酬率低于应得收益率。

图表21—2显示，在应得收益率为8%时该项目净现值为69 840美元。财务数据表明，该项目是可取的，因为该项目的现金流量足以达到以下要求：(1) 弥补项目的初始投资；(2) 在项目使用寿命内，每年从被该项目占用的投资中得到大于8%的回报。

当然，公司的管理人员还应该考虑非财务因素。比如，购买公交车对公司品牌的影响。这是一个非财务因素，因为来自品牌的财务收益很难估计。但是在做出最终决策之前，管理者必须考虑品牌的影响。假设混合动力公交车的净现值为负，但如果它维护了公司的技术形象和环境责任声誉，管理层可能仍然决定购买公交车。有些因素能够增加公司未来的财务成果，如吸引更多的乘客或获得政府运输当局的额外合同。例如，铝生产商美国铝业公司发现，它的可持续发展跟踪记录让它能够更好地进入巴西等大市场，在这些市场上，正面环境记录变成了选择产品的一个重要因素。

请在此暂停一下，在你确实理解图表21—2之前不要继续往后看。比较图表21—2中的方法1和方法2，可以看到附录A中的表4仅仅加总了表2中的现值因子。也即基本的表格是表2；表4只是在年金的情况下可以简化计算。

□ 内部收益率法

内部收益率法（internal rate-of-return (IRR) method）计算使投资项目预计现金流入量现值与现金流出量现值相等时的贴现率，也就是使投资项目净现值为零的贴现率。图表21—3给出了现金流量和使用12%的贴现率计算的Vector公司混合动力公交车项目的净现值。当贴现率为12%时，该项目的净现值为零，因此该项目的内部收益率为12%。

管理者和分析人员通常利用计算器或计算机程序计算内部收益率。下面的试错法(trial and error approach)也能找出答案。

步骤1：使用一个贴现率，计算项目的净现值。

步骤2：如果净现值小于零，换用一个较低的贴现率（一个较低的贴现率会使净现值增加；记住，我们是在找一个使净现值等于零的贴现率）。如果净现值大于零，则换用一个较高的贴现率以使净现值降低。不断调整贴现率直到净现值等于零。在Vector公司的例子中，8%的贴现率使项目净现值达到＋20 200美元（见图表21—2）。贴现率为14%时净现值为－30 960美元（3.433×180 000－648 900）。因此使净现值为零的贴现率必然在8%～14%之间。当我们用12%试算时恰好使净现值为零。所以，内部收益率为12%。

图表 21—3　　　　内部收益率法：Vector 公司混合动力公交车

文件　开始　插入　页面布局　公式　数据　审阅　视图

	A	B	C	D	E	F	G	H	I
1			初始净投资	648 900美元					
2			使用年限	5年					
3			每年现金流	180 000美元					
4			要求回报率	12%					
5									
6			按12%的贴现率计		每年年底相关现金流（美元）				
7		现金流的现值	算的1美元的现值	0	1	2	3	4	5
8	方法1：将每年的现金流分别贴现[b]（美元）								
9	初始投资净额	(648 900) ←	1.000 ←	(648 900)					
10	每年现金流	160 740 ←	0.893 ←		180 000				
11		143 460 ←	0.797 ←			180 000			
12		128 160 ←	0.712 ←				180 000		
13		114 480 ←	0.636 ←					180 000	
14		102 160 ←	0.567 ←						180 000
15	购买新车情况下的净现值	0							
16	（差额为0证明内部收益率								
17	为12%）								
18									
19	方法2：用年金表格								
20	初始投资净额	(648 900) ←	1.000 ←	(648 900)					
21					180 000	180 000	180 000	180 000	180 000
22									
23	每年现金流	648 900 ←	3.605[c] ←						
24	购买新车情况下的净现值	0							
25									
26									
27	a. 内部收益率计算方法的解释见前。								
28	b. 现值来自本书附录A表2。								
29	c. 从附录A第4张表格中得到的年金现值。年金表格中3.605是所有单独贴现率的和0.893+0 797+0.712+0.636+0.567。								

如果现金流入相等，内部收益率的计算就更容易，正如我们的例子所示的那样。图表 21—3 中的信息可以表述如下：

648 900 美元＝5 年期 180 000 美元年金在贴现率为 $X\%$ 时的现值

或者使用附录 A 表 4，看哪一个因子 F 满足如下的等式：

$$648\,900=180\,000\times F$$

$$F=648\,900\div 180\,000=3.605$$

在年金现值表（表 4）中期间为 5 的一列中查出使年金现值系数接近 3.605 的贴现率恰为 12%。如果该因子（F）落在相邻两列之间，则可用内插法估算内部收益率。这种插值估算方法可参照本章自测题。

只有在内部收益率等于或者大于应得收益率时，管理者才接受此项目。在本例中，混合动力公交车的内部收益率为 12%，大于应得收益率（8%）。基于财务上的考虑，Vector 公司可以投资购置新公交车。一般来说，净现值法和内部收益率法决策规则会导致一致的接受或拒绝决策。如果内部收益率超过应得收益率，那么项目的净现值为正值，此项目是可取的；如果内部收益率等于应得收益率，则净现值为零，公司对接受或拒绝项目并不关心；如果内部收益率小于应得收益率，则净现值为负值，此项目是不可取的。显然，在其他条件相同的情况下，管理者更愿意选择内部收益率大的项目，拒绝内部收益率小的项目。本例中 12%的内部收益率意味着该项目的现金流入量可以：（1）收回该项目的初始投资；（2）在使用寿命内获得投资项目 12%的回报。

□ 净现值法和内部收益率法的比较

净现值法是更优的项目选择方法，因为使用净现值方法会导致股东价值最大化。在直觉的层面上，这是因为净现值指标以当前的货币反映项目为公司股东创造的高于必要回报率的盈余。[①] 下面，我们强调内部收益率法相对于净现值技术的一些局限。

净现值法的一个优势在于它用金额而非百分比表示。因此我们可以将相互独立的若干项目的净现值加总，估计出接受一个项目组合的净现值。相反，单独项目的内部收益率法无法通过加总或平均导出项目组合的内部收益率。

第二个优势是一个项目的净现值总是可以表示为一个唯一的数字。公司从数字的符号和大小就可以对接受或拒绝项目的财务后果做出一个准确的评估。在内部收益率法下，对于某个给定的项目可能存在多个内部收益率。换句话说，可能有多个贴现率使一组现金流的净现值等于零。特别是当现金流的符号随时间转换，即当现金流出后面有现金流入，接着又有额外的现金流出时，会出现多个内部收益率。在这种情况下，很难知道应该用哪一个内部收益率与公司的应得收益率比较。

净现值法的第三个好处在于它适用于投资项目各年应得收益率不同的情况。例如，Vector 公司要求第 1 年和第 2 年的应得收益率为 10%，后 3 年为 14%，这时现金流入量的净现值为 633 780 美元（没有给出计算过程）。在这种情况下，不可能使用内部收益率法。因为不同年份有不同的应得收益率，这意味着并没有一个单一的应得收益率与内部收益率法进行比较以决定是应该接受还是拒绝项目。

最后，在某些情况下，内部收益率法容易导致错误决策。在比较寿命不等或初始投资水平不等的互斥项目时，可能会做出错误决策。原因是内部收益率法暗含假定：项目现金流能以项目的回报率进行再投资。相反，净现值法假定项目现金流仅能按照公司的应得收益率进行再投资。

尽管如此，内部收益率法依旧得到了广泛应用。[②] 为什么呢？可能是因为管理者们认为内部收益率法下计算的百分比回报更容易理解和比较。而且在很多评价单个项目的例子里，他们的决策不会受到应用内部收益率还是净现值的影响。

□ 敏感性分析

为了突出净现值法和内部收益率法的区别，我们假定预计现金流的发生是确定的。实际上，未来现金流的预测有很大的不确定性。为了观察一个基本假设的变化如何导致预计的财务结果的变化，管理人员可以使用敏感性分析，一种在第 3 章讲过的“如果……那么”的技术。

应用敏感性分析进行资本预算决策的一般方法是将净现值计算中的每一个输入量变动一定的百分比，然后评估对项目净现值的影响。敏感性分析也可以采用其他形式进行。

假设 Vector 公司的管理者认为预期的现金流很难估计。她会问：“每年最少多少现金流入，才能接受新混合动力公交车投资，也就是说多少现金流入才能使净现值等于零？”对于图表 21—2 中的数据，令 A＝年金现金流入，并令净现值＝0。初始投资净额为 648 900 美元，5 年年金按 8%的应得收益率贴现的贴现因子为 3.993，于是：

$$NPV=0$$

---

① 可以在公司理财文献中找到净现值标准所具有优势的更详细的解释。

② 在一个调查中，John Graham 和 Campbell Harvey 发现，75.7%的首席财务官总是或几乎总是使用内部收益率进行资本预算决策，而 74.9%（比 75.7%略少一点）的首席财务官总是或几乎总是使用净现值。

$3.993A - 648\,900 = 0$

$3.993A = 648\,900$

$A = 162\,509$

因此，年贴现率为8%时，在净现值降至0美元之前，年现金流入可以减至162 509美元（减少了180 000－162 509＝17 491（美元））。如果管理者相信它最少可以获得162 509美元的年现金流入，则根据财务因素就可以得出结论：应投资于混合动力公交车。

图表21—4显示，年现金流入的变化或应得收益率显著地影响了混合动力公交车项目的净现值。净现值也会随项目生命周期的变化而变化。敏感性分析有助于管理人员关注对假设敏感的决策，并减少管理人员对不敏感决策的关心。敏感性分析也是一个重要的风险管理工具，因为它向管理者提供项目不利风险及其对企业整体健康潜在影响的信息。

图表21—4　不同的年现金流入和应得收益率情况下Vector公司混合动力公交车的净现值计算[a]

	A	B	C	D	E	F
1	应得	年现金流（美元）				
2	收益率	140 000	160 000	180 000	200 000	220 000
3	8%	(89 880)	(10 020)	69 840	149 700	229 560
4	10%	(118 160)	(42 340)	33 480	109 300	185 120
5	12%	(144 200)	(72 100)	0	72 100	144 200
6						
7	a. 每组项目的生命周期都假定为5年。					

回收期法

现在我们考虑从财务角度分析项目的第三种方法。**回收期法**（payback mothod）考察以预期净现金流入弥补初始投资的方式收回全部投资所需要的时间。同净现值法和内部收益率法一样，回收期法对现金流入的来源也不加区分，如经营所得、设备的处置或营运资本的收回。正如你将看到的那样，项目各期现金流相等时，回收期法的计算更简单，而各期现金流不相等时，回收期法的计算更难。

各期现金流相等

Vector公司考虑购买的混合动力公交车的成本为648 900美元，预计使用寿命为5年，每年产生180 000美元的现金流入。其投资回收期计算方法如下：

$$投资回收期 = \frac{初始投资净额}{每年的现金流入} = \frac{648\,900}{180\,000} = 3.6(年)①$$

① 新混合动力公交车的现金流入整年都在发生，但是为了计算净现值和内部收益率的方便，我们假定这些现金流都发生在年末。关于这些假定的一个推论在于Vector公司在第4年末发生现金流入时才收回投资。本章说明了计算方法，而且在各期现金流不等的情况下，这种方法得到了对回收期更好的估计值。

回收期法强调投资项目的流动性，这是资本决策中较为重要的一个因素。在同样的情况下，管理者总是偏爱投资回收期较短（流动性更强）的项目。投资回收期较短的项目可以较快回收资金以供其他项目使用，从而提高了组织的灵活性。而且，管理者对于较远的预计收入总不那么自信。

与净现值法和内部收益率法下管理者选择应得收益率不同，在回收期法下，管理者通常会选择一个临界期。投资回收期小于临界期的项目是可取的，投资回收期大于临界期的项目应该拒绝。日本的企业比起其他的方法来更加偏好回收期法，而且根据项目风险确定的临界期一般是 3～5 年。[①] 一般来说，现代风险管理对于风险更高的项目要求使用更短的临界期。如果 Vector 公司在投资回收期法下的临界期为 3 年，它将否决购买新公交车。

回收期法易于理解。像贴现现金流量法一样，它不受应计制会计方法的影响，如折旧。回收期法在以下情况下是很有用的：(1) 需要对许多项目进行初步筛选；(2) 利率很高；(3) 项目后期的预计现金流是高度不确定的。在这些情况下，公司更注重资本预算项目早期的现金流，以尽快收回投资，因此回收期标准特别相关。

回收期法的两个缺点是：(1) 忽略了资金的时间价值；(2) 忽略了初始投资收回后的项目现金流。以前面所提的 648 900 美元的混合动力公交车备选方案为例，假设有另一辆混合动力公交车，有效使用期为 3 年，残值为零，只需要 540 000 美元的初始投资净额，同样每年会有 180 000 美元的现金流入。首先，比较这两种投资的回收期：

$$\text{公交车 1 的投资收回期} = \frac{648\,900}{180\,000} = 3.6(\text{年})$$

$$\text{公交车 2 的投资收回期} = \frac{540\,000}{180\,000} = 3.0(\text{年})$$

投资回收期指标倾向于选择公交车 2，因为它的投资回收期更短。如果临界期为 3 年，公交车 1 将不满足投资回收期指标。

现在按照 8%的应得收益率使用净现值法来考虑这两个投资方案。贴现率为 8%时，公交车 2 的净现值是 −76 140 美元（从表 4 中查得 8%、3 年期的年金现值因子为 2.577，得到年金现值为 2.577×180 000＝463 860 美元，再减去初始投资 540 000 美元）。而我们已知公交车 1 的净现值为 69 840 美元（见图表 21—2）。净现值指标表明 Vector 公司应该选择公交车 1。公交车 2 的净现值为负，不满足净现值指标。

在这个例子中，回收期法给出了一个不同于净现值法的结果，因为回收期法未考虑投资回收期后的现金流，而且并未对现金流贴现。回收期法的另一个问题是如果选定的临界期太短，会导致选择短期投资项目，而放弃期限较长的净现值为正的项目。尽管存在这些差异，公司发现在制定资本投资决策时同时考虑净现值和回收期是有用的。

---

① 一份 2010 年对日本企业的调查发现，50.2%的企业经常或总是使用回收期法做资本预算决策。净现值法以 30.5%排在第二，二者相距较远。见 Tomonari Shinoda, "Capital Budgeting Management Practices in Japan," *Economic Journal of Hokkaido University* 39 (2010): 39-50。

□ 各期现金流不等

当各年现金流入不相等时，回收期法应采用累加的方式。各年的净现金流入量逐年累加，直到初始投资净额被全部收回。假定 Venture 律师事务所打算以 150 000 美元购买视频会议设备。这台设备预计在今后 5 年中可为该事务所节省 340 000 美元，因为新设备节省了旅行的费用，而且可以使合伙人的时间得到更有效率的利用。现金节省每年均匀发生，但在各年并不规则。

年度	现金节省（美元）	累计现金节省（美元）	年末补偿后的初始投资净值（美元）
0	—	—	150 000
1	50 000	50 000	100 000
2	55 000	105 000	45 000
3	60 000	165 000	—
4	85 000	250 000	—
5	90 000	340 000	—

从上表中看出，在第 3 年收回全部投资。采用直线内插法计算，到第 3 年，150 000 美元的初始投资净额应该节约的现金是 45 000 美元（150 000－105 000），这 45 000 美元在第 3 年只需要三个季度就可以收回了（这里，实际节约的金额为 60 000 美元）：

$$\text{贴现回收期}=2+\frac{45\,000}{160\,000}\times 1=2.75(\text{年})$$

使用相同的累加方法，根据资金的时间价值调整回收期法相对比较简单。**贴现回收期法**（discounted payback method）计算以贴现的预期未来现金流弥补项目初始投资净额所需要的时间。对于这个视频会议设备的例子，我们可以用 8%的应得收益率将现金流贴现，对前面的图表进行修正。

年度 (1)	现金节省 （美元） (2)	按 8%的贴现率计算的 1 美元的现值 (3)	贴现的现金 节省（美元） (4)＝(2)×(3)	累计贴现的现金 节省（美元） (5)	年末补偿后的 初始投资净额 （美元） (6)
0	—	1.000	—	—	150 000
1	50 000	0.926	46 300	46 300	103 700
2	55 000	0.857	47 135	93 435	56 565
3	60 000	0.794	47 640	141 075	8 925
4	85 000	0.735	62 475	203 550	—
5	90 000	0.681	61 290	264 840	—

第 4 列显示未来现金节省的现值。从上表中可以明显看出，贴现的回收期在 3～4 年之间。在第 3 年末，还有 8 925 美元初始投资尚未弥补。将其与第 4 年节省的现值 62 475 美元进行比较，直线内插法显示，贴现回收期正好是第 4 年的 1/7：

$$\text{贴现回收期}=3+\frac{8\,925}{62\,475}\times 1=3.14(\text{年})$$

贴现回收期考虑资金的时间价值，但它仍然受到回收期法所具有的其他批评——忽视了贴现回收期之后的现金流，导致偏向选择短期现金流项目。诸如惠普之类的公司重视贴现回收期法（惠普称其为“盈亏平衡时间”），因为它们认为在诸如技术行业等高增长行业，长期现金流是不可预测的。

在这个视频会议设备的例子中，只有第 0 年出现 150 000 美元的现金流出。当项目在不同时点发生多次现金流出时，这些现金流出可以先加总起来得到一个总的现金流出。在计算回收期时，只需将现金流简单相加，并不需要考虑资金的时间价值。在计算贴现回收期时，需要将现金流出的现值相加。

应计会计收益率法

现在我们从财务角度分析资本预算的第四种方法。**应计会计收益率**（accrual accounting rate of return，AARR）是会计收益除以投资额得到的比率。我们以初始投资净额作分母来描述 Vector 公司的这种方法。

$$应计会计收益率=\frac{预计税后年平均营业利润的净增加额}{初始投资净额}$$

如果 Vector 公司购置这辆新混合动力公交车，它的初始投资净额是 648 900 美元。那么预计税后年平均营业现金流入为 174 000 美元。这一金额是预计的总税后营业现金流入 870 000 美元（180 000×4＋150 000）除以时间长度 5 年。新公交车增加的折旧额抵减是每年 120 000 美元（新公交车每年的折旧是 132 000 美元，而现有公交车每年的折旧为 12 000 美元）。① 因此，预计平均每年税后利润增加 54 000 美元（174 000－120 000）。初始投资的会计收益率的计算如下：

$$应计会计收益率=\frac{174\,000-120\,000}{648\,900}=\frac{54\,000}{648\,900}=0.083 或 8.3\%每年$$

应计会计收益率等于 8.3%，表明投资创造税后营业利润的平均比率。新混合动力公交车的应计会计收益率很低有两个原因：(1) 使用新初始投资净额作为分母；(2) 利润作为分子，需要从年营业现金流中减去折旧额。为了减轻第一个问题，许多公司使用平均投资额计算应计会计收益率。对 Vector 公司来说，最简单的平均投资形式是初始投资净额 648 900 美元和最终净现金流 30 000 美元（公交车的最终处置价值为 0，最终收回的营运资本 30 000 美元）的算术平均：

$$5 年平均投资=\frac{初始投资净额+最终净现金流}{2}$$

$$=\frac{648\,000+30\,000}{2}=339\,450(美元)$$

平均投资的应计会计收益率计算如下：

---

① 在下一节中，我们提供了这些数字的更多详情。

$$AARR=\frac{54\,000}{339\,450}=0.159 \text{ 或 } 15.9\%\text{每年}$$

在此，我们认为不同公司可以用不同的方式计算应计会计收益率。没有统一的最好的方法。确信你理解了应计会计收益率在每一种情况下的定义。当项目的应计会计收益率超过一定的应得收益率时，可以接受该项目。（应计会计收益率越高，此项目就越好。）

应计会计收益率法与内部收益率法很类似——两种方法都得出一个收益率百分数。应计会计收益率法使用应计税后营业利润计算回报，而内部收益率法使用现金流和资金时间价值来计算回报。对于资本支出决策，因为现金流和资金的时间价值很重要，所以内部收益率法要优于应计会计收益率法。

应计会计收益率的计算方法更为简单明了，而且其中使用的数据都是由财务报表而来。应计会计收益率能够让管理者明白，如果接受一个项目，未来报告的会计数字将会受到怎样的影响。不像回收期法忽略了回收期后的现金流，应计会计收益率法考虑了在整个预计的生命周期内的收入所得。也不像净现值法，应计会计收益率法使用应计会计利润数字，没有使用现金流，而且忽略了资金的时间价值。批评者们认为这是应计会计收益率法的缺点。

总之，要记住，公司通常使用多种方法评估资本投资决策。当不同的方法导致选择不同的项目时，应该更加重视净现值法，因为净现值法的假设与使公司价值最大化的决策是最一致的。

贴现现金流量分析中的相关现金流

到现在为止，我们研究了在利息的预期现金流是已知的情况下长期项目评价的一些方法。但是在资本预算尤其是在贴现现金流量分析中，最大的挑战是确定在投资选择中相关的现金流。相关现金流是指投资引起的预期未来现金流变化。在 Vector 公司的例子中，相关现金流是继续使用旧公交车和买一台新公交车两种方案之间的未来现金流之差。阅读本节时，请将重点放在识别预期未来现金流及其差异上。

为了阐明相关的现金流分析，考虑 Vector 公司的例子以及下面这些附加的假设：

- Vector 公司是一个营利性企业，每年对营业利润征收 40%的所得税。
- 新混合动力公交车带来的税前额外经营现金流入在第 1 年至第 4 年为 220 000 美元，第 5 年为 170 000 美元。
- 出于税收目的，Vector 公司使用直线折旧法，并假定公交车没有最终处置价值。
- 折旧资产处置的损益按正常收益征税。
- 在现金流入和流出发生的同时产生税收影响。
- Vector 公司税后贴现现金流的应得收益率为 8%。

混合动力公交车的数据如下（单位：美元）：

	旧公交车	新混合动力公交车
采购价格	—	660 000
当前的账面价值	60 000	—
当前的处置价值	28 500	不适用

续前表

	旧公交车	新混合动力公交车
5 年后的残值	0	0
年折旧	12 000[a]	132 000[b]
营运资本	6 000	36 000

a. 60 000÷5=12 000（美元）。

b. 660 000÷5=132 000（美元）。

□ 相关的税后现金流

我们使用第 11 章介绍的差量成本和差量收入的概念。我们比较这两者：（1）更新旧公交车所带来的税后现金流出；（2）使用新公交车而不是旧公交车带来的额外税后现金流入。

就像本杰明·富兰克林说过的那样，“人生在世有两件事是必然的——死亡和纳税。”所得税对绝大多数的企业和个人来说是绝对的事实。首先，理解所得税如何影响各年的现金流是很重要的。图表 21—5 表明了新公交车的投资在第 1 年是如何影响 Vector 公司的经营现金流及其所得税的。回忆 Vector 公司的例子，对于新公交车的投资将使其增加 220 000 美元税前经营现金流，但是这也会产生额外的 120 000 美元（132 000－12 000）的折旧记录。

图表 21—5　Vector 公司新公交车的投资对税后经营现金流的影响　单位：美元

A. 以利润表为基础的两种方法		
C	投资经营现金流入	220 000
D	折旧抵扣增加	120 000
OI	营业利润增加	100 000
T	所得税（所得税税率 $t \times OI$，40%×100 000）	40 000
NI	净利润增加	60 000
	经营现金流增加，抵扣所得税后的净额	
	方法 1：$C-T$=220 000－40 000=180 000(美元)	
	方法 2：$NI+D$=60 000+120 000=180 000(美元)	
B. 逐项法		
	对经营现金流的影响	
C	投资经营现金流入	220 000
$t \times C$	现金流出抵扣的所得税（40%）	88 000
$C \times (1-t)$	税后经营现金流量（不包括折旧影响）	132 000
	折旧影响	
D	折旧增加 120 000，折旧增加带来的所得税现金节省	
$t \times D$	（40%×120 000）	48 000
$C \times (1-t)+t \times D$	经营现金流，抵扣所得税后的净额	180 000

图表 21—5 的 A 部分使用以利润表为基础的两种方法，表明第 1 年经营现金流税后净额等于 180 000 美元。第 1 种方法只关注现金，也就是 220 000 美元的现金流入减去 40 000 美元的所得税。第 2 种方法从净利润增加 60 000 美元出发计算（因为有所得税，因此把它加在折旧后面），再加回折旧额 120 000 美元，因为折旧是一种营业成本，

它减少了净利润，但本身是一个非现金项目。

图表 21—5 的 B 部分为第 3 种计算方法，我们将利用它来计算经营现金流的所得税净额。理解第 3 种方法有一个非常简单的方法，那就是假定政府是拥有 Vector 公司 40%（等于所得税税率）权益的合伙人。每次 Vector 公司获得经营现金流入 C，它的利润就增加 C，那么，它就需要缴纳相当于 40%的经营现金流入的税款（即为 $0.40C$）。税后经营现金流为 $C-0.40C$，在这个例子里等于 220 000－0.40×220 000＝132 000 美元，或者是 220 000×(1－0.40）＝132 000 美元。

为了获得更多经营现金流入 C，Vector 公司从投资新公交车得到更高的折旧额 D。折旧本身并不影响现金流，因为折旧费用不是付现成本，但是更高的折旧额减少了 Vector 公司的应税利润 D，从而减少了所得税带来的现金流出 $0.40D$，在这个例子里等于 0.40×120 000＝48 000 美元。

令 t＝税率，税后经营现金流在这个例子里等于经营现金流入 C 减去相应的税款 $t\times C$，再加上折旧的税收抵扣 $t\times D$：220 000－0.40×220 000＋0.40×120 000＝220 000－88 000＋48 000＝180 000 美元。

同理，当 Vector 公司的资产处置带来收益 G 时，也会带来税费支出 $t\times G$；而当资产处置带来损失 L 时，也会带来税费收益或节省 $t\times L$。

□ 现金流的种类

项目的资本投资一般包括以下三种现金流：(1) 项目的初始投资净额，用新资产的取得成本和营运资金的必要增加，减去处置当前资产的税后现金流；(2) 税后经营现金流（包括年折旧的所得税节省）；(3) 项目终止时处置资产的税后现金流以及营运资本的收回。我们以 Vector 公司为例来讨论这三种现金流。

理解每种现金流的时候，可以参照图表 21—6。这个图表略述了 Vector 公司购买

图表 21—6　Vector 公司混合动力公交车的相关现金流入和流出

文件　开始　插入　页面布局　公式　数据　审阅　视图

	B	C	D	E	F	G	H
1		年末相关的现金流（美元）					
2		0	1	2	3	4	5
3	初始混合动力公交车投资	(660 000)					
4	初始营运资本投资	(30 000)					
5	当前处置旧公交车的税后						
6	现金流	41 100					
7	初始投资净额	(648 900)					
8	年税后经营现金流						
9	(不考虑折旧影响)		132 000	132 000	132 000	132 000	102 000
10	年折旧抵扣带来的所得税						
11	现金节省		48 000	48 000	48 000	48 000	48 000
12	最终处置公交车的税后						
13	现金流						0
14	收回营运资本的税后						
15	现金流						30 000
16	图表21—2和图表21—3给出的						
17	现金流总额	(648 900)	180 000	180 000	180 000	180 000	180 000
18							

新公交车的相关现金流，这在下面有详尽的说明。注意，每年相关的现金流总量等于图表 21—2 和图表 21—3 中用来说明净现值法和内部收益率法的相关现金流。

初始投资净额

初始投资净额的现金流包括以下三部分：(1) 购买公交车的现金流出；(2) 营运资本的现金流出；(3) 当前处置旧公交车的现金流入。

(1) 初始公交车投资。这些流出包括：项目开始时购买厂房和设备的现金流出以及运输和安装设备的现金流出。在 Vector 公司一例中，现金流出等于第 0 年混合动力公交车的成本 660 000 美元（包括运输费和前期准备费）。这些现金流出与资本预算决策有关，因为这些费用只有在 Vector 公司做出购买新混合动力公交车的投资决策后才会发生。

(2) 初始营运资本投资。厂房和设备的初始投资一般会伴随着初始营运资金投资的增加。这些投资以流动资产的形式增加。例如，增加应收账款和存货，减少当前的负债，如应付账款。投资的营运资本与厂房和设备的投资很相似，都要求付现。通常投资额是项目创造的额外销售收入水平的函数。然而，确切的关系根据项目性质和行业运营周期而变化。例如，对于一个给定的销售额，重型设备生产商需要比 Vector 公司更多的营运资本支持，反过来，Vector 公司必须投入比零售杂货店更多的营运资本。

Vector 公司的例子中，我们假定如果购买新公交车，就会使初始的营运资本投资增加 30 000 美元。营运资本投资的增加是新公交车运行所需的营运资本（36 000 美元）与旧公交车运行所需的营运资本（6 000 美元）之差。技术先进的新公交车的电池和备用零件的重置成本更高，所以增加 30 000 美元投资。在第 0 年，这 30 000 美元是现金流出，在第 5 年末收回变成现金流入。

(3) 当前处置旧公交车的税后现金流。处置旧公交车而收到的任何现金都是相关的现金流入（在第 0 年），因为它是与新公交车投资决策相关的现金流。如果 Vector 公司投资于新混合动力公交车，它将以 6 500 美元的价格来处置旧公交车。回忆第 11 章所论述的，旧设备的账面价值（等于初始成本减去累计折旧）与决策无关，它是一种过去的成本或者称为“沉没成本”。但是，当考虑税收因素时，账面价值就起作用了，因为它决定了出售公交车的收益或损失和为交易支付（或节省）的税费。

考虑处置旧公交车给税费带来的影响。我们首先计算处置带来的损失和收益（单位：美元）：

当前处置旧公交车的收入（已知）	28 500
减：旧公交车的账面价值（已知）	60 000
处置公交车的损失	(31 500)

任何处置资产的损失都会降低所得税额从而带来税费的节省。处置旧公交车的税后现金流如下（单位：美元）：

当前处置旧公交车的收入（已知）	28 500
损失带来的税费节省（0.40×31 500）	12 600
处置旧公交车带来的税后现金流入	41 100

图表 21—6 表明，在投资的第 0 年，新混合动力公交车初始投资净额等于 648 900

美元（公交车的初始投资额为660 000美元，加上投入的额外营运资金30 000美元，减去当前处置旧公交车的税后现金流入41 100美元）。①

经营现金流

这类现金流为两种方案下每年现金流的差额。公司进行资金投资是为了在未来其能带来现金流入。这些现金流入可能来自生产或销售额外的产品和服务，对Vector公司来说，现金流入来自燃料、维修和运营成本的节省，以及高票价和新顾客（他们希望利用更舒适和便利的混合动力公交车）带来的额外收入。年经营现金流在某些年可能是净流出。举例来说，雪佛龙公司定期对原油开采设备进行改造升级，尽管从长期来讲升级的净现值为正，但在升级的年份经营现金流倾向于为负值。请将注意力放在经营现金流而不是应计制会计里的收入和费用上。

额外的经营现金流入——在头4年为每年220 000美元，在第5年为170 000美元——是相关的，因为这些预期未来现金流会因公司是否购买新公交车而不同。这些现金流的税后影响如下。

(1) 年税后经营现金流（不考虑折旧）。40%的税率使投资新公交车后的第1年到第4年的额外经营现金流减少了220 000美元。税后现金流（不考虑折旧）如下（单位：美元）：

使用新公交车后的年经营现金流	220 000
减：支付的所得税（0.40×220 000）	88 000
年税后经营现金流	132 000

第5年税后现金流（不考虑折旧）如下（单位：美元）：

使用新公交车后的年经营现金流	170 000
减：支付的所得税（0.40×170 000）	68 000
年税后经营现金流	102 000

图表21—6表明，在第1年到第4年，其税后现金流为每年132 000美元，第5年为102 000美元。

为了加强对现金流的关注，请考虑Vector公司下列额外资料：假定无论是购买新公交车还是继续使用旧公交车，总的管理成本不变。根据每辆公交车的运营成本，将管理成本分摊到单个的公交车上——Vector公司有很多辆混合动力公交车。Vector公司在相关现金流分析中如何将减少的管理成本分摊额30 000美元合并进来考虑?

为了回答这个问题，我们需要知道，“新公交车是否确实减少了Vector公司的总管理成本?”在我们的例子里，它没有减少。无论是否购买新公交车，Vector公司的总管理成本都保持不变。只是分摊到单个公交车上的管理成本发生了变化。管理成本分摊到新公交车的金额比分摊到旧公交车上的金额少30 000美元，这笔30 000美元的差额将

---

① 为了举例说明存在处置收益的情况，假定旧公交车现在能卖70 000美元。那么企业将会记录10 000美元（70 000—60 000）的处置收益，导致税费增加4 000美元（0.40×10 000）。因此，当前处置的税后现金流入等于66 000美元（70 000—4 000）。

被公司里的其他公交车分摊。在总成本中没有发生现金流的节省。因此，30 000 美元不包括在年现金节省中。

下一个要考虑的是折旧带来的影响。在贴现现金流量分析中，折旧额度本身是不相关的，它属于成本的非付现分摊，而贴现现金流量法是以现金的流入和流出为基础的。如果使用贴现现金流量法，设备的初始成本在第 0 年被当作一笔一次付清的现金流出。从营业现金流入中扣除折旧费用将导致重复计算这笔一次性付清的金额。但是，折旧带来了所得税的现金节省。这种税额节省与现金流是相关的。

(2) 年折旧抵扣带来的所得税现金节省。实际上，折旧抵扣的所得税现金节省部分抵消了新公交车的取得成本。通过购买新公交车，Vector 公司每年能够扣除 132 000 美元折旧，而旧公交车的折旧只有 12 000 美元。每年增加的 120 000 美元折旧抵扣导致每年所得税现金节省增加 120 000×0.4＝48 000 美元。图表 21—6 表明，第 1 年至第 5 年的金额为 48 000 美元。①

出于经济政策考虑，政府通常鼓励投资（在某些情况下限制投资），因此在税法中详细说明了折旧方法和折旧期。假定政府允许使用加速折旧法，这种规定将导致在投资的早期有更高的折旧抵扣。Vector 公司是否应该使用加速折旧法？答案是肯定的。因为对于 Vector 公司这样的营利性企业，在纳税筹划中有一个一般性的规则：如果选择合法，应使资产尽快折旧（或者其他的抵扣）。这是因为所得税节省发生的早，就会带来净现值的增加。

最终的投资处置

项目终止时，新投资的处置一般会带来现金流入的增加。由于远期资金的现值一般很小，因此对于长期的投资，预计最终处置价值时发生错误并不要紧。对于 Vector 公司来说，构成最终的投资处置价值的两部分为：(1) 最终处置公交车带来的税后现金流；(2) 收回营运资本带来的税后现金流。

(1) 公交车的最终处置带来的税后现金流。在项目末期，公交车的最终处置价值常常是比初始投资净额小得多的金额（有时可能是 0）。相关现金流入为两种投资决策下第 5 年末最终投资处置价值的差值。现有公交车和新公交车处置会导致第 5 年税后现金流入为 0。因此，两种投资决策的处置税后现金流入没有差异。

因为现有公交车和新公交车的处置价值等于它们处置时的账面价值（在每种情况下，此价值都为 0），因此对两种投资都没有税费影响。如果现有公交车和新公交车的处置价值不等于它们处置时的账面价值，会怎么样？在这种情况下，计算最终现金流入的方法与前面描述的计算当前处置的税后现金流的方法是一样的。

(2) 收回营运资本带来的税后现金流。营运资本的初始投资一般在项目终止后就会全额收回。那个时候，用来维持项目的存货和应收账款都不再需要了。Vector 公司收到的现金等于营运资本的账面价值。因此，营运资本没有发生任何的收益或是损失，也就是说没有产生任何的税额影响。相关现金流入是在是否投资两种备选方案下，预期收回的营运资本之差。如果更新公交车，在第 5 年末，Vector 公司将收回 36 000 美元的

① 如果 Vector 公司是一个非营利基金会，不用上缴所得税，第 1 年至第 4 年的营业现金流将等于 220 000 美元，第 5 年将等于 170 000 美元。收入不会减少 40%，而且折旧抵扣也不会带来任何所得税现金节省。

营运资本；如果继续使用旧公交车，公司将收回 6 000 美元的营运资本。在第 5 年更新公交车给 Vector 公司带来的相关现金流入是 30 000 美元（36 000−6 000）。

一些投资项目会减少营运资本。假定有一个 7 年期的计算机集成制造项目，其会带来存货的减少，从而减少了 2 000 万美元的营运资本，比如从 5 000 万美元降到 3 000 万美元。这种减少在第 0 年表示为 2 000 万美元的现金流入。在第 7 年底，营运资本的收回将增加 2 000 万美元的相关现金流出。这是因为在计算机集成制造项目的投资中，企业仅收回了 3 000 万美元的营运资本，而不是其没有进行计算机集成制造投资时能收回的营运资本 5 000 万美元。

图表 21—6 在第 5 年一列中列示了以上数据。图表 21—6 中的相关现金流在前面论及的资本预算方法中是一种投入。

项目管理与业绩评价

到目前为止，我们研究了识别相关现金流的方法及分析技术。资本预算的最后一步（步骤 5）是从实施决策和管理项目开始的。[①] 这包括投资活动的管理控制和将项目作为一个整体的管理控制。

资本预算项目（如购买新混合动力公交车或视频会议设备）比建造购物商城或生产工厂的项目更容易实施。建造项目更复杂，因此，监控投资计划和预算对于整个项目的成功是很重要的。这就导致了资本预算程序中步骤 5 的第二个维度：业绩评价与学习。

项目后期审计

项目后期审计给管理者提供了业绩反馈信息，因此管理者可以将备选项目的预计成本和产出与实际结果进行比较。假设实际的结果（如 Vector 公司从购买新混合动力公交车中获得的额外经营现金流）比预计的结果低得多，管理者必须调查这一结果出现的原因：是因为原来的评估过于乐观，还是项目实施中出现了问题。这两种类型的问题都应予以关注。

乐观的估计可能导致管理者接受本应拒绝的项目。为了摒弃不现实的预测，诸如杜邦等公司保留了每个管理者做出的或审批项目时签署的估计与公司项目实际结果的比较记录。项目后期审计会阻止管理者高估项目的现金流入和接受本应否决的项目。诸如项目管理差、质量控制差或营销不足等实施问题也应予以关注。项目后期审计有助于提醒高级管理层注意这些问题，以便快速纠正。

公司应该在充分了解项目结果后，认真、周全地进行项目后期审计。过早地进行审计会产生误导。而且，获得实际结果并与估计进行比较通常是比较困难的。比如，在某个特殊时期，宏观经济因素，如天气和燃料价格变化，可以极大地影响公交车的乘客量

① 在本节中，我们不考虑项目融资的不同选择（细节参见公司理财教材）。

和运营成本。因此，来自 Vector 公司新混合动力公交车的全部额外净收入不能立即与估计的收入进行比较。更好的评价方法是考虑多个季度的平均收入。

□ 业绩评价

前面的讨论表明，最理想的是应该逐个项目地评价管理者，并且考虑管理者获得预计现金流的数量和时间。然而，在实务中，公司通常根据汇总的信息评价管理者，特别是在有多个项目正在进行时。那么，对公司来说，重要的是要确保评价方法与制定资本预算决策使用的净现值法不冲突。例如，假定 Vector 公司使用每个期间产生的应计会计收益率来评价管理者。我们知道，管理者应该购置混合动力公交车，因为它有正的净现值 69 840 美元。但是，如果净初始投资的应计会计收益率 8.3%低于 Vector 公司要求获得的最低会计收益率，那么管理者可能拒绝这个项目。

用净现值法进行资本预算决策，而用其他方法来评估业绩时，会发生冲突。即使净现值法是最好的资本预算决策方法，管理者也更倾向于根据评价他们的方法做资本预算决策。如果管理者经常被调动（或晋升），或者他们的奖金受每年的应计利润水平的影响，这种倾向就变得更加明显。

即使公司使用同样的指标制定决策与评价业绩，二者之间的其他冲突依然存在。如果混合动力公交车的应计会计收益率超过应计会计收益率的最低要求，但是低于工厂当前在这个地区的应计会计收益率，管理者仍然倾向于拒绝购买混合动力公交车，因为混合动力公交车更低的应计会计收益率将会减少整个地区的应计会计收益率，损害管理者的报告业绩。或者，考虑一个例子，混合动力公交车的现金流入主要发生在项目后期，那么，即使项目的应计会计收益率超过了管理者当前负责的项目的应计会计收益率（也超过了应计会计收益率的最低要求），管理者仍然会拒绝购买，因为在开始几年，项目对应计会计收益率有负面影响。在第 23 章中，我们将会更深入地研究这些冲突，并且介绍诸如经济增加值等业绩评价模型如何帮助减轻这些冲突。

资本预算中的战略因素

在制定资本预算决策时，管理者要考虑公司的战略目标。美国联合航空公司、威斯汀旅馆（Westin）、联邦快递、必胜客都扩展到欧洲和亚洲，它们的战略决策涉及多个国家的资本投资（参见本章“观念实施：迪士尼公司的国际资本预算”）。巴诺连锁书店（Barnes & Nobles）要实现网上售书的战略决策，需要创建 barnesandnoble. com 的资本投资以及互联网基础设施。美国在线公司的愿望是创建一个增强的数字目的地，对顾客和广告商有更大的吸引力，因此它购买了《赫芬顿邮报》（*The Huffington Post*），并增加了对编辑人员和销售代表的投资，增加了营销费用。阿斯利康公司（AstraZeneca）决定开发埃索美拉唑镁（Nexium）作为百视通奥美拉唑（Blockbuster Prilosec）的一种专利替代药物以防止胃酸的形成，因此大量投资进行研发和营销。

丰田公司决定建立一条丰田汽车和雷克萨斯汽车生产平台的混合生产线，需要初始投资建立混合生产分公司，并且需要后续投资为分公司的研发提供资金。

资本投资决策本质上的战略性要求管理者考虑更大范围内的因素，而这些因素可能是很难去评估的。考虑一下诸如三菱、索尼和奥迪等公司投资计算机集成制造系统技术的一些困难。在计算机集成制造系统中，计算机快速、自动地给出开启和运行设备的指令，从而生产更多不同的产品。而对高效生产带来的收益进行量化时，我们需要了解消费者需求的变化。计算机集成制造技术也增进了员工对于自动化的了解和实践经验。然而，这些了解和实践经验也很难去量化。管理者需要运用判断和直觉做出这些决策。

观念实施

迪士尼公司的国际资本预算

全球领先的娱乐企业迪士尼公司 2012 年的收入为 420 亿美元，公司每年花费大约 10 亿美元用于其主题公园产业的资本投资。这些资金投资于新的主题公园、游乐设施和景点以及其他公园的建设和改进。

多年前，迪士尼建立了一套稳健的资本预算批准流程。项目批准主要取决于用净现值和内部收益率衡量的资本投资的预期回报。这种方法非常适合于迪士尼在美国主题公园业务的投资，但当公司考虑在日本东京附近建设迪士尼海洋主题公园时，却遭到了挑战。

在美国，资本预算依赖于贴现现金流量分析，而日本企业则常常运用平均会计收益率法。平均会计收益率法类似于一种基于平均投资的应计会计收益率法。但是，它关注项目前几年（就迪士尼来说，是 5 年），而忽略终值。

迪士尼公司发现，美日两国企业资本预算技术的差异反映了两国公司治理的差异。净现值和内部收益率在美国的应用强调了对股东利益最大化的关注。另一方面，日本对内部收益率的偏好反映了在所有投资决策相关方之间取得完全共识的重要性。

在评估迪士尼海洋主题公园项目时，发现项目的净现值为正数，但平均会计收益率为负值。为了解释哲学思想和资本预算技术上的差异，迪士尼的管理者引入了称为平均现金流收益的计算法。这种混合方法衡量前 5 年的平均现金流，并假定将项目初始投资一部分的资产在期末时以账面价值出售。由此计算得到的比率高于日本政府债券的收益率，因此项目将为迪士尼公司带来正的收益。因此，在东京迪士尼乐园旁边建设了迪士尼海洋主题公园，它已经成为迪士尼日本业务的一个盈利项目。

资料来源：Misawa，Mitsuru. 2006. Tokyo Disneyland and the Disney Sea Park：Corporate governance and differences in capital budgeting concepts and methods between American and Japanese companies. University of Hong Kong No. HKU568，Hong Kong：University of Hong Kong Asia Case Research Center；and The Walt Disney Company. 2013. 2012 annual report. Burbank，CA：The Walt Disney Company.

□ 研发投资

诸如制药行业的葛兰素史克公司和半导体行业的英特尔公司都将研究开发项目作为重要的战略投资。然而来自研发投资的远期收益比购买新设备等投资的不确定性更高。从积极的方面来说，研发投资常常是分阶段投入的：随着时间的推移，公司可以根据已经取得的进展情况减少或增加项目的投资。研发投资的期权特征——称为实物期权——是研发投资的一个重要方面，增加了投资的净现值。因为当事情进行得不顺利时，公司可以限制损失；而当事情进行得顺利时，公司可以利用新的机会。例如，一家制药公司可以根据研发合资公司开发的新药的临床试验进展，增加或减少在合资公司中的投资。

□ 顾客价值和资本预算

最后需要注意，管理者可以将本章介绍的框架用于评价投资项目和制定战略决策。以 Potato Supreme 公司为例。Potato Supreme 公司生产土豆制品以销售给各零售渠道。目前，它分析了自己的两个客户：Shine Stores 和 Always Open。Potato Supreme 对接下来 5 年中每个客户的净现金流入做了预测（单位：千美元）：

	2014 年	2015 年	2016 年	2017 年	2018 年
Shine Stores	1 450	1 305	1 175	1 058	950
Always Open	690	1 160	1 900	2 950	4 160

对 Potato Supreme 公司来说，哪个客户更有价值？只考虑当期，2014 年 Shine Stores 比 Always Open 提供的净现金流入高一倍（1 450 美元比 690 美元）。但是如果你考虑整个 5 年的时间长度，结果就不同了。Potato Supreme 预计 Always Open 的订单会增加，而 Shine Stores 的订单会下降。如果 Potato Supreme 的应得收益率为 10%，则其客户 Always Open 的净现值为 7 610 美元，而 Shine Stores 是 4 591 美元（没有给出计算过程）。注意在其顾客价值的评估中，净现值和有关 Always Open 未来增长的信息是怎样获得的。在分配资源和为个别顾客增加销售人员时，管理者可以利用这些信息。Potato Supreme 可以计算净现值来检测增加客户忠诚度和回头率的两种不同方法的效果。例如，向频繁购买的顾客赠送贵宾卡。

顾客净现值评估中的年度变化比较报告关注的是管理者是否能够与他们的客户成功地保持长期有利的关系。假设 Potato Supreme 公司顾客账户的净现值在 1 年内减少了 15%。公司管理者可能会检查减少的原因——例如，竞争对手制定了侵略性的定价，然后为将来制定一个新产品开发和营销的战略。

Capital One 是一家金融服务公司，它采用净现值法估计使用不同信用卡的顾客的价值。如 Sprint 和 Verizon Wireless 等移动电话公司甚至试图与顾客签约以提供长期服务。这样做的目标是防止出现“客户流失”，即顾客频繁地从一家公司换到另一家公司。客户流失的可能性越高，该名顾客对移动电话公司的净现值价值就越低。

自测题

A 部分

回到 Vector 公司混合动力公交车项目，假设 Vector 公司是一个非营利组织。预期年现金流入量第 1 年至第 4 年为 240 000 美元，第 5 年为 210 000 美元。使用本章“贴现现金流量分析中的相关现金流”部分的数据，初始投资净额为 661 500 美元（660 000＋30 000－

28 500)。所有其他条件都不变：5年的使用期限，净残值为零，应得收益率为8%。第5年的现金流入为240 000美元，其中包括营运资本的回收额30 000美元。

要求：

计算以下几项：

1. 净现值。
2. 内部收益率。
3. 回收期。
4. 初始投资净额的应计会计收益率。

解答：

1. 净现值：

$$NPV = 240\,000 \times 3.993 - 661\,500$$
$$= 958\,320 - 661\,500 = 296\,820(\text{美元})$$

2. 计算内部收益率有好几种方法。一种是使用附内部收益率计算功能的计算机，可以得到内部收益率为23.8%。还有一种是用本书附录A的表4计算：

$$661\,500 = 240\,000F$$
$$F = \frac{661\,500}{240\,000} = 2.756$$

在表4中的5期中，最靠近2.756的是24%。为了获得一个更为准确的数字，我们可以使用直线内插法：

	现值因子	
22%	2.864	2.864
内部收益率	—	2.756
24%	2.745	—
差额	0.119	0.108

$$IRR = 22\% + \frac{0.108}{0.119} \times 2\% = 23.8\%\text{每年}$$

3. 回收期：

$$\text{回收期} = \frac{\text{初始投资净额}}{\text{未来年现金流的等量增加额}}$$
$$= 661\,500 \div 240\,000 = 2.76(\text{年})$$

4.

$$AARR = \frac{\text{预期年平均营业利润的增加额}}{\text{初始投资净额}}$$

预期年平均营业现金节省的增加额＝(240 000×4＋210 000)÷5

＝1 170 000÷5＝234 000(美元)

年折旧增加额＝132 000－12 000＝120 000(美元)

预期年平均营业利润的增加额＝234 000－120 000＝114 000(美元)

$$AARR=\frac{1\ 140\ 000}{661\ 500}=17.2\%\text{每年}$$

B 部分

假设 Vector 公司需要上缴税率为 40%的所得税。A 部分中所有其他资料不变，计算投资新混合动力公交车项目的净现值。

解答：

图表 21—7 中的计算方法运用了一个与本章有些不同的公式。图表 21—7 中的所有其他数量与图表 21—6 中的相应数量相同。第 1 年至第 4 年，税后现金流（不考虑折旧）如下（单位：美元）：

使用新公交车后的年经营现金流	240 000
减：支付的所得税（0.40×240 000）	96 000
年税后经营现金流	144 000

第 5 年，税后现金流（不考虑折旧）如下（单位：美元）：

使用新公交车后的年经营现金流	210 000
减：支付的所得税（0.40×210 000）	84 000
年税后经营现金流	126 000

图表 21—7 中的净现值为 125 928 美元。正如在 A 部分里计算出来的，当不考虑所得税时，其净现值为 296 820 美元。这两个净现值的差额描述了资本预算中所得税的影响。

图表 21—7　包括所得税影响的净现值法：Vector 公司混合动力公交车的年经营现金流修正

	A	B	C	D	E	F	G	H	I	J
1			现金流	按8%的贴现率						
2			的现值	计算的1美元	每年年底相关现金流(美元)					
3			(美元)	的现值	0	1	2	3	4	5
4	1 (1)	初始混合动力　公交车投资	(660 000)	←1.000←	(660 000)					
5										
6	1 (2)	初始营运资本投资	(30 000)	←1.000←	(30 000)					
7	1 (3)	当前处置旧公交车的税后								
8		现金流	41 100	←1.000←	41 100					
9		初始投资净额	(648 900)							
10	2 (1)	年税后经营现金流								
11		（不考虑折旧影响）								
12		第1年	133 344	←0.926 ←		144 000				
13		第2年	123 408	←0.857 ←			144 000			
14		第3年	114 336	←0.794 ←				144 000		
15		第4年	105 840	←0.735 ←					144 000	
16		第5年	85 806	←0.681 ←						126 000
17	2 (2)	年折旧抵扣带来的所得税								
18		现金节省								
19		第1年	44 448	←0.926 ←		48 000				
20		第2年	41 136	←0.857 ←			48 000			
21		第3年	38 112	←0.794 ←				48 000		
22		第4年	35 280	←0.735 ←					48 000	
23		第5年	32 688	←0.681 ←						48 000
24	3	税后现金流								
25		（1）最终处置公交车	0	←0.681 ←						0
26		（2）收回营运资本	20 430	←0.681 ←						30 000
27		购买新公交车的净现值	125 928							
28										

决策要点

下面的问答形式是对本章学习目标的总结，决策代表与学习目标相关的关键问题，指南则是对该问题的回答。

决策	指南
1. 资本预算的五个步骤是什么？	资本预算是对资本支出项目的长期计划。资本预算的五个步骤是：(1) 确定项目。确定与组织战略一致的潜在的资本投资。(2) 获取信息。从价值链的各部分收集信息以评估备选方案。(3) 进行预测。预测备选投资方案的全部潜在现金流。(4) 选择方案做决策。确定哪一个投资的收益最大、成本最小。(5) 实施决策、评价业绩与学习。取得资金并实施步骤 4 中选择的投资；追踪实现的现金流，将其与估计数比较，并对计划进行必要的修正。
2. 项目评价的两种主要贴现现金流量法是什么？	两种主要的贴现现金流量法是净现值法和内部收益率法。净现值法通过用应得收益率将预计未来现金流入量和流出量贴现为当年的价值计算出项目的预计净货币损益。如果其净现值为正，则说明项目可以接受。内部收益率法计算使项目预计现金流入量现值等于现金流出量现值的回收率（也称贴现率）。如果财务报表上的内部收益率大于应得收益率，则说明项目可以接受。贴现现金流量法是资本预算的最优方法，它考虑了资金的时间价值和投资项目的全部现金流量。净现值法是首选的贴现现金流量法。
3. 什么是回收期法与贴现回收期法？它们的主要缺点是什么？	回收期法运用现金流入、项目投资中所有的现金额来计算弥补初始投资所需要的时间。回收期法忽略了回收期后的现金流和资金的时间价值。贴现回收期法计算现金流入的现值等于现金流出的现值所需要的时间。它调整了资金的时间价值，但忽视了贴现回收期之后的现金流。
4. 对评价长期项目而言，应计会计收益率法的优势与劣势是什么？	应计会计收益率是用应计制会计中的项目的年均收益额除以投资额所得到的比率。应计会计收益率法考虑了项目的获利能力，但忽视了资金的时间价值。同时，它使用应计会计利润数字，没有使用现金流，而且忽略了资金的时间价值。
5. 什么是资本预算决策中的相关现金流入和流出？如何理解应计制会计这个概念？	贴现现金流量分析中的相关现金流入流出是由投资引起的预期未来现金流的差额。只有现金流入和流出是需要关注的；应计制会计概念与贴现现金流量法无关。例如，由于折旧抵扣而实现的所得税节省是相关的，因为其减少了现金流出，但折旧本身是非付现的。

6. 用贴现现金流量法进行资本预算决策与用应计制会计进行业绩评估之间会有什么冲突？如何减少这种冲突？	用应计制会计来评估管理者的业绩或决策将妨碍贴现现金流量法在资本预算中的运用。由于运用贴现现金流量法所做的决策使得项目在前期各年营业利润水平较低，因此，即使用贴现现金流量法制定的决策从长期来看对企业是有利的，管理者往往也不愿意采纳。这种冲突的减少可以通过以项目为基础对管理者进行评估、考核他们取得预计现金流的金额和时间的能力来实现。
7. 管理者如何使用资本预算来实现战略目标？	公司的战略是战略资本预算决策的起源。这种决策要求管理者考虑更大范围内的因素，而这些因素可能是很难评估的。管理者需要运用判断和直觉制定这些决策。例如，研发项目是重要的战略投资，其远期收益通常具有高度不确定性。

练习题

21—17　资本预算方法（不考虑所得税）。Riverbend公司在三州交界处经营五金店。Riverbend的管理层估计，如果在一个新的计算机系统上投资250 000美元，每年可以节省65 000美元的现金营业成本。该系统预计使用年限为8年，残值为0。预期收益率是8%，忽略所得税。假设除了初始投资，所有现金流都在年末发生。

要求：

1. 计算新计算机系统的以下问题：

(1) 净现值；

(2) 回收期；

(3) 贴现回收期；

(4) 内部收益率（使用插值法）；

(5) 基于初始投资净额的应计会计收益率（假设用直线法折旧）。

2. 在决定是否购买新计算机系统时，公司应该考虑哪些其他因素？

21—21　项目比较（不考虑所得税）（摘自CMA）。New Tech公司是一家快速成长的生物科技公司，其应得收益率为8%。公司计划建设一个新设施。该建筑需要两年才能完成。建筑承包商向New Tech公司提供了三种付款计划：

● 计划Ⅰ：签订合约时支付325 000美元，项目完工后支付4 825 000美元，项目将在第2年底完工。

● 计划Ⅱ：签订合约时支付1 675 000美元，在接下来的2年中每年年底支付1 675 000美元。

● 计划Ⅲ：签订合约时支付425 000美元，在接下来的3年中每年年底支付1 650 000美元。

要求：

1. 用净现值法计算New Tech公司三种付款计划的比较成本。

2. New Tech公司会选择哪个方案？请解释。

3. 请讨论在选择适当的付款计划中应考虑的财务因素（除了计划成本）和非财务因素。

21—23　贴现现金流量法，应计会计收益率，营运资本，业绩评估（不考虑所得税）。Century Lab计划购买一台新离心机。机器耗资137 500美元，预计有效使用年限为8年，残值为37 500美元。预计每年节省现金营业成本31 250美元。然而，需要增加营运资本来保持机器有效地运转。营运资本必须连续不断地替换，在任何时候必须保持10 000美元的投资，但这项投资在有效使用期末可收回（属于"现金流入"）。Century Lab应得收益率为14%。分析中不考虑所得税。假设除了初始投资，所有的现金流都发生在年末。

要求：

1. 计算净现值。

2. 计算内部收益率。

3. 以初始投资净额为基础计算应计会计收益率。

4. 以平均投资额为基础计算应计会计收益率。

5. 你有权做出购买决定。为什么你不愿用贴现现金流量法做决策？

21—25 新设备购置（考虑所得税）。Nikola公司正在考虑购买一台新的工业电动机，以提高Rochester工厂的效率。预计电动机的使用寿命为5年。电动机的预计税前现金流如下表所示，预计营运资本没有变化。Nikola公司税后应得收益率为10%，所得税税率为30%。假设出于税收目的，根据直线法计提折旧。假设除了初始投资，所有的现金流都发生在年末。

	A	B	C	D	E	F	G
1		年末相关现金流（美元）					
2		0	1	2	3	4	5
3	电动机初始投资	(75 000)					
4	年经营现金流（扣除所得税影响）		25 000	25 000	25 000	25 000	25 000
5	电动机最终处置现金流						0

要求：

1. 计算：

（1）净现值；

（2）回收期；

（3）内部收益率。

2. 对照并比较要求1中的资本预算方法。

21—27 顾客价值。Ortel Telecom公司向各小企业销售电信产品并提供相关服务。公司的两个主要客户Square公司和Cloudburst公司都是位于纽约市的快速增长的科技型创业企业。Ortel公司编制了2014年度与这两家公司进行交易的信息，还有对未来3年交易的预测。

	A	B	C	D	E
1		预计年增长百分比		2014年（美元）	
2		Square	Cloudburst	Square	Cloudburst
3	销售收入	6%	5.50%	567 000	3 510 000
4	销售成本	5%	4.50%	364 800	3 060 000
5	净现金流			202 200	450 000

Ortel公司与Square公司和Cloudburst公司进行的都是现金交易。假设交易都发生在年末。公司的总部在开曼群岛，不用缴纳所得税，公司所有者要求的收益率为12%。

要求：

1. 未来3年与Square公司和Cloudburst公司交易的预计净现金流是多少？

2. 依据未来3年现金流的净现值判断，Square公司还是Cloudburst公司是Ortel公司更有价值的客户？

3. Cloudburst公司威胁转向其他供应商，除非从2015年开始，Ortel公司所有产品的销售都降价10%。计算降价10%后，未来3年与Cloudburst公司交易的现金流的净现值。Ortel公司应该继续与Cloudburst公司交易吗？在制定最终决策前，还应该考虑哪些其他因素？

21—29 设备更新（不考虑所得税）。Clean Chips公司是爱尔兰都柏林的一家标准芯片制造商。Clean Chips公司计划在2015年以平均每块芯片55 000美元的价格销售535个标准芯片。Clean Chips公司的营销副总裁预计到2021年标准芯片以每年65个的速度增长。也就是说，2015年、2016年、2017年的销售额分别是535个、600个、665个，以此类推。

工厂每年生产的芯片不超过525个。为了满足未来的需求，Clean Chips公司必须更换设备或改良旧设备。如果更换设备，旧设备全部计提折旧，能够以4 300 000美元出售。如果对旧设备进行现代化改造，这些改良成本将被资本化，并在使用年限内折旧完毕。旧设备将作为现代化机器的一部分被保留。两种备选方案的数据如下：

	改良	更新
2015年的初始投资（美元）	36 800 000	61 700 000
2021年的最终处置价值（美元）	7 000 000	17 000 000
使用年限（年）	7	7
每块芯片的年现金营业成本总额（美元）	35 500	26 000

Clean Chips公司用直线法计提折旧，假定净残值为零。为简化起见，我们假定在未来几年中，价格和成本都没有发生变化。投资将于2015年初开始，所有交易都发生在年末。Clean Chips公司的应得收益率为10%。

无论是改良还是更新，必要的营运资本没有差别。直到2021年，Clean Chips公司都享受免纳所得税的优惠。

要求：

1. 请给出2015—2021年，公司改良和更新设备的现金流入和流出。

2. 计算公司改良和更新设备的回收期。

3. 计算公司改良和更新设备的净现值。

4. 在改良和更新中进行选择时，公司应考虑哪些因素？

21—31　贴现现金流，敏感性分析（不考虑所得税）（摘自 CMA）。Invigor 公司是一家生产女士香水的国际制造商。公司管理层正在考虑扩大生产线生产男士香水。根据生产经理和营销经理的最乐观估计，这种新生产线每年以 50 美元的单价销售 1 200 000 单位，单位现金变动成本是 20 美元，每年现金固定成本是 8 000 000 美元。投资项目的现金流出是 70 000 000 美元，项目寿命为 8 年。

在使用寿命的第 8 年末，生产线最终处置价值为 0。假设除了初始投资，所有的现金流都发生在年末。

对 Invigor 公司来说，男士香水是一个新市场，管理层担心估计的可靠性。主计长建议对选定的因素进行敏感性分析。计算时不考虑所得税影响。公司此项目的应得收益率为 12%。

要求：

1. 计算此投资计划的净现值。

2. 以下两个假设的改变会给净现值带来什么影响（各假设互相独立）？

（1）售价下降 10%；

（2）单位变动成本增加 10%。

3. 讨论在考虑资本投资计划时，管理者如何使用在要求 1 和要求 2 中得出的数据。

21—33　投资回收期法，均匀与不均匀的现金流。Cardinal 自助洗衣店正努力提高客户服务质量，它的大多数客户是大学生。洗衣店正考虑购进新的高效洗衣机，这种洗衣机允许通过智能手机检查洗衣情况。Cardinal 估计新设备的成本为 186 000 美元，使用寿命为 9 年。Cardina 预计每年操作新机器的现金固定成本为 82 000 美元，现金变动成本为收入的 5%。投资的资本成本为 6%。

要求：

1. 假设 Cardinal 预计新机器每年带来 180 000 美元的收入，计算这项投资的回收期和贴现回收期。

2. 假设 Cardinal 预计新机器带来的现金收入流不均匀，如下所示：

	A	B	C	D	E	F	G	H	I	J
1	年度	1	2	3	4	5	6	7	8	9
2	预计收入（美元）	110 000	100 000	150 000	95 000	165 000	205 000	150 000	165 000	170 000

则这项投资的回收期和贴现回收期分别是多少？

21—35　识别资本投资项目的现金流。Johnny Buster 的 Entertainment World 是集快餐、时尚饮品和电子游戏于一体的娱乐场所。由于担心年轻顾客转变爱好，Johnny 正考虑引进模拟器和虚拟现实游戏来保持顾客的兴趣。

作为改革的一部分，Johnny 也在考虑将老 Guitar Hero 设备更换为摇滚乐队专业机器。Guitar Hero 设备的初始成本为 25 200 美元，已计提折旧 23 000 美元，现行置换价值为 2 700 美元。目前每月需 600 美元的使用费，另外每年需 5 000 美元的设备运行维护费。Johnny 认为该设备还能使用 11 年，11 年后残值为 0。

摇滚乐队专业机器更节能耐用，每月的使用费用降低 30%，年维护费降低一半。该套设备的成本为 49 000 美元，使用寿命 11 年，预计残值为 5 000 美元。

Johnny 向顾客收取的入场费为每小时 5 美元，可以玩各种游戏。他认为将 Guitar Hero 设备更换为摇滚乐队专业机器对收费和顾客数量都不会产生影响。

要求：

1. Johnny 想用资本预算技术评价摇滚乐队项目。为了帮助他，仔细阅读问题并将现金流分为四组：

（1）初始投资净现金流；

（2）经营过程中节省的现金流；

（3）最终处理投资的现金流；

（4）与资本预算问题无关的现金流。

2. 假设所得税税率为 40%，要求的收益率为 8%，在设备的剩余使用寿命内用直线法计算折旧。Johnny 应该购买摇滚乐队设备吗？

21—37　信息系统的净现值，所得税。Saina Supplies 公司从事材料、工具、设备的销售、租赁，也提供诸如地面维护和建筑物、采矿点的防水等附加服务。公司过去几年内成长非常快。公司所有者 Saina Torrance 认为，为实现持续成长，公司需要安装一个专业的信息系统，而不是依靠直觉和 Excel 分析。经过研究，公司的首席财务官汇报了她认为有前途的数据仓库和分析系统的有关数据，如下所示：

- 信息系统成本为 750 000 美元。出于纳税目的，可以用直线法折旧，残值设为 0。系统使用寿命为5年。但首席财务官预计5年后该系统仍具有50 000美元的价值。

● 每年需要额外向供应商支付75 000美元的软件升级和技术支持费用。

● 由于新系统能提供更好的服务，并且能够吸引更多的客户。因此安装第一年会直接带来500 000美元的新增收入，此后每年收入增加5%。公司的贡献毛益率为60%。

● 由于在订货、调度物资及应收账款收款方面效率的提高，公司的营运资本需求将下降100 000美元。

● 公司也可以减少目前租赁的仓储空间，每年节省40 000美元。

● 公司的所得税税率30%，要求的税后收益率为12%。

假设除了初始投资，所有现金流都在年末实现。

要求：

1. 如果公司决定采购并安装新的信息系统，那么5年中每年预计新增的税后现金流是多少？

2. 计算公司安装新系统的净现值。

3. 除了要求2中的分析，在制定新系统决策时你还应该考虑哪些非财务因素？

附录　资本预算和通货膨胀

Vector公司的例子（图表21—2至图表21—6）并不包括对相关成本和费用进行通货膨胀的调整。**通货膨胀**（inflation）是指货币单位（如，美元）的一般购买力下降。每年10%的通货膨胀率意味着年初用100美元购买的物品年末需要110美元。

为什么在资本预算中考虑通货膨胀因素如此重要？因为货币单位一般购买力的下降使未来现金流高于没有通货膨胀的状况。除非分析师确认用比初始投资货币的购买力更低的货币来计量膨胀的现金流，否则这些膨胀的现金流会使项目看起来比实际更好。分析通货膨胀需要区分实际收益率和名义收益率。

实际收益率（real rate of return）是在没有通货膨胀的情况下涵盖投资风险的收益率。实际收益率由两部分构成：(1) 无风险部分（没有预期通货膨胀时无风险的长期政府债券的纯收益率）；(2) 企业风险部分（承担风险而要求的风险溢价）。

名义收益率（nominal rate of return）是涵盖投资风险和预期通货膨胀造成货币单位一般购买力下降的收益率。名义收益率由三部分构成：(1) 没有预期通货膨胀时的无风险部分；(2) 企业风险部分；(3) 通货膨胀部分。其中 (1) 和 (2) 部分构成涵盖投资风险的实际收益率。通货膨胀部分是高于实际收益率的溢价。因为投资者希望自己获得的回报能够补偿投资风险及由于通货膨胀引起的一般购买力的下降，所以金融市场中的收益率是指名义收益率。

假设网络通信公司（Network Communications）投资高风险的蜂窝数据传输设备的实际收益率是每年20%，预期通货膨胀率为每年10%。名义收益率如下：

名义收益率＝(1＋实际收益率)(1＋通货膨胀率)－1
＝(1＋0.20)×(1＋0.10)－1
＝1.20×1.10－1＝1.32－1＝0.32或32%

名义收益率与实际收益率和通货膨胀率有关：

实际收益率	0.20
通货膨胀率	0.10

组合(0.20×0.10)	0.02
名义收益率	0.32

注意，名义收益率 0.32 略高于实际收益率（0.20）与通货膨胀率（0.10）之和 0.30。这是由于名义收益率承认 10%的通货膨胀率降低了本年获得的 20%实际收益率的购买力。组合部分代表由于通货膨胀导致本年获得的实际收益的购买力下降，投资者对此寻求的额外补偿。①

□ 净现值法与通货膨胀

将通货膨胀加入净现值法时的关键是保证内部一致性。有两种内部一致的方法：

1. **名义法**（nominal approach）。以名义货币单位预测现金流入和流出，并且使用名义收益率作为应得收益率。

2. **实际法**（real approach）。以实际货币单位预测现金流入和流出，并且使用实际收益率作为应得收益率。

我们将讨论限制在更简单的名义法上。考虑一项投资，期限两年，预计每年销售 100 单位产品，净现金流入为 1 000 美元（每单位 10 美元），不存在通货膨胀。假设现金流发生在每年的年末。如果预期每年的通货膨胀率为 10%，第 1 年销售一单位产品的净现金流入为 11 美元（10×1.10），第 2 年为 12.1 美元（11×1.10 或 10×1.10^2），因此第 1 年的净现金流入为 1 100 美元，第 2 年为 1 210 美元。由于包含通货膨胀的影响，1 100 美元和 1 210 美元的净现金流入是名义现金流入。名义现金流是记录在会计系统中的现金流。每年 1 000 美元的现金流入是实际现金流。会计系统并不记录这类现金流。因为使用会计系统的名义现金流与金融市场的名义收益率，所以名义法更容易理解和应用。

假设网络通信公司购买设备制造和销售蜂窝数据传输产品，初始投资为 750 000 美元，预期使用寿命为 4 年，没有残值。4 年中预期每年通货膨胀率为 10%。网络通信公司要求税后名义收益率为 32%（见前面）。下表给出了未来 4 年中预期设备带来的实际（假设没有通货膨胀）和名义（考虑累计通货膨胀后）净现金流入金额（所得税前的，且不包括 750 000 美元设备投资）：

年 (1)	税前实际货币现金流入(美元) (2)	累计通货膨胀率因子[a] (3)	税前名义货币现金流入(美元) (4)=(2)×(3)
1	500 000	$1.10^1=1.1000$	550 000
2	600 000	$1.10^2=1.2100$	72 600
3	600 000	$1.10^3=1.3310$	798 600
4	300 000	$1.10^4=1.4641$	439 230

a. 1.10=1.00+0.10。

我们继续简化，假设现金流发生在每年的年末，所得税税率为 40%。由于所得税

① 实际收益率能够用名义收益率表示如下：

$$实际利率=\frac{1+名义利率}{1+实际利率}-1=\frac{1+0.32}{1+0.10}-1=0.20\text{ 或 }20\%$$

原因，设备采取直线法计提折旧。

图表21—8显示了使用名义货币现金流和名义贴现率计算的净现值。图表21—8中的计算包括初始投资净额、年税后经营现金流（不包括折旧的影响）及每年折旧抵扣的所得税现金节省。净现值是202 513美元，仅从财务方面考虑，网络通信公司应该购买该设备。

图表21—8　　网络通信公司新设备名义法的净现值法

	A	B	C	D	E	F	G	H	I	J	K	L
1							现值的					
2						现金流量	贴现因子[a]	每年年底相关现金流(美元)				
3						现值(美元)	32%	0	1	2	3	4
4	1.	初始投资净额										
5		年	投资流出(美元)									
6		0	(750 000)			(750 000) ←	1.000 ←	(750 000)				
7	2a.	年税后经营现金流										
8		(不包括折旧的影响)										
9			年		年							
10			税前经营	所得税	税后经营							
11			现金流	流出	现金流							
12		年	(美元)	(美元)	(美元)							
13		(1)	(2)	(3)=0.40×(2)	(4)=(2)-(3)							
14		1	55 000	220 000	330 000	250 140 ←	0.758 ←		33 000			
15		2	726 000	290 400	435 600	250 034 ←	0.574 ←			435 600		
16		3	798 600	319 440	479 160	208 435 ←	0.435 ←				479 160	
17		4	439 230	175 692	263 538	86 704 ←	0.329 ←					263 538
18						795 313						
19	2b.	每年折旧抵扣的所得税										
20		现金节省										
21		年	折旧(美元)	税收现金节省(美元)								
22		(1)	(2)	(3)=0.40×(2)								
23		1	187 500[b]	75 000		56 850 ←	0.758 ←		75 000			
24		2	187 500	75 000		43 050 ←	0.574 ←			75 000		
25		3	187 500	75 000		32 625 ←	0.435 ←				75 000	
26		4	187 500	75 000		24 675 ←	0.329 ←					75 000
27						157 200						
28		购买新设备的净现值				202 513						
29												
30												
31	a.名义贴现率为32%，由20%的实际收益率及10%的通货膨胀率构成((1+0.20)×(1+1.10)-1)=0.32。											
32	b.750 000÷4=187 500(美元)。											

第 22 章

管理控制系统、转移定价与跨国考量

- 管理控制系统
- 分权制
- 转移定价
- 计算转移价格
- 基于市价的转移价格
- 基于成本的转移价格
- 混合转移价格
- 制定转移价格的一般原则
- 跨国公司利用转移价格实现税收最小化

学习目标

1. 描述管理控制系统及其三要素
2. 描述分权制的利弊
3. 解释转移价格及其四种评估标准
4. 用三种方法确定转移价格
5. 解释基于市价的转移价格在完全竞争市场中如何促进目标的一致性
6. 当转移价格以全部成本加成为基础时避免制定次优决策
7. 理解存在剩余生产能力时可行转移价格的范围和达成最终混合价格的替代方法
8. 建立一个一般性的指导原则确定最低转移价格
9. 考虑跨国转移定价中的所得税因素

转移价格是公司的一个子单元为其向同一公司内的另一个子单元提供服务而索取的价格。

例如，在福特公司，汽车零部件、汽车组装服务都是在内部各部门间购买和出售的。诸如默克等许多制药公司的知识产权专利通常由外国的子公司持有，这就使得对这些子公司的转移定价在不同的税收法规下确认利润时显得非常重要。

公司使用转移价格：(1) 将管理者的注意力集中在自己单元的业绩上；(2) 计划和协调不同子单元的行动，以实现公司整体利润最大化。但是，转移定价也可能导致争议，因为不同子单元的管理者对转移价格的制定方式常常有迥然不同的偏好。例如，有些管理者偏好基于市价的定价方法，其他管理者喜欢基于成本的定价方法。在跨国公司向设在高税率国家的单位收取高额转移价格从而试图降低整体所得税负担时，也会产生争议。包括美国在内的许多国家试图限制这些行为，就像下面的文章所说明的那样。

赛门铁克在与美国国税局的转移定价争端中赢得 5.45 亿美元的裁决[①]

2009 年 12 月，美国软件巨头赛门铁克公司（Symantec）赢得了一场重要的法庭裁决，在富有争议的税收欠款上节省了 5.45 亿美元。美国国税局一直在查寻它所谓的 Veritas 软件公司所欠的税款。Veritas 于 2005 年被赛门铁克收购。这场争论涉及该公司关于转移定价的一套复杂规则，这套规则确定在不同的税收管辖权内经营的公司之间如何制定价格、收费以及进行成本分配安排。

问题是 Veritas 与其爱尔兰子公司之间的费用及成本分配安排。这家子公司被授权进行各种与数据存储软件及相关设备有关的无形资产（计算机程序与制造工艺技术）的研发。根据协议，1999—2001 年，Veritas 爱尔兰子公司为这种授权支付了 1.6 亿美元

① Cabell Chinnis Jr. et al., "Tax Court Upends IRS's Billion Dollar Buy-in Valuation Adjustment in Veritas," *Mondaq Business Briefing* (December 17, 2009); Kelly Phillips Erb, "IRS Brings 'A Team' to Crush Transfer Pricing Abuses," *Forbes* blog (March 27, 2012); John Letzing, "Symantec Wins $545M Opinion in Tax Case," *Dow Jones News Service* (December 11, 2009).

的费用。根据贴现现金流量分析，美国国税局断言转让权利的真实价值接近 16.75 亿美元。因此，它声称该交易以降低美国母公司的收入为代价，人为增加了 Veritas 爱尔兰子公司的收入，从而降低了公司在美国需要缴纳的税额。然而，Veritas 坚称自己的行为是适当的，并证实 1.6 亿美元的数额是根据从 7 家原始设备制造商那里收到的版税确定的，制造商将公司的美国软件和技术并入一个操作系统，并出于可比性目的而进行调整。在审讯中，美国税务法庭（United States Tax Court）支持了 Veritas 的立场，并且称美国国税局的无形资产估价是“武断、多变且不合理的”。虽然输掉了赛门铁克案，但美国国税局继续积极追查转移价格的案子。2011 年，西联国际汇款公司（Western Union）支付了 12 亿美元以了结与美国国税局的转移定价争端，阿斯利康医药公司同意支付 11 亿美元以了结两个长期争端。

尽管不是所有公司都面临跨国税务问题，转移定价问题对于很多公司来说还是很普遍的。在这些公司里，转移定价是更大的管理控制系统的一部分。本章讨论战略、组织结构、管理控制系统和会计信息之间的联系，着重讨论集权制和分权制组织结构的益处和组织为此付出的代价，并观察同一公司内各子单元之间转移产品和服务的定价。我们强调会计信息，如成本、预算和价格，如何帮助制定计划和协调子单元的行动。

管理控制系统

管理控制系统（management control system）是一种收集信息和使用信息的手段，它通过对信息的使用，帮助并协调组织中计划的制定，控制组织的决策，并用于指导管理者及员工的行为。许多公司根据平衡计分卡的思想设计管理控制系统。例如，埃克森美孚石油公司的管理控制系统在平衡计分卡的四个维度都包含财务和非财务信息（详见第 12 章）。设计良好的管理控制系统既使用公司内部的信息，如净利润和员工满意度，也使用公司外部的信息，如股价和顾客满意度。

正式和非正式系统

管理控制系统包括正式部分和非正式部分。一个公司的正式管理控制系统包括明确的组织规章、规程、绩效衡量方式、激励计划等，主要起到引导管理者和员工行为的作用。正式的控制系统是由七个系统组成的，如：

- 管理会计系统，提供企业成本、收入及利润的信息。
- 人力资源系统，提供雇员招聘、培训、缺勤、事故等方面的信息。
- 质量系统，提供产量、废品以及送货延迟等方面的信息。

非正式管理控制系统包括共有价值观、对组织的忠诚度、组织内成员的共同责任、企业文化等其他非书面但为成员所共同接受的行为准则。关于增强价值和忠诚度的企业口号的例子有“在福特，质量是首要工作”和“在家得宝，低价格仅仅是开始”等。

□ 有效管理控制

一个有效的管理控制系统必须与组织战略及组织目标保持高度一致。以埃克森美孚石油公司为例，它的两个战略是：(1) 提供新产品或服务以增加主要顾客领域的市场占有率（目标顾客是愿意为更快捷的服务、更好的设施和商品丰富的便利店支付高价的顾客）；(2) 降低成本，以价格敏感的顾客为目标。假设埃克森美孚石油公司决定实行创造者战略，那么，管理控制系统必须加强这一目标，埃克森美孚石油公司应该将管理人员的奖励与实现目标指标联系起来。

管理控制系统必须能适应管理人员不同的组织责任。埃克森美孚石油公司的各级管理层在履行职责时需要不同的信息。例如，高层管理人员需要股票价格信息以评估公司为股东创造了多少价值。但是，股票价格对于监督精炼厂的生产经理来说就不那么重要。他们更关心汽油准时交货、设备停机、产品质量、因事故和环境问题损失的天数、每加仑汽油的成本和员工满意度的信息。同样，营销经理更关心加油站服务、客户满意度和市场份额的信息。

有效的管理控制系统应该能激励管理者及雇员。**激励**（motivation）是达到设定目标的愿望（目标一致）与对目标追求（努力）的结合。

目标一致（goal congruence）体现在个人或团体都朝着实现组织目标的方向努力时。也就是说，当管理者为了实现自己的最大利益而采取行动，同时又能够有效地推动最高管理当局目标的实施时。假设埃克森美孚石油公司最高管理当局的目标是使营业利润最大，如果管理控制系统仅仅根据成本评价精炼厂经理的业绩，那么，经理可能就会使成本最小，但是忽视产品质量或及时向零售站供货，这将不可能使公司整体的营业利润达到最大。在此情况下，管理控制系统不会达到目标一致。

努力（effort）是管理者为实现目标而奋斗的程度。它不仅是指体力的付出，如一个工人以更快的速度进行生产，而且包含脑力活动。例如，努力包括管理者在批准新投资前收集和分析数据的勤奋或聪明。不能直接观察或奖励努力。因此，管理控制系统对完成诸如利润目标或股票回报等有形目标的员工进行奖励，以激励他们努力工作。这促使管理者努力工作，因为更高的努力水平增加了目标实现的可能性。这些奖励可能是货币的（如现金、公司股份、公司汽车使用权或俱乐部的会员资格）或非货币的（如更好的头衔、更大的责任，或管理更多员工的权力）。管理控制系统必须与组织结构相适应。与集权结构的企业相比，分权结构的组织在设计管理控制系统时要考虑不同的问题。

分权制

直到20世纪中期，许多公司仍然是集权、等级的组织形式。集权是一种组织结构，其权力集中在高层，低层管理者很少有制定决策的自由。高度集权最有名的例子可能是20世纪晚期解体的苏联。

现在，组织何止是分权，许多公司甚至将决策权下放给子单元的管理者。**分权制**（decentralization）是一种组织结构，它授予低层管理者制定决策的自由。**自治权**（autonomy）指制定决策的自主程度。自主程度越大，自治权越大。在讨论分权制的问题时，我们使用子单元代指组织的任何一个部分。子单元可以是一个大的分公司，如埃克森美孚石油公司的炼油分公司；也可以是一个小组，如一个地方服装连锁店的两人广告部。

分权结构的企业例子有将大部分的经营自主权授予工厂总经理的美国钢铁巨人纽柯公司（Nucor），授予商店经理很大自主权的英国最大零售商乐购（Tesco）。当然，没有企业是完全分权制的。纽柯公司的高层管理者仍然对公司的总体战略规划、融资、基本工资水平和奖金目标的设定等负责。多大程度的分权是最好的？企业尽量选择使利益最大化的分权制程度。下面，我们讨论分权制的主要好处和代价。

□ 分权制的好处

拥护分权决策和那些放权给子单元管理者的人士声称它有下列好处：

1. **对子单位顾客、供应商和雇员的需求做出更多的反应**。没有好的信息就不可能做出好的决策。与高层管理者相比，子单元管理者对他们的竞争对手、供应商和雇员更为了解，也更清楚影响绩效的局部因素，如降低成本、改善质量和更好地回应顾客的途径。全球供应链解决公司伟创力（Flextronics）使用分权减少官僚作风，增加回应。管理者可以用公司全球范围的信息技术解决一个局部顾客的问题，或者不需要通过烦琐的手续将一个项目发送给其他管理者。

2. **子单元管理者快速决策带来收益**。分权制加快了决策过程，创造出集权组织所缺乏的竞争优势。集权制由于决策敲定前必须层层上报导致决策过程缓慢。材料处理解决方案与储存产品领先供应商 Interlake Mecalux 举例说明了分权的好处：“我们已经将决策权更广泛地分散到产品和市场机会的前沿。”该公司的储存系统解决方案必须适应顾客的需求，向销售部门释放适当的权力有助于公司对顾客需求做出更快的反应。

3. **有助于管理人员的开发和学习**。当子单元管理者能发挥更大的个人创造力时，通常积极性就更强。而且，给予管理者更多的责任有助于公司开发经验丰富的人才库，以填补更高层的管理位置，并且淘汰那些可能不会成为成功的高层管理者的人。总部设在俄勒冈州的电子仪器公司泰克（Tektronix）认为：“实行分权制的公司为管理者提供了一个培训场所和实战场地。在那里，产品推动者可能为了自己的想法而战斗。”

4. **突出子单元管理者关注的焦点，拓宽了高层管理者的权限**。在一个分权制的环境里，小型子单元的管理者有更加关注的重点。例如，雅虎日本的领导者能够开发特定国家的知识与专长（关于地方广告趋势、文化规范、支付形式等），关注使雅虎在日本的利润最大化。同时，这减轻了雅虎总部加利福尼亚州森尼维尔的高级管理人员控制日本公司日常经营决策的负担。他们能有更多的时间和精力来为整个组织处理战略规划事务。

□ 分权制的代价

赞成高度集权制决策的人士相信，因为如下原因，分权的代价是高昂的：

1. **导致次优决策**。如果子单元的管理者没有制定主要决策的必要专长或才能，公司作为一个整体会变得更差，因为高层管理者放弃了他们制定主要决策的责任。当某项决策为子单元带来的益处不足以抵消整个公司付出的代价时，即使子单元管理者有足够的能力，**次优决策**（suboptimal decision making）——也叫**缺乏一致性的决策**（incongruent decision making）或**功能不良的决策**（dysfunctional decision making），仍然可能发生。当子单元之间存在高度依赖性时，这种情况比较普遍。比如说，一个子单元的最终产品是另一个子单元的直接原材料或由另一个子单元销售。举个例子，假定在发布某些流行的新游戏之后，任天堂的营销组收到一个加急订单，为澳大利亚提供额外的 Wii 游戏机。如果根据生产成本对日本的生产经理进行评价，因为改变生产计划不可避免地会增加生产成本，生产经理可能不愿意安排这个加急订单，但是，站在任天堂的立场上，提供游戏机可能是最优的，这是因为该顾客愿意高价购买，也因为当前的发货预期会刺激其他任天堂游戏和游戏机的未来订单。

2. **导致不健康的竞争**。在分权制下，某个子单元管理者可能将公司内其他子单元的管理者视为外部对手与之竞争。这会推动他们将子单元的相对业绩看得比公司的整体目标更重要。因此，管理者不愿意援助其他子单元（正如任天堂的例子那样）或分享重要信息。2010 年丰田汽车召回国会听证会披露，丰田的日本单元没有与美国、亚洲和欧洲的运营部门分享有关发动机问题或报告缺陷的信息，这种情况很普遍。丰田声称它将改变这种不正常的行为。

3. **导致产出重复**。如果子单元提供相似的产品或服务，它们的内部竞争将会导致外部市场的失败。原因是，分公司可能会发现，通过模仿对方的成功产品而非竞争企业的产品，它更容易从对方那里抢走市场份额。这种情况最终会导致顾客的混乱，使每个分公司失去其独特的优势。一个典型的例子是通用汽车公司，它最终解散了奥兹莫比尔（Oldsmobile）、庞蒂亚克（Pontiac）和土星（Saturn）分公司。类似地，康泰纳仕出版公司（Conde Nast Publishing）的独特食品杂志《好胃口》和《美食家》最终以追求相同的读者和广告商而告终，对双方都造成了损害。《美食家》杂志在 2009 年 12 月停止出版。①

4. **导致经济活动重复进行**。即使子单元在不同的市场运营，公司的几个子单元也可能分别从事着相同的作业。在一个高度分权制的公司里，每个子单元可能都有人事部门从事管理工作，如人力资源或信息技术小组。将这些功能集中起来有助于简化活动和使用更少的资源，消除重复浪费。例如，电力和自动化技术的全球领导者瑞士 ABB 公司实行分权制，但是通过对各业务单位的零部件（管道泵及其配件，以及工程安装服务）采购决策实施集权控制，已产生了显著的成本节约。在公司里，子单元分享服务（如信息技术和人力资源）正变得越来越流行，因为它节约了 30%～40%每个子单元各自购买这些服务的成本。

□ 利弊比较

在选择组织结构形式时，高层管理者必须比较分权制的利弊，这种比较通常是分职

① 在这些不同的背景下，对于分权制失败的一个有趣比较，见 Jack Shafer, “How Condé Nast Is Like General Motors: The Magazine Empire as Car Wreck,” *Slate* (October 5, 2009). http://www.slate.com/id/2231177/。

能进行的。美国和欧洲的公司调查统计显示，实行分权制的子单元最常做的决策是有关产品组合和产品广告等。在这些领域，子单元的管理者制定自己的经营计划，编制业绩报告，并根据局部的信息更快地做决策。而实行分权制的子单元最不常做的决策是有关长期融资类型和渠道的选择等。在这些方面，公司的管理者知道更多关于不同市场中融资条款的信息，能够获取最好的价格。同样，集权的所得税战略可以使组织在子单元间实现最优化，例如，以一个子单元的利润弥补另一个子单元的亏损。

□ 跨国公司的分权制

跨国公司（在多个国家经营的公司）通常实行分权制。对一个子公司遍布全世界的企业进行集权控制，无论是从实务还是从实际上来说都是不可能的。同时，不同国家的语言、习俗、文化、商业实务、规则、法律和规章差别很大。分权制使不同国家的管理者能够充分利用他们对当地经济和政治情况的了解制定决策，应对各自所处环境中的不确定性。例如，全球性电子公司飞利浦的总部在荷兰，但它在印度和新加坡的电视机销售和定价权交给了当地的管理者。跨国公司经常在国外分公司和公司总部间调换管理者，工作的调换加上分权制有助于发展管理者在全球环境下经营的能力。

当然，跨国公司采用分权制也难免有一些缺陷。其中最首要的问题就是缺乏控制和由此导致的风险。1995 年，英国投资银行巴林银行（Barings PLC）破产被出售，原因就是新加坡的一个交易员进行了一笔未授权的交易，未被发现，使公司损失 10 亿美元。与此相似，2011 年，为瑞士最大的银行瑞银集团工作的一位伦敦交易商避开公司的风险控制，进行未授权的交易，导致公司损失 23 亿美元。瑞银集团的首席执行官和其他高层管理人员因该丑闻而辞职。采用分权制的跨国公司通常将它们的管理控制系统设计成为可以衡量、监控分支绩效的形式。信息及通信科技也有助于报告及控制数据的流动。

□ 责任中心的选择

回想一下（第 6 章），责任中心是组织的一个部门或子单元，其管理者对指定的作业集负责。无论集权制组织还是分权制组织，在衡量其子单元的业绩时，都会采用四种责任中心中的一种或其组合：

1. 成本中心——管理者只对成本负责。
2. 收入中心——管理者只对收入负责。
3. 利润中心——管理者同时对成本和收入负责。
4. 投资中心——管理者同时对投资、成本和收入负责。

在集权制公司和分权制公司中，都可以找到上述责任中心的任何一种。

一个常见的错误观念是，利润中心（在某些情况下是投资中心）是分权制子单元的同义词，而成本中心则成了集权制子单元的同义词。实际上，利润中心可以存在于一个高度集权的组织中，成本中心也可以存在于一个高度分权的组织中。例如，一个利润中心分公司的经理，可能只有很小的决策权。引进新产品和服务，或超过预定限额的支出，都需要得到公司总部的批准。1984—2005 年，艾斯纳（Michael Eisner）掌管媒体巨人和娱乐企业集团迪士尼公司，公司战略计划部门严格审查商业计划书，以至于管理者都不愿意推销新想法。① 在其他公司，诸如信息技术等分公司可能作为一个成本中心，分公司经理却可能有较大的自主权自主决定资本支出、购买材料和服务。总之，利润中心和成本中心这些名称与一个组织的分权或集权程度无关。

转移定价

在实行分权制的组织，大部分决策权均掌握在单个子单元中。通常，子单元之间互相提供商品或服务。在这种情况下，高层管理者通过转移价格来协调子单元的行动并评价子单元管理者的绩效。

转移价格（transfer price）是指一个子单元（部门或分公司）就自己向同一组织内其他子单元提供产品或服务时收取的价格。例如，如果一个汽车生产商（如宝马或福特）拥有一个独立的发动机生产部门，那么转移价格就是指发动机部门向汽车装配部门提供发动机时收取的价格，这个转移价格为卖方（本例中指发动机部门）创造了收入，给买方（本例中指装配部门）消耗了成本，从而影响了双方的营业利润，而营业利润往往被用来评价各子单元的业绩，并用以激励管理者。**中间产品**（intermediate product）是同一组织内部从一个子单元转让到另一个子单元的产品或服务。这些产品或被接受方子单元再加工，或从生产转移到营销，直接卖给外部顾客。

就某个角度而言，转移价格是种奇特的现象。在同一个组织中的交易无疑是非市场的；产品或服务没有在开放的市场贸易中买卖。但是，在一个公司的子单元间确定转移价格却带有明显的市场味道。转移价格的理论基础是子单元管理者（如发动机部门的管理者）在决策时只集中考虑他们的决策对自己单元的影响，而不去评估对整个公司的影响。从这方面看，转移价格减轻了子单元管理者的信息加工和决策的工作量。在一个设计巧妙的转移价格系统中，子单元业绩的最大化能带动整个公司业绩的最大化。

□ 评估转移价格的标准

为了帮助公司实现目标，转移价格应满足四个关键标准：

1. 促进目标一致，这样为了自身利益的分公司管理者会采取与高层管理当局目标一致的行动。

2. 促使管理层高水平的努力，鼓励卖出产品或服务的子单元降低成本，鼓励买进产品或服务的子单元有效地获取并利用投入。

3. 帮助高层管理者评估子单元的业绩。

4. 如果高层管理者偏爱高度分权制，那么应该保持子单元的自治。一个寻求最大化其营业利润的子单元管理者应该拥有一定的自由，能够自主选择是（按转移价格）与

① 2005年，艾格（Robert Iger）代替艾斯纳担任首席执行官后，最先采取的措施之一就是解散战略计划部门，给迪士尼的业务部门（主题公园和度假村、消费产品和媒体网络）更多的权力。

公司内的其他子单元交易，还是与外面的公司交易。

计算转移价格

高层管理者可以使用如下三种方法确定转移价格：

1. **基于市价的转移价格**。高层管理者可以选择同类产品或服务的公开标价（如一个商业网站上公布的价格）作为转移价格；而且，他们也可以选择其子单元对外部顾客收取的价格作为转移价格。

2. **基于成本的转移价格**。高层管理者可能基于转移产品的生产成本来选择转移价格。比如，变动生产成本、变动和固定生产成本、产品的全部成本。产品的全部成本包括所有生产成本加上其他与产品相关的业务职能成本（研发、设计、营销、分销和顾客服务等）。这些成本可以是预算成本，也可以是实际成本。有时候，基于成本的转移价格包括成本加成或销售毛利，它们代表了子单元的投资回报。

3. **混合转移价格**。混合转移价格考虑成本和市场信息。高层管理者可以通过指定转移价格来设定价格，这个转移价格是内部生产和运输产品的成本和可比产品市场价格的平均。有时，混合转移价格可以考虑销售产品确认的收入，以区别于购买产品确认的成本。混合价格的最常见形式是通过协商产生的——要求子单元管理者互相协商转移价格，决定是在内部还是外部买或卖。当市价波动时，协商转移价格比较常用。因此，管理者需要有关产品成本和价格的当前信息，以参与议价过程。

这些方法在什么情况下使用？为了回答这个问题，下面我们说明这三种转移定价方法的具体实施过程，并强调它们之间的不同之处。我们用了四种标准：目标一致、激励管理层努力、子单元绩效的评估和保持子单元自治来考察 Horizon 石油公司的转移定价过程。

□ 制定转移价格的范例

Horizon 石油公司有两个分公司。每个分公司都是利润中心。其中，运输分公司从墨西哥马塔莫罗斯购买原油并将其运到美国得克萨斯州休斯敦。精炼分公司将原油加工成汽油。为简便起见，假设汽油是休斯敦精炼厂唯一可出售的产品，生产 1 桶汽油需要 2 桶原油。

每个分公司的变动成本与单一成本动因相关。这种单一成本动因分别是运输分公司运送的原油桶数和精炼分公司生产的汽油桶数。每单位的固定成本则是根据预算年度固定成本和运输分公司运送的原油产量，以及预算年度固定成本和精炼分公司生产的汽油产量来计算的。Horizon 石油公司所有的非美国交易成本及收入都用美元数进行报告，使用现行汇率进行折算。

● 运输分公司已获得从马塔莫罗斯地区的油田购买原油的权利，它与这些油田签订了一份长期合同，根据合同规定以 72 美元/桶的价格购买原油，然后将它们运到休斯敦，最后将它们“卖给”精炼分公司。从马塔莫罗斯的油田到休斯敦的输油管道每天可以承运 40 000 桶原油。

● 精炼分公司已经达到其生产能力（每天加工30 000桶原油），平均每天用掉从Horizon石油公司运输分公司运来的10 000桶原油和向其他产油商购买的20 000桶原油（85美元/桶）。

● 精炼分公司以每桶190美元的价格对外出售汽油。

图表22—1概述了Horizon石油公司运输分公司和精炼分公司单位产品的固定成本和变动成本以及购买原油、销售汽油的外部市价。表中尚缺的是从运输分公司到精炼分公司的实际转移价格。这个转移价格随使用的转移定价方法而变化。在三种转移定价方法下，从运输分公司到精炼分公司的转移价格如下：

图表22—1　　Horizon石油公司的经营数据

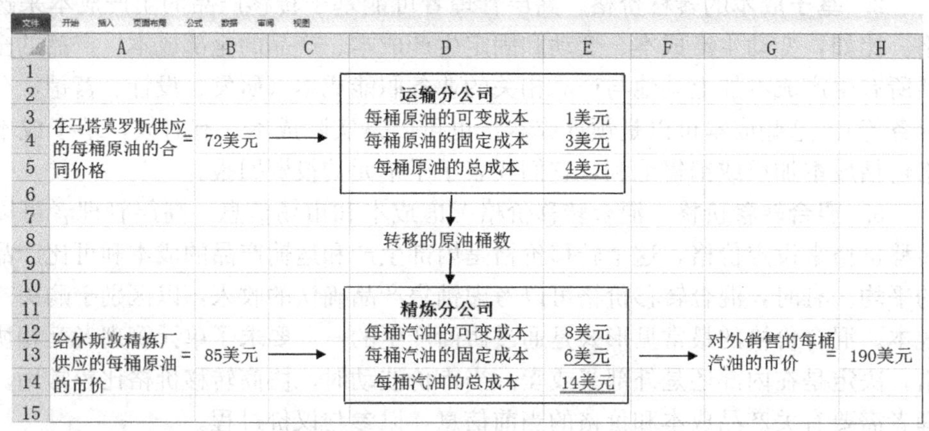

1. 基于休斯敦竞争市场市价的转移价格，即每桶85美元。

2. 基于全部成本105%的转移价格。全部成本是指原油的购进成本加上运输分公司自身的变动成本及固定成本（见图表22—1），转移价格为79.80美元（1.05×(72＋1＋3)）。

3. 混合转移价格，即每桶原油82.50美元，这个价格介于前两者之间。在本节后面，我们描述确定混合价格的多种方法。

图表22—2表示的是根据三种不同方法计算的每100桶原油各分公司的营业利润。可见，转移价格为卖方带来了收入，为买方增加了相应的成本，而将所有分公司的经营结果合并时，收入和成本就全抵消了。计算时，我们假设采用三种转移定价方法确定的转移价格在一定的范围内不会引起各分公司管理者改变图表22—1所示的业务关系。这就是说，Horizon石油公司从购买、运输到精炼的全过程，每100桶原油可赚取的利润和卖出50桶汽油的收入都是相同的（1 200美元），不考虑内部转移价格。

$$\begin{aligned}\text{营业利润}&=\text{收入}-\text{原油购买成本}-\text{运输分公司成本}-\text{精炼分公司成本}\\&=190\times50-72\times50-4\times100-14\times50\\&=9\,500-7\,200-400-700=1\,200(\text{美元})\end{aligned}$$

进一步注意到在所有方法中，把两个部门的营业利润加起来就是Horizon石油公司的总利润1 200美元。现在保持总营业利润不变，我们集中考虑不同的转移定价方法对Horizon石油公司各分公司营业利润的影响。本章后面的章节表明，不同的转移定价方法可能会使管理者采取不同的行动，从而导致总利润不同。

图表 22—2　　不同的转移定价方法下，Horizon 石油公司每 100 桶原油各分公司的营业利润

	A	B	C	D	E	F	G	H
1	生产与销售数据							
2	转移的原油桶数 =100							
3	销售汽油桶数 =50							
4								
5		基于市价的			基于全部成本		协商确定的	
6		转移价格＝			105%的转移价格＝		转移价格＝	
7		85美元/桶			79.80美元/桶		82.50美元/桶	
8	运输分公司（美元）							
9	收入（85×100；79.80×100；82×100）	8 500			7 980		8 200	
10	成本							
11	原油采购成本（72×100）	7 200			7 200		7 200	
12	分公司变动成本（1×100）	100			100		100	
13	分公司固定成本（3×100）	300			300		300	
14	分公司总成本	7 600			7 600		7 600	
15	分公司营业利润	900			380		650	
16								
17	精炼分公司（美元）							
18	收入(190×50)	9 500			9 500		9 500	
19	成本							
20	转移成本（85×100；79.80×100；							
21	82×100）	8 500			7 980		8 200	
22	分公司变动成本（8×50）	400			400		400	
23	分公司固定成本（6×50）	300			300		300	
24	分公司总成本	9 200			8 680		8 900	
25	分公司营业利润	300			820		600	
26	两分公司营业利润合计（美元）	1 200			1 200		1 200	

考虑图表 22—2 中前面的两种方法。运输分公司的营业利润比采用基于全部成本 105%的转移价格时多 520 美元（900－380）。若转移价格基于全部成本 105%，精炼分公司的营业利润就比采用基于市价的转移价格时多 520 美元（820－300）。如果运输分公司的唯一标准是要最大化其营业利润，那么它可能偏向于选择基于市价的转移价格；与此相反，精炼分公司可能偏向于选择基于全部成本 105%的转移价格以最大化其营业利润。82 美元的混合转移价格介于基于全部成本 105%和基于市价的转移价格之间。它将 1 200 美元的营业利润平分给两个分公司。这个价格可能是运输分公司管理者与精炼分公司管理者协商的结果。

子单元的管理者对确定转移价格相当感兴趣不足为奇，特别是那些收入或晋升直接与子单元的营业利润挂钩的管理者。为了分散子单元管理者对自己子单元的过分注意力，许多公司根据子单元和公司整体的营业利润对子单元管理者进行奖励。

下面我们更详细地研究基于市价的、基于成本的及混合的转移价格。我们将会发现，与管理者确定供货方的决策相关的转移定价方法的选择如何决定整个公司营业利润"蛋糕"的大小。

基于市价的转移价格

当下列三个条件能够同时得到满足时，使用市价作为转移价格可产生最优决策：(1) 中间市场是完全竞争市场；(2) 子单元之间的相互依赖程度最弱；(3) 就公司整体来说，在外部市场而非内部买卖产品并不会增加额外的成本或收入。

□ 完全竞争市场的情形

完全竞争市场（perfectly competitive market）是指，同一产品在市场上只有单一的买卖价格，任何人都不能单凭自己的力量来影响价格。在完全竞争市场的条件下采用市场价格作为转移价格，企业可以同时实现目标一致、管理层付出努力、子单元绩效评估、子单元自治四个目标。

仍以 Horizon 石油公司为例，假设在休斯敦地区存在一个完全竞争的石油市场。这样，运输和精炼分公司能以 85 美元/桶的价格卖出和买进原油，只要双方愿意，不论多少都行。Horizon 石油公司希望它的管理者能在内部买卖原油。试想如果 Horizon 石油公司的分公司管理者拥有可以从外部买卖原油的自由，他们将制定怎样的决策？若在两个分公司间的转移价格低于 85 美元，那么运输分公司会将全部原油以每桶 85 美元的价格卖给休斯敦地区的外部购买者。若转移价格高于 85 美元，精炼分公司将从外部供应商处购买原油。只有 85 美元的转移价格才能促使运输和精炼分公司内部交易。这是因为在外部市场交易对双方都不利。

公司根据各分公司的营业利润来评估其管理者的业绩，那么不论是内部还是外部交易，只要有利可图，运输分公司都将尽可能多卖原油。同样，只要有利可图，精炼分公司也将尽可能多地买进原油。每桶 85 美元的转移价格导致目标一致——最大化各分公司的营业利润同样使 Horizon 石油公司整体的营业利润最大化。而且，因为转移价格不是基于成本的，它会激励分公司的管理者最大化他们各自的营业利润。市价也用来评估每个分公司各自的经济可行性和获利性。例如，美国第二大私营企业科赫工业公司（Koch Industries）所有的内部转移价格都使用市价。该公司的首席财务官史蒂夫·菲尔梅尔（Steve Feilmeier）指出："我们相信，为了最好地优化资产的盈利能力，应该考虑任何一个给定资产的替代物。如果简单地基于成本制定两个不同分公司间的转移价格，那么你可能正在补贴你的整个经营却没有意识到。"回到 Horizon 石油公司的例子，假定在基于市价的转移价格下，精炼分公司持续出现低利润或负利润，Horizon 石油公司可能考虑关闭精炼分公司，只经营运输并销售原油给休斯敦地区其他精炼厂的业务。

□ 处理价

当供大于求时，市价就会低于历史平均水平。如果预期这种价格下降只是暂时性的，那么这种低水平市价就被称为**处理价**（distress price）。通常，确定一个现时市价是否为处理价是很困难的。在 2006—2008 年世界商品价格飙升之前，最初被许多人认为暂时削价出售的几种矿产和农产品，包括镍、铀和小麦，其市价曾维持数年不变。

如果处理价盛行，应该采用哪种转移价格来判断经营业绩？有些公司采用处理价，另一些公司采用长期平均价格，或"正常"市价来制定转移价格。在短期内，如果处理价高于供应此产品或服务的增量成本，供应方分公司的管理者就可以处理价提供产品或服务。如果将处理价作为转移价格，销售分公司就会出现亏损，因为处理价低于分公司的全部成本。如果采用长期平均市价，强迫管理者以高于现行市价的价格内部购买，将有损于购买方分公司的短期业绩。但是，长期平均市价提供了一种更好的标准评估供应方分公司的长期获利能力和生存能力。当然，如果预计价格将长期偏低，那么公司应该采用低市价作为转移价格；如果这种价格低于关闭生产设备能节省的变动成本和固定成本，那么应该卖掉销售子单元的生产设备，而购买子单元应该从外部供应商处购买产品。

□ 不完全竞争

如果市场是不完全竞争的，销售价格会影响产品的销售数量。考虑一个汽车经销商，为了销售更多的新汽车或旧汽车，经销商必须降低汽车的价格。类似的情况适用于从卫生纸、牙膏到软件等行业。面对不完全竞争的市场，销售分公司的管理者会为中间产品选择一个使分公司营业利润最大化的价格和数量的组合。如果以这个价格作为转移价格，购买分公司将会发现该产品太昂贵，将导致分公司亏损，从而决定不购买该产品。然而，从公司整体角度来看，如果销售分公司将产品转移给购买分公司做进一步加工和销售，那么利润就可能达到最大。因为这个原因，当中间产品市场不完全竞争时，为了有效转移，转移价格通常必须低于外部市场价格（但是高于销售分公司的变动成本）。①

基于成本的转移价格

有时，产品没有市场价格可以参考，或市价不合理，或需要花费很大的成本才能得到。比如，市场并不是完全竞争，产品是专用的，或者内部转让的产品可能从质量上和为其提供的顾客服务上都有别于市场上的产品。在这几种情况下，以成本为基础来测算转移价格就是非常有效的方法。

□ 以全部成本为基础

在实务中，许多公司都以产品全部成本为基础来计算转移价格。为了接近于市场价格，有时也将基于成本的转移价格加上一个毛利。然而，这种价格可能会导致次优决策。假设 Horizon 石油公司将内部转移价格定为全部成本的 105%。在休斯敦的精炼分公司平均每天从当地的供油商那里购买 20 000 桶原油，该供油商将原油交付给精炼分

---

① 考虑一家企业，其 S 分公司生产中间产品。S 分公司的生产能力为 15 单位，单位变动成本为 2 美元。中间产品向下的需求曲线表示不完全竞争。如果 S 分公司想销售 Q 单位，它必须将市价降至 $P=20-Q$。因此，分公司的利润函数为 $Q\times(20-Q)-2Q=18Q-Q^2$。简单的微积分显示，S 分公司以 11 美元的价格销售 9 单位中间产品是最优的，可以获取 81 美元利润。现在，假定同一企业的 B 分公司能够生产中间产品，增加的变动成本是 4 美元，对外售价为 12 美元。因为 S 分公司有剩余的生产能力（它只使用了 15 单位生产能力中的 9 单位），很显然，S 分公司生产产品并将其转移给 B 分公司是符合企业利益的。对于每个转移的产品，企业能够增加利润 12－2－4＝6 美元。但是，如果中间产品的转移价格等于市场价格 11 美元，那么 B 分公司将会拒绝这个交易，因为每单位会损失 11＋4－12＝3 美元。

公司，价格为每桶 85 美元。为减少原油的购买成本，精炼分公司了解到在马塔莫罗斯地区有一个独立油商，愿意以每桶 79 美元的价格每天为精炼分公司提供 20 000 桶原油，货物送到 Horizon 石油公司设在马塔莫罗斯的输油管道即可。依所给 Horizon 石油公司的组织结构，这 20 000 桶原油将由运输分公司先买下，然后运到休斯敦，再将它卖给精炼分公司。假设输油管道有富余的运油能力，在不影响承运原来合同规定的每天 10 000 桶原油的同时，仍能以每桶 1 美元的变动成本承运新的 20 000 桶原油，那么 Horizon 石油公司是从马塔莫罗斯的独立油商那里购买原油成本更低，还是从休斯敦的供油商那里购买原油成本更低？对精炼分公司而言，哪种情况下成本更低？

以下分析表明，从马塔莫罗斯的独立油商 Gulfmex 公司那里购买原油将可能最大化 Horizon 石油公司的营业利润。下面的分析比较了这两种方案下两个分公司的增量成本，假设不论哪一种，运输分公司的固定成本都一样，也就是说，如果不运输 Gulfmex 公司每天 20 000 桶的原油，运输部也不能节省任何固定成本。

- **方案 1**：从休斯敦供油商那里购买 20 000 桶原油，价格是每桶 85 美元。Horizon 石油公司因此承担的总成本是 1 700 000 美元（20 000×85）。
- **方案 2**：从马塔莫罗斯独立油商那里购买 20 000 桶原油，价格是每桶 79 美元，并以每桶 1 美元的变动成本运到休斯敦。Horizon 石油公司因此承担的总成本是 1 600 000 美元（20 000×(79+1)）。

从 Gulfmex 公司购买原油可以使 Horizon 石油公司节省 100 000 美元（1 700 000－1 600 000）的总成本。

假设运输分公司向精炼分公司索要的转移价格是全部成本的 105%，精炼分公司将会发现，从 Gulfmex 公司那里购买原油，本分公司的成本将上升。

转移价格＝1.05×(从 Gulfmex 公司购买原油的购买价格＋运输分公司的单位变动成本＋运输分公司的单位固定成本)
＝1.05×（79＋1＋3)＝1.05×83＝87.15(美元)

- **方案 1**：从休斯敦供油商那里购买 20 000 桶原油，价格是每桶 85 美元。精炼分公司因此承担的总成本是 1 700 000 美元（20 000×85）。
- **方案 2**：运输分公司从 Gulfmex 公司购买 20 000 桶原油，然后再卖给精炼分公司，精炼分公司因此承担的总成本是 1 743 000 美元（20 000×87.15）。

作为一个利润中心，精炼分公司若从休斯敦供应商那里购买原油，则其短期营业利润可实现最大化。

精炼分公司从运输分公司那里每取得 1 桶油，就要支付 87.15 美元的变动成本——如果买了 10 桶，精炼分公司的成本就是 871. 5 美元；100 桶则是 8 715 美元。而每桶原油的变动成本实际上只有 80 美元（79＋1）。剩余的 7.15 美元（87.15－80）只是运输分公司的固定成本和加成。全部成本加成的转移定价方法使精炼分公司把运输分公司的固定成本（和 5%的加成）当作变动成本，由此导致目标不一致。

那么，Horizon 石油公司的高级管理层应该干涉并强迫精炼分公司从运输分公司购买原油吗？这样做将会损害分权制的理念。因此，他们可能将精炼分公司从外部供应商处购买原油视为分权制不可避免的成本而不加干涉。当然，为了阻止代价高昂的失误，有些干涉是必要的。但是频繁的干涉将会把 Horizon 石油公司从分权制的公司变为集权制的公司。

那么，什么样的转移价格能使运输分公司和精炼分公司的目标都与总公司的目标一致？我们可以认为，合适的转移价格下限是每桶 80 美元，如果转移价格低于 80 美元，运输分公司就不可能有动力去购买 Gulfmex 公司的原油，因为它低于公司的增量成本。另一方面，转移价格的上限是每桶 85 美元，如果转移价格高于 85 美元，精炼分公司就会从外部市场，而不是运输分公司购买。也就是说，在 80 美元和 85 美元之间的转移价格都可以促成目标的一致性——通过从马塔莫罗斯的 Gulfmex 公司购买原油，两个分公司的利润都有所增加，而且 Horizon 石油公司的营业利润也增加了。

如果没有采用基于市价的转移价格，Horizon 石油公司的高层管理者不易决定在运输分公司投资的盈利性，因此也难以决定是保留还是卖掉运输管道线。而且，如果转移价格基于运输分公司的实际成本，这将不能够促使运输分公司控制成本。因为运输分公司所有的无效成本都将作为基于实际全部成本转移价格的一部分转移。实际上，在“全部成本的 105%”的规则下，运输分公司因为浪费而增加 1 美元成本，就会为分公司增加 5 美分的利润。

尽管如此，会计公司和研究人员的调查表明，管理者更喜欢采用基于全部成本的转移价格，因为：(1) 它们在长期决策时可以代表相关成本；(2) 有助于在变动成本和固定成本的基础上确定对外销售的价格；(3) 应用比较简单。但是，全部成本转移定价法也会引发许多问题。比如，每个子单元的间接成本应该怎样分配给各个产品？分配时是否已经识别了正确的活动、成本库以及成本动因？是选择实际固定成本分配率还是预算分配率？这些问题类似于第 14 章讨论固定成本分配时遇到的问题。许多公司根据预算分配率和实际生产能力确定转移价格，因为它可以避免将无效的实际成本和未使用生产能力成本转移到购买部门。

□ 以变动成本为基础

正如前一部分所述，以 80 美元/桶的变动成本从运输分公司转移 20 000 桶原油到精炼部门实现了目标一致。因为运输分公司的变动成本低于外部供应商收取的价格 85 美元，所以精炼部门将从运输分公司购买原油。设定转移价格等于变动成本还有其他好处。知道每桶原油的变动成本有助于精炼部门制定决策，这些决策在第 11 章讨论过，如短期定价决策。然而，在这个 80 美元/桶的转移价格下，运输分公司将遭受损失，精炼分公司则赚取大笔利润，因为它只需支付运输部门的变动成本。解决这个问题的一个方法是让精炼分公司提供一笔资金，转移到运输分公司以弥补固定成本并为运输分公司带来一些营业利润，而运输分公司则继续以变动成本作为转移价格。精炼分公司使用了运输分公司的运输能力而支付其报酬形成固定的付款。这样，各个分公司的利润就可以用来评估它们及其管理者的业绩了。

混合转移价格

再次考虑 Horizon 石油公司的例子。正如我们前面所看到的，运输分公司有未利用的生产能力，能以每桶80美元的增量成本将石油从马塔莫罗斯运到休斯敦。如果精炼分公司从运输分公司而不是从休斯敦市场购买原油（每桶石油的增量成本是80美元，而价格是85美元），那么Horizon石油公司作为一个整体可以最大化营业利润。如果转移价格在80～85美元之间，那么两个分公司对彼此之间的交易都很感兴趣（并且企业实现了目标一致）。

对于任何内部交易，通常都有一个销售分公司基于其成本结构确定的最低转移价格。在Horizon石油公司的例子中，运输分公司可接受的最低价格是80美元。也有一个购买分公司不愿意超过的最高价格，这个价格是由两个数量中的较低者决定的——分公司从内部交易中创造的最终贡献与从外部购买同类中间产品的价格。对于精炼分公司来说，销售给外部的每桶汽油可以创造182美元（190—8）的贡献。因为需要两桶原油才能生产一桶汽油，这相当于每桶原油的贡献是91美元。如果价格高于91美元，精炼分公司从运输分公司购买的每桶原油都会亏损。另一方面，精炼分公司能以85美元的价格从公开市场购买原油，而不需要内部运输。因此，最大可行转移价格是91美元和85美元之中的较低者，即85美元。前面我们看到过，最小价格（80美元）和最大价格（85美元）之间的转移价格会促进目标一致。现在，我们描述企业试图在这些范围内确定具体转移价格的三种不同的方法。

□ 按比例分配转移价格上下限之间的差价

Horizon石油公司可以实行的一种方法是选择一种以成本为基础的转移定价方法，即在精炼分公司和运输分公司之间，在公平的基础上按某种比例分配转移价格之间的上下限差价5美元（85－80）。一种简单的解决方案是平分差额，由此得到的转移价格是82.50美元。但是，这种解决方案忽视了两个分公司发生的相对成本，可能会导致每个分公司对最终产品所做工作的利润率完全不同。作为一种替代方法，Horizon石油公司可以根据两个分公司的变动成本分配5美元的差额。使用图表22—1的数据计算变动成本如下：

运输分公司承运100桶原油的变动成本(1×100)	100美元
精炼分公司精炼100桶原油生产出50桶汽油的变动成本(8×50)	400美元
总变动成本	500美元

每桶5美元的上下限差价可分配如下：运输分公司＝100÷500×5.00＝1美元，精炼分公司＝400÷500×5.00＝4美元。即转移价格是每桶原油81美元（79＋1＋1）。实际上，这种方法得到的是预算变动成本加成转移价格，该“加成”表明转移价格高于变动成本。

在决定按每桶1美元和4美元来分配公司总营业利润中增加的每桶5美元的利润之前，这两个分公司之间必须就它们的变动成本交换信息。实际上，每个公司都不能以一种彻底分权制的方式从事经营活动（至少这笔交易是如此），而且，每个分公司都有可能夸大它的变动成本以获取对其有利的转移价格。在前面的例子中，假定运输分公司声称将每桶原油从Gulfmex公司运到休斯敦需要花费2美元。增加的2美元成本将变动成本最低价格提高到了每桶79+2=81美元；最高价格仍是85美元。在最高价格与最低价格之间4美元的差额中，运输分公司现在分配(200÷(200+400))×4.00=1.33美元，得到更高的转移价格82.33美元。精炼分公司声称精炼100桶原油的变动成本高于400美元，会同样受益。因此，为了取得成功，按比例分配法或者要求较高的信任度和分公司间的信息交换水平，或者包括成本信息客观审计的条款。

□ 协商定价

协商定价是最常用的混合方法。在此方法下，高层管理者无须在交易的分公司间进行最终利润的特定分配。最终的转移价格来自企业内部买方分公司和卖方分公司的议价。例如，在Horizon石油公司的例子中，运输分公司和精炼分公司自由协商一个双方都能接受的价格。

回想一下，每桶原油最小和最大的可行转移价格分别是80美元和85美元。那么，转移价格究竟应该位于80～85美元之间的哪个位置？在协商转移定价下，这个问题取决于若干情况：交易双方的议价能力；运输分公司掌握的关于价格减去对外供应原油的增量营销成本的信息；精炼分公司掌握的关于其他可利用原油来源的信息。因为Horizon石油公司现在能够根据各分公司的营业利润评价其绩效，所以议价问题变得特别敏感。一般地，两个公司的协商价格与成本或市价都没有什么特定联系，但是成本和价格信息常常是协商过程的起点。

考虑下面的情形：假设精炼分公司收到一份订单，要求供应特殊加工的汽油。购买和供应原油的增量成本仍是每桶80美元。但是，假设只有运输分公司以不超过每桶82美元的价格供应原油，精炼分公司才能从该订单中获利。① 在这种情况下，对两个分公司都有利的价格必须大于80美元但小于82美元。协商可以使两个分公司达成一个可接受的转移价格。相比之下，基于规则的转移价格，如85美元的市场价格或87.15美元的全部成本的105%，都会导致Horizon石油公司放弃一个获利机会。

协商转移价格有强有力地保护本分公司自治的作用，也能激励分公司的管理者努力提高本分公司的营业利润。调查发现，15%～20%的企业通过协商制定转移价格。不使用协商价格的企业认为，管理者在转移价格上的讨价还价需要花费时间和精力，代价太大。

□ 双重定价

很少有单一的转移价格可以同时满足我们讨论的所有标准（实现目标一致、激励管理层努力、评估子单元绩效和保持子单元自治）。因此，有些公司转而采取**双重定价**(dual pricing)法，即用两种独立的定价法来确定分公司间每一笔交易的价格。比如，在总公司内部转让产品时，卖方分公司使用的是全部成本加成的价格，而买方分公司为

① 例如，假设一桶特殊加工的汽油能卖200美元，但是每桶需要更高的精炼变动成本36美元。在这种情况下，精炼分公司每桶汽油增加的利润是164美元，这意味着它至多为每桶原油支付82美元（因为生产一桶汽油需要两桶原油）。

购买这批产品支付的却是市场价，这就是一种双重定价。假设 Horizon 石油公司从马塔莫罗斯的独立油商 Gulfmex 公司那里以每桶 79 美元的价格购买原油。在为运输分公司和精炼分公司之间的转移做会计分录时，可以采用下面的方法：

1. 借记精炼分公司（买方），以市价为转移价格，每桶原油 85 美元。

2. 贷记运输分公司（卖方），以全部成本的 105%为转移价格，每桶原油 87.15 美元。

3. 借记总公司成本账户两种转移价格的差额 2.15 美元（87.15－85）。

双重定价法促进了目标的一致。因为精炼分公司并没有因从运输分公司那里购买同时不从外部供应商那里购买原油而遭受损失，在这两种情况下，精炼分公司的成本都是每桶 85 美元。也就是说，这种双重价格体系实际上是总公司给运输分公司以一定的补贴。因此，Horizon 石油公司作为一个整体，营业利润少于两个分公司的利润总和。

双重定价法并没有得到广泛应用。对双重定价法的一种担心是，它导致不同税务管辖区的分公司在计算应纳税利润时，对于应该使用哪种价格发生争议。例如，在我们的这个例子中，运输分公司向墨西哥当局纳税，而精炼分公司则向美国当局纳税。担心之二是，由于影响供应方总收入的是成本而非市价，双重定价法有可能将管理者从市场竞争中隔绝出来。

制定转移价格的一般原则

图表 22—3 概括了用本章所述标准确定的市价、成本和协商转移定价方法的特性。如图表 22—3 所示，一种转移定价方法很难符合所有的标准。公司最终采用的转移价格依赖于经济形势和公司已做出的决定。安永（Ernst & Young）的调查和美国管理会计师协会（Institute of Management Accountants）发起的调查表明，以全部成本为基础的转移定价方法是全球范围内最常用的方法，其次是以市场为基础的转移价格和协商转移价格。①

图表 22—3　　不同转移定价方法的比较

标准	市价	成本	协商
取得目标一致	是，当处于竞争市场时	经常，但不总是	是
激励管理者付出努力	是	是，当以预算成本为基础时；缺乏控制成本的积极性，如果以实际成本为基础	是
对评价子单元业绩有用	是，当处于竞争市场时	除非转移价格超过全部成本且有些随意	是，但转移价格受采购和销售部门议价能力的影响

① 例见 *Current Trends and Corporate Cases in Transfer Pricing* by Roger Tang with IMA Foundation for Applied Research, Institute of Management Accountants (Westport, CT: Quorum Books, 2002)。

续前表

标准	市价	成本	协商
保持子单元的自治	是，当处于竞争市场时	否，因其以准则为基准	是，因为其以子单元之间的协商为基础
其他因素	市场不存在，或不完善或处于危机时期	对决定产品和服务的全部成本有用；容易实施	议价和协商需要时间，而且当情况改变时可能需要再次复核

到目前为止，我们的讨论强调中间产品存在完全竞争市场的情形，通常有一个促进目标一致的可能转移价格范围。下面的公式为在此范围内确定最低价格提供了一个一般指导原则：

最低转移价格＝截至转移时的单位增量成本＋供应方分公司的单位机会成本

公式中的增量成本是生产和转让产品或服务的附加成本。机会成本是指如果产品或服务在内部转让，供应方分公司为此放弃的最大利润。比如，如果供应方分公司是在满负荷经营，那么进行内部交易而不是外销的机会成本就是市价减去变动成本。这是因为内部每转移一单位产品，供应方就放弃了外销一单位产品本应该获取的贡献毛益。我们将增量成本和机会成本区分开的原因是，财务会计系统记录了增量成本，却不记录机会成本。这里的指导原则能够衡量最低转移价格的原因就在于它代表销售方转移产品的成本。下面我们以 Horizon 石油公司为例说明特定情况下的上述原则。

1. **存在一个完全竞争的中间产品市场，供应方分公司没有闲置生产能力**。若休斯敦的原油市场是完全竞争的，此时运输分公司可将其运输的全部原油以每桶 85 美元的价格卖到外部市场，且没有闲置生产能力，那么，运输分公司根据长期合同采购的原油增量成本（见图表 22—1）是每桶 73 美元（72＋1），或从 Gulfmex 公司以市价购买的成本每桶 80 美元（79＋1）。运输分公司内部转让原油的机会成本是由于不把原油卖给外部市场而放弃的每桶原油的贡献毛益：根据长期合同购买原油的 12 美元（85－73）和从 Gulfmex 公司处购买原油的 5 美元（85－80）。在每一种情况下：

每桶最低转移价格＝每桶增量成本＋每桶机会成本
＝73＋12＝85(美元)

或

＝80＋5＝85(美元)

2. **存在一个不完全竞争的中间产品市场，供应方分公司有闲置生产能力**。当市场是不完全竞争时，只有降低价格才会使企业增加生产能力。之所以存在闲置的生产能力就是因为降价常常是不合算的——可能会降低营业利润。

如果 Horizon 石油公司的运输分公司存在闲置生产能力，那么内部转让原油的机会成本就是零，因为该公司并没有放弃任何外部销售利润，或因内部转让而放弃任何贡献毛益。在这种情况下，

每桶最低转移价格＝每桶增量成本
＝根据长期合同购进原油的价格每桶 73 美元或从 Gulfmex 公司购进原油的价格每桶 80 美元

总的来说，在不完全竞争的市场上，由于价格对需求（和营业利润）的影响，计量机会成本是非常复杂的，转移价格要随不断变化的供给、需求水平而变化。没有一个固定的转移价格，不同数量供给和需求的转移价格取决于转移产品的增量成本和机会成本。

3. **不存在中间产品市场**。比如，如果运输分公司运输的原油只能卖给精炼分公司（如因为焦油含量高），而不能卖给外部厂商，那么就没有了中间产品市场。这样，内部供应原油的机会成本是零，因为不能对外销售，所以就没有贡献毛益可以放弃。根据一般性指导原则，运输分公司可接受的最低转移价格是增量成本（每桶73美元或80美元）。前面我们也已提到，增量成本到85美元之间的任何价格都可以达成目标的一致。

跨国公司利用转移价格实现税收最小化

对于世界范围内的管理者来说，转移价格是一个重要的会计优先权。2010年安永对25个国家和地区的跨国公司进行的调查发现，74%的母公司和76%的子公司受访者相信，转移价格对组织"绝对非常关键"或"非常重要"。原因是母公司依赖转移定价方法能够节省大量的税款。以谷歌为例，从2004年至2010年，它在英国赚取了60亿英镑的广告收入。英国的公司所得税税率为28%，而在此期间，谷歌英国公司只支付了800万英镑的税款。这是怎样做到的？开始，谷歌将它的知识产权离岸权利授予谷歌爱尔兰控股公司，这是一家受百慕大管理的爱尔兰公司，因此免除爱尔兰税款。当谷歌从英国的顾客处获取收入时，金额被计入一个不同的爱尔兰实体，即位于都柏林的谷歌爱尔兰有限公司。谷歌有大约88%的非美国收入流经这个实体。但是它几乎不记录税前的利润，因为它因使用谷歌的知识产权而向百慕大/爱尔兰公司支付版税，并不直接支付，这样会引起爱尔兰预扣税，款项经过谷歌荷兰控股公司BV（阿姆斯特丹）。① 估计这些技术每年为谷歌节省约10亿美元。Facebook、微软公司和总部位于纽约市的制药公司Forest Laboratories使用了类似的转移价格。估计这样的利润转移安排每年为公司节省多达600亿美元。②

转移价格不仅影响所得税，还影响工资税、关税、销售税、增值税、环境税和其他政府征税。我们在这里只强调，在制定转移价格时，税收因素尤其是所得税因素是非常重要的。

---

① 荷兰控股公司BV没有职员——它只是一个款项经过的法律实体。这种安排涉及两个爱尔兰实体之间通过荷兰的转移，被税务规划师称为"双层爱尔兰"或"荷兰三明治"。苹果公司使用这种结构的详细描述见 http://www.nytimes.com/interactive/2012/04/28/business/Double-Irish-With-A-Dutch-Sandwich.html?ref=business。

② 了解美国企业直到利润调回美国时才向美国国税局交税是很重要的。因此，这会激励高层管理者将现金放在海外而不是美国进行再投资。据苹果首席财务官彼得·奥本海默（Peter Oppenheimer）所说："我们认为，目前的税收法律对可能调回利润的美国企业提供了相当大的经济阻碍。"截至2013年4月，苹果拥有1450亿美元现金，但是为了支付股利而选择借款170亿美元。原因是，苹果公司约1020亿美元的现金在海外，如果调回国内会引发接近35%的遣返税。这样的行动导致参议院两党最近开始调查，苹果首席执行官库克就苹果使用了转移定价和其他漏洞，以避免为2009年至2012年间440亿美元的离岸收入向美国缴税的指控出席了国会的听证会。

以图表 22—2 中 Horizon 石油公司的数据为例，假设位于墨西哥的运输分公司根据墨西哥的法律要缴纳 30%的所得税；而精炼分公司根据美国法律适用 20%的所得税税率。此时，对于 Horizon 石油公司而言，选择以全部成本的 105%来确定内部转移价格将会最小化它的全部所得税支出，因为这种方法最小化其在墨西哥的所得税支出，而墨西哥的税率高于美国。计算如下表（单位：美元）：

转移定价方法	100 桶原油的营业利润			100 桶原油应缴所得税		
	运输分公司（墨西哥）(1)	精炼分公司（美国）(2)	合计 (3)=(1)+(2)	运输分公司（墨西哥）(4)=0.30×(1)	精炼分公司（美国）(5)=0.20×(2)	合计 (6)=(4)+(5)
市价	900	300	1200	270	60	330
全部成本的 105%	380	820	1200	114	164	278
混合价格	600	600	1200	180	120	300

最小化公司的所得税有时可能会与公司高层管理者希望通过转移定价实现的其他目标发生冲突。假设在休斯敦的原油市场是完全竞争的，在这种情况下，选用市价来制定转移价格将可以使 Horizon 石油公司同时实现目标一致、管理层付出努力两个目标，还能使 Horizon 石油公司有办法评价各分公司的盈利能力。但是从税收的角度来看，这种方法要交比较多的税。为了最小化所得税，Horizon 石油公司应该选用成本的 105%作为转移价格。但是美国及墨西哥的税法都对这样的选择有所限制。墨西哥的税收当局可能会采取一切方法来防止 Horizon 石油公司通过不合理的低转移价格把利润转移到精炼分公司（参见本章“观念实施：转移定价争端暂时中止了斐泉的流动”）。

观念实施

转移定价争端暂时中止了斐泉的流动

2008—2010 年，美国公司斐泉有限责任公司（Fiji Water，LLC）深陷一桩与斐济群岛政府的转移价格争端中。斐济群岛正是斐泉公司瓶装水工厂所在地。斐泉产自斐济群岛，占斐济国家出口额的 20%，公司价值链上的其他作业——进口、分销和零售——发生在销售斐泉的 40 个国家。随着时间的推移，斐济群岛政府逐渐意识到，斐泉公司将产于斐济群岛的瓶装水以非常低的价格卖给公司的美国总部，以此来操纵转移价格。

结果，斐济群岛税务和海关局（FIRCA）于 2008 年 1 月禁止了斐泉的出口，并且指控斐泉公司操纵转移价格。斐济群岛税务和海关局局长 Jitoko Tikolevu 谈到：“美国全资控制的斐济子公司仅以每箱 4 美元的价格卖给其美国母公司。而在美国，公司又将这些瓶装水以每箱 50 美元的价格销售。”斐泉公司立即向斐济高等法院起诉斐济群岛税务和海关局，指出公司是按照国际标准，以每箱 20～28 美元销售瓶装水。公司并没有因为“积极发展一个成功的品牌产品，大规模投资资产、员工和营销”而获得利润。

最终，斐泉公司与斐济群岛税务和海关局之间有关转移定价的争端通过税收解决了。斐泉公司保持了其在斐济群岛工厂生产的瓶装水每箱4美元的转移价格，而斐济政府将对斐泉公司抽取的水征收的消费税从每升1/3美分增加到每升15美分。虽然斐泉公司对新税收有异议，但公司仍然在2010年底同意支付这项新税款。正如这个备受关注的案例所说明的那样，转移定价公式和税收细则仍是全球各国和政府一个有争议的问题。

资料来源：Bloxham，Andy. 2011. Fiji Water accused of environmentally misleading claims. *The Telegraph*，June 20；Chapman，Paul. 2010. Fiji Water reopens Pacific bottling plant. *The Telegraph*，December 1；Matau，Robert. 2008. Fiji Water explains saga. *Fiji Times*，February 9；McMaster，James and Jan Novak. 2009. Fiji Water and corporate social responsibility—Green makeover or 'green-washing'? The University of Western Ontario Richard Ivey School of Business No. 909A08，London，Ontario：Ivey Publishing.

《美国国内税收法案》第482条也对跨国公司税收目的的转移定价进行了规范。第482条要求，公司在与其外国分公司或子公司交易有形或无形财产时，必须采用其与无关联的第三方交易时的价格。第482条的有关规定确认，公司制定转移定价时可以选择市价法或成本加成法，但是成本的加成数量必须能反映类似交易的毛利。①

因此，对于Horizon石油公司来说，如果休斯敦市场是完全竞争的，这可能会迫使它们在进行从运输分公司到精炼分公司的转移时使用市价85美元，同时，还可以借口自己销售给运输分公司不发生营销及分销成本，而成功申请采用较低于市价的转移价格。例如，每桶的营销和分销成本是2美元。Horizon石油公司设定的转移价格是每桶83美元（85－2），即销价减去营销和分销成本。按《美国国内税收法案》规定，Horizon石油公司必须取得税收当局对该转移定价方法的提前批准，称预先定价协议（APA）。此协议是一份确定年限的约束性协议。预先定价协议计划的目的在于避免纳税方和税务当局在转移定价问题上不必要的争论损失。自成立以来至2012年底，预先定价协议程序已经完成了1 155项预先定价协议，另外还搁置了391个新的预先定价协议申请。仅2012年，就执行了140项预先定价协议，其中103项是与其他税收协定国家的双边协议。例如，2007年，沃尔玛签订了第一个中美之间的双边预先定价协议。

根据毕马威（KPMG）2008年的一份报告，从1995年到2007年，实行转移定价的国家数量大约翻了两番。最近的全球经济衰退推动世界范围内更多的政府实施更严厉的贸易规则，并且激进地追求税收收入。外资企业过去在中国很受优待，在最近官方发布的新规则要求跨国公司提交大量的转移定价文档。诸如印度、加拿大、土耳其和希腊等国家对转移定价进行了更严格的审查，特别关注知识产权的价值、后勤部门的成本和各种类型的损失。在美国，奥巴马政府计划通过限制或终止几种广泛使用的税收漏洞以缩小美国国税局估计可能高达3 450亿美元的"税收缺口"。尽管该计划并不能直接解决转让定价实践中存在的问题，美国国税局已经更加积极地实施。该机构的国际工作人员已经增加了数百人。2011，美国国税局任命了第一位转移定价主任，2012年初，又引发了对各种科技公司（包括亚马逊、Adobe、瞻博网络和雅虎）的质询或纠纷。国税

① Robert Feinschreiber (Ed.)，*Transfer Pricing Handbook*，3rd ed. (New York：John Wiley & Sons，2002)；W. Joey Styron，"Transfer Pricing and Tax Planning：Opportunities for US Corporations Operating Abroad，" *CPA Journal Online* (November 2007).

局提出亚马逊公司应该支付 2005—2012 年期间与转移定价相关的 15 亿美元的增税。2006 年，美国国税局赢得了一项史上最大的转移定价争端，让英国制药和保健公司葛兰素史克支付了 34 亿美元，以补交 1989—2005 年的税款和利息。

政府对产品进口征收关税也影响跨国企业的转移定价行为。这里的问题与所得税因素是类似的。公司有动机降低出口产品的转移价格，以减少对这些产品征收的关税。某些国家对向境外各方支付股利或利润实施限制也影响企业制定转移价格。通过增加转移到这些国家的分公司的商品或服务的价格，企业可以增加从这些国家付出的现金而不违反与股利或利润相关的限制。

□ 为多重目标设计的转移价格

有时，一个转移价格不能满足所有的企业目标，如最小化所得税、实现目标一致、激励管理者努力。因此，企业会选择两套账，一套用于报税，另一套用于内部管理报告。当然，保留两套账的代价是昂贵的。根据法定和内部报告系统必须反映相同信息的原则，诸如农业和建筑设备行业的世界领导者 Case New Holland 等公司反对这样做。然而，AnswerThink 咨询集团对大型公司（收入超过 20 亿美元）进行的调查发现，在遵循“最佳实践”的公司中，有 77%的公司采用独立的报告系统来跟踪内部定价信息；而在不遵循“最佳实践”的公司中，大约只有 25%的公司这样做。

例如，微软公司赞成“切断”转移价格，应用内部衡量系统（微软会计原则(MAP)），使用一套独立的公司设计规则与账户。① 在微软公司，管理控制的关键方面是让产品和分公司管理者对产品盈利能力负责，并且为每条生产线规定适当的销售和营销支出水平。为了达到这些销售和营销支出水平，公司为每个地区的每种产品建立了盈利能力报表，并且以并不一定最有税收效率的方式将研发和管理费用分配给销售分公司。

即使没有独立的报告系统，企业仍然能非正式地调整转移价格以达到最小化税款和激励管理者之间的权衡。考虑一家生产半导体产品的跨国企业，它通过自己的销售组织在高税收的国家销售产品。为了最小化公司的税款，母公司设定了一个较高的转移价格，从而降低了外国销售组织的营业利润。因为利润低而处罚这个国家销售经理是不合适的，因为销售组织没有权力决定转移价格。作为一种替代，公司可以根据该国创造的直接贡献（收入减去营销成本）评价销售经理。即出于业绩评价目的，忽略购买半导体产品的转移价格。当然，这不是一个完美的解决方案。忽略购买产品的成本，销售经理就有动机在本地营销上过度花钱，超过了从公司的角度看应该是最优的支出。如果功能失调的影响过大，那么公司管理者必须干涉，评估情况，强行为经理制定具体的经营决策和目标。更一般的是，当公司采用税收遵从转移定价政策时，为了更好地评价业绩和进行业绩奖励，它需要在更低层次的管理水平上设立非财务业绩指标（如产量、准时交货数量或顾客响应时间）。②

---

① 更多细节见 I. Springsteel，“Separate but Unequal,” *CFO Magazine*（August 1999）。

② Cools, M. et al.，“Management Control in the Transfer Pricing Tax Compliant Multinational Enterprise,” *Accounting, Organizations and Society*（August 2008）提供了这个问题的一个典型案例研究，案例背景是一个跨国公司的半导体产品事业部。

自测题

Pillercat公司是一个高度分权的公司。每个分公司的管理者对于购买和销售都有全部的决策权。其拖拉机分公司每年需要2 000个曲轴，机械分公司是这种部件的主要供应商。

然而，拖拉机分公司刚刚宣布来年它将从两个外部供应商那里以每个200美元的价格购买全部所需的曲轴，原因是机械分公司最近决定来年将曲轴价格从当年的200美元增加到220美元。

机械分公司的经理Juan Gomez觉得提价10%是完全正当的。因为该公司一些生产曲轴的新专业设备的折旧费上升了，劳动力成本也提高了。Gomez要求Pillercat公司的总裁命令拖拉机分公司从机械分公司以单价220美元购买所需的全部曲轴。

	A	B
1	拖拉机分公司购买曲轴的数量	2 000
2	外部供应商的单位曲轴市场价格（美元）	200
3	机械分公司单位曲轴的变动成本（美元）	190
4	机械分公司单位曲轴的固定成本（美元）	20

要求：

1. 计算拖拉机分公司在以下情形下从机械分公司内部购买曲轴，对Pillercat公司整体所带来的好处或坏处（以年营业利润计）。

（1）机械分公司用于生产曲轴的设备不能做其他的用途。

（2）机械分公司将这些设备做其他生产之用，每月将节省现金支出29 000美元。

（3）机械分公司的这些设备没有其他用处，并且外部供应商将曲轴价格降到每个185美元。

2. 如果你是Pillercat公司的总裁，对于Juan Gomez要求你命令拖拉机分公司从机械分公司那里购买所需的全部曲轴，会如何答复？在要求1所描述的三种情形下，你的答复会不同吗？为什么？

解答：

1. 在（1）、（2）、（3）情形下，拖拉机分公司一年从内部购买曲轴的计算如下：

	A	B	C	D
1			情形	
2		(1)	(2)	(3)
3	拖拉机分公司购买曲轴的数量	2 000	2 000	2 000
4	外部供应商的单位曲轴市场价格（美元）	200	200	185
5	机械分公司单位曲轴的变动成本（美元）	190	190	190
6	机械分公司向拖拉机分公司供应曲轴的机会成本（美元）	-	29 000	-
7				
8	从外部供应商处购买的购买总成本(美元)			
9	(2 000×200, 2 000×200, 2 000×185)	400 000	400 000	370 000
10	从机械分公司处购买的购买总成本(美元)			
11	(2 000×190)	380 000	380 000	380 000
12	机械分公司的总机会成本(美元)	–	29 000	–
13	总相关成本(美元)	380 000	409 000	380 000
14	从机械分公司购买，Pillercat公司			
15	整体年营业利润的增加(减少)(美元)	20 000	(9 000)	(10 000)

本章介绍的一般指导原则也可作为确定三种情况下转移价格的第1步（单位：美元）：

情形	截至转让时的单位增量成本	+	机械分公司的单位机会成本	=	转移价格	外部市场价格
(1)	190	+	0	=	190	200
(2)	190	+	14.50[a]	=	204.50	200
(3)	190	+	0	=	190	185

a 单位机会成本＝总机会成本÷曲轴数量＝29 000÷2 000＝14.50（美元）。

将转移价格与外部市场价格进行比较可知，拖拉机分公司在情形（1）下从机械分公司购买曲轴，在情形（2）和（3）下从外部供应商购买曲轴，都可使Pillercat公司整体的年营业利润最大化。

2. Pillercat公司是一个高度分权的公司。如果不强迫转让，拖拉机分公司将使用外部供应商。如果在要求1中的情形（2）、(3）下，这么做对公司总体是理想的，但在情形（1）下，这么做就是不理想的。

假设在要求1中的情形（1）下，机械分公司拒绝以每个200美元出售，这意味着总公司短期内将损失20 000美元。那么高层管理者是否应出来干预并强迫机械分公司以每个200美元的价格转让？这种干预将有损分权制的经营理念。许多高层管理者不愿意干预，因为他们认为这20 000美元是分权制下可能发生的次优决策的一个不可避免的成本。但是这个成本达到多高的水平才会使干预的愿望变得不可阻止？是30 000美元，还是40 000美元？

任何管理高层对下级决策的干预都会削弱分权制。当然，Pillercat公司的管理层可以偶尔干预以预防重大失误。但是，经常的干预和限制将会损害Pillercat公司作为一个分权制公司经营的尝试。

决策要点

下面的问答形式是对本章学习目标的总结，决策代表与学习目标相关的关键问题，指南则是对该问题的回答。

决策	指南
1. 什么是管理控制系统以及如何设计它？	管理控制系统是一种收集信息、使用信息的手段，它被用来帮助和协调组织中计划的制定并控制组织中的决策，还可指导组织成员的行为。有效的管理控制系统应与组织战略保持高度一致，并且要能适应组织的结构，激励管理者和员工为实现组织目标而努力。
2. 分权制的利弊分别是什么？	分权制的好处包括：(1）对当地需求作出更多的反应；(2）加快决策过程；(3）有助于管理人员的开发和学习；(4）突出子单元管理者关注的焦点。分权制的代价包括：(1）次优决策；(2）过分重视子单元而不是公司整体；(3）信息收集成本增加；(4）活动重复进行。

3. 什么是转移价格，管理者使用什么标准评价它们？	转移价格是指一个子单元（部门或分公司）就自己向同一个组织内其他子单元提供的产品或服务收取的价格。它设法促进目标一致、激励管理层努力、帮助评价子单元业绩和保持子单元自治（若需要）。
4. 计算转移价格的可选方法是什么？	转移价格可以市价为基础制定、以成本为基础制定或混合决定。不同的转移定价方法为子单元带来不同的收入和成本，进而影响它们的营业利润。
5. 在什么样的市场情况下，基于市价的转移价格促进了目标一致性？	在一个完全竞争市场上，若没有富余生产能力，分公司经理们可以市场价格随意买卖任意数量的产品或服务。在这样的环境中，以市价制定转移价格可以激励管理者像在外部市场进行交易那样在公司内部进行交易。
6. 当以完全成本加成作为转移价格时将出现什么问题？	建立在成本基础上的转移价格使购买方将出售方的固定成本和加成都视为自己的变动成本，从而导致次优决策。买方情愿从外部购买产品以节省变动成本，但实际上这样做并不能节省变动成本。
7. 在可行转移价格范围内，企业达成最终混合价格的可选方法是什么？	存在剩余生产能力时，转移价格一般都应该在上下限之间，其中，下限指卖方愿意销售的最低价（它的单位变动成本）；上限指买方愿意支付的最高价（它的贡献与它可以从外部市场购买的价格二者中的较低者）。在这个范围内达成价格的方法包括按比例分配（如平分差异，或基于相对变动成本）、分公司间协商和双重定价。
8. 决定转移价格下限的一般指导原则是什么？	制定转移价格的一般指导原则阐明，最低转移价格等于截至转让时所承担的增量成本加上供应方分公司的单位机会成本。
9. 所得税因素如何影响跨国公司的转移定价？	公司可以利用转移定价在税率较低的国家确认较多的利润，在税率较高的国家确认较少的利润来减少公司整体的所得税支付。但是，不同国家的税收法规限制了公司能够使用的转移价格。

练习题

22—17 成本中心，利润中心，分权制，转移价格。Fenster公司制造木质或金属框架的窗户。公司有三个部门：玻璃部、木材部和金属部。玻璃部制造窗玻璃并将其送到木材部或金属部给玻璃安装框架，然后出售窗户。高级管理层制定了三个部门的生产计划，并根据产量、成本差异与产品质量对它们进行评价。

要求：

1. 这三个部门是成本中心、收入中心还是利润中心？

2. 这三个部门是集权化还是分权化？

3. 一个集权化的部门可以是利润中心吗？为什么？

4. 假设公司高级管理层决定让三个部门自己

制定生产计划表、在市场上买卖产品，并且让木材部和金属部与玻璃部协商确定玻璃板的转移价格。

（1）这会改变你对要求 1 和 2 的回答吗？

（2）如果做出这种改变，你会建议高级管理层如何评价三个部门？

22—19　转移定价，目标一致。British Columbia Lumber 公司有原木部和成品木材部。变动成本如下：

- 原木部：每 100 板英尺原木材 100 美元。
- 成品木材部：每 100 板英尺成品木材 125 美元。

假设在将原木材加工成成品木材的过程中没有损失。每 100 板英尺原木材售价 200 美元。每 100 板英尺成品木材售价 275 美元。

要求：

1. 公司应该将原木材加工成成品木材吗？写出计算过程。

2. 假设内部转移价格是变动成本的 110%。每个部门都会采取最符合公司整体利益的行为来实现部门营业利润最大化吗？请解释。

3. 假设以市场价格作为内部转移价格。每个部门都会采取最符合公司整体利益的行为来实现部门营业利润最大化吗？请解释。

22—21　不同转移定价方法对分公司营业利润的影响（摘自 CMA）。Ajax 公司有两个分公司：采矿分公司制造 toldine，然后运往金属分公司，金属分公司进一步加工后以每单位 150 美元的价格卖给消费者。Ajax 公司要求采矿分公司将全部年产量 200 000 单位按全部成本的 110%卖给金属分公司。在市场上同样产品的交易量没有限制，交易单价为 90 美元。

下表给出了两个分公司 2009 年 toldine 的单位生产成本（单位：美元）：

	采矿分公司	金属分公司
直接原材料	12	6
直接人工成本	16	20
间接成本	32[a]	25[b]
单位生产总成本	60	51

a. 采矿部门的间接成本中，固定成本占 25%，变动成本占 75%。

b. 金属部门的间接成本中，固定成本占 60%，变动成本占 40%。

要求：

1. 分别按照下述两种转移定价方法计算两个分公司交易 200 000 单位 toldine 的营业利润。

（1）市价；

（2）全部成本的 110%。

2. 假设 Ajax 公司按照各分公司营业利润（如果有利润）的 1%计提该分公司经理的奖金，按照要求 1 中提到的两种方法，两个分公司经理各能得到多少奖金？他们各自希望选用哪种定价方法？

3. Brian Jones 是采矿分公司的经理，如果他希望选用自己偏好的转移定价方法，可以提出哪些理由？

22—23　跨国公司的转移定价，全球税负最小化。Questron 公司在宾夕法尼亚州斯克兰顿工厂生产电信设备。公司有遍布世界各地的营销部。德国汉堡的营销部从美国进口了 100 000 个宽带路由器。其他信息如下：

美国分部的所得税税率	35%
德国分部的所得税税率	40%
德国进口关税税率	15%
每个路由器的变动制造成本	275 美元
每个路由器的全部制造成本	400 美元
在德国的售价（扣除营销和分销成本）	575 美元

假设美国和德国的税务部门只允许转移价格介于单位产品全部制造成本 400 美元和德国可比进口产品的市场价格 475 美元之间。德国的进口关税按产品进入德国的价格征收。任何付给德国税务部门的进口关税在计算德国所得税时都可扣除。

要求：

1. 计算：

（1）以单位产品的全部生产成本；

（2）以德国可比进口产品的市场价格为转移价格转移 100 000 个路由器时美国分部和德国分部的税后净利润。（在计算基于成本的转移价格时不包括所得税。）

2. 为使公司进口关税和所得税最小化，Questron 公司应该选择哪种转移价格？记住，转移价格必须介于单位产品全部制造成本 400 美元和德国可比进口产品的市场价格 475 美元之间。解释理由。

22—25　转移定价纠纷。Kelly-Elias 公司生产拖拉机和其他重型农机。公司按分权化的产品线组织生产，每个生产部门都是一个独立的利润中心。每个部门的经理已被授权全权制定所有涉及本部门产品对外及对公司其他分部销售的决策。C 部门过去总是从 A 部门购进特殊拖拉机发动机部件。但当被告知 A 部门将价格抬升至 135 美元时，C 部门的经理决定从外部供应商处购买发动机部件。

C部门可以从公开市场上以每单位115美元的价格购进发动机部件。A部门解释说，由于最近安装了高度专业化的设备，导致折旧费用升高，如果不提价的话，就无法获得足够的投资回报率。在与C部门的纠纷中，A部门的经理呼吁最高管理层支持自己，并提供了如下经营数据：

C部门每年购买拖拉机发动机部件	1 900单位
A部门每单位拖拉机发动机部件的变动成本	105美元
A部门每单位拖拉机发动机部件的固定成本	25美元

要求：

1. 假设A部门的内部设备没有其他用途。如果C部门从外部供应商处以115美元的单价购进部件，公司整体是否会受益？部件的转移价格应该设定为多少才能使部门经理采取既最符合本部门利益又最符合公司整体利益的行动？

2. 假设A部门的内部设施不会被闲置。A部门不为C部门生产1 900单位产品，而是将设备和其他设施用于其他生产，这将导致每年节约22 800美元的现金。C部门应该从外部供应商处采购吗？写出计算过程。

3. 假设A部门的设备没有其他用途，且外部市场价格下降了15美元。C部门应该从外部供应商处采购吗？部件的转移价格应该设定为多少才能使部门经理采取既最符合本部门利益又最符合公司整体利益的行动？

22—27 一般原则，转移定价。Slate公司生产并销售电视机。公司装配部从屏幕部购进电视屏幕进行电视机组装。屏幕部满负荷生产，每个屏幕的生产成本为65美元，屏幕部能以100美元的单价对外销售所有产品，为此发生的单位营销与分销成本为8美元。如果装配部以100美元的单价从外部供应商处购买屏幕，单位采购成本为7美元。Slate公司的部门经理可以自主行动以使自己部门的营业利润最大化。

要求：

1. 屏幕部经理愿意向装配部销售屏幕的最低转移价格是多少？

2. 装配部经理愿意从屏幕部采购屏幕的最高转移价格是多少？

3. 假设屏幕部只能在公开市场上售出其每月产量的70%，每月的生产能力为20 000个屏幕。生产能力短期内不会减少。装配部每月可组装并销售20 000多台电视机。

（1）屏幕部愿意向装配部销售屏幕的最低转移价格是多少？

（2）从Slate公司管理层的角度来看，应该将多少屏幕部的产品转移给装配部？

（3）如果Slate公司授权屏幕部和装配部的经理平分他们协商的最高与最低转移价格之间的差额，由此得到的转移价格会是多少？这个价格达到了要求3（2）中期望的结果吗？

22—29 转移价格制定方法的选择对分公司营业利润的影响。Cranergy Products公司的主要产品是蔓越莓，拥有两个分公司：收割分公司与加工分公司。目前，所有收割分公司的产品都被加工分公司转化成了蔓越莓汁，然后又被销售给生产蔓越莓汁混合物的大酿酒公司。加工分公司每1 000磅蔓越莓生产500加仑果汁。两个分公司的成本和市价数据如下（单位：美元）：

	A	B	C	D	E
1	收割分公司			加工分公司	
2	每磅蔓越莓的变动成本	0.14		生产每加仑果汁的变动加工成本	0.32
3	每磅蔓越莓的固定成本	0.26		生产每加仑果汁的固定成本	0.50
4	外部市场每磅蔓越莓的售价	0.58		每加仑果汁的售价	2.15

要求：

1. 2014年6月，Cranergy公司收获420 000磅蔓越莓，并将其加工成果汁，计算该公司的营业利润。

2. Cranergy公司提取分公司营业利润的3%作为奖金来激励分公司经理。在下列每种转移定价方法下，计算2014年6月每个分公司经理得到的奖金。

（1）全部成本的150%；

（2）市场价格。

3. 各分公司经理偏好哪种转移价格方法？Cranergy公司如何解决转移定价问题可能产生的冲突？

22—31 跨国公司的转移定价，全球税负最小化。位于艾奥瓦州得梅因市的Supergrow公司销售高端肥料，它有两个部门：

- 北意大利采矿部，在意大利北部开采钾盐；
- 美国加工部，利用钾盐生产高级肥料。

加工部的产出率为 50%，即利用 2 吨钾盐原料生产 1 吨高端肥料。虽然采矿部的 12 000 吨钾盐全部送往美国加工，但意大利也有活跃的钾盐市场。汇率为 0.8 欧元=1 美元。两个部门的信息如下：

	A	B	C	D	F	G
1	北意大利采矿部					
2	每吨钾盐的变动成本				72	欧元
3	每吨钾盐的固动成本				112	欧元
4	每吨钾盐的市场价格				296	欧元
5	税率				30%	
6						
7	美国加工部					
8	每吨肥料的变动成本				48	美元
9	每吨肥料的固动成本				120	美元
10	每吨肥料的市场价格				1 150	美元
11	税率				35%	

要求：

1. 在下列转移定价法下，计算每个部门年度的税前营业利润（以美元为单位）：

（1）全部成本的 150%；

（2）市场价格。

2. 在要求 1 中的转移定价法下，计算每个部门年度的税后营业利润（以美元为单位）。（基于成本的转移价格计算中不包括所得税，而且在意大利已交税的利润不用再交美国所得税。）

3. 如果依据部门税后净利润确定两个部门经理的报酬，那么他们更喜欢哪种转移价格呢？哪种转移定价法会最大化公司的税后总利润呢？

4. 除了税额最小化，在选择转移定价法时，公司还应该考虑什么其他因素？

22—33 国际转移定价，税收和目标一致。Gemini 公司的分公司 Castor 坐落于美国。它的实际所得税税率是 30%。Gemini 公司的另一个分公司 Pollux 坐落于加拿大，其所得税税率为 40%。Pollux 为 Castor 生产一种名为 IP-2014 的中间产品。Pollux 满负荷生产，每期为 Castor 生产 15 000 单位 IP-2014，其单位变动成本是 56 美元。假设不对外销售 IP-2014。因为要将 IP-2014 从加拿大运到位于美国的 Castor，Pollux 要为每单位产品支付 8 美元运费。IP-2014 没有直接固定成本。Pollux 还生产其他产品。

Castor 可以使用一种与 IP-2014 类似的产品作为替代品，这种产品能够以每单位 77 美元在美国购买。

要求：

1. 两个分公司都能接受的 IP-2014 的最大和最小转移定价是多少？为什么？

2. 使 Gemini 公司整体所得税最低的转移价格是多少？两个分公司希望根据这种转移定价计算的营业利润来评价它们吗？

3. 假设 Gemini 公司使用要求 2 中的转移定价，并且根据每个分公司各自的税后营业利润来评价它们。现在假设 Pollux 有机会以每单位 62 美元向外部顾客销售 8 000 单位 IP-2014。Pollux 不发生运输成本，因为顾客就在附近，运费自担。假设 Pollux 接受这个特殊订单，而 Castor 不得不以每单位 77 美元在美国购买 8 000 单位替代品。

（1）接受这个特殊订单会最大化 Gemini 公司整体的税后营业利润吗？

（2）Castor 希望 Pollux 接受这个特殊订单吗？为什么？

（3）Pollux 想接受这个特殊订单吗？请解释。

（4）假设 Gemini 公司想实行分权化经营。它应该为 IP-2014 制定什么转移价格，以便每个分公司在对这个特殊订单采取对自己最有利的行动的同时，对公司整体是最有利的？

22—35 转移定价，目标一致。CC Industries 公司的 Croydon 部门每月为 Hauser 部门供应 100 000 个红外发光二极管（LED），用于制造远程遥控装置。LED 的转移价格为 8 美元，与市场价相同。但是 Croydon 部门没有满负荷生产。Croydon 部门 LED 的变动成本为 4.8 美元。Hauser 部门每个远程遥控装置的变动成本（不包括转移价格）为

12美元，售价为32美元。

Hauser部门的经理正考虑一个促销活动。Hauser部门的市场调研部估计了每月新增销量与促销费用，如下所示：

每月新增促销费用（美元）	80 000	120 000	160 000
每月新增销售量	10 000	15 000	18 000

要求：

1. Hauser部门的经理会选择什么水平的新增促销费用？

2. 作为Croydon部门的经理，你希望看到Hauser部门的经理选择什么水平的新增促销费用？

3. 作为CC Industries公司的董事长，你希望Hauser部门的经理选择什么水平的支出？

4. 从公司整体角度来看，将最大转移价格定为多少会使Hauser部门投入最佳的新增促销费用？

第 23 章

业绩评价、薪酬与跨国考量

- 财务与非财务业绩指标
- 业务部门的会计指标
- 业绩指标细节的选择
- 业绩的目标水平与反馈
- 跨国公司的业绩评价
- 区分管理者的业绩与其子单元的业绩
- 战略与控制手段

学习目标

1. 选择平衡计分卡中使用的财务与非财务业绩指标
2. 检查以会计为基础的企业业绩指标，包括投资回报率、剩余收益和经济增加值
3. 分析业绩指标设计中关键计价的选择
4. 研究业绩目标的选择和反馈机制的设计
5. 指出度量不同国家运作部门的绩效时所遇到的困难
6. 理解报酬设计中薪金和激励的作用
7. 描述控制的四个层次及其必要性

当你完成这门课程的时候，你会得到一个评分，它代表对你本课程的业绩评价。

你的评分可能包含四个因素——家庭作业、小测验、考试与课堂参与。这些因素比其他因素更好地反映了你对这门课程的了解吗？在确定你的最终成绩时，不同因素的相对权重会影响你投入多少努力去改进不同因素的业绩吗？如果不管你的业绩如何，你都得到了一个好的评分，这公平吗？下面关于美国国际集团（AIG）前首席执行官马丁·苏里文（Martin Sullivan）的文章在企业背景下探讨了一些特别的情况。尽管马丁·苏里文将美国国际集团推到破产的边缘，但他仍继续得到绩效奖金。由于没有将报酬与业绩联系起来，美国国际集团的董事会对那些导致公司被政府接管的行为进行奖励。

美国国际集团首席执行官薪酬与绩效的失调①

在崩溃和政府接管后，美国国际集团的许多股东和观察家开始关注公司高管的薪酬。专家称对高管的激励助长了房地产泡沫。尽管人们在抵押债券上压上了许多长期赌注，但是他们大部分的薪酬却是短期奖金的形式。这助长了过度的风险，使人们对严重的后果无所畏惧。

仅从财务指标判断，在危机前一年的2007年，美国国际集团的经营是失败的。受减记111亿美元固定收入保证金的影响，公司的收入比2006年下降了56%。尽管如此，美国国际集团首席执行官仍然获得了1 430万美元的工资、奖金、股票期权和其他奖励。2008年6月，美国国际集团替换了马丁·苏里文。至此，美国国际集团报告了总共200亿美元的累计亏损。在马丁·苏里文掌权的3年任期内，美国国际集团的市值损失了46%。在他被解雇时，公司董事会又向这位被解职的首席执行官支付了4 700万美元的解雇费、奖金和长期薪酬。在美国国际集团倒闭之后的国会听证会上，一名证人在马丁·苏里文的薪酬问题上指证道："我认为可以这么说，无论以何种标准来衡量，这个薪酬计划与绩效并不像可能的那样相关。"

① Nathan Blair, "AIG—Blame for the Bailout," Stanford Graduate School of Business No. A-203 (Stanford, CA: Stanford Graduate School of Business, 2009); Hugh Son and Erik Holm, "AIG's Former Chief Sullivan's Gets $47 Million Package," *Bloomberg.com* (July 1, 2008); Zachary Tracer, "Benmosche Gets 24% Pay Boost in 2013 After AIG Bailout Repaid," *Bloomberg.com* (April 4, 2013).

在政府控制的时候，美国国际集团高管的薪酬受到了限制。在 2013 年初偿还了国家的紧急救助后，美国国际集团就宣布对现任首席执行官罗伯特·本默切（Robert Benmosche）涨薪 24%。2013 年，罗伯特·本默切有资格获得 1 300 万美元，其中包括 200 万美元的工资、400 万美元的年度奖金和 700 万美元的长期激励薪酬。再有，美国国际集团 5 位高管的薪酬将主要根据成果来确定。高管的奖金将会根据公司在 3 年股东总回报和有形账面价值净值增长方面与同行相比较的业绩来确定。

很多公司评估并奖励业绩以激励管理者朝着组织目标努力。正如美国国际集团的案例所示，如果奖励不合适或者与持续业绩不相关，管理者们就可能在不支持公司目标的情况下增加他们的薪酬。本章将讨论决策制定程序最后一步的部分内容——业绩指标的设计、实施和应用。

财务与非财务业绩指标

如你所知，许多组织将下属单位的财务和非财务业绩指标记录在一张平衡计分卡上。不同组织的平衡计分卡侧重点有所不同，但这些指标都是源于公司的战略。以连锁旅馆好客旅馆（Hospitality Inns）为例。好客旅馆的战略是提供优质的服务，收取比竞争者更高的房价。在平衡计分卡中，好客旅馆使用了下列指标：

1. **财务维度**——公司的股价、净利润、利润率、投资报酬率和经济增加值。
2. **顾客维度**——不同地区的市场份额、顾客满意度、品牌形象和平均重复入住的次数。
3. **内部业务流程维度**——预定、入住登记和餐饮服务的顾客服务时间；旅馆和客房的清洁，客房与旅馆服务质量；清扫客房的时间；废弃物、能源和水消耗的减少；向顾客提供新服务的数量（无线网络、视频游戏等）；计划和建立新旅馆的时间。
4. **学习与成长维度**——企业员工的教育、技术和满意度水平，员工流动率，员工培训小时数，公司是否取得 ISO14001：2004 环境管理认证。

实施平衡计分卡的目标就是在学习与成长方面进行改进，从而导致内部业务流程的改进，最终导致顾客和财务方面的改进。好客旅馆也用平衡计分卡指标评价并奖励它的管理者。

某些业绩指标，如计划和建立新旅馆的时间，与企业长远发展相关；其他一些业绩指标，如入住登记时间和客房服务质量，则与企业的短期经营相关。本章的讨论将集中在包含中长期在内的应用最广泛的业绩评价指标上，这些都是基于企业日常会计数据上的内部财务指标。在稍后的内容中，我们描述为何企业既用财务指标也用非财务指标评价业绩。

绩效评价的会计指标设计需要几个步骤：

步骤 1：选择与企业财务目标一致的业绩指标。例如，营业利润、净利润、资产收益率或销售收入是度量下属单位财务业绩的最佳指标吗?

步骤 2：选择步骤 1 中每个业绩指标的细节。一旦企业选择了一个具体的业绩指标，它就必须确定指标构成部分的精确计算方法。例如，如果选择资产收益率，那么这个业绩指标是计算一年的还是多年的？资产是定义为总资产还是净资产（总资产减总负债）？资产是历史成本计价，还是现行成本计价？

步骤3：选择业绩的目标水平和每个业绩指标的反馈机制。例如，是否所有单位都应以同一个资产应得收益率作为目标？业绩报告是每天、每周，还是每月向高层管理者报告？

这些步骤中的决策不必依次做。通常决策者在决定绩效的会计指标之前，要对上述问题进行反复研究。上述每一问题的答案决定于高层管理部门的看法，即每个指标如何实现促进目标一致、激励管理层努力、评价下属单位业绩与保护下属单位自治的行为标准（见第22章）。

业务部门的会计指标

公司一般采用四个指标来衡量下属单位的经济绩效。我们以好客旅馆为例来说明这些指标。

好客旅馆在旧金山、芝加哥和新奥尔良各拥有1家连锁店。图表23—1是关于这3家连锁店2014年的数据。目前，好客旅馆并未向3家连锁店分摊公司的长期债务。图表23—1的数据表明，新奥尔良连锁店的营业利润最高，为510 000美元，芝加哥连锁店次之，为300 000美元，旧金山连锁店最低，仅有240 000美元。但这种比较是否意味着新奥尔良连锁店是最“成功”的？仅仅比较营业利润的最大弱点是忽略了不同连锁店间投资规模的差异，**投资**（investment）是指产生利润的资源或资产。真正的问题是，相对于投资，分公司是否创造了足够的营业利润。

图表23—1　　好客旅馆2014年财务数据　　单位：千美元

	A	B	C	D	E
1		旧金山	芝加哥	新奥尔良	合计
2	销售收入	1 200 000	1 400 000	3 185 000	5 785 000
3	变动成本	310 000	375 000	995 000	1 680 000
4	固定成本	650 000	725 000	1 680 000	3 055 000
5	营业利润	240 000	300 000	510 000	1 050 000
6	长期负债利息成本（10%）				450 000
7	税前利润				600 000
8	所得税（30%）				180 000
9	净利润				420 000
10	2014年末净账面价值：				
11	流动资产	400 000	500 000	660 000	1 560 000
12	长期资产	600 000	1 500 000	2 340 000	4 440 000
13	总资产	1 000 000	2 000 000	3 000 000	6 000 000
14	流动负债	50 000	150 000	300 000	500 000
15	长期负债				4 500 000
16	股东权益				1 000 000
17	负债与股东权益合计				6 000 000
18					

有三种包含衡量投资的业绩评价方法：投资回报率、剩余收益、经济增加值。还有一种方法是销售利润率，没有衡量投资。

□ 投资回报率

投资回报率（return on investment，ROI）是用会计利润除以会计计量的投资额。

$$投资回报率=\frac{利润}{投资额}$$

投资回报率是评价业绩最常用的方法，有两个原因：它将反映盈利性的所有成分——销售收入、成本和投资额——都归纳在一个百分数内，并可用来同公司其他投资机会的收益水平相比较。但是，与任何单一指标一样，管理者在使用投资回报率指标时应谨慎并与其他指标结合使用。

投资回报率通常又称为会计收益率或应计会计收益率（见第 21 章），管理者通常在评估子单元业绩时用投资回报率，而在评估一个项目时用应计会计收益率。企业可以根据需要改变投资回报率分子分母的定义。例如，有些企业用营业利润作分子，有些企业则用税后净利润。一些企业用总资产做分母，另一些则用总资产减去流动负债即长期负债与权益作分母。

现在考虑图表 23—1 中 3 家连锁店的投资回报率，我们以营业利润作分子，以总资产作分母来进行分析可得以下结果：

连锁店	营业利润	÷	总资产	=	投资回报率
旧金山	240 000	÷	1 000 000	=	24%
芝加哥	300 000	÷	2 000 000	=	15%
新奥尔良	510 000	÷	3 000 000	=	17%

比较投资回报率指标，我们发现旧金山连锁店最充分利用了总资产。

每个管理者可以采用如下方法来提高其旅馆的投资回报率：增加收入或减少成本（增加分子），或者减少连锁店投资（减少分母）。甚至当营业利润下降时，连锁店管理者通过更大比例地减少总资产也能增加投资回报率。例如，假设芝加哥连锁店的营业利润减少了 4%，从 300 000 美元降到 288 000 美元（300 000×(1－0.04)），并且总资产减少了 10%，从 2 000 000 美元降到 1 800 000 美元（2 000 000×(1－0.10)）。那么，芝加哥连锁店的投资回报率将从 15%增加到 16%（即 288 000÷1 800 000）。

将投资回报率指标分解为两部分将能更好地说明问题：

$$\frac{利润}{投资}=\frac{利润}{收入}\times\frac{收入}{投资}$$

也可以写作：

$$投资回报率=销售利润率\times投资周转率$$

上述分析方法称为杜邦盈利分析方法。杜邦分析方法确认了创造利润的两个基本成分：增加单位收入产生的利润和使用资产产生更多的收入。改进任何一个成分而保持另一个成分不变，就可以提高投资回报率。

假设好客旅馆的最高管理当局将30%的投资回报率作为旧金山连锁店必须实现的投资收益指标，那么怎样才能实现这一指标呢？下面的例子应用杜邦分析法，结果显示，管理者可以使用3种选择将连锁店的投资回报率从24%增加到30%（单位：美元）。

	营业利润 (1)	收入 (2)	总资产 (3)	营业利润/收入 (4)=(1)÷(2)		收入/总资产 (5)=(2)÷(3)		营业利润/总资产 (6)=(4)×(5)
目前状况	240 000	1 200 000	1 000 000	20%	×	1.2	=	24%
方案（1）：减少资产（例如，应收账款），保持收入和销售利润率不变。	240 000	1 200 000	800 000	20%	×	1.5	=	30%
方案（2）：增加收入（提高出租率），保持资产和销售利润率不变。	300 000	1 500 000	1 000 000	20%	×	1.5	=	30%
方案（3）：减少成本（例如，减少维修费用）以增加销售利润率，保持收入和资产不变。	300 000	1 200 000	1 000 000	20%	×	1.2	=	30%

其他方法，如提高单位售价，可以同时增加单位资产的收入与单位收入产生的利润。

投资回报率指标还表明管理人员可以通过减少对流动资产或长期资产的投资额来提高投资收益。某些管理人员只注意提高产品销售收入或控制产品生产成本对提高投资回报率的作用，却忽视了减少投资数量可以起到同样的作用。减少投资额意味着减少闲置现金、管好应收账款、合理确定存货水平，并谨慎投资长期资产。

□ 剩余收益

剩余收益（residual income，RI）是会计利润减去投资额要求的回报。

剩余收益＝利润－(应得收益率×投资额)

应得收益率乘以投资额构成投资估算成本。投资**估算成本**（imputed costs）是在特定情况下需要确认，但不在财务会计系统中记录的成本，因为它是一种机会成本。在这种情形下，估算成本是指好客旅馆进行其他相似风险特征的投资所获得的回报。

假定每个旅馆面临相同的风险。好客旅馆要求12%的应得收益率。根据营业利润减去总资产所要求的12%的应得收益率计算各连锁店的剩余收益如下（单位：美元）。

连锁店	营业利润	−	应得收益率	×	投资额	=	剩余收益
旧金山	240 000	−	(12%	×	1 000 000)	=	120 000
芝加哥	300 000	−	(12%	×	2 000 000)	=	60 000
新奥尔良	510 000	−	(12%	×	3 000 000)	=	150 000

注意，新奥尔良连锁店的剩余收益最高。通常，剩余收益受规模的影响：对于给定的业绩水平，更大的分公司会创造更高的剩余收益。

有些公司喜欢使用剩余收益指标，因为这些公司的管理人员将经营目标放在追求投资收益绝对值（如剩余收益）而不是相对值（如投资回报率）最大化上。最大化剩余收益的目标意味着一个部门只要能够赚取超过要求的投资回报的利润，该部门就应该继续投资。

单纯地追求投资回报率最大化可能会激励高盈利部门的管理者拒绝投资一些项目，而从公司总体角度看，却应该接受这些项目。假设好客旅馆正在考虑更新旧金山连锁店的客房并进行装修。这将使营业利润增加 70 000 美元，总资产增加 400 000 美元，扩张的投资回报率为 17.5%（即 70 000÷400 000），这对好客旅馆整体是有利的，因为超过了应得收益率，但从旧金山连锁店自身的角度看，扩大经营规模将导致投资回报率的下降。

$$扩张前的投资回报率=\frac{240\ 000}{1\ 000\ 000}=0.24 或 24\%$$

$$扩张后的投资回报率=\frac{240\ 000+70\ 000}{1\ 000\ 000+400\ 000}=\frac{310\ 000}{1\ 400\ 000}=0.221 或 22.1\%$$

如果旧金山连锁店管理人员的奖金是以投资回报率为基准确定的，则选择扩大经营规模的方案将导致管理人员年度奖金的减少，管理者将回避扩张；相反，如果管理人员的年度奖金是剩余收益的函数，则旧金山连锁店的管理人员将赞同扩张：

$$扩张前的剩余收益=240\ 000-(0.12\times 1\ 000\ 000)=120\ 000(美元)$$
$$扩张后的剩余收益=310\ 000-(0.12\times 1\ 400\ 000)=142\ 000(美元)$$

因此，企业用剩余收益而不是投资回报率作为下属单位管理人员的业绩评价指标更能实现目标一致。

这是一般的结果，注意，扩张后的投资回报率是扩张前的投资回报率与正在考虑的项目的投资回报率的加权平均。因此，新项目的回报率高于应得收益率（本例中为 12%），但低于分公司现在的投资回报率（本例中为 24%），分公司管理者都会拒绝它，即使这个项目是股东愿意投资的。① 另一方面，剩余收益是一个线性加总指标，即扩张后的剩余收益总是等于扩张前的剩余收益加上正在考虑的项目的剩余收益。为了证实上例中的这种情况，可以观察，项目的剩余收益是 70 000−12%×400 000=22 000 美元，这即是扩张后的剩余收益与扩张前的剩余收益的差额。因此，接受剩余收益评价的管理者将会选择一个新项目，只要它的剩余收益为正。但是这恰好是股东希望管理者采用的

① 类似地，比如一个业绩不好的分公司的投资回报率为 7%，它的管理者可能希望接受回报率在 7%～12%之间的项目，即使这些机会不能达到股东的应得收益率。

标准，换句话说，剩余收益实现了目标一致。

□ 经济增加值

经济增加值（economic value added，EVA）是剩余收益的一种变化形式，被许多公司采用。[①] 计算如下：

经济增加值＝税后营业利润－加权平均资本成本×(总资产－流动负债)

经济增加值替换了剩余收益计算中的下列数字：

1. 以税后营业利润替换利润。
2. 以（税后）加权平均资本成本替换应得收益率。
3. 以总资产减去流动负债替换投资额。[②]

我们以图表 23—1 中好客旅馆的数据为例来说明基本的经济增加值的计算。加权平均资本成本等于该集团所有长期投资的税后平均成本。该公司的长期资金有两种来源：(1) 长期负债，其市场和账面价值都是 450 万美元（利率 10%）；(2) 权益资本，市场价值 450 万美元（账面价值 100 万美元）。[③] 由于利息成本是可抵税的且所得税税率为 30%，所以负债融资的税后实际成本为：0.10×(1－税率)＝0.10×(1－0.30)＝0.10×0.70＝0.07 或 7%。权益资本成本是投资者不能投资于与好客旅馆风险类似的其他项目的机会成本。权益资本成本为 14%。[④] 利用权益和负债的市场价值计算加权平均资本成本，如下所示：

$$\text{加权平均资本成本}=\frac{(0.07\times\text{负债市场价值})+(0.14\times\text{权益市场价值})}{\text{负债市场价值}+\text{权益市场价值}}$$

$$=\frac{(0.07\times 4\,500\,000)+(0.14\times 4\,500\,000)}{4\,500\,000+4\,500\,000}$$

$$=\frac{945\,000}{9\,000\,000}=0.105\text{ 或 }10.5\%$$

由于每个连锁店都面临同样的风险，因此所有旅馆的加权平均资本成本都是一样的。

总资产减去流动负债（见图表 23－1）也可以这样计算：

总资产－流动负债＝长期资产＋流动资产－流动负债

---

① Stephen F. O'Byrne and S. David Young, *EVA and Value-Based Management: A Practical Guide to Implementation* (New York: McGraw-Hill, 2000); Joel M. Stein, John S. Shiely, and Irwin Ross, *The EVA Challenge: Implementing Value Added Change in an Organization*, (New York: John Wiley and Sons, 2001).

② 公司经常对在 GAAP 下报告的营业利润与资产数字进行调整。例如，计算经济增加值时，具有长期利益的成本如研发、重组成本与租金都视为资产（并摊销），而不是作为当期营业成本。调整的目标是更好地代表带来收益的经济资产，尤其是无形资产，具体的调整应该视企业的具体情况进行。

③ 好客旅馆的权益资本市场价值超过了账面价值，是因为账面按历史成本计价，并不能反映公司资产的现实价值，还有一个原因就是各种无形资产，如商标，在 GAAP 下并没有列示在资产负债表的当期资产中。

④ 实务中，计算权益资本成本最常用的方法是应用资本资产定价模型（CAPM）。更多细节请参阅 Jonathan Berk and Peter DeMarzo, *Corporate Finance*, 3th ed. (Upper Saddle River, NJ: Prentice Hall, 2013)。

＝长期资产＋营运资本

营运资本＝流动资产－流动负债

连锁店的税后营业利润为：

营业利润×(1－税率)＝营业利润×(1－0.30)＝营业利润×0.70

好客旅店的经济增加值计算如下（单位：美元）：

连锁店	税后营业利润	－	（加权平均资本成本	×	（总资产－流动负债））	＝	经济增加值
旧金山	240 000×0.70	－	(10.50%	×	(1 000 000－50 000))	＝	68 250
芝加哥	300 000×0.70	－	(10.50%	×	(2 000 000－150 000))	＝	15 750
新奥尔良	510 000×0.70	－	(10.50%	×	(3 000 000－300 000))	＝	73 500

新奥尔良连锁店拥有最高的经济增加值。经济增加值和剩余收益一样，要求管理者计算长期资本和营运资本的成本。只有当税后营业利润超过资本的投资成本时才增加价值。为了提高经济增加值，管理者可以：(1) 运用相同的资本赢得更多的收益；(2) 用更少的资本获得同样的收益；(3) 投资于具有更高回报的项目。①

许多公司的管理者，如百力通（Briggs and Stratton，一家汽油发动机的领先制造商）、可口可乐、艾贵发公司（Equifax）、FMC（一家专业化学公司）都利用经济增加值来指导它们的决策。一家铁路公司——CSX，在运用了经济增加值之后决定用三辆机车运行，而不再是四辆，它要求准点卸货，而不像原来那样让火车提前到达几个小时。结果呢？由于节省了燃料成本和减少了机车的投资成本而赚取了更高的利润。分部管理者发现经济增加值很有价值，因为它允许自己参与资本成本的决策，而以前这往往是公司层次的决策。将实际达到的经济增加值与预测的经济增加值相比较，对评价业绩与提供反馈很有价值。

□ 销售利润率

利润占收入的比例（income-to-revenue ratio）——常称为**销售利润率**（return on sales，ROS）——是一个常用的会计度量业绩指标，同时也是杜邦盈利分析方法中投资回报率的一个部分。我们采用营业利润除以销售收入来计算每个连锁店的销售利润率：

连锁店	营业利润	÷	销售收入	＝	销售利润率
旧金山	240 000	÷	1 200 000	＝	20.0%
芝加哥	300 000	÷	1 400 000	＝	21.4%
新奥尔良	510 000	÷	3 185 000	＝	16.0%

芝加哥连锁店的销售利润率最高，但是按照投资回报率、剩余收益、经济增加值排

① 观察一下，经济增加值计算中使用的分公司税后营业利润之和 735 000 美元（240 000＋300 000＋510 000）×0.7)，超过了公司的净利润 420 000 美元。差额是公司的长期债务税后利息费用，其总额为 315 000 美元（450 000×0.7)。因为经济增加值指标包括加权平均资本成本费用（包括税后债务成本），因此用于计算经济增加值的利润数应该反映考虑债务利息前的税后利润。因此，税后营业利润（实务中通常称为税后净营业利润（net operating profit after taxes，NOPAT））是经济增加值计算时的分公司相关利润指标。

序，它却是业绩最差的。

比较业绩指标

下面是按不同业绩指标对三家连锁店经营绩效的排序：

连锁店	投资回报率	剩余收益	经济增加值	销售利润率
旧金山	24% (1)	120 000 (2)	68 250 (2)	20.0% (2)
芝加哥	15% (3)	60 000 (3)	15 750 (3)	21.4% (1)
新奥尔良	17% (2)	150 000 (1)	73 500 (1)	16.0% (3)

剩余收益与经济增加值的排序是相同的，它们不同于投资回报率与销售利润率的排序。以旧金山连锁店和新奥尔良连锁店的投资回报率与剩余收益排序为例。新奥尔良连锁店有较小的投资回报率。虽然它的营业利润仅是旧金山连锁店营业利润的2倍多一点（510 000美元相对240 000美元），但它的总资产是旧金山连锁店的3倍（300万美元相对100万美元）。新奥尔良连锁店拥有较高的剩余收益，因为在抵减12%的应得收益率后，它有更高的利润。旧金山连锁店的高投资回报率表明它的资产得到了有效利用。即使新奥尔良连锁店的单位投资并没有产生像旧金山连锁店一样的利润，但是大额的投资产生了相当大的价值，因为它的利润超过了应得收益。芝加哥连锁店销售利润率最高，但投资回报率最低。高销售利润率表明，芝加哥连锁店每1美元收入的成本最低。芝加哥连锁店投资回报率低是因为每1美元资产产生的收入非常低。是否有一种指标比其他指标好呢？没有，因为每个指标只是评价业绩的不同方面。

销售利润率衡量成本管理的有效性。但是，由于投资回报率、剩余收益或经济增加值全面考虑了收益及投资的因素，对于综合性的绩效评估比销售利润率更适用。投资回报率表明了哪些投资产生了最高的回报。剩余收益或经济增加值克服了投资回报率企业目标不一致的问题。有些管理者倾向于经济增加值，因为对无形资产投资的资本化进行了会计调整。有些管理者则更喜欢（税前）剩余收益指标，因为它容易计算，而且在多数情况下，它与经济增加值的结论一致。一般来说，公司会使用多种指标来评价业绩。

业绩指标细节的选择

公司确定拟使用的业绩指标是不够的。它必须决定怎样计算这些指标。这包括确定指标计算的期限，定义关键术语（如投资），并且就计算每个业绩指标的构成要素达成一致。

时间范围选择

设计财务业绩指标的一个重要因素是选择指标的时间范围。投资回报率、剩余收益、经济增加值与销售利润率的计算代表的是单一会计期间（我们的例子中是一年）的结果。管理者可能采取这样的行动，短期内使指标值上升但却与公司的长期利益矛盾。

比如，管理者在年度最后 3 个月可能缩减研发费用与厂房维修费用来达到目标营业利润水平。正因为如此，许多公司采取多年的投资回报率、剩余收益、经济增加值与销售利润率来衡量下属单位的业绩。

在多年范围内评价下属单位业绩的另一个原因是，当期采取行动的收益可能在短期指标上无法显现，如当年的投资回报率或剩余收益。比如，投资一家新的连锁店在短期内可能对投资回报率与剩余收益有不利影响，但在长期内对投资回报率与剩余收益有利。

多年分析突出了剩余收益指标的另一个优点：投资项目寿命内所有现金流的净现值等于剩余收益的净现值。① 这意味着管理者采用净现值法进行决策（正如第 21 章所提倡的），并用多年的剩余收益来评价管理者的业绩可以实现目标一致。

从长远角度考虑的激励管理者另一个方法是根据公司股票价格的变化来奖赏他们，因为股票价格包含了公司当期决策的预期未来影响。

□ 投资定义选择

公司使用多种定义衡量部门的投资。在会计度量业绩指标设计中，采用四种投资定义。

1. **总资产**——包括全部资产，不考虑资产的持有目的。

2. **在用总资产**——企业总资产减去闲置资产和为将来使用而购置的资产。例如，如果图表 23—1 中新奥尔良连锁店有一部分土地是为将来扩大经营购置的，目前并未使用，则该连锁店的在用总资产将不包括这块土地的成本。

3. **在用总资产减去流动负债**——在用总资产不包括通过短期债权人融资购买的资产。这一定义方式的一个负面影响是，它可能促使下属单位管理者超量使用短期债务，因为短期债务不包括在投资额中。

4. **所有者权益**——将负债分配给下属单位，并从它们的资产总额中减去这些分配来的负债。这种方法的一个缺点是将连锁店管理者的运营决策与高层管理者的融资决策混合在一起。

采用投资回报率或剩余收益指标的公司一般将投资定义为总资产。当公司指导其下

---

① 这种等价性通常称为剩余收益的“保护性”，最初是由 Gabriel Preinreich（1938）清楚地表达的。我们以旧金山连锁店为例来说明这种等价性。假设对旧金山连锁店投资 400 000 美元，每年增加营业利润 70 000 美元：5 年中营业现金流每年增加 150 000 美元减去每年的折旧 80 000 美元（400 000÷5），假定采用直线折旧法，期末无残值。折旧每年减少 80 000 美元投资额。应得收益率为 12%，现金流的净现值与剩余收益如下（单位：美元）：

年度	0	1	2	3	4	5	净现值
(1) 现金流	−400 000	150 000	150 000	150 000	150 000	150 000	
(2) 1 美元的现值（12%）	1	0.892 86	0.797 19	0.711 78	0.635 52	0.567 43	
(3) 现值 (1)×(2)	−400 000	133 929	119 578	106 767	95 328	85 114	140 716
(4) 营业利润		70 000	70 000	70 000	70 000	70 000	
(5) 年初资产		400 000	320 000	240 000	160 000	80 000	
(6) 资本成本 (5)×12%		48 000	38 400	28 800	19 200	9 600	
(7) 剩余收益 (4)−(6)		22 000	31 600	41 200	50 800	60 400	
(8) 剩余收益现值 (7)×(2)		19 643	25 191	29 325	32 284	34 273	140 716

属单位管理者持有闲置或额外资产时，采用在用总资产更能说明问题。采用经济增加值指标的公司将投资定义为在用总资产减去流动负债。使用这种定义的基本原理是用营运资本（流动资产减流动负债）与下属单位使用的长期资产之和来衡量总投资。管理者对两个构成部分的足够回报承担责任。

□ 资产计价选择

为了设计会计度量业绩指标体系，我们需要考虑计算投资额时包含的各种资产计量方法。资产计量应该采用历史成本还是现行成本？应折旧资产应该采用总账面价值（原始取得成本）还是净账面价值（原始取得成本减去累计折旧）？

现行成本

现行成本（current cost）是指目前重新购置一套与现有资产完全相同的资产所需花费的费用，或如果目前无法购买到完全相同的资产，则指购置一套能够提供与现有资产完全相同服务的资产所需的费用。当然，在此基础上所得到的投资回报率与历史成本基础上的投资回报率是不同的。

我们利用好客旅馆的例子（图表23—1）来计算现行成本法下的投资回报率，然后把它和历史成本法下得到的投资回报率进行比较。考虑下面每家连锁店长期资产的额外信息（单位：美元）：

	旧金山	芝加哥	新奥尔良
已使用年限（2014年末）	8年	4年	2年
账面总值（原始成本）	1 400 000	2 100 000	2 730 000
累计折旧	800 000	600 000	390 000
账面净值（2014年末）	600 000	1 500 000	2 340 000
2014年折旧	100 000	150 000	195 000

好客旅馆预计设备使用年限为14年，期末无残值，采用直线折旧法计提折旧。建筑成本指数表明了8年中建筑成本是如何变化的，好客旅店的建筑成本指数（以2006年末为100）结果是：

年度	2007	2008	2009	2010	2011	2012	2013	2014
建筑成本指数	110	122	136	144	152	160	174	180

在本章前面我们曾计算出旧金山连锁店的投资回报率为24%，芝加哥连锁店为15%，新奥尔良连锁店为17%。旧金山连锁店的投资回报率指标较高的原因之一是它的固定资产价值是以2006年（8年前）的建筑价格标准计算的，而其他两个连锁店则是按较近年度较高的建筑价格标准计算的，从而降低了其投资回报率。

利用图表23—2，我们以现行成本为基础一步一步地计算投资回报率所需要的长期资产和折旧，目的在于近似估计出为了达到各分部目前的营业利润水平所需购置资产的成本（计算剩余收益和经济增加值时也可作相似的调整）。按现行成本调整的结果使旧金山连锁店的投资回报率降低了一半多。

	历史成本投资回报率	现行成本投资回报率
旧金山	24%	10.8%
芝加哥	15%	11.1%
新奥尔良	17%	14.7%

为了确认现行成本而调整资产，可以排除因建筑价格水平不同而引起的投资基数差异。与历史成本投资回报率相比，现行成本投资回报率可以更好地衡量投资的现时经济回报。如果好客旅馆现在要进行投资，则投资于像新奥尔良这样的连锁店所产生的投资回报率最好。

图表 23—2　好客旅馆的投资回报率：利用现行成本法估算 2014 年底长期资产价值及折旧费用

文件　开始　插入　页面布局　公式　数据　审阅　视图

	A	B	C	D	E	F	G	H
1	步骤1：将历史成本法下的长期资产原值换算为2014年底现行成本法下的价值：							
2		长期资产的历史成本原值	×	（2014年建筑成本指数	÷	修建当年的建筑成本指数）	=	2014年底现行成本法长期资产的价值
3	旧金山	1 400 000	×	（180	÷	100）	=	2 520 000（美元）
4	芝加哥	2 100 000	×	（180	÷	144）	=	2 625 000（美元）
5	新奥尔良	2 730 000	×	（180	÷	160）	=	3 071 250（美元）
6								
7	步骤2：计算各连锁店的长期资产在2014年底按现行成本估算的账面净值（设各连锁店的使用寿命为14年）							
8		2014年现行成本法下长期资产账面原值	×	（估计剩余使用寿命	÷	估计总使用寿命）	=	2014年底现行成本法下长期资产账面净值
9	旧金山	2 520 000	×	（6	÷	14）	=	1 080 000（美元）
10	芝加哥	2 625 000	×	（10	÷	14）	=	1 875 000（美元）
11	新奥尔良	3 071 250	×	（12	÷	14）	=	2 632 500（美元）
12								
13	步骤3：按现行成本计算2014年底的总资产价值（假设各连锁店的流动资产均按2014年的价格计价）：							
14		流动资产（见图表23—1）	+	长期资产（步骤2）	=	2014年底总资产现行成本		
15	旧金山	400 000	+	1 080 000	=	1 480 000（美元）		
16	芝加哥	500 000	+	1 875 000	=	2 375 000（美元）		
17	新奥尔良	660 000	+	2 632 500	=	3 292 500（美元）		
18								
19	步骤4：计算按2014年价格计算的现行成本年折旧费用：							
20		长期资产的现时成本原值（步骤1）	÷	估计总使用寿命	=	2014年现时折旧费用		
21	旧金山	2 520 000	÷	14	=	180 000（美元）		
22	芝加哥	2 625 000	÷	14	=	187 500（美元）		
23	新奥尔良	3 071 250	÷	14	=	219 375（美元）		
24								
25	步骤5：利用2014年现行成本折旧费用计算2014年的营业利润：							
26		按历史成本计算的营业利润	−	（2014年现行成本折旧费用（步骤4）	−	历史成本折旧费用）	=	按现时成本折旧费用计算的2014年营业利润
27	旧金山	240 000	−	（180 000	−	100 000）	=	160 000（美元）
28	芝加哥	300 000	−	（187 500	−	150 000）	=	262 500（美元）
29	新奥尔良	510 000	−	（219 375	−	195 000）	=	485 625（美元）
30								
31	步骤6：利用现行成本计算长期资产和折旧费用的投资回报率指标：							
32		用2014年现行折旧费用计算的营业利润（步骤5）	÷	2014年底的现行成本总投资（步骤3）	=	现行成本计算的投资回报率		
33	旧金山	160 000	÷	1 480 000	=	10.80%		
34	芝加哥	262 500	÷	2 375 000	=	11.10%		
35	新奥尔良	485 625	÷	3 292 000	=	14.70%		

某些资产的现行成本很难获得。为什么？因为这需要公司不仅要考虑物价水平的上涨，还要在考虑赚取与今天同等利润的资产成本时纳入技术进步与过程改进因素。

长期资产：账面原值还是净值

由于经常用资产的历史成本计算投资回报率，因此就有管理者应该采用资产原值还是净值的讨论。利用图表 23—1 的数据，分别按原值和净值计算厂房、设备的投资回报率：

	营业利润（美元）（图表 23—1）(1)	总资产账面净值（美元）（图表 23—1）(2)	累计折旧（美元）(3)	总资产账面原值（美元）(4)=(2)+(3)	使用总资产账面净值的 2014 年投资回报率 (5)=(1)÷(2)	使用总资产账面原值的 2014 年投资回报率 (6)=(1)÷(4)
旧金山	240 000	1 000 000	800 000	1 800 000	24%	13.3%
芝加哥	300 000	2 000 000	600 000	2 600 000	15%	11.5%
新奥尔良	510 000	3 000 000	390 000	3 390 000	17%	15.0%

使用原值计算的话，较早的旧金山连锁店 13.3%的投资回报率要低于较晚的新奥尔良连锁店 15%的投资回报率。赞成使用原值的人认为，使用原值能够更准确地比较不同部门的投资回报率。例如，使用原值计算，较新的新奥尔良连锁店的厂房和设备投资回报率要高于较早的旧金山连锁店，很可能这反映了旧金山连锁店盈利能力的下降；相反，如果使用资产账面净值，则会隐藏这一事实，因为投资基数不断减少，造成旧金山连锁店投资回报率上升——本例中为 24%。这一升高了的比率会使投资者误认为旧金山连锁店的盈利能力并未下降。

赞成使用净值的人则认为，使用净值可以避免某些混乱，因为：(1) 与传统资产负债表上所反映的资产总值一致；(2) 与扣除固定资产折旧的净利润计算一致。调查表明，在企业进行内部绩效评估时，大多采用资产净值。

业绩的目标水平与反馈

我们已经讨论了不同类型的指标及其选择，现在我们把注意力转移到管理者设定和衡量业绩的目标水平上。

选择业绩的目标水平

历史成本基础的会计指标往往对评价新投资的经济回报有偏差，有时甚至会阻碍企业的扩张。虽然有这些不足，管理者还是可以通过建立投资回报率的目标值，使用历史成本投资回报率来评估现在的绩效。试想好客旅馆的例子，我们应该认识到各个连锁店建筑的时间不同，这意味着它们拥有不同的建筑成本指数，企业就可以通过适当调整投资回报率的目标值来达到绩效比较的目的，如把旧金山连锁店的投资回报率定为 26%，芝加哥连锁店定为 21%，新奥尔良连锁店定为 19%。

将实际结果与目标或预算绩效相比较，这本不应该被忽视，但常常被企业忽略。在记住应用历史成本会计的缺陷时，公司应该为特定的分部、特定的会计系统、特定的业绩评价设置一个合适的预算。例如，如果高层管理者能够让分部管理者将其注意力集中于未来预算年度的收益如何能够在真正意义上增加，那么无论是采用投资回报率、剩余收益或经济增加值，还是基于历史成本或现行成本的财务指标，很多与资产评价和利润衡量有关的问题都会解决。

设立目标的一个流行做法是设定持续改善目标。如果一个公司采用经济增加值作为业绩指标，高层管理者可以根据经济增加值的逐年变化来评价经营状况，而不是经济增加值的绝对指标。根据经济增加值的持续改进评价绩效使经济增加值的最初算法不再那么重要。

使用平衡计分卡的公司在建立财务业绩指标的目标时，也确定顾客、内部业务流程和学习与成长维度的目标。例如，好客旅馆将为员工培训、员工满意度、顾客预订和登记的服务时间、客房服务质量、顾客满意度建立目标，连锁店通过达到这些目标来实现它的投资回报率和经济增加值目标。

□ 选择反馈的时间

设计会计度量业绩指标体系的最后一步是选择反馈的时间。信息反馈的时间主要取决于：(1) 该信息对企业成功的重要性；(2) 接收信息的管理层是谁；(3) 公司信息技术的复杂程度。例如，连锁店的客房部主任对每天或每周的订房率感兴趣，因为这种连锁店的大部分成本均为固定成本。达到更高的订房率以及采取措施遏制订房率的下降趋势对连锁店的财务绩效显得尤为重要。如果好客旅馆对订房和登记都用电脑处理，这些数据是很容易获得的。而对于公司高层领导者来说只需每月综合的订房信息，除非存在问题，如芝加哥连锁店的销售额与总资产比率（总资产周转率）很低。在此情况下，管理者可能需要每周信息。

类似地，每个连锁店的人力资源部经理按年度衡量员工的满意度，因为满意度在更长的时间内能得到最好的测量。然而，客房服务部经理衡量非常短时间内（如，一周）的客房服务质量，因为这些部门短期的低劣表现可能给连锁店的声誉带来长期损害。而且，管理者可以在短时间内发现并解决客房服务问题。

跨国公司的业绩评价

到目前为止，我们的讨论一直是关注在一个国家经营的公司内部不同部门的业绩评价。下面我们讨论管理者在比较公司（在不同国家经营）分部的业绩时产生的额外困难。出现了下面几个问题。①

- 不同国家的经济、法律、政治、社会、文化环境差异显著。在开放经济体（如新加坡）经营公司不同于在封闭经济体（如委内瑞拉）经营公司，在封闭经济体中，许多价格受到控制，并且面临持续的国有化威胁。
- 不同国家进口配额和关税相差很大，国家对特定产品征收关税以限制进口是通行

① 参见 M. Zafar Iqbal, *International Accounting-A Global Perspective* (Cincinnati: South-Western College Publishing, 2002)。

的做法。

● 不同国家原料、熟练劳动力的供给情况，以及材料、劳务成本和基础设施（动力、运输与通信）也可能千差万别。例如，在印度尼西亚经营的公司必须把总生产成本的 30%花费在运输上，而在中国，这些成本仅占总支出的 12%。

● 在不同国家运营的分部记录其绩效所使用的货币是不同的，汇率波动及通货膨胀问题影响业绩评价。诸如巴拉圭、尼日利亚和越南等快速发展的经济体遭受了两位数的通货膨胀，当在这些国家经营的分公司用美元核算经营成果时，它们的业绩受到了损害。

因为存在这些差异，为了准确比较不同国家分部的业绩，就必须进行调整。

□ 用国外货币来计算国外分部的投资回报率

假设好客旅馆在墨西哥城投资建立了一家连锁店，投资主要包括建筑以及装备费用。同时假定：

● 好客旅馆投资当日 2013 年 12 月 31 日的汇率为 10 比索＝1 美元。

● 2014 年间，墨西哥比索遭受大幅贬值。2014 年 12 月 31 日汇率为 15 比索＝1 美元。

● 2014 年度平均汇率为 12.5 比索（(10＋15)÷2)＝1 美元。

● 墨西哥城连锁店投资额（总资产）为 30 000 000 比索。

● 墨西哥城连锁店 2014 年营业利润为 6 000 000 比索。

2014 年以历史成本为基础计算的墨西哥城连锁店投资回报率是多少？

为了回答这个问题，管理者首先要决定是用比索还是美元来计算投资回报率。如果用美元来计算投资回报率，该采用什么汇率？管理者可能对墨西哥城连锁店的投资回报率与规模大致相当的新奥尔良连锁店进行比较感兴趣。对该问题的回答可能会为制定未来的投资决策提供有用的信息。

$$\begin{array}{c}\text{墨西哥城连锁店的}\\\text{投资回报率(以比索计价)}\end{array}=\frac{\text{营业利润}}{\text{总资产}}=\frac{6\ 000\ 000}{30\ 000\ 000}=0.20\text{ 或 }20\%$$

墨西哥城连锁店 20%的投资回报率大于新奥尔良连锁店的 17%，但这是否意味着就回报率标准而言，墨西哥城连锁店的绩效优于新奥尔良连锁店？未必。为什么？因为两者经营的经济环境大相径庭。

比索在 2014 年与美元的比价下降，导致墨西哥的通货膨胀高于美国。墨西哥高通货膨胀的后果是墨西哥城连锁店对旅馆客房收费更高，这样将会产生较高的营业收入，并导致更高的投资回报率，通货膨胀掩盖了资产真实的经济收益，使得以历史成本计算出来的投资回报率更高。两国通货膨胀率的差异误导了以比索计价的墨西哥城连锁店的投资回报率和以美元计价的新奥尔良连锁店的投资回报率之间的直接比较。

□ 以美元来计算国外分部的投资回报率

为了使以历史成本为基础的投资回报率具有更大的可比性，方法之一是以美元重新表述墨西哥城连锁店的绩效。但是为了使比较有意义，管理者应该采取何种汇率？假设墨西哥城连锁店 2014 年的营业利润均匀取得。好客旅馆的经理应该使用平均汇率“12.5 比索＝1 美元”将营业利润由比索换算成美元，为 480 000 美元（6 000 000÷12.5）。用 2014 年更高的比索兑美元汇率而不是 2013 年 12 月 31 日的汇率“10 比索＝1 美元”去除营业利润的效应是：换算成美元时，以比索计算的营业利润并未因通货膨胀而有任何增加。

应该用什么汇率来换算墨西哥城连锁店 30 000 000 比索的总资产？应该用 2013 年 12 月 31 日资产获得时的即期汇率，即 10 比索＝1 美元。为什么？因为墨西哥城连锁店的资产账面价值是以 2013 年 12 月 31 日的成本入账的，并未因 2014 年墨西哥通货膨胀而改变。既然财务会计记录的资产成本并未受到随后的通货膨胀的影响，因此管理者应该用资产购置时的汇率将之换算成美元。采用 2013 年 12 月 31 日后的汇率是不合适的，因为这些汇率含有 2014 年墨西哥的高通货膨胀率。墨西哥城连锁店的总资产应该换算为 3 000 000 美元（30 000 000÷10），则

$$\begin{matrix}\text{墨西哥城连锁店的}\\\text{投资回报率(以美元计价)}\end{matrix}=\frac{\text{营业利润}}{\text{总资产}}=\frac{480\,000}{3\,000\,000}=0.16\text{ 或 }16\%$$

就像我们已经讨论过的，这些调整使得墨西哥城连锁店和新奥尔良连锁店两家以历史成本为基础的投资回报率可以进行比较，因为它们剔除了两国通货膨胀率差异的影响。墨西哥城连锁店 16%的投资回报率低于新奥尔良连锁店 17%的投资回报率。

以比索计算剩余收益也遇到了与以比索计算投资回报率同样的问题。以美元计算墨西哥城连锁店的剩余收益调整了汇率变动，使得与好客旅馆其他连锁店的比较更有意义。

$$\begin{aligned}\text{墨西哥城连锁店的剩余收益}&=480\,000-(12\%\times3\,000\,000)\\&=480\,000-360\,000=120\,000(\text{美元})\end{aligned}$$

这也低于新奥尔良连锁店 150 000 美元的剩余收益。

要注意墨西哥城连锁店和新奥尔良连锁店的投资回报率和剩余收益是以历史成本为基础计算的。但是，两家连锁店都比较新，因此不用太担心这个问题。

区分管理者的业绩与其子单元的业绩①

我们一直关注如何评价公司子单元的业绩，如分公司。但是，评价子单元管理者的业绩与评价子单元的业绩是一回事吗？子单元的业绩好就意味着管理者的业绩好吗？本节中，我们认为公司应该区分管理者的绩效评估与其所在子单元的绩效评估。例如，企业通常分派最能干的管理者负责经济回报最差的部门，以期改善其状况。但是，这可能要花上几年时间，在此期间，该部门相对较差的业绩并不能反映管理者的业绩。

另外一个例子是墨西哥城连锁店。假设墨西哥虽然发生了很高的通货膨胀，但由于

① 此部分摘自 S. Huddart，N. Melumad，S. Reichelstein 编写的教学笔记。

政府的价格管制，墨西哥城连锁店并不能提高房价。由于比索的贬值，以美元计算的墨西哥城连锁店的业绩将很差，那么，高层管理者能否就此得出结论：墨西哥城连锁店的管理者经营不善呢？可能不能。墨西哥城连锁店差的业绩可能主要是管制和经济因素，这是管理者所不能控制的。

接下来的几节，我们将说明评估独立子单元的管理者绩效的基本原则，这些原则适用于组织的各个层级。后面几节研究应用于普通员工与高层管理者的原则。我们将以剩余收益作为业绩评价指标来说明这些原则。

基本权衡：激励创造与风险控制

管理者和雇员的绩效评估常常影响到他们的报酬。报酬安排非常宽泛，从与绩效激励（奖金）没有直接关系的固定工资，如许多政府雇员的情形，到完全以绩效为基础的酬劳，如房地产经纪人的情形，他们只根据销售的房产领取佣金。大多数管理者的报酬是工资和与绩效挂钩的奖金的结合，所以在设计管理者的报酬安排时，我们需要考虑在激励创造和风险控制之间实现平衡。我们以好客旅馆为例来阐明这种平衡。

Indra Chungi 拥有好客旅馆连锁店。Roger Brett 掌管好客旅馆旧金山连锁店。假定 Chungi 用剩余收益来度量绩效。为了提高连锁店的剩余收益，Chungi 希望 Brett 增加销售额，控制成本，提供及时周到的服务，降低营运资本。但是，即使 Brett 完成了所有这些工作，也不能保证能提高剩余收益。旧金山连锁店的剩余收益受许多 Chungi 和 Brett 所不能控制的因素的影响，例如，旧金山的经济低迷，或连锁店附近修路，使顾客很难到达。

作为一位企业家，Chungi 愿意承担风险，但 Brett 却不喜欢遭受风险。确保 Brett 不承担风险的一种方法是向他支付固定工资，而不考虑连锁店实际取得的剩余收益。那么，Chungi 承受所有风险。然而，这种安排产生了一个问题，Brett 付出的努力难以监控，并且这种不以绩效为基础的报酬不能激励 Brett 更加努力地工作，除了保住自己的工作，就不愿付出额外的脑力和体力劳动。

道德风险（moral hazard）描述了这样一种情形：比起所有者期望的努力程度，雇员愿意付出的努力要低得多，因为所有者无法精确监控和加强雇员的努力程度。① 当雇员为自身利益而报告不准确或扭曲的信息时，也会发生道德风险问题，因为所有者不能监督报告信息的有效性。重复性工作，如电子装配，监督相对比较直接，因此更少发生道德风险问题。然而，管理者的工作是收集信息，并在获得信息的基础上做出判断，所以监控管理者的工作就更加困难。

对 Brett 不支付薪水，仅仅在某些业绩评价指标的基础上——本例中的剩余收益——付给酬劳，也会产生另外一些担忧。在这种情形下，Brett 被激励起来努力增进连锁店的剩余收益，因为他的酬劳将会增长。但是按照剩余收益给予 Brett 报酬也会使 Brett 面临风险。因为旧金山连锁店的剩余收益并不仅仅取决于 Brett 的努力，同时也取决于诸如本地经济条件等 Brett 无力控制的因素。

---

① “道德风险”一词源于描述如下情形的保险合同：保险覆盖范围使得受保方并不像没有受保那样爱惜自己的财产。保险合同中应对道德风险的一个办法是免赔额条款保险单（即对损失的保险低于某一特定数额）。

Brett 不喜欢承担风险。为了补偿 Brett 所承担的风险，Chungi 必须支付 Brett 额外的报酬。这样，平均而言，采用以绩效为基础的激励方式，较之支付 Brett 固定薪酬，会花费 Chungi 更多的钱。为什么要说"平均而言"呢？因为 Chungi 支付给 Brett 的报酬会随剩余收益的结果而变动。对这些结果进行平均处理后，以剩余收益为基础的报酬与支付 Brett 固定薪水相较而言，会花费 Chungi 更多的钱。在报酬安排中设定固定的薪酬和基于绩效的薪酬，其动机就是为平衡激励的利益和向管理者施加风险所付出的额外成本。

□ 激励强度与财务、非财务衡量指标

什么影响激励强度？也就是说，管理者报酬中的激励成分相对于工资成分应该是多大？为了回答这些问题，我们需要理解管理者采取达到所有者目标的行为在多大程度上影响业绩指标。

良好的业绩评价指标对管理者的绩效比较敏感，或随之显著变化，却与超出管理者控制范围的因素变化关系不大。敏感性的业绩评价指标能够激励管理者，但是限制了管理者经受不可控风险的程度，从而减少了激励成本。缺乏敏感性的业绩指标不受管理者绩效的影响，不能促使管理者去改善现状。当所有者有更多的敏感性业绩指标时，他们就能够更加依赖管理者激励报酬系统。

薪水性报酬在缺乏敏感性的业绩指标的情况下起着主导作用，如某些公司职员或政府雇员的情形，然而这并不是说完全没有激励因素；晋升与提薪的确依赖于某些综合的业绩指标，但激励并不直接。当具有敏感性的衡量指标，并且监控雇员工作难度很大时，如房地产机构，报酬中的激励因素将很高。

为了评价 Brett，Chungi 采用平衡计分卡多维度的指标，因为平衡计分卡中的非财务指标——员工满意度和登记、清理房间与提供客房服务所需时间——对 Brett 的行为很敏感。诸如剩余收益等财务指标对 Brett 的行为不敏感，因为它们受 Brett 所不能控制的外部因素的影响，如地方经济状况。剩余收益可能是一个非常好的评价连锁店经济可行性的指标，但它只能评价 Brett 的部分业绩。

除了考虑敏感性和风险，使用非财务指标的另一个原因是，非财务指标与企业的战略一致，是未来业绩的动因。根据非财务指标评价管理者可以激励他们采取维持连锁店长期业绩的行动，同时实现公司的环境和社会目标。因此，用平衡计分卡的全部四个维度评价业绩可以促进长期和短期的行动。在计分卡中设置不同指标的相对权重旨在实现激励管理者最大化每个业绩指标和产生企业想要实现的长期目标之间的一致性。一方面要考虑敏感性和风险，另一方面要考虑目标一致性，二者之间的权衡决定了所设置业绩指标的有效激励强度。

□ 基准与相对绩效评估

所有者经常采用财务与非财务基准来评估管理者的绩效。基准是相当于组织最佳实务的指标，可从整个组织内部或者外部获得。对于好客旅馆旧金山连锁店来说，基准可以是另一家相似的旅馆，在好客旅馆连锁店之内或之外都可以。假设 Brett 对收入、成

本和投资负责。为了评估Brett的绩效，Chungi想用一家规模相仿的旅馆作为基准，这两家旅馆受相同的不可控因素的影响——例如，地理位置、人口趋势和经济形势。如果这些因素都相同或非常相似，那么在大多数情况下，两家旅馆的绩效差异就是两个管理者绩效差异所致。基准方法也称相对绩效评估，“过滤”了共性的不可控因素的影响。

两个负责管理同一企业内部相仿业务的管理者的绩效是否可以成为相互的基准呢？答案是肯定的，但问题是，它可能会不利于激励这些管理者相互帮助。当管理者不通力协作时，公司就会受损。从这个角度说，采用内部基准评估绩效可能导致目标冲突（参见“观念实施：史泰博公司避免业绩评价局限”）。

个人作业层面上的业绩评价

在设计评估单个雇员的业绩指标时，管理者需要做两件事情：(1) 为多重任务的作业设计业绩指标；(2) 为团队作业设计业绩指标。

执行多重任务

作为工作的一部分，大多数雇员不只是执行一项任务。营销代表不仅销售产品，还为客户提供支持，并收集市场信息。生产工人同时负责产品的质量和数量。雇主希望雇员在自己工作的各个任务或方面之间合理地分配其时间和精力。

例如，汽车修理厂的技工，他们的工作至少有两个明显的方面：修理工作——完成的修理工作越多，修理厂的收入就越高；顾客满意度——工作质量越高，顾客可能就越满意。如果雇主希望雇员同时关注这两个方面，就必须对这两方面的绩效进行有效的衡量并提供相应的报酬。

假设雇主容易衡量汽车修理的数量，而质量则较难衡量。如果雇主实行计件工资制，仅仅基于实际修理的数量对工人支付报酬，则技工可能以牺牲质量来提高修理数量。西尔斯汽车中心（Sears Auto Center）就曾经历这一问题，当时它为技工引入了计件工资制。为了解决这个问题，公司采取以下三个措施来激励员工平衡数量和质量：(1) 公司放弃了计件工资制，改为不强调修理数量的计时工资制。管理层根据对每位技工全部修理数量和质量的评估确定技工的工资、晋升和提薪。(2) 公司部分利用不满顾客数量、顾客投诉数量和顾客满意度调查数据来评估雇员。(3) 管理层还利用独立外部机构人员对修理质量进行随机检查。

以团队为基础的薪酬设计

当有着多方面的技能、知识、经验和洞察力的雇员把他们的才能集中起来时，许多生产、营销、设计问题都能得到解决。与个别雇员单独行动相比，团队能取得更好的结果。[①] 许多公司在团队绩效的基础上对个人进行奖励。这样基于团队的激励可以鼓励员工为实现共同目标互相帮助。

不同的公司其团队基础的激励形式不同。高露洁公司（Colgate Palmolive）根据每

---

① *Teams That Click: The Results-Driven Manager Series* (Boston: Harvard Business School Press, 2004).

个团队的业绩进行奖励。瑞士制药公司诺华（Novartis）根据公司范围的业绩来奖励团队——只有公司达到了特定目标，才会给团队一些奖金。伊士曼化工公司（Eastman Chemical Company）根据团队技能列表——如交流与互相帮助的意愿，来奖励团队成员。以团队为基础的报酬是否受人青睐在很大程度上取决于组织的文化和管理风格。团队激励报酬的批评之一是个人的激励变小了，从而可能损害整体绩效；另一个问题是如何管理那些对团队成功没有贡献，但也分享团队奖金的团队成员。

□ 高级经理业绩评价与报酬

前面章节所论述的绩效评估原则同样适用于高级经理报酬计划。这些报酬计划同时以财务和非财务度量指标为基础，由以下几部分组成：（1）基本工资；（2）年度激励，如基于实现年度剩余收益的现金奖金；（3）长期激励，如基于 5 年期股票业绩的股票期权（将在本节后面描述）；（4）其他福利，如医疗福利、养老金计划、人寿保险。

设计优良的计划采用一种混合制报酬，兼顾风险（不可控因素对业绩评价以及报酬的影响）以及短期和长期激励。例如，根据年度经济增加值来评估，将会促使高级经理对短期业绩更加重视。采用经济增加值和股票期权计划（如 5 年期），将激励高级经理做长期打算。

股票期权赋予高级经理在一定期限内以特定价格（也称行权价格）购买公司股票的权利。假设 2014 年 9 月 16 日，好客旅馆给予其首席执行官在 2019 年 6 月 30 日之前任何时刻按照每股 49 美元（2014 年 9 月 16 日市价）的价格购买 20 万股公司股票的权利。如果 2019 年 3 月 24 日好客旅馆股票的价格升至每股 69 美元，首席执行官履行全部 20 万股的期权，每股将赚得 20 美元（69－49），20 万股共将赚得 400 万美元。如果整个期间好客旅馆股票价格都低于 49 美元，首席执行官只能放弃购买股票的权利。这样，将首席执行官的报酬与股价的增长联系起来，股票期权计划将有助于首席执行官改进公司的长期绩效以提高公司股票价格。

美国证券交易委员会要求对高级经理的报酬安排给予详细的披露。例如，2012 年喜达屋酒店及度假村（Starwood Hotels and Resorts）公布了一个薪酬表，显示了 5 名高级管理人员在 2009 年、2010 年和 2011 年度得到的工资、奖金、股票期权、其他股票收益以及其他报酬。喜达屋的品牌包括喜来登（Sheraton）、威斯汀和 W 酒店，它同时披露了设定经理报酬和进行业绩比较时参照的同等公司，包括酒店及餐饮业的竞争对手（如凯悦酒店（Hyatt）、万豪酒店（Marriott）和温德姆酒店（Wyndham）），还有其他行业有类似的人才与招聘需求的同等规模的公司（包括雅芳（Avon）、凯洛格（Kellogg）、耐克和星巴克（Starbucks））。投资者利用这些信息来评价薪酬与业绩之间的关系，与一般公司、同行业的公司进行比较。

美国证券交易委员会还要求公司公布其高级经理报酬计划背后的基本原则。在财务报表中，喜达屋描述了一些它的薪酬原则，包括提高公司的竞争地位、提供一种平衡的方法以激励和留住雇员、使高管利益与股东利益一致。而且，美国证券交易委员会还要求公司披露业绩标准——如盈利率、收入增长、市场份额——用于奖励高级经理。喜达屋使用每股收益和息、税、折旧、摊销前盈利（EBITDA）确定所有经理的年度激励。而且，每位经理还有一个单独的财务与非财务业绩指标计分卡。公司董事会为高级经理制定单独的战略、运营和领导能力目标以支持公司整体的目标，并且这些目标要与每位经理的控制范围相适应。

2010 年为应对金融危机而通过的《多德-弗兰克法案》（Dodd-Frank law）要求公司向投资者提供有关高级经理薪酬的咨询（无约束力）投票。这些持股人投票（"say-on-pay" votes）至少每三年必须举行一次。这种投票重塑了公司设计、披露和沟通高级经理薪酬的政策。但是，迄今为止，它们并没有降低高级经理薪酬的快速增长。而且，结果表明，大多数股东批准了上市公司的高管薪酬。2012 年和 2013 年只有 2%的持股人投票失败了，而 75%的公司获得的支持率超过了 90%。

观念实施

史泰博公司避免业绩评价局限

为了有效衡量业绩，组织不应该允许等级界限和强制规定绩效指标。组织根据职能部门的业绩来评价管理者是很自然的，但评价过窄会导致公司内部冲突或做出次优决策。为了提高绩效，组织需要理解和计量企业成功和盈利能力的关键动因。

在市值 240 亿美元的办公用品零售商史泰博公司（Staples），领先业绩评价指标是客户满意度。高度满意的史泰博公司客户比其他客户更有利可图，他们更可能将公司推荐给其他潜在客户。此前，史泰博领导人关注部门或职能的费用指标（例如，仓库营业费用为销售额的 1%）。因此，许多职能经理将专业成本经理作为职业，但它创造了一个环境，很多人可能"成功"达到了他们的数字，而史泰博公司却并未获得成功。

为了克服这种业绩评价问题，史泰博公司为职能经理创造了激励，以便为顾客提供更好的服务，即使这意味着超过他们的预算目标。该公司能够说明服务投资如何转化为高毛利产品更快的销售增长。因此，公司奖励那些在自己单位的相关费用指标上"失败"，而在其他共享指标上提供了更多利润的经理。这种措施的效果令人印象深刻：史泰博公司是美国最大的办公用品零售商，增长远远超过它的主要竞争对手欧迪办公公司（Office Depot）。

资料来源：Based on Michael Hammer, "The Seven Deadly Sins of Performance Measurement and How To Avoid Them." *MIT Sloan Management Review* 48 (Spring 2007): 19–28; Staples, Inc. *2012 Annual Report*. Framingham, Massachusetts: Staples, Inc., 2013; and Office Depot, Inc., *2012 Annual Report*. Boca Raton, Florida: Office Depot, Inc., 2013.

战略与控制手段①

财务与非财务业绩评价指标有助于管理者追踪实现公司战略目标的进展。因为这些

① 更详细的讨论见 Robert Simons, *Lever of Control: How Managers Use Innovative Control Systems to Drive Strategic Renewal* (Boston: Harvard Business School Press, 1995)。

指标有助于诊断公司是否按预期运营，所以它们统称为**诊断控制系统**（diagnostic control systems）。公司赋予管理者责任并支付报酬以激励管理者去实现目标。管理者走捷径，报告错误的数字，以使他们的业绩看上去比实际的好一些，这样的情况很常见，正如安然（Enron）、世通（WorldCom）、泰科（Tyco）和南方保健（Health South）等公司的情况那样。为了防止不道德和彻头彻尾的欺诈行为，公司需要平衡来自诊断控制系统业绩的压力。诊断控制系统是四种控制手段中的一个，另外有三个是：边界系统、观念系统和交互控制系统。这将确保在取得商业成果的同时，不损害正当的商业道德、鼓舞人心的价值观和对未来威胁和机会的关注。

□ 边界系统

边界系统（boundary systems）描述所有员工应该遵守的行为准则，特别是非限制性行为。管理者的道德行为是极其重要的。特别是下属单位管理者报告的数目绝不应该打上“篡改账本”的污点——例如，它们不应受到虚增资产、压低负债、虚构销售和低报成本的玷污。

商业行为规范指明了正当与不正当行为。下文引自卡特彼勒公司（Caterpillar）的“行为准则”：

> 当我们在适用的法律和规则框架内开展业务时，对我们来说，仅仅遵守法律是不够的。我们还要努力……我们不能从事这样的活动，它会产生或看似会产生个人利益与公司利益之间的冲突。

违反法律或会计道德政策和程序的部门管理者经常以最高管理层“制定预算”的压力为他们的行为找借口。良好的激励压力并非坏事——只要“来自上层的声音”和企业的行为准则同时传达了所有管理者在所有时候的行为都应合乎道德的绝对需要。管理者应该培养雇员遵守道德的习惯。他们应及时而严厉地谴责那些不道德行为，而不管这类行为是否为公司谋取了利益。一些公司，诸如洛克希德马丁，定期参照企业道德准则来评估雇员的行为，强调合乎道德的行为。

许多组织也设定明确的边界，禁止破坏环境的行为。破坏环境（如水和空气污染）会受到美国和其他国家法律的高额罚款和判刑。

在许多公司中，雇员的环境责任超出了法律要求。某些公司，如杜邦公司，将环境指标的完成情况登载在每个雇员的薪酬评估报告上。杜克电力公司（Duke Power）则根据诸如降低固体废物、减少排放、完成环境计划等指标对雇员进行表彰。

诸如百思买、金宝汤（Campbell Soup）和英特尔等注重社会责任的公司确立了进取型的环境目标，并度量和报告了反污染的绩效。德国、瑞士、荷兰和斯堪的那维亚国家的公司将环境绩效作为更宽泛的社会责任公布内容（如雇员福利和社区发展活动）的一部分。2012 年，荷兰金融服务巨人 ING 开始将社会、道德和环境目标作为高管薪酬结构的一部分。荷兰的其他公司——包括化学公司阿克苏诺贝尔、生命科学集团帝斯曼（DSM）和邮件运营商 TNT 也将高级经理的薪酬与环境改善联系起来。

□ 观念系统

观念系统（belief systems）指明了公司的使命、目标和核心价值观。它们描述了所有管理者和其他员工互动时，以及与股东、顾客和社区互动时期望的可接受的规范与行为模式。例如，强生公司在宗旨中描述了它的价值观与规范，它的宗旨是激励管理者与员工做到最好。观念系统是雇员内在动机的来源。内在动机是不考虑外在奖励，如奖金或提升，而通过好的业绩实现自我的一种愿望。内在动机来自给予更大的责任、做有趣且具有创造性的工作、产生工作中的自豪感、做出对组织的承诺、与合作者建立个人联系等。很高的内在动机会促进公司业绩增长，因为管理者与员工均有自我实现的意愿、对工作满意并且看到了自我发展的机会。

□ 交互控制系统

交互控制系统（interactive control systems）是一个正式的信息系统，管理者用此信息系统将组织的注意力集中于关键战略问题。管理者使用交互控制系统产生一个关于关键问题的持续对话，并且亲自参与下属单位的决策制定活动。过分关注诊断控制系统和关键业绩指标可能会使组织忽视新出现的威胁和机会——可能危害企业的技术、顾客偏好、规则和竞争对手的变化。交互控制系统强调并追踪企业面临的战略不确定性，有助于防止这些问题，如柯达和富士公司面临数字成像的出现，美国航空公司面临放松航空管制，黑莓公司（BlackBerry）面临顾客偏好向开源安卓操作系统转变等。控制手段的关键是经常在管理者和雇员中面对面地对这些关键的不确定性进行交流，对假设和行动计划进行持续的讨论和争论，从对话和争论的交互过程中产生新的战略。交互控制系统迫使忙碌的管理者从管理今天的业务活动中退回来，将他们的注意力转向明天的机会和威胁，从而给组织定位。

自测题

Home Run Sports 公司的棒球部门生产、销售棒球，假设产量等于销量。2014 年 2 月的预算数据如下：

流动资产	400 000 美元
长期资产	600 000 美元
总资产	1 000 000 美元
生产产出	200 000 个/月
目标投资回报率（营业利润÷总资产）	30%
固定成本	400 000 美元/月
变动成本	4 美元/个

要求：

1. 计算为达到 30%的目标投资回报率的最小单位售价。

2. 用要求 1 中的售价及杜邦分析法，把目标投资回报率划分为两部分。

3. 用要求 1 中的售价计算棒球部门 2014 年 2 月的剩余收益。Home Run Sports 在计算部门剩余收益时采取的是部门总资产 12%的应得收益率。

4. 分部经理 Pamela Stephenson 在工资之外，还享有棒球部门月度剩余收益 3%的红利。计算她的红利，你认为为什么应该给予 Pamela Stephenson 工资和基于业绩的红利。Pamela Stephenson 不喜欢承担风险。

解答：

1.

$$
\begin{aligned}
\text{目标营业利润} &= 30\% \times 1\,000\,000 \\
&= 300\,000(\text{美元}) \\
\text{令 } P &= \text{售价} \\
\text{销售额}-\text{变动成本}-\text{固定成本} &= \text{营业利润} \\
200\,000P-(200\,000\times 4)-400\,000 &= 300\,000 \\
200\,000P &= 300\,000+800\,000+400\,000 \\
&= 1\,500\,000 \\
P &= 7.50(\text{美元/个})
\end{aligned}
$$

验证（单位：美元）：

销售额(200 000×7.50)	1 500 000
变动成本(200 000×4)	800 000
贡献毛益	700 000
固定成本	400 000
营业利润	300 000

2. 杜邦分析法将投资回报率分为两部分：销售利润率（利润÷收入）与投资周转率（收入÷投资）。

$$\frac{\text{利润}}{\text{收入}}\times\frac{\text{收入}}{\text{投资}}=\frac{\text{利润}}{\text{投资}}$$

$$\frac{300\,000}{1\,500\,000}\times\frac{1\,500\,000}{1\,000\,000}=\frac{300\,000}{1\,000\,000}$$

$$0.2\times 1.5=0.3 \text{ 或 } 30\%$$

3.

$$
\begin{aligned}
\text{剩余收益} &= \text{营业利润}-\text{投资应得收益} \\
&= 300\,000-0.12\times 1\,000\,000 \\
&= 300\,000-120\,000 \\
&= 180\,000(\text{美元})
\end{aligned}
$$

4. 该部门经理 Stephenson 的奖金=180 000×0.03=5 400(美元)。

有许多 Stephenson 不可控的因素如宏观经济形势会影响棒球分部的剩余收益。这些不可控因素使棒球分部的盈利性不确定且具有高风险。因为 Stephenson 不喜欢承担风险，不考虑剩余收益而支付她稳定的工资来保护 Stephenson 远离风险。但是这样的薪酬设计会有道德风险问题，因为 Stephenson 的努力很难监督，那么没有基于业绩的报酬计划，Stephenson 不会格外努力工作，只要保住工作或维持自己的价值就可以了。

不支付工资而只根据剩余收益奖励Stephenson，会使她有动机努力工作，但也会使她去冒险，因为影响剩余收益从而影响她报酬的很多因素是无法控制的。基于业绩的薪酬设计会给Home Run Sports公司带来很大的成本，因为它要补偿Stephenson承担的不可控风险。包含工资与基于剩余收益的业绩红利的薪酬设计是合理的，它平衡了承担不可控风险的收益与成本。

决策要点

下面的问答形式是对本章学习目标的总结，决策代表与学习目标相关的关键问题，指南则是对该问题的回答。

决策	指南
1. 公司在平衡计分卡中采用的财务与非财务业绩指标是什么？	诸如投资回报率、剩余收益等财务指标可以反映出组织、组织的下属部门、管理者和员工绩效的重要方面。在很多情况下，我们需要用平衡计分卡的顾客、内部业务流程、学习与成长维度的非财务业绩指标做补充，如顾客满意度、产品和服务质量、员工满意度和环境目标的实现。
2. 作为子单元经理的业绩指标，投资回报率、剩余收益和经济增加值的相对优点是什么？	投资回报率是两个部分的乘积：收入除以投资（投资周转率）和利润除以收入（销售利润率）。管理者可以通过增加销售收入、减少成本和减少投资来提高投资回报率。投资回报率会使高盈利性的分部经理拒绝一些符合公司利益的项目，因为接受该项目会减少部门的投资回报率。 剩余收益等于利润总额减去投资要求的回报。剩余收益指标比投资回报率指标更有助于保证目标的一致性。根据剩余收益评价经理也与使用净现值法选择长期项目是一致的。 经济增加值是剩余收益的一种特殊形式。它等于税后营业利润－加权平均资本成本×(总资产－流动负债)。
3. 公司业绩指标的时限以及计算业绩指标构成部分的其他选择是什么？	多年指标激励管理者考虑行动的长期后果，防止短视并只关注短期利润。在建立会计业绩指标时，企业必须首先定义投资的构成。它们也必须选择投资计算中的资产是按历史成本还是按现行成本计量，计提折旧的资产是按账面净值还是总值计算。
4. 公司应该使用什么目标，它们应该在什么时候向管理者反馈相对于目标的业绩？	公司应该调整预算以适应特殊的子单元、特殊的会计系统和特殊的业绩指标。一般来说，资产估值和利润计量的问题可以通过强调预算和强调持续改进的目标来克服。及时反馈使管理者能够实施行动，纠正目标业绩偏差。
5. 公司如何比较在不同国家运营分部的业绩？	由于不同国家法律、政治、社会、经济背景及货币的不同，对不同国家的子公司进行比较是有困难的，应根据各个国家通货膨胀状况，以及汇率的不同来调整投资回报率的计算。

6. 为什么要根据工资与激励相结合来付给管理者报酬？	企业通过根据管理者的业绩提供报酬来对他们进行激励，但由于管理者的工作绩效可能会受到其控制范围以外因素的影响，因此他们要承担一定的风险。企业的所有者选择工资与激励结合的薪酬设计来平衡激励与风险控制的收益与成本。
7. 控制的四个层次是什么？为什么公司需要它们？	控制的四个层次是诊断控制系统、边界系统、观念系统和交互控制系统。实施控制的四个层次有助于公司同时为业绩、道德行为、激励员工和应对战略威胁与机会而努力。

练习题

23—17　投资收益分析，两个分公司的比较，杜邦分析法。Global Data 公司下设两个分公司：考试准备分公司和语言艺术分公司。近3年分公司的经营业绩如下：

	A	B	C	D	E	F	G
1		营业利润（百万美元）	营业收入（百万美元）	总资产（百万美元）	营业利润/营业收入	营业收入/总资产	营业利润/总资产
2	考试准备分公司						
3	2012年	720	9 000	1 800	?	?	?
4	2013年	920	?	?	11.5%	?	46%
5	2014年	1 140	?	?	10%	6	?
6	语言艺术分公司						
7	2012年	660	3 000	2 000	?	?	?
8	2013年	?	3 525	2 350	20%	?	?
9	2014年	?	?	2 900	?	1.6	20%
10	全球数据公司						
11	2012年	1 380	12 000	3 800	?	?	?
12	2013年	?	?	?	?	?	?
13	2014年	?	?	?	?	?	?

要求：

1. 填空完成表格。

2. 使用杜邦分析法来解释各分公司与总公司2012—2014年的营业利润与总资产比率的变化，并对结果进行评论。

23—19　投资回报率，有生产成本的剩余收益。Fabulous 汽车公司制造两种电动车：Simplegreen 和 Fabulousgreen。为了产生 Simplegreen，Fabulous 汽车公司在期初购置了24 500 000美元的资产，在期末购置了30 000 000美元的资产。生产 Simplegreen 的其他成本如下：

直接材料成本	1 000美元/辆
准备成本	1 600美元/准备小时
生产成本	470美元/机器小时

当期的一般管理和销售费用共计8 940 000美元。当期，Fabulous 汽车公司使用7 000准备小时和176 500机器小时生产了9 000辆 Simplegreen 汽车。Simplegreen 汽车售价为每辆13 000美元。

要求：

1. 假设 Fabulous 汽车公司将投资定义为期间内的平均资产，则 Simplegreen 的投资回报率是多少？

2. 如果 Fabulous 汽车公司要求投资回报率为8%，计算 Simplegreen 的剩余收益。

23—21　目标不一致，投资回报率。McCall 公司有几个部门生产家具，其中包括庭院家具部。庭院家具部的经理计划在两年内退休。根据部门的投资回报率确定经理的奖金。部门当前的投资回报率为10%。

庭院家具部用于生产家具的一台机器已经相当旧了，经理必须决定是否更换。新机器的成本为

50 000美元，使用年限为10年，残值为0。旧机器已提足折旧且无残值。McCall公司所有的资产都采用直线法折旧。新机器更有效率，每年会为公司节省8 000美元的现金营业成本。现金流和净利润之间的唯一差异就是折旧。项目的内部收益率约为10%。McCall公司的加权平均资本成本为4%。公司不交所得税。

要求：

1. McCall公司应该更换机器吗？为什么？

2. 假设公司将投资定义为扣除折旧后长期净资产的平均值。计算项目前5年的投资回报率。如果庭院家具部的经理有意使自己的奖金最大化，他会在退休前更换机器吗？为什么？

3. 公司可以采取怎样的措施激励经理在退休前更换机器？

23—23 资本预算，剩余收益。Hansen Partners公司的新助理Samantha Shiells收集了一个新项目的相关数据：

投资	200 000美元
使用年限为5年；无残值	
年销售收入	100 000美元
年现金成本	42 000美元

Hansen公司的所得税税率为20%，且税务机关只允许使用直线法计提折旧。公司要求的税后应得收益率为10%。

要求：

1. 基于净现值的考虑，Hansen公司会实施这个项目吗？

2. Hansen公司在当期使用直线法计提折旧，且用年初的资产账面净值作为投资。如果项目实施，计算每年的剩余收益。

3. 证明剩余收益的保护性在本例子中是成立的。

4. 如果根据Samantha Shiells所实施项目的剩余收益评价她，那么她是否会实施这个项目？请解释。

23—25 投资回报率，剩余收益，经济增加值，业绩评价。Lucy Manufacturing公司生产时尚产品，并在质量和前沿设计上与对手展开竞争。公司的服装生产分公司有3 200 000美元资产。本年服装销售的税后营业利润是800 000美元。化妆品分公司有7 500 000美元资产，本年税后营业利润是1 800 000美元。在过去几年里，服装分公司的利润不断增长。Lucy公司的加权平均资本成本为11%。Lucy公司的首席执行官告诉各分公司经理，本年业绩表现最好的分公司将会得到奖金。

要求：

1. 计算每个分公司的投资回报率和剩余收益，简要解释哪个经理会得到奖金。两种指标的优缺点是什么？

2. Lucy公司首席执行官近来听说另一个与剩余收益相似的指标叫做经济增加值。首席执行官得到了会计人员计算的服装分公司和化妆品分公司经过经济增加值调整的利润，并且发现经过调整的税后营业利润分别是938 000美元和1 147 200美元。而且，服装分公司的流动负债是520 000美元，而化妆品分公司仅有330 000美元流动负债。使用以上信息，计算经济增加值，并讨论哪个分公司经理会得到奖金。

3. Lucy公司能够使用什么非财务指标评价分公司业绩？

23—27 剩余收益，经济增加值，时机问题。Doorharmony公司生产门铃。它的加权平均资本成本为5%，总资产为5 900 000美元。公司有750 000美元流动负债。当年的营业利润是690 000美元。公司无须支付所得税。出于会计目的，120 000美元的一项广告活动费用已全部从本年收入中减掉，虽然Doorharmony公司的首席执行官认为广告的有利影响会持续4年。

要求：

1. 假设公司将总资产作为投资，计算剩余收益。

2. 计算当年的经济增加值。假设出于经济增加值目的将广告费用资本化，并采用直线法在4年内摊销，请调整资产和营业利润。

3. 讨论要求1和要求2中结果的差异，以及哪个指标更优。

23—29 投资回报率，业绩指标的计量方法。Appleton's在圣路易斯、孟菲斯和新奥尔良三个城市经营休闲餐厅。每个地理市场都可以被视为一个独立的分部。圣路易斯分部包括4家餐厅，均建于2004年初。孟菲斯分部包括3家餐厅，均建于2008年1月。新奥尔良分部是最新的，包括3家建于4年前的餐厅。根据资产收益率对三个部门的经理进行评价。下面是2014年末三个部门的信息（单位：美元）：

	A	B	C	D	E
1		圣路易斯	孟菲斯	新奥尔良	合计
2	部门收入	17 336 000	12 050 000	10 890 000	40 276 000
3	部门费用	15 890 000	11 042 000	9 958 000	36 890 000
4	部门营业利润	1 446 000	1 008 000	932 000	3 386 000
5	长期资产账面价值	9 000 000	7 500 000	8 100 000	24 600 000
6	累计折旧	6 600 000	3 500 000	2 160 000	12 260 000
7	流动资产	1 999 600	1 536 400	1 649 200	5 185 200
8	折旧费用	600 000	500 000	540 000	1 640 000
9	建设年份建筑成本指数	100	110	118	

要求：

1. 用总资产账面净值计算各分部的投资回报率。

2. 用图表 23—2 中的技术，根据长期资产和折旧费用的当前成本估计数计算投资回报率。2014 年建筑成本指数是 122，经营资产的预计使用寿命为 15 年。

3. 长期资产估值方法的选择如何影响企业新资本投资决策？与新奥尔良的部门经理相比，为什么这种选择对圣路易斯的部门经理影响更大？

23—31　投资回报率，剩余收益，杜邦分析法，投资决策，平衡计分卡。News Report 集团有两家主要的分公司：印刷分公司和互联网分公司。2013 年、2014 年的简要财务数据如下（单位：百万美元）：

	A	B	C	D	E	F	G	H	I
1		营业利润			收入			总资产	
2		2008年	2009年		2008年	2009年		2008年	2009年
3	印刷分公司	3 720	4 500		18 700	22 500		18 200	25 000
4	互联网分公司	525	690		25 000	23 000		11 150	10 000

根据分公司的投资回报率（营业利润除以总资产）确定分公司经理的年度奖金。如果分公司报告的投资回报率比上年有所增长，则分公司的管理层自动有资格获得奖金，但是，投资回报率下降的分公司管理层必须向集团做出解释，并且不可能得到任何奖金。

印刷分公司的经理 Carol Mays 正在考虑一个计划，该计划拟在一个新的计算机化的新闻报告和印刷系统上投资 25.8 亿美元。据估计，该系统最新的动画制图和快速把刚收到的新闻编辑成报纸的能力将会使分公司 2015 年的营业利润增加 3.6 亿美元。News Report 集团对每个分公司使用 10%的投资应得收益率。

要求：

1. 使用杜邦分析方法解释两个分公司 2014 年投资回报率的差异。使用 2014 年总资产作为投资基数。

2. 尽管 Mays 相信新技术的优势，为什么他对接受新系统投资计划不是很热情？

3. News Report 集团的首席执行官 John Mendenhall 正在考虑一个计划，该计划拟根据分公司的剩余收益确定分公司经理的报酬。

（1）计算 2014 年各分公司的剩余收益。

（2）采用剩余收益指标会减少 Mays 对新计算机化系统投资计划的抵触吗？

4. Mendenhall 担心过分关注年度投资回报率会对 News Report 集团的顾客有长期不利影响。如果有的话，你将建议 Mendenhall 采用什么其他指标？请简要解释。

23—33　高管薪酬，平衡计分卡。Mercantile 银行最近推出了针对其业务部门高管的奖金计划。该公司认为，当前的盈利能力和客户满意度水平对银行的长期成功同样重要。因此，新的计划规定，业务部门的净利润每增加 1%或业务部门的客户满意度指数每上升 1%，则将发放金额为工资 1%的奖金。例如，净利润从 300 万美元增加到 330 万美元（增加了 10%），则发放金额为工资 10%的奖金。若业务部门的客户满意度指数从 70 增加到 73.5（上升了 5%），则发放金额为工资 5%的奖金。当净利润或客户满意度下降时没有惩罚。2013 年和 2014 年，Mercantile 银行 3 个业务部门报告的业绩结果如下：

	零售银行		商业银行		信用卡	
	2013年	2014年	2013年	2014年	2013年	2014年
净利润（美元）	3 600 000	3 912 000	3 800 000	3 940 000	3 550 000	3 499 000
顾客满意度	73	75.48	68	75.9	67	78.88

要求：

1. 计算2014年每个业务部门主管的奖金占工资的比例。

2. 什么因素可以解释3个部门净利润增长率和顾客满意度增长率之间的差异？顾客满意度提升会立刻导致净利润增长吗？

3. Mercantile银行的董事会担心2014年的奖金不能真实地反映部门主管的全部业绩。特别是，银行担心各部门主管通过做好一个方面的业绩就能获取高额奖金，而在其他方面表现不佳。为了防止未来发生这种情况，应该怎样更改奖金计划？请简要解释。

23—35 投资回报率，剩余收益，决策制定。以下是Buffett公司Munger分部的数据。Munger分部生产销售高端无绳电钻，售价为每个80美元。Munger分部计划在2014年销售300 000个电钻。Munger分部的年固定成本是4 000 000美元。每个电钻的变动成本为48美元。

Buffett公司根据剩余收益来评价Munger分部。Munger分部的总投资是16 000 000美元，Buffett公司要求的投资回报率为20%。

忽略税收和折旧费用。回答下列互不相关的问题，另有说明的除外。

要求：

1. 2014年的预计剩余收益是多少？

2. Munger分部收到一份特殊订单，订货数量为100 000个，单价为60美元。如果接受该订单，Munger分部的固定成本将增加850 000美元，变动资产投资将增加2 000 000美元。

接受订单对Munger分部的剩余收益会产生怎样的影响？

3. Munger分部为电钻制造的一个部件的变动成本为4美元。外部供应商能以5.25美元的单价提供300 000单位该部件。如果外购该部件，固定成本将下降200 000美元，且账面价值为760 000美元的资产将以账面价值售出。

Munger分部会决定制造还是外购该部件？解释你的答案。

4. Munger分部的一个老顾客要求购买一种由回火钢制造的特殊电钻，数量为15 000个。Munger分部估计这些特殊电钻的单位变动成本为54美元。而且要生产这种电钻，必须新增投资1 500 000美元。

Munger分部能够接受这笔交易的最低销售价格是多少？

5. 假设事实与要求4中的相同。另外客户为每个特殊电钻出价82美元。而且顾客说明，现有产品的采购量将下降6 000个。

（1）与2014的计划相比，接受订单后，Munger分部的剩余收益净变化是多少？

（2）常规电钻的销量下降多少时，Munger分部对订单没有兴趣？

23—37 剩余收益，经济增加值，计量方法，目标一致性。Refresh Resorts公司在佛罗里达州基韦斯特、亚利桑那州凤凰城和加利福尼亚州卡梅尔经营健康温泉疗养中心。基韦斯特的温泉疗养中心成立于1988年，是最早开设的。凤凰城的温泉疗养中心成立于2001年，卡梅尔的温泉疗养中心成立于2010年。公司过去用剩余收益评价各中心，但公司正在考虑改用经济增加值法。假设所有的中心面临相似的风险。2014年的数据如下（单位：美元）：

要求：

1. 以总资产作为投资指标，基于营业利润计算每个中心的剩余收益。假设基韦斯特的疗养中心正在考虑从芬兰引进一组新的桑拿设施，成本为225 000美元。预计将带来22 000美元的营业利润。这个项目将对该中心的剩余收益产生什么影响？若以剩余收益来判断，基韦斯特的经理将会接受还是拒绝这个项目？为什么？无须计算，其他经理将会接受还是拒绝这个项目？为什么？

2. 为什么Refresh Resorts公司想用经济增加值代替剩余收益来评价3个中心的绩效？

3. 利用原始数据，计算Refresh Resorts公司的加权平均资本成本。

4. 利用原始数据及长期资产的账面净值，计算每个中心的经济增加值。利用长期资产的账面价值总额再次计算经济增加值。对这两种方法之间的差异进行评论。

5. 资产计量方法的选择如何影响目标一致性？

	A	B	C	D	E
1		基韦斯特	凤凰城	卡梅尔	合计
2	营业收入	4 100 000	4 380 000	3 230 000	11 710 000
3	变动成本	1 600 000	1 630 000	955 000	4 185 000
4	固定成本	1 280 000	1 560 000	980 000	3 820 000
5	营业利润	1 220 000	1 190 000	1 295 000	3 705 000
6	长期债务利息成本（利率8%）	368 000	416 000	440 000	1 224 000
7	税前利润	852 000	774 000	855 000	2 481 000
8	税后净利润（税率35%）	553 800	503 100	555 750	1 612 650
9					
10	2014年末账面净值				
11	流动资产	1 280 000	850 000	600 000	2 730 000
12	长期资产	4 875 000	5 462 000	6 835 000	17 172 000
13	总资产	6 155 000	6 312 000	7 435 000	19 902 000
14					
15	流动负债	330 000	265 000	84 000	679 000
16	长期债务	4 600 000	5 200 000	5 500 000	15 300 000
17	股东权益	1 225 000	847 000	1 851 000	3 923 000
18	负债与股东权益合计	6 155 000	6 312 000	7 435 000	19 902 000
19					
20	债务市值	4 600 000	5 200 000	5 500 000	15 300 000
21	权益市值	2 400 000	2 660 000	2 590 000	7 650 000
22	权益资本成本				14%
23	期望收益率				11%
24	长期资产累计折旧	2 200 000	1 510 000	220 000	

附录A　复利与利息表注释

利息是使用货币的成本。它是资金的租金，正如租赁一个建筑物和设备要交纳租金一样。在一段时期内使用资金时，必须将利息确认为使用借入（“租借”）资金的成本。即使资金代表所有权资本，不需要现金支付利息时，这种要求仍然是适用的。为什么必须考虑利息？因为选择一种方案就自动地拨出一笔本来可以投资于其他方案的规定数额的资金。

利息通常很重要，甚至在考虑短期项目时也如此。在研究长期计划时，利息相应显得更重要。利率足以影响借款和投资决策。例如，现在投资 100 000 美元，按每年 8%计算复利，10 年后将累计达到 215 900 美元；按每年 20%计算复利，将累计达到 619 200 美元。

利息表

许多计算机程序和袖珍计算器可处理涉及货币时间价值的计算。你也可以用下列四个基本表计算利息。

□ 表 1　美元的未来金额

表 1 显示了现在投资 1 美元，在一段给定的时期内，以每期给定的复利计算，累计将会达到多少。考虑现在投资 1 000 美元，期限为 3 年，8%的复利。1 000 美元累计达到 1 259.70 美元的图表如下：

年份	年利息（美元）	复利计算的累计利息（美元）	年末总额（美元）
0	—	—	1 000.00
1	80.00（0.08×1 000）	80.00	1 080.00
2	86.40（0.08×1 080）	166.40	1 166.40
3	93.30（0.08×1 166.40）	259.70	1 259.70

此图表是一系列计算，可以详细列示如下，其中 S 是未来金额，下标 1，2，3 表示时期数。

$$S_1=1\,000\times1.08^1=1\,080$$

$$S_2=1\,080\times1.08=1\,000\times1.08^2=1\,166.40$$

$$S_3=1\,166.40\times1.08=1\,000\times1.08^3=1\,259.70$$

“P 的未来金额”通常称为“P 的终值”，或“P 的本利和”，其公式可以写作

$$S=P(1+r)^n$$

式中，S 是终值金额；P 是现值；r 是利率；n 是时期数。

当 $P=1\,000$ 美元，$n=3$，$r=0.08$ 时，$s=1\,000\ (1+0.08)^3=1\,259.70$（美元）。

幸运的是，表格做了易于获取的关键计算。选择恰当的表格将会尽量减少计算。利用表 1 检查前面答案的准确性。

□ 表 2　美元的现值

在前面的例子中，如果 1 000 美元按每年 8% 的复利计算，3 年后将累计达到 1 259.70 美元，那么 1 000 美元必定是 3 年末到期的 1 259.70 美元的现值。通过修改我们刚刚完成的累计过程（计算最终金额），可以推导出现值公式。

如果

$$S=P(1+r)^n$$

那么

$$P=\frac{S}{(1+r)^n}$$

在我们的例子中，$S=1\,259.70$ 美元，$n=3$，$r=0.08$，则

$$P=\frac{1\,259.70}{1.08^3}=1\,000(\text{美元})$$

利用表 2 检查此计算。

在累计时，我们是向前移动。原始金额与累计金额之间的差额称为复利。在贴现时，我们是往后退。未来金额与现值之间的差额被称为复利贴现。注意下面的公式

$$\text{复利}=P((1+r)^n-1)$$

在我们的例子中，$P=1\,000$ 美元，$n=3$，$r=0.08$，则

$$\text{复利}=1\,000\times(1.08^3-1)=259.70(\text{美元})$$

$$\text{复利贴现}=S\left(1-\frac{1}{(1+r)^n}\right)$$

在我们的例子中，$S=1\,259.70$ 美元，$n=3$，$r=0.08$，则

$$\text{复利贴现}=1\,259.70\times\left(1-\frac{1}{1.08^3}\right)=259.70(\text{美元})$$

□ 表 3　美元年金的本利和（终值）

（普通）年金是在相等长度的连续期末的一系列等额支付。假设 3 年的每年末投资 1 000 美元，利率为 8%：

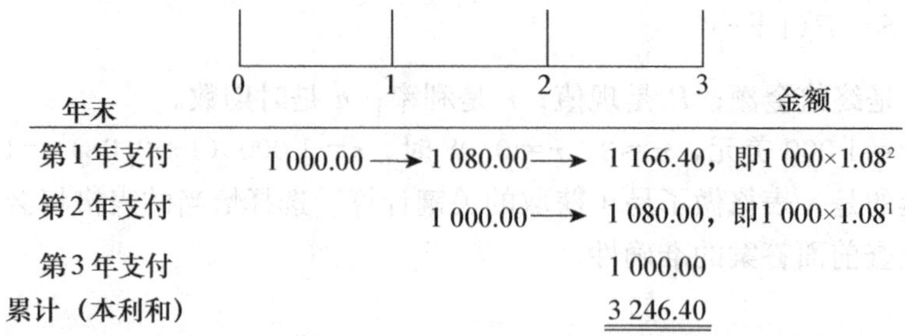

前面的算术可以用代数形式表达为：

$$3\text{ 年 }1\,000\text{ 美元普通年金的终值}=1\,000(1+r)^2+1\,000(1+r)^1+1\,000$$

用前面的例子作为基础（其中 $n=3$ 且 $r=0.08$），我们可以建立 1 美元普通年金终值 S_n 的一般公式：

(1) $S_3=1+(1+r)^1+(1+r)^2$

(2) 代入 $r=0.08$：$S_3=1+1.08^1+1.08^2$

(3) 式 (2) 乘以 $(1+r)$：$(1.08)S_3=1.08^1+1.08^2+1.08^3$

(4) 式 (3) 减式 (2)：$(1.08)S_3-S_3=1.08^3-1$

注意，除了式 (3) 中的 1.08^3 和 式 (2) 中的 1，右边的所有项目都抵消了。

(5) 分解式 (4) 的因子：$S_3(1.08-1)=1.08^3-1$

(6) 式 (5) 除以 $(1.08-1)$：$S_3=\dfrac{1.08^3-1}{1.08-1}=\dfrac{1.08^3-1}{0.08}=\dfrac{0.259\,7}{0.08}=3.246$

(7) 1 美元普通年金终值的一般公式：$S_n=\dfrac{(1+r)^n-1}{r}$ 或 $\dfrac{\text{复利}}{\text{利率}}$

这个公式是表 3 的基础。检查表中的答案。

□ 表 4　美元普通年金的现值

使用与表 3 同样的例子，我们能够说明普通年金现值 P_n 的公式是如何建立的。

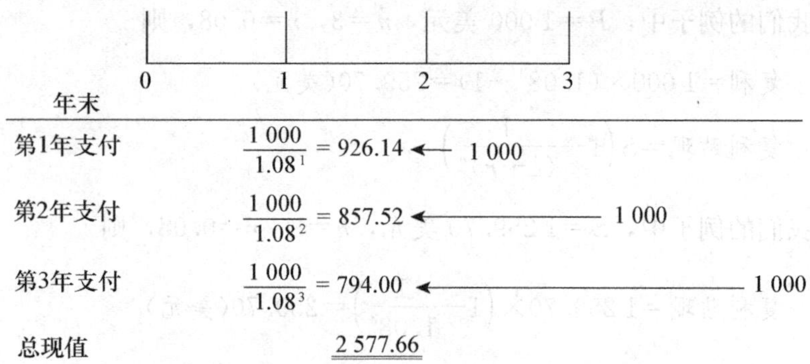

用前面的例子作为基础（其中 $n=3$ 且 $r=0.08$），我们可以建立 P_n 的一般公式：

(1) $p_3=\dfrac{1}{1+r}+\dfrac{1}{(1+r)^2}+\dfrac{1}{(1+r)^3}$

(2) 代入 $r=0.08$：$p_3=\dfrac{1}{1.08}+\dfrac{1}{1.08^2}+\dfrac{1}{1.08^3}$

（3）式（2）乘以$\frac{1}{1.08}$：$p_3\frac{1}{1.08}=\frac{1}{1.08^2}+\frac{1}{1.08^3}+\frac{1}{1.08^4}$

（4）式（2）减式（3）：$p_3-p_3\frac{1}{1.08}=\frac{1}{1.08}-\frac{1}{1.08^4}$

（5）分解式（4）的因子：$p_3\left(1-\frac{1}{1.08}\right)=\frac{1}{1.08}\left(1-\frac{1}{1.08^3}\right)$

（6）或者 $p_3\left(\frac{0.08}{1.08}\right)=\frac{1}{1.08}\left(1-\frac{1}{1.08^3}\right)$

（7）式（6）乘以$\frac{1.08}{0.08}$：$p_3=\frac{1}{0.08}\left(1-\frac{1}{1.08^3}\right)=\frac{0.2062}{0.08}=2.577$

1 美元年金现值的一般公式如下：

$$p_n=\frac{1}{r}\left(1-\frac{1}{(1+r)^n}\right)=\frac{\text{复利贴现}}{\text{利率}}$$

这个公式是表 4 的基础。检查表中的答案。表 2 和表 4 这两个现值表在资本预算中应用最频繁。

年金表不是必需的。有表 1 和表 2，就很容易计算复利和复利贴现。将其中一个除以利率就得到与表 3 和表 4 中相等的值，这是一件很简单的事情。

表 1

1 美元复利终值

$S = P(1 + r)^n$, $P = 1.00$ 美元

期数	2%	4%	6%	8%	10%	12%	14%	16%	18%	20%	22%	24%	26%	28%	30%	32%	40%	期数
1	1.020	1.040	1.060	1.080	1 100	1 120	1 140	1 160	1 180	1.200	1.220	1.240	1.260	1.280	1.300	1.320	1.400	1
2	1.040	1.082	1 124	1 166	1.210	1.254	1.300	1.346	1.392	1.440	1.488	1.538	1.588	1.638	1.690	1.742	1.960	2
3	1.061	1 125	1 191	1.260	1.331	1.405	1.482	1.561	1.643	1.728	1.816	1.907	2.000	2.097	2.197	2.300	2.744	3
4	1.082	1 170	1.262	1.360	1.464	1.574	1.689	1.811	1.939	2.074	2.215	2.364	2.520	2.684	2.856	3.036	3.842	4
5	1 104	1.217	1.338	1.469	1.611	1.762	1.925	2.100	2.288	2.488	2.703	2.932	3.176	3.436	3.713	4.007	5.378	5
6	1 126	1.265	1.419	1.587	1.772	1.974	2.195	2.436	2.700	2.986	3.297	3.635	4.002	4.398	4.827	5.290	7.530	6
7	1 149	1.316	1.504	1.714	1.949	2.211	2.502	2.826	3.185	3.583	4.023	4.508	5.042	5.629	6.275	6.983	10.541	7
8	1 172	1.369	1.594	1.851	2.144	2.476	2.853	3.278	3.759	4.300	4.908	5.590	6.353	7.206	8.157	9.217	14.758	8
9	1 195	1.423	1.689	1.999	2.358	2.773	3.252	3.803	4.435	5.160	5.987	6.931	8.005	9.223	10.604	12.166	20.661	9
10	1.219	1.480	1.791	2.159	2.594	3.106	3.707	4.411	5.234	6.192	7.305	8.594	10.086	11.806	13.786	16.060	28.925	10
11	1.243	1.539	1.898	2.332	2.853	3.479	4.226	5.117	6.176	7.430	8.912	10.657	12.708	15.112	17.922	21 199	40.496	11
12	1.268	1.601	2.012	2.518	3.138	3.896	4.818	5.936	7.288	8.916	10.872	13.215	16.012	19.343	23.298	27.983	56.694	12
13	1.294	1.665	2.133	2.720	3.452	4.363	5.492	6.886	8.599	10.699	13.264	16.386	20.175	24.759	30.288	36.937	79.371	13
14	1.319	1.732	2.261	2.937	3.797	4.887	6.261	7.988	10.147	12.839	16.182	20.319	25.421	31.691	39.374	48.757	111 120	14
15	1.346	1.801	2.397	3.172	4.177	5.474	7 138	9.266	11.974	15.407	19.742	25.196	32.030	40.565	51 186	64.359	155.568	15
16	1.373	1.873	2.540	3.426	4.595	6.130	8.137	10.748	14.129	18.488	24.086	31.243	40.358	51.923	66.542	84.954	217.795	16
17	1.400	1.948	2.693	3.700	5.054	6.866	9.276	12.468	16.672	22.186	29.384	38.741	50.851	66.461	86.504	112.139	304.913	17
18	1.428	2.026	2.854	3.996	5.560	7.690	10.575	14.463	19.673	26.623	35.849	48.039	64.072	85.071	112.455	148.024	426.879	18
19	1.457	2.107	3.026	4.316	6.116	8.613	12.056	16.777	23.214	31.948	43.736	59.568	80.731	108.890	146.192	195.391	597.630	19
20	1.486	2.191	3.207	4.661	6.727	9.646	13.743	19.461	27.393	38.338	53.358	73.864	101.721	139.380	190.050	257.916	836.683	20
21	1.516	2.279	3.400	5.034	7.400	10.804	15.668	22.574	32.324	46.005	65.096	91.592	128.169	178.406	247.065	340.449	1171.356	21
22	1.546	2.370	3.604	5.437	8.140	12.100	17.861	26.186	38.142	55.206	79.418	113.574	161.492	228.360	321 184	449.393	1639.898	22
23	1.577	2.465	3.820	5.871	8.954	13.552	20.362	30.376	45.008	66.247	96.889	140.831	203.480	292.300	417.539	593.199	2295.857	23
24	1.608	2.563	4.049	6.341	9.850	15.179	23.212	35.236	53.109	79.497	118.205	174.631	256.385	374.144	542.801	783.023	3214.200	24
25	1.641	2.666	4.292	6.848	10.835	17.000	26.462	40.874	62.669	95.396	144.210	216.542	323.045	478.905	705.641	1033.590	4499.880	25
26	1.673	2.772	4.549	7.396	11.918	19.040	30.167	47.414	73.949	114.475	175.936	268.512	407.037	612.998	917.333	1364.339	6299.831	26
27	1.707	2.883	4.822	7.988	13.110	21.325	34.390	55.000	87.260	137.371	214.642	332.955	512.867	784.638	1192.533	1800.927	8819.764	27
28	1.741	2.999	5.112	8.627	14.421	23.884	39.204	63.800	102.967	164.845	261.864	412.864	646.212	1004.336	1550.293	2377.224	12347.670	28
29	1.776	3.119	5.418	9.317	15.863	26.750	44.693	74.009	121.501	197.814	319.474	511.952	814.228	1285.550	2015.381	3137.935	17286.737	29
30	1.811	3.243	5.743	10.063	17.449	29.960	50.950	85.850	143.371	237.376	389.758	634.820	1025.927	1645.505	2619.996	4142.075	24201.432	30
35	2.000	3.946	7.686	14.785	28.102	52.800	98.100	180.314	327.997	590.668	1053.402	1861.054	3258.135	5653.911	9727.860	16599.217	130161 112	35
40	2.208	4.801	10.286	21.725	45.259	93.051	188.884	378.721	750.378	1469.772	2847.038	5455.913	10347 175	19426.689	36118.865	66520.767	700037.697	40

表 2

1 美元复利现值

$P = \frac{S}{(1+r)^n}$，$S = 1.00$ 美元

期数	2%	4%	6%	8%	10%	12%	14%	16%	18%	20%	22%	24%	26%	28%	30%	32%	40%	期数
1	0.980	0.962	0.943	0.926	0.909	0.893	0.877	0.862	0.847	0.833	0.820	0.806	0.794	0.781	0.769	0.758	0.714	1
2	0.961	0.925	0.890	0.857	0.826	0.797	0.769	0.743	0.718	0.694	0.672	0.650	0.630	0.610	0.592	0.574	0.510	2
3	0.942	0.889	0.840	0.794	0.751	0.712	0.675	0.641	0.609	0.579	0.551	0.524	0.500	0.477	0.455	0.435	0.364	3
4	0.924	0.855	0.792	0.735	0.683	0.636	0.592	0.552	0.516	0.482	0.451	0.423	0.397	0.373	0.350	0.329	0.260	4
5	0.906	0.822	0.747	0.681	0.621	0.567	0.519	0.476	0.437	0.402	0.370	0.341	0.315	0.291	0.269	0.250	0.186	5
6	0.888	0.790	0.705	0.630	0.564	0.507	0.456	0.410	0.370	0.335	0.303	0.275	0.250	0.227	0.207	0.189	0.133	6
7	0.871	0.760	0.665	0.583	0.513	0.452	0.400	0.354	0.314	0.279	0.249	0.222	0.198	0.178	0.159	0.143	0.095	7
8	0.853	0.731	0.627	0.540	0.467	0.404	0.351	0.305	0.266	0.233	0.204	0.179	0.157	0.139	0.123	0.108	0.068	8
9	0.837	0.703	0.592	0.500	0.424	0.361	0.308	0.263	0.225	0.194	0.167	0.144	0.125	0.108	0.094	0.082	0.048	9
10	0.820	0.676	0.558	0.463	0.386	0.322	0.270	0.227	0.191	0.162	0.137	0.116	0.099	0.085	0.073	0.062	0.035	10
11	0.804	0.650	0.527	0.429	0.350	0.287	0.237	0.195	0.162	0.135	0.112	0.094	0.079	0.066	0.056	0.047	0.025	11
12	0.788	0.625	0.497	0.397	0.319	0.257	0.208	0.168	0.137	0.112	0.092	0.076	0.062	0.052	0.043	0.036	0.018	12
13	0.773	0.601	0.469	0.368	0.290	0.229	0.182	0.145	0.116	0.093	0.075	0.061	0.050	0.040	0.033	0.027	0.013	13
14	0.758	0.577	0.442	0.340	0.263	0.205	0.160	0.125	0.099	0.078	0.062	0.049	0.039	0.032	0.025	0.021	0.009	14
15	0.743	0.555	0.417	0.315	0.239	0.183	0.140	0.108	0.084	0.065	0.051	0.040	0.031	0.025	0.020	0.016	0.006	15
16	0.728	0.534	0.394	0.292	0.218	0.163	0.123	0.093	0.071	0.054	0.042	0.032	0.025	0.019	0.015	0.012	0.005	16
17	0.714	0.513	0.371	0.270	0.198	0.146	0.108	0.080	0.060	0.045	0.034	0.026	0.020	0.015	0.012	0.009	0.003	17
18	0.700	0.494	0.350	0.250	0.180	0.130	0.095	0.069	0.051	0.038	0.028	0.021	0.016	0.012	0.009	0.007	0.002	18
19	0.686	0.475	0.331	0.232	0.164	0.116	0.083	0.060	0.043	0.031	0.023	0.017	0.012	0.009	0.007	0.005	0.002	19
20	0.673	0.456	0.312	0.215	0.149	0.104	0.073	0.051	0.037	0.026	0.019	0.014	0.010	0.007	0.005	0.004	0.001	20
21	0.660	0.439	0.294	0.199	0.135	0.093	0.064	0.044	0.031	0.022	0.015	0.011	0.008	0.006	0.004	0.003	0.001	21
22	0.647	0.422	0.278	0.184	0.123	0.083	0.056	0.038	0.026	0.018	0.013	0.009	0.006	0.004	0.003	0.002	0.001	22
23	0.634	0.406	0.262	0.170	0.112	0.074	0.049	0.033	0.022	0.015	0.010	0.007	0.005	0.003	0.002	0.002	0.000	23
24	0.622	0.390	0.247	0.158	0.102	0.066	0.043	0.028	0.019	0.013	0.008	0.006	0.004	0.003	0.002	0.001	0.000	24
25	0.610	0.375	0.233	0.146	0.092	0.059	0.038	0.024	0.016	0.010	0.007	0.005	0.003	0.002	0.001	0.001	0.000	25
26	0.598	0.361	0.220	0.135	0.084	0.053	0.033	0.021	0.014	0.009	0.006	0.004	0.002	0.002	0.001	0.001	0.000	26
27	0.586	0.347	0.207	0.125	0.076	0.047	0.029	0.018	0.011	0.007	0.005	0.003	0.002	0.001	0.001	0.001	0.000	27
28	0.574	0.333	0.196	0.116	0.069	0.042	0.026	0.016	0.010	0.006	0.004	0.002	0.002	0.001	0.001	0.000	0.000	28
29	0.563	0.321	0.185	0.107	0.063	0.037	0.022	0.014	0.008	0.005	0.003	0.002	0.001	0.001	0.000	0.000	0.000	29
30	0.552	0.308	0.174	0.099	0.057	0.033	0.020	0.012	0.007	0.004	0.003	0.002	0.001	0.001	0.000	0.000	0.000	30
35	0.500	0.253	0.130	0.068	0.036	0.019	0.010	0.006	0.003	0.002	0.001	0.001	0.000	0.000	0.000	0.000	0.000	35
40	0.453	0.208	0.097	0.046	0.022	0.011	0.005	0.003	0.001	0.001	0.000	0.000	0.000	0.000	0.000	0.000	0.000	40

表 3

1 美元年金终值 *

$$S_n = \frac{(1+r)^n - 1}{r}$$

期数	2%	4%	6%	8%	10%	12%	14%	16%	18%	20%	22%	24%	26%	28%	30%	32%	40%	期数
1	1.000	1.000	1.000	1.000	1.000	1.000	1.000	1.000	1.000	1.000	1.000	1.000	1.000	1.000	1.000	1.000	1.000	1
2	2.020	2.040	2.060	2.080	2.100	2.120	2.140	2.160	2.180	2.200	2.220	2.240	2.260	2.280	2.300	2.320	2.400	2
3	3.060	3.122	3.184	3.246	3.310	3.374	3.440	3.506	3.572	3.640	3.708	3.778	3.848	3.918	3.990	4.062	4.360	3
4	4.122	4.246	4.375	4.506	4.641	4.779	4.921	5.066	5.215	5.368	5.524	5.684	5.848	6.016	6.187	6.362	7 104	4
5	5.204	5.416	5.637	5.867	6.105	6.353	6.610	6.877	7 154	7.442	7.740	8.048	8.368	8.700	9.043	9.398	10.946	5
6	6.308	6.633	6.975	7.336	7.716	8.115	8.536	8.977	9.442	9.930	10.442	10.980	11.544	12.136	12.756	13.406	16.324	6
7	7.434	7.898	8.394	8.923	9.487	10.089	10.730	11.414	12.142	12.916	13.740	14.615	15.546	16.534	17.583	18.696	23.853	7
8	8.583	9.214	9.897	10.637	11.436	12.300	13.233	14.240	15.327	16.499	17.762	19.123	20.588	22.163	23.858	25.678	34.395	8
9	9.755	10.583	11.491	12.488	13.579	14.776	16.085	17.519	19.086	20.799	22.670	24.712	26.940	29.369	32.015	34.895	49.153	9
10	10.950	12.006	13.181	14.487	15.937	17.549	19.337	21.321	23.521	25.959	28.657	31.643	34.945	38.593	42.619	47.062	69.814	10
11	12.169	13.486	14.972	16.645	18.531	20.655	23.045	25.733	28.755	32.150	35.962	40.238	45.031	50.398	56.405	63.122	98.739	11
12	13.412	15.026	16.870	18.977	21.384	24.133	27.271	30.850	34.931	39.581	44.874	50.895	57.739	65.510	74.327	84.320	139.235	12
13	14.680	16.627	18.882	21.495	24.523	28.029	32.089	36.786	42.219	48.497	55.746	64.110	73.751	84.853	97.625	112.303	195.929	13
14	15.974	18.292	21.015	24.215	27.975	32.393	37.581	43.672	50.818	59.196	69.010	80.496	93.926	109.612	127.913	149.240	275.300	14
15	17.293	20.024	23.276	27 152	31.772	37.280	43.842	51.660	60.965	72.035	85.192	100.815	119.347	141.303	167.286	197.997	386.420	15
16	18.639	21.825	25.673	30.324	35.950	42.753	50.980	60.925	72.939	87.442	104.935	126.011	151.377	181.868	218.472	262.356	541.988	16
17	20.012	23.698	28.213	33.750	40.545	48.884	59.118	71.673	87.068	105.931	129.020	157.253	191.735	233.791	285.014	347.309	759.784	17
18	21.412	25.645	30.906	37.450	45.599	55.750	68.394	84.141	103.740	128.117	158.405	195.994	242.585	300.252	371.518	459.449	1064.697	18
19	22.841	27.671	33.760	41.446	51 159	63.440	78.969	98.603	123.414	154.740	194.254	244.033	306.658	385.323	483.973	607.472	1491.576	19
20	24.297	29.778	36.786	45.762	57.275	72.052	91.025	115.380	146.628	186.688	237.989	303.601	387.389	494.213	630.165	802.863	2089.206	20
21	25.783	31.969	39.993	50.423	64.002	81.699	104.768	134.841	174.021	225.026	291.347	377.465	489.110	633.593	820.215	1060.779	2925.889	21
22	27.299	34.248	43.392	55.457	71.403	92.503	120.436	157.415	206.345	271.031	356.443	469.056	617.278	811.999	1067.280	1401.229	4097.245	22
23	28.845	36.618	46.996	60.893	79.543	104.603	138.297	183.601	244.487	326.237	435.861	582.630	778.771	1040.358	1388.464	1850.622	5737 142	23
24	30.422	39.083	50.816	66.765	88.497	118.155	158.659	213.978	289.494	392.484	532.750	723.461	982.251	1332.659	1806.003	2443.821	8032.999	24
25	32.030	41.646	54.865	73.106	98.347	133.334	181.871	249.214	342.603	471.981	650.955	898.092	1238.636	1706.803	2348.803	3226.844	11247 199	25
26	33.671	44.312	59.156	79.954	109.182	150.334	208.333	290.088	405.272	567.377	795.165	1114.634	1561.682	2185.708	3054.444	4260.434	15747.079	26
27	35.344	47.084	63.706	87.351	121 100	169.374	238.499	337.502	479.221	681.853	971 102	1383.146	1968.719	2798.706	3971.778	5624.772	22046.910	27
28	37.051	49.968	68.528	95.339	134.210	190.699	272.889	392.503	566.481	819.223	1185.744	1716.101	2481.586	3583.344	5164.311	7425.699	30866.674	28
29	38.792	52.966	73.640	103.966	148.631	214.583	312.094	456.303	669.447	984.068	1447.608	2128.965	3127.798	4587.680	6714.604	9802.923	43214.343	29
30	40.568	56.085	79.058	113.263	164.494	241.333	356.787	530.312	790.948	1181.882	1767.081	2640.916	3942.026	5873.231	8729.985	12940.859	60501.081	30
35	49.994	73.652	111.435	172.317	271.024	431.663	693.573	1120.713	1816.652	2948.341	4783.645	7750.225	12527.442	20188.966	32422.868	51869.427	325400.279	35
40	60.402	95.026	154.762	259.057	442.593	767.091	1342.025	2360.757	4163.213	7343.858	12936.535	22728.803	39792.982	69377.460	120392.883	207874.272	1750091.741	40

* 每期期末支付（或收取）。

表 4

1 美元年金现值*

$P_n = \frac{1}{r}\left[1 - \frac{1}{(1+r)^n}\right]$

期数	2%	4%	6%	8%	10%	12%	14%	16%	18%	20%	22%	24%	26%	28%	30%	32%	40%	期数
1	0.980	0.962	0.943	0.926	0.909	0.893	0.877	0.862	0.847	0.833	0.820	0.806	0.794	0.781	0.769	0.758	0.714	1
2	1.942	1.886	1.833	1.783	1.736	1.690	1.647	1.605	1.566	1.528	1.492	1.457	1.424	1.392	1.361	1.331	1.224	2
3	2.884	2.775	2.673	2.577	2.487	2.402	2.322	2.246	2.174	2.106	2.042	1.981	1.923	1.868	1.816	1.766	1.589	3
4	3.808	3.630	3.465	3.312	3.170	3.037	2.914	2.798	2.690	2.589	2.494	2.404	2.320	2.241	2.166	2.096	1.849	4
5	4.713	4.452	4.212	3.993	3.791	3.605	3.433	3.274	3.127	2.991	2.864	2.745	2.635	2.532	2.436	2.345	2.035	5
6	5.601	5.242	4.917	4.623	4.355	4.111	3.889	3.685	3.498	3.326	3.167	3.020	2.885	2.759	2.643	2.534	2.168	6
7	6.472	6.002	5.582	5.206	4.868	4.564	4.288	4.039	3.812	3.605	3.416	3.242	3.083	2.937	2.802	2.677	2.263	7
8	7.325	6.733	6.210	5.747	5.335	4.968	4.639	4.344	4.078	3.837	3.619	3.421	3.241	3.076	2.925	2.786	2.331	8
9	8.162	7.435	6.802	6.247	5.759	5.328	4.946	4.607	4.303	4.031	3.786	3.566	3.366	3.184	3.019	2.868	2.379	9
10	8.983	8.111	7.360	6.710	6.145	5.650	5.216	4.833	4.494	4.192	3.923	3.682	3.465	3.269	3.092	2.930	2.414	10
11	9.787	8.760	7.887	7 139	6.495	5.938	5.453	5.029	4.656	4.327	4.035	3.776	3.543	3.335	3.147	2.978	2.438	11
12	10.575	9.385	8.384	7.536	6.814	6.194	5.660	5.197	4.793	4.439	4.127	3.851	3.606	3.387	3.190	3.013	2.456	12
13	11.348	9.986	8.853	7.904	7 103	6.424	5.842	5.342	4.910	4.533	4.203	3.912	3.656	3.427	3.223	3.040	2.469	13
14	12.106	10.563	9.295	8.244	7.367	6.628	6.002	5.468	5.008	4.611	4.265	3.962	3.695	3.459	3.249	3.061	2.478	14
15	12.849	11 118	9.712	8.559	7.606	6.811	6.142	5.575	5.092	4.675	4.315	4.001	3.726	3.483	3.268	3.076	2.484	15
16	13.578	11.652	10.106	8.851	7.824	6.974	6.265	5.668	5.162	4.730	4.357	4.033	3.751	3.503	3.283	3.088	2.489	16
17	14.292	12.166	10.477	9.122	8.022	7 120	6.373	5.749	5.222	4.775	4.391	4.059	3.771	3.518	3.295	3.097	2.492	17
18	14.992	12.659	10.828	9.372	8.201	7.250	6.467	5.818	5.273	4.812	4.419	4.080	3.786	3.529	3.304	3.104	2.494	18
19	15.678	13.134	11 158	9.604	8.365	7.366	6.550	5.877	5.316	4.843	4.442	4.097	3.799	3.539	3.311	3.109	2.496	19
20	16.351	13.590	11.470	9.818	8.514	7.469	6.623	5.929	5.353	4.870	4.460	4.110	3.808	3.546	3.316	3.113	2.497	20
21	17.011	14.029	11.764	10.017	8.649	7.562	6.687	5.973	5.384	4.891	4.476	4.121	3.816	3.551	3.320	3.116	2.498	21
22	17.658	14.451	12.042	10.201	8.772	7.645	6.743	6.011	5.410	4.909	4.488	4.130	3.822	3.556	3.323	3.118	2.498	22
23	18.292	14.857	12.303	10.371	8.883	7.718	6.792	6.044	5.432	4.925	4.499	4.137	3.827	3.559	3.325	3.120	2.499	23
24	18.914	15.247	12.550	10.529	8.985	7.784	6.835	6.073	5.451	4.937	4.507	4.143	3.831	3.562	3.327	3.121	2.499	24
25	19.523	15.622	12.783	10.675	9.077	7.843	6.873	6.097	5.467	4.948	4.514	4.147	3.834	3.564	3.329	3.122	2.499	25
26	20.121	15.983	13.003	10.810	9.161	7.896	6.906	6.118	5.480	4.956	4.520	4.151	3.837	3.566	3.330	3.123	2.500	26
27	20.707	16.330	13.211	10.935	9.237	7.943	6.935	6.136	5.492	4.964	4.524	4.154	3.839	3.567	3.331	3.123	2.500	27
28	21.281	16.663	13.406	11.051	9.307	7.984	6.961	6.152	5.502	4.970	4.528	4.157	3.840	3.568	3.331	3.124	2.500	28
29	21.844	16.984	13.591	11 158	9.370	8.022	6.983	6.166	5.510	4.975	4.531	4.159	3.841	3.569	3.332	3.124	2.500	29
30	22.396	17.292	13.765	11.258	9.427	8.055	7.003	6.177	5.517	4.979	4.534	4.160	3.842	3.569	3.332	3.124	2.500	30
35	24.999	18.665	14.498	11.655	9.644	8.176	7.070	6.215	5.539	4.992	4.541	4.164	3.845	3.571	3.333	3.125	2.500	35
40	27.355	19.793	15.046	11.925	9.779	8.244	7 105	6.233	5.548	4.997	4.544	4.166	3.846	3.571	3.333	3.125	2.500	40

*每期期末支付（或收取）。

图书在版编目（CIP）数据

成本与管理会计：第 15 版/查尔斯·T·亨格瑞等著；王立彦，刘应文译．—北京：中国人民大学出版社，2016.6

（工商管理经典译丛·会计与财务系列）

ISBN 978-7-300-23024-5

Ⅰ.①成… Ⅱ.①查…②王…③刘… Ⅲ.①成本会计②管理会计 Ⅳ.①F234

中国版本图书馆 CIP 数据核字（2016）第 145565 号

工商管理经典译丛·会计与财务系列
成本与管理会计（第 15 版）
查尔斯·T·亨格瑞
斯里坎特·M·达塔尔 著
马达夫·V·拉詹
王立彦 刘应文 译
Chengben yu Guanli Kuaiji

出版发行	中国人民大学出版社		
社　　址	北京中关村大街 31 号	邮政编码	100080
电　　话	010－62511242（总编室）		010－62511770（质管部）
	010－82501766（邮购部）		010－62514148（门市部）
	010－62515195（发行公司）		010－62515275（盗版举报）
网　　址	http://www.crup.com.cn		
经　　销	新华书店		
印　　刷	固安县铭成印刷有限公司		
开　　本	787 mm×1092 mm　1/16	版　　次	2016 年 6 月第 1 版
印　　张	48.25 插页 1	印　　次	2024 年 7 月第 12 次印刷
字　　数	1 160 000	定　　价	99.00 元

尊敬的老师：

您好！

为了确保您及时有效地申请培生整体教学资源，请您务必完整填写如下表格，加盖学院的公章后以电子扫描件等形式发我们，我们将会在2～3个工作日内为您处理。

请填写所需教辅的信息：

采用教材			□ 中文版　□ 英文版　□ 双语版
作　者		出版社	
版　次		ISBN	
课程时间	始于　　年　月　日	学生人数	
	止于　　年　月　日	学生年级	□ 专科　□ 本科1/2年级 □ 研究生　□ 本科3/4年级

请填写您的个人信息：

学　校			
院系/专业			
姓　名		职　称	□ 助教 □ 讲师 □ 副教授 □ 教授
通信地址/邮编			
手　机		电　话	
传　真			
official email（必填） （eg：×××@ruc. edu. cn）		email （eg：×××@163. com）	
是否愿意接受我们定期的新书讯息通知：　□ 是　□ 否			

系/院主任：________________（签字）

（系 / 院办公室章）

____年____月____日

资源介绍：

——教材、常规教辅资源（PPT、教师手册、题库等）：请访问 www. pearsonhighered. com/educator。（免费）

——MyLabs/Mastering 系列在线平台：适合老师和学生共同使用；访问需要 Access Code。（付费）

地址：北京市东城区北三环东路 36 号环球贸易中心 D 座 1208 室（100013）

Please send this form to：copub. hed@pearson. com

Website：www. pearson. com

中国人民大学出版社　管理分社

教师教学服务说明

中国人民大学出版社管理分社以出版工商管理和公共管理类精品图书为宗旨。为更好地服务一线教师，我们着力建设了一批数字化、立体化的网络教学资源。教师可以通过以下方式获得免费下载教学资源的权限：

- 在中国人民大学出版社网站 www.crup.com.cn 进行注册，注册后进入“会员中心”，在左侧点击“我的教师认证”，填写相关信息，提交后等待审核。我们将在一个工作日内为您开通相关资源的下载权限。
- 如您急需教学资源或需要其他帮助，请加入教师 QQ 群或在工作时间与我们联络。

中国人民大学出版社　管理分社

教师 QQ 群： 648333426（工商管理）　114970332（财会）　648117133（公共管理）
教师群仅限教师加入，入群请备注（学校 + 姓名）

联系电话： 010-62515735，62515987，62515782，82501048，62514760

电子邮箱： glcbfs@crup.com.cn

通讯地址： 北京市海淀区中关村大街甲 59 号文化大厦 1501 室（100872）

管理书社

人大社财会

公共管理与政治学悦读坊